《近代史研究》编辑部 ◎ 编

《近代史研究》
40年文存
（2001—2006年）

中国社会科学出版社

图书在版编目（CIP）数据

《近代史研究》40年文存. 2001—2006年/《近代史研究》编辑部编. —北京：中国社会科学出版社，2019.10
ISBN 978-7-5203-4840-9

Ⅰ.①近… Ⅱ.①近… Ⅲ.①中国历史—近代史—文集 Ⅳ.①K250.7-53

中国版本图书馆 CIP 数据核字（2019）第 171413 号

出 版 人	赵剑英
选题策划	赵剑英
责任编辑	安 芳
责任校对	王 龙
责任印制	李寡寡

出　　版	中国社会科学出版社
社　　址	北京鼓楼西大街甲 158 号
邮　　编	100720
网　　址	http://www.csspw.cn
发 行 部	010-84083685
门 市 部	010-84029450
经　　销	新华书店及其他书店
印刷装订	北京市十月印刷有限公司
版　　次	2019 年 10 月第 1 版
印　　次	2019 年 10 月第 1 次印刷
开　　本	710×1000　1/16
印　　张	49
插　　页	2
字　　数	778 千字
定　　价	248.00 元

凡购买中国社会科学出版社图书，如有质量问题请与本社营销中心联系调换
电话：010-84083683
版权所有　侵权必究

目　　录

民国电影检查制度之滥觞 ……………………………… 汪朝光（1）
"广州英语"与19世纪中叶以前的中西交往 …………… 吴义雄（20）
引进与变革：近代中国企业官利制度分析 ……………… 朱荫贵（45）
衰落期的炮舰与外交
　　——"紫石英"号事件中一些问题的再探讨 ……… 王建朗（64）
辛亥革命和中国近代民族主义 …………………………… 金冲及（93）
20世纪30年代两种中国近代史话语之比较 …………… 欧阳军喜（109）
评民初历法上的"二元社会" …………………………… 左玉河（140）
咸同之际江南瘟疫探略
　　——兼论战争与瘟疫之关系 …………………… 余新忠（160）
南京大屠杀是东京审判的编造么？ ……………………… 程兆奇（178）
太平军中的婚姻状况与两性关系探析 …………………… 夏春涛（228）
"诸子不出于王官论"的建立、影响与意义
　　——胡适"但开风气不为师"的范式创新一例 ……… 刘　巍（256）
20世纪上半叶天津娼业结构述论 ………………………… 江　沛（310）
市镇权力关系与江南社会变迁
　　——以近世浙江湖州双林镇为例 ………… 赵世瑜　孙　冰（338）
蒋介石的中日苏关系观与"制俄攘日"构想
　　——兼论蒋汪分歧的一个重要侧面（1933—1934） ……… 鹿锡俊（361）
清末民间舆论与官府作为之互动关系
　　——以张曾敭与秋瑾案为例 …………………… 李细珠（393）

梁启超论新民德与国民生计 …………………………… 李长莉（428）
1920 年代：思想界的分裂与中国社会的重组
　　——对《新青年》同人"后五四时期"思想分化的追踪 …… 章　清（461）
日本修改条约交涉与何如璋的条约认识 ……………… 戴东阳（493）
20 世纪中国近代史学科体系问题的探索 ……………… 张海鹏（523）
梁启超与新文化运动 …………………………………… 郑师渠（547）
士绅构成要素的变异与乡村权力
　　——以 20 世纪三四十年代的晋西北、晋中为例 ……… 王先明（577）
研究经济史的一些体会 ………………………………… 吴承明（609）
抗战时期中共的减租减息政策与地权变动
　　——对山东根据地莒南县的个案分析 ……………… 王友明（613）
知县与地方士绅的合作与冲突
　　——以同治年间的广东省广宁县为例 ……………… 邱　捷（642）
民国时期婚姻行为研究
　　——以"五普"长表数据库为基础的分析 …………… 王跃生（670）
"量中华之物力，结与国之欢心"新解 ………………… 王开玺（695）
抗日战争时期宪政运动若干问题的再研究 …………… 闻黎明（704）
晚清民初现代"文明"和"文化"概念的形成
　　及其历史实践 …………………………………………… 黄兴涛（728）

民国电影检查制度之滥觞*

汪朝光

电影是一门诞生历史刚过百年的新兴艺术,由于其幻觉性、逼真性、现实性及其时空扩展的无限性,电影对观众的影响力较之其他艺术形式更为直观与形象,也更深入人心,因此引起的社会关注也远远超过其他艺术形式,并往往越出艺术范畴之外,而与当时的社会、政治、文化、风俗背景密切相关。电影检查制度就是这种大背景之下的产物。随着电影业的发展及其影响的不断扩大,各种宽严不一的电影检查制度也在世界各国先后出现,并随着时代的发展和国情的差别,变化着其不同的内容与表现形式。本文的主旨,是透过民国电影检查制度之滥觞,探讨电影检查制度在中国产生的历史背景、具体内容、实际运作及其社会效果,以增进我们对电影这一新兴艺术在中国的传播及其引起的社会反响之认识,同时并可增进我们对民国社会及社会生活之更为全面的了解。[①]

---

* 本文原载《近代史研究》2001年第3期。

① 关于民国电影检查制度的研究,最早有戴蒙的《电影检查论》(商务印书馆1937年版)提供了一些基本史料,其后程季华的《中国电影发展史》(中国电影出版社1980年版)和杜云之的《中华民国电影史》(台北,1988年版)中有简略之叙述。已刊论文可见汪朝光的《三十年代初期的国民党电影检查制度》(《电影艺术》1997年第3期)、《国民党电影检查制度下的美国电影》(《中美文化交流论集》,中国社会科学出版社1999年版),张新民的《国民政府の初期映画统制について》(《历史研究》(大阪教大)第33期)。上述论文主要讨论了国民党政权初建时期的电影检查制度,而对其更早的起源涉猎不多。本文曾得台北"中研院"近代史所陈永发研究员和余敏玲博士指教并提供修改意见,谨此致谢。

一 民国电影检查制度之创立背景

1896年,刚刚诞生不过一年的电影由外国商人带到了中国,在上海首次放映,被国人评为"开古今未有之奇,泄造物无穷之秘。如影戏者,数万里在咫尺,不必求缩地之方,千百状而纷呈"①。这样一种新奇的艺术形式,很快引起了国人的兴趣与商人的注意。不过十余年的时间,一些大城市中已经有了电影的商业性放映。早期电影多为自然风光和人们日常生活状态的实录,这些来自外洋的新鲜玩意,使久浸于传统艺术形式,并且还不大容易迈出国门的国人得以领略到外部世界生活的方方面面,引发了观众强烈的好奇心。当时人对电影的感受以正面为主,推崇看电影"益处很大,无论哪一等人常看,都可以增长许多的知识。第一是开眼界,可以当作游历,看看欧美各国的风土人情,即如那名山胜水,出奇的工程,出名的古迹,冷带热带,各种景致,各种情形,至于那开矿的、耕田的、做工的、卖艺的、赛马的、斗力的,种种事情,真如同身历其境,亲眼得见一样"。也正因为当时的影片是以自然记录为主,来自异质文化的冲击还不大,因此有论者认为,外国电影中"有许多的道理,很可以劝善戒恶,叫人警醒。余外还有那离奇古怪的片子,也可以开心散闷,人得了闲,时常看看,岂不比听戏强的多么?中国戏,小孩子们看了,坏处很多,好处极少……那些淫荡不堪的戏,最容易引诱坏了青年的子弟,不用说了。就是那好戏,也不免夹杂着邪说迷信,毫无道理,最能够锢蔽人心,人能把爱看戏的心,移在看电影上,管保他有益处"。② 如今看起来,这样的议论虽不无偏颇处,但却反映了当时一些人(实为部分知识分子)对电影的好感。③ 但是,正是对

---

① 《观美国影戏记》,《中国电影发展史》第1卷,第9页。
② 《看电影大有益处》,《大公报》1909年2月5日。
③ 有意思的是,一向保守的清皇室对电影放映表现出较为开明的态度。1904年为慈禧太后70寿辰祝寿,1906年端方自外洋考查宪政回国时,都曾在宫中"放电影自娱",而且两次均因电机故障,发生炸裂,后一次还死了人,但此后宫中放映电影并未因此种"不吉利"而被禁止(《中国电影发展史》第1卷,第10页;郦苏元、胡菊彬:《中国无声电影史》,中国电影出版社1996年版,第8页)。

电影的这种认识，反映出中国文化传统中潜含的对于道德教化的期待，而一旦看电影不再有他们期盼的"益处"时，对于电影的负面评价便不可避免。

随着电影的发展，故事片成为电影主流，其中既有社会生活的自然反映，更有通过艺术方式表达的人生观、价值观与文化观，而这些观念，不说在社会文化背景迥然不同的国度会引起争议，就是在一个国家内部，也会由于社会阶层和生活环境的差别而引起不同的反响。更重要的是，电影的表现形式易于再现生活与影响生活。从社会学角度而言，电影具有都市性（放映集中于城镇）、大众性（观众之多远胜于其他艺术形式）、集合性（共聚一堂的观众易产生群体意识），故而电影情节可谓道路相传、口碑甚烈，较易产生社会影响。如同时论所称："盖小说非略识之无，粗通文理，不足玩索个中之滋味。而影片则显著之状态，村娃乡农，一见即知，无烦索解。制片者为贸利起见，往往刷印此项影片，迎合社会心理，以冀营业之发达。不知秾情艳态，易导人以桑濮之行，冥冥中隳坏名节不少。"① 电影既被认为如此易于影响观众，对电影进行检查的主张，便较易得到社会认同。

民国年间电影检查呼声的出现，与故事片上映的日渐增加有着密切的关系。第一次世界大战结束后，美国影片取代一度流行的法国影片，占领了中国市场。此时正值美国开始流行连集侦探片，如《火车盗》《铁手》《黑衣盗》《蒙面人》等②，在这些影片中，"有形形色色的坏人，如强盗、暴徒及黑社会人物，都是外国的，不是中国的，以前亦未见过。坏人干坏事，亦是形形色色，如抢劫绑架，谋财害命，奸淫掳掠，杀人拒捕……宛如坏人展览会，描写得像英雄好汉，叫人眉飞色舞。侦探片好像坏事教科书，叙述得出神入化，使人兴趣盎然"③。遂有论者谓："自侦探长片输入而后，国内之盗劫偷窃之数，遂与此等影剧之流行而同增。且其所用之方术，亦即本影剧上传来之西方方法"，因此，"侦探长片实

---

① 遯：《影片之宜取缔者》，《大公报》1919年7月5日。
② 这些影片均为当时在中国上映时的译名，原名如何，今多已不可考。
③ 程步高：《影坛忆旧》，中国电影出版社1983年版，第38页。

有百害而无一利"。① 这些案件中尤以被搬上银幕的阎瑞生案最为轰动。1920年,上海某洋行买办阎瑞生,为图财害命,勒毙妓女王莲英。案破后,"阎瑞生在审讯时,供认谋杀情况,都从美国侦探片看来的。案件的本身,的确就是一部外国侦探片的翻版"②。论者将都市治安的恶化归于美国侦探片,但其时治安是否有明显恶化尚待考查,而即使此种恶化为事实,当亦有更为复杂的原因,远非归之于看了几部作案片便起而效法之简单。③ 不过从当时人的评论中,我们可以领略到电影所受的关注及其处境迥异于他种艺术形式之现实。

美国影片中的华人形象对民国电影检查制度之创立及其发展有着更为久远的影响,因为这些华人形象造成了中国人普遍的反感。当时在美国银幕上出现的华人,要么是杀人越货的凶徒,心狠手黑;要么是无知无识的弱智,形容猥琐;而且常出现长辫、小脚、抽鸦片、吐痰等描写。时人认为,这些片中"需用中国人处,不是充盗匪的下手,就是做人家的仆役。且必囚首垢面,弯腰屈背,形状秽琐,丑态可憎,有意侮辱中国人,实足引起国际恶感";"加之扮演者虽似我国人民,但泰半为他国人任之,故诬我尤深。即真有我国人任之,亦以久居异邦,对祖国社会情形不无隔膜,以之表演之事物,皆根据外人所作小说之理想,凡我国人士曾见此种影片者,无不认为耻辱"。④ 因此,这些影片在国内上映后引起了国人的关注和抗议,斥之为"辱华"影片。近代中国的弱势地位及受列强欺凌之现实,使骄傲于古代中国之发达强盛的国人对自身形象之海外反映倍加敏感与关注,如果我们将其称为民族主义情怀,则此一

---

① 师毅:《影剧艺术价值与社会价值》,中国电影资料馆编:《中国无声电影》,中国电影出版社1996年版,第539页;周剑云:《美国影片的两大劣点》,《电影月报》第7期,第7页。1919年,天津警察厅亦有训令给各警所云:"近今津埠盗案多乘摩托车行劫,推其原始,皆受电影之教诲。盖在电影未有此种影片之前,人民尚不知有此种技术,自影片指导,遂以增匪之智,而变幻更日出不穷";要求"该管区署,严行检查,如有该项海盗海淫之影片,饬即禁演,倘屡戒不悛,并即逮案,依法罚办"(《令取缔不良电影》,《大公报》1921年11月1日)。

② 《影坛忆旧》,第41页。

③ 人们对治安恶化的关注往往源于传媒的报道,而由于传媒的作用,个案的意义可能被放大,从而使受众得出今不如昔之印象。作者因未见当时犯罪的社会学统计,因此该项犯罪是否即与电影直接相关尚待研究。

④ 谷剑尘:《中国电影发达史》,中国教育电影协会编:《中国电影年鉴》,1934年版;《改良中国影片事业之先声》,《申报》1922年8月22日。

民族主义情怀贯穿于民国电影检查制度之始终。

第一批国产长故事片的拍摄上映,在民国电影检查呼声的高涨方面起到了特别的作用。1920年阎瑞生案发生后,因该案有新闻价值,情节离奇曲折,其中之洋场妓女、恐怖谋杀、千里追捕,直至最后凶手归案并遭枪决等情节,正是市民百姓之谈资。有眼光的生意人,纷纷用各种艺术形式,如新剧、说书等,将该案搬上舞台,票房甚佳。这也刺激了电影从业者,1921年,中国影戏研究社将此案拍成中国第一部故事长片,以真人真事、实地真景为号召,结果上映后,"观者挤拥"、"打破常人之意料"、"连映一星期,共赢洋四千余元"。[①] 该片虽获得了高票房,但却因其写实性而被舆论批评为"在彼固以为揭发社会黑幕,使人警惕于中,实则迎合社会弱点,未见其警惕,反得其凶淫,何善之有";"这类半写妓家猥亵之琐闻,半写强盗杀人的写真,惟有诲淫诲盗四个大字足以当之"。[②]

1922年,明星公司的《张欣生》一片使社会对所谓"不良"影片的反感更上一层楼。与《阎瑞生》相仿,影片《张欣生》也是根据张欣生谋财杀父案的真实故事拍摄,全片"俱就实地摄取,即演员之面相,亦必使与本人相似,而表演之真实,剪接之合度,尤为是剧特色"。结果上映后,"连日售座异常拥挤,后至者俱纷纷退回",票房更超过《阎瑞生》,开映一周即达到了6683元,各影院不得不加映演出场次。[③] 但该片尤甚于《阎瑞生》的,是出现了种种残酷镜头。据看过该片的著名电影导演程步高回忆,"影片重点放在开棺验尸,开膛破肚,把五脏六腑都挖出来,逐件剖验,事前用湿面粉仿制,涂墨水作人血,用特写镜头放大拍摄,看来真是恐怖吓人,肮脏起恶心……小孩子看了要叫要哭,妇女

---

① 徐耻痕:《中国影戏之溯源》,《中国无声电影》,第1327页。据徐文记载,《阎瑞生》一片之影响遍及当时各大城市,甚至香港亦曾上映该片,而该片票房收入之好,使"中国影戏足以获利之影像,始深映入华人之脑",从而直接刺激了国产电影业的迅速发展。

② 醉星生:《银幕春秋》,《中国无声电影》,第1316—1317页;上海电影志编纂委员会:《上海电影志》,上海社会科学院出版社1999年版,第180页。同样是反映阎瑞生案,各种剧目之编演均早于电影,并与电影同时在报上有大幅广告,然似未引起特别的反对声浪,唯独电影不同,于此亦可见电影之较易引起社会关注。

③ 《明星新摄之张欣生影片开映》《张欣生影戏增加映演次数》《张欣生影片映演之经过》,《申报》1923年2月19日,3月3、8日。

们看了要逃跑,做恶梦。我亦看过,冷汗一身,使人不敢卒视,亦不忍卒视……最主要的,对观众精神上、心理上、生理上、感情上,都起不道德、不卫生、不健康、不安静的坏影响"①。因此该片上映后,不仅招致舆论的批评,而且有人直接上书教育部称:"近日电影片中于海淫海盗外,罪尤加等者有二,一为阎瑞生影片,一为张欣生影片……写者必欲取穷凶极恶,描写尽致,宣扬其姓名,流传于世界,此尤不可忍矣。夫电影原为娱情悦目之具,试问此类事实情有何娱,目有何悦,得之传闻尚当掩耳,而今竟争先快睹,则不啻制此片者之别具肺腑,即观者亦全无心肝矣。以上二影片可否函致警厅迅饬禁止,于人心风俗所关匪巨。"②

主要是由于上述中外侦探、犯罪题材影片引起的负面社会影响③,国内出现了对电影社会效果的担心,从而引申出对电影施行检查的要求。1922年7月,中华教育改进社在济南开会,"曾议决取缔电影一案,所定积极消极两项审查标准,颇有可资参考之处"。次年,江苏教育会上呈江苏省省长公署,认为:"近年国内渐已自制影片,倘取材不慎,弊害尤多,即如阎瑞生、张欣生一案,皆已扮摄表演,此等影片皆取社会罕见之惨恶状况摄影流行,实不能收欣赏感化之效果,本此一推,对于制造影片一事,苟非加以取缔,亦将为导恶源泉。为敢呈请鉴核,并案办理,以维风化,社会幸甚,教育幸甚。"④ 接着,上海总商会和五马路商界联合会亦致电省长公署称:"近年以来,沪上此类营业日益加繁,而人民嗜此者亦日众,果能将影片种类,严加选择,去劣留良,则人民于淑性陶情之中,可兼收易俗移风之效。无如影片来自外国,纯驳既不一致,而营业者为揣摩顾客心理起见,又专喜寻取奸盗邪淫之事实,以博庸众之

---

① 《影坛忆旧》,第70—71页。
② 嵩堃:《请禁止电影〈阎瑞生〉、〈张欣生〉影片议案》,中国第二历史档案馆藏北京政府教育部档(以下简称二档),档号一〇五七—553。
③ 由于东西方不同的性爱观,外国影片中的男女关系描写也是国人注意的重点之一,曾有论者谓,电影"若流入男女爱情,则其伤败风化,较淫词小说为尤甚"(邂:《影片之宜取缔者》,《大公报》1919年7月5日)曾有报道称,上海上映的法国片《风流皇后》(Atlantidl)中,女皇"轻衣半裸,懒然偎卧软绒之中,屡作穷奢极欲之态,殊有伤于世风"(《各影戏院二月之回顾》〔三〕,《申报》1923年3月5日)。但此处所谓的"轻衣半裸"更有可能是记者的形容词,而非电影的真实场景。
④ 《取缔有碍风化影片之呈请》,《新闻报》1923年4月8日。

观听，其有裨风化者，转居少数"；"商界子弟，血气未定，鉴别力本极薄弱，若再以此等影片日渐灌输，恐数年间所受义务教育之功用，尽为其摧毁于无形"；"且此项影片，日渐通行，将来受其影响者，不仅沪上一隅，应请钧署据情咨商内务部，迅订检阅取缔之章程，颁行全国，以挽薄俗，并请于专章未经订定之前，先由钧署令行淞沪警察及江苏特派交涉员，于内地及英法两租界内，将有碍风化之影片，先行分别设法取缔"。①

综上所述，对于道德教化的关怀与民族主义情感是创立民国电影检查制度的两个基本因素，前者与各国电影检查制度的起源大体一致，后者则源于中国近代的特殊环境。而在这一制度的创立过程中，教育界所起的特殊作用体现了电影检查的本土特色。②

在民国电影检查制度的初创期，国家机器在其中所起的作用有限，因为北京政府实际统治能力的限制，不足以使它建立起涵盖全国的、有权威的中央电影检查机构；而北京政府的实际控制者主要为北洋系军人，他们自身现代意识的欠缺，也使他们的注意力尚未及于电影。③ 电影检查制度在中国的主要宣传者、支持者与实际操作者，起初主要来自教育界，从而打上了这一阶层的独有印记。

清末民初之世，中国积贫积弱，人们都在寻求救国之道，教育救国的理念曾风行一时。所谓"教育是万能的！今日憔悴凋敝、德智薄弱的社会，求根本救济之方，除了教育，恐是没有别的方法了"。在这样的背景下，作为新兴艺术的电影刚进入中国，就以其强有力的社会影响引起了知识界的注意，所谓"社会有一样艺术，包含着很强烈的教育的可能性，不论在何等阶级性别实施下，可以发生同样教育作用的效果。这就是戏剧，及戏剧性的艺术品电影"④。在当时一些论者的笔下，电影首先

---

① 《总商会电请取缔影片》，《新闻报》1923年3月18日；《函询取缔不良影片之情形》，《申报》1924年6月5日。

② 如果与世界电影第一大国美国相比，宗教势力在美国电影检查中的影响较为突出，请参阅邵牧君《禁止放映——好莱坞禁片史实录》，上海文艺出版社2000年版。

③ 北京政府没有所谓的文化政策，也不注重意识形态与宣传的功用。与国民党高级官员（如陈立夫等）关于电影的诸多言论相比，我们没有发现北京政府高层官员对电影有何见解。这种差别，对于需要国家机器支持的电影检查而言是有重要意义的。

④ 徐观余：《电影在社会教育线上的使命》，《中国无声电影》，第550页。

不是一门娱乐或产业,而是补助教育的工具,增广见闻的珍品,改良社会的指南针;对内表扬本国的民性,宣传本国的文化,介绍本国的风俗;对外则表演民族精神,联络国际友谊,沟通国际文化。因此,"为国谋改造计,为世界谋大同计,自不能不借重影戏"①。电影被赋予了如此之多的社会教育功能,实际与中国传统的"文以载道"观念相吻合,这也就难怪教育界人士对电影最为敏感、对电影检查最为强调了。因此,我们今日所见之国人的电影观感,实为掌握了话语权力的知识分子之观感,这其间既渗透着国人固有之道德教化理念,也有知识界对新事物的敏感。正因为教育界在电影检查过程中占据了主导地位,因此他们的审查理念在消极的禁映"坏片"之外,还着重于积极的提倡"好片",以使电影起到更大的教育作用。总之,"多看一次电影,多增一分智识,娱乐尤在其次也"。②

在民国电影检查制度的初创过程中,通俗教育研究会起到了至关重要的作用。1915年7月,通俗教育研究会成立于北京,以"研究通俗教育事项,改良社会,普及教育"为宗旨,由教育部、学务局、京师警察厅指派人员参加,另聘大学教职员、教育会会员及其他有专长者若干人为会员,会长由教育总长指定并受其监督,经费亦由教育部支给,多少有些半官方机构身份。根据该会章程,其下设之戏曲股负责"活动影片、幻灯影片、留声机片之审核事项"③。因此,通俗教育研究会对于电影检查负有正式的责任,但该会成立时,电影的放映市场及社会影响尚不及20年代之广大,因此所谓"审核"云云自无从提起。而当电影放映逐渐普及,电影检查呼声渐起之后,由通俗教育研究会担当电影检查事项实为名正言顺。此外,由于该会在一些省份有分支组织,更便于其在广大地区内行使检查职能。

1923年10月,通俗教育研究会因"电影一项,近来风行各埠,影响社会较戏剧为尤深,其中所映影片有裨世道人心者固多,而诲淫诲盗亦

---

① 煜文:《电影的价值及其使命》,《中国无声电影》,第433—439页。
② 尹民:《电影在娱乐上之价值》,《中国无声电影》,第531页。
③ 《教育部关于设立通俗教育研究会呈并大总统批令》(1915年7月18日),《中华民国史档案资料汇编》第3辑文化分册,江苏古籍出版社1991年版,第101—103页。

所难免"，因此致"函警厅饬各影场，仿戏园之例，将所演戏目先期呈送"该会审核。次年4月，该会在致教育部的呈文中，认为："近日调查，最近所演影片有为害最甚者二种，一为阎瑞生谋害莲英案，一为张欣生谋产案……心理简单之人民，智识粗具之学子，喜其新奇，争先快睹，使此等残忍惨酷之状日接于目中，于人心播为风俗，其贻害于社会教育实非浅鲜。本会为防止流弊起见，拟恳咨行内务部通令所属一律严禁。再查此项影片系在上海租界制造，并请转咨江苏省长转饬驻沪交涉员，请领事团查取此项影片，即行销毁，以禁邪恶，而维风教。"教育部主管官员对此批称："咨行内务部查照办理可也。"①

无论如何，自20年代初期起，国内的电影检查呼声渐成潮流，而且得到了社会的普遍认可，其实行呼之欲出，民国电影检查制度由此开始进入其创立时期。

二 民国电影检查制度之初创

从严格意义上说，电影检查是在电影片完成后上映前进行检查，然后决定其通过或不通过。但是，在这样的电影检查制度建立之前，国内已经有了对电影院的管制条令，此或可视为电影检查制度的雏形或变形。

1906年11月，因"京师戏园向不准演夜戏，刻有西人在三庆园演电光跳舞各戏，因而各戏园拟禀请总厅援照开演夜戏"。警厅"对于此事并非骤然批驳，唯令各园均俟电灯全点之后，方可开办"；而民政部"以三

---

① 《通俗教育研究会为禁止上演不良影剧呈并教育部批令》（1924年4月23日），《中华民国史档案资料汇编》第3辑文化分册，第176—177页。有论者称《张欣生》"遭到禁映"（《中华民国电影史》上册，第69页），虽无出处，或来自于此。1924年2月24日，浙江绍兴县知事接省长训示："近日中国各埠戏园大都好为新奇，多演海盗之剧以取悦庸者，图营业之计，展实于人心风俗大有妨碍，如张欣生之谋杀案之类，近经上海众团体提称禁演映影戏并经内务部核准通令有案。"（陈华忠主编：《绍兴电影纪事》，浙江古籍出版社1996年版，第6页）故《张欣生》曾遭"禁映"的说法不为无因。但同时亦有报道称，由于《张欣生》"备受各界欢迎"，致函影院"要求续映者亦颇不少"，直到1924年5月，上海还有电影院在放映该片，并于是月运往武汉放映（《〈阎瑞生〉片映于中国大戏院》，《申报》1924年5月20日）。同时，江苏审电会对《张欣生》一片也表示了基本肯定的态度（详下文）。因此，该片是否确遭禁映或仅在部分地区禁映，尚待更多史料证实。

庆园每晚开演电戏,前往游观者人数甚多,难免有滋生事端之患,故拟饬令停演,以期地方安靖"。① 次年,御史俾寿上奏,认为"近日各戏园夜间添演电影,男女均准入座,而电影又非将灯光全行收暗不能开演,流弊尤不可问",而且"前者三庆园因电机爆响,男女逃避,倾跌奔扑,甚不雅观",请饬令禁卖女座。警厅认为,影院男女分座于楼上楼下,各有出入途径,凡有伤风化影片一律禁演,且有巡警往来值勤,不可骤然禁止。此后,给事中王金溶再度上奏,要求对"外城戏园开演夜戏,着民政部即行禁止"。但外城警厅仍认为,"外城戏园所演电戏,本厅有规则以取缔之,有警员以监临之,有时间以限制之,尚无妨碍之处"。② 由此可知,清末电影的放映在"京畿重地"之北京有过争议,而主张禁映者的重点在于夜场有碍治安与"雅观",他们要求的实际是对电影放映的限制,而不是对电影本身的检查。但警厅称对电影"有规则以取缔之",可见当时已有上映影片之标准,不过因为该报道未予明言,我们尚不知这种标准的具体内容是什么。

还是在1906年,先后有希腊、奥地利、意大利、俄罗斯等国商人,申请到吉林省放映电影,而吉林地方当局概复以"碍难照准",理由是"吉林省城既非通商口埠,未便准外人演戏",且"与地方情形有所窒碍,未便转饬准演"。③ 1909年7月5日,浙江省垣警察局总办因屡有人禀开影戏,便以"电影有涉危险,未便轻视",出示禁止上演,规定"后有禀请开演电影,俟本总局订有专章,再行照准"。④ 这些都是对电影放映的规定,而非本来意义上的电影检查。1911年6月,在中国最早放映电影的上海,上海城自治公所公布了有关放映电影的条例,规定"开设电光影戏场,需报领执照";"男女必须分座";"不得有淫亵之影片";"停场时刻,至迟以夜间十二点钟为限";如有违反,"将执照吊销,分别惩罚"等。⑤ 上述各条,除"淫亵"一项关乎电影内容外,其余各条文均为关于

---

① 《将开夜戏》《缓开夜戏》《议禁电戏》,《大公报》1906年11月18、23、29日。
② 菲楠:《光绪三十三年京城上映电影之争》,《历史档案》1995年第3期。上述要求禁映电影的最终结果如何并无定论,从现有史料看,实际禁映的可能性不大。
③ 《清末吉林省电影放映史料》,《历史档案》1995年第2期。
④ 费静波主编:《浙江电影纪事》,浙江古籍出版社1993年版,第1页。
⑤ 杨德惠:《电影史料》,《中国电影发展史》第1卷,第11页。

电影院的管理规定，而当时电影的内容以自然风光与风土人情为主，此类禁令的实际意义尚未凸显。

清末十余年间，我们所见较为接近于本来意义之电影检查的有一例。1910年底，"美国有一宗形容决斗之电影，美人因其易于诱发青年勇于私斗之恶习，悬为厉禁，不许奏演。迩来此项电影在上海各租界开演。近闻民政部已派人暗地调查，如果有二人决斗及各等坏人心术之电影，查有实据后，即禁其至内地开演，以维风化"①。因为资料原因，此事的结局我们亦不得而知。因此，终清之世，虽然在若干城市里已经有了商业性电影放映，但严格意义上的电影检查尚未出现。

民国肇兴至20年代，中国建立电影检查制度的条件逐渐趋于成熟。首先是电影放映市场的扩大，据统计，20年代中期，国内电影院总数已达到140余家（不包括台湾、香港与澳门），其中上海、北京、哈尔滨、汉口、天津等大城市的影院数已超过10家。② 电影院的上映片目日渐增多，除了进口影片外，20年代中期，国人所开之影片公司亦大增，1926年故事片产量首次超过百部，出现了民国时期的第一个高峰。这样大的放映数量，使对电影的审查管理成为规范市场的一种客观需要。其次，由于当时放映的电影出现了一些"不良"的社会反响，被国人批评为"能感化人之性情，刺激人之精神，改化一地风俗，助文化进步等之影片，竟如凤毛麟角"③。因此，对电影进行检查的呼声日渐高涨，而且得到了社会的普遍认同，所谓"审查一举，势不容缓"，"审查情节，所以维持国家底体面，和社会底风化；审查成绩，所以鼓励摄片者的谨慎，和保全电影界底信用"。④ 正是在这样的背景下，民国电影检查制度开始浮出台面。⑤

江苏省教育会电影审阅委员会的成立可视为较具有本来意义之电影检查制度的开端。该会成立的确切时间现不可考，但该会活动初次见于

---

① 《民政部取缔电影》，《大公报》1910年12月27日。
② 程树仁：《中华影业年鉴》第33章，中华影业年鉴社1927年版，第3—41页。
③ 罗树森：《余希望于中国电影界者》，《申报》1925年10月27日。
④ 凤昔醉：《影片审查问题》，《中国无声电影》，第139页。
⑤ 由于史料的缺乏，本节对1927年以前之电影检查制度的叙述只能以个案为例证，全面的情况当待今后研究之不断深入。

传媒为1923年7月2日，而江苏省长公署对上海总商会要求进行电影检查的复文为当年3月，因此该会成立时间当在3月之后，7月之前。① 该会由江苏省教育会组织，有委员10人，并首次定出了电影检查的具体标准为：(1) 确合教育原理，能于社会发生良好之影响者，得加入"曾经江苏省教育会电影审阅委员会认可"字样，以寓表扬之意；(2) 通常影片，但为营业关系，可无流弊者，本会不加可否；(3) 如确系有害风化，曾经本会劝告，未经改良者，本会当请官厅干涉。② 该项审查规则，体现了上节所述，在禁止"坏片"之同时提倡好片的精神，其表扬、不加可否和需要禁止的影片各占三分之一，与一般电影检查只着重于禁条规定有所不同。

1923年7月2日，江苏电审会首次开会，审阅明星公司出品的《张欣生》，先由明星公司叙述拍摄该片之初衷，是"注意于遗产制度、家庭教育、社会环境三大端，使观者知欣生弑父之原因，而引起改革社会之意"。审阅委员"谓此剧以法律为归束，以报应为主旨，编制颇佳，惟间有一二处须加删改"，决定于日内集会讨论。③ 两天后，电审会再次开会，认为《张欣生》全片均系演明事实，且属果报之意，尚无不合，惟以烟赌造成罪恶之原因尚少说明，应于三犯执行死刑时，补入忏悔语以表明之。如照改后，适合本会所定标准第二条。④ 《张欣生》一片为电影检查呼声高涨的动因之一，而该会却未提出禁映要求，反予通过，在因果相报、"尚无不合"的表面原因之外，也反映出江苏电审会缺乏强制性禁片之权力。其后，江苏电审会又陆续审查通过符合该会标准予以表彰的影片20余部，其中有1925年明星公司出品的《冯大少爷》，"为有财产而不能教育子弟者当头棒喝，事虽平淡无奇，警世之意实深，艺术亦佳"；1926年民新公司出品的《玉洁冰清》，"志趣纯洁，描写黄伯坚处势利社会中，独能抱定富贵不淫之精神，历尽艰苦，以与环境相抗，钱孟琪虽

---

① 关于该会之工作，据报载，1926年12月，该会举行当月常会，似此该会可能每月开会一次。但1927年3月，该会才召开第10次常会，如每月开会一次，与其成立时间不合。(《省教育会明日开电影审阅会》，《苏省教育会开电影审阅委员会》，《申报》1926年12月11日、1927年3月7日) 因此，该会实际工作以不定期最为可能。
② 《省教育会审阅明星片之评语》，《申报》1923年7月5日。
③ 《省教育会审阅影片》，《申报》1923年7月3日。
④ 《省教育会审阅明星片之评语》，《申报》1923年7月5日。

出豪家，独能不染尘垢，处处为伯坚谋，为老父计，用心良苦，于二房东之厄于经济时，又能以恕道待人，尤足风励末俗，艺术方面，亦多可取"；1926年神州影片公司出品的《难忘了妹妹》，"艺术优美，剪接合宜，亦觉无懈可击"。①

江苏电审会名为江苏省属，实际其检查所针对的主要是上海电影公司的出品和上海电影市场。上海是当时中国人口最多、工商业最为发达、平均经济文化水准最高、对外交往最为密切的大城市，有着最为兴盛和成熟的电影市场及制片业。20年代中期，上海的电影院数量已近40家，远远超过其他城市，票房收入超过全国总收入的一半，一部投放市场的影片能否收回成本直至盈利，基本依赖于上海市场；而制片业更是一枝独秀，影片产量占全国总产量的95%以上（不包括台湾与香港），上海影业实际就是中国电影的代名词。上海的各种社团组织化程度较高，传媒也较为发达，要求进行电影检查的呼声基本上是通过他们而公之于众。而此时江苏全省（不包括上海）的电影院数量尚不超过10家，而且没有一家电影制片机构。但江苏电审会基本上仍为民间组织性质，成员多出于教育界，所考又多从电影的教育功用出发，审查标准较为宽泛与宽容（可以《张欣生》的审查为例），在见之于传媒的报道中，没有该会曾审出"有害"影片的报道。② 而且该会的审查基本上是在电影上映后而非上映前，与电影检查的初衷仍有一定距离，实际功效显然有限。虽然该会审查标准里有"曾经本会劝告，未经改良者，本会当请官厅干涉"，但我们并未发现官厅干涉的具体事实。③ 正因为如此，各电影公司对审查并不

---

① 《中华影业年鉴》，第42章，第3—11页；《苏省教育会电影审阅会开会纪》，《申报》1926年7月12日。

② 明星公司的《顽童》与《劳工之爱情》两片中偷果一节，被江苏电审会认为可使儿童受不良之影响，应予劝告酌改后，合于标准第二条。（《省教育会审阅明星片之评语》，1923年7月5日《申报》）但我们未见审出符合该会标准第三条影片的报道。

③ 传媒曾有报道，上海市公所曾因世界影戏园放映模特儿影片，攸关风化，饬令不准再演。（《市公所取缔开映模特儿》，《申报》1926年3月25日）但此事与江苏电审会无关。在江苏电审会成立的同时，淞沪警察厅亦有《取缔影戏园规则布告》，规定电影院开演影戏前，须将剧本或说明书送警察厅审核，"如有奸盗邪淫妨碍风俗之影片，应即禁止开演"；影院男女座位不得紊乱；放映时间以晚12时为限；凡违背本规则者，依情节轻重，分别依法处罚，或勒令停演闭业。（《中华影业年鉴》第43章，第1—3页）该布告的基本点仍着重于电影院的管理，且并无与江苏电审会的工作联系。

重视,江苏电审会的工作也被一些论者讽为千篇一律、似是而非的"老学究的朱批","在组织的方法上,不能令人无言;在审查的方法与态度上,则殆属刺谬百出";"条例既如此简单,而出席委员又只要三人以上,审阅之后,不过加几句考卷式的批语,结果甲等占三分之一,乙等占三分之二,丙等简直没有,于是有的公司敷衍面子,送请审阅,有的公司置诸不理,这样一个不完备、不健全、半公半私的审查机关,自然毫无实力,难怪制片公司对于它也不加可否了"。①

较江苏为后,1926 年 2 月 3 日,浙江省会电影审查会在杭州成立。根据该会章程规定,该会由教育、警察两厅合组,经费亦由两厅筹拨,每两月开会一次;"省会各处制造新片及公开映片,一律须经本会审查预演一次,经审定后,给予许可证,方准租赁开映"。另据该会《审查规程》规定:"新片开映之当日午前九时起,本会轮推审查员二人,到场审查";"预映完毕,如片中情节动作字幕布景等,有违背善良风俗或妨害公共秩序者,审查员得知照该场,嘱其删除,并将删除情形,记明于许可证中,其情节太坏,无从删改之片,不给许可证";"倘有不依许可证删改情形而开映者,由该管警察署随时令其停映,并依法处分"。② 据目前所见资料,浙江电审会是当时体例最为完备、检查实施程序最为具体、并与警察权力相结合的省级电影检查机构,因而使该会较具典型意义上的电影检查功能,唯其检查标准仍较简单,而且由于缺乏后续报道,我们对其实际检查工作如何进行不得而知。

继江苏、浙江地方电影检查机构之建立③,中央一级的电影检查机构也在北京成立。1926 年 2 月,通俗教育研究会戏曲股成立电影审阅会,该会在呈请教育总长审核时称:"影剧一事,于社会教育关系綦重,其良者固足转移风俗,裨益社会,而稍涉偏激,亦易滋流弊,不可不详加审核,分别奖禁。"该会拟出了《审查影剧章程》共 10 条,规定国内外影片"均须经本会审定后方准映演",并规定有下列情形者"予以褒奖":

---

① 师毅:《对于省教育会的电影审查说话》、剑云:《电影审查问题》,《中国无声电影》,第 142、147—148、152 页。

② 《浙江教警两厅合组电影审查会》,《申报》1926 年 2 月 8 日。

③ 当时上海租界和东北日本属地(旅大及满铁附属地)亦有电影检查机构,有关情况,作者拟另文探讨。

事实情形深合劝诫本旨者、有益于各种科学之研究者、于教育上确有补益者；有下列情形者"应禁止之"：迹近煽惑有妨治安者、迹近淫亵有伤风化者、凶暴悖乱足以影响人心风俗者、外国影片中之近于侮辱中国及中国影片中之有碍邦交者；有下列情形者"得令其裁剪或修改之"：情节乖谬不合事理者、形容过当易起反感者、意在劝诫而反近诱惑者、大体尚佳间有疵累者。该章程经教育总长易培基批复：均称妥协，应准照办。① 此章程对检查标准的规定，是民国电影检查制度初创过程中最为详尽的一次，不仅有各地检查标准中均有的关于"治安""淫亵""风化""风俗"等的禁令，而且第一次列入了关于"辱华"和"有碍邦交"的内容②，从而使电影检查在道德关怀之外，有了一定的意识形态或政治意味。③ 因为北京政府的实际权力有限，因此该电审会的主要工作只能局限于北京，但如前所述，上海才是中国最大的电影制作基地和放映市场，任何权力不能及于上海的电影检查机构，其功效不能不有很大的局限性。

根据上述电影检查章程和标准，通俗教育研究会电审会对北京上映的影片进行了审查。以1927年12月27日至1928年3月24日这三个月为例，该电审会为北京8家影院共审核影片115部，未发审定证者为《母女争宠》《蝴蝶争花》《探亲家》《代理阔少》（又名《无

---

① 《教育部关于审查影剧章程施行事致通俗教育研究会指令》（1926年2月18日），《中华民国史资料汇编》第3辑文化分册，第177—178页。此处与《中华影业年鉴》所载《北京教育部电影审阅会章程》有所不同，后者对禁演片规定"得呈明教育部转行该管官署禁止或剪裁之"，对修改片规定"得由本会直接通函劝其缓演或酌改"（《中华影业年鉴》第42章，第1—3页）。就目前所见资料而言，北京政府"官署"是否介入电影检查还难以遽下定论，但据报道，"教育部前因影片与社会风俗甚有关系，曾订定审核影片章程，公布在案。兹查各制片公司，对于此事多视为其文"（《教育部实行审核影片》，《申报》1926年9月24日）可知当时国家机器与检查权的结合至少是不完全的。

② 尽管舆论对于美国"辱华"影片多有批评，但在最初的电影检查中，并无这方面的禁止性规定。此次虽拟出了禁止规定，但仍无实际运用的报道。对于美国"辱华"影片的实际禁止，直到国民党统治时期才得以实现。关于国人对美国电影之观感及国民党统治时期对美国电影之检查，请参见汪朝光《泛政治化的观照——中国影评中的美国电影》（《美国研究》1996年第2期）及前述之两文。

③ 牵涉政治的电影检查，可见北京政府内务部致华北、东北、西北10省区函，要求对于"以废除现有社会之组织为其表演之目的"的苏联"宣传"影片，应"转饬注意"。（《关于禁止放映苏联宣传影片的文件》（1928年3月），《中华民国史档案资料汇编》第3辑文化分册，第179页）

愁女儿》)等片,其中只有《代理阔少》一片,因海淫无法裁剪,由该会会同警厅嘱其勿庸映演,其他各片未予说明,估计应为删剪后上映。在被检查的其他影片中,《浮花浪蝶》剪去男女泅水一幕,《深宫情侣》剪去长时间接吻两段,《快乐舞女》剪去长时间接吻勾脚两段,《风流剑侠》剪去船中接吻一段。① 这是目前我们所见民国初期电影检查中最为详尽,也最具实际效应的一份检查清单,由此可知,当时北京的电影检查已较为规范,而实际查禁的内容仍以"风化"类情节描写为主。②

通俗教育研究会电审会仍非政府机构,而民国电影检查的趋势是向中央集权的强制性检查方向发展。1928年4月,北京政府内务部与教育部联合上呈国务院:"现在我国舶来影片既随处任意演映,而自制影片公司近来亦纷纷成立,所有编演各剧,是否足以奖善劝恶,不致引导奸邪,实属有益人心风俗,影响地方治安,自应亟速厘订妥善办法,切实检查,并为订定儿童准看与否之标准,不足以正人心而宁社会。兹经参照日本成法,酌加变通,由内务部、教育部拟订检查电影暂行规则暨中央检查电影委员会组织规则各一种,先行试办。"该两项规则规定,由教育部与内政部合组中央检查电影委员会,负责电影完成片和剧本的审查;该会设主任2人,委员16人,两部各出其半;凡该会认为"与公安、风俗、道德、教育及邦交上并无妨碍"之影片,可予通过;凡有妨碍者,得予以"删改、剪截或发还重制";认为于社会有良好之影响者,得由会中酌给奖励;如电影公司、电影院有违犯本规则之规定者,应停止其放映,并酌量处罚。③ 该两项规则于当月由国务会议"议决照办"。此时已临近北京政府的垮台,两个月后,北伐之国民革命军进入北京,此项规则实际已无法执行,但其若干内容为其后的国民党电

---

① 《通俗教育研究会审核电影片一览表》,二档,一〇五七—553。
② 北京也有关于电影院的管理规则。1921年5月,京师警察厅颁布《取缔电影院规则》,规定开设电影院者需有铺保,并呈报警察厅核准后,方许开业;影院"不得开演淫邪迷信、有伤风化等影片";电影院应每日将所演戏目分别呈报于警察局查核;"除包厢外,均男女分座";营业时间"夜间一律以十二钟截止"(《中华民国史档案资料汇编》第3辑文化分册,第175—176页)。
③ 《内务部与教育部会拟检查电影暂行规则暨中央检查电影委员会组织规则呈并国务院批》(1928年4月),《中华民国史档案资料汇编》第3辑文化分册,第181—183页。

影检查制度所承袭。

综上所述，北京政府时期可视为民国电影检查制度的初创期，其特点以检查体制的多样化、地方化与检查标准的宽泛性、道德性为表现。终北京政府之世，尚未出现全国统一的、有法律规范和严格标准的、强制性的电影检查制度。

三 余论——电影检查与电影艺术

自清末至民国，电影检查随电影放映的日渐流行而产生，并开始逐渐发挥其效用。但即便社会普遍认为，"电影总是有点法律限制才好"，人们仍然可以听到对于电影检查的不同声音。[①] 首先是电影该不该检查？有论者谓："艺术的电影，我以为不应该有工具的作用。艺术的作品，不应该有教训的色彩。有教训色彩的电影未尝不好，但是那不过是教训的工具，不是艺术底本色。我国人向来尊重含有教训式的东西，凡是含有教训式的东西都得称为有益世道人心，纯正的艺术品反不如那些含有教训意味而劣薄的东西那么受人重视"；"如果影戏是艺术，便应当有艺术的态度，有艺术的力量，不必徒着力于肤浅而简单的地方"。如果按照这样的理解，作为艺术的电影未必需要艺术之外的审查，即使需要审查，如该论者言："关于艺术的电影，非得有一班有艺术知识的人或团体去审查不可，而其标准亦当各异。"[②]

其次，由什么人进行电影检查？一般而言，行之有效的电影检查总与国家机器有或多或少的联系。由国家机器进行的强制性检查，效果立竿见影；而由民间组织进行的或行业自律式的检查，效果当然不及前者。

[①] 此节主要论及艺术对检查之反应，而作为电影检查的对立面，电影公司与电影检查有着更密切的关系。由于民国电影检查制度初创期的不完全强制性，其对电影制片的影响不大，并未引起电影公司的强烈反对。当时已有论者注意到电影检查与制片公司之间的矛盾关系，因为"大抵一片告成，无论其如何敷衍，如何潦草，必费若干之精神，若干之金钱，于其成功之日，莫不希望其能得观众之好感，获相当之盈余。苟于此时加以审查，使其停演，即勿论其影片之如何恶劣，必有所不甘。盖摄影片者，断不愿牺牲其精神与金钱也。"（君豪：《审查影片之我见》，《申报》1926年6月5日）于此反映出电影检查受制于电影产业特殊性的一面。电影公司与电影检查的关系牵涉更为复杂广泛的方面，为免枝蔓过多，作者拟另文探讨。

[②] 亦庵：《艺术的电影与工具的电影》，《申报》1926年9月2日。

就民国电影检查的初创期而言，检查体制基本是以民间或半官方为主，国家机器与检查权并未密切结合，但正向着国家控制的强制性检查方向发展。有论者担心，"现在的官吏，大多数缺乏常识，头脑昏聩，做事多与世界潮流及人民意识相违。若把电影立法完全交给他们，恐怕不免妨碍影业前途之发达，及真正善美的影片之制造与演布"；"若以电影委诸无甚常识之警察，去拿'有伤风化'四字随便乱来，亦恐有碍电影之进步"。他们建议"将电影之检查及取缔，归市民自理"，"几个委员代表公共的审阅，绝不如公共的直接监督"。[①] 不过，国家机器的介入是民国电影检查的发展趋势，尤其是在国民党上台之后。随着国民党掌握政权并巩固其权力，以国家法律形式出现的、与国家机器密切结合的、覆盖全国的强制性电影检查制度最终得以建立。

再次，电影检查的标准是什么？很显然，如果照当时人的理解，自然是道德标准为上。值得注意的是，最初主张进行电影检查的教育界人士，他们的文化水准与思想意识当属其时社会中较为进步之一群，与所谓墨守成规者应少干系，但他们心目中的电影检查标准，似亦脱不了传统之善恶相报或所谓伤风败俗之窠臼。有论者对此甚不以为然曰："艺术与礼教，有时乃大相冲突。譬之一女子，演戏时作骚形怪状，在艺术方面观之，演来有声有色，恰如其人之本分。但以礼教之眼光观之，则此种表演，实伤风败俗之举动也。然而将此处影片剪去，则全剧失其精彩。又如以中国因果言，恶人每不得善终，但西洋影片描写恶人，淋漓尽致，及其结果，则恶人均不死，而善人反相继凋谢。此大有太史公盗跖善终之感。想于艺术方面，亦至有价值。惟以中国礼教眼光观之，则又大不然。故吾意审查影片者，必具有此等艺术眼光，再宜时时研究西洋影戏，参酌中国情况，以定取舍，始足以服人。"[②] 然而，长期形成的审美标准及社会环境并非短时可以轻易改变，所谓"骚形怪状"之情景与"盗跖善终"之结局，此后一直是民国电影检查制度关注之重点所在。

---

① 《电影与社会立法问题》，《东方杂志》第 22 卷第 4 号，第 79—80、92、94 页，1925 年 2 月 25 日；阮毅成：《影戏与社会道德》，《中国无声电影》，第 543 页。

② 君豪：《审查影片之我见》，《申报》1926 年 6 月 5 日。

上述几种论点，均多多少少反映了艺术家的理想，与现实显有距离。毕竟电影是具有广泛社会影响的艺术，电影检查有艺术标准，但也很难完全摒弃社会的、现实的，甚至是政治的标准。而且这些艺术之外的标准在民国电影检查制度的发展过程中，不是逐渐弱化，而是逐渐强化了。但在当时，这样的看法因为其"阳春白雪"而没有引起多少注意，也没有实际影响到民国电影检查制度的操作。

初创期的民国电影检查制度，其形成因素与实际施行既有各国之通例，亦有中国之本土特色，而对道德教化的关注与民族主义情感之反应则一以贯之，不稍或减。及至国民党统治下统一的、严格的电影检查制度建立后，意识形态因素之作用日渐渗入电影检查，从而在一般意义上的检查外，电影检查具有了政治性的一面。不过，当我们见及当时社会之先进将电影的教育作用视为至高无上之时，或可理解这样的转变实为其来有自。民国电影出品的绝大部分为娱乐片，电影制作者们首先关心的是电影的票房价值；而民国电影的批评者和管理者们关注的首先是电影的社会效果与教育功用，他们希望以检查制度为电影确立一个他们认为合适的规范。这两者之间的矛盾关系，自20年代早期起就通过各种不同形式表现出来，也正是在这样的矛盾关系下，民国电影不断成长，并以上海为代表，享有了"东方好莱坞"之誉。从民国电影检查制度的初创期，我们或可体验中国电影的这一成长过程。

"广州英语"与19世纪中叶以前的中西交往

吴义雄

语言沟通是民族或国家之间在所有层面上相互交往的必要前提。从18世纪初到19世纪中叶，中西交往的语言基础是一种被称为"广州英语"的奇特语言，在英文中被称为pidgin或pidgin English。pidgin一词的含义较"广州英语"宽泛，但不少辞书都指出，这个词来源于中国人对英语business的误用，它的原意是指中国人与欧洲人（主要是英国人）之间使用的一种变种英语。

对于这种具有重要历史地位的语言，学术界的研究是明显不足的。笔者检索过十多种重要的英文人文社会科学数据库，看到了数以百计的研究pidgin的论著篇目。但这些论著中没有一篇是研究作为pidgin的原始含义的"广州英语"的，它们主要讨论非洲、大洋洲和南北美洲土著民族将本民族的语言与英语、法语、荷兰语等相融合而产生的交际语言——以pidgin为其通用名称。在国内，对于这一时期的中西经济文化交流，不少学者已进行了认真的探究，成绩斐然可观，但对于这种交流的基础——中西语言沟通的状况，则鲜见专门讨论。[①] 近年，周振鹤先生发

---

* 本文原载《近代史研究》2001年第3期。

① 章文钦先生发表过专题论文《广东葡语和广东英语初探》，载《岭峤春秋——岭南文化论集》（一），中国大百科全书出版社1994年版。该文以论纲的形式，对"广东葡语"和"广东英语"的情况作了简略的介绍。刘圣宜、宋德华《岭南近代对外文化交流史》（广东人民出版社1996年版）对此也有所介绍，见该书第85—88页。

表了探讨"广州英语"（周先生称为"广东英语"）和"洋泾浜英语"的几篇论文①，为进行这方面的研究提供了良好的开端。不过，对这种语言作细致的考察，以揭示其具体面貌、演变情形和历史作用的研究成果，则依然缺乏。

本文将利用笔者近年陆续收集到的一些资料，就鸦片战争前后作为中西交往主要语言媒介的"广州英语"的有关情况及其在中西交往中的作用与地位，从历史学的角度作专门的探讨，希望得到有关专家的指教。

一

笔者认为将 pidgin（有的地方写作 pigeon）English 翻译成"广州英语"可能更恰当一些（19 世纪 60 年代后则应称为"洋泾浜英语"）。这是由中国人发明和使用的一种语言，但没有文献资料表明中国人自己对这种语言有何恰当的称谓，倒是有一些外国人对它进行了命名。现在有的作者将之称为"广东英语"，主要是根据美国人亨特（William Hunter）的《广州番鬼录》中译本的译法。但亨特给 pigeon English 下的定义是："这个名词，是专指在广州的中国人与'西洋人'之间用作进行商业交易和往来媒介的独特语言。"他还指出，这种语言"是广州口岸在早期对外交往中产生的"。② 显然，这种语言的发源地和早期的主要使用地都是广州。美国人卫三畏（S. S. William）在专门谈论这种语言的文章中，将之当作一种在广州使用的"粗俗土语"，并明确说"这种土语被称为广州英语"（"the jargon called Canton-English"）。他还进一步解释说，"正如它的这个名称所显示的，广州是它合适的用武之地，在这里它被说得最为正宗"。③ 这些都证明这种语言的正确称呼应是"广州英语"。

---

① 周振鹤先生的《红毛番话索解》（《广东社会科学》1998 年第 4 期）对广州英语的词汇书《红毛番话》产生的背景进行了概略的论述，着重尝试为 400 个左右的广州英语词汇找出相应的英文单词；他的《随无涯之旅》一书（生活・读书・新知三联书店 1996 年版）收有《书同文与广方言》《鬼话、华英通语及其他》《别琴竹枝词笺释》等文章，侧重论述 19 世纪 60 年代以后流行于上海等地的"洋泾浜英语"的有关情况，但也对此前的"广州英语"的情形有所涉及。

② ［美］亨特：《广东番鬼录》，冯树铁等译校，广东人民出版社 1993 年版，第 44 页。

③ S. S. William, "Jargon Spoken at Canton", *Chinese Repository*, Vol. 4, p. 432.

正如亨特所指出的,"广州英语无疑是中国人的一种发明"①,主要运用于商业贸易和日常往来。这种由中国人发明的"外语",完全是一种民间智慧的创造,是中外贸易的产物。卫三畏具体指出,"支配了中国人心灵的利益,诱使他们去获取与外国人交易的资质",为了与满嘴"番语""鬼话"的西方人沟通,他们"不得不利用一切可能的机会去拾取片言只字。为了得到机会,他们逗留在十三行、街上的店铺以及其他外国人经常光顾之地,不久就能够用广州英语表达自己的思想"②。

卫三畏的这一段描述只是提供了"广州英语"形成的一个侧面,并不能说明它的起源。从现有的史料来看,"广州英语"是从"澳门葡语"脱胎而出的。"澳门葡语"曾被《澳门记略》的作者称为"澳译"③。如果说广州英语是中国人在广州发明、主要应用于广州口岸中西交往的语言的话,那么澳门葡语就是中国人在澳门发明,主要用于澳门的与葡萄牙人交往的语言。澳门葡语的出现比广州英语更早。英国人在18世纪开始成为中西贸易中的主角,这是广州英语产生的直接背景。在此之前,占据澳门的葡萄牙人在中西关系中扮演了举足轻重的角色,渴望在这种关系中寻求生计的中国人,发明了用以沟通交往的澳门葡语。这种语言主要由"水手和店主"使用,是"葡萄牙语和中国话的混合体","它的用法和发音与真正的葡萄牙语相较讹误如此重大,以致刚从里斯本来的人几乎听不懂"。④

亨特对二者之间的关系有一个概括性的说明:

(广州英语)在英国人出现在广州很久之前已有它的根源。这可以在其中找到一些葡萄牙语和印度语的混合来证明,后者的来源可能是由那些最初经过印度的西方来客传来的。英国人在一百多年以后才到来,他们语言中的一些词汇逐渐被吸收进去,增加到使葡萄牙语消失,葡语便只限在他们的殖民地澳门使用。后来英国最终成

---

① [美]亨特:《广州番鬼录》,第45页。
② S. S. William, "Jargon Spoken at Canton", *Chinese Repository*, Vol. 4, pp. 431, 432.
③ Ibid., p. 431.
④ 印光任、张汝霖:《澳门记略》,赵春晨点校,广东高等教育出版社1988年版,第83页。

了最主要的贸易者,这种语言便成了著名的"广东英语"。①

这段话有点含糊不清,但大致表明了他的看法。所谓"葡萄牙语和印度语的混合",当指我们这里所说的"澳门葡语",当时的西方人没有给这种语言一个专门的称谓。根据亨特的描述,广州英语似乎是由"澳门葡语"直接演变而成的。这是实际的情形,还是亨特的猜想,现在已难以弄清。但广州英语起源于"澳门葡语",应当是没有疑问的。亨特在这段话的下面给出了不少语源学方面的证据,如"广州英语"中的"mandarin(官员)起源于葡语 mandar(命令)一词,compradore(买办)起源于 compra(买),Joss 起源于 Deos(宙斯)",等等。②卫三畏在一篇文章中也提供了一些例子。如英文 great(大),在"广州英语"中注音为"架栏地",他认为这是从葡语相应词 grande 的读音演化而来的③,这都说明广州英语确是起源于澳门葡语。

广州是当时主要的国际贸易中心之一。然而当地居民使用的语言或中国的官话都没有成为各方通用的语言,反而由当地人创造出一种不中不西的语言,用于广州、澳门等地的中西贸易和其他交往之中,这不能不说是颇为奇特的现象。卫三畏指出:

> 在世界的任何其他地方,到访的外国人都必定会花费时间去学习当地的语言。没有人会设想,到法国、德国或印度访问,却试图用一种外国语言来交流。但在这里,情形却完全相反。外国人从世界各地到中国贸易,已经经历了很长时间,但仍需要使用一种外国语言来做生意。现在有数以百计的中国人学到足够的广州英语用于交易,但极少有外国人会花费哪怕一小时的时间来学习中文。④

为什么会这样?他总结出几个方面的理由。首先,他认为清政府为

---

① [美]亨特:《广州番鬼录》,第 45 页。
② 同上。
③ S. S. William, "Vocabularies for Chinese to Learn English", *Chinese Repository*, Vol. 6, p. 278.
④ S. S. William, "Jargon Spoken at Canton", *Chinese Repository*, Vol. 4, p. 429.

了贯彻闭关政策,"禁止外国人学习中国语言","将胆敢向化外夷人教授'中华上国'语言的当地人斥为卖国贼",这就使各国人士不能合法掌握中国本地语言作为正常的交际语言。其次,西方人学习中文困难太多,其中"最重要的是没有入门教科书",加上没有语法书和常用词汇书之类的读物,"使很多人放弃了学习中文的尝试"。再次,中文的方块字非常难记,学习这种语言要耗费大量的光阴。① 所有这些原因加起来,就使"广州英语"这一奇特的语言应运而生。亨特在阐述这一问题时也写道:"外国人来广州的时间短暂,他们不愿意或不能够致力于学习像中文这样一种难学的语言……此外当地政府也严厉禁止学习它。"②

一方面,清政府实行闭关政策后,限制民众与外国人交往,包括禁止向外国人教授中国语言文字,此为事实。③ 不过,笔者认为,清政府的禁令固然使外国人学习中文须冒很大的政治风险,但这并不能解释广州英语出现的原因。因为根据有关材料,广州英语出现于1715年前后④,在此之前,还有性质相似的澳门葡语的流行。那时清朝还未实行闭关政策,故并非闭关政策导致了广州英语的出现。另一方面,在鸦片战争之前,来华西方人中就出现过一些精通中国语言文字的专家,如《华英词典》的编著者、英国传教士马礼逊。英国伦敦会传教士还在马六甲开办了英华书院,其宗旨之一就是为西方人士提供汉语语言培训。这都证明汉语的"难学"并不能够解释广州英语产生的原因,同时也说明清廷的禁令并未得到切实执行。

当然,以上两个因素还是可以看作广州英语长时间盛行的外在条件。我认为,决定性的原因应当到发明澳门葡语和广州英语的社会内部去寻找。只有当自己的生活与澳门、广州的国际贸易紧密联系,必须依靠这

---

① S. S. William, "Jargon Spoken at Canton", *Chinese Repository*, Vol. 4, pp. 429 – 430.
② [美] 亨特:《广州番鬼录》,第44页。
③ 道光十一年(1831)邵正笏奏报英国人"违例","有汉奸在夷人处课其子弟"为其中一项。见中国第一历史档案馆编《鸦片战争档案史料》第1册,天津古籍出版社1992年版,第75页。后《中美望厦条约》第18款规定:"准合众国官民延请中国各方士民人等教习各方言。"(王铁崖编:《中外旧约章汇编》第1册,生活·读书·新知三联书店1957年版,第54页)这样就解除了外国人学习中国语言的禁令。
④ [美]马士著,区宗华等译校:《东印度公司对华贸易编年史》第1、2卷合订本,中山大学出版社1991年版,第66页。

种贸易来确定自己生存方式的时候，人们才会有足够的热情来学习和创造一种语言，并使之薪火相传，在一两百年的时间内维持不坠。在清代，特别是1757年广州成为全国唯一的对外通商口岸后，对外贸易的发展引起社会分工的细致化，导致了大批依靠对外贸易为生的人群的存在。这种社会经济现实，应当看作上述两种语言产生的主要社会基础。

二

现在能够比较清楚地了解的，是鸦片战争前夕，即19世纪30年代广州英语的大概情形。有关记载和原始文献大致可以反映它在这个成熟阶段的面貌。以下我们从语音、词汇和会话三个方面，对这种语言作概略的考察。

广州英语主要是一种口头交际语言，因此，发音就成为其首要因素。它之所以被看成"粗俗难懂的土语"，首先就因为它在发音方面与真正的英语有相当的距离。在没有专门学习场所、没有标准英语的教材、缺乏受过良好训练的教师的情况下，主要由下层人士使用的广州英语在发音方面的偏差，是无法避免的。其偏差的特点，在于人们将汉语或广州方言的某些因素带入了这种"英语"——时人所称的"番话"。亲自考察过这种语言的卫三畏指出："由于汉语发音具有单音节的特征，而（英文）单词中却包含许多元音，成年人几乎无法正确地说出一个有3个到4个音节的词，特别是几个辅音连在一起的时候。结果是当人们说这种词的时候，发音便变得支离破碎，对不熟悉这种情况的外国人来说，几乎是无法听懂的。"[1] 从一般情况来看，汉语单音节的发音特征确实对学习英语这种充满多音节词汇的语言有一定的影响。

卫三畏还认为，由于发明和使用广州英语的基本上都是广州地区的各色人等，这又使它的发音带上了广州方言的特色。他认为广州方言缺少b、v、d、r、st等音素，这样在广州英语中就分别以p、t、l、sz等取代。[2] 他的说法，并不完全正确。例如，在广州方言中b、d还是有的。v

---

[1] S. S. William, "Jargon Spoken at Canton", *Chinese Repository*, Vol. 4, p. 432.
[2] Ibid..

则是中国所有方言中共同缺少的,并非广州方言独有的现象,r 也是大多数南方方言中所没有的,用 sz(相当于现代汉语拼音中的 s)发 st(相当于汉语拼音中的 sh)的音,也是许多缺乏卷舌音的方言的共同特点。将这些特征带进英语的发音,所得到的结果当然很不准确。此外,英语中 th 这个音素,因汉语中没有,所以广州英语也发不出。如 thing,在广州英语中便发成"听"[①]。所以,卫三畏在此所揭示的毋宁说是汉语发音特点对广州英语发音的又一重影响。

除以上两种带有规律性的现象外,广州英语的发音还以其他一些方式偏离正确的英语发音。首先是读不准,即排除以上所说的因素外,仍不能准确发音。如将 nephew 读成广州话中"捏罢"的音。其次是不能将一个单词或词组的所有音素全部发出,如 red 发成"劣"的音,辅音 d 不见了。[②] 再次,在一些以 t、ch、k 等结尾的单词后面,增加某种尾音,如 want 发成 wantchee,catch 发成 catchee,make 发成 makee,send 发成 send-ee,等等。[③]

不言而喻,"广州英语"的日常发音当然是综合了以上所有特征的。那样说出来的"番话","夷人"听起来的难度,不难想见。

从现在可以找到的资料来看,广州英语最常用的词汇在 400 个左右。摆在笔者面前的一种广州英语的"词典"《红毛通用番话》,大约在 19 世纪 30 年代刻印于广州。这本小册子收集了这种语言的词汇约 380 个,分为"生意数目门""人物俗语门""言语通用门""食物杂用门"共 4 项。其他几种现在可见、可知的这类"词典"也大致相同。当然,这些辞书可能未将广州英语的词汇完全收录,但依据这些文献我们可以推断,这种奇特语言的词汇量是有限的,而且以贸易和日用为主。从《红毛通用番话》可以发现,名词的数量最多,占三分之一以上,涉及贸易物品和日常生活的各个方面,特别是"人物俗语门"和"食物杂用门",基本上是由名词构成的。其次是数词,"生意数目门"收录了 70 多个,包括常用数字和各种计量单位(如"一两""一尺""一条""半斤"之类)。

---

① 周振鹤:《红毛通用番话》,广州璧经堂刻本,第 5 页。
② 同上书,第 3、4 页。
③ S. S. William,"Jargon Spoken at Canton",*Chinese Repository*,Vol. 4,pp. 434 – 435.

再次是一些常用动词（如生、死、来、往之类），以及交易中常用的买卖用语（如有、要、做、行、装等）。形容词很少，且多与生意有关（如贵、贱、轻、重、红、白）。副词、介词则基本上没有。这个小册子还收录了一些常用的短语，如"几多钱""买乜货""照样""唔做得""就番来"，等等。这些所谓短语，有些比较准确，有些则不然。如"你买"，注音是"哦加利"，相当于 you carry[1]，显然是出于自己创造，与正宗英语无关。

此外，在词汇方面，广州英语也还有两个值得注意之处。其一，有些词汇来源于澳门葡语，如前面提到的 grande，即属此类。[2] 其二，有些是中国民间"语言学家"们创造出来的。亨特认为有两个"纯然来自汉语"的词需要加以注意。一个是 chop，它"字面上的意思是某种文件"，但同时它有着十分广泛的用途：

> 一个店主的账单是"chop"，上谕和官员的告示也是"chop"，运货的驳艇称为 chop-boat；它又是期票、收据、印花或印信、起落货物的执照、商标，或者特许状等的称呼。一级品用"一等 chop"表示；次等的根据其质量分为第六、八或十"chop"，即最差的。

另一个有"无限"用法的词是"chow-chow"，既可以形容"毫无价值"的东西，也可以描述"极好的事物"。[3] 但 chop 的多种含义显然并非"纯然来自汉语"，除英文中的原意外，它的多种用法也受到印度贸易的影响。

既然是一种主要作为口语存在的语言，广州英语的特色当然主要体现在具体的应用当中。亨特形容它是一种"没有句法、也没有逻辑联系的语言"[4]，这也是当时外国人对它的基本评价。有一些句子严重偏离英

---

[1] 周振鹤：《红毛番话索解》，《广东社会科学》1998 年第 4 期。
[2] 卫三畏在介绍广州英语词汇的一篇文章中又提供了一些例子，见 S. S. William, "Vocabularies for Chinese to Learn English", *Chinese Repository*, Vol. 6, p. 277。
[3] ［美］亨特：《广州番鬼录》，第 46 页。
[4] 同上书，第 44 页。

语。例如英语问候语"How do you do"在广州英语中竟演变成"Can do"和"Can do, lo",确实有些匪夷所思,以致让得到这种问候的外国人认为是一种侮辱。但一般的对话,却也还有规律可循。这"规律"就是,没有人称、数、格、时态、语态等的变化,所有的"单词"基本上只有一种形态,各种句子成分基本上按照汉语或广州方言的词序来排列,简言之,广州英语是一种按照汉语的特征和习惯来表达的口语。为了说明其具体状况,这里不妨摘录一段广州英语的典型对话作为例证[1]:

广州英语对话	笔者译文
中国人:Chin-chin, how you do, long time my no hab see you.	请请,您好,好长时间没有见到你了。
外国人:I can secure hab long time, before time my no have come this shop.	确实很长时间了,上次我没到你这个店来。
中国人:Hi-ya, so, eh! What thing want chee?	哎呀,真的,呃!您想要什么?
外国人:Oh, some litty chowchow thing. You have got some ginger sweetmeat?	噢,我想要些小东西。您有生姜蜜饯吗?
中国人:Just now no got, I think Canton hab got velly few that sutemeet.	现在没有,我想广州很少有这种蜜饯。

这几句对话体现了广州英语在具体使用过程中的情况。其中 hab 是 have 的广州英语发音,my 是 I 的误用。我们还可以发现,这个老练的外国顾客为了能够与中国商人交流,也不得不在一定程度上使用广州英语,否则就无法进行交易,因为那个会说广州英语的中国人听不懂真正的英

---

[1] S. S. William, "Jargon Spoken at Canton", *Chinese Repository*, Vol. 4, p. 434.

语。正如卫三畏所说的:"决不能假设中国人能够在对话中听懂好的英语,对他们来说(真正的英语)是很难理解的,就像外国人听不懂中国人的英语一样。"① 因此,从实用的角度来说,外国人也是广州英语的受惠者。

虽然广州英语本身没有书面形式,但当时使用广州英语的人中,有些人也可以读、写英语文件。鸦片战争期间被征调到浙江的广东通事,就能够翻译英军俘虏的供词。② 甚至鸦片贩子也会写"夷字书信"。1838年,在广东查获的两名犯人,"与寄泊伶仃外洋之得船熟识交结,谙习夷语夷字,间通书信,查询烟价"③。可见,当时以广州英语为业的人,有些也在读写正规英语方面下过功夫。

三

虽然我们知道澳门葡语是广州英语的母体,但对广州英语从前者脱胎而出的过程却所知甚少。马士在他的名著《东印度公司对华贸易编年史》中说道,最初来中国贸易的英国大班"首先需要具备葡萄牙文的知识",因为那正是澳门葡语盛行的时代。所以,"1637 年,第一次来的英国人,除了通过一位只懂中葡语言的通事,就无法与中国人打交道"。值得注意的是,马士又指出,"从 1715 年起,中国商人本身学会一种古怪方言,即广东(州)英语,此后变成中国贸易的通用语"。④ 这就使得 1715 年成为一个具有特殊意义的年份。

从 1637 年到 1715 年,广州的中国商民和被称为"红毛番"的英国人已打了大半个世纪的交道。在这漫长的岁月中,中国人渐渐记住了后者一再重复的、对生意来说至关重要的字眼,极力模仿"红毛番话"那古怪的发音,然后按自己的语言习惯拼凑成句子,用以完成日常接触沟通。这样一种近乎文化奇迹的语言是不可能突然出现的,在 1715 年之前

---

① S. S. William, "Jargon Spoken at Canton", *Chinese Repository*, Vol. 4, p. 431.
② 见《鸦片战争档案史料》第 5 册,第 196、226 页。
③ 《鸦片战争档案史料》第 1 册,第 308—309 页。
④ 《东印度公司对华贸易编年史》第 1、2 卷合订本,第 65—66 页。

一定已经经历了日积月累的准备。也许,英国商馆的人员到1715年才注意到这种语言,将它记录到东印度公司的档案之中,而马士利用的正是东印度公司的档案。

在这之后的一百余年间,广州英语无疑在中西贸易和其他交往中发挥着越来越重要的作用,以致取代澳门葡语作为新的"通用语言",成为中国人与来自不同国家的西方人士沟通的语言媒介。但有关这百余年间广州英语演变状况的文献和记载依然稀缺,直到19世纪30年代,才出现了有关这种语言的详细介绍——卫三畏的两篇专题文章。

卫三畏是美国传教机构美部会派给广州传道团的印刷工,1833年到中国,后成为美国驻华使团的成员。他在华期间,对中国社会历史文化有浓厚的研究兴趣,名著《中国总论》是其代表作。他显然很快对广州英语产生了兴趣。1836年1月,他在出版于广州的英文《中国丛报》上发表题为《广州英语:它的起源与应用;中国人学习英语的模式;中外人士会话举例》的长篇文章,全面论述了这种在他看来很值得向西方读者介绍的语言。这也是第一篇专门论述广州英语的文章。1837年10月,兴趣未减的卫三畏又发表了《中国人学习英文的词汇表》一文,向读者介绍他所见到的一种广州英语词汇书和一种澳门葡语词汇书。[①] 相比之下,为有关研究者征引过的亨特在《广州番鬼录》中的介绍晚了半个世纪,而且远比卫三畏的专题文章简略。

卫三畏所介绍的两本词汇书的名称分别为《澳门番语杂字丛抄》和《红毛买卖通用鬼话》,都是佛山的书肆印制的,并且都没有编著者的署名。[②] 前者是"葡语单词和短语的总汇",是"专为住在澳门及其周围地区的中国人编写的,共有34页,包括1200个单词和词组,分为16个栏目,如食物、社会关系、自然物品、买卖用语、家私名称、度量衡等。在每个栏目之下有足够的日常生活交际用词。这些词或词组分栏排列,紧接其下用小号汉字注出读音"。[③]

[①] S. S. William, "Vocabularies for Chinese to Learn English", *Chinese Repository*, Vol. 6, pp. 276–279.

[②] Ibid., p. 278.

[③] Ibid., p. 277.

卫三畏给出的几个例子显示，前面介绍过的中国人处理广州英语读音的方式是从澳门葡语承袭的。他还提到："在这个小册子的封面有一个葡人的画像，身着1600年的衣装，头戴三角帽，洒了粉的发辫，穿短马裤，佩带短剑。"① 这表明澳门葡语在广州英语取得优势地位后，不仅没有消亡，而且还有所发展。印光任和张汝霖所编《澳门记略》篇末所附清代前期澳门葡语的词汇不到400个，而到鸦片战争前夕卫三畏所见的词汇书，则扩大到1200个，反映这种语言经历了不断丰富的过程。而且，他认为这是类似的小册子中编得最好的一本。②

另一本广州英语的词汇书则没有得到卫三畏的好评，这不仅因为它极其简略，而且因为这本将英文称为"鬼话"的书，"有几个地方将事物和职位的名称完全没有必要地加上了污辱性的'鬼'字，不像前一本使用"外国"这个字眼。"仅它的书名就让人想要重新编一本。"他怀疑这本小册子与《澳门番语杂字丛抄》出自同一个编者。③ 亨特也提到，直到1882年他著书时仍保存着一本叫《鬼话》的小册子，是"在广州商馆附近出售"的。④ 这应该是他在广州期间（1826—1844年）购买的，因此很有可能与卫三畏所介绍的是同一种，但他在介绍时将原书的书名作了简化。这种"鬼话"，无疑是记载广州英语的珍贵文献，但他们所说的这一本，今日似乎已不复可睹。

不过，与《鬼话》名称不同但内容相似的广州英语词汇书，近年却有所发现。1998年，周振鹤先生撰文介绍了他在台湾访获的一种《新刻红毛番话》，并详加考索，力图为近400个广州英语的词汇注出相应的英文单词。⑤ 笔者亦见到一本名为《红毛通用番话》的小册子，前文已经多次引用。两相对照，可以发现二者差别极微。这两种小书与卫三畏和亨特介绍的《鬼话》是否一样？虽然我们因看不到《鬼话》而难以完全断定，但据已有资料，还是可以看出它们之间有极为相似之处。卫三畏介

---

① S. S. William, "Vocabularies for Chinese to Learn English", *Chinese Repository*, Vol. 6, p. 277.

② Ibid..

③ Ibid., p. 278.

④ ［美］亨特：《广州番鬼录》，第47页。

⑤ 见周振鹤《红毛番话索解》，《广东社会科学》1998年第4期。

绍，《红毛买卖通用鬼话》"只有16页，所收词汇少于400个"，"词汇被编排成4类，分别是数目、人与物、会话用语和食物名称"。① 这与《红毛通用番话》和《新刻红毛番话》基本上是一样的。两种《番话》所收词汇均少于400个，所分门类都是：生意数目门、人物俗语门、言语通用门和食物杂用门，这些都与卫三畏所说的一致；《红毛通用番话》为8叶即16页，亦与《鬼话》相同，《新刻红毛番话》则为6叶即12页。亨特说他所见《鬼话》"封面上画着一个身穿上一世纪中叶服装的外国人——戴着三角帽，外配以有扣形装饰的大衣，手上还拿着一根手杖"②。摆在笔者面前的《红毛通用番话》的封面，与亨特的描述完全相符，亦与周振鹤先生对《新刻红毛番话》封面的描述一致。③

这就说明，这几种广州英语的词汇书，无论是内容还是形式，都是基本相同的，很有可能是同一种词汇书的不同版本。关于这些词汇书印行的年代，卫三畏在1834年首次撰文介绍广州英语时所看到的词汇小册子还只是"手稿"即抄本，而在1837年他见到《红毛买卖通用鬼话》及《澳门番语杂字丛抄》，就立即发表了评述。④ 这表明，广州英语的词汇书很有可能是19世纪30年代中后期才开始刻印流行的；在此之前，基本上是以辗转传抄的形式存在的。⑤ 以上所提到的几种词汇书，应该都是鸦片战争前几年刻印的。

刻本并不一定比抄本完善。卫三畏所见到的抄本，有的"有相当可观的规模，所录词汇和短语达到3000个之多"⑥。可见刻本只是将最常用

---

① S. S. William, "Vocabularies for Chinese to Learn English", *Chinese Repository*, Vol. 6, p. 278.
② ［美］亨特：《广州番鬼录》，第47页。
③ 周振鹤：《红毛番话索解》，《广东社会科学》1998年第4期。
④ S. S. William, "Vocabularies for Chinese to Learn English", *Chinese Repository*, Vol. 6, pp. 276 – 279.
⑤ 除卫三畏的文章之外，我们现在可以了解的较早记载，是道光七年（1827）开始到广州从事茶叶贸易的徽商江有科的一册札记，其年份未详。该札记"分言语问答、茶名、布头名、年月日时礼拜、各港、职事人物、衣服等门类"。对某些常用的英语单词、短语都用汉字注明意义和读音。"如'系'字下注'爷士'（yes）……札记中用这种方式注释英语多达数百字"。见张海鹏主编《徽商研究》，安徽人民出版社1995年版，第591页。江氏这册札记，可能是广州英语词汇书课本出现前的一种抄本。
⑥ S. S. William, "Vocabularies for Chinese to Learn English", *Chinese Repository*, Vol. 6, p. 276.

的词汇收录,便于初学者速成。而且,从抄本到刻印,中间经过多年的变化,错误辗转累积,是不可避免的,这样就在词汇书中出现许多莫名其妙的注音。但在有关手抄本甚为稀缺的情况下,这些词汇书作为可以见到的广州英语文献,具有相当重要的研究价值。

数种刻本词汇书的出现,是广州英语进入鼎盛阶段的标志,也反映了19世纪30年代中西交往总体规模的扩大。由于越来越多的人卷入中西商业与文化交往之中,才出现对大批刻印、不断再版的词汇书的市场需求。这些词汇书其实就是初学者的教科书和备查的词典。鸦片战争后若干年间,随着中西交往与冲突的进一步发展,"中外交往的共同语言"即广州英语在华南和东南沿海地区的作用更为突出,客观上促使这种语言走向更为完善的形式,表现为新的、更好的广州英语词汇书的出现。

鸦片战争后广州英语的词汇书,现在存世的也不多。有一种约刻印于咸丰五年(1855)的《华英通语》,为日本近代著名思想家福泽谕吉1860年访问美国时在旧金山获得,回国后为之增订,以假名注音,现收于《福泽谕吉全集》中,周振鹤先生曾予以介绍。它的内容,"第一部分是按事物分类的词汇,一共有三十七类,如天文类、地理类、人伦类等;第二部分是不便分类的单词及简单会话,外加长句类……不管是单词还是句子,都用汉字注明其读音,再翻译成相应的中文意思"[①]。从这一段介绍来看,咸丰年间的广州英语较之第一次鸦片战争前的广州英语,在几个方面都有较大的发展。其一,它所收的词汇数量明显扩大,分类也更细,比《鬼话》或《红毛通用番话》之类的小册子丰富得多。其二,它已包含了英文单词,并置于首位,其次才是汉字(广州话)注音,再次是中文意译,这与以前在中文词汇下以广州话注"英语"读音的方式相比,实为长足的进步。其三,它也打破了原来只有简单词汇和短语的格局,提供了较多的表达语式,如简单会话之类。这反映广州英语本身开始具备它的书面形式。能够这样做的编者在当时依然不多。据该书序言,可知编者为"子卿",他"从学于英人书塾者历有年所,凡英邦文字久深切究"[②],受过正规的英语训练。

[①] 周振鹤:《鬼话、华英通语及其他》,《随无涯之旅》,第194页。
[②] 同上书,第194、197页。

7年之后，由唐廷枢编著的一种更大部头的辞书在广州出版。唐廷枢为近代著名买办，他的父亲在1840年前后将他们三兄弟送到马礼逊学校（Morrison Education Society School）学习，故人谓其"少游镜澳，从师习英国语言文字"①。唐廷枢在1841年进入该校肄业，1850年该校停办后，他又转入英国伦敦会传教士理雅各在香港所办的学校继续学习。② 这两个学校都由来自英美的教师任教。10年学习使他打下了深厚基础。1851—1857年他在香港的司法机关充任译员，1858年在上海海关任总翻译，1861年起在怡和洋行任买办。这种经历，表明他的英文水平在当时的中国人中是屈指可数的。1862年，广州纬经堂刻印了他的《英语集全》。张玉堂所作的序文云，唐氏在广东期间（很可能是执业于香港时），"留心时务，立志辑成一书，以便通商之稽考。但卷帙浩繁，一时未能卒业。迨北游闽浙，见四方习英语者谬不胜指，而执业请讲解者户限为穿。唐子厌其烦而怜其误也，于是决志取前未竟之书，急续成之，凡阅二年而脱稿，标题曰《华英音释》"③。从这段话可知，唐氏编纂该书开始于1858年之前，而重编旧稿则始于1860年，且原定书名为《华英音释》。

《英语集全》共6卷，线装4册，笔者所见的一部装订混乱不堪，各卷相互穿插，页码错综，须详加披阅，方可见其全貌。该书的规模已脱离小册子的阶段，而进入著作的行列。卷前有一篇英文短序和介绍英语常识的《切字论》《读法》两篇文章。作者已经认识到用汉字注英文读音的弊端，"若读者不留意于文字，只见字读字，当住而不住，不当住而住，不但傍〔旁〕人不识其所云，即自己亦不晓其所读也"。在没有更好的注音方式的情况下，唐氏发明了一些方法来区分音节、舌尖音、卷舌音等，反映他对准确读音的追求。④ 全书正文共514叶，纲目详细，将英文词汇分成数十个门类，收词汇、短语、简单句子在6000个以上。该书的编纂方式仿佛今日的汉英词典。以汉语字词为主，下以中文注英文译音。旁边另有一行，上以西文字母注该汉字的读音，下为与该字相应的

---

① 张玉堂："序"，唐廷枢：《英语集全》，广州纬经堂1862年刻本。
② Carl T. Smith, *Chinese Christians: Elites, Middlemen, and the Church in Hong Kong*, Oxford University Press, 1985, pp.36, 40.
③ 张玉堂："序"，《英语集全》。
④ 唐廷枢：《英语集全》卷首。

英文单词。

《英语集全》是兼备词典和教科书性质的综合性著作。书中英文表达正确,兼具口语和书面语,而在注音和句子的准确性方面,与20年前的广州英语几同霄壤。如果以读音不准,没有句法,不具备书面形式为广州英语的本质特征的话,则该书已不属广州英语的范围,而是标志着中国人学习英语语言知识的第二个历史阶段的开端。但唐廷枢实际上难以完全脱离广州英语的束缚,仍然采用广州话注音,例如,他将英文字母 C 注音为四,G 注音为志①,便是典型的粤人读法。该书依然承袭广州英语的传统,可以说,它是广州英语发展的结果,二者之间有紧密的历史联系。

无论是《英语集全》,还是其他以粤音注英语的此类书籍,都已不能满足当时最重要的通商口岸上海有关人士的需求。于是,那里的有志之士便产生将这种语言本地化的想法。早在1860年,就有几名在上海的宁波人士,合资刻印了一种以宁波话注音的《英话注解》,编著者是冯泽夫。他在"自序"中指出编纂该书的原因是,"向有《英话》一书,所注均系广音,好学者仍无把握"②。该书是用宁波话注解,但在某种意义上,可以说它已预告了著名的洋泾浜英语的诞生。1874年,曹骧所编的《英字入门》问世,才赋予已经流传的洋泾浜英语以书面形式。他在"序"中陈述编书的理由,是当时缺乏以上海话注音的英语读本。他认为以往的《英语集全》等书虽"皆殚精竭虑,足以嘉惠后学,然所注均非沪音,我邑人欲习者,均以未易学步为憾……爰不揣鄙陋,辑译是书,注以沪音"③。到这时候,广州英语就结束了它作为中西民间交往通用语言的历史,正式让位于上海的洋泾浜英语。

四

这种没有句法、逻辑不清、词汇有限、读音不准的广州英语,是鸦

---

① 唐廷枢:《英语集全》卷首。
② 冯泽夫:《英话注解》卷首,上海棋盘街著昌堂光绪丙戌年版。
③ 曹骧:《英字入门》卷首。笔者所据为上海书局光绪二十二年石印本。

片战争前 100 多年间中外交往的主要语言媒介。向西方读者详细介绍了这种语言的卫三畏以近乎谴责的态度说:"由于汉语习惯在其中的存在,在英美人士的听觉上引起的混乱,再加上糟糕的发音,使这种粗俗土语成为世界上最为独特的交流工具。"但他不得不承认,它是当时"中国人和外国人之间的共同语言"。① 它承载了一个多世纪影响深远的中西经济、文化乃至政治层面的交流与冲突,沟通了两个缓缓相遇的世界。

按照卫三畏的叙述,广州英语和澳门葡语在地域上有相对明确的分工,即澳门葡语是在澳门的中国人与葡萄牙人之间的通用语言,而广州英语主要在广州使用,它的流行之地还有广州附近的"黄埔和伶仃"。除极少数中国人可以使用马来语和孟加拉语的例外情况,广州英语是这个地区"中国人和外国人之间交谈的唯一媒介"。② 但实际上,由于清政府限制外国人在广州居住的时间,在非贸易季节只允许他们住在澳门,以致英美等国的贸易公司、商行在澳门建有住宅,有些人长期在那里居住。这在客观上为广州英语在澳门的流行准备了条件。同时,由于 19 世纪 30 年代伶仃洋是鸦片走私的基地,而外国鸦片贩子主要来自英美,交易的语言很自然地就是广州英语,这势必也给邻近的澳门带来影响。我们从中文史料当中也可以看出这一点。如林则徐给道光帝的一份奏折中所提到几个鸦片贩子,钟亚二"向在澳门找换银钱度日,与各国夷人多有认识,通晓夷语";彭亚舍"向在澳门佣工度日,略晓夷语";吴亚平则"向在澳门居住",也是"略晓夷语"。③ 与主要来自英美的鸦片贩子交流的语言,当然是广州英语,而非澳门葡语。这证明澳门也是广州英语流行的地点。在鸦片战争之前,广州英语甚至已不仅流行于广州—澳门地区,而且开始传到广东以外。1834 年,闽浙总督就向道光帝报告说,福建沿海"甚有奸民之贸易广东者,习学番语,即在澳门交接夷人,勾引来闽"④。至于鸦片战争后广州英语竟一度流行于上海一带,就更非卫三畏写文章时始料所及了。

---

① S. S. William, "Jargon Spoken at Canton", *Chinese Repository*, Vol. 4, pp. 431 – 433.
② Ibid., p. 431. 卫三畏还提到,黄埔的中国人所说的英语比广州人说得好一些,因为外国贸易船只通常停泊在黄埔,"他们经常可以听到船上的人说地道的英语"。
③ 《鸦片战争档案史料》第 1 册,第 754—756 页。
④ 同上书,第 141 页。

广州英语充当所谓"中国人和外国人之间的共同语言",主要是在中外贸易和日常生活的接触中。卫三畏说有数以百计的中国人会说广州英语。我们从鸦片战争前后的有关资料来看,这些人包括通事、店主、买办、杂役以及部分行商等。正是这些处于社会下层的人士,使用广州英语,直接与外国人接触。前文所引一个外国商人与店主的对话,证明有些店主会说广州英语。日常为外国商人服务的买办和杂役等,基本上都必须能够以广州英语与服务对象沟通。鸦片战争时期,曾有人为买办下了一个定义:"凡土人晓习夷语,夷人买卖,从中为之说合者,名曰孖毡。"① 曾经协助琦善办理"夷务"、后被清政府惩处的鲍鹏,则是未领牌照、私自充任买办的例子。② 他后来因为"通晓夷语"而被琦善从山东带回广州,与英国人交涉。至于与外国人交涉的杂役人等,也因生计需要,或多或少地学会一些"夷语"即广州英语。例如林则徐在 1839 年 11 月向清廷汇报禁烟情况的另一份奏折中,就提到贩运鸦片的几个人:给"荷兰国夷人番巴臣充当沙文"的黄添化、"捕鱼为业,平时驾艇在洋,常傍夷船湾泊"的彭亚开、"向系驾船载送客货"的邓三娣等,均"通晓夷语"或"渐习夷语"。③ 1830 年,美国传教士裨治文(Elijah Coleman Bridgman)在日记中记载,广利行行商茂官(卢文锦)之弟正在"英国人和中国人的帮助下"学习英语④,此人可能是后来的茂官卢继光。鸦片战争期间,英军在江、浙沿海侵略,办理交涉的耆英需从广州调遣"英吉利素所深信"的行商前往协助,两广总督祁𡎴除将怡和洋行伍敦元之子伍崇耀派去外,又加派"明白谙练,且能解夷语"的同顺行商人吴天恒之胞兄吴天显前往。⑤ 这都说明十三行商人中亦有习广州英语者。

这些人(特别是通事)是以广州英语为主要生活技能、以提供语言服务为主要职业的一个群体。由于职业原因,通事应该是英语水平最高

---

① 《江南道监察御史骆秉章奏陈整饬洋务以绝弊端折》,《鸦片战争档案史料》第 1 册,第 629 页。
② 《刑部进呈会审鲍鹏供单》,《鸦片战争档案史料》第 4 册,第 59 页。
③ 《鸦片战争档案史料》第 1 册,第 726—728 页。
④ Eliza J. Bridgman (ed), *The Pioneer of American Mission to China*, *The Life and Labor of Elijah Coleman Bridgman*, New York, 1864, p. 48.
⑤ 《鸦片战争档案史料》第 5 册,第 671 页。

的一群。当然，他们所谓的英语水平也是相对而言的。卫三畏对通事们曾有一番描述："'通事'中没有一个人可以阅读最简单的英语文件；能听懂两个英国人之间普通对话的也只有 2 到 3 个。在英国的人们也许设想中国人会乐于接受教导，以使自己具有职业需要的素质，但我们知道，没有一个通事曾经向外国人寻求帮助，或者想过接受英语方面的任何课堂教育。他们从与外国人的对话中，从词汇书和本地教师的教导中拾掇词句。"[①] 但他们所发挥的作用，却不可小视。他们虽然没有掌握正规的英语知识，但他们凭借对广州英语的熟练运用，不仅活跃在中外贸易的各种场所，而且还成为中外交涉中必不可少的桥梁。

　　正式的通事一般由粤海关监督委派，领有专门牌照，负责与外商联系，充当中外交涉中的使者和译员，并办理与中外贸易有关的一些具体事务。如林则徐查禁鸦片时，就曾"传讯洋商，将谕帖发给，令其赍赴夷馆，带同通事，以夷语解释晓谕"[②]。鸦片战争前通事履行职责的一般情形，这里毋庸赘述。鸦片战争期间，会说"夷语"的广东通事，以及一些"通夷语"的买办人等，成为中国沿海地区军政官员争相征调的目标。前已引述耆英征调十三行商人之事。1842 年 6、7 月间，因"英夷在江浙一带滋扰，现在船只日渐增加，恐分窜各处，即欲晓以大义，喻以利害，一时难得说话之人"，耆英首先想到的是"英吉利素所深信"的"洋商伍敦元一家"，但考虑到伍敦元"年逾八旬，恐不能前来"，要广东方面"即择该商兄弟子侄内，能同夷人说话了事者，酌调一二人，饬令星飞来苏"。可见其对能通"夷语"者的急切需要。祁墳除派伍崇耀和吴天显应征外，"并选派通事二名，饬令随同飞速兼程赴苏"[③]。"扬威将军"奕经在浙江活动，俘获"白黑夷人"，亦依靠"广东送来通事二名，熟悉夷语"，方能"连日隔别诘问"[④]。其后再获英兵，他又"饬令参赞大臣文蔚、浙江巡抚刘韵珂，派员带同通事，随时讯问"[⑤]。台湾镇总兵

---

① S. S. William, " Vocabularies for Chinese to Learn English", *Chinese Repository*, Vol. 6, pp. 23 – 24.

② 《鸦片战争档案史料》第 1 册，第 509 页。

③ 《鸦片战争档案史料》第 5 册，第 671 页。

④ 同上书，第 195—196 页。

⑤ 《鸦片战争档案史料》第 6 册，第 316 页。

达洪阿审讯英俘,也是靠"能传夷供之宋廷桂,及续经访出通晓夷语之何金"①。而琦善受命南下广州办理"夷务"之际,因一时无法访得合适人选,便在路过山东时将"自幼学习夷语"的鲍鹏带上。鲍鹏这样一个低级买办,因躲避林则徐追究其贩卖鸦片之责的逃犯,只因"粗晓夷语",即具有广州英语的知识,先由他的亲戚、山东潍县知县招子庸举荐给山东巡抚托浑布,再由托浑布举荐给琦善,竟一度成为办理"夷务"的关键人物。1841年1月27日,琦善与义律在莲花冈船上谈判,屏退广州知府、十三行商人等向来办理交涉的人物,"只令鲍鹏一人在船传话",原因是中方"仅止鲍鹏通晓夷语"②。战争已经把对外语人才的迫切需求凸显出来了。

鸦片战争后,五口通商,外语人才亦为广州以外各口所需。于是能操一口"夷语"的广东籍通事,便一度成为江、浙、闽各地广为招徕的人才。即以19世纪50年代以后成为最大的通商口岸的上海而论,在开埠之初,"通事者仍系粤人居多"③。他们所发挥的作用,当然随之超出了广州口岸的范围。

在鸦片战争时期,高级官员中也有人对广州英语感兴趣。这里以林则徐为例。他组织编译外文书刊之举措,所用的都是当时受过外国人专门训练的专门人才,主要有:曾受教于英美传教士的梁进德,先后在槟榔屿的天主教学校和马六甲英华书院学习的袁德辉,曾就学于美国康涅狄格州教会所办康瓦尔学校(Cornw all School)的阿林(Alum),以及曾在印度塞兰坡英国浸礼会传教士马希曼(Joshua Marshman)所办学校学习了10多年的阿满(Aman)。他们都受过正规的英语教育,似乎与广州英语关系不大。不过,看来他们也难以完全摆脱广州英语的影响。如袁德辉曾于1839年在英文《中国丛报》上发表了一篇林则徐告示的译文,是"第一篇中国人用英语写的文献"④。但这篇看来具有历史意义的文章,

---

① 《鸦片战争档案史料》第5册,第53页。
② 见《鸦片战争档案史料》第2册,第402页;《鸦片战争档案史料》第3册,第473、480、491、559页。
③ 冯泽夫:《英话注解》,"自序"。
④ Chinese Repository, Vol. 8, p. 167.

却是"运用中文表达习惯,并且像他们自己的文献一样,是没有标点的"①。至于林则徐本人,在当时情况下了解英语知识,更需借助广州英语。他在广州期间,曾辑录许多洋务资料,任陕甘总督时,其幕僚陈德培录其"千分之一",名之为《洋事杂录》。《洋事杂录》中有一些用汉字书写的外文名词读音,显示了明显的广州英语风格。如"正月"注音为"占玉华利"(January),十二月注音为"地心罢"(December)。又如1到12数字,林则徐分别注音为"温、都、地厘、和、辉、昔士、西问、噎、年、颠、林、打拉"②,都与《红毛通用番话》中的注音大致相同。

广州英语在鸦片战争前后被应用的另一种情形则显然具有消极的意义。那就是它成为鸦片贩子交易的语言工具。上文已引用过林则徐的两份奏折,其中提到的几个鸦片贩子,都"通晓夷语"。有些鸦片贩子本人不通广州英语,便拉拢会说的人合伙。如一个叫谭升的人,在1837年春"路遇素识未获之新安县人章亚华闲谈,该犯因章亚华晓习夷语,起意商同合伙兴贩鸦片烟获利",遂勾结到一起贩运烟土。③在广东以外的地方贩卖鸦片,往往也必须借助广州英语作为交易语言。1834年,福建晋江就抓获一个叫王略的鸦片贩子。他曾在"广东澳门生理,常与夷人交易,能通夷语,稔知夷情"④。1833年底,他将鸦片船从广东海面引往闽洋。如果说当时的鸦片贩运网络依其距离外国鸦片船的远近可分为多个层级的话,那么广州英语就在关键的第一层级充当了罪恶的工具。这当然不是这种语言的罪过,而是它的不幸。

五

广州英语的存在,注定只是一种历史现象。它虽然大体上可以满足鸦片战争前后以贸易为主体的中西交往的需要,但是它的局限性也是显而易见的。因此,就在广州英语大行其道之时,已经有一些具有远见的

---

① *Chinese Repository*, Vol. 8, p. 168.
② 林则徐:《洋事杂录》,《中山大学学报》1986年第3期。
③ 《鸦片战争档案史料》第1册,第760页。
④ 同上书,第142页。

中国人，开始自发地寻求正确的英语知识。这是在反省了广州英语的固有缺陷之后进行的可贵努力。除上文已经提到的林则徐的四位译员之外，还有一些值得一提的例子。

1805年春，一个叫容三德（Yong Sam-tak）的广东青年，专程到伦敦的一个寄宿学校学习英语。后来他与第一个到中国大陆的基督教新教传教士马礼逊之间产生了密切的关系，在早期中西文化交流史上留下值得注意的一笔。① 这是目前可以见到的最早的中国人到海外学习英语的记载。1812年，一个叫秦三才的22岁的青年，从澳门附近的乡村，第二次前往美国纽约（他第一次到美国的时间在1810年之前），希望"获取英语知识，以便能做一个通事"。显然，他已经不满足于在他的家乡可以很方便地学到的广州英语，而是试图到彼邦掌握纯正的英语，跻身高等通事的行列。但在开始时，他因为没有经济来源而"无法实现自己的目标"，栖身于中国移民群中打工度日。直到1816年，他才得到一位尼奇太太和她的儿子约翰·尼奇（John Nitchie）的帮助，到一位神学院教授开办的主日学校学习英文，同时由约翰·尼奇在晚上教他语法等方面的知识。在此后的一年里，他的英语水平迅速得到提高，能够将马礼逊翻译的中文《圣经》的某些章节回译为英文。② 1824年，后来成为林则徐译员的阿林（William Alum）和他的兄弟阿兰（Henry Martyn Alan）到美国康涅狄格州教会所办的康瓦尔学校学习。该校先后有5名中国人就读。③ 1832年，另一个叫阿林（Ah Lun）的15岁的中国少年，到美国康涅狄格州的米都城（Middletown）学习。当两年后他陪同美国传教士伯驾到中国时，已经有了相当的英语基础。④ 没有条件到海外求学的人，也在广州寻求机会。1830年，裨治文刚到广州，就有3个10—15岁的少年跟随他学习英语。⑤ 中国人集体接受正规英语训练，则是在马六甲的英华书院

---

① Eliza A. Morrison (ed), *Memoirs of the Life and Labours of Robert Morrison*, London, 1839, Vol. 11, pp. 71 – 81.

② *The Indo-Chinese Gleaner*, Vol. 1, Malacca, February, 1818, pp. 78 – 83.

③ *Chinese Christians: Elites, Middlemen, and the Church in Hong Kong*, pp. 56 – 57.

④ George B. Stevens (ed), *The Life, Letters and Journals of the Rev. and Hon. Peter Parker*, Boston & Chicago, 1896, pp. 94 – 96.

⑤ *The Life and Labor of Elijah Coleman Bridgman*. p. 58.

(1818—1843年),以及先后在澳门和香港开办的马礼逊教育会学校。①

鸦片战争后,尽管广州英语依然风行,以后更有洋泾浜英语代之而起,但毕竟渐渐难登大雅之堂,不仅民间寻求正规英语知识者日众,而且官方也开始重视这一问题。1861年1月13日,奕䜣等上奏设立同文馆,以改变"语言不通,文字难辨"的状况。不过它在开办之初,仍需借助广州英语之力。奕䜣等奏陈:"闻广东、上海商人,有专习英、佛、米三国语言文字之人,请敕各该省督抚,挑选诚实可靠者,每省各派二人,共派四人,携带各国书籍来京。"②这当然只是应一时之需,后来便聘请洋教习。到上海设立广方言馆时,李鸿章一开始就认为会英语的"广东、宁波商伙子弟"不可靠,不仅"资性蠢愚,心术卑鄙",而且"其仅通洋语者十之八九,兼识洋字者十之一二,所识洋字,亦不过货名价目与俚浅文理"。③所以该馆在开创时期,即聘请先后在马礼逊学校和美国受过教育的黄胜和美国传教士林乐知任英文教习。

还应该提到的是,外国人也是广州英语的使用者。他们可以很快"学会这种完全漠视读音和句法规律的语言,它对与中国人进行的商业交往已经足够。他们可以很快熟悉这种土语,在很短的时间内便会将学习中文看作一件无用之事,一种无法完成的任务"④。相应地,这些外国人中既有寻求正当交易的商人,也有追逐肮脏利润的鸦片贩子。

最先试图为改变广州英语"谋杀"纯正英语状况而努力的是英美传教士。第一个到中国大陆的新教传教士、英国伦敦会的马礼逊在广州生活了20多年的时间,一直致力于中国语言文化的研究。他于1815—1822年间出版了6巨册的《华英词典》。除编写过其他几种供西方人士学习中文的工具书外,他还"编纂过一本100页的英文语法书","供马六甲英华书院使用"。⑤卫三畏在1836年还提道:"在广州有人正在编纂一本帮

---

① 吴义雄:《在宗教与世俗之间》,广东教育出版社2000年版,第318—334、336—352页。
② 《筹办夷务始末(咸丰朝)》第8册,中华书局1979年版,第2679页。
③ 李鸿章:《请设外国语言文字学馆折》,《李鸿章全集·奏稿》第1册,海南出版社1997年版,第110页。
④ S. S. William, "Jargon Spoken at Canton", Chinese Repository, Vol. 4, p. 430.
⑤ Ibid., p. 435.

助中国人学习英语的书,已进行了一年半,但尚未完成。"① 次年,他再次撰文强调出版这种著作的重要性:"一本通俗易懂的文选和词典,能教给本地人外文词汇正确的以汉字和英文标注的读音,还能指导他们在说话时注意一下性别、时间,将是改善目前的不规范的广州英语的极好方法。"他还说:"出版这样一部著作,也许是一个以发扬实用知识为目标的协会的业务范围内的事情。"② 这个"协会",系指1834年成立于广州的"在华实用知识传播会"。它在1841年资助出版了一部《广州方言中文文选》(Chinese Chrestomathy in the Canton Dialect)。该书出版于澳门,作者是美国传教士裨治文。这部778页的大部头著作,其正文分为3栏,左边一栏为英文句子和段落,中间一栏用广州话将其汉译,右边则用罗马字母将广州话的发音标出。作者表示,编著此书是想达到"向欧洲人提供与中国人进行交往的工具,并在中国人中传播英语知识"的双重目的。③ 第二次鸦片战争后在同文馆、广方言馆等机构任教的洋教习如丁韪良、林乐知等,则具体地将卫三畏、裨治文等人"传播正确的英语知识"的想法付诸实践。

1862年《英语集全》的出版表明,虽然在19世纪50年代后广州对外贸易与文化交流中心的地位已经丧失,但广州英语的余音尚在。很难确定广州英语是在什么时间消逝的。从洋泾浜英语在19世纪后期乃至20世纪初叶仍在上海大行其道的情况来看,广州英语在岭南地区可能也还有一定的市场。这样计算起来,广州英语存在了大约两个世纪。它虽然有如上所述的诸多缺陷,但它毕竟充当了中外交往的工具,而且在相当长的一段时期内是不可替代的。这是其主要历史意义所在。从现有的资料来看,很不地道的广州英语也为英语语言的发展做出了贡献,现代英语中的不少词汇即来自广州英语。这一点,需要语言学家作专门讨论。

前文已经指出,广州英语是从澳门葡语演化而来的,因此它并非完

---

① S. S. William, "Jargon Spoken at Canton", *Chinese Repository*, Vol. 4, p. 435.
② S. S. William, "Vocabularies for Chinese to Learn English", *Chinese Repository*, Vol. 6, p. 279.
③ *Chinese Repository*, Vol. 11, pp. 223-230.

全意义上的创造。应该说，澳门葡语的出现较之广州英语更具有创造性。但在语言交流史上，澳门葡语也不能说是汉族人学习异族语言的最早尝试。翻检旧籍，可以发现更早的事例。明洪武二十二年（1389），翰林院侍讲火源洁著成一部《华夷译语》，"以汉字译写胡语"[①]，即用汉字为蒙古语词汇注音，形式与后来的《红毛通用番话》相同，但较后者更为规范，对喉内音、舌头音、顶颚音、急读带过音、急读合口音等，均加以注明。火源洁"乃朔漠之族，生于华夏，本俗之文，与肩者罕"[②]，因此才编写出较后世的《鬼话》之类的小册子远为高明的《华夷译语》。当然，蒙古民族后来与汉民族发生密切的关系，同清代中国人与西洋人的关系不同。但清代孙毓修在重刊该书时写了一篇跋文，说"火源洁本元人，仕元，有朝鲜、流〔琉〕球、日本、安南、占城、暹罗、鞑靼、畏兀儿、西番、回回、满喇加、女真、百夷十三国译语，元时有汇刻本，亦名《华夷译语》"。又云："《经厂书目》载增订《华夷译语》十一本。"[③] 则一代语言大师火源洁所著"译语"类的著作，非仅限于蒙古语，还涉及多个国家的语言。

　　火源洁的努力，说明了他所处的时代，人们已主动开展对异族语言知识的追求，表明"以汉字译写夷语"的传统可以追溯到更早的时间。从元代到清代，中国人在掌握外族语言方面的传统和热情表明：限制对外交往和排斥外来文化，即所谓"闭关政策"，在很大程度上只是统治者巩固权力的手段，而非中华文化固有的本质使然。

　　（附记：本文在写作过程中得到中山大学历史系程美宝博士、研究生肖艳芳的帮助，谨此致谢！）

---

① 火源洁：《华夷译语》卷首"华夷译语凡例"，清涵芬楼刊本（出版时间不详）。
② 刘三吾："序"，《华夷译语》。
③ 《华夷译语》下册卷末。

引进与变革：
近代中国企业官利制度分析[*]

朱荫贵

近代中国，是一个中西相撞、变动剧烈而又新旧杂陈的时代。其中，经济领域中的变动尤为明显。1872年，当轮船招商局在上海成立营运时，它同时也标志着一种中国历史上未曾出现过的、面向社会"招股集资""合众力以成"的新型企业组织形式——近代股份制企业在中国开始出现。此后，这种从"泰西"引进的企业组织形式在中国逐渐得到了推广。但引人注目的是，像许多别的向西方学习和从西方引进的事物一样，它在中国出现时，同样也打上了中国式的"印痕"，出现了与西方股份制企业不同的"变革"。在利益分配方面实行的官利制度，就是这种"变革"的典型一例。

关于官利，以往在对中国近代企业制度和民族资本企业进行研究的论著中时有涉及，但关注点大多集中于该制度对企业负担的增加和对民族资本积累的影响。也有专文对晚清时期的官利制度及其官利制度与中国公司筹资等问题进行过探讨。[①] 本文拟在前人研究的基础上，进一步对该制度的特点、产生的原因、延续70多年的状况进行全面考察，重点分

---

[*] 本文原载《近代史研究》2001年第4期。

[①] 邹进文、姚会元：《近代股份制的"中国特色"之一——试论清末股份企业的"官利制"》，《中国经济史研究》1996年第4期；张忠民：《近代中国公司制度中的"官利"与公司资本筹集》，《改革》1998年第3期。

析中国社会中导致其产生、普遍存在和延续，也就是导致其产生"变革"的种种因素。希望这种分析，能够从一个侧面加深我们对产生这种制度的近代中国社会经济结构的认识。

一　近代中国普遍存在官利制

一般来说，股份公司面向社会招股集资兴办企业时，购买企业股票的股东和企业之间形成的是风险共同承担、利益共同分享的关系。这种关系在利益分配时的体现，是股息视当年利润的多少而定，盈利多则分红多，盈利少则分红少，股息率视利润的多少而上下浮动，并不固定。但是，近代中国存在的官利分配制度，却与这种一般股份制企业的分配方式不同。

"官利"，又称"官息"，也称"正息""股息""股利"与"余利""红利"对应称呼。它的特点在于：其一，不管是谁，只要购买了企业的股票成为股东，就享有从该企业获取固定利率——官利的权利，而不管该企业的经营状况如何。其二，这种固定的官利利率一般以年利计算。其利率虽因企业情况和行业领域不同而有差异，但大体19世纪七八十年代是年利1分，清末一般在8厘，20世纪二三十年代降低到6厘。因为必须支付官利，所以企业年终结账，不是从利润中提分红利，而是先派官利，然后结算营业利益。不足，即谓之亏损；有余，则再分红利（红利在这里被称为余利或直称红利）。其三，只要股东交付股金，官利即开始计算。虽工厂尚未建成开工，铁路尚未建成通车，官利也需支付。由于企业在没有利润的情况下也需支付官利，所以常常"以股本给官利"，或"借本以给官利"。① 由于官利具有这些性质，所以股东对公司而言就不仅仅是投资人，而且还是债权人。股票也不仅仅是投资证券，而是同时兼有公司债券的性质。

从现有史料中，笔者尚未找到近代中国为何实行官利分配方式的说明，也没有找到解释"官利"之所以称为"官利"的史料。但是，官利

---

① 张謇：《大生崇明分厂十年事述》，《张謇全集》第3卷"实业"，江苏古籍出版社1994年版，第209页。

分配方式一般都明确刊载于企业章程，甚至某些企业的股票上也有明确刊载，而企业章程在清代需经南北洋大臣审查批准，重要企业甚至需经皇帝御准，民国时期同样需经政府有关部门批准。笔者由此推测，"官利"的意思就是"经过官方审查批准的利率"之意，目的是要向外界公开宣布，这种利率受官方法律保护，是正式和有保障的，以便于增强社会信用，得到社会的认可和支持，实现招揽社会资金兴办企业的目的。

显然，这种官利制度与西方股份制企业实行的股息视利润多少而定的分配方式有着明显的不同，但它却是整个近代中国股份制企业中普遍实行的分配制度。

据笔者接触的史料，1872年成立的中国第一家股份制企业——轮船招商局首开官利分配制度之先例，此后这种制度便一直在中国的股份制企业中广泛存在，甚至在1947年出版的《中国股票年鉴》中收录的相当部分企业中，仍可找到实行官利制度的明确记载。也就是说，这种与西方股份制企业分配方式不同的官利制度，至少在中国存在了75年之久。[1]

轮船招商局在其发行的股票上明确刊载"当经本局议定，招集股银壹百万两，分作千股，每股银壹千两，先收银五百两，每年壹分生息"的字样。[2] 次年招商局的第一届账略结算中，就有"所有股本，概发官利，长年一分，此外所有盈余，仅二千一百余两，故无从酌提花红"的记载。第六届账略中对前六届官利的派分有"总共六年已派利六分，与开办章程相符"的总结。1882年招商局决定增加资本，"乃决定再招股本银一百万两，合成二百万两股本"。增招资本的办法是："凡旧股一股得再入一股股本，限光绪八年年底交清，仍按交银之日起计算官利。再第九届发官利一分，余利一分，旧股东附新股者除此次官利余利不收外，只需再找出银八十两，便可领百两股票一纸。"[3]

---

[1] 之所以说"至少"，是根据常理推断，1947年至1949年之间这种制度仍会延续，但因暂无史料证明，因此称"至少"。

[2] 交通部财务会计司、中国交通会计学会组织编写：《招商局会计史》，人民交通出版社1994年版，第187页。

[3] 《国民政府清查整理招商局委员会报告书》及《新报》，转引自聂宝璋《中国近代航运史资料》第1辑下册，上海人民出版社1983年版，第972、975—977页。

自"招商局开其端"① 后,这种新型的企业组织形式在中国逐渐得到了认可和推广,19世纪80年代前后开始,这种股份制企业数量明显增多。② 从当时留存下来的文献看,绝大多数企业的招股章程和发行的股票中都有关于官利的明确记载。如开平矿务局招商章程的第6条中有"即将每年所得利息,先提官利一分,后提办事者花红二成,其余八成仍按股均分"的规定。③《申报》1883年1月14日刊登的《徐州利国矿务招商章程》中,关于分配股息的第4条中有内容几乎完全相同的规定:"每届一年结算一次,先提官利壹分,下余花红银两,以二成酬劳办事诸人,八成按股均分。"上海机器织布局招商章程中有"股本宜提官利也。今集股四十万两,官利照禀定章程周年一分起息,每年共计九八规银肆万两"的规定。山东登州铅矿的招商章程中有"收银之日起,先行派分庄息,俟熔炼发售之后,长年官利一分,并找足以前庄息不敷一分之官利"④ 的规定。上海平准股票公司的章程中同样规定"本公司股本官利议定长年一分"⑤。

引人注目的是,这期间兴办的新式企业特别是官督商办企业中的官款或官股,在利益分配上与商股相同,也实行官利制度。如招商局开办时从直隶练饷局借用官款制钱20万串,"名为官本,公家只取官利,不负盈亏责任,实属存款性质"⑥。但也有稍示区别的。如1896年张謇创办南通大生纱厂领用折旧官机时,与江宁商务局签订的合同中就明确规定:"商务局将南洋纺织局现有纱机四万七百余锭,连同锅炉引擎全副,作为官本规银五十万两。大生招集商本规银五十万两……合计成本规银一百万两,按每股一百两,作为一万股,官商永远合办。逐年获利,按股均分;如有亏折,亦按股摊认,利害相共,两无异说。"在这里,在官利的分配上官本与商股相同,但是在余利的分配上商股还稍受优待:"逐年所

---

① 《中国股份极宜整顿说》,《申报》1883年10月21日。
② 参见拙文《近代上海证券市场上股票买卖的三次高潮》,《中国经济史研究》1998年第3期。
③ 孙毓棠编:《中国近代工业史资料》第1辑下册,科学出版社1957年版,第630页。
④ 《中国近代工业史资料》第1辑下册,第1044、1121页。
⑤ 《上海平准股票公司叙及章程》,《申报》1882年9月27—28日。
⑥ 交通史编纂委员会编:《交通史航政编》第1册,1935年刊印,第269页。

得利息,除按每股提付通年官利八厘外,余利议自开厂之第一第二第三年,凡官股应得之余利均缓提交,全数存厂贴补厂中添购机件。缓至第四年起至第七年止,再将前三年积存余利匀分四年带缴。至第四年起,官股应得余利,仍逐年随同官利提缴。"① 广东自来水公司的情况也与此类似,"广东自来水公司开办三年,垫付股本官息,为数不赀,现又公议以宣统元年以前为创办年分,官股暂不支息,宣统二年起,官商一律照支。此项暂不支息之官股,俟公司获有盈余,再匀作六年分还"。这种做法的动机,据说是"公家不苦子息,此则与商业整顿之中,仍寓官力维持之意"。②

成立于 1890 年的汉阳铁厂,是一家官办企业。1896 年因资金困难转为官督商办性质。在汉阳铁厂转为官督商办时的招商公告中,督办盛宣怀明确宣布汉阳铁厂分配方面的规定是:"自入本之日起,按年提息八厘,余利一年一派。"1908 年该厂性质又为之一变,由汉阳铁厂、大冶铁矿和萍乡煤矿合并组成完全商办性质的"汉冶萍煤铁厂矿有限公司"。在其改为完全商办公司的招股章程中,同样有"本公司不论优先、普通,长年官息八厘,均于次年三月给发","除官息及各项开支外,结算尚有盈余,是为红利,作三十成开派"的明确规定。③ 这家企业是晚清企业中体制变动较大的一家。但是,在其体制的两次变动中,关于官利和余利的分配制度均没有发生变化。在现在能够找到的当时留存下来的企业招股章程中,尚未发现没有官利规定的。"官利制度显然是这个时代的通行制度,各公司无不如此"④。看来,严中平对棉纺织行业企业进行研究后得出的这个结论,同样适用于这个时代的其他公司。

引人深思的是,近代中国历经晚清、北洋和南京国民政府三个时期,但是,政治体制发生的变化,并没有对官利制度产生什么明显的影响。

---

① 张季直先生事业史编纂处编:《大生纺织公司年鉴》,江苏人民出版社 1998 年版,第 9 页。后因招股不易,次年张謇和盛宣怀议定分领此项官机,除官本改为 25 万两外,其他约款未变。

② 《1909 年两广总督袁树勋奏》,汪敬虞编:《中国近代工业史资料》第 2 辑下册,科学出版社 1957 年版,第 1014 页。

③ 湖北省档案馆编:《汉冶萍公司档案史料选编》上册,中国社会科学出版社 1992 年版,第 131、236 页。

④ 严中平:《中国棉纺织史稿》,科学出版社 1963 年版,第 145 页。

从晚清到民国，这种制度一直延续下来。这里可以交通银行为例进行一下观察。成立于1907年的交通银行，是近代中国一家重要的银行。在1949年之前的42年中，该行先后由清政府邮传部、北洋政府财政部和南京国民政府财政部核准颁布过5个章程，每个章程的内容都有相应的调整变化，但不管其他内容有多大变动，官利分配方面的规定均变化不大。这里不妨将其有关官利分配制度的规定进行一下比较：1907年（光绪三十三年十一月初四日）清政府邮传部奏颁的交通银行章程第16条规定："该行所集官商股本，定为常年官息六厘，半年结算一次，年终结帐一次。先分官息，如有余利，汇结得有实在数目，除公积、花红外，余按入股之迟早均分。"1925年8月，交通银行奉交通部转咨财政部核准备案的章程第55条规定："本银行股利定为六厘"；第56条规定："纯益中除提公积金及付股利外，尚有盈余作为十成分配，以一成为特别公积金，六成为股东红利，三成为行员酬劳金。"1928年11月，交通银行奉财政部核准备案的章程第64条规定："本行股利每年正息六厘"；第65条规定："净利中除提公积金及付股利外，尚有盈余作十成分配，以三成为行员酬劳金，余为特别公积金及股东红利，由行务总会议定之。"1935年6月，交通银行奉财政部核准备案的章程第67条规定："摊派股利依交通银行条例第六条及第七条之规定，官股每年正息五厘，商股每年正息七厘。其摊派次序先付商股股利，后付官股股利。"第68条规定："净利中除提公积金及付股利外，如尚有盈余，作十成分配，以三成为行员酬劳金，余为特别公积金及股东红利，由行务总会提交股东总会议定之。"1944年2月，财政部令交通银行修正的章程关于分配的第67条和68条规定，与上述1935年的章程规定完全相同。[①] 从上述交通银行章程关于官利分配的有关规定中可以看出，在官利的名称、官利的利率、官商股官利的多少和余利的分配方式方面，几次章程的规定有某些不同，但在官利始终存在、官利先于余利分配等基本方面，政治体制的变动对其没有明显影响则是可以肯定的。

还需注意的是，进入民国以后，这种官利制度不仅得以延续，而且

[①] 交通银行总行、中国第二历史档案馆编：《交通银行史料》第1卷，中国金融出版社1995年版，第173、206、215、225、234页。

在国家颁布的法规中正式出现。例如，1914年北洋政府颁布的《公司条例》第186条规定："公司开业之准备，如须自设立注册后，二年以上，始得完竣。经官厅许可者，公司得以章程订明，开业前分派利息于股东"；"前项利息之定率，不得超过长年六厘。"① 此后，1929年和1946年修订的公司法都保留了这一有关官利的规定，只不过1929年的《公司法》将年利降到了五厘②，1946年的《公司法》只载明了公司可在营业前分配股利的条款，而删去了具体的年利率规定。③ 官利在有关股份公司的法规中出现，使官利制度具备了一定的法律依据，给官利制度的存在和延续提供了相应的法律保障。

但是，民国时期特别是三四十年代的官利制度与晚清时期相比，也出现了一些变化。这些变化主要表现在以下几方面：

1. 官利和余利的名称有所变化。"我国公司常于章程上规定每年支付股利之定率，名曰官利，或曰股息。设某年获利甚巨，除支付定额官利外，尚可支付额外股利，此项额外股利，名曰红利。"④ "官利"名称虽在1947年出版的《中国股票年鉴》一书中还可见到，但已较为少见。三四十年代后，"官利""余利"大多已改称为"股息"和"红利"。

2. 公司章程中仍然有派分官利的规定，但同时也出现了当企业无盈余时不得把股本作为股息派发的明确规定。如1927年上海、济南泰康罐头食品股份有限公司章程中规定："本公司股本官利定为长年八厘，如无盈余，不以本作息。"1931年浦东商业储蓄银行股份有限公司章程中规定："本银行股息定为常年八厘，但无盈余时不得提本充息。"1934年大中华橡胶兴业股份有限公司章程中规定："本公司股息定为长年八厘。红利之分配规定于本章程第三十九条。惟公司无盈余时，不得以本作息或分派红利。"⑤

---

① 沈家五编：《张謇农商总长任期经济资料选编》，南京大学出版社1987年版，第47页。
② 《工商法规汇编》，转引自上海档案馆编《旧中国的股份制》，中国档案出版社1996年版，第300页。
③ 参见沈祖炜主编《近代中国企业：制度和发展》，上海社会科学院出版社1999年版，第54页。
④ 王相秦编著：《华商股票提要》，上海兴业股票公司1942年版，第188—189页。
⑤ 《旧中国的股份制》，第341、358、369页。

3.《公司法》和公司章程中虽有关于官利利率的规定,但法律效用却有逐渐弱化的趋势。"章程中有官利率之规定,其作用至多不过在公司理财上予公司当局以某种规范,使其每年分发股利,应努力维持此项定率,在获利丰厚之年,不使过分超过此项定率以发给股利,而于营业衰落之年,则又应酌量情形,拨提原已积存之盈余,以维持此项定率,是亦为平均股利之一种手段与标准而已。"① 因此,在30年代末期至40年代的股份制企业中,我们可以看到有官红利合并计算发给的现象,有同一企业几年中股息出现变动高低不等的记载,也有极少数企业出现未发股息的记载。②

虽然官利制度出现这些变化,但这些变化没有触及,也没有改变官利的根本性质。30年代后期变动较大的现象,看来与抗日战争全面爆发有直接关系,在1947年出版的《中国股票年鉴》的记载中,官利发放与30年代末期相比较为正常就是证明。

但无论如何,官利制度作为一种分配方面的通行制度,在近代中国股份制企业中普遍存在了70多年应是没有疑问的。那么,导致这种分配制度在近代中国普遍存在和长期延续的原因是什么呢?

二 官利制度在近代中国出现和长期延续的原因

通过上文的分析,我们已经可以清楚地知道,官利制度是普遍存在于近代中国股份制企业分配方面的一种制度。当近代中国股份制企业筹设开办,需要面向社会筹集资金时,不得不面对的"国情"之一,就是这种事先需要做出承诺,并在利益分配时给予保证的官利制度。显然,这种制度是西方新型股份制企业组织形式引进中国时,中国社会给其打上的一种颇具中国特色的"印痕"。

那么,为什么会出现这种制度呢? 一般来说,一种制度得以存在,必然有使其得以存在的种种原因,也必然受制于当时社会环境和经济结

---

① 《华商股票提要》,第189页。
② 参见《华商股票提要》以及吴毅堂编《中国股票年鉴》(1947年版)所附各企业情况介绍之"股息"栏的内容。

构的种种规定性。官利制度的存在也不例外。从根本上来说，这是由近代中国社会资本较为缺乏、是一个高利贷社会的性质所决定的。众所周知，传统中国社会资金的流向是土地、高利贷、旧式商业和房地产业。金融机构和民间的放款利率都很高，1899年，张謇在筹设大生纱厂资金困难时被迫向钱庄借贷，而钱庄的贷款月息高达1分2厘就是一例。[①] 时隔30多年，1933年济南银行业的放款月息仍然高达1分9厘又是一例。[②] 而且，这种贷款的高利率现象并非仅存于一时一地，而是近代中国较为普遍的现象。据日本人1910年的一份调查，中国24个主要城市金融机构的放款利率如表1所示：

表1　　　　　　　　中国各地金融机构放款利率　　　　　　（单位：厘）

主要城市	放款年利率	主要城市	放款年利率
营口	9.6	沙市	12.0
北京	6.6—12.0	宜昌	12.0—18.0
天津	8.4—9.6	重庆	10.0—12.0
芝罘	10.0—20.0	南昌	11.0
上海	7.2—9.6	宁波	6.0—8.4
汉口	9.6	福州	8.0—20.0
镇江	8.4—9.6	厦门	10.0—25.0
南京	12.0	汕头	12.0
芜湖	12.0	温州	15.0—30.0
九江	9.6—18.0	广州	18.0—36.0
长沙	9.6—11.0	梧州	12.0—15.0
湘潭	6.0—7.2	平均	12.5—14.8

资料来源：东亚同文会支那经济调查部：《支那经济报告书》第50号，明治四十三年(1910)5月30日。

从这份调查表调查的24个城市来看，1910年中国金融机构放款年利最低的为6厘，最高的为3分6厘，"其平均利率大约在12%—14%之

[①] 大生系统企业史编写组：《大生系统企业史》，江苏古籍出版社1990年版，第16页注3。
[②] 吴承禧：《中国的银行》，商务印书馆1934年版，第58页注1。

间,与欧美各国比较起来看,其利率之高,实在惊人"①。

遗憾的是,使调查者惊叹的调查结果,时隔20多年同样没有改变。1933年,中央研究院社会调查所对银行放款给南方7省纱厂的年利率进行调查,其结果如表2:

表2　　　　　中国各地纱厂向银行借款所负之年利率　　　　（单位:%）

地区	最高	最低
上海	12	6
通、崇、海	11	7
无锡	10.8	7.8
武汉	12	8
其他（包括太仓、宁波、萧山、济南、青岛、九江、长沙等地）	20	6

资料来源:吴承禧:《中国的银行》,商务印书馆1934年版,第58页。

原表还有一个说明:"据我们所知,银行的放款,其取息高至二分的固然少见,但低至七八厘以下的亦实属罕有,大抵均在10%—12%左右。"也就是说,中国社会中金融机构放款利率经过20多年后,基本没有变化,仍然维持着相当高的水平。当然,银行放款利率高,又是由存款利率高决定的,20世纪30年代中国的"通商大埠,活期存款的年息,普通仍在四五厘之间,定期存款,一年的多为七厘,二年八厘,亦有高至一分左右的";"存息既然如此之高,则银行为获得利润起见自然不肯赔贴利息,牺牲成本而以低利与民族工业者相周旋"就成了必然的结果。②但是,中国近代社会的官利制度,却在这种高利贷社会条件下出现、延续并直接影响近代中国新式企业的创办和发展。

一般而言,决定工业投资大小的根本因素,不仅仅是社会资金的绝对数量,而是社会资金的流向。当地租、商业高利贷剥削收入在近代中

---

① 据《支那经济报告书》第49号的调查报告,1900—1908年英、法、德等三国的放款年利率为2.13%—4.59%,见东亚同文会支那经济调查部《支那经济报告书》第49号,明治43年（1910）5月15日。

② 吴承禧:《中国的银行》,第60页。

国社会经济生活中占据支配地位的时候,要想改变社会资金的流向,要想社会资金投到工业上来,就有相当的难度。因为高利贷统治着近代中国的资金市场,高利贷的利息水平自然就决定拥资者对投资近代新式股份制企业的态度。

"中国人组织公司、企业时,首先在章程上规定每期支付若干股息,把这叫做'官利',无论营业上盈亏,都是必须支付的。官利的利率一般为7%—8%至10%。盈利较多的年度,除付给官利、付给职工奖金尚有节余时,则在官利之外另给红利。"这种情况,"反映了中国市场利率还很高,中国在运用资本时所追求的利润高度,也可由此推知。中国人在其企业上最少也要要求不小于市场利率的利益"。"因此,投资人与此相比,要求很大的利息……不支付较高的股息,便难募到资本","必须事前规定官利的保证,然后招募股本才有可能"。① 这些看法,是日本调查者站在圈外的评论。

1909年,两广总督袁树勋为广东自来水公司给清廷的上奏中说:"按照定律,公司未有盈余,不得移本作息,然吾国风气未开通,各省商办实业,公司自入股之日起,即行给息,以资激劝,而广招徕",此种做法实"属不得已之办法"。②

张謇在创办大生纱厂招股集资的过程中,亲身经历了筹集资本金的种种困难。1914年,他在就任农商总长后向国务院提出的奖励工商业法案中,对于官利制度存在原因的看法是:"吾国利率常在六厘以上,银行钱庄定期贷付之款,有多至九厘或一分以上者。各种公司招股,有定为官利七厘或八厘者,此无它,市场之情势然也。"因为"不发官利,则无以动投资者之心"之故。③

可见,近代中国资金市场上普遍存在的高利贷,是官利制度必然产生的根本前提。在近代中国,要成为企业家,要面向社会筹集资金兴办近代企业,面对的社会现实,就是这种普遍存在的高利贷利率。要改变

---

① 上引均见《支那经济报告书》第50号。
② 《申报》1909年12月25日,转引自《中国近代工业史资料》第2辑下册,第1014页。
③ 张謇:《向国务院提议奖励工商业法案》,《张謇农商总长任期经济资料选编》,第18页。

社会资金的一般流向，改变传统的投资途径，使出资者愿意把资金投向新式企业，把资金投向对他们来说还是新的、不熟悉而又有一定风险性质的事业时，只能在当时社会环境规定的条件下，靠自身做出一定的调整和适当的修改，否则不仅无法改变社会现状，反而会使自己的目标根本没有实现的可能。

其次，官利制度之所以得以在近代企业中普遍存在和长期延续，还与中国企业特殊的资金筹集和运作方式有关。一般而言，企业在经营过程中，仅以自有资本为范围、局限在狭小规模和框架内活动的极为少见。借入资金，乃为公司理财政策方面常见之举措。从英美等资本主义各国情形看，企业借入资金的来源，不外商业信用、银行放款、商业票据、公司债券等数项。但是，近代中国公司企业的资本结构和资金筹集方式由于国情迥异、金融资本市场尚未完善等缘故，与欧美等国有很大的不同，其中，"尤以收受存款一项为唯一之特色"。中国近代"普通之公司商号皆自行吸收存款，以为资金之调节"，"其历史悠久基础厚实者，存款在运用资金中所占之地位亦更见重要"。[①] 第一家股份制企业轮船招商局在创办和经营过程中，除借用大量官款外，还吸收和运用大量公私存款就是明显之一例。

表3　　　　　　　　轮船招商局借款构成（1873—1893）　　　　（单位：两）

年度	官款 金额	官款 占总计（%）	私人往来 绅商存款	私人往来 往来存款	私人往来 保险股款	私人往来 小计	私人往来 占总计（%）
1873—1874	123023	100.00					
1874—1875	136957	21.08	465354	47284		512638	78.92
1875—1876	353499	24.58	238328	646530	200000	1084858	75.42
1876—1877	1866979	57.73	335776	681332	350000	1367109	42.27
1877—1878	1928868	50.50	1472404（两项合计）		418430	1890834	49.50
1878—1879	1928868	61.52	624088（两项合计）		582632	1206720	38.48
1879—1880	1903868	62.28	533029（两项合计）		619849	1152878	37.72

---

① 陈真编：《中国近代工业史资料》第4辑，生活·读书·新知三联书店1961年版，第59、60页。

续表

年度	官款 金额	官款 占总计（%）	私人往来 绅商存款	私人往来 往来存款	私人往来 保险股款	私人往来 小计	私人往来 占总计（%）
1880—1881	1518867	57.96	1101662（三项合计）			1101662	42.34
1881—1882	1217967	34.43	2319545（三项合计）			2319545	65.57
1882—1883	964292	28.92	2370345（三项合计）			2370345	71.08
1883—1884	1192566	52.52	1078286（三项合计）			1078286	47.48
1886	1170222	53.93	82641	316827	600000	999468	46.07
1887	1065254	56.60	24525	292453	500000	816978	43.40
1888	793715	55.97	20175	304126	300000	624301	44.03
1889	688242	54.60		272293	300000	572293	45.40
1890	90241	12.02		360318	300000	660318	87.98
1891				485490	200000	685490	100.00
1892				464825	200000	664825	100.00
1893				345735		345735	100.00

说明：1. "往来存款"：包括钱庄信贷和个人存款。其中1875—1876年度钱庄贷款为613238两，个人存款为33292两；1876—1877年度钱庄贷款为593448两，个人存款为87884两；其余各年账略上并未分别载明。2. "保险股款"：指保险招商局和仁和保险公司之股本存款。

资料来源：招商局各年度资产负债表和损益计算书。转引自张国辉《洋务运动与中国近代企业》，中国社会科学出版社1984年版，第171页统计表。

实际上，吸收存款的现象并非始自招商局，在中国，这种工商企业吸收存款的现象有着悠久的历史渊源。据刘秋根教授在《明清高利贷资本》一书中的研究，早在明清时期，经营"存款"这种金融业务的现象就已在中国社会中普遍存在。除典当、钱庄、票号等金融机构经营存款外，"也有一般工商店铺如盐店、布铺、米铺、杂货铺、珠宝铺等兼营的存款"，甚至"一些在地方家产殷实，且经济信用较好的财主有时也接受他人寄存，并付给薄息"。"从存款客体来看，既有各级官府，也有各类社会性团体如宗祠、会社等，更多的则是私人家庭和个人。从存款的具体内容看，既有按期提息，用于种种专项用途的基金性质的存款，也有因工商经营、日常生活消费而引起的以寄存和生息为目的的存款。"[①]

显然，这种现象到了近代并没有改变，而是顺理成章地运用到股份制企业中。不仅招商局吸收存款，其他企业也吸收存款，就是到了20世纪二三十年代，这种现象仍然延续存在，并有进一步发展的趋势。譬如，1928—1929年间，上海的一般公司，甚至"有设立存款部，公开登报招揽存款者"。以致于当时的研究者认为，"吸收存款为我国企业界特异之现象"，但是，"其运用几普及于各种企业及工商组织"。[②] 1940年，有学者对1932—1939年上海、浙江、江苏、安徽、山西、河北、河南、山东、湖北及香港10个地区的10个行业100家企业的资本构成情况进行了调查统计，其中，借款及个人存款在这些企业中的构成情况及所占百分比如表4：

表4　　　　100家企业自有资本与借款及存款之百分比率　　　（单位：两）

资本等级	家数	自有资本 金额（元）	百分数	借款及存款 金额（元）	百分数	总数（元）
300万元以上	24	184302146	59.76	124129983	40.24	308432129
100万—300万元	31	56977706	62.33	34440045	37.67	91417751
50万—100万元	22	15114091	50.07	15071933	49.93	30186024
50万元以下	23	5812824	54.38	4876572	45.62	10689396
合计	100	262206767	59.49	178518533	40.51	440725300

资料来源：《中国近代工业史资料》第4辑，第62页。

从表4可知，借款及存款在这些企业中普遍存在，不仅数量大，接近于企业的自有资本，而且与企业的行业和资本额的多少都没有明显的关系。显然，这种企业吸收存款付给利息的制度长期广泛地存在，必然形成一定的社会习惯和规范，制约着近代企业的创办人和投资者，必然使得近代企业创办时，不得不遵循和参照以往的商事习惯。在一般的投资者看来，购买股票投资近代企业，与把资金寄存于企业相比，同样是

[①]《明清高利贷资本》，社会科学文献出版社2000年版，第138、139页。这些存款的利息高低不一，根据不同情况有月息1分的，也有年息1分以上的，见同书第141页。

[②]《中国近代工业史资料》第4辑，第59、61页。

把资金的使用权进行了转让,那么,获取相应的利率回报正是理所当然。企业经营得好,另有红利再好不过,如经营不好,固定的利息是断不可少的。从这个意义上看,"官利"又称"官息""正息",正是对其性质恰如其分的表述。

另外,股票的转让和变现不易,应该说在某种程度上也强化了官利制度存在的必然性。我们知道,股份制企业与独资和合伙等企业组织形式相比,有其自身的明显优越性,但是,这些优越性得以正常发挥,需要有证券交易所和银行的相互配合。证券交易所和银行的存在可使股票作为有价证券的流通属性得到正常发挥,并能激活资金的运转,增大资金的效用,使其循环转运于市面,使金融活泼无阻滞。但是,中国第一家银行成立于1897年,比第一家股份制企业轮船招商局的成立晚了25年,第一家证券交易所成立于1918年,比轮船招商局的成立更晚了将近半个世纪。在这种情况下,中国近代企业的股票无论是转卖还是抵押,其不便和困难的程度可想而知。这种不便,还因企业自身的种种规定而更为加重。我们可以举交通银行的规定为例:1907年清政府批准的交通银行章程第32条规定:"如商股东欲将股票卖给或让与他人,须由原主函知该行核准,再行通知本人,将卖给或让与之契据,两造签名画押,连股票送至该行登注股份总册,并由该行人员于后面格内签字画押。此外有执持股票来行自称股东者,该行均不承认,惟认曾经注册者为实在股东。"① 在这种种不便的情况下,投资者如果连些许官利也拿不到,又怎会有积极性向股份企业投资呢?

由以上这些分析可知,西方股份制企业在引进中国时,中国社会的高利贷性质、历史上形成的商事习惯以及社会各部门走向近代化的步伐不一,等等,必然使得这种西方股份制企业的组织形式难以一成不变地应用于中国,而会使其产生与中国相适应的变异。官利制度的出现和存在,就是当时中国资本市场环境条件的派生物。它既可以说是无奈之举,也可以说是近代中国企业家为向社会筹集资金、适应社会环境而不得不进行的一种主动的"变革"。

---

① 《交通银行史料》第1卷,第176页。

三 如何评价官利制度

但是，正因官利是近代中国高利贷资本市场条件下的派生物，正因官利具有"自入股之日起，即行给息""且股息固定"的性质，因而，官利制度必然加重近代中国股份制企业在创办期的资金紧张状况，导致"以股本给官利"或"借本以给官利"现象的出现，也必然加重企业在今后发展过程中的利息负担。官利制度具有的这些性质，也就决定了以往的研究大都对其持否定态度。例如，以对张謇创办的南通大生企业集团的研究为例，有的学者在研究中就认为，官利制度减少了大生"企业的资本积累，增加了企业的困难"，是大生企业集团衰落如此之快的根本原因之一。[①] 另有学者认为，"它对企业的正常发展影响极为恶劣"，"严重影响企业素质的提高"，"严重影响了大生纱厂扩大再生产的规模，日益蚕食大生资本的积累"，"从内部蛀空了大生纱厂"。[②] 还有的学者认为，"官利制的最大弊端在于扭曲企业制度……尤其是利润分配问题，直接导致企业实施'有利尽分'政策，祸害企业无穷"。[③]

确实，大生纱厂在筹办的44个月中，资金极度紧张，多次使大生纱厂到了夭折的边缘。创办者张謇曾自称到了"仰天俯地，一筹莫展"的地步。在资金如此紧张的情况下，除"应归入成本"的费用外，"用去不返者止五万余"。其中，必须发给的"各股官息"即占"一万七千余"[④]，合三分之一强。这个事例，就是官利分配制度在企业筹办期加重企业负担、加剧资金紧张状况的典型一例。

那么，作为当事人的张謇又是怎么看待官利制度的呢？在《大生崇明分厂十年事述》中，张謇有一段话比较典型地表明了他对这个问题的看法。

---

① 杨桐：《试析大生纺织企业兴衰原因》，《论张謇——张謇国际学术研讨会论文集》，江苏人民出版社1993年版，第362页。

② 段本洛、单强：《大生纱厂的投资环境与对策》，《论张謇——张謇国际学术研讨会论文集》，第189、190页。

③ 姜伟：《从大生纱厂的年度财务报表看其兴衰原因——兼论投资决策的得失》，《近代改革家张謇——第二届张謇国际学术研讨会论文集》下册，江苏古籍出版社1996年版，第733、734页。

④ 《承办通州纱厂节略》，《张謇全集》第3卷"实业"，第14页。

在对崇明分厂开工六届的账略说略进行总结时，他说："未开车前，专事工程，无从取利，即以股本给官利。自甲辰至丁未三月初四，共付官利九万一千四百七十余两。开办费所谓九万六千五百四十余两，非纯费也，官利居多数也。开车以后，虽始营业，实则失利，乃借本以给官利。计自丁未三月初五至戊申年终，又付官利十二万三千七百九十余两。而两届之亏，十二万零五百五十余两，非真亏也，官利占全数也。凡始至今，股东官利，未损一毫，递迟发息，则又利上加利。"在笔者接触到的史料中，官利制度对企业开办期加重资金负担和企业营运的不利影响，以张謇的这段总结最为典型和清楚。但就在这样的情况下，令人深思的是，张謇依然对有人提到国外没有官利制度即"有谓泰东西各国商业，获利若干，皆以本年营业为准。赢利若干，即派利若干，提奖若干，无所谓官利，即无所谓余利"这一点不表赞同，他说，"各国自有习惯，有他国之习惯，乃有他国之公例，乌可以概中国？"接着他说的一句话，可谓对官利制度之所以在近代中国存在的客观必然性，起到了画龙点睛的作用："且亦赖依此习惯耳。否则资本家一齐猬缩矣，中国宁有实业可言？"①

显然，一种制度得以存在，必然有使其存在的社会基础、条件和要求。当社会上存在多种投资途径的时候，在"追逐利润是资本天职"的市场经济规律的作用下，拥资者必然会做出对自己最可靠和回报率最高的选择。事情十分清楚，在整个社会已形成高利贷投资环境的条件下，当"不发官利，则无以动投资者之心"时，社会的现实是：不接受官利，就根本不可能筹集到兴办企业的社会资金。因此，从这个角度出发进行分析，我们就不难理解张謇"且亦赖依此习惯耳。否则资本家一齐猬缩矣，中国宁有实业可言？"的感叹背后所隐含的内容了。

当然，这里同时需要说明，官利作为一种社会存在，是一种利益比较后的选择，在当时的社会中有其客观必然性和一定的合理性。而改变这种制度，也并非一人一厂单独行动所能奏效，需要从整个国家和社会经济制度方面入手。因此，张謇虽然发出上述感叹，但并不表明他不同意改变官利制度。实际上，1914年，当他就任农商总长后很快推出的《公司保息条例》，正是他力图利用国家权力对企业实行"保育"，希望利

---

① 《大生崇明分厂十年事述》，《张謇全集》第3卷"实业"，第209页。

用国家的财力给企业3年筹办期以补助,改变企业在筹办期因无利润而使企业家创办企业热情低落、工商业难以发达的状况,就是他试图改变官利制度的一种尝试。他在《与财政部会拟保息条例给大总统呈文》中说:"凡民间集股结合公司,三年之内,多不能获利,以现今金融之耗竭,利率之腾贵,使投资者三年之间,无利可收,则群情观望,企业者无所藉手,商业之隆,盖无可望。"因此,"今以保息之法,由国家指定的款,专备保息之用,民间能结合公司资本达若干万元以上者,每年给予若干元,以为其资本之息。冀投资者对于将来,有无穷之希望,对于现在,又有自然之收入,庶几集股较易,而公司之成立较多,公司当三年之内,不须剥蚀资金,以应股本之息,则发达较速"。① 然而,由于北洋政府财政极度困窘,张謇制定并极力想推行的这项措施,并未得以实行。官利制度也依然得以延续。

当然,对于能够存在并延续70多年的一种经济制度,我们在看到其存在的必然性和具有一定合理性的同时,还应当注意其多方面的影响,而不应当将注意力仅仅局限在资金领域。譬如,由于官利制度存在而导致的股东对企业主持者约束力的弱化,就很值得我们关注。一般来说,按照正常情况,拥资者购买股票成为某企业的股东后,与该企业之间便形成了利益相同利害与共的关系。为保证股东投资获得回报,制度上对企业主持者有相应的种种规定。如企业经营的大政方针有股东会和董事会等参与决策,有监事会和查账员对企业主持者进行监督和检查等。可由于官利制度的存在,却弱化了上述这些关系,弱化了股东对企业的关注和监督。"从股东方面来看,他们所关心的只是如何收受股息,对于企业的经营并不感兴趣,只考虑股息愈大愈有利,毫不关心企业的经营情况如何。其结果,必然使得中国的公司、企业基础不稳固。这种制度一天不改变,中国的公司、企业便不可能有稳固的发展。"② 在对欧美考察归来之后,梁启超对中国股份制企业分配方面的评论是:"凡公司必有官利,此实我国公司特有之习惯,他国所未尝闻也……故我国公司之股份,其性质与外国之所谓股份

---

① 张謇:《与财政部会拟保息条例给大总统呈文》,《张謇农商总长任期经济资料选编》,第16页。
② 《支那经济报告书》第50号。

者异,而反与其所谓社债者同。夫持有社债券者,惟务本息有着,而于公司事非所问,此通例也。我国各公司之股东,乃大类是,但求官利之无缺而已……以其官利有着也,则习而安之。"① 张謇主持的大生纱厂在成立 12 年以后才召开第一次股东会,张謇在会上所说的"历届虽有说略、帐略奉报,然始终不知厂在何处、作何状者,股东中殆十居八九"②的情况,虽可能有其特殊的原因,但应该说也非个别现象。

显然,在近代中国产生的官利制度,是一种利弊共生的结合体。我们尽可以从其利或弊的方面找到例子。但是,如果跳出这个思维框架,从更深的层面思考,我们可能会发现更多的东西。譬如,从官利制度在近代中国产生以及普及延续的状况看,传统社会经济体制结构的影响和制约力量决不能漠视。它的存在和潜移默化的作用,往往导致某些东西发生变异,尤其是外来或引进的事物,更容易产生变异。但是,中国社会经济结构中的内在动力,是否能或者说怎样与外来的有优越性的东西结合,应当更多地吸引我们的注意,因为,有生命力的经济模式,必然是最适合国情的模式。

总之,笔者认为,对于存在达 70 多年的这种经济制度的认识,不能简单地停留在给其下一个价值判断上,我们更应当关注的是使其产生的社会经济结构,使其得以生长的历史文化土壤,这种长期存在的经济制度对今天的潜移默化的影响③,对这些因素进行探讨,可能会使我们的研究更加富于时代的意义。

---

① 梁启超:《敬告国中之谈实业者》,《国风报》第 27 期,1910 年 11 月 2 日。转引自上海档案馆编《旧上海的证券交易所》,上海古籍出版社 1992 年版,第 269 页。
② 《大生纺织公司年鉴》,第 85 页。
③ 尤其 20 世纪 80 年代改革开放后,在东南沿海一带的乡镇企业的筹资活动中,重新出现与历史上官利制度极为相似的"保息分红"等筹资分配方式,就很值得人们关注和深思。

衰落期的炮舰与外交

——"紫石英"号事件中一些问题的再探讨*

王建朗

第二次世界大战对于大英帝国的打击是致命的。作为一个殖民大国，尽管英国在战后仍然回到了旧日的殖民地，但时易势迁，今非昔比，其殖民统治的终结指日可待。不仅如此，英国作为一个世界大国的地位，也遭到了前所未有的挑战，已经大为削弱的实力使它再也不能撑起昔日的辉煌。大英帝国这一外强中干的架势只待勇于挑战者来戳穿。

稍许有些意外的是，使英帝国终于陷于尴尬处境者，并不是它旧日的殖民地，而是在这一范围之外的中国。这一点也不奇怪。中国在抗日战争中崛起，此后又经历了一场惊心动魄的国内战争。中国人无论是对外部世界的看法还是对内部革命的进程，都充满了前所未有的自信。"紫石英"号事件的出现虽是一个偶然事件，但它又带有某种必然性。它的发生、演变及其终局，在某种程度上可以说是一个正急剧上升的社会革命势力和民族革命势力与一个正呈下滑趋势的帝国一旦发生碰撞后的必然演进。

---

* 本文原载《近代史研究》2001年第4期。本课题研究获 C. V. Starr 基金会、香港大学美国研究中心及 Priscilla Roberts 博士的资助和支持，在此表示衷心感谢。

关于"紫石英"号事件的研究,近年来已大有进展。① 但在若干问题的观察和叙述上,仍有进一步深入的余地。笔者近因编辑《解放战争》资料集之外交卷,阅读了英国外交部有关这一事件的档案,不禁产生了一些想法。在此,本文想对以往一些言之不细或言之不确的问题再做些探讨。

炮舰外交？最初的判断与因应

中共炮兵和英国军舰在长江中数次炮战,结果打得英舰或搁浅被困,或负伤而逃。数月后,被困英舰乘着夜幕侥幸逃脱。从这个意义上,将"紫石英"号事件视为百年来英国炮舰外交在中国的终结,或视为整个西方帝国主义在中国的炮舰外交的终结,确实是极具形象意义的。因为,从此任何列强都再无可能肆无忌惮地将炮舰开入中国内河,并以此作为威胁工具了。

"紫石英"号事件中,既出现了英国的军舰,又出现了英舰与中共部队的互相炮击,这自然会使人首先联想到炮舰外交的复活。于是,在一些著述中,"紫石英"号事件被描述为一次典型的炮舰外交的事件。然而,仔细想来,这一可被视为炮舰外交终结的事件,却未必能被称为炮舰外交的产物。"紫石英"号事件中,虽然看起来既有炮舰,也有外交,然而这炮舰和外交是分了家的,它与我们以往所说的炮舰外交有若干不同之处。所谓炮舰外交,顾名思义,就是以炮舰作为工具,或直接以武力打击对方,或以武力的炫耀而迫使对方接受自己的要求。远的不论,20 世纪 20 年代的"万县事件"和"南京事件"当可视为炮舰外交的赤裸裸的表现。"紫石英"号事件发生时,英国的境况已全然不同,它既无

---

① 余子道先生在 20 世纪 80 年代末便对"紫石英"号事件的一些传统说法提出异议,参见《紫石英号事件与炮舰政策的终结》(《军事历史研究》1989 年第 1 期)。近年来最为着力的研究,当为陈谦平先生的《论"紫石英"号事件》(《南京大学学报》1998 年第 2 期),作者相当准确地重构了事件的发展过程。董晨鹏先生《炮打紫石英号:中英长江事件始末》(云南人民出版社 2000 年版,下文简称"董著")则对这一事件做了最为详尽的叙述。黄宇和先生的长文《英国对华"炮舰政策"剖析——写在"紫石英"号事件 50 周年之际》(《近代史研究》1999 年第 4 期),虽非专门论述"紫石英"号事件但其若干分析颇具独到见解。此外,"紫石英"号事件的当事人、中国共产党方面主要谈判代表康矛召先生也发表了多篇很有价值的回忆文章。

在中国推行炮舰外交的实际力量,也无推行炮舰外交的主观意图。

以实力而言,在整个19世纪及20世纪初年,英国确实是一个不可一世的海军大国。经过第一次世界大战的打击后,英国已开始走下坡路。但是在贫弱的东方,它仍然可以一抖昔日的雄风,如"万县事件"之所为。第二次世界大战对英国的打击则是致命的。可以说,战后的英国已由一个世界大国沦落为中等国家,它已经不具备在遥远的东方进行一场大规模战争的实力。在中国这块土地上,英国早已威风不再。

英国也完全明白自己的实力和处境。战后,对于中国的内战,英国基本奉行的是观望政策,尽管出于对共产主义的恐惧,它无疑在内心希望国民党政府继续执政。国民党军队的节节败退,使英国政府在1948年下半年便意识到,中国共产党夺取全国胜利已是不可避免。在这种情况下,英国自然更不愿意卷入中国内战的旋涡了,其中立的立场应是无可怀疑的。

不仅如此,在外交上注重讲求现实的英国人,此时已经开始考虑抛弃正走向失败的国民党人及与中国共产党建立联系的问题。1948年12月的英国内阁会议,便已确定了在中国"保持立足点"的对华政策。1949年2月,国民党政府南迁,英国政府指示其驻华大使及使馆的大多数人员仍留驻即将为中共所占领的南京。这一举措的意图是明显的:英国希望寻求与中共建立关系的机会。

就事论事,就"紫石英"号事件本身而言,它的发生,完全出乎英国政府的意料,甚至颇令其震惊。在当天内阁委员会的讨论中,内阁成员们对把军舰来当作向大使馆运送补给品的运输工具一事提出了质疑,认为"紫石英"号在上驶之前,应努力从国共双方那里都获得可以安全通行的保证。英国外交部也在当天致电驻华大使馆,询问事发原因。该电问道,留守南京的海军武官既已在给远东舰队的电报中通报,共产党可能在4月21日渡过长江,并说口岸一带是南京下游两个最可能的渡江地点之一,"紫石英"号为什么要在如此接近可能的发起进攻的时间通过危险区域?英外交部要求驻华大使施谛文(Ralph Stevenson)尽快报告"紫石英"号在这一关头开往南京的原因。[①] 可见,英国政府对此事的发

---

① Foreign Office to R. Stevenson. Apr. 20, 1949, FO371/75887/F5476, Foreign Office Records in Public Record Office, London.

生可说是毫不知情，并对远东舰队在这一敏感时刻派军舰到南京显露出不满之意。

远东舰队来电解释了原因：从1948年11月起，英方已获国民党政府的同意，可在南京停泊一艘军舰，以便在局势混乱时为英国使馆和侨民提供紧急救援，并在必要时帮助撤退英联邦国家的侨民。这一军舰大致一个月左右轮换一次。停泊南京的"伴侣"号驱逐舰原计划于4月12日由一艘澳大利亚军舰来替换。但此前英国得知，人民解放军有可能在4月12日左右渡江，遂在大使施谛文的建议下推迟了替换。此次，虽然已经知道4月20日是共产党要求国民党在和平协议上签字的最后期限，但远东舰队认为有把握抢在人民解放军可能渡江之前完成轮换，并于4月16日向南京政府提出了航行申请。

显然，事件的责任在于远东舰队的指挥官。在这样极为敏感的时刻，进入两军隔江对垒的战区，尽管主观上并无与中共敌对的故意，但在客观上造成误会并由此引发军事冲突的风险是存在的。此前，英方在中共要求国民党签字的第一次通牒期限到来时推迟替换，说明他们还是意识到这一风险的。英国远东舰队终于做出于4月20日上驶南京的决定，只能有一个解释，那就是对中国人民解放军的胆量和能力做了错误的估计。英国人也许认为，只要他们不向中共军队显示敌意，中共军队的炮兵是不会主动向他们开火的，不会在即将与国民党大战的前夕惹麻烦的。说到底，骨子里还是大英帝国海军的优越感在作怪，认为解放军那几门炮没什么了不起。"紫石英"号被打得搁浅后，英国远东舰队在没有取得与中共联系的情况下，派出拥有强大火力的军舰前往救援，则更是错上加错，由此引发了更大规模的冲突竟使事件升级。只是在经历了救援行动的失败后，英国海军才真正意识到中共炮兵的实力远在他们原先的想象之上。

"紫石英"号事件在英国激起了轩然大波。议会和舆论界将其视为一件使英国海军无端蒙受损失和耻辱的事件，对英国政府进行了广泛的批评。这其中，既有指责英国于此时轮换不当者，也有批评英国反应过于软弱者。如保守党议员、英国前首相丘吉尔（Winston Churchill）便质询英国政府为什么未向中国水域派遣航空母舰，他认为这是"攻击、杀戮和侮辱我们的人所能理解的"英国保护其在华人员的唯一方式，是有效的报复力量。①

但是英国政府坚持了外交解决的方针。英国政府采取克制态度,当然是受制于实力,这毋庸多言。同时,这还因为他们对事件做出了比较正确的估计。他们认为,长江事件是一个偶然的事件。作为战地最高指挥官的英国远东舰队副总司令马登(Alcxander Madden)的报告在这方面具有比较重要的分量。尽管英舰在事件中遭到了沉重的打击,但马登仍然能比较客观地看待长江事件。其时,英国国内的一些人有这样的印象,认为中共军队是有意地为英国海军设下陷阱和蔑视英国海军。对比马登指出:"我没有看到能证实这一印象的证据,或开炮是共产党高层指挥的故意行为的证据。我认为,对于开火缺乏严格的纪律规定是这次事件及其发展蔓延的最可能的原因。"②

也不知是从什么渠道获来的情报,马登后来还向英国海军部报告:"在尽我的努力再次审视了所有的证据之后,我的看法是,在'紫石英'号事件发生之时,共产党给其炮兵部队的指示是不要(重申,不要)向英国军舰开炮。"③ 实际上,由于事出突然,在"紫石英"号事件发生之时,中共最高当局并没有发出不向英舰开炮的指示。中共中央军委倒是在"紫石英"号事件及与"伦敦"号交火事件均已发生过后的22日发出过一个指示,表示可以让"伦敦"号前来援救。显然,由于通信方面的原因,中央此时尚不知道已与"伦敦"号交火。

中共最高当局同意英舰前往救援,这是因为他们判断,"紫石英"号事件并非是英方与国民党有什么合谋而蓄意挑衅,而是一个偶然事件。中央军委在21日和22日两次致电渡江总前委。21日电可以理解为对英舰可打可不打,22日电则明确表示:"我们意见在不妨碍我军渡江作战条件下,可予以营救之便利。"④ 可见,中共也是把它作为一偶然事件看待的。

---

① Malcolm H. Murfett, *Hostage on the Yangtze: Britain, China, and the Amethyst Crisis of* 1949, Annapolis, Maryland: Naval Institute Press, 1991, p. 120.
② A. Madden to Admiralty, May 1, 1949, FO371/75889/F6471.
③ Ibid..
④ 中国人民解放军军事科学院毛泽东军事思想研究所年谱组编:《毛泽东军事年谱:1927—1958》,广西人民出版社1994年版,第746页。

但22日电发出后,中央得知前线部队与英救援舰艇之间发生了新的炮战,解放军方面有相当损失,而且前线部队报告是英舰首先开火,中央对此一事件的态度稍有变化。毛泽东亲自起草的新华社4月22日的社论,对英国人进行了严厉的谴责,指责:"英帝国主义的海军竟敢如此横行无忌和国民党反动派勾结在一起,向中国人民和人民解放军挑衅,闯入人民解放军防区发炮攻击,英帝国主义政府必须担负全部责任。"① 23日,中央军委向前线部队发出了英舰"如敢再犯,则打击之"的指示。②

到4月28日,根据各方面的综合观察,中共中央又回到最初的判断上来。中央尤其注意到吃了亏的英国人连抗议也没有提这一事实,判断长江事件"似乎是一个偶然事件"。此时,中共并注意约束部队,避免再与外国军舰发生新的冲突。4月29日,中央军委指示准备夺取吴淞的部队,"必须事先严戒部队,到吴淞后避免与外国军舰发生冲突。不得中央命令,不得向外国军舰发炮,至要至要"③。

英国政府未提出抗议,并不是英国人觉得理亏,觉得英舰侵入了中国内河。在英国人看来,他们事先取得了南京政府的同意,并不存在侵犯主权的问题。英国政府不提抗议的主要动机,在于不想将事情激化。事实上,英国政府内曾有人主张向中国共产党提出抗议。国防大臣亚历山大(A. V. Alexander)便是其中一个。他在4月22日对英国外交部助理次官德宁(M. E. Dening)表示由于英国未就中共行为所造成的伤亡和损害向他们提出抗议,公众舆论可能会愤怒,到目前为止英国政府所做的事情都是请求中共停止对英国舰只的炮击,他想知道这是否已经足够。德宁则表示,中共是否会接受英国的任何抗议,是非常值得怀疑的。④ 英国外交部和英国政府没有接受向中共提出抗议的建议。

为了避免人们把长江事件与炮舰外交联系起来,英国官员的言行颇为谨慎。其时,在英国的报刊和广播中流传着这样的说法:英国军舰在

---

① 《人民解放军战胜英帝国主义国民党军舰的联合进攻》(1949年4月22日),江苏省档案馆、安徽省档案馆编:《渡江战役》,档案出版社1989年版,第113页。
② 《毛泽东军事年谱:1927—1958》,第747页。
③ 中共中央文献研究室编:《毛泽东年谱:1893—1949)》下卷,人民出版社、中央文献出版社1993年版,第491页。
④ M. Dening to E. Bevin, Apr. 22, 1949, FO371/75889/F5938.

中国水域的目的是向英国公民提供保护，以预防中国共产党人。施谛文从英国广播公司的节目中得知这样的说法后，立即致电英国外交部指出："这样的论断是不正确的，也是危险的。因比，我急切地期望在议会辩论和在其他公开的声明中强调这样的事实，即英国海军舰只停泊在那里是准备在过渡时期（重申，过渡时期）万一发生法律和秩序的崩溃时，向当地的英国人和其他国家的侨民提供援助和支持，并强调一旦有效的管治得以恢复，我们便准备撤走这些军舰。"①

其实，"保护"英国公民的说法及其实践在英国海军以往的历史中并不少见，施谛文为什么要急于更正呢？其区别就在于，所谓提供保护，既包括提供避难场所更常常包括武力威胁和武力报复，而施谛文所强调的提供援助，似乎只是指在发生骚乱时，为英国公民提供避难的条件，并不明显地包括诉诸武力的"保护"，更不要说派遣军舰是为了预防中国共产党人，因为这对中共方面太过刺激。

漫长的僵持：谁来谈判，谈什么？

尽管中英双方都认为，长江事件是一个偶然事件，并都采取了比较克制的态度。然而，有关解决这一事件的谈判却迟迟未能取得进展。一般认为，是英方不够积极，并以英方迟迟不委任正式谈判代表为例证。但事情并不如此简单。谈判未能取得进展的一个重要原因是，在很长的时间内，双方在谈判的级别和谈判的内容上未能达成共识。

由于当时中共确定了不承认旧有外交机构和外交人员的方针，中英无法在外交层次上展开谈判。中共主张有关"紫石英"号事件的谈判应在双方军队的当地指挥官之间进行。中方委任三野炮三团政委康矛召为谈判代表。但是，英国显然不愿意以处在困境中的军官作为代表来进行谈判，担心他们会在谈判中处于不利的地位。英方主张在更高的级别上交涉此事。

事件发生后，英国曾通过多种渠道力图与中共取得联系。在南京，英国大使馆首先派员渡江到北岸与解放军某部接触，但不得要领。接待

---

① R. Stevenson to Foreign Office, May 3, 1949, FO371/75891/F6297.

他的解放军官员清楚地表明，他们不承认来员具有外交官身份，而只视其为一个普通侨民。在北平，英国总领事包士敦（M. P. Buxton）奉命致函朱德，但不承认其外交官身份的北平中共官员拒绝接收和转交信函，而令其通过邮局邮递。尽管中共领导很快就收到了英方来函，但由于对旧外交官已经确定了不承认、不接触的方针，故一直未对英方做出答复。英方便以为去函如石沉大海。此后，在南京，英方又与南京外事处进行接触，并试图与南京地区的中共最高指挥官刘伯承联系，均未能如愿。

在最初的一个月中，当事双方在镇江进行了多次接触，但未展开任何实质性的讨论。英方不愿在当地进行有关整个事件的谈判，而只是把当地谈判限于讨论释放军舰的问题上。英方提出的理由是承担事件责任的问题是国家间的大问题，应由更高级别的官员讨论，区区"紫石英"号舰长不适宜讨论这样的重大政治问题。在5月18日的会面中，中方代表康矛召出示了授权书，并要求英方尽快办妥代表的授权证书时，英方代表克仁斯（John S. Kerans）就提出，"有关这类责任的全局性的问题，是在南京的更高级别上讨论的问题"。中方则反驳，由于中共尚未与英国建立外交关系，这是个须由地方解决的问题。① 英国远东舰队总司令布朗特上将（Patrick Brind）就曾在致解放军镇江地区最高指挥官、第八兵团政委袁仲贤的信函中明确表示，有关事件的责任问题，不是一个被困的小小舰长所能讨论的问题，而是应由高层外交界所讨论的问题，该舰长所能讨论的只是如何尽快将"紫石英"号放行的问题。布朗特在信中明确表示："我不能授权'紫石英'号舰长与中国人民解放军就4月20日不幸事件的责任问题进行任何讨论。"布朗特并表示除非"紫石英"号的移动会影响到中共在长江一带的军事行动，或者可能使军舰本身陷于危险，否则，出于其他原因而扣留"紫石英"号，必将产生最严重的国际后果。②

但中方认为，谈判内容应包括对整个事件的责任明辨和处理。只有

---

① J. Keransto A. Madden, May. 18, 1949, FO371/75891/F7168. 克仁斯原任英国驻华使馆海军副武官，因"紫石英"号舰长受伤不治，克仁斯奉命从南京赶往镇江，代理"紫石英"号舰长。J. Kerans to A. Madden, May 18, 1949, FO371/75891/F7168.

② P. Brind to J. Kerans, May 22, 1949, FO371/75892/F7595.

在这个问题解决之后,才能考虑"紫石英"号的放行问题。这一有关谈判内容的分歧,背后所隐藏的是一个英方能不能做出道歉和赔偿的问题。因为,只要涉及事件责任的明辨,就不可避免地出现道歉和赔偿问题。尽管英国一再声称事件是由于中共军队首先开火而引起,但其内心明白,根本的起因还在于英国军舰在极为敏感的时刻进入中国的内河。此外,英国的军舰和舰上人员现在掌握在中共的手里,这是一个它不能不面对的现实。这会迫使它在谈判桌上不能不做出让步。因此,有关事件责任的谈判,其结果必然会对英方极为不利。可以看出,英方对谈判内容的限定,实际上是要回避对事件承担责任。

但在长江事件的交涉中,英国手中并不握有任何王牌。比较起来,更经不起拖的是英方。因为是英国的军舰被困于中共控制区中,只是由于中共的克制,未将这些官兵缴械俘虏而已。[①] 随着夏季逐渐到来,长江闷热的气候,以及舰上部分供应品的短缺,使这些被困于舰上的英军有比坐牢还难受的感觉。英方倒是希望加快谈判的进程。

由于外交渠道的接触到处碰壁,而当地的接触也毫无进展,5月中旬,早已从伦敦返回的布朗特提出了一个出人意料的设想,即由他亲自前往当地进行谈判。5月20日,布朗特向英国海军部提议,允许他飞往"紫石英"号,在该舰上升起他的舰旗,并亲自参加会谈。他认为,这会给"紫石英"号的放行提供最好的机会,虽然这样做有风险,但"英国的军舰被没收的可能性已是如此严重,是值得去冒这个风险的"。

布朗特还考虑,如果他与共产党高层的谈判失败,他准备在未获得中共同意的情况下单方面宣布沿江下驶的计划,公开宣布行驶的日期和时间,并声明他之所以这样做的理由。他认为,"在这种情况下,共产党是不大可能开炮的,尤其是我们采取一切可能的步骤通过广播和其他手段告诉共产党政府"。布朗特承认,如果英舰下驶时真的受到炮击,这当然会进一步使英国政府困窘,但另一种选择便是毁掉军舰,而这可能无法做得很彻底,从而使该舰最终落入共产党的手中,舰上官兵将沦为俘虏。布朗特认为:"风险是小的,成功的机会很大。我们至少应该在引诱

---

① 事实上,中共最初曾下达了将"紫石英"号上的英军官兵缴械并带离军舰加以监禁的指示。后来,又改变了这一指令,采取了困而不俘的方针。

共产党摊牌上采取一些主动行动。"① 显然，布朗特是想通过自己的出马，使"紫石英"号事件早日有个了结，无论是成功，还是失败。

施谛文支持布朗特亲自出马的计划。他认为可由克仁斯告诉共产党，他的级别太低，除了讨论有关放行"紫石英"号的技术细节外，无权讨论其他任何问题，但远东舰队总司令可以到南京或"紫石英"号上来，与相当级别的解放军官员讨论更为广泛的问题。施谛文并称："如果共产党同意这样的提议（这将涉及他们许可英国的飞机或军舰进入），我们的谈判地位无疑将大大增强。但是，如果他们拒绝，此后谈判不能取得令人满意的进展的责任将会落到他们身上。"②

但是，英国海军部还不准备迈出这一步。海军部回电布朗特：即使你前往当地，失败的风险仍然很大，因为你碰到的困难会与英国大使在与能够承担责任的共产党当局接触时所碰到的困难同样之多；而地方上的共产党则缺乏权威。你通过一个出人意料的举动来解救"紫石英"号的机会是很小的，而一旦你的计划失败，"将危及国家的荣誉，我们与共产党的关系将进一步恶化。这将会产生长远的影响，尤其是对上海和香港"，"英国政府将在国内遭到理所当然的批评"，"将进一步丧失威信"。③ 英国外交部也反对布朗特出马。因此，布朗特未能成行。

由克仁斯在当地所进行的谈判，迟迟不能取得进展。在英国人看来，倒是中方在故意采取拖延策略。到 5 月底，英国人忽然觉得他们找到了原因。克仁斯在 5 月 31 日致布朗特的电中报告了他的发现，原来中方的谈判代表康矛召上校就是炮击"紫石英"号的三江营炮兵部队的指挥员。他认为，康在为他的炮击行动寻找正当性，因而对谈判持强硬立场。克仁斯如大梦初醒般地报告说："很遗憾，我今天才知道这一情况。"④

对于中共和中共军队缺乏了解的英国人，天真地认为是处在谈判第一线的康矛召从中作梗，而更高级别的中共官员是愿意谈判的。克仁斯报告说，"现在已清楚，袁仲贤将军是能够和愿意谈判的最高官员"⑤。而事实

---

① P. Brind to R. Stevenson, May 20, 1949, FO371/75892/F7347.
② R. Stevenson to Foreign Office, May 21, 1949, FO371/75892/F7417.
③ Admiralty to P. Brind, May 20, 1949, FO371/75892/F7535.
④ J. Kerans to P. Brind, May 31, 1949, FO371/75892/F8060.
⑤ Ibid..

上有关"紫石英"号事件的现地谈判,不仅是在袁仲贤的亲自领导下进行,而且受到了远在北平的中共最高当局的密切关注和指导。英方对康、袁二人得出如此不同的印象,反映出他们对中共实在是所知甚少。

此后,英国方面又开始酝酿由官衔较高、经验比较丰富的驻华海军武官董纳逊(Vernon Donaldson)取代克仁斯担任英方的谈判代表。英方此举,除了认为董纳逊本身比克仁斯更能胜任外,希望由董的出场而要求中方也更换代表,让更高一级的官员出场,也是其重要目的之一。

在谈判不能取得进展之时,英国又尝试其他接触渠道。一是由英国驻南京的外交官求见刘伯承,递交备忘录,要求允许"紫石英"号在近期内离开长江。二是由远东舰队总司令致电朱德,呼吁立即给予安全通行许可,并表示愿意到中国与朱德会谈。三是通过在抗日战争时期与周恩来建立了友谊的魏亚特将军(A. C. Wiart)给周恩来写信,促请释放该舰。

英国内阁会议有没有同意承认"擅自闯入"?

在"紫石英"号问题上,此时正致力于尽快打败国民党军队的中共其实也不想与英国长期僵持下去。6月10日,中央军委致电总前委和南京市委,提出了妥协方针,同意"将英国海军的责任及认错、道歉、赔偿等问题,与容许'紫石英'号军舰开走修理问题分开解决",其前提是,"在会谈中应注意劝导其承认英国军舰闯入未得解放军许可的中国领水和战区为基本错误,至少应劝导其承认无法取得我军同意即开入为冒失行为"。①

6月20日,袁仲贤在会见克仁斯时,提出了将明确事件责任与道歉和赔偿问题分开讨论的构想。他表示如果英方在换文中承认英国军舰未经允许擅自闯入中国内河和人民解放军前线地带这样一个基本错误,中共可以考虑将"紫石英"号的放行与继续举行有关道歉和赔偿问题的谈判分开进行的方案。6月22日,袁仲贤再次明确地重申了这一点,指出只要英方承认其基本错误,并保证今后继续举行谈判,中共可以同意先将'紫石英'号放行。

---

① 《对英国军舰紫石英号的处理办法》(1949年6月10日),中共中央文献研究室、中国人民解放军军事科学院编:《周恩来军事文选》第3卷,人民出版社1977年版,第644页。

如果说有机会的话，应该说，这是整个"紫石英"号事件交涉中所出现的谈判解决的最好的机会。英方注意到，袁仲贤将军在这里使用的是擅自闯入（intrude）一词，而非英方原来所反对的擅自侵入（invasion）一词。施谛文对于这一转变感到大受鼓舞。他在致布朗特电中兴奋地说："袁将军现在所提出的解决方案的基本条件，似乎使谈判出现了充满希望的前景。我考虑我们应该授权克仁斯继续谈判。"①

对于袁仲贤所提出的换文措词，英国首相艾德礼（Clement Attlee）虽然并不满意，但也知道这大概是中共的底线，中共不大可能再后退了，他准备同意在英方的答复中采纳袁仲贤的要求。对于"紫石英"号上的官兵的命运更为担心的海军部，当然更是主张接受这一方案。6月22日当夜，海军大臣霍尔（Viscount Hall）便给外交大臣贝文（Ernest Bevin）打电话，讨论这一问题。② 霍尔告诉贝文，首相倾向于同意接受中共方面的要求。但贝文说，他不喜欢使用"擅自"这个词，想知道能否改用"不幸地"一词。通话中，霍尔非常急切地表示，他赞成根据袁将军所提出方案进行换文。贝文对此勉强表示同意。③

---

① J. Kerans to P. Brind, Jun. 20, 1949, FO371/75893/F9043; R. Stevenson to P. Brind, Jun. 23, 1949, FO371/75893/F9190. 值得注意的是，与中方的叙述不同，在克仁斯的报告中，中方使用的措词是英方承认"基本事实"，而非承认"基本错误"。在7月5日之前的英方的所有讨论中，均未出现"基本错误"的提法。此点至关重要。此后，正是"基本错误"的提法，使谈判再次陷入僵局。比较康矛召与克仁斯的不同说法，前者较为可信。因为，袁22日的谈话是对6月20日观点的重申，而他在20日提出"基本错误"一词是确定无疑的，这在克仁斯当日的报告中有明确的记载。克仁斯非常有可能并未意识到"基本错误"和"基本错误"这两者之间的区别，而在无意中做了误报。当然，中方在6月22日未提"基本错误"，也并非全无可能。因前述中央军委6月10日电的最低条件是，英方承认其"冒失行为"即可。此点尚需做进一步的文献考证。

② 顺便指出，霍尔在董著中出现时，有时被称为海军部次官霍尔，有时被称为第一行政长官豪，显然被当作两个人，不知作者何以会出现这样的错误。而作为霍尔副手的弗莱塞（Bruce Fraser）反被称为海军部长和海军总司令。弗氏的这两个职务也都不准确。他只是英海军参谋长（Chief of Staff）和海军部第一海务大臣（First Sea Lord of the Admiralty）。英国并不设军种总司令，这是常识，无须多说。而First Sea Lord确是很迷惑人，使人以为他是海军部的一把手。作者将英国海军部主官认错，显然是不熟悉海军部的特殊体制。该部主官海军大臣是First Lord，通常由文职人员担任。同时，该部设置数名由军人出任的Sea Lord辅佐海军大臣，可译为海务大臣，而First Sea Lord则在这些军职大臣中居于首席，但绝不是海军部的主官。第一海务大臣又通常由海军参谋长出任。

③ Note by R. E. Barclay, Jun. 23, 1949, FO371/75893/F9391.

第二天，英国内阁会议讨论这一问题。关于这一极为关键的内阁会议的讨论结果，学术界出现了两种不同的说法。一种意见认为，内阁决定在与中方的换文中只能使用"不幸进入"，而坚决不用"擅自闯入"。另一种意见认为，英内阁最后决定，应用"不幸进入"，但如果袁仲贤将军坚决不让步的话，作为最后手段，英国可以接受"擅自闯入"的措词。①

关于6月23日的内阁会议，笔者未能看到会议的详细记录，而只能从会议纪要、会前准备和会后发出的有关文件来判断。当日的内阁会议纪要没有明确提及这一问题。纪要记载：在内阁会议上，海军大臣霍尔报告了两个月来的谈判情况。霍尔指出，迄今为止共产党当局一直坚持，英国政府应该首先承担责任，做出道歉，并在原则上同意对炮击造成的中方伤亡做出赔偿。但现在出现了变化，中国将军表示，如果英国代表同意在换文中"承认英国军舰未经允许擅自闯入中国人民解放军前线地区的基本事实"，并保证其后谈判将继续进行的话，可以先行将军舰放行。霍尔表示，考虑到"紫石英"号舰上的官兵所遭受到的严重的困苦，应该做出一切努力来利用共产党当局的这一态度变化。他同时也提到有人向他表示过这样的担忧：承认"紫石英"号"擅自闯入"，可能会损害英国政府向中国共产党政府提出赔偿要求或抵制中共政府可能向英国提出赔偿要求时的地位。

纪要未详录大臣们的讨论情况，只是这样记载："尽管大臣们普遍同意，应该做出一切努力，来利用共产党当局在这一问题上的态度的任何变化，但他们认为，不应该接受会过分损害以后英国政府在有关赔偿问题上的地位的任何形式的文字。"内阁最后所形成的意见是："请外交大臣与海军大臣磋商，考虑对'紫石英'号舰长的来电做出答复的措词。"② 由此可见，6月23日的内阁会议本身并未能做出明确的结论，既没有决定坚决不用"擅自闯入"，也没有决定在最后时刻可接受"擅自闯

---

① 陈谦平：《论"紫石英"号事件》，《南京大学学报》1998年第2期；《炮打紫石英号：中英长江事件始末》，第287页。

② Conclusion of 42th Cabinet Meetings in 1949, Jun. 23, 1949, CAB128/15, Cabinet Meeting Records in Public Record Office, London.

入",而是授权外交大臣与海军大臣磋商后,向布朗特发出适当的指示。

在会前准备的文件中,一份外交部致国防大臣、海军大臣及外交大臣的备忘录值得注意。该备忘录由外交部助理次官斯卡莱特(Peter W. Scarlett)起草,显然是提供内阁会议讨论用的。该备忘录提出:"我们相信,内阁希望,不应允许丧失这一拯救'紫石英'号的机会。因此,我们认为如果共产党将军坚持使用他本人最初提出的方案,我们只好接受它。我们希望各位大臣赞成后附的致布朗特的电报草稿。"这份后附的致布朗特的电报草稿指出:"你提出的文本似乎在文字上并不能满足共产党将军的要求。如果中国人继续坚持他们最初提出的文字,你可以表示同意","在那种情况下,尽管我们认为'不幸进入'比'擅自闯入'更为真实,但是你不应因这一文字问题而使协议告吹。也许,当翻译成中文时这一困难便不存在了"。①

那么,外交部所提供的这一备忘录尤其是致布朗特的电报草稿,有没有为内阁所接受呢?贝文与霍尔的磋商结果如何呢?对此虽没有明确的档案记载,但可从英国海军部终于向布朗特发出了前述那封由斯卡莱特起草的含有"如果中国人继续坚持他们最初提出的文字,你可以表示同意"的电报看出,贝文虽然勉强,但还是做出了让步。因为按照常理,海军部不可能在既未获得内阁授权,又未与外交大臣商量的情况下发出这一电报。

之所以引起研究者怀疑内阁会议断然拒绝使用中方的措词,除了由于内阁会议本身未有明确结论外,恐怕还由于信息传递环节上的问题,以及后来事情又发生了变化,贝文的态度产生了反复,以致使研究者产生了错觉。

6月23日内阁会议之后,虽然英方决定在万不得已的情况下可以接受中方措词,海军部并立即将这一决定告诉了布朗特,但在布朗特与克仁斯这一环节,布朗特并没有很快将这一底线透露给克仁斯。他起初仍在争取使用"不幸进入"这一措词。

6月25日,布朗特致电克仁斯,要求他将下列信函转交袁仲贤将军:

---

① Noteby P. Scarlett, Jun. 23, 1949, FO371/75893/f9430.

> 我很高兴地听到，你已准备允许英国海军"紫石英"号安全驶离长江，现在我正式要求你给予这一许可。
>
> 我承认，英国海军"紫石英"号未知会和获得中国人民解放军指挥部的同意，而驶入人民解放军的前线地区。
>
> 我相信，对于双方的伤亡，你和我都深感遗憾。
>
> 此函不影响日后更高主管机关可能进行的任何调查和谈判。我向你保证，英方将不反对任何这样的谈判。①

不巧的是，克仁斯恰好在此时病倒，谈判被推迟数天。此后，由于袁仲贤与康矛召要离开镇江去南京参加庆祝胜利的有关活动，谈判又休止数天。袁、康的短暂离开，被克仁斯和布朗特视为是康耍的花招，是有意拖延谈判。布朗特认为，"这是对克仁斯所使的另一个诡计"。他认为克仁斯已经心力交瘁，而"共产党知道这一点"，并正在玩弄他，"越来越清楚，康是有意地对你进行个人攻击，使用典型的制造停顿的伎俩来使你沮丧。在充满希望的局面后出现这个推延"。②

至于为何发生这样的波折，克仁斯推测，英方未能按照中方的要求在换文中使用"擅自"一词，"是推延谈判的一个很重要的原因"。在判断谈判再次受挫的情况下，布朗特只得向克仁斯亮出底线，他终于通知"紫石英"号，表示他希望避免使用任何副词，"但是如果非用不可的话，可按以下顺序讨论使用：在不适当的时候不幸地、轻率地、擅自……"③

然而，英方的让步有些太迟了。7月5日，从南京回到镇江的康矛召与克仁斯举行了新一轮会谈，出现了新的变数。当天的谈判中，中方提出，英方须在换文中承认，英国海军"紫石英"号和其他三艘卷入这一事件的英国军舰，在没有得到中国人民解放军允许的情况下，侵入中国内河和中国人民解放军的前线地区，是英国方面有关这一事件的基本错误。注意，这一版本与克仁斯6月22日的报告有三点不同。一是把其他

---

① P. Brind to J. Kerans, Jun. 25, 1949, FO371/75893/F9450.

② P. Brind to V. Donaldson, Jun. 30, 1949; P. Brind to J. Kerans, Jul. 2, 1949, FO371/75893/F9752.

③ P. Brind to Admiralty, Jul. 1, 1949, FO371/75893/F9752.

三艘英舰也明确包括进来；二是承认英舰侵入中国内河及人民解放军的前线地区，增加了内河；三是要明确承认"基本错误"，而不是"基本事实"。

一直为布朗特所担心也确实缺少敏锐外交嗅觉的克仁斯，似乎没有意识到问题的严重性。他在给布朗特的电报中仍表现出较为乐观的态度，并愉快地报告说他在两个措词上使中方做出了让步。一是中方起初要求使用侵入（invadefd）一词，但他拒绝接受。最后，中共表示愿意接受侵及（infringed）这个词。二是中方起初试图用"基本罪行"，但也被他拒绝。最后，中方同意使用"基本错误"一词。在克仁斯看来，这个词是可以接受的。① 在谈判中，克仁斯还询问中方是否接受英方这样的表述："我承认，皇家海军'紫石英'号及其他三艘肇事军舰未得中国人民解放军的许可，进入中国内河及中国人民解放军前线地带，是英方在长江事件中的基本错误。"②

克仁斯哪里知道，英国外交部和英国政府是不会接受这个版本的。英方可以接受有关事实的表述而在实际上承认自己有错，但不可以接受正式的、明确的认错。事情由此出现了逆转。施谛文对克仁斯的报告表示了这样的意见：英方可以接受再提及另外三艘军舰，也可以同意在谈到中国人民解放军前线地区时使用"侵入"一词。但他指出，如果是谈到"中国的内河"，则不应使用侵入一词。施谛文关于侵入的区分是很有意义的，因前者只是涉及英国军舰在不适当的时候进入战区这一事实，而后者则涉及侵犯中国的主权问题。施谛文尤为明确地表示："不应同意包含有'基本错误'的语句，它尤其明显地有碍于随后有关责任问题的讨论。"施谛文认为，中国现在扩大了原先的要求，这会造成谈判进一步拖延下去。他强调，"我们不能（重申，不能）接受共产党现在提出的要求"。③

这一次，在远在伦敦的中央政府中，反对的声音显然更强些。国防大臣亚历山大反对有关"基本错误"的提法，他认为"这样来表述事实

---

① J. Keransto P. Brind, Jul. 5, 1949, FO371/75893/F10023.
② 康矛召：《轰动一时的英舰"紫石英"号事件》，《百年潮》1997 年第 4 期。
③ R. Stevenson to P. Brind, Jul. 6, 1949, FO371/75894/F9925.

是不可接受的"①。原本对"擅自侵入"已持相当反对态度的贝文,当然对此更加反对。他表示,"我不能接受任何包含要我们认错的文字……如果我们显示我们甚至愿意在实际的谈判还没有开始前,便做出危及我们在这件事上整个地位的让步,共产党将会获得这样的一种胜利,它可能使我们永远无法从这最初的一步中恢复过来"。贝文甚至从当初已同意的"擅自闯入"一词上倒退回去,只准备同意布朗特在换文中承认,"紫石英"号未获中方同意而进入前线地区以致引起了误会。②

根据伦敦方面的指示,布朗特致函袁仲贤:"我承认,英国海军'紫石英'号未获中国人民解放军的同意而驶入前线地带,从而引起误会。"这样的表述自然不能被中共方面所接受。7月11日,当克仁斯转交这一备忘录时,康矛召对英国立场的倒退进行了严厉的批评。

提交联合国？布朗特出马？

一般认为,在7月5日会谈之后,英方对谈判便不再具有诚意,此后虽有多次谈判,但实际上是在拖延时间,等待机会逃脱。确实,克仁斯和布朗特在7月13日曾以隐语简短地交换过关于逃跑的想法。不过,我认为,这只是提出了另一种可能的选择而已,并不标志英方已放弃了谈判解决的希望。实际上,英方仍在做一些努力。

鉴于中英之间的谈判再度陷入僵局,英国政府曾一度考虑将这一事件提交联合国的可能性。英国外交部在7月7日致施谛文电报中,要求他们向中共方面讲清楚,"紫石英"号在长江行驶是得到了在联合国安全理事会占有一席的国民政府的授权的。贝文告诉施谛文:"我要你们把这点讲清楚,是因为如果'紫石英'号还不能释放的话,也许作为最后手段,我们将不得不诉诸联合国。"因为根据英方的估计,无论是俄国人,还是中国共产党人,都不喜欢"紫石英"号事件被提交到联合国。贝文表示:"虽然我在现阶段不打算威胁采取这样的行动,但我希望共产党能明白我们是在我们的权限内采取行动的。我乐于准备谈判,如果直接谈判不能

---

① R. F. Woods to McAlpine, Jul. 6, 1949, FO371/75894/F10022.
② Foreign Office to R. Stevenson, Jul. 7, 1949, FO371/75894/F10022.

达成任何协议,如果必要的话,我们将把这一事件付诸仲裁。"[1]

贝文所说的考虑提交联合国确实不是威胁。7月中旬,英国外交部联合国司曾认真地讨论了是否应将这一冲突提交联合国的问题。讨论围绕着两个问题而展开:(1)这一问题能否提交安理会?(2)如果能提交,它在政治上是否有利?

关于第一点,有人认为,要在安理会上指控中共是困难的。因为中共尚未建立政权,它在法律上没有明确的地位。在联合国的处理实践中,当争端中的一方并不拥有一个政府的地位时,很难设想安理会将怎样进行这一问题的调查。而且安理会也缺乏必要的调查手段。此外,由于中国国民党政府尚未下台,并仍然占据着安理会常任理事的位子,问题将更为复杂。但法律专家的意见是,这一事件是能够提交安理会的。联合国宪章第34条规定,安理会有权调查可能会导致国际冲突的局势。因此,安理会有权调查"紫石英"号事件,以确认这一局势继续发展下去是否可能危及国际和平和安全。

但关于第二点,讨论者意见却是比较一致的,即英国既不能保证向安理会的申诉会取得成功,也不能从中得到益处。讨论者认为,即使英国的申诉在法律上是无可辩驳的,但英国却不能指望在安理会其他成员国中获得一致的同情。因为俄国及东欧各国的代表肯定会反复强调,英国没有权利进入那一地区。一些小国家可能会倾向于认为,谁在别人的领土上从事军事活动,谁就必须准备碰到不愉快。讨论者感到,中国人的不人道的行为,"可能不会引起像它本应引起的安理会成员国太多的道义上的义愤",英国也不可能从联合国采取的任何行动中得到什么物质上的补偿。英国也许能够让中共行事的蛮横方式曝光,并由此损害共产党人的事业和引起舆论对英国的同情。但在缺乏强制执行的授权措施的情况下,很难设想,安理会怎样对要求中国共产党释放"紫石英"号施加压力。

不仅如此,讨论者还认为,还存在这样的可能性,即中共并不担心把事情捅到安理会去,他们也许反而欢迎有这样的机会,使他们唤起民族主义和反帝的情绪来反对我们,并使舆论广泛地注意任何使我们丢面

---

[1] Foreign Office to R. Stevenson, Jul. 7, 1949, FO371/75894/F10022.

子的事情。经过综合考虑之后,提交联合国安理会一事被搁下不提。①

7月中旬,英国政府再次考虑由布朗特亲自出马与中共军队高级指挥员进行谈判的可能性。英国政府认为,目前地方谈判已经无望,而克仁斯也已显示出过度紧张劳累的迹象。因此,英国海军部准备指示布朗特亲自前往当地,与袁仲贤将军进行谈判。如果这一会谈结果不能令人满意,他们建议布朗特上将立寻求与北平中共最高当局的会晤。海军部请求外交部同意这一举动。

上次曾反对布朗特前往当地的英国外交部,现在也认为:"我们当初对远东舰队总司令出马的反对,现在已不再有理由。在目前的情况下,这一招值得一试。"② 外交部倾向于同意这一建议,并致电施谛文,征询其意见。

7月13日,英海军部致电布朗特:"在形势已经发生变化的情况下,海军部现在同意你前往'紫石英'号,亲自会见袁将军。如果这一举措仍不能获得'紫石英'号的放行,你应该坚持前往会见毛,无论他在何地。"准备让布朗特出马,还有着重新选择中方谈判代表的用意。英方一直认为,康矛召在阻碍谈判,而袁将军是愿意和解的。布朗特这样高级别的海军上将出马,便自然避开了康矛召,而可直接与袁谈判。海军部指出:"克仁斯在绝大部分的谈判中,不得不被迫依赖康作为他与袁将军之间的中介。如你所说,作为炮兵部队的指挥官,康显然在他的权力范围内尽一切可能地修饰调整他的报告,将谈判控制在他的掌握之中。在这种情况下,你无疑应拒绝与康打交道,你应该向袁将军强调指出康的极其令人不满的行为。"③

在袁、康关系问题上,对中国问题了解稍许多一些的驻华大使施谛文属于最先明白过来的人。他在给外交部的回电中表示,由于中共把有关释放"紫石英"号的地方谈判的范围扩大到包括更广泛的政治问题,而这些问题只能是由更高级别讨论的,谈判已经陷入了明显的僵局。因

---

① Note by C. C. Parrot, Jul. 15, 1949; Note by F. A. Vallat, Jul. 20, 1949, FO371/75894/F11095.

② Note by P. Scarlett, Jul. 12, 1949, FO371/75894/F10440.

③ Admiralty to P. Brind, Jul. 13, 1949, FO371/75894/F10562.

此,"努力促使共产党当局同意与远东舰队总司令讨论的时候已经到来"。但他对中共态度的改变是因康矛召之故的看法表示了不同意见:"我倾向于认为,是袁将军在支持他,而袁又可能是在将最高当局的政策付诸实施。"因此,施谛文主张,布朗特之行应等袁仲贤对他的信函做出反应后再做决定。①

此时,中方正敦促布朗特正式书面授予英方代表谈判和签署协议的权力,并要求有由他亲自签发的代表证书。面对这一局面,一时未能决定是否前往镇江的布朗特,设想了一个新的方式,即不是任命克仁斯为谈判代表,而是由他本人与袁仲贤书面交换意见,让克仁斯担任他与袁仲贤之间的递信人。他在7月14日致袁仲贤的信中称:"我之所以提出这一要求,是因为已经涉及了国家间关系的问题,这些问题之重大,远不是克仁斯少校所能够讨论的。而且,康上校对待克仁斯少校的态度,非常不能令人满意,以致我不能相信你本人的观点被他真实地反映出来。"② 对于布朗特的这一提议,中方认为,这是英国人在耍花招,将克仁斯的身份由非正式的谈判代表降低为信差,是一个倒退。但是,在英国人的心目中却并非如此。他们并不觉得将原来在康矛召和克仁斯之间的会谈,改为在袁仲贤与布朗特之间书面交换意见,而由克仁斯负责传递有什么不妥。

直到7月下旬,伦敦方面仍未放弃由布朗特出马的想法。英联邦事务部在7月21日致驻英联邦各国高级专员电中通报,英方与中共高级领导接触的三条途径都没有取得任何明显的结果。远东舰队总司令致朱德个人的信件和魏亚特致周恩来的信件至今未得到回复,而刘伯承则拒绝会见英国大使馆人员。在地方谈判中,中共在允许该舰离开之前强逼舰长承认英国方面对事件的责任。该电通报说,"作为最后的手段,我们正在考虑让远东舰队总司令亲自前往'紫石英'号并与袁将军对话是否明智。我们充分意识到采取这一步骤的可能的不利之处(尤其是明显地存在着被羞辱性地拒绝的可能),但是,显然不能让'紫石英'号的官兵们无限期地困在他们现在所处的地方,解救他们的各种可能的手段都必须

---

① R. Stevenson to Foreign Office, Jul. 15, 1949, FO371/75894/F10514.
② P. Brind to J. Kerans, Jul. 14, 1949, FO371/75894/F10562.

加以考虑"。① 驻华大使施谛文也支持布朗特提出的前往当地的要求尽管他认为中共不大可能同意布朗特乘军舰或飞机前往当地,但他认为应该提出这样的要求哪怕只是为了让中共感到困窘也值得这样做。②

7月27日,布朗特在致克仁斯电中提出了一个可供双方签署的文稿。这一文稿承认:"英国军舰'紫石英'号未获中国人民解放军同意于1949年4月20日进入前线地带,是产生误会的基本因素。英国军舰'伦敦'号、'伴侣'号及'黑天鹅'号同样均未获得中国人民解放军的同意而进入前线地带。""对于今后双方上级机构所要求进行的任何调查和谈判,英国方面皆不反对。本人同意,任何一方要求进行这一讨论时,均可包括长江事件中的任何问题。英国军舰'紫石英'号、'伦敦'号、'伴侣'号及'黑天鹅'号均牵涉于这一事件。"③

提出这一备忘录的事件距"紫石英"号的潜逃时间,已非常之近。因此,它被视为掩护逃跑的烟幕弹。

潜逃何时成为首要选择?

关于逃跑想法的最初提出,应是6月22日布朗特电。布朗特在该电中要求海军武官董纳逊有机会见到克仁斯时,"可以谨慎地询问,'紫石英'号成功地在夜间脱逃的机会如何"。这是最早的见诸文字的有关逃跑的想法。而实际上据布朗特事后说,他一直在考虑着逃脱的可能性。克仁斯也坦承,从他登上"紫石英"号舰的那一天起,他便考虑过逃跑的可能性。作为职业军人,头脑中本能地考虑逃脱的可能性,应该说是很自然的。然而,这并不表示,他们与中方之间的谈判都是在虚与委蛇,用表面上的周旋来掩护暗中逃脱的机会。这是因为,逃脱计划存在着种种困难和巨大的风险,成功的可能性非常微小。所以尽管在他们头脑中有着这样的想法,但并未把它认真地列入考虑之中。谈判解决仍是他们

---

① Commonwealty Relation Office to U. K. High Commissioners in the Commonwealth Nations, Jul. 21, 1949, FO371/75888/F5845.

② R. Stevenson to P. Brind, Jul. 26, 1949, FO371/75894/F11088.

③ Brind to J. Kerans, Jul. 27, 1949, FO371/75894/F11096.

的首要选择。

那么，从什么时候开始，英国的主要方向转向逃脱，而不是谈判呢？有人认为，7月中旬以后，英国的谈判只是在拖延时间，寻找逃跑的机会。

尽管布朗特在6月下旬就已提出了逃跑的可能性问题，但他对能否成功逃脱，基本上是不抱希望的。他在7月10日致海军部电中就曾表示：如果不能通过谈判达成释放"紫石英"号，万一共产党坚持最近所提出的条件，那就只有在舰上库存用尽和官兵们筋疲力尽时炸毁军舰，谈判释放官兵之事。①

应该说，7月中下旬的几次谈判，英方仍在努力与中方达成协议，并未把逃跑作为一种主要的选择。至于谈判未能取得进展，那是由于双方的解决方案存在着巨大的差距，而非由于英方在考虑逃跑。

由于谈判陷于僵局，逃跑的念头再次显现出来。7月25日前后，有一股强台风进入长江下游地区。布朗特认为，这也许是掩护逃跑的机会。但他对当地条件、军舰本身的状况都不了解，难以做出决定。7月27日，布朗特密电克仁斯，再次提出逃跑的可能性问题，并强调只有在他看来各种条件都确实有利时，才能考虑突围。这实际上是授予克仁斯以最后的决定权，由他根据情况决定。但要注意，布朗特强调的是安全，而不是逃跑。因此，可以认为，布朗特给了克仁斯选择权，而不是逃跑的命令。因为他并不确知，"紫石英"号是否有能力脱逃，以及是否有逃跑的机会出现。

同日，布朗特致电克仁斯，提出了前述可供双方签署的文稿，并再次提出了与袁仲贤会谈的要求。最后的结果大家已知道，"紫石英"号于7月30日深夜逃脱。因此，布朗特7月27日致袁仲贤的信函便被作为掩护逃跑的烟幕弹。我以为，布朗特既已发出了可以逃跑的指示将决定权交给克仁斯，同时又继续与袁仲贤交涉，其掩护意图自是不言而喻的。但是，如果只是把它纯粹地视为烟幕弹似乎也不够全面。这既因为布朗特并不确知"紫石英"号是否有能力和有机会逃跑，还因为布朗特并不认为谈判已完全绝望。他在7月24日致董纳逊电中还表示，袁仲贤的答

---

① P. Brind to Admiralty, Jul. 10, 1949, FO371/75894/F10402.

复"在一些地方仍然让门敞开着","如果双方仍不能达成协议的话,我准备提出一个与袁进行个人会谈的建议"。布朗特并表示,"如果得到许可的话,我将乘驱逐舰前往。如果需要的话,也可以乘飞机去,但我现在还不想告诉袁这点,因为乘军舰有很多便利"。① 从7月24—27日,双方并无接触,布朗特对谈判的看法不致有大的变化。7月27日电应是24日电思路的延续。

因此,我以为,布朗特27日电应是具有双重目的,若"紫石英"号准备逃脱,它可起掩护作用,同时,它也是为谈判解决继续努力的一部分。无论如何,通过谈判解决总是上选,总是比逃跑安全和体面。从该电的内容看,布朗特也未显示出为麻痹中方而做大幅度的让步。该电与此前方案的区别,只是将其他三舰也列入实际认错的范围。该电同时重申"不承认中国人民解放军有扣留英国海军'紫石英'号的任何权力","将我认错作为给予'紫石英'号安全通行许可的条件,将是相当不合适的。你将我认为不真实的事情认错作为条件,则更是不合适的"。如果说只为施放烟幕弹的话,这些话倒是不应该说的,因为它有可能引起中共的警惕。

实际上,逃跑这一方案,此时在布朗特这里并未成为唯一选择。到了7月29日,布朗特才觉得似乎有必要将授权"紫石英"号逃跑一事报告海军部:"我已经告诉'紫石英'号,我将支持他所做出的任何有关突围的决定。我说得很清楚,我并不强求他这样做,这一建议只是在他认为天气和能见度适宜的情况下采纳。在最近台风过境期间,他有尝试一下的希望。"

从7月13日布朗特和克仁斯第一次通过暗语交换逃跑的想法,到29日布朗特才向海军部报告,中间有半个月之久。布朗特迟迟不向海军部报告此事,或是他认为,这根本就是他这个舰队总司令权限以内的事,或是他认为,逃跑一事在这一阶段并不具有很快付诸实施的可能性,不必急于报告。实际上,在29日电中,布朗特也不能肯定能否实施逃跑计划。他指出,突围的航行将是困难的。他还提出了另一种选择:如果在最近10天内"紫石英"号无法获得燃料和补给的补充,"也许有必要命

---

① P. Brind to V. Donaldson, Jul. 24, 1949, FO371/75894/F11096.

令他炸毁军舰"。① 由此可见，对于"紫石英"号能否脱逃，布朗特心中并没有数，他只是将决定权交给了克仁斯而已。

值得注意的是，驻华大使施谛文几乎在同时也提出了以谈判以外的其他办法来结束争端的想法。他在7月28日致英国外交部电中表示了对谈判的悲观。他认为，这样的时刻可能将很快到来，即"为了打破僵局，我们不得不考虑或是接受无疑是屈辱性的条件，或是采取果断的措施。诸如凿沉军舰或在夜幕的掩护下冲出去，以结束舰上官兵所遭受的难以忍受的无礼待遇和身体上的磨难"。与布朗特及克仁斯有所不同的是，施谛文对"后两种行动的冒险性质以及如果失败将会产生的严重后果"有着更深的忧虑，他指出："只要通过合理的谈判获得解决的任何希望依然存在，人们当然不希望考虑如此极端的措施。"②

如前所述，远在伦敦的海军部只是在29日才得到了布朗特有关可能逃跑的报告。通常，布朗特的电报会同时发往外交部。然而，此次他没有这样做。他后来承认，他这样做，是"因为安全问题，也因为我觉得外交部门会倾向于反对以上的计划"③。

当布朗特的电报到达海军部时，海军部的第一反应是表示支持。然而，第一海务大臣兼海军参谋长弗莱塞很快扭转了这一态度。海军部向布朗特发去了在没有与海军部作进一步的商讨之前，不要采取任何突围行动的指示。海军部这一态度的变化，比较典型地反映了伦敦中央的大部分人的情绪。当他们得知有逃脱的希望时，第一反应是感到高兴，终于有了摆脱困境的机会。然而，冷静下来，他们又为这一行动的风险感到担心。

海军部将布朗特的电报转告了外交部。正如布朗特所预料的那样，外交部不赞成这样的冒险举动。外交部认为："无论其成功与否，突围的企图将会对英国在共产党中国的利益，甚至可能会对英国人的生命，带来严重的影响。我们与中共达成某种协议和保留我们的经济利益的努力，将遭到严重的也可以说是致命的挫折。"外交部要求布朗特等待施谛文

---

① P. Brind to Admiralty, Jul. 29, 1949, FO371/75895/F11480.
② R. Stevenson to Foreign Office, Jul. 28, 1949, FO371/75894/F11234.
③ P. Brind to Admiralty, Aug. 5, 1949, FO371/75895/F11466.

"对这一举动的政治风险提出评估"。在此之前，它反对授权"紫石英"号舰长突围的任何建议。① 7月30日，外交部致电施谛文："我们同意你在第1125号电中表达的看法，除非谈判彻底破裂，不希望考虑采取如此极端的措施。但是，考虑到这样的事实，即如果'紫石英'号不能进一步得到燃油，它可能在10天之内陷于瘫痪，望你能很快来电告诉我们，你对突围企图（无论其成功与否）可能产生的影响的看法。"②

然而，7月30日，在没有向海军部再次报告的情况下，"紫石英"号开始了逃跑行动。"紫石英"号之所以在未获伦敦同意的情况下行动，有以下两种可能：一是布朗特决意不理睬海军部的指示；二是他已没有时间在海军部和克仁斯之间进行磋商。因为"紫石英"号决定采取行动，多少有些突然。

不知是根据何种资料，董著认为，克仁斯在29日凌晨4点将逃跑计划密告了布朗特。这样，当布朗特29日电告海军部时，他便已知道了明确的逃跑计划。布朗特有没有将这一明确的逃跑计划告诉海军部，董著没有明确说明，只是说，布朗特将准备逃跑的消息告诉了海军部和外交部（此处有误，并未报告外交部）。无论怎样，布朗特或是将逃跑计划隐瞒不报，或是报告后抗命不遵，二者总是要占其一的。

7月30日，布朗特又有一电致海军部，丝毫没有提及逃跑的问题，只是建议英国就长江事件发起一轮舆论攻势。布朗特报告说，对"紫石英"号的燃料和供给品的补充正等待镇江当局的批准，如果中共对他新电的答复不能令人满意，或这些补给被难以接受地推迟，就发动一场舆论攻势，让世界舆论知道中共的所作所为。③ 可见，此时他尚未知道克仁斯的行动计划。

有关档案明确地表明，克仁斯只是7月30日下午才形成明确的逃跑计划，并迅速进行各种准备。他只是在下午4点，才将这一刚刚形成的计划告诉布朗特。布朗特得知这一消息后，再加以阻止，显然已不可能。不知何故，董著将这一时间提前到29日凌晨4时。这样，布朗特便是蓄

---

① Note by T. S. Tomlinson, Jul. 30, 1949, FO371/75895/F11508.
② Foreign Office to R. Stevenson, Jul. 30, 1949, FO371/75895/F11480.
③ P. Brind to Admiralty, Jul. 30, 1949, FO371/75895/F11466.

意对海军部隐瞒行动计划了。

且不论布朗特在"紫石英"号逃跑事件中的角色如何,伦敦的中央政府一直被置于事外,这是无疑的。正因为如此,直到"紫石英"号成功脱逃后,英国外交部对于这样重大的行动未向中央政府请示仍不能释怀,外交部的备忘录还这样写道:"这应该记录在案,远东舰队总司令在他发出有关授权'紫石英'号自行开走的第290956号电之前,既没有与外交部也没有与海军部商量。"①

"紫石英"号成功逃脱后,施谛文担心此事会株连到他们这些事先并不知情的在华外交官。他于7月31日致电英国外交部,要求外交部在即将发表的公开声明中强调,"'紫石英'号的逃脱是由该舰舰长决定的"。根据英国海军的传统,该舰长需对他的军舰的安全负责,对舰上全体人员负责。该舰长并没有将他准备突围的意图向外交部门的任何人透露。施谛文认为,由于共产党拒绝在这件事上与英国驻华大使馆交涉,而坚持将此事作为地方问题由人民解放军和英国海军来讨论。英国做出这样的声明"是符合逻辑的,也不会伤害到有关人员"。② 布朗特对此稍有异议,他同意此事不应涉及外交部门,但他认为,声明不能给人造成这样的印象,即英国海军把可能产生国际影响的这样一个行动的责任推给年轻的舰长。他认为,可以明确地指出,这次行动是一次纯粹的海军行动。布朗特企图通过这样的解释来减少事件所产生的政治影响。③

英国政府显然倾向于布朗特的意见。当日,英国外交部和海军部发表了联合声明。由于"紫石英"号已经脱险,英方已无须担心所谓"长江人质"的安全,其遣词用字已与以往大大不同。声明这样申述了"紫石英"号突围的理由:"本年4月,英国海军'紫石英'号在长江中受到共产党炮兵的袭击,当时它正前往南京为外国侨民执行一项人道的使命。该舰被严重损坏,伤亡惨重。此后,共产党的地方军事当局拒绝给予'紫石英'号安全通行的许可,除非该舰指挥官克仁斯少校签署一个承认英国对这一事件负责的文件。这是一个无法接受的要求,'紫石英'号因

---

① Note by P. Coates, Aug. 5, 1949, FO371/75895/F11480.
② R. Stevenson to Foreign Office, Jul. 31, 1949, FO371/75895/F11302.
③ P. Brind to Admiralty, Jul. 31, 1949, FO371/75895/F11466.

此在几乎难以忍受的酷热和囚困的条件下被扣留达 3 个月之久。"但声明并没有把突围的责任都推给舰长,而是说:"鉴于共产党坚持拒绝给予该舰正常的供应和安全通行许可,远东舰队总司令授权该舰舰长,在他认为可行的情况下,即使没有获得安全通行许可也要开走。"①

"紫石英"号逃脱回归后,受到了英雄般的欢迎。对于这次成功的冒险,一些人甚至把它视为海军史上的奇迹。当英国海军和大众张罗着庆祝之时,英国外交部的态度相对来说比较冷静。英国外交部认为,"英国人现在事实上有些'扬扬得意'。中共迄今还没有做出任何明显的反应,但他们无疑正在认真考虑他们能够做什么。他们有可能会采取强硬的措施来挽回面子"。而"对我们来说,有一些相当尴尬的地方(诸如远东舰队总司令刚刚提出是否允许他前往当地,与共产党的袁将军讨论此事)"。② 英国外交部要求有关方面降低调门,将对此事的宣扬压到尽可能低的程度,以免刺激中共,危害英国在华利益。

英方原先曾保证,在"紫石英"号放行后会继续与中共讨论事件的责任问题。在"紫石英"号逃脱后,英方在声明中也曾表示,它"仍然准备在适当的级别上讨论 4 月事件的责任问题"③。但这一谈判未再恢复。对于英方来说,其谈判的主要目的是争取释放"紫石英"号,现"紫石英"号既已逃脱,如中方不再要求谈判,当然它也不会主动要求。对于中方来说,显然也已意识到,再举行这样的谈判实际上已毫无意义,不会取得任何进展。当"紫石英"号被困时,中方相对来说握有筹码,英方尚不肯就范,现在,英舰已去,要指望英方道歉和赔偿更是不可能的事。因此,随着"紫石英"号的逃脱,有关事件的谈判也就不了了之。

回头来看。在当时的环境下,英国有没有正式认错道歉的可能?答案是,没有。尽管英国不想武力对抗,但也从未准备正式道歉。从根本上说,英国政府并不认为自己犯了错。虽然在英国内部有多次的辩论和反省,但英国至多只是觉得自己在一个不适当的时候进入了长江。因此,英国可以在"擅自闯入"一词上让步,可以承认由此引起"误会",但绝

---

① Foreign Office to R. Stevenson, Jul. 31, 1949, FO371/75895/F11302.
② Note by P. Coates, Aug. 2, 1949, FO371/75895/F11300.
③ Foreign Office to R. Stevenson, Jul. 31, 1949, FO371/75895/F11302.

无可能做出正式承认错误的表示。事实上，在两个关系并非友好的国家之间做出认错道歉的表示，并不是一件轻而易举的事。英国的实力地位虽已日趋低落，但庞大的英帝国此时依然存在，数百年的辉煌所熏陶出来的高度自视依然存在，它绝无可能做它自认为有损其尊严的事。英国首相艾德礼在下院答复议员质询时，有议员问，英国是否会为营救英国人的生命而向中共赔礼道歉，艾德礼曾明确表示：不存在做出任何道歉的可能性。因此，在英方设想中，如果不能在无须认错道歉的基础上求得妥协的话，它宁可选择凿沉军舰或逃跑。

对于中共而言，可以做出妥协的余地虽然要比英方大一些，但也困难重重。正走向夺取全国胜利建立新政权的中共，此时正谋求在国际上和在中国民众面前树立起不同于以往政府的新形象，一个勇于维护国家主权的不畏强权的新形象。而中共部队在事件中也死伤200余人，如果轻描淡写地了结事件，亦有各方面的困难。中共也显然意识到了谈判解决的困难，因此，曾一度命令沿江炮，如英舰逃跑，可不加阻拦，任其而去。这实际上是想让事件不了了之。这一方针后来虽有变化，但它却无疑反映出，中共确曾考虑过，在无法获得英国人道歉的情况下，准备以英舰的逃脱来自然了结这桩棘手的公案。毕竟，此时中共的主要精力要用在打倒国民党政府的国内战争上，它无意在这一问题上长期与英方纠缠。"紫石英"号逃遁后，中共虽然在舆论上予以了严词谴责，但也没有对英国采取任何报复行动。在一定意义上，"紫石英"的逃跑并不使中共丢面子，相反，英国人不得不趁黑夜逃跑事件本身，却很可以被视为一件长士气的事件。

总的来看，无论是中共还是英国在处理"紫石英"号事件的问题上都还是比较克制的。英国受实力的限制，无法展现其往昔的强硬，自不必说。拥有绝对军事优势的中共也表现得相当克制。对比一下在这前后发生的中美之间的"华德事件"便会非常清楚。华德以外交官之身（当然，中共不承认这种身份），在非武力对抗的情况下，受到审判和驱逐。而"紫石英"号与人民解放军发生军事冲突，又造成中共军队人员伤亡，中共困而不俘，耐心地与之谈判，最后出现"紫石英"号全身而退的局面。中共的对"紫石英"号事件采取的克制态度由此一目了然。

"紫石英"号事件影响深远，可以视为中华人民共和国建立前夕中外关系中最重大的事件。在"紫石英"号事件中,英国虽无炮舰外交的故意,然而,"紫石英"号的逃遁,又确确实实地标志着炮舰外交在中国的终结。这一事件清楚地向世界表明了中共在维护国家主权方面不可低估的决心,其坚定性非以往历届政府所能相比。由此,西方列强将不得不以新的目光来审视中国共产党,以新的方法来处理它与中共新政权的关系。对中国人民而言,"紫石英"号事件是新式革命外交的一次预演,一次胜利。它是中共军队与列强的第一次武力对抗,它的胜利从实践上印证了毛泽东早已做出的在敢于斗争的人民面前帝国主义是纸老虎的论断,增强了中共与列强周旋的勇气和信心。这一勇气和信心的增强,对于此后新生的中华人民共和国的外交的影响是不言而喻的。

辛亥革命和中国近代民族主义[*]

金冲及

民族主义作为一种重要的社会政治思潮，近年来已成为海内外学者讨论得颇为热闹的问题。对中国来说，这种思潮在20世纪初年，也就是辛亥革命准备时期开始形成，并且迅速在思想界占有突出的地位，产生深远的影响。这个过程，有如章太炎在1903年所说："民族主义，自太古原人之世，其根性固已潜在，远至今日，乃始发达。"[①]

这种现象并不使人奇怪，因为中华民族在近代遭受的苦难实在太深重了。从1840年的鸦片战争起，中国便开始丧失独立的地位，备受西方列强的压迫和欺凌。他们发动一次又一次的侵略战争，把一个又一个不平等条约强加给中国。曾经创造过灿烂的古代文明的中华民族竟被傲慢的西方人视为"劣等民族"，几千年的文明古国濒临灭亡的边缘。19世纪末年的中日甲午战争后，这种沦落的步伐大大加快了。当历史跨进20世纪的门槛时，西方列强的八国联军正武装占领中国的首都北京，实行分区管制，在各区内不许悬挂中国的旗帜，而要强迫中国人悬挂他们的国旗。这种状况持续了一年之久，最后以清政府签订丧权辱国的《辛丑条约》才告一段落。在西方的报刊上，更是纷纷议论着如何瓜分中国的问题。

---

[*] 本文原载《近代史研究》2001年第5期。
[①] 章太炎：《驳康有为论革命书》，《章太炎政论选集》上册，中华书局1977年版，第194页。

亡国灭种的噩运，似乎随时都会降临到中国人头上。它像一个可怕的阴影，沉重地笼罩在每个爱国者的心头。昔日的辉煌同今日的衰败之间形成的强烈反差，更使每个有爱国心的中国人觉得难以忍受。孙中山先生正是在这种大变局下，在《檀香山兴中会章程》中痛心地诉说："堂堂华国，不齿于列邦，济济衣冠，被轻于异族。"他第一个响亮地喊出了"振兴中华"这个激动人心的口号，代表着当时中国人的共同愿望和心声。[①] 中华民族的独立和生存，已成为摆在人们面前压倒一切的首要问题。民族主义思潮一出现，会有那么多人立刻奔集到这面旗帜下来，是十分自然的事情。

一　中国近代民族主义是梁启超在20世纪初最早提出的，但他后来抛下了这面旗帜

"民族主义"这个名词和它的学理，并不为中国所固有，最初是从西方传来的。在西方近代历史上，民族主义思潮大体产生于18世纪末的法国大革命中，而盛行于19世纪中叶德国、意大利的统一运动时。对中国影响最大的，是后者而不是前者。它在传播和阐述的过程中，又发展出近代中国自己的显著特色。

这种思潮能够在近代中国如此迅速地传播，并为众多人们所接受，当然同中国传统思想中某些因素有关，用章太炎上述引语来说，本来就有着某些"潜在"的"根性"。那就是从先秦以来常讲的"夷夏之辨"，或者说"内诸夏而外夷狄"。但这种观念有两点值得注意：第一，所谓"夷夏之辨"，更多地是从文化上着眼而不是从种族上着眼的。如果其他种族接受了"诸夏"的文化，久而久之，也就把它当"诸夏"看待，难分彼此。韩愈在《原道》中写道："孔子之作《春秋》也，诸侯用夷礼则夷之，进于中国则中国之。"因此，"夷夏"的地位并不固定，是可以互相转换的。第二，在中国传统文化中一直有着"天下一家""协和万邦""和而不同"等根深蒂固的观念。通常只是在民族冲突特别激烈的那些年代中，"非我族类，其心必异"之类的观念才会突出地流传起来。平

---

① 孙中山：《檀香山兴中会章程》，《孙中山全集》第1卷，中华书局1981年版，第19页。

时，很少强烈地表现出民族之间的排他性。清朝入关之初，顾炎武、黄宗羲、王船山等鼓吹的"反满"思想，到清朝统治逐步得到巩固后，在一般人心中也就明显地淡薄下来。这些，同西方近代民族主义有相当大的不同。

使中国人接受西方近代民族主义思潮的直接理论桥梁，是当时极为流行的、以严复所译《天演论》为代表的社会进化论。《天演论》中宣扬的"物竞天择，适者生存"的思想，使已经意识到自己在世界竞争中处于劣势的中国人觉得不寒而栗，担心自己将因"优胜劣败"而被淘汰。出路在哪里？《天演论》开出的药方是"合群"。它写道："人之有群，其始亦动于天机之自然乎！""夫如是之群，合以与其外争，或人或非人，将皆可以无畏，而有以自存。"① 严复在《天演论》的按语中并没有提到民族，更没有提到民族主义。但既然万事万物只有合群"以与其外争"才能"有以自存"，那么，中华民族是一个几千年来生活在同一区域内、有着长期经济文化交流而形成的自然群体，西方列强又是把中华民族作为一个整体来侵略和压迫的，一旦民族覆亡，大家都成了"亡国奴"，个人的一切便都谈不上了。这样，人们自然会逐渐认识到：只有整个民族"合以与其外争"才能"有以自存"。这同民族主义思潮已只有一步之隔。

那时，中国人能直接阅读西方书籍的很少，而日本翻译西方书籍的风正盛。中国人学会阅读日文比西文要容易得多。所以，同近代中国人接受许多西方近代观念往往经由日本的介绍一样，中国人接受"民族"和"民族主义"这些观念也经由日本的介绍。

有趣的是，中国人最早提到"民族主义"的，并不是以孙中山为首的革命派，而是戊戌变法失败后流亡到日本的梁启超。他在《三十自述》中写道："戊戌九月至日本，十月与横滨商界诸同志谋设《清议报》。自此居日本东京者一年，稍能读东文，思想为之一变。"② 在《东籍月旦》中介绍日本出版的世界史著作时他又写道："著最近世史者，往往专叙其民族争竞变迁、政策之烦扰错杂，已属应接不暇。"③ 这把他在这个问题

---

① 《天演论》，《严复集》第5册，中华书局1986年版，第1344页。
② 梁启超：《三十自述》，《饮冰室文集类编》上，癸卯（1903年）本，第5页。
③ 梁启超：《东籍月旦》，《饮冰室文集类编》上，第775页。

上的认识来历说得很清楚。

梁启超明确地宣传"民族主义"的主张，是在他1901年为《清议报》第94、95册所写的《国家思想变迁异同论》中。他提出问题的着眼点，同样是要回答：在世界的激烈竞争中如何才能有效地抵抗帝国主义列强的侵略、求得中国的生存。

他这样描写一百年来世界大局嬗变的趋势："今日之欧美，则民族主义与民族帝国主义相嬗之时代也。""专就欧洲而论之，则民族主义全盛于十九世纪，而其萌达也在十八世纪之下半；民族帝国主义，全盛于二十世纪，而其萌达也在十九世纪之下半。今日之世界，实不外此两大主义活剧之舞台也。"

他旗帜鲜明地写道："民族主义者，世界最光明正大公平之主义也，不使他族侵我之自由，我亦毋侵他族之自由。"他认为："民族主义发达之既极，其所以求增进本族之幸福者，无有厌足。内力既充，而不得不思伸之于外"，这就是"帝国主义之所以行也"。"今欧美列强皆挟其方刚之膂力以与我竞争，而吾国于所谓民族主义者，犹未胚胎焉。""知他人以帝国主义来侵之可畏，而速养成我所固有之民族主义以抵制之，斯今日我国民所当汲汲者也。"①

1902年，他从西方民族主义学说中又接过来"民族的国家"的观念，写道："近四百年来民族主义日渐发生，日渐发达，遂至磅礴郁积，为近世史之中心点，顺兹者兴，逆兹者亡。""故能建造民族的国家声施烂然，苟反抗此大势者，虽有殊才异能，卒归败衄。"②

同一年，他还令人注目地提出了"中华民族"的名称："上古时代，我中华民族之有海思想者厥惟齐。"对这个重要提法，他并没有做什么解释和发挥，只是一笔带过。但这篇文章一开始就写道："立于五洲中之最大洲，而为其洲中之最大国者谁乎？我中华也。人口居地球三分之一者谁乎？我中华也。四千余年之历史未尝一中断者谁乎？我中华也。"③ 看来，他是以"民族的国家"的观念为依据，把生息在中华大地上的各族

---

① 梁启超：《国家思想变迁异同论》，《饮冰室文集类编》上，第424、426、428页。
② 梁启超：《论民族竞争之大势》，《饮冰室文集类编》上，第517页。
③ 梁启超：《论中国学术思想变迁之大势》，《饮冰室文集类编》下，第7、29页。

人民总称为"中华民族"。

梁启超"条理明晰,笔锋常带情感"的文字,那时正风靡全国,受到人们普遍的仰慕。他发表的文章,对宣扬民族主义和提高中华民族的自觉自然起了不可忽视的作用。

但是,严复也好,梁启超也好,对民族主义中"宁粉骨碎身,以血染地,而必不肯生息于异种人压制之下"那类内容不能不有相当大的顾虑,因为它存在一种危险,可以导致要求推翻清政府的"排满"主张。这使他们感到恐惧不安。特别当革命派人士借鼓吹民族主义来主张"排满"时,他们的顾虑就更大了。

这就造成一种奇特的现象:最早宣传民族主义的立宪派人士,后来却越来越不愿意谈民族主义。他们的这种变化在严复1903年翻译甄克思的《社会通诠》时所写的按语中表述得很明白。他说:"今日党派,虽有新旧之殊,至于民族主义,则不谋而皆合。今日言合群,明日言排外,甚或言排满。至于言军国主义,期人人自立者,则几无人焉。盖民族主义,乃吾人种智之所固有者,而无待于外铄,特遇事而显耳。虽然,民族主义,将遂足以强吾种乎?愚有以决其必不能者矣。"① 这段话看起来有些费解:前面刚说新旧两派对民族主义"不谋而皆合",说民族主义是"吾人种智所固有"的,后面却很决绝地说:"民族主义将遂强吾种乎?愚有以决其必不能者矣。"这不是自相矛盾吗?但细细读他中间那几句话,就可以明白此中原委:严复本来期望谈民族主义可以激励人们"人人自立",也就是他在《原强》修订稿中所说:"今日要政,统于三端:一曰鼓民力,二曰开民智,三曰新民德。""此三者,自强之本也。"② 出乎他意料之外,谈民族主义而像他那样"期人人自立者,则几无人焉",却由主张"合群"而"排外"甚至鼓吹"排满"。这就使他在失望之余,要愤愤然地说一句:"民族主义,将遂足以强吾种乎?愚有以决其必不能者矣。"

梁启超在提出"民族主义"的口号后,当第二年开始写他那在《新民丛报》上长篇连载的脍炙人口的《新民说》时,最初仍强调民族主义

---

① [英]甄克思:《社会通诠》,严复译,商务印书馆1929年版,第143、144页。
② 严复:《原强》修订稿,《严复集》第1册,中华书局1986年版,第27、32页。

的意义。他写道:"民族主义者何,各地同种族同言语同宗教同习俗之人,相视如同胞,务独立自治,组织完备之政府,以谋公益而御他族是也。""今日欲抵挡列强之民族帝国主义,以挽浩劫而拯生灵,惟有我行我民族主义之一策。而欲实行民族主义于中国,舍新民末由。"① 这倒是像严复所期望的那样从谈民族主义进而"期人人自立"了。但文章自进入具体论述如何新民的"大纲小目"时起,就只讲国家思想而不再讲民族主义。不久,他在《政治学大家伯伦知理之学说》中提出要区分"小民族主义"和"大民族主义"。他说:"吾中国民族者,常于小民族主义之外,更提倡大民族主义。小民族主义者何?汉民族对于国内他族是也。大民族主义者何?合本部属之诸族对于国外之诸族也。"这个解释有它的合理性,就是要求中国境内的各民族联合起来共同反对外来民族的侵略,并且同他前面所说的"中华民族"的含义也相呼应。但怎么把大民族主义和小民族主义分别清楚毕竟不是一件容易的事,特别当反对清朝政府的革命浪潮汹涌掀起后,他就索性不再提民族主义。看来,他的基本思路和内心的顾忌和严复是一样的。

民族主义思想是梁启超首先倡导的,这面旗帜后来却被孙中山为代表的革命派越举越高,而同梁启超反而好像没有多大干系了。这种看来奇特的现象,只有放在20世纪初中国的复杂历史背景下考察,才能理解。

二 民族主义思潮在留日学生中逐步高涨,为中国同盟会提出民族主义纲领做了思想准备

尽管梁启超对民族主义问题谈得越来越少了,但近代中国社会的诸多矛盾中,帝国主义侵略同中华民族的矛盾一直是最主要的矛盾,因而民族主义思潮一定会在中国民众中高涨起来,这是任何力量都遏制不住的。作为一种思潮,中国近代民族主义需要有一定学理的支持,特别是要能吸取西方近代民族主义理论中的某些思想资料,因此它在作为向国内输入西方学理桥梁的中国留日学生中首先广泛传播开来,是毫不令人

---

① 梁启超:《新民说》,《饮冰室文集类编》上,第104、105页。

奇怪的。

　　中国向日本派遣留学生，在甲午战争后才开始。那时，中国派驻日本的使馆在外交交涉中需用日本文字，就从国内招募少量使馆学生。"东京中国使署，特辟学堂，为教授翻译人材之用。"① 这是日本有中国留学生的发端。1898年，湖北、江苏、浙江、直隶等省开始派遣学生到日本学校学习，共六七十人。1900年，留日学生开始超过100人。到1902年，东渡留日的学生人数有了大幅度的增加。据留日学生刊物《浙江潮》第3期刊载的《浙江同乡留学东京题名》和《壬寅卒业诸君题名》，单以留日浙籍学生来说，在1898年抵日的为11人，1899年为7人，1900年只有3人，1901年有12人，而到1902年陡增到86人（如以农历壬寅年计算则为91人）②，可见这一年留日学生人数增加幅度之大。此后的不少著名革命活动家，如黄兴、邹容、陶成章、廖仲恺、何香凝、鲁迅（周树人）、杨毓麟（笃生）、李书城等，都是1902年到达日本留学的。1903年，留日学生不仅人数继续增加，更引人注目的是：各省留学生创办的宣传新思想的刊物纷纷出版，截至这年春天已有湖南《游学译编》《湖北学生界》《浙江潮》《直说》《江苏》等。

　　这些新到日本的留学生中，大力宣传民族主义思想的要先提到湖南学生杨毓麟。他在1902年和1903年之交所写的《新湖南》这本小册子中，把自己学得的西方社会政治学说归结为两点：一个是民族建国主义，一个是个人权利主义。对民族建国主义，他这样解释："民族建国主义何由起？起于罗马之末。凡种族不同、言语不同、习惯不同、宗教不同之民，皆必有特别之性质。有特别之性质，则必有特别之思想。""异者相离，同者相即，集合之力愈庞大而坚实，则与异种相冲突相抵抗之力亦愈牢固而强韧。非此，则异类之民族将利用吾乖散暌隔之势，以快其攫搏援噬之心，此民族主义所以寖昌寖炽也。"他分析当今世界的大局是"民族主义一变而为帝国主义"，"彼族以东亚为二十世纪工商业竞争之中心点，欲反客而为主，目营而心醉之也久矣"。这些分析是同梁启超相近的。但他接着就猛烈抨击清朝政府，指出帝国主义列强现在正以清朝政

---

① 刘禺生：《世载堂杂忆》，中华书局1960年版，第151页。
② 《浙江潮》第3期，"附录"，1903年4月，第1—11页。

府作为控制中国的工具。他写道:"然而其(注:指帝国主义列强)手段愈高,其方法愈巧,其议论愈精,其规画愈细,于是以扶植满洲政府,为兼弱攻昧之秘藏,以开放中国门户,为断腰绝脰之妙术,满洲政府为之伥,而列强为之虎,满洲政府为之化,而列国为之罗。"① 并且竭力地歌颂和赞美流血破坏。这些又和梁启超不同,而有着明显的革命倾向。

那些留日学生创办的刊物中,宣传世界大势、鼓吹抵抗帝国主义侵略、争取民族独立的言论,几乎每期都有。由浙江留日学生在1903年2月17日创办的《浙江潮》第1期的社说《国魂篇》中说:"吾今言陶铸国魂之法,所当豫备者有三事:其一曰察世界之大势,其二曰察今日世界之关系于中国奚若,其三曰察中国今日内部之大势。"他们认为,当今世界大势正处在帝国主义的时代,而帝国主义是从民族主义发展而来的,他们也把它称为民族帝国主义。

《国魂篇》还从经济上做出进一步的分析,写道:"帝国主义者,民族主义为其父,而经济膨胀之风潮则其母也。"② 这种认识,比梁启超又深入了一步。

既然今天的世界是处在各民族"生存竞争"的时代,既然西方列强的扩张是以民族主义为动力而今天的中国已处在生死存亡的关头,怎样才能抵抗帝国主义的侵略,怎样才能把祖国从危亡中拯救出来?在留日学生这些刊物上,不少人提出的主张是要发扬民族主义,建立民族的国家。

《浙江潮》第1期和第2期,在"论说"栏中连载余一的《民族主义论》。这是一篇系统地论述民族主义的文章。这样系统的论述在以前还没有过,可见民族主义问题已越来越受到留日学生的重视,甚至把它看作一个民族处在竞争世界中求得自存的根本所在。这篇论文一开始就描述:在19世纪和20世纪之交,有一个正在席卷世界的大怪物,那就是民族主义。"今日者,民族主义发达之时代也,而中国当其冲,故今日而再不以民族主义提倡于吾中国,则吾中国乃真亡矣。"

---

① 湖南之湖南人:《新湖南》,王忍之、张枬编:《辛亥革命前十年间时论选集》第1卷,生活·读书·新知三联书店1960年版,第622、623、625、626、631、632页。

② 《浙江潮》第1期,"社说",1903年2月,第12、13页。

什么是民族主义？文章下了一个定义："合同种，异异种，以建一民族的国家，是曰民族主义。"它认为，这样才能"对外而有界，对内而有群"。这是当时许多人对民族主义的最根本的理解。

文章展开地论述道："凡立于一国之下，而与国家关系休戚者，则曰国民；立于一国下，而与国无关系休戚者，则曰奴隶。有国之民存，无国之民亡；有国民之国存，无国民之国亡。""而凡可以为国民之资格者，则必其思想同，风俗同，语言文字同，患难同。其同也，根之于历史，胎之于风俗，因之于地理，必有一种特别的固结不可解之精神。盖必其族同也，夫然后其国可以立，可以固，不然则否。"文章特别举出德、意两国的历史来作为证明："德意志之未建联邦也，各邦无所统一，群侮纷来，岌岌乎危哉，然其一战而霸，名振天下者则何以为之也？曰民族主义。伊大利之未建新国也，过罗马之故都，则禾麦离离，有不伤心者乎，然而三杰出，一统成，至今伟然成一强国者，则何以为之也？曰民族主义。"① 从这里也可以看出，中国近代民族主义在理论上所受的直接影响，更多地来自19世纪下半叶德、意两国统一时期的民族主义思潮。

余一的文章还认为，民族主义才是欧美列强立国之本，学习西方如果不抓住这个根本，就将是舍本逐末，一切都将落空。他写道："今日欧美之政治、教育、制度、军事，有所谓立宪政治者，有所谓国民教育者，有所谓自治制度者，有所谓国民皆兵者，苟行之于非民族的国家则一步不能行，一事不能举。浅见之徒掇拾其一二新说，以矜矜自得，而不知本源之所在，耗矣哀哉！"②

留学日本后归国的四川青年邹容，写出了风靡一时的著作《革命军》。这部著作在中国近代思想发展史上占着突出的地位。这不仅由于它以通俗晓畅、痛快淋漓的笔墨宣传革命思想，易于为人们接受；更重要的，它是中国近代历史上第一部系统地、旗帜鲜明地宣传革命、宣传民主共和国的著作。它所产生的巨大影响，是同时期其他著作难以比拟的。

在《革命军》中同样表现了强烈的民族思想。邹容响亮地喊出："中国为中国人之中国。"他写道："夫人之爱其种也，必其内有所结，而后

---

① 余一：《民族主义论》，《浙江潮》第1期，"论说"，1903年2月，第1、2、3、4页。
② 余一：《民族主义论》（续），《浙江潮》第2期，"论说"，1903年3月，第16、17页。

外有所排。故始焉自结其家族,以排他家族;继焉自结其乡族,以排他乡族;继焉自结其部族,以排他部族;终焉自结其国族,以排他国族。此世界人种之公理,抑亦人种发生历史之一大原因也。"① 这实际上是把中国传统的宗法思想同西方近代的民族主义思想杂糅而成的,而其中"必内有所结,而后外有所排"的主张明显地受到西方民族主义理论的影响。他还把中国当前的民族问题,集中到"反满"这一点上来,从学理、历史、现状多方面进行论证,鼓动人们起来革命,推翻清朝政府。

从前面这个简单的叙述中可以看出,20世纪最初几年,也就是中国同盟会成立前夜,民族主义思潮已开始广泛传播,并且同革命要求逐渐结合起来。因此,当中国同盟会成立后,孙中山倡导民族主义,把它置于三民主义学说的第一项,很快为众多人们所接受,并不是偶然的。它既是当时中华民族正面对极端深重民族危机这一客观现实所决定的,也由于在这以前民族主义思想的传播已有了相当广泛的酝酿和准备,人们对它已并不陌生。

三 孙中山对中国近代民族主义的巨大贡献:突出地强调民族平等的观念

孙中山在1894年兴中会成立时提出"驱除鞑虏,恢复中华",这是他民族主义思想的最初表现。这个口号有它重大的缺陷:带有浓厚的大汉族主义色彩。但当时的清政府已成为帝国主义列强侵略中国的工具,正如湖南留日学生陈天华1903年夏在《猛回头》这本小册子中所说:"列位:你道现在的朝廷,仍是满洲的吗?多久是洋人的了!列位若还不信,请看近来朝廷所做的事,那一件不是奉洋人的号令?""朝廷固然是不可违拒,难道说这洋人的朝廷也不该违拒么?"② 因此,这个口号有着合理的内核:它要求人们首先集中力量进行反清革命,推倒这个卖国政府在中国的统治。这在当时的中国,确是抓住了救亡的中心环节。不推倒这个政府,任何根本性的改革都无法实行,中华民族的独立富强是谈

---

① 《邹容文集》,重庆地方史资料组1982年编印出版,第57、65页。
② 《陈天华集》,湖南人民出版社1982年版,第36页。

不上的。"反满"浪潮的高涨，从根本上说，其实只是中国近代民族觉醒和救亡运动高涨的一种具体表现形式。它的出发点是反抗帝国主义侵略，追求中华民族的独立和解放，这正是中国近代民族主义的最根本的内容，尽管它的表述形式还很不完备，很不科学。

中国同盟会成立后不久，孙中山在1905年10月写下《民报发刊词》，提出："余维欧美之进化，凡以三大主义：曰民族，曰民权，曰民生。""是三大主义皆基本于民，递嬗变易，而欧美之人种胥治化焉。"[①] 近代中国面对的最迫切需要解决的问题是民族独立、民主和民生幸福。孙中山这时提出"民族""民权""民生"这三大主张，正是从千头万绪的复杂社会现象中抓住了要点，提纲挈领地提出了近代中国需要解决的三个根本性问题，提出三者相互联系、不能缺少任何一个方面，并且主张用革命的手段来实现它。尽管他提出了问题却没有完全找到解决问题的正确办法，但终究在中国人面前树立起一种新的目标，影响了不止一代的中国人。在这以前和同时的其他思想家也许在某些问题的认识深度上超过了孙中山，但从总体上说，没有一个人能够超越或替代他。称他开创了完全意义上的中国近代民族民主革命，正是从这个意义上来说的。

孙中山不仅提出了民族、民权、民生这三大主张，并且不断对它的含义进行探索，提出不少高于时人的见解。就拿民族主义来说，当时许多人把西方近代的民族主义学说介绍到中国来，往往不加分辨地同时带来了浓烈的狭隘民族主义色彩，把本民族的利益放在高于一切的地位，而对其他民族表现出很强的排他性，甚至不惜为了本民族的利益而损害以至牺牲其他民族的利益。这就容易使民族主义演化成一种消极的以至有很大破坏性的错误思潮。在德国、意大利和日本的近代民族主义思潮中，都可以看到存在这种明显的倾向。他们后来分别走上对外大规模侵略和扩张的道路，同这一点是直接有关的。

邹容的《革命军》，是一部充满爱国激情的杰出著作，发生过巨大的积极作用。但在它的内容中也杂有不少狭隘民族主义的色彩。对国内，他写道：要"诛绝五百万有奇披毛戴角之满洲种，洗尽二百六十年残惨虐酷之大耻辱，使中国大陆成干净土。"对国外，他写道："且夫我中国

[①]《孙中山全集》第1卷，中华书局1981年版，第288页。

固具有囊括宇内，震耀全球，抚视外国，轹轹五洲之资格者也。"如果不是处在清朝统治之下，"吾恐印度也、波兰也、埃及也、土耳其也，亡之灭之者，不在英俄诸国，而在我中国，亦题中应有之目耳。今乃不出于此，而为地球上数重之奴隶，使不得等伦于印度红巾（上海用印度人为巡捕）、非洲黑奴。吁！可惨也！嘻！可悲也！夫亦大可丑也，夫亦大可耻也！"① 当本民族自身还处在外国压迫奴役下时，就已经想到：一旦解除了这种压迫奴役，就可以反过来压迫奴役其他民族，这正是西方近代民族主义学说中消极的以至反动的一面。当然，邹容那时是个18岁的年轻人，有些话可能只是一时的愤激之言，对他并不能苛求。

孙中山有着宽阔的世界视野，又十分重视中华民族传统文化中的优秀成分。他的民族主义思想有一个异常突出的优点，就是十分注重民族平等，既不容许其他民族压迫和奴役本民族，也不容许本民族去压迫和奴役其他民族，而是提倡各民族之间的相互尊重，相互合作。他的民族平等思想，越到后来越加明确而完整。

由于本文论述范围的限制，我们还是先来看一看孙中山在辛亥革命准备时期对这个问题的主张吧！

在国内，他主张推翻卖国的、专制的、极端腐败的清朝政府，但反对笼统地排斥满族人民。早在1906年秋冬间，他和黄兴、章太炎等制订《中国同盟会革命方略》，在对满族将士的布告中说："我辈皆中国人也，今则一为中华国民军之将士，一为满洲政府之将士，论情谊则为兄弟，论地位则为仇雠，论心事则同是受满洲政府之压制，特一则奋激而起，一则隐忍未发，是我辈虽立于反对之地位，然情谊具在，心事又未尝不相合也。"② 同年冬，他在东京《民报》创刊周年庆祝大会的演说中更明确地说："民族主义，并非是遇着不同族的人便要排斥他，是不许那不同族的人来夺我民族的政权。""兄弟曾听人说，民族革命是要尽灭满洲民族，这话大错。民族革命的缘故，是不甘心满洲人灭我们的国，主我们的政，定要扑灭他的政府，光复我们民族的国家。这样看来，我们并不是恨满洲人，是恨害汉人的满洲人。假如我们实行革命的时候，那满洲

---

① 《邹容文集》，第38、53页。
② 《孙中山全集》第1卷，第311页。

人不来阻害我们，决无寻仇之理。"①

在国际上，他主张各民族平等相待，和睦相处，并且坚决支持各被压迫民族争取独立和自由的斗争。1904年8月，他用英文所写的向美国人民呼吁书《中国问题的真解决》中明确地宣告："中国人的本性就是一个勤劳的、和平的、守法的民族，而绝不是好侵略的种族。如果他们确曾进行战争，那只是为了自卫。""如果中国人能够自主，他们即会证明是世界上最爱好和平的民族。再就经济的观点来看，中国的觉醒以及开明的政府之建立，不但对中国人，而且对全世界都有好处。"② 他坚持"济弱扶倾"，主张把亚洲各国的问题放在一起研究。他对同在亚洲的菲律宾、越南、朝鲜、印度等国的民族独立运动都采取支持或同情的态度。

孙中山这种民族平等思想，不仅是他个人长期思考的结果，也充分体现了中华民族的意愿和要求。正如他所说：中国人的本性就是一个勤劳的、和平的、守法的民族。到近代，中国人饱受西方列强的欺凌和侮辱，十分自然地会对这种霸权行为充满憎恶；由于共同的遭遇和命运，对那些同样遭受欺凌和侮辱的民族自然充满同情。当然，这样说丝毫不意味着可以忽视孙中山的突出贡献。前面说到中华民族的本性和对待民族关系的态度，只是就总体而言，并不等于不存在各种杂音。孙中山以他的崇高威望和影响力，登高一呼，旗帜鲜明地主张民族平等，就使中国近代民族主义的主流能够循着健康的方向发展，并且形成一种珍贵的传统。

当辛亥革命在全国范围内爆发时，人们会注意到一种奇特的现象：尽管辛亥革命最初是在"反满"的口号下发动起来的，尽管汉族在人数上以及其他许多方面对满族占有无可置疑的优势，但在各省举行武装起义并出现一定程度的混乱局面时，却没有发生世界上许多国家出现的那种狂热的大规模种族仇杀，更不用说什么种族清洗了。中国人对自己历史上这种现象也许已习以为常，并不觉得有什么值得惊讶的地方，但同世界上许多地方发生的事情比较一下，就会使人深深地慨叹：这是多么不易！

---

① 《孙中山全集》第1卷，第324、325页。
② 同上书，第253页。

1912年1月1日,孙中山在南京就任中华民国第一任临时大总统,他在当天发表的宣言书中写道:"国家之本,在于人民。合汉、满、蒙、回、藏诸地为一国,即合汉、满、蒙、回、藏诸族为一人。是曰民族之统一。"① 这里已没有汉满对立的痕迹。不久,他又接受了"五族共和"的说法,把中国各族人民看作一个统一的整体。中华民族这个名称正是从这时起得到广泛的传播,越来越成为中国各族人民的共识。这是有着重大历史意义的。

以后,孙中山对民族主义问题一直在反复思考,多次加以阐述,形成比较完备的学说。当他晚年,对中国国民党进行改组,实行第一次国共合作后,他在《中国国民党第一次全国代表大会宣言》中,对三民主义重新做了解释。其中,对民族主义是这样说的:"国民党之民族主义,有两方面之意义:一则中国民族自求解放;二则中国境内各民族一律平等。"他把这种解释称为对三民主义的"真释"。在"国民党之政纲"部分,他写道:"一切不平等条约,如外人租借地、领事裁判权、外人管理关税权以及外人在中国境内行使一切政治的权力侵害中国主权者,皆当取消,重订双方平等、互尊主权之条约。"② 在他的临终遗嘱中又提道:"必须唤起民众,及联合世界上以平等待我之民族共同奋斗。"可见,他对民族主义的解释,一直特别看重"平等"二字。

四 对辛亥革命时期中国近代民族主义主流的评价

民族问题是当今世界上的一个大问题。人类并不是只有一个民族,而是由为数众多的民族组成。这些民族,都是某个人群因为长期生活在同一个地域或同一个环境中,建立起密不可分的经济和文化联系,逐步形成共同的心理状态、风俗习惯以至语言文字,构成一个稳定的共同体。因为民族是在漫长的历史过程中自然形成的,它也必将在今后相当长时期内继续存在。也许在久远的未来,当国家的界线和社会制度的区别消

---

① 《孙中山全集》第2卷,中华书局1982年版,第2页。
② 《孙中山全集》第9卷,中华书局1986年版,第12、118页。

失时，民族之间的差异仍然会在一段时间内存在。

什么是民族主义？大体说来，它是一种民族的自觉，从根本上说是一种集体意识。它的基本内容，主要有两点：一是本民族内部彼此的认同感，这种认同感是由共同的历史回忆、共同的现实利益和共同的未来命运构成的，从而形成一种特殊关系和凝聚力量；二是个人对本民族的义务感，这种义务感是基于认识到如果整个民族遭受压迫和奴役而没有前途，个人以至子孙后代也将没有什么前途可言，从而产生应该把整个民族利益放在第一位，个人利益服从于民族利益的价值取向和道德观念。

有一种看法，认为今天的世界正在走向一体化，各民族之间的相互影响和共同利益越来越多，在这种情况下，民族主义便失去它曾有过的积极意义，而成为逆时代潮流而动的、具有很大破坏性的反动思潮。这种看法，至少是缺乏分析而不全面的。

随着经济全球化的发展，世界上各民族间的相互影响和相互依存越来越加强，世界越来越变得不可分割，这确是事实；但各民族之间仍会保持着各自的许多特性和差异，这些差异并没有消失，也不容易消失。更重要的是，世界上仍存在着强势民族和弱势民族的区别，当某个自命优越的强势民族把本民族的狭隘利益放在高于一切的地位，在"一体化"之类名义下，对其他民族恣意实行控制、压迫和掠夺时，彼此间的矛盾甚至会发展到十分尖锐的地步。这也是不能不看到的客观事实。过去是这样，现在仍是这样。

孙中山清楚地看到了这个问题。他在1924年所作的《三民主义》的讲演中十分中肯地指出："强盛的国家和有力量的民族已经雄占全球，无论什么国家和什么民族的利益，都被他们垄断。他们想永远维持这种垄断的地位，再不准弱小民族复兴，所以天天鼓吹世界主义，谓民族主义的范围太狭隘。其实他们主张的世界主义，就是变相的帝国主义与变相的侵略主义。"[1]

现在回过头再来谈谈对中国近代民族主义思潮主流的评价。

客观地说，民族主义是有两重性的，它可以有两种发展趋势，形成两种不同的民族主义：一种是把本民族的利益放在至高无上的地位，充

---

[1] 《孙中山全集》第9卷，第223、224页。

满民族优越感，而对其他民族采取蔑视的态度，表现出强烈的排他性，甚至不惜损害和牺牲其他民族的利益来满足本民族的利益。这是狭隘民族主义或称民族沙文主义。它可以导致种族仇杀和对外侵略。19世纪，德国、意大利以至日本的民族主义思潮中相当程度上包含这种因素。今天有些地区的民族主义思潮中也包含着这种因素。不管它在历史上是不是曾起过某些积极作用，它确实有着严重的消极以至反动的作用。另一种是对自己的民族怀着深厚的感情，充满民族自尊和自信，注重发扬本民族的优良传统，不断增强民族凝聚力，万众一心地谋求本民族的独立解放并共同走向繁荣富强，而决不能忍受外族强加给本民族的欺凌和侮辱，也不受他们的挑拨和分化；同时，对其他民族采取平等的尊重的态度，和平相处，互惠互利，决不因本民族的利益而任意损害其他民族的利益。这种民族主义，是积极的，进步的。

两者之间的根本区别在于：对待本民族和其他民族关系的态度是平等的，还是不平等的。辛亥革命时期中国近代民族主义的主流显然是前者，其杰出代表就是孙中山。孙中山和当时许多先进的中国人，难能可贵的地方在于：当吸取西方近代民族主义学说的合理因素时，能抛弃它那些消极成分，加以改造，突出了民族平等的思想。这既同中国传统文化的影响有关，更重要的是因为中国近代的民族主义思潮是在反对帝国主义和殖民主义、争取民族独立和解放的斗争中产生的，对民族不平等现象怀着强烈的憎恨，而对同样遭受侵略和压迫的弱势民族抱着深切的同情。它那样强调民族平等，有着深刻的社会历史根源，决不是偶然的。如果再同20世纪初东方其他被压迫民族的独立运动比较一下，还可以看到，当时那些地区的民族独立运动往往侧重于行动而缺少理论指导，有些还带有浓厚的宗教色彩，应该说，以孙中山为代表的中国近代民族主义是置身于这股历史潮流最前列的。这是孙中山先生和辛亥革命时期其他先人们留给我们的一笔珍贵的精神遗产。

20世纪30年代两种中国近代史话语之比较[*]

欧阳军喜

20世纪30年代出现的中国近代史著作虽然很多[①]，但大体上可归结为两种话语系统。一种是把中国近代史视为中国在西方冲击之下不断调整自身，从传统社会向现代社会的转变过程。这种话语，我们姑且称之为"近代化话语"，它可以陈恭禄[②]所著《中国近代史》为代表。另一种把中国近代史视为西方殖民势力不断入侵中国，把中国变为殖民地及中国人民反抗外来侵略的过程。这种话语我们姑且称之为"革命话语"，它可以李鼎声[③]所著

---

[*] 本文原载《近代史研究》2002年第2期。

[①] 据北京图书馆编《民国时期总书目·历史传记考古地理》（书目文献出版社1994年版），1930—1939年间以"中国近代史""中国近世史"或"中国百年史"为题的著作就有25种。

[②] 陈恭禄，江苏丹徒人。1900年生，1921年考入金陵大学化学系，不久转入历史系，并在美籍教授贝德士的辅导下开始搜集中外资料，研究并准备撰写中国近代史。1926年毕业后任教于南京明德中学。之后他受聘于金陵大学。1952年院系调整后在南京大学任教，1966年10月逝世。

[③] 李鼎声，原名循钺、圣悦，又名平心，江西南昌人。1907年生，1925年考入上海大学社会学系，开始以马克思主义的立场、观点和方法观察和分析社会问题，并运用于社会学研究。1927年1月肄业离校，赴浙江第六师范学校任教，同年2月加入中国共产党。大革命失败后转赴上海从事宣传工作及其他中共地下工作。1952年后在华东师范大学任历史系教授。1966年6月去世。1985年华东师范大学将其大部分著作收集起来，出版了《平心文集》。

《中国近代史》为代表。这两本书几乎是同时出现的①，但在关于中国近代史的基本观点、理论预设及叙事方式上，根本不同乃至相反。下面我们就以这两本著作为中心，对这两种话语中的一些基本理论和观点做一比较，解释其所以如是的原因，并追溯其各自的西方思想渊源。

一　关于近代中国的社会性质与历史主题

在1928—1933年间，中国思想界曾发生过一场关于中国社会性质和中国社会史的论战。直接引发这场讨论的原因是国共两党合作的破裂及大革命的失败，这一政局上的大变动使人们生出清算过去以决定未来发展方向的要求。参加这场论战的，有马克思主义者，有托陈取消派，还有所谓"新生命派"。这场论争所关涉的问题也极复杂，由当时的中国说到帝国主义入侵前的中国，再说到中国封建制的历史，又由封建制说到奴隶制，再说到亚细亚生产方式。对这些问题，各派的看法大相径庭，甚至互相对立。马克思主义者认为，自从帝国主义侵入中国之后，中国就逐渐沦为一个半殖民地半封建社会，"中国经济就其主要的势力及其发展方向来说，乃是个保有强大封建关系而在走向殖民地的资本主义的途中，这可以说中国一方面是在国际帝国主义的统治之下，使全国成为一个半殖民地的国家，已经开始了资本主义方向的发展，但另一方面仍然保持着强有力的封建关系"②。托陈取消派认为，自从帝国主义侵入之后，中国已经成为一个资本主义社会，"银行、工厂、铁路、电线、轮船、电灯、电话等所有资本主义社会的形式，都应有尽有，已经形成了官僚买办的资本主义，到了欧战前后，更进入了民族的大工业资本时代，商品的生产与消费及货币经济，连穷乡僻壤都达到了。自然经济已扫荡殆

---

①　陈著《中国近代史》始写于1928年，至1934年初全书完稿，1934年5月由上海商务印书馆初版发行，不久即再版，并被列为大学丛书之一。下文所依据的是商务印书馆1935年版。李著《中国近代史》写于1933年，同年由上海光明书局出版，至1941年10月发行第9版。太平洋战争爆发后，光明书局所有存书悉被日军禁黜焚毁，抗战胜利后，始重行付梓，版式如前。下文所依据的是光明书局1949年7月胜利第7版。

②　潘东周：《中国国民经济的改造问题》，高军编：《中国社会性质问题论战》上，人民出版社1984年版，第310页。

尽……至于城市、乡村各种落后的现象,乃是生产停滞,农村人口过剩,资本主义落后国共有的现象,也并不是封建的产物"①。因为封建势力在经过了大革命之后,已"失了统治全中国的中央政权形式,失了和资产阶级对立的地位,至少在失去对立地位的过程中,变成残余势力之残余"②。以陶希圣为代表的"新生命派"则认为,近代中国不是封建社会,因为封建制度在春秋时已经崩坏;近代中国也不是资本主义社会,因为中国政府仍是地主官僚政府,"所以中国是封建制度崩坏以后资本主义发达以前以士大夫身份及农民的势力关系为社会主要构造的社会"③。或者说,"中国社会是金融商业资本之下的地主阶级支配的社会,而不是封建制度的社会"④。这三种不同的观点代表了三种不同的政治倾向,因为如果中国社会是一个半殖民地半封建的社会,中国革命的任务就是反帝反封,实行土地革命;如果中国社会是一个资本主义社会,中国革命的力量就是无产阶级而对象是资产阶级,中国土地革命就没有基础;而如果中国社会是一个所谓"士大夫社会",则马克思主义关于阶级斗争的革命思想就不适合于中国。

陈恭禄的《中国近代史》和李鼎声的《中国近代史》都产生于社会性质论战时期,无疑都受到了这次论战的影响。陈恭禄的看法与陶希圣的观点相似。他认为近代以后,中国所处的国际环境虽然发生了变化,但中国的社会结构依然如故。政治上依然沿袭两千多年来的专制政体,"君权逐渐发达,至清无以复加"。经济上以农立国,"工业未脱家庭工艺之情状,商业则为小资本家之贩运"⑤。思想上由于士大夫顽固墨守,仍未摆脱传统思想之束缚。社会构成上,家族为社会基本,士为最贵,其次为农,农下为工,工下为商。因此,近代中国社会仍然是一个"传统社会",其在论及近代中国政治情状及时人心态时说:

---

① 陈独秀等:《我们的政治意见书》,《中国社会性质问题论战》上,第90页。
② 陈独秀:《关于中国革命问题致中共中央的信》,《中国社会性质问题论战》上,第78页。
③ 陶希圣:《中国社会之史的分析》,辽宁教育出版社1998年版,第150页。
④ 陶希圣:《中国之商人资本及地主与农民》,《中国社会性质问题论战》上,第115页。
⑤ 陈恭禄:《中国近代史》下册,第657、686页。

中国政体自秦统一以来，相沿二千余年，未有剧烈之变更，历朝官制虽有损益，或名称不同，而实质上并无根本重要之改革。及至近代，国际上之关系日密，政府办理之事业增多，先进国家为谋公共利益之计，而大扩张政府之职权。中国处于十九世纪，环境虽异于前，而中央官制仍本于前代之组织，其职权之分配，多由于遗传与习惯，常无理智之根据，官吏之责任，尝［常］不专一。其仿自外国者，概归总理衙门办理，衙门兼管海关电报等事业，朝臣多不明了世界之趋势，不能比较列国之制度，辩［辨］别利弊，有所采用。郭嵩焘出使英国，记言途中情状，有所主张，书竟毁版，返国后废而家居。曾国藩、左宗棠等以为仿造外国之机炮轮船，训练军队，力即足以自强。慈禧太后则持中国政教远非外国所及之说。更自地方政府而言，制度复杂，阶级繁多，官官相管，而亲民之官常少，效率减低，行政上徒多困难，其当根本改组，实无疑义。①

李鼎声的《中国近代史》关于中国近代社会性质的论断则反映了共产党人的基本观点，即认为鸦片战争以后，中国丧失了大量主权，变成了列强共同宰制的半殖民地，另一方面，列强的入侵又破坏了中国旧有的生产关系，导致了中国资本主义的产生，但是中国资本主义受着国际资本主义和国内封建主义的双重压迫，始终不能独立发展，不能变更旧有的生产关系，这又导致中国成为一个半封建的国家，他说：

从鸦片战争后，中国才日益走上殖民地化的途程，在国民经济上、阶级阵容上以及文化思想上，都表现了巨大的转变。然而，我们却不要因此误会，以为中国在鸦片战争后，就渐次成了资本主义的国家。鸦片战争以来的历史只是展开了国际资本主义对于中国的榨取与掠夺，只是加深了中国民族的奴隶状况，旧有的农业经济虽是为国际资本的铁爪逐次抓破了，而新的资本主义的生产方法却没有支配着全国民经济，这就是说，中国社会的旧的剥削制度并没有从此失势。中国的民族资本主义虽然是局部地兴起来了，而它并没

---

① 陈恭禄：《中国近代史》下册，第575—576页。

有占着绝对的优势,并且是受着国际资本的桎梏与奴役的。所以中国的近代史完全不能与资本主义国家的近代史相提并论,后者是一部资本主义的发达史,而前者却是一部中国民族沦为半殖民地及国民经济受着帝国主义破坏的历史。①

对中国社会性质的不同理解,就是对中国革命的性质与任务的不同理解,同时也是对中国社会发展道路的不同主张。共产党人把近代中国社会理解为半殖民地半封建社会,其中隐含的一个观点是:中国社会和中国历史是世界历史统一的合乎规律的发展过程中的一个组成部分。所以李鼎声说:"我们研究中国史的主要任务,乃是要考察中国社会在全人类历史之一般的进展过程中特有的发展路线,同时要解释中国历史上许多重大事变——如民族的分合斗争,社会形态的转变、交替,各阶级的分化战斗,各种文化制度与意识形态的递嬗变化等等——发生的原因与其结果,说明中国文化与世界文化的交汇影响,只有这样,中国史才能成为人类一般历史的一个支流,才能帮助我们了解中国民族的内在变化与外在关系,而变成我们一种有用的智识工具。"②

与他们对近代中国社会性质不同认识相联系,陈恭禄与李鼎声对近代中国的历史主题也提出了完全不同的看法。陈恭禄认为中国近代史以中西关系为中心,以政治、经济、观念上的"近代化"为主题。他说:"及至近代,实用科学大有进步,世界上之交通日趋便利,国际上之关系,以商业政治之促进,大为密切。外来之影响,乃为造成中国现状基本势力之一。中国以悠久之历史,倾向于保守;领袖之思想,民众之观念,均其极端之表现。政治家不能认识其所处之新环境,而能断然有适当之处置。列强或欲适用西法于中国,或谋商业之利益,或求政治上之势力,或存兼并领土之野心,而中国本于固有之心理与惯例,应付新时代之问题,莫不失败。中西冲突遂为近代中国史上之大事。"③ 由此出发,他认为研究中国近代史,就是要使读者"明了现时中国国际上之地位,

---

① 李鼎声:《中国近代史》,第3—4页。
② 同上书,第1—2页。
③ 陈恭禄:《中国近代史·自序》,第1页。

政治上之嬗变，外交上之趋势，社会上之不安，经济之状况，人口之问题；认识其交相影响之结果，分析其造成经过之事迹，讨论其成功或失败之原因，辨别事后之得失利弊"。故其取材，偏重于"制度之剧变，生活情状之改易"。①

李鼎声认为，中国近代史是一部帝国主义侵略史，中国近代史的主题就是中国人民的反侵略斗争，就是"革命"。他说，帝国主义的入侵，"使得整个的国民经济屈服于国际资本的铁蹄之下，而日益加深其殖民地化的创痕。结果是国内的社会阶级因此起了分化，受着帝国主义驱策维护旧的生产关系的阶级站在一条战线上，反对帝国主义与封建剥削制度的阶级站在另一条战线上，这样就激起了巨大的社会斗争，由对立发展所引起的突变——革命，结局是要否定帝国主义与国内的旧生产关系，这便是中国近代历史发展过程中的必然变化"②。由此出发，他认为研究中国近代史，"就是要说明国际资本主义侵入中国以来，中国社会、经济、政治所引起的重大变化，中国民族的殖民地化过程以及在此过程中所发生的社会阶级之分化与革命斗争的发展起落"③。故其取材，"偏重于富于历史意义之事实，如农民之战斗，民众之反帝运动，劳工之政治斗争，帝国主义之对立与阴谋"。而这些，恰恰是陈著中国近代史所疏略的。④

二 对中国近代史事与人物的不同解说

陈恭禄、李鼎声对近代中国社会性质与历史主题的不同理解贯穿于两本近代史书中，具体表现在对近代史事与人物的评价上，"是否有利于近代化"或"是否有利于革命"是他们评判近代史事与人物的两个不同

---

① 陈恭禄：《中国近代史·自序》，第2页。
② 李鼎声：《中国近代史》，第7—8页。
③ 同上书，第2页。
④ 试举一例说明之。关于三元里人民抗英事件，在长达60万字的陈著近代史中，只是一笔带过，并称那只是时人的一种"夸张"和"自慰"。见陈著《中国近代史》，第67页。而在李鼎声所著的不足20万字的《中国近代史》中，对此事件的过程做了较为详细的描述，并称"这是中国民众最初的自发的反帝国主义运动，同时由此可以看出当时的统治阶级是惧怕民众的反帝运动而甘愿作帝国主义的奴隶的"。见李著《中国近代史》，第20页。

价值标准。

关于鸦片战争。陈恭禄、李鼎声两人的《中国近代史》,均以鸦片战争为开端,但所依据者不同。陈恭禄认为,长期以来中国由于受地理的影响,少与外国接触,加之周边国家文化又多不如我国,中国乃以天朝自尊,轻视外国,直到鸦片战争后,"于迭次败辱之下,国际关系根本改变,思想学术、政治制度、社会经济教育莫不受外影响,其事迹迥异于前古",故以鸦片战争为中国近代史之开端。① 李鼎声则称,之所以以鸦片战争为中国近代史的开端,是因为鸦片战争"是中国开始为国际资本主义的浪涛所袭击,引起社会内部变化的一个重大关键,从鸦片战争后,中国才日益走上殖民地化的途径,在国民经济上、阶级阵营上以及文化思想上都表现了巨大的转变"②。对鸦片战争爆发的原因与后果,两人的看法也完全不同。陈恭禄认为,中英之间的冲突起于误会,英国的要求是通商与平等往来,而"北京政府不知国际关系之变迁,本于轻视外人之心理,囿于旧档成案",拒绝与英方平等往来,是故"战祸之促成,自中国方面而言,殆由于官吏知识之幼稚"。战祸既起,林则徐"由于对外知识之浅陋,以为英国毫不足畏,欲以武力恫吓解决",而琦善则"洞悉英夷船坚炮利,而中国炮为旧炮,不足防守,主张抚议","其见解实高于时人"。战争的结果,中国大败,被迫与英国签订《南京条约》。失败之原因,"由于不知英国之情状、海陆军之实力,而自信太深"。就其影响而言,中国虽然丧失了部分主权,但"五口开放之后,贸易之机会大增,外商教士之来华者日多"。"交通益便,而中国之闭关政策根本上不能存生矣。"③ 李鼎声认为,鸦片战争是欧洲资本主义争夺市场和殖民地的必然结果,"当时欧洲资本主义虽然以输出商品为主,尚未发达到今日以资本输出为主的金融资本主义阶段,然商品生产已膨胀到要求掠夺和竞争殖民地与市场的广大范围,这是毫无疑义的。资本主义生产开始得最早的英国在这时期自然成了东方诸国最主要的掠夺者"。战争爆发之

---

① 陈恭禄:《近代中国史史料评论》,《国立武汉大学文哲季刊》第 3 卷第 3 号,1934 年,第 523 页。陈恭禄的这种观点在当时具有一定的代表性,30 年代出版的 20 余种中国近代史著作大都以鸦片战争为起点。

② 李鼎声:《中国近代史》,第 3 页。

③ 陈恭禄:《中国近代史》上册,第 45、57、54、61、63、74、89 页。

时，林则徐在广东防守甚严，"又缮修战备"，使英军无机可乘，转而北上，进逼北京，清廷乃诏琦善署两广总督，罢林则徐职，"琦善至粤，尽反林则徐所为，撤守备，遣壮丁，并允偿英人鸦片七百万元"。后清廷再战，也未能扭转败局，被迫与英国签订丧权辱国的《南京条约》，"鸦片战争的结果，不仅使各国资产阶级得以自由地用鸦片来毒害中国的人民，而且更进一层保障了他们对于中国的经济的政治的掠夺的合法，扩大了国际资本主义对中国的侵略网。从此时起，国际资产阶级得以利用大工业与商业来压倒中国土著的与农业结合的手工业及家庭工业。而中国农村由于外国商品的流入，与由此而加强的商人资本利贷资本的活跃，遂更加剧其破坏与衰落的程度。同时由于帝国主义对中国政府的苛索——巨大的赔偿等——又更加紧了统治阶级对于平民的剥削，这样当然使中国国民经济陷于万劫不复的境地。"①

关于太平天国运动。陈恭禄认为，太平天国爆发的原因，一是由于清廷政治之腐败，外交之失策；二是由于人口增加，民众生计困难；三是由于会匪之流行，社会之不安。太平军初兴之时，"其军中多为憨不畏死之无赖，铤而走险之贫民，乘势附从之会匪"，其性质"殆无异于流寇也"。定都天京之后，颁行《天朝田亩制度》，"其受田之计划，一方面含有古代寓兵于农之意，一方面则本于孟子所言之井田"，唯其事过于理想，难于实现，"其难于实现之原因，则为中国耕种之地属于农民，其田多或不足二十亩，大地主之田，则多受之于勤俭耐劳之父祖。政府收为国有，给予代价，则时无法偿还〔付〕，夺而取之，则非事理之平。分受田地之先，对于国内田亩、人口，须有精查之调查与统计，而时实不可得。"就其思想而言，敬拜上帝，对于中国文化"摧残破坏，不遗余力"。整个来看，太平天国攻扰17省，历时17年始行消灭，"除人民流离、死亡而外，别无有意识之结果"。② 李鼎声认为，太平天国运动爆发，是国际资本主义侵入中国的结果。"由于国际资本主义的侵入中国，引起了中国社会、经济的巨大变革，中国官僚、商人由榨取农民手工业者所得的浩大的财富之积累，本可以转化为产业资本，向着资本主义的前途发展

---

① 李鼎声：《中国近代史》，第13、18、19、24页。
② 陈恭禄：《中国近代史》上册，第143、178、144、150、218页。

着,但由于陈腐的生产关系之桎梏,资本主义的生产无法伸展起来,于是大量的财富积累除了供官僚、富豪的挥霍享乐外,一部分投入于土地中,形成巨大的土地集中运动","这样当然要求一个推翻陈腐生产关系的资产阶级性的民主革命了"。之所以说太平天国运动是一场资产阶级性的革命运动,是因为"太平天国虽然以打倒满清政府恢复汉人的自由与独立为主要口号,但成为革命运动的骨干的贫农群众主要地是要求解决土地问题,而事实上不废除封建的土地关系,是无法推翻基于此种土地关系上的满清政权的。自太平天国成立以后,为贫农手工业者所组成的太平军极力地破坏旧的土地关系——如焚毁地契借据等,这种土地革命运动,特别在太平军占领武汉和南京以后更是扩大着,尤其是咸丰三年(1853)所颁行的《天朝田亩制度》已经确立了明确的土地制度,这种土地制度是以废除土地的私有关系为基础的"。此外,"太平天国确立了男女平等的制度(如禁止买卖婚姻、纳妾蓄婢、禁止缠足、男女同等考试等等),废除了奴隶制度,取消了历来黑暗的刑法制度,其他如以新历代替旧历,禁绝鸦片,所有这些都是说明太平天国革命是带着浓重的资产阶级性的革命"。但是,由于在客观方面,"地主、豪绅、商人、贵族之结合反攻与帝国主义之援助反太平军",在主观方面,"太平天国缺乏强有力之领导阶级,不能使革命深入于广大之群众间,联系全国革命力量,扑灭反革命的中心势力",太平天国运动最终失败。①

关于洋务运动。② 陈恭禄用了两章的篇幅来论述同光时期的历史,他认为所谓中兴时期的政治,毫无进步。他说:"国内于大乱死亡之后……正宜研究外国政治之情形,海陆军之实力,工商业之进步,而可有所比较,取其所长,矫正固有之弱点。不幸朝廷上无富于经验刚毅果决之皇帝,强有力之政府,而能有所改革与建设也。"加之太后临朝,任用非人。奕䜣虽有远见,但为"避太后之忌,韬晦自立,对于朝议,不敢别持异同"。世铎和奕劻"二人识见庸陋,备员充位,对于军国大计,一无建树,唯求维持现状而已"。疆吏方面,曾国藩、左宗棠、李鸿章均负时

---

① 李鼎声:《中国近代史》,第47、48、65、68、58页。
② 陈恭禄和李鼎声两人均未在其著作中使用"洋务运动"一词,这里只是为了表述上的方便而借用这一名词,用以指同光年间的这一段历史。

望,但"曾左对外之知识幼稚,无比较中西政治优劣之观念"。"李鸿章熟悉外情,明了大事。"郭嵩焘之地位不及三人,但"其见解远出时人之上"。不过四人都碍于言官之诋毁,无所作为。至于外交,由于"总理衙门主办外交之大臣知识浅陋",皇帝"怀疑列强之心理迄未改变,亲王大臣时以复仇为言,总署对于外使之要求,非万不得已,不肯让步,其已允许者,仍欲避免",是故对外交涉,着着失败。最后他总结说:"自内乱平后,藩属次第丧失,列强在华之势力渐盛,朝廷初以中兴为言,后则淡视遭遇之事变,仍无改革。其所谓明知洋务之大臣,深信中国政教,远非西人之所能及,学其机械足矣。其顽固者且斥其用夷变夏焉。人民于乱离之后,其视政府毫无密切之关系,一如昔日。政府于祸患之先,从未事前预防,而能有所整理,人民深受痛苦之时,始乃救济,人民受其实惠者常少,朝臣且不知祸乱之主因也。国中祸乱之起,要以人口繁多,生计困难,秘密社会之横行无忌所致。"① 李鼎声在他的《中国近代史》中,也用了两章的篇幅来论述这一段历史,但对中兴时期内政方面的变革,如总理衙门的设立,机器局、船政局、招商局之成立,留学生之派遣等无一言及,而是专门论述同光年间中国与日、英、俄、法的交涉,详细说明了日并琉球、俄占伊犁、法夺安南及英侵缅甸的历史。他认为,自鸦片战争、英法联军之役以来,国际资本主义对中国之环攻愈演愈烈,"由于海外商业资本的活跃,英法等国已逐渐开始了资本的原始蓄积,国内资产阶级的蓄积的欲望亦就日益亢进。对于殖民地与海外市场的需要就成为欧洲资产阶级势力日益澎大之主要契机了"②。显然李鼎声有意回避了同光年间内政方面的变革,而刻意突出了这一时期的外患,这与他对近代中国的历史主题的理解是一致的。

关于戊戌变法。陈恭禄认为:"变法受外患之刺激而成,酝酿已久,其倡言者多为国内觉悟之优秀分子,而欲富强中国者也。"变法的中心人物是康有为,在他的推动下,光绪帝决心变法。自6月11日诏定国是至9月20日政变发生,发布一系列重要的改革诏书,所有的改革举措,"均切中国之积弊",然而"康、梁诸人皆为文人,偏于理想,或不明了其时

---

① 陈恭禄:《中国近代史》上册,第222、231、240、242、253、327页。
② 李鼎声:《中国近代史》,第104页。

之政治实状","求治太急",结果失败。总的来看,"变法乃清季之曙光,不幸摧残夭折,此清室所以覆亡也"。① 李鼎声认为,国际资本主义的入侵是戊戌变法的总背景,因为帝国主义的入侵,也带动了国内资本主义的勃兴,这样"渐次使资产阶级的意识反映到社会政治方面来"。特别是甲午战争中国惨败之后,"一般具有接近资产阶级意识的新官僚觉悟到没有新的良好政治做基础,单靠军事上的新建设还是不足恃的,于是戊戌改革的轩然大波就此展开了"。但是变法遭到了清廷内部以慈禧太后为中心的旧党的反对,"他们忌妒新党的得势,唯恐自己的地位为新党取而代之",于是发动政变,将变法运动扑灭下去了。"戊戌改革运动的失败,主要的原因,是没有广大的群众斗争做基础,康有为等虽能揭出资产阶级的改良思想,而因为仅依傍一手无寸柄的德宗做后援,这当然敌不过基础雄厚的反动势力。""戊戌革新运动是已失败了,然它在历史上的意义甚为重大,它作了中国资产阶级的前驱,中国输入西洋文化的运动亦以此为启蒙时代,而国内的阶级分化也由此日渐明显起来了。"②

关于义和团运动。陈恭禄认为,义和团原名义和拳,"本为白莲教之支流","时方兴办团练,乃以义和团称之"。义和团运动,"始于愚蠢暴民之活动……造成于顽固雪耻之大臣。其人不知国际上之形势,缺少辨别是非利害之能力,恨恶外人,而力无如之何,仇视外人之心理,蕴郁日深,其报复之心愈毒"。由于其"心中存有恨恶之成见,而于不知不觉之中,祖护匪徒,甚者欲借其力,以杀外人汉奸而雪国耻",终至激成战端。其时太后之所恃而与八国联军作战者,一为神祇,一为义民。"神祇虚渺……义民不过动于情感,或唯利是图之愚民耳。"失败固在意料之中,所可惜者,"中国于兵败屈服之际,而朝廷尚未彻底觉悟"。③ 李鼎声认为,义和团运动"是北方农民、贫民自发的反帝斗争",其爆发的原因是由于帝国主义的侵略。"每一个帝国主义国家都想从中国割去一块肥肉,以扩大其资本主义生产的基础,每一个帝国主

---

① 陈恭禄:《中国近代史》下册,第468、485、486页。
② 李鼎声:《中国近代史》,第154、156、161—162页。
③ 陈恭禄:《中国近代史》下册,第501、557页。

义国家都想用武力镇服中国的反帝斗争,以遂其自由侵略之愿,而觳觫于帝国主义的暴力前的满清政府又没有能力反抗列强的侵略。是因为如此,中国饱受了帝国主义侵略的痛苦的民众才燃起反对帝国主义的忿火,才爆发残酷的'野蛮的'大暴动。"然而"因为它一开始便不能将反帝国主义运动与反国内的封建统治运动联系成一个有机的斗争,同时因为它是以流氓无产阶级做中坚,不能担负起民族革命战争的任务,这样就一面为国内的统治阶级丑恶地利用糟蹋,一方面给帝国主义的炮火残酷地消灭下去了。然而尽管义和团暴动是充分地表现出流氓无产阶级乌合之众的散漫幼稚诸弱点,它始终不失为一个伟大的群众的反帝斗争"。①

关于辛亥革命。陈恭禄认为革命源于清廷政治上的腐败,青年之士"以为中国于数败之后,国势危急,而政府之腐败如故,尚无领袖指导之人才,又不肯于根本着手,切实改革",于是力谋推翻政府。1911年四川铁路之争,清廷独断专行,"终乃造成革命成功之机会",结果武昌一呼,四方响应,而政府应付革命,又"无一定坚决之方略","全受环境之支配",最终灭亡。总之,"革命成功之速,由于酝酿已久,清廷不能及早改革,以厌士大夫望治之心"。就其影响而言,革命虽以改革政治为目的,"所可惜者,重要问题之解决,本于协妥调停免事之思想,袁世凯之赞同革命,动于权利自私之心理,其北洋军队依然存在,段祺瑞掌握军权,承奉其意,是虎而翼也,封建思想迄未铲除,袁氏成功,出于诡谋阴计,政治道德之卑劣,影响于国家者至巨。民国以来,国内仍少光明正大之政治家,此纷扰尚未终止原因之一也。尤有进者,革命共和本为政治上之名辞,其真价值在其代表实际以及人民所享之幸福为断","破坏原为革命过程中不易避免之事,其价值则在事后之建设,否则可谓失败"。②李鼎声认为辛亥革命是一次"资产阶级的民主革命",同盟会的纲领规定,它要实现民族独立,保障民权,解决土地问题,这表明"当时同盟会是具有进步的资产阶级的革命思想"。革命的根源在于帝国主义的侵略,"中国幼稚的民族资本主义在帝国主义处处占优越的条件之下,

---

① 李鼎声:《中国近代史》,第165、166—167页。
② 陈恭禄:《中国近代史》下册,第593、607、619、626—627页。

自然缚住了手足，屈服在帝国主义的面前的满清政府，只是帮助帝国主义来缢杀国内的工商业，作了国际资产阶级掠夺农村的向导，扩大了农民与手工业的贫困化范围，这样就使国内的生产力受到了强大的阻碍与打击，此等生产力不能容纳过剩的劳动人口，更不能与资本主义国家的生产力竞争，于是加剧了社会内部的矛盾。一九一一——一九一二年的革命就这样勃发了"。关于辛亥革命失败的原因，李鼎声说："辛亥革命虽是资产阶级的民主革命，但是它却没有完成资产阶级革命的任务。清帝退位以后，仍是在五色旗之下掩盖着反动的封建势力，革命渐渐为反革命的幽灵所摧残所缢杀了。这一革命失败的主要原因是：第一，没有发动全国资产阶级与农民彻底反封建势力的斗争，资产阶级不能领导这一斗争，而惟凭藉军事的力量来击退反革命势力，造成了单纯的军事投机现象。这种军事投机预伏了封建军阀嚣张的因子。第二，辛亥革命没有解决当时最主要的经济问题——土地问题，即是没有执行土地革命的任务，封建的榨取基础依然无恙地存在着，而广大的农民的生活没有得到丝毫保障，这就预伏了日后封建军阀残酷的榨取的张本。第三，正是因为单纯的军事投机成为辛亥革命唯一的战略，使革命不能深入到广大的群众中去，这样就使反革命的主要力量仍然占着优势，凌越革命的势力。例如北洋军队的主力并没有以革命去消灭，而且与革命军成对抗的形势，满清皇室与皇族甚至仍然保有其盘踞旧都的地位，一切的官僚军阀仍然参加新的政权。第四，辛亥革命没有执行反帝国主义的任务，革命政权不能取消帝国主义在华的一切特权，瓦解其在华的统治势力，这就使帝国主义得以利用封建势力来反攻及消灭革命。总之，辛亥革命没有完成半殖民地消灭帝国主义及其奴役封建阶级、贵族、地主、豪绅、官僚的历史使命，没有建立起与反革命斗争的革命独裁政权，这是一个流产的资产阶级革命。"[①]

关于五四运动。陈恭禄认为五四运动的直接原因是山东交涉的失败。他说："山东交涉归于失败，我国代表称其原因，一为日本与英法诸国订有密约，一为七年（1918）中日济顺高徐铁路借款之照会，关于山东有欣然同意之语。主持铁路借款者，交通总长曹汝霖驻日公使章宗祥币制局总裁陆宗舆也，三人有亲日派之称，言者斥为'卖国'。""风潮既起，

[①] 李鼎声：《中国近代史》，第208、212、218—219页。

通商大城之学生，闻风起应，或集队游行，或四出演讲，或检查日货，而皆废学。政府或捕囚首要，兵警或与之冲突，北京南京各有其例。商人迫于大义，表同情于学生，起而罢市，抵制日货，工人罢工。"他认为"学生用为意气所动，其思想虽全出于爱国，而究偏于简单，轻视将来事业之预备"。但"就运动本身而言，知识界人对于国家之观念根本改变，认识国内之积弊，社会上之问题，介绍西方之学术制度，文体趋于简易，盖有相当之成绩与影响"。[1] 李鼎声认为，五四运动"是辛亥革命后中国民族资产阶级与小资产阶级的民族觉醒及要求民族解放的运动"。他强调指出，这一运动是当时民族资本微弱发展的反映。"在世界大战中，中国民族工业乘战争正酣之时，得到一度发展，这是毫无疑义的。民族资产阶级——除买办资产阶级而外，希望排除外国资本在中国的独占与割据，希望实现中国的工商业自立，同时希望刷新中国的政治，所以他们在政治上的影响也日益显著起来，五四运动正是在此种觉醒的状态之下勃发起来的。"他又说："实际上，在五四运动中站在前线的战士主要的还是一批小资产阶级的知识分子，当时劳动阶级的势力尚未抬头，所以在运动中未曾起主要的领导作用——这种领导作用在二七运动后才日益显著了。革命的小资产阶级在当时显然受到西洋——特别是美国新文化与新思潮运动的影响。四年间的世界血战使过敏的小资产阶级不能承认文化与经济的发达对于国家地位之重要。他们对于日本的横蛮掠夺不能再容忍了，对于亲日卖国的北京政府表示不能再宽容了，五四运动的轩然大波就这样掀起来了。"但是由于"半殖民地的民族资产阶级毕竟没有彻底反对帝国主义与封建军阀的决心，他们更没有力量领导这一运动，使之转变为资产阶级性的民主革命，完成辛亥革命所未完成的任务，他们反帝的对象只是一个日本……五四运动在民族解放运动上不能不承认流产了"。尽管如此，李鼎声认为五四运动意义重大，它"不仅是民族解放运动的一个大划期，而且是中国政治思想的一个大捩转。中国的新文化运动亦以五四为启蒙时代，所谓文学革命之开展、科学思想之进展、反礼教的运动之发端、妇女解放运动之出现，所有这些不论在形式上、内容上最初尚大部分是带有资产阶级的启蒙性质的。然社会主义的启蒙运动亦以此时期为出发点，这又奠定了

---

[1] 陈恭禄：《中国近代史》下册，第763页。

劳动阶级的文化之础石。总之，五四运动是一个文化运动的分金炉，所有各种金属性质的文化思潮都投入这洪炉的烈火中，结果是分化出来了，中国的文化之转变斗争由此开始了"。①

以上我们对比了陈、李两人在一系列问题上的不同观点，可以看到，陈恭禄从"近代化"角度看待这一系列历史事件，因而对西方势力的入侵及其后果多有肯定，而对国内民众运动和革命活动多有批评。李鼎声从"革命"角度看待这些历史，则对帝国主义的入侵加以批判，而对国内的民众运动及反清活动非常同情。

三 对"中国问题"的思考与中国近代历史经验的总结

陈著《中国近代史》的下限写到1932年，李著《中国近代史》的下限则是1933年，这个时间也就是他们写完中国近代史的那一年。把辛亥革命与五四运动之后的历史贯通起来，全部纳入"近代史"的范畴，这是30年代出版的中国近代史著作的共同特点。当时的史家认为"五四"前后的中国历史并无本质的不同。陈恭禄从"近代化"的角度看"五四"，并不认为它是中国近代历史过程中的一个转折点，甚至觉得学生的行动从长远看是不利于中国的近代化的。正因为如此，陈恭禄并未在他的《中国近代史》中设专章或专节论述，只是在第17篇"民国以来的内政外交（续前）"中用了两个自然段的篇幅稍带论述了一下。显然他并不认为这一运动有重大的意义。② 李鼎声从"革命"的角度看"五四"，认为五四运动只是"中国民族资产阶级与小资产阶级的民族觉醒及要求民族解放的运动"，它未能"转变为资产阶级性的民主革命"，只有1925—1927年的大革命才可以称得上是继辛亥革命之后"半

---

① 李鼎声：《中国近代史》，第241—243页。此时李鼎声对五四运动的理解与1939年毛泽东对五四运动的解释有较大出入。1939年后，李放弃了他原来的认识，而采纳了毛泽东的观点。

② 1938年出版的蒋廷黻著《中国近代史》是"近代化话语"的另一典型文本，蒋在该书中对五四运动甚至只字未提，由此也可以看出当时"民主知识分子"对五四运动的看法。

殖民地的中国反帝国主义反封建势力的资产阶级性的革命"。① 因此李鼎声也未在他的《中国近代史》中设专章,而只是在第15章中专辟了一节论五四运动。五四运动的重要性是1939年后才凸显出来的。是年毛泽东首次系统表述了他对五四运动的看法。他说:"二十年前的五四运动,表现中国反帝反封建的民主革命已经发展到了一个新阶段。五四运动成为文化革新运动,不过是中国反帝反封建的资产阶级民主革命的一种表现形式。"② 五四运动的划时代意义由此确立,五四运动从此也成为中国"现代史"的开端。

"五四"之后中国所面临的问题,就对内而言,是国、共两党两条道路的斗争,就对外而言,则是中、日矛盾日趋尖锐。陈恭禄和李鼎声在各自的《中国近代史》中表现出很强的"中国问题"意识。这种问题意识又反过来影响到他们对中国近代史的评价及中国近代历史经验的总结。他们通过对中国问题的思考和中国近代历史经验的总结来表达他们对中国应该成为一个怎样的国家,形成一种怎样的社会这一问题的看法。只不过他们各自所关心的"中国问题"不一样,所得结论也完全不同。

陈恭禄的《中国近代史》处处体现出了他对"中国问题"的关注。他谈到了中国人口的严重状况③,谈到了家族制度的后果④,但谈论得最

---

① 李鼎声:《中国近代史》,第241、264页。
② 毛泽东:《五四运动》,《毛泽东选集》第2卷,人民出版社1991年版,第558页。
③ 陈恭禄在他的《中国近代史》中多次谈到人口问题。他说:"人口增加,为吾国之一重要问题,历史上之扰乱大杀,多由于此"(第248页);"人口增加,而生产事业未有进步,为社会不安之根本原因"(第831页);"人口已成中国现时严重之大问题,瞻望前途,更为危险"(第832页);"中国一切社会问题,多由于人口之增加超过生产事业之发达"(第837页),等等。
④ 中国的家族制度自黑格尔以来不断受到西方学者的批评,到五四时期,中国知识分子也猛烈批判家族制度。吴虞认为家族制度为专制主义之根据,陈独秀认为家族制度为东方文明之特征,"东洋民族社会中各种卑劣不法残酷衰微之象",皆与此有关(《独秀文存》,安徽人民出版社1987年版,第28页)。此后,对家族制度的批判有增无减,但到30年代,对家族制度的批判在内容上发生了变化,以前的批判重点在家族制度违背人性,此后的批判重点在家族制度影响现代民族国家的建立。张荫麟称家族制度是中国民族前途的一大障碍物。"在中国生存斗争当中,我们应当赶快舍弃家族中心的道德而代以国族中心的道德。"(《张荫麟文集》,教育科学出版社1993年版,第342页)陈恭禄在他的《中国近代史》中对家族制度的批判也集中于家族制度在政治上的不良影响。他说,在中国,"家族制裁之力,远过于政治权力,幼年时期,无论何事决于父母,中年分家自立门户,负有家室子女之累,扶助族人亲友之谊。人生一世,不受家族影响,自由决定取舍者,为事无几,自由人之在中国,盖不甚多。其在政治上不良之影响,则家族之观念太重,国家之观念太轻,得意之时,不问是非,专为一家一族一地设想也"(第702页)。

多、批评得最多的是政治的分裂状态及士大夫的盲目排外和唱高调,也就是内政和外交的问题。关于内政,陈恭禄认为,中国政治上的问题,一是中央无权,地方权重;二是政府与人民无关,因此,"今日政治上之急务,首在中央权力达于各省,统一方法无论武力统一,或独裁专制,苟势力达于各省,任何代价之下,固远胜于武人割据,互相猜忌,拥兵自固,榨取于民也。次则开放政权,许民参政。盖民众与政治无关,虽由于政治上之遗传,而武人政客劣绅假造民意,阻挠民治之发展,政府且无善意扶持拥护之决心,实其失败之最大原因"①。他认为,如果中国不统一,则各项建设事业无法进行,中国的近代化就无从谈起,而如果没有一个公认的领袖,则统一终不可能,"政治未上轨道,地方武人干政,所有计划直为空谈"②。与强调政治统一相适应,他对苏俄(苏联)在中国的活动极为不满。他说:"俄国对华之外交,倾向于利用时机,对于北方议定协定,对于南方予以援助,阴谋相尚,煽助内乱,违反协定之精神。对于列强,则本于打倒帝国主义之思想,力谋驱逐其势力出于中国……苏俄政策则欲造成中国革命,共产党掌握政权,而乃不择手段,反而引起纷扰。"③ 陈同时对共产党领导的革命运动也持批评态度,认为"共产党操纵工会农民协会,顾除破坏而外,多无工作,其人盖多不能明了中国之情状,经济之问题,工人之生活,农村之需要,而徒造成游民专制而已"④。因此他希望国民党政府对共产党采取严厉措施。他认为近代以来中国历史给我们的一个深刻教训,就是"叛乱未起,政府尚未失其尊严,犹能维持境内之粗安,祸乱既作,人民失其遵守法律之习惯,遂至群盗蜂起。当局者苟或不严办理,则人民不能安居,而痛苦将倍蓰于前也"⑤。

外交问题同样是陈恭禄关注的重点。陈恭禄写作《中国近代史》时,中国所面临的最大外交问题就是对日问题,也就是与日本战还是和的问题。在这个问题上,陈恭禄认为中日两国实力悬殊,因而主张与日本妥

---

① 陈恭禄:《中国近代史》下册,第 802—803 页。
② 同上书,第 801 页。
③ 同上书,第 767—768 页。
④ 同上书,第 776 页。
⑤ 陈恭禄:《中国近代史》上册,第 218 页。

协,尽量避免战争,反对一切与日作战的"高调"。对于"九·一八"事变以来出现国土大片沦丧的局面,他认为这是由中日两国的实力决定的,"中日战斗力相较,中国实难战胜,此非一朝一夕所能成功,决非一人一事之咎"①。联系到他对清季外交的议论,我们就可以看出"主和"是他的一贯主张。他认为清季外交失败的主要原因就是由于居于领袖地位的士大夫愚昧无知、盲目排外。他说:"中国自订南京条约以来……于此五十余年之中,士大夫尚未彻底觉悟,多恃夷夏之说,严防外人,从不虚心考究西方之政治制度、社会情形、经济状况,而比较其与中国异同之点,审察其利弊,以便施行改革。平日讲求八股小楷,茫然不知当时之务,仍信中国固有之政教,远非外国之所能及,胸中横有成见,自难明了国内政治上社会上之积弊,其昏庸傲慢,妨碍新事业之进行,乃为中国贫弱、外交失败之一主因。"他又说:"当斯时也,士大夫之胸襟偏狭,对外知识幼稚,而古今形势不同,环境大异,非其所能了解。遇有中外交涉,本于攘斥夷狄之思想,从不访知敌国之实力,高倡战议,失败屈辱之后,仍不觉悟,虚骄如前,列强乘其战胜之威,多所要求,中国损失,一次过于一次。"②类似的对士大夫的批评在他的《中国近代史》中随处可见。③很可注意的是,"唱高调"一词在他的《中国近代史》中反复使用,如他在谈到道、咸时期外交失败的原因时说:

　　(士大夫)好作大言,攻击他人。其言类多不负责任之高调,未尝亲历其境,不知当局者所处之地位,感受之困难,解决方法决定之经过,所根据之材料,常非确实之报告,以之立论,则远去事实……吾人应有之态度,则当平心静气,审查事实,辨其利害,以求有所补救。所可痛心者,士大夫猎取高名,徒以意气用事,逞其私见,而反有害于国也。每于外交严重之时,不问国中军队之战斗

---

① 陈恭禄:《中国近代史》下册,第794页。
② 同上书,第435—436、654页。
③ 陈恭禄在其《中国近代史》中的第245、270、305、322、350、370、382、435、437、568、573、593、626、654、656、668、703、800页等处都严厉批评了士大夫的愚昧和排外,至于笼统批评时人外交知识幼稚、处置失当的文字则更多。

力，不明强敌之海陆军，嚣然一辞，主持战议，乃多造成大祸。①

　　陈恭禄对"高调"的批评与他对主和派的评价构成了鲜明的对比。他认为琦善在鸦片战争时与英签订《虎门条约》，"其见解实高于时人，且迫于形势，固无奈何"。郭嵩焘在英法联军之战中主张议和，"其见解远出时人之上"。甲午之战，"李鸿章之主和，原为国家利益"。中日"二十一条"交涉过程中，袁世凯"衡其轻重利害，决定大计，终乃迫而忍辱签订条约，何可厚非？"② 在陈恭禄看来，中国在国力尚未强大的情形下，应致力于建设，尽量避免战争，尽可能地融入国际社会中去，他说这是中国近代史给我们的又一教训。

　　对士大夫的虚骄误国的批判，自清季末年以来就不断有人提出过。曾国藩、郭嵩焘、陈宝箴都曾在不同的场合对士大夫提出过批评。这样的批评，在 30 年代引起了主流知识分子的共鸣。胡适、丁文江、蒋廷黻等人在《独立评论》上反复撰文，反对在对日问题上"唱高调"，主张中国应利用一切国际关系来缓和当前的危急，中国应尽可能地融入国际社会中去，在国际生活中寻求出路。同样，我们在陈恭禄的《中国近代史》中也看到了类似的主张和言论。显然陈恭禄的观点继承了近代以来批评士大夫的思想传统，又有很强的现实针对性。

　　李鼎声的《中国近代史》在问题的提出与政治动机上与陈恭禄的《中国近代史》明显不同。李鼎声认为，鸦片战争后中国沦为半殖民地半封建社会，因此近代以来中国的基本问题有两个，一是封建土地关系问题，二是民族独立问题，中国人民的根本任务就是反帝反封。反帝就是要推翻帝国主义在中国的统治，争取民族的独立；反封就是要打倒封建的土地关系，实行土地革命，争取农民的解放。能否坚决执行反帝反封的政策，成了他评判近代史事成败得失的基本标准。李鼎声认为，中国革命的中心问题是农民的土地问题，因为国际资本主义势力的入侵和国内工商业的发展，改变了旧式的农村经济组织和土地关系，"深入农村的商业资本之活跃使土地集中过程日益迅速膨胀起来，这种土地集中运动

---

① 陈恭禄：《中国近代史》上册，第 245 页。
② 同上书，第 63、242、372、737 页。

由于官僚制度的发达更加普及和扩大,贵族、官僚、商业资本主义与高利贷者在当时已成了事实上的大地主,这样就使广大的农民日益走入无地化的过程中"[1]。他还指出,中国的土地关系是建立在租佃制度上的,许多农民完全靠租佃地主的土地维持他们的生活。自耕农在一天一天地减少,土地的所有权集中到地主阶级的手中,旧时独立耕种的土地关系不复存在,因此"土地问题已经变成了中国革命的中心问题,要彻底地解决它,当然只有实行土地革命——根本改变土地关系"。"中国的农民阶级应联合工人阶级以暴动的手段去破坏旧的土地制度。"[2]

李鼎声在农村问题和土地问题上的看法与陈翰笙和钱俊瑞是一致的。陈翰笙认为,外国扩张,尤其是在经济危机开始之后,打破了中国旧的经济平衡,使中国很快落入殖民地状态,从而导致中国农业出现破产化趋势。因此,"救国的关键在于解决农业经济各问题"[3]。而农业问题的核心,就是农民的土地问题,"土地所有与土地使用间的矛盾,正是现代中国土地问题的核心"[4]。他认为,中国封建社会的生产关系基本上是建立在租佃制度上,"赋役制、强役制、工偿制或雇工制虽然不能说完全没有,可是决不占农村生产关系的主要地位"[5]。中国的地主也与外国的不同,他们大都是多方面的人物,他们是地主,同时也是商人、高利贷者、行政官吏,"同时,许多商人、政客也可以变为地主"[6]。这是陈翰笙在30年代对中国农村问题与土地问题的基本看法。钱俊瑞在1929—1930年间参加了陈翰笙领导的农村调查工作,他的许多观点也受了陈翰笙的影响。钱俊瑞指出:"在中国,封建的关系还是农村中支配的生产关系,而帝国主义之侵入,并没有成为撕破这种关系的杠杆,反之,它却使它在

---

[1] 李鼎声:《中国近代史》,第45页。
[2] 李鼎声:《中国土地问题与土地革命》,《平心文集》第1卷,华东师范大学出版社1985年版,第100页。
[3] 陈翰笙:《中国农民担负的赋税》,《陈翰笙文集》,复旦大学出版社1985年版,第1页。
[4] 陈翰笙:《现代中国的土地问题》,《陈翰笙文集》,第72页。
[5] 陈翰笙:《封建社会的农村生产关系》(国立中央研究院社会科学研究所农村经济参考资料之一),上海,1930年。
[6] 陈翰笙:《现代中国的土地问题》,《陈翰笙文集》,第60页。

更新的形态上重复生产起来。"① 他认为中国农村经济陷入了破产的危机,"中国现存的土地关系,却是此种危机底最主要的主观条件,同时这种危机又加深了中国土地问题底深刻,因此,目下土地问题底解决已属急不容缓"②。而要解决土地问题,只有实行土地革命。李鼎声在他的《中国近代史》中,吸收了陈翰笙、钱俊瑞等人的观点,并加以发挥,所以当他写完了《中国近代史》后,首先想到的就是要感谢陈、钱诸人。③

李鼎声认为,除了土地问题外,中国的问题就是民族独立问题,也就是反帝问题。在对日问题上,他严厉批评了蒋介石政府的不抵抗政策,认为它是国土沦丧的主要原因。④ 他强调,中国的出路就是奋起抵抗,"中国决不能于发动民族的革命战争而外,希望完全靠帝国主义的冲突而得到解放"⑤。甲午战后俄、法、德三国干涉日本"还辽",巴黎和会上英美诸国与日本的矛盾及"九·一八"事变后国际联盟调查团所谓共管满洲的计划,只是暴露了帝国主义希图共同宰割中国的狰狞面目。⑥ 他进而指出,反帝与反封是联系在一起的,换言之,民族斗争与阶级斗争是统一的。他说,近代以来的中国历史告诉我们,帝国主义势力与国内封建势力相互勾结,共同阻碍中国的发展。反帝运动必须与反封结合起来,否则就不能担负起民族革命战争的任务,这是近代以来中国历史发展的一条基本经验。那种认为中国的革命只要反对帝国主义,而用不着从事内部的反封建势力革命斗争的主张是极端错误的。⑦

以上就是陈恭禄、李鼎声各自在其《中国近代史》中,所体现出来的对"中国问题"的思考及如何解决中国问题的主张。这两种不同的认识和主张反映了30年代中国两种知识分子——所谓民主知识分子和马克

---

① 钱俊瑞:《中国农村经济的破产》,《钱俊瑞选集》,山西人民出版社1986年版,第86页。
② 钱俊瑞:《中国现阶段的土地问题》,《钱俊瑞选集》,第243页。
③ 李鼎声说:"本书编辑之初,蒙陈翰笙、钱俊瑞、赵挹蘋诸兄多方赞助,或假以参考资料,或赐以正确教言,纠谬校讹,惠益良多,书成之余,谨布谢忱。"见李著《中国近代史》"编辑凡例"附言。
④ 李鼎声:《中国近代史》,第298、303页。
⑤ 同上书,第249页。
⑥ 同上书,第248页。
⑦ 同上书,第10页。

思主义知识分子的不同的学术观点和政治取向。

四 两种话语的思想渊源

以上对比了两种话语的基本理论和主张，现在我们就来追溯一下这两种话语的西方思想渊源。

综合前文，陈恭禄对近代中国社会性质的基本看法是：第一，中国的制度与两千年前的制度相比，没有根本改变；第二，这种制度与西方的制度根本不同；第三，中国在采用西方制度方面困难重重。把中国社会视为与西方社会根本不同的一种社会，并且这种社会缺乏自我更新的能力，这是自黑格尔以来西方思想界对中国的基本认识。黑格尔一反西方在启蒙运动时期对中国的赞美，认为"中国很早就已经进展到了它今日的情状；但是因为客观的存在和主观运动之间仍然缺少一种对峙，所以无从发生任何变化，一种终古如此的固定的东西代替了一种真正的历史的东西"。"中国人把自己看作是属于他们家庭的，而同时又是国家的儿女。在家庭之内，他们不是［没有］人格，因为他们在里面生活的那个团结的单位，乃是血统关系和天然义务。在国家之内，他们一样缺少独立的人格，因为国家内大家长的关系最为显著，皇帝犹如严父，为政府的基础，治理国家的一切部门。"[①] 此后，关于中国社会便出现了各种说法，如"东方社会""东方专制主义""治水社会""水利社会""传统社会"等，停滞、封闭、落后成了中国社会的基本特征。1930—1931年间英国伦敦大学经济史家陶内（R. H. Tawney）受太平洋国际学会及国联的委托，对中国进行调查。在他随后发表的调查报告中，关于中国社会，他的结论仍然是一种类似于黑格尔的声音。他说："一直到昨日为止，中国是在中国自己的轨道上行动，既未影响西洋，也未受西洋的影响。一部分因为中国之长期孤立，一部分因为中国自己的文明基础异常安定，另一部分是由于西洋在十九世纪继承了科学和技术的新财产之结果，所以，中国最近的历史之景色显得缩短了。当西洋还不知道那些根本的生活技术的时候，中国已经精通了某些根本的生活技术。当西洋用木犁耕作的

[①] ［德］黑格尔：《历史哲学》，王造时译，上海书店出版社1999年版，第123、127页。

时候，中国的农民已经用铁犁耕作，而当西洋已经用钢犁耕作的时候，他们还是继续用铁犁耕作——中国，好象这种情形一个样，早已把经济制度和社会组织之一种型式达于一种高的水平线了，可是不会感悟到去改良它或是去革除它之需要。"①

陶内的观点，代表了30年代西方世界对中国的认识。这种自黑格尔以来的传统认识，也影响到了西方史家关于中国的历史叙述。从马士（H. B. Morse）到费正清，都把中国社会视为停滞、落后的"传统社会"，有待于西方的"冲击"与改变。西方关于中国社会的这种认识及西方史家的著作又影响到中国史家的历史叙述。就陈恭禄而言，他的《中国近代史》有关中国近代社会性质的描述，一方面是受了当时社会性质论战的影响，另一方面也是受了西方思想界的影响，其中马士和陶内对他的影响较大。他在书中接受了马士关于近代中国社会的基本估计和构架，而材料主要来自陶内。在该书的"结论"一章中，陈恭禄引用了陶内调查报告中有关工业、土地、人口、资源、教育等方面的统计材料，来证明中国社会的"停滞"状况。

关于"中国问题"的讨论同样如此。西方对此问题的提出也可以追溯到黑格尔。进入20世纪后，特别是共和制度的试验在中国一再遭到挫折之后，"中国问题"成了世人共同关心的话题。1922年，英国哲学家罗素在实地考察中国的基础上，撰写了一部关于中国问题的书，书名就叫《中国问题》。他给中国开出的药方是：（1）建立一个有秩序的政府；（2）在中国人支配下发展工业；（3）普及教育。② 此后，"中国问题"在中国知识界引起广泛关注。1929—1930年间，胡适、潘光旦等人就经常聚在一起讨论中国问题，内容涉及中国的政治、经济、教育、人口、家庭等。③ 与此同时，国际社会也因东三省问题的发生而更加关注其背后的中国问题。1931年11月，在上海举行太平洋国际学会第四次会议，其中心议题就是"中国问题"。陶内的调查报告《中国之农业与工业》，可以说代表了当时国际社会对中国问题的一般认识。陶内认为，中国的问题

---

① ［英］陶内：《中国之农业与工业》，陶振誉编译，正中书局1937年印行，第1页。
② ［英］罗素：《中国问题》，秦悦译，学林出版社1996年版，第192页。
③ 潘光旦："引言"，胡适等：《中国问题》，上海新月书店1932年版。

很多，如人口过多，"现有的资源不足以资养这种人口"；家族观念太重，"它使个人的生计变为家族全体的问题，使个人的收入变为家族全体的财产，因而削减了经济刺激的力量"。此外还有"残缺的交通、资本的缺乏、政治的动摇"，以及"几乎不息的内乱，没有中央一令而全国遵行的政府，农村的贫穷，依旧而迟迟不变的社会环境，通货（currency）和汇兑上的障碍，金融运输商业的关键由外国人统制。在本国有限的矿产资源之内，有很大的部分由外国公司去开采，并且其出产的一部分又被运往外国去做外国制造工业的基础等等"。他建议中国迅速改善交通状况，"这种需要之迫切，怎么说也不夸张"。同时以长江中下游地区为中心区，"创造一个新国家"。① 这实际上也就意味着要以南京的国民党政府为中心，以蒋介石为领袖，这种看法，得到了当时主流派知识分子的认同。

陈恭禄以中西关系为中心，以近代化为主题来建构他的中国近代史话语体系。这套中国近代史话语，就其语源来说，主要来自马士的三卷本《中华帝国对外关系史》（*The International Relations of the Chinese Empire*）一书。马士在他的这本著作中，以中国对西方的反应及接受"西化"的程度为标准来划分中国近代史的时期。他把中国近代史分为中外冲突时期（The period of conflict, 1834—1860）、中国屈从时期（The period of submission, 1861—1893）及中国被制服时期（The period of subjection, 1894—1912），由此初步奠定了西方史学界关于中国近代史的"冲击—反应"的"近代化叙述模式"。陈恭禄基本上是按照这一模式来解释中国近代史的。不仅如此，在一些具体历史问题的解释上，陈恭禄也受到了马士的影响。例如，马士认为，鸦片战争"并不是为了维持鸦片贸易而进行的斗争，它不过是一个持续了二十年，并且要决定东方和西方之间应有的国际关系和商务关系的斗争的开端"。在这一事件中，琦善、伊里布和耆英"曾表现出政治家的品格和预测前途的能力，但是他的汉人同僚既曾盲目地主战于当初，又实行交战而不妥协于最后"。② 可以看出，陈恭禄的看法与马士的看法基本一致。陈本人在1956年曾说，马士

---

① ［英］陶内：《中国之农业与工业》，第13、113、131、167、211页。
② ［美］马士：《中华帝国对外关系史》第1卷，张汇文等译，上海书店出版社2000年版，第285—286、358页。

的《中华帝国对外关系史》一书,是他的《中国近代史》一书的"思想渊源"。①

其实马士的影响并不限于陈恭禄一个人,当时主流知识分子都是认同马士的观点的。1934年马士去世时,有人撰文称马士"对于中国所发的言论,并没有错误的地方,并且我们应当把它拿来作座右铭"②。可见马士在中国知识界影响之大。有的学者认为,马士之后,无论是西方学者的中国近代史研究,还是"中国过去的资产阶级学者的著作",基本上都是在马士的基础上,"做了局部的补充"。③蒋廷黻可以说是另一个典型例子。他的《中国近代史》作为"近代化话语"的另一典型文本,同样深受马士的影响。在蒋廷黻看来,近代史是全世界的欧化史,中国近代史是中华民族近代化的历史,也就是中华民族接受欧洲文化的历史。他说:"近百年的中华民族只有一个问题,那就是:中国人能近代化吗?能赶上西洋人吗?能利用科学和机械吗?能废除我们家族和家乡观念而组织一个近代的民族国家吗?能的话,我们民族的前途是光明的;不能的话,我们这个民族是没有前途的。因为在世界上,一切的国家能接受近代文化者必致富强,不能者必遭惨败,毫无例外。"④由此出发,蒋廷黻从接受欧洲文化是否自觉,欧化的程度是否彻底来评价近代中国的人和事。另一方面,蒋廷黻同样认为中国近代史以中西关系为中心,在他看来,近代中国内政方面的变革是对外交失败的一种回应。他的《中国近代史》通篇贯穿一个中心问题:中国是何时,又是如何对西方的冲击做出回应的。虽然蒋廷黻在许多场合都批评过马士的《中华帝国对外关系史》一书,并且渴望能超过马士的"蓝皮书历史","建构一个中国立场上的历史体系"⑤,但实际上,在关于中国近代史的体系架构、叙事方式和解释思路上,蒋廷黻完全接受了马士的观点。⑥

---

① 陈恭禄:《对旧著〈中国近代史〉的自我批评》,《教学与研究汇刊》,1956年。
② 郭斌佳:《纪念马丁与摩斯二先生》,《国立武汉大学文哲季刊》第3卷第2号,1934年。
③ 邵循正:《〈中华帝国对外关系史〉(第一卷)中译本序言》,《邵循正历史论文集》,北京大学出版社1985年版,第202页。
④ 蒋廷黻:《中国近代史》,商务印书馆1939年版,第3页。
⑤ [美]费正清:《费正清自传》,天津人民出版社1983年版,第106页。
⑥ 参见欧阳军喜《蒋廷黻与中国近代史研究二题》,《复旦学报》2001年第2期。

如果说陈恭禄的中国近代史话语主要源自马士的"中国对外关系"体系，那么李鼎声的中国近代史话语则主要源自苏联和共产国际的"中国革命史"体系。

一般认为，在中共中央的文件中把中国近代社会正式定位为半殖民地半封建社会，是在1928年中共六大的决议上，但是在此前共产国际关于中国革命的文件及中共中央的一些文件中已多次使用了"半殖民地""半封建"的提法。① 1923年中共三大的决议案两次使用了"半殖民地中国"的表达方式。1925年苏共及共产国际内部爆发了关于中国问题的争论。以托洛茨基、季诺维也夫、拉狄克为代表的少数派认为，中国已变成为商业资本社会。拉狄克说："中国的土地讲不到封建的特征，而是商业经济的土地占优势，商人占优势"，在中国"封建形式虽然存在，但终不能隐蔽现在的事实，这事实是说明利用那些形式剥削农民的阶级，不是封建时代的地主，而产生于资产阶级、商人及官僚的地主"。"资本主义的经济这个问题在政治上的意义是：因地主出身于资产阶级，而与商人及工业主发生密切关系，他本身或者在工业有股份，同时也投资于农村而成为地主。因此，中国资产阶级不能帮助农民反对他所受的一切痛苦，并资产阶级无解放农民之可能。"② 而以斯大林、布哈林为代表的多数派则认为，中国仍为封建社会。斯大林指出，在中国，"如果在许多区域里，地主和豪绅夺取百分之七十的收入，如果在经济、行政和司法上，地主们据有实际的政权，如果许多省份里到现在还有买卖妇女和儿童的事实——那末就应该承认，在这个中世纪局面中占统治的力量，是取特别形式而与商业资本相结合的封建残余"。他强调，否认这种封建残余，"是拉狄克同志的大错误"。③ 他又说："共产国际立场底出发点是，中国农村中封建残余，及基于这种残余的全部上层建筑物，若督军、若省长、

---

① 有的学者认为，最早使用"半殖民地半封建"这一概念来概括中国社会性质的是蔡和森，时间是1926年。见陶季邑《关于半殖民地半封建概念的首次使用问题》，《近代史研究》1998年第6期。

② ［苏联］拉狄克：《中国革命运动史》，克仁译，上海新宇宙书店1929年版，第249、252页。

③ 《斯大林与中国劳动大学学生的谈话》（1927年5月13日），《六大以前党的历史材料》，人民出版社1980年版，第857、850页。

若张作霖这类军阀等等——都是产生且扩大现在中国土地革命的基础……唯其是封建残余及其全部军阀官僚的上层建筑物，是中国基本的压迫形式，所以现在中国发生着伟大的（按自身力量及其发展）土地革命。"① 可见共产国际内部关于中国社会性质的分歧本质上是关于中国革命性质与任务的分歧。这种分歧反映到中共党内就是大革命失败后陈独秀、彭述之等人与中央的分歧。

当李鼎声写作《中国近代史》时，陈独秀等人的观点已在党内受到严厉批判，李在其《中国近代史》中也很自觉地批判了陈独秀等人的观点。他说："我们研究近代中国史上的历次革命运动时，在机械论者，就只能看见这是两种相反的势力之斗争，他们却不能指出每一次的革命是包含于社会内部的矛盾发展之结果。在中国的旧社会生产关系下面产生了阶级的对立，这种对立之发展结果是产生革命，而迟早要否定旧的生产关系，这是为机械论者所最易忽略的。机械论在另一方面自然会抹杀中国社会内部的阶级矛盾与战斗。机械论者以为中国是溶解于世界资本主义的体系中，封建的生产关系不复存在了，因此中国的革命只要反对资本主义，而用不着从事内部的反封建势力的革命斗争。中国的革命在世界革命没有完成之前，是不能单独胜利的。在研究中国近代史的过程中，我们要坚决地反对反辩证的机械论的方法与观点。"② 显然，李鼎声关于近代中国社会性质的观点，与共产国际内部及中共党内对这一问题的争论有关。

李鼎声所著《中国近代史》主要受了两本书的影响。一是拉狄克的《中国革命运动史》，另一本是莫斯科中山大学 1928—1929 年间编印的中国革命运动史教材《中国十九世纪与二十世纪之革命运动史》。拉狄克的《中国革命运动史》被认为是"世界历史学家开始用唯物史观的眼光来分析中国历史的第一本书"③。该书始写于 1926 年春，完成于 1927 年初夏，其时正是苏联和共产国际内部对于中国革命问题辩论得最激烈的时候。

---

① ［苏联］斯大林：《中国革命与共产国际的任务》（1927 年 5 月），《六大以前党的历史材料》，第 863 页。
② 李鼎声：《中国近代史》，第 10 页。
③ 斯伟："序言"，见［苏联］拉狄克《中国革命运动史》。

拉狄克在书中系统阐述了自己对中国历史、中国革命及中国国家性质的看法。1929年，该书被译成中文在上海正式出版。李鼎声在写作《中国近代史》的过程中，显然参照了这一译本。他在文中多次引用过拉氏的论点，特别是他关于戊戌变法和义和团运动二章的论述，与拉狄克的相关论述基本一致。例如关于戊戌变法，拉狄克认为："这段极深刻的惨史，很有许多地方可以同俄国十二月党的暴动事件相参照……不过在实事上无论是十二月党或康有为派都不是从资产阶级内出来的，都是还没有资产阶级发展的可能的。现在中国的改革者与革命者，应视康有为派这次改革运动为中国革命运动的先驱。"① 李鼎声在他的《中国近代史》中写道，"有人将康有为等的改革运动比之于俄国十二月党（Decablist）十九世纪初端（1825）的事变，这是颇相似的。十二月党是以抱有进步思想的贵族将校为中心的，其所要求的是废除封建的旧制、解放农奴、取消专制，而新党亦是主张改革旧的政治制度，兴办新的经济文化建设的，其中坚分子多为进步的新官僚。十二月党暴动的失败和康党的变法失败亦有好些相似点，不过十九世纪末叶中国的情况与十九世纪初叶的俄国不相同罢了"。"戊戌革新运动是已失败了，然它在历史上的意义甚为重大，它作了中国资产阶级的前驱。"② 又如关于义和团运动，拉狄克认为，义和团运动的根源，"就是基于资本主义之侵入，引起中国的生活情形破坏，（引起）中（国）的民众愤懑而来"。"这次农民运动（义和团），决不是暴徒土匪的运动，而是旧中国衰败的结果，是以后中国革命的先兆，虽是他们被满洲政府利用了，可是他还是表示旧中国崩坏的一个伏流的波浪。"③ 李鼎声在他的《中国近代史》中写道，"虽然拉氏在分析中国革命的著述中有许多错误，但关于义和团事件的评论却不失为正确"。随后他逐字转引了上引拉狄克评价义和团的话，又说："拉氏认为义和团暴动是和俄国的反犹太人运动一样的，俄皇政府利用农民反对农村资本家的情绪来反对屠杀犹太人，以转移他们反政府的目标，这种运动是反动的；同样满清政府利用农民与贫民的仇洋情绪来反对屠杀外

---

① ［苏联］拉狄克：《中国革命运动史》，第180页。
② 李鼎声：《中国近代史》，第162页。
③ ［苏联］拉狄克：《中国革命运动史》，第182—183、198—199页。

国人，以消灭他们革命的意识，这种运动亦是反动的。"① 从这两个例子中可以看出，拉狄克对李鼎声的影响还是很大的。

不过，李鼎声并没有完全接受拉狄克的观点。他对拉狄克的接受仅限于拉狄克对帝国主义入侵后引起中国社会政治经济变动的分析及对一些具体事件的评价上。李对拉狄克有关中国社会性质和中国革命问题的观点是持批评态度的。这一点我们在前面也已指出过。所以李鼎声的《中国近代史》还有另一个语源，这就是1928年莫斯科中山大学编写的《中国十九世纪与二十世纪之革命运动史》。这本书是拉狄克被解除了莫斯科中山大学校长职务后，由米夫担任校长期间学生所使用的教材。② 书中自然较多地反映了斯大林、米夫等人的观点，特别是在有关农民土地问题及农民政权问题上，一反以前拉狄克的看法。拉狄克认为，近代中国社会已是商业资本社会，中国农村中的农民斗争，与其说是反对封建残余，不如说是反对资产阶级。斯大林则认为，中国乡村中的确存在商业资本，"可是这种原始积累形式的商业资本，在中国乡村中，与封建性的及地主统治，有一种特别形式的结合，商业资本借用封建制度剥削农民压迫农民的中世纪的方法……拉狄克同志底错误，就是没有了解这种特别形式，没有了解中国乡村中商人资本与封建残余统治间这种结合，同时保留中世纪封建式的剥削农民的方法和压迫农民的方法"。拉狄克否认中国乡村中有封建残余存在，"这是拉狄克同志的大错误，如果在中国没有封建残余，或者是这些残余在中国乡村中没有严重意义，那么，中国土地革命就没有基础了，也就谈不上土地革命是中国共产党在中国革命现阶段上的一个主要任务了"。③

---

① 李鼎声：《中国近代史》，第184页。拉狄克的原话是这样说的："还有几句话，关于义和团事变的根本价值，他有很多的地方，像俄国革命史上有各种现象，如犹太人之屠杀褚巴妥夫派，沙皇因为所发生的民众运动，有反对他的可能，常常用这种方法，想把这种运动拿到自己手里。"见［苏联］拉狄克《中国革命运动史》，第197页。

② 1927年5月3日，斯大林到莫斯科中山大学与学生谈话，公开点名批评了拉狄克，不久，拉狄克就被解除了中山大学校长职务，离开了中山大学。此前拉狄克在该校讲授中国革命运动史，1928年中山大学油印的这套《中国十九世纪与二十世纪之革命运动史》教材，究竟出自谁的手笔，尚待考证，但就其观点来看，已与拉狄克的主张有较大出入。

③ 《斯大林与中国劳动大学学生的谈话》（1927年5月13日），《六大以前党的历史材料》，第850页。

1928年，莫斯科中山大学编写的中国革命运动史教材对土地革命的必要性及其意义做了充分的肯定，这最鲜明地体现在对太平天国的有关论述上。该书认为，太平天国爆发的经济原因，一是农民破产和土地财产的集中，二是资本和劳动力的外流。就其性质而言，"它里边是蕴藏着资产阶级德谟克纳西革命的成分（就是消灭封建的土地关系，取消农奴，推翻旧的官僚，造成德谟克纳西的政治制度等等），它就是中国资产阶级革命的暴风雷雨的先声"。但是由于"中国商业资产阶级几百年来和封建制度在经济上一直不断地相互勾结着，构成一支联盟的队伍，同时外国的资本家正想把中国作为输出商品的市场，强夺中国而不想发展中国的资产阶级和工业"，太平天国运动最终失败。至于太平天国运动的意义，它说："太平天国最重［伟］大的事业，就是它的土地政策。他们在中国实行土地革命，这是此此［次］革命最大的优点，他们消灭地主私有的土地，焚毁借约与田契，将土地分给农民。革命的领导者穷秀才们，没有法子解决最困难的官僚问题，贫农群众在这次革命运动中留了不可磨灭的痕迹，他们要求土地。是的，穷秀才们自己也想分点土地，因此太平革命虽有许多守旧的弱点，究其实还是带有进步性的，它推翻了中国经济上的封建制，太平天国的伟大的历史意义也就在此。"[①]

如果我们把这种观点与李鼎声在他的《中国近代史》中的相关论述作一对比，就会发现李鼎声同样强调革命前的土地集中化过程及资本的向外流动；同样认为太平天国运动是一场资产阶级民主革命，是一次土地革命；同样认为当时"全国的商业资产阶级都和土地的剥削关系结下了不解之缘，地主（包括豪绅）、高利贷者与商业资本家在农村构成了剥削贫农、中农与手工业者的三位一体"[②]。这并不是一种偶然的巧合，大革命失败后，中国共产党的政策主要来自共产国际，李鼎声即使没有读过中山大学的教材，他对其中的观点也应该是熟悉的。

总之，以陈恭禄和李鼎声为代表的两种中国近代史话语，有各自不同的西方思想渊源，一种源自欧美，另一种则来自苏联。

---

① 《十九和二十世纪的中国革命运动史》第2章"太平革命"，莫斯科中山大学1928年（本段引文引自中山大学同一套教材的另一中文译本，因此书名略有不同），第5、35页。

② 李鼎声：《中国近代史》，第44页。

以上我们对比了陈恭禄和李鼎声两种《中国近代史》的不同之处，从中我们可以看到，历史是多么深地介入到现实政治之中，或者被现实政治所介入。如果我们离开30年代初中国特定的社会政治环境，离开当时国、共两党关于中国道路的争论，离开当时国际社会关于中国问题的讨论，我们就无法理解这两种中国近代史，无法理解为什么对同一段历史却有如此不同的两种认识。历史从来就是怀抱着一种实际目的叙述出来的，史学家们在叙述历史时，往往顾念及现在和未来。这使我们很容易想起克罗齐的那句名言，一切历史都是当代史。

　　陈恭禄、李鼎声所代表的两种不同的中国近代史话语，其后的命运各不相同。在1949年以前，陈恭禄所代表的近代化话语是正统，是中心，在"学院"中居于主导地位，而李鼎声所代表的革命话语则处于边缘地位。1949年以后，李鼎声所代表的革命话语从边缘走向中心，成为正统，而陈恭禄的近代化话语则被边缘化了。他们之间正好发生了"角色换位"。然而，从20世纪80年代以来，主张从"近代化"的视角来审视中国近代史的论文和著作又不断涌现，与30年代的近代化话语相比，现今涌现出来的从近代化视角来审视中国近代史的著作有新的特点，但其基本思路没有改变。从30年代到现在，70多年过去了，中国的中国近代史研究始终未能摆脱"革命"与"近代化"两种话语模式，这是一个有趣的现象，也是一个值得思考的问题。

评民初历法上的"二元社会"[*]

左玉河

民国成立，将传统的阴历[①]改为阳历，对民众的日常生活影响甚大。改用阳历是民国革故鼎新、万象更新之举，也是社会进步的标识和体现。但在推行阳历的过程中，阴历仍然占据着主导地位，民众除民国纪年外，对阳历并未完全接受，从而形成了历法问题上的"二元社会"：上层社会——政府机关、学校、民众团体、报馆等，基本上采用阳历；而下层民众——广大的农民、城市商民等，则仍沿用阴历。这种"二元社会"格局是怎样形成的？"二元社会"又是如何调适的？它说明了什么问题？给人们何种启示？这些都是笔者在本文中所要探究的问题。

一 历法上的"二元社会"格局

中国历法，来源甚远，相传在伏羲、神农时，已有上元太初等历，以建寅之月（即夏历正月）为岁首，黄帝轩辕氏时，岁首改为建子（即夏历十一月），自是屡有改革，建子、建丑、建寅、建亥，代各不同。汉武以后，除新莽曾一度短期更张外，其余历代历法，一律沿用夏正，"千余年来，未之或改"[②]。清袭明制，也是以夏历纪岁。

---

[*] 本文原载《近代史研究》2002年第3期。
[①] 亦称"中国历""夏历""农历""旧历"，本文在叙述时一律称"阴历"。
[②] 陈振先：《送旧历文》，《大公报》1929年12月31日。

1911年10月（辛亥阴历八月）武昌起义后，民军决议改清为中华民国，称中华年号为黄帝纪元四千六百零九年。① 武昌军政府以黄帝纪年，各省响应，有用同盟会天运干支者（宣统三年岁次辛亥年，即用天运辛亥年）。孙中山回国后，认为有改正朔求统一之必要，建议以中华民国纪元，援引阳历。1912年1月1日，孙中山在南京就任临时大总统后，正式通电各省："中华民国改用阳历，以黄帝纪元四千六百零九年十一月十三日为中华民国元年元旦。"②

孙中山以阳历1912年1月1日为民国元年元旦，其最初目的是显而易见的：一是共和成立，不用朝代和皇帝年号，而改为民国纪年，便于民众记忆；二是阳历没有闰月，减少了阴历中闰月的换算，便于年度预算；三是与国际上普遍采用阳历的潮流相适应，便于在对外贸易和对外交涉方面与国际接轨，实现最终的世界大同。孙中山的立意不可谓不高远，因此这一改革得到了响应革命、宣布脱离清政府而独立的各省的普遍支持。如以蔡锷为首的云南军政府于1912年2月17日致电南京临时政府，报告云南改用阳历的情况：自奉孙中山关于民国改用阳历电令后，云南军政府通饬军民一体知照施行，以阴历辛亥年十一月十三日为元年1月1日，凡关于公私文契、文约、合同、钱债结算并司法上之罪犯处罚，及一切关于日期计算，凡在改正朔以前所订，现在尚未完结者，概依阴历推算。"新订一切契约、合同及一切关于日期计算之事件，均以新历为准。"③ 同时，由于内务部新历法尚未修订出台，故云南军政府制成《民国元年新历月日节候一览表》，兼附阴历，发给所属军民以资对照执行。

然而，在中国这样一个沿用了两千多年阴历的国度骤然废弃阴历，采用阳历，显然是非常困难的。孙中山的通电刚刚发出，上海商务总会会长王一亭就以骤改正朔，于商界阴历结账，诸多不便，电请改以2月17日即阴历除夕作为结账之期。

孙中山发布"改正朔"令的同时，决定阳历1月15日（阴历十一月

---

① 万仁元等整理：《中华民国史史料长编》第1册，南京大学出版社1993年版，第58页。
② 《临时大总统改历改元通电》，《孙中山全集》第2卷，中华书局1982年版，第5页。
③ 中国第二历史档案馆编：《中华民国史档案资料汇编》第2辑，江苏古籍出版社1991年版，第29页。

二十七日）补祝新年，通令"所有各衙、署、局、所、学堂、商店以及各项团体，于是日一律悬旗，衙署局所停止办公，学堂停止上课各一天，藉伸庆祝"①。接着，孙中山派员将此改正朔之事交临时参议院公议。参议院授权孙中山通电各省，颁布历书，"以崇正朔，而便日用"，并议决四项决议："一、由政府于阴历十二月前制定历书，颁发各省。二、新旧二历并存。三、新历下附星期，旧历下附节气。四、旧时习惯可存者，择要附录，吉凶神宿一律删除。"② 1月13日，孙中山发布《临时大总统关于颁布历书令》，令内务部"赶于阴历十二月前编印成书，以便颁发各省施行至要"③。

按照临时大总统令和参议院决议，1912年2月，内务部将编撰的民国新历书颁行全国。这部《中华民国元年新历书》，是以参议院议决四条为原则编撰的，与旧历书相比，其特点有三：一是新旧二历并存；二是新历下附星期，旧历下附节气；三是旧历书上吉凶神宿一律删除。这部新历书体现了共和精神，剔除了封建迷信的文字。它对阳历的普及和推广起到了一定的作用。但由于编撰时间仓促，多有错误，受到各界的批评。④ 因此，它颁行后不久，民国政府即着手编撰更科学的民国元年新历书。1912年6月，原来负责为大清皇朝编修《时宪历》的钦天监改归教育部，筹组北洋政府教育部观象台，负责编撰《中华民国元年历书》。由于教育部观象台有着较好的天文观象设施和编撰历书经验，所以，它所编订的这部新历书，具有一定的权威性，替代内务部编新历书而风行全国。从民国元年到北洋政府垮台，民国每年所用的新历书，都由北洋政府教育部观象台编撰。

教育部观象台编订的这套民国元年新历书，继承了内务部新历书的优点：一是"民国采用阳历，则旧历自在应删之列，惟习俗相沿未可以朝夕废，故旧历月日仍附注于阳历月日之下，以从民便"，阴阳历并行；二是"民国历书以授时为主旨，力破一切迷信，凡旧历书中之所谓方位

---

① 《都督通令》，《中华民国阴阳合历通书（元年）》，上海大同书社1912年编撰刊印，封面。
② 《中华民国史档案资料汇编》第2辑，第18页。
③ 同上书，第17页。
④ 见《民国历书之纰缪》，《东方杂志》第8卷第11号，1912年5月1日，第20—21页。

临直宜忌等项悉数删去,而以天文图说代之",体现了历书的科学性。①

袁世凯就任临时大总统后,赞同南京临时政府的"改正朔"举措,并于2月17日发布公告,强调遵行阳历:"现在共和政体业已成立,自应改用阳历,以示大同。应自壬子年正月初一日起,所有内外文武官行用公文,一律改用阳历,署中华民国元年二月十八日,即壬子年正月初一日字样。"② 实际上,民国初期的政府公文的确是阴阳历并用的。如1912年3月17日《大公报》载《临时大总统命令》——委任张锡銮署理直隶都督等,所署日期便是"中华民国元年三月十五日即壬子年正月二十七日"。

民国初年采用阳历而不废阴历,必然会形成历法问题上"二元社会"格局:社会上层(机关、学校、团体及报馆)主要用阳历;下层民众(商家、一般市民及广大农民)主要用阴历;阴历在整个社会上占主流,阳历仅为点缀。对此,一些方志明确载曰:"民国创兴,起义者纷纷不一,众议改用阳历,即以其年一月一日为'元旦',各省军、政学界普同庆祝,由是造印历书者阴阳并载。军、政俱用阳历,民众、农、商,凡年节一切仍用阴历。"③ 这种"二元社会"格局,可以从阳、阴历新年的庆祝规模,及政府、民众对它们的关注程度上体现出来。

1913年1月1日,是民国成立后的第一个元旦。民国政府1912年元旦没有赶上庆贺,虽然1月15日在南京补庆,但由于南北对立,广大的北方地区仍用"宣统"年号。1913年的元旦则不同。南北统一、政府北迁,就任临时大总统的袁世凯格外重视阳历新年,举行了一系列庆贺活动。据《大公报》报道:"今年为民国二年,官场之庆贺元旦者,北京自总统府国务院以下,外省自都督府民政府以下,相与悬旗结彩,脱帽鞠躬,欢呼'民国万岁'者,何等兴高采烈。""大总统对于开国元勋,必有加恩命令,或则优赏,或则晋封,以粉饰此元旦纪念大典。"④

政府机关和学校热烈庆贺阳历元旦,而民众对于阳历新年的态度异

---

① 教育部观象台编:《中华民国元年历书·凡例》,1912年铅印本。
② 转引自许师慎《国父当选临时大总统实录》上册,台北,1967年版,第216页。
③ 《昭通县志稿》,1938年铅印本,丁世良等主编:《中国地方志民俗资料汇编·西南卷》(下),书目文献出版社1991年版,第741页。
④ 梦幻:《闲评一》,《大公报》1913年1月1日。

常冷淡。据《大公报》载:"然起视人民,一若不知有新年者也,一若不知有元旦纪念者也。"正是因为有这样巨大的反差,该报记者干脆以"官国"与"民国"相区别:"今年之新年,只可谓官国二年,不当谓民国二年,以庆贺者只有官场,于人民无与也。"① 这种"官国"与"民国"之分的背后,预示着在使用阳历与阴历问题上,社会上层与下层之间出现了较大分歧。

在阳历新年时,社会上层重视并以庆贺方式进行粉饰,那么在随后阴历新年到来时,社会上层及下层民众的态度如何? 如果将两者略做比较,就会发现,民众对于阴历与阳历的观念存在着巨大差异,不仅出现了"民国新年"与"国民新年"的分立,而且出现了"新新年"与"旧新年"的区分:"新旧两名词,处于极端反对之地位,既曰新则必非旧,既曰旧则必非新,不意关于全国之岁历,竟以反对名词,联合一气,如旧新年之名目,胜播于国人之口,殊为可怪。"②

在"新新年"与"旧新年"称谓的背后,体现着一般民众对于这两种"新年"怎样的社会心态?《大公报》曾做过这样的概括:"官厅贺喜,街市悬旗,此新新年之气象也。千家爆竹,万户桃符,此旧新年之景色也。"从这里可以窥出一般民众的社会心态:"是故新年虽有两,然以各人心理中观之,民国一新年,国民一新年,彼此各一心理,彼此各一新年,则固未尝有两也。"③

正因民众对民国阳历新年与阴历新年有着截然不同的态度,所以,以官厅、机关学校为主要庆贺者的阳历新年,被称为"民国之新年",以一般社会民众为庆贺者的阴历新年,被视为"国民之新年":"盖前此之新年,民国之新年也,可谓之新民国;今此之新年,国民之新年也,可谓之新国民。民国之新年,乃前总统纪元受命之新年,今总统承祧继统之新年也,故凡享民国权利者,均得而庆之。国民之新年,乃四千余年祖传之新年,四百兆人普通之新年也。"④

---

① 梦幻:《闲评一》,《大公报》1913 年 1 月 1 日。
② 无妄:《旧新年之新祝词》,《大公报》1913 年 2 月 11 日。
③ 梦幻:《闲评一》,《大公报》1913 年 2 月 11 日。
④ 同上。

"民国之新年"与"国民之新年"的分野,显露出政府与民众在采用阴历与阳历问题上的分歧,社会上层与社会下层的"二元社会"开始形成。

如果进一步考察民众在民国二年阴历新年中的表现,可以从另一个方面折射出人们对于阴历与阳历的态度。与阳历新年"官厅热闹、民间冷清"相比,阴历新年之热闹,是阳历新年所无法相比的。《大公报》这样描述当时的盛况:"五六日间,士休于校,农游于城,工闲于厂,商停于市肆,红男绿女,熙攘于街衢,花爆灯旗,炫耀于耳目,为问此种光景,何为而发现于今日也?曰:过新年故。夫过新年何足奇?所奇者一月中而过两新年耳。然官样之新年,方瞥眼而去,民俗之新年,又继武而来,亦未始非日新又日新新新不已之象。"①

这种情况说明,与一般民众所过的阴历新年相比,阳历新年简直就是"官样之新年"。所谓民国万象更新,只是一些人的理想和表面装饰而已,民国初年的政治和社会改革,并未动摇中国传统社会的根基,没有触及社会一般民众的日常生活。

如果说民国初年"二元社会"仅具雏形的话,那么随着时间的推移,这样的格局越来越鲜明,并逐渐成为一般社会的共同认识。无论出于何种目的和动机,即便仅仅是为了点缀,社会上层于阳历新年,照例要放假、停公、庆贺,逐步加深着人们对"官府之年"的印象。1915年阳历新年,庆贺者仅为上层社会人士:"弹指光阴,新年已过。庆贺也,封赏也,宴会也,演剧也,以及一篇励精图治之官样文章,许多善颂善祷之照例祝词。"② 1916年仍是如此,1917年则官庆新年更加热闹。据报载:"前日为元旦佳节,并为南京临时政府成立之纪念日,黎大总统照常例在怀仁堂受贺。第一班乃段总理各部总次长各局长,参谋部及各特别机关各武官分左右班,向中恭立,奏乐,大总统入礼堂,百官向大总统三鞠躬,大总统还礼,如仪而退。同日,载洵代表清皇室晋见大总统,恭贺元旦,并祝大总统及中华民国万岁……又参众两院新年一致休假三日。

---

① 无妄:《今年所责望于国民者》,《大公报》1914年1月31日。
② 无妄:《闲评一》,1915年1月6日《大公报》。

元旦日两院议员均各到本院团拜，十一时，齐集议场，举行庆贺。"①

但这种新年庆贺，仅仅是上层社会的一种点缀而已，并没有为多数民众接受："新年何所见，三五国旗之飘荡而已；新年何所闻，官场具文道贺而已；民国改行阳历于今已届六年，而堂堂正正度新年之时于接近首善之通都大邑所见所闻，乃仅有此，呜呼，何国民之难于更始也。"《大公报》认为："本国国民不知奉本国之正朔，其为国耻尤大也。"② 将民众不奉阳历正朔视为"国耻"，尽管是过激之论，但无疑表达了一种要求以阳历代替阴历的强烈愿望。

1918年的阳历新年，仍旧是官府热闹，民众冷淡的情况："新年庆祝为年年例行盛典，元旦日总统府觐贺，今年独较往年为盛……新年各机关均放假休息，各机关门前多悬灯结彩，总统府前灯彩尤盛。此外如中华门前门外均结灯彩，牌楼东西两车站满缀电灯，夜间大放光明，如同白昼。中华门内甬道及长安门内马路两旁排列彩柱，悬挂红灯，薄暮短蜡齐燃，至远观之，万点红星密布。"③ 正因如此，有人评议说："辛亥以还，改行新历，于是一国中过年景象，遂有官派与民俗之分，一岁过两年，相沿成习者，又六载于兹矣。"④ 此处"官派与民俗之分"，赫然揭示了民国初期历法问题上"二元社会"的分立与对峙。

不仅作为中央政府所在地的北京社会上层庆贺阳历新年，而且一些大中城市也同样出现了庆贺阳历新年的热闹景象。

地处东北的奉天（今沈阳），官府用阳历，并在阳历新年举行庆贺。以1918年的阳历新年为例，奉天各军政机关团体极为忙碌，各官厅于门前均搭松枝牌楼，点缀电灯花彩。工商各界在政府的号召下，城关各灯笼铺均忙制五色灯笼，以备各界新年购买，印刷所也均制月份牌日历表；而各商号均于门前粘贴对联。正因官府倡导推行，在奉天出现了"每日街巷熙熙攘攘，颇形热闹"的景象。⑤ 很显然，奉天阳历新年的热闹，与张作霖为首的军政当局的大力推行密不可分，这也从另外一个侧面，说

---

① 《元旦祝贺典礼志要》，《大公报》1917年1月3日。
② 无妄：《慨新年之所见闻》，《大公报》1917年1月3日。
③ 《新年中之北京景色》，《大公报》1918年1月4日。
④ 无妄：《又与丙辰惜别矣》，《大公报》1917年1月19日。
⑤ 《奉天——新年各界之拉杂记》，《大公报》1918年1月6日。

明政府力图将阳历推广到民间社会的努力，尽管这种努力不一定是自觉的。

到 1919 年，阳历在社会上也推行了 8 年。当人们回顾民国改用阳历的历史时，发现"官家之年"与"民间之年"已经泾渭分明。在采用阴阳历问题上，中国社会形成了比较明显的"二元社会"格局。这种格局，已经成为民国社会的一种普遍现象。对此，不妨对 1919 年北京的新旧年节做一考察。

当 1919 年阳历新年到来之时，北洋政府各机关一律放假，"政闻较为寂然，庆贺之事则极忙碌"①。北京各行政机关皆放假 3 日，唯警察厅则有值日员司，以备临时接洽。至各机关门首，如总统府，赶扎花墙，添装电灯；其余各院部花墙电灯或有或否，不能一致。到元月 4 日，各机关职员照例到署行团拜礼，长官发表新年演说。北京各学校，一律放假 15 天（自 12 月 25 日到 1 月 8 日）。"商场如新世界东安市场贵宾楼，新年中极为热闹，每日无不人山人海，男女老幼结队出游，虽一日之大风酷寒而游人绝不因之减少。"北京街面上，"各街住户及商店均悬国旗。顺治门外，于各胡同口扎有松门，且沿街悬挂红灯，象坊桥以国会之故，则亦有花牌楼一座，连日施放爆竹者，则间有之"②。

这种情形，烘托出一个上层社会"官家之年"的热闹景象。也正因如此，"新历年者，官家之年也"，已经成为当时中国社会各界的共识："其意以为机关放假，电彩高悬，皆属官家之事，即互寄贺年柬帖，亦以各官厅之职员居其最多数，称以'官家之年'甚为切当。"③

民间对于阳历新年依然比较冷淡："我国改用阳历于兹八年，然一般社会对于阳历新年之观念不若旧历新年之觉有趣味，习俗难移。"④ 而一般民众对于阴历新年"仍具有最浓厚之趣味，极肫挚之感情而不稍改变"⑤，视之为自己真正的新年加以庆贺，从而为人们展现了一个与"官家之年"相对峙而更加热闹的"百姓之年"景象。

---

① 《新年中北京之形形色色》，《大公报》1919 年 1 月 4 日。
② 静观：《新年之北京》，《申报》1919 年 1 月 8 日。
③ 静观：《旧历新年之北京》，《申报》1919 年 2 月 7 日。
④ 静观：《新年之北京》，《申报》1919 年 1 月 8 日。
⑤ 静观：《旧历新年之北京》，《申报》1919 年 2 月 7 日。

以 1919 年阴历新年的北京为例,据报道:"新历年北京住户无一家换贴对联者,一至旧年,则大街小巷无不焕然一新。书春之帖,除夕以前到处皆有。更有一事为往年所罕闻者,则爆竹之声是也……响声四起,通宵不绝,亦似北京市民含有无限快乐之情。"① 至于商家,仍按旧习惯以阴历年底为结账之期,自元旦起休息半个月。

值得注意的是,政府机关和学校采用阳历、一般民众沿用阴历的情况,并非仅仅为北京、上海等大城市所独有,而是全国各地比较普遍的现象。据 1919 年刊印的安徽《芜湖县志》记载:"民国改行阳历,一月一日各官厅公团挂旗通贺,停止办公,然商民则仍依阴历'元旦'为新年,一切不减旧俗。至酬酢往还,虽官厅亦不能免也。"② 甚至连地处偏僻的云南巧家县,也是"奉行者仅官府而已,民间则仍踵故习"③。

从"民国之新年"与"国民之新年"的分立,到"官派与民俗之分",再到"官家之年"与"百姓之年"的对峙,清楚地呈现出一幅历法问题上"二元社会"的奇特景象。

随着时间的推移,人们对"二元社会"的格局,也逐渐习以为常:"吾国自光复以来,首改正朔,无如社会习惯不易改变。名义上虽遵用阳历,而种种事实,仍依阴历行之。每值年头岁尾,学校都放假,报界且停刊,工商亦休业。"④ 有好事者署春联讥讽曰:"男女平权,公说公有理,婆说婆有理;阴阳合历,你过你的年,我过我的年。"⑤

"自新旧历并行,政学农工商各界,各行其是,于是才过新年,又过旧年,年年如是,已变成特殊的惯例。"⑥ 这样的概括,已经明白地说明:在阳历推行后仅仅数年,在历法问题上出现了阴阳历并行、社会上层与下层分立的"二元社会"格局。

---

① 静观:《旧历新年之北京》,《申报》1919 年 2 月 7 日。
② 《芜湖县志》,1919 年石印本,丁世良等主编:《中国地方志民俗资料汇编·华东卷》(中),书目文献出版社 1992 年版,第 1014 页。
③ 《巧家县志》,1942 年铅印本,《中国地方志民俗资料汇编·西南卷》(下),书目文献出版社 1991 年版,第 763 页。
④ 《改良旧历新岁消遣之商榷》,《申报》1923 年 2 月 19 日。
⑤ 王锡彤著,郑永福、吕美颐点注:《抑斋自述》,河南大学出版社 2001 年版,第 183 页。
⑥ 无妄:《与己未年话别》,《大公报》1920 年 2 月 16 日。

二 历法"二元社会"的调适

中华民国改用阳历，以公元纪年，"一以趋世界之大同，一以新国人之耳目，意至善也"①。实际上，"改正朔"观念和"趋于大同"思想，正是推行阳历的两大动力。对此，当时宣传采用阳历者曾说："民间习惯虽不能一时改革，要当逐渐转移，新者既行，旧者自废，此天然之定理，况在国家正朔之大端乎？"② 即使到1920年，人们面对"二元社会"的现状而力谋改良的主要理由，也是这种"易正朔"观念："国家正朔，亟宜上下遵守，而犹旁出枝趋，未能收统一之效果。其果积习之相沿乎？抑亦因循苟且，治事者之惮于改革乎？"③

然而，这次"改正朔"，与中国历史上某朝某代的"定正朔"有本质不同：过去仅仅是改了一个朝代皇帝的年号，沿用的仍是中国通行的阴历，主要的岁时和与之相关的礼仪习俗、风俗信仰等，并没有根本触动。但民国改用阳历则不然，它所用的是一种迥异于阴历的西方新历法（阳历），它的推行，意味着阴历中的岁时、节气及因此附带的民俗文化的变革，甚至推翻，自然难为社会一般民众所接受。这不仅仅是风俗习惯上的不合，而且涉及民众日常生活的改变，是整个下层民俗文化的转型或转轨。这些民俗文化，与中国的自然环境和历史传统是相适应的，也与农民的日常农业生产相关联，如果这些条件不改变或不发生根本改变，要根本变革这种民俗文化显然是不可能的。《大公报》对此有很贴切的评论：中国阴历"与农田水利经济社会有密切之关系，颇有不容漠视之价值。以农事言，二十四节气为农民所奉之圭臬；以水利言，朔望两弦，为航行所恃之指南；而三大节算帐之制度，尤与中国经济组织有密切关系。中国之社会，一农业社会也。而三大节算帐之制度，即与农业社会有灵敏之呼应"。同时，"中国旧历已沿用数千年，与历史文化之接触甚为密切，若端午中秋，重阳等令节，小之为神话，为历史，大之则为文

---

① 陈振先：《送旧历文》，《大公报》1929年12月31日。
② 无妄：《又与丙辰惜别矣》，《大公报》1917年1月19日。
③ 《阳历新年之片面观》，《大公报》1920年1月1日。

化之所等，非可根本抹煞者也"。① 可见，阳历要取代阴历绝非易事。

更值得注意的是，阴历的岁时节令，与一般民众的婚丧嫁娶、修房祭礼等日常生活密切相关。单就祭墓为例："夏历正月十五夜间，民户皆向祖先坟墓设烛，名曰'送灯'，或有以面为之者。清明节，民人均祭墓，焚化纸钱、包裹、冥衣，并有修坟添土者。夏历七月十五日，民人均祭墓，焚化冥镪。夏历十月初一日，俗称'鬼节'。是日除墓祭外，并焚化纸钱、冥衣于墓侧，曰'送寒衣'。除夕前一二日或本日，皆往祭于墓，去墓远则奠于路口。"② 阴历的节气，与农时关系重大，每一个节气，都有许多农谚，农民按照这样的节气来安排农事；这样的节气，还关联着农民的许多重大活动——祭祀、婚娶、赛会等。据湖南《醴陵县志》记载："民国改用阳历，而民间率用阴历年底结帐，又农时亦以阴历节气为便。习俗相沿，积重难返，非独吾醴然也。"③ 这何尝不是阴历节气难以废止的原因所在。

正因如此，改行阳历、废除阴历，所要面对的，不仅仅是数千年中国的传统习惯，而且是中国民众历来赖以生活的深厚的民间风俗文化。因此，采用阳历，显然是对中国几千年民间习俗文化的挑战。这样，看似简单的"改正朔""新纪元"，实际上包含着一场巨大的社会变革，同时也意味着这场社会变革的难度，远远超出了当时推行者的预料。对此，时人已经朦胧地意识到改革民众习惯的困难："一国之习惯，积数千年之政教之历史之风俗而成者也。事既成为习惯，即如第二之天性，虽百变而不能离其宗。"④ 要变革此"第二之天性"，其难度是可想而知的。

因此，推行阳历后在某些方面出现一般民众潜在的、消极的，但却是持久的抵制，是非常自然的事情。历法上"二元社会"对峙，从一开始就是不可避免的。这主要体现在两个方面：一是社会上层对下层的压制——强制性的、有形的，但却是短暂脆弱的；二是社会下层对上层的

---

① 《废除旧历宜顾实际》，《大公报》1929年12月31日。
② 《桓仁县志》，1930年石印本，《中国地方志民俗资料汇编·东北卷》，书目文献出版社1989年版，第89页。
③ 《醴陵县志》，1948年铅印本，《中国地方志民俗资料汇编·中南卷》，书目文献出版社1991年版，第500页。
④ 无妄：《论改革旧习惯之非易》，《大公报》1912年2月9日。

抵触——消极性的、无形的，但却是持久强大的。而这种持久强大的无形力量，正来自社会民众所代表的民俗文化——所谓旧的习惯势力。

民国改正朔、采阳历，军政界、教育界、报界及社会上层人士，多能够理解并给予支持；尽管政府考虑到传统习惯的存在，并没有废弃阴历，但许多社会上层人士还是力谋推广阳历。1912年8月出版的《教育杂志》，发表了《教育家宜校正历法之习惯》一文，阐述了上层人士对于历法问题比较有代表性的意见。文章认为，民国纪元，阴历已经不适用于交通发达的现代世界，唯有改用阳历，方能与文明各国一致。"惟校正社会之习惯，使人民消灭其旧观念，俾知阴阳二历殊途同归之理由，则全赖各教育家有以剀切而明导之。"因此，教育界有责任从以下四方面入手向社会民众进行宣教，以推广阳历：一是"说明历法之起源"；二是"订正朔望之名义"；三是"指示节候之标准"；四是"变通习惯之节日"。文章建议：除了编订历书、定好历时外，"至学校教授国文地理等科之时，尤须畅发其旨，使确知其理之所以然。而主持社会教育者，亦必不惮烦劳，缕悉指明，使妇孺庸俗，无不通晓，斯不再有误认阳历为洋历者"①。从这篇文字看，当时一般知识精英对改用阳历是支持的，并希望能够通过推行阳历，带来中华民国的新气象。

一般社会民众未采用阳历、照用阴历、照过阴历新年的情景，是刚刚"改正朔"后的民国军政当局不愿看到的。有人甚至认为，过阳历新年还是阴历新年，是直接关系到效忠于民国还是效忠于清廷的问题。正因如此，1913年出现阳历新年民众冷淡而阴历新年热闹非凡的景象时，作为社会上层的军政当局十分恼怒，做出了干涉民间过阴历新年的举动。据报载："惟北京政界于此旧新年中，亦复停公给假，设宴张筵，而反禁商民称庆。"② 有些省份也发生过官府为推行阳历而禁止民众过阴历新年之事。这种情况体现了政府在阴阳历问题上的矛盾心态：一方面不得不屈从于民间传统，于阴历新年放假停止办公；另一方面力图压制民众庆贺阴历新年。这种态度，实际上反映了社会上层与下层的一种互动关系：

---

① 黎际明：《教育家宜校正历法之习惯》，《教育杂志》第4卷第5号，1912年8月10日，第28、30页。

② 梦幻：《闲评一》，《大公报》1913年2月11日。

一方面是下层民众观念意识、日常习俗等传统习惯对上层军政力量的抵制，逼迫官府不得不屈就这种无形的习惯势力，但另一方面，政府也力图以行政力量影响下层民众。

官府干涉民众过阴历年，主要还是基于强烈的"改正朔"观念："自古一代兴王，得国以后，首改正朔，以一天下之视听。"民国成立，改用阳历，其意相同。"推干预者之心，以为百姓如不过阴历旧年，即属顺民。"[①]《大公报》认为，百姓过阴历旧年，是"习惯之关系"使然，"并非背叛"。客观地说，这些议论是有道理的。用行政手段干涉民众过阴历新年，是一种本末倒置的过激行为，对旧习惯采取"禁绝"的办法，也不是明智之举。但人们应该看到，在政府干涉民众过阴历新年的背后，体现出来的是浓厚的"改正朔"观念；而从民众对阳历新年的消极冷淡中体现出来的，则是一股强大而无形的习惯势力，及深厚的民俗文化意识。

民国改用阳历后，社会上层许多人曾预想阳历必代阴历而兴，出现民国万象更新的局面；但阳历新年时，却出现了"屈指为鄙人贺者，竟寥寥无几，殊觉面目难堪"的情景；而到了阴历新年，则与此景象正相反，出现了"桃符万户，顿绝壮观"的景象，"阴盛阳衰"的现实，不能不令"阳历"向"阴历"讨教："先生何修而得此？"[②]这种历法上"二元社会"的强烈反差与对峙，充分揭示了民众重视阴历而漠视阳历的普遍社会心理。

令上层人士不解的是，依进化之原理，推行阳历是正常的，而阴历不废，却是奇怪的："夫新历既行，旧历斯废，曷为新历已著为令典，而旧历仍一例通行，非特与统一问题上大有窒碍，即一切日常行习，亦诸多不便。"但为什么一般民众多行阴历而漠视阳历？以历法比国法，阳历为法定之年，阴历为例外之年；以历法比宪法，阳历为成文之年，阴历为不成文之年。但为什么阳历"法定之年"与"成文之年"，居然不能取代阴历"例外之年"与"非成文之年"？他们的分析是："改用新历，政

---

① 《不许百姓过年之奇谈》，《大公报》1913年2月15日。
② 幼桥：《阳历贺阴历新年书》，《大公报》1913年2月13日。

府期与世界大同也;不废旧历,民间难除习俗惯情也。"①"民间难除习俗惯情",是不废阴历的最好借口,也是欲废阴历而不能的主要根由,说到了问题的关键。民间难除之习俗惯情表现在哪里?《大公报》记者云:"盖自新旧历并行,中国人之一岁过两年者,已经三度。其所以不能将旧历消灭尽净,而一以新历代之者,夫亦曰牵于商业之关系而已,沿于民情之习惯而已,政府能顺商民之心,不作无效之强迫,而亦随俗为年景之点缀,盖亦知改革之非易易也。"② 这里,文章正确指出了阴历仍然盛行的原因:一是"牵于商业之关系而已",二是"沿于民情之习惯而已"。政府要推行阳历,必须从这两方面入手。

如前所述,阴历新年习尚难以转移的原因,在于商人以此为一年结算的日期,以至于上层军政机关、学校、报刊等不得不迁就从同:"阴历度岁为吾国历史上数千年之习惯,虽民国改用阳历过度七载,而阴历习尚仍难转移。盖商人以此为结束故也。即军政机关亦迁就从同焉。"③ 这种情况说明,面对社会下层民众"社会心理"转移的困难,像民国二年官厅不许民众过阴历新年的糊涂事自然就难以再现。不仅如此,面对强大的习惯势力,在采用阴历还是阳历问题上,在过阴历年与阳历新年问题上,社会上层与下层不可避免地要出现一种妥协式的"互动"关系。

本来,历法上的"二元社会"格局形成后,"官场民间,各过各年"④,"新历亦惟于官府文书中例须用之,至若民间岁时伏腊、冠婚丧祭,则一听国人习尚,官府不加干涉"⑤。这才是社会的正态。但实际情况却是:军政机关、学校等社会上层,迫于下层民众的习惯势力,不得不对民间习俗给予迁就,甚至给予公开的支持。这种现象说明,"二元社会"不仅是对峙与冲突的,而且也是可以妥协和调适的。

阳历推行过程中无法与阴历相对抗的现实,使社会上层人士逐渐认识到旧的习惯势力的强大;而阴历新年的繁盛,也使他们意识到社会心理变革的艰难:"送旧旧年,迎旧新年,遍换宜春帖子,喧腾花爆高声,

---

① 《结癸丑年之一篇糊涂帐》,《大公报》1914年1月22日。
② 《甲寅遗念》,《大公报》1915年2月10日。
③ 《武汉阴历新年之新写真》,《大公报》1919年2月8日。
④ 《得过且过之旧历年》,《大公报》1919年1月28日。
⑤ 陈振先:《送旧历文》,《大公报》1929年12月31日。

较诸过新新年时,更形热闹,可见社会心理,转移良非容易也。"① 既然社会民众日常习俗的影响如此之大,则北洋政府不得不迁就一般民众的习惯,明令官府过阴历年:"近闻大总统以风俗习惯,各国皆有,无庸讳言,拟令内外官厅,照过阴历新年之例,一概放假三天。观此则民国以新旧历并行,竟成不刊之典也。一年过两年,好过者果然好过,然好过者要过去,难过者也要过去,则吾人也不必管他好过难过,且收拾起满桌纸片,预备过年便了。"② 这样,不仅一般民众热衷于过阴历新年,连政府机关和学校也不得不屈就,放假休息。

上层社会在阴历新年休假的做法,并不是一时一地的现象,而是日益带有普遍性的社会现象。如1919年阴历新年,北洋政府机关迫于民众习俗,虽不鼓励庆贺,但也不得不放假停止公干:"各机关均放假四日,自三十一日起至二月三日止,所以起自三十一日者,因是日为阴历除夕,俗有祭祖及家宴之事,亦尊重旧习惯也。"③ 政府轻而易举地以"尊重旧习惯"为理由,对民间仍用阴历给予默认。

此时的上海,军政当局也同样屈从于民俗,放假庆贺:"本年二月一日系阴历未年元旦,为政府所定春节之期,本埠上海县公署与上海地方审检两处厅,经沈知事邱林两厅长各发牌示一道,令所属员役停止办公一天,以志庆贺。"④ 随后的阴历新年仍是如此:"阴历元旦,系属春节,本埠军警政各机关循例停止办公,商界沿袭旧习惯,视作新年,无论大小店铺一律休业,较之民国正朔之阳历新年反为齐整。"⑤

更有甚者,上海军政界不仅仅是休假停止办公,而且走得更远,由官厅出面,公开庆贺阴历新年:"淞沪警察厅长徐国梁,于阴历元旦清晨八时,召集所属各区署队警正佐队长,并巡官及本厅各科长员到厅,举行贺年礼节,均穿制服礼服佩刀,然后排队同赴龙华淞沪护军使署参贺年禧。"⑥ 不仅上海如此,江苏其他各地也多如此:"嘉兴各界于旧历岁

---

① 无妄:《闲评一》,《大公报》1915年2月19日。
② 无妄:《闲评二》,《大公报》1914年1月22日。
③ 静观:《旧历新年之北京》,《申报》1919年2月7日。
④ 《停止办公庆贺春节》,《申报》1919年2月4日。
⑤ 《旧历元旦之景象》,《申报》1923年2月19日。
⑥ 《警察亦于旧历元旦贺年耶》,《申报》1920年2月23日。

首,仍遵旧习,辍业休息,商业方面,除茶寮酒肆照常营业外,余场于元旦起,停贸两三日不等。政界方面,亦停止办公三天。"①

如果说上层社会对下层社会多是依靠政治力量发挥短暂的、有形的强制性影响的话,那么下层社会意识对上层军政界的影响,则正好与之相反,是一种深刻的、无形的潜移默化的影响。这可以从社会上层照常过阴历年这一举动中得到体现。"二月五号,系阴历大除夕,参议院议长开会,因人数不足,延期三钟之久,仍不能足法定人数。议长笑曰:'今日除夕,所以不出席。'议员某甲,误听除夕二字,大声呼曰:'今日究在何处出席?'某乙止之曰:'除夕非出席,所以除夕不出席。'"② 因为阴历新年到来,人们忙于过年,国家最高权力机关的参议院,竟然连会议也开不起来。在这则笑话的背后,人们可以看到旧的习惯势力的无形影响,竟会强大到如此令人震惊的地步。

自民国改元后,全国报纸多采用阳历,但为习惯所制,同时标识阴历年月日。例如,在《大公报》上不仅标有"西历一千九百十三年二月二十一号,中华民国二年二月二十一日",而且同时标有"即癸丑年正月十六日"。每至阳历新年,为了庆贺新年,报刊多停刊休息,作为点缀。但到了阴历新年时,报刊却因旧的商业习惯,也不得不停刊结账。《大公报》在解释此中原因时说:"即吾侪报界,既负有营业性质,自不得不服从社会,休刊数天,以为清理帐目张本。"③ 这种情况表明,负有引导民众言行的报界,在采用阴阳历问题上,也不得不屈从于社会习惯势力。

新历法推行后,完全按照阳历来安排学校学历,肯定与习惯上的阴历年节不合,并带来诸多不便。受社会传统习惯势力的影响,人们在安排学历时,自然会产生一种折中阴阳、照顾阴历年节的意见:"年假从阳从阴之说,身任教育者,必已筹度及之。以社会习惯论,元年度之年假,仍从阴历为宜……照章年假为二周,纪念假为一日,则元年度之年假可以通融办理。将阳历年假及纪念假定为一周,正名为年假。阳历年尾放假一周,谓之寒假,于名义上尚无不通,于事实上可减妨碍,使社会习

---

① 《嘉兴:旧历岁首之状况》,《申报》1920年2月24日。
② 《除夕不出席真没出息之趣谈》,《大公报》1913年2月21日。
③ 《结癸丑年之一篇糊涂帐》,《大公报》1914年1月22日。

惯，转移于无形，而新章庶有实行之期矣。"①

这真是一种无可奈何的、聪明的变通办法。在这种变通背后，正说明社会下层民众的习惯势力的强大。

受军政当局政治权力的强制和潜移默化的影响，下层民众，特别是城市商民在采用阳历、过阳历新年时，也曾给予不同程度的支持和点缀。一般城市民众对阳历新年的关注程度，也在逐步加重。以1923年的上海为例，城市中商民点缀新年的气氛日益增多："本年元旦，各马路各市街之状况，已较去年进步。即如著名之南京路，除茶食铺、照相馆、点心店及微小之商店外，一律停市休息，高悬国旗，且凡加入马路联合会者，均贴有'庆祝元旦休息一天'等字样。"②

在新年庆祝形式上，也有一些变化，出现了官厅与民众互相"吸收"的新动向。作为上层社会机关和学校庆贺"官府之新年"贺品的明信片，也逐渐被一般民众作为庆贺"百姓之新年"的贺礼。据报载："书肆中，则以各校学生，太半返里，故逼近年底，顾者寥寥，惟贺年片之消耗率大增……据邮局中某君之言曰：'今年之邮寄贺片，较往年为多，甚至未能写字者，亦纷纷投贺。'"③

在上海，阳历元旦时，商民逐渐加入了庆贺的行列，成为上层社会庆贺阳历年的重要组成部分。如1924年上海庆祝元旦时，《申报》曾报道："本埠军警政司法各官厅，驻沪各国领事署，及泊于浦江中之中外兵舰，一律停止办公务，男女各学校亦均放假，中西各商号亦多休息，均悬挂国旗，张灯结彩，同申庆祝。官厅方面，并于今日上午接待来宾，互贺新禧。"④ 以"中西各商号"为代表的商民，也逐渐从下层社会中浮出，加入庆贺阳历新年的上层社会行列中。

在华中重镇武汉，军政当局也积极参与阴历新年的庆祝活动：1919年阴历新年到来时，武汉军政界举行庆贺，"军署副官处省署总务科于二十九日分发油印传单，通咨全省军政各机关阴历新年自除夕至初二日止，

---

① 庄俞：《新学制实行之商榷》，《教育杂志》第4卷第9号，1912年12月10日，第170页。
② 《元旦市况之调查种种》，《申报》1923年1月3日。
③ 《年底年头之闲话》，《申报》1924年2月10日。
④ 《庆祝元旦之种种》，《申报》1924年1月1日。

军营停操,法院停讼,官署停公,税局封关各三日。所有参见拜年宴会各俗例一律禁止。惟元旦日为春节佳期,就军署设立香案,举行庆祝,以张国典。斯日上午九时,军职团长以上,文官荐任实职,各着礼服齐集军署大厅,列班行礼"。这种情形,集中体现了上层社会对一般民众"百姓之新年"的迁就。而武汉商界,也采纳了上层社会庆贺"官府之新年"的形式——"团拜会",来庆贺自己的"百姓之年"。据报载,1919年春节,"武昌总商会于元旦日举行团拜,各帮董全体到齐,其踊跃为从来所未有。先行团拜礼节,互相品评旧年各帮营业之兴衰,随开茶点而散"。这样,在武汉街头,也出现了一种迥异于阳历新年的现象:"自元旦起,商民居户闭门停业,迎来送往,至四日始有少数开张者,而锣鼓声鞭炮声呼吆喝声声声入耳。"①

就是在这种"迎来送往"的"锣鼓声鞭炮声呼吆喝声"中,上层军政机关不自觉地复归并融入了下层百姓的风俗习惯中,从而使"二元社会"得到调适。两者间的相互调适,一方面体现在北洋政府迁就民间习惯,对民间采用阴历、过阴历新年予以默认并放假庆贺,官厅过阳历新年时借用民间的庆贺方式,令一般商民作点缀,放假休业、停刊、庆贺等;另一方面,也体现在民众对政府的迁就、默认甚至遵行国定纪念日,在阳历新年作一些点缀。而中国社会的变革和演进,正是在这种上层与下层的对峙与调适、新势力与旧习惯的冲突与妥协中进行的。值得说明的是,历法问题上的"二元社会"无论如何妥协、调适,也无法改变民国初期社会以阴历为主、阳历仅为点缀的格局。②况且,阳历和阴历并用,官府注重阳历新年,而民间重用阴历新年,自然会引起实际使用上的不便和混乱。这实际上埋下了日后国民政府发起废除阴历运动的机缘。

三 对历法"二元社会"的评议

民国初年改用阳历,这是社会进步的一种标识,也是革故鼎新、万

---

① 《武汉阴历新年之新写真》,《大公报》1919年2月8日。
② 北洋时期基本上保持着这种格局,1928年南京国民政府推行"废除旧历"运动,打破了这种状况。这是拙文《论南京国民政府的"废历运动"》所要论及的问题,兹不赘述。

象更新之明举。为了"改正朔"、求"世界大同",民国政府必须适应世界潮流,采用并推行阳历,庆贺阳历新年;但考虑到民众习惯势力的强大和民俗文化的深厚,又不可能骤然废弃阴历,不得不阴阳历并行。在这种"二元社会"格局中,采用阳历的社会上层占据着主要的社会政治资源,貌似力量强大,但推行社会变革的影响力还比较脆弱。遵循阴历的社会下层看似势力弱小,但却是一股不可小视的强大的、持久的社会势力,是可以与上层社会相对峙的无形的潜在势力。

民国初年采用阳历而不废阴历,乃是民国政府照顾一般民众的习惯和尊重中国的民族文化传统而不得不采取的折中办法。中国阴历沿用两千多年,早已为社会一般民众所熟知,更重要的是,与阴历岁时相关,民间社会已经形成了一套复杂而丰富的节日喜庆、祭祀祖先、婚丧礼仪等相关的民俗文化,这种民俗文化,已经渗透到民众日常生活的方方面面,绝非骤然能改变的。同时,中国阴历的岁时节气,是从几千年中国的农业文明中提炼出来的,已经融入广大农民耕耘劳作的日常经济生活之中。阴历除夕,作为一般商民结账的时节,也已成为社会民众日常经济生活的惯例。面对如此强大的传统习惯和浓厚的民俗文化,民国政府在改用阳历后,是不可能立即废除阴历的。阴阳二历并行,是必然之策,也是稳妥之举。

"改正朔"后历法问题上的"二元社会"格局,是一种既对峙、冲突,又妥协与调适的互动关系。社会上层采用阳历,并逐步加以推广,而社会下层民众则仍继续沿用阴历,与社会上层产生了较明显的双向选择局面。在这种格局中,由于政府鉴于民众惯常势力的强大与深厚,并没有采取过激的手段推行阳历,而是采取了阴阳二历并行的折中策略,因此,双方的不同选择,并没有演化成暴烈的冲突。相反,在"二元社会"格局中,却表现出明显的妥协与调适的一面。社会上层在采取阳历问题上,不得不一再迁就、屈从于社会下层的习惯,而随着时间的推移,社会下层民众受社会上层潜移默化的影响,对阳历及阳历节庆逐渐了解,并不断参与到社会上层提倡的阳历诸多节庆活动中。这样,在"二元社会"既对峙又调适、社会上层与下层的"互动"过程中,阳历缓慢地扩展着它在社会上的影响。民初改元,一般民众虽没有接受阳历纪岁及阳历节日喜庆,仍然照过阴历节日喜庆,但他们毕竟承认"民国"纪元,废止采用清廷"宣统"年号,接受了民国政府"改正朔"观念。由晚清的纯采阴历,到民初的阴阳历并用、以阴历为主,再到20世纪30年代的阳历为主,体现了民国时期阴阳历法演进的基本轨迹。

民初历法上"二元社会"的对峙与调适,说明社会风俗变革具有明显的缓慢性及渐进性,绝非仅靠政府的行政命令和强制手段所能解决。社会风俗有良风美俗与恶风陋俗之分,上层社会的移风易俗,往往是利用上层的优势政治资源,对下层社会施展其影响,以倡行良风美俗,而革除恶风陋俗。这样的移风易俗,对于中国社会来说,是有积极的进步意义的。但从实际效果看,这种立意高远、初衷甚佳的社会变革举措,由于政府利用行政势力强行推行,往往会收到短期的成效,但却无法持久,因为这种自上而下的变革,必然受到社会下层的消极抵制。下层民众传统习惯的强大与顽固,往往超出当政者的想象,它对上层社会的影响是无形的、持久的、深厚的,经常会迫使社会上层逐渐改变激进行为,采取妥协与调适的态度。对于像废除阴历这种社会变革,问题就更复杂了。因为阴历年节岁时中固然有许多敬神祀鬼等封建迷信的东西,但更多的是与民众日常生活息息相关的农时、祭祖、喜庆等有关的东西,政府推行阳历、废除阴历的目的虽为扫除封建迷信,但这些封建迷信与民众日常生活习惯纠缠在一起,很难简单地一概加以废除。

所以,政府推行这种触及民众日常生活习惯的移风易俗的措施,必须采取慎重的渐进方式。对民众的传统陋习既不能一味姑息迁就,也不能采取简单粗暴的行政手段。如果政府推行的社会变革之举,合乎民众改变旧的社会陋习的愿望,符合当时社会的客观实际,尊重传统习惯和民族文化,采用渐进的方法和稳妥的步骤,尤其是很好地处理社会上层与社会下层之间既对峙、冲突,又妥协、调适的互动关系,是完全能够取得实质性成效的。从这一点看,社会变革决不可能一蹴而就,它远比政治革命困难,也更具有渐进性和缓慢性。

咸同之际江南瘟疫探略

——兼论战争与瘟疫之关系*

余新忠

一 引言

  作为中国历史上最后一次大规模的农民革命战争——太平天国起义，较长时期以来，受到国内学术界特别是中国近代史学界的极大关注，不同领域的专家学者对这次起义的背景、经过、失败原因、影响和意义以及领导人、革命纲领、统治思想和战略得失等，都做了大量细致的考证和研究。① 不过以往的研究大都忽略了其中丰富的社会史内容。比如咸丰同治之际，在太平天国战争后期的主要战场——苏浙皖地区爆发的那场规模罕见的瘟疫，就很少为人提及。近年来，随着国际上医疗社会史研究的渐趋兴盛②和国内史学界对太平天国运动的重新认识，史学界对这一事件也开始有所注意。1990年出版的《近代中国

---

 * 本文原载《近代史研究》2002年第5期。拙稿撰成后，曾就教于中国中医研究院中国医史文献研究所郑金生教授，他对拙稿，特别是其中涉及医学的内容，给予了不少富有教益的教正，谨此说明并致谢。当然，拙稿所有的缺点和错误均由笔者负责。

 ① 关于1949年以来的国内太平天国研究的状况，可参阅夏春涛《太平天国运动史》，曾业英主编《五十年来的中国近代史研究》，上海书店出版社2000年版。

 ② 有关情况可参阅拙稿《关注生命——海峡两岸兴起疾病医疗社会史研究》，《中国社会经济史研究》2001年第3期；《20世纪以来的明清疾病史研究》，《社会史研究通讯》第3期，2000年7月。

灾荒纪年》一书，较多地著录了这次疫灾的有关史料。①似乎主要是利用了这些资料，谢高潮于1996年发表第一篇专论这次瘟疫的论文《浅谈同治初年苏浙皖的疫灾》。②其后，张剑光在《三千年疫情》一书中列"咸丰苏浙皖战场疫疾"和"同治初年全国性特大疫灾"两目，专门谈论这一疫情。③另外，曹树基也在最近的两篇论文中论及这次瘟疫。④

谢高潮的论文是这一问题的先行性研究，他对这一瘟疫的背景、流行状况、种类、原因和后果等作了论述，认为"咸丰朝迭年而起的自然灾害是同治初年瘟疫盛行的前奏"，霍乱、斑疹伤寒和疟疾是这次瘟疫的主要传染病，瘟疫的流行除了自然灾害外，更重要的还是因为腐败的政治和残酷的战争，瘟疫造成了大量的人口死亡。不过，这一研究基本如其标题所示，属于"浅谈"性质，流于一般性的论述，且在疾病概念的运用上多有混淆不清甚至认识错误之处⑤，分析也较为疏略，比如认为斑疹伤寒是这次瘟疫的重要传染病之一，但在文中除了指出该病的特点外，未作任何分析，而且，对该病病原、症状等的描述，多窜入伤寒的

---

① 李文海等《近代中国灾荒纪年》，湖南教育出版社1990年版，第210—245页。
② 谢高潮：《浅谈同治初年苏浙皖的疫灾》，《历史教学问题》1996年第2期。
③ 张剑光：《三千年疫情》，江西高校出版社1998年版，第528—537页。
④ 曹树基：《鼠疫流行与华北社会的变迁（1580—1644）》，《历史研究》1997年第1期，第31页；曹树基、李玉尚：《鼠疫流行对近代中国的影响》，复旦大学历史地理研究中心主编：《自然灾害与中国社会历史结构》，复旦大学出版社2001年版，第146—148页。
⑤ 如认为史书上记载的各种"痧症"就是真霍乱，疟疾为瘟疫家族传染性强的疾病等，而且对伤寒与斑疹伤寒完全是两种疾病缺乏认识（参见该文第20页）。实际上，虽然嘉道以来常称真霍乱为"吊脚痧""瘪螺痧"等，但痧在清代文献中应用很广，如"疫痧""烂喉痧""痧疹"等。晚清张鲁峰曾指出："乃近二十年来治痧之术盛行，无论老幼男妇，冬寒夏暑，遇有心痛腹痛，肝胃气痛，以及感冒发热吐泻等病，率皆名之曰痧。"（张鲁峰：《馤塘医话》，曹炳章校刊：《中国医学大成》第4册，中国中医药出版社1997年版，第639页）范行准认为，"当时凡是传染病多以'痧'字名之"（《中国医学史略》，中医古籍出版社1986年版，第247页）。一般来说，瘟疫"属温病中具有强烈传染性、病情危重凶险并具有大流行特征的一类疾病"（《中国大百科全书·中国传统医学》，中国大百科全书出版社1992年版，第502页），大致相当于现在所谓的急性传染病，而根据卫生部1978年颁发的《中华人民共和国急性传染病管理条例》，在我国规定管理的25种两类急性传染病中，以甲类3种鼠疫、霍乱及副霍乱和天花的传染性和危害最大，疟疾只是乙类的22种之一（王季午主编：《中国医学百科全书·传染病学》，上海科技出版社1985年版，第6页）。因此，在瘟疫家族中，疟疾只具有一般的传染性。

内容。① 张剑光的论著基本只是对疫情的一般性描述，不过对瘟疫种类论述较谢文有所深入，而且还对苏浙皖以外地区的疫情作了概述。文章指出，同治初年的疫灾，是以霍乱（吊脚痧）为主，掺杂菌痢等其他传染病的特大的全国性瘟疫，除受灾最为严重的苏浙皖外，发生疫情的地区还有直隶、山东、河南、云南、贵州和陕西等地。曹树基先在一篇论文中提到，"在太平天国战争期间，苏、浙、皖三省在战争中的死亡人口只占人口死亡总数的30%，死于霍乱（cholera）占70%"②。此后，进一步指出这次瘟疫的种类除霍乱外，还包括鼠疫、伤寒或痢疾。③ 曹的这两篇论文均非专论这次瘟疫，以上观点也只是顺带提及，并未作具体的论述。

综上所述可以看出，目前史学界对这次疫情虽已有所注意，但显然是初步的，对疫情流行确切的地区分布、传播途径等问题还缺乏研究，对瘟疫的种类、战争与瘟疫的关系、瘟疫的后果等也仍待进一步深入的探讨。江南不仅是当时社会、经济和文化最为发达，人口最为稠密之地，也是太平天国战争后期太平军和清军争夺最激烈、受这次疫灾危害最重的地区，故而对以上问题作进一步的探讨。不当之处，敬请方家指正。

二　疫情的时空分布

有关这次瘟疫具体的时空分布情况，笔者根据有关方志、文集、笔记、医书等文献的记载，综合如下：

咸丰十年（1860），五、六、七月间，常熟时疫兴起，死亡相继。六、七、八月，无锡疫气盛行，死亡相藉。七月，乌程乌镇大疫，每十

---

① 最典型地表现在认为斑疹伤寒是"由伤寒杆菌引起的急性传染病"。实际上斑疹伤寒的病原为普鲁瓦立克次体，由伤寒杆菌引起的乃是伤寒（参阅李梦东主编《传染病学》，科学技术文献出版社1994年版，第96、132页）。
② 曹树基：《鼠疫流行与华北社会的变迁（1580—1644）》，《历史研究》1997年第1期。
③ 曹树基、李玉尚：《鼠疫流行对近代中国的影响》，《自然灾害与中国社会历史结构》，第148页。

家必有死者二。九十月，嘉兴濮院瘟疫盛行。秋冬之间，吴县大瘟疫，死者甚多。①

咸丰十一年（1861），临安大疫。昌化大疫，死亡无算。秋，嘉兴濮院盛行霍乱转筋之症。②

同治元年（1862），四月间，嘉兴有吐泻等病，不及一昼夜即死。娄县、上海、川沙、南汇，夏五月，大疫。上海霍乱大流行，死者数千人。五月，嘉定大疫。金山张堰，夏五月，大疫。金山夏秋之间，大疫。夏五月，江浦大疫，城乡多狼，食人无算。嘉善正月大寒，人多冻死，夏大疫。夏，石门大疫。青浦蒸里兵乱，田多不治，夏大疫。夏秋之交，吴县大瘟疫。夏秋以来，常熟时疫流行，无家不病，病必数人，数人中必有一二莫救者。间有子午痧，朝发夕死。吴江时疫流行，日死数十人，名吊脚痧，无方可治，不过周时。临安夏秋疫，时大兵之后，继以大疫，死亡枕藉，邑民几无孑遗。昌化夏秋大疫，徒死相望于道，黎民几无孑遗。六七月，孝丰瘟疫，民遭兵戈者半，遭瘟疫者亦半。乌程、归安难民均病泻痢，秽气逼人，死者日二十余人。绍兴六月大水成灾，七月，疫大作，加以穷饿，民死者益多。秋八月，江南大疫，南京军中尤甚，死者山积。营哨官无不病者，惟统帅曾国荃日夜拊循，独无恙。溧水大疫，时寇乱方剧，民皆乏食，死者无算。秋八月既望，昆新淫雨十昼夜，河水暴涨，斗米千钱，道殣相望，疠疫大行，有全家病殁者，琐尾流离，至斯为极。闰

---

① 龚又村：《自怡日记》卷13，太平天国博物馆编：《太平天国史料丛编简辑》第4册，中华书局1963年版，第353、358页；佚名：《平寇纪略》（上），《太平天国史料丛编简辑》第1册，第267页；沈梓：《避寇日记》卷1，《太平天国史料丛编简辑》第4册，第27、45—48页；蓼村遁客：《虎窟纪略》，《太平天国史料专辑》，上海古籍出版社1979年版，第27页。

② 民国《杭州府志》卷85"祥异"，"中国方志丛书·华中地方"（以下简称"方志丛书"），（台北）成文出版社有限公司1970年、1974年、1983年版，第199种，第1664页；民国《昌化县志》卷15"事类·灾祥"，"方志丛书"第184种，第1082—1083页；王士雄：《随息居霍乱论》卷下，曹炳章校刊：《中国医学大成》第4册，第679页。

八月间，驻海宁之太平军疮痍及瘟疫大发，死者无算。①

同治二年（1863），春二月，娄县、奉贤、上海、川沙、南汇城乡鬼啸，大疫。五月，嘉兴疫。时天热亢旱，酷热，盛川死疫者经掩埋局收管，三日间计死二百余，余镇亦每日各有数人，皆半日病而已。诸暨、山阴二月淫雨，夏旱，大疫（上年，大兵，山水变为血）。六月常熟疫气大作，病者只半日不治。海宁自四月下旬，旱灾严重，七八月，复遭潮灾，米价腾贵。又遭时疫（吊脚痧），亦伤无计。八月，吴江各处时疫流行，死者甚多。新阳信义，大乱初平，继以大疫，乡间无檄可售，尸骸枕藉。嘉定大疫，夏，河水生五色虫。孝丰疫疠盛行。富阳大疫。镇海

---

① 沈梓：《避寇日记》卷2，《太平天国史料丛编简辑》第4册，第153页；光绪《松江府续志》卷39"祥异"，"方志丛书"第143种，第3905页；同治《上海县志》卷30"杂记·祥异"，"方志丛书"第169种，第2631页；光绪《川沙厅志》卷14"杂记·祥异"，"方志丛书"第174种，第708页；民国《南汇县续志》卷22"杂志·祥异补遗"，"方志丛书"第425种，第989页；范日新：《上海市霍乱流行史及其周期性》，《上海卫生》1947年第1期，第4页；伍连德：《中国霍乱流行史略及其古代疗法概况》，《同仁医学》第8卷第4号，1935年4月，第26页；民国《重辑张堰志》卷11"祥异"，"中国地方志集成·乡镇志专辑"（以下简称"乡镇志"）第2册，上海书店、江苏古籍出版社1992年版，第409页；光绪《金山县志》卷17"志余·祥异"，"方志丛书"第405种，第774页；光绪《江浦埤乘》卷39"杂记上·祥异"，"中国地方志集成·江苏府县志专辑"（以下简称"江苏府县志"）第5册，江苏古籍出版社1991年版，第386页；光绪《重修嘉善县志》卷34"祥眚"，"方志丛书"第59种，第682页；光绪《石门县志》卷11"杂类志·祥异"，"方志丛书"第185种，第1883页；宣统《蒸里志略》卷12"杂志·祥异"，"乡镇志"第2册，第776页；蓼村遁客：《虎窟纪略》，《太平天国史料专辑》，第42页；龚又村：《自怡日记》，《太平天国史料丛编简辑》第4册，第453、466页；柯悟迟：《漏网喁鱼集》，中华书局1959年版，第72页；倦圃野老：《庚癸纪略》，《太平天国资料》，科学出版社1959年版，第105页，民国《杭州府志》卷85"祥异"，第1664页；民国《昌化县志》卷15"事类·灾祥"，第1083页；光绪《孝丰县志》卷8"祥异志·灾歉"，"方志丛书"第599种，第1125页；沈梓：《避寇日记》卷3，《太平天国史料丛编简辑》第4册，第169页；邹身城：《太平天国史事拾零》，第156页，转引自李文海等《近代中国灾荒纪年》，第231—232页；光绪《金陵通纪》卷4，"方志丛书"第37种，第564页；光绪《溧水县志》卷1"舆地志·庶征"，"江苏府县志"第1册，第91页；光绪《昆新两县续修合志》卷51"祥异"，"方志丛书"第19种，第925页；冯氏：《花溪日记》，杨家骆主编：《太平天国文献汇编》第6册，（台北）鼎文书局1973年版，第707页。

秋疫。①

同治三年（1864），正月至四月，江阴大疫。四月，自长毛去后，常熟遍处起病，医者忙极，西南尤甚，死者亦多。春夏靖江大疫。粤寇初平，宜荆疠疫迭起。乌程、归安六月天炎疫作，每日死者动以百计。七月间，南京军营中疾疫大作。宝山大疫流行。丹阳大疫，尸骸枕野。象山秋疫。②

据以上资料，将这期间各年瘟疫所波及的县次③制成表1。

表1　　　　　　　咸同之际江南大疫波及范围统计

年份	咸丰十年	咸丰十一年	同治元年	同治二年	同治三年
县数	5	3	24	17	9

可见，所谓的同治初年大疫实始自咸丰十年（1860），同治元年

---

①　光绪《松江府续志》卷39"祥异"，第3905页；同治《上海县志》卷30"杂记·祥异"，第2631页；光绪《川沙厅志》卷14"杂记·祥异"，第708页；光绪《金山县志》卷17"志余·祥异"，第774页；光绪《南汇县志》卷22"杂志·祥异"，第1484页；沈梓：《避寇日记》卷4，《太平天国史料丛编简辑》第4册，第293页；光绪《诸暨县志》卷18"灾异志"，宣统三年刊本，第12a—12b页；绍兴市卫生志编纂委员会编：《绍兴市卫生志》，上海科技出版社1994年版，第2页；光绪《嘉定县志》卷5"机祥"，"中国地方志集成·上海府县志专辑"（以下简称"上海府县志"）第8册，上海书店1991年版，第130页；佚名（常熟人）：《庚申避难日记》，《太平天国史料丛编简辑》第4册，第561页；冯氏：《花溪日记》，杨家骆主编：《太平天国文献汇编》第6册，第716页；倦圃野老：《庚癸纪略》，《太平天国资料》，第112页；宣统《信义志稿》卷19"灾疫"，"乡镇志"第8册，第490页；王微：《孝丰志稿》卷首"大事记"，转引自曹树基、李玉尚《鼠疫流行对近代中国社会的影响》，"灾害与社会"学术讨论会论文，复旦大学1999年12月，第8页；民国《杭州府志》卷85"祥异"，第1664页；民国《镇海县志》卷43"祥异志"，"方志丛书"第478种，第2889页。

②　光绪《江阴县志》卷8"祥异"，"方志丛书"第457种，第932页；佚名：《庚申避难日记》，《太平天国史料丛编简辑》第4册，第579页；光绪《靖江志》卷8"机祥"，"方志丛书"第464种，第155页；民国《光宣宜荆续志》卷9中"乡贤·义行"，"方志丛书"第23种，第613页；沈梓：《避寇日记》卷4，《太平天国史料丛编简辑》第4册，第313页；曾国藩：《曾国藩全集·家书》（二），岳麓书社1985年版，第1144页；光绪《宝山县志》卷10"人物·游寓"，"方志丛书"第407种，第1121页；民国《丹阳县续志》卷17"义举"，"方志丛书"第135种，第190页；民国《象山县志》卷30"志异"，"方志丛书"第196种，第3134页。

③　同城而治之县（二或三县）作一县计。

(1862)达到高潮,同治三年,随着战争的结束而渐趋平息。前后共波及32县次。疫区主要集中在江宁府、苏州府、松江府、嘉兴府、湖州府和杭州府等太平军和清军反复争夺的府县,其中上海县虽一直未被太平军攻占,但战争一直未断,而且,又有大量难民涌入,所以也是疫情多发地区。而相对受战争影响较小的宁波府和争夺不甚激烈的镇江府疫情相对较轻。值得注意的是,在浙西西部的孝丰、临安和昌化等较为闭塞、瘟疫较少波及的地区,这次也因太平军的数度攻入而发生了较为严重的疫情。常镇地区,由于没有出现像在苏州、松江、嘉兴、湖州和杭州等地太平军和清军反复激烈争夺的局面,所以在前期疫情较少,但在后期清军的收复战后,也有较多的地区出现了疫情。由此可见,与嘉道之际大疫主要沿交通干线传播有所不同①,这次瘟疫基本随着战场的出现和转移而引发、传播。

三 瘟疫种类

现有的研究业已说明,这次大疫不只一种疫病,谢高潮认为是霍乱、斑疹伤寒和疟疾②,张剑光指出以霍乱为主,菌痢等其他传染病为辅③,曹树基等人则认为是鼠疫、霍乱和"疟痢"等。④ 这些研究虽然指出了大疫所包含的部分瘟疫种类,但大多缺乏具体论述,而且也不够全面或存有误会。

曹树基等人认为存在鼠疫的依据仅仅是雷丰《时疫论》中的一段话,殊难说明问题,且涉及地区为不在江南范围之内的衢州一地。在江南地区,笔者尚未发现鼠疫流行的证据。除鼠疫外,斑疹伤寒的可能性也较小,因为斑疹伤寒主要通过身体中的虱子传染,常见于气候寒冷的冬春

---

① 参阅拙稿《嘉道之际江南大疫的前前后后——基于近世社会变迁的考察》,《清史研究》2001年第2期。
② 谢高潮:《浅谈同治初年苏浙皖的疫灾》,《历史教学问题》1996年第2期。
③ 张剑光:《三千年疫情》,第537页。
④ 曹树基、李玉尚:《鼠疫流行对近代中国的影响》,《自然灾害与中国社会历史结构》,第146—148页。

季。①而从上面资料中很容易发现,这次瘟疫大多发生在炎热的夏季。而夏季的江南,人们常常可以泡在水中避暑,身上长虱子可能性极小。不过在军人中,因为战事频繁,出现一定范围的流行,也非绝对不可能。至于真霍乱、疟疾和痢疾,都应是存在的。不过,此外至少还包括天花、类霍乱等烈性传染病,伤寒和百日咳等疾病也可能存在。

在以上疫病中,霍乱最为抢眼,记载也多。比如,咸丰十年(1860)九月,秀水和桐乡交界的濮院镇,"自此月初六雨后,天涔涔雨,阴惨之气逼人,瘟疫大作,死者以五六十人,而染者都是寒疾之状,多则二日,少则一周时许,亦有半日即死者"②。同治元年(1862)六月,苏州"贼禁食西瓜。夏秋之交,大瘟疫。忠酋书记某食西瓜后染瘟疫死,故禁食之"③。虽然未能获得具体症状,不过从食西瓜而染疫致死这一记载看,是霍乱的可能性极大。④稍后,在南京的清军营中,"疾疫大行,兄病而弟染,朝笑而夕僵,十幕而五不常爨。一夫暴毙,数人送葬,比其反而半磋于途"⑤。疫情如此暴烈,若不是有意夸张的话,亦当是霍乱。根据以上所述和上录资料,基本可以认定是霍乱的县份有:咸丰十年(1860)和十一年(1861)嘉兴府的濮院镇;同治元年(1862)的嘉兴、秀水、上海、长洲、元和、吴县、吴江、嘉定和南京,常熟则间有之;同治二年(1863)的海宁、常熟;同治三年(1864)的上海。另外发生在孝丰、临安和昌化等地的瘟疫也有较大可能是霍乱。对这一地区的疫情,现有的记载较为简略,还难以准确地判断其为何种疫病,不过从严重程度和"死者什八九"⑥"每有舁尸于途,舁者竟亦死去"⑦等记载,以及周边地区多有霍乱流行而且常有军队往来于该地区等情况来看,是真霍乱的可

---

① 参阅李梦东《传染病学》,第132页。
② 沈梓:《避寇日记》卷1,《太平天国史料丛编简辑》第4册,第47页。
③ 蓼村遁客:《虎窟纪略》,《太平天国史料专辑》,第42页。
④ 有关西瓜与真霍乱的关系,可参阅拙稿《嘉道之际江南大疫的前前后后——基于近世社会变迁的考察》,《清史研究》2001年第2期,第7页。
⑤ 王定安:《湘军记》,第123页。
⑥ 王徵:《孝丰志稿》卷首"大事记",转引自曹树基、李玉尚《鼠疫流行对近代中国社会的影响》,"灾害与社会"学术讨论会论文,第8页。
⑦ 王徵:《孝丰志稿》卷4,"党政志·兵事",转引自曹树基、李玉尚《鼠疫流行对近代中国社会的影响》,"灾害与社会"学术讨论会论文,第8页。

能性较大。

疟疾,谢高潮在前揭论文中已经论及,不过他所举的均为军营中的例子,其实在地方上,也多有流行。比如,常熟龚又村在《自怡日记》中记载,八月十八日,祐儿"感冒",二十日,"连患寒热,似有疟象"。二十二日,"祐儿痁作旋汗,傍晚已平"。① 似为间日疟。而他本人,八月十六日,"因寒而热,得汗而解",十八日,"予热又作,饮薄荷汤葛粉,至夕汗出而轻",二十日,"予仍热",二十二日,"至午得汗而热解",也像是间日疟的症状。② 不过疟疾应该不像谢所说的那样是一种传染性很强、死亡率很高的传染病,相反,除非是较少见的恶性疟,死亡率较低,像上面提到的两人,虽然疾病延续较长,但均无生命危险。痢疾是清代江南夏秋常见的疫病,在战争年代,势必会更加严重,在这次大疫中,有关的记载不时出现,比如同治元年(1862),松江,"自七八月以来,城中时疫之外,兼以痢疾,十死八九。十室之中,仅一二家得免,甚至有一家连丧三四口者"③。又如,同治二年(1863)六月,常熟某地十九至二十三日,"疫气大作,病者只半日不治"。而不知姓名的作者则于十四日起,患痢疾,至廿四日稍止。④

天花这一传统的地方病也有流行。同治三年(1864)四月,常熟"自长毛去后,遍处起病……本镇左右近侧,亦多病家,更有出自花亦不少"⑤。上海"同治初,天痘盛行,(黄)镎请于巡道应保时,就邑庙设牛痘局,自任施种,捐备苗药"⑥。上海从同治三年(1864)至同治末,未见有疫情发生⑦,因此同治初的天痘盛行应发生在这次大疫期间。

类霍乱即急性胃肠炎,虽是不易发生大流行的传染病,但在特定条

---

① 龚又村:《自怡日记》卷21,《太平天国史料丛编简辑》第4册,第458页。
② 同上书,第457—458页。
③ 姚济:《小沧桑记》,杨家骆主编:《太平天国文献汇编》第6册,第507、513页。
④ 佚名:《庚申避难日记》,《太平天国史料丛编简辑》第4册,第561页。
⑤ 同上书,第579页。
⑥ 民国《上海县续志》卷18"人物","方志丛书"第14种,第992页。
⑦ 参阅拙稿《清代江南的瘟疫与社会》附录一"清代江南分府疫情年表"(博士学位论文,南开大学历史系,2000年),第212—213页。

件下，特别是饮用水资源出现污染的情况下，也会出现一定范围的流行。① 由于这一疫病与真霍乱类似，而且这期间又有真霍乱流行，所以很容易被视为真霍乱。比如，前面已经谈到，从咸丰十年起到同治元年（1860—1862），嘉兴的濮院一直有霍乱流行，故同治二年（1863）七月因喝了带咸味的河水而出现的所谓"吐泻霍乱"一般也就被当作了真霍乱。② 实际上，沈梓虽明确说"遂有霍乱吐泻之病"，但只要完整地看看他的描述，就能发现此霍乱非真霍乱。他说：

> 至今年春季，濮院水即带咸，然时咸时淡，尚无害于田禾。至七月则竟咸矣，饮之者肚腹率作胀痛，遂有吐泻霍乱之病。八月为盛，不过周时便陨命，统濮院镇乡每日辄毙数十人。他镇食咸水者，其致病亦与濮镇相若……余于八月卅赴乌镇，舟人饮咸水者皆患肚痛腹泻……凡咸水之港，水作红色。③

这里至少有两点与真霍乱的症状不相合，首先真霍乱发病多为无腹痛吐泻，仅少数中毒型或干性霍乱患者，偶有腹痛表现④，而当时之人，"肚腹率作胀痛"。其次，被病人或带菌者吐泻物和粪便污染的水源是真霍乱的主要传染途径，受污染的食物和苍蝇也能传播疾病⑤，而当时患者均为饮用受污染的咸水之人，若是真霍乱，致病途径绝不可能如此单一，污染水源肯定不只是带咸味的河水，未变咸的淡水一样会带菌。当时之河水变咸，虽是因为海水倒灌，但从"水作红色"看，应该还存在因为环境破坏而导致的其他污染。由饮用同一种受污染的水或食物而引起的吐泻腹痛，应是较为典型的类霍乱（急性肠胃炎）症状。⑥

此外，在战争动荡的年代，环境污染，人民体质下降，江南地区夏

---

① 李家庚、余新华等：《中医传染病学》，中国医药科技出版社 1997 年版，第 365、373—374 页。
② 如张剑光认为是"典型的霍乱症状"（《三千年疫情》，第 535 页），虽没有明确说是何种霍乱，不过从其后文"霍乱（吊脚痧、转筋痧）"这样的说明来看，无疑说的是真霍乱。
③ 沈梓：《避寇日记》卷 4，《太平天国史料丛编简辑》第 4 册，第 275 页。
④ 李梦东主编：《传染病学》，第 105—106 页。
⑤ 参阅李梦东主编《传染病学》，第 103—104 页。
⑥ 参阅李家庚、余新华等《中医传染病学》，第 363 页。

秋季节一向多发的伤寒出现流行也应是情理中之事。不过遗憾的是，我们并未发现明显证据表明这期间有伤寒流行，只是有些个别的记载透露出存在伤寒的可能。比如，咸丰十年（1860），濮院沈梓之母，自八月初起病；九月十五日，当沈梓见到她时，"寸步不能行，骨瘦如柴，身热，咳嗽不止，终夜不辍"①。伤寒的一个重要特征便是长期身热不退，而且老年伤寒常并发支气管炎和肺炎等疾病。② 因此，沈母不无患老年伤寒的可能。至于百日咳，从龚又村的日记中可得到一些证据。同治元年（1862）秋，常熟的龚又村一家有一半多罹患，其中两儿两女均患病在身，除幼女于八月二十五日亡故外，其他3个孩子都于八月初起病，至九月末才见痊愈（该年闰八月），病程近3个月。③ 前面已经谈到，他本人和其儿所患当为间日疟，实际上，他的其他子女，也有寒热间作之症状，也极有可能患疟疾。但似乎又不仅仅是疟疾，因为这几个孩子均有咳嗽、咳中见血、口疳、口腔溃疡等症状，而疟疾一般不会出现肺和呼吸道上的症状，也少见这方面的并发症④；并且，家中同样患疟疾的大人均未见这些症状。因此，应不排除这几个孩子在患疟疾的同时，患有百日咳的可能。⑤

还需要指出，在一般情况下，特别是在灾荒战乱频发之年爆发的瘟疫，即使在同一时期、同一地区，也往往是多种传染病同时出现。⑥ 比如龚又村一家，就可能有两种疫病同时流行。又如，同治元年（1862），常熟有霍乱流行，但在龚又村的家乡，"夏秋以来，无家不病，病必数人，

---

① 沈梓：《避寇日记》卷1，《太平天国史料丛编简辑》第4册，第45—48页。
② 参阅李梦东主编《传染病学》，第98页。
③ 龚又村：《自怡日记》卷21，《太平天国史料丛编简辑》第4册，第457—469页。
④ 参阅李梦东主编《传染病学》，第153—156页。
⑤ 根据现代医学的认识，百日咳是由百日咳嗜血杆菌引起的急性呼吸道传染病，传染性较强，病程一般长达2—3个月，多发于小儿。初起恶寒、发热、咳嗽，有如感冒，一两周后，感冒好转，咳嗽却日渐加重，并逐渐呈阵发性和痉挛性症状。痉咳时，舌系带由于反复和门齿摩擦，常导致溃疡（参阅李梦东主编《传染病学》，第85—87页；南京中医学院编《温病学》，上海科技出版社1978年版，第202—204页）。
⑥ 嘉道之际出现的单一霍乱大流行，是一种比较特殊的例外，这应与该疾病自海外传入密切相关（参阅拙稿《嘉道之际江南大疫的前前后后——基于近世社会变迁的考察》，《清史研究》2001年第2期）。

数人中必有一二莫救者"①，显然不像是真霍乱流行。因此，在判断某次瘟疫为何种疫病时，不能根据个别的记载就断言其为何种传染病，而需要持极审慎的态度。

四 瘟疫的原因与影响

谢高潮将这次瘟疫的发生归咎于自然灾害、政权腐败和战争等因素，其实这也是通行的做法。对这种解释，一般总是难以辩驳的。不过实际上，每一疫情的发生，尽管一般都是灾荒、战乱，以及人口、环境和习俗等多重因素共同作用的结果②，但每次必然有其特殊的机缘，即具体而独特的原因。我们的研究不仅要指出通常存在的一般因素，更应深入细致地勾勒出这些原因和结果之间具体的关联并揭示出其独特的因素。在这三种因素中，与战争的关系稍后再论，另外两种明显不属于我们所说的具体而独特的因素。就自然灾害而言，根据对陈高佣等不完全记录的统计，1854—1863年，江南发生除瘟疫外的各种天灾共9次，此前10年和此后10年均为7次③，并无显著的差别。而从各种地方志"祥异"类的记载来看，咸丰年间，主要的灾患只有六年（1856）的蝗灾、十一年（1861）冬的大雪以及二年（1852）的地震，其中只有六年的蝗灾影响较大，然与嘉庆十九年（1814）之旱灾、道光三年（1823）和二十九年（1849）之水灾相比仍不可同日而语。与此同时，在一些县志中，还有不少岁稔的记载。④ 举例来说，关于咸丰十年的瘟疫，谢高潮将其和雨水偏多相联系⑤，实际上，当年江南的灾情并不突出，如未被太平军攻占的南汇县虽秋雨偏多，但岁仍丰稔。⑥ 其他地方志大多未提及当年有什么水

---

① 龚又村：《自怡日记》卷21，《太平天国史料丛编简辑》第4册，第453页。

② 有关瘟疫的成因，可参阅拙稿《清代江南瘟疫成因略论》，《中国社会史新探——庆贺陈捷先、冯尔康教授古稀之年学术论文集》，天津人民出版社，待刊。

③ 陈高佣等编：《中国历代天灾人祸表》，上海书店1986年版，第1631—1649页。

④ 比如光绪《宝山县志》中记载的岁稔年份有咸丰四年、五年和八年（卷14"祥异"，"方志丛书"第407种，第1561—1562页）。光绪《南汇县志》在同治元年条中记载："嗣是连稔三年。"（卷22"杂志·祥异"，第1483页）

⑤ 谢高潮：《浅谈同治初年苏浙皖的疫灾》，《历史教学问题》1996年第2期。

⑥ 光绪《南汇县志》卷22"杂志·祥异"，第1483页。

灾。这一年出现瘟疫的地区,像无锡、苏州、嘉兴和湖州等地,均是受战争破坏相当严重的地区,无疑是战争引发了瘟疫。至于说政权腐败,从长远的观点来说,当然是有联系的,但具体而言,当时的政权并不见得比此前或此后更加腐败。由此可见,尽管在此期间发生的一些未必严重的天灾清政府也应当承担部分责任,然而战争应该是这次瘟疫唯一直接的主要因素。实际上,这也是清代江南唯一一次由战争引发的大疫。

关于战争与瘟疫的关系,谢高潮从三个方面作了论述:(1)几十万军队在此地聚集,造成了这一地区粮食的紧张;(2)湘军军纪败坏,滋扰地方,鱼肉良民;(3)战争加剧了灾区环境的污染。① 这些揭示不无见地,不过显然还存在不少可以申论和补充的空间。首先,谢总是把战争造成的破坏一律归罪于清军,这大概是在某种既有观念指导下而产生的认识。对地方的滋扰和环境的破坏,显然不会仅是清军一方造成的。其实,在文献中,同样因为立场问题,时人追究的大都是太平军的责任。比如沈梓叹言:"凡贼兵攻吴江者,皆以劫掠、放火、杀人、割稻为事。"② 又如,从江南地区的方志中可以发现,有相当多的建筑和公共设施都是在咸丰十年(1860)所谓"庚申之难"中遭受破坏的。《平贼纪略》中这样描述了无锡、金匮在太平军攻占前后的变化:

> 吾邑庚申以前,城乡民稠地密,半里一村,十里一镇,炊烟相接,鸡犬相闻,市肆繁盛……遇难以后,附郭周围,一望平芜,惟东门外亭子桥存民房百间,西门惠山存祠庙数百间外,其余瓦砾盈途,变成焦土。③

破坏如此严重,环境的恶化自然不可避免,当年夏季,苏州"遗骸便道,浮殍满河。时天晴,炎气熏蒸,臭秽难闻,好善者方以芦席裹之,埋以土。过善人桥,见一尸仰卧河滨,一蒙茸肥犬啮其股;一尸横岸草间,覆以败席,上露发蓬松,下露足弓鞋,宛然古诗:发纷纷兮置渠,

---

① 谢高潮:《浅谈同治初年苏浙皖的疫灾》,《历史教学问题》1996年第2期。
② 沈梓:《避寇日记》卷4,《太平天国史料丛编简辑》第4册,第274—275页。
③ 佚名:《平寇纪略》(下),《太平天国史料丛编简辑》第1册,第316—317页。

骨籍籍兮亡居。思之惨绝。"① "城中府、县署无恙,唯三大宪署烧毁。贼缘久旱,城河流血,秽臭不堪,欲载行李出城,适廿七日大雨冲而又中止。"②

其次,除谢所言及的三点外,至少还有以下几个由战争直接造成的后果与瘟疫的发生和传布密切相关。第一,频繁的战事,严重地破坏了当地正常的生产和生活,致使饥馑载道,民众体质普遍下降。从咸丰十年到同治三年间,苏南和浙西的不少地区在太平军和清军占领中数度易手,战事频仍,人民或死于战火,或为躲避战火而出逃他乡,必然严重影响农事和日常生活。比如在安吉,"自庚申至壬戌(咸丰十年至同治元年)贼往来不计其数,民始时死于兵戈,其饿毙者尚少。至壬戌五六月,颗粒难收,民皆食木皮青草,由是八九饿毙"。③ 在嘉兴,"(咸丰十一年九月十一日)逃难返乡之人饿死无算,田坂地角及干枯丛中皆有死尸。盖自前月廿六日逃难而出,至是已二旬日,而贼犹未退,即有囊资,亦告罄矣。其无囊资者,安得不死"④。又如在常熟,同治元年(1862)四月,支塘、白窑、双凤、浚仪等处"被零匪焚掠,水多浮尸,翻掘秧畦寻觅财物,致令农散田荒"⑤。第二,由于战争严重破坏了当地正常的生产和生活,致使各地难民不断增加,同时,咸同之际,苏北及江北其他省份时有旱蝗等灾发生,大量饥民纷纷南下觅食,特别是同治元年,"各省旱荒,兼受蝗害,灾民纷纷渡江,不下数万,而留养淮扬复十余万"⑥。难民生活无着,路途奔波,本来体质就差,加之居住条件和环境卫生状况恶劣,特别容易诱发瘟疫。早在咸丰六年(1856),无锡、金匮的难民营中就有疫病爆发。

(咸丰六年五月)向营退丹阳,上游难民纷纷南下……旋锡、金派养难民三千余人,分四门寺庙居之,时值亢旱酷热,臭秽不堪,

---

① 蓼村遁客:《虎窟纪略》,《太平天国史料专辑》,第19页。
② 龚又村:《自怡日记》卷19,《太平天国史料丛编简辑》第4册,第351页。
③ 同治《安吉县志》卷18"杂记",同治十三年刊本,第40a页。
④ 沈梓:《避寇日记》卷2,《太平天国史料丛编简辑》第4册,第86页。
⑤ 龚又村:《自怡日记》卷21,《太平天国史料丛编简辑》第4册,第445页。
⑥ 《刘翊宸致金逸亭书》,《太平天国史料专辑》,第473页。

疾病丛生，急为之医治，疫气传染，死者颇众。①

这一次，难民爆发瘟疫的记载则更为多见，比如，在常熟，"复有留养难民，杂处祠门，藉苦寝地，酿成湿痰，时疫又兴，死者相继，妇哭儿啼，遗溺遍地，难与为邻"②。又如在湖州，"利济寺中难民独多，天甚炎热，四处散居，人皆坐卧地上，各相枕藉。又均病泻痢，秽气逼人，死者日二十余人"③。第三，军队和难民的流动也直接导致了疫病的流传。与嘉道之际大疫基本分布在一些重要的交通干线上不同，这次在浙西西部的孝丰、临安和昌化等地也有严重的疫情发生。而这些地区，地处山区，相对地广人稀，交通也较为闭塞，在嘉道之际那场影响面更广的瘟疫中，均未波及。该区为浙皖间的重要通道，从咸丰十年开始，太平军在这一地区数度往来，疾疫极有可能就此从苏南或嘉兴和湖州的中心地区传入。据上文所述，这一地区的瘟疫是真霍乱的可能性较大。如此，那么它应是由太平军带入的，因为在嘉道之际的大疫中，该地区未受影响，而此后江南又再没发生大的霍乱流行。④ 第四，战争使国家和社会对付灾荒的能力严重下降。清朝虽然有一套较为严密的灾荒救济制度，但在战争年代，必然无力施行，而且相当多的乡贤在战乱中往往自顾不暇，其救济能力自然也会降低。比如，浙西海塘，在咸丰十一年前就已倾圮，一直未能修复，致使卤水倒灌内河，此后又一再圮塌，导致嘉兴的不少地区河水变咸，致生"霍乱吐泻"之疾。并且还使田稻受损，"海宁海盐等地三年无成谷"⑤。又如无锡、金匮：

> 复城后，各乡镇立局，收养流离失所之民……惟米珠薪桂，终难周全，冬春之饥寒交迫，夏秋之暑湿熏蒸，病死无数，非独殁无棺木，葬亦开千人坑埋之。且夫役扛尸，尝以两尸为一扛，甚至有

---

① 佚名：《平寇纪略》（上），《太平天国史料丛编简辑》第1册，第235页。
② 龚又村：《自怡日记》卷19，《太平天国史料丛编简辑》第4册，第353页。
③ 沈梓：《避寇日记》卷3，《太平天国史料丛编简辑》第4册，第169页。
④ 参阅拙稿《嘉道之际江南大疫的前前后后——基于近世社会变迁的考察》，《清史研究》2001年第2期。
⑤ 沈梓：《避寇日记》卷4，《太平天国史料丛编简辑》第4册，第275页。

未气绝者，夫役曰："带去"。或能言未死者，则曰："早晚一样"，竟带去埋之。①

这在平常年代，无疑是难以想象的。

由此可见，战争导致了民众体质下降、环境恶化、恶劣生存条件下的聚居人口增加、大规模人口流动频繁以及国家和社会救济能力下降等，这些都导致乃至促发了原本就存在于江南地区的霍乱等疫病的爆发和流传，致使本来不太可能出现重大疫情的时期，在战争的作用下，发生了全区域性的特大疫灾。

在战争年代发生如此严重的疫情，其后果必然是灾难性的。最显著的莫过于人口的损失了。从前面引述的一些文献中，很容易发现瘟疫造成了大量人口死亡。在清代江南的历次瘟疫中，这是人口疫死率最高的一次，总的来说，这次瘟疫的疫病死亡人口所占比率大约在8%—15%之间，一般不会超过20%。当然，在极个别地区，比如嘉兴的濮院，疫死率达四五成，也不无可能。② 太平天国战争前，江南十府一州的人口大约为4000万③，若按8%—15%的疫死率计，疫死人口多达320万—600万。这场瘟疫仅在江南就夺走了数百万人口的生命，不能不说是一场极其可怕的人间惨剧。

战争导致了这场灾难，同时瘟疫本身也会对战争造成一定影响。军营是一个人口相对集中的地方，而且，生活卫生条件又相对较差，所以也往往是瘟疫最易爆发的场所。比如，同治元年，据曾国藩奏称："大江南岸各军，疾疫盛行……近日秋气已深，而疫病未息。宁国所属境内最甚，金陵次之，徽州、衢州次之。水师及上海各军，亦皆繁兴，死亡相继。"④ 将士的大量染疾甚至死亡，必然极大地影响军队的战斗力和军事

---

① 佚名：《平寇纪略》（下），《太平天国史料丛编简辑》第1册，第304—305页。
② 参阅拙稿《清代江南瘟疫对人口之影响初探》，《中国人口科学》2001年第2期。
③ 嘉庆二十五年，江南人口为3810万（参见王业键、黄莹珏《清中叶东南沿海粮食作物分布、粮食供需及粮价分析》，《"中央研究院"历史语言研究所集刊》第70本第2分，1999年6月，第376—377页），道光年间应仍有一定程度的增长，故估计在4000万左右。
④ 曾国藩：《请简亲信大臣会办军务片》，《曾国藩全集·奏稿五》，岳麓书社1994年版，第2606页。

部署的顺利实施。就在这一年,曾国藩曾数次具奏瘟疫的影响,七八月间,"金陵贼匪未扑官军营盘,曾国荃因营中病勇过多,亦未进攻……左宗棠在浙,亦苦营中患病者多,不能指挥如意"①。他奏言:"今岁夏秋以来,疾疫大作。昔时劲旅,顿变孱军。"② 这些都为臣子向上的报告,尽管不免存在为推脱责任而有意扩大瘟疫危害的可能,但瘟疫对战争造成了一定的影响应是可以肯定的。只不过,当时无论清军还是太平军都缺乏良好的军事卫生医疗制度和设施,故疾病不可能只对清军一方造成损害。这一点,朝廷对相关奏折的答复中已经指出:"至天灾流行,必无偏及,各营将士,既当其陑,贼中岂能独无传染?"③ 其实从其他一些资料中,我们也可以发现,这一年,太平军中同样疫疠流行,比如,《花溪日记》记闰八月间,驻海宁的太平军"疮痍及瘟疫大发,死者无算"④。有些研究者甚至把瘟疫看作太平天国革命失败的原因之一。⑤ 不过这位作者只是简要描述了这次瘟疫的概况,并没有论及瘟疫的具体影响以及与太平军失败的确实关系。至少就这次战争来说,瘟疫虽然可能对战争的具体进程产生影响,但由于它对参战的双方同样产生危害,所以于战争最终的胜负应该不具有决定性的作用。

至于其他方面的影响,比如环境、经济生产、医药卫生、民众心态等,或上文已有涉及,或需专文深究,限于篇幅,于此不论。

瘟疫既是天灾,亦是人祸。说其是天灾,是因为瘟疫都由自然存在的致病微生物所致,非人力所能完全控制。但另一方面,瘟疫在人群中的爆发流行又都与一定人为因素相关,比如战乱、人口聚集、人口移动、人为因素造成的环境变动和风俗习惯等,所以又是人祸。就咸同之际江南大疫来说,显然人祸的因素更大一些。若没有战争,当不至于有如此

---

① 曾国藩:《金陵及各路近日军情片》,《曾国藩全集·奏稿五》,第2797页。
② 曾国藩:《附陈近日军情仍请简派大臣会办诸务片》,《曾国藩全集·奏稿五》,第2797页。
③ 《附录廷寄答李元度军请奖及各营疾疫盛行并请简派大臣会办诸务等折片》,《曾国藩全集·奏稿五》,第2615页。
④ 冯氏:《花溪日记》,杨家骆主编:《太平天国文献汇编》第6册,第707页。
⑤ 康沛竹:《灾荒与太平天国革命的失败》,《北方论丛》1995年第6期,第54—55页。

惨烈的瘟疫发生。这次大疫，是清代江南涉及范围仅次于嘉道之际大疫和疫死率最高的瘟疫。在多种瘟疫中，真性霍乱无疑是其中最主要的冷面杀手。由于人体对病原体具有自然的免疫力和调适力，所以一般情况下，某种瘟疫首度侵袭人群时，杀伤力最强。然而，真性霍乱自嘉道之际传入江南至此时，已有三四十个年头了，疫死率不降反升。显而易见，此中战争的因素至关重要。不论怎样认识这场战争，立足于瘟疫这一特殊的灾难，我们确实看到了战争与瘟疫之间的互动关系。

南京大屠杀是东京审判的编造么？[*]

程兆奇

一

1982年的日本教科书事件①，引起了日本右翼的强烈反弹。在否定日本侵略的喧嚣中，南京大屠杀是日本右翼的一个主攻点，其中田中正明《"南京屠杀"的虚构》（以下简称《虚构》）又是在这一轮进攻中的最主要代表。为了从源头上否定南京大屠杀，《虚构》"虚构"了一个所谓的"事实"，即在东京审判之前，世人并不知道有"南京大屠杀"，"南京大屠杀"完全是由东京审判编造的。《虚构》第七章"东京审判"中有一小节，题目就叫"第一次知道的'南京屠杀'"，其文不长，不妨全录：

> 昭和12年（1937年）12月，中国首都南京，在皇军的快速进击面前，外线防卫阵地和内线防卫阵地被轻易突破，同月13日陷落。日本举国欢腾，游行队伍举着旗帜，打着灯笼，祝福战果，颂

---

[*] 本文原载《近代史研究》2002年第6期。谨以此文纪念在因日军暴行而死难的中国军民。
① 1982年6月26日，日本《朝日新闻》等各大媒体报道了前一日结束的文部省对教科书的审定结果。因这一结果有淡化侵略等倾向，受到了中、韩等国的强烈批判。日本右翼则坚持说，在此次事件中具有关键意义的改"侵略"为"进出"的报道是"误报"。

扬着赫赫武勋。

但8年以后，日本在大东亚战争中败北，在同盟国的攻势面前降伏。其结果是战胜的11个同盟国组成了"远东国际军事审判"，审判日本。由战胜国通过国际审判对战败国断罪，是史无前例的事。第二次世界大战的战败国德国和日本受到了这样的国际审判。

日本方面，从昭和3年（1928年）1月1日到在投降协定上签字的昭和20年（1945年）9月2日约17年间，对国际所犯的战争罪行——有的和没有的，受到了单方面的审判。

其中，所谓日本军在南京干尽了非人道的坏事，屠杀包括妇女儿童在内的数十万中国人，而且放火、暴行、强奸、掠夺等的残虐行为在7周中持续不断，这样的"令人战栗的事实"，日本国民就是通过这个东京审判第一次知道的。听到此事的国民，无不愕然，深抱罪恶感，从心底里感到耻辱。

直到那时为止，日本国民从来没有一人提到过在南京发生的这样的大屠杀，所以其令人吃惊犹如晴天霹雳。连因为这一事件而被处决的中支那派遣军司令官松井石根大将，听到这样的传闻也是在昭和20年8月战败以后。他这样说：

> 终战后不久，从美国的广播中听到了南京发生的对一般人、俘虏、妇女等有组织的大规模的屠杀和暴行的消息，让人吃惊。向旧部下调查，结果这样的传闻完全是虚妄的。我在任中固不必说，归还后直到终战都没有接到过这样的报告和情报。在上海时，我和各国报社的通讯员常常见面，也从未听说此事，所以完全是诬妄之谈。

所谓"南京大屠杀"的消息，对松井大将也完全是晴天霹雳。和松井大将一样，因"南京大屠杀"的责任在战后受到蒋介石国民政府审判、在南京城外遭枪杀的第六师团长谷寿夫中将，在他的口供状中也说："本人知道南京暴行事件，去年（昭和20年）终战后读报纸是第一次，深感惊愕。作为参加该战斗的被告也完全是初次听到。"也就是说，这是连军司令官、师团长都完全不知道的事件。

不仅是军司令官、师团长，与占领同时入城的100名以上的媒体从业人员也不知道。这件事前述《读卖新闻》原四郎特派员也说得很明确，而且，当时《东京日日新闻》的另一位随军记者、随最先进入南京的部队一起入城的五岛广作氏，在杂志《修亲》（昭和43年5月号）也发表过题为《南京大屠杀的真相》的文章，其中这样说：

> 从南京回到上海不久，在南京发生了虐杀事件的传闻传入了耳中。于是试给各家报社打电话，结果各家报社都说这样的事既未看到，也未听说。是支那先生一贯的夸大宣传，或是在下关地区正规的战斗中敌方战死的尸体，被遗弃于小溪湖沼，而被说成虐杀——成了这样的结果。
>
> 不仅司令官、师团长、战士，连随军记者都不知道事件，何况内地的国民，当然是不知道的。

曾木义信氏（熊本市国府）在给作者的信中这样说："想必知道，'南京大屠杀'是昭和20年12月9日由NHK①的广播开始的，当时听到的人，谁都认为不符合事实，所以向NHK提出了大量抗议。这个广播稿听说是占领军提供的。只能认为是编造出来的东西。"②

东京审判为什么要对日本"栽赃"呢？《虚构》认为主要有以下三个目的：第一，"历史的断罪"。"将历来的皇国史观——以天皇为中心的爱国思想、国家主义、家族制度，作为低级的、野蛮的、错误的"，以便否定以往日本的一切历史、传统、文化。第二，"扶植罪的意识"。不仅将明治维新以来的所有对外战争都认定为"侵略战争"，而且将日军在海外的表现描绘成掠夺、放火、强奸、杀人，丧尽天良，以此在日本人心中植入无法抹去的"前科意识"和"自虐意识"。第三，为了"报复"。它借11个法官中唯一对日本的罪行持保留态度的印度的帕尔的话说："这

---

① NHK是日本国营广播电台，秉持客观、公正，不受政治、商业的干扰是它标示的方针，所以战后经常受到日本右翼的攻击。如2000年末因报道日军的性奴役问题，右翼主要刊物《正论》就称NHK的行为是"卖国行为"（《NHKよ、それを国行为と呼ぶのです》，《正论》2001年4月号，东京，产经新闻社，第56—67页）。

② ［日］田中正明：《"南京虐杀"の虚构——松井大将の日记をめぐって》，东京，日本教文社1984年版，第287—289页。

种为了满足复仇愿望的做法,不过是借用法律手续而已,和国际正义是无缘的",它让人感到"倒退回了数世纪前的野蛮时代"。①

如果仅据《虚构》所言,似乎没有东京审判,日本人便不知道有南京大屠杀,不仅不知道大屠杀,也不知道日军的掠夺、强奸、放火等暴行,因此,日军在南京的暴行不免有"胜者"强加之嫌。这种论调本来不值一驳,道理很简单,因为"罔闻"不等于"乌有"。"南京大屠杀"之有无,日月天地可鉴,不是任何人以"不知道"就可以否定的。今天之所以仍把这一问题提出来进行检讨,是由于(1)"不知道"本身是个谎言;(2)日本"大屠杀派"虽尝澄清,但过于简略;(3)以至于与《虚构》持同调者旋踵而至,而且至今不断,"愚夫愚妇"——不少日本国民——也乐于"讹传";(4)而此事又是近世国史最伤痛的一页,可谓关乎"大道"。

在此,先让我们看看《虚构》之论调为近年日本右翼著作袭用的情况。吉本荣《粉碎南京大屠杀的虚构》说:

> 这个"南京大屠杀事件"在日本最早说及是昭和20年(1945年)12月8日。那一日,由美军司令部提供的特别记事在《朝日新闻》刊出,题目是《太平洋战争史——不实的军国日本的崩坏》,下署"同盟军司令部提供"。南京陷落后这样写道:"日本军犯下了令人发指的恶虐行为,作为近代史上最大的残虐事件,据证人们的叙述,可以确证,当时有两万男人、女人和儿童遭到杀戮。"对当时的日本人来说,其震惊犹如晴天霹雳。②

富士信夫《南京大屠杀是这样被编造出来的——东京审判的欺瞒》有一小节,题目为"昭和十二年十二月当时完全没有被报道的大屠杀",其中说:

> 攻占南京当时,进入南京城的不仅有约120名新闻记者和摄影

---

① 《"南京虐杀"の虚构——松井大将の日记をめぐって》,第282—284页。
② [日]吉本荣:《南京大屠杀的虚构を砕け》,东京,新风书房1998年版,第7—8页。

师,而且还有大宅壮一、木村毅、杉山平助、野依秀市、西条八十、草野心平、林芙美子、石川达三等有高名的评论家、诗人、作家,此外,在昭和十三年春到夏,还有许多名人访问了南京。

随军记者、随军摄影师经常和第一线的士兵一起行动,报道第一线军队的活动状况和战况理当是他们的使命。如果日本军占领南京后,在南京市内确实发生了像检察方面提出的大屠杀事件,那么,这一事件决不会不进入随军记者、随军摄影师以及进入南京城内的前述评论家、诗人、作家们的眼中。①

板仓由明《真相是这样的南京事件》说:

最初"南京大屠杀"成为问题是远东国际军事审判。实际这时还没有"南京大屠杀"的说法。②

铃木明《新"南京大屠杀"之迷》说:

"远东国际军事审判"俗称"东京审判"。正是这个"东京审判","南京大屠杀"的存在为世人所知了。③

松村俊夫《对南京大屠杀的大疑问》说:

以上通过对从昭和 12 年(1937 年)到翌年(13 年)同时代的资料和远东国际军事审判、南京军事法庭的资料以及问题复活以后中国方面新准备的资料和证人的证言的细致检讨,已非常清楚地让

---

① [日]富士信夫:《"南京大虐杀"はこうして作られた——东京裁判の欺瞒》,东京,展唐社1998年版,第339页。

② [日]板仓由明:《本当はこうだった南京事件》,东京,日本图书刊行会2000年版,第44页。所谓"说法"之不能否认事实,诚如日本"大屠杀派"新一代中坚笠原十九司所说:"'东京大空袭'也是战后才有的称呼,谁也没有因为它出现于战后而说它捏造。事件的历史真实在前,称呼在后,而且有可能变更。"(《まぼろし派、中间派、大虐杀派三派合同大アンケート》,《诸君!》2001年2月号,东京,文艺春秋社,第199页)

③ [日]铃木明:《新"南京大虐杀"のまぼろし》,东京,飞鸟新社1999年版,第408—409页。

人看到此事作为传言（依上下文脉，此处亦可译为"谣传"——引者）的成长过程。①

竹本忠雄、大原康男《再审"南京大屠杀"》说：

当时认识"南京大屠杀"的日本方面的高官是不存在的。②

自由主义史观研究会《教科书不教授的历史》说：

战前即使在国际文献中，南京屠杀也是作为完全的虚报否定的。证明屠杀的正式资料，一件也没有。然而，战败后的东京审判却突然提出南京大屠杀。基南首席检察官模糊地提出数万人被杀，而中华民国将贝茨之说扩大到7倍，提出了屠杀30万人的主张。③

阿罗健一《纪闻·南京事件》说：

号称是南京事件的证据、证言，多数被认为包含有虚伪的内容。从东京审判向法庭提出的材料开始，一流大报等媒体的报道中数量也很大，于是南京事件的真相就更难以看清了。怎么样的证据和证言能让我们相信，也更让人困惑。④

藤冈信胜、东中野修道《"南京暴行"的研究》不仅说日本人不知道"南京大屠杀"，有一节小标题甚至就叫"国联、毛泽东、蒋介石都不知道南京大屠杀"⑤。

---

① ［日］松村俊夫：《"南京虐杀"への大疑问》，东京，展書社1998年版，第396页。
② 日本会议国际庞报委员会编：《再审"南京大虐杀"——世界に诉ぇる日本の冤罪》，东京，明成社2000年版，第65页。
③ ［日］藤冈信胜、自由主义史观研究会编：《教科书が教ぇない历史》2，东京，产经新闻社1996年版，第72页。
④ ［日］阿罗健一：《闻き书 南京事件》，东京，图书出版社1987年版，第298页。
⑤ ［日］藤冈信胜、东中野修道：《ザ・レイプ・オブ・南京の研究——中国にぉける"情报战"の手口と战略》，东京，祥传社1999年版，第196页。

上引不过是时下充斥日本书籍市场的右翼著作中的几种。①

本文所要解决的问题主要有以下三点：（1）松井石根以及日本军政当局是否不知道日军的暴行。（2）普通日本大众为什么不知道（假设）日军的暴行。(3) 进入南京的日本"记者""摄影师""评论家""诗人""作家"以及作为加害者的日军官兵本身是否不知道日军的暴行。其中的第三点分两节论述。

二

在证明松井石根是否知情之前，不妨先来看看日本军政当局是否知情？"知"到什么程度？

12月13日日军进入南京，最初南京的部分市民和外国侨民对日军曾抱以期待，以为自8月中旬以来的轰炸，特别是南京失陷前夕败退军队的抢劫、放火，可以就此结束，南京的秩序可以重新恢复。但日军进城后的暴行打破了人们的幻想。《纽约时报》记者都丁（F. Tilman Durdin）12月15日被日军勒令离开南京，17日在停泊于上海的美国军舰

---

① 不仅是南京大屠杀，否定东京审判对日本侵略的认定也已"蔚为大观"："所谓东京审判……的非法性，世界的法学家都有一致认识"（[日]大井满：《仕組まれた"南京大虐殺"——攻略作戦の全貌とマスコミ報道の怖さ》，东京，展転社1998年版，第299页）；"从法的角度考虑，无论谁都会说东京审判是不可理喻的！"（[日]小室直树、渡部升一：《封印の昭和史——"戦後五〇年"自虐の終焉》，东京，德间书店1995年版，第165页）；"战后日本人卑屈的最大原因，是远东军事审判所下的'日本是侵略者'的判决"（[日]原子昭三：《世界史から見た日本天皇》，东京，展転社1998年版，第114页）；"所谓东京审判……是胜者为王，败者为寇，根据胜者的意愿强加的私刑"（[日]小室直树：《大東亜戦争ここにる——戦争と軍隊、そして国運の大研究》，东京，クレスト社1995年版，第5页）；"远东军事审判不是法律上的审判，而是围绕'儆戒'或者'复仇'的下流的审判剧"（[日]西部迈著、新しい歴史教科書をつくる会編：《国民の道徳》，东京，扶桑社2000年版，第135页）；"超国家的判定者以人类的名义显影犯罪国家，但实际上是掌握超国家机关的一部分国家，为了更有利地占据地球上的位置，由力来决定战争胜败的结果，完全是没有道理和非宽容的"（[日]西尾干二著、新しい歴史教科書をつくる会編：《国民の歴史》，东京，扶桑社1999年版，第467页）；"'谁都知道这时的证言是伪证'，但反论是不被允许的"（[日]东中野修道：《"南京虐殺"の徹底検証》，东京，展転社2000年版，第375页）；"东京审判无论从法的、程序的，尤其是事实认知的角度看，都是错误的。结局不过是'胜者的审判'"（[日]藤冈信胜：《污辱の近現代史——いま克服のとき》，东京，德间书店1996年版，第102页引 Victors' Justice: The Tokyo War Crimes Trial）。

上发出了第一篇报道,这也是西方记者有关日军暴行的第一篇报道,其中说:

> 因为中国当局的瓦解和中国军队的解体,在南京的许多中国人以为,随着日本军队的进城可以确立秩序和组织,所以准备立即接受。他们以为日本军如控制城内的话,恐怖的轰炸可以停止,由中国军队带来的灾难可以结束,所以在中国居民中蔓延着安心的情绪。
>
> 当然也认为,至少到战争结束为止日本军的统治将是严厉的。然而,日本军占领仅仅3日,对事态的观望为之一变。大规模的掠夺,对妇女的暴行,对普通市民的虐杀,从家中驱逐,对俘虏的集体处决,将成年男子强行抓走,南京已化为了恐怖的城市。①

日军的表现不胫而走,很快传向了外界。从现有的资料看,日本高层在几乎同时也获知了真相。

日本本土的军政当局获知日军的情况,主要循两条渠道,一是外国媒体的广泛报道,本文第三节将详列有关材料;二是日本使领馆、主要是驻南京大使馆等机构取得的资讯,这些资讯来源大致可分为两类,一类是使领馆接到的苦情报告、抗议等文书,一类是使领馆、日本通信社等收集到的各类情报。

从《拉贝日记》等记载中可以看到,日军进入南京的第二天,拉贝(John H. D. Rabe)已以安全区国际委员会主席的名义拟文,准备递交日军。15日,拉贝与日军及日本大使馆官员会面,并分别递交了信件,希望日军维持南京的秩序并"宽待"放下武器的中国士兵。16日,国际委员会在致日本使馆的信中谈到了日军抢夺国际委员会委员的汽车等事后,

---

① [日]洞富雄:《日中战争史资料》9"南京事件"Ⅱ,东京,河出书房新社1973年版,第280页。秦郁彦《南京事件》所引与此有异,如第一段后多出一句"甚至有以欢呼声迎接日本先头部队的市民",如第二段"仅仅三日"为"仅仅二日"(秦郁彦:《南京事件——虐杀の构造》,东京,中央公论新社1999年版,第3页)。

附录了"已经仔细核实过的事件"15 件（编号为 1—15）。① 17 日，国际委员会在致日本使馆的长信中谈到了红卍字会收尸车被抢，红卍字会员工、"志愿警察"被抓，"贵军士兵的抢劫、强奸和屠杀等等恐怖活动"等事。② 18 日国际委员会在致日本使馆的信中谈到了大规模的强奸、从司法部被抓走的 50 名着装警察和 45 名"志愿警察"等事件，并附录了国际委员会秘书斯迈思（Lewis S. C. Smythe）署名的"司法部事件备忘录"。③ 同日金陵大学救济委员会主席贝茨（M. S. Bates）的信中也谈到抢劫、强奸、杀人……16 日起安全区国际委员会几乎逐日向日本大使馆报告日军的暴行。④ 当时与拉贝等人打交道的大使馆官员主要是候补官佐福田笃泰⑤、上海总领事冈崎胜男⑥、书记官福井淳⑦等人。

福田笃泰曾在接受采访时说：

> 我成了他们（指安全区国际委员会——引者）不满的承受者，真伪搀混，无论遇到什么都随便地抗议。向军方传达这一抗议，"这件事发生了，不论怎么请予处理"，进行这一交涉就是我的角色。⑧

---

① ［德］约翰·拉贝：《拉贝日记》，本书翻译组译，江苏人民出版社、江苏教育出版社 1997 年版，第 185—189 页。
② 同上书，第 191—196 页。
③ 同上书，第 201—207 页。
④ 如贝茨所说："我们每天去造访日本使馆，递呈我们的抗议、我们的要求，以及关于暴力和犯罪的确切记录报告。"中央档案馆、中国第二历史档案馆、吉林省社会科学院合编：《日本帝国主义侵华档案资料选编·南京大屠杀》，中华书局 1995 年版，第 1023 页。
⑤ 中文版《拉贝日记》误植为"福田德康"，如第 180 页第 2 行、第 183 页第 12 行、第 185 页第 13 行等。福田笃泰后为吉田茂首相的秘书，曾历任防卫厅长官、行政厅长官、邮政大臣等职以及国会议员。
⑥ 中文版《拉贝日记》误为"冈崎胜雄"，如第 190 页倒数第 7 行、第 191 页倒数第 6 行等。
⑦ 中文版《拉贝日记》误植为"福井喜代志"，如第 191 页第 13 行、同页第 16 行、第 201 页第 10 行等。时下不少史料集又误植为"富古伊"（姓氏"福井"之音读），如《日本帝国主义侵华档案资料选编·南京大屠杀》，第 1034 页第 4 行；中国第二历史档案馆、南京市档案馆合编《侵华日军南京大屠杀档案》，江苏古籍出版社 1997 年版，第 657 页第 18 行。
⑧ 《"南京虐杀"の虚构——松井大将の日记をめぐって》，第 36 页。

这样的大量的抗议在传达至当地驻军的同时也传达到了日本军政最高层。12月22日，出席陆军省局长会议的人事局长阿南惟几少将，在当天的笔记中记下了这样的话："中岛师团的妇人方面（此语应是指强奸或对妇女的暴行——引者）、杀人、违反军纪的行为，从国民道德心的颓废、战况的悲惨上说，已到了无法用言语来形容的程度。"① 因日军在南京的暴行，本拟12月25日开始的以广东为目标的华南战役不得不取消。②

据时任参谋本部第一部（作战部）战争指导课课长河边虎四郎大佐的回忆录《从市谷台到市谷台》记载，当时他曾起草过一份以参谋总长闲院宫载仁亲王的名义给松井石根的"严重告诫"③。此处所谓"严重告诫"即1938年1月4日发出的《关于军纪风纪之件的通牒》（以下简称《通牒》）。《通牒》将日军暴行提高到"伤害全军圣业"的高度。④《南京战史》记此事之标题为"异例的参谋总长的要望"⑤，也不能不承认此事之严重。而在此前之1937年12月28日，已有参谋总长和陆军大臣连署的要求"振作军纪，维持军规"的通牒，陆军省次官也于同日就日军暴行致电中支那方面军参谋长及特务部长。由于各国舆论的压力，日本军方不得不采取措施，以便对日军的行为有所约束。12月末，日本军方派遣阿南惟几专程来华，调查处理日军的军风纪。⑥ 次年1月末，又派遣参

---

① 转引自《南京事件——虐杀の构造》，第172页。
② 一般多强调是损及了西方的利益，如所谓："理由是攻击南京时炸沉了美舰'帕奈'号，炮击了英舰'莱迪瓦特'号，这一事件的外交交涉正在紧张进行，目下英美的气氛十分险恶，所以深虑这一作战的实行将会带来更严重的负面结果。"（井本熊男：《作战日志で缀る支那事变》，东京，芙蓉书房1978年版，第184页）
③ ［日］河边虎四郎：《市ヶ谷台から市ヶ谷台へ》，东京，时事通信社1962年版，第153页。
④ 《军纪风纪に关する件通牒》，南京战史编辑委员会编：《南京战史资料集》，东京，偕行社1989年版，第565页。
⑤ 南京战史编辑委员会：《南京战史资料集》，东京，偕行社1989年版，第398页。
⑥ 当时作为阿南惟几随员的额田坦说："13年（1938年）元旦，笔者随阿南人事局长在南京向松井军司令官报告，据局长说'中岛今朝吾十六师团长的战斗指导违反人道'，对此非难，并因此感叹士道的颓废。"（《陆军省人事局长の回想》，转引自［日］洞富雄《决定版·南京大屠杀》，东京，德间书店1982年版，第22—23页）

谋本部第二部（情报部）部长本间雅晴①少将来华，目的之一也是整顿日军的军纪风纪。

时任外务省东亚局长的石射猪太郎在东京审判时说："记得是1938年1月末，陆军中央特地派员往现地军，被派遣的人我知道是本间少将。那以后，南京的暴行就结束了。"②东京审判的记录中有一条，称广田丰中佐来华专任上海派遣军参谋也是因为军纪风纪。据宇都宫直贤（军涉外部长，后由广田丰接任）回忆，广田丰曾对他说："我和驻南京的日本领事们，仅据最明确的见闻，就有许多妇女和年轻女子在金陵大学内遭到暴行和杀害，这样遗憾的事实，实在让人无地自容。"③ 1938年6月，任第十一军司令来中国的冈村宁次中将说："在东京听到过在南京攻略战时有过大暴行的传闻。"7月到上海后他确认了如下事实：

攻略南京时，有过对数万市民掠夺强奸等的大暴行。
第一线部队因给养困难，有杀俘之失。④

石射猪太郎在1938年1月6日的日记中写道："从上海来信，详细报告了我军在南京的暴行，掠夺、强奸，惨不忍睹。呜呼，这是皇军么？"⑤后任驻南京大使的重光葵也说："及至了解了南京事件的真相，不得不对

---

① 本间雅晴后在菲律宾击败麦克阿瑟，战后很快被处决，田中正明对此也极表不满，说：麦克阿瑟"对造成自己在菲律宾失败、名誉扫地溃逃的本田雅晴中将，有极高的复仇热心。本间中将在审判开始仅两个月就遭到了处决。而且，这一审判的法官和检察官都指明由他的部下担任，所以等于是以私刑进行的处决"（[日]田中正明：《南京事件の総括——虐殺否定十五の論拋》，东京，谦光社1987年版，第24页）。

② 《南京战史》，第402页。

③ [日]宇都宫直贤：《黄河、扬子江、珠江——中国勤务の思い出》，1981年版，转引自《南京战史》，第402—403页。

④ [日]稻叶正夫编：《冈村宁次大将资料（上）》，原书房1970年版，转引自南京事件调查研究会编《南京大虐殺否定論13のウソ》，东京，柏书房2001年版，第32页。

⑤ [日]伊藤隆、刘杰编：《石射猪太郎日记》，中央公论社1993年版，转引自《南京大虐殺否定論13のウソ》，第31页。

我军队、日本民族的堕落感到愤慨。"①

日军暴行既已远传至东京的军政高层，身在事发现场的南京就绝无"不知道"的理由。即使对受害者的痛苦完全漠视，被动的"知"也是不能免的。而这种"知"不论经不经意总会留在记载里。时任上海派遣军参谋长的饭沼守少将在12月19日的日记中这样写道：

> 据宪兵报告，18日中山陵内的建筑被放火，至今仍在燃烧。又，难民区由军官带领部队侵入强奸。②

12月21日记：

> 据说荻洲部队山田支队（即第十三师团第一〇三旅团——引者）之俘虏一万数千，被逐次以刺刀处决，而某日许多人被带到同一场所，因而发生骚乱，不得不以机关枪扫射。我军官兵也有多人被射杀，而且逃跑了不少人。③

12月24日记：

> 从军纪风纪、皇道精神看，恶劣的掠夺行为，尤其是士兵特别多，必须断然振作。④

饭沼守在以后的日记中也每每提到军纪风纪。如12月30日对驻扎南京及附近地区的副官就军纪风纪提出的"严重注意"（南京警备司令佐佐

---

① ［日］伊藤隆、渡行太郎编：《続・重光葵手记》，中央公论社1988年版，转引自《南京大虐杀否定论13のウソ》，第31页。日军在南京的表现，即使完全从日本的立场出发，也不能不有所"遗憾"，如堀场一雄在20世纪40年代末总结"国家经纶"时说："攻占南京的结果，招来了10年仇恨，伤害了日本军的威信。"（［日］堀场一雄：《支那事变战争指导史》，东京，时事通信社1962年版，第111页）
② 《饭沼守日记》，《南京战史资料集》，第220页。
③ 同上书，第222页。
④ 同上书，第224页。

木到一少将［步兵第三〇旅团旅团长］在同一场合亦提出"注意及要望"），中支方面军参谋中山宁人少佐传达方面军对"非违"及"不军纪"行为的"非常遗憾"①；1月6日对"军纪风纪"的"十分注意"②；1月14日对被宪兵逮捕的违法军官"愤慨之极"③；1月21日因抢劫、强奸事件而"实感遗憾"④；1月26日记第三十三联队第八中队天野中队长⑤率兵强奸；1月29日记法务部长关于强奸、伤害，尤其是强占的报告；2月12日对宪兵报告的"日本兵的非行""实堪感叹"⑥，等等。

上海派遣军参谋副长（副参谋长）上村利道大佐的日记中也有记载。早在12月12日日军进入南京的前日，上村利道的日记中已记有：

皇军无军纪之一端已有耳闻，实在是遗憾万千。⑦

12月16日记：

关于城内军纪之点，闻之者皆为恶评，令人遗憾。⑧

12月27日记：

南京城内有学术价值的珍贵文物，渐渐被为了渔获的士兵们破坏，（风早大佐、时任中佐来联络）采办第二课所需。⑨

---

① 《饭沼守日记》，《南京战史资料集》，第229—230页。
② 同上书，第234页。
③ 同上书，第237页。
④ 同上。
⑤ 据第三十三联队12月10日编制表，第八中队中队长为田泽博大尉，又据同联队《南京附近战斗详报》和12月10—14日死伤表，未载田泽博，而14日以后已无战事，又因上村利道等的日记都仅称天野为中尉，此处之称"中队长"，不知何故？录以备疑。
⑥ 《饭沼守日记》，《南京战史资料集》，第248页。
⑦ 《上村利道日记》，《南京战史资料集》，第270页。
⑧ 同上书，第272页。
⑨ 《上村利道日记》，《南京战史资料集》，第280页。

所谓"第二课所需",可见掠夺之于日军,不仅是个人行为。①
1月8日记:

> 据宪兵报告,军纪上的无行者有相当的数量,召集少尉、准尉,对无廉耻行为遗憾至极。②

1月26日记,因"天野某中尉的非行",而"遗憾万千"。③

上海派遣军第十六师团师团长中岛今朝吾中将12月13日日记中有关"处理"俘虏的记载,已被作为杀俘令的明证。日本驻沪武官,上海派遣军成立后同时隶属于上海派遣军特务部的冈田酉次,后来说:

> 我等既属于派遣军特务部,便设法对相应于作战的政治工作有所作为,但作战远比预想的迅速,使时机已不能相合,遂成千古之恨。
>
> 这一对首都南京的攻占,不单是错过了和平的机会,而且不幸的是,对部分普通居民大屠杀的新闻,为中国的舆论大书特书,在国际形势对日本恶化的同时,还导致了中国方面抗日战线更形强化的结果。④

上海派遣军和第十军将士在日记和手记中的大量有关记载,本文之第四节、第五节中将酌引,此处不再一一转录。

松井石根是在2月初被解任的。⑤ 从军事角度讲,松井石根所率日军比预计提前一月攻下南京,是个大"成功"。但等来的却是解任的下场,

---

① 至于对日用品的掠夺,则是日军的一项"工作"。比如步兵第七联队在12月13—24日的"成果表"中就记载了大到汽车(25台)、小至压缩饼干(1600箱)等77种、成千上万件的"虏获品"(步兵第七联队:《南京城内扫荡成果表》,《南京战史资料集》,第630页)。
② 《上村利道日记》,《南京战史资料集》,第287页。
③ 同上书,第292页。
④ [日]冈田酉次:《日中战争方记》,东京,东洋经济新闻社1975年版,第110页。
⑤ 东京审判认定:"由于这类不利的报道以及在世界各国所引起的舆论的压迫,结果使日本政府召回了松井及其部下将校约八十名。"(张效林译:《远东国际军事法庭判决书》,群众出版社1986年版,第487页)

似乎不合常理。松井石根本人对此也极为不满。1938年2月10日松井石根接到解任命令,他把这种不满留在了当日的日记里:"中央陆军部谬妄如此。"① 其实军方对松井石根还有更激烈的意见。曾任陆军省兵务局局长的田中隆吉少将,战后在回答国际检察局的传问时说:"14年(1938年)春,我们曾主张将松井大将和中岛师团长付之于军法会议,但由于中岛(铁藏)参谋次长的坚决反对而没有实现。"②

前引河边虎四郎的回忆和田中隆吉的这一段话,足见日军在南京的暴行对日本军方高层的震动,藤原彰据此推断:"松井方面军司令官在1938年2月被解任,是因为要负这个事件的责任。"③藤原彰的这个判断应该不错。因为虽然河边、田中事发时层级不高,与此事不尽直接(田中时在朝鲜),又是很久后的追忆,因此仅据上引材料判断松井被解任的理由稍嫌勉强,但我们确实可以找到比这两条事后之语更直接的材料。这个材料就是松井石根的继任者畑俊六大将的日志。畑俊六日志记:

支那派遣军作战告一段落,与此同时军纪风纪逐渐颓废,掠夺、强奸等非常可恶的行为也不少,此际召集预、后备役④归还内地,以现役兵代替,上海方面松井大将也以现役者代替。⑤(松井石根从台湾军司令退下后已转为预备役,上海战役后被重新起用——引者)

畑俊六所记,可证松井石根被解任确有"负咎"的因素。

但松井石根的不满,是不是表明他的不知情呢?

松井石根在东京审判预审阶段曾声言日记已烧毁。但他的日记其实尚存于世。为什么尚存于世还要谎称烧毁?谎称烧毁是否为了有所隐瞒?

---

① 《松井石根大将战阵日记》,《南京战史资料集》,第41页。
② 转引自《南京事件——虐杀の构造》,第31页。
③ 《南京大虐杀否定论13のウソ》,第17页。
④ 日本当时兵役法规定,年满20岁作为现役被征召,经2年解除现役离队,以后的5年4个月为预备役,再后的10年为后备役。
⑤ 《陆军大将畑俊六日志》,《南京战史资料集》,第52页。原文系于1938年"1月29日",但其中有2月5、6日事,而此条之次日为7日,故此条应是1月29日至2月6日的内容。

这些都是让人不免会产生的疑问。

田中正明编辑的松井石根阵中日记,1985年由芙蓉书房出版,当年《朝日新闻》11月24、25两日以《篡改"南京屠杀"史料——与原文不同达九百条》《一味隐瞒"南京屠杀"——田中氏对松井大将日志的篡改》为题连续刊文予以批判。对此田中正明曲辩说"大将独特的草书,无法释读之处甚多",强调:"我编大将日记的目的,是要通过军司令官日记这样的第一级资料,向'江湖'广泛传达这一战斗期间松井石根大将的行为、心境、真意,至于字句间多少有的失误,不是为了歪曲松井大将的真意,其目的可以说完全达到了。《朝日新闻》为首的洞富雄氏等屠杀派,胪列伪造的照片和虚夸的记事,宣传根本不存在的20万、30万的'大屠杀',这才是真正的篡改历史。"① 对于这一辩解,洞富雄等日本学者予以反驳。② 但即使从并不完全的松井石根日记③中,我们仍可以看到不少日军暴行的记载。

如12月20日记:

> 一时我官兵有少数掠夺行为(主要是家具等),也有强奸等,多少是不得已的实情。④

12月26—28日合记:

> 南京、杭州附近又闻掠夺、强奸之声。特派幕僚,要求严厉取缔,并处罚负责人,以求一扫恶劣空气。严重要求各军。(原文如此——引者)⑤

---

① 《南京事件の总括——虐杀否定十五の论拨》,第340、341页。
② 如[日]洞富雄《松井大将阵中日志改窜ぁとさき》,[日]洞富雄、藤原彰、本多胜一编:《南京事件を考える》,东京,大月书店1987年版,第55—68页。
③ 此处所本《南京战史资料集》中所收《松井石根大将战阵日记》,校对尚精,但删节甚多。
④ 《松井石根大将战阵日记》,《南京战史资料集》,第22页。
⑤ 同上书,第24页。

12月29日记：

　　南京有我军士兵掠夺各国大使馆汽车等物事件。军队的无知粗暴让人吃惊。皇军的声誉因此而遭到破坏，遗憾之极。派遣中山参谋（中山宁人，支那方面军参谋，航空兵少佐——引者）速往南京，迅即处理善后，并命令处罚当事者，当然也处分负责人。特别是上海派遣军由殿下统率，关系到御德和尊仪，故应取严厉的处分方针。①

次年1月6日记：

　　召集两军参谋长，听取情势，对今后诸事宜给予指示。两军的军风纪逐渐控制，努力谨肃，以使今后不再成为最大的忧虑。②

2月6日松井石根最后一次去南京，当日的日记中有这样的记载：

　　因多对本事件无根本理解的觉悟，一方面军风纪的弛缓尚未完全恢复，各干部又流于情面，陷于姑息，深感让军队来担当地方的宣抚毋宁说是有害无益的，不禁浩叹之至。③

　　2月10日松井石根接到解任的命令，16日他向方面军司令部告别时作的训示中仍强调："整肃军纪、风纪亦为紧要之事。"④ 2月19日中支那派遣军新司令官畑俊六大将到任，松井石根在做移交时也特别强调："为维持军纪、风纪，军队应集团驻屯，以减少直接与人民的接触。"⑤ 可见松井石根对日军的"觉悟"已到了不抱希望的程度。

---

① 《松井石根大将战阵日记》，《南京战史资料集》，第24页。
② 同上书，第28页。
③ 同上书，第39页。
④ 同上书，第43页。
⑤ 同上书，第44页。

从以上所引松井石根大将的日记看，他当时虽没有提到屠杀①，但对日军抢劫、强奸等的暴行则十分清楚。不仅对日军的暴行十分清楚，而且这些暴行已让他感到了"皇军声誉"遭受的无可挽回的损伤。松井石根贵为统辖上海派遣军和"精锐"的第十军的总司令，他的消息来源是通畅的。所以，他在东京审判预审阶段声称不知道日军所犯严重暴行，就像伪称日记已烧毁一样，只能被认为是作伪——如是"遗忘"，反而不会把话说得那么不留余地。

日军在南京的屠杀和大规模暴行，松井石根明里虽不承认，但从他在死刑判决后对东京大学佛学教授、关押甲级战犯的巢鸭拘留所的"教诲师"花山信胜说的话中，还是有踪迹可循。1948年12月9日，他留下了这样的话：

> 南京事件可耻之至……我在日俄战争时，曾作为大尉从军，今天的师团长比起当年的师团长，坏得不能同日而语。日俄战争时，对支那人不用说，即使对俄国俘虏的处理等也是好的。这次没能做好。
>
> 慰灵仪式后，我把大家召集起来，作为军的司令官流了泪，表示了愤怒。这时朝香宫也在，柳川中将也是军的司令官，本来辉煌的皇威，却由于士兵的暴行一举黯然失色了。后来，大家都笑了，更有甚者，某位师团长甚至说"这有什么可奇怪的！"
>
> 所以，即使只有我落得这样的结果，能让当时的军人们，哪怕多一个也好，深刻反省，我也是非常高兴的。②

此处所谓"士兵的暴行"，能使"辉煌的皇威""一举黯然失色"，

---

① 但屠杀发生的最主要原因，正是他发出的扫荡令，当时这一命令一直传达到了每一个士兵，日军官兵都为此"奋勇争先"。关于松井石根对杀俘的责任，将专文另详。此处仅举一例。步兵第七联队第一中队水谷庄一等兵在日记《战尘》中这样记："……36名枪杀。大家都拼命哭，请求饶命，但没有办法。真实无法判定，所以即使多少含有可怜的牺牲者也是无奈的。多少的牺牲者也是不得不的。'彻底扫荡抗日分子和败残兵'是军司令官松井大将下达的命令，所以是严厉的。"（［日］水谷庄：《战尘》，《南京战史资料集》，第502页）

② ［日］花山信胜：《平和の见》，转引自《南京事件——虐杀的构造》，第45—46页。

自然不是松井石根在预审中说的"军官一人，士兵三人"那样所谓的"若干的不法事件"。松井石根在"人之将死"之际说的这一番有悔意的话，虽未直陈暴行的规模，但含义其实已很明确。

根据以上所述，我们可以肯定松井石根在任时已深悉日军暴行的严重，而他因此被解任更使他绝无轻易遗忘的理由。他在东京审判时佯作不知，既是为了维护"皇军"，也是为了维护自己——松井石根是28名甲级战犯中唯一仅因"怠于防止违约行为"（诉因之五十五）一条罪状被判绞首刑的。

上述既已可见日军暴行为日本军政当局和松井石根本人悉知，则本节之主旨已明。但日军暴行是否为日本天皇裕仁所知仍是个值得关注的疑问。裕仁确实没有直接指挥战争，但他是整个战争的"精神领袖"，不仅是精神领袖，他对战事也是高度投入的：

> 事态急迫的11日，早上7点半阿南陆军省人事局长首先来御邸伺候，上午闲院参谋总长宫殿下拜谒，下午伏见军令部长宫殿下拜谒，闲院参谋总长宫殿下再次拜谒，近卫首相、杉山陆相等又相继拜谒，陛下早于平常7点起床，一直到深夜足不出户，作为日课的运动，在海岸的散步一概取消，终日穿着军服在政务室精励于政务，侧近者都诚惶诚恐地感激。①

此处所述虽是"七七"后的"一日"，但也是天皇在战争期间为了战事宵衣旰食的一个缩影。

裕仁在日军攻占南京的次日曾下"御旨"，对日军的"勇猛果敢"以及快速攻陷南京表示"深感满足"。但战后他对战争责任等问题一概回避。1975年秋，裕仁访美回国，在回答记者的有关提问时，他这样说："对这种语言上的'措辞'，因为我对文学不太有研究，不太明白，所以

---

① 全国各县代表新闻五十社协力执笔：《支那事变皇国之精华》"畏し事变时の竹の园生"，上海每日新闻社1939年版，第1页。

对这个问题无法回答。"①（裕仁如此推诿，受到了日本左翼的严厉批判）裕仁去世后，他于1946年口述的"独白录"出版，其中说他在攻击南京之前曾有"和平"之议。②但从更晚出的《侍从长的遗言》看，裕仁"也许"也是南京暴行的知情人。《侍从长的遗言》说：

> 南京屠杀有还是没有的争论，当时的有关人员大多是知道的。陛下知不知道不清楚，但偶尔说到过"和日俄战争时的军队不一样"。③

裕仁是否知情，现有的材料"也许"还不足断论，但诚如日本学者所说：

> 在南京大残虐事件的凶涛恶浪中，天皇是"深感满足"的。天皇确实没有对大屠杀直接下手，也没有直接下令杀害俘虏，但他是大日本帝国的惟一元首，是帝国陆海军的"大元帅"。满洲事变以后，日本军队的通称由"国军"变成了"皇军"。对中国的侵略战争是在天皇的名义下作为"圣战"进行的。这个"圣战"的方针，和藐视中国的意识相辅翼，消解罪恶感，将所有的残虐行为合理化。

---

① 1975年10月31日回答日本记者俱乐部提问。转引自津田道夫《南京大虐杀と日本人の精神构造》，东京，社会评论社1995年版，第259—260页。

② 陈鹏仁译：《昭和天皇回忆录》，台北，台湾新生报出版部1991年版，第36页。此节之后的注文中更有："德国驻华大使陶德曼所仲介的中日和平工作，于1937年12月有很大的进展。7日，蒋介石告诉陶德曼：愿以日方的和平条件为基础举行中日会谈。由广田弘毅外相得知这个消息的昭和天皇很高兴地说'那太好了'。可是，此时参谋部已经根据军司令官很强烈的呈报意见下达了攻击南京的命令。这真是历史的转折点。"（同上书，第37页）所谓"太好了"，不知何据？但从误松井根为畑俊六及译文之不够严密看，此说尚不足称信。裕仁在美国主导下被免责，中、苏等国均持异议，日本右翼从相反的立场出发亦表示不满——认为裕仁本来无罪，因而无责可免。裕仁无罪之说，随冷战结束后日本社会右倾化的加剧而被广泛接受。如近年对日本主流社会最具影响力的评论家田原总一郎，在近著中也认为裕仁是始终反对战争的（[日]田原总一郎：《日本の战争——なぜ、战いに踏み切ったか?》第7章"八纮一宇"之"天皇の'战争反对'はなぜ通らなかったのか"小节，东京，小学馆2001年版，第441—452页）。

③ 《侍从长の遗言》，朝日出版社1997年版，转引自《南京大虐杀否定论13のウソ》，第37页。

所以,天皇至少必须承担南京大残虐事件道德上的最高责任是毋庸置疑的。①

三

那么,战时日本本土的大众是否"不知道"日军在南京的暴行呢?在正面解决这一问题之前,我们不妨先逆向作一假设,假设日本大众完全"不知道"日军的暴行,然后看一看是什么原因造成了这种"不知道"。

个别的"不知道"有多种可能,但整体的"不知道"则无非是两种可能:其一,并无其事;其二,仅仅是不知其事。而不知其事的最大理由就是"知"的渠道遭到了封锁。所以"不知道"和不存在如果要画等号,资讯通畅是一个必要条件。本文开头曾引《虚构》中的一段话,其中有这样一句:"《读卖新闻》原四郎特派员也说得很明确",所谓"说得很明确"是指这样一段话:

> 我得到在南京发生了似乎是大屠杀的情报,是在南京陷落3个月后,当时军队并没有发布箝口令。为什么现在会有这样的新闻……感到不可思议,向各个支局确认,也不得要领。大多数意见认为,这又是中国军队的宣传工作。②

如果这段话属实,真的"并没有发布箝口令",那对"大屠杀的情报"存疑就是有理由的。日本右翼喜欢讲社会身份,以为"身份"是责

---

① 《南京大虐杀と日本人の精神构造》,第259页。
② 《"南京虐杀"の虚构——松井大将の日记をめぐって》,第243页。所谓中国"宣传"之说,在日本右翼中十分流行,如《从报道战线看日中战争》说:"从战争中直至今天,由日本军造成的南京大屠杀事件、在南京市内的2万人被强奸事件,仍通行着。可以说,这是蒋介石宣传战的胜利。"([日]西冈香织:《报道战线から见た日中战争——陆军报道部长马渊逸雄の足迹》,东京,芙蓉书房1999年版,第127页)

任和可信度的保障。① 这位原四郎曾是日本首屈一指的大报《读卖新闻》的顾问，他的话应该是最可信的了，可惜这是一个地道的谎话！

自"满洲事变"以后，日本军政当局开始管制新闻，至"七七"事变，对消息的封锁已达到了相当严厉的程度。7月13日，内务省警保局下令，所有有关侵华日军的记事、照片除陆军省外一概不许发表。7月31日"新闻纸法第二十七条"通过，规定陆军大臣、海军大臣、外务大臣有权禁止和限制有关军事、外交事项的发表。同日陆军省公布了相应的"省令第二十四号"及"新闻揭载禁止事项之标准"。而在这些"禁止事项"中，日军暴行是重要的内容。早在"新闻纸法第二十七条"通过的3天前，陆军省新闻班已实施了"新闻揭载事项许否判定要领"，其中有关揭载"不许可"的内容就明确规定：

　　6. 有关支那兵或支那人逮捕、讯问等记事、照片中给人以虐待感的恐怖的东西；
　　7. 惨虐的照片，但如果是关于支那兵的惨虐行为的记事则无碍。②

这些事实原四郎和《虚构》作者都不应该不知道。

12月1日，大本营规定："宣传谋略及一般谍报由方面军司令部所属少将负责。但报道以'报道部发表'的形式，谋略将另做指示。"③ 稍后在"对外宣传"的"具体宣传纲要"中又规定：

　　应宣传帝国军队有纪律的行动、武士道的态度以及在占领地的

---

① 如女作家、现任日本财团会长曾野绫子在谈到本·拉登时，说其母亲出身于也门家族，"绝对进不了沙特阿拉伯的上流社会"，然后说："他将'私愤'化为'公愤'。从这点上看是左翼的思想。左翼总是将自己的恨全部转变成'公愤'，即所谓'社会的恶'的语言。"（曾野绫子、德冈孝夫对谈：《我ら、キリスト教徒から見たィスラム》，《诸君！》2001年12月号，东京，文艺春秋社，第28页）

② 转引自［日］山中恒《新闻は戦争を美化せよ！——战时国家情报机构史》，东京，小学馆2001年版，第225页。中山恒此著对战时日本政府和军方对言论的控制有翔实的论述。

③ ［日］白井胜美、稻叶正夫编辑、解说：《现代史资料》9《日中战争》2，东京，みずず书房1964年版，第217页。

仁慈的行为。①

从这些材料中我们可以看到：(1) 战时日本官方对新闻实行严格控制。(2) 反映日军暴行的记事和照片的发表受到严禁——所谓"不许可"。(3) 不仅严禁反映日军的暴行，反而必须宣传日军的"仁慈"。(4) 突出"支那兵的残虐行为"。也就是说，不仅是严加控制，而且还歪曲宣传。日本学者菊地昌典在30年前就说：

> 要从当时的日本报纸了解南京大屠杀，近乎不可能。赫赫战果，日本军的人道主义，后方日本国民的无保留声援，这样的新闻充斥了报纸……
>
> 读南京事件前后的报纸，首先痛感的是，在这时大报已完全成了天皇制法西斯走狗的严酷事实……
>
> 要从这样的报纸力透纸背地认清"皇军"的残虐和侵略性格，是至难的。②

在这样的歪曲宣传之下，日本大众所能得到的只是个虚像，这个虚像比不知情距离事实更远。这一点，当时在南京的外国人实际已看得很清楚。南京"自治委员会"成立，日军为了营造喜庆气氛，要求安全区派员千名参加，《魏特琳日记》说到了参加者的感觉："我们的一位代表对此感到恶心，连晚饭都没吃。"但接着的一句却是："毫无疑问，你们会看到人们对新政权热情支持的电影。"③ 这一讥评并不需要多少识力，因为站在局外一望而可知，所以日本右翼至今仍以这些"热情支持"的材料作为援据，只能说明他们的立场与战时日本国策是完全一致的。不仅有这样的面向日本国内的造假，对占领下的南京也以假象粉饰。曾任南京安全区副主任的费奇（George Fitch）后来在回忆录中说：

---

① 转引自《新闻は戦争を美化せよ！——戦時国家情報機構史》，第283页。
② [日] 菊地昌典：《南京事件と日本の新聞報道》，《日中戦争資料》8 付録，第2—4页。
③ [美] 明妮·魏特琳：《魏特琳日记》，南京师范大学南京大屠杀研究中心译，江苏人民出版社2000年版，第220页。

画是日本人在南京市到处张贴的,说他们现在正在考虑百姓的福利。有一张宣传画是一名微笑的妇女和她的孩子跪在一名日本兵前,接受他赠予的一块面包。其说明语是:"日本军队安抚难民,南京市的和谐气氛越加可喜。"同时,他们还散布彻头彻尾的谎言:"人民遭受抗日军队的压迫,苦难深重,没有食粮,没有药品,可是皇军进了城,刺刀已入鞘,伸出了怜悯的手……将恩惠和关怀给予优秀的真诚的市民……成千上万的难民放弃了他们过去反对日本的愚蠢态度,拍手欢呼得到了生命的保证。"如此令人作呕的字句,有数段;最后还有这样一幅画——"日本兵与中国儿童愉快地一起在公园中游乐:南京是全世界最好的地方,能看到人们生活于安居乐业的气氛之中"。这些文字来自我许多同事翻译,所以我保证准确无误,绝非杜撰。①

德国驻华大使馆政务秘书罗森(Georg Rosen)在给外交部的信中说:"日本人带来了漂亮的彩色宣传画,一个和蔼可亲的日本人手中端着饭盒,肩上坐着一个中国小孩,贫困而诚实的农民父母以充满感激和幸福的目光注视着这位心地善良的叔叔。遗憾的是,这类彩色宣传画与现实不符,只能把它看成是招揽旅游生意的广告!"②

这样的"宣传"方案,尤其是"不许可"方针,在当时得到了彻底的贯彻。比如在日军攻占南京一个半月后,日本同盟社发回了英国保守派报纸《每日电讯》有关日军暴行报道的介绍,内阁情报部就下令"不发表"③。

据日本战时内务省警保局主办的《出版警察报》第111、112号,可以看到从1937年12月到次年2月有大量进口报纸被禁止在国内流传,理由就是因为记载了日军在南京的暴行。其中有:

---

① 《日本帝国主义侵华档案资料选编·南京大屠杀》,第1045页。
② 同上书,第161页。
③ 《绝密、内阁情报部一·三一、情报第三号》,转引自《新闻是战争美化せよ!——战时国家情报机构史》,第285页。

1937年12月份

The Shanghai Evening Post & Mercury（上海）23日——《南京城的暴虐、令司令部惊愕、军队失控》

同上报，24日——《时报的暴露》

同上报，25日——《目击者说在南京日本军的暴行是事实》

The North-China Daily News（上海）25日——《攻占首都后立即强奸、掠夺》

The China Press（上海）25日——《日本军野蛮行为的确证》

The North China Herald（上海）29日——《占领首都时的强奸掠夺》

The China Critic（上海）30日——《南京的强奸》

South China Morning Post（香港）25日——《南京陷落的恐怖活动》

The People' Tribune（香港）26日——《在南京日本的文化使命》

《天光报》（香港）25日——《国人如何清算此血染之帐簿，敌人在首都进行大屠杀》

《工商晚报》（香港）25日——《敌攻陷南京后恣意屠杀，壮丁五万人惨遭杀害》

《循环日报》（香港）27日——《南京来港的西洋人，愤慨述说日军蹂躏南京之情况》

《越华报》（广州）25日——《美国记者发表敌人在南京奸淫、掠夺、蹂躏之惨状》

《工商日报》（香港）25日——《敌军在南京恣意大惨杀》

同上报，26日——《敌军在南京恣意大惨杀》（原文如此）

《国华报》（广州）26日——《敌人在南京奸淫、掠夺、大屠杀》

Peking & Tientsin Times（天津）31日——《占领首都后的强奸掠夺》

《星洲日报期刊》（原文如此，新加坡）26日——《日军兽性发作，在南京屠城》

《新报》（雅加达）27日——《在南京日本军的暴行》

The New York Times（纽约）18日——《俘虏悉数遭斩杀》

同上报，19日——《日本正在控制南京的暴行》

New York Herald Tribune（纽约）25日——《南京陷落后恐怖状态的告发之书》

The Times（伦敦）18日——《南京的恐怖活动》

1938年1月份

The Times Weekly Edition（伦敦）23日——《南京的恐怖》

Life（芝加哥）10日——《关于攻略南京的记事和照片》

《中山日报》（广州）23日——《兽行疯狂发作，敌人屠城南京》

The Natal Mercury（德班）29日——《在南京残忍和色欲的乱舞》

《新闻》（西雅图）10日——第4号《流行威胁下的日本》

1938年2月份

The Manchester Guardian（曼彻斯特）7日——《南京的恐怖主义》

The Manchester Guardian Weekly（曼彻斯特）11日——《关于南京的暴虐》

《华字日报》（香港）21日——《逃出南京来到汉口者的谈话》[①]

据洞富雄的统计，上引还远不是被禁报刊的全部。

仅看上引，或会误以为日本政府、军方虽然严禁日军暴行在日本流传，但并不禁止事发源头南京的外传。实情当然不是如此。笔者曾重读《饭沼守日记》，发现了一条以前没有注意的材料：

> 次长来电如下：据驻南京美国领事报告，1月15日至18日，日本兵从美国权下（似应指产权属美国的机构——引者）带走妇女8名，从金陵大学破壁抢走钢琴。在南京的外交官处于无力状态，军

[①] 转引自［日］洞富雄《南京大虐杀の证明》，东京，朝日新闻社1986年版，第225—227页。

方也不加规制,因此在东京的美国大使提出抗议。今日尚有如此士兵实在令人遗憾。但今天闯入挂有美国国旗的房子抢劫的士兵,被与美国使馆秘书同行的宪兵拘押。美国的抗议似属真实。但作为我方,对领事违反最初约定,向中央拍发如此企图可疑的电报,提出抗议。他对拍发电报事绝口否认。①

日军与美国(或许也包括其他国家)有什么"约定",《饭沼守日记》未载,但循上引之意,当是指对日军暴行,美国应仅向驻宁日军提出,由驻宁日军解决,而不能越级向日本中央报告,向外部扩散理当更不会允许。《上村利道日记》中也有一条记载,与此恰可合观,说明这是日军的一个"立场",并非偶然。《上村利道日记》1月21日记:

就掠夺、劫持妇女等军纪问题,美国驻东京大使说"外交官无力,军部统制的意志全无",参谋次长要求调查真相。由本乡参谋交涉,领事道歉。②

驻宁日军不是核实情况,反是堵住消息源,可见驻宁日军高层对暴行心知肚明(就此点而言,东京审判以"急于防止"作为判定松井石根的罪名,丝毫没有冤枉)。

当时对日军暴行外传的防范,不仅是日军,只要日本力量所及,都是不遗余力的。《曼彻斯特卫报》记者田伯烈(H. J. Timperley),是首部揭露日军暴行的著作《外人目睹中之日军暴行》的作者,他向报社发回的电稿就曾遭到了日方的扣留。③ 他后来说:

---

① 《饭沼守日记》,《南京战史资料集》,第240页。
② 《上村利道日记》,《南京战史资料集》,第292页。
③ 板仓由明曾提出质疑,认为"在当时的国际都市上海,日本军不具有阻止外国通讯社发出电文的权限"([日]板仓由明:《"南京大虐杀"の真相(続)——ティパーリの陰謀》,《じゅん刊・世界と日本》,内外ニュース社,1984年6月15日号)。洞富雄据松井石根日记所记予以驳斥(11月28日日记谓:"此日,在共同租界的支那政府的电报局、新闻检查所及海关等由我官宪接收。"《松井石根大将战阵日志》,东京,芙蓉书房1985年版,第115页,《南京战史资料集》版此节被删除。洞富雄驳文见其所著《南京大虐杀の证明》,第41—42页)。板仓由明虽从不认错,但此文未再收入他的论文集《本当はこぅだった南京事件》。

去年 12 月间，日军攻陷南京后，对于中国的无辜平民，枪杀奸淫掳掠，无所不为。我以为身为新闻记者，职责有关，曾将所见所闻的日军暴行，拟成电稿，拍发《孟却斯德导报》（《曼彻斯特卫报》之旧译——引者，Manchester Guardian）。不料上海日方的电报检查员，向当局请示后，认为内容"过于夸张"，加以扣留，屡经交涉，都不得要领。①

除了高层发出的对媒体等的严厉禁令外，为防日军暴行流传至国内，对普通知情人也有严戒。曾参加进攻南京的曾根一夫在《南京虐杀和战争》中说：

> 为了不使军队在战地的恶的一面让国民知道，在强化新闻管制的同时，对在战地的士兵的泄漏严密封锁。南京攻击战结束后，部分老兵返回内地时就曾被禁口。我也是昭和十五年秋返回内地的。在离开所属部队之际，被告戒"诸位回到内地，征召解除就成了地方百姓了，但作为军人的名誉是值得自豪的，而有污皇军体面的事绝对不许外传"。
>
> 这是烦琐的说法，要而言之就是："即使回到内地，离开军队，在战场干的坏事也绝对不许说。"②

---

① 田伯烈：《外人目睹中之日军暴行》，侵华日军南京大屠杀史料编委会、南京图书馆编：《侵华日军南京大屠杀史料》，江苏古籍出版社 1998 年版，第 157—158 页。田伯烈说，他之所以编著此书，目的正在于要将这些受到日方阻拦的信息"公诸世界"（同上书，第 158 页）。但北村稔最近撰文，认为当时的对外渠道不仅是电报，还可以通过航空邮路和无线电，如《纽约时报》记者都丁就通过空邮发回了长篇记事。而且田伯烈报道的要旨，已在 1938 年 1 月 21 日的《字林西报》刊出。因此田伯烈的表现只是国民政府宣传部的"阴谋"（［日］北村稔：《"南京事件"の探究——その実像をもとめて》第一部"国民党国际宣传と战时对外战略"，东京，文艺春秋社 2001 年版，第 25—64 页）。北村标榜"实事求是"（用中文原句），最近日本有人著文，指出北村的本质仍是"政治"的（［日］山田要一：《历史改ざんの新意匠——北村稔〈南京事件〉の探究"の実像》，《人权と教育》第 341 号，东京，社会评论社，2002 年 5 月 20 日，第 139—149 页）。

② ［日］曾根一夫：《南京虐杀と战争》，东京，泰流社 1988 年版，第 106 页。当时日军当局对"归还军人"的言行相当注意，比如 1941 年兵务局长在参谋长会议上专门讲了回归军人"对军风纪不良状况的言过其实的夸大，虽非恶意，但逐渐培养反军反战思想"，故而要特别地予以重视（《参谋长会同席に於ける兵务局长口演》，藤原彰编辑、解说：《资料日本现代史》1 "军队内の反战运动"，东京，大月书店 1980 年版，第 343 页）。

这些禁令应该说收到了相当的效果。而当日本战败，对媒体的控制解除，日军在南京的暴行很快便得以公开流传。这一流传不是在通常说的1946年8月远东国际军事审判提出此事件之后，而是在此之前。而且，也并非如《虚构》等所说都是由占领军"强迫"发表。早在1946年3月号的《人民评论》上，金子廉二已以《天皇的军队》为题介绍了田伯烈的《外人目睹中之日军暴行》，并指出：

> 这样的残虐行为并非日本民族与生俱来。这是经过常年军国主义教育的必然结果。国民的正义感受到长时间的有组织的麻痹。日本的所谓军队教育就是为了造就没有人性的强盗，造就这样的驯服工具。为了实现这一目的，学校、报纸、杂志、电影及其他一切机关都被动员了起来……日本社会在第一次由正义统治的今天，赋予我们国民的第一个任务就是彻底追究强制、领导如此令人战栗的犯罪的首谋及其随从，以人民自己的审判来给以断然的处理。只有这样，才能祛除我们日本民族中的一切犯罪要素，才能为这样的罪行道歉。若非如此，我们对全世界的人类，将永远是罪人。①

上引可以证明：《虚构》等右翼坚持的所谓日本国民在东京审判上"第一次知道"日军在南京的暴行，若是事实，则这一事实完全是由战时日本军政当局封锁消息造成的。同时可以证明，日本占领军虽然力图阻止日军暴行的外传，但行效有限，在日本之外，日军在南京烧、杀、抢、掠、强奸，已广为世界所知。

四

日军暴行在日本以外的世界无所不知，而日本内部却一无所知，这

---

① 《人民评论》，伊藤书店出版，[日]洞富雄编：《日中战争南京大残虐事件资料集》第2卷"英文资料编"，东京，青木书店1986年版，第3—4页。[日]同氏所编《日中战争史资料》版所引同文，金子廉二之名被隐去，做"无署名之记事"，不知何故？（《日中战争史资料》9"南京事件"Ⅱ，第7页）

只能证明战时日本军政当局控制之有效,而决不能证明日军暴行之有无,已一如上述。日本军政高层之对暴行完全知情,先此也已证明。因此《虚构》等"不知道"之说已被推翻。但依《虚构》等一派的素行,他们并不会因此认账,因为他们自认为手中还有"五岛广作"等所说的"既未看到,也未听说"那样的王牌。所以我们还是有必要再做一"叠床架屋"式的检讨,姑以上引记载为"误传",看一看进入南京的"记者""摄影师""评论家""诗人""作家"以及日军官兵——对加害者暂做"无罪推定"——是否"知情"。这固然是退让,但又不仅是退让,因为只有将这点彻底澄清,对《虚构》等的观点才能真正起到釜底抽薪的作用。

在上节中我们说到中日全面战争爆发以后日本新闻检查制度的严厉,这是日军暴行不可能在日本发表的最主要障碍。正如事发时在南京的《读卖新闻》记者小俣行男所说:"写了不仅无法发表,还肯定会受处分,因此只能专意于'皇军的英勇善战'。"[1] 当时也在南京的《朝日新闻》记者今井正刚目睹了在下关江边的大量"处刑",记下了"难以言语的苦痛心情"(秦郁彦语)[2]:

"真是很想写啊。"
"是什么时候呵。嗨,眼下是不能写了。但是我们真是看到了呀。"
"真是再应看一看,用这只眼。"
说着起了身。不知什么时候,机枪声停了。[3]

当时在南京的许多日本记者,都是这样的见证人,时任联合通讯社上海分社社长的松本重治,在回忆录《上海时代》中这样说:

---

[1] [日]小俣行男:《侵掠》,转引自《南京事件——虐杀の构造》,第17页。
[2]《南京事件——虐杀の构造》,第18页。
[3] [日]今井正刚:《南京城内の大量杀人》,[日]猪濑直树监修、高梨正树编《目击者が语る日中战争》,东京,新人物往来社1989年版,第58页。今井文初刊于《特集·文艺春秋》1956年12月号。

我最近为了参考，直接听了作为随军记者在攻占后的南京采访过数日的原来的同僚新井正义、前田雄二、深泽干藏三氏所谈的当时的情况。特别是深泽氏，一直记从军日记，我也读了，很有参考价值。三人在12月16日到17日直接看到的，首先是下关往草鞋峡方向的河岸一带的许多烧死的尸体。有的说约两千人，有的说约两三千人。大概是用机关枪扫射，再浇上汽油烧死的。另外，从河岸放入扬子江的也许有数千。还有，在原军政部院内，年轻军官称为"新兵训练"，让新兵用枪刺刺杀中国俘虏，然后扔入那里的防空壕。前田氏看到刺杀到十二三人，感到恶心，开始呕吐，就离开了。又在军官学校院内，看到用手枪射杀俘虏，看了二人，实在看不下去了。①

　　虽然"看不下去"，但受极端民族主义的熏染，当时的日本人很难有抵制的"觉悟"。日本"南京事件"研究的代表人物之一秦郁彦②对此曾感叹道："向这一禁忌挑战的记者一人也没有，不免让人感到寂寞。"不过秦氏以为："如果深加探索，关于南京事件的蛛丝马迹，并不是不能找到的。"他引述《朝日新闻》记者中村正吾在日军攻下南京的次日与《纽约时报》记者都丁会面后说的"真让人恐怖"一语，及其他记者报道的"在江岸俘获15000俘虏""搜索潜伏的25000败残兵""掠夺的痕迹"等"意味深长"③的话以为证明。

　　然而，对日军持批判立场的报道不可见，并不等于暴露日军暴行的

---

① ［日］松本重治：《上海时代》，东京，中央公论社1977年版，第675—676页。
② 秦郁彦虽不是"大屠杀派"，但他的学院式研究对动摇"虚构派"仍有贡献。日本"大屠杀派"对秦氏也多有肯定，如本多胜一以为，虽然他"对屠杀的定义和人数，在基本上抱有大的疑问"，但还是"应该予以［肯定的］评价"（［日］本多胜一编：《裁かれた南京大虐杀》，东京，晚声社1989年版，第5页）。对"虚构派"之名持保留意见，但对南京大屠杀持彻底否定立场的田中正明，对秦氏则批评道："加登川、秦两氏都没有跨出东京审判史观一步，仅仅是数字上的不同，与屠杀派在本质上能说有什么区别么？"（《南京事件的总括——虐杀否定十五の论拨》，第67页）加登川指加登川幸太郎，在《南京战史》编写成员中列名第一。虽然否定南京大屠杀是《南京战史》的基本倾向，但加登川本人的立场还是略有区别，他曾说："南京12月13日攻占，但留下的是'南京大屠杀'的污名。"（［日］加登川幸太郎：《中国と日本陆军》下，东京，圭文社1978年版，第201页）
③ 《南京事件——虐杀の构造》，第17、18页。

报道不可见。秦氏及日本有些学者认为只有"蛛丝马迹",是由于他们对材料的认可过于"矜持",以至于彰明较著的证据也入不了他们的眼目——因为在对"皇军英勇善战"的讴颂中,本来是不乏关于暴行的记录的。这些记录中最著名的一件,就是被日本右翼一致(日本右翼在其他问题上多有分歧)"平反"的"片桐部队"① 的向井敏明和野田毅两位少尉的杀人比赛。此报道当时分4次刊于《东京日日新闻》(《每日新闻》的前身),其中12月13日还刊有两人手撑日本刀的大幅照片,两人在战后也因此而被南京军事法庭判处死刑。此事之真伪② 本文姑且不论,但刊发此消息的是日本一流大报,战时又从未有人出来"辟谣",所以日本国民对日军暴行确实已无"不知"的理由,如果真是"不知",那就一定如金子廉二所说是由于完全"麻痹"而造成的视若无睹。

　　日本自明治晚期起,极端民族主义成为社会思潮的主流,濡染所及,日本大众不仅"正义感"受到"麻痹",其本身也成了向外扩张的最主要原动力。③ 在整个战争期间,尤其是在战争初期,日本的战争政策受到了日本民众的高度支持。卢沟桥事变刚刚爆发,7月12日日本工会总联合会即发表声明,号召协助战争。7月14日东京银座的女子开展所谓"千

---

① 日本战败以前军队依地缘组成,目的是以荣辱与共来增强战斗力。"片桐部队"是片桐护郎大佐为联队长的第十六师团步兵第十九旅团所辖的第九联队——京都联队。

② 铃木明1972年在日本右翼重镇《诸君!》发表《"南京大屠杀"之迷》,为向井敏明和野田毅叫屈,次年同名著作出版,成为20世纪70年代以来否定"南京大屠杀"浪潮的滥觞([日]铃木明:《"南京大虐杀"のまぼろし》,东京,文艺春秋社1973年版)。近年日本"大屠杀派"已默认"比赛"为在军国主义环境里媒体的编造,但此二人之大量杀人不应有疑问。如在世的"大屠杀派"第一人藤原彰以为,此事"是作为战斗中的勇武传制作的,但可以认为杀过不抵抗的俘虏"(《まぼろし派、中间派、大虐杀派三派合同大ァンケート》,《诸君!》2001年2月号,东京,文艺春秋社,第193页)。笔者以为,日本"虚构派"的证明即便属实,也完全不足以动摇战时"百人斩"的记载。详请参近将刊出的拙文《再论"百人斩"》。

③ 日本学者津田道夫不同意"日本人民也是受害者"的流行说法,认为:日本对中国发动的战争是"总力战",即所谓"圣战","是每个国民都被作为战争的执行主体动员起来的战争,即使作为和战争领导层另一个层面的问题,日本大众的战争责任也应该被追究。"([日]津田道夫:《南京大屠杀与日本人的精神构造》中文版序言,《百年》1999年第3期,东京,百年杂志社,第74页)笔者更以为:"日本大众是日本侵略战争的受益者;即使他们同受军国主义之害,这种受害与被侵略国人民所受的苦难也是不能同日而语的。"(程兆奇:《中国大陆的日本观》,《历史月刊》2001年6月号,(台北)联经出版公司,第46页)

人针"① 活动,为前线将士"送温暖"。以后各类慰劳,如"慰问袋""慰问文"以及各种形式的"支前"活动相当普遍。7月30日,日本陆军省公布战争爆发以来所收到的"恤兵金"达269万余日元(依当时币值,此为相当可观的数目)及约当6万元的实物。所以像上引今井正刚那样的内心苦痛,已殊属难得。那么,"写了不仅无法发表,还肯定会受处分"是否迫使所有人都噤默不言了呢?

其实,有一件特别有名的"例外"。日本名作家石川达三在战争爆发后来中国,随军体验生活。他在日军攻陷南京不久,毕一旬之力(1938年2月1日至10日)写了著名的《活着的士兵》。其中不乏日军掠夺、强奸、放火、杀人等内容。比如对中国的物产,书中这样说:

> 战士们心情很好,在这块大陆上有无限的财富,而且可以随心所欲地获取,这一带居民们的所有权和私有权,就像野生的水果一样向着士兵们的所求开放。

如猎取女性,书中这样说:

> 征发是他们外出的一个借口。也有像以下那样使用的隐语。以特殊的"生肉的征发"的说法,表示去搜寻姑娘的意思。

如杀戮,书中这样说:

> 挹江门到最后也没有受到日本军的攻击。城内的败残兵以此为溃退的惟一的门,逃往下关码头。前面是水。没有可渡的舟船,没有可逃的陆路。他们抱着桌子、圆木、门板,所有的浮物,横渡浩

---

① "从日中战争到太平洋战争,'千人针'在后方女性中盛行。在白布或黄布上用红线一人一针绣出千个圆,以这个线头上系五钱或十钱的白铜钱。一般是腰围的形式。系着五钱的意思是'超过四钱(日语死线的谐音)',十钱的意思是'超过九钱(日语苦战的谐音)'。另从'虎走千里,千里归'出发,由寅年出生的女性,依年龄数缝针数。所谓'千'的数字也意味着多数,渴望以这些数字,通过多数的合力避危就安。"([日]原田胜正等编集:《日中战争への道》,东京,讲谈社1989年版,第270页)

森的长江，向着对岸的浦口游去。其人数凡5万，在已呈黑压压的江水中渡行。而正当对岸已可见时，等着的却是先已到达的日本军！机枪鸣叫着开了火。水面像被雨水打得起了毛。回去的话，下关的码头等待着的也已是日本军的机枪阵。——而对这些漂流的败残兵给予最后一击的，是驱逐舰的攻击。①

石川达三此书本拟刊于1938年（昭和十三年）3月号的《中央公论》，因所谓"有反军的内容，不利于时局稳定"被禁止发表。不仅作品禁止发表，作者、编辑、发行人都以"将虚构作为事实，紊乱安宁秩序"为由，受到"违反新闻法"的起诉。石川被判禁锢4个月（缓期执行3年）。判决书中说："记述皇军士兵对非战斗人员的杀戮、掠夺以及军规废弛的状况，紊乱安宁秩序。"② 石川达三此书保存至战后得以出版。虽然此书只是"小说"，但作者的特殊体验和成书的特殊因缘，使书中有关日军"杀戮、掠夺以及军规废弛的状况"，与信史可以同观。③

那么，战时的日本，人性的光芒真是被时代的黑暗完全吞噬了吗？真是没有任何"意外"了吗？战时日本基督教刊物《嘉信》刊登的矢内原忠雄的讲演，终于让我们看到了人性的顽强抗争，也让我们看到了日本军政当局的控制再严厉，也不免百密一疏，无法一手遮天。矢内原忠雄是著名经济学家。④ 他在1939年11月的一次讲演中这样说：

---

① ［日］石川达三：《生きている兵队》，昭和战争文学全集3《果してなき中国战线》，东京，集英社1965年版，第23、27、78页。此处之江上叙述，与不少日军官兵日记的记载一致。

② 转引自《南京事件の总括——虐杀否定十五の论拨》，第226页。

③ 《活着的士兵》很早就受到日本左翼知识人的批判，认为它对侵略战争"没有批判"，与"盲目迎合"侵略战争的"侵略文学""帝国主义战争文学"没有本质区别（［日］小田切秀雄：《〈生きている兵队〉批判——战争と知识人の一つの场合》，《新日本文学》1946年3月号［创刊号］，东京，第23—31页）。但从"传信"的角度讲，石川的"自然主义"态度，反而使他的作品更近于真。

④ 矢内原忠雄原是东京帝国大学教授，因内务省警保局审出他的《国家的理想》（《中央公论》1937年9月号）有"反战"思想，继而审出《民族与和平》（岩波书店1936年版）有"反战"思想，不仅加以禁止，并要求文部省予以处罚，是故他在1937年12月辞去教职（《笔祸の矢内原教授辞表を提出》，读卖新闻社编辑局编：《支那事变实记》第5辑，第12页。此书未注明出版地和出版时间，但从卷首陆军省报道部长马渊逸雄在序中所说"支那事变爆发以来4年有余"看，出版时间当在1941年）。

去年11月3日,在东京青山召开了基督教徒大会,上午有基督教讲演,下午听文部省宗教局局长讲演,某陆军大将也致了词。在这位陆军大将致辞前,司会者说,陆军大将莅临,我们感到非常光荣,要求大家起立,迎接大将走上讲坛。因此大家一同起立。

这位局长和大将来此与会,对于现代社会的基督徒,是作为政治解放者么?不,决不是。这位陆军大将是南京事件当时的最高指挥官。南京陷落时,他对美国教团建立的基督教女校犯了一个大错误。此事经报道后,对外国,尤其是美国的排日感情无异于火上浇油。如果此事不为基督教大会主办者所知,那可以说是怠慢之至。如果知道,那就是厚颜无耻。这个事件的负责人,必须在基督教会前低头认罪。基督教徒大会难道不应该以日本基督教徒的名义要求谢罪么?①

讲演中遭直斥的"大将"正是被当时军国民视为英雄的松井石根!

现在我们再回过头来,通过日军官兵的记录,看一看日军在南京究竟干了什么。

第十六师团后方参谋木佐木久少佐在1月15日日记中记:

橘翻译带来了两个女孩。说就和宪兵的问题,为了保护其生命(原文如此——引者)。我对宪兵未尝抱有恶感,但对此次之事感到极度憎恶。国军之名誉扫地,南京之军纪丧失,责任是谁呢?连如此可怜的女孩的生命都要被剥夺,不由地感到强烈的义愤。②

此段引文文句略有窒碍,因此宪兵本身有无问题尚难据以遽断,但它至少表明宪兵对"军纪之丧失"未能尽到责任。日本宪兵对军纪管束甚严(尤其在本土),宪兵如无能为力——姑不以宪兵为同谋,正可见"军纪丧失"已到了何种程度。第十军参谋山崎正男少佐在18日日记中记"藤本大佐"的话中也说"痛感对军人精神教育的必要"。其中还提到

---

① 《嘉信》第3卷第1号,转引自《南京事件を考える》,第3—4页。
② 《木佐木久日记》,《南京战史资料集》,第431页。

了日军所丧失的"廉耻心,名誉心"。①

步兵第四十五联队第七中队小队长前田吉彦少尉在12月19日日记中记:

> 归途坐车南下,在向着秦淮、地点不详的三层西式楼馆,突然冒出黑烟,之下开始发出火焰,今晨来的时候火的迹象一点都没有,一定是在此的掠夺集团放的火。
>
> 他们的行动连一点皇军意识都没有。②

步兵第七联队第一中队水谷庄一等兵在12月19日日记中记录了"小村小队长"劝诫大家"特别对放火、强奸等破廉耻事希望能严慎"。③"小村小队长"说"严慎"而非"严禁",并非偶然,因为在当时的局面下,即使下了禁令也只能是具文。

从南京安全区国际委员会给日本使馆的公函,以及拉贝、贝茨、费奇、魏特琳等许多西方人士的记载中,我们可以看到当时在南京的强奸案件数量之庞大。但由于"强奸"是特别"破廉耻"的事,当事者拭去痕迹唯恐不及,所以我们今天在日军官兵日记中已难见有关的记载。④ 但个人的抢劫以及有组织的抢劫——所谓"征发"——则不同,它既是日

---

① 《山崎正男日记》,《南京战史资料集》,第411页。
② 《前田吉彦少尉日记》,《南京战史资料集》,第468页。
③ [日]水谷庄:《战尘》,《南京战史资料集》,第503页。
④ 《被隐藏的联队史》中记载的凌辱妇女的场面([日]下里正树编:《隐された联队史——20i 下级士兵的见た南京事件的忞相》"妇女凌辱现场的记录",东京,青木书店1987年版,第55—57页),取材于东史郎的"阵中日记"。东史郎在日记体的《我们南京小分队》中也有不少记录([日]东史郎:《わが南京プラトーン》10月10日、11月25日、12月21日条,东京,青木书店1996年新装第1版[初版为1987年],第41—43、61—64、112—113页,此书是以后出版的《东史郎日记》的一部分,但在系日等方面颇有异同),其中21日所记是作者本人凌辱的自供。1987年此书出版后,受到日本右翼的围攻,近年著名的"东史郎审判"即为围绕此书的折冲。日本左翼学者、"大屠杀"派对此书亦多持"冷淡"的态度。《东史郎日记》(江苏教育出版社1999年版)出版后,承东氏惠赠,作者尝与多种史料对勘,以为虽然确有"可疑"之处,但大体可以传信。此书之日文版几经周折,终于于2001年出版。已公开的日军官兵日记为什么较少强奸等记载,东史郎的遭遇提供了一个有认识意义的例子。

军的"日课",又完全是公然不讳的,有些士兵干脆把它称作"蒋介石津贴"①,所以我们从日军基层官兵的日记中可以看到大量的有关记载。如果说对私人的抢劫有时还略加掩饰,"征发"在有些日记里则几乎是每天不缺的内容。"民家""杂货店""官邸"以至于外国使领馆等一切公私产业都难免成为"征发"的对象。至于被"征发"之物,则包罗了所有有价和有用的东西。从锅碗瓢勺到一头猪,一只鸡,一袋米,一棵菜,一块表,一支笔,等等。在此仅举牧原信夫和北山与这两位同为步兵第二十联队第三机关枪中队上等兵的日记中最平淡的两条为例。牧原信夫12月19日日记中记:

> 8点半吃完饭后,自己和大上等兵在冈本少尉(第三小队长)的指挥下去征发中队的副食。先通过南门去城外,但城外有十三师(当是第十三师团的山田支队——引者)及各队,所以一无所获。约休息了1小时,把那个房子烧了后回来……2点,从同地出发进城。此地仍有许多被遗弃的尸体。在城内让支那人用三辆独轮车载回了青菜、胡萝卜、煤球。途中经过一家杂货店,征发了许多笔记本、铅笔、墨水。②

南门外已为其他部队捷足先登,但他们从南京城的老百姓那里总能有所斩获。这样的抢劫、放火,在进攻南京的日本军官兵的日记中几乎都有记载。

北山与12月16日日记中记:

> 回来的途中经过了写着"北洋饮料店"的商店,进去一看,有堆得像山一样的苏打,抽出一瓶,是美不可言的美食。立即到附近征发了一台人力车,由"你公"(原字如此,当是日军蔑称中国人的讹语之一——引者)拖了满满一车回来。在外面的人,也取回了大

---

① [日]曾根一夫:《私记南京虐杀——战史にのらない戦争の話》,东京,彩流社1984年版,第60页。
② 《牧原信夫日记》,《南京战史资料集》,第513页。

量的床、家俱、酒、砂糖、糖、留声机等物。火炉烧得旺旺的，喝着啤酒、苏打，直到12点。①

这些当事人的记载对我们了解事实的真相具有特殊的意义。这不仅是因为这些记载都是亲闻亲见亲为之事，而且是因为即使按照"皇军"公开提倡的价值，"违反军纪风纪"也是辱没门楣的事。所以，日军官兵对日军暴行的记载，缩小的可能性大，扩大的可能性小，"置若罔闻"的可能性大，"无中生有"的可能性小。也就是说，日军官兵所记，虽远不足以反映日军暴行的全部，但它是一个坚实的事实下限，是一个"至少"。日本右翼一向以为日军高层有关军纪风纪的反应是受西方"宣传"的"误导"②，在这些日军下层的援据面前只能显出偏狭的意气。

现在我们要来解决一个最大的问题，即日军官兵知不知道大屠杀？（日军官兵本是加害者，所以正确的说法应是"有没有大屠杀"，此处所谓"知道"是为问题和文脉所限的表述）

五

随着一些重要史料的重见天日，否定日军在南京的暴行已日益困难，日本右翼在继续否定日军暴行的同时，也不得不作出战略调整。面对无法否认的事实，他们不能不将一些在他们看来"无关紧要"——先民们的血泪都是天下至大之事，切莫误解——的罪行，推出任斩，但对关键的、具有标志意义的"大屠杀"，则仍绝口否认，半步不让。这种丢卒保

---

① ［日］井口和起等编：《南京事件 京都师团关系资料集》，东京，青木书店1989年版，第72页。

② 在第三节中已引证了日本当时所做的"与现实不符"的宣传，可日本总有人喜欢说中国的宣传，如前引北村稔近著第一章即大谈"国民党的国际宣传"（［日］北村稔：《"南京事件"の探究——その実像をもとめて》第一部"国民党国际宣传处と战时对外战略"，第25—64页）。其实这种倒打一耙由来已久，战时日本就有如下的代表性说法："此次事变后，（中国政府）加快了弥漫的国际宣传，对日本极度中伤以求第三国的同情支援，是一个非常明显的事实。"（《"中支に於ける教育、思想、宗教、宣传、外国势力"に关する调查报书》第四篇"宣传"，参谋本部1940年4月，第168—169页。原书未注明出版地，仅在扉页有一印刷贴条，说明委托"上海自然科学研究所"调查云云）

车的例子，在此谨举一例。"虚构派"的大井满，在《编造出来的南京大屠杀》中说："当然，我并不是说日本军完全没有不法行为。7 万人的军队什么都不发生，没有这样的道理，这是谁都会知道的常识。大西参谋给强奸兵重重的耳光，并抓至宪兵队，这样的事无疑在各个地方都有。"①而在《诸君！》2001 年 2 月号的问卷调查中，他在第一项被杀人数的选择答案中填了"12"②，"12"是表明"无限地接近于 0"。

日军的屠杀不是想否认就否认得了的，下面我们就来看看日军官兵的记载。

松井石根专任副官角良晴少佐，晚年撰文《支那事变最初 6 个月间的战斗》，1983 年 8 月投给《偕行》，因文中谈到日军的大规模屠杀，在角良晴生前未被刊出。不仅未能刊出，据板仓由明说："这个证言和书简，长时间对南京战史编辑委员也守密，笔者得以见到也是在两年多以后的昭和六十一年（1986 年）的 1 月。"③直到角良晴死（1985 年 1 月 12 日）后之第 3 年，此文才得以刊出（《偕行》1988 年 1 月号）。但在此前发表的《根据证言的南京战史·总括》（《偕行》1985 年 3 月号）中，已援引了部分内容。因为角良晴是松井石根的专任副官，身份特殊，所以他的回忆非同一般，一经披露，立即引起了左右两方的争议。其中最大的争点是"下关附近的十二三万尸体"④。据角良晴说，造成这些死者的真凶是第六师团，而下达屠杀令的是上海派遣军参谋部第二课参谋长长勇中佐，长勇下达命令时他也在场。对此，"虚构派""中间派"颇有质疑，《南京战史》以为角良晴的回忆"多有矛盾，缺乏信凭性"⑤。《南京战史资料集》所附"战史研究笔记"也认为"角氏的误解、偏见、记忆

---

① 《仕組まれた"南京大虐殺"——攻略作戦の全貌とマスコミ報道の怖さ》，第 297 页。
② 《まぼろし派、中間派、大虐殺派三派合同大ァンケート》，《诸君！》2001 年 2 月号，东京，文艺春秋社，第 179 页。
③ 《本当はこぅだった南京事件》，第 287 页。
④ 《支那事变当初六ヵ月间的战斗》"三二、关于清除下关附近的尸体"，《南京战史资料集》，第 760 页。洞富雄认为："不论从日期也好，场所也好，角证言和鲁苏的证言都是关于同一事件的好解答。"（《南京大虐殺の証明》，第 324 页）吉田裕也持同样看法（［日］吉田裕：《天皇の军队と南京事件》，东京，青木书店 1986 年版，第 166 页）。
⑤ 《南京战史》，第 163 页。

失误不胜枚举"①。然而,角良晴所说并非孤证。

第十军参谋山崎正男少佐在12月17日的日记中有这样的记载:

> 祝贺会解散后,由堂之胁少佐引领到市内参观……到了扬子江边的中山码头。扬子江在这附近河幅较窄。其中有七八只海军驱逐舰下碇于此。河岸遗弃有无数死尸,被浸于水中。所谓"死尸累累"也有不同程度,这个扬子江边才真是死尸累累,如果将之放在平地上,真的可以成为所谓"尸体山"。但看到尸体已经不知多少回,所以已不再有一点吃惊。晚饭也满不在乎地吧嗒嘴。②

"中山码头"一带,与角良晴所说正是同地。

"支那方面舰队"司令部军医长泰山弘道海军军医大佐12月16日坐水上飞机到南京,下午2点,他与舰队部队长("机关长")、会计长("主计长")等一行去战地"参观",他在当日日记中记:

> 从下关码头起,在修建的一直线的广阔的道路上开着,路面上散乱着步枪子弹,宛如敷着黄铜的砂。路旁的草地散着活生生的支那兵的尸体。
>
> 不久,从下关到通往南京的挹江门,高耸的石门下是拱形的道路,路高的约三分之一埋着土。钻入门的话,从下关方面就成了一条坡道。汽车徐徐前进,感觉是开在充满空气的橡皮袋上缓缓地向前。这辆汽车实际是行驶在被埋着的无数敌人尸体之上。很可能是开在了土层薄的地方,在行进中忽然从土中泌出了肉块,凄惨之状,真是难以言表。③

此处之"下关码头"到"挹江门"一带,与角良晴所说也是同地。从三位彼此无关联者的相同记载,此事之确凿无疑,不应再有任何疑义。

---

① 《南京战史资料集》,第764页。
② 《山崎正男日记》,《南京战史资料集》,第408页。
③ [日]泰山弘道:《上海战从军日志》,《南京战史资料集》,第527—528页。

而且，不论其中有没有平民，从江边不是战场说，"死尸累累"只能是屠杀俘虏的结果。

《南京战史资料集》所附"战史研究笔记"对角良晴所述的一条特别予以"批判"。其谓："最后，我在许多错误中只想附记一事。尊敬松井大将，对大将心服的角氏，与大将一起坐轿车去下关是真实的吧。但'在横陈着累累尸体的河岸道路上静静的走了两公里。感慨万千。军司令官的眼泪呜咽着往下流'的记述实在让人吃惊。爱着中国、爱了中国的大将决不会在战场的弃尸上行车。而且，车体低的轿车也决不能够在这之上走两公里。我以为，仅在这点上，完全是编造，谁都可以断言。"① 但这样的"断言"未免武断。其实所谓"在弃尸上行车"，正可作为角良晴证言可靠的一个明证。这不仅是因为有泰山弘道所说的"行驶"在"无数尸体之上"的支持，而且是因为这是一个反常理的事，编造是不会走这样的险径的。

至于命令是不是长勇所下②，其实并不重要。因为（1）长勇的命令只是个人行为，而不是军方的命令；（2）当时屠杀普遍发生，并非只局限于某时某地，即使没有长勇的命令，屠杀也绝无避免的可能。在今天还找不到军一级正式杀俘令的情况下③，我们毋宁说屠杀是日军整体的自主行为。这种自主行为是军国主义长期熏陶的"事有必至"的结果。

屠杀在当时的广泛程度，日军官兵的记载还是有相当的反映。以下我们再来看一看泰山弘道在上引16日日记中接着的记载。

> 即将开出门洞进入南京一侧，累累的敌尸成了黑焦状，铁兜、枪刺也被熏黑，用于铁丝网的金属丝和烧塌的门柱的残木相重叠，堆积的土壤也烧成黑色，其混乱和令人鼻酸，无法形容。
>
> 门右首的小丘上，刻着"中国与日本势不两立"，显示着蒋介石宣传抗日的痕迹，接近市内，敌人遗弃的便衣蓝布棉袄，使道路像

---

① 《"角证言"の信凭性について》，《南京战史资料集》，第764页。

② 有关长勇所下命令之说，最早出自前已提及的田中隆吉，德川义亲也说从藤田勇那里间接听说过此事（［日］德川义亲：《最後の殿样》，东京，讲谈社1973年版，第172—173页）。现在已很难找到更直接的证据。

③ 有关杀俘令，请参近将刊出的拙文《日军屠杀令研究》。

褴褛的衣衫，而穿着土黄色军服、扎着神气的皮绑腿、手脚僵直仰卧着的敌军军官尸体，也随处可见。①

上引只是泰山弘道到南京第一天所见的一个片段，他在南京的三日，每到一处，都遇到了大量尸体。如第二天（17日）早上，在下关的另两处，看到了"累累尸体"，并亲见一个"血流满面""求饶"的中国士兵被一"后备兵"从身后近距离枪杀；上午在中山北路沿途看到"累累尸体"；下午与上海海军特别陆战队司令大川内传七等"视察"下关下游的江汀，看到"无数焦黑的敌人尸体"，又在江堤内看到"'尝了日本刀滋味'的敌人尸体六七十具"。② 18日，先在狮子林看到"此处彼处都是敌人遗弃的尸体"；又在山麓的兵营外，看到"散落的尸体"；到了中山公园，又看到"散落的敌人尸体"。③ 然而，东中野修道不顾泰山弘道"累累尸体"的大量记载，居然说：

> 角证言没有说尸体在河中漂流。说的是12月18日，市民的尸体10万具，横陈于下关一带。
>
> 但在下关的泰山弘道海军军医的17日至19日的详细日记，完全没有触及这些尸体的存在。假使有漂流的尸体，也是从上游来的，与日本军流放尸体相联系，过于轻率。④

白纸黑字俱在，东中野修道竟敢以没有"流放尸体"而作如此的蒙混！

我们不妨再看看有关材料。步兵第四十五联队第七中队小队长前田吉彦少尉在12月15日日记中记：

> 从江东门走向水西门的约2000米石道上，不少铺石上积着凄惨

---

① ［日］泰山弘道：《上海战从军日志》，《南京战史资料集》，第528页。
② 同上书，第528—530页。
③ 同上书，第531页。
④ "南京事件最新报告"《问题は"捕虏处断"をどう见るか》，《诸君!》2001年2月号，东京，文艺春秋社，第129页。

的碧血。

感到不可思议地边想边走,据后来听说,事情是这样:14日下午,第三大队的俘虏100名护送到了水西门,正巧刚由内地来的第二次补充兵(副岛准尉、溜准尉等率领的大正十一年到昭和四年前左道的后备兵,即三十七八岁到二十八九岁的兵)到达,于是就委任他们护送。问题就出在这里。反正刚刚由内地来,因为战场的酷烈,就让这些没有血气的补充兵①去担任这样的任务。

起因只是很小的事,因为道路狭窄,在两侧拿着上了刺刀的枪的日本兵,好像是被挤而落入或是滑入了水塘里。[日本兵]勃然大怒,决定打还是骂,害怕的俘虏忽都避向了一旁。在那里的警戒兵也跳了起来。所谓"兵者,凶器也",哆哆嗦嗦端着刺刀枪叫着"这个畜生",又是打又是刺。恐慌的俘虏开始逃跑。"这样不行",于是边叫"俘虏不准逃""逃的话枪毙"边开枪,当时一定是这样。据说就是这样的小误解酿成了大惨事。

第三大队大队长小原少佐的激怒为之已晚,对好不容易投降放下武器的俘虏施以暴行,无法做任何辩解。

不能不说此事使皇军形象扫地。为了隐蔽这一惨状,这些后备兵终夜不停,到今晨才大体埋完。这是"非常"或极限状态下以人的常识所无法想像的无道行为的实例。②

这样的"误杀",在当时屡有发生。究竟是不是"误杀",本文暂不细论,但杀俘的事实是丝毫不容置疑的。

步兵第二十联队第三机关枪中队牧原信夫上等兵在12月14日的日记中记:

上午8点半,一分队协助十二中队去马群扫荡。听说残敌因为

---

① 当时陆军省军务局军事课长田中新一大佐对这些超龄征召的老兵已深感忧虑:"军纪颓废的根源,在于召集兵,在于高龄的召集兵。"(《田中新一/支那事变记录其の四》,转引自[日]笠原十九司《南京事件》,东京,岩波书店1997年版,第62页)

② 《前田吉彦少尉日记》,《南京战史资料集》,第464页。

断了顿,摇摇晃晃地出来了,所以立即坐汽车出发。到达的时候,由步枪中队解除了武装的310名左右的敌人正等待着,迅速地全部枪杀后即回来……在铁路沿线分叉的边上,有百余名支那军受到友军骑兵的夜袭,全部被杀……下午6时……抓到了6名败残兵,枪毙了……今天一处异样的风景是某处的汽车库,敌人一百五六十名被浇上汽油烧死。但今天的我们已是看多少尸体都不会有任何反应了。①

仅仅一日之中,牧原信夫和他所在的分队就亲眼所见和亲自参加了如许的屠杀,这不是牧原信夫和他的同伴特别有"幸",这只是当时在南京日军整体的一个缩影。泰山弘道在12月19日日记中记:"据闻,最后坚守南京的支那兵,其数约有10万,其中约8万人被剿灭。"② 这"8万人"中的大部分,当都是如上所述的"解除了武装"者。这里不妨再举两例。

步兵第七联队第二中队的井家又一上等兵在12月16日日记中记:

> 下午再次外出,捕来年轻的家伙335人……将此败残兵335人带到扬子江边,由其他士兵枪杀。③

步兵第二十联队第三中队第一小队第四分队的林(吉田)正明伍长,在日记中多次提到杀戮,其中24日日记中有将7000名"俘虏"带到长江边枪杀的记载,所谓"前记的俘虏7000名也成了鱼饵"④。林正明的记载有两点值得注意:第一,上引泰山弘道、山崎正男等说16、17日在江边已见大量尸体,"24日"仍在江边杀俘,说明当时江边已成了屠场。第

---

① 《牧原信夫日记》,《南京战史资料集》,第511—512页。
② [日]泰山弘道:《上海战从军日志》,《南京战史资料集》,第532页。"8万"之目,在当时似是一个"说法"。如"支那派遣军报道部"所编《南京的战迹和名胜》谓歼敌"8万"(转引自市来义道编《南京》第七篇第二章"南京攻略史",南京日本商工会议所1941年版,第626页)。如刊于1940年的"歌句"集《南京》,收有南京宪兵队分队长堀川静夫大尉的"咏歌",其中也有"遗弃尸体8万"之语(转引自《南京事件を考える》,第206页)。
③ 《井家又一日记》,《南京战史资料集》,第476页。
④ 《林正明日记》,《南京战史资料集》,第519页。

二，日本右翼将否定推尸入江作为否定江边屠杀的一环（如果并无推尸入江之事，则有多少尸体就应有多少遗骨），而此处所谓"鱼饵"，再一次证明日军屠杀后尸体是推入江中的。

上引前田吉彦说的屠杀的细节，还是"据说"，井家又一在12月22日的日记中则向我们提供了一个亲身经历：

> 傍晚天快暗下来的下午5点，在大队本部集合，准备去杀败残兵。一看，在本部院子里，有161名支那人，正在等待神明，不知死之将至地看着我们。带着160余名，在南京外国人街申斥着，看到了将去的掩藏有机枪的古林寺附近的要地。日已西沉，只能看到活动的人影。房屋也成了点点黑影，带到了池（湖？此处意义不明——引者）的深处，关入了这里的一座房子。从屋子中带出5人刺杀。"嗷——"叫的家伙，嘟哝着走着的家伙，哭的家伙，可以看到完全知道结局的丧胆相。战败的兵的出路就是被日本兵杀掉！用铁丝绑着手腕，系着脖子，边走边用棍打。其中也有唱着歌走着的勇敢的兵，有被刺后装死的兵，有跳入水中阿噗阿噗残喘的家伙，有为了逃跑躲上屋顶的家伙，因为怎么叫也不下来，就浇上汽油用火烧，火烧后两三人跳下来，被刺死了。
>
> 黑暗中鼓着劲刺杀，刺逃跑的家伙，啪、啪地用枪打，一时这里成了地狱。结束后，在倒着的尸体上浇上汽油，点上火，仍活着的家伙在火中动了，再杀。后来燃起了熊熊大火，屋顶上所有的瓦片都落了下来，火星四散。回来的路上回头看，火仍烧得通红。①

如果说前引木佐木久等的"义愤"还不失人道的意识，井家又一的立场则已无人性可言。而南京劫难之惨烈至如此，正是因为井家又一的行为和心态才是日军大多数的行为和心态。

上引大多出自《南京战史资料集》。此集由旧军人团体偕行社出资出版，偕行社对日军在南京的暴行持否定态度，编委会成员中宙本正己（同书之名单中作"巳"；但据宙本自注读音为"キ"，故应为"己"）等

---

① 《井家又一日记》，《南京战史资料集》，第479页。

旧军人对日军暴行向持否定立场，而唯一不是旧军人的板仓由明也是近年"中间派"（所谓"中间"其实只是"否定"的婉辞，卒于1999年2月）的干将，所以此集对史料的选择已不能不带偏向。但日军在南京的暴行非如日本右翼所说只是"偶发"的个别行为，所以既要汇编史料，就无法避免日军暴行的记载——不论取什么立场，因为只要所记是据实，日军的暴行就不可能"干净"地不留痕迹。

南京暴行，是日本军队的莫大罪愆，也是日本民族的一个孽债，所以长期以来在日本是一个讳谈的话题。1971年本多胜一的《中国之旅》在《朝日新闻》连载后，此事开始引起关注①，并引起日本左右两翼经久不息的争论。但比起"五一五""二二六"等"事件"（日军在南京的暴行亦多被中性化地称为"事件"），它的影响还相当有限，所出资料也不够丰富。比如严格意义上的史料集，除了本文较多利用的《南京战史资料集》（1993年又出版了Ⅱ集），只有洞富雄所编《日中战争南京大残虐事件资料集》（Ⅰ"远东国际军事审判关系资料编"，1985年版；Ⅱ"英文资料编"，1986年版，见前注；河出书房版《日中战争资料》中洞富雄所编《南京事件》2卷［1973年版］，与此书同）及南京事件调查研究会编译的《南京事件资料集》（分"美国关系资料编""中国关系资料编"2册，1992年版）。不过，从近年散见于各种出版物的相关记载中，我们还是可以看到不少有价值的材料。这里不妨再举两例。

辎重兵第十六联队第四中队第二小队第四分队第十九班的小原孝太郎，应征时是千叶县小学教师，他的日记从1937年9月1日入伍到1939年8月7日退役，一日不缺。1937年12月15日这样记：

> 那一带好像就是南京。翻过了山，在稍稍平坦的地方有个村庄。在这里遇到了让人吃惊的景象。在竹栅栏围着的广场中，多达2000名俘虏，在我军的警戒里小心地待着。让人吃惊。后来才知道这正是攻击南京时俘获的俘虏。据说俘虏约有7000人。他们举着白旗来，

---

① 本多胜一后来说："我迄今写过各种各样的通讯，但像《中国之旅》连载时所引起的那么强烈而深刻的反应，是从未有过的。"（［日］本多胜一编：《裁かれた南京大屠杀》，东京，晚声社1989年版，第85页）

被解除了武装。其中当然也有在战斗中俘获的,各种情况都有。他们中也有在军服之外穿着便服的。在这里先检查一遍,以决定枪杀、役使还是释放。听说在后面的山里被枪杀俘虏的尸体,堆积如山。南京的大部分则好像已经过了清理。①

12月17日日记中记:

二十七班去征发干草,在农家的草堆中发现了4名隐藏的败残兵,抓了回来。△△△(原文如此——引者)拔出刀,咔嚓一刀砍下,头便耷拉了下来。接着△△△的△△△拔刀再砍,头还没有落下来。△△△△再接着,说看老子的,飞快一刀,头滚到了前面,鲜血飞溅。腕力真是惊人。下午十六班也抓回了败残兵……

俘虏来了,正是昨天在那个村子里的俘虏。拿着枪刺的约一个小队穿插在中间,走啊走,不知有多少。跑过去问,说是有4000俘虏。都是三三、三八和二十联队在这一带战斗俘获的。护卫也都是这些联队的人。带着这些东西派什么用处?是去南京么?有的说都枪杀,有的说带到南京去服役。——总之,不知道,但俘虏原有2万人,处理的只余下这些了。②

18日,在前往南京途中,小原孝太郎也遇到了大量的尸体,在当天的日记中他这样记:"尸体堆积如山,想像着[我军]翻越尸体一路追击敌人直至南京附近的样子。"③ 这样"如山"的尸体的正身,当然是记述者所见的俘虏,因为战斗中死亡是不可能成"堆积"状的。

上已提及的步兵第二十联队第三机关枪中队的北山与上等兵,20世纪30年代初曾因参加左翼组织被捕,1937年8月31日应征。他的日记曾受到所在中队的检查。在12月13日日记中,北山与记载了一个中国学

---

① [日]江口圭一、芝原拓自编:《日中战争从军日记——辎重兵的战场体验》,东京,法律文化出版社1989年版,第134页。
② 同上书,第136、137页。
③ 同上书,第137页。

生兵因不堪忍受日军的暴虐而"乞求"日军对自己喉咙开枪之事：

> 屠杀这样没有任何抵抗、指着自己的喉咙哀求"向这里开枪"的人，是日本兵的耻辱。①

在12月14日的日记中北山与也提到了杀俘：

> 过了晚12点扫荡结束回来。好像解除了800名的武装，一人不剩的全杀了。敌兵未必会想到被杀。似乎主要是学生，听说大学生也很多。②

除了当时的记载，近年也偶有当事人打破沉默，出来作证。如第十三师团山炮兵第十九联队第三大队某士兵（谓："因虑胁迫，姓名不能公开"）作证：

> [在往南京进发的途中]驻于某村落，男的全部从房子里带出去，用手枪或步枪枪杀。女子和小孩全部关入房内，晚上强奸，自己没干这样的事，但我想其他人很多都进行了强奸。而且，次日一早，将这些被强奸的女子和小孩全部杀死，最后连房子都烧毁。这是连回来住处都没有的杀戮着的前进。自己都不可思议为什么会如此的愚蠢，得到的回答是这一地区抗日思想相当激烈，所以命令全部杀死。总之，这是一场放火、抢劫、强奸、杀人的罪孽深重的战争。
>
> 我认为这是我们实在应该道歉的一场战争。我们到了接近南京城的幕府山附近，这一次的俘虏到了无法数清的程度。两角六十五联队（"两角"指联队长两角业作大佐；当时第十三师团的主力在江北，仅派第六十五联队参与进攻南京，第十九联队之一部随六十五联队行动——引者）的俘虏约2万人。在这些"俘虏"中，从十二

---

① 《南京事件　京都师团关系资料集》，第71页。
② 同上。

三岁的孩子到蓄着须有皱纹的老头,凡是男人都囊括了进去。

……[幕府山炮台下关押的5000名被绑俘虏]这一次是两列纵排,向着不知道哪里的扬子江方向走去。两侧约两三米处日本兵荷枪实弹,拉着绳索,但途中俘虏兵因一人跌倒,接着相继跌倒。没来得及爬起来,就都被刺刀嚓嚓地刺杀了。

后来的俘虏兵只能绕道而行,本来约1公里的路,走了4公里才到了扬子江。扬子江南侧不知道是兵舍还是什么建筑物,到的时候已经是晚上了。这里从二楼的窗口和一楼都有步兵端着枪对着。这里的广场坐着5000名俘虏。北面是约数米[高]的石垣,即使相当晚了仍能感到是高的石垣。因此,从那一侧是无法逃跑的。俘虏全部坐在那里。有想试军刀要把俘虏拉出来准备砍头的家伙,有想用枪刺刺的家伙,结果都如愿地干了。

自己实际自参战以来,没有砍过人头,借了曹长的刀,砍了正睡着的俘虏,但只砍了一半。实际砍头是不容易的。怎么都无法切下去。这时,"哇"的一声叫了起来,[俘虏]都站了起来。本来应该根据机关枪小队长"打"的命令,才不能不打。但5000人都站起来了,我们也都不能放手了。所以在没有"打"的命令下,哒哒哒哒就开起了机关枪。我也想打一发试试,就打了一发,因为觉得危险,就没再打,但机关枪一起射击,俘虏兵5000人就全部倒地了。

接着,拿着枪刺去刺,因为也许还有活着的,自己拿着的不是日本枪,而是支那枪,而支那枪不能装日本的枪刺,没办法,只能借战友的日本枪,而背着自己的支那枪,在人身上走着,刺了30人以上。第二天早上,手臂痛得举不起来。①

这位因"胁迫"而不能公开姓名的原日军士兵的具体描述,是日军既违反国际法,更违反战争伦理的又一个铁证。这位原日军士兵说他当时听说"两角部队"所杀俘虏达2万人,这可仅是一个联队啊!

以上所征引的文献,虽然还远不是时下所能找到的全部,但已足以

---

① 南京大虐杀の真相を明らかにする全国联络会编:《南京大虐杀——日本人への告発》,东京,东方出版1992年版,第34—37页。

说明问题。本人多年来间或羁旅日本，对日本右翼历史观的荒诞无稽和日本大众在历史认识上的习非成是，有切肤的感受。但我仍不愿从动机上轻易疑人，对日本大众以至于日本右翼的种种谬见，我宁愿把它当作是由于不知而造成的"误解"，所以本文在证明《虚构》等右翼著作提出的有关观点经不起事实检验、因而不能成立的同时，也希望对日本大众客观地认识这一历史"枝节"——在中国人眼中则永远是"天下大事"——起一点微不足道的促进作用。

太平军中的婚姻状况与
两性关系探析[*]

夏春涛

  太平天国的婚姻制度是一个老生常谈的题目，不过，以往的相关论著主要侧重从妇女政策的角度，探讨太平天国前期从隔绝男女到恢复家庭生活的演变脉络，尤其聚焦于男女分营（馆）制度、合挥制度，但对其具体演变过程的考察过于简略，并且有意无意地忽略了一些比较敏感的史实，对后期的情形也较少涉猎，缺乏系统的研究。关于男女婚配和相互交往时所必须恪守的行为准则，太平天国一直有着比较具体的解释和规定，体现了洪秀全独特的政治与伦理思想，并在实践中对太平天国的政局产生了不可忽视的影响。本文尝试按照上述思路，就太平军中的婚姻状况与两性关系进行前后贯通式的考察。民间的情形不在本文考察之列，但在必要时仍对一些相关史实略加论述。

一

  1853年春，定都天京（今南京）后不久，太平天国正式颁布纲领性文献《天朝田亩制度》，内有部分文字涉及男婚女嫁之事。该文献宣布"凡天下婚姻不论财"，否定了买卖婚姻，设想由国库负责每家婚娶时的

---

[*] 本文原载《近代史研究》2003年第1期。

一切开销，采用统一的标准，即给钱一千文，谷一百斤，强调"用之有节"，反对铺张；同时突出了政治色彩，规定婚礼上必须举行祭告上帝的仪式，"一切旧时歪例尽除"。太平天国所拟定的婚礼专用奏章格式如下：

> 小子〇〇〇小女〇〇〇跪在地下，祷告天父皇上帝。今有小子〇〇〇小女〇〇〇迎亲嫁娶，虔具牲醴茶饭，敬奉天父皇上帝，恳求天父皇上帝祝福小子〇〇〇小女〇〇〇家中吉庆，万事胜意。托救世主天兄耶稣赎罪功劳，转求天父皇上帝在天圣旨成行，在地如在天焉。俯准所求，心诚所愿！①

《天朝田亩制度》以 16 岁（含 16 岁）作为男女分田的年龄杠，但对男女的法定婚龄并没有作出具体的规定。在同期颁布的一份通告中，太平天国郑重宣布："男有男行，女有女行，男习士农工商，女习针指中馈，一夫一妇，理所宜然"②，明确提倡一夫一妻制。

不过，上述规定仅仅具有象征性的理论意义，与现实却严重脱节，而且也不是一概而论。首先，早在金田起义之时，太平军就划分男行女行，用军事编制取代了作为社会细胞的家庭组织，规定除洪秀全和后来被封为王爵的杨秀清等人外，一律严别男女，即使夫妻也不得同宿，婚娶之事自然更是无从谈起。其次，一夫一妻制仅仅针对广大官兵和老百姓而言，至于首义诸王，从一开始便实行的是多妻制。以洪秀全为例，他在 1851 年春就已经拥有 15 名后妃，后又逐年增加，最终达到了 88 个。

金田团营期间，鉴于各地会众都是举家举族参加起义，为了打破清军的围剿，洪秀全特意在金田颁布五大纪律，其第二条便是"别男行女行"③。严别男女、拆散家庭适应了当时流动作战的需要，为金田起义从星星之火转变成燎原之势提供了便利，无疑具有它的积极意义。问题在于，在拥有了大片版图之后，太平天国领导中枢并没有根据形势的变化

---

① 《天条书》，《太平天国印书》，江苏人民出版社 1979 年版，第 29 页。
② 《国宗韦、石革除污俗诲谕》，《太平天国文书汇编》，中华书局 1979 年版，第 90 页。
③ 《五大纪律诏》，《太平天国文书汇编》，第 31 页。

及时地加以变通,相反,却执意要将这种应急举措一直延续到平定天下以后,并且还将之推广到整个社会,使得其境内的所有城市均无一例外地变成了军营,从而走向了极端。以都城天京为例,全城居民以 25 人为单位,分别按照性别被编入男馆或女馆,不准私藏在家,实行严格的军事化编制和管理。① 太平军通常占据民房宿营,俗称"打馆"。在此意义上,男馆、女馆亦称"男营""女营"。民女入馆后,"无论老少,呼曰'新姐妹',聚二十余人为一馆,老姐妹辖之曰牌长(职同两司马,受辖于卒长,引者按)。老姐妹者,广西女人也,亦不论老少。女馆多在西华门,比屋而居,谓之女营,分前后左右中为五军。军置女军帅一,亦广西女人为之;女巡查一,则男贼也。"② 这些被组织起来的民女一律被勒令放足,且不得穿裙,以便于从事削竹签、搓麻绳、挖壕沟、盘粮等后勤劳务;善女红的女子则被编入绣锦衙,其绣花处曰绣花馆,算是上差。与女馆相比,男馆在军帅之下仍设师帅、旅帅两职,其成员则有牌面、牌尾之分,前者为青壮年男子,除在手工衙营务工或运粮搬物外,还随时奉调出征;后者为老人和幼童,主要承担煮饭、打更、放马、割草之类的轻体力活。

在不允许夫妻同居和暂缓谈婚论嫁的背景下,为了整肃军纪,太平天国特别强调严男女之大防。《天条书》专门就第七天条"不好奸邪淫乱"的定义作了注解,强调"天堂子女,男有男行,女有女行,不得混

---

① 太平天国在所克城池的居民中实行严别男女政策自广西永安始。据张汝南《金陵省难纪略》记载:"比据江宁,蒙贼(指蒙得天,详参下文,引者按)谓当安民,毋用男行女行法,但抽丁为兵,先定江南,再图进取,如明初故事。东贼(指东王杨秀清,引者按)大怒,谓汝何以不能认实天父,欲妄改天父排定章程,不从。"(《中国近代史资料丛刊·太平天国》(以下简称《太平天国》)第 4 册,神州国光社 1952 年版,第 719 页)照此说法,在是否依旧在南京居民中推行该政策这一问题上,太平天国内部曾有不同的意见。

② 《太平天国》第 4 册,第 695 页。另据胡恩燮《患难一家言》卷上:"先是贼破城,分城中男女为二馆,名为男营、女营,编为左一军、右一军诸名目,以粤西、湖南男女贼首总之。"(《太平天国史料丛编简辑》第 2 册,中华书局 1962 年版,第 338 页)按:依据世人灵魂均来自上帝、彼此同为上帝子女的教义,洪秀全宣称"天下多男人,尽是兄弟之辈;天下多女子,尽是姐妹之群",故太平军不分长幼,均以兄弟姐妹相称。所谓老姐妹、新姐妹,系按照入营时间的先后来划分,与老兄弟、新兄弟同。又,广西首义女子都是天足,早年曾在征伐途中与男子并肩作战,但在定都之后,随着洪秀全诏令"女理内事,外非所宜闻"(《太平天国文书汇编》,第 38 页),她们便逐渐淡出太平天国的政治和军事舞台,其活动空间十分有限。

杂。凡男人女人奸淫者名为变怪，最大犯天条"①。太平军《定营规条十要》第五条也规定："要别男营女营，不得授受相亲。"② 洪秀全在永安还专门降诏，吩咐"务宜时时严查军中有犯第七天条否，如有犯第七天条者，一经查出，立即严拿斩首示众，决无宽赦"③。太平军禁律则规定得更为具体而又严苛——"凡犯第七天条，如系老兄弟定点天灯，新兄弟斩首示众。""凡夫妻私犯天条者，男女皆斩。""凡强奸经妇女喊冤，定即斩首示众，妇女释放；如系和奸，即属同犯天条，男女皆斩。"④ 也就是说，无论是过夫妻生活也好，两厢情愿也罢，强奸也罢，只要是和异性发生了性关系，便一律属于犯下"奸淫"罪，格杀勿论。出于以儆效尤的考虑，对老兄弟量刑尤重。"点天灯"是太平天国的一种酷刑，专门用来处决犯有重罪之人，具体方法是将犯人从头到脚缠上棉纸，再浸泡麻油，涂上松脂白蜡，倒悬后活活烧死。

对于卖淫嫖娼现象，太平天国尤为深恶痛绝，明令取缔娼妓。早在定都初期，太平天国便在京外颁布一份以"革除恶习，禁遏浇风"为主旨的告示，内将娼妓现象列为"蛊惑人心败坏风俗者"之一，宣布"娼妓最宜禁绝"，严申"男有男行，女有女行，男习士农工商，女习针指中馈，一夫一妇，理所宜然。倘有习于邪行，官兵民人私行宿娼、不遵条规开娼者，合家剿洗；邻右擒送者有赏，知情故纵者一体治罪，明知故犯者斩首不留"⑤。后来，洪秀全还明确地将娼妓划为 19 种"生妖"之一。

对于官兵与民女之间的正常接触，太平天国也严加防范。前引告示便专门谈到这一问题，内称官兵有时候将脏衣服送给民妇洗浣，或者请民妇缝补衣服，"既已私相授受，难免眉目传情，不可不防微杜渐，以儆歪风"，宣布"嗣后如有官兵雇倩民妇洗衣缝纫者，概斩不留；其有奸淫

---

① 《天条书》，《太平天国印书》，第 32 页。按：该书初版于 1852 年，所列"十款天条"系据《旧约》中的"摩西十诫"修订而来，既是上帝教的宗教戒律，同时又是太平天国的最高法律。
② 《太平条规》，《太平天国印书》，第 66 页。
③ 《严命犯第七天条杀无赦诏》，《太平天国文书汇编》，第 36 页。
④ 张德坚：《贼情汇纂》卷 8，《太平天国》第 3 册，第 231 页。
⑤ 《国宗韦、石革除污俗诲谕》，《太平天国文书汇编》，第 90 页。

情事者，男女并坐"。①

男女亲属之间正常的走动也受到严格的限制。为了隔绝男女，太平天国对女馆实行严密的监控，使之成为男性的一块禁地。男子即使赴女馆探视自己的家人，也一律被挡在门外，不得入内。有一则时人记载说，天京女馆"不准男子入探，母子、夫妻止于馆外遥相语"②。这与太平天国官方的陈述十分吻合。1854年刊行的《天情道理书》就此明确规定："即有时省视父母，探看妻子，此亦人情之常，原属在所不禁，然只宜在门首问答，相离数武之地，声音务要响亮，不得径进姐妹营中，男女混杂。斯遵条遵令，方得成为天堂子女也。"③

这样一来，男女交往便成为太平军中最大的禁忌，动辄得咎，几乎令人谈虎色变。

太平天国之所以推行严别男女政策，除了出于适应战时需要的考虑外，与洪秀全在此问题上的认识或态度也有着很大关系。

当年，正是基于对社会现状的忧虑和愤慨，科场连番失意的洪秀全深为基督教布道手册《劝世良言》一书的内容所打动。他痛感世道人心之堕落，便将作者梁发那一番引起他共鸣的"良言"奉为劝世、救世的真理，呼吁世人淑身淑世、正己正人，视道德自省为重建古代大同社会的途径，进而从一名眷念仕途的乡村士子转变为一位悲天悯人的宗教说教家。在洪秀全所严正批判的各种社会病态现象中，男女淫乱便是其中之一。当时，广州作为中外商贾云集之地，卖淫业十分兴盛。据载，"广州艳迹，以珠江为最，风月繁华，尤聚于谷阜"④。洪秀全曾数次赴广州参加科举考试，耳濡目染，对此有着深切的感受。在早年撰写的宗教宣传品《原道救世歌》中，洪秀全列数了世间6种"不正"的行为，强调"第一不正淫为首，人变为妖天最嗔；淫人自淫同是怪，盍歌麟趾咏振振"，告诫"自古善正无异德，只将正道淑其身"，奉劝人们返璞归真，

---

① 《国宗韦、石革除污俗诲谕》，《太平天国文书汇编》，第90页。
② 张汝南：《金陵省难纪略》，《太平天国》第4册，第695页。
③ 《天情道理书》，《太平天国印书》，第529页。按："姐妹营"又名"姐妹馆"，均系女馆的别称。
④ 徐珂：《清稗类钞》第11册，中华书局1986年版，第5176页。

不可"乱常而败伦"。① 洪秀全将"淫"列为六恶之首，认为这是人变为"妖"的标志，从中可以看出他对淫乱的敏感和憎恶程度。正是在这种心理的驱策下，洪秀全在广西贵县赐谷村布道期间，还做出了诗斥六窑庙这一惊世骇俗的举动。六窑庙坐落在赐谷村附近的六窑山口，相传曾有一对青年男女在此邂逅，互对山歌，两情相悦，然后双双殉情；当地人纷传两人是得道升仙，便立像祭祀，尊奉其为六窑神。洪秀全则认为，这对男女本非夫妻，"淫奔苟合，天所必诛"，所谓得道一说过于荒谬，便作诗斥责道：

> 举笔题诗斥六窑，该诛该灭两妖魔！
> 满山人类归禽类，到处男歌和女歌。
> 坏道竟然传得道，龟婆无怪作家婆。
> 一朝霹雳遭雷打，天不容时可若何！②

事后，"迷信的土人，哗然鼓噪，纷起反对，几闹出大事"③，可谓一石激起千重浪。六窑庙的传说原本是一个凄婉伤感的爱情故事，而洪秀全却由此"乃悟广西淫乱，男女和歌，禽兽不如，皆由此等妖倡焉"④，流露出他对少数民族生活习俗的误解或偏见，以及在对待男女关系问题上的偏执心态，尽管其本意是为了针砭当时污浊的社会风气。起义立国后，洪秀全又进一步将这种思想制度化。

客观地说，严别男女政策有其积极的一面，既有利于太平军整肃军纪，同时又在一定程度上起到了保护广大妇女的作用。在攻占南京之初，一名士兵欲强暴某店主的童养媳，因对方不从而用剪刀将其刺死，

---

① 《太平诏书·原道救世歌》，《太平天国印书》，第11页。按：作为上帝的对立面，上帝教中的"妖"具有宗教、政治、伦理三层含义，既指灵界的异教诸神及其偶像（"死妖"），同时又指世间的清朝统治者和拜邪神、行邪事之人（"生妖"）。又，"盍歌麟趾咏振振"中的"麟趾"指《诗经·国风·麟之趾》，该诗描述周文王的子孙宗族皆化于善，无犯非礼。

② 《太平天日》，《太平天国印书》，第44页。按：粤人称纵容妻女外出卖淫或自开娼寮者，男为"龟公"，女为"龟婆"；家庭之间媳妇称翁姑为"家公""家婆"，均为广东俗语。

③ 简又文：《太平军广西首义史》，商务印书馆1946年版，第108页。

④ 《太平天日》，《太平天国印书》，第44页。

结果随即就被拿获,"讯明枭首示众"①。就连敌视太平军的读书人也不得不承认:"贼禁奸淫最严,淫曰'犯天条',立杀,虽广西老贼不贷。"② 正因为法令森严,具有很强的威慑力,所以,太平军早期的军纪比较严明,强奸民女之事极少发生。起初,南京城里的妇女人人自危,不少人为保住名节而纷纷自尽,旋见太平军"但掳掠而不奸淫,见女馆则不敢入,于是觅死之念遂息"③。这对稳定民心、迅速控制局面不无帮助。

但是,上述现象仅是相对而言。事情的另一面是,隔绝男女政策无论在军中还是民间,都曾经引起极大的心理反弹,并由此触发了一连串令洪秀全等人预想不到的问题。

南京城男女分馆的命令是于1853年3月22日——太平军完全占领该城后不到三天——颁布的,"于是父母弟兄妻子立刻离散,家业顿抛",全城居民一时人心惶惶。情急之下,"有请缓颊至来日遵行者,遂于夜间或阖室焚烧,或全家自缢,或近河塘牵连投水,纷纷无数"。这的确是一幅触目惊心的画面,"有一家数十口者,有同居三四姓者,望衡对宇,烈焰日夜不绝。水面浮尸或仰或仆,拥挤莫辨。其闭户仰药悬梁者,更不知纪极"。次日,"分析男女愈急,而乘夜遁归自尽者连日未休"。④

与民间的极度恐慌和过激反应相比,太平军内部的不满和抵触情绪也在日渐滋蔓。"饮食男女,人之大欲",而太平天国的隔绝男女政策毕竟不合人之常情,也缺乏最起码的人道。因此,尽管法令森严,动辄得咎,但铤而走险者仍不乏其人。《天情道理书》就此透露出一些相关信息。该书重申"现下残妖尚未灭尽,成家合好尚未及时",许诺一旦"扫尽妖氛,太平一统,那时天父开恩,论功封赏,富贵显扬,使我们一班兄弟室家相庆,夫妇和偕",规劝广大官兵"各宜坚耐心肠,勿因夫妇一事,自图苟合,不遵天诫,以及奸淫营中姐妹,大犯天条",并以梁郭溱

---

① 江恩燮:《患难一家言》卷上,《太平天国史料丛编简辑》第2册,第332页。
② 张汝南:《金陵省难纪略》,《太平天国》第4册,第695页。
③ 陈作霖:《可园备忘录》,《太平天国史料丛编简辑》第2册,第368页。
④ 张汝南:《金陵省难纪略》,《太平天国》第4册,第695页。

与妻子韦大妹屡次私行合好、功勋谢三奸淫营中姐妹为例,正告"自一路以来,所有不遵天令、夫妇私自团聚者,无不被天父指出,奉行天法,重究在案"。① 据末句分析,自金田起义以来,夫妻冒死同居的事件一直时有发生。

与梁、谢两案相比,同期发生的陈宗扬、卢贤拔事件震动最大,一时间闹得沸沸扬扬,就连清方对此也有所耳闻。1854 年 3 月 2 日夜三更时分,东王杨秀清以天父下凡名义召集各官,下令锁拿镇国侯卢贤拔和冬官又正丞相陈宗扬,并立即亲自逐一审讯。陈宗扬供认曾与妻子谢晚妹私合过四五次,但否认曾对别的姐妹动过邪念,直至天父(杨)厉声逼问,才承认"果起此心,犹未成事"。卢贤拔也如实招认曾与妻子犯过天条三四次。于是,天父当场宣判:陈宗扬夫妇"屡犯天条,已经获罪,又欲诱秽他人,罪无可赦",一并斩首示众;卢贤拔"身居显职,不知自检,竟致夫妇同犯天令",姑念其"原有真心对天事主,且自知悔罪,直认不辞",故赦免其死罪,听候发落。不久,卢贤拔被削去侯爵,戴罪立功,免予枷号游营,算是网开一面。事后,天父还特意告诫众人"切不可学此榜样,自取天诛"。② 由此不难看出,在太平军中继续推行严别男女法令的难度已经越来越大,局面趋于失控,乃至天父为了处理夫妻同宿事件,不得不在深更半夜劳师动众地下凡。陈、卢两人都是身居要职的开国将领,仅仅因为过了几次夫妻生活便被诛被罚,足见当时处置此类事件的严苛程度。

然而,对于那些尚未成婚的将领来说,他们即便有偷食禁果的念头,也没有陈、卢那样的机会或条件。业已成家的将领也不免对严刑峻法心存忌惮。于是,禁欲主义的氛围,与异性完全隔绝的环境,难以排解的性压抑、性苦闷,终于滋生出病态的性行为,即同性恋现象。时人写有"狎娈童"一诗描述道:

---

① 《天情道理书》,《太平天国印书》,第 527—528、531—532、533 页。按:定都后,太平天国将永安突围之前入伍者一律加封"功勋"衔,享受"世食天禄"的优待。
② 《天父圣旨》卷 3,王庆成编注:《天父天兄圣旨》,辽宁人民出版社 1986 年版,第 106—109 页。按:关于陈、卢两人因夫妻同宿获罪一事,涤浮道人《金陵杂记》、谢介鹤《金陵癸甲纪事略·粤逆名目略》、张德坚《贼情汇纂》卷 2 均有记述。

> 人心不同各如面，水炮不如铜鼓便。
> 招邀游荡两雄俱，玉貌朱唇大线辫。
> 嘻嘻！老兄弟带娃崽，甘言诱之娃崽悔。
> 少年莫逞好颜色，城外兵如城里贼。①

清军与太平军中均流行着不少隐语，内有一些隐语是通用的，如"打水炮"又作"打水泡"，指奸淫妇女；"打铜鼓"即"打童股"的谐音，指鸡奸。从上诗可以得知，无论是南京城外的清江南大营还是城里的太平军，当时都普遍存在鸡奸现象。太平军中被鸡奸的对象是那些被收养的男童。按照规定，凡是军中的老兄弟，均可以将民间的俊美子弟收为义子、义弟或负责勤务的侍童，名曰"带娃崽"。②一些娃崽因此而遭到性侵犯。马寿龄《金陵癸甲新乐府》"带娃崽"一诗有"昼随马后夜床笫"③句，即隐指此事。为了杜绝这一现象，太平军禁律专门就此厉行规定道："凡奸老弟，如十三岁以上皆斩，十三岁以下专斩行奸者；如系和奸皆斩。"④关于具体查处情形，涤浮道人《金陵杂记》一书有所记载，内称"去春（指咸丰三年癸亥春，引者按），群贼中多有犯鸡奸者，贼目审系用强，即将其人五马分尸；和即皆杀。嗣后有指被鸡奸者，遂将该童毒打，必致认诬而后已。从此即未闻有鸡奸之事矣"⑤。张德坚《贼情汇纂》则云："奸淫之禁，贼令甚严……然男子强奸和奸之案则从无犯者，盖贼多无赖恶少，此风最甚，凡见俊美子弟如获至宝，或认为公子，或带为老弟，同居一室，虽有分床之令，更深夜静，其谁察之？况夫比比皆然，互相回护耶？"⑥可见鸡奸现象在太平军中是一个公开的秘密，只是因为查处工作流于虚应故事而不了了之。

上述夫妻同宿、同性恋等现象的出现是严别男女政策物极必反的结

---

① 马寿龄：《金陵城外新乐府》"狎娈童"诗，《太平天国》第4册，第745页。
② 涤浮道人：《金陵杂记》，《太平天国》第4册，第623页。
③ 马寿龄：《金陵癸甲新乐府》"带娃崽"诗，《太平天国》第4册，第734页。
④ 张德坚：《贼情汇纂》卷8，《太平天国》第3册，第231页。
⑤ 涤浮道人：《金陵杂记》，《太平天国》第4册，第624页。
⑥ 张德坚：《贼情汇纂》卷12，《太平天国》第3册，第317—318页。

果，标志着该政策业已受到来自太平军内部越来越大的冲击，进而加大了太平天国管理、约束军队的难度。该政策不协调的另一面还在于，洪秀全、杨秀清等首义诸王身体力行的却是多妻制，与军中所实行的禁欲主义形成了强烈反差。

1851年11月28日，洪秀全在永安降诏宣布："后宫称娘娘，贵妃称王娘。"① 即天王的后妃总称"娘娘"，东、西、南、北、翼五王的妃子通称"王娘"。除原配妻子外，首义诸王起初仅在两广随军女子中选妃，后又打破了这种地域界限，改在征伐途中就地从民女中遴选，其女眷人数遂随之不断增多。天历壬子二年（1852）除夕，太平天国便曾经在武昌阅马厂选妃，一共挑选了60名有殊色的少女。② 定都以后，这种选妃方式被进一步固定化，每逢首义诸王寿诞之日，照例要在城内女馆中选妃。据张汝南《金陵省难纪略》一书记载："各王寿则洪贼选妃赐之，谓以酬其功，伪王固辞而受其一。洪贼及贼子寿，则各王选妃进贡，贼亦辞而受其一。选妃法，各军女巡查将本军中幼女，自十二岁至十五岁眉目清楚者，择出十余人，交女军帅装饰，送之检点；检点复于数百人中选择数十人进之伪王。伪王或留一二人，余各令回军。天王亦如是。"③ 谢介鹤《金陵癸甲纪事略》中的说法与此大体吻合，内称"贼伪各王生日，必先逼选民女百余人，由伪丞相蒙得天再选，约需十五人以进各贼。每次天贼六人，东贼六人，北贼二人，翼贼一人，谓天父怜各人劳心过甚，赐来美女也。"④ 于是，继男女分馆之后，选美之举再度在南京居民中引起一片恐慌，搅得民间鸡犬不宁，"号哭之声，呼天抢地"⑤。时人有诗一首描述道："今日不幸为女子，尤不幸为女子子。列王传令选王娘，母女相持面如死。巡查勒马立门前，军帅握鞭搜馆里。大者逃出馆外颓

---

① 《永安封五王诏》，《太平天国文书汇编》，第36页。
② 陈徽言：《武昌纪事》，《太平天国》第4册，第597页。
③ 张汝南：《金陵省难纪略》，《太平天国》第4册，第721页。按：洪天贵福9岁即1857年时才正式娶妻，各王在幼主生日时选妃系向天王进贡，而非幼主。
④ 谢介鹤：《金陵癸甲纪事略》，《太平天国》第4册，第658页。按：南王冯云山、西王萧朝贵已于1852年间先后在全州、长沙之战中殉国。又，蒙得天即蒙得恩，因避"天"字而改名，系开国元勋，时任春官又正丞相，主管女馆事务，并具体负责选美事宜，颇得天王的宠信，后来一度总理朝政，官封赞王。
⑤ 张德坚：《贼情汇纂》卷2，《太平天国》第3册，第59页。

垣阴,小者逃入阿母破床底。无论痴与黠,逃之不得脱。面目稍平正,居然中简拔,衣裳罗绮骤装束,脂粉馨香肆涂抹,从之亲戚叨笑言,不从骨肉受鞭挞。女官迫促驴驮去,阿孃肉向心头割,薄送出门忍泪归,吞声哭说掌珠夺,得宠为妃荐床笫,失势为奴埽室阃……"① 另有一则记载亦云:"去秋(指咸丰三年癸亥秋,引者按),贼又有伪令在女馆中搜求童女,初名选美女,继称选王娘,因系代洪、杨、韦、石诸逆选也。其父母百计收藏,终难经其穷搜苦索,自秋至今,将有千百,仍无已时。"②

按照礼制,洪、杨、韦、石女眷的人数依次递减。前已说明,早在1851年春,洪秀全就已经拥有15名后妃,最终达到88人之多。至于各王女眷逐年的具体人数,现已无从考证。一个可供参考的数字是,杨秀清在1854年已拥有36名王娘,到两年后死于内讧时,其王娘总数为54人。③ 由此可以断定,定都初期是各王女眷激增的一个高峰期,其主干人群正是通过此时的频繁选美而产生的。天官正丞相秦日纲在朝中的地位仅次于翼王石达开,本无家室,天历癸好三年(1853)七月蒙天王、东王破例恩准,娶一安庆天足少女为妻,号称"贞人","随后又选服侍妇女多人",从此也成为少数几个不受严别男女政策约束的特权人物之一。④

尽管多妻制与荒淫纵欲并不完全是同一个概念,或者说因人而异,但两者之间无疑存在某种因果关系。由于史料匮乏,太平天国领导人的私生活扑朔迷离,令人难窥其详,但仍有一些线索可寻。时人笔记中就

---

① 马寿龄:《金陵癸甲新乐府》"选女孩"诗,《太平天国》第4册,第732页。
② 涤浮道人:《金陵杂记》,《太平天国》第4册,第624页。按:太平天国选美时要经过层层汰选,所谓入选女子"将有千百"似指最初入选的人数,或包括在各个王府中供职的女子在内,否则该数字便过于夸张,与事实不符。前引天王在武昌选中60名少女一说也应作如是解。
③ 参见涤浮道人《金陵杂记》、谢介鹤《金陵癸甲纪事略》,《太平天国》第4册,第641、667页。
④ 《太平天国》第4册,第629、670页。按:秦日纲不久被选封为顶天侯、燕王,尽管享有殊遇,但其身份仍与东王等人有着本质的区别,即后者与天王在名义上都是上帝的亲生子,彼此以兄弟相称,而秦日纲仅是"人臣"。参见《天父下凡诏书》第2部,《太平天国印书》,第479页。

有不少关于东王杨秀清生活骄奢淫逸的记载。杨秀清原本体质较弱①，定都以后又被眼病所累，至迟在 1854 年已有一目失明。② 英国剑桥大学图书馆藏有北王韦昌辉于同年 5 月 13 日颁布的一道招延良医诫谕，内称"眼科为天朝所尤重"，许诺"果能医治见效，即赏给丞相；如不愿为官，即赏银一万两"。③ 可见东王求医之心切。据替杨秀清治疗眼睛的医家事后私下里透露，东王"只缘色欲太重，致肝肾两亏，因有是疾也"④。一说杨秀清喜服肉桂、高丽参、鹿茸等温补药物，"因热毒上攻，两目俱昏"⑤。两说可互为参证。过去，出于为尊者讳的考虑，诸如太平军中的同性恋现象和杨秀清等人选美、纵欲之类的史实，曾被简单地定性为地主文人的"诬蔑"，不予正视或承认。实际上，这些文字不确或夸大之处在所难免，但所叙述的事实大体上还是可信的，绝非凭空捏造。

可见，太平天国的婚姻政策上下有别，其反差之大令人咋舌。这种"只许州官放火，不许百姓点灯"的做法显然无法让人心悦诚服地接受。一名曾经身困城中的士子就此愤愤不平地指出："夫妻相处亦为奸，惟逆贼逼夺民女则不犯……贪淫贼之本心，但禁人而已。"⑥ 在天历甲寅四年（1854）四月的一道诰谕中，就连杨秀清也不得不承认，天京民人"以为荡我家资，离我骨肉，财物为之一空，妻孥忽然尽散"，以至于"嗟怨之

---

① 金田起义之前，杨秀清曾经两度重病缠身，首次"口哑耳聋"，第二次除此症状外，还"耳孔出脓，眼内流水，苦楚殆甚"（《天情道理书》，《太平天国印书》，第 519—520 页）。后来，洪秀全附会耶稣捐躯替世人赎罪的说法，称杨秀清是替兄弟姐妹赎病所致，并顺势将"赎病主"这一宗教头衔赏给了杨秀清。这种解释当然不足为据。笔者推测，杨秀清极有可能是染上了当地所流行的瘟疫。
② 张德坚《贼情汇纂》卷 1 "剧贼姓名上"杨秀清条，记其"现损一目"（《太平天国》第 3 册，第 45 页）；谢介鹤《金陵癸甲纪事略》亦云："东贼淫无度，兼以子死，西贼子又死，悲甚，而目失明，弗能视。"（《太平天国》第 4 册，第 654 页）按：除纵欲、因爱子夭折而"悲甚"的因素外，东王在主政期间过度操劳也是导致他失明的一个重要原因。
③ 《北王韦昌辉招延良医诫谕》，《太平天国文书汇编》，第 113—114 页。
④ 涤浮道人：《金陵杂记》，《太平天国》第 4 册，第 628 页。
⑤ 汪堃：《盾鼻随闻录》卷 5，《太平天国》第 4 册，第 401 页。
⑥ 谢介鹤：《金陵癸甲纪事略》，《太平天国》第 4 册，第 653 页。

声，至今未息"①。

军中的情况同样不容乐观。为了安抚人心，太平天国官方解释说，目前夫妻团圆和男婚女嫁的时机还没有成熟，"但当创业之初，必先有国而后有家，先公而后及私"②。那么，照此推理，天王、东王等人实行多妻制是否名正言顺呢？稍后来访的英国使节便就这一问题提出了质疑。杨秀清回答说："兄弟聘娶妻妾，婚姻天定，多少听天。"③ 此言听起来冠冕堂皇，却丝毫经不起推敲：一方是妻妾成群，美女如云，而另一方却是怨女旷夫，妻离子散，如果说"婚姻天定"，那么，这位上帝为什么竟然如此偏心呢？上帝的公正又体现在哪里呢？曾有士子就此评述道："以上洪、杨、韦、石、秦等五贼各该犯处均有妇女在内，或千百人，或百余人……除此五贼以外，余贼虽伪官至丞相名目，不许有妇女同处，即母子亦必别居，违者即为犯天条，贼法当斩。何以群贼肯甘心输服？此等贼理殊不可解。""何以群贼即不准稍犯，而五逆可以犯无底止，诸贼转肯甘服？亦殊不解也。"作者觉察出了其中所潜伏的危机，进而设想："倘有间谍者使之因此内讧，俾大兵得以乘机剿灭，亦殊快事也。"④ 总之，严别男女政策在太平军内部受到不小的冲击，在民间更是难乎为继，远非单凭严刑峻法和苍白空洞的说教所能奏效，倘若继续执意推行下去，势必会搅得人心浮动，怨声载道，导致局面失控，甚至引发不测。

迫于内外的压力，为了稳定人心，太平天国决策层被迫进行妥协，改弦易辙。1854 年 10 月 1 日，杨秀清托称自己在梦中接到天父圣旨，天父盼咐他说："秀清，尔好铺排尔一班小弟小妹团聚成家，排得定定叠

---

① 《东王杨秀清劝告天京民人诰谕》，《太平天国文书汇编》，第114页。按：曾有女馆首领慰勉民女说："既吃天父饭，要替天父办事，不要记罣老公。天王打平了江山，一个人有几多的老公。"（张汝南：《金陵省难纪略》，《太平天国》第4册，第695页）这一番话带有明显的戏谑、调侃色彩。

② 《天情道理书》，《太平天国印书》，第529页。按：该书系一班侯相奉杨秀清之命撰写，故实际上代表了后者的思想。

③ 《东王杨秀清答复英人31条并反问英人50条诰谕》，《太平天国文书汇编》，第301页。按：文中的"天"指上帝。

④ 涤浮道人：《金陵杂记》，《太平天国》第4册，第624、630页。

叠，我天父自有分排也。"① 至此，严禁家庭存在的过激法令终于宣告废止。

二

关于解禁后的具体情形，谢介鹤《金陵癸甲纪事略》一书略有叙述，内称"（咸丰四年甲寅）十二月，贼令各伪官每人娶妇数名，许其自择，不从死者甚夥"②。这与前引允许团聚成家的天父圣旨在时间上是衔接的。另据《天父圣旨》卷3记载，1855年4月25日，天父因为"今元勋、功勋兄弟姐妹俱皆团聚"，念及此前因夫妻同宿而被锁押的卢贤拔等人都是有功之臣，"不忍久使鳏守"，便向东王密降梦诏，下令准许其夫妻团聚。③ 据此分析，所谓允许夫妻团聚和未婚者成家，主要是针对为官者而言，至于广大普通士兵，则仍然只能是望梅止渴。另一方面，此类婚配基本上属于违背女方意愿的强制性婚姻，致使有些民女为此而自尽。

为了对男女婚嫁实施有效的监控，太平天国以婚娶官作为主管婚娶事务的专职官员，并正式推行与之相配套的龙凤合挥制度。婚娶官早在取缔家庭时期就已经设立④，但起初仅是一个象征性的闲职。所谓"龙凤合挥"，民间俗称"龙凤批"，相当于今天的结婚证书，因盖有龙凤大印而得名，上面写明登录号以及夫妻双方的姓名、年龄、籍贯，男方还注明官职。据载，在天京解禁之初，为官者必须持"龙凤批"才能到女馆择偶，成婚时"须敬天父，中设两烛，一红一绿，男衣红，女衣绿，拜毕入房"⑤。该制度一直沿用到后期，时人有诗描述道："莫道桑间旧染渐，烟花禁令却森严；寻常婚娶浑闲事，要向官家索票签。"附注则曰：

---

① 《天父圣旨》卷3，《天父天兄圣旨》，第111—112页。
② 谢介鹤：《金陵癸甲纪事略》，《太平天国》第4册，第666页。
③ 《天父圣旨》卷3，《天父天兄圣旨》，第113页。
④ 上元县人王永年撰有《紫苹馆诗钞·陷金陵》，题注"癸丑二月旧作"，内有"男女婚嫁有婚娶官"一语。参见《太平天国史料丛编简辑》第6册，第392—393页。
⑤ 汪堃：《盾鼻随闻录》卷5，《太平天国》第4册，第399页。按：天京解禁后，作为太平军固有编制的男馆（营）依然存在，而女馆的解散绝非一蹴而就之事，负责军需供应的一些手工衙营也不可能随之全部撤销。至于全城军民恢复家庭生活的具体步骤和过程，已不可详考。

"男女配合，须由本队主禀明婚娶官，给龙凤合挥方准。犯奸者谓之犯天条，与吸烟者皆立斩。"① 在幼主于天历庚申十年（1860）九月颁布的一道诏旨中，黄维日被任命为天朝九门御林正婚娶官，爵授禧天福。② 作为执掌合挥审批权的最高官员，黄维日的爵位仅列太平天国后期六爵（义、安、福、燕、豫、侯）中的第三等。据此可以推断，合挥制度仅适用于低级官员，其性质属于一夫一妻制。在京外征战或驻防的军队也同样实行合挥制度。例如，咸丰十年庚申四月十八日（1860年6月7日），即太平军攻占苏州数日后，忠王李秀成"下禁止掠妇之令，贼酋未得龙凤批及散贼所掠诸妇女，皆令十九日缴送女馆，违者论斩。十九〔日〕夜起，遍遣伪文职巡查各馆……直入卧房，辟门查验。贼与妇莫不仓皇而起，持批对验"③。下面便是一份存留至今的太平天国合挥的格式：

> 合挥　　永字第叁拾陆号
> 绮天豫队议政司
> 李大明年二十四岁安徽省庐州郡舒城县人
> 配妻柴大妹年十七岁浙江省绍兴郡会稽县人④

依据"天下多女子，尽是姐妹之群"的教义，太平天国将女子的名字一律冠以"妹"字，因此，"大妹"并不是柴氏的原名。与旧式礼书帖相比，合挥废除了吉凶八字等内容。

---

① 陈庆甲：《金陵纪事诗》，《太平天国史料丛编简辑》第6册，第403页。
② 《幼主封胡鼎聪等职诏》，《太平天国文书汇编》，第66页。
③ 谢绥之：《燐血丛钞》卷1，《太平天国史料专辑》，上海古籍出版社1979年版，第391—392页。按：后期，太平天国在江南新克城市仍设女馆，待秩序恢复后方才解散。太平军攻占绍兴后，忠王曾特意此叮嘱该城守将："仰尔查明城中妇女，总要分别男归男行、女归女行，不得混杂。如有不遵，尔可按法处治。"（《忠王李秀成给佴容椿子容发谆谕》，《太平天国文书汇编》，第193页）
④ 原件墨笔竖写，1954年在浙江绍兴三秀庵墙壁内发现，现为浙江省博物馆收藏。

中高级官员则实行多妻制。① 约在天历庚申十年末，洪秀全颁发一道诏旨，核定了文武百官按照官职大小所允许娶妻的人数，规定东王、西王11妻，从南王到豫王各6妻，高级官员3妻，中级官员2妻，低级官员与其余人等均为1妻。天王就此婚配方案进行了解释，强调"爷造亚坦，婚娶夏娃。一夫一妻，起始昭然。爷今又降圣旨曰：妻子应娶多个"，宣布"朕今就婚姻诏明天下，妻子人数依据官职的高低而定，多寡不一"，劝导众人"不要忌妒"，另称"至于诏颁之前业已多娶者，朕将不予追究"。② 据此推测，自从准许恢复家庭生活后，一夫多妻的现象在为官者中便已屡见不鲜，并且出现了互相攀比、僭制多娶的苗头，天王此诏特意就各级官员娶妻的法定人数予以调整和限定，以整肃礼制，并明确地将多妻制待遇推及所有中级以上的官员。太平天国后期的官制变动很大，新设了不少官爵，级别繁多，导致官员队伍急剧膨胀。因此，在如此大的范围内推行多妻制，官员女眷的整体人数必然颇为可观。

从当初严禁夫妻同宿发展到大范围推行多妻制，太平天国的婚姻政策似乎又走向了另一个极端。事实上，洪秀全依旧十分强调严男女之大防。这从洪秀全的宫廷生活及其相关论述上可以略见一斑。

天朝宫殿（俗称"天王府"）不用宦官，宫内所有的日常事务，包括天王的饮食起居、升朝坐殿，以及修整宫殿、打扫禁苑之类的杂役，均由后宫或女官负责。为了规范、约束自己后宫的言行，洪秀全专门订立了许多清规戒律，其中管束最严的便是男女之别，尽管除洪秀全父子外，

---

① 至于中高级官员婚娶时具体采用何种方式或程序，已不可详考。1862年初，天王封皖北苗沛霖为奏王，并且"恩赐王娘数名，不日忠王专员护送前来"（《余定安再上筹天义梁禀申》，《太平天国文书汇编》，第236页）。据此分析，天王钦赐美女应是其途径之一，但这显然不会是一种通行的方式。

② 原件佚，英文件由英国驻天京翻译官富礼赐（I. J. Forrest）于1861年5月翻译，列为《英国议会文书》（*British Parliamentary Papers*）1862年4月8日第11号附件7，后被收入梅谷（Franz Michael）编《太平叛乱：历史和文献》（*The Taiping Rebellion: History and Documents*）第3卷，华盛顿大学出版社1971年版，第984—985页。本文据此回译。南京大学学报丛书《太平天国史论丛》第2辑收有韩明的中译文，冠名为《多妻诏》。按：该诏提及的辅王、章王等人均系庚申十年间陆续加封，故其颁布时间应在同年末前后。又，东王、西王虽已辞世，但其爵位各由其子嗣承袭，故诏中的东王、西王实指幼东王、幼西王。又，"亚坦"今译"亚当"。

圣天门以内并没有任何别的男性居住。他告诫身边的女人说，无论犯下何种过错，或许都还能够得到宽赦，唯独触犯第七天条是罪恶滔天，罪不容赦。出于防止发生红杏出墙之事的考虑，洪秀全严禁宫城内外建立任何联系，严申"内言内字不准出"、"外言外字不准入"，违者处以五马分尸的极刑；宫城内外的游艇也不得越界；后宫亲戚不得向后宫私献物品，后宫也不得私受。洪秀全就此开导说："后宫各字莫出外，出外母鸡来学啼；后宫职份服事夫，不闻外事是天排。"此外，洪秀全还给后宫规定了四不准，其一便是"不准讲及男人"。① 如此一来，洪秀全众多的妻子便被禁锢在深宫大院之内，彻底与外界和异性隔绝，完全成了他个人的附属物。

洪秀全还将严别男女思想列为对其长子实施启蒙教育的核心内容之一。1857年，洪秀全一手包办，给年仅9岁的幼主洪天贵福娶了四个年龄相仿的妻子，从此便禁止他与自己的生母（包括天王的其他娘娘）和姐妹见面。洪秀全还专门撰写《十救诗》供幼主阅读，作为指导其日常言行的金科玉律。这10首诗分别以"妈别崽"、"姊别

---

① 参见《天父诗》第207、306、458、459、462、465首，《太平天国印书》，第605、620、642、643页。按：由于洪秀全僻处深宫，足不出户，时人笔记据此推断洪秀全"性淫""淫恶"，近有论者也批评洪秀全"多妻纵欲"，这种结论似乎过于武断。笔者认为，多妻制与荒淫纵欲并不完全是同一个概念，或者说因人而异，需作具体分析。洪秀全的《天父诗》主要以琐碎的宫闱中事为题，是其私生活的真实写照。该诗集并没有风花雪月之类的内容，而是板着面孔，订立了许多清规戒律，不厌其烦地教训自己的后妃如何恪守妇道和各自的名分，如何遵守礼仪，包括规定"嫂在洗宫（指浴室，引者按）姑莫进，姑理洗水嫂莫进"（第303首），等等。可见洪秀全是真道学，而不是假道学。另据洪天贵福透露，他一共有天光、天明两个弟弟，以及两姊三妹（《洪天贵福在南昌府供词》，王庆成编注：《稀见清世史料并考释》，武汉出版社1998年版，第527页）。照此说法，再加上已夭折的第二子和承袭东王爵位的第五子洪天佑，洪秀全一共生有10个子女，其中长、次女和洪天贵福还是其原配夫人和续弦赖氏所生。与拥有后宫80多人相比，这一数字几乎是不成比例。

不过，《天父诗》的格调确实不高。该诗集于1857年出版，共收500首诗，其中洪秀全的诗作占了400多首。这些宫闱诗充其量仅仅表达了作者本人对社会、家庭和伦理的看法，严重脱离太平天国的现实政治，内容苍白乏味。据《天父诗》描述，后宫也有严格的等级区分，内以幼主生母赖莲英（"又正月宫"）地位最尊。这么多女人围着一个男人转，免不了会为互相争宠而暗地里较劲；矛盾一旦激化，便演变成公开的争骂，甚至"暗角暗打人""暗打毒打"（第164首）。据洪天贵福讲，他的生母赖氏与第四母余氏便因为闹不和而被其父一并关了禁闭，他那时年纪还小，常为见不到母亲而啼哭（《稀见清世史料并考释》，第531页）。可见洪秀全单为处理后宫纠纷便牵扯了不少的精力，而这仅是多妻制消极作用的一个侧面。

弟""哥别妹""嫂别叔""哥别婶""爹别媳""孙别婆""男别女""最紧喙""最紧心"为题,阐述有关严别男女和清心慎言的大道理,并且作了不少十分琐屑的规定,诸如男童年方 7 岁,就必须自己学洗澡,且不得与母亲同床;妹妹长到 5 岁,哥哥就不能摸她的手;弟弟到了 7 岁,姐姐就得与他保持一丈远的距离,等等。9 岁是男女血亲之间实施隔离的年龄杠,遵守了就"命可保""福多多",否则就"天诛死""云雪加",以触犯天条论处。① 由此可以看出,在对待两性关系问题上,洪秀全的真实思想要比他所公开推行的政策更为严苛和偏执。

洪秀全对此自有解释,强调"人各有其偶,伦常在把持","各人有各人夫妻,不准混杂乱些须。些邪该斩单留正,天法不饶后悔迟"。② 在他看来,严男女之大防与多妻制并不矛盾,既然"贵贱宜分上下,制度必判尊卑"③,那么,每个人的名分不同,娶妻也就多少不一,这些都是合乎礼制、天经地义的,但是,倘若男女在婚姻之外稍有混杂,便是"邪"的体现,为天法所不容。早在定都之前,洪秀全便公开宣布"后宫为治化之原,宫城为风俗之本"④,因此,他的这些论述无疑具有指导意义。例如,天京后期在城外设有 7 条买卖街,各头领的女眷时常骑马前来购物,"每入茶肆,但男女不得交谭"⑤。

按照 1858 年修订出版的《太平礼制》一书的规定,太平天国各级官员的妻子都有专门的称呼,共达 17 种之多,十分繁琐,不易分辨和记忆。其中,丞相妻至军帅妻又通称"贞人",取"妇人以贞节为贵者也"之意。于是,人们约定俗成,除了称列王之妻为"王娘"外,将其余官员之妻一概称作"贞人"。因为高中级官员实行多妻制,所以贞人又有大

---

① 洪秀全后将《十救诗》以幼主名义刊行,冠名为《幼主诏书》(《太平天国印书》,第 798—799 页)。
② 《幼学诗》"男道诗"、《天父诗》第 291 首,《太平天国印书》,第 63、618 页。
③ 《佐天侯陈承镕告官员兵士人等恪遵定制晓谕》,《太平天国文书汇编》,第 90—91 页。按:该通告虽以佐天侯名义发出,但显然代表了洪秀全的思想。
④ 《严别男女整肃后宫诏》,《太平天国文书汇编》,第 38 页。
⑤ 赵烈文:《能静居士日记》卷 16,《太平天国史料丛编简辑》第 3 册,第 256 页。

小之分,妻曰"大贞人",妾曰"小贞人"。①

　　这些女眷大多是被强娶而来。时人就苏州城的情形描述道:"女馆点名,其实拣处女及年轻幼女,幼孩六七岁以上亦有拉去者。""妇女美者,贼目占为己妻;稍有姿色者,驱入女馆中以便拣选。"② 迫于生计,也有一些民女自愿嫁给太平军首领,故时人有"贼亦娶民间妇女,民间妇女有饥寒不能度日者,亦愿嫁贼"③ 一说。这种特殊形式的婚姻基本上沿袭江南民间托媒人、送聘礼之类的旧俗。以常熟为例,从咸丰十年末到次年春,当地太平军"婚娶民间甚多,每有乡官熟识人等做媒,聘资柯金丰厚,酬赠不吝"④。婚礼与民俗同化的色彩也比较浓厚。例如,吴县木渎卡某首领在娶李家桥一民女时,虽然不行合卺礼,但"鼓乐彩旗略似民间"⑤。更有甚者,浙江秀水县陡门卡驻军在娶亲时,"办酒卅余桌,用鼓乐请大土地赞神歌"⑥,不仅十分铺张,还公然违反了太平天国禁拜邪神的法令。值得注意的是,太平天国于同期重新刊行了《天朝田亩制度》,但其中有关婚娶事项的具体规定却并没有得到执行,完全成了一纸空文。

　　由于夫贵妻荣的缘故,这些成为各级将领女眷的民女构成了太平军中一个特殊的群体。浙江石门县城过新年时,"头目之妇所谓'贞人'者,亦窄袖艳装,不挽髻,用彩线结辫盘额上,抹粉涂脂,乘马得得行,有小贼一二人在辔首护持之,往来称贺"⑦。不过,因为遭遇不同,她们的心境也不大相同。例如,在浙江平湖县城,女眷们平素"逐队

---

　　① 《太平礼制》,《太平天国印书》,第 673—674 页。另佚名《平贼纪略》卷下曰:"伪王之妻称'王娘',伪官之妻称'贞人'"(《太平天国史料丛编简辑》第 1 册,第 28 页);丁葆和《归里杂诗》云:"贼中称妇皆美其名曰'贞人',贼自称则谦之曰'外乡婆'"(《太平天国史料丛编简辑》第 6 册,第 463 页);李光霁《劫余杂识》谓:"所掠妇女为贼妻妾者称'贞人',妻曰'大贞人',妾曰'小贞人'。"(《太平天国》第 5 册,第 314 页)
　　② 汪德门:《庚申殉难日记》;蓼村遁客:《虎窟纪略》,《太平天国史料专辑》,第 10、16 页。
　　③ 蓼村遁客:《虎窟纪略》,《太平天国史料专辑》,第 31 页。
　　④ 汤氏:《鳅闻日记》,《近代史资料》总 30 号,第 115 页。
　　⑤ 蓼村遁客:《虎窟纪略》,《太平天国史料专辑》,第 31 页。
　　⑥ 沈梓:《避寇日记》卷 4,《太平天国史料丛编简辑》第 4 册,第 238 页。
　　⑦ 佚名:《平贼纪略》卷下,《太平天国史料丛编简辑》第 1 册,第 329 页。

闲行，皆涂脂抹粉，衣服鲜华，或扬扬意得，或郁郁含愁"①。另据无锡人张乃修自述，其父曾任无锡南塘清绿营兵千总，人称"张副爷"，精于医术，城破后全家隐居在寺头镇。某日，突然开来一队太平军，将他们父子押到守将济天义黄和锦设在城里的公馆。张氏父子坐下后，惊魂未定，忽见几位涂脂抹粉的少妇上来托盘进茶，内有一人含笑招呼道："老爷无恙耶？莲少爷何其黑瘦乃尔？"张乃修仔细打量，辨认出对方是昔日邻居王漆匠的女儿，便向她询问事情的原委。该女解释说："无虑，老大人有病求诊，我即荐保也。"②显然，这位受宠的贞人对现状较为满足，甚至颇有些怡然自得。不过，迫于社会舆论，这些女眷难免受到心理上的压力。佚名《平贼纪略》记无锡、金匮事，内称"城贼以私藏妇女配偶，公然为妇；甚至无耻之徒以女妻贼，其父兄俨为椒房之亲，途人侧目，则不知也"③，正说明了这一点。此外，由于战事频繁，一旦部队奉调出征，她们便成了留守家属，甚至在旦夕之间成为寡妇，所谓"乱点出征征不返，贞人远望在高楼"④即云此事。

大批女眷随军是弛禁后军营生活所出现的一种新现象。洪秀全本想借允许男女婚嫁来安抚人心，同时依旧严男女之大防，杜绝婚姻之外的任何越轨行为，以整肃军纪和维护纲常伦理。但是，就全体官兵而言，受惠于弛禁政策尤其是多妻制的毕竟仅是少部分人。更令洪秀全始料不及的是，伴随着禁令的废止，纵欲之风在太平军中日益蔓延，导致军纪日渐松弛。

由于实行多妻制，一些高级将领耽于声色，故江南民间流传着"大小贞人共一床，模模糊糊过时光"⑤的民谣。早期的鸡奸现象也在军中延续了下来。有些首领在娶妻的同时，依旧养有娈童。金山人顾深被掳后，

---

① 顾深：《虎穴生还记》，《太平天国》第6册，第736页。
② 张乃修：《如梦录》，《太平天国史料丛编简辑》第4册，第611—612页。
③ 佚名：《平贼纪略》卷上，《太平天国史料丛编简辑》第1册，第273页。
④ 丁葆和：《归里杂诗》，《太平天国史料丛编简辑》第6册，第463页。
⑤ 李光霁：《劫余杂识》，《太平天国》第5册，第314页。

因识字能书而在平湖驻军中充当"先生",一位已在营中服役1年的本地人善意地向他介绍内情,其中便谈道:"称呼江北老长毛,当以'大人'呼之。童子虽系江南人,贼掳为己子,名为父子,其实是龙阳君,当以'公子'呼之。"①佚名《平贼纪略》亦云:"(贼)掳幼童使装烟吹火,称小拜喜(把戏),有姿色者奸之,或献其酋为假子。"②通奸现象也随之出现。后来以环游世界著称的南京人李圭曾在江苏溧阳某馆中听差,他在回首这段亲身经历时,对相关隐情有所披露。据云馆主潭天燕姓郦,出征安徽未归,由其义子桂芳代为主事。两人各娶一名本城少妇,"郦贼所掳妇妖好愈桂芳妇,郦出,桂芳私数月矣。时酷暑,桂芳醉卧,妇迎凉院中,陆(一老兄弟,引者按)因与通",结果险些酿成内讧。③

相比之下,情节更为严重的是嫖娼狎妓现象。在严刑峻法的威慑下,娼妓活动在太平天国实际控制区一直比较沉寂,特别是在一些中心城市,几乎见不到娼妓的踪影。但是,在太平天国控制不力的江南乡村却是另一番情景,尤其是在太湖流域的一些市镇,在枪船武装的操纵下,妓船与赌场、戏棚等几乎是互为一体,色情生意异常繁盛。另一方面,时局的持续动荡,社会救济活动的严重滞后,也使逼良为娼的势头得不到有效的遏制。而军纪松弛、吏治腐败现象的滋蔓与卖淫嫖娼活动的猖獗也有着千丝万缕的联系,两者互为因果,形成恶性循环。

以浙江秀水县新塍镇为例,1861年秋,该镇白龙潭东侧停泊着五六百只来自湖州的逃难船,"日久粮罄,妇女皆上岸行乞,视之皆良家子也",难民们"秕糠不继,流离万状,哭泣不敢出声"。与此形成强烈反差的是,仅咫尺之遥,"白龙潭停妓船二百余艘,琉璃窗,锦绣帐,箫管声细细,餍饫粱肉,长毛、富商出入其中,千金一掷。其上则二里桥花鼓戏场,锣鼓喧天,声闻数里,喝雉呼卢,昼夜

---

① 顾深:《虎穴生还记》,《太平天国》第6册,第734页。按:战国时魏有宠臣食邑龙阳,号龙阳君,后因称男色为"龙阳"。
② 佚名:《平贼纪略》卷下,《太平天国史料丛编简辑》第1册,第330页。
③ 李圭:《思痛记》卷下,《太平天国》第4册,第487—488页。

不辍"①。能够逍遥于这种色情场所、动辄一掷千金的"长毛",无疑都是太平军中一些大权在握的人。例如,总理苏福省民政的左同检熊万荃在路过新塍镇时,乡官局"请酒看戏",熊氏遂纵情声色,事后"赏优伶一百元,又为妓女品兰赎身从良费五百元,共用千元"②,堪称名副其实的一掷千金。

　　随着酒色逐渐成为官场交接应酬时的一道风景,权色交易也应运而生。例如,浙江海宁县花溪镇乡官朱芸泉为了升迁,居然向坐镇该县的会王蔡元隆进行性贿赂,特意送来两名女子侍奉后者。蔡元隆查询后,得知二女一系有夫之妇,另一许姓少女则是书香门第出身,均属被胁迫而来,便赠送路费打发其回家,并将朱芸泉斩首示众,以儆效尤。③

　　朱芸泉事件的出现绝非偶然。正因为在官本位的背景下,是否当官和官职大小直接与每个人的切身利益挂靠在一起,包括能否娶妻和娶妻多少,所以,为了牟取特权,人们对升迁趋之若鹜,导致私门请谒、买官卖官之风在太平天国官场日益弥漫,官员的选拔任命和奖惩制度日趋混乱。早在总理朝政之初,干王洪仁玕便觉察出这一苗头,为大小官员

---

① 沈梓:《避寇日记》卷2,《太平天国史料丛编简辑》第4册,第88—89页。按:枪船是由江南豪绅、痞棍所纠集的一种地方武装,其船啸集水面,枪炮俱备,故名。正是由于枪船势力的坐大,新塍镇的妓船才得以无视相关法令,以一种公开化甚至半合法化的方式存在。换句话说,妓船的存亡主要取决于枪船的兴衰,而太平天国对待枪船的政策经历了一个从剿到抚、从抚到剿的发展演变过程,因此,妓船的状况也随之起伏不定。例如,1861年夏,太平军突袭隶属湖州的归安县新市,枪船闻风逃遁,平静后又卷土重来,"市肆无恙,赌博、妓船复集"(佚名:《寇难琐记》卷1,《江浙豫皖太平天国史料选编》,江苏人民出版社1983年版,第143页)。1年后,太平军大举围剿枪船武装,遭受重创的枪匪势力穷竭,所经营的妓船也随之一蹶不振,但也有例外。元和县周庄镇的枪船头领费秀元在接受招抚后,派手下枪船数十只开至吴江县同里镇,"大开博场,昼夜演剧",且有"妓船数十号蚁聚"。由于太平军此次围剿不波及周庄费氏,因此,枪船在同里镇的生意更加红火,到1862年秋冬,除"赌博数十处""鸦片烟灯遍地"外,妓船也扩充到了百余只,甚或"赁屋居停"(倦圃野老:《庚癸纪略》卷上、下,《太平天国资料》,科学出版社1959年版,第101、106页)。又,吸鸦片、赌博、演戏同为太平天国所明令禁止。

② 沈梓:《避寇日记》卷3,《太平天国史料丛编简辑》第4册,第152页。按:熊万荃系清朝降官,任职期间因密谋内应而引起忠王怀疑,后被调守平湖、乍浦一线,不久叛降李鸿章,赏知府职,改名建勋。

③ 冯氏:《花溪日记》卷下,《太平天国》第6册,第712页。按:蔡元隆系忠王李秀成之婿,湖南岳州人,时年约25岁,后于1864年2月在海宁率部降清,改名蔡元吉,官授通判,所部编为元字八营,协同中法混合军"常捷军"攻打湖州。

"动以升迁为荣,几若一岁九迁而犹缓,一月三迁而犹不足"的现象而痛心疾首,质问"设仍各如所请,自兹以往,不及一年,举朝内外,皆义皆安,更有何官何爵可为升迁地耶?"正告"时势至此,再一隐忍姑息,我辈并无生理",试图整顿铨选制度。① 但事与愿违,此时的洪秀全专注于宗教事务,无心亲理政事,对群臣驾驭不力,立政无章,滥施爵赏,遂使局面无法收拾。由于封王太滥,太平天国最终竟然封出了2700多个王,结果既助长了朝中的贪渎之风,同时又因赏罚不公、苦乐不均而导致人心离散,致使事权不一、各争雄长的现象愈演愈烈,从而为太平天国迅速走向败亡埋下了伏笔。

如前所述,杨秀清当初在解释取消家庭生活的缘由时曾经强调:"但当创业之初,必先有国而后有家,先公而后及私",虽不能身体力行,但其对国与家、公与私之间利害冲突的隐忧却绝非杞人忧天。后期,随着整个战局的急转直下,虽有不少太平军将士抱定与天国共存亡的信念,演出了一幕幕惊天地泣鬼神的悲壮活剧,但地方大员率部倒戈的事件也层见叠出,内以1863年末纳王郜永宽等8名将领刺杀慕王谭绍光、将苏州拱手献给李鸿章事件震动最大,标志着太平天国大势已去。而纳王等人之所以叛降,其动机主要是为了保全自己的身家性命,并对清军的承诺信以为真。② 又如,就在都城天京危在旦夕之际,一些贪婪昏庸的王爵仍然对个人的利益锱铢必较,不懂得覆巢无完卵这一简单的道理。当时,由于湘军长时间的围困,天京早已出现粮荒,就连天王洪秀全在病逝前也仅以野草团(称作"甜露")充饥。然而,令清方大感不解的是,湘军破城后,却意外地从城中搜出大量粮米。忠王李秀成在被俘后就此解释说:"城中王府尚有之,顾不以充饷,故见绌。此是我家人心不齐之故。"③ 读史至此,令人嘘唏不已。导致太平天国晚期吏治腐败、军心涣散的原因是多方面的,而实行多妻制无疑对为官者私欲的急剧膨胀起了推波助澜的作用。

以上着重考察了为官者的婚姻状况及其相关情形。关于后期太平军

---

① 洪仁玕:《立法制喧谕》,《太平天国文书汇编》,第94—95页。
② 参见董蔡时《太平天国在苏州》,江苏人民出版社1981年版,第231页。
③ 赵烈文:《能静居士日记》卷20,《太平天国史料丛编简辑》第3册,第375页。

中的婚姻状况，洪仁玕曾在一篇劝谕清军弃暗投明的檄文中有所表述，内称"我天朝廓达大度，胞与为怀，不分新旧兄弟，皆是视同一体。大功大封，小功小赏，上而王侯将相，下而兵士妇孺，俱使衣食得所，居处相安，有家者固团圆以相乐，无室者亦婚配以各遂，虽在军旅之中，仍不废家庭之乐"①。这一段话带有明显的宣传色彩，与事实颇有出入。以驻守平湖的麻天安陈玉书部为例，"自丞相以上始得有妻，然亦必须禀明麻天安，其下则不能也"②。既然连卑官尚且不能娶妻，士兵自然更是无从谈起。

　　士兵们不但不能娶妻，还依旧在两性关系上受到严刑峻法的制约，时人笔记中便有不少关于作奸犯科者被枭首示众的记载。但是，与前期不同的是，强暴民女事件屡禁不止。平湖驻军中一名年仅十六七岁的士兵曾就此不无夸张地说："我们长毛中都是毛呼呼的，见了妇女，总要打水泡，那管他〔她〕死活，即死了，弃诸旷野，或埋诸土中，投诸流水，谁为伸冤？"③ 其习以为常见怪不怪的口吻令人瞠目结舌。有些太平军甚至从事掳绑、贩卖妇女的勾当。1862年1月中旬，参加攻打杭州的苏州驻军取道乌镇返师，驻防该镇的莱天福何信义为防止士兵上岸扰民，"麾旌不许入镇，于所过船只，逐细搜缉"，"幸吴长毛（指乌镇军帅吴诚溥，引者按）颇知痛恤民瘼，将舟中所获少女，一一查察"；动手掳人的士兵一经被指认出，"亟行正法"，并逐一问明被掳者的都图籍贯，"凡属投诚之地，尽行解缚释放，一时男女得返原籍者四五百人"。④ 但是，并非所有遭绑架的女子都能够逢凶化吉。据沈梓《避寇日记》记载，1861年11月27日，"长毛掳两处妇人至新（指新塍镇，引者按），皆面目端好者，为枪船人买去，计卖廿四元"。沈梓经询问后得知，这些女子原本都是大家闺秀，"家去杭城十八里，逃在乡下为所掳"。⑤ 区区新塍镇的色情业之所以颇具规模，拥有妓船二百余艘，与枪船不择手段地补充娼妓来源有很大关系。被太平军倒卖给枪船的女子人数不详，但据"计卖廿四元"

---

① 《诛妖檄文》，《太平天国印书》，第738页。
② 顾深：《虎穴生还记》，《太平天国》第6册，第736页。
③ 同上。
④ 佚名：《寇难琐记》卷1，《江浙豫皖太平天国史料选编》，第159—160页。
⑤ 沈梓：《避寇日记》卷2，《太平天国史料丛编简辑》第4册，第92页。

一句分析，其售价十分低廉。

后期太平军的军纪之所以发展到如此地步，与其人员构成所发生的变化不无关联。以活跃于江浙战场的各主力部队为例，开国将士仅占很小的比例，绝大多数是1860年经略苏杭地区以来的新入伍者。据护王陈坤书部残存名册显示，在记有年龄、籍贯、入营时间与地点的370人当中，没有一人参加过金田起义或隶属两广籍，75%以上的官兵系1860年至1863年间参军，内以安徽、苏南等地人居多。① 这些新入营者主要由倒戈或被俘的清军、各式各样的游民等组成，桀骜不驯，散漫成性，强暴民女之类的事件大多系他们所为；而一些统兵将领又疏于改造军队的工作，对部下约束不力，甚至本身就以身试法，遂导致军纪松弛，局面失控。李圭被掳后，随太平军向丹阳、金坛一线推进，沿途对此有所观察。据他描述，"妇女貌陋者亦多死。美者至沿路逼淫，力拒惨死者十之六七；或带至贼馆充'贞人'，少违意，使众贼轮奸，至怠极而后杀之。穷凶极恶，无所不至"。那么，这种令人发指的兽行都是哪些人干的呢？李圭接着写道："但如行此类事者，大抵以湘、鄂、皖、赣等籍人，先充官军或流氓地痞裹附于贼，或战败而降贼军，积资得为老兄弟者居多。其真正粤贼，则反觉慈祥恺悌，转不若是其残忍也。"李圭还补充说："至官军一面，则溃败后之掳掠，或战胜后之焚杀，尤属耳不忍闻，目不忍睹，其惨毒实较贼又有过之无不及。余不欲言，余也不敢言也。"② 李圭称清军为"官军"，视太平军为"贼"，反映了他本人的政治立场。然而，尽管带有这种鲜明的倾向性，李圭仍然依据事实作出了较为客观的评判，认为太平军中进行奸淫掳掠的以倒戈、投降的清军和地痞流氓居多，两广开国将士反而给人以慈祥和善的感觉，并认为清军的惨毒程度比太平军有过之而无不及。显然，这种结论比较符合历史真相。

除了人员构成的因素外，地域的变化也对太平军产生了潜移默化的

---

① 参见《太平天国文书汇编》，第346—405页。按：开国将士腐化、颓废的现象在后期虽已比较严重，但他们毕竟构成了太平天国的中坚力量，其整体素质要优于后入营者。如英王陈玉成便颇受部下的爱戴，咸称其"生平有三样好处"，即"第一爱读书的人，第二爱百姓，第三不好色"（刀口余生：《被掳纪略》，《太平天国资料》，第206页）。

② 李圭：《思痛记》卷上，《太平天国》第4册，第480—481页。

影响。据潘锺瑞《苏台麋鹿记》记载，苏州守军中的一名老兄弟曾对众人说："我自起兵身历数省，富人之窖藏他处实多，惟宫室器用子女玉帛之类，则苏州为各省冠。谚称'上有天堂，下有苏杭'，我道杭尚不如苏，今与汝等得享天福，当慎守之。"作者就此慨叹道："故世谓发逆之亡，亡于苏州，盖恋恋于此，即怀安之一念足以败之矣。噫！夫差以来，前车几覆矣。"① 在谈到太平军占领溧阳后的情形时，李圭也认为："盖自失守几及一载，贼酷烈之气，销磨于子女玉帛中……"② 从广西的穷乡僻壤挺进到江南繁华富庶之地，太平军在不断开疆拓土的同时，其锐气和理想却在悄然褪色，随之日益膨胀的是安富尊荣、及时行乐意识。太平军中围绕婚姻与两性关系所发生的变化正从侧面说明了这一点。

三

在定都初期，太平军的总兵力约为 12.5 万人③，后又不断得到扩充，到了后期，仅忠王李秀成部据说就有百万之众。男女婚配、与异性的交往虽属儿女私情，但对军队来说，却是事关能否稳定军心、整肃军纪的大事。然而，太平天国所制定的相关法令却存在着先天性的缺陷，既不够缜密和完善，多少显得有些空泛，不易操作，同时又严判上下尊卑，且过于偏执。婚姻与两性关系之所以成为长期困扰太平军的一个棘手问题，与此有着直接的联系。

从某种程度上说，围绕婚姻等问题所引发的事态和变化，是太平军军纪及其官兵关系演变过程的一个缩影，并对其战斗力的消长产生了不可忽视的影响。相形之下，前期虽已出现人心浮动的迹象，但局面并未失控，总的来说军纪比较严明，而后期则不容乐观。洪仁玕就此评述道："前此拓土开疆，犹有日辟百里之势，何至于今而进寸退尺，战胜攻取之威转大逊于曩时？""我天朝初以天父真道蓄万心如一心，故众弟只知有天父兄，不怕有妖魔鬼。此中奥妙无人知觉。今因人心冷淡，故锐气减

---

① 潘锺瑞：《苏台麋鹿记》卷下，《太平天国》第 5 册，第 302 页。
② 李圭：《思痛记》卷下，《太平天国》第 4 册，第 488 页。
③ 参见张一文《太平天国军事史》，广西人民出版社 1994 年版，第 263 页。

半耳。"① 另一方面，它又从一个侧面反映了当时的军（官）民关系。太平天国所采取的一些相关举措，诸如拆散家庭、大肆选美、强娶民女等，均大失民心，在实践中必然会对军民关系产生负面影响。至于后期所接踵发生的强暴民女等事件，则影响更为恶劣。由于统治基础比较薄弱，直到天京沦陷，太平天国一直对境内的广大城乡（尤其是后者）缺乏有效的控制。推究起来，婚姻政策失当等因素正是造成这种局面的原因之一。

通过考察太平军中的婚姻等情形，对于正确评判太平天国的妇女地位问题也不无启示。时至今日，仍然有一些论著赞誉太平天国实行了男女平等，使妇女得到了解放。有学者甚至认为：太平天国对妇女的解放，不仅在中国史上是空前的，就是在19世纪60年代的世界史上也是最先进的。诚然，洪秀全曾经提出过"天下多女子，尽是姐妹之群"的进步口号；《天朝田亩制度》也提出了"凡分田照人口，不论男妇"的设想，并且规定"凡天下婚姻不论财"；此外，太平天国还严禁女子缠足，杜绝娼妓，推行过女官制度。姑且撇开其初衷或出发点不谈，这些思想和举措无疑都值得称道，并在一定时期和一定程度上改善了部分妇女的处境。然而，在旧的历史惯性力量的支配下，广大妇女的附属地位并没有发生任何实质性的变化。仅就婚姻而论，女性在太平天国始终处于被动的状态，从来没有主动择偶的权利或自由。更为可悲的是，根据森严的等级制度所衍生出的多妻制，使女子变相成为特权阶层身份和地位的一种陪衬，沦为单纯侍奉、取悦为官者的工具。本文所作的考察正说明了这一点。1852年正式出版的《幼学诗》亦云："妻道在三从，无违尔夫主，牝鸡若司晨，自求家道苦。"② 用形象直白的语言渲染三从四德的思想，并且堂而皇之地将之写进幼儿教材，洪秀全等人对待妇女的心态于此可略见一斑。仍以洪秀全为例，他曾经由着性情，用靴头击踢怀有身孕的娘娘，事见《天父下凡诏书》第二部。他还针对自己后妃的举止言谈，订下了极为苛刻和霸道的十条规矩："服事不虔诚，一该打；硬颈不听

---

① 洪仁玕：《立法制喧谕》，《太平天国文书汇编》，第94页；《开朝精忠军师干王洪宝制》，《太平天国印书》，第703页。

② 《幼学诗》"妻道诗"，《太平天国印书》，第62页。

教,二该打;起眼看丈夫,三该打;问王不虔诚,四该打;躁气不纯静,五该打;讲话极大声,六该打;有喙不应声,七该打;面情不欢喜,八该打;眼左望右望,九该打;讲话不悠然,十该打。"① 事实上,除了杖责以外,《天父诗》中还有将娘娘在后林苑处以点天灯酷刑的描述。由此可见,尽管按照洪秀全本人的说法,他与自己的后妃在宗教、人伦意义上是同胞、夫妻关系,但在现实生活中,彼此却是地道的主奴关系。总之,在太平天国时代,洪秀全等人根本就不可能萌发近代意义上的妇女解放或男女平等意识。

---

① 《天父诗》第17、18首,《太平天国印书》,第574—575页。

"诸子不出于王官论"的建立、影响与意义

——胡适"但开风气不为师"的范式创新一例*

刘 巍

自从余英时的《中国近代思想史上的胡适》借用库恩（Thomas S. Kuhn）的科学革命理论，解释胡适的《中国哲学史大纲》在中国近代史学革命上的中心意义时起，关于学术转型或范式更新的讨论逐渐蔚为风气。所谓"典范"或"范式"，据余氏对库恩理论的概括，有广狭两义：前者涉及全套的信仰、价值和技术的改变；后者指具体的研究成果所起的"示范"作用，即一方面开启了新的治学门径，而另一方面又留下了许多待解决的问题。此书从学术思想史的广阔背景和内在理路清楚地解释了胡适在中国近代思想史上的中心地位，其中自然包括《中国哲学史大纲》的典范意义[①]，可谓纲举目张、点到为止。

---

* 本文原载《近代史研究》2003 年第 1 期。
[①] 余英时:《中国近代思想史上的胡适》，（台北）联经出版事业公司 1984 年版。该书附录两篇文章:《〈中国哲学史大纲〉与史学革命》《年谱学与现代的传记观念》。有关学术转型或范式更新的较近而又较有新意的讨论，可参见陈平原《中国现代学术之建立——以章太炎、胡适之为中心》（北京大学出版社 1998 年版）以及吴展良对该书所作非常中肯且颇有理致的评论《重省中国现代人文学术的建立——陈平原著〈中国现代学术之建立〉述评》（台湾大学历史学系《台大历史学报》第 27 期，2001 年 6 月，第 187—211 页）；还有罗志田《大纲与史：民国学术观念的典范转移》（《历史研究》2000 年第 1 期）。

本文所要讨论的是与《中国哲学史大纲》密切相关而又独立成篇的"诸子不出于王官论"。

余英时在《中国近代思想史上的胡适》一文中，论及胡适的"考据文字"对当时"上层文化"的冲击时，特以"诸子不出于王官论"为例加以说明：

> 他的"暴得大名"虽然是由于文学革命，但是他能进北京大学任教则主要还是靠考据文字（原文有注，此略——引者）。其中"诸子不出于王官论"成于一九一七年四月，离他动身回国不过两个多月。这篇文笔是专为驳章炳麟而作的，也是他向国学界最高权威正面挑战的第一声。所以，就胡适对上层文化的冲击而言，"诸子不出于王官论"的重要性决不在使他"暴得大名"的"文学改良刍议"之下。[①]

这段文字，旨在强调"诸子不出于王官论""就胡适对上层文化的冲击而言"所具有的"重要性"，颇为有见。但余英时认为"这篇文笔是专为驳章炳麟而作的"，此法不准确。试比较胡适于 1917 年 4 月 11 日与 16 日所作两则日记[②]可知：此文为推倒学术史上长期占据统治地位的见之于

---

① 余英时：《中国近代思想史上的胡适》，第 38 页。
② 前则（标题为《九流出于王官之谬》）主要内容为：
"此说出自班固，固盖得之刘歆。其说全无凭据，且有大害，故拟作文论其谬妄。今先揭吾文之大旨如下：
（一）刘歆以前之论周末诸子皆不作如此说……
（二）学术无出于王官之理。
（1）学术者，应时势而生者也。（《淮南·要略》）
（2）学术者，伟人哲士之产儿也。
（三）以九流为出于王官，则不能明周末学术思想变迁之迹。
（四）《艺术志》所分九流最无理，最不足取……"
后则（标题为《作〈论九流出于王官说之谬〉》）全文如下：
"作《论九流出于王官说之谬》成，凡四千字：
（一）刘歆以前无此说也。
（二）九流无出于王官之理也。
（三）《七略》所立九流之目皆无征，不足依据。
（四）章太炎之说亦不能成立。
（1）其所称证据皆不能成立。
（2）古者学在官府之说，不足证诸子之出于王官。
（五）结论。
此文寄与秋桐（即章士钊——引者）。"
参见胡适《胡适留学日记》下册，安徽教育出版社 1999 年版，第 498—499 页。

《汉书·艺文志》的刘、班旧说而作,所以拟文之初并未考虑要对章太炎有所批驳。因为对仍固执此说且系统发挥此说的学术权威章太炎不能置之不理,后来才特意安排了那一节,并在文章的开头就直点章太炎的大名。① 胡适素以"国人导师"自期②,怀抱着新一代归国留学生那种"如今我们已回来,你们且看分晓罢"③的强烈自信,他的《诸子不出于王官论》,确可认作"向国学界最高权威正面挑战的第一声",但是若将该文视为"专为驳章炳麟而作的",则不单不能成立,而且仍不免小看了"诸子不出于王官论"在学术思想史上的意义。④

本文关心的是,"诸子不出于王官论"在学术思想史上的价值与影响何在,此项创说为什么不是由别人而恰恰是胡适提出的,他是如何建立新说的,通过对此说创建、影响、意义的分析,我们是否可以加深对胡适在现代学术范式建构中的作用的认知,并从一个侧面增进对故国学术、文化转进翻新之历程的了解。

胡适常以龚自珍"但开风气不为师"的名言自喻,这是这位近代学术思想史上的中心人物的自谦还是自负呢?在笔者看来,他早年引此颇能显示其锐意开拓的奋发意气,日后则更多借以暗示开风气者不被理解的无奈。这句话恰当地点出了胡适之所以不断自我肯定和解释其工作成效的心理状态,就他的学术贡献在近代学术思想史上之作用的性质来说,也不失为一种颇为客观的自况。

---

① 即"今之治诸子学者,自章太炎先生而下,皆主九流出于王官说",也许正是这两点加深了学者们认为此文"专为驳章炳麟而作"的误会。
② 参见《胡适留学日记》下册,1915年5月28日,第95页。
③ 此为胡适经常引用的一句洋诗,曾在刊于1917年6月《留美学生季报》夏季第2号的《江上杂记》中郑重引译为中文,并"深有所感":"念吾国留学生不当人人作如此想耶?"见欧阳哲生编《胡适文集》第9册,北京大学出版社1998年版,第774页。胡适在1917年3月8日的日记中,已将此洋诗译为"如今我们已回来,你们请看分晓罢"。并认为"此亦可作吾辈留学生之先锋旗也"。《胡适留学日记》下册,第477—478页。待译文发表,将"请"字改为"且"字,一字之易,那种取而代之、舍我其谁的气势表达得更为淋漓尽致。
④ 自余英时将"诸子不出于王官论"视为"专为驳章炳麟而作"之论出,学者多沿袭其说。参见姜义华《胡适学术文集总序》,第6页;姜义华主编:《胡适学术文集·中国哲学史》(上),中华书局1991年版;欧阳哲生:《新文化的源流与趋向》,湖南出版社1994年版,第276页;罗志田:《再造文明之梦——胡适传》,四川人民出版社1995年版,第222页;等等。王汎森亦认为《诸子不出于王官论》是"胡适为驳章太炎写的",参见王汎森《古史辨运动的兴起——一个思想史的分析》,(台北)允晨文化实业股份有限公司1987年版,第275页。

陈寅恪在《冯友兰〈中国哲学史〉审查报告一》中郑重道及："凡著中国古代哲学史者，其对于古人之学说，应具了解之同情，方可下笔。"这一近来引用率极高的史学箴言，确可扩展开来奉作治史者的一般性律令。转换研究的对象，我们不仅要对"古人之学说"而且对已作"古人"的胡适，也不能不表一种"了解之同情"。此虽极不易，而不能不悬为本文所试图致力的基本方向。

笔者深感，如果对像胡适这样的中国近代学术思想史上的中心人物的工作没有周到把握与合理定位，则探讨中国传统学术的转型与中国现代人文学术的建立这样一个复杂而有意义的论题，将会举步维艰。在这一过程中，自不免有、更要欢迎多元观点的参与，不管它是"现代"取向的或带有"后现代"色彩的，不管它是"激进主义"还是"保守主义"。无论如何，"了解之同情"的态度是值得提倡的。而所谓"了解之同情"，不仅要对"古人"而且要对近人，更不能限于某家某派。中国学术、文化正是在不同倾向、立场之学派的相激相荡中进展的，《老子》所谓"相反相成"、大《易》所谓"天下同归而殊途，一致而百虑"是也。

一 "九流出于王官说"与胡适批驳此说的意义

九流出于王官说，是有关追溯诸子学说渊源的一套系统看法，此说始见于《汉书·艺文志》，盖本于刘歆的《七略》。其说大略如下：

> 儒家者流，盖出于司徒之官……道家者流，盖出于史官……阴阳家者流，盖出于羲和之官……法家者流，盖出于理官……名家者流，盖出于礼官……墨家者流，盖出于清庙之守……纵横家者流，盖出于行人之官……杂家者流，盖出于议官……农家者流，盖出于农稷之官……小说家者流，盖出于稗官。

以上"诸子十家，其可观者九家而已"，其言虽殊，而相灭相生、相反相成；各有长短，而"合其要归，亦《六经》之支与流裔（师古曰：

'裔，衣末也。其于《六经》，如水之下流，衣之末裔。'）"①。

此说有三大要点值得注意，胡适的驳论有举足轻重的意义：

第一，《汉志》诸子十家九流之分说为司马谈以"六家"分诸子说之扩展，由此确立了诸子分家的正统观念。

诚如吕思勉所言：

> 先秦诸子之学，《太史公自序》载其父谈之说，分为阴阳，儒，墨，名，法，道德六家。《汉书·艺文志》益以纵横，杂，农，小说，是为诸子十家。其中去小说家，谓之九流。（《汉志》曰："诸子十家，其可观者，九家而已。"《后汉书·张衡传》：上疏曰："刘向父子，领校秘书，阅定九流。"注："九流，谓儒家，道家，阴阳家，法家，名家，墨家，纵横家，农家，杂家。"刘子《九流篇》所举亦同。）②

张舜徽将司马氏之创说标举得尤为显赫：

> 司马氏以前，论列诸子流别者，若《庄子·天下篇》、《荀子·非十二子篇》、《吕氏春秋·不二篇》、《淮南子·要略篇》，皆但称举同异，提挈纲要，而不命之曰某家某家。诸子分家，实自史谈始也。其后刘向、刘歆，领校群书，撰定《七略》，别诸子为十家。《汉书·艺文志》因之。后世簿录诸子者，又本《汉志》而略有出入耳。③

合而观之，吕、张两氏之说将司马谈分定"六家"至刘氏父子"阅

---

① （汉）班固撰：《汉书》，中华书局1962年版，第1728—1746页。
② 吕思勉：《先秦学术概论》，东方出版中心1985年版，第15页。吕氏此注，将《后汉书·张衡传》原注先"杂家"后"农家"的次序倒置了，其实《汉书·叙传》叙《艺文志》著述缘由已有明文："刘向司籍，九流以别。"应劭注曰："儒、道、阴阳、名、墨、纵横、杂、农，凡九家。"见《汉书》，第4244—4245页。
③ 张舜徽：《〈太史公论六家要指〉述义》，收入《周秦道论发微》，中华书局1982年版，又收入《张舜徽学术论著选》，华中师范大学出版社1997年版，第395页。

定九流"的进展关节交代得一清二楚。故而胡适力驳《汉志》所分"九流"说,势必追剿及司马谈所分"六家"说,将其一并推倒。他在《中国古代哲学史台北版自记》中,对自己工作的立场与方法、目标与成绩有颇为清醒的认知:

> 我这本书的特别立场是要抓住每一位哲人或每一个学派的"名学方法"(逻辑方法,即是知识思考的方法),认为这是哲学史的中心问题……所以我这本哲学史在这个基本立场上,在当时颇有开山的作用。可惜后来写中国哲学史的人,很少人能够充分了解这个看法。
>
> 这个看法根本就不承认司马谈把古代思想分作"六家"的办法。我不承认古代有什么"道家","名家","法家"的名称。我这本书里从没有用"道家"二字,因为"道家"之名是先秦古书里从没有见过的。① 我也不信古代有"法家"的名称,所以我在第十二篇第二章用了"所谓法家"的标题,在那一章里我明说:"古代本没有什么'法家'……我以为中国古代只有法理学,只有法治的学说,并无所谓'法家'。"至于刘向、刘歆父子分的"九流",我当然更不承认了。
>
> 这样推翻"六家"、"九流"的旧说,而直接回到可靠的史料,依据史料重新寻出古代思想的渊源流变:这是我四十年前的一个目标。我的成绩也许没有做到我的期望,但这个治思想史的方法是在今天还值得学人的考虑的。②

"抓住每一位哲人或每一个学派的'名学方法'(逻辑方法,即是知识思考的方法),认为这是哲学史的中心问题",是胡适有其"不得不如是之苦心孤诣"(借用陈寅恪语)的特见,"推翻'六家'、'九流'的旧说"与之有密切的关联(此不赘述,详见下文),但后学很少接受这样的

---

① 在《诸子不出于王官论》中,胡适尚沿袭"道家"之称——引者。
② 胡适:《中国古代哲学史台北版自记》,见胡适《中国哲学史大纲》卷上"附录二",第13—14页,商务印书馆1919年初版,1987年影印版。

见解。所谓"道家""名家""法家"等名目，为汉代学者整理以往诸子学术思想进行分家分派的方便设施，未必定要在先秦古籍中出现过才名正言顺，所以追随胡适摒弃此等称谓的学者亦不多。但是，不拘泥于"'六家'、'九流'的旧说""而直接回到可靠的史料，依据史料重新寻出古代思想的渊源流变"，这一"方法"实在是被后来直至今日治先秦学术思想史的学者奉为圭臬、谨守不失的。在这一层次上，胡适的开山作用也许比他本人所认识到的还要大，只是此类的新范式如今已被普及至日用而不知的地步，反而不易为人所了解了。

第二，在处理"六经"与"诸子"的源流关系上，具有强烈的尊经抑子观念。

"九流"乃相对于大本大源的"六经"而言，所谓"会其要归，亦六经之支与流裔"也。① 此等观念，在中国学术思想史上可谓渊远流长。《庄子·天下》篇已引其端绪：

> 古之人其备乎！配神明，醇天地，育万物，和天下，泽及百姓，明于本数，系于末度，六通四辟，小大精粗，其运无乎不在。其明而在数度者，旧法世传之史尚多有之。其在于《诗》、《书》、《礼》、《乐》者，邹鲁之士搢绅先生多能明之。《诗》以道志，《书》以道事，《礼》以道行，《乐》以道和，《易》以道阴阳，《春秋》以道名分。其数散于天下而设于中国者，百家之学时或称而道之。
>
> 天下大乱，贤圣不明，道德不一，天下多得一察焉以自好……是故内圣外王之道，暗而不明，郁而不发，天下之人各为其所欲焉以自为方。悲夫，百家往而不反，必不合矣！后世之学者，不幸不见天地之纯，古人之大体，道术将为天下裂。

又，《庄子·天运》篇有云：

---

① 《汉志》下文有曰："仲尼有言：'礼失而求诸野。'方今去圣久远，道术缺废，无所更索，彼九家者，不犹瘉于野乎？（师古曰：'瘉与愈同，愈，胜也。'）若能修六艺之术，而观此九家之言，舍短取长，则可以通万方之略矣。"《汉书》，第1746页。虽言"瘉于野"，不过也只是通达往"圣""道术"的阶梯而已！

> 孔子谓老聃曰:"丘治《诗》、《书》、《礼》、《乐》、《易》、《春秋》六经……"①

《庄子》可谓已明白提示诸子"百家"渊源于"六经"说。至经学尊崇的汉代,刘歆、班固明确以"九流"本于"六经"说将其固定化、正统化,此后长期独霸中国学术思想史。直到《四库全书总目》"子部总叙"还说:

> 然儒家本六艺之支流……其余虽真伪相杂,醇疵互见。然凡能自名一家者,必有一节之足以自立。即其不合于圣人者,存之亦可为鉴戒。②

余英时引此语,作按语道:"这显然是通过训诂而重新发现了诸子思想以后所发展出来的见解。"③ 其说良是。尽管如此,诸子中且就儒家而论,虽然说"儒家尚矣",但是"儒家本六艺之支流"闲闲一语,道尽了刘、班以降学者尊经抑子之成见,其余诸子勿论矣,诚所谓根深而蒂固也。

明乎此,我们才能理解胡适的辩驳:

> 哲学家的时代,既不分明,如何能知道他们思想的传授沿革?最荒谬的是汉朝的刘歆、班固说诸子的学说都出于王官;又说"合其要归,亦六经之支与流裔"(《汉书·艺文志》。看胡适《诸子不出于王官论》,《太平洋杂志》第1卷第7号)。诸子既都出于王官与六经,还有什么别的渊源传授可说?④

它的价值与意义,正如蔡元培当即指出的"平等的眼光",也即胡适

---

① (清)郭庆藩撰、王孝鱼点校:《庄子集释》,中华书局1961年版,第1067—1069、531页。
② (清)永瑢等撰:《四库全书总目》,中华书局1965年版,第769页。
③ 余英时:《〈中国哲学史大纲〉与史学革命》,《中国近代思想史上的胡适》,第79页。
④ 《中国哲学史大纲》卷上,第11页。

后来自认的"革命"功效:"(不分'经学'、'子学')把各家思想,一视同仁。"① 胡适还追述说:

> 在中国文化史上我们真也是企图搞出个具体而微的哥白尼革命来。我们在学术研究上不再独崇儒术。任何一项有价值的学问,都是我们的研究对象。②

胡适并没有夸大他早年的抱负,像《先秦名学史》,就是旨在引进导致西方文化史重大变革的"《方法论》和《新工具》",在先秦名学史中为现代中国的文化革命寻找思想方法的根据或曰掘培"土壤"而作的。按照胡适的理解,他的"努力"又是与"新儒学"为回应佛学的冲击而进行"逻辑方法"的革新是一脉相承的,或者可以说是完成其未尽的志业。这样一种关怀,决定了他必须把主要精力投注到"恢复"与他所理解的西学的最新成果(主要是达尔文的进化论及其科学根据、杜威式的实验主义科学方法论,尤其是"用历史或者发展的观点看真理和道德"的观念)较能相通又便衔接而久被压抑的"非儒学派"(尤其是胡适所谓的"别墨学派")上。③ 所以打破尊经崇儒之格局,乃是他不能不做的事。④ 作为该书之扩展和进一步系统化的著作《中国哲学史大纲》,以及与之血肉相连的"诸子不出于王官论",无不深深地打上这样的问题意识的烙印。当然,我们今天有便利了解胡适的不光是他想做的,而且还有确实做到了的事情。"诸子不出于王官论"对于尊经崇儒之见的深切勇猛的冲击与破坏,就是一个例子。

第三,"九流出于王官说"的基本内容是将诸子分别归本于各具职守

---

① 唐德刚译注:《胡适口述自传》,华东师范大学出版社1993年版,第210页。
② 《胡适口述自传》,第249页。
③ 参见先秦名学史翻译组译,李匡武校,胡适著《先秦名学史》,尤其是其"导论",学林出版社1983年版。
④ 胡适于1915年7月14日致韦莲司的信中就提到所拟博士论文题为《古代中国非儒家的哲学家》,即后来的《先秦名学史》(博士论文正式题名为: *A Study of The Development of Logical Method in Ancient China*,即《中国古代哲学方法之进化史》,参见《胡适留学日记》下册,第504页)之最初标名。周质平编译:《不思量自难忘——胡适给韦莲司的信》,安徽教育出版社2001年版,第68页。可见其"非儒家"的意识由来已久。

的王官，其中蕴含了鲜明的尊"官学"轻"私学"与"理想化古代"的价值取向。

我们可以看到，前两点均有所本，或源自司马谈《论六家要指》或承之于《庄子》。此点则多创辟，而其条贯却近于冯友兰所谓的"机械论"："刘歆于九流十家，皆为指一'官'以为其所自出，盖由于汉人好系统，喜整齐之风尚。"①

关于此说在学术史上的影响，顾颉刚有扼要的介绍：

> 自从刘歆在《七略》中规定了诸子有九家，每家都出于一个官守，学者信为真事，频加援引。郑樵的《校雠略》，章学诚的《校雠通义》，尤为宣传的中坚。②

至于此说在清代以降学者中引起的反响，张舜徽更有详尽的说明：

> 清儒如章学诚、汪中、龚自珍，近代若章炳麟、刘师培，皆推阐刘《略》班《志》之意而引申说明之。以为古者学在官府，私门无著述文字。自官学既衰，散在四方，而后有诸子之学。不悟百家竞兴，各有宗旨，与王官所掌，不能尽合。大抵诸子相因而生，有因前人之学而引申发明者，有因他人之说而相攻甚力者。如谓王官之学衰而诸子兴，犹可也；必谓诸子之学一一出于王官，则不可也。清末惟长沙名儒曹耀湘不信刘班诸子出于王官之说，载所见于《墨子笺》中，最为通达。曹氏年辈，远在章炳麟、刘师培之前，而所见则在章刘之上，可谓有识！近人胡适，有《诸子不出于王官论》，亦有理致，皆发前人所未发也。③

---

① 冯友兰：《原名法阴阳道德》，《清华学报》第 11 卷第 2 期，又见《三松堂学术文集》，北京大学出版社 1984 年版，第 385、335 页。
② 顾颉刚：《古史辨》第 4 册"顾序"（1933 年 2 月 12 日），第 17 页，罗根泽编著：《古史辨》（4），上海古籍出版社 1982 年版。
③ 张舜徽：《诸子与王官》，《学林脞录》卷 4，又见周国林编《张舜徽学术文化随笔》，中国青年出版社 2001 年版，第 100—101 页。

张氏与胡适一样，是服膺《淮南子·要略篇》所论"诸子之学，皆起于救世之弊，应时而兴"的，故于抑扬之间有此评衡，其对两派见解的概括亦颇为允当。照张氏所说，其乡先辈曹耀湘诚得胡适"诸子不出于王官论"之先声，而曹说之影响固绝不如胡适之论也。

清儒中持"九流出于王官说"者颇不乏人，而胡适特以章太炎为驳论对象，可以说当年胡适确有强烈且不可遏制的"向国学界最高权威正面挑战"的自我意识。那么，他最不满意章说的是什么呢？

首先，章太炎以为，古之学者多出王官。胡适则认为古者学在王官是一事，诸子之学是否出于王官又是一事。即令此说而信亦不足证诸子出于王官，"盖古代之王官定无学术可言"。徒以古代为学皆以求仕，故智能之士或多萃于官府。当周室盛时，教育之权或尽操于王官。王官之教"其视诸子之学术，正如天地之悬绝"，诸子之学不但决不能出于王官，果使能与王官并世，亦定不为所容而必为所焚烧坑杀。此如欧洲教会尝操中古教育之权，及"文艺复兴"之后，"私家学术"隆起，而教会以其不利于己，乃出其全力以抑阻之。故教会之失败，欧洲学术之大幸也。王官之废绝、保氏之失守，先秦学术之大幸也。[①]

且不论古代之王官究竟有无学术、王官之权柄作为是否与中古欧洲教会同其伦比[②]，胡适的见解透露出鲜明的抑"王官"扬"诸子"、轻"官学"尊"私学"的价值取向。《七略》《汉志》表达的是一种典型的"理想化古代"的看法："以为由在官专家世官世禄之制度变为在野专家，

[①] 《中国哲学史大纲》卷上"附录"《诸子不出于王官论》，第6—8页。
[②] 柳诒徵在此类问题上就力驳胡适之说，参见氏著《论近人讲诸子之学者之失》，原载《史地学报》第1卷第1期，1921年11月；后复录于《学衡》第73期，1931年1月；柳曾符、柳定生选编《柳诒徵史学论文续集》，据《学衡》收入此文，上海古籍出版1991年版（笔者将三者加以校勘，后出之本殊少改易，本文所涉及的引文部分几无更动，为方便起见，引据《柳诒徵史学论文续集》）。缪凤林发挥引申柳诒徵的看法，对胡适的见解作了进一步的批驳，参见缪凤林《评胡氏诸子不出于王官论》，《学衡》第4期，1922年4月。吕思勉的批评，见《先秦学术概论》，第16页。

以自由职业谋生之制度,为一种错乱。"① 胡适针锋相对的新见对《汉志》不能不说是一种前所未有的挑战与冲击。而且它充分表达了胡适本人从西洋得来的学术民主与思想自由的观念,及其以"私家学术"孕育中国的"文艺复兴"的现实关怀。今天看来,诸如"诸子不出于王官论"就是胡适当年发起和参与的中国的"文艺复兴"的重要一环。

胡适很不同意的还有章太炎的如下见解:"是故九流皆出王官。及其发舒,王官所不能与。官人守要,而九流究宣其义,是以滋长。"胡适认为,此亦无征验之言,其言"官人守要,而九流究宣其义"大足贻误后学。夫义之未宣,便何要之能守。学术之兴,由简而繁、由易而赜,其简其易,皆属草创不完之际,非谓其要义已尽具于是也。胡适以为诸子自老聃、孔丘至于韩非,皆是忧世之乱而思有以拯济之。故其学皆应时而生,与王官无涉。诸家既群起,乃交相为影响,虽明相攻击,而冥冥之中已受所攻击者之熏化。胡适在扼要铺陈完自己胸中的诸子学源流生变史之后,结语反诘道:"若谓九流皆出于王官,则成周小吏之圣知定远过于孔丘、墨翟。此与谓素王作《春秋》为汉朝立法者,其信古之陋,何以异耶?"②

很明显,在《汉志》中定型化而到章太炎犹固执的"九流出于王官说",是一种具有强烈的崇古倾向的学术思想史解释模式。就将诸子学一一分别溯源于不同的王官来说,具有"机械论"的穿凿附会色彩;就"合其要归,亦六经之支与流裔"以及"官人守要,而九流究宣其义"等核心观念来看,具有历史解释的"退步"论的"理想化古代"取向。胡适取而代之的是一种根于进化论观念、以"历史的眼光"得来的全新的

---

① 引语为冯友兰对刘、班之说的现代概括,所谓"理想化古代"这类表述,均为"诸子不出于王官论"出台后才会有的看法。冯友兰:《原名法阴阳道德》,《三松堂学术文集》,第384页。此前,傅斯年亦认为"九流出于王官,皆古文家之 ideals,虽非信论,然正 betray 西汉末儒家思想之趋势"。对此,王汎森下按语道:"此处 betray 一字是不经心地显露之意;也就是说九流出于王官之说正好无心地流露了汉代古文家的理想。"参见王汎森《思想史与生活史有交集吗?——读〈傅斯年档案〉》,《中国近代思想与学术的系谱》,河北教育出版社2001年版,第324页。又冯友兰《先秦诸子之起源》,《三松堂学术文集》第373页有云:"刘歆又以为王官易为诸子是退步的表现。"用"错乱"与"退步"来表述刘歆对"王官易为诸子"的价值判断,虽出于冯友兰的现代概括,颇有戴着"进化论"的眼镜看问题之"成见",但大体近之。

② 《中国哲学史大纲》卷上"附录"《诸子不出于王官论》,第8—10页。

历史解释模式，以及一种既不同于"谓素王作《春秋》为汉朝立法者"的汉代经今文家，也不同于以《七略》《汉志》的见解为代表的汉代经古文家，甚至不同于仍不脱"信古之陋"的晚清经古文家章太炎的取向——"疑古"的取向。胡适的新范式，在以西学补助和融会中学方面，也有穿凿附会色彩，对汉代学者的工作，也有缺少"了解之同情"的地方。但是，在中国学术由传统向现代转型的历程中，在由此而涉及的世界观与方法论的转换等诸多重要面向所起的作用，是决不可等闲视之的。他的"诸子不出于王官论"，就不仅涉及全套的信仰、价值和技术的改变，而且在具体的研究成果方面起了示范的作用。

二 "诸子不出于王官论"的建立
——有关的根据、要素、过程的分析

在略知胡适大力突破"九流出于王官说"的革命性价值与意义以后，赞叹之余，我们自然也会产生疑问：何以不是别人而是胡适做出了如此开风气的业绩呢？这样的问题，顾颉刚早在70年前就提出了：

> 诸子既是同出王官，原在一个系统之下，如何会得互相攻击？儒墨固常见于战国书中，何以其他的家派之名竟无所见，而始见于汉代，甚至到了《七略》才露脸？这些问题，不知从前人为什么提不出来。①

以前不成问题的，为什么到胡适那里发生了问题，还大刀阔斧地提出了创说？顾颉刚并没有提供答案。在笔者看来，这可以到胡适建立"诸子不出于王官论"的过程中去了解。这就必须覆按他立说的根据、揭示他所承受的学术思想资源、分析他将"旧学和新知配合运用得恰到好处"②的综合创新能力。本文不能面面俱到，而只就最重要的几个环节加以探讨。

---

① 《古史辨》第4册"顾序"，第17页，《古史辨》(4)。
② 余英时：《〈中国哲学史大纲〉与史学革命》，《中国近代思想史上的胡适》，第89页。

1. "诸子不出于王官论"的中心根据——所谓"名家"之名目不能成立说

前引《中国古代哲学史台北版自记》胡适所谓"我不承认古代有什么'道家','名家','法家'的名称",确为他"根本就不承认司马谈把古代思想分作'六家'的办法"、"更不承认""刘向、刘歆父子分的'九流'"的关键,也确实是其非常独特的见解。

其中最重要的是所谓先秦无名家说。《诸子不出于王官论》对此有扼要的说明:

> 古无名家之名也。凡一家之学,无不有其为学之方术。此方术即是其"逻辑"。是以老子有无名之说,孔子有正名之论,墨子有三表之法,"别墨"有墨辩之书(即今墨子书中之经上下经说上下大取小取诸篇),荀子有正名之篇,公孙龙有名实之论,尹文子有刑名之论,庄周有齐物之篇,皆其"名学"也。古无有无"名学"之家,故"名家"不成为一家之言(此说吾于所著先秦名学史中详论之,非数言所能尽也)。惠施、公孙龙皆墨者也。观《列子·仲尼》篇所称公孙龙之说七事、《庄子·天下》篇所称二十一事及今所传《公孙龙子》书中《坚白》《通变》《名实》诸篇,无一不尝见于墨经(晋人如张湛、鲁胜之徒,颇知此理。至于惠施主兼爱万物、公孙龙主偃兵,尤易见)。皆其证也。其后学术散失,汉儒固陋,但知掇拾诸家之伦理政治学说,而不明诸家为学之方术。于是凡"苛察缴绕"(司马谈语)之言,概谓之"名家"。名家之目立,而先秦学术之方法沦亡矣。刘歆、班固承其谬说,列名家为九流之一,而不知其非也。①

胡适见解的新颖别致之处在于:把《汉志》系于"名家"的惠施、公孙龙之学说,判归墨家后学——胡适所谓"别墨学派",而不承认由司马谈、刘歆、班固所建立的"名家"之名目。

这是怎么回事呢?

---

① 《中国哲学史大纲》卷上"附录",第5页。

这自然源于胡适治先秦名学、哲学史的特别立场,即"抓住每一位哲人或每一个学派的'名学方法'(逻辑方法,即是知识思考的方法),认为这是哲学史的中心问题"。用《中国哲学史大纲》中的话来说就是:"名学便是哲学的方法"①,"古代本没有什么'名家'。无论哪一家的哲学,都有一种为学的方法。这个方法,便是这一家的名学(逻辑)……因为家家都有'名学',所以没有什么'名家'"②。这又源于胡适早年作《先秦名学史》时的基本观念:"哲学是受它的方法制约的,也就是说,哲学的发展是决定于逻辑方法的发展的"③,以及特殊的怀抱:"就我自己来说,我认为非儒学派的恢复是绝对需要的,因为在这些学派中可望找到移植西方哲学和科学最佳成果的合适土壤。关于方法论问题,尤其是如此。"④

在这一系列"成见"支配下,在他所要恢复的"非儒"学派之中,胡适所谓"别墨学派"是最为重要的:"别墨是伟大的科学家、逻辑学家和哲学家……别墨作为科学研究和逻辑探讨的学派,大约活跃于公元前325—前250年期间。这是发展归纳和演绎方法的科学逻辑的唯一的中国思想学派。它还以心理学分析为根据提出了认识论。它继承了墨翟重实效的传统,发展了实验的方法。"⑤而"惠施与公孙龙不是形成'名家'的孤立的'辩者',而是别墨学派合法的代表人物"。这是因为"惠施、公孙龙的所有反论都能在这六篇(指《墨子》中之《经》上下、《经说》上下、《大取》、《小取》诸篇——引者)中找到辅助说明。而且,只有在这些辅助说明的启迪下,我们才能理解这些反论。这是中国逻辑史不能置之不理的事实"。总之,"这一学派继承了墨翟伦理的和逻辑的传统,并在整个中国思想史上,为中国贡献了逻辑方法的最系统的发达学说"⑥。这一派的哲学与科学成就在"自老子至韩非"的"古代哲学"("这个时代,又名'诸子哲学'")⑦ 中具有中心的意义:"中国古代的哲学莫盛于

---

① 《中国哲学史大纲》卷上,第390页。
② 同上书,第187—188页。
③ 《先秦名学史》,第4页。
④ 同上书,第9页。
⑤ 同上书,第57—58页。
⑥ 同上书,第110—111页。
⑦ 《中国哲学史大纲》卷上,第6页。

'别墨'时代。看《墨辩》诸篇所载的界说,可想见当时科学方法和科学问题的范围。无论当时所造诣的深浅如何,只看那些人所用的方法和所研究的范围,便可推想这一支学派,若继续研究下去,有人继长增高,应该可以发生很高深的科学,和一种'科学的哲学'。"① 不料这一学派以及由此而来的发展"科学"与"科学的哲学"的健康的趋势,由于(1)怀疑主义的名学;(2)狭义的功用主义;(3)专制的一尊主义;(4)方士派的迷信,而使古代哲学"中绝"了。②

治中国先秦学术思想史者一般愿意承认胡适发掘墨学之功,而不能容忍其抓不住中国学术思想史特色的毛病。比如吕思勉能称赞"胡适《中国哲学史大纲》上卷,亦以论墨经一章为最善",但却说:"然则辩学由墨子而传,而其学实非墨子所重。今之治诸子学者,顾以此称颂墨子,则非墨子之志矣。"③ 其言甚为平允,然则不解胡适"之志矣"!

至少从留学美国时起,胡适就担当了并毕生致力于一项非常宏大的使命。第一步,他要解释"中国之所以缺乏科学研究"的"原因"——这一中国文化面对西方文化的冲击才产生并显得颇为尴尬窘迫的问题,也就是自晚清以降至今一直困扰着中国知识分子的"李约瑟难题"。胡适研究的结论是:"哲学方法(用后来的话来说是'名学方法':'逻辑方法,即知识思考的方法'——引者)的性质是其中最重

---

① 《中国哲学史大纲》卷上,第389页。

② 参见《中国哲学史大纲》卷上,第十二篇"古代哲学之终局"第三章"古代哲学之中绝"。事实上,如果不是以诸如"别墨"学派的"科学"与"科学的哲学"为"诸子哲学"(即"古代哲学")的中心内容,就根本不会发生中国古代哲学的"中绝"问题。正是本着对胡适"了解之同情"的立场,笔者不接受在《冯友兰〈中国哲学史〉审查报告》中陈寅恪对胡适隐隐的然而却是严厉的批评,也不接受金岳霖那直率的批评。中国文化的特点或优点,即使胡适不否认,也不是他关注的焦点。中国文化的问题在哪里,他需要从外国文化中吸取什么养分以求现代化从而再造新文明,才是他一生的志业所在。胡适从其留学时代开始不断强化的是一种文化的"自责主义"与自我扩充主义,这在《先秦名学史》《中国哲学史大纲》卷上等早期著作中已有充分的表现。因此笔者就更不能接受陈平原《中国现代学术之建立——以章太炎、胡适之为中心》第六章"以西学剪裁中国文化"来概括其"学术思路",尽管牵强附会为胡适学术的最大弊病。毋宁说,他在早年先秦名学、哲学史研究中就已经表现出一种非常鲜明的取向——采援西学,推陈出新。

③ 参见《先秦学术概论》,第105、121页。

要的原因之一。"① 第二步，他要为中国文化的科学化而"努力"：在固有文化传统中找到"移植西方哲学和科学最佳成果的合适土壤"，并身体力行地宣扬"科学的方法与精神"、建设"科学的哲学"。他后来在清代考证学中发掘"科学的方法与精神"并将其系统化和普及化，他通过《戴东原的哲学》发挥"纯粹理智"的哲学（即"科学的哲学"）②，他晚年的重要论文《中国哲学中的科学精神与科学方法》，都是这一努力的表现。所有这一切又都深深根源于他早年的先秦名学、哲学史研究。

正是这样的问题意识，一般的说决定了余英时所说的胡适思想中那种"把一切学术思想以至整个文化都化约为方法"的"非常明显的化约论（reductionism）的倾向"③，特殊的说还决定了其"诸子不出于王官论"废除汉儒所立"名家"名目这一具体论断。④ 正是在这一问题意识

---

① 《先秦名学史》，第6页。

② 参见周昌龙《新思潮与传统——五四思想史论集》之第二章"戴东原哲学与胡适的智识主义"，（台北）时报出版公司1995年版。以及拙作《试从科玄论战看二十年代梁启超、胡适的戴震研究之异同离合》，收入廖名春主编《清华大学思想文化研究所集刊》第2辑，清华大学出版社2002年版。

③ 《中国近代思想史上的胡适》，第49页。余氏揭出这一点，是很有见地的，他举了很多例子来讨论胡适的思想来源，也很有启发性。笔者要强调的是，胡适作为一个中国留学生所面对的由中西文化比较而产生的问题，即"中国之所以缺乏科学研究"的"原因"，实际上也就是中国文化在近代何以落后的大问题，支配了他一生的思考方向；由此而特别关心"哲学方法的性质"的取向，决定了他的思维方式。正是这一问题意识将来自古今中外的思想资源组织了起来，对于胡适那种"把一切学术思想以至整个文化都化约为方法"的"非常明显的化约论（reductionism）的倾向"的形成，起了决定性的作用。

④ 从"发生学"的意义上来说，胡适所谓"古无'名家'之名"说，是一大关键。余英时说："所以他在《中国哲学史大纲》中认定古代并没有什么'名家'，因为每一家都有他们的'名学'，即'为学的方法'。后来他更把这一观念扩大到全部中国哲学史，所以认为程、朱和陆、王的不同，分析到最后只是方法的不同（见《胡适文存》第1集，《清代学者的治学方法》，第383—391页；《中国古代哲学史》，台北版'自记'（台湾）商务印书馆1961年版，第3—4页。——此为余英时原注，正文及注释均见余英时《中国近代思想史上的胡适》，第49页，引者）。"事实上，早在《先秦名学史》的"导论"中，胡适已经从"哲学方法"或者说"逻辑方法"的角度讨论程、朱和王阳明的异同，并得出结论说："近代中国哲学（'近代中国'，就哲学和文学来说，要回溯到唐代〔公元618—906〕。——此为胡适原注，正文及注释均见胡适《先秦名学史》，第7页，引者注）与科学的发展曾极大地受害于没有适当的逻辑方法。"胡适本人要做的工作就是，变改宋、明"新儒学"所走不通的途径，以其特殊的身份与地位，采择西学，"恢复""非儒学派"，另辟蹊径而为之。了解这一点，对本文所涉及的论题的讨论来说，是至关重要的。

的激发之下，他摒弃了汉儒"但知掇拾诸家之伦理政治学说"为分"家"基点的分派标准，而首重"诸家为学之方术"之异同。正是在这一新视野之下，并且在借助西洋逻辑学与哲学对中国固有而又久被埋没的类似学问才有了全新的了解的情况下，历史上并无直接关系的墨家后学与惠施、公孙龙被联结为一个"伟大的""唯一的""科学的"学派——"别墨学派"，并被认为原来就是如此：

> 不料到了汉代，学者如司马谈、刘向、刘歆、班固之流，只晓得周秦诸子的一点皮毛糟粕，却不明诸子的哲学方法。于是凡有他们不能懂得的学说，都称为"名家"。却不知道他们叫作"名家"的人，在当日都是墨家的别派。①

不管被称作什么，如果这些先秦诸子地下有知，他们必会产生重见天日的兴奋和被人了解的欣慰，不过也会为必须负担如此沉重的重振"科学"的责任而哭笑不得吧。

胡适此说，确是别有幽怀，然殊不足以服人。

其一，"名学"之作为译名，正是严复考虑到西洋逻辑学与中国历史上的"名家"的学术有相近处，才立此名②，胡适竟谓诸子"皆有名学"而"古无名家"，追本溯源、循名责实，胡适的见解之内里颇为自相矛盾，至少透露了表述的不严谨、概念运用的混乱。

其二，学者若不按或不尽限于胡适分派的标准与根据，固别有他说。

章士钊就批评胡适：

---

① 《中国哲学史大纲》卷上，第188页。
② 蔡元培：《五十年来中国之哲学》（1923年12月）中指出："严氏于《天演论》外，最注意的是名学。彼所以译 Logic 作名学，因周季名家辨坚白异同与这种学理相近。"高平叔编：《蔡元培全集》第4卷，中华书局1984年版，第352页；清末黄摩西所编《普通百科新大辞典》之"论理学（名学）"条曰："研究思想形式规则之学（概念、判断、推论）。西语谓之逻辑，日人译作论理学，我国初译，谓之名理探。侯官严氏，则谓近于古之名家，又定为名学（惟论理学通行最广）。论理学，有时亦与认识论并称。"钟少华编：《词语的知惠——清末百科辞书条目选》，贵州教育出版社2000年版，第135页。其实不单严复所定之"名学"，即"我国初译，谓之名理探"，何尝不是"因周季名家辨坚白异同与这种学理相近"呢？

其最大误处，在认施、龙辈为别墨……诸家徒震于两子说事之同，所含义理，复格于问学，未暇深考……名、墨两家"倍谲不同"，决非相为"祖述"。①

章太炎同意章士钊的分析，并以更为明晰的表述回到刘、班"九流分科"之旧说：

名家大体，儒墨皆有之，墨之经，荀之正名，是也。儒墨皆自有宗旨，其立论自有所为，而非泛（"泛"字原讹为"讯"，经校正——引者）以辩论求胜；若名家则徒求胜而已。此其根本不同处。弟能将此发挥光大，则九流分科之旨自见矣。②

其三，胡适建立的新名目"别墨学派"之文献根据亦不足。"别墨"，语出《庄子·天下》篇：

相里勤之弟子五侯之徒，南方之墨者苦获、已齿、邓陵子之属，俱诵《墨经》，而倍谲不同，相谓别墨；以坚白同异之辩相訾，以觭偶不仵之辞相应；以巨子为圣人，皆愿为之尸，冀得为其后世，至今不决。③

胡适于《先秦名学史》中就截取"别墨；以坚白同异之辩相訾，以

---

① 章士钊批评胡适的要害在于，指出胡适因为墨学与施、龙辈讨论问题的内容相近即"说事之同"而轻为"比附"、而不深究两家"义理"的不同。比如惠施言"一尺之棰，日取其半，万世而不竭"；墨子言"非半勿斲，则不动，说在端"；凡注墨者，率谓此即惠义，而不悟两义相对，一立一破，绝未可同年而语也。且以词序征之，似惠为立而墨为破（《墨经》非墨子手著之书）。又谓：别墨之名虽出于《庄子·天下》篇，然鲁胜序《墨辩注》中有"以正别名显于世"一语，可知，别者别墨，而正者正墨。既有正墨之称，别墨乃以蔽罪他家无疑。非胡适所谓墨者以之自号、示别于教宗之墨家也。可见亦不同意笔者下文要讨论的胡适所建新名目"别墨学派"之说。详参《论墨学》，《胡适文存》2集卷1，《胡适学术文集·中国哲学史》（下），第720—721页。
② 《胡适学术文集·中国哲学史》（下），第722页。
③ 《庄子集释》，第1079页。

觭偶不仵之辞相应"一句，并自负地认为："庄子这段话始终未能得到正确的理解。我研究了《墨子》第32—37篇，使我了解到那就是别墨关于心理的和逻辑的学说。"① 胡适在《中国哲学史大纲》中谱成定论：胡适不取前人将墨子书中之《经》上下、《经说》上下、《大取》《小取》六篇视为墨子自著（即《庄子·天下》篇所谓"《墨经》"）的看法，而认为：后来的墨者都颂习墨经——《兼爱》《非攻》之类，都奉墨教，但"由于墨家的后人于'宗教的墨学'之外，另分出一派'科学的墨学'。这一派科学的墨家所研究讨论的，有'坚白同异'、'觭偶不仵'等等问题。这一派的墨学与宗教的墨学自然'倍谲不同'了，于是他们自己相称为'别墨'（别墨犹言'新墨'。柏拉图之后有'新柏拉图学派'，近世有'新康德派'、'新海智尔派'）。别墨即是那一派科学的墨学"。并据晋人鲁胜曾替《经》上下、《经说》上下四篇作注名为《墨辩注》，而将《墨子》书中之《经》上下、《经说》上下、《大取》、《小取》六篇统称为《墨辩》，以别于墨教的《墨经》。胡适又援引孙诒让的看法：这几篇的"坚白同异之辩，则与公孙龙书及《庄子·天下篇》所述惠施之言相出入""据《庄子》所言，则似战国时墨家别传之学，不尽《墨子》之本指"，而论定："《墨辩》诸篇若不是惠施、公孙龙作的，一定是他们同时的人作的。"②

且不论前人所谓《墨经》或如胡适所谓《墨辩》诸篇是否为墨子自著，胡适以"别墨"为墨家后学一派（包括惠施、公孙龙辈）之名确属牵强。此点不仅前述章士钊指出之，章氏又谓"任公不认适之别墨即新墨学说，所见已进一步"。然则即使与胡适一样主张"施、龙之学'确从《墨经》衍出'"的梁启超亦不能苟同胡说。③ 主张"《墨经》为翟所自作"的张煊，也说"别墨二字，实三墨互相称道之名，而非一学派之名也"。诸多驳胡之说中，又以唐钺《论先秦无所谓别墨》最为彻底，他的结论是，"近来有许多人对胡适施、龙为'别墨'之说表示异议。但他们往往虽然不承认施、龙为'别墨'，而却承认先秦实有一个墨家的特派叫

---

① 《先秦名学史》，第56—57页。
② 《中国哲学史大纲》卷上，第185—187页。
③ 参见《胡适学术文集·中国哲学史》（下），第720页。

作'别墨'的；我觉得这似乎近于'不揣其本而齐其末'。我的浅见以为我们实有理由可以说先秦并没有什么墨家的新派叫作'别墨'的；至于谁是'别墨'，谁不是'别墨'的问题，更是'毛将安傅'的了"。文中亦强调"'别墨'明明是墨家之任一派用以挖苦任何他墨的绰号"[①]。至少在这一点上，诸家均非无据而云然也，而胡适之论则是典型的"创造性误读"。

要而论之，胡适把《汉志》系于"名家"的惠施、公孙龙之学说判归"别墨学派"，而不承认由司马谈、刘歆、班固所建立的"名家"之名目的创说，亦非开天辟地、毫无所本。其将施、龙之学说判归"别墨学派"的见解吸收了鲁胜[②]、孙诒让的看法[③]；其重视名学方法并将其普泛化的倾向很可能深受严复取向的影响，这一取向正如蔡元培所指出的："严氏觉得名学是革新中国学术最要的关键。所以他在《天演论》自序及其他杂文中，常常详说内籀外籀的方法"[④] 还有可能从章太炎某些观点那里得到了启发，如《诸子学略说》中所谓："凡正名者，亦非一家之术，儒、道、墨、法，必兼是学，然后能立能破……"[⑤] 而胡适留学美国，研究西洋文化史的心得以及西洋哲学、逻辑学的训练，使他具备了超越前

[①] 参见张煊《〈墨子经说〉作者考》，此文为《墨子经说新解》之一节，《国故》第2期，1919年4月20日，《国故》第2期，收入《古史辨》第4册；唐钺《论先秦无所谓别墨》，《现代评论》第2卷第32期，1925年7月18日。又1926年9月《国故新探》以此篇及伍非百的《何谓别墨》、唐钺的《先秦"还是"无所谓别墨》，合为《论先秦无别墨》，由唐钺略加改动，收入《古史辨》。《古史辨》（4），第244、248、247页。

[②] 正如章士钊所指出："夫施、龙祖述墨学，其说创自鲁胜，以前未尝有闻。"《胡适学术文集·中国哲学史》（下），第720页。

[③] 胡适1921年8月12日的日记，记其读孙德谦《诸子通考》（宣统庚戌江苏存古学堂印）的读后感，有云："此书确有许多独立的见解。如（1）论《墨子·经》上下、《经说》上下四篇为名家之说，即《庄子》所云'别墨'者（一，页九）：此说远在我之前，大可为我张目。"中国社会科学院近代史研究所中华民国史研究室编：《胡适的日记》，中华书局香港分局1985年版，第184页。可见，胡适的部分见解已有人先发在前，而胡适那综合性的创说的影响掩盖前贤，故唐钺等纷纷以胡适为论辩的对象。从中也可以看到新范式引起的反响与一二贤者不成系统的孤明先发之论的影响力之差别。前文提到的"清末惟长沙名儒曹耀湘不信刘班诸子出于王官之说"，亦先胡适而发却声光远不如之，是又一个值得比较的生动例子。

[④] 蔡元培：《五十年来中国之哲学》，《蔡元培全集》第4卷，第352页。

[⑤] 章太炎：《诸子学略说》，《国粹学报》第2年第8、9号，1906年9月8日、10月7日，署名"章绛"；又见汤志钧编《章太炎政论选集》上册，中华书局1977年版，第300—301页。

贤的"新工具",最后也最为重要的是,作为一个中国留学生所面对的文化冲突的问题与"再造文明"的使命,则起了画龙点睛的作用——将问题意识明确化:研究"中国之所以缺乏科学研究"的"原因",因此特别关注"哲学方法的性质",并着力挖掘移植与发展现代"科学"所必须具备的中国固有的"科学"因子。所有这些"旧学和新知"的"恰到好处"的"配合运用"(虽然不是没有问题的),竟将《汉志》系于"名家"的惠施、公孙龙之学说,与见之于《墨子》书中之《经》上下、《经说》上下、《大取》、《小取》六篇的学说,汇合为一个"科学的"学派,还冠之一个从《庄子·天下》篇"创造性误读"出来的美名"别墨学派"。以之作为一个中心根据又去推翻司马谈、刘歆、班固所建立的"名家"之名目,由此为起点还发展出了一套足以震动一世之视听的"九流不出于王官论"的创说。正如古语所云:"其作始也简,其将毕也巨!"①

笔者在这个问题上如此不惜笔墨,并不是要借后起之说揭发胡适所创新说中存在的问题。此类问题当然也不容回避,就此而言,胡适的很多"开风气"的工作确如其有时非常自省的那样:"吾辈建设虽不足,捣乱总有余。"② 笔者更为关心的是,"但开风气不为师"如胡适者,致力于建立新范式的过程及其所以然,而其中的曲折,不是很发人深省的吗?

2."诸子不出于王官论"所借重的主要"中学"资源——晚清经今文家尤其康有为之说

胡适后来深感要打破历史上累积起来的旧说,非"大力汉"不堪此任③,此言开风气者之不易。可以补充一点的是,开风气者决非平地起惊雷,而必须因势利导、因利乘便,而不能不有所凭借。以"诸子不出于王官论"这一创说而论,就大大得力于晚清经今文家尤其康

---

① 语出《庄子·人间世》,《庄子集释》,第158—159页。
② 1921年5月13日,胡适对吴虞语。见《吴虞日记》上册,四川人民出版社1984年版,第599页。
③ 胡适在1922年9月1日的日记中写道:"从前我们以为整理旧书的事,可以让第二、三流学者去做。至今我们晓得这话错了。二千年来,多少第一流的学者毕生做此事,还没有好成绩;二千年的'传说'(Tradition)的斤两,何止二千斤重!不是大力汉,何如推得翻?何如打得倒?"《胡适的日记》,第445页。

有为对经古文家说的破坏。如果说，胡适凭其得自西洋逻辑学哲学的训练，对先秦名学哲学的研究，使他拥有了鄙弃"司马谈、刘歆、班固之流"旧说的自信，那么，以康有为为中心的晚清经今文家言早就提出了对《汉志》"九流出于王官说"及其相关根据的经古文家说的不信任案，为"诸子不出于王官论"的面世准备了观念的前提；胡适的贡献恰在于自觉承受了康有为等的晚清经今文家说，对"九流出于王官说"有乘风破浪之妙。

关于这一点，将《新学伪经考》视同仇寇而以"刘子骏私淑弟子"自诩的章太炎，是最为敏感的。柳诒徵《论近人讲诸子之学者之失》一文，以批驳章太炎、梁启超、胡适为主，对胡适则尤集矢于《中国哲学史大纲》与《诸子不出于王官论》，然而却未点出胡适的见解与经今文家说的关联。章太炎则以釜底抽薪之慨将之揭露无遗：

> 胡适所说《周礼》为伪作，本于汉世今文诸师；《尚书》非信史，取于日本人；（原文有注，此略——引者）六籍皆儒家托古，则直窃康长素之唾余……长素之为是说，本以成立孔教；胡适之为是说，则在抹杀历史……此其流弊，恐更甚于长素矣。①

章氏所论，颇有未为"平情之论"者。如所谓"《尚书》非信史，取于日本人"，此前稍早日本人固盛倡"尧舜禹抹煞论"②，而胡适的见解乃得自他自己对《尚书》"尔""汝"等代名词所作的文法研究③；胡适治古史表现出强烈的疑古取向且大有疑古过头的弊病是一回事，主观上是否旨在"抹杀历史"则是另一回事，不可混为一谈。但是他指出胡适的一系列见解包括其疑古的治学取向，与以康有为为中心的晚清经今

---

① 章太炎：《致柳翼谋书》（1922年6月15日），《史地学报》第1卷第4期，1922年8月，又见《章太炎政论选集》下册，第763—764页。

② 参见严绍璗《日本中国学史》之"白鸟库吉史学与尧舜禹抹煞论——中国史学的奠基性成果"一节，江西人民出版社1991年版，第323—334页。

③ 参见胡适1916年6月7日的留学日记，《胡适留学日记》下册，第335页；胡适：《四十自述》，安徽教育出版社1999年版，第23—24页。

文家说有一脉相承的关系,则堪称是学术史眼光如炬的大论断了。①

而"诸子不出于王官论"之承受以康有为为中心的晚清经今文家说,主要表现在以下两个方面。

其一,《新学伪经考》对《汉书·艺文志》的"辨伪",为胡适破除刘、班旧说扫清了障碍。

胡适《诸子不出于王官论》分四部分论证"九流出于王官说"之不能成立,其第一大要点即为:"刘歆以前之论周末诸子学派者,皆无此说也。"只要是对康有为的论证方式与表述方式略有了解的,就不难发现胡适的此类学术观点是如何得益于那位在政治上已大大落伍、思想上也"太旧"②的前辈了。③ 在《新学伪经考》中,刘歆是"遍伪群经"的罪魁祸首和种种古文经说的始作俑者,康有为述学的基本方式是将刘歆以前的文献(如《史记》)与渗透了刘歆见解的文献(如《汉书》)对校,以前者为据推倒后者,若前者中有见解不合自己脾胃的内容,则悍断为铁定被刘歆所羼乱篡改。是故书里充满了诸如"刘歆以前无此说也""西汉以前无此说也"之类的论调。胡适的《诸子不出于王官论》,从取径到措辞与之如出一辙。

具体来看,《诸子不出于王官论》尤其深受《新学伪经考》之"汉书艺文志辨伪第三下"一节的影响,这种影响又是以康有为的弟子梁启超的学术思想史名篇《论中国学术思想变迁之大势》(尤其是第三章"全盛时代"之第二节"论诸家之派别")为媒介的。其中最重要者是《诸子不出于王官论》第三大要点:"《艺文志》所分九流,乃汉儒陋说,未得诸家派别之实也"④,而梁启超《论中国学术思想变迁之大势》(胡适

---

① 认为疑古思潮与晚清经今文家说有历史联系的诸多看法,远至周予同、钱穆,近至王汎森等的观点,均在章氏此论出后,均在不同程度上发挥章说。参见拙作《〈刘向歆父子年谱〉的学术背景及初始反响》,《历史研究》2001年第3期。

② 胡适:《归国杂感》(1918年1月),《胡适文存》1集卷4,亚东图书馆1921年版,1940年第19版,第880—881页。

③ 王汎森已敏感及此:"康氏的《伪经考》是这场争论最早的伏笔,而胡适为驳章太炎写的'诸子不出于王官论'则是较近的引子。胡文自然受了康有为否定《汉书艺文志》的影响,所以他会在'诸子不出于王官论'(民国六年十月)上说:'刘歆(案:指汉书艺文志)以前之论周末诸子学派者,皆无此说也'。"《古史辨运动的兴起——一个思想史的分析》,第275页。

④ 《中国哲学史大纲》卷上"附录",第4页。

在《四十自述》中坦陈此文给予自己深刻影响①）早已明言"《艺文志》亦非能知学派之真相者也"。梁氏立论的四条根据，多本于乃师《新学伪经考》之"汉书艺文志辨伪第三下"一节关于"诸子略"的讨论，在此不能细论。仅以其所举《艺文志》的第一大"疵"来看："既列儒家于九流，则不应别著'六艺略'；（诒按：此正可见六艺统贯诸家。②——此为柳诒徵对梁说所下的按语，引者）既崇儒于六艺，何复夷其子孙以侪十家？（诒案：刘歆胸中并无儒家专制统一之念。③——此亦为柳诒徵对梁说所下的案语，引者）"④梁启超此番质疑直承康有为下述见解："且'儒'者，孔子之教名也。既独尊孔子之《六经》，而忽黜其教号，弟子与衰灭之教并列……有是史裁，岂不令人发笑哉！"康氏认为："夫儒家，即孔子也。七十子后学者，即孔子之学也。其中如《系辞》、《丧服传》、《公羊传》之类，附经已久，七十子之书与孔子不能分为二学也。以七十子之学仅出于司徒之一官，足以顺阴阳、明教化而已，则是孔子之教，六经之学，仅得司徒一官，少助教化，其他则无补。而十家之术，虽纵横、小说反覆鄙琐，亦得与孔子之道犹水火之相生而相灭，仁义之相反而相成，宜各舍短取长，折衷之以备股肱之材。不知歆何怨何仇于孔子，而痛黜之深如此？"因而康有为根本否定革除"刘歆以儒平列九流之逆说"，认为应将儒家以外的各家"宜为'异学略'，附于《七略》之末"，而绝不该如刘歆所为"别儒家于诸子而叙七十子于其中"。这样，刘歆以降，"自荀勖《中经簿录》，隋、唐《经籍》、《艺文志》以下，至国朝《四库全书总目》"因循不变的旧说，遭到前所未遇的大攻击。⑤ 梁启超对《汉志》的质疑，不过承其师说而已。

而康梁师徒与柳诒徵的分歧，反映了晚清经今文家言与古文家说的对峙。刘、班将儒家列为九流之首即所谓"于道最为高"者，然并不将

---

① 《四十自述》，第50—51页。
② 柳诒徵：《论近人讲诸子之学者之失》，《柳诒徵史学论文续集》，第533页。
③ 同上。
④ 梁启超：《论中国学术思想变迁之大势》（夏晓虹导读），上海古籍出版社2001年版，第24页。
⑤ 参见朱维铮、廖梅编校，康有为著《新学伪经考》，生活·读书·新知三联书店1998年版，第120—122页。

六艺独归儒家，更不认为六经皆为孔子所作（康有为所谓《汉志》"独尊孔子之《六经》"的说法，乃是康氏站在晚清经今文家立场上对《汉志》带有根本性偏见的解读。《汉志》诚然"独尊""《六经》"，然而在《汉志》的观念里，"《六经》"决非康有为所谓"孔子之《六经》"），而是认为"六艺"为包括儒家在内的九流的总根源，故尊六艺于"九流"之上，即柳诒徵所谓"此正可见六艺统贯诸家"。具体来说，"墨家时时称举《诗》、《书》，多有与今日所传之《诗》、《书》相同者……《庄子·天下篇》盛称六艺，谓其散于天下，设于中国百家，时或称道。此岂儒家私有之物耶？"① 也就是章太炎强调的："墨家亦述尧、舜，并引《诗》、《书》，而谓是儒家托古，此但可以欺不读书之人耳。"② 而康梁师徒的见解中蕴含的前提性观念诸如"六籍皆儒家托古""六经皆孔子所作"等，都是风起云涌的晚清经今文学运动发展出来或系统化起来的，决非刘、班等汉代的经古文家，甚至也不是"汉世今文诸师"所能梦见的。康有为等之尊孔（进而言之，实尊"七十子之学"，即所谓经今文学），可谓登峰造极，而其开启的自由解释之风则更加如火如荼，其后果竟有出乎先导者之意表者。

更新一代的俊秀如胡适者，正好承其流而起应其势而变。尊孔崇经之观念，当然为胡适所不取，但确如章太炎所说，胡适采纳了康有为"六籍皆儒家托古"的观念来展开对古书的辨伪，也正是接受了前引《新学伪经考》诸看法，《诸子不出于王官论》才会提出"儒家之六籍，多非司徒之官之所能梦见"的见解，认为儒家无出于司徒之官之理。③ 康梁师徒对《汉志》的扫荡无疑直接为"诸子不出于王官论"对刘、班旧说的质疑铺平了道路。而胡适则走得更远，梁启超虽然"于班、刘之言，亦所不取"，但尚认《太史公论六家要指》"分类之精，以此为最"④，而胡适则一并以为皆是"汉儒陋说"。正如上文已交代过的，这里就包含更多胡适本人的研究心得了。

---

① 柳诒徵：《论近人讲诸子之学者之失》，《柳诒徵史学论文续集》，第 524 页。
② 章太炎：《致柳翼谋书》，《章太炎政论选集》下册，第 763 页。
③ 《中国哲学史大纲》卷上"附录"，第 3 页。
④ 梁启超：《论中国学术思想变迁之大势》，第 24—25 页。

其二,"《周礼》为伪作"之见,动摇了"九流出于王官说"的根基。此说成为"诸子不出于王官论"的重要支点。

《周礼》之是否为伪作,与"九流出于王官说"之成立与否的关系至深且巨。其首要者,《周礼》为"九流出于王官说"所涉及的周王朝的重要"王官"(比如司徒之官)的基本文献根据。《周礼》若伪,周世"王官"之职守即无据,"九流出于王官说"就不攻自破了。

以《周礼》为刘歆伪作的康有为,对《汉志》"九流"之说与《周礼》的关系就特为敏感:

> 考歆终日作伪,未必有甄综九流之识,盖为操、莽之盗汉,非为金、元之灭宋也。特自伪《周官》,欲托身为周公以皋牢一切,故兼收诸子,以为不过备我学一官一职之守。因痛抑孔子,以为若而人者,亦仅备一官守,足助顺阴阳、明教化而已。阳与之,实所以夺之者,至矣。①

且不论康有为所说是否属实,他认为《周礼》为刘歆伪作的见解,确为胡适打破自刘歆至章太炎的"九流出于王官说"提供了最具威力的炮弹。

《诸子不出于王官论》第二大点论"九流无出于王官之理也",首及儒家出于司徒之官说:"《周官》司徒掌邦教,儒家以六经设教。而论者遂谓儒家为出于司徒之官。不知儒家之六籍,多非司徒之官之所能梦见。此所施教,固非彼所谓教也。此其说已不能成立。"② 我们已经看到,此说实多本于诸如上引《新学伪经考》中的见解,只是尚未明言《周官》之伪。而所谓"论者",于近人尤指章太炎,其《诸子学略说》就以《周官》为据论儒家之起源道:"《周礼·太宰》言儒以道得民,是儒之得称久矣。司徒之官,专主教化,所谓三物化名。三物者,六德、六行、六艺之谓。是故孔子博学多能,而教人以忠恕。"③ 胡适反驳说:"古者学

---

① 《新学伪经考》,第121页。
② 《中国哲学史大纲》卷上"附录",第3页。
③ 章太炎:《诸子学略说》,《章太炎政论选集》上册,第288页。

在王官是一事，诸子之学是否出于王官又是一事。吾意以为即令此说而信亦不足证诸子出于王官。盖古代之王官定无学术可言。《周礼》伪书本不足据（无论如何，周礼决非周公时之制度）。即以《周礼》所言'十有二教'及'乡三物'观之，皆不足以言学术。"[1] 显然，争辩的焦点就在《周礼》是否足据。

这里必须考察一下胡适早年对《周礼》性质及成书年代的看法的演变。早在1916年3月29日的留学日记中，胡适已经指出"近人所谓'托古改制'者是也"，实即接受了康有为"六籍皆儒家托古"的观念，并自觉与当时接触的西学概念"乌托邦"相融会，还援引汉儒林孝存、何休的说法，认为《周礼》"乃世间最奇辟之乌托邦之一也"，"乃战国时人'托古改制'者之作"，"决非'周公致太平之迹'也"。[2] 当时胡适的看法，正相当于章太炎所指出的"胡适所说《周礼》为伪作，本于汉世今文诸师"，尚不是像晚清之今文家如康有为者认为是刘歆伪造。但是，仅仅一年以后，完成于1917年4月的《先秦名学史》却认为"有西周法律意义的《周礼》确实是一个乌托邦式的计划。它是非常晚的时代或许迟至公元前一世纪才写成的"[3]。影响一个像胡适那样的学者对这一学术公案的判断的因素可能是很多的，比如他从洋人那里学来的"高级批判学"之类就可以使他改变原有的学术判断，但是《周礼》作于"迟至公元前一世纪"（这就很接近康有为所谓刘歆"遍伪群经"的时代了）的结论，如果不是接受了康有为见解的影响是说不过去的。由此我们再回过头来看与《先秦名学史》同月写成的《诸子不出于王官论》的相关见解："《周礼》伪书本不足据（无论如何，周礼决非周公时之制度）。"很清楚，胡适对《周礼》之"伪"的程度之认知，实在是大大超乎章太炎所意料的，而这一切难道与晚清今文家说尤其是章氏之头号论敌康有为的看法会没有关系吗？

《诸子不出于王官论》还有数语扫及《周礼》：

---

[1] 《中国哲学史大纲》卷上"附录"，第7页。
[2] 《胡适留学日记》下册，第281页。
[3] 《先秦名学史》，第142页。

如云纵横之术出于行人之官。不知行人自是行人,纵横自是纵横,一是官守,一为政术,二者岂相为渊源耶?《周礼》尝有掌皮之官矣,岂可谓今日制革之术为出于此耶?①

更值得注意的是,初刊于《太平洋》杂志的《诸子不出于王官论》一文,紧接此段文字的是这样一句至关重要的话:

吾意《周礼》本刘歆伪书(旧有此说),歆特自神其书,故妄以诸子之学为皆出于周官耳。②

这33个字,不见于初版于1919年2月的《中国哲学史大纲》(卷上)附录之《诸子不出于王官论》、不见于《胡适文存》1集卷2所收之《诸子不出于王官论》、不见于《古史辨》第4册所收之《诸子不出于王官论》、不见于此后诸种版本之《诸子不出于王官论》,显然是为胡适本人所刊落的未定之见(至少于1919年2月已被删去)。从《诸子不出于王官论》建立之思路来看,正是先接受了所谓"《周礼》本刘歆伪书"的以康有为为主的晚清经今文家言,才提得出"歆特自神其书,故妄以诸子之学为皆出于周官耳"的大论断。这一点是非常重要的,自那33个字被删除后,似颇不易了然了。③

---

① 《中国哲学史大纲》卷上"附录",第4页。
② 胡适:《诸子不出于王官论》,第3页,《太平洋》杂志第1卷第7号,1917年10月15日。
③ 1919年11月到1920年间,胡适与廖仲恺、胡汉民、季融五、朱执信等展开"井田辨",在上古史料运用上涉及经今古文问题。胡适虽自称"我对于'今文''古文'之争,向来不专主一家"。但他认为"《周礼》是伪书,固不可信""汉代是一个造假书的时代,是一个托古改制的时代""刘歆造假书"等以致怀疑井田制的存在,他甚至自我否定了留学期间所持的《周礼》为战国时之书的见解,而归之于刘歆的伪造。参见《胡适文存》1集卷2之《井田辨》,亚东图书馆1925年版,第272、278—280页。从胡适学术思想的前后发展脉络来看,写作《先秦名学史》与《诸子不出于王官论》时的胡适,在对《周礼》的看法上,深受晚清经今文家尤其康有为的影响,是无疑的。当然,在钱穆的《刘向歆父子年谱》面世之后,胡适的见解又有很大的变化,由刘歆"伪造"(《周礼》)说退到了"改作"说。详参拙作《〈刘向歆父子年谱〉的学术背景与初始反响——兼论钱穆与疑古学派的关系以及民国史学与晚清经今古文学之争的关系》,中国社会科学院近代史研究所编:《中国社会科学院近代史研究所青年学术论坛2000年卷》,社会科学文献出版社2001年版,第693、718—719页。

这个问题，很有值得深入研讨的余地。柳诒徵就指出：

> 诸子之学发源甚远，非专出于周代之官，章氏专以周代之官释之……胡氏亦据《周官》以相訾謷……按《七略》原文，正未专指《周官》。如羲和、理官、农稷之官之类，皆虞夏之官。但据《周礼》尚不足以证其发源之远，而《周官》之伪撰与否，更不足论矣。①

且不论所谓"羲和、理官、农稷之官之类，皆虞夏之官"的文献根据在胡适看来是否可疑，诸如"《尚书》非信史"。柳氏看到"《七略》原文，正未专指《周官》"，此见颇为明锐，大有跳出晚清以降经今古文之争门户之见的通识。而"《周官》之伪撰与否"这个问题，实是不可存而不论的。②

事关重大，当然不是一言或一文可决的。这可以从柳诒徵回章太炎的信中看出。在接到前引章氏点出了讨论背后的经今古文之争这一大关键的那封信后，柳氏复函，在对今文家影响下"疑经蔑古"的风气痛下针砭之前，平情地指出："今古文之聚讼，由于古籍湮沉，非待坠简复出，蔑能断

---

① 柳诒徵：《论近人讲诸子之学者之失》，《柳诒徵史学论文续集》，第 520—521 页。
② 王尔敏对近人之讨论儒家起源问题，有过小结：
"关于儒家起源问题，经过多人探讨审察，大致已予人一新的概念。基于人类文化发展线索推断，儒家出于官守，由官守而发展为职业，是自然的趋势。基于故籍所载，特别是周官的记载，儒是由师保身份而来，特别是师儒即师保的了解。大抵较新派学者，不取信周官，而多主职业说。较守传统之学者，则重视周官说法，仍本官守说。此外又有不依历史线索而纯就思想立场作说者，即以孔子为儒家起源。
考察众说，虽各有立场，但仍可归趋于一体，第一说虽合理，但孔子以前并无确据，无论如何，均须将孔子以后之礼记与左传作为重要参考方可，既然必须依据左传和礼记，自无须歧视周礼，实则周礼出战国末年，去古未远，其说自有所本。（史景成《周礼成书年代考》云：'周礼当成于吕氏春秋后，始皇统一之前。盖作者目睹周室已亡，天下即将统一之局势下，而写此建国方略，以供新王行政之大典。因其成书之晚，又兼秦室统一，旋即亡乱，故不见先秦文献。'大陆杂志，三十二卷，五至七期。钱穆则主张周官和吕氏春秋为同一时代。见燕京学报，十一期，钱穆：《周官著作时代考》）若合各书共观，则诸说合一，证据更多。何况诸人在训诂方面又均用更晚的汉代的说文。"
王尔敏：《当代学者对于儒家起源之探讨及其时代意义》，《中国近代思想史论》，（台北）华世出版社 1977 年版，第 510—511 页。"周礼出战国末年"，也许未为定论。讨论诸子起源所要涉及之文献根据，《周礼》出于何时，却是不能避而不谈的。

案。"① 其态度与"中年以后，古文经典笃信如故"② 的章太炎还是有所区别的，尽管在三四年后刊出的《中国文化史》中，对《周礼》的看法倾向于古文家说。要而论之，取证于地下，这是民国以降古史研究的康庄大道，这是中国近代学术史上一个具有中心意义的潮流——经学的史学化——的一个必然趋势。时至今日，简牍、铭彝、甲骨之出土多矣，学术界对《周官》之著作年代及该书之性质却未有定谳，这类问题的解决尚假时日。不过，学术界已很少有人接受"刘歆遍伪群经"之类的看法了，学术界对晚清今文家说的流弊的认识也日趋明朗。③ 但是有一点是肯定的，若不是康有为等人《周礼》为刘歆伪造说燃之于前，就不会有胡适的"诸子不出于王官论"的横空出世。进而言之，像"诸子不出于王官论"这样的创见，绝不是那些仅能稗贩些许洋玩意儿的留学生所能提得出来的，在更为深广的意义上，它是由晚清以降中国学术思想发展演变的潮流孕育而成。

胡适颇易抬致批评，如谓其旧学根底过浅，故轻易为今文家言所眩惑，近日学者又因不满其"疑古"过头，而追究及所受今文家的影响，可谓理有固然。不过若只从经今文学到胡适等"疑古学派"的单向度的历史连续性角度大做文章，则颇有让人径认诸如胡适等人为今文家之势，以至于搞不清胡适与康有为之不同究在何处。对笔者来说，廓清自今文家至"疑古"派的成见乃至谬见，与深入了解公允评价其历史意义，实乃一事之两面。经今文学派的很多见解无论在今天看来多么站不住脚，在当时却深有历史的根据，胡适等人接受与借重之而又继长增高，实是势有必致。更何况如前文已交代过的胡适又特有自己的"问题意识"，后文就要讲到的还更有西学的根据。最重要的不单在于需对胡适所承受不同学术思想资源的成分及其作用有恰当的定位，从而完整理解其工作及其历史意义，更在于需从中国学术思想发展演变的脉络来考察，在今天看来也许是颇不足为据的某些"学术思想"，当时如何经由一定的曲折变现出如此多姿多彩的"新文化"。后人不免会感叹怎么竟恰恰是这样过来的！而这，就是学术思想史的历程。

---

① 《柳教授覆章太炎先生书》，《史地学报》第1卷第4期，1922年8月，第250—251页。
② 章太炎：《致柳翼谋书》，《章太炎政论选集》下册，第764—765页。
③ 参见钱穆《刘向歆父子年谱》，收入《古史辨》第5册；李学勤《〈今古学考〉与〈五经异义〉》，收入《古文献丛论》，上海远东出版社1996年版；拙作《〈刘向歆父子年谱〉的学术背景与初始反响》，《历史研究》2001年第3期。

还有一点必须提及，胡适与康有为颇有相似之处，如果旧学根底过厚，对于他们要担当的角色来说，反而会是一种障碍。与所谓沉浸过深反叛愈烈这一现象同样普遍的是，沉浸太深则不易冲决。如果我们承认胡适提出的新见解对传统看法造成的冲击，对中国文化的发展来说，不但是必需的而且是有益的，那么我们就应该更多地着眼于这类人的学养的特点，而不是过分挑剔他们的浅学了。

3. "西学"如何参与

尽管如此，笔者丝毫也不想贬低"西学"在"诸子不出于王官论"这一范式创新中所占的分量。恰恰相反，如果我们对这一面相没有足够深入的认知，就根本无法彻底解除顾颉刚提过的下述疑惑："这些问题不知从前人为什么提不出来？"

首先，对西方文化史的研究心得，使胡适获得了创造性解释"诸子不出于王官"问题的"比较参考的材料"。

一个最明显的例子，就是前文已提到的，中古欧洲教会对"私家学术"的压制摧残、"文艺复兴"起于对教权的反抗与反动的西方历史经验，使胡适产生了创造性的联想，使他不能接受诸子出于王官之"理"①。

---

① 对"文艺复兴"的兴起与中世纪教会的关系，大体上有两种看法，一种强调历史的断裂性；一种强调历史的连续性。胡适在这里是倾向于前一种观点的，所以对"诸子"与"王官"的关系相应就有这样的理解。一个值得比较的例子是，缪凤林根据美国史学家 H. O. Taylor 认为"此期之文化仍为前期之继续，并非突然爆发也"等见解，与胡适针锋相对地认为："以文艺复兴为先例，适足证王官为诸子之前因也。"参见缪凤林《评胡氏诸子不出于王官论》，第22—24页。西学作为一种"支援意识"，到底是重要到足当根据还是无关紧要至只作配饰，这是需要具体问题具体分析的，不过有一点是肯定的，对西方文化的了解需要不断地深入，这对我们反躬自省也是有益无弊的。对胡适所了解的"文艺复兴"的"发生"史，自可以仁者见仁智者见智，但我们了解这一点，对理解胡适何以如此来解读"诸子"的"发生"史，很有必要。

"文艺复兴"，还是胡适自己所致力的新文化运动的重要模仿对象，在对其精神的把握上，胡适前前后后多有变化，这在很大程度上又牵扯到思想文化史上如何进行准确的自我定位的问题，极为复杂。《先秦名学史》的"导论"指出，"真正的问题可以这样说：我们应怎样才能以最有效的方式吸收现代文化，使它能同我们的固有文化相一致、协调和继续发展？""这个大问题的解决，就我所能看到的，唯有依靠新中国知识界领导人物的远见和历史连续性的意识，依靠他们的机智和技巧，能够成功地把现代文化的精华与中国自己的文化精华联结起来。"（先秦名学史翻译组译，李匡武校，胡适著：《先秦名学史》，第8页）从这些根本观念来看，在不忘"历史连续性"的前提下寻求变革，是胡适后来不断强调自己参与其中的新文化运动是"中国的文艺复兴"的根本原因（且不论具体语境为何）。

这里是胡适较早运用西方"文艺复兴"兴起的历史知识来诠释中国文化史，很值得注意。

这种创造性的解读,在近代学术史上大概只有康有为那"刘歆遍伪群经"那样一种"大胆的假设"可以媲美。如果说康有为的解读反映了以德国宗教改革领袖马丁·路德为模拟对象的"原教旨主义"精神①,胡适的解读则张扬了"以复古为解放"的文艺复兴精神。均兼得历史解释中以今情度古意的妙韵与危险,亦深具借酒杯浇块垒的苦心。

胡适又认为:"古无名家之名也。凡一家之学无不有其为学之方术。此方术即是其'逻辑'……汉儒固陋,但知掇拾诸家之伦理政治学说,而不明诸家为学之方术。于是凡'苛察缴绕'之言,概谓之'名家'。名家之目立。而先秦学术之方法沦亡矣。"我们要问,胡适凭什么说汉儒不明"方术",其所谓"方法"指的是什么呢?胡适解释说,"名学方法"乃"逻辑方法,即是知识思考的方法",或者说"名学便是哲学的方法",我们可以从一个例子来看清胡适所说"名学方法"的具体指谓。关于先秦显学儒墨之不同,胡适有一大创见:"儒墨两家根本上不同之处,在于两家哲学的方法不同,在于两家的'逻辑'不同。"② 其说详于《先秦名学史》与《中国哲学史大纲》,而萌芽于1916年4月的一则留学日记:"墨家与儒家(孔子)大异之点在其名学之不同。孔子正名。其名之由来,出于天之垂象,出于天尊地卑。故其言政,乃一有阶级之封建制度,所谓'君君臣臣父父子子'者是也。墨子论名之由来出于人人之知觉官能,西方所谓'实验派'(Empiricism)也。"③ 早在1914年8月26日的留学日记中,胡适将"哲学系统"分为:(1)"万有论"(Metaphysics),(2)"知识论"(Epistemology),(3)"行为论(伦理学)"(Ethics)。具体各有细分,其中"知识论"部分:"甲、何谓知识?(子)物观(Realism)。(丑)心观(Idealism)。乙、知识何由生耶?(子)'实验派'(Empiricism)。(丑)理想派(Rationalism)。"④ 将两则日记联系起来看,

---

① 参见《新学伪经考》,朱维铮为该书所作"导言",第11页。
② 《中国哲学史大纲》卷上,第152页。
③ 《胡适留学日记》下册,第299页。
④ 《胡适留学日记》上册,第348—349页。至《中国哲学史大纲》卷上将"哲学的门类"分为:(1)宇宙论,(2)名学及知识论,(3)人生哲学,旧称"伦理学",(4)教育哲学,(5)政治哲学,(6)宗教哲学。见《中国哲学史大纲》卷上,第1—2页。从中可以看到胡适见解的进展,大体皆本于西洋哲学分类观念。

所谓"墨家与儒家（孔子）大异之点在其名学之不同"，实际就是在"知识论"之"乙、知识何由生耶？"问题上，"（子）'实验派'"（墨家）与"（丑）理想派"（儒家）之不同，即今日通译为"经验主义"与"理性主义"之不同。其分析架构全本于西学。如果有人不接受此种论学标准与问题意识，自然完全可以得出其他的结论。

胡适还有所谓"古代本没有什么'法家'"的创见。他说："中国古代只有法理学，只有法治的学说，并无所谓'法家'。中国法理学当西历前三世纪时，最为发达，故有许多人附会古代有名的政治家如管仲、商鞅、申不害之流，造出许多讲法治的书。后人没有历史眼光，遂把一切讲法治的书统称为'法家'，其实是错的。但法家之名，沿用已久了，故现在也用此名。但本章所讲，注重中国古代法理学说，并不限于《汉书艺文志》所谓'法家'。"又说："管仲、子产、申不害、商君——都是实行的政治家，不是法理学家，故不该称为'法家'。"胡适或许力图用一种"历史的眼光"来解构被《汉志》定型化的关于"法家"的陈说，但其根据实出于西洋学理，是一种典型的"现代"解读。如果有人用另一种"历史的眼光"来质问胡适，为什么非要认"法理学家"为"法家"不可呢？胡适恐怕也是难以自解的。更不用说胡适用以着力阐发"中国古代法理学（法的哲学）的几个基本观念"的概念，诸如"平等主义""客观主义"等，凡此之类的西学新知，的确也非古人所能梦见。[①]

更为细部的例子比如："别墨犹言'新墨'。柏拉图之后有'新柏拉图学派'，近世有'新康德派'、'新海智尔派'。"显然，西方哲学史上的"新×××派"之类的概念，对其"别墨学派"的名目之建构，无疑起了绝大的启发作用，天下阅《庄子·天下》篇的学子多矣，何以唯胡适作如是读，岂不是很值得玩味吗？

诸如此类，等等。至于其解读是否牵强附会，那是另一个问题了。

其次，更为重要的是，杜威式的实用主义起了含而不露的"组织部勒"的作用。

从1917年4月11日胡适的留学日记所谓"以九流为出于王官，则不能明周末学术思想变迁之迹"可知，胡适心中先有了一部与以往不同的

[①] 参见《中国哲学史大纲》卷上第十二篇"古代哲学之终局"之第二章"所谓法家"。

"周末学术思想变迁之迹"史,故决不能接受"九流出于王官论"。其说详于《先秦名学史》而扼要汇粹于《诸子不出于王官论》末段,是为其破除旧说的正面主张。文繁恕不具引,其主旨是:"诸子之学,皆春秋战国之时势世变所产生",各家彼此影响激荡之迹间存,而决不出于王官。从刘歆以前论诸子源起的文献来看:"《淮南·要略》(自'文王之时,纣为天子'以下)专论诸家学说所自出,以为诸子之学皆起于救世之弊,应时而兴。故有殷周之争,而太公之阴谋生。有周公之遗风,而儒者之学兴。有儒学之敝、礼文之烦扰,而后墨者之教起。有齐国之地势、桓公之霸业,而后管子之书作。有战国之兵祸,而后纵横修短之术出。有韩国之法令'新故相反,前后相缪',而后申子刑名之书生。有秦孝公之图治,而后商鞅之法兴焉。此所论列,虽间有考之未精,然其大旨,以为学术之兴,皆本于世变之所急。其说最近理。即此一说,已足推破九流出于王官之陋说矣。"[①]

柳诒徵认为胡适上述见解殊为偏至,他以《庄子·天下篇》《淮南子·要略篇》《七略》为据,主张"诸子之学出于古代圣哲者为正因,而激发于当日之时势者为副因"。其中激烈批评胡适对《淮南子·要略篇》的断章取义:

> 即《淮南子·要略》亦非专主救世之弊一端也。其述儒者之学,则曰"修成康之道,述周公之训";其述墨子之学,则曰"学儒者之业,受孔子之术,背周道而用夏政";其述《管子》之书,则曰"崇天子之位,广文武之业"。夫夏及文、武、成、康、周公,皆诸子之学之前因也。胡氏削去此等文句,但曰"有周公之遗风,而儒者之学兴",是胡氏于《淮南子》之言亦未仔细研究也。[②]

覆按《淮南子·要略篇》原文,柳诒徵并没有冤枉胡适。的确,"即《淮南子·要略》亦非专主救世之弊一端也"。就此而言,诚如柳氏所批评的:"盖合于胡氏之理想者,言之津津,不合于其理想者,不痛诋之,

---

[①] 《中国哲学史大纲》卷上,"附录"第9—10、3页。
[②] 《论近人讲诸子之学者之失》,《柳诒徵史学论文续集》,第524—525页。

则讳言之，此其著书立说之方法也。"① 笔者想进一步指出的是：即《汉书·艺文志》亦非专主"出于王官"之一端也。《汉志》明文有曰："诸子十家，其可观者九家而已。皆起于王道既微，诸侯力政，时君世主，好恶殊方，是以九家之（说）〔术〕蠭出并作（师古曰：'蠭与锋同。'），各引一端，崇其所善，以此驰说，取合诸侯。"② 此说岂不近于"起于救世之弊应时而兴"之论乎？

但对本文来说，问题的关键在于胡适为什么偏偏截取所谓"以为诸子之学皆起于救世之弊，应时而兴"的那一段？难道只是由于他的"未仔细研究"吗？我们必须再一次指出，天下读《淮南子·要略篇》以及《汉书·艺文志》的学子多矣，为什么只有胡适对《淮南子·要略篇》的此段见解情有独钟，还破天荒地认为"即此一说，已足推破九流出于王官之陋说矣是？"（原来两说似乎一直相安无事、井水不犯河水）③ 进而言之，"胡氏之理想"，即在胡适心中"其说最近理"之那个神秘的"理"，到底是什么呢？

笔者认为，正是"知识思想是人生应付环境的工具"这种"杜威的哲学基本观念"④，以及"处处指出一个制度或学说所以发生的原因，指出他的历史的背景，故能了解他在历史上占的地位与价值"这种杜威哲学的基本方法——"历史的方法——'祖孙的方法'"⑤，使胡适在诸子起源的问题上，选择性地接受与强调了，或者说是创造性地重新发现与解读了《淮南子·要略》中"以为诸子之学皆起于救世之弊应时而兴"的观念。冯友兰在晚年评价胡适的《中国哲学史大纲》时指出："蔡先生所说的这部书的第四特长是'系统的研究'。所指的大概是，用发展的观点，研究哲学流派的来龙去脉。杜威的实用主义，在研究社会现象的时

---

① 《论近人讲诸子之学者之失》，《柳诒徵史学论文续集》，第519页。

② 《汉书》，第1746页。

③ 一个值得比较的例子是，孙德谦的《诸子通考》一方面"赏识《淮南要略》论诸家学术皆起于救世"（此点为胡适所赞赏），同时"过信刘歆、班固论九流的话"（此点为胡适所指摘）。孙氏固不必以为是自相抵牾的。参见《胡适的日记》，第184页。

④ 参见胡适《实验主义》，本文原系胡适1919年春间的演讲稿，刊于1919年4月15日《新青年》第6卷第4号。同年7月改定，收入《胡适文存》1集卷2。姜义华主编：《胡适学术文集·哲学与文化》，中华书局2001年版，第27页。

⑤ 胡适：《杜威先生与中国》（1921年7月11日），《胡适学术文集·哲学与文化》，第51页。

候,本来是注重用发生的方法。上面已经说到,杜威曾向我提出过这个问题。胡适在当时宣传杜威的实用主义,但是限于实用主义的真理论。至于发生法,他很少提起,不过总是受一点影响。蔡元培所看见的就是这一点影响。"① 冯氏用"发生的方法"来概括胡适所受影响的杜威的哲学方法是很精当的,不过也许是记忆之不确,胡适对"历史的方法"并非"很少提起",他受"发生的方法"的影响也是至深且巨的,"诸子不出于王官论"对该方法的运用就熟练到了不易察觉的地步。正是对诸子学"发生"问题的这一番簇新的系统见解,使胡适根本不能接受从《汉书·艺文志》到章太炎对"九流出于王官论"之所谓"出于"的理解,笔者相信他对柳诒徵"诸子之学出于古代圣哲者为正因"之说法一样也会不以为然的。② 1936年7月20日,胡适在《藏晖室札记》(即《留学日记》)的"自序"中指出:"其实我写《先秦名学史》、《中国哲学史》都是受那一派思想(指杜威的实验主义的哲学——引者)的指导。"③"诸子不出于王官论"就是这句话的一个很好的注脚。④

中国学术思想的发展演变固有内在的脉络,至近代,西学的参与则是最为可观的"大事因缘"(借用陈寅恪语)。西潮的冲击促使中国文化

---

① 冯友兰:《三松堂自序》,人民出版社1998年版,第205页。

② 胡适于1921年7月31日的日记中说:"七点半到南京……演讲后,有去年暑假学校学生缪凤林君等围住我谈话,缪君给我看一某君做的一篇驳我'诸子不出于王官说'的文字,某君是信太炎的,他的立脚点已错,故不能有讨论的余地。"《胡适的日记》,第166—167页。柳诒徵的《论近人讲诸子之学者之失》,初刊于《史地学报》第1卷第1期,1921年11月;缪凤林随后作《评胡氏诸子不出于王官论》,《学衡》第4期,1922年4月。缪文大体皆本柳文。胡适所谓"某君",似暗指柳诒徵。很可能缪凤林在柳文正式发表以前就从柳诒徵那里拜读过此文,并为之倾倒,适逢胡适来南京讲学,特持此文以相质,所谓"围住我谈话",实近于围攻。从胡适的反应:"某君是信太炎的,他的立脚点已错,故不能有讨论的余地",可知他根本不能接受柳诒徵的批评。这里的确有"立脚点"上的分歧,在笔者看来,可以说是"疑古"与"信古"的界限分明,其中还包括了在"发生学"意义上的见解之不可苟同。

③ 《胡适留学日记》上册,第8—9页。

④ 当然,胡适上述见解也有可能是受英国人厄克登勋爵(Lord Acton, 1834—1902)所谓"ideas have had 'an ancestry and posterity of their own'"("思想有'祖先和后裔'")、"ideas have a radiation and development, an ancestry and posterity of their own"("思想有其辐射和发展,有它的先祖,也有它的后裔")之类观念的启发,更有可能的是,胡适正是通过杜威式的实用主义而接受厄克登的观念的。参见胡适1917年2月21日、1917年3月27日的留学日记,《胡适留学日记》下册,第467—468、484—487页。

在前所未有的深度与广度上反思自身的问题，而真正创造性的文化革新必是根据自身的情境主动融会外来的文化而推陈出新。① 在这个过程中，西学参与的程度，有时竟有大大超乎我们的想象者。

三 示范作用——"诸子不出于王官论"的影响

一项创说提出来以后，如果没有后继者的接受、发挥或修正，甚至没有引起反对者的批驳，就不能算是新范式。一种范式的示范作用是必须从它的影响来看的。就学术思想史而言，所谓"影响"，既有初始的反响，也有长远的影响；既是指正面的积极回应，也包括针锋相对的相辅相成的激荡。同时，我们的目光还不能停留于创说建立之初的状态，而必须追踪其发展壮大演化变显的大势与流程。笔者愿意在这一较为开阔的视野之下，来讨论"诸子不出于王官论"的影响。

1. 初步反响

1935年5月14日，冯友兰在《世界日报》发表《中国近年研究史学之新趋势》一文，同月19日他在辅仁大学作了题为《近年史学界对于中国古史之看法》的讲演，讲演稿发表于《骨鲠》第62期。② 文章旗帜鲜明地提出："中国近年研究历史之趋势，依其研究之观点，可分为三个派别：（一）信古，（二）疑古，（三）释古。"③ 或者说是"研究史学的三

---

① 近有学者煞费笔墨力图论证胡适对杜威思想的运用与"背离"决非"根据中国的情况和需要而作出的创造性回应或转换"（参见张汝伦《胡适与杜威——一个比较思想史的研究》，收入氏著《现代中国思想研究》，上海人民出版社2001年版），这是笔者不能同意的。本文未能涉及胡适是否忠实地理解了杜威的思想，就"诸子不出于王官论"对杜威思想的运用的效果来看，堪称"创造性回应或转换"，而且是颇为成功的，因为他切中中国文化发展中的要害问题。张氏的中心关怀是："应该想想怎样批判地对待胡适给我们留下的思想遗产，怎样超越胡适和胡适的时代，对我们所面临的历史任务和现代向我们提出的问题，有更为深入的思考。"这种怀抱是可敬的。但是如果不是对胡适所面临的"中国的情况和需要"有真切的"了解之同情"，我们怎么能对胡适是否"根据中国的情况和需要而作出的创造性回应或转换"，做出"了解之""批评"；我们究竟应以什么为标准对此做出合理的评判呢？如果不是对胡适那一辈的工作有亲切的了解与中肯的反省，后人怎么能"超越胡适和胡适的时代"呢？那种不具备针对性的批评，又会将试图"超越"者自身在"现代"之后的中国学术思想史上置于何地呢？

② 参见《三松堂学术文集》，第331—337页。

③ 《三松堂学术文集》，第331页。

个时期，或三个倾向，或是三个看法及态度"①。他用黑格尔"正""反""合"的历史哲学观念来处理这三个派别、时期、倾向、看法及态度。两文又均以"诸子"是否"出于王官"的讨论为例，来描述"中国近年研究史学之新趋势"。毫无疑问，胡适的"诸子不出于王官论"及其系统化的《中国哲学史大纲》（卷上）在其中居于中心的地位，它对冯友兰所分辨的所有这三个派别、时期、倾向、看法及态度，甚至界限归属不很分明的古史学者，都产生了深刻的影响。

先看其对具有强烈的"疑古"取向的古史辨运动的影响。

罗根泽主编的以"诸子丛考"为主题的《古史辨》第4册，其"卷头语"用的就是为《诸子不出于王官论》所推崇备至的《淮南子·要略》篇的摘要，此举极具象征意义，其潜台词颇似要沿着胡适所开辟的崭新道路继续前进。该书所收的第一篇文章就是《诸子不出于王官论》，这当然也是不言而喻的。

古史辨运动的主将顾颉刚，在为《古史辨》第4册所作序中，如此叙述该文对他的影响：

> 我那几年中颇喜治子，但别人和自己的解说总觉得有些不对，虽则说不出所以然来。自读此篇，髳髳（"髳髳"疑为"髳髳"之讹——引者）把我的头脑洗刷了一下，使我认到了一条光明之路。从此我不信有九流，更不信九流之出于王官，而承认诸子的兴起各有其背景，其立说在各求其所需要。诸子的先天的关联既失了存在，后天的攻击又出于其立场的不同，以前所不得消释的纠缠和抵牾都消释了。再与《孔子改制考》合读，整部的诸子的历史似乎已被我鸟瞰过了。②

又是说出了别人想说而"说不出所以然来"的话！确如余英时所说："胡适的贡献在于建立了孔恩（Thomas S. Kuhn）所说的新'典范'（para-

---

① 《三松堂学术文集》，第333页。
② 顾颉刚：《古史辨》第4册"顾序"，第17页，《古史辨》（4）。

digm）。"①

此不独胡适之学生顾颉刚作如是观，为该书作了另一序的学者钱穆，在序言之开篇亦曰：

> 尝谓近人自胡适之先生造《诸子不出王官之论》，而考辨诸子学术源流者，其途辙远异于昔。《汉志》所列九流十家，决非一源异流，同时并出，此即观于各家立名之不同而可见。

钱氏随后就铺陈其"儒者乃当时社会生活一流品，正犹墨为刑徒苦役，亦当时社会生活一流品也"之说。② 钱氏之论为民国以降学术界"考辨诸子学术源流"之学术史中影响很大的学说，其从"社会生活"之"流品"的新角度入手探讨的新取径，正是只有在胡适《诸子不出于王官论》出来之后才会有的"途辙远异于昔"的一个成果。古史辨运动在"诸子丛考"方面得益于《诸子不出于王官论》者不胜枚举，以上仅述其大者而已。

冯友兰自居于"释古"派的地位，他说：

> 在释古者则以为在春秋战国之时，因贵族政治之崩坏，原来为贵族所用之专家，流入民间。诸子之学，即由此流入民间之专家中出。故《汉志》之说，虽未可尽信，然其大概意思，则有历史根据。③

冯友兰晚年在《三松堂自序》中回顾总结道：

> 对于这个问题，在《中国哲学史》本书中，已经做了一个一般的解答，但是还嫌笼统。那个解答，只说明了在春秋战国时期，出现"百家争鸣"的社会基础。但是还没有说明当时的各家为什么有

---

① 《中国近代思想史上的胡适》，第19页。
② 参见钱穆《古史辨》第4册"钱序"（1933年2月27日），《古史辨》（4）。
③ 冯友兰：《中国近年研究史学之新趋势》，《三松堂学术文集》，第331页。

各自特殊的主张，特殊的精神，特殊的面貌。后来我看见傅斯年的一篇稿子，其中说，"诸子不同，由于他们的职业不同"。这个说法给了我启发。

冯氏从而提出"儒家出于儒士""墨家出于侠士""道家出于隐士""阴阳家出于方士""名家出于辩士""法家出于方术之士""杂家的兴起，是战国末期全中国日趋统一的趋势的反应"等一系列"这就具体地说明了子学的起源"的系统见解。①

大大启发了冯友兰的傅斯年之"战国诸子除墨子外皆出于职业"说，是民国以降学术界"考辨诸子学术源流"之学术史中又一项影响很大的学说。其说见于傅斯年《战国子家叙论》，其大旨有曰：

> 七略汉志有九流十家皆出于王官之说……胡适之先生驳之，说见所著中国古代哲学史附录。其论甚公直，而或者不尽揣得其情。谓之公直者，出于王官之说实不可通，谓之不尽揣得其情者，盖诸子之出实有一个物质的凭借，以为此物质的凭借即是王官者误，若忽略此凭借，亦不能贯澈也。百家之说皆由于才智之士在一个特殊的地域当一个特殊的时代凭借一种特殊的职业而生。

具体来说，儒家"出于教书匠"、道家"有出于史官者，有全不相干者。'汉世'道家本不是单元。按道家一词，入汉始闻"、阴阳家"出于业文史星历卜祝者"等。"故七略汉志此说，其辞虽非，其意则似无谓而有谓。"② 不用说，这正是站在乃师胡适的肩膀上，对"诸子不出于王官论"加以修正而提出的新见解。

我们回到冯友兰的"晚年定论"。冯氏讲得很清楚，他要解答的

---

① 冯友兰：《三松堂自序》，第219—222页。
② 傅斯年：《战国子家叙论》（1928年），《傅斯年全集》第2册，（台北）联经出版事业公司1980年版，总第422—431页。在此问题上傅斯年与胡适的交涉，参见王汎森《思想史与生活史有交集吗？——读"傅斯年档案"》，《中国近代思想与学术的系谱》，第323—325页。

问题，首先是诸子学的"社会基础"为何，进一步是"当时的各家为什么有各自特殊的主张，特殊的精神，特殊的面貌"。这是所有关心先秦诸子起源的学者的共同的大问题，这个问题就是首先由胡适《诸子不出于王官论》提出来讨论并开辟了新的探索方向的。顾颉刚所醒悟的"诸子的兴起各有其背景，其立说在各求其所需要"以此，钱穆所领会到的"《汉志》所列九流十家，决非一源异流，同时并出"亦以此，傅斯年所谓"出于王官之说实不可通"而"百家之说皆由于才智之士在一个特殊的地域当一个特殊的时代凭借一种特殊的职业而生"还是着眼于此，冯友兰自居于"合"的地位的见解亦无不如此。在学术思想史上，提出新问题在一定意义上比解决问题还要有价值，至少其影响力决不可小视，胡适"诸子不出于王官论"在这方面也是一个绝佳的例子。从中可以看到正如库恩与余英时所谓新范式所起"示范"的作用，即一方面开启了新的治学门径，而另一方面又留下了许多待解决的问题。

至于冯友兰所谓"信古"派，他以"民国四年，沈兼士先生在北京大学讲授'中国哲学史'，讲了一学期功夫，才讲到周代"①，以及"学校读经"为例子。② 就"诸子"是否"出于王官"问题而言，冯氏只说："自信古者之观点，以为此说出于《汉书》，其为可信，绝无问题。"③ 未确指谁持此见。笔者认为，在这个特定的问题上，自以"疑古"为基本取向的《诸子不出于王官论》《中国哲学史大纲》出来以后，柳诒徵的《论近人讲诸子之学者之失》可以作为"信古"派的代表。关于柳文，前文已颇有涉及。这里要指出的，他虽持与胡适针锋相对的立场，但是他那"诸子之学出于古代圣哲者为正因，而激发于当日之时势者为副因"的见解，仍然部分吸收了胡适的看法（不否认"激发于当日之时势"，只收缩为"副因"而已），所论虽据古籍，实是为胡适之说（也许偏至）所引发与激荡（才有可能严正

---

① 其中涉及"哲学史"观念的"典范转移"，可以参见罗志田《大纲与史：民国学术观念的典范转移》，《历史研究》2000 年第 1 期。

② 冯友兰：《近年史学界对于中国古史之看法》，《三松堂学术文集》，第 333—334 页。

③ 冯友兰：《中国近年研究史学之新趋势》，《三松堂学术文集》，第 331 页。

全面——在柳诒徵看来)。而柳氏此说,及其坚执并发挥得比章太炎有过之而无不及的"九流出于王官论",又被缪凤林等后学接受并作进一步的阐发。缪凤林认为:"学术发生之因,必含前因与当时之因……诸子之起,除受时代之影响为当时之因外,必以王官所守之学术为前因。"①吕思勉也认为:"先秦诸子之学,当以前此之宗教及哲学思想为其因,东周以后之社会情势为其缘。"②而吕氏之发挥"九流出于王官说",到了"以为句句都能落实"的地步。③此等学人诚为刘、班旧说之"辩护士",此等学说难道不正是胡适之说的反响吗?

2. 深远影响

通过上文的扼要介绍,我们已了解了在"诸子不出于王官论"面世之初所得到的热烈的回响,这是比较容易看清楚的。至于它在《中国哲学史大纲》中进一步系统发展出来的取向与观点对后世所产生的较长时段的影响就不易察觉了,然而却是远为重要的。

1926年,傅斯年在给胡适的一封信中谈到他对《中国哲学史大纲》的看法:

> 觉得先生这一部书,在一时刺动的效力上论,自是大不能比的,而在这书本身的长久价值论,反而要让你先生的小说评(指胡适的评《水浒》等——引者)居先。何以呢?在中国古代哲学上,已经有不少汉学家的工作者在先,不为空前,先生所用的方法,不少可以损益之处,难得绝后。④

傅氏在这封信里所持的是中国没有"哲学"只有"方术"的观念,正如

---

① 缪凤林:《评胡氏诸子不出于王官论》,第2、23页。
② 《先秦学术概论》,第5页。
③ "以为句句都能落实",乃李零之语,是其就吕思勉的《先秦学术概论》对"诸子出于王官说"的认知所作的概括,颇为允当。李零:《李零自选集》,广西师范大学出版社1998年版,第42页。
④ 转引自王汎森《思想史与生活史有交集吗?——读"傅斯年档案"》,《中国近代思想与学术的系谱》,第323页。经校正。见耿云志主编《胡适遗稿及秘藏书信》第37册,黄山书社1994年版,第357页。

王汎森所指出:"其实等于是在说胡适《中国哲学史》的题目是错的。"①在这一语境之下,傅氏对《中国哲学史大纲》的贬抑要超过上述评语的票面意味。当然,像"已经有不少汉学家的工作者在先,不为空前,先生所用的方法,不少可以损益之处,难得绝后"这样的品鉴,是确当的。但是,截至1926年,"这书本身的长久价值"还未能充分展现出来,傅氏的评价仍然过低地估计了这本书在范式创新方面的长久价值。

首先,从"诸子不出于王官论"引申发挥出来的,具体来说是关于诸子学的起源、一般而言是关于所有学说或思想之"发生"问题的全新解释模式——从时代背景的角度探讨思想的起源,此乃20世纪哲学史、学术思想史研究中非常重大而有影响力的范式更新。

它的基本观念是:

> 哲学家的时代,既不分明,如何能知道他们思想的传授沿革?最荒谬的是汉朝的刘歆、班固说诸子的学说都出于王官;又说"合其要归,亦六经之支与流裔"。(《汉书艺文志》。看胡适《诸子不出于王官论》《太平洋杂志》第一卷第七号)诸子既都出于王官与六经,还有什么别的渊源传授可说?②

它的系统而集中的表述是:

> 大凡一种学说,决不是劈空从天上掉下来的。我们如果能仔细研究,定可寻出那种学说有许多前因,有许多后果。譬如一篇文章、那种学说不过是中间的一段。这一段定不是来无踪影、去无痕迹的。定然有个承上启下、承前接后的关系。要不懂他的前因,便不能懂得他的真意义。要不懂他的后果,便不能明白他在历史上的

---

① 王汎森:《思想史与生活史有交集吗?——读"傅斯年档案"》,《中国近代思想与学术的系谱》,第322页。
② 《中国哲学史大纲》卷上,第11页。

位置。① 这个前因，所含不止一事。第一是那时代政治社会的状态。第二是那时代的思想潮流。这两种前因，时势和思潮，很难分别。因为这两事又是互相为因果的。有时是先有那时势，才生出那思潮来；有了那种思潮，时势受了思潮的影响，一定有大变动；所以时势生思潮，思潮又生时势，时势又生新思潮。所以这学术史上寻因求果的研究，是很不容易的。我们现在要讲哲学史，不可不先研究哲学发生时代的时势和那时势所发生的种种思潮。②

非常清楚，其认知框架本于胡适《杜威先生与中国》（1921年7月11日）一文以极为扼要的方式表述的杜威哲学的基本方法——"历史的方法——'祖孙的方法'"；所谓"我们现在要讲哲学史，不可不先研究哲学发生时代的时势和那时势所发生的种种思潮"的取向，其基本概念在胡适于1917年4月11日标题为《九流出于王官之谬》的留学日记所记的内容中已有了："学术无出于王官之理。（1）学术者，应时势而生者也（《淮南·要略》）。（2）学术者，伟人哲士之产儿也。"当然，在"时势和思潮的因果关系"这一"鸡生蛋，蛋生鸡"之类的历史观的根本问题上，自不免有见仁见智之歧，比如李季就批评那是胡适的"实验主义的唯心论和多元论在那里作祟"③，而胡适又决不愿意将自己的历史观，如陈独秀所期望的"百尺竿头更进一步"，直达"唯物史观"④。但是据

---

① 将此段文字与胡适介绍乃师杜威的"历史的方法——'祖孙的方法'"的下述文字参看，就可知其思想来源："他从来不把一个制度或学说看作一个孤立的东西，总把他看作一个中段：一头是他所以发生的原因，一头是他自己发生的效果；上头有他的祖父，下面有他的子孙。捉住了这两头，他再也逃不出去了！这个方法的应用，一方面是很忠厚宽恕的，因为他处处指出一个制度或学说所以发生的原因，指出他的历史的背景，故能了解他在历史上占的地位与价值，故不致有过分的苛责。一方面，这个方法又是最严厉的，最带有革命性质的，因为他处处拿一个学说或制度所发生的结果来评判他本身的价值，故最公平，又最厉害。这种方法是一切带有评判（Critical）精神的运动的一个重要武器。"胡适：《杜威先生与中国》，《胡适学术文集·哲学与文化》，第51页。
② 《中国哲学史大纲》卷上，第35页。
③ 李季：《胡适〈中国哲学史大纲〉批判》，神州国光社1931年版，第3页。
④ 胡适：《附注：答陈独秀先生》（1923年11月29日），张君劢、丁文江等：《科学与人生观》，山东人民出版社1997年版，第27页。

"时代"究"思想"的取向，对此后的哲学史、学术思想史研究具有不可替代的示范作用，不管后起者在这"时代"之框中填入什么样的内容，不管他"所用的方法"有多少"可以损益之处"，这一划时代的方向，毫无疑问是由胡适开辟的。

较早对此一取向进行回应的是梁启超。梁氏在《评胡适之〈中国哲学史大纲〉——在北京大学为哲学社讲演》一文中，批评胡适"把思想的来源抹杀得太过了""写时代的背景太不对了"。他还正面提出"研究当时社会背景，推求诸子勃兴的原因"，所"当注意"之"事"有12条之多。① 这些见解在他的初版于1923年8月的《先秦政治思想史》一书中得到了系统的展开。② 钱穆有数语论及梁启超与胡适之间之学术关联，颇为中肯：

> 梁任公谈诸子，尚在胡适之前，然其系统之著作，则皆出胡后。因胡氏有《中国哲学史》，而梁氏遂有《先秦政治思想史》。因胡氏有《墨辨新诂》（未刊）而梁氏遂有《墨经校释》、《墨子学案》诸书。《先秦政治思想史》叙述时代背景，较胡书特为精密详备，《墨经》亦时有创解。惟其指陈途径，开辟新蹊，则似较胡氏为逊。③

就学术思想史研究中的"时代"之观念而言，胡适或许还是得自梁启超的《论中国学术思想变迁之大势》一文的启发④，但《先秦政治思

---

① 梁启超：《评胡适之〈中国哲学史大纲〉——在北京大学为哲学社讲演》（1922年），《饮冰室合集》文集之三十八，中华书局1989年版。
② 详参梁启超《先秦政治思想史》，商务印书馆1923年初版，1925年第4版。
③ 钱穆：《国学概论》下册，商务印书馆1931年版，第143页。
④ 胡适在《四十自述》中强调梁启超的《论中国学术思想变迁之大势》对自己的影响时，特举"梁先生分中国学术思想史为七个时代：（一）胚胎时代：春秋以前，（二）全盛时代：春秋末及战国，（三）儒学统一时代：两汉，（四）老学时代：魏晋，（五）佛学时代：南北朝、唐，（六）儒佛混合时代：宋、元、明，（七）衰落时代：近二百五十年"。并评价说："这是第一次用历史眼光来整理中国旧学术思想，第一次给我们一个'学术史'的见解。"《四十自述》，第50页。我们再看《中国哲学史大纲》卷上"第二篇中国哲学发生的时代""第一章中国哲学结胎的时代（请与'胚胎时代'参看，尽管内涵有所不同。——引者）"等，就可以知道胡适所受梁氏影响的具体所在了。

想史》之深受胡适《中国哲学史大纲》的影响则是无疑的。最重要的就是,"《先秦政治思想史》叙述时代背景"已如钱穆所说"较胡书特为精密详备",而"其指陈途径,开辟新蹊"不唯"较胡氏为逊",其"研究当时社会背景,推求诸子勃兴的原因"的路向,乃直承胡适而来,不过后出转精而已。又,1920年梁启超在《清代学术概论》中提出一个引人注目的分析架构"时代思潮",不知与胡适初版于1919年2月的《中国哲学史大纲》(第二篇之第二章的标题就是"那时代的思潮")有无关系,无论如何,它的出现已在胡著之后了。

1930年3月,同样具有范式创新意义的中国马克思主义史学的开山之作——郭沫若的《中国古代社会研究》面世了。郭沫若在"序"中也不忘提一提胡适的《中国哲学史大纲》:

> 胡适的《中国哲学史大纲》,在中国的新学界上也支配了几年,但那对于中国古代的实际情形,几曾摩着了一些边际,社会的来源既未认清,思想的发生自无从说起。所以我们对于他所"整理"过的一些过程,全部都有从新"批判"的必要。
>
> 我们的"批判"有异于他们的"整理"。
>
> "整理"的究极目标是在"实事求是",我们的"批判"精神是要在"实事之中求其所以是"。
>
> "整理"的方法所能做到的是"知其然",我们的"批判"精神是要"知其所以然"。
>
> "整理"自是"批判"过程所必经的一步,然而它不能成为我们所应该局限的一步。①

平心而论,胡适何尝不"是要在'实事之中求其所以是'"、胡适何尝不"是要'知其所以然'",只是对于主张"没有唯物辩('物辩'两字原缺,据上下文意补——引者)证论的观念,连'国故'都不好让你轻谈"②的马克思主义史学研究者来说,胡适所揭示的"所以然"够不

---

① 郭沫若:《中国古代社会研究》,上海新新书店1930年版,"序",第2—3页。
② 同上书,第6页。

上"唯物辩证论的观念"所谓的"所以然"罢了。但是,"社会的来源既未认清,思想的发生自无从说起",现代意义上的"思想的发生"问题难道不是首先由胡适郑重地提出、从认清"社会的来源"入手来探讨"思想的发生"的取径难道不是由胡适开辟出来的吗?尽管由于分析架构的不同,对所谓"社会的来源"的认知已经不可同日而语了,但是,胡适所建立的新范式,不是仍然以一种特殊的方式影响着甚至要取而代之的更新的范式吗?

有一点不能不看到,胡适在论证诸子学"发生"的原因时,存在着许多问题。诸如柳诒徵、梁启超指出的(胡适后来向钱穆也承认受晚清经今文家影响而有)疑古过头的问题;钱穆指出的叙述时代背景只及老子以前不及其余,故无以见各家思想递变之所以然,胡适于各家异相极为剖析而于各家共相未能会通,因而无以见此一时代学术所以与他时代特异之处;柳诒徵、梁启超指出的只认政治腐败社会黑暗为学问发生的主要原因,而见不及盛世对思想学术的积极作用的偏颇,以及冯友兰指出的此种形势在中国史中几于无代无之、由此不足以说明古代哲学之特殊情形的问题;梁启超指出的对学术发生的动机的理解过于狭隘的问题;郭沫若、李季指出的不解"社会"的来源或性质的问题[1],等等。持不同观点的学者,从不同角度可以揭出其毛病。

但是,通过严格考辨文献的著述年代来确定学术思想史的脉络,通过了解思想家生活的"时代"来探讨思想学术发生发展的原因,与"《庄子》的《天下篇》、《汉书·艺文志》的《六艺略》、《诸子略》均是平行的纪述"[2] 截然不同的是,以时代为纲、以人物与学派为纬的著述形式,以及贯穿于其中的本于"哲学家的时代",穷究"他们思想的传授沿革"

---

[1] 参见柳诒徵《论近人讲诸子之学者之失》,梁启超《评胡适之〈中国哲学史大纲〉——在北京大学为哲学社讲演》,钱穆《国学概论》下册,第 142 页,以及《八十忆双亲·师友杂忆》,生活·读书·新知三联书店 1998 年版,第 165—166 页,冯友兰《中国古代哲学之政治社会的背景》,《三松堂学术文集》,第 159 页,郭沫若《中国古代社会研究》"序",第 2—3 页,李季《胡适〈中国哲学史大纲〉批判》等。

[2] 蔡元培:《中国古代哲学史大纲序》,《中国哲学史大纲》卷上,第 1 页。

的取向,是由胡适所确定下来的20世纪哲学史、学术思想史的基本模式。这当然也是"诸子不出于王官论"的一个具有深远意义的影响了。

其次,同样非常重要的是,由"诸子不出于王官论"引申出来的见解,在使经学从属于子学、使诸子学成为中国哲学史(胡适本人后来更愿意使用的、内容较广的概念是"中国思想史")的源头的潮流中,胡适的论断起了决定性的作用,这种见解大大改变了人们对中国文化格局的传统看法,长期支配着后人在这个问题上的认知。

柳诒徵说得很对:胡适"其作《哲学史大纲》,即本此主张(指'诸子不出于王官论'——引者),从春秋时代开端,而其前则略而不论"①。这就是今人看得更为明白的"东周以前存而不论"的"疑古"取向。柳诒徵指出:

> 胡氏论学之大病,在诬古而武断,一心以为儒家托古改制,举古书一概抹杀。故于《书》则斥为没有信史的价值……于《易》则不言其来源……于《礼》则专指为儒家所作……独信《诗经》为信史,而于《诗经》之文,又只取《变风》、《变雅》以形容当时之黑暗腐败,于《风》、《雅》、《颂》所言不黑暗不腐败者,一概不述……盖合于胡氏之理想者,言之津津,不合于其理想者,不痛诋之,则讳言之,此其著书立说之方法也。依此方法,故可断定曰古无学术。古无学术,故王官无学术;王官无学术,故诸子之学决不出于王官。②

撇开价值判断过于浓烈的措辞不论,柳诒徵对胡适的思路把握得非常到位。所谓"古无学术,故王官无学术;王官无学术,故诸子之学决不出于王官",也就是顾颉刚所觉察到的"诸子的先天的关联既失了存在"。胡适用"疑古"的剃刀将自古认定的"诸子的先天的"来源("王

---

① 柳诒徵:《论近人讲诸子之学者之失》,《柳诒徵史学论文续集》,第517页。
② 同上书,第518—519页。

官""六艺")一刀剃去了。诸子学自然就上升为中国学术思想史的源头。

这是怎样做到的呢?

这里有西学的背景。胡适疑辨群籍,而"独信《诗经》为信史",主要是因为《诗经》所记月日以及日食得到"近来西洋学者"天文历算学的印证,有"科学上的铁证"①。除此以外,就难以信据了。

这自然也是乘清代诸子学发展演变之大势,用胡适本人的话来说就是:

> 清初的诸子学,不过是经学的一种附属品,一种参考书。不料后来的学者,越研究子书,越觉得子书有价值。故孙星衍、王念孙、王引之、顾广圻、俞樾诸人,对于经书与子书,检直没有上下轻重和正道异端的分别了。到了最近世,如孙诒让、章炳麟诸君,竟都用全副精力,发明诸子学。于是从前作经学附属品的诸子学,到此时代,竟成专门学。一般普通学者,崇拜子书,也往往过于儒书。岂但是"附庸蔚为大国",简直是"婢作夫人"了。②

更重要的还是大大借助了晚清经今文家尤其康有为的看法,即柳诒徵所谓"一心以为儒家托古改制",章太炎更明确地表述为"六籍皆儒家托古,则直窃康长素之唾余"。其中的要害,用柳诒徵的话来说就是:"以六籍归纳于儒家。"③ 从而使"经学"附属于"子学"。对此,顾颉刚有很好的说明:

> 中国的古籍,经和子占两大部分。普泛的说来,经是官书,子是一家之言。或者说,经是政治史的材料,子是思想史的材料。但这几句话,在战国以前说则可,在汉以下说则必不可。经书本不限

---

① 《中国哲学史大纲》卷上,第24页。胡适在《先秦名学史》中对此已作了强调,见该书第13页。
② 同上书,第8—9页。
③ 柳诒徵:《论近人讲诸子之学者之失》,《柳诒徵史学论文续集》,第524页。

于儒家所诵习，但现在传下来的经书确已经过了战国和汉的儒家的修改了；倘使不把他们所增加的删去，又不把他们所删去的寻出一个大概，我们便不能径视为官书和古代的政治史料，我们只能认为儒家的经典。因此，经竟变成了子的附庸；如不明白诸子的背景及其成就，即无以明白儒家的地位，也就不能化验这几部经书的成分，测量这几部经书的全体。因此，研究中国的古学和古籍，不得不从诸子入手，俾在诸子方面得到了真确的观念之后再去治经。子书地位的重要，于此可见。①

"经竟变成了子的附庸"这短短一句，可以说就是晚清以降中国学术思想史之大折变的纲领。顾颉刚的这一段话，又可以看作自康有为《孔子改制考》以及胡适《诸子不出于王官论》与《中国哲学史大纲》直到顾颉刚本人主编的《古史辨》之学术流变史的简明提要。在"经竟变成了子的附庸"的过程中，如果说康有为起了意图与后果背道而驰的开辟作用，那么胡适则是奠定格局的中心人物。

在胡适手里，"诸子哲学"被系统化为一个整体，是中国"古代哲学"的全部："古代哲学：自老子至韩非，为古代哲学。这个时代，又名'诸子哲学'。"②而所谓"截断众流，从老子、孔子讲起"，世人又多注意于其破旧的方面，事实上，从胡适开始，"诸子哲学"成为中国哲学史（中国思想史）的源头。③而正是有胡适将"诸子哲学"系统化定型为一个极大的源头"时代"在前，才有另一位取《中国哲学史大纲》而代之的《中国哲学史》的作者冯友兰，将中国哲学史划分为"子学时代"与"经学时代"两大段。其对"子学时代"的界定，与胡适的区别只是在

---

① 顾颉刚：《古史辨》第4册"顾序"《古史辨》（4），第15—16页，。
② 《中国哲学史大纲》卷上，第6页。并参见《胡适遗稿及秘藏书信》第6册，第15、437、444页。
③ 胡适不仅反复交代"为什么我讲中国古代哲学，单讲诸子哲学，不讲周秦诸子以前的哲学"的理由，而且特别强调周秦诸子对后世的"哲学思想""政治制度""宗教""教育学说""历史观念""家庭制度""社会习惯"等广泛而深远的影响。参见《胡适遗稿及秘藏书信》第6册，第15—17、444—445页。

于，前者是"自孔子至淮南王"，后者是"自老子至韩非"。这里的分歧自然涉及"正统派"与"魔鬼的辩护士"的对峙①；但是在将子学作为中国哲学史（中国思想史）的开辟时代这一更大更为根本的问题的看法上，冯友兰是胡适的最为忠实的学生。②

胡适对"中国哲学史"或"中国思想史"之源头时代的处理方式，一般来说是基于"疑古""辨伪"的立场，更为内在的是要解决什么样的素材可以成为中国"哲学史"学科的史料的问题，这自然关系到怎样才是"中国哲学史""中国思想史"等更重要的问题。③ 蔡元培对此是有所意识的，让我们来重温一遍80多年前的那一段名批：

---

① 1955年1月24日，在写完对卜德（Derk Bodde）所译英文版冯友兰《中国哲学史》的英文书评后，胡适在日记中说："为此事重看冯书两遍，想说几句好话，实在看不出有什么好处。故批评颇指出此书的根本弱点，即是他（冯）自己很得意的'正统派'观点（见自序二）。'正统派'观点是什么？他自己并未明说，但此书分两篇，上篇必须以孔子开始，力主孔子以前无私人著述，力主孔子'以能继文王周公之业为职志'，'上继往圣，下开来学'。下篇必须叫做'经学时代'，也是此意（但更不通！）。"《胡适的日记》手稿本，第17册，无页码。转引自周质平《胡适与冯友兰》，郑家栋、陈鹏选编：《解析冯友兰》，社会科学文献出版社2002年版，第122页。1922年3月5日，胡适在日记中，对梁启超《评胡适之〈中国哲学史大纲〉——在北京大学为哲学社讲演》的反应是："他讲孔子，完全是卫道的话，使我大失望"，"孔子的学说受了二千年的尊崇"、"庄子的书，受了两千年的盲从"，胡适自己所做的就是"代表反对的论调"的"魔鬼的辩护士（advocatus diaboli）"的工作。《胡适的日记》，第276—278页。联系这两则日记，还可联系胡适对英文版冯友兰《中国哲学史》的英文书评（周质平在文中将其做了"摘要翻译"）以及《中国古代哲学史台北版自记》，可见，无论是与前辈（梁）也好，还是与后进（冯）也好，胡适与他们的分歧，首先而且一惯的是："魔鬼的辩护士"与"正统派"的对峙。言语之中即使有个人名气上争执的意味，也在其次。

② 胡适认为"下篇必须叫做'经学时代'，也是此意（但更不通！）"，不过，"上篇必须以孔子开始"，尤其是将"子学时代"作为中国哲学史开辟时代的见解，实是接受了胡适的新范式，是"截断众流"以后才顺理成章的事。所以冯友兰晚年在《三松堂自序》中，郑重地强调了胡适在这些方面的开山作用。关于冯友兰的《中国哲学史》将中国哲学史分为"子学时代"与"经学时代"这一学术观点，前不久，中国哲学史家任继愈尚认为："这两大段落的划分，今天看来，还是经得起考验的。"任继愈：《冯友兰先生在中国哲学史领域里的贡献》，郑家栋、陈鹏选编：《解析冯友兰》，第222页。

③ 参见胡适撰《中国哲学史大纲》（耿云志等导读）中耿云志、王法周所写"《中国哲学史大纲》导读"，上海古籍出版社1997年版；耿云志《胡适与五四后中国学术的几个新趋向》，《浙江学刊》1999年第2期；陈启云《"思想文化史学"论析》，《中国古代思想文化的历史论析》，北京大学出版社2001年版，第3—5页；王汎森《傅斯年对胡适文史观点的影响》以及《思想史与生活史有交集吗？——读"傅斯年档案"》，收入《中国近代思想与学术的系谱》。

第二是扼要的手段。中国民族的哲学思想远在老子、孔子之前,是无可疑的。但要从此等一半神话、一半政史的记载中,抽出纯粹的哲学思想,编成系统,不是穷年累月,不能成功的。适之先生认定所讲的是中国古代哲学家的思想发达史,不是中国民族的哲学思想发达史,所以截断众流,从老子、孔子讲起。这是何等手段!①

以胡适对史料考订的疑辨态度,所谓"中国民族的哲学思想远在老子、孔子之前,是无可疑的"这一论断是否能为其接受,实未可知。不过,蔡氏看到:"适之先生认定所讲的是中国古代哲学家的思想发达史",说明他对胡适取径确有相当的了解。这种哲学史的写法,就是今人颇欲突破所谓"精英的思想史"。而今人所谓"精英",在胡适眼里主要还是民间之"私学"。若要书写蔡氏所谓"中国民族的哲学思想发达史",或中国的学术思想史、思想文化史,则胡适早年的处理方式就会陷入困局,其中一个重要的问题就是如何安置被胡适用"疑古"的剃刀如此勇敢地剃掉的"王官"之学。

最近,古史学家李学勤《清代学术的几个问题》一文为我们进一步深入探讨这一问题提供了很有启发性的新思路。他指出:

> 不少人讨论"经"和"经学"问题,认为,"经"的形成较晚,在孔子之后;"经学"更晚,晚到汉代才出现。我认为这是不正确的……中国"经"的产生很早,大约商代已萌芽,西周基本成型,春秋则已很普及。晚清学者认为"经"出现在战国孔子以后的说法,显然与事实不符。②

从这样一个基本的认知出发,胡适那接受并发展了晚清经今文家尤其是康有为的见解,使"经学"从属于"子学",把"诸子学"作为中国哲学史、思想史的源头的看法,就要重新检讨了;冯友兰将中国哲学

---

① 蔡元培:《中国古代哲学史大纲序》,第2—3页,《中国哲学史大纲》卷上。
② 李学勤:《清代学术的几个问题》,刘东主编:《中国学术》2001年第2期,商务印书馆2001年版,第234—235页。

史划分为"子学时代"与"经学时代"两大段的说法,也要重加清理。梁启超等人敏锐观察到的至晚清以降愈演愈烈的"以复古为解放"的"文艺复兴"运动,也确如钱穆所说:"然复先秦之古,犹未已也。继此而往,则将穷源拔本,复商周之古,更上而复皇古之古。则一切崇古之见,皆得其解放,而学术思想,乃有新机。"① 时至今日,也许应该补充一句:一切疑古、蔑古之见,亦得解放!

若胡适地下有知,大概也会是这样想的吧。

---

① 《国学概论》下册,第149页。钱穆此意,先发于《国学概论》,再阐于《评顾颉刚〈五德终始说下的政治和历史〉》(1931年4月13日原刊于《大公报文学副刊》第170期,见《古史辨》第5册,上海古籍出版社1982年版,第618页)。在钱穆对梁启超的看法所下转语之后,或可再下转语:近日学界"走出疑古时代"的努力,不正是钱穆所谓"譬如高山下石,不达不止"的"以复古为解放"的"文艺复兴"大潮之新进境吗?

20 世纪上半叶天津娼业结构述论[*]

江 沛

娼业由来已久,危害极深。娼业是卖淫的组织化与产业化,是奴役妇女的火坑,也是消解社会道德及家庭伦理的毒瘤,其存在始终为主流社会伦理所不容。娼业不仅为女性用肉体与金钱的相互交易提供场所和保护,而且还由此与拐卖妇女、皮条客、黑社会、性犯罪及相关服务行业从业人员[①]产生关联。可以说,娼业不仅为少数人提供性交易,也是一种社会性产业。娼业的存在,既有人性、社会与经济等方面的诱因,也是历史与观念的惯性使然,故而是一个自古以来难以根除的严重社会问题。对于历届中国政府而言,扼制娼业发展的政策与措施是明确的,但在实施过程中均感极为棘手。

明代建卫后,娼业就在天津随即而生。初在漕运兴盛的三岔口附近,继入商业繁华的南市,后展延至各国租界,成为附着于城市机体上久治不愈的毒瘤之一。受政治、经济等因素影响,天津娼业随着一些重要历史事件的发展呈现出不同的变迁特征,是近代中国娼业变迁的一个缩影,也是考察近代中国社会中边缘群体的典型个案。对此进行研究,当有助

---

[*] 本文原载《近代史研究》2003 年第 2 期。
[①] 一些一、二等妓院内,设有杂货铺、水果店、饭店等服务性店铺,一般由妓院的老板、掌班、账房、伙友等经营;妓院门前及附近,更是附生着饭馆、麻将馆、浴池等服务性行业。这些店铺的顾客主要是来来往往的嫖客。

于透视这一特殊行业内在的运行规律。

有关这一问题的研究成果不多。目前所见有：刘炎臣所撰《旧社会天津妓院概况》一文，对民国时期天津市特别是日、奥、法、英租界内的中外娼妓情况做了概述。① 孙立民所撰《日租界的毒、赌、娼》一文，粗略描述了日租界的娼妓业。② 两文未见征引资料，属于介绍性文章。韩国强所撰《旧天津的娼业及取缔经过》，叙述清晰，是较有质量的研究成果。③ 笔者以为，该文虽未见征引资料，但显然是在有关档案基础上写成的。惜乎该文重在讲述1949年之后的娼业改造，对民国时期天津娼业结构、从业人员心态、娼业行规以及其对社会与经济影响等重要问题涉及极少。近年来，有关这一问题的研究渐成气候，北京、上海、武汉、广州等地的学者均对所在城市娼业的兴衰进行了认真分析，显示出娼业作为影响颇大的社会问题正日益受到的广泛关注。④

一 公娼业变迁及其构成

从明永乐二年（1404）中央政府在天津三岔河口设卫伊始，地处漕运总汇、南北运河交流之地的天津，一时间出现了"晓日三岔口，连樯集万艘"的繁荣景象，运输业及商业的崛起，使南来北往的大量单身男性商贾及码头工人聚集于此。一方面，存在由长期在外奔波且有经济实力的商人和无力成婚的工人共同构成的单身男性群体，他们有解决生理问题的迫切要求；另一方面，一些贫穷家庭的女性在经济压力下，沦落

---

① 中国人民政治协商会议天津市委员会文史资料研究委员会编：《天津文史资料选辑》1996年第2辑（总第70辑），天津人民出版社1996年版。
② 中国人民政治协商会议天津市委员会文史资料研究委员会编：《天津文史资料选辑》1997年第3辑（总第75辑），天津人民出版社1997年版。
③ 中共天津市委党史资料征集委员会、天津市公安局：《难忘的岁月——天津市解放初期社会治理纪实》，中共党史出版社1994年版。
④ 近年来此类研究成果主要有孙国群《旧上海娼妓秘史》（河南人民出版社1988年版）、单光鼐《中国娼妓：过去与现在》（法律出版社1995年版）、文史精华编辑部编《近代中国娼妓史料》（河北人民出版社1997年版）以及张百华的《中国城市早期现代化进程中的娼妓问题》（《史学月刊》1999年第1期），国外学者则有 Gail Hershatter, *Dangerous Pleasures : Prostitution and Modernity in Twentieth-Century Shanghai* (University of California Perss, 1999) 等。

娼业并成为满足上述男性群体性需求的工具。最早在天津城北临近三岔口的侯家后（今针市街、估衣街、宫南大街、宫北大街一带）地区出现了妓院，并逐渐发展成为规模可观、等级不一的妓院群落。

明清之际，天津城北门外落马湖一带，低等妓女"搭了一些苇席窝铺"，"开始露天卖淫，很多担筐携篓的小贩、拉车扛脚的苦力等，娶不起老婆，逛不起妓院，就都到这窝铺里来"①，落马湖一带渐成远近闻名的低等妓院群。西门外三角地随后也形成了与之相似的低等妓院区。②

近代天津公娼业是"和工商业相伴而行的，妓业的变迁完全是以工商业为重心"③。1860年，中国与英、法分别签订的《北京条约》规定天津开埠，此后，天津"商业又突然兴旺起来，居然成了华北的商业中心，妓业当然也就愈加发达了"。沿城东南的海河两岸，英、法等9国均建立了各自租界区，"商业中心渐渐移到了毗连租界的南市一带"，娼业随之附生，特别是在英租界，妓院日渐兴起。④"紫竹林北与侯家后同为金迷纸醉之乡，三百女间为禁令之所不及。"⑤ 1900年庚子之变时，天津350余家妓院大部分被毁，妓女纷纷逃亡。八国联军士兵"随便穿宅越户，调戏妇女，商民不堪其扰，遂由当时地方士绅提议恢复妓院，建立'官娼'"。与此同时，由于运河堵塞，漕运锐减，三岔河口地区逐渐萧条，各国租界区却呈现出商业繁荣、人口骤增、治安稳定、环境改善等明显好于华界的发展势头，大批有实力的企业、商业移往租界，许多商人、官宦、士绅之家迁入租界。华界的没落，致使无钱可赚的"侯家后一带的一、二、三等妓院，也大部挪到了'租界地'及其附近"，南市、中华后、富贵胡同、谦德庄一带成为新的妓院聚集地。清末，日租界内妓院日益增多，法租界有妓院百余户，天津市共有妓院500余户。⑥

由于民初的政治动荡，不少政府要员都在天津各租界内购置房产，

---

① 《关于天津市妓女改造问题的初步意见及调查材料》（1950年），3—64—4，天津市公安局档案馆藏（以下凡天津市公安局档案馆档案不再注明藏所）。
② 《关于天津市妓女改造问题的初步意见及调查材料》（1950年），3—64—4。
③ 《天津市妓户妓女调查报告》，天津市社会局1930年编印，第5页，天津市档案馆藏，资料3—2—8。
④ 《天津市妓户妓女调查报告》，第4页，天津市档案馆藏，资料3—2—8。
⑤ 《津水双鳞》，《申报》光绪十七年七月初八（1891年8月12日）。
⑥ 《关于天津市妓女改造问题的初步意见及调查材料》（1950年），3—64—4。

意在既可自保同时可遥控北京政局。这些官员及由此衍生的商贾群体对妓女及妓院营业环境的需求是高层次的，在一定程度上刺激了天津高等级妓院的快速扩展。"除去侯家后发源地以外，南市一带增加的不在少数，权乐部建自民国三年，群英部建自民国八年，这就足以证明这一个时期的兴旺啦。"① 1919 年后，裕元、宝成、裕大等较大企业相继成立，毗邻的谦德庄便开始有妓女活动。同时，法租界取缔娼业，将租界内的妓女驱赶出来。谦德庄附近一带渐成新的妓院聚集地。1920—1925 年间，天津娼业发展较快。"及到民国十四年，庆云部也就开市了，于是南市又增了三十余家的妓户。此外落马湖、三角地、东西坑沿、赵家窑……都增加了不少的妓户，而乡区五所的谦德庄的妓户，也是在这个时期产生的。" 1926 年，天津市有妓院 468 家，妓女 3594 人。②

1930 年，天津有妓院 571 家，妓女 2910 人。此时，妓院主要集中在赵家窑、三角地、南市、万德庄、谦德庄、落马湖、侯家后等地。1936 年，仅日租界就有公娼 200 余家，正式上捐的妓女千余人。南市与租界区娼业兴起后，侯家后一带蜕变成为下三等妓院与暗娼的聚集地。③

日占时期，日伪政权以繁荣市面为借口，"提出乐户可随意设立，因此乐户之多，达到了空前绝后的境地"。1938 年，天津市成立乐户公会时，妓院多达 650 家、妓女 3050 人，在日法租界、德租界及以南地区、旧城北部、东部、南部形成 5 个乐户区，每个乐户区都设有乐户分会进行管理。④ 1939 年夏天的特大水灾中，天津城区 2/3 被淹，大批妓女迁入国民、惠中、世界、北辰等饭店营业，可以不纳妓女捐。饭店因有了妓女而营业额大增，遂多为她们提供便利。乐户公会提出抗议后，法租界工部局在妓女上捐后容许其继续在饭店内活动。到 1943 年底，"饭店小姐"达到 2667 人。此外，还有千余名游妓暗娼出没于主要商业区的娱乐场所。

抗战结束后，天津市政府明令取缔暗娼，承认合法妓院存在。由于

---

① 《天津市妓户妓女调查报告》，第 16 页，天津市档案馆藏，资料 3—2—8。
② 《天津市妓户妓女调查报告》，第 17、26 页，天津市档案馆藏，资料 3—2—8。
③ 《天津市妓户妓女调查报告》，第 1、7 页，天津市档案馆藏，资料 3—2—8。
④ 《关于天津市妓女改造问题的初步意见及调查材料》（1950 年），3—64—4。

内战爆发引发社会动荡，天津妓院并未增加，1946年反而减至500余家，妓女减至2500余人。① 1946年8月和1947年初，天津市政府先后两次下令所有娼妓迁出饭店，一批妓女返回南市一些妓院成为搭住妓女（即卖身的妓女），不少则成为游妓暗娼。这时，天津市乐户公会提出"先废私娼，再废公娼"的建议，得到了市临时参议会的通过。此后暗娼受到了一定的冲击。1948年12月天津解放前夕，全市有妓女2100余人。②

1950年3月，天津尚有妓院448家，在册妓女减至1779人，这一数字不包括游妓暗娼。③ 其中1—5级妓院224家，土娼224家。有10年以下历史的158家，10—15年的50家，16—20年的6家，20—30年的3家，32年的1家，还有1家妓院的历史则达36年之久。④ 由此可见，娼业受各方面变化影响较大而风险时存，经营不稳定，淘汰率较高。

近代天津公娼业的构成，过去相关论述较少，关键在于具体资料的匮乏。下面，笔者将对其构成进行分析，以揭示其与社会各个层面间的相互关联。

1950年的调查显示，天津妓院的规模一般不大，低等级者较多。由1名窑主开设的妓院占据绝大多数，2名窑主共开的妓院有31家，3人以上共开的妓院只有2家。妓院所属妓女以1—3名为多，4—6名次之，8名以上者极少。以数名妓女维持妓院生意，成本较小，容易管理。为维持妓院营业，窑主一般都会雇佣些伙友，负责保护妓院、看管妓女、防止其他妓院及流氓滋事。雇佣1—5名伙友的妓院较多，雇佣6—8名伙友的妓院次之，雇佣9—12名伙友的妓院较少。负责妓院内勤事务的老妈，是高等级妓院中不可缺少的从业成员，但有153家妓院没有雇佣老妈，其中多数是妓女较少的低等级或家庭式妓院。⑤

关于天津公娼业的构成，乐户公会曾依妓院财产、妓女数量、经营

---

① 《关于天津市妓女改造问题的初步意见及调查材料》（1950年），3—64—4。
② 《本局对天津基本情况妓院、车夫、乞丐、仆役的调查材料》（1949年），14—2—10。
③ 天津解放时对妓院数量统计口径不一，故有560户（包括土娼）、366户（不包括土娼）的不同数字。参见《关于天津市妓女改造问题的初步意见及调查材料》（1950年），3—64—4。
④ 《关于天津市妓女改造问题的初步意见及调查材料》（1950年），3—64—4。
⑤ 同上。

场地等指标将妓院分为五个等级。一、二等妓院约定俗成地称为"班子",又称"书寓",门口常贴着"某某班"或"某某书寓"的牌子。如有新妓女进入,多会在门前贴出海报,上书妓女"某某某今日进班"以为招徕。三等妓院称作"堂",又称"下处",老板称"堂主",门前贴着"某某下处"的字样,既与一、二等妓院区别,也与四、五等妓院区别。四、五等妓院由于条件较差而被称作"窑子"。二等和上三等妓院的内部构成是,由掌班(后称领家)管理账房先生(以下简称"先生")、头目和由掌班从小养大后为娼的本班妓女,先生与头目又管理着厨夫、更夫、伙友、跟活的、女佣。这些妓院里还有搭班妓女,她们"是对娼主负有债务的妓女",窑主除供给其一日三餐外,其余自备,但这种妓女"有分账的权利"①。在一元随便、下三等、六角随便这三类妓院里,掌班管理着账房先生和本班妓女,账房先生又管理着跟活的、伙计和更夫。这类妓院里也有搭班妓女。至于四、五等妓院,内部结构就简单多了,"她们被分成若干排,每排有排头一人。至于每排的户数也不相等,有的十二户,有的十五户,排头的地位仿佛是公共的先生,捐项等费完全由排头代纳,并且他还要代写'店簿子',这也是下级娼寮一种特殊的组织情形"。有些妓女,"她们自己就是掌班,也就是伙友,所以自己招待游客外,还要管理屋里的一切事务……但是他们的夫、兄、父、母,兼做伙友的也有"②。

晚清时期,天津妓院只有一等(京班)、二等、上三等(中地界)和下三等(老妈堂)4种。1903年,曾有一种被称之为"坐排班"的一等妓院,其组织与营业方式均与一般妓院不同,但3年后就消失了。民国初年,天津市政府开始征收乐户捐,金额依妓院等级确定。"这样一来,头等妓院里凭空每月加了不少的费用,于是头等妓院为着减轻负捐着想,就争先恐后地自动改为二等妓院。及至民国十五年的时候,仅仅还有一家头等妓院。"③

---

① 《天津市妓户妓女调查报告》,第21页,天津市档案馆藏,资料3—2—8。
② 《天津市妓户妓女调查报告》,第12—13页,天津市档案馆藏,资料3—2—8。
③ 《天津市妓户妓女调查报告》,第10页,天津市档案馆藏,资料3—2—8。

1930年的调查显示，天津571家妓院中，二等、上三等和一元随便等较高等级妓院有158家，低等级妓院有413家，资本总额14.6968万元。调查还显示，此时天津娼业的经营环境有所改善。二等、上三等和一元随便这三类妓院中，"除去侯家后一部分居住的是平房，其余在南市的差不多都是楼房，房间的设备也很整齐，例如铜铁床、衣柜、镜台、桌椅、几凳、磁器、挂镜……种种家具应有尽有，像是一个中上等家庭光景"。下三等和六角随便与高等妓院设备的差距较大，"在这两等里差不多没有住楼房的，每个妓女只占一小间平房，房里的设备，也不过架着一个板床、一个桌子、两个椅子罢了，其他的陈设，更是付之阙如"。"四等与五等——这两等简直无所谓设备咧，一方面因为这两等的妓女，多是副业经营者，另一方面是因为她们那种经济状况之下，实在谈不上设备。再说她们的房间的面积由四十方尺到六十方尺的大小，高度也不过八尺。我们试想在这种小屋子里，除去三十方尺的土炕，所余的面积，仅余二十方尺的大小，还那能陈设哩？"①

20世纪20年代末至30年代中期，由于战乱、海河淤塞等原因，天津经济发展状况不佳，嫖客"一般都因着经济的窘促而摒弃了奢华的二等而趋向到最务实的随便制度去啦"②，致使二等妓院急剧萎缩，三等以下妓院大量增加。1937—1945年的日占时期，由于日伪倡立妓户且乐户捐不依等级缴纳，致使天津妓院达到前所未有的数量，高等级妓院也大量出现。1946年后国民政府在津统治的三年中，战乱、社会动荡引发的经济危机使娼业大受打击，妓院数量下降较多，特别是三等妓院与1942年相比下降了2/3。而到1949年，低等级妓院则构成了天津公娼业的主流。

关于20世纪20—40年代这方面的情况，可参见表1。

---

① 《天津市妓户妓女调查报告》，第15—16页，天津市档案馆藏，资料3—2—8。
② 《天津市妓户妓女调查报告》，第21页，天津市档案馆藏，资料3—2—8。

表1　　　　20世纪上半叶天津妓院等级与数量沿革　　　（单位：人）

年代	一等	二等	三等	四等	五等	其他	俄、鲜妓	总计
1926	1	114	310	15	28			468
1929	0	37	258①	141	119	10	6	571
1942	180余	30余	330余	20余	90余			670余②
1948	107	51	110	74	73	33		448

资料来源：《天津市妓户妓女调查报告》，第1、7、18页，天津市档案馆藏档，资料3—2—8；《本局对天津基本情况妓院、车夫、乞丐、仆役的调查材料》（1949年），天津市公安局档案馆藏档，14—2—10。

二　公娼业人员群体构成

与公娼业直接相关的群体包括妓女、窑主、嫖客、伙友、账房先生、厨夫、更夫、女佣等人员，其中最为重要的是妓女、窑主和嫖客。

作为性工具，妓女是娼业暴利的根本所在。据调查，妓女来源以天津为多，其次是周边诸县，也有少数来自上海、南京、扬州和东三省的妇女。总体说来，外地人多于本市人，农村出身者多于市区，这与民国时期人口由农村流向城市、由经济欠发达地区流向发达地区的规律相符。由于低素质人口在相对发达地区只能从事简单、低级体力劳动，且人口流动无序化，导致有限岗位竞争激烈而就业极度困难，这就为妇女进入性行业准备了充足的人力资源。1930年的调查显示，在天津2910名妓女中，年龄在16—25岁之间者居多，为妓年限在1—6年间者占到82%，受过教育者只有13人，能以技术自活者仅27人。③ 1950年的调查结果表明（见表2）：绝大多数妓女是文盲，在城市被社会边缘化，基本上是为生活所迫进入娼业。这与同期的欧美国家及中国台湾地区极为相似。④ 妓女的等级一般是以其所在妓院

---

① 其中，上三等66家，一元随便55家，下三等108家，六角随便29家。
② "670余"是原调查报告的统计数字。
③ 《天津市妓户妓女调查报告》，第1、37、40页，天津市档案馆藏，资料3—2—8。
④ 杨国枢、叶启政主编：《台湾的社会问题》，（台北）巨流图书公司1985年版，第565—566页。

等级而定。妓院等级不同,娼妓群体也呈现出不同特点。妓院等级越高,妓女年龄越轻,一般在18—25岁间,几乎全部未婚,从娼年限在1—5年内;而在四等、五等妓院,妓女年龄较大,26—35岁间的妓女明显增多,已婚者明显增加,为妓年限在5年以上者比例增加。1930年和1950年的两个调查报告,其结果相差不大,这反映了20世纪上半叶天津娼妓年龄构成的稳定性。

表2　　　　　　　妓女简况（1950年2月）①　　　　　（单位：人）

妓院等级	妓女数量	年龄 18—25岁	年龄 26—35岁	年龄 36—55岁	婚姻状况 已婚	婚姻状况 未婚	为妓年限 五年以下	为妓年限 六至十年	为妓年限 十年以上	为妓年限 不知	文化程度 文盲	文化程度 初小以上	为娼原因 生活所迫	为娼原因 其他	为娼原因 被拐卖	籍贯 本市	籍贯 外埠
一	154	130	24		5	149	133	19	2		149	5	149	5		88	66
二	149	113	35	1	19	130	102	31	9	7	143	6	123	5	5	60	89
三	260	179	73	8	32	228	184	45	6	25	256	4	258	1	1	128	132
四	49	22	20	7	20	29	34	12	3		48	1	49			15	34
五	327	175	109	43	138	189	196	88	3	40	323	4	270	1	1	139	188
总计	939	619	261	59	214	725	649	195	23	72	919	20	849	12	7	430	509
百分比%	100	65.9	27.8	6.3	22.8	77.2	69.1	20.8	2.5	7.6	97.9	2.1	90.4	1.3	0.7	45.8	54.2

资料来源:《关于天津市妓女改造问题的初步意见及调查材料》(1950年),天津市公安局档案馆藏档,3—64—4。

近代天津的妓女,"百分之八十是贫而下水的,其中又以自幼雏养为妓者较多,半途下水的较少,另外又有被欺骗被拐卖的,也有些因丈夫

---

① 表2"为娼原因"栏中,第二、五等妓女人数合计与该次调查所统计的第二、五等妓女总数不符,但原档案如此。

吸毒要钱，不务正业，把妻子押入妓院的，总之都是在迫不得已的情况下当的妓女"①。除此之外，"也有极少数一等妓女，因贪图享受而自愿下水的，这类人往往是因家里生活不够富裕，不能使其吃喝玩乐而自动进的妓院"②。这一部分妓女把赚取金钱与享受生活放在第一位，自我尊严与伦理意识几乎完全销蚀，凭着姿色与一定的"素质"，"他们往往遇到有钱的官僚资本家，就用手腕拉拢，假意跟人家从良，过些日子把钱搂足，就又藉故脱离，重当妓女，把钱挥霍完毕，就另找一个人。这类人三番五次的出来进去"③。

掌管妓院的老板、老鸨，来源比较复杂。根据1950年2月对352名老板的统计情况显示，籍贯为天津市者142名，占40%。其中有不动产楼房7间以上者6人，有平房1—3间半者5人，有平房4—14间者有32人，草房1—8间者18人，有灰棚4间者1人，有田地5亩者1人。④ 民国时期，人们一般有钱后均要置买不动产，并将之视为进入富裕阶层的标志。如果以此为标准的话，上述调查材料似反映出，掌管妓院的老板与老鸨们中只有少数一部分人进入了富裕阶层；更多人的财产与生活属于中等或下等，这些老板多数当属落马湖一带家庭式的低等妓院窑主。⑤

以往许多人认为，妓院老板均有一定的经济实力。但表3显示，出身工农的妓院老板高达200人，占总数的56.9%，他们多是经营低等妓院的，而文盲占76.1%。

---

① 《关于天津市妓女改造问题的初步意见及调查材料》(1950年)，3—64—4。
② 同上。
③ 同上。
④ 同上。此调查报告没有显示这些人中是否有人同时拥有两项以上的不动产。
⑤ 需要说明的是，上述调查是在天津解放后不久进行的，考虑到当时的政治形势，调查结果很可能并不准确，如妓院老板自有房屋之少即令人怀疑。此外，即便没有房产，也还可能有其他财产。故上述调查似并未全面反映妓院老板的财产情况。

表3　　　　　　　妓院老板情况统计表（1950年2月）　　　（单位：人、%）

出身	工人	农民	商人	不详
数量	71	129	71	81
百分比	20.2	36.7	20.2	23.0
文化程度	文盲	粗通	初小	高小	私塾
数量	268	42	19	16	7
百分比	76.1	11.9	5.4	4.6	2.0
党派团体	国民党	理门	佛教	回教	安清帮
数量	1	3	49	9	4
百分比	0.3	0.9	13.9	2.6	1.1

资料来源：《关于天津市妓女改造问题的初步意见及调查材料》（1950年），天津市公发局档案馆藏档，3—64—4。

由于行业的特殊性，为保护自身利益，许多妓院老板或自愿或不得已加入帮会势力以为后盾。日占时期，伪天津乐户总公会长期为具有黑道势力或政治背景的妓院老板掌握。乐户总代表办事处理事长李万友，受军统局忠义普济社第七分社社长李吟梅领导，"另外还有乐户分代表三十余人，他们都在青帮或红帮，在他们领导下，一般窑主领家百分之九十以上也在青红帮"①。然而表3却显示，妓院老板有政治背景者极少，只有2%多一点。笔者以为，由于这一调查是在天津解放后进行的，不少娼业老板会想方设法隐瞒自己与国民党、黑社会或宗教势力相结合的证据，因此这一调查与前述并不矛盾。

嫖客是娼业收入的主要来源，下面着重对嫖客群体进行分析。长期以来，人们基本认为商娼同生，但笔者以为这只是问题的一个方面，实际上，来自其他阶层的嫖客亦复不少。北洋时期，避居天津的政府要员不在少数，他们中一些人将妓院当作挥霍享乐、相互勾结的场所，这一群体的需要也刺激了高等级妓院的快速扩展。如张作霖从天宝班领出马姓妓女为六姨太太，吉林督军鲍贵卿领出邢姓妓女为姨太太，张宗昌领出了两个妓女作姨太太。张作霖每到天津，必到天宝班与老鸨小李妈打

---

① 《关于天津市妓女改造问题的初步意见及调查材料》（1950年），3—64—4。

牌，引得一些趋炎附势者奔走于天宝班，企图借小李妈"口角春风"求得一官半职。当然，商人在嫖客中仍占有相当大的比例，在此耗尽家产的商贾大有人在。20世纪20年代，以盐商起家的津西杨柳青镇石家，家产据称有500万两银子。后人石耀华在20世纪30年代中期常住天宝班，几年功夫即倾家荡产。30年代中期，承接3万元遗产的阚姓男子，因结识名妓李小珠而沉溺烟花柳巷，窑主从中大肆盘剥，3年内阚家财产荡尽。[①]尽管如此，游荡妓院的官员、富贾数量毕竟有限，而娼业的主要猎取对象当是中下层市民，一般商人、小贩、船夫与工人在总的嫖客群体中占据主流。

1950年2月，天津市公安局对全市224家妓院不分等级的调查表明，在嫖客群体中，商人占30%，小贩占49%，劳动界（主要是工人）约为21%。但进一步分析表明，嫖客的构成与妓院的构成存在相关性。在花费较高的一等妓院嫖客群体中，商人高达90%，小贩和劳动界仅各占5%。二等妓院的嫖客群体中，商人与小贩共占85%，劳动界占到15%。三等妓院的嫖客群体中，商人占60%，小贩占25%，劳动界占15%。[②]而侯家后的四五等妓院，其嫖客主要来源则是船夫、船客和小贩；落马湖地区低级妓院的嫖客，主要是三条石一带的铁路工人。日占时期，一等妓院的常客是日伪政府官员、银行老板、投机商人。他们多"腰缠万贯、挥金如土"，"除了给妓女的钱以外，还要给本院所有的伙友、老妈甚至妓女的三亲六故一些场面钱，只有这样才称得起'摆阔'，只有这样才能博取妓院、妓女、上下人等的欢心，把钱花到相当大的程度，才可能和妓女住一两次。二三等妓女没有捧牌（意指通过打麻将牌的方式有意捧红某妓女）的，到这来的都是些普通机关职员、商店老板等"。"四五等妓女没有茶客（意指由妓女陪吃茶的人），以'拉铺'（意指嫖妓）为主，也有住局（意指宿妓）到这来的"，她们接待的多是"脚行、工人、商店学徒等"。1950年上半年，在天津市公安局第七分局东兴派出所抓获的野合嫖客中，"三轮车夫及小手工业者占34.6%，小商贩占

[①] 周恩玉：《解放前的天津南市概况》，《天津文史资料选辑》第33辑，天津人民出版社1985年版，第239—242页。

[②] 《关于天津市妓女改造问题的初步意见及调查材料》（1950年），3—64—4。

15.4%，外埠行商及本市劳苦群众占50%，由此可知，（野合）嫖客的主要成分是外埠行商及劳苦群众，其他地区虽曾发现有商店经理、职工、机关干部及学生，但为数极少，不是问题的主要部分"[①]。

应看到，抗战结束至1948年底，内战使社会秩序相当混乱，物价飞涨，生活艰难，妓院经营较为萧条，有时因"伤兵扰乱，妓院竟日不敢开门"[②]。这造成了去妓院嫖娼的商人、小贩和工人的数量都有不同程度的下降。尽管如此，上述调查表明，中下层市民仍为嫖客群体的重要构成部分。

三　行规及老板对妓女的控制

产生于娼业逐渐发展过程中的行规，基本覆盖了娼业的全部范围。不管它是否符合国家法律，娼业中人多会依此行事，它影响着娼业中人的基本价值判断，是公认的保障娼业正常运行的"法规"。

妓女是公娼业赖以生存的根本所在。妓女的身份一般有三种，第一种是童养出身的即"本班妓女"，也称"柜上人"，没有任何的人身自由；第二种是卖身为妓，即"搭班妓女"，或称"有压账的"，她们也不能随便行动，但可以参与分成，其与窑主多有债务关系，并订有合同，由窑主代为还债，约定几年后还清债务；第三种是非卖身"自混"的，即"玩票妓女"，也是搭住性质，但她们与窑主没有债务关系，收入的50%左右交给窑主，走留自便，比搭班妓女更自由一些。对于第一、二种妓女，妓院有权处置她的一切事宜，收入分成由窑主说了算。如果出现反抗或逃跑的现象，妓院老板有权对之进行任何处罚，别人无权干涉。对于第三种妓女，窑主一般按约定的合同或行规行事。在关于嫖客问题上，不成文行规是，嫖客可以外带妓女回家，但不准拐带妓女逃跑，一旦发现，妓院就会视情况对嫖客及妓女进行处置。妓院伙友的任务很明确，除了通常的看家护院外，伙友的责任就是护送妓女外出、防止妓女

[①]　《本局关于游妓、暗娼、清音调查材料》（1952年），14—65—58。
[②]　《关于天津市妓女改造问题的初步意见及调查材料》（1950年），3—64—4。

逃跑。①

妓女初入娼门时,由主持人将其送交窑主,议妥或押或租或卖的条件及身价。如果是搭班妓女,"窑主照例请放窑账的人过目评价。经同意后,由窑主作保,给该主持人一笔相当的代价,日后此项代价,就完全由该妓女担负,也是照例到区所报捐登记,就可开业"。如果搭班妓女想休业或从良,"这项手续却很简单,只要将债还完,便可自由了。但本班妓女却很困难,休业是绝没有希望的,从良还或许可能,但是她的身价是由娼主任意勒索的,所以本班妓女是最不容易摆脱的"②。

妓院老板一般都劝妓女花钱,沉湎其中的妓女,往往会被老板"养成为一辈子也不能反抗的、自甘堕落、任其摆布的摇钱树"。为防止"有些警觉性"的妓女们脱离其控制,老板们会想尽办法不让妓女存钱,"很多妓女都不知不觉地上了圈套,终日纸醉金迷,缝衣做饭,外界事物,什么也不知道。如裕德里竹云班妓女杨淑惠,把钱都捧了唱戏的,林素清把钱都贴给情人说:'我看上了谁,我就把钱都贴给他'。还有些妓女故意摆架子,没钱借债也得摆,如妓女没钱花了,窑主就借给印子钱,嘴头上说:'花吧,没关系',实际上越借越多,借的钱都是'驴打滚'的利,弄得妓女还不起了,只好把自己的身体再押上几年,以致想出也出不来了。这样年轻漂亮的时候好像有百万之富,一旦年老色衰生意萧条,除随身衣服外,什么也不趁,很多妓女从一等降到二等三等,一直到五等,临死时只落一领席。现在落马湖五等妓女中,还有从十五岁干起到现在干了二十六年的老妓女,一无特长,二无亲友,感觉除了当妓女以外,什么也干不了"③。

在"软化"妓女同时,老板常常也会施以暴力手段以达到控制妓女的目的。除一些"自混"的妓女因身份独立,生活过得稍好外,大多数"自幼雏养为妓者"生活上是十分痛苦的。妓女进门后一般要拜窑主做干妈或干老,"漂亮妓女,每天除接客外还要陪柜(陪窑主睡觉),生意好

---

① 《天津市妓户妓女调查报告》,第21页,天津市档案馆藏,资料3—2—8。
② 《天津市妓户妓女调查报告》,第23页,天津市档案馆藏,资料3—2—8。
③ 《关于天津市妓女改造问题的初步意见及调查材料》(1950年),3—64—4。

的妓女，故意促使其挥霍无度，使其债台高筑，拔不出脚去，对客人的态度冷淡了不行，这是把'财神爷'往外推，太热了不行，这是想跟客人逃跑。如果陪客人出门，必须让伙友跟随，明是侍奉，暗是监视。犯了院规或是营业不好，就得认打或认罚，认打多用棍棒，没头没脸的乱打一顿，认罚的花样较多，有的让跪香，跪到烧完，有的不让吃饭，有的冬天不让生煤火。还有些个别的更为毒辣，如一区利津里四宝班窑主程孙氏强迫15岁的妓女张云芳接美国兵，让四个美国兵轮奸之后还要留一个睡觉。裕德里窑主葛凤亭，把妓女王大俊打成瞎子。三角地领家杨福岭用火筷子烧红烫妓女的胳臂。牛少棠用刀割妓女的鼻子。南市红叶村五凤堂窑主让妓女吃屎。九道湾玉香堂领家田治祥踢打妓女田莲河的阴部至肿胀不能接客等，数不胜数"①。

一般而言，妓院各自营业，相安无事。如果妓院相互间有挖二、三等妓院当红妓女的情况，只有解决了妓女与窑主的债务关系，妓女才可以"挪店儿"。而四五等妓院的妓女多是包捐性质，迁移到某个妓院的手续较为简单，只要通知排头就可以营业了。② 妓院间出现什么冲突时，一般都会通过黑社会的关系进行调解。至少在民国期间，没有出现过妓院间较大的摩擦与争斗事件。

关于妓院与黑社会的关系，是众所周知的，两者因为均被"社会边缘化"而相互纠缠在一起。妓院性交易的巨大利润，使黑社会必寄生于其中；妓院性交易游离于法律之外的高风险性，又使其不得不在许多问题上依赖黑社会的调解与保护。资料表明，娼业很是害怕流氓地痞的骚扰，对散兵游勇嫖娼外加公开抢掠的行径更无力控制，因此，每遇战争，天津妓院关门歇业者明显增加。③ "九·一八"事变后，天津成为日本侵略华北的重要目标，有日本背景的"地痞流氓、白面鬼，组织所谓'便衣队'袭扰我商民住户"，其中自然少不了对妓院的骚扰。这些都需要窑主通过与黑社会的关系进行调解。天津乐户首领多有黑社会的身份，"一

---

① 《关于天津市妓女改造问题的初步意见及调查材料》（1950年），3—64—4。
② 《天津市妓户妓女调查报告》，第23页，天津市档案馆藏，资料3—2—8。
③ 《关于天津市妓女改造问题的初步意见及调查材料》（1950年），3—64—4。

般窑主领家百分之九十以上也在青红帮"①。窑主同时具有黑社会的身份，正是社会边缘化产业生存的特征之一。

娼业行规较多，覆盖了娼业经营的所有方面。这是由娼业自视为下层，并采取自我保护的性质所决定的，是娼业自成系统并有别于其他主流行业的基本特征之一，也是娼业社会边缘化的重要特征之一。

四 娼业经营与收支分配

近代天津公娼业的经营状况，一直处于波动中。1900年以前，"这种营业正是一种萌芽时期"。在民国成立的1912年，此业"大有欣欣向荣的气象"。1914—1919年间，随着天津经济的快速发展，"工商业日益繁荣，人口也日益增加，正是给这种营业造了一个发达的机会"。较为繁荣的时期是1920—1925年间和日本占领时期，而尤其以1940—1942年间为最盛。②

关于天津公娼业资本额的情况，可参见表4。

表4　　　　　　　　1930年初天津公娼业资本额及平均资本额

	二等	上三等	一元随便	下三等	六角随便	四等	五等	其他
妓院数量（家）	37	66	55	108	29	141	119	10
资本总额（元）	35130	22310	21827	33810	4680	11255	7206	1750
资本均额（元）	950	338	397	313	161	80	61	175

资料来源：《天津市妓户妓女调查报告》，第13页，天津市档案馆藏档，资料3—2—8。

表4中妓院总数为565家，资本总额137968元，平均每家妓院资本额为244.19元。可见总的看来，天津公娼业都是小本经营，尽管二等妓院的资本额稍多一些。1930年，天津公娼业中资本总额在800元以上的妓院有20家，除3家属于"一元随便"外，其余17家均是二等妓院，最高资本额在2000—3000元间；另外，这一年二等妓院在总体上出现亏

---

① 《关于天津市妓女改造问题的初步意见及调查材料》(1950年)，3—64—4。
② 《天津市妓户妓女调查报告》，第16页，天津市档案馆藏，资料3—2—8。

损,其余等级妓院却多数盈利,一元随便与六角随便成为娼业中最大的赢家。这一方面是由于二等妓院开支较为浩大,另一方面也是由于天津经济发展此时陷入停滞状态,多数嫖客"都因着经济的窘促而摒弃了奢华的二等妓院,趋向到最务实的随便制度去啦",这种一元和六角随便的营业方式,恰恰迎合了收入窘迫的下层嫖客群体。且"上三等和一元随便两等完全是由二等脱化而来的,而这两等的营业比起二等实在优越得多,所以它的等级虽然稍低,但设备和二等则相差无几"①。

税收对于妓院的经营也有相当大的影响。1930 年,天津市政府为公娼业设立乐户捐。捐税一般分为两种,一种是娼主的捐税叫作"门捐",只有二等和上三等妓院才有,二等的门捐每月 12 元,上三等的门捐每月 6 元。另一种是妓女捐,二等妓女清倌(即生意清淡的妓女)每月 1.5 元,红倌每月 3 元,三等妓女每月 1.5 元,四等每月 1 元,五等每月 0.5 元。一般而言,二等妓女门捐由娼主担负,而三等以下妓女门捐的承担办法不一,有的完全由窑主负担,有的由妓女全部负担,而由妓女负担 2/3、窑主负担 1/3 者最多。② 1943 年后,日伪政权为多得税收,"允许各旅馆饭店游妓,以特等妓女名义公开营业,因此一、二、三等妓院营业受了很大影响,妓女纷纷迁移到旅馆营业,剩下的一等妓女也开始留住客,茶客最多的每天也不过十几个人,普通的三四个人,有的还不开张"③。显然,这一时期娼业的经营方式被迫发生了较大变化。

高等级妓院获取收入主要有三个途径。第一,熟客捧场,这是主要的营业方式。捧场的熟客多为日伪政府官员、银行经理、投机商人等,他们基本上是每天到场。捧妓女的主要办法就是打牌,又称"捧牌"。当红妓女每隔一天都有一次"捧牌"机会,能抽到很大一笔头钱,且进而能结识更多的客人。普通妓女每周也有一两次"捧牌"机会。第二,靠茶客。当红妓女每天能接待十五六班的茶客,开百来个盘子,一般仅靠茶客,每天每名当红妓女的收入就相当于天津解放后一个一等妓院近半年的收入。普通妓女也能接待四五班茶客,开三四十个盘子。第三,靠

---

① 《天津市妓户妓女调查报告》,第 21、15 页,天津市档案馆藏,资料 3—2—8。
② 《天津市妓户妓女调查报告》,第 22 页,天津市档案馆藏,资料 3—2—8。
③ 《关于天津市妓女改造问题的初步意见及调查材料》(1950 年),3—64—4。

住客。当红妓女一般每月有 20 余天的"住局",这类嫖客人数虽少但妓院收入不低。普通妓女视对象与营业好坏而定,一般每月也有十几天的"住局"。而四五等妓院的低等妓女,主要是以"拉铺"为主,也有一些"住局"。不过在一些低等妓院,其经营上往往没有规矩可言,如在庆云后人称"鲇鱼窝"的低等妓院群,从门前经过的单身男人可能被强行拉入,身无钱财者则被剥去衣服以抵嫖资。

天津解放后,妓院不仅数量大为减少,与 1948 年以前的经营状况相比,经济效益也大幅度降低,并且,妓院等级越低,效益就越差。根据 1950 年的调查,月收入在万元以下的和 1 万—2 万元间的妓院分别为 50 家和 85 家(共 135 家),而支出在万元以下的及在 1 万—2 万元间的则分别为 83 家和 78 家(共 161 家),两者相差 26 家,这间接地反映出在这两类妓院(它们多为妓女较少或家庭式的低等妓院)中,经营状况不佳者较多,特别是收入在万元以下的最低等级的妓院效益最差;另外,收入在 2 万元以上的妓院有 84 家,支出在 2 万元以上的则只有 60 家,这说明收入较多的高等妓院,尽管从业人员较多,开支较大,但其中大部分尚有赢利。[1]

妓院内部的收入分成比例,是理解娼业实质及其运转的重要问题。无论是在哪一等妓院里,在窑主的逼迫下,妓女们几乎每天都要为"生计"而痛苦地工作着。其生活极为单调,没有节假日,没有休息的权利。"差不多可以说是昼伏夜动。普通没有住客的时候,也总是十二点以后才能休息,但是留有住客的时候,那就说不定要到什么时候才能就寝。"[2]此外,窑主常常利用嫖客迷恋上某一妓女的机会,指使妓女讲排场,如摆牌局邀请朋友聚赌从中抽头,或摆饭局窑主承包吃喝,甚至唆使妓女向嫖客要钱要物,以便从中盘剥。与以往认识有所不同的是,妓女在妓院经营中的核心作用决定了天津市的公娼业经济分成在一定程度上遵循着已有的行规,而不完全是任由窑主进行分配。

在日占时期,不管是哪类妓院,如果妓女是"自混"或柜上批账式的,则按约定与妓院分成。一、二等妓院一般由妓女、老板、伙友参与

---

[1] 《关于天津市妓女改造问题的初步意见及调查材料》(1950 年),3—64—4。
[2] 《天津市妓户妓女调查报告》,第 27 页,天津市档案馆藏,资料 3—2—8。

分账，比例是6∶3∶1；三等妓院的批账比例一般是4∶4∶2；这些妓院的煤、火、水、电等开支由妓院负责，自己负责饮食。在四、五等妓院，如果妓院管饭的话，妓女与柜上对半批账，伙友另向嫖客要钱；如果妓院不管饭的话，妓女、老板、伙友按三大堆分账；但也有柜上要7成、妓女得3成，伙友向嫖客要钱的分成方式。① 如果是本班妓女，则其全部收入均要上交领家，领家负责妓女全部的生活，至于金钱的分配，领家一般是不给本班妓女的。② 在民国时期的其他阶段，尽管情况可能有所不同，但分成的大致格局并无变化。显然，在这一分成行规中，搭班妓女的收入分成比例较高，妓院老板收入一般没有妓女高，这是与以往认识有所不同之处。

如表5所示，在1950年年初不分妓院等级的统计中，妓女所得占总收入的40%—60%之间，伙友所得在10%—33%之间，妓院所得在25%—50%之间。这一调查显示的情况与前述日占时期妓院分成惯例没有太大变化。

表5　　　　妓院各类人员经济收入分账（1950年2月）

妓女收入	33%	40%	45%	50%	51%	56%	60%	分下钱	自混不分	
人数（人）	1	46	9	82	14	6	57	1	6	
伙友收入	10%	15%	18%	20%	25%	33%	分下钱			
人数（人）	47	14	6	68	32	1	54			
柜上	25%	26%	28%	30%	33%	35%	40%	50%	分下钱	掌班代妓女
人数（人）	35	6	14	48	1	2	76	33	1	6

资料来源：《关于天津市妓女改造问题的初步意见及调查材料》（1950年），天津市公安局档案馆藏档，3—64—4。

民国以来特别是日伪时期，由于妓院营业状况普遍较好，妓女的收

---

① 《关于天津市妓女改造问题的初步意见及调查材料》（1950年），3—64—4。
② 《天津市妓户妓女调查报告》，第21页，天津市档案馆藏，资料3—2—8。

入增加，所以一般的妓女都有比较优裕的物质生活。"如南市等地一等妓女在妓院里都被称作姑娘，有的派头大的连姑娘也不让叫，而叫'姑'。每个姑娘都有一个老妈侍候，讲究的有两个，一个管粗活，一个管细活，饭食一般的是大米白面，四菜一汤，但大部分都懒得吃，而另外叫饭或陪客人吃酒席，出门都有包月车或陪客人坐汽车，穿衣服每个妓女春夏秋冬都有几套，红妓女有很多熟客给做，差不多每天一套，屋子里经常洒香水，客人多的妓女经常占着两三间屋子。至于二、三、四、五等妓女，也都是吃大米白面，但没有老妈单另侍候，而是全院伙用几个老妈或伙友，出门没有包车。"①

1930年各类妓女的收支情况如下：

表6　　　　　　各等妓女月均收支比较（1930年）　　　　单位：元

	二等	上三等	一元随便	下三等	六角随便	四等	五等	平均
收入	33.31	34.84	36.10	23.63	26.70	18.96	19.68	26.48
支出	42.52	29.89	28.65	21.43	22.36	21.25	21.29	25.29
盈利		4.95	7.45	2.20	4.34			1.19
亏损	9.21					2.29	1.61	

资料来源：《天津市妓户妓女调查报告》，第28页，天津市档案馆藏，资料3—2—8。

由表6可知，20世纪20—30年代的天津娼业，除了二、四、五等的妓女外，其余几等妓女均可以做到每月盈利，其中又以"一元随便"等级的妓女盈利最多。这一时期由于天津经济不景气，开支浩大的二等妓院在经营上连年出现亏损，二等妓女自然不可能盈利。而支撑四、五等妓院的嫖客主体为贫苦工人和市民，此时更没有多少钱出入此地，致使四、五等妓女入不敷出，只能惨淡维持。

这里，笔者以当时位于罗斯福路（今和平路）上有名的竹云书寓和云凤书寓两家一等妓院为例，来分析一下天津娼业改造前高等级妓院的经营状况。

竹云书寓共有妓女3名（老大、老二、老九），妓院由4个掌柜共同

---

① 《关于天津市妓女改造问题的初步意见及调查材料》（1950年），3—64—4。

经营,雇有伙友5人、老妈3人。据1949年4月11—21日对该妓院经营状况的统计,3名妓女共接待住客24人次,茶客203人次,3名妓女中高者每日收入4290元,低者也有2036元,11天内3人总收入105200元(折合小米7364斤),而每月收入可达286890元。① 本来,依妓业办事处公议价格,茶客每起200元,住客每起600元,但在竹云公寓,实际上茶客每起为400元,住客每起为1000元,妓院实际收入要比规定收入多出近1倍。

云凤书寓则有5名妓女,1949年2月15日至3月15日一个月内,她们共接待茶客577人次,住客93人次,收入达到342400元,折合小米应为28533斤,亦比规定收入多出1倍。②

近代天津的妓女,虽然整体收入较多,但支出也颇不算少。竹云书寓当红妓女"老大",10天招待茶客98次,每次用60元的香烟,60元的糖果瓜子,加其他开支共需11760元;招待熟客及临时摆场面,约需花费26707元;两项共计38467元。10天收入47200元,除去开支共余8733元;若每月按30天计,照此算来,则每月剩余26220元。此外,妓女还有一笔较大的开支——化妆品。据调查,竹云书寓的妓女,"每人每月两瓶雪花膏,合400元,唇膏一瓶300元,粉一盒300元,油100元,洗发四次400元,绣花鞋四双2800元,丝袜每双700元,穿一星期,月需2800元。以上花费合计起来是6700—6600元(引者注:原文如此,若照上述各项合计应为7100元),如果买上等货数目还要超过此数,其他衣料零花钱均未在内"③。此外,再加上家庭负担等种种原因,绝大多数妓女均负有债务。据1930年的调查,二等妓女负债率为54.75%,其余各等妓女负债率均为73.75%,平均为79.42%,差不多10个妓女中有8个都负债。她们的债务一般分为利息钱、印子钱和押账三种。④ 就负债额而言,五等妓女平均负债额最小为96.86元,最多者二等妓女平均

---

① 《本局对天津基本情况妓院、车夫、乞丐、仆役的调查材料》(1949年),14—2—10。
② 同上。
③ 同上。
④ 纯由利息产生的债务称为利息钱,由妓女完全承担。押账的性质与利息钱相同,不过这项利息由窑主负担。印子钱是用整借零还的办法借的钱(如借100元,每天还1元,120天还完,利息20元),亦由妓女自己负担。

420.78元。在20世纪30年代初，100元相当于一个工人4—5个月的工资。由于还债能力的缘故，等级越高的妓女利率越低，而低等级妓女的利率较高，四五等妓女的借债利率竟高达7.5—15分之间。在1930年，妓女群体的债务共计430372元，以5.1分利率计算，每月利息就有21948.97元之多。显然，妓女的负债额和负债率均相当的高。"她们不能脱离苦海的原因，也就是因为债利的纠缠。"①

五 暗娼业的若干特征

与公娼业相比，暗娼在运作方式上有其独特之处，如以自住房屋为营业场所，相比于公娼，暗娼收费较低。

游妓暗娼的问题由来已久。晚清时期天津的暗娼，既有贫穷夫妇所为，也有无力维持生活的年轻女性所为。民国成立后，由于收取乐户捐，加上南市繁荣后，侯家后一带"日渐萧条得几乎不能支持"，"一般投机分子就改做暗娼制度"了，而侯家后的暗娼多数是从二等或下三等妓院退化而来的。这样，暗娼数量逐渐增长。②

1939年，由于遭遇大水，天津市区2/3地区被淹，法租界临近繁华商业区的各大饭店，成为妓女新的营业场所。"野妓分布各大饭店之内，不纳捐而公开卖淫，牌饭局无日无之，且能开灯供客，其声势之喧赫，并不弱于六大部之公娼，声势最大者，如世界饭店、巴黎饭店、国民饭店、惠中饭店、交通旅馆，其次为伦敦饭店、孚中饭店及长发栈、中和栈、中华旅社等处。几于每日廿四小时之内，游客常满，笙歌嗷嘈，殆为野妓之全盛时期。"这一新的营业方式，冲击了旧有妓院的营业方式，引起天津乐户公会的抗议。但法租界工部局下令"饭店小姐"上捐后可以继续营业，到1943年底，"饭店小姐"达到2600余人。此外，还有千余名游妓暗娼出没于主要商业区的娱乐场所。实际上所谓"饭店小姐"与暗娼并无多大区别。

抗战结束后，美军登陆天津，不少暗娼游走于各大饭店，公开服务

---

① 《天津市妓户妓女调查报告》，第29—34页，天津市档案馆藏，资料3—2—8。
② 《天津市妓户妓女调查报告》，第10页，天津市档案馆藏，资料3—2—8。

于美军士兵,人称"吉普赛女郎";一些野妓在酒吧里寻找生意,人称"酒吧女郎"。由于性病传染太多,美军宪兵不得不在一些饭店门前悬挂"禁止入内"的字样,还在不少野妓集中的街道贴上英文"禁止入内"的字样。① 1947年4月的官方统计称,"仅交通、惠中等九家旅店即有1000余游妓"②。随后,天津市政府采取"寓禁于征"的方针,将不少暗娼纳入南市公娼中,暗娼数量大幅度减少。

总之,暗娼来源较为复杂,不少人原来就出身妓女,一般而言,做暗娼多是无力经营公娼且又无力以其他方式谋生者的无奈之举,也有好吃懒做的男性专以其妻、女为谋生手段者。多数人沦为暗娼则与其经济状况不佳关系较大。据1950年的调查资料,其基本情况及从业原因如表7所示。

表7　　　　　天津市游妓暗娼基本状况调查统计　　　　（单位：人）

出身状况	妓女	歌舞女	清音演员	女招待	游妓暗娼	家庭妇女	其他
	201	23	16	11	27	33	102
婚姻状况	已婚	姘居	杂婚③	未婚			
	91	98	57	167			
流入原因	被迫	不详	生活困难	腐化			
	21	56	234	102			
思想情况	"混的"	想转业	比较进步	落后	不计		
	59	106	40	145	63		
掩护职业	清音	歌舞女	以夫掩护	短工	无掩护	其他	不详
	114	9	2	29	87	18	154
操纵势力	领家	丈夫	亲属	有人	无人	不计	
	5	24	59	25	114	186	

资料来源:《关于天津妓女改造的初步意见及调查材料》(1950年),天津市公安局档案馆藏档,3—64—4。

---

① 《本局关于游妓暗娼的调查报告》(1950年),12—65—30。
② 《天津市解放前后妓女情况资料》(1957年12月5日);天津市档案馆等:《解放初期天津市政府取缔妓院的一组史料》,《天津档案史料》1999年第1期。
③ 意指同时与几个男子有事实婚姻关系。

不可否认，只要放下伦理道德的约束，视贞操如无物，相对而言，从事娼业的收入来得较快且明显较高，这是娼业得以存在且屡禁不止的根本原因。据1952年的调查表明，游妓暗娼们的收入，"少的每次五六千，多的二三万元甚至有拾几万元的，每人每天可搞三五次，多至七八次，实际收入她们每日可收入三五万元（一般的，有的还要多）"。"她们的生活是非常浪费的，服装华丽，饮食也经常是酒肉。"以清音演员为掩护的暗娼，"她们正当的收入在三四千元，好的在五六千元，她们多是坐三轮车，吃好的、穿好的，主要是点歌片，可收入两万元左右"。有一部分暗娼"淫靡成性，不安于正常生活而追求腐化豪华的生活"。① 在1949年，天津市民月平均收入只有39.7万元左右，1952年才增至45.4万元。② 巨大的利益反差、淡漠的伦理观念、浮华的生活习惯以及无法融入主流社会的自卑情结等，是不少妓女不愿放弃暗娼活动、对人生前途漠然的原因。

由于暗娼游妓多属地下活动，了解其数量及营业方式较为困难。据1950年7月的不完全统计，天津市六区内，1949年初有暗娼21家，游妓12家；1949年底有暗娼13家，游妓活动暂时停顿；1950年7月有暗娼14家，游妓17家。③ 1950年11月，全市约有游妓暗娼540余家。据1952年11月的不完全统计表明，天津市仍有游妓暗娼370余，"但连其负担家属生活在内，仍约有七百多名"④。

天津暗娼活动没有特别明显的规律。有时由一个妓女站在门前勾引客人，另一在内卖淫，也有时暗娼门前不站人拉客，而由"跑合"的给拉客。"跑合"一般是专门以此为生的流氓、伙友、卖银元、擦皮鞋、卖黑票及其他无正当职业的人，三轮车夫也是主要的"跑合"人。他们与暗娼一般按三七分账，也有的按四六分账。除此之外，有的是旅馆茶房

---

① 《本局关于游妓、暗娼、清音调查材料》（1952年），14—65—58。
② 据《城市居民家庭基本情况》推算，见《天津市城市居民生活及物价调查资料汇编》（1949—1989），天津市城市社会经济调查队1990年编印，第26—27页。此材料使用元为单位，可能是依照此后的标准进行了换算，此时天津物价均是以旧人民币为单位计算的，旧人民币1万元等于新人民币1元。
③ 《本局关于游妓暗娼的调查报告》（1950年），12—65—30。
④ 《本局关于游妓、暗娼、清音调查材料》（1952年），14—65—58。

代客招妓，有的由领家介绍客人，有的游妓暗娼带着孩子作掩护，也有的带上书包或装成家庭妇女，在商业繁华地区公开讲价，或以问路、借火搭话寻找嫖客。①

以清音演员身份为掩护的游妓暗娼，以清唱为名，实质上以卖淫为主业。她们寻找嫖客方式的第一步是"点歌片"（又称"点活"，即点节目）。通过"点歌片"，演员和客人接近，双方可以讲价，有时清音演员在台上公开对客人露骨调戏后由"写活的"从中介绍找到客人。吃饭、买东西是清音演员卖淫前的第二步。在"写活的"从中串通后，双方外出购物、吃饭，然后在旅馆等地野合。据称，清音演员的卖淫占游妓暗娼活动中的很大部分。②

有一部分舞女也兼做卖淫生意。她们为数不多，但相对而言均有一定的文化层次，接触的也多是巨商富贾。为躲避检查和他人注意，"她们多是和客人到北京、北戴河、青岛等地以旅行为名去野合或在本市的泰来、利顺德等高级饭店去野合，收入也是高达五十万或百万元的"③。

游妓多是零星、分散的行动。她们一般晚上出来，在马路、河沿、花园、转子房（专门出租给游妓用于性交易的房屋）、舞厅、旅馆等处拉客，或由"跑合"的给拉客，然后在旅馆、澡堂、转子房及自家住宅从事性交易。1952年的一次调查称，游妓"一部是在自己家里，一部是在旅馆及转子房中"，如"海拉乐派出所管界内十九个旅馆（除广兴不招娼宿外），凡住有游妓、清音者，均有卖淫活动，如北辰、元兴、美丽、美蝶、金华、三源、振源等旅馆均甚严重"④。一些大饭店也成为藏污纳垢之处，如有名的惠中饭店即私留游妓，"得旅馆房间负责人的许可，在旅馆内大事活跃"。"他们这种行为是经常有的，妓女所得的全价是以三七或四六批成，有时男方也可或多或少地给一些小费。"⑤

一般而言，"除少数的游妓因生活困难而操此业外，多数仍是受着封建残余的操纵"。有的受领家操纵；有的是受青帮分子控制，青帮分子

---

① 《本局关于游妓、暗娼、清音调查材料》（1952年），14—65—58。
② 同上。
③ 同上。
④ 同上。
⑤ 《关于天津市妓女改造问题的初步意见及调查材料》（1950年），3—64—4。

"不劳动而指女人吃，叫女人卖淫来供其享受"，他们"名义上是夫妻，实际上是姘靠"；有的是受制于琴师和写活的，这主要是清音演员中的游妓暗娼。①

从嫖客构成来看，档次稍高一些的游妓与暗娼，其嫖客多系"银行经理职员、贸易公司经理职员、洋行经理职员等"，中等的多接待"船上水手、商店店员、个别的学生等"，下等游妓暗娼多是"蹬三轮的、拉煤车的、码头运输工人等"②。嫖客中有80%是已婚者，不少夫妻因此反目成仇，一些家庭因此而妻离子散。据说，在游妓的勾引下，有一个刚结婚20余天的嫖客即向派出所提出离婚申请。③

六 余论

有关娼业的解释历来多种多样，有弗洛伊德的能量冲动与释放理论，有精神病学或心理学的病态理论，有道德主义的道德缺陷理论，有戴维斯（K. Davies）功能主义理论的性欲补偿说，有法里斯（Faris）文化传递理论的社会环境影响说。但更多的学者则以社会学和经济学理论予以解释，认为贫困、男女地位不平等、妇女就业机会有限、同工不同酬等，都是娼业存在的基础。笔者认为，20世纪上半叶天津娼业的发展，与此时天津社会经济结构的变动有着明显的因果关系。这一时期，经济与社会变动较大，人口流动频繁，性别比例严重失调（见表8），人口学理论认为，男女性别比如果过高，就会带来一系列的社会问题，特别是性犯罪数量就会激增，嫖娼行为也会大大增加。④ 显然，娼业的兴与衰，首先是一个经济与社会的问题，其次才是一个道德问题。

---

① 《本局关于游妓、暗娼、清音调查材料》（1952年），14—65—58。
② 《本局关于游妓暗娼的调查报告》（1950年），12—65—30。
③ 韩国强：《旧天津的娼业及取缔经过》，《难忘的岁月——天津市解放初期社会治理纪实》，第309页。
④ 刘长茂主编、张纯元副主编：《人口结构学》，中国人口出版社1991年版，第17—18页。

表8　　　　　　20世纪前半叶天津市人口及性别比例表　　　（单位：人、%）

年份	人口总数	性别比例	年份	人口总数	性别比例
1903	326552	151	1906	356503	141
1917	720000	150	1925	1070000	161
1928	1391722	164	1933	903507	145
1938	1176430	141	1940	1274792	138
1942	1426098	143	1944	1800039	146
1945	1759513	143	1947	1710910	137
1948	1860818	141	1950	1755095	127

资料来源：[日] 中国驻屯军司令部编：《二十世纪初的天津概况》，天津市地方史志编修委员会总编辑室1986年编印，第16页；《天津社会局统计汇刊》，1931年版；《天津市自治调查》，百城书局1934年版；国民政府社会部档案，12—6—17463，中国第二历史档案馆藏；《天津市政府工作概况》（1945年度）、《天津市统计总报告》（1947年12月）、《天津市民政局工作报告》（1947年5月），均藏于天津市档案馆；天津丛刊编辑委员会编：《天津市两年新设施》，天津市政府秘书处1948年版，第3—4页；《天津市政府工作报告》（1945年度），天津市政府1946年版；天津市人口普查办公室编：《天津市人口统计资料汇编（1949—1983）》，南开大学出版社1986年版，第69页。

比如，仅以腐朽思想及奢靡腐化生活方式的道德化解释，难以完整理解这一时期嫖客群体的真实生活与心理状况。对于当时众多的男性市民而言，他们在及时行乐的动机下进行嫖娼活动，固然与其道德伦理意识的缺失有关，但除此之外，也应认识到流动群体中长期单身者、贫穷阶层中无力娶妻者的生理和心理需求。外埠来津经商者是嫖客的主体之一，依性社会学的理论进行解释，除了他们"在旧社会里养成的习惯是不管生意如何，在作客期间，'吃喝玩乐'是首要任务"[①] 的因素外，长期单身在外的男性有性能量释放的需求，好奇、冒险、对性反常行为的兴趣及寻花问柳的念头，也是一个原因。在传统礼教压抑下，女性在性生活中多处于客体状态，合法性伴侣的面目丑陋、性格不合与性生活的长期不和谐等，也会使男性产生嫖妓的冲动。出于性交易的目的，妓女可以表现出强烈的性主体倾向，这在一定程度上满足了嫖客的猎奇心理，

---

① 《本局关于游妓、暗娼、清音调查材料》（1952年），14—65—58。

也使妓女成为男性意念上的替身。此外，妓女不仅满足了嫖客的性欲，有时在某种程度上也满足了他们寻求人际关系的亲近、关心和证实自我价值的愿望。这在一定程度上也可以解释嫖客中的相当大部分来自社会中下层的原因。1950年的调查指称，生活贫苦的市民在嫖客群体中占有不小的比例，是由于"有部分无力结婚者，生理上有着迫切要求，又没有很好的政治修养来克服"所致。但该调查也承认，拥有180万人口和大小5000座工厂的工商业城市天津，有数以十万计的生活贫苦、处于青春期和婚龄期的产业工人和店员职工，他们"要求娱乐和消遣，然而仅仅有一七七个娱乐场所和少数的公园，不能满足劳累了的工人、店员们的精神需要，促进了性欲的苦闷"[1]，这是他们常常光顾低等妓院的重要原因之一。这个调查报告触及的嫖客群体构成及其思想动态发人深思。

　　就天津而言，娼业的地域性特点较为明显。一般说来，经营娼业者要有与治安管理部门、黑社会势力协调关系的能力，所以娼业人员特别是窑主多为当地人士，他们运用特殊的关系网络贿赂治安管理人员、协调黑社会势力，以保护自身的利益与安全。娼业的经营地点一般位于商业繁荣区域或其附近，但如有特殊的渠道或固定嫖客，也可能选择远离繁荣地带甚至远离市区的地方从事性交易，如天津侯家后及落马湖地区的低等级妓院都是在旧城外。因此，娼业的隐与显与管理强度很有关系，凡是管理严格时期，娼业都会出现明显的衰败迹象；凡是管理放松时期，娼业都会呈现泛滥之势。从20世纪上半叶天津娼业的变迁来看，作为完全消费性产业的娼业，是附着于经济发展的寄生物，其与经济发展呈现正比例关系。质而言之，彻底禁止嫖娼活动不太现实，较为切实的目标应该是如何最大限度地限制其泛滥。而实现这一目标的前提，则是尽量客观而不是纯粹从道德角度去认识娼业的内在结构与活动规律，这是历史赋予我们的启示。

---

[1] 《本局关于游妓、暗娼、清音调查材料》（1952年），14—65—58。

市镇权力关系与江南社会变迁

——以近世浙江湖州双林镇为例*

赵世瑜　孙　冰

光绪庚子年即 1900 年，亦即清代政局发生大变的一年。建储风波沸沸扬扬，北方又爆发了义和团运动，江南官绅一方面抵制建储；另一方面也在努力保境安民，防患于未然。就在这一年农历三月，浙江湖州归安县所属双林镇上发生了一场不大不小的风波。由于以往人们主要是从经济史的角度关注江南市镇，关注它们在市场体系中，或在"早期工业化"过程中的地位和作用，对这些并非政治中心的市镇的权力关系——或者说市镇的政治史较少论及。① 因此，我们似乎可以从这场风波开始，

---

* 本文原载《近代史研究》2003 年第 2 期。

① 中国学者在 20 世纪五六十年代的"资本主义萌芽问题"讨论中、美国学者施坚雅在其 20 世纪 70 年代的关于中国城市的著作中，以及后来的学者在专门研究江南市镇史的论著中，便都有这样的特点。参见［美］施坚雅主编《中华帝国晚期的城市》，叶光庭等译，中华书局 2000 年版；樊树志《明清江南市镇探微》，复旦大学出版社 1990 年版；刘石吉《明清时代江南市镇研究》，中国社会科学出版社 1987 年版；刘翠溶《明清时代南方地区的专业生产》，《大陆杂志》1978 年第 3、4 期合刊；陈学文《明清时期太湖流域的商品经济与市场网络》，浙江人民出版社 2000 年版；陈学文《明清时期杭嘉湖市镇史研究》，群言出版社 1993 年版；范金民《明清江南商业的发展》，南京大学出版社 1998 年版；李伯重《江南的早期工业化》，社会科学文献出版社 2001 年版。另一方面，小田在《江南乡镇社会的近代转型》（中国商业出版社 1997 年版）第 4 章第 1 节对市镇权力关系有所论述，认为乡绅和宗族是传统乡镇社会权力结构的主要力量，但在清末民初开始发生变化。此外，罗一星在《明清佛山经济发展与社会变迁》（广东人民出版社 1994 年版）第 5 章中、［美］William Rowe 在 *Hankow : Conflict and Community in a Chinese City*, 1796—1895 (Stanford University Press, 1989) 第 3 部分中，也都谈到各自地区的这方面情况。

通过回溯以前和叙述以后的一些事件，透视一个江南小镇在社会变迁过程中的权力网络关系。

一 东岳会风波

湖州位于太湖东南岸，自宋代以来便是发达的江南地区的一个重要组成部分。归安则属湖州东部的平原地区，借助水网而工商业日益发达。双林镇在湖州府城的东南，地处苏、松、嘉、湖、杭五府的腹心，周边环绕着南浔、乌青、练市（即明清时之琏市）、晟舍、菱湖等名镇，在明清时期由归安县的琏市巡检司管辖。① 它是一个典型的江南水乡，有"开窗见河，出门过桥"之谚。② 在镇内，桥梁把大小街巷勾连起来，交通以陆路为主；而向外的交通则以水路为主，双林与湖州间的夜航船便是其中一种廉价的形式。

明末，朝廷在双林镇推行保甲，市镇被分为四栅一市，栅下设堡，堡下为甲，甲各辖10户。到清中叶以后，四栅仅设地保各一，负责征税。③ 其中，北栅相对繁华，街巷、桥梁的分布最为密集。

双林尽管比同府的南浔等镇后起，但是在北宋时期便已成聚落，在镇东的另一个叫东林的地方，已出现地方性神祇。④ 传说宋廷南渡后，这里因商贾聚集，又称商林或商溪，到元代则出现了绢庄10座，收购附近乡民的丝织品。入明之后，东林衰，西林兴，遂以西林为双林镇，后渐成江南大镇之一。双林为丝织业生产和江南丝织品集散中心之一，所谓"吴丝衣天下，聚于双林。吴、越、闽、番，至于海岛，皆来市焉。五月载银而至，委积如瓦砾"⑤。这方面情况已有陈学文、樊树志、刘石吉、刘翠溶、李伯重等论述⑥，不赘论。

据镇志卷18"户口"所载，双林在明初"户不过数百，口不过千

---

① 民国《双林镇志》卷1，商务印书馆铅印本，第2页。
② 王克文主编：《湖州市志》，昆仑出版社1999年版，第1267页。
③ 民国《双林镇志》卷18，第2—3页。
④ 嘉泰《吴兴志》卷13，《吴兴丛书》本，民国吴兴刘氏嘉业堂刊本，第15页下。
⑤ 唐甄：《教蚕》，《皇清经世文编》卷37，中华书局1992年版，第910页。
⑥ 参见前引诸位学者的论著。

余"，而在成化时便"倍于前"。到清初，"里居日集，侨民日增，实得户三千四百有奇，口二万一千有奇"，至清中叶而人口更加膨胀。太平天国时因战乱人口减半，存户不及4000。其后虽迅速恢复，但发展速度相对减慢。无论如何，该镇在光绪年间在册人口仍近万人，加上许多流动和外来人口，其规模还是相当可观的。

就在这样一个繁华的市镇上，农历三月下旬例有大规模的东岳庙会。通过江南地区的民间信仰，我们往往可以透视出区域社会经济状况。① 据镇志，东岳庙坐落在双林镇北栅外的闻闻庵旁，顺治年间归安知县吴之荣在这里修建了乡约所②；到了康熙年间，乡约所被改为东岳庙。在双林镇，此庙具有很大影响，逢年过节的许多活动都在这里进行，它还是遇灾放赈的场所，称得上是本镇重要的公共空间之一。据推测，围绕东岳庙进行游神赛会活动的东岳会兴起于清乾隆、嘉庆间③，太平天国以前分别有八仙、三星、花神等会。太平天国后，一位纨绔子弟接管了花神会，并对它进行扩建，其他各花会也纷起效仿。每会在东岳会期间都能动员几十甚至上百的表演者。东岳会期共延续10天，每天都要抬神像在前引导，游行于各社，而各社随起的花会号称有七十二会。

从地方文献的记载中，我们可以感受到这样一种狂欢般的盛况：

> 二十八日为东岳神诞，士民祝献于庙。数日前，鼓乐喧阗，络绎不绝。按，岳庙社会最盛，镇人结社者可数十起，大小各业皆有职司于庙。二十六日，尽夜演戏（今改夜戏于二十七日昼），二更时移神像出至大殿。庙中遍处悬灯……新街、横街及各巷皆结彩悬灯，有多至五层者，繁华与苏阊灯市无异。二十八日起，至四月初，约五六日，每日午后舁神像出巡四栅，曲折周到，各社地戏（俗名

---

① 关于宋代湖州地区的民间信仰问题，见［美］韩森《变迁之神》，包伟民译，浙江人民出版社1999年版。书中告诉我们，东岳几乎是那里唯一的道教神。又见［日］滨岛敦俊《总管信仰——近世江南农村社会与民间信仰》，东京，研文出版社2001年版。

② 民国《双林镇志》卷9，第1页上。

③ 东岳庙的赛会应当不晚于康熙庚辰年间，因为"（倪志）溪多歌舫，春暮岳庙赛会，土人架彩棚舟中，为秋千戏。士女聚观，画船箫鼓，鬓影衣香，极一时之盛"。见民国《双林镇志》卷2，第2页下。按，据民国《双林镇志·序》，倪志成书于康熙庚辰（1701年）。

"故事")前后扈从……神像所过,商店咸设香案,新绢巷或设下马饭(今不行)。看会之人以坞桥港为盛。又有水运秋千之戏,架彩棚于舟……彩舟鳞次坞桥左右,薄暮群泊庙前看回殿,观者如堵。黄昏点灯,街市人满,一如白昼。酒肆茶坊,欢呼喧阗。①

尽管在双林镇上,类似的游神赛会还有多起,但以东岳庙为中心活动场所的,在清后期为最多。

光绪二十六年(1900)三月,传统的东岳庙迎神赛会又将举行。按照《双林镇志》编纂者的说法,庆典期间的夜会常常"为淫亵戏状,纵横于市衢,所谓闹灯棚也。妇女之儇者列坐于市肆,诸无赖哗欢潮涌灯棚下,习为常,或至斗殴大哄"②。本次各会会众又打算联合举行夜会,被县官知道。当时正值"北方不靖,湖属多盗",大概是出于安全考虑,知县肖治辉特致函镇绅蔡召成(亦庄),问夜会可否禁止。蔡回答说,官方出面禁止,岂会不行,但如果只是一纸文书,可能不会引起重视。但如知县能亲临镇上,当面郑重地告诫会首,使其有所畏惧,便不难禁止。然而知县却以事冗为由不出面,仍以函附谕帖,交给当地崇善堂的绅董代为宣示,谕令会首至善堂面承。这项通知向会首们宣布后,并没有引起后者的当面质疑。在当地的轿会中,以抬东岳神像的轿会资格最老,影响力最大。当时主持该会的周某,被镇志称为"久炼之博徒……性极狡",而且还"素为某绅所卵翼"。但他在会中颇有威信,"能制其侪辈""号有干事才,凡举会皆听指挥"。对于禁止夜会的通知,周某当场也未表示异议。

但是在庙会的第三天,白天迎神的活动没有按时结束,理由是迎神队伍要游历四栅,曲折周到③,白天无法结束。到了天黑时分,游神队伍将事先准备好的灯烛戏具点燃,这就在客观上造成了夜会的现实,镇上的士绅也没办法。第四天,当迎神的队伍路过蔡家时,由于蔡家子弟

---

① 民国《双林镇志》卷15,第11页下—12页上。
② 民国《双林镇志》卷32,第16—18页。下文凡涉及东岳会事而未加注者均见此处记载。
③ 民国《双林镇志》卷15,第12页上。

不愿意他们在门前喧闹,与游神队伍发生了冲突,将一盏灯打坏。于是迎神的会众大怒,对蔡家进行围攻,他们向院内投掷砖石,撞击围墙和大门,最后点燃煤油焚烧了蔡家的大门,整个冲突持续了4小时之久。

不知什么原因,驻扎在双林镇的营兵和巡检都没有立即出来劝阻,直到双林镇上水龙会的人赶来救火时,这些兵勇才出动,但已无法抓到肇事者。会首周某甚至在第二天强制双林镇罢市。蔡家派人告官,但当汛官费某赶到时,迎接他的却是密集的人群,费某也无计可施。① 事发的第四天,知县肖治辉本人终于前来勘察此事,并在三官殿设立了临时办公地点,但他的仪仗却在混乱中被人扔到河里,衣服也被损坏了。肖治辉急忙找士绅圆场,但是只有一名外镇的绅士愿意前来调解。在他的调解下,肖治辉才在几乎全盘接受会众一方要求的情况下得以离开双林镇。而周某只是送交了一位绍兴籍的张某,作为肇事者顶罪。

最后,案件拖了一个多月,才在蔡家的压力下发生了转折。最终判决永禁夜会,蔡家的房屋由会众修理。肖治辉本来要处罚周某,但不知何故,蔡召成反而替周某说情,于是会首们的责任免于追究。

这场冲突显然是当地的一件大事,因为人们对这段历史的记忆一直保留到100多年后的今天。在2001年的实地调查中,老人们都知道官府曾发布过禁止夜会的命令,也知道蔡家阻拦了游神队伍。据说事后官府曾在东岳庙将禁令勒石立碑,但后来庙会又曾死灰复燃。

从绅—民关系的角度审视,在本案中,民间花会的力量得到了充分的展现,他们能够动员大量的人员攻击镇上的大绅蔡家,并强制罢市;但他们最终不得不接受官府的禁令,赔偿蔡家的损失,从表面上看花会仍是个失败者。另外,蔡家作为禁止夜会的坚定支持者,在首先受到冲击后却似乎并没有一味强硬,在事件的后期,蔡召成反而替周某转圜,表明士绅力量与民间力量的某种妥协。当然,蔡家挽回了财产损失,同时由崇善堂重新召集会首通告禁止夜会,表示恢复了崇善堂的地位和声望。对于官府来说,禁止夜会的目的已经达到;而对于周某等人来说,逃避了官府对他们的处罚,也是值得庆幸的。这样各方都获得了一定的

---

① 双林镇虽然不设汛官,但"道光间营房坍废,汛官驻城中"。民国《双林镇志》卷15,第14页下。

满足，保全了"面子"。冲突各方在这一过程中动用各种资源为自己争取面子，本身就是权力运作的一个具体表现。蔡召成在基本保全了自己利益的前提下，转而为本镇的人谋求面子，表现得宽宏大量，无形中又为自己增加了威望。这可能也是双林镇这场冲突得以稳妥解决的关键，是地方社会权力网络恢复平衡的重要因素。

从官—绅关系的角度审视，在事件发生之前，官府虽然希望禁止夜会，但却首先征求本镇士绅的意见；在士绅要求官府出面之时，官府又有意回避直接面对民众，反过来要求士绅出面；而在事件发生之后，虽然士绅因支持官府而受到"无赖"攻击，官府却没有能够给他们以及时有力的支持，相反，最后的结果还是在绅士的努力下促成的。官府虽是禁夜会的发起者，却无法独立完成此事。这些都说明士绅是晚清双林镇权力网络中的中心力量。这究竟是因为几百年来市镇的发展壮大——当然也包括镇绅势力的壮大——使州县官员放弃了对它们的控驭，将日常事务的处理权拱手相让呢，还是因为长期以来这里就存在一个比较稳定的自治系统，从来就用不着官府插手，或者官府根本就难以插手呢？无论如何，这场因庙会而起的风波，为我们提供了一个揭示江南市镇权力网络变迁的切入点。

二 民众与士绅

杜赞奇使用经纪模型去分析晚清华北国家与乡村社会之间的关系，论证了国家赢利型经纪和地方保护型经纪两类力量所起的不同作用；对于后者而言，宗族与宗教力量扮演着重要的角色，不过在20世纪以来的国家建设中，他们的作用被国家不断削弱。[①] 在这里，我们可以同时期江南市镇的例子对此做一些讨论。

东岳会风波的主角是民间香会组织与地方士绅，官方在这中间也起

---

① 参见［美］杜赞奇《文化、权力与国家》第2章，王福明译，江苏人民出版社1994年版。杜赞奇使用交易中的人"经纪"（brokerage）这个概念，来称呼国家与基层社会之间的某种体制内角色和体制外角色，他认为这是官府控制乡村社会的工具。他还认为，使用这一概念作为分析工具，比日本学者使用的"乡绅社会"更为有效。

了一定的作用。按通常对明清时期迎神赛会活动的了解，城镇香会的组织领袖往往是士绅，以前花神会的主持者也是一旧家子，而这次风波中的会首周某却是一名"无赖"。这场风波所表现的民间会社与蔡姓士绅的对立，实际上可能是士绅集团与民众长期积怨的一次爆发。如蔡召成曾在8年前将本家拥有的一块地皮捐出来建立了宣讲所，以打击在那里已经很猖獗的赌博①；又本地乡民有阻葬的习俗，"不论营葬、浮厝，辄视其家之贫富需索埠费，一不遂意，则纠众拦阻，不许登岸"，光绪年间，蔡召成又以崇善堂的名义向官府提议禁止，后此俗逐渐禁绝。② 在这里，士绅并不像某种"经纪"或者"代理人"，而是作为地方秩序的管理者，与"违犯"地方秩序者形成对立，他们似乎在这个官府不在场的地方扮演着官府的角色。

自元代以来，双林便以丝织业闻名，其居民多从事经济作物的种植及手工业，所谓"吾镇之乡村无不栽桑"，"近镇数村，以织绢为业"，至于"居镇者无蚕桑事，于炊爨、缝纫外，勤纺织，精刺绣，工裁剪，成衣服"③。商业逐渐繁荣，也自然导致民风变化，而这些变化则引起某些士人的不满："按吾镇出门贸易者，大半在苏杭及各近处，富商则走闽、广、湘、樊、松、沪。其在本镇经纪者，以丝线绸绢为盛。有赍设店，获利固易，而精其业者，即空手入市，亦可日有所获，以赡其家。俗所谓早晨没饭吃，晚上有马骑……供应者奢华，同行争胜，投客所好，以为迎合，无所不至，而日用纷华莫比，几于忘所自来。迨客去市毕，萧条家计，故我依然，其病由于贪市易而不计盈亏。甚有将数万赀本捐贴开行，不十数年化为乌有者。祖父遗赍罄尽，烟赌习气难除，子弟骄养性成，不知生计，习俗使然矣。"④

这种商业化的氛围必然影响到周围的乡村，导致传统农业经营方式

---

① 民国《双林镇志》卷12，第11页上。赌徒们似乎也不乏支持者，在后来蔡召成向官府申诉时，支持赌徒的除有蔡氏族人外，还有"某姓"也支持他们。"某姓者，京宦之家属也。"按，当时可能在京任职的只有蔡宗瀚和郑训承二人。蔡宗瀚考取内阁中书后，又拣发热河同知，而郑训承则几乎一直在京任职，并且"卒于京邸"，见民国《双林镇志》卷27，第6页上；卷24，第56页下。
② 民国《双林镇志》卷15，第7页。
③ 同上书，第2页；卷16，第8页；并同治《双林记增纂》卷8（清抄本）等。
④ 民国《双林镇志》卷15，第3页。

的变化："乡民习耕作，男子七八岁亦从师读书，有暇则斫草饲羊，或随父兄作轻便工，未有荒以嬉者。每春社时赛会演戏，祷祀游观，不过数日，即秉耒耕桑，不敢休息。惟近镇数村，以织绢为业，男子或从事绞线，必常出市买丝卖绢，田功半荒，而衣帛食鲜，醉饱市肆，其佚乐远胜常农。"本来，在邻接市镇之乡村进行"织绢，乡人赚钱甚易，而家转致贫，盖由男作线工，工余必入市，闻见奢华，日用易费；妇女虽勤俭于家，而田地荒芜，入不敷出，鬻田称贷，渐至冻馁者有之"①。

即使是务农者，也颇有与众不同的风格：

> 江南完租，佃户辄送至业主家，吾乡无此例，必业主乘舟至乡量取……道光十一年冬收大歉，漕米下年带征，收租尚有三四斗一亩。迨二十一年雪灾停征，乡人遂连圩结甲，升合不完。租船至乡，辄鸣锣聚众，哗噪驱逐，甚或掷石泼污泥，或将船拔起或锁住。而田主转好言求脱，无可如何。自此以后，稍遇歉收，齐心拜总管，私议租额，不许抗违。②

> 若田属镇人，由佃纳租，每得不偿失。盖以遇潦，则戽水需资；春秋赛社，按田索费；遇岁稍歉，则结甲抗租。③

这些资料既说明当地地主经营土地租赁无利可图，也说明了在商业化过程中，普通民众逐渐增强了对有产者的抗拒性传统，而且这种特点由于这一过程中群体认同的增强而得到强化，下层民众因此也成为双林镇权力网络中不可忽视的部分，这股力量就或许通过东岳会风波中的香会表现出来。

在手工业者群体中也可发现这样的特点。由于双林的工商业特性，这里的居民构成从明至清有个移民渐增的过程，前引人口资料对此已有说明。如此地的油坊有"博士人数逾百"，皂坊雇工数百，大多来自安徽

---

① 民国《双林镇志》卷15，第2页。
② 民国《双林镇志》卷13，第7—8页。
③ 民国《双林镇志》卷16，第2页下。

泾县①,几乎为外地雇工所垄断。②在每年正月初三的"太君神诞","自朝至晚演戏,包头业及黑坊中人主其事,余亦结社祝献,纷纷不绝"③。"原按各业斋行,则停工唱戏,工价之增,惟其所议,不能禁。油坊博士尤横,稍不如意,则停工挟制业主,纵博斗悍无顾忌。咸丰癸丑,粤寇据江宁,金借口回家,索坊主川资甚巨。"④在东岳会风波中最后被抓来顶罪的张某就是绍兴人,以磨豆为生;据说,以前在宣讲所事件中与蔡召成作对的赌徒主要是南京人。

当然,外来移民中最有势力者并非雇工,而是商人。以丝织业为特色的双林镇,或被称为地方专业市场,或被称为中级市场。⑤这里有桑秧市,所谓"岁之正、二月,东路贩客载桑入市,有桑秧行,亦有不就行而售之者"⑥;有桑叶市,分头、中、末三市,分别为3、5、7天;有生丝市,头、二蚕市"日出万金",周围各镇生产的生丝往往也在这里交易;有丝绸市,在众多产品中最有名的是包头纱,"盛时销至十余万匹"⑦。除上述与丝织业有关的市场外,还有米粮市场,一开始地处金锁桥的米市,后来逐渐扩展至四栅之侧,并有代客买卖的"行"和零售商店。⑧在这样的市场中心,外来商人形成规模,在双林镇上,出现了宁国商人建立的泾县会馆、镇江商人建立的金陵会馆、宁波和绍兴商人建立的宁绍会馆等。其中安徽宁国绢商朱、胡、洪、郑、汪等姓长期在湖州经商,曾建式好堂作公益善举⑨,前述皂坊便是他们所开,其数百泾县工人显然是从他们的家乡雇佣来的。后文注中还提到建立新安义园的16家休宁商人等,虽然因科举或者晚至等原因,未必成为双林镇上的显族,

---

① 民国《双林镇志》卷15,第2页下。
② 同上书,第2—3页。
③ 同上书,第10页上。
④ 同上书,第2—3页。
⑤ 范金民:《明清江南商业的发展》,第135页;陈学文:《明清时期太湖流域的商品经济与市场网络》,第266—281页。
⑥ 民国《双林镇志》卷14,第3页。
⑦ 民国《双林镇志》卷17,第3页上。
⑧ 民国《双林镇志》卷16,第1页下。
⑨ 朱珔:《式好堂兴复上访义渡碑记》,《小万卷斋文稿》卷18,光绪十一年重刊本,嘉树山房藏版,第16—17页。

但却可能成为这个工商业市镇上移民势力的中坚力量。此外，东岳会风波中出来救火的水龙会，固然是为避免火灾损失而建的消防组织，但他们绝非无干系的闲人，因为此会恰恰是外地雇工居多的油坊出面组织的。这类组织每年借五月十三关帝"磨刀雨"之日出来大规模演习，形成当地颇有影响的岁时节日活动，也成为该行业力量按时展示自己实力的机会。

与后文即将提及的、以寺庙为代表的社区中心转移相一致的是，这种情况导致当地宗族靠血缘关系进行利益整合、维持秩序，从而扮演中心角色的格局已然改变，镇民与大族士绅之间的冲突应当就是这一变化的体现。

东岳会风波的始末都与蔡姓士绅相关，但蔡家并非该镇最大或历史最悠久的家族。

明清以来，双林有影响的旧家大族应该说是吴家、沈家、陆家和严家。严家衰落很早，在清乾隆年间的严惇彝之后，就再也没有出过什么名人。陆家的兴起最早，明天顺年间，陆家成功地重修了化成桥①，但到清初以后，大约是因为族中精英外迁，留在本地的人已经风光不复。沈家出过双林镇最早的巡抚沈桐，他可能是明末很有影响的吴兴沈氏一族，而事实上，双林镇上沈家的子弟中确曾有过继给南浔沈氏的情况。② 沈桐的祖父乃是这一带的粮长③，沈桐在中进士后移居双林镇。他在双林镇的活动非常活跃，开通了南兜和南阳兜④，使得双林镇南部的交通更为便利。他还为吴汀修吴氏宗祠作记。其宅第沈家园一度是双林镇的名胜。可能是由于一部分子孙迁居苏州的缘故⑤，这个家族在清前期就渐渐失去

---

① 这是双林镇上最重要的一座桥，一名塘桥，桥堍有六总管祠，一名塘桥总管祠。其神像是不多的几个巡游全镇的神之一。化成桥与后来修建的万魁桥、万元桥一起，并称为双林三桥。现在为浙江省省级文物。
② 民国《双林镇志》卷4，第2页下就记载了沈家有人"出为马要南尚书演嗣"。
③ 民国《双林镇志》卷20，第5页上。
④ 民国《双林镇志》卷4，第5页下。
⑤ 民国《双林镇志》卷20，第20页下。

了在双林镇上的显赫地位①,他们在崇善堂的管理职务后来也被蔡亦庄联合镇上的绅士们所接替。不过,从文献记载的当地宗祠情况来看,由于沈家的支祠最多,所以应该说沈家的人丁仍颇兴旺,其实力仍不可小觑。

吴家是双林最早的住户之一,据说吴家、陆家的后裔还保留有双林最早编订保甲的纪录。② 吴家自称始祖是吴宪卿,该人据说是元代的象州提举官,死后颇有灵迹,被元仁宗封为总管,在当地的堂子湾建有吴总管祠,吴家的祠堂就设在祠内。由于此地最盛行的六总管、七总管神也常被称作陆总管、戚总管,因此吴总管应该是当地民间神五总管,被吴姓托为祖先,形成江南地区家族初建时期较常见的祠庙合一现象。据说到明成化间,吴伯明梦见禹王,于是又将祠堂改建为禹王宫,作为当地的土地庙之一。该庙高度为全镇之冠,号称"一镇之望",而土地——禹王也是全镇不多的几个被抬着神像周游全镇的神之一。③ 这显然表明,在明代中叶,当吴氏宗族完成了利用神圣象征进行家族认同的工作后,又通过改造或丰富这个象征系统以凸显本族在社区中的地位。

通过以上举措,吴家曾长期占据双林镇的显赫位置,由于该总管祠或土地庙同时又被设为乡约所,吴汀就被尊为乡约长。不过由于吴家始终不能在科举榜上占据较高的位置,所以到了后来,吴家主动参与的公益活动越来越少。到道光年间,吴家再不能垄断双林镇的区域性神圣象征,另外几家绅士又共同创建了一所土地庙,地点在与吴总管祠相距不

---

① 民国《双林镇志》卷32,第28页记,清顺治二年五月十三日,赛关帝会人持械入市。当天或次日,土枭潘某杀沈楷。同日,镇人杀潘某同党。其后,镇人陈某杀潘某。以后沈家又卷入通海案,被镇上的无赖王式所讹,其子王春曾两度叩阁(见光绪《归安县志》卷49,"杂识",《中国地方志集成·浙江省专辑》,上海书店1993年版,第29页下——第31页上)。沈磊隐居不仕,常与张履祥等往来(见光绪《归安县志》卷35,"儒林",第8页下至第9页上;民国《双林镇志》卷20,第15页),其家势力大为削弱。当然他们在当地还有一定威望,如沈澜、沈溶等均为一时名人。见戴璐《吴兴诗话》卷6,《吴兴丛书》本,民国刻本,嘉业堂刊本,第4—5页上;民国《双林镇志》卷20,第28页上。

② 民国《双林镇志》卷18,第1页上。

③ 民国《双林镇志》卷9,第2页下、第3页上。参见滨岛敦俊《总管信仰——近世江南农村社会与民间信仰》,第26页。

远的大通桥东，乡约所也于清初时设在了东岳庙。① 这对于吴家来说，除了意味着本族荣光的失落之外，或许还是本镇权力格局发生变化的象征。吴家最后一个见诸《双林镇志》的人物是吴兴权，而他当时不过是个年仅20余岁的学生，这显然不是什么特别的荣耀；而且在此之前，他们家族已有多年没有人被收入到"人物"卷中了（上一位是乾隆年间的吴焕）。

资格相对老一点的还有清嘉、道年间兴起的徐家和郑家。这两家分别产生了清中叶双林镇上最有影响的两个人物：徐有壬和郑祖琛，他们都做到巡抚的官职。徐家祖上是康熙年间来镇经商的商人，后来落户双林镇，经过几代的发展，徐家渐渐兴旺起来。不过徐家"以官为家"②，大多数有功名的成年人都在外地，对于本镇的建设作用不大。徐有壬是仅有的例外。他在丁忧回籍时频繁地参与地方事务，比如"（咸丰）六年夏，大旱饥。镇之博徒勾结东路枪船，至镇聚赌，并演唱花鼓戏，谓之花册场。有数十小船至石街埭，强占民居。时徐有壬总办团防于湖城，告当道访查严禁，旋避去"③。此外，他还曾主持重修贾烈女墓等。但是徐有壬在太平军攻陷苏州城时殉职，他的子侄辈们也都在外忙碌，按照徐炳倬《扫墓记》的说法，在他回家丁忧之前，他和他的堂兄弟们已多年未见了。④

郑家早在清初就已活跃在双林镇上⑤，郑祖琛的出现则使郑家影响达到了高峰。在双林镇受到一些"无赖"借灾荒吃大户的威胁时，是郑祖琛站出来平息了事态。⑥但郑祖琛在广西巡抚任内，因对拜上帝会的发展防范不力而被革职，成为太平天国运动的第一个牺牲品。他本来应谪戍新疆，只因在原籍病故而免。《双林镇志》《归安县志》甚至不为他作传，

---

① 区域权力中心从总管祠和宗祠到地方性的禹王宫，再到包容更广的神圣象征东岳庙，这一从元经明至清初的变化过程，说明双林土著权力垄断的情况已变为与移民共享。
② 《双林徐氏家乘》卷2，浙江湖州徐氏光绪十七年刻本，第46页。
③ 民国《双林镇志》卷19，第14页上。
④ 民国《双林镇志》卷6，第32页上—第36页上。
⑤ "顺治甲午，里人置放生河于石漾。郑文学梦生延玉琳国师开讲，舍地为庵，召僧护视。"民国《双林镇志》卷9，第7页下。
⑥ "（道光）十七年正月，风雪雷电雹，三春恒雨，秋多雨，田禾损坏。乡民借口岁荒，纠众至殷户家坐饭。亦有挟嫌乘机报复或掳掠者。忽一日，镇上四栅有匿名揭帖，上写某日至某家坐饭。是时，郑祖琛以闽藩告终养在家，遂持揭帖送县。程安二令即率壮勇来镇弹压，惩治出名行凶数人，其风始息。"民国《双林镇志》卷19，第13页上。

显然认为他对于粤乱负有不可推卸的责任。① 这样一来,郑家的威望就大大降低了,此后几乎一蹶不振。

虽然主角蔡家迁居双林镇很早,但只是当地大族中的后起之秀,到清嘉庆间才逐渐在科举榜上露头。据《双林镇志·贡举》统计,蔡家在嘉庆二十年(1815)以后获生员头衔的人数高达66名,大大领先于第二位的郑家(48人)、第三位的沈家(40人),是处在第四位的徐家(30人)的两倍多。蔡召成的父亲以经商起家,他和蔡召南、蔡召棠都中了秀才②,并在太平天国战后的赈济中树立了自己的地位。此后他开始成为镇上的头面人物,同治八年(1869),他和蔡蓉升、李友兰、梁湘等11人共同参与创建蓉湖书院。③ 此后,蔡召成频繁地参与镇上的公益事业,他整顿了崇善堂,改变了崇善堂以往的账目混乱不清、由沈姓一家把持的局面。除了前文提到的打击赌博、禁止阻葬等外,他还对留婴堂进行了改造。④ 他的次子蔡蒙在光绪十五年(1889)中了举人,这一科的名人包括蔡元培、张元济、徐珂等人,这对于蔡家势力向外扩张大有裨益。若干年后,《双林镇志》就由张元济主持的商务印书馆印行,而作序者正是徐珂。蔡蒙自己在东岳会风波起时可能正在江西做知县,成为当时本镇官阶最高的人物,而在稍后的双林镇辛亥光复过程中,蔡蒙又起着领导者的作用。⑤ 可见,到清代后期,蔡家在双林占据着领袖的地位。

产生了新中国第一位林业部长梁希的梁家,与蔡家关系不错。梁希本人刚刚进学做秀才的时候,有举人功名的祖父梁湘曾与蔡亦庄一道参与修建蓉湖书院,他的父亲梁枚甚至中了进士。梁枚因此脱离了双林镇

---

① 幸亏在其他地方(比如乃父郑遵佶的传记),我们能零星看到一些关于他的材料,比如他对贞节祠的题词以及其他一些公益事业的参与(光绪《归安县志》卷18,"善举",第19页及民国《双林镇志》卷20,"人物·俞榛传")。在民国《双林镇志》卷20"人物·郑遵佶传"中,曾提到郑祖琛在外地任职时每每建设善堂、公所之类,双林镇的崇善堂似应是郑祖琛在守制期间创建的。

② 民国《双林镇志》卷30,"贡举"。三个人分别在咸丰三年、七年和道光三十年岁试被取为秀才。

③ 民国《双林镇志》卷8,第3页上。

④ 民国《双林镇志》卷20,第57—59页。

⑤ 民国《双林镇志》卷32,"纪略·杂纪",第24—25页。有关双林镇光复及李子九事都在此处,下文不注。

的地方生活而且早逝，所以对于双林镇的影响没有梁希的叔父梁榕大，而梁榕本人又是蔡蒙的同年。在稍后的一段时间里，也曾短暂主持崇善堂，宣统二年（1910）他调解了沈家与总持庵的地产纠纷。① 而且最晚到辛亥革命前夕，梁希已成为双林镇地方很有影响的人物，在编纂双林镇志时，蔡蒙曾专门提到编纂镇志是出于梁希的创意。从这点来看，梁希与蔡家的关系也相当不错。②

另一位在双林镇上拥有强大影响的绅士是蔡松，但他与前面的蔡家并不同宗。他在萧山教谕任内，利用返乡的短暂时间，参与创立了丝绢公所。③ 蔡松与蔡蒙是同年（光绪十五年恩科）④，也参与了双林镇志的编纂。其子蔡雄就是后来闻名一时的民族资本家蔡声白。还有李家也可算当地的著姓。李宗莲（字友兰）在当地曾有很高的声望，他是组织团练抵抗太平军的人士之一，并且后来还与梁枚一起中了进士。李次九（或做子九）是光复会员⑤，后与蔡蒙一起合作领导了双林镇的光复，并在湖州独立后一度担任湖州的民政局长。从以上事实看，仅仅凭借着族大丁多，凭借着在本地居住年代长久和各种关系的盘根错节的宗族在双林镇上所起的作用日益减小，而那些有许多成员取得功名的家族著姓才是社会上的明星。

双林镇上的士绅与民众构成的变化是基本一致的，这鲜明地反映了从明到清社会变动的节奏。当该镇居民的构成已经不是清一色的土著、而增加了不少外来人口的时候，不仅是他们的成分从农民变成了工人，而且一些外来定居的商人也通过家族繁衍和科举考试变成了本地的缙绅，而在科举仕途上占据优势的家族更成为明清以来双林镇上的实权派，无论是地缘关系还是血缘关系都较前大为冲淡。我们在这个市镇的一场风波中，看到的不是士绅或者祭祀组织保护镇民不受官府的侵渔，而是市镇内部各权力集团之间的冲突关系。在一个社会流动性较强、由于工商业的发达而造成观念变化较大的晚清市镇里，血缘或地缘集团之间的关

---

① 民国《双林镇志》卷32，第18—19页。
② 民国《双林镇志》"序"。
③ 民国《双林镇志》卷8，第5页。
④ 民国《双林镇志》卷30，第9页上。
⑤ 《光复会党人录》，《浙江文史资料选辑》第27辑，1984年版，第175页。

系开始被利益集团之间的关系所削弱,东岳会风波就体现了这一变化。

三 国家力量与官民中介

对于双林镇这样一个不是中心统治城市的工商业聚落,国家的力量是怎样表现的呢?其内部的权力关系是怎样表现的呢?

在行政统属关系上,双林属归安县。双林是与湖州府城或归安县城距离最近的一个镇。随着这里的商业日渐繁荣,人口日益增加,官府对它也日益重视。清初在双林镇设立了双林汛和守备,后来琏市巡检署圮,也在双林镇租房设署办公。① 巡检设于州县下的要害之处,代表州县官员处理民政,是官府在这里的正式机构,兼管双林与琏市。守备处理军政,定制"战兵四名,守兵十七名",负责双林、琏市等广大地区的治安。② 在守备之下的千总、把总等,即为汛官,"汛"就是军营的基层组织。《浔溪纪事诗》卷下记载了一个案子,因为镇人误将哭嫁的新娘认作被拐的少女,而向汛官报告,并且和汛兵一起将新娘的哥哥和其他随行人员打死。他们虽然不能起很大的作用,但还是镇上权力网络中代表国家的一种制约力量,因此在被蔡氏借故整顿之前,营赌博业者要给巡检钱"日数千"作为常例,以换取后者的默许。可能出于这种默契,也可能有意回避市镇内部的纠葛,他们对于蔡家的失火就抱着一种旁观的态度。

在明末清初的社会动荡时期,官府也曾在双林镇编制保甲,但逐渐产生流弊,引起镇民不满,后来在四栅设有地保,由无业游民自愿出任,主要是随县差催粮。此外,应该说乡约所的设立反映了国家教化力量的渗透。在清顺治十年(1653)双林镇的《乡约所碑》中说:"慨今兵燹之余,人皆一意苟且,谓且得偷生丧乱已足,何事羁縻?父母恕其子弟,而子弟渐不逊,似染暴乱余腥,甚而一室干戈,同舟水火,虽无元凶巨恶之才,有鼠窃狗偷之智,其行为不可究诘。此近今之士风也,而吾镇为尤甚。"为了尽可能地贯彻国家意志,将可能出现的地方动荡消弭于无

---

① 同治《湖州府志》卷17,"舆地略·公廨",第18页。"康熙后镇繁盛,移琏市巡检司驻双林"(民国《双林镇志》卷1,第2页)。

② 光绪《归安县志》卷18,"兵制",第1页。

形，乡约所也是官府在市镇上打下的楔子。"吾镇土狭民贫，创建独难，邑侯谋之，绅耆咸未敢轻任其事，顾欲尽今日之秀顽而劝惩之，舍此无由。且邑侯固请之再四，于是李评事赠君瑞麟与诸衿耆各捐赀，经始度地，效力于镇东北面石街漾而建焉。"官府乃与地方士绅联手维护一方秩序。虽然它在康熙年间被改建为东岳庙，但乾隆重修岳庙时，乡约所仍在发挥作用。①

在双林镇上，交易税无疑是大宗收入，但我们没有在地方文献中看到专门的官府收税机构。这里的丝绸业基本上由牙行操纵，官府可能是通过对牙人的课税，来代行税收职能。官府也可以通过参与地方公益事业，来加强其在地方的影响，但我们在《双林镇志》《归安县志》等文献中，经常发现的是这样一种情况，即由地方绅士组织创建和动员募捐，而得到官府的认同（如南浔镇的师善堂和义仓成立时就有官府的批准公呈②，再如给双林镇的蓉湖书院和宣讲所题字③）；真正由官府发动的事业以在明代和清初为多，比如双林镇和南浔镇的乡约所，就都是由官府创建的。但根据两镇的记载，它们后来都被废弃了，改做其他用途。对于官府在地方的作用，蔡亦庄就曾说过："官之为地方兴利除害，力止于批牒悬书，若本处无人为致力，则必无一事克举，即举亦旦夕废。"④

相形之下，工商业的特性使得此地的自治力量特别强大，无论是士绅还是祭祀组织都与这种特性有关。我们在前面已经多次看到崇善堂的身影，因此它的作用特别值得关注。

文人力量的壮大和历史的传统使当地文人早有结社，也举办了自己的结社活动——文昌会。而崇善堂也不是双林镇上最早的善会、善堂组织。雍正年间，双林镇就出现了第一个善堂——留婴堂，并于嘉庆甲戌年（1814）重建，由"沈春海及青怀等复募置西港口张氏祠堂旁屋"。此后双林镇上又出现了恤嫠会等组织。但在从职能比较单一的地方慈善组织向地方自治组织转化的过程中，崇善堂的建立和发展是一个重要的标

---

① 民国《双林镇志》卷9，第1页。
② 汪日桢：《南浔镇志》卷2，"公署"，同治刻本，第11、6—8页。
③ 民国《双林镇志》卷12，第9—10页。
④ 民国《双林镇志》卷20，第57—59页。

识。崇善堂在道光年间由郑祖琛创建，目标是打击双林镇附近的乡民阻葬的风俗。① 太平天国战后，蔡召成等一批绅士对其进行了改造，与留婴会、恤嫠会等共同管理，逐渐成为镇上的权力机构。蔡召成的许多作为都是以崇善堂的名义进行的，最初宣布官府关于夜会的禁令就是在崇善堂。可见当时它已经成为双林镇官府与地方联系的纽带。而这场冲突最后也是在崇善堂集合各方人士解决的，说明崇善堂在当地的地位已经为大家公认。丝绸业商人向崇善堂提供经费，并参与很多公共活动或公益事业，"嘉、道间商家大率富饶，端午日后昇神像巡行三日，谓为驱祟"②。后来双林镇的自治也与它们的支持有关。

容易理解的是，商人们多为外地人。双林镇的商人早期可能多是徽商③，但后来渐渐变成浙江人的天下。《双林镇志》记载镇上的五家当铺都是南浔人开设的：徐氏家族的祖先本是从杭绍过来的商人，以对外贸易起家，进而在双林镇上开设了五家当铺。编纂《双林志增纂》的蔡蓉升实际上也是从德清迁来的。④ 来自邻里地区的人就更多了，除了上面提到的南浔商人和与南浔沈氏同宗的沈家以外，辑里温氏、晟舍闵氏都在双林镇有活动的身影。⑤ 而晟舍凌氏的后人既有一部分人定居双林镇，也有部分人徙居别地。⑥ 因此，在知县肖治辉处于尴尬境地的时候，是一位外镇人士出面调解，反映出外镇人士在双林镇拥有的影响力。

---

① 《崇善堂纪》云，"道光时郑梦白宫傅奉讳归里"，见民国《双林镇志》卷32，第5页下—第6页下；民国《双林镇志》卷20，第50页。
② 民国《双林镇志》卷15，第12页下。
③ "新安义园在西坟滩。初时徽商殁于镇者，随处散厝，年久无考。乾隆时，孙、吴、汪、程、俞等姓十六家，祖籍皆休宁，共捐赀购地于西坟滩，建楼三楹，东西二廊，凡休宁人客死者皆暂殡以俟家属来领。其无力回籍者，则葬于菁山山地，亦公赀所购者。又于市置店屋五处，以年租为葬费，及津贴迁柩回籍之用。道光间赀渐耗，俞春敷、吴东樵等募各典徽友措赀，创建前厅，中供佛像，重整规例，凡徽州六县之商人客死者皆得入殡。"民国《双林镇志》卷8，第2页。
④ 丁桂：《双林蔡氏重修族谱序》，《欧余山房文集》卷上，《吴兴丛书》本，民国嘉业堂刊本，第14页；民国《双林镇志》卷20，第44页。
⑤ 民国《双林镇志》卷22，第4页下至第5页上。
⑥ 范来庚：《南浔镇志》卷7，《南林丛刊》本，民国南林周氏排印本，"人物·凌一凤"，第19页上。

双林镇的居民构成、聚落性质和工商业特点在从明到清再到晚清的过程中，逐渐打破了旧的、以宗族势力为主的权力格局，士绅与镇民之间的力量对比显得并不特别悬殊。但宗族，特别是拥有名人绅士的宗族依然发挥着重大作用，他们与外来的商人和雇工等势力逐渐磨合成一种混合型的自我管理体制。在他们之间发生冲突的时候，前者可以借助宗族和功名作为权力资本，而后者则借助包括祭祀组织在内的民间群体作为动员民众的资源，中间的商人根据他们在市镇生活中的身份地位进行立场的选择，而代表国家的官府则始终作为陪衬，甚至是士绅的工具。在这种情况下，遇到改朝换代或重大社会变迁的时候，双林镇的变化应该是比较顺利的，因为那里的居民较少传统的束缚和国家力量的羁绊。

四 在政权更迭之际

东岳会风波发生后不过 11 年的时间，清王朝便走到了穷途末路。1911 年农历九月十六日，省城杭州光复，湖州人民群起响应，建立了新的地方政权，把厘捐局的存银充作新政权的经费。起初双林镇人并不清楚这一重大政治变局，只是正好有一士绅在湖州，连夜赶回镇上，次日清晨跑到士绅们通常聚集喝茶的市楼，将光复信息告知蔡蒙等人，商讨本镇的应对之策。蔡蒙即请士绅俞姓、张姓二人直接到捐局核查存银，并通知巡防营的兵勇前去防守，自己直奔崇善堂，派人召集各绅董迅速前来议事。显然，崇善堂这个由士绅发起创立的慈善组织已成为双林镇的权力核心。

实际上，在辛亥革命之前，双林镇的士绅已有山雨欲来的感觉，李子九就曾与蔡蒙商量过兴办民团、以图自保的事情，说明他们明白市镇与乡村一样，在动荡的形势下无法得到政府力量的有效保护。当时蔡蒙力主民团应由本地人组成，完全排除外地人，但经费并无着落，当地士绅既未普遍感觉到建立民团的必要，又不愿意痛快地解囊相助。因而，蔡蒙等临时借用开办学堂的公款，招了"本镇有营业者"120 人，在崇善堂召开民团成立大会，但没有来得及准备枪械。到这时，消息猝然传来，蔡蒙在崇善堂召集士绅，希望大家立即准备，并对聚集在门外的镇民安抚说，"凡本镇人宜各为本镇尽义务，第请沿途相告……善堂一切布置，自安然无事矣"。然后一方面派人到杭州、上海买枪支弹药；另一方面把厘捐局的会计叫到善堂来，把厘捐充作民团经费，民团立刻分队出巡，维持治安。

在这个时候，双林镇显然处在权力变化的旋涡中心之外，人们并不十分关心这场变局的时代意义，而多关注自己或本地的利益是否会遭到损害。这时人们聚集在塘桥码头，看看是否有革命军开到，经营轮渡的招商轮局也预备了表示光复的白旗，但并不打算立刻打出来，而准备等到班轮开到，假如来的班轮上悬挂白旗，这里也立刻悬挂，蔡蒙嘱咐要"莫先莫后"，显示出他们的功利态度。

此后，士绅们仍聚集崇善堂商议民团事项，有人向蔡蒙建议，在本镇分别建立军政、民政、财政组织，负责人都由地方有实力的士绅担任。后来蔡蒙又与原来官府所设防营的一个哨官达成默契①，后者表示，"身在镇，当与镇绅同意。巡守事必弗懈，益虔视民团如一家也"。正好在这个时候，购买的枪械弹药也已运到，"民团百数十人，既人得持一枪，出队鱼贯，其规模已约略可观，足以吓小盗贼矣"。由于民团成立，巢湖帮也不敢来镇骚扰，蔡蒙又建议在镇周边乡村建立民团自保，所谓"为乡谋，实为镇谋也"。后来果然"成团之五村无盗劫事"，本镇"地方颇宁静，即平日所谓棍痞者，此时转若销镕无迹"。归安县城和菱湖、南浔居民都有许多人在动荡之时来双林暂避，甚至侨居，"镇若独为安靖地矣"。至此时，双林镇通过以崇善堂士绅为核心进行的自治行动，完成了新旧权力的转换。

按记事者的说法，在动荡中出现的这一切自治行为，财政上都由士绅富户掌管，除少数文书人员领取一点酬金外，"余皆尽义务"。到1913年初民团解散时，又由蔡蒙在崇善堂集会宣布，"皆寂听无异议"。自始至终，双林镇在崇善堂士绅的主持下，平稳地完成了动荡时期的保境安

---

① 双林镇设巡防营，起始是因为附近的巢湖帮曾经来镇骚扰，遂由省里临时派驻，防卫十余年后撤。当时有一营弁很负责任，镇上的士绅请他留驻，由地方自筹饷以给营勇。但营勇数量已渐减至20余人，分驻四栅，负责巡夜而已。

民职责。①号称从明末开始的东岳会在1900年风波之后就一蹶不振,周某与其他老会首也在次年死去;国家在这两次动荡中均扮演着可有可无的角色;在辛亥革命爆发时的双林镇,外地人似乎也因被排斥而销声匿迹,在场的就只剩下崇善堂及其主事的士绅们了。

自从"施坚雅模式"②出现以来,帝国时代的市镇就被许多研究者视为市场网络中的一级中心地,对其各种特性的总结基本上是从商业性的角度考虑的,在人们的眼中,它似乎被排除在帝国政治管辖体系之外。③从发生学和一般特性的意义上判断,这当然是对的。但是我们很难想象它能脱离帝国的权力支配体系、完全成为帝国政治支配之外的一块块"飞地"。无论如何,它都需要孕育和形成一个自我管理(或者说自治)的权力机制,来协调市镇内部的各种利益关系,应付可能出现的形势变化和外界压力。

杜赞奇明确指出,他那部关于华北的书"旨在探讨中国国家政权与乡村社会之间的互动关系",并勾勒了存在于乡村的"权力的文化网络"④。虽然可以肯定,市镇是从乡村聚落脱胎而来的,在其兴起的初期,内部的各种权力关系与乡村并无差别,在相当长的时间里,国家也没有把市镇安排在一个与乡村不同的管理系统中。但市镇产生之后,便显示出与乡村的显著不同,国家与市镇之间的互动关系以及市镇的权力网络也日益与乡村有异,市镇的出现打破了原来只有城市和乡村两种社区的模式,对帝国以及市镇自身的统治方式提出了新的问题。

尽管施坚雅把经济或商业作为他划分城市与地方体系层级的首要原则,认为"各级贸易中心必然是庙宇、书院和慈善机构的所在地,也是行使政治、管理,甚至军事控制权的非官僚结构总部的所在地";在政治

---

① 以上过程皆据《双林光复时情形及民团记》,民国《双林镇志》卷32,第19—24页。据叙事者称,蔡蒙(在文中被称为"某老")在这一过程中虽始终参与其事,但没有担任任何实际工作和职务。这种说法可能表明蔡蒙是一个在幕后穿针引线的人物,也可能说明他在崇善堂的地位已开始被另外一批有商人背景的士绅取代。
② 参见《中华帝国晚期的城市》。
③ 刘石吉专门强调了市镇的非行政、军事特征,所谓"诸镇有贸易而无官将"。见其《明清时代江南市镇研究》,第120—125页。
④ [美]杜赞奇:《文化、权力与国家》,第4页。

竞争中，对市场的控制权也最重要。①但他也涉及了市镇权力运作的问题。施坚雅使用了"非正式管理"或"非正式权力结构"这样的概念，并以此分析了一个四川的集镇，他认为，宗族、帮会的分会、庙会和行业群体都把基层市场社区作为组织单位，而这些力量的代表是士绅或某些商人。在上一级市场社区，则存在这些组织的上级，由此市场网络或体系与权力网络和体系是一致的。②尽管如此，由于施坚雅的兴趣在于以市场的维度进行社会研究，另外，他并不注意市镇权力资源和权力关系的历时性变化，因此也就必然把市镇上的士绅或商人视为官府和乡民双方的代理人，从而无法说明市镇与乡村及与城市的权力运作差异。

"双林始亦一村落，户不过数百，口不过千余。明洪武十四年颁黄册于郡县，令民以户口自实，军、民、盐、匠等户，各以本业占籍，惟民户丁多者许其分析别籍。十年乃大计生齿、老幼、存亡，而更籍之时，里中有户帖者寥寥，如吴总管孙福七、陆都堂父斌，皆领帖成户，今其子孙犹有藏而验之者，他不概见，则户犹未广也。"③由此可知，双林在明初时不过是个村落，虽有千余人口，但有产入籍的人户不多。在其由村成镇的过程中，吴、陆两家是这里的大族，他们利用神圣象征强化本族在区域内的地位，将社神与宗族的崇拜合而为一，这是南方乡村宗族抬升自己地位、肯定自己权威的典型手段。

我们已经看到，吴家在明成化时将吴总管祠改为禹王宫，正是乡村向市镇转化的过渡阶段，因为具有血缘特征的神圣象征已经无法适应市镇发展中的多元化趋势，禹王应是适应范围更广的神圣资源。因此到万历时，吴家人被推举为乡约长，子孙负责庙产的赋税，直至清康熙时，吴家人还请县令到这里来宣讲乡约。到道光、咸丰以后，单纯依靠宗族权威已无法对付双林镇上日益多样的势力，通过一两家宗族联姻或者默契就可以支配双林镇的局面也渐成明日黄花。随着市镇扩大、人口增长，一些新的宗族势力壮大，他们通过营建更具普遍感召力的关帝庙和东岳

---

① 《中华帝国晚期的城市》，第328页。
② [美]施坚雅：《中国农村的市场和社会结构》，史建云、徐秀丽译，中国社会科学出版社1998年版，第44—55页。
③ 民国《双林镇志》卷18，第1页。

庙，自明末清初起就开始与旧家大族分庭抗礼。

自明代繁荣之后，双林也开始吸引和产生具有功名的士绅，但传统的士绅之家并不能在双林起到举足轻重的作用，他们或者长年在外为官，缺乏与镇内势力的沟通，或者其利益未与镇内相关，所以并不重视镇内的事务。他们或许可以在镇上建立善堂和书院，但并无法起到核心作用。与此同时，商人、工匠、外地人或者职业群体都介入到双林镇的生活之中，都与这里的利益息息相关，他们同样可以利用庙会之类公共资源为自己争得一席之地，因此在乡村中扮演权威角色的宗族或传统士绅，已经无法对付这种复杂的局面。东岳会的风波说明，镇上的香会组织并未控制在士绅手中，乡村中并不多见的"游民"或者"无赖"粉墨登场。但直到这时，在帝国管理体制中，许多市镇是和村庄一起编制的，这就说明官府忽略了市镇自身的复杂性，而这种忽略又必然会造成某种程度上的"失序"。

但在双林镇上，这种帝国管理体制上的"失序"并未导致其内部运转的失控。自清代中叶以来，这里产生了一批后起的、具有科举功名但又与工商业利益密切相关的新士绅，这些士绅同时具有宗族势力作为后援。他们对神圣资源的依赖性似乎减小了，但他们把以往的慈善机构成功地改造为市镇上的准权力机构，将其功能从移风易俗扩展到许多方面。特别是经历了东岳会风波的考验，使它在辛亥光复的非常时刻脱颖而出。

夫马进的善会、善堂研究对"乡绅支配论"和"公共领域说"分别提出了挑战[①]，由于他分析的主要是杭州、苏州这样的省会城市，因此他所见到的善堂官营和善举徭役化现象，在双林镇上并不存在。由此可见在较高级的行政中心，国家的渗透强度更大；而双林镇上的士绅由于披挂了科举功名和工商业的战袍，在权力网络中虽不能说一言九鼎，但肯定处在中心的位置。同时，双林镇上的崇善堂虽与官府存在一定联系，但这种联系显然是松散的，对官府绝对不是一种依赖性的或依附性的关系。这与市镇本身不存在"正式的"权力机构有关，也与居民中的外来人口、工商业人口比重较大有关。士绅对区域政治生活的参与程度既与不同的空间（比如南方还是北方，大都市、市镇还是乡村）有关，又与

[①] ［日］夫马进：《中国善会善堂史研究》，东京，同朋社1997年版。

不同的历史时段有关,即使清初的打击曾使江南士绅在参与地方事务方面望而却步,但太平天国运动以后则形势为之一变。

实际上,在双林镇的日常生活中,传统的权力资源还在发挥作用,但旧的生活秩序已经在潜移默化地改变,新旧势力虽未发生明显的冲突,但早已开始了此消彼长的过程。国家的里甲系统在镇上失去了作用,在华北乡村中颇起作用的青苗会、水利组织及各种庙会组织,在这里也不能构成核心,而无论是被行业控制的水龙会等组织还是传统的如东岳会上的祭祀组织,只是表现民间权力的一路诸侯,只有新型士绅主持的崇善堂作为一个暂时性的协调机构,得到了一定程度上的认同。于是,就是在东岳会风波和辛亥光复这一内一外的非常时刻,我们发现了这里的变化。这时,旧有的协调机制失去了作用,官府或者无能为力,或者已经瘫痪,具有多重资源的新士绅群体发挥了突出的作用,他们所借助的善堂组织也临时充当了权力中枢和公共领域的结合"构件"。这是双林镇市镇特性带来的土著力量相对削弱、血缘纽带渐失作用,且基于共同利害的社区认同开始形成主导的体现。

蒋介石的中日苏关系观与"制俄攘日"构想

——兼论蒋汪分歧的一个重要侧面（1933—1934）*

鹿锡俊

关于1933—1934年间的中国对日对苏外交，目前已有不少论著有所涉及，为学界提供了许多有益的启发。① 但不足之处是，在考察的角度上或者偏于对苏，或者更多地偏于对日，而缺乏对中日苏三国关系设身处地的整体性考察；在观点上，则或者单纯强调这一时期蒋介石及国民政府反苏反共的一面，或者单纯强调他们在外交政策上倾向"联苏制日"的一面，而忽视其多种侧面的同时存在，未对此做出全面的、有说服力的分析。此外，对这一时期中国外交的主导者蒋介石、汪精卫的相互关系，论者较多地强调两人之间合作的一面，对其对立的一面，也仅是从争权夺利的角度谈原因，而忽视二者在国际情势与外交方针上的分歧。

---

* 本文原载：《近代史研究》2003年第4期。
① 李义彬：《南京国民政府的联苏制日方针》，《历史研究》1991年第1期；李嘉谷：《九一八事变后中苏关系的调整》，《抗日战争研究》1992年第2期；王真：《动荡中的同盟——抗战时期的中苏关系》，广西师范大学出版社1993年版；李嘉谷：《合作与冲突：1931—1945年的中苏关系》，广西师范大学出版社1996年版；罗志刚：《中苏外交关系研究：1931—1945》，武汉大学出版社1999年版；杨天石：《蒋氏秘档与蒋介石真相》，社会科学文献出版社2002年版；[俄] B. N. 斯莱文斯基、D. B. 斯莱文斯基：《中国革命とソ连》，[日] 加藤幸广译，东京，共同通信社2002年版。

本文试图以新的探索来弥补这些不足。重点是：根据蒋介石档案等史料，综合性地考察蒋介石此期的中日苏关系观和对日对苏战略构想，并在此基础上揭示此期蒋汪分歧的另一个侧面。①

话要从南京国民政府建立初期蒋介石对中国外交的基本考虑说起。

一　蒋介石对中国外交战略的基本考虑

1929 年 7 月，蒋介石在北平两次发表讲话，揭示了他作为中国领导人对国际政治与中国外交战略的"最重要的观点"。其内容可以归纳为以下四个基本点：

其一，由于外国帝国主义处于一损俱损的连带关系之中，中国目前对之不可能全部打倒，更不可能同时打倒。对中国来说，要推翻帝国主义，达成完全独立，最需要的是"有适当之机会，又能利用机会"。抓住机会则事半功倍，丧失机会则徒劳无益。

其二，帝国主义国家的利害对立与相互矛盾，势必引发新的国际战争，尤其在英美日之间及苏日之间，这种趋势最为明显，而中国则是其冲突的焦点。国际战争之再起即是中国的机会，帝国主义者互相残杀之时即我中国独立奋发之日。

其三，机会之到来，远则 15 年，近则随时可能。机会到来之前，中国应专心致力于国家统一与国力建设，机会到来之后，中国应善于利用国际矛盾。

其四，不论在军事方面还是在国际政治方面，"不战而屈人之兵"之古训均为最高战略。②

蒋介石的上述基本构想，对考察本文的主题具有重要的意义。

---

① 本文是笔者关于 20 世纪 30 年代中日苏关系系列研究论文的第 2 篇。其中有关 1933 年以前的某些问题，因在题为《1932 年中国对苏复交的决策过程》(《近代史研究》2001 年第 1 期)的第 1 篇论文中有更详细的论述，为既保持各篇论文的完整性又尽量避免重复，本文对相关内容做了压缩，并省略了一些注释。需进一步了解者请参看第 1 篇论文。

② 详见蒋介石《中国前途与军人责任》《青年底地位及其前途》，秦孝仪主编：《总统蒋公思想言论总集》第 10 卷，(台北) 中国国民党中央委员会党史委员会 1984 年版，第 415—419、420—428 页。

第一，这个基本构想把机会届临之前的时期视作中国的"准备时期"，强调中国在此期间必须忍辱负重。同时指出：中国的机会因国际战争必至而必来，故不必为一时的失败而悲观绝望。这里，前者从忍耐的必要性提出了拖延战术的重要性，后者则以胜利的必然性而说明了拖延战术的正当性。

第二，这个基本构想以目前不可能全面打倒及同时打倒帝国主义为理由，主张中国外交应在一定的时期把矛头集中于一定的帝国主义国家。

第三，这个基本构想基于"不战而屈人之兵"的最高战略，认为在处理对外问题时，外交活动特别是对国际矛盾的利用应重于军事决战，这一利用不仅因中国的具体国情和国际环境而别无选择，且必定成功。

第四，这个基本构想把国家的统一和国力的建设视作洗雪民族耻辱和达成国家独立的前提，其中隐含有对内问题优先于对外问题的判断。

以上四点，可以视作蒋介石外交战略的基础。从整体上看，1931年"九·一八"事变后蒋介石的中日苏关系观与对日对苏方针，都是建立在这个基础上的。为了理解这个问题，有必要先通过对中苏关系的简略回顾，分析一下中苏矛盾的特殊构造与国民政府当局在对日对苏关系上的两难选择。

二 中苏矛盾的特殊构造与国民政府的两难选择

以蒋介石为首的国民党右派集团，是在"粉碎苏联、中共赤化阴谋"的口号下，通过1927年发动的"四·一二"政变成立其南京国民政府的。因此，尽管此前蒋介石曾长期执行过孙中山的"联苏容共"政策，并在国共合作的国民革命期间同苏联有过亲密合作的经历[①]，"四·一二"以后的蒋介石及其南京政府还是公开以反苏反共为旗帜，而苏联也通过共产国际及作为其支部的中国共产党，把打倒蒋介石和推翻南京政府作为中国革命的当前目标，双方因之进入了你死我活的敌对状态。1928年6

---

① 参见余敏玲《蒋介石与联俄政策之再思》，《"中央研究院"近代史研究所集刊》2000年第34期，第49—87页。

月占领北京后，随着南京政府成为代表中国的中央政府，蒋介石等中国决策层同苏联之间，除原来以国共内战为中心的国内政治冲突与意识形态对立外，在外交问题上，也围绕外蒙问题和中东路问题，同苏联展开了激烈的主权与国家利益之争，其间，中苏终因中东路武装冲突而于1929年7月断交。

因此，中苏矛盾呈现出一种意识形态对立与国家利益冲突相互交叉、内政危机和外交危机融为一体的特殊构造。正是由于这个特殊构造所造成的特殊背景，1931年"九·一八"事变后，如何处理对日对苏关系，一直是蒋介石及南京政府的一个两难选择。其理由，可以概括为以下三点：

第一，尽管中日关系陷入危机，中苏之间不仅在外交上围绕外蒙问题与中东路问题的主权对立依然存在，在内政上，由于苏联与共产国际对中共推翻蒋介石及南京政府的革命战争的指挥与支持，蒋介石等决策层对苏联的憎恶与戒心也并未减少。与此相应，对苏接近将导致外丧主权、内促"赤化"的看法，也继续深深植根于他们的头脑之中。

第二，蒋介石及南京政府视英美与国联为解决中日纷争的最大依靠，而其时苏联却正同英美、国联处于敌对状态之中，反苏潮流也正在全世界泛滥。因此，蒋介石等决策层判断：对苏接近必将导致丧失国际同情。

第三，蒋介石等决策层担心中苏接近将造成对日本的刺激，加之日本其时正以"反苏反共"而美化自身的侵略，因此，他们忧虑中苏接近会增加日本的口实。

在上述三大理由中，第一个理由是基于对中苏外交悬案与国内政治的顾虑；第二个理由是基于对国际政治的顾虑，第三个理由是基于对日本的顾虑。由于这三种顾虑，蒋介石及国民政府把苏联因素看成是一把双刃剑。也就是说，在他们眼中，虽然改善中苏关系确有牵制日本的作用，但是，因为中国本身也在内政外交诸方面同苏联存在着深刻的冲突，因为中国所依靠的英美与国联也同苏联存在尖锐的对立，再加上刺激日本与增加其口实所伴有的风险，中苏接近不仅是有得有失，而且很可能得不偿失。

在这种观点的引导下，在"九·一八"后的中日危机中，蒋介石及南京政府一边试图防止中苏关系继续恶化，一边则坚持对苏回避方针，既不复交，更不联苏。作为对这一方针之基本根据的解释，1932年1月10日，暂时处于下野地位的蒋介石，曾结合反对陈友仁（孙科政权外交部部长）对日断交的理由，从中、日、苏和"国际"四者之连锁关系的角度，下了这样一个断言："如对日绝交即不能不对俄复交，陈提此案，众皆不察，且多数主张绝交，是诚国家最大危机，此时我国地位若战而不宣，尚犹可言，如绝交即为宣而不战，则国必危亡。以对俄复交，则列强对我不但不助，而且反而助日。故东三省问题未决以前，如对俄复交，则不止断送满蒙，是乃断送全国。"①

这一方针在整体上一直坚持到1932年10月。在此期间，蒋介石的有关观点与指示，反映了国民政府处理对日对苏关系的一些基本原则。

第一个原则是，对于日苏矛盾及可能爆发的日苏战争，中国应在维持中立的前提下临机利用。② 这个原则说明，与当时主张"联苏制日"者对日苏冲突的期待感相反，蒋介石等中国当局者十分担心日苏战争可能给中国带来的副作用，即中国领土被化为战场、中国本身被卷入战祸。特别是在日本以"反苏防赤"为侵华借口的背景下，他们还深深忧虑"国际同情"将因日苏战争爆发而转向日本。③

第二个原则是，"对俄外交当不能放弃外蒙；对日外交则不能放弃东三省"④。这个原则说明，尽管解决对日问题需要广泛争取国际支持，但在最根本的领土主权问题上，蒋介石等决策层并不愿因处理对日危机而向苏联让步。

第三个原则是，"对日力求形势之缓和，而一面则积极准备抵抗。对俄先灭赤匪，然后准与复交"⑤。这个原则说明，蒋介石及国民政府不论处理对日问题还是对苏问题，都是以其先安内后攘外的基本国策为出发点的。其中，在对日关系上，为优先安内而力求外交缓和；在对苏关系

---

① 《蒋介石致何应钦、朱培德、陈果夫电》（1932年1月10日），《革命文献拓影》，"蒋中正总统"档案（以下简称"蒋档"），台北，"国史馆"藏（以下凡引自"蒋中正总统"档案者不再注明藏所）。
② 《困勉记》，1932年5月6日条，蒋档。
③ 参见中国国民党中央政治会议外交组《关于中苏复交问题方案》（1932年5月），台北，中国国民党中央委员会党史委员会（以下简称国民党党史委员会）藏。
④ 《困勉记》，1932年5月16日条，蒋档。
⑤ 《困勉记》，1932年8月30日条，蒋档。

上,则以先解决中国共产党问题为前提。

三 "以与俄有关系之点研究打击方法"

1932年10月5日,在日本正式承认"满洲国"和苏联为对日缓和而呈现事实上的追随承认迹象后,蒋介石及国民政府被迫放弃对苏回避方针,决定对苏无条件复交。在导致这一决定的原因中,与通常所认为的"联苏制日"的考虑相比,阻止苏联亲日疏华的需要似更为主要。[①] 但是,自做出这个决定的10月前后,经1932年12月12日正式对苏复交,至1933年早春走向高潮的热河危机与长城抗战,有三个重大因素促使蒋介石及国民政府向积极方向转变对苏态度。

首先,是英美、国联与苏联相互关系的新动向。1932年9月前后,国民政府获得了"美国渐有承认苏俄之势"[②]的情报。紧接着,国联调查团10月2日公布的《李顿报告书》,在谈到苏联时指出:"苏联在满洲之举动及在中东路暨中国国境外北部及东北部领土上之重要利益,均不容忽视。故解决满洲问题时倘忽略苏联之重大利益,则此项解决必不能持久,且将引起将来和平之决裂,事极显然。"[③] 上述情报与观点给蒋介石等决策层带来了重大的影响。因为,如前所述,"对苏接近与国际同情不可兼得"的观点,一直是束缚国民政府对苏政策的紧箍咒之一。但是,现在美国自身有改善对苏政策的意向,国际联盟的调查委员会也如此明白地表了态,国民政府决策层对"丧失国际同情"的担心因而减轻。仿佛要加强他们的信心似的,在国民政府做出复交决定后,在国联"有邀请美国及苏联加人19国委员会会商之建议,益使恢复邦交之得计,显而易见"[④]。在邦交正式恢复后,1933年2月,国联又邀请美国及苏联参加其新设立的协商委员会。这使蒋介石等当局者认为,苏联已成为远东和

---

① 详见拙稿《1932年中国对苏复交的决策过程》,《近代史研究》2001年第1期。
② 国民政府外交部:《中俄复交问题》(1932年9月),国民党党史委员会藏。
③ 中译文据《东方杂志》第29卷第4号(1932年10月16日)"附录":《国际联合会调查团对于中日问题报告书节要》。
④ 《外交部关于中苏复交问题的报告》(1932年12月),中国第二历史档案馆编:《中华民国史档案资料汇编》第5辑第1编,"外交"(2),第1414—1415页。

太平洋地区举足轻重的势力，在中日纷争中苏联对美英等大国的态度具有决定性的意义。①

其次，是日本对中苏复交的激烈反应。1932年12月13日，即中苏复交的第二天，日本外务省正式拒绝了"九·一八"以来苏联反复提出的缔结日苏互不侵犯条约的建议②，并对中国不顾"赤化"危险而对苏复交"所给中国社会的重大影响"表示忧虑③。同日，日本陆军当局指出国民党靠苏联的援助而有今日之势力，苏联也通过支持中共军队而加强了"赤化中国"的基础，强调日本对此"必须予以特别的注意"④。12月15日，日本外务省官员在记者招待会上称："中苏复交对日本殊非善事，两个威胁世界和平之国家相互提携，日本则直接面对他们的枪口。"⑤ 日方的这些激烈反应，使蒋介石等人认为中苏复交击中了日本的要害。⑥

最后，是热河危机与长城抗战背景下外交上的紧急需要。以1932年12月的山海关事件为契机，日军继侵占中国东三省后，矛头指向热河，使中日关系陷入了新的危机。面对这个危机，1933年1月20日，蒋介石指出："近日思剿匪与对倭二者，谓必舍其一而专对其一。如专对倭寇则恐如明末之匪乱以致覆亡……惟以天理与人情以及内外之现状以定轻重缓急之处置，则寇患已深而匪患尚小，明知其匪患无穷亦知非先安内不能攘外，但彼倭患已急不可待，决不能予我以安内息愆之机，故不能不对匪放宽一步，或可望其天良未泯尚有一线民族意识，在攘外大义之下，不敢冒大不韪以破坏国策，出卖民族，亦未可知。但其希望亦甚微焉。总之，匪患尚能控制收放自如，主动在我，故今日之事应以对倭为先

---

① 参见《加拉罕与颜惠庆谈话记录》（1933年3月27日），李玉贞译：《〈中苏外交文件〉选译》（上），中国社会科学院近代史研究所近代史资料编辑部编：《近代史资料》总第79号，中国社会科学出版社1991年版，第200—206页。

② 日本外务省编：《日本外交年表并主要文书》下册，东京，原书房1988年版，"年表"第73页。

③ 《外务当局の见解》，《东京朝日新闻》（晚刊）1932年12月14日。

④ 《陆军当局の露支复交观》，《东京朝日新闻》（晚刊）1932年12月14日。

⑤ 《外务省记者谈》，《东京朝日新闻》（晚刊）1932年12月16日。

⑥ 参见《困勉记》，1932年12月13日条；《蒋介石致何键电》（1932年12月16日），《特交文电》叁，第6册之3；《事略稿本》，1933年1月11日条；蒋档。

也。"[1] 这表明，蒋介石虽以先安内后攘外为理想的顺序，但当外患之急使之无法按理想顺序进行时，也不惜暂时反其道而行之，以应付外患为先。与此相应，如同在此前对苏复交的决策过程中所已证明的，虽然蒋介石认为日俄两国都是中国之外患，但就整体看，基于"倭患急而俄患缓，但俄患大而倭患小"[2] 的基本观点，当"倭患"之"急"尚停留于蒋介石能忍耐的限度之内时，他就优先从"患之大小"的考虑出发，为"一意剿赤"而取"近苏不如近日"之策；当"倭患"之"急"超出蒋介石能忍耐的限度时，他就优先从"患之缓急"的考虑出发，为缓和"急患"而被迫接近"缓患"。

在上述三个方面的推动下，中苏复交以后，蒋介石在一段时期内，对中日关系中的苏联因素做出了很明显的正面评价。他在中苏复交的第二天分析说："中俄复交，昨日在日内瓦正式解决，今日各方竟至骇然。此着既能如期实现，则雪耻之基更增一层矣"，"长江北岸共匪既告段落，对俄又复交，自反步骤未乱，如持之以恒，则报国有日矣"。[3] 12 月 15 日，湖南省主席何键致电蒋介石，对中苏复交质疑道："默察国内与国际情形，深恐国人原有见仁见智之异，难免滋生疑义，而英法等国或更以资本主义与社会主义根本冲突之故克益增祖敌之决心，利未见而害先行，危惧实甚。"[4] 蒋立即答复说："复交后国际空气大变，裁兵会议英国让步是一特征，我国外交新局面必可从此打开，决无弊害。"[5]

1933 年 1 月 4 日，蒋介石指出："倭既得伪满，本已自足，惟惧大战将起，防我乘机报复，故急欲强我屈服，以为与国，共防苏俄，而又惧苏俄与我联合，故强我屈服之意乃愈急。敌之所最惧者，即我之最有利者也。敌之所欲急者，即我之所欲缓也。对倭当于此中求得其关键。"[6] 1 月 17 日，蒋介石进一步指出："倭之所最忌者为我联俄及派兵入热河二事，而其志在得热建筑要塞，以防中俄联合而备将来共同对满作战也。

---

[1] 《事略稿本》，1933 年 1 月 20 日条，蒋档。
[2] 《困勉记》，1933 年 7 月 7 日条，蒋档。
[3] 《困勉记》，1932 年 12 月 13 日条，蒋档。
[4] 《何键致蒋介石电》(1932 年 12 月 15 日)，《特交文电》叁，第 6 册之 3，蒋档。
[5] 《蒋介石致何键电》(1932 年 12 月 16 日)，《特交文电》叁，第 6 册之 3，蒋档。
[6] 《事略稿本》，1933 年 1 月 4 日条，蒋档。

我第一步对俄复交，乃与以第一打击，派兵北上，使其不能垂手得热，乃与以第二打击。总须以与俄有关系之点研究打击方法，先使其精神感受威胁然后再与谈判。"① 2 月以后，日军在占领热河省后，在长城一线与中国军队展开激战，直接以武力威胁平津等华北心脏地区。国民政府积极向英、美、法诸国争取"国际对日制裁"，但遭到英美法的拒绝。这一结果促使蒋介石及南京外交当局把最后的希望寄托在苏联身上。3 月 9 日，国民政府外交部致电驻苏大使颜惠庆，令其向苏联政府提出以下"愿望"：

（一）防止日军攫取或购取或以其他非强暴手段取得苏联在北满之利益。

（二）以有效方法制止日军干预苏方在北满之权利，尤以中东路为最。

（三）不予伪国以事实上或法律上之承认，并因此不承认伪国或日本之领事及其派充中东路之职员。

（四）若华北发生大规模之战争，予我方以物质上之援助。

（五）当我国与日本断绝国交之际，召回苏联驻东京之大使。

（六）于适宜时期赞助并采行对日之经济制裁。我方之政策，厥为民国 13 年协议②，在中苏关系中必须认为有效，我方愿诱劝美国承认苏联，因此望中苏美三国对中日纠纷全力合作。

最后，电报还表示："我方欲与苏方在此议订互不侵犯条约及商约。"③

接着，3 月 26 日，蒋介石在与汪精卫的谈话中提出了"谋中美苏之联合"的主张，称："就外交观察，欧美此时皆有不能顾及东北问题之势，倭俄冲突，终无定时，我国不能不期待时日，以为乘机观变之地，

---

① 《事略稿本》，1933 年 1 月 17 日条，蒋档。

② 指《解决悬案大纲协议》（1924 年 5 月 31 日）与《中华民国东三省自治省政府与苏维亚社会联邦政府之协议》（1924 年 9 月 20 日）。参见王铁崖编《中外旧约章汇编》第 3 册，生活·读书·新知三联书店 1962 年版，第 423—425、466—470 页。

③ 《外交部致驻莫斯科颜惠庆大使电》（1933 年 3 月 9 日），《中日外交史料丛编》（2），台北，"中华民国外交问题研究会"1965 年版，第 83 页（备考：此书所印电报的发电日为"民国二十三年三月九日"，显系错误，参见郭廷以编著《中华民国史事日志》第 3 册，台北，"中研院"近代史研究所 1984 年版，第 239 页）。

但恐国内反动者不谅解耳。吾意对外除自强外，首当谋中美苏之联合，次在缓和德意对我之态度，以松弛其对日之勾结。"① 他还指出，过去中苏关系的恶化，是"酿成今日内外交迫之局"的重大原因之一②，并强调："余料各国与倭最先开战者乃为苏俄，以倭逼迫苏俄已甚，而倭又欲藉此以缓和英美也。故苏俄虽欲避战又不可得矣。若俄倭重行开战，倭必灭亡，吾能自强当可立国也。"③

四 对日妥协与对苏冷淡

但是，尽管蒋介石及国民政府在中苏复交后对苏联的评价转向积极，并期待苏联能帮助中国抑制日本的侵略，苏联的对应却再次使他们失望。这是由苏联对华对日的基本政策所决定的。

"九·一八"事变后，苏联认为日本"对华战争就是进攻苏联的序幕"，故抱有强烈的危机感。④ 然而，为了争取对日战备的时间，苏联政府一面声明采取中立与不干涉方针，一面实际上对日本采取了让步和妥协政策，既同意其控制下的中东路运输日本军队，还接受"满洲国"派遣的驻苏领事，而且从1931年末起反复向日本提议缔结互不侵犯条约。⑤ 在日本于中日复交后拒绝了苏联的要求以后，苏联仍然"采取极其慎重的态度"，与日本之间"未发生任何不愉快之事"⑥。

相反，在对华政策上，苏联的做法充满了矛盾。具体言之，它一方面同情中国，并在某些问题上对中国有所帮助，以期中国奋起抵抗而牵

---

① 《事略稿本》，1933年3月26日条，蒋档。
② 《事略稿本》，1933年4月3日条，蒋档。
③ 《困勉记》，1933年4月27日条，蒋档。
④ 参见中国社会科学院近代史研究所编译《共产国际有关中国革命的文献资料》第2辑，中国社会科学出版社1982年版，第166—167页。
⑤ 日本外务省编：《日苏交涉史》（1942年4月），东京，严南堂书店1969年复刻版，第233页。另外，关于苏联反复要求缔结日苏互不侵犯条约的概况，可参见日本外务省《关于日苏互不侵犯条约之两国会谈摘要》，日本外务省编：《日本外交文书》昭和期Ⅱ第2部第1卷，东京，外务省1996年版，第390—395页。
⑥ 《内田外务大臣在第64届帝国议会的演说》（1933年1月21日），《日本外交文书》昭和期Ⅱ第2部第2卷，东京，外务省1979年版，第4页。

制日本；另一方面，除在外交上继续搁置事关中国主权的中东路问题和外蒙问题外，更通过共产国际向中国共产党发出了一系列特别触痛中国当局神经的指示。这些指示一面要求中国人民为武装保卫苏联而对日抗战，一面却不顾抵抗外敌的基本前提是国内团结，再次强调"推翻国民党是反对帝国主义民族革命战争胜利的先决条件"①。遵循这些指示，当时处于"左"倾路线主导下的中共领导，不顾"九·一八"事变后国内外矛盾的变化，实行了一系列极左政策，脱离了当时的国情与要求一致抗日的民情。

总而言之，"九·一八"事变后，苏联一面希望中国对日抗战，一面自己对日让步；同时，一面希望国民政府改善对苏关系，一面继续坚持通过中国共产党的武装革命而先推翻国民政府。这一对日对华政策在中苏复交后也未改变。因此，在中国对苏提出六项要求后，苏联的对应与中方的愿望可谓背道而驰。譬如，3月27日中国驻苏大使颜惠庆访问苏联外交人民委员部，强烈要求苏联参加国联协商委员会，并遵守国联关于在法律上及事实上不承认"满洲国"的决议。作为理由，颜向苏方指出："贵国参加协商委员会不仅对中国有重要意义，因中国会欢迎贵国合作，而且我觉得对苏联也有重要意义，因为日本将其纳入版图的不仅仅只是东北，而且还有苏联远东的领土。"但苏联对此予以完全拒绝，并重申"严格不干预远东冲突和恪守中立的政策"②。

其次，按国民政府外交部的既定计划，中苏复交后对苏关系的"第一步"应从缔结互不侵犯条约开始③，因此，中国国民党中央政治会议第357次会议于4月5日通过了"中苏互不侵犯条约的主要原则"，着手为缔结条约做准备。④ 但是，4月24日，日本驻苏大使大田为吉向苏方警告："若苏中缔结互不侵犯条约，日本舆论必认为苏联已坠入中国计谋而

---

① 《共产国际指示——关于反帝斗争问题》（1931年12月29日），转引自周文范、褚良如编著《特殊而复杂的课题——共产国际、苏联和中国共产党关系编年史》，湖北人民出版社1993年版，第224页。

② 《加拉罕与颜惠庆谈话记录》（1933年3月27日），李玉贞译：《〈中苏外交文件〉选译》（上），《近代史资料》总第79号，第200—206页。

③ 《行政院公函》第505号（1933年3月28日），国民党党史委员会藏，政治001—37。

④ 《中央政治会议致行政院函》（1933年4月5日），国民党党史委员会藏，政治001—37。

不能不攻击苏方措施。"① 翌日，塔斯社即秉承苏联当局意志，否认苏中之间正在进行缔约谈判。② 大田大使就此向日本外相报告说，苏方本次举动"毕竟是为取悦日本"③。

再次，这一时期，苏联除继续坚持接受"满洲国"派遣的领事，同意成立日"满"苏重勘边界委员会等"事实上的对满承认政策"外，竟于5月2日向日本提议把中东路出售给"满洲国"④。

最后，在苏联与共产国际对华政策的指导下，"左"倾路线控制下的中国共产党在热河危机与长城抗战期间也未改变以推翻蒋介石政府为抗日先决条件的方针，所以在国民政府抽出部分剿共军队北上抗日后，中共军队乘势对国民政府支配区发起反击，客观上使政府军陷入两面受敌的困境。

苏联的以上这一切做法都和中国当局3月9日的对苏要求完全对立，因此都给蒋介石与国民政府带来了强烈的冲击。其中，两面受敌的困境使蒋介石再次确认：不顾国内心腹之患而只图驱逐外寇仅为颠倒本末之空谈。⑤ 而苏联意欲出售中东路的行为，则使蒋介石认为："苏俄既主使赤匪搅我后方，今又与倭妥协使倭逼我，是可知亲日亲俄二派皆愿为他人牺牲而至死不悟。"⑥ 在国民政府的指示下，5月14日，颜惠庆大使向苏联政府提出严重抗议说："苏联当局提议出售中东路所表示之意见，中国政府认为系表显苏联政府完全无视条约义务，意欲与不合法组织缔结不合法之行为。按照1924年中俄协议大纲第9条第2节，苏俄政府允诺中国政府赎回中东路，而绝未允诺其他任何政府或势力可以取得该路；

---

① 《大田大使致内田外务大臣电》（1933年4月25日），东京，外交史料馆藏，B.1.0.0C/R2。
② 《大田大使致内田外务大臣电》（1933年4月27日），东京，外交史料馆藏，B.1.0.0C/R2。
③ 《大田大使致内田外务大臣电》（1933年5月8日），东京，外交史料馆藏，B.1.0.0C/R2。
④ 详细参见《中国国民党第五次全国代表大会外交报告》，秦孝仪主编：《中华民国重要史料初编——对日抗战时期》绪编（2），台北，中国国民党中央委员会党史委员会1981年版，第266—273页。
⑤ 《蒋委员长告各将领先清内匪再言抗日电》（1933年4月6日），《中华民国重要史料初编——对日抗战时期》绪编（3），第35—36页。
⑥ 《困勉记》，1933年5月15日条，蒋档。

且据同条第5节规定，对于该路之前途，仅中俄两国能取决之，不容第三者之干涉，是苏联绝对无权将其在该路之权益，以任何方式，让渡与任何方面。况协议大纲第4条，又明定两缔约国不得订立损害对方权益之条约及协议……与苏联同签字于巴黎非战公约之各国，对于武力造成之'伪组织'，俱不予以事实上或法律上之承认；而苏联独将满洲之重要交通工具，遽尔让渡与此项'伪组织'，是不仅承认国际所不承认之非法组织，且予侵略国以积极之援助；此种计划，显与苏联爱好和平之愿望，完全相反。"①

1933年3—5月，正是中国继丧失热河后，长城抗战亦趋向失败的严重时期。蒋介石及国民政府在对英美与国联失望之余，不得不将最后的希望寄托在刚刚复交的苏联身上，结果却是更大的失望。借司法院院长居正的话来说，"中俄复交时外交上的满心欢喜"，此时"成为一个极可痛心的幻梦"。②

"九•一八"事变后，对日问题成为国民政府的最大课题。随着国内外局势的恶化，以局部妥协换取中日缓和的主张本已逐渐上升为国民政府指导部的主流，但终未彻底付诸行动。其原因，用黄郛的话来说，除"对内专欲求得国人之谅解"外，主要是因为"对外误信能得国际之援助"。③ 现在，继对英美与国联的失望，苏联带来的"极可痛心的幻梦"，终于给对"国际之援助"的"误信"打上了休止符。正是在这样的大背景下，国民政府以5月31日缔结的"塘沽停战协议"为契机，正式转向对日局部妥协政策。在蒋介石看来，这一政策从根本上说是一种"外缓压迫内图革新再造复兴之基础"的以屈求伸战略。④ 为了确保它的成功，蒋介石及国民政府在内政上以"清除赤祸"与"充实国力"为根本⑤，在外交上，先于7月决定，以"一面竭力缓和暴日之武力压迫，一面切

---

① 《中国国民党第五次全国代表大会外交报告》，《中华民国重要史料初编——对日抗战时期》绪编（2），第266—273页。
② 详见居正《苏俄出卖中东路事件——民国22年5月15日在国府纪念周讲演》，《中华民国重要史料初编——对日抗战时期》绪编（2），第264—265页。
③ 《黄郛致蒋介石电》（1933年5月27日），沈云龙编著：《黄膺白先生年谱长编》下册，（台北）联经出版事业公司1976年版，第565页。
④ 《事略稿本》，1933年6月4日条，蒋档。
⑤ 《汪精卫蒋介石时局通电》（1933年7月28日），《中央日报》1933年7月30日。

实运用欧美之经济援助,双管齐下"为"救亡复兴之唯一方针"①,继于9月初决定:对日本除绝对拒绝割让东北、热河及承认伪国外,在其他问题上适当周旋,极力避免一切刺激日方感情的行动与言论。②

由于中日苏三角的连锁作用,同"塘沽停战协议"前"以对日为先"的考虑带来了中国对苏接近的倾向一样,其后的对日局部妥协政策,由于其优先"清除赤祸"和避免刺激日本的必要,而恢复了蒋介石及国民政府对苏冷淡的态度。

恰在此时,新疆问题和察哈尔问题的出现,给这种冷淡带来了雪上加霜的影响。

1933年4月12日,新疆归化军司令驱逐新疆地方政府首脑金树仁,邀请当时担任东路军前线指挥官的盛世才任新疆临时督办。6月,继苏联在1931年10月与中国新疆地方政府缔结损害中国主权的秘密协议之事浮上水面,盛世才在新疆实行亲苏政策,苏联正进一步染指新疆的情报,接二连三地呈上蒋介石等当局者案头。自此,新疆问题成为继外蒙问题与中东路问题之后中苏主权纷争的第三个焦点。③

所谓察哈尔问题则是冯玉祥在"塘沽停战协议"后发起的抗日反蒋斗争。6月初事发以后,关于冯玉祥背后有苏联与中国共产党之"指使"及参与的消息,频频报到蒋介石耳中。④

在旧怨未消的情况下,此两个新恨对蒋介石造成的刺激毋庸赘言。7月7日,蒋介石再次强调"倭患急而俄患缓,俄患大而倭患小"的观点。⑤ 9月,在获得"关于苏俄对中国与东亚及日本之赤化计划与阴谋材料"后,蒋介石写道:"近日愤恨苏俄甚于倭寇,盖身受赤匪苦痛日深,

---

① 《事略稿本》,1933年7月19日条(蒋介石致宋子文电),蒋档。
② 《1933年9月6日庐山会议记录》,详见李云汉《宋哲元与七七抗战》,(台北)传记文学出版社1978年版,第56页。
③ 《汪精卫谈话》,《中央日报》1933年7月4日;《事略稿本》,1933年7月10日条,蒋档。
④ 《何键致蒋介石电》(1932年12月15日)、《蒋介石致何键电》(1932年12月16日),《特交文电》叁,第6册之3,蒋档。
⑤ 《困勉记》,1933年7月7日条,蒋档。

益知苏俄之凶酷也。"① 10月4日，他"预想第二次世界大战后，俄国是否有力再侵我国"，自戒"对国际真友与真敌须确定"。②

恰在此时，日苏之间自8月以后，因中东路售价和"菱刈文书"问题③陷入紧张局面。为制约日本，苏联于10月主动向中国重提缔结互不侵犯条约问题。④ 国民政府对此却置之不理。⑤ 苏联方面对于这种伴随对日妥协政策而来的对苏冷淡倾向是敏感的。11月13日，苏联驻华大使报告莫斯科说："与是年夏对条约的立场相反，中国政府目前对条约表现出十分冷淡的态度"，"我们递交我国草案已逾月余，可中国政府未做任何反应。我们认为拖延的原因是：（1）我们提出的草案不能使南京满意；（2）最主要的是，南京政府目前正同日本就下一步政策进行极为重要的谈判，而且可能尽量利用似乎正在进行中的同我们的谈判与日本讨价还价"。⑥

值得注意的是，对妥协政策持反对态度的宋子文等强硬派，此时也对苏联非常不满。10月6日，宋在同苏联大使谈话时强调：中国政府确切知道苏联"正在援助山西省（日译本原文如此——引者）的苏维埃地区"，这种行为阻碍着中苏两国的政治接近；苏联的中立政策和出售中东路的行为也使本来对苏联抱有好感的中国舆论大感失望。⑦ 苏联大使也在上述11月13日的函中向当局报告说："在他（宋子文）和许多中国人看

---

① 《困勉记》，1933年9月26日条；《蒋介石致陈立夫电》（1933年9月29日），《筹笔》；蒋档。

② 《困勉记》，1933年10月4日条，蒋档。

③ 1933年9月，苏联通过情报人员获得了日本驻"满洲国"大使菱刈隆9月4日与9日发给日本外相的3封密电及日本驻哈尔滨总领事森岛守人9月19日致菱刈隆的报告，内容述及日本关东军为加快中东路买卖交涉而计划实施的各种阴谋。苏联据此于9月21、22日连续发表声明，向日本提出严重警告，并于10月8日由塔斯社公布了"菱刈文书"。参见［日］秦郁彦《太平洋国际关系史》，东京，福村出版株式会社1972年版，第273—277页。

④ 《日高总领事致广田外务大臣电》（1933年10月18日），东京，外交史料馆藏，B.1.0.0C/R2。

⑤ 《中山书记官致广田外务大臣电报》（1933年10月14日），《日本外交文书》昭和期Ⅱ第1部第2卷，第69页。

⑥ 《鲍格莫洛夫致苏联外交人民委员部的信》（1933年1月13日），李玉贞译：《〈中苏外交文件〉选译》（上），《近代史资料》总第79号，第208—210页。

⑦ 《宋子文与鲍格莫洛夫谈话记录》（1933年10月6日），俄罗斯联邦对外政策档案馆藏，转引自加藤幸广译《中国革命とソ连》，第278—279页。

来,同苏联的友好关系只有在成为抗日可靠保证的情况下才有价值。宋认为,我国对中日冲突所持的'中立'对中国毫无好处,因为由于国力薄弱,中国无力抗日。此外,在可能讨论对苏关系时,中国政府人士中会提出中国苏区的问题,所以很清楚,他们的注意力并不在决定对第三国政府可能持何态度的条款上,而在那些在一定程度上可以说明和适用于国内局势的条款上。"①

苏联大使的上述观察可谓一针见血。但出乎其意外的是,就在他提出报告的前后,美苏建交的新闻给国民政府内外带来了强烈的震动。

五 汪精卫对"四线外交"论的否定

1933年10月10日,美国总统罗斯福向苏联建议就解决美苏外交悬案开始谈判②,11月17日,在日苏紧张加剧与中苏冷却持续之中,美国结束了长达16年的对苏不承认政策,同苏联建立了外交关系。

围绕这一国际政治的新动向,日本舆论表示了深深的忧虑。譬如,《东京日日新闻》晚刊预测说:"有关美国决定就对苏建交开始谈判的报道,势必对国民政府造成非常之影响,从而决定国民政府对苏政策的方向……目前国民政府的对苏政策,可一言蔽之谓一切向美国看齐。因此,一般认为,美国今次承认苏联,将成为国民政府再次转向亲苏政策的转机。此外,国民政府对美国趁日苏关系恶化之机承认苏联的事实,寄以巨大的希望。"③ 接着,在美苏正式宣布建交后,这家报纸在11月19日的晚刊上报道了日本外务省的以下见解:"由于美国承认苏联,苏联政府的对日外交方针也许会变得多少带有一点挑战性,而国民政府也很可能利用此机重新转向错误的抗日政策。日本对之必须严加警戒。"④

日方的上述看法并非杞忧。事实上,如前所说,由于苏联和英美之

---

① 《鲍格莫洛夫致苏联外交人民委员部的信》(1933年11月13日),李玉贞译:《〈中苏外交文件〉选译》(上),《近代史资料》总第79号,第208—210页。
② United States Department of State, *Foreign Relations of the United States*, 1933, Washington: Government Printing Office, 1949, Vol. 2, p. 794.
③ 《米露复交问题の反响 北叟笑む支那》,《东京日日新闻》(晚刊)1933年10月22日。
④ 《对米露外交不变 外务当局の见解》,《东京日日新闻》(晚刊)1933年11月19日。

间长期的敌对状态,有关中苏接近将导致丧失国际同情的顾虑,一直是束缚国民政府对苏政策的主要因素之一。1932年9月获得的"美国渐有承认苏俄之势"的情报,虽然减轻了国民政府的顾虑,并对其后中国对苏复交与接近起了积极作用,但在预测完全成为事实之前,国民政府的顾虑并未完全打消。正因如此,"塘沽停战协议"后,国民政府虽然冷却了对苏关系,但从长远考虑,还是"赞成美、俄接近趋向"①。所以,美苏建交的事实在国民政府内外掀起波澜,是理之所然。

首先从中国舆论界看,《东方杂志》刊文指出,美国对苏接近的主要原因是远东问题之紧迫②,而《大公报》则在11月23日的社论中论述说:最近的国际形势给中华民族带来了某种机会。过去国际形势的最大特色是赤白势不两立。然而,今日代表赤白之美俄两大势力已经握手。此种赤白并存既证明了共产国际之赤化中国活动改趋消极,又象征着美俄形成了针对日本的新均势。③

与舆论界的这种观点相呼应,在国民政府内部,如时任外交部政务次长的唐有壬所指出的,"许多人——尤其是自命为通晓国际关系的人,看见美俄复交,以为远东的新均势成立,日本不敢谁何,我们大可以在这个局势下,苟安一下了"④。而作为国民党中央组织部长的著名反共专家陈立夫,也在同日本驻南京总领事须磨弥吉郎的谈话中直截了当地说:"日本若一意以霸道凌辱中国,中国即连稻草都要抓住不放,不管它是红稻草(共产党)还是白稻草(英美)。"⑤

---

① 《国民政府外交部致宋子文等电》(1933年6月29日),顾维钧:《顾维钧回忆录》第2分册,中华书局1985年版,第24页。

② 潘楚基:《美俄复交之面面观》,《东方杂志》第30卷第24号,1933年12月16日。

③ 《从国际形势论中国革命问题》,《大公报》1933年11月23日。另外,早在1933年5月30日,《大公报》总编张季鸾就在同苏联大使的谈话中说:中苏关系是远东问题的决定性因素。中国知识分子与无党派人士都深信,只有中苏双方缔结政治、经济同盟才能解决远东与世界的和平问题。代表无党派阶层的新闻界现在即应为将来的结盟进行准备。中国人都深切希望美苏之间建立邦交,协作对付远东的一系列问题。见《张季鸾与鲍格莫洛夫谈话记录》(1933年5月30日),俄罗斯联邦对外政策档案馆藏,转引自加藤幸广译《中国革命とソ连》,第277页。

④ 《唐有壬致胡适函》(1933年11月24日),中国社会科学院近代史研究所中华民国史研究室编:《胡适来往书信选》中册,中华书局1979年版,第222页。

⑤ 参见〔日〕须磨弥吉郎在《支那最近ノ决意振リト露支关系ノ再吟味》(1936年4月27日稿)中的回忆,外交史料馆藏,A.1,1.0.10。

在这个背景下，认为中国应抓住美苏建交之机密切对苏关系的主张也重新抬头。胡适就是一个典型。他撰文指出：中国目前的外交方针应当是：不可放弃国联与国际，也不必与日本冲突或决裂。无论在平时或在急难时，中国的外交必须顾到四条路线：一是日本，二是苏俄，三是美国，四是国联（代表西欧与英帝国）。最上策是全顾到这四线，不得已而思其次，也要顾到四线中的三线。我们今日的情形，只能是多交朋友，谨防疯狗。若因为怕疯狗，就连朋友都不敢结交了，那就不够资格做朋友了。苏俄的国际理想主张与新大陆的国际理想主义，加上国联的理想主义，这三大集团的结合，应该可以有一种有力的国际和平的主义出现。① 总之，胡适在这篇文章中，虽对"塘沽停战协议"以来行政院长汪精卫具体主导下的对日妥协外交表示一定的理解，但在整体上，则强调要改变这种只重视改善对日关系的单线外交，而利用美苏建交后的国际新形势，积极开展包括苏联在内的"四线"外交。

胡适当时只是学界中人，但自1933年3月以来，国民政府继邀请他出任教育部长、驻德公使后，此时正劝说他担任驻美公使。② 这说明他尽管没有一官半职，在社会上与政府内却有很大的影响力与代表性。

然而，以汪精卫为中心的国民政府外交当局并不赞同胡适的主张。

"塘沽停战协议"以后，随着对日妥协政策的确定，国民政府对外交人事也做了调整。反对妥协政策的罗文干、宋子文先后被迫辞去外交部部长、财政部长兼行政院副院长职务；汪精卫以行政院长兼任外交部部长，在其麾下，唐有壬以外交部政务次长负责日常事务，黄郛以行政院驻北平政务整理委员会委员长身份统括华北地区的对日关系。这一被称为"汪唐黄体制"的外交当局，强烈否定胡适所提倡的包括苏联在内的"四线外交"论。其理由很清楚地反映在汪精卫对驻苏大使颜惠庆所提建议的拒绝和对胡适主张的反驳之中。

1933年11月15日，颜惠庆致电外交部，以"日俄邦交恶化，苏联

---

① 详见胡适《世界新形势里的中国外交方针》，《独立评论》第78号，1933年11月。
② 详见《汪精卫致胡适函》（1933年3月31日、4月28日）；《唐有壬致胡适函》（1933年11月24日），《胡适来往书信选》中册，第204、211、223页。

容或对我透露接近之意"为由,建议与苏联建立更密切的关系。① 汪翌日即在致蒋介石的电报中对此表示否定,说:"如日俄开战,日胜东北固非我有,俄胜亦不外在东北或华北设苏维埃,其为患将甚于江西,且日必首先迫我决定态度。倘我有助俄意,日必先以武力占我华北,故在英美态度未明以前,我只宜中立。"②

11月22日,汪精卫更致函胡适,以"甲、乙、丙、丁"代替胡所说"日、苏、美、国联",对胡主张的"四线外交"予以直接驳斥说:

> 甲国与乙国打架之前,甲国必首先要求我国表示态度。我国帮他么,无此情理;不帮他么,立刻占领华北及海口。甲是预备陆军350万人来打仗的,300万对付乙国,50万对付我国。要之,在乙未胜或未败以前,我国已经一败涂地。
>
> 以甲对乙,胜负未可知;以甲对乙、丙、丁,则乙、丙、丁之胜利是必然的,我们何惮做比利时呢?
>
> 但是我国的经济大势,百余年来,由北移南,通商以来,更移于沿海沿江。如今战争,是经济战争。以现在我国的军队,若无经济供给,留驻于沿海沿江吗?必然成为无数的傀儡政府;退入西北内地吗?必然成为无数的土匪。换句说话,绝不能做到比利时,因为没有他那么纯粹简单。那么,即使乙、丙、丁幸而战胜,我国已成一团糟,除了化做苏维埃,便是瓜分或共管。③

11月29日,汪精卫在国民党中央政治会议上也表明了自己的态度。他在肯定美苏建交足以促成日苏对立后,一转话头说:"与其打锣求救而救兵终不到且因打锣更足引敌之侵略,孰若困守待援之为得计。"④ 换言之,他依然要求坚持贯彻"塘沽停战协议"后不和第三国合纵连横的

---

① 《颜惠庆日记》第2卷,中国档案出版社1996年版,1933年11月15日,第779页;《汪精卫致蒋介石电》(1933年11月16日),《革命文献拓影》,蒋档。
② 《汪精卫致蒋介石电》(1933年1月16日),《革命文献拓影》,蒋档。
③ 《汪精卫致胡适函》(1933年11月22日),《胡适来往书信选》中册,第220—221页。
④ 汪精卫:《报告外交情况》(1933年11月29日中国国民党中央政治会议第386次会议速记录),国民党党史委员会藏。

方针。

汪、胡间的论争此后也以书简往返形式持续了一段时间。总结双方论点，胡适虽不反对回避中日冲突与决裂的缓和政策，但主张与此同时还应利用美苏建交后的国际新形势，积极展开其他三条路线特别是对苏外交。其背后，是对将来美苏与国联援华制日可能性的信念。与此相反，汪精卫认为即使在美苏建交后，中国仍然应专念于对日关系的缓和与改善，在其他三条路线上则以无所作为为妥当。其理由，除害怕"刺激日本"外，更由于对利用美苏"国际路线"援华制日之前景的悲观，及对中国"苏维埃化"的恐惧。①

很显然，"塘沽停战协议"后，虽然强硬抗日派离开了政权舞台，但即使在赞成以对日局部妥协而谋优先"安内"的势力内部，也因对苏观及对"联外借力"前景的看法分歧，而分为两大潮流。这两种潮流的对抗，隐含着对日妥协政策的两种发展方向。

六 蒋介石对"制俄"与"攘日"的思考

对于上述两种潮流，蒋介石持何态度呢？论述要从他对中日苏关系的思考开始。

蒋介石的机密档案表明："塘沽停战协议"后，他对中日苏三角的内在关系及中国应取的战略，进行了比较集中的思考。

关于中日苏三角的内在关系和国际政治的现状，1933年6月他分析说："倭寇赤俄英美三者，倭寇仇我而惧我，赤俄恨我而伺我，英美则欲我为之利用以抵倭俄，但无土地之野心。以大体论英美可为与国当以义结之，惟对仇敌则但有自强而已。"② 8月，他指出，"九·一八以后国际均势既破，国家人民之所以不绝如缕者，惟此忍辱与谨慎乃能保持一时也"。因此，他认为如仍然袭用"九·一八"以前之口号与政策则不能救国，反之，"此国际矛盾错综之中如能运用得当以求生存，用人而不为人

---

① 除前引有关材料外，另见《胡适致汪精卫函》（1933年12月20日）、《汪精卫致胡适函》（1933年12月25日）等，《胡适来往书信选》中册，第225—230页。

② 《事略稿本》，1933年6月20日条，蒋档。

用,则未始无复兴之机。中正和平之道于弱国处之利多而害少也"①。9月,他提出:"日本畏我军政之建设,彼自不能信我为友,但其弱点在不能不要我合作。"② 10月,他将"国际大势"归纳为:"一,英美畏我之与倭和;二,俄法欲联合以对倭德;三,倭求与俄先决战,以占领库页岛之油库,解决远东,再与美战。四,倭必先与我和,而后决定其战略;五,英必利用两广以制我中央。"③

基于这种日苏观与国际政治观,在外交战略问题上,蒋介石认为:"国家积弱至极,如用猛补反速其亡。如不顾国之存亡与革命成败之理而径行直前,以待外援,危急莫甚也。"④ 据此,他反对宋子文的对日强硬和一味依赖英美,指责其"行动径行直前,不顾国之存亡革命之成败,危莫甚也"⑤。他告诫宋子文,对日本与英美双管齐下之外交方针,"运用之际最宜审慎,始能两不相妨,否则必致两不兼容。日本若以武力压迫则虽有欧美经济援助亦无救于我之危亡"⑥。

但是,对由汪精卫具体负责的外交,蒋介石在整体上赞同其对日缓和与改善的同时,不满于其仅局限于日本而放弃其他路线的消极倾向,批评这是"以不作主张为主张"⑦。7月6日,在致黄郛等人的电报中,蒋介石强调说:日本人对中国远交近攻以夷制夷的攻击,"意在诱迫我抛弃国际外交,造成惟日本意旨是从之环境,最后迫使签订承认伪国割让东北四省之条约,其诡计必使我断绝国际路线,意甚明显。我方应示以最低限度及最后决心以破其迷梦"⑧。

在具体的对日对苏战略上,如果说,中苏复交后特别是在热河危机及长城抗战的特殊时期,蒋介石一时曾有"联苏制日"的想法的话,那么,在苏联出售中东路和染指新疆等问题暴露后,他又回到了中苏复交前将日苏均视作中国外患的原点。从这一原点出发,他的基本构想是利

---

① 《事略稿本》,1933年8月8日条,蒋档。
② 《事略稿本》,1933年9月17日条,蒋档。
③ 《困勉记》,1933年10月10日条,蒋档。
④ 《事略稿本》,1933年7月28日条,蒋档。
⑤ 《困勉记》,1933年7月28日条,蒋档。
⑥ 《事略稿本》,1933年7月29日条,蒋档。
⑦ 《事略稿本》,1933年7月25日条,蒋档。
⑧ 《事略稿本》,1933年7月6日条,蒋档。

用日苏矛盾使之相互牵制，而达到"制俄而攘倭，制倭而攘俄"的双重目标。① 为此，塘沽停战协议以后，对日苏关系的观察成为他的日课。他提醒周围，在"倭俄之战必起"的前景下，中国应及早考虑"如何准备自立以运用时机，又应如何而使其战争适合我准备之时机"②。使蒋介石忧虑的是，"倭如与他国开战，吾国应如何自处以求生存？中立势不可能，附倭义所不行，然而兵战抗倭则国家与人民先蒙其危矣"③。在方法上，他着重研究的是，如何能使美俄对日备战实现，又如何使日信以为无后顾之忧。④ 具体而言，他设想的有，对俄，说明日本之侵华同时亦为侵俄；对日，"告以共匪之利害，东北与战区非归还中国不能治平，将来两国离合之道亦决于此"⑤。

从上述观点出发，在对美苏建交问题的反应上，蒋介石亦与汪精卫的冷漠不同。在获悉美苏开始建交谈判消息的10月29日，蒋就强调"美俄复交，倭受威胁，应时刻注意，勿使稍纵即逝"⑥。在接到前述颜惠庆关于与苏联建立更密切关系的建议后，蒋介石不同意汪精卫的否定性意见，于11月16日批示："对颜电似以彼方如表示好意，则我方亦当以好意示之，如具体希望，则当先探彼方办法再议何如，以现无拒绝必要亦不必告其主张也。"⑦

进入1934年后，随着内外环境的变化，苏联逐渐开始转变对华政策，试图改善对华关系。敏感的蒋介石于1月下旬就开始觉察到苏方这种"意欲接近"的动向。⑧ 它显然加深了蒋对利用日苏矛盾而予以相互牵制，"用人而不为人用"之外交构想的信念。此期，因日苏影响下的内蒙古、新疆等边疆地区分离倾向日趋严重，蒋介石特别注重研究中国的边防问题，而尤其重视借鉴苏联的经验与外交战略。2月27日，蒋介石在给汪精卫的电报中具体论述道："此时我国革命环境无异于苏俄1920年前之

---

① 《困勉记》，1933年7月6日条，蒋档。
② 《事略稿本》，1933年7月21日条，蒋档。
③ 《困勉记》，1933年8月4日条，蒋档。
④ 《事略稿本》，1933年9月6日条，蒋档。
⑤ 《事略稿本》，1933年10月12日条，蒋档。
⑥ 《困勉记》，1933年10月29日条，蒋档。
⑦ 《蒋介石致汪精卫电》（1933年11月16日），《革命文献拓影》，蒋档。
⑧ 《困勉记》，1934年1月28日条，蒋档。

险恶。强邻环伺，虎视眈眈，中央既无实力与之抵抗，又无友邦为之后援。列强当时封锁苏俄以制苏俄革命之死命，今日列强虽对我国不加封锁而其门户开放之政策实较封锁手段之恶劣为尤甚也。故中央此时若不认清革命环境之险恶，又不能自量其力与度其德，仍欲如昔年之夜郎自大，既不能放又不能收，取既不可予又不忍，外蒙先例即在目前犹不引为殷鉴，试问内蒙古若自动的发表自治或甚至从属敌国，则中央将何以自处？故我国此时革命既无实力以统一外藩，只有依照主义以定政策。如果中央果能自立自强则不惟蒙藏即昔日凡为我中国藩属诸邦必归附如市……今日我国虽与当时苏俄情势不同，然亦当足借镜以资参考也。"①

其后，蒋介石在3月进行的多次谈话中，比较系统地披露了他对边防问题和美苏建交后的国际情势及中、美、英、日、苏关系的观察与思考。其内容可概括为以下五点：

第一，两种力量为侵略中国而争逐于东亚：一为以"门户开放机会均等"为口号欲求利益均沾之均势主义；一为以"门罗主义"或"世界革命"为口号而欲图利益独占之独霸主义。前者以英美为代表，借其优越的经济势力而欲于机会均等中求经济上实质的独霸，或至少永远维持现有的优势。后者以日俄为代表，借其在东亚具有优越的军事力量或政治侵略之可能性而妄图鲸吞中国。此四国相互激烈斗争。英美之策略系利用日俄倾轧而驱二者同赴疲弱。

第二，个别分析之，日本自明治维新以来，推行侵略满蒙灭亡中国之政策。然日本侵略中国乃缘于中国之不能自立自强，故中国一旦统一安定后，日本不仅不得不归还我东北失地，以其所处环境之孤危及与中国血缘上和历史文化上之密切关系而言，必乐于依附，故日本终非我最后最大之敌。反之，俄国本质上富于侵略性，尤在革命以后，不忘世界革命之野心而妄图赤化中国，其手法之巧妙远胜于日，事实上占领我外蒙而称扶助弱小民族，故对中国及世界而言唯苏俄为最后最大之敌。此外，英美虽亦为帝国主义，但彼等现今对东亚满足于维持既有之经济优势而无日俄之领土野心，较近于

---

① 《蒋介石致汪精卫电》（1934年2月27日），《革命文献拓影》，蒋档。

王道。

第三，展望国际情势，日本有"北守南进"与"南守北进"两个国策，若取"北守南进"之海洋政策，则必与英美正面冲突，若采"南守北进"之大陆政策，则必与苏俄强烈斗争。现因日本占领东北，进逼俄蒙，苏俄亦不得不致力经营远东，故日俄关系乃成东亚情势之核心，世界大战之火种，虽张弛无时，但势在必战。至就英国而言，只要日本不南进即无意开罪于日本；就美国而言，美日冲突虽系必然，然日俄战争爆发之前美亦无意对日开战。

第四，日本在对俄开战问题上之踌躇，最大原因为对中国的外交准备尚未完成。日本不难强占中国华北及沿海地区而逼中国从日敌俄，然中国问题与英美无法分离，故为达成前项目的势必连带强迫英美，此至难矣。

第五，国家大事完全为实际的力量问题，国际关系纯粹决于实际的利害打算。今日中国无一与国，国际环境险恶，更因国内统一未成国家尚未建设而缺御侮之实力。然列强各处钩心斗角之中，局势演变之关键特别是日本对俄作战之一切，均系于对华外交。故中国在国际大局中地位紧要，外交运用尽有可能。今日中国要转危为安固难，只有一面准备实力，一面运用外交，以政策与策略之巧妙而补实力之不足。而苏俄外交真有见识，苏俄革命建国之精神与对内对外之政策，在在皆值得中国钦慕效法。①

比较一下蒋介石的以上观点与前述汪、胡之主张，可以归纳出他们之间的某些共同点与相异点：就"国际路线"即"联外借力"外交战略的可能性及其在目前的必要性来说，蒋介石因抱有强烈的信心而主张予以充分的运用。在这一点上，蒋介石有别于汪精卫的悲观主义，而接近于胡适的乐观主义。但在理由上，蒋介石并非以胡适所说"国际理想主

---

① 详见蒋介石《东亚大势与中国复兴之道》（1934年3月5日）、《中国之外交政策》（1934年3月7日）、《中国之边疆问题》（1934年3月7日），见《总统蒋公思想言论总集》第12卷，台北，中国国民党中央委员会党史委员会1984年版，第95—99、101—104、105—110页。另外参阅此期"蒋中正总统"档案。

义"或"国际和平主义"一类正义论为根据，而是以"利用列强矛盾""藉外交而补实力之不足"为出发点。特别要注意的是，蒋介石一边对苏抱有超过对日的威胁感，一边主张在内外政策上借鉴苏联的方法而使列国相互牵制，为中国的内外建设争取有利的条件。换言之，对他来说，对苏接近并非因为信苏为友或对共产主义抱有好感，对日改善也并非因其屈服于日本或甘心接受日本制造的既成事实，二者都不过是"以敌制敌"而已。因此，我们既不能因为蒋介石有接近苏联的言行就说他是一个亲苏亲共分子，也不能因为蒋介石是反苏反共分子就否定其有"藉苏制日"的主张。同样，我们既不能因为蒋介石主张暂时对日妥协就说其卖国投降，也不能以蒋介石执着于对日恢复国权而否定其有"藉日制苏"的可能性。

当时，中国当局处于所谓"蒋汪合作体制"之下，汪精卫以行政院长兼外交部部长负责以外交为中心的行政事务，蒋介石则以军事委员长而统率以军事为中心的国政实权。但从上述比较可知，蒋汪在外交大计上意见并非一致，特别是在对"联外借力"的国际路线的看法上，汪精卫持"当前无益，将来无望"之观点，蒋介石则抱"当前无害，将来有望"之态度。与此相应，同样主张中立，汪精卫的中立实际上是基于其多线外交有害论而一味偏向日本，蒋介石的中立则是基于其对国际路线的信念而试图利用列国矛盾。

蒋介石和汪精卫的上述分歧点显示：国民政府的外交将向复合性的"二重化"转折。这个复合性的"二重化"，首先是指公开的汪精卫路线与隐蔽的蒋介石路线之同时并行，其次是指蒋介石路线内含的两个方面之双管齐下。关于后者，我们从前述蒋介石的观点不难发现：蒋的构想绝非单纯，在为实现一种可能性而努力的同时，即注意对应相反的一种可能性，因而具有既相互矛盾又相互补充的特征。总而言之，国民政府今后的"二重外交"，既源于汪蒋之分歧，又源于蒋介石对日对苏外交构想本身之相反相成的内涵。

下面要介绍的事实，即是这一"二重外交"在初期的尝试。

七 相互牵制战略的尝试

几乎在上述蒋介石谈话的同时,两个形成鲜明对照的信号,推动了促成日苏相互牵制之外交战略的对苏接近方面。

第一个信号来自苏联。1934年3月9日,中国驻莫斯科大使馆就苏联接待以国民政府军事委员会参谋次长杨杰为首的军事视察团的情况,向蒋介石发来了以下报告:

> 连日杨将军在此参观,俄方招待极为殷勤。7日,俄外交委员长午餐,席中谈话,提及日俄冲突,称将来日俄如有战事,苏俄军人深信必有把握,非特须排除日本军队于苏俄领土之外,且将驱逐其出东三省,故苏俄今日军事准备,不仅在击退敌人,且在追击敌人。惟须声明者,苏俄寸土不予,尺土不取,苏俄必将东三省奉还原主。又称中国今日所处地位,极所惊解,惟须早日决定政策,急起准备。苏俄所恐者,中国态度扰疑不决,将来日本对俄发动时必将先对中国威胁利诱,中国如持策不坚就其范围则铸成大错,在苏俄固深可惋,在中国尤莫大损失。盖日俄接触结果,苏俄苟能小挫日本,第三友邦(意指美国)将出而调停,斯时东三省退还中国当然为调停条件之一,然若中国袒助日本岂非为亲者所痛,爱莫能助。况大势所示,中俄两国若能合作胜日必可操左券。惟中国若不助俄,俄亦自信甚有把握。故合作之利惟在中国自择之。①

3月10日,杨杰本人也报告说:"到俄备受接待。考察结果,如飞机唐克兵工业之伟大,军事教育之整齐,均为始料所不及,足证国防力能集中,建设诚有一日千里之效率……彼等以中俄切实亲交为两国之福利,故甚盼相互间之提携……自九一八以后倭寇已成众矢之的,外角大势内察舆情,实有多联与国,共图此酋之需要。且日俄乃我强邻,在目前环

---

① 《外交部总务司致蒋介石(转莫斯科来电)》(1934年3月9日),《特交文电》叁,第6册之4,蒋档。

境上观察,联此制彼,实于国策有利无损。故复交之后尤需有更进一步之合作。"①

另一个信号来自日本。4月17日,日本外务省发表所谓"天羽声明",宣称:中国若利用他国排斥日本,唯有加以排击;各国如对中国采共同行动,纵令为财政援助或技术援助,日本亦必反对。② 对此,蒋介石等视之为公然"要中国做日本人的保护国"的独霸行径,内心的愤慨不言而喻。③ 4月21日,蒋致电汪精卫说:"对彼外务省宣言不能轻视,请预定以后应付步骤,并令我各国驻使竭力向各国活动,表示反对日本独霸东亚与破坏门户开放之条件。此后彼不久必对我有所要求,务请预防并彻底研究对策。"④

来自苏联与日本的这两种截然相反的表示,促使国民政府内部"联苏制日"的呼声再次高涨起来。5月4日,立法院决议要求中央"决定抵抗计划",为打破日本独霸东亚的阴谋而"坚持与第三国协作"⑤。翌日,蒋介石指示:"对俄则联络其感情,对英则确切合作。"⑥ 其后,蒋竭力催促正在国内休假的颜惠庆尽快返任⑦,并于6月下旬主动邀请苏联驻华大使出席早宴,向之明确表示:中国欢迎苏联加入国联,此将更便利于中苏间的合作;中国人民相信苏联人民,并希望进一步改善相互关系。他还向苏联大使保证:"中苏两国是近邻,中国对苏联,就像对友邻一样。倘发生不测,中国将永远支持苏联,并竭尽一切可能证实这种友谊。"苏联大使事后向当局报告说:"同蒋介石的这次谈话基本上证实了我们关于其立场已有某些改变的情报。"⑧ 7月13日,蒋介石在庐山军官训练团的

---

① 《外交部总务司致蒋介石(转莫斯科来电)》(1934年3月10日),《特交文电》叁,第6册之4,蒋档。
② 《日本外交年表并主要文书》下册,第284页。
③ 蒋介石:《日本之声明与吾人救国要道》(1934年4月23日),《总统蒋公思想言论总集》第12卷,第197—201页。
④ 《事略稿本》,1934年4月21日条,蒋档。
⑤ 《中国国民党中央政治会议第407次会议记录》(1934年5月9日),国民党党史委员会藏。
⑥ 《事略稿本》,1934年5月5日条,蒋档。
⑦ 《颜惠庆日记》第2卷,1934年6月20日,第819页。
⑧ 《鲍格莫洛夫致苏联外交人民委员部电》(1934年6月22日),李嘉谷编:《中苏国家关系史资料汇编(1933—1945)》,社会科学文献出版社1997年版,第43—44页。

秘密会议上再次论述"联外制日"外交的必要性与可能性，强调：中日纷争不是简单的中日问题，而是整个太平洋问题及世界问题。其中，日本之对美对苏关系尤其重要。日本的对华侵略必然招来列国的干涉以至导致世界大战。其理由，首先在于中国现在处于"列强公共殖民地"的地位，身受列强之共同侵略与压迫，而日本的对华侵略以独占中国权益为目标，故必然连带侵犯列国在华权益。其次，日本的最高目的是做东亚盟主获得太平洋的霸权，其陆军以苏联为目标，海军以英美为目标，因此日本的敌国不只是正面的中国，还有背后的美国和左右两侧的苏联、英国。由于地理及资源关系，日本要和美苏决战，必须先征服中国，而要征服中国，又必须先战胜同中国处于相关关系之中的英、美、苏等国。① 这样蒋介石再次指明：日本的最大弱点在国际关系，中国的最大优点亦在国际关系；今日在实力上尚未具备抗日条件的中国必须从利用国际大势之中寻找活路。

其后，蒋介石为究明苏联目前对蒋及国民党的看法和对中日关系的态度，于7月下旬亲自委托蒋廷黻利用考察欧洲的机会，尽量集中时间于苏联，向苏联当局探究中苏合作的可能性。②

蒋廷黻出发后，四个方面的问题增加了其使命重要性。

第一，继7月下旬传出新疆"盛世才确已勾结赤党与俄成立新协议"③ 的消息后，8月，围绕苏联对新疆地方政府的借款问题，中苏之间又生纠纷。面对"盛世才引虎自卫"和"俄阴谋分裂我国土"的形势，蒋介石周围的一些要员认为"唯有仍从苏俄之外交入手"。④ 蒋介石也赞成他们的看法，认为改善中苏关系不单能为中国外交增加新路线，还可避免新疆问题的复杂化。⑤

第二，9月18日苏联加盟国联并被选为常任理事国。在"俄在国联现如天之骄子，国联重彼轻我，俄能从中刁难，以障碍我之进行"的情

---

① 蒋介石：《抵御外侮与复兴民族》（上），《总统蒋公思想言论总集》第12卷，第302—317页。
② 蒋廷黻：《蒋廷黻回忆录》，（台北）传记文学出版社1984年版，第153页。
③ 《事略稿本》，1934年7月21日条，蒋档。
④ 《事略稿本》，1934年8月21日条（贺耀祖来电），蒋档。
⑤ 《蒋介石致孔祥熙电》（1934年10月1日），中国第二历史档案馆藏，全宗号3。

况下，蒋介石认为，在"已贾怨于日"后，中国如果"复开罪于俄，结果将适得其反"。①

第三，第五次剿共战争在历经一年多的作战后取得了成功，中国共产党被迫开始长征，长期困扰国民政府对苏关系的对中共问题的顾虑当然亦随之相应减少。

第四，自美国政府1934年6月实施白银政策以来，中国银价暴涨，白银外流激增。据日本外务省当时调查，美国此举造成中国"金融梗塞，物价下落，贸易减退，关税收入剧减"②。9月，国民政府向美提出抗议，美对此置之不理。中国人对美国及西方的感情又因之恶化。借驻英公使郭泰祺对苏联外交官的谈话来说就是：中国一直寻求支持并希望西方合作，"然而遗憾的是不得不承认，西方实际上对中国毫无作为"，"因为美国的混蛋政策，中国目前在财政方面正经受严重危机……英国政府也并不比美政府稍好，也是用花言巧语，靠做一些决议来安慰中国"，"总的说，中国现在普遍的情绪是最好不再理睬西方"。③

在上述因素的综合作用下，蒋介石更加重视蒋廷黻访苏之行的成功与否，10月上旬他通过孔祥熙直接要求苏方与蒋廷黻"开诚洽谈"④。10月16日，蒋廷黻实现了与苏联外交当局的会谈，向其转告了蒋介石希望中苏合作抵御日本的信息。⑤

在进行上述"藉苏制日"工作的同时，蒋介石并没有放松相互牵制战略之"藉日制苏"的侧面。至少从1934年4月上旬开始，在对日政策方面，蒋介石特别"注重其不许我中立与未解决我问题以前不敢对俄开战之二问题"，苦思"如何乃能打破此难关而可至于中立"。⑥ 为此，他

---

① 《事略稿本》，1934年10月20日条（复汪精卫电），蒋档。
② 引自日本外务省调查部《银问题ニ关スル调查》，1936年6月印行，东京大学东洋文化研究所藏，第89页。
③ 详见李玉贞译《〈中苏外交文件〉选译》（上），《近代史资料》总第79号，第214—216页。
④ 《蒋介石致孔祥熙电》（1934年10月1、8日），中国第二历史档案馆藏，全宗号3。
⑤ 会谈记录见李玉贞译《〈中苏外交文件〉选译》（上），《近代史资料》总第79号，第210—214页。
⑥ 《事略稿本》，1934年4月9日条，蒋档。

决以"一则张其骄横多其外敌,二则动之以诚使其感悟"为对日方法。①具体就后者来看,为了说服日本放弃对中国缔结攻守同盟的要求,同意中国在日苏战争中保持中立,蒋介石考虑提出以下理由:"甲,先统一内部使能统率全国,然后助战乃为有力,否则即使助战,中途崩溃,于彼更有大害。乙,(中日)各自作战,剿共即为抗俄,负西部防务。丙,解决东北问题,临时发表以示好意。丁,未能统一,只可中立。"② 8月,蒋介石在"倭俄战争之消息日急,令人焦灼万状"③的情况下,再次确认,"对第2次倭俄战争与世界之战中国应取之方针:甲,不参战,始终立于中立之地位;乙,先退而后进,先守而后攻"④。他说明其理由为:"如倭强我参战,则中国人民反对,非仅单独剿赤之功亏一篑,而且单独修复新疆间接增倭便益亦皆不能。必使我国单独对俄,于彼方有便益。否则是强我国民同情于赤匪以助俄也。中国10年以内求不与外国作战则几矣。"⑤ "不加入任何一方而留有自由旋转之余地,此为处分战时唯一之道也。"⑥ 9月16日,听杨杰报告访苏之行后,蒋介石指出"俄求我合作之心甚急,而其嫁祸于华之劣性终未止也"⑦。为此,蒋介石亦反其道而行之,在通过蒋廷黻向苏表示协作对抗日本之同时,于11月再次考虑"与倭寇避免正面冲突",以"对倭谅解"促进倭俄冲突。⑧ 基于这一目的,他示意陈布雷以徐道邻名义在杂志上发表《敌乎?友乎?》的论文,"期促倭方之觉悟"⑨。文中劝告日本说:从世界大势与中日两国之过去、现在及将来着眼,中日两国辅车相依,只可携手而不应敌对;双方关系之恶化或战争之爆发,结果唯有中日两败俱伤,而苏联等第三国则乘机

---

① 《困勉记》,1934年5月5日条,蒋档。
② 《事略稿本》,1934年8月12日条,蒋档。
③ 《困勉记》,1934年8月14日条,蒋档。
④ 《困勉记》,1934年8月16日条,蒋档。
⑤ 《事略稿本》,1934年8月18日条,蒋档。
⑥ 《困勉记》,1934年8月20日条,蒋档。
⑦ 《困勉记》,1934年9月16日条,蒋档。
⑧ 《困勉记》,1934年11月10日;1934年11月28日条;蒋档。
⑨ 《困勉记》,1935年1月4日条,蒋档。

获益。① 接着，他还于1935年初派王宠惠访日，在现地开展直接折冲而臻改善双边关系。但树欲静而风不止，日本所做出的反应，与中方的努力背道而驰，造成中日苏关系在进入1935年后更加动荡不安，而蒋介石与国民政府也不能不随之做出新的选择。这是后话，笔者将另文详述。

小 结

历史过程及身处其中的历史人物都不是单纯划一的，多种因素包括对立的因素同时存在，构成多种错综复杂的矛盾。正因如此，当局者的政策运作也是在矛盾中进行的。他们必须兼顾多方面的问题，对应多方面的可能性，其中很多东西既相互依存又相互对立。这样，今天的人们在研究过去的历史过程与历史人物时，也应该时时注意到潜伏于研究对象中的多样性、多元性和变动性，而不能把问题单纯化，似乎一个时期只能有一种单一的、固定的政策或倾向。

对1933—1934年的中国当局者而言，在国家统一与建设尚在途中的状况下，怎样综合处理对日对苏关系这一组复合性矛盾，是一个困难而又复杂的选择。如正文所示，就整体来说，蒋介石在此期间并未单纯偏向于"联苏制日"一个方面，而是以"中立"促成日苏两国之相互牵制，实现既"攘日"又"制俄"的双重目标。这两个方面在质量上随各阶段矛盾的变化及对矛盾之认识的变化而各有侧重，绝非平均对待，但在时间上则是并行不悖的。对于"攘日"这个侧面，由于今日的人们都知道中日矛盾是当时那个时期的主要矛盾，因此可能疑问不多；反之，对于"制俄"这个侧面，则因为人们往往容易忽视被一种矛盾掩盖着的另一种矛盾，而可能感到困惑不解。为了消除困惑、加深理解，有必要再次深思一下当时中、日、苏三国关系的特殊构造，而且特别要注意到：其中的中苏对立并非仅局限于内政问题或意识形态问题，同时还在很大程度上关系到国家主权与领土问题。

与今人相比，在当时那种困难而复杂的国内外环境中，对利用国际

---

① 详见《总统蒋公思想言论总集》第4卷，台北，中国国民党中央委员会党史委员会1984年版，第138—166页。

矛盾以臻"联外借力"的国际路线之成败前景的展望,成为当局者在形势展望与外交选择上的一个分水岭。这个分水岭带来了1933—1934年蒋汪两人在时局判断与外交方针上的分歧。对于这一点,当时同蒋汪有过直接接触的驻苏大使颜惠庆,比易被"蒋汪合作"的先入之见迷惑的今人看得清楚得多。1934年2月5日,颜在日记中感叹:"与汪交谈,听来我们的政策是消极的、被动的、逃跑主义的。被日本人吓得要命。放弃签订互不侵犯条约。"① 事隔不久,他却又在日记中写道:"与蒋委员长就中苏、中日关系问题进行了坦率的交谈。他的看法完全正确。"②

说蒋介石的看法完全正确,似有一点过头,说汪精卫对国际路线消极被动、逃跑主义,则可谓一针见血。而蒋汪两人此前在国际路线问题上的这种分歧,已经埋下了最终导致他们在1938年走上完全相反的两条道路的一粒种子。

---

① 《颜惠庆日记》第2卷,1934年2月5日,第794页。
② 《颜惠庆日记》第2卷,1934年6月23日,第820页。

清末民间舆论与官府作为之互动关系

——以张曾敭与秋瑾案为例[*]

李细珠

在辛亥革命史的人物研究中，著名的女革命家秋瑾一直是一个不可忽视的重要角色。学界已有大量的相关论著，较为详细具体地探讨了秋瑾的生平及其革命事迹，这与秋瑾在近代中国革命史上的影响与地位是相称的。秋瑾以一介女流而为革命事业献身，曾经具有广泛轰动性的舆论效应。近年有人主要以所谓"最具商业化特征而最少政治派别色彩的大报"《申报》的报道为基本资料，对于秋瑾之死的舆论影响及其相关问题进行了系统的论述，着重探讨了当时舆论的反应、处理秋瑾案的相关人物的结局、安葬秋瑾的善后事宜以及关于秋瑾的文艺形象塑造等问题。[①] 这对深化秋瑾这个历史人物的研究具有重要的意义。但以往不少相关研究所使用的资料多为有利于革命方面的一面之词。这就情感与政治立场而言似亦无可厚非，但就理性的学术研究来说则难免有偏颇之嫌。本文试图在以往相关研究的基础上，不但充分注意反映江浙民间社会舆论的上海主要媒体《时报》《申报》等报刊言论，而且尽量顾及清朝官府

---

[*] 本文原载《近代史研究》2004年第2期。

[①] 夏晓虹：《晚清人眼中的秋瑾之死》，《晚清社会与文化》，湖北教育出版社2001年版，第208—248页。

主要当事人浙江巡抚张曾敭等人的声音，以求得一个相对全面的认识。

一　秋瑾案激变之肇因

1907年，光复会首领秋瑾、徐锡麟分别在浙江、安徽加紧进行革命活动，密谋联合发动浙、皖起义。7月6日，徐锡麟借安徽巡警学堂学生毕业典礼之机，在安庆率先发难，刺死安徽巡抚恩铭，徐被捕就义。此事震动朝野，尤使官府恐慌不已。徐案事起安徽，随即祸及浙江。徐锡麟籍隶浙江绍兴，清政府严厉清查了他在绍兴的亲属，查抄了他的家产，使绍兴笼罩在一片恐怖之中。"越郡谣言四起，谓尚有人曾与徐道同学同谋，均须查拿。而学界尤受影响，恐被株连，栗栗自危。"[①] 7月13日，因受徐锡麟案之牵连，浙江官府逮捕了时任绍兴大通学堂附设体育会教员的秋瑾，并于15日将其在轩亭口斩首。秋瑾案发生，全国尤其江浙地区舆论哗然，矛头直指官府，致使官府惊恐万状，穷于应付。

秋瑾案本是徐锡麟案之余波，何以能一石激起千层浪，而使江浙舆论界产生那么巨大的反响呢？这是一个值得深入探讨的问题。

据浙江巡抚张曾敭办理此案的档案资料以及当时上海媒体的舆论报道，秋瑾案的基本案情是清楚的。徐锡麟案发后，其所创办的绍兴大通学堂自在官府清查之列。其时，浙江巡抚张曾敭从金华府知府电禀得知"武义县获匪供系大通学堂学生勾结起事"，而两江总督端方也电称大通学堂"徐匪死党必多"，因即电饬绍兴知府贵福查办。贵福又得乡绅胡某、袁某密报，大通体育会女教员秋瑾与会党首领竺绍康等密谋于六月初十日（7月19日）起事，有党众万余人之多，当即星夜赴省城请兵。张曾敭派杭州新军第一标标统李益智率兵两队前往绍兴，协助贵福逮捕了秋瑾等人。因贵福平时与大通学堂多有来往，甚至曾认秋瑾为义女，审讯时又被秋瑾指为"同党"，遂恐祸及己身，乃电禀张曾敭请将秋瑾"先行正法"。贵福在得到张氏"秋瑾即行正法"的电谕后，即迅速处死

[①] 《浙江绍兴府查抄徐锡麟家属株连学界捕戮党人始末记》，女报社编印：《越恨》，转引自浙江省辛亥革命史研究会、浙江省图书馆编《辛亥革命浙江史料选辑》，浙江人民出版社1981年版，第459—460页。

了秋瑾。① 就这样，秋瑾试图在浙江密谋发动的会党起义被扼杀在萌芽状态。

此案值得注意的一点是，张曾敭以谋乱罪为前提对秋瑾案采取了"就地正法"的措施，这在晚清中国本是很自然的。例如，徐锡麟被"就地正法"后，孙宝瑄日记称："徐当场被擒，讯实口供，就地正法，取心血以祭恩（铭）焉。"② 这至少从字面上看不出有何惊诧之意。但另一方面，这种仅凭口供判案并立即执行的司法行为，与近代法制观念及其司法程序颇有距离，此举在近代法制社会中确是过于轻率的举措，颇有草菅人命之嫌，因而正在要求实行立宪的民间舆论对此大加非议，也就不足为怪了。

据考证，晚清"就地正法之制"始于镇压太平天国农民起义之时，本是非常时期的非常制度，曾经起到了维护王朝统治的成效，但此法的推行，破坏了清王朝固有的司法审判制度，"主要是死刑上报中央刑部复核、皇帝亲自裁决的制度"，削弱了皇权，增长了地方督抚的权力。此后，由于社会不稳定因素并未消除，地方督抚权力日渐增大，此制于终清之世未能废除。③ 就在秋瑾案发生的前一年，即1906年，清廷在官制改革的过程中涉及"司法独立"问题。在中央，改刑部为法部，大理寺为大理院，分别为司法行政和审判机构；在地方，则相应地设立高等审判厅，负责司法审判，以按察司负责司法行政，各省按察司与高等审判厅直属中央法部与大理院。这样便剥夺了地方督抚的司法权，引起了张之洞等地方督抚的强烈反对。封疆大吏有保境安民之责，而司法审判之权是能够有效控制社会秩序的重要工具。张之洞特地从镇压地方叛乱的角度提出了反对所谓"司法独立"的理由，他认为："方今革命党各处蠢动，沿江沿海伏莽繁多"，如果督抚不能与闻司法审判，而裁判官有独立

---

① 张曾敭电奏稿及其与贵福往来函电，见故宫档案馆辑《浙江办理秋瑾革命全案》，中国史学会主编：《中国近代史资料丛刊·辛亥革命》（三），上海人民出版社1959年版，第187—190页。相关报刊资料有：《记大通学堂秋瑾被杀事》《徐锡麟株连案余闻》，《时报》1907年7月21、24日；《越郡党祸风潮纪实》，《南方报》1907年8月2日；《株连秋瑾女士确耗》《新军骚扰学堂之罪状》《秋瑾冤杀之原因》《秋瑾女士冤杀之历史》《越郡罗织党案余闻》，《申报》1907年7月20、22、23、28日、8月5日。

② 孙宝瑄：《忘山庐日记》下册，上海古籍出版社1983年版，第1046页。

③ 邱远猷：《太平天国与晚清"就地正法之制"》，《近代史研究》1998年第2期。

判案之权，那么"每遇拿获逆党，必将强引西律，曲贷故纵，一匪亦不能办。不过数年，乱党布满天下，羽翼已成，大局倾危，无从补救"①。张之洞所派在京参与官制改革的代表陈夔麟还专门向总核官制大臣上了一份说帖，力争地方督抚的"就地正法"大权，他说："军兴以来，各省本有就地正法之条，督抚膺疆寄重任，凡扰害治安如会匪、土匪，决不待时，巨案获犯后，一面讯明审判，一面专案奏咨，历来如此办理。近年来各省照此办理者尤指不胜屈，非故重督抚之权也，诚以变起仓促，众情惶惑，非就地即行正法，不足以震慑民心，消弭巨患也。"他提议应将"就地正法"一条列入官制总则，"仍由督抚主持"②。结果，虽然在1907年7月7日公布的地方官制改革方案中并没有写进这一条，但事实上，所谓"司法独立"在清末并没有很好地被付诸实施，地方督抚也没有真正地放弃"就地正法"之权。如《清史稿·刑法二》所谓："疆吏乐其便已，相沿不改……沿及国变，而就地正法之制，讫未之能革。"③可见，晚清时期地方督抚不但非常看重"就地正法"之权，而且也实际上拥有这个权力。

晚清处在新旧交替的过渡时期，法制改革虽已进行，但尚未完成，新法未能健全，旧法依然存在。张曾敭是一个较为守旧的官僚，在法制改革方面是保守的。他对于法律大臣沈家本等人仿照西法而将刑法改重为轻的法制改革思想颇不以为然，而是坚持主张治乱世用重典的传统法律观念。在关于沈家本等人新订《刑事民事诉讼法》的讨论中，张曾敭是坚定的反对派。他说："中国礼教功用远在法律之上，是以尊亲之义，载于礼经。汉儒说《论语》，亦谓纲常为在所因，此各省所同，浙不能异者也。浙西枭匪出没，浙东寇盗潜滋。治乱国用重典，犹惧不胜，骤改从轻，何以为治？此他省或可行，而浙独难行者也。"④ 因此，张曾敭在处理秋瑾案时坚持采用"就地正法"措施。

---

① 张之洞：《致军机处厘定官制大臣、天津袁宫保》，苑书义等主编：《张之洞全集》第11册，河北人民出版社1998年版，第9577页。
② 《光绪三十三年二月初六日京陈道来电》，《张之洞存各处来电稿》第1函，中国社会科学院近代史研究所图书馆藏档案（以下简称"所藏档"），甲182—444。
③ 赵尔巽等撰：《清史稿》第15册，中华书局1976年版，第4202—4203页。
④ 《张曾敭传》，《清史稿》第41册，第12539—12540页。

应该说，张曾敭作为封疆大吏，实行"就地正法"措施并没有超出他的职权范围。但问题是，秋瑾案发生在清廷预备立宪时代，张曾敭实行的"就地正法"措施从根本上是与宪政精神相违背的。这正是当时舆论攻击的焦点，也是清政府处境尴尬而难以应对的症结所在。

二 民间舆论攻击之要点及其压力

秋瑾案被舆论攻击的主要问题有二：一是案件的性质问题。秋瑾尚未举事，因而官府以谋乱或通匪罪处死秋瑾便是一桩冤案；二是案件的程序问题。官府在没有确实口供或证据的前提下处死秋瑾，不合法制。这两点的关键之处又在于其有悖宪政精神，这是正在标榜预备立宪的清政府难以承受的压力。

首先，关于秋瑾案的性质问题。

浙江官府以秋瑾案为谋乱或通匪案，民间舆论颇不以为然，官府与民间关于秋瑾案性质的分歧，主要是因为双方对秋瑾身份认定的歧异。

一方面，民间舆论为秋瑾树立了一个学界爱国新女性的形象，并对秋瑾的惨死表示深切的同情。秋瑾作为清末革命女性的先驱人物，其行为确有不同寻常之处，且不论其主动与丈夫离异、只身赴东洋留学等惊世骇俗之举，即是日常生活方式，也颇为引人注目。"女士平日乘马驰骤，且作男子洋装，或送以目，或称为奇事也。"[①] 其时，秋瑾虽然秘密加入了光复会、同盟会等革命组织，并在积极联络革命力量，加紧进行革命活动，但是，她的公开身份则主要是以归国留学生资格而出任绍兴明道女学堂、吴兴南浔女学堂、绍兴大通学堂及其附设体育会教员等职，并在上海创办《中国女报》杂志，明确标榜"以开通风气，提倡女学，联感情，结团体，并为他日创设中国妇人协会之基础为宗旨"[②]。表面看来，秋瑾最多不过是一个女权主义运动者，而很难说其与政治革命和种

---

① 《越郡党祸风潮纪实》，《南方报》1907 年 8 月 2 日。范文澜先生的回忆可为佐证，他说："我所看到的秋瑾总是男子装束，穿长衫、皮鞋，常常骑着马在街上走。"《女革命家秋瑾》，周芾棠等辑：《秋瑾史料》，湖南人民出版社 1986 年版，第 1 页。

② 秋瑾：《创办中国女报之草章及意旨广告》，《秋瑾集》，上海古籍出版社 1979 年版，第 10 页。

族革命相关。因此,秋瑾案发后,一般民间舆论多以之为爱国新女性,因被徐锡麟案株连而惨死,大都深表同情。如《申报》云:"秋瑾女士曾至日本游学,程度颇高。近被人指为徐锡麟党羽,遂被拿获,立予斩决。闻者莫不慄慄。"① 秋瑾"殊负新学名誉,此次惨被株连,无不同声叹息"②。《南方报》称:"学界中人以秋女士实为女学界不可多得之人,名誉卓著,咸皆惨惜。"③《时报》相继发表秋瑾生前好友吴芝瑛的来稿《秋女士传》和《纪秋女士遗事》,说明秋瑾是一个如"俄之苏菲亚、法之罗兰夫人"一样的女权革命者。"女士平时持论谓:女子当有学问,求自立,不当仰给男子。今新少年动曰'革命,革命',吾谓革命当自家庭始,所谓男女平权是也。"作者甚至郑重地表示:"愿以身家性命保秋氏家族,望当道负立宪之责任者,开一面之网饬属保全,勿再罗织,以成莫须有之狱,诬以种种之罪状,使死者魂魄尚为之不安。"④《申报》还刊登了秋瑾身着和服及男子洋装的照片两幅,其一有题称"女界流血者秋瑾"⑤,并登载秋瑾的一些遗诗、遗文。在发表《秋瑾之演说》时,编者特写文前按语称:"秋瑾女士以徐锡麟案株连,被杀于轩亭市口,论者冤之。然是非黑白,局外之人亦不能赘一辞。惟闻女士自幼通经史,工诗词;及长,痛心国难,每于新报新书中见外侮侵迫,则横涕不可抑,大有'四十万人齐解甲,并无一个是男儿'之感。"该按语认为秋瑾所主张的革命乃"男女革命",所谓"汲汲焉提倡女学,以图女子之独立",其实并不是"种族革命",而"今乃以种族革命见杀,论者所以冤之也"⑥。可见,在一般舆论看来,秋瑾案显然是一桩由官府有意误办的冤案。

诚然,不能忽视的一点是,秋瑾是一位女性,这一点是她获得舆论同情甚至赞美的一个重要因素。《时报》刊载明夷女史来稿《敬告女界同胞》称:"秋女士平日之宗旨,或主革命,或以他故而波及,俱不能深

---

① 《查封徐锡麟家产学堂之骚扰》,《申报》1907年7月18日。
② 《皖抚恩新帅被刺十一志》,《申报》1907年7月21日。
③ 《越郡党祸风潮纪实》,《南方报》1907年8月2日。
④ 吴芝瑛来稿:《秋女士传》《纪秋女士遗事》,《时报》1907年7月21、25日。
⑤ 秋瑾和服照及男子洋装照分载《申报》1907年7月23、27日。
⑥ 《秋瑾之演说》,《申报》1907年7月22日。

悉……至于以国民之权利、民族之思想，牺牲其性命而为民流血者，求之吾中国四千年之女界，秋瑾殆为第一人焉。则秋瑾之死，为历史上放光明者，良非浅鲜。欧学东渐以来，国民渐知民族的国民主义，大声疾呼，以救危亡，然皆出于男子，而女界无与也。女界之愚弱，仍如故也。故新学之士动谓我二万万同胞为无用，动谓女子为男子累。今则以巾帼而具须眉之精神，以弱质而办伟大之事业，唤起同胞之顽梦，以为国民之先导者，求之吾中国二万万之女界，秋瑾又为第一人焉。人皆谓秋女士之死，阻我女界之进步，而不知适所以振起二万万人之精神也。则秋瑾之死，为社会之影响者，尤非浅鲜。盖秋瑾之革命虽未见实行，而政府杀之也以革命故，则秋瑾即非革命党，而亦不得不革命，何也？政府加之，人民即不得不公认之。然则秋瑾果系革命与否，不必深辨。而秋瑾终不能辞革命之罪，即亦不能辞革命之名……吾知继秋瑾之后者将闻风接踵而起，崇拜之，欣慕之，女界革命之传播，必速于置邮而传命，今日者特其起点而已。政府诸公果能举二万万之女子而尽杀之斯已耳，否则，民智大开，禁闭乏术，人人可以革命，即人人可以为秋瑾，是不啻杀一秋瑾，而适以生千百秋瑾，一秋瑾易杀，而千百秋瑾难除也……愿我二万万同胞人人心中有秋瑾之铜像，人人脑中有秋瑾之纪念，则秋瑾虽死欲生。"[1] 在这里，秋瑾是否属于革命党的问题已不重要。重要的是，秋瑾是当时爱国新女性的代表人物，所谓"以国民之权利、民族之思想，牺牲其性命而为民流血者"，"以巾帼而具须眉之精神，以弱质而办伟大之事业，唤起同胞之顽梦，以为国民之先导者"。秋瑾被政府以革命罪惨杀，因而成为中国历史上不世出的女界英杰，她的死应当成为新时代女性觉醒的契机。

另一方面，民间舆论在否认秋瑾的革命者身份的同时，严厉痛斥了浙江官府残害秋瑾的暴行。秋瑾是否是革命党的问题，是民间舆论与官府分歧的关键。一般舆论认为，浙江官府之所以认定秋瑾是革命党，其实只是杀人凶手李益智、贵福、张曾敭等浙江官吏借以邀功请赏和谋求升官发财的口实。《申报》发表《论绍兴冤狱》说："中国党祸多矣！官场拘捕似是而非之革命党亦多矣！然未有惨酷悖谬假公报私如近日绍兴

---

[1] 明夷女史：《敬告女界同胞》，《时报》1907年8月10日。

冤狱之甚者也。"该文明确地指出:"贵福者,恩中丞之中表也。杀革命党者,升官之捷径也。以杀革命党为言,则任杀百数十无辜之人而人莫敢讼冤,以讼冤者亦可指为革命党也。事苟能泄私忿而遂吾功名富贵之大愿者,又奚恤他人生命为?故吾敢断言之曰:必有李益智之横酷,而后有贵福之罗织;有李、贵之残杀,而后见张中丞之任用群小。嗟乎!官吏者,所以维持人民治安者也。今不特不能维持,而反扰乱之,使祸逮于妇人孺子。充张中丞及李标统、贵太守之心,或者不愿浙江自后有东渡之女学生习体操之学堂,而后引以为快乎?抑以雷厉风行之手段,使浙中父老尽驱其子弟悉数勿入学界,而始高枕无忧,奏肃清学界之伟功乎?"①《时报》发表《时评》称:"我今乃知天下有以弱女子之血,为人希恩固宠、邀名猎誉之资料者……秋瑾之死也,令人百思不得其故。苟稍涉文明法律者,莫不讼其冤。"②该报还借西方报纸的言论,痛斥官府处理秋瑾案的野蛮行径。其转载《文汇报》言论云:"视中国政府近来待女子之办法,终不若西国之文明。即办理女教员秋瑾一事,在中政府以为该女子暗通革命党,故必如是办之,然他国断无此等办法。若论世界进步各国,惟在一千八百年以前则或有此野蛮办法。"③ 这对于正在标榜预备立宪的清政府来说,无疑是当头一击。

其次,关于秋瑾案的程序问题。

据各报披露,秋瑾被害一案并无确实的口供和令人信服的证据,这是民间舆论敢于大胆攻击官府的要害之处。对此,浙江官府表现得处处被动,只有招架之功,没有还手之力。

秋瑾被捕后,绍兴知府贵福会同山阴、会稽两县令会审。"秋瑾始终无口供。山阴县令问:女子何以要讲革命?秋瑾答:是男女平权的革命,非政治的革命。又令其将平日作为用笔书写,秋瑾但书一'秋'字。又诘之,又书'秋风秋雨愁煞人'七字。"④ 舆论以为,秋瑾无辜被杀,显示了浙江官吏的暴戾,尤其是绍兴知府贵福和新军标统李益智,更是罪

---

① 《论绍兴冤狱》,《申报》1907 年 7 月 23 日。
② 《时评》,《时报》1907 年 7 月 19 日。
③ 《西报论中国待女子之办法》,《时报》1907 年 7 月 21 日。
④ 《记大通学堂秋瑾被杀事》,《时报》1907 年 7 月 21 日。

魁祸首。

贵福平素与秋瑾多有来往,大通学堂的创办即得到他的支持,"开学之日,郡守及山、会两邑令皆莅堂致颂词,郡守贵福并赠瑾对联一联曰:竞争世界,雄冠地球。瑾于是益得畅所欲为"①。秋瑾"虽恶其人,然利用其昏庸,免为革命阻力,故亦虚与委蛇"②。贵福本系满族人,故自谓"卑府籍长白,必不为彼党所容"③,因此他对革命是极端仇视的。当贵福与山阴、会稽县令会审秋瑾时,竟被秋瑾当堂指为"同党",使贵福颇为难堪,因而向浙抚"危词耸听",主张立斩秋瑾,"为己脱卸地步",并将同情秋瑾的山阴县令李锺岳撤职,"以绝后患"。④

李益智是浙江新军第一标标统,其与学界结仇,事出有因。此前浙江拟练新军两标,分别由李益智、蒋尊簋(伯器)任第一、二标标统,到金、严二郡征兵。据说一标军弁素质低劣,军纪极差,二标则优。一标先回省城杭州,无声无息;二标回省,各学堂举行了盛大的欢迎会,场面风光无比。"不迎一标迎二标,舆论所在,判然扬蒋而抑李。是日自高等学堂以下,凡二十余校,欢声雷动,观者如堵,府县警官,皆至观礼,极一时之盛。不知学界对于二标欢欣鼓舞之时,正一标对于学界剚刃寻仇之日。时一标中相约不出营,某军官扬言曰:浙若有事,先杀某报馆,次杀学界。闻者鄙其言,然隐为学界危。不图未逾二旬,而杀机果大动也。"⑤ 李益智部下奉派到绍兴搜查学堂,"大有藉此报复之意",他们肆意殴击甚至枪杀学生,并有意栽赃陷害秋瑾,在押解途中,"某兵将手烟〔枪〕二枝掷于道旁,遂指为由女子裤中落下"。李益智为了掩盖所部暴行,"恐一经详细讯问,与己不便,遂危词耸听,致女士遂罹奇祸也"⑥。

秋瑾被害后,舆论哗然,各界人士纷纷上书,质问、谴责有关当局。

---

① 陶成章:《浙案纪略》中卷,1916年铅印本,第19页。按:秋宗章记贵福赠秋瑾联与陶成章所记略有不同,为"竞争天演,雄冠地球"。又,1907年7月22日《时报》之《时评》所记与秋宗章相同。

② 秋宗章:《六六私乘》,《秋瑾史料》,第50页。

③ 秋宗章:《大通学堂党案》,《秋瑾史料》,第102页。

④ 《越郡罗织党祸余闻》,《申报》1907年8月5日。

⑤ 瘁民:《浙江之危机》,《时报》1907年8月13日。

⑥ 《新军骚扰学堂之罪状》,《申报》1907年7月22日。

据报载:"某四女士以其并无供词实据,深痛女界之摧残,特函致张抚询问:秋瑾女士究竟因何定罪?持何证据?"①"越郡士绅以秋女士并无叛逆证据,亦无口供,联名上控嵊县;各学堂亦以无故查抄枪毙学生,禀请赔偿名誉。而贵知府则置之不理,现亦须分投上控矣。"②"留东全浙学生致浙抚电:皖案逮捕株连,显背去年谕旨,祸及学界,尤恐酿成巨变,乞大帅主持。"③"浙省同乡京官将奏请昭雪。"④甚至有人电告即将进京入枢的湖广总督张之洞,认为"越案株连太多,刑讯太酷,人心摇动,恐激事端",希望他出面"主持"⑤。

迫于民怨鼎沸的压力,张曾敭在无奈之际,一面先行择要电奏朝廷,一面发布安民告示,宣称秋瑾在徐锡麟创办的大通学堂,与武义、嵊县匪党勾结,密谋起事,已派兵破获,查获秋瑾亲笔悖逆字据及枪弹马匹多件,业将秋瑾正法。"奸谋已破,匪党散走,除仍严拿各首要外,其误信邪说并不知逆谋实情者,无论何项人等,概不拿究。"⑥一方面向朝廷保证继续严拿逆党,另一方面要求所属人民安居乐业。

张曾敭此举遭到舆论的严词辩驳,被斥为欺上瞒下。《时报》发表两篇署名"胡马"的社论,直言"绍兴残杀之惨剧,起于贵守,成于张抚";指责浙抚安民告示"支离诞谩",电奏稿"愈益虚无荒谬,海市蜃楼,不可究诘。欺罔天威,草菅民命,肆无忌惮,闻者发指"。社论首先从法制的角度立论,"夫法也者,立国唯一之元素也",认为无论是民主共和,还是君主立宪,都应以立法、守法为急务,即使专制国亦不可无法,甚至认为"专制之国其视守法也,乃较之共和、立宪之政体为尤重"。从法制的角度来看,绍兴冤狱只能证明清朝官府的"野蛮"。社论接着驳斥了浙抚告示与电奏指称秋瑾"为匪"与"通匪"的谬论。就"为匪"论而言,大通学堂虽然是徐锡麟所创办,但并不是徐锡麟的私

---

① 《徐锡麟革命之余波》,《申报》1907年7月27日。
② 《秋瑾女士冤杀之历史》,《申报》1907年7月28日。
③ 《秋瑾冤杀之余波·留东全浙学生致浙抚电》,《申报》1907年7月31日。
④ 《越郡罗织党案余闻》,《申报》1907年8月5日。
⑤ 《光绪三十三年七月二十日温州孙(诒让)主事来电》,《张之洞存各处来电稿》,所藏档,甲182—418。
⑥ 张曾敭电奏稿及告示稿,见《浙江办理秋瑾革命全案》,《中国近代史资料丛刊·辛亥革命》(三),第187—189页。

产,"浙江之有大通学校,此固与皖案风马牛不相涉者",且该学堂的创办曾得到地方官吏的批准和支持,如果其教员秋瑾与学生有"从逆"之罪,那么地方官吏更难免干系。就"通匪"论来说,指责秋瑾与武义、嵊县会党勾结,均没有确实证据,只是诬蔑之词,"试问搜出之证据果为何物?枪弹马匹均何所在?""以一弱女子与十余未及壮岁之学生公然在郡城谋叛,已属千古未有之奇闻。直至逆迹暴露,大兵入城,乃犹夷然无事,一如平日,既不能先发制人,又不肯遁逃图免,并其所恃以谋反之后膛枪三十枝,尚束之高阁,以坐待擒获,世宁有此理耶?"社论最后强调,政府因害怕革命而无端制造党祸,事实上将起到加速革命进程而适得其反的后果。"自皖乱既起,内而公卿,外而疆吏,内政外交,悉置不理,而惟以搜捕党人为先务之急,不知革命潮流,自属心理问题,而非政治问题,严刑峻法,滋长乱耳。"①

留东女界也投稿《对于秋瑾被杀之意见书》于《时报》,以秋瑾为"俄之苏菲亚、法之罗兰夫人"式的中国女界英杰,认为"秋瑾之死,不过当道人为希恩图宠邀名猎誉之资料者"。随后逐段驳斥了浙抚张曾敭的电奏,以为"浙抚电奏之案,不过欺君罔上之辞"。该文既认为"曾无有一事可以揭示其罪状",而又强烈要求浙抚拿出确实的证据,"揭示秋瑾之罪状"。② 其目的显然是要与浙抚为难。

一波未平,一波又起。浙抚张曾敭正苦于不得确实证据,忽听信人言,以绍兴尚有军火藏匿,"显有不轨情事",当即派候补道陈翼栋前往查办。陈翼栋到绍兴后,又据匿名揭帖,"遽调防军突至同仁学堂及戏捐公所,前后围守,入内搜查,并无犯禁之物;复又再四抄寻,虽地板概皆揭起,墙垣亦均打开,仍无他物,当将校员、所董等五人,拘至县署收押。观者如堵,谣言蜂起,阖城震惊"③。同仁学堂无端受累,学校财物被抢劫一空,职员被拘,学堂监督禀请浙抚申冤,禀称:"职等兴学,几费经营,败坏只在数刻,似此凭空诬陷,国宪何在?虽蒙府县讯明无故,恩予释放,然以办学之人,受兹奇辱,职等有何面目再任校务?且

---

① 胡马:《浙抚安民告示驳议》《浙抚电奏驳议》,《时报》1907 年 7 月 27 日、8 月 1 日。
② 《对于秋瑾被杀之意见书》,《时报》1907 年 9 月 1、2、4 日。
③ 《徐党株连案要闻汇志》,《时报》1907 年 7 月 25 日。

以陈道之轻信，设若辈奸徒预藏军火，散布谣言，彼时搜有实据，百喙难辩。"① 浙抚张曾敭批词冠冕堂皇地宣称："查拿匪徒，搜起军火，原为保卫地方治安。"他以秋瑾案为例，认为秋瑾与竺绍康、王金发等"纠党谋乱"，幸亏先期破获，否则，"数日之内，绍城之糜烂，讵堪设想？"对于陈翼栋骚扰同仁学堂事，他只是轻描淡写，认为"陈道委奉办匪，虽有搜查军火之权，轻信揭帖，未免操切"。他甚至还认为同仁学堂监督的禀词"意近挟制"。与此同时，绍府贵福也发布了两道安慰民心和学界的告示。前者宣称："秋竞（瑾）图谋不轨，在在确有证据，此次正法并无冤枉，民间均多误会意旨"，并悬赏捉拿在逃的竺绍康、王金发。后者宣称："大通学堂勾通匪类，确有悖逆证据，实属咎由自取；其余城乡学堂，亟应一体保护，暑期假满，即须照章开学。"② 浙抚绍守的批谕，进一步引起了舆论的普遍不满。

《申报》发表专文驳论，认为："秋瑾因株连而死，既无口供，又无证据，时人莫不冤之。盖始则株连无辜，为升官发财之计；继则锻炼周纳，为文过饰非之谋。欲加之罪，何患无辞？棰笞之下，无求不得。今观浙抚对于同仁学堂监督之批词，绍府对于士民之示谕，强词夺理，护短饰非。此虽足以上欺九重，而不足以下欺黎庶。"随后该文便将浙抚绍守批谕逐条驳斥，认为秋瑾只是一个弱女子，万无通同竺绍康、王金发纠党谋乱之理，即使有之，也只能拘拿秋瑾一人而已，而不应株连大通、同仁等学堂，使绍兴全城人心惶惶，并一再强调秋瑾案只是一个"莫须有"的罪案。"总之，秋瑾一狱，浙吏势成骑虎，莫可挽回。在浙省绅商学界恐被株连，不肯干涉。夫秋瑾之死不足惜，而当在预备立宪之时代，竟听一班昏墨官吏之作威作福，而政府不派大员为之调查，以败坏预备之基础为足惜。秋瑾之死无足异，而当在预备立宪之时代，竟听一班昏墨官吏之作威作福，而地方之绅商学界竟不发一言以讼其诬，致败坏预备之基础为足异。"③

---

① 《同仁学堂呈请澈究诬陷》，《申报》1907年8月7日。
② 《浙抚批同仁学堂监督之禀词》《绍兴府安慰民心之示谕》《绍兴府安慰学界之示谕》，《申报》1907年7月31日。
③ 《驳浙吏对于秋瑾之批谕》，《申报》1907年8月1日。

江苏教育总会特地发表致浙省绅商学界的公开信，对于浙抚批绍兴同仁学堂监督禀词中所谓"绅商学界亦自有公论"的说法，颇不以为然，认为这是浙吏有意借"公论"之名，掩盖其"前此所杀、所查抄、所拘系"的暴行，"而此公论二字，已为行政人所利用，则虽谓浙人自杀之、自查抄而拘系之亦可也。如是则凡浙抚之示告陈奏，皆不啻为绅商学界通公论之邮。所谓先期败露，保全绍郡绅富，而不至糜烂，浙抚之功且不可没，即绅商学界公论之功亦不可没"。他们认为，"浙省绅商学界公论而果以绍郡之案为情真罪当，则毋宁宜暴于众，所谓国人杀之也"；否则，"公论"不宜被少数人所利用。他们建议，江浙绅商学界应该联合行动起来，承担起宪政体制下绅民应有的责任，将绍兴案情弄个水落石出，以昭示天下。"兹事已亟，似宜开一临时谈判会，请稍晓法律者数人，先事研究，再行调查，终事报告，使天下晓然于此事之真相，不徒以空言相磨砻。"①

舆论还揭露，浙省大吏为了证实秋瑾罪案，便肆意捏造罗织证据，"密授意于李益智、贵福、陈翼栋等，张大其词，谓此案与金华匪乱相通，以实被杀者之罪，而洗诬杀人之过。故自秋瑾被杀后，贵守、陈道及李益智部下军弁，肆意在绍兴各学堂暨民人住宅穷搜，务欲得一二疑似通匪之证据，然日久未遂其欲。近又密议授意金华等处已获之匪，诬攀绍兴学界中人。故浙抚、绍守所出安民告示，皆含混其词，欲以绍事与金华匪乱牵合为一"。在此过程中，官吏弁兵借机敲诈勒索，给人民群众的社会生活带来无穷的灾难。"绍兴之狱，凡衙署差役及李益智、陈翼栋带来之兵，无不以'发洋财'三字（发洋财者，为军队掳掠民间之隐语）互相庆贺，途中遇有举止轩昂或衣服稍洁者，必挟之入茶馆，曰：汝是土匪，又是革命党。勒索洋十元至二十元不等。倘无所获，即执之见官。"有绍兴人孙德卿家颇饶裕，"亦被指为革命党，拘往会稽县署"。县令竟然对他说："此次省台派兵来绍，供给一切，靡费颇巨，预算不下二万金，殊为焦灼。"言下之意，不言自明。"现绍人见其手段过辣，恐有罗织之祸，凡有家产二千元以上者，均已纷纷迁徙，恐慌之象，殊不

---

① 《江苏教育总会致浙省议长议绅谘议官学界诸君询问绍案公论书》，《申报》1907年8月5日，又见《时报》1907年8月6日。

下于发逆扰乱时。"①

在舆论的压力下,绍兴知府贵福将秋瑾全案刷印传单公布。主要内容包括:浙抚张曾敭一密函三密电,秋瑾、程毅、蒋继云口供,大通学堂搜获枪弹清单,秋瑾诗稿、文稿如《革命论说》《伪军制论》《皇[黄]帝纪元大事表》等。②但当时舆论根本不相信贵福公布的秋瑾等人口供的真实性。此前,《时报》即登载绍兴友人来函称:"该省官场因外间人言啧啧,群为秋女士讼冤,大吏痛恨山阴县之不能刑迫口供,拟以事奏劾之。又授意某某求秋女士书函等件,仿其笔迹,造通匪等函件,以掩饰天下耳目。"③该报在发表贵福呈报浙抚的秋瑾口供及程毅、蒋继云供词时,特加编者按语于后,称:"此供词数日前业经访员寄到,记者以秋女士向无口供,今忽发布,深属可疑,故未敢骤登,继而思该口供既为贵守所呈报,则亦适成为贵守所发表之供词而已。"④当贵福公布秋瑾全案后,《时报》又发表了署名"蒋藻女史"来稿的驳论文章。首先,该文认为秋瑾案是一桩极大的冤案。"秋女士之死,相识者冤之,不相识之各报记者亦冤之,读各报之稍有一知半解庸陋如余者,亦莫不同声冤之,即此穷乡僻壤目不识丁之妇孺,闻女士之死,见女士之像,亦莫不交口冤之,甚至有闻而唏嘘欲泣者。此亦足见公道之自在人心,有非可以强令从同者矣。"其次,该文将贵福公布的秋瑾案主要内容进行了逐一驳斥。其一,关于张抚一函三电。张抚密函与第一电并无一字提及秋瑾,第二电仅列秋瑾之名于竺绍康、王金发之后,因而对秋瑾为革命党头目的指证表示怀疑;第三电以徐锡麟之弟徐伟供词称徐"与秋瑾同主革命",因徐锡麟供词并无同党,"于株连之徐伟,始严讯而轻信之",其实并不足信。其二,关于秋瑾口供,疑点有七:一是口供只字不提秋瑾生有子女二人;二是口供言秋瑾光绪二十九年(1903)游学日本含糊其词;三是口供云徐锡麟、赵洪富、竺绍康、王金发、程毅皆与相识,而唯独不及蒋继云是否相识;四是口供云"堂内开枪兵勇"所指不明;五是口

---

① 《浙省大吏骚扰绍郡汇闻》,《申报》1907年7月25日。
② 《官场发表之秋瑾罪案》,《时报》1907年8月16、17、18日;又见《绍兴府贵寿宣布秋瑾罪案》,《申报》1907年8月17、18日。
③ 《徐锡麟株连案余闻》,《时报》1907年7月24日。
④ 《杂纪》,《时报》1907年8月15日。

供云当时拿获仅有手枪一支及论说稿数纸、日记手折一个,并无大宗军火,与官场报告搜获枪弹、马匹若干数目不符;六是口供始终未及大宗枪弹,"官场所开此项快枪子弹,其即官场诬害秋瑾之铁证";七是"秋瑾稿底不过作诗、作文、作论说而已,其间狂悖之语虽有,然并无承认为浙江革命党大头目,及手下有何羽党,约同何时起事,并与武义聂李唐等是否一起,与皖案徐锡麟是否知情一切明文",结果"含混收场"确实可疑。其三,关于程毅、蒋继云口供,疑点有三:一是程、蒋供称"革命党各省均有大头目,浙江的大头目要算秋先生了","要算"之说仅是"一面之词",其实"毫无确据";二是蒋供称"前年北京炸弹是秋先生同谋",而秋瑾口供并无与蒋相识确供;三是"程毅、蒋继云全供,的是一派诬陷之话,全为秋瑾而设"。其四,关于大通学堂搜获枪弹,疑点也有三:一是仅有枪弹、马匹若干不能为秋瑾革命之罪证,如果秋瑾真是浙江革命党大头目,"叛期已迫,羽党必众,必有特别可凭,如旗帜、册籍、伪示、伪印之类,或来往匪函,可以执为铁证,岂仅此枪弹、马匹而已哉?"二是此项枪弹来源及其数目令人怀疑;三是所谓学堂里有"马五匹,鞍辔齐全",不能为秋瑾起事之实据,"言之殊堪发噱"。最后,该文完全否定了秋瑾案为"匪案"的性质。"综观全案,秋瑾之死,死于何罪,仆实不能了然于心。如以为秋瑾之死,死于通匪耶,则张抚之密函既如彼,而武义之匪供又如彼;如以为秋瑾之死,死于为匪耶,则当日亲供既如彼,学堂之证据又如彼。然则秋瑾之死,不死于通匪,亦不死于为匪,特死于几篇诗文论说之稿底乎?"可见,秋瑾案"不过一文字之狱而已",秋瑾之死确系"冤狱"。"官场宣布之罪案,曰女匪秋瑾,吾等女界中,必请官场将秋瑾是匪首、是匪党、是通匪、是为匪、是何亲供、是何确据,一一指示大众,庶可以瞑死者之目,而平社会之心。若仅此几篇诗文论稿,几句摇动供词,几杆不知从何而来之枪支,吾知其曷足以塞悠悠之口,曷足以告无罪于天下乎?然而亦足见浙中官吏草菅民命矣。"①

就这样,浙江官府在秋瑾案上处处受到民间舆论的攻击,几乎没有还手之力。舆论之所以能够如此大胆攻击官府,是因为当时的清政府已

---

① 蒋藻女史稿:《驳官场发表之秋瑾罪案》,《时报》1907年8月26、27日。

公开标榜预备立宪。"庶政公诸舆论"①，是1906年9月1日清廷颁布预备"仿行宪政"上谕中的说法。可以说，这是预备立宪时期民间舆论得以发扬的冠冕堂皇的依据。前引江苏教育总会致浙江绅商学界的公开信，就曾以"煌煌谕旨既曰庶政公诸舆论"为据，而说明绅民理所当然应该承担参与论政的责任。②浙江官府在处理秋瑾案上的种种作为，在民间舆论看来，均是野蛮的专制制度下的产物，根本不合宪政制度下的法制规范。民间舆论对于浙江官府制造的秋瑾案，从证据到性质，都进行了根本的否定：一方面认为秋瑾是一个学界爱国新女性而不是革命党；另一方面认为浙江官府关于秋瑾案的各种证据都是凭空捏造的诬陷之词，因而得出秋瑾案是一桩典型冤案的结论。不仅如此，舆论甚至认为，即使秋瑾确系徐锡麟党羽而有革命党之嫌，因尚未有发动的事实，按理说也不应该如此草率办案。"浙省之秋瑾与大通学堂，故无论是否果为徐党，就令确为徐党，亦不过在预备阴谋之列。以常事犯论之，只有预备阴谋、未至措手实行者无罪，所谓只问行为、不问意思，刑法无诛意之条，与道德宗教判然殊也。以国事犯论之，预备者比措手实行者减一等，若阴谋未至预备者减二等，此文明国对于国事犯之办法也。"③但浙江官府并没有按照"文明国对于国事犯之办法"来做，却恰恰是反其道而行之。"夫（秋瑾）女士之主张革命，固不能为女士讳，而亦不必为［女］士讳也。今国家虽预备立宪，而新律未编，女士果起革命军矣，固不能如文明国处以国事犯相当之罪，势必难逃一死。若革命未见实行，罪名未兑［见］宣布，而遽以'秋风秋雨'七字定谳，则是官吏蔑视法律，鱼肉我同胞也。故今日之争，不必问秋女士之革命真与不真，但当问官吏之杀我同胞当与不当。女士当杀，杀之宜矣；乃杀之而于法律未当，是不啻杀我无罪之同胞矣。"④ 在此，民间舆论的立足点已经超越秋瑾革命与否的界限，而充分关注了宪政题中应有之义的法制问题。浙江官府处

---

① 中国第一历史档案馆编：《光绪宣统两朝上谕档》第32册，广西师范大学出版社1996年版，第128页。
② 《江苏教育总会致浙省议长议绅谘议官学界诸君询问绍案公论书》，《时报》1907年8月6日。
③ 《论皖抚与浙抚办理革党之比较》，《时报》1907年7月24日。
④ 《敬告为秋女士呼冤者》，《申报》1907年8月25日。

理秋瑾案的举措,正是无视法制规范而肆意践踏人权的野蛮行径,完全剥夺了人民的基本人权甚至生命权。"此次之党狱,政府官吏之对于我人民,可谓侵削生命权之甚矣。欲杀则杀,欲捕则捕,欲搜查则搜查。不必有证,不必有供,不必按律。匿帖可信,罪名可诬。一切敲诈之事,乘此而大起。人有旦夕之恐,士无一线之安。行旅不得自由,居处不得自由,书信不得自由,一切营业不得自由。世界普通所有之人权,大概尽为所侵削,而复日处生命危险之地位。"① 这是与以发扬民权为根本精神的宪政理念背道而驰的。由此,民间舆论便进而怀疑清政府预备立宪的真实性,并对其宪政前途深感疑虑。"就今日皖变观之,毕现政府专制野蛮真面目,而后知乌头可白、马角可生,立宪竟不可期也。呜呼,政府将以此终古耶!"② 民间舆论从抨击秋瑾案出发,转而质疑清政府预备立宪的前途,这是日暮途穷的清政府实在难以承受的巨大压力。

三 清朝官府之恐慌及其应对举措

徐锡麟、秋瑾在安徽、浙江的革命活动虽然没有获得成功,但因此而造成的革命声势及其影响却是巨大的。一方面,革命风潮给清朝官府造成了极大的心理恐慌;另一方面,民间舆论的渲染进一步给清朝官府施加了更大的压力。这期间,清朝官府的表现及其应对策略是值得深入探讨的问题。

徐锡麟刺杀安徽巡抚恩铭,犹如一枚投向清朝官场的炸弹,使各级政府官员惊恐万状,惶惶不可终日。据《申报》报道:"皖抚恩新帅被刺后,内而政府,外而疆吏,无不慄慄危惧。闻江督端午帅昨日致张香帅函有云:先防康梁党,后防革命党,继防留学生,今又防及候补道,实令人防不胜防,时局如斯,惟守'死生有命'一语,庶坐卧可以稍安也。"③ 秋瑾案发后,绍兴城里更是"风声鹤唳,草木皆兵;阖郡居民,

---

① 《论生命权》,《时报》1907年8月2日。
② 彦农来稿:《论政府今日不可强立征服地位》,《时报》1907年8月11日。
③ 《皖抚恩新帅被刺十四志·附武昌访函》,《申报》1907年7月24日。

莫不惊怖"①。举国上下，一片惊恐。时论以为："自徐锡麟刺杀恩抚，而一班官场除满族外无一而非革命党矣；自秋竞雄因株连而死，而一班女界学生亦无一而非革命党矣。弓影疑蛇，闻弦落雁。是以外省官员入觐，而使内阁代为验看，则政府之心目中，几以男者人人为徐锡麟，其女子人人为秋竞雄。"② 徐锡麟、秋瑾事件带给清末官府的恐慌可想而知。

徐锡麟、秋瑾事件，是革命党势力在内地蔓延的信号。徐锡麟、秋瑾等革命党人能够轻易地潜伏政界、学界，既表明了清政府政治控制力的削弱，又为其继续维护王朝统治的稳固埋下了无穷的隐患，可以说实在是防不胜防。当然，就个人而言，最好的防备办法就是尽量减少与人接触的机会。但是，对于一个政府来说，要做到这一点真是谈何容易！清政府最初本能的防备措施，也恰恰是这样做的。上自朝廷，下至各级政府要员，都在想方设法以自保。清廷甚至改变官员引见礼制，其谕旨称："嗣后各衙门引见人员，暂归内阁验放。"③ 此举正是迫于革命党势力威慑的结果。据孙宝瑄日记称："自恩中丞遇害，凡达官贵人，皆有危心，朝廷则更甚，至引见之礼废，改为验放。革命党人之势焰，岂不盛哉！"④ 所谓"引见之礼"，是指由皇帝亲自接见臣下以示恩宠的礼制。按清制，京官五品以下，外官四品以下，初次任用、京察、保举、学习期满留用等项官员，均须朝见皇帝一次，文官由吏部、武官由兵部分批引见。清廷改引见为内阁验放的用意是十分清楚的。根据上谕，内阁王大臣"极为慎重"地拟定了验放规则："（一）凡当差之人均带门牌；（二）验放人员不得逾百人；（三）验放人员每十人为一排；（四）验放人员由内阁前门进，后门出，秩序不得紊乱；（五）由某部请验人员先期开单知照验放之王大臣。"⑤ 同时有人还奏请慎防召见官员："朝廷日见多数官员，其中恐有匪类匿迹，应请于召见外起官员暨圣驾出入，均宜慎密严防。"据说，此奏上后，"两宫甚为嘉纳，因之内廷官员出入，近日

---

① 《皖抚恩新帅被刺十一志》，《申报》1907 年 7 月 21 日。
② 《论消除革命在实行立宪》，《申报》1907 年 7 月 27 日。
③ 《光绪宣统两朝上谕档》第 33 册，第 96 页。
④ 孙宝瑄：《忘山庐日记》下册，第 1050 页。
⑤ 《王大臣拟定内阁验放规则》，《申报》1907 年 7 月 28 日。

十分戒严"①。皇帝不敢召见官员，这是中央政府的状况。

各省督抚也在纷纷采取防备措施。一方面，他们也有意减少与部属接触的机会。如湖广总督张之洞不仅通令督署及全省官署一律戒严，而且他与藩、臬、学三司均不见客，即使他被升授体仁阁大学士，司、道各官拟赴省辕道贺，他也只接见三司四道，并面谕："此后如有面陈事件，可由电话传递，不必来辕，以免意外之变。"他还要江夏知县制作腰牌二百面，分发给督署内办事人员及杂役佩挂，无此牌者，均不准轻入；② 另一方面，他们还主动出击，着力清查革命党人。如护理两广总督胡湘林特传藩、臬、学三司至署，"谕令速拣干员数人，密查政界、学界有无革命党潜匿其间，随时将查明情形逐一面呈，惟所派委员务须严密，切勿泄漏风声，致滋惶惑"③。两江总督端方致电江苏巡抚陈夔龙，要求他"将全省大小文武候补人员，无论有无差缺，及各学堂监督提调人等，详细调查，有无徐锡麟同党。如有形迹可疑者，立即撤差查究，并须严饬各员，各具同乡互保切结，方准委差"。陈夔龙即札饬藩、臬、学三司，妥议办法。④ 据报载，江苏某大吏接见僚属时非常慎密，"非有紧要公事概不接见，如必须面禀者亦不得近身接洽。出见时，必以多数之戈什哈及护勇人等各持手枪，四面围绕，并先期传谕各员，一切公牍不得如从前之置于靴统内，如接见时有以手探靴者，则护者不问情由，即当开枪。是以僚属之诣辕求见者，咸预相儆戒"⑤。还有人甚至采取了一些可怜而可笑的措施。如浙江巡抚张曾敭札饬提学司禁止开设体育会，南京有巡警学堂监督竟坚持不给学生发放用于训练的枪械。⑥ 社会上并有政府饬令各省邮政"凡人民往来私函，必须检视"的传闻，对此，《时报》发表《时评》予以辛辣的讽刺："吾为朝廷筹所以弭乱者，久之乃得一正本清源之策，敢贡诸当路曰：凡天下士民不许识字，自宰相以至庶人，

---

① 《杨学士又请慎防召见官员》，《申报》1907年7月30日。
② 《鄂都张中堂之恐慌》，《申报》1907年8月2日。
③ 《粤省密查政学两界有无党人》，《申报》1907年7月30日。
④ 《电请调查官场有无徐锡麟同党》，《申报》1907年8月5日。
⑤ 《苏省大吏接见僚属之慎密》，《申报》1907年8月6日。
⑥ 《浙省议长议绅请酌改饬禁体育事》《警察总监不敢给枪与学生》，《时报》1907年8月25日。

敢有识一字者死。"① 封疆大吏不敢接见僚属，这是地方政府的状况。

如果说清朝官府上述各项措施主要在于消极防范，那么以下一些举动相对来说就可以算是较为积极的应对了。一是加速进行满汉平权。徐锡麟是坚定的"排满"革命者，他在供词中明确地宣称："我只拿定革命宗旨，一旦乘时而起，杀尽满人……我蓄志排满已十余年，今日始达目的。本拟杀恩铭后再杀端□（方）、铁□（良）、良□（弼），为汉人复仇，乃竟于杀恩铭后，即被拿获，实难满意。"② 徐锡麟刺死皖抚恩铭后，社会上不时流传着有满族大吏被刺的消息，满族人最感恐惧。"道路传闻，江西之瑞（良），新疆之联（魁），皆遭不测。事之有无，尚在疑似，政府顾皇皇然不可终日。"③ 满汉矛盾是清末革命兴起的重要原因，也是满族统治者无法回避的紧迫问题。在清王朝面临危急存亡的关头，统治者不得不关注满汉平权问题。慈禧太后与光绪皇帝在召见军机大臣时面谕："筹议宪政，当先实行满汉平权办法及严禁大员徇私，以立宪政基础，则革命风潮庶几亦可渐息。"④ 随后，清廷发布了有关满汉平权的上谕，称："我朝以仁厚开基，迄今二百余年，满汉臣民从无歧视；近来任用大小臣工，即将军、都统，亦不分满汉，均已量材器使。朝廷一秉大公，当为天下所共信。际兹时事多艰，凡我臣民方宜各切忧危，同心挽救，岂可稍存成见，自相分扰，不思联为一气，共保安全。现在满汉畛域，应如何全行化除，著内外各衙门各抒所见，将切实办法妥议具奏，即予施行。"⑤ 时人以为，清廷此谕"欲混合满汉，不分畛域。盖鉴于革命党之事也。虽然，党人岂少休哉！"⑥ 真可谓一针见血地指出了清廷此时实行满汉平权的原由与用心，并对其实际效用深表怀疑。

二是加紧进行司法改革。徐锡麟、秋瑾案最受舆论攻击的一个要点就是司法程序问题。当时，正值清政府法制改革的过渡时期。法制改革的基本原则是与西方近代法制接轨，其主要内容有两个方面：一方面是

---

① 《时评》，《时报》1907年7月23日。
② 《皖抚恩新帅被刺七志·巡警会办徐道锡麟供词》，《申报》1907年7月17日。
③ 孙宝瑄：《忘山庐日记》下册，第1055页。
④ 《两宫注意满汉平权》，《申报》1907年8月6日。
⑤ 《光绪宣统两朝上谕档》第33册，第133页。
⑥ 孙宝瑄：《忘山庐日记》下册，第1059页。

修改旧律，即修改旧刑法中的残酷、野蛮、落后的部分，如废除凌迟、枭首、戮尸、缘坐和刺字等酷刑，禁止刑讯逼供等不良司法行为；另一方面是制订新律，即制订《刑事民事诉讼法》《大清新刑律》等新的法律。法制改革终清之世未能完成，但一些近代法制观念已被不少先进人士所接受。清政府处理徐锡麟、秋瑾案仍然沿用"就地正法"旧制，其野蛮、落后之处便成为社会舆论攻击的焦点。"刑律既已减轻矣，枭首、凌迟、戮尸等律已删除矣，何以皖省之变起而徐锡麟有剖心之事？何以徐锡麟之案发而绍兴大通学堂之秋瑾女士有不得口供而冤杀之事？徐之罪诚当死，而剖其心得不谓之滥刑乎？秋瑾女士既指为（非）徐之同党，何以不明暴其罪于天下，而贸贸然杀之，得不谓之滥刑乎？且大通学生程毅、吕诚等五人，既已讯无供词，而火练火砖，血肉糜烂，今顾非热审时乎，得不谓之滥刑乎？"①《申报》还译载《字林西报》上的英人论说，指责清政府处置徐锡麟案的"野蛮手段"，认为"彼官吏既杀徐而又取其心以祭死者，果已野蛮矣；竟又株连其亲族朋友。此等手段，徒使吾外人增轻视华政府之心耳……夫徐刺皖抚，其罪果不容赦，然而政府以此野蛮族类之行为处置之以为报复，亦尚可恕乎？"②清政府在处理徐锡麟、秋瑾案上的滥刑与野蛮行为，与正在进行中的法制改革精神颇相违背。于是，法部拟严禁各省州县滥用非刑，"至外省州县滥用非刑，尤须一律严禁，倘有阳奉阴违者，定予从重惩办"，并拟将刑事上应用刑具详定章程，"通咨各省俾有遵守，不至滥用酷刑，以重民命"。③ 对此，舆论以为："今日之天下，非实行立宪不足以挽回之。严禁州县之滥刑，洵立宪之要政也。"④ 立宪始终是舆论关注的中心问题。

清政府在想方设法防范革命党的同时，迫于民间舆论的压力，也适时地做出了一些政策调整，以期适应立宪的新形势。

民间舆论借徐锡麟、秋瑾案攻击官府的中心旨意在于推动宪政改革的进行。首先，舆论认为，清政府处理徐锡麟、秋瑾案的作为是与宪政

---

① 《论法部严禁各省州县滥用非刑事》，《申报》1907 年 8 月 10 日。
② 《西报论徐锡麟被刑之酷》，《申报》1907 年 7 月 19 日。
③ 《法部严禁各省州县滥用非刑》，《申报》1907 年 8 月 6 日。
④ 《论法部严禁各省州县滥用非刑事》，《申报》1907 年 8 月 10 日。

精神相违背的。如《时报》发表社论《论办理徐锡麟案之与立宪相反》，针对徐锡麟被惨杀和秋瑾被株连而惨死的事实，痛斥清朝官府的残酷与野蛮，认为此案株连之惨"比之戊戌政变为尤酷，即比之汉口庚子之役为尤酷"，"以预备立宪之时代而株守此野蛮之刑法，则前数日之谕旨煌煌，所谓官民各负责任者，果何语乎？如在上者肯负责任，则对于徐锡麟一案，当以文明之刑法治之，不当以野蛮之刑法治之，方足以坚天下之信，而促立宪之进行"。作者还在文末特地附录日本现行刑法关于国事犯治罪条文，"俾我国民之留心此事者对照而参观之，则当道处置此案之是非自灼然见矣"①。

其次，舆论认为，清廷预备立宪的诚意有问题。《时报》社论认为："朝廷近年举行新政，实非出自本心，不过刺激于内忧外患之频仍，不得已而姑出于此，聊以涂国民之耳目，饰友邦之观听而已。是故日言融合满汉，而种族之界限益严；日言预备立宪，而中央集权之谋益亟；贡举既已全停，而崇奖科名之积习犹在；地方声言自治，而士民预政之例禁犹严。至于学堂与学生者，则尤政府之所侧目，而与地方官吏分据于极端反对之地位者也。"该社论认为清廷预备立宪徒有其名，而无其实，如果实行真立宪，也许可以挽回国运。"吾敢为一言以正告吾国之政府曰：诸公而果有志于立宪也，则请尽去其瞻顾之私、忌讳之见，君臣上下同心合志，以从事于改革之前途。神州厄运，庶犹可挽。"②

最后，也是最关键的一点，舆论认为，立宪可以消除革命。革命党人的暗杀风潮，使清朝官府惊恐异常，实行立宪可以平息暗杀风潮。"故不立宪亦立宪，原今日之势，非立宪更无第二著足以息暗杀之风潮……暗杀之风潮，至今日而可谓极矣。以无量数之炸弹军火，无非欲破坏专制之萧墙，排满之主义，其所持以为间接之手段者也。无量数之炸弹军火，无非欲期望立宪之成立，破坏之主义，其所持以为建设之前提者也。故立宪苟能实行，则革命之风潮自息。"③ 革命风潮起于满汉矛盾，实行立宪可以化解满汉矛盾，平息革命风潮。"政府不欲实行立宪则已，果欲

---

① 天池：《论办理徐锡麟案之与立宪相反》，《时报》1907年7月19日。
② 胡马：《论搜捕乱党》，《时报》1907年7月23日。
③ 《论政府处于两败之地位》，《申报》1907年7月19日。

实行立宪，非先平满汉之界，其道未由。政府不欲消除革命之风潮则已，果欲消除革命，非先除满汉之界无由着手。故早一日实行立宪，即早一日弭革命之祸；早一日平满汉之界，则早一日成立立宪之局。"[1] 清政府当时面临着革命与列强侵略两方面的所谓内忧外患的威胁，"自表面上观之，则革命之祸急，而列强之祸缓；而自实际上观之，则列强之祸大，而革命之祸小"。两者都足以使清王朝覆灭，唯一的挽救方策只有立宪：一则"革命之发端由于立宪之不能成立，故不立宪则革命何自消除"；二则"非实行立宪则不足以消除革命之祸，革命之祸不消则列强之害亦终不能去"。[2] 这是清政府无法回避的现实压力。

民间舆论从立宪的角度攻击官府，正刺到清政府的痛处，可谓击中要害。清政府自1906年9月1日宣布预备立宪以来，进展缓慢，实不尽如人意。在民间舆论看来，徐锡麟、秋瑾案正暴露了清廷预备立宪的诸多问题。革命风潮之所以盛行，是因为清廷没有实行真正的立宪。"欲消除革命之祸，屏绝恐慌之患，非实行立宪，其道未由。"[3] 这种观念直接影响了某些政府要员，甚至影响了清王朝的最高统治者慈禧太后，促使其下定决心，加速实行立宪。以立宪消除革命，本是清政府实行预备立宪的初衷之一，因此要清政府认同这种观念并不困难。如在徐锡麟事件发生后，两江总督端方致电铁良称："吾等自此以后无安枕之一日，不如放开手段，力图改良，以期有益于天下。"[4] 无独有偶，刚刚进京入枢的张之洞在觐见慈禧太后时也以速行立宪对奏："问：出洋学生排满闹得凶，如何得了？对：只须速行立宪，此等风潮自然平息。出洋学生，其中多可用之材，总宜破格录用。至于孙汶，在海外并无魄力，平日虚张声势，全是臣工自相惊扰。务请明降恩旨，大赦党人，不准任意株连，以后地方闹事，须认明民变与匪乱，不得概以革命党奏报。旨：立宪事我亦以为然，现在已派汪大燮、达寿、于式枚三人出洋考察，刻下正在预备，必要实行。对：立宪实行愈速愈妙，预备两字实在误国。"[5] 可见，

---

[1] 《论消除革命在实行立宪》，《申报》1907年7月27日。
[2] 《论今日中国之两大害》，《申报》1907年8月25日。
[3] 《论革命恐慌之结果》，《申报》1907年8月6日。
[4] 《京师近信》，《时报》1907年7月26日。
[5] 《八月初七日张之洞入京奏对大略》，《时务汇录·丁未时务杂录》，所藏档，乙 F99。

端方的"放开手段，力图改良"与张之洞的"速行立宪"主张，既是迫于排满革命风潮压力的结果，也是清政府试图缓解和消除这种压力的积极应对举措。对此，慈禧太后也别无选择。据《时报》报道："太后因韩皇让位刺激脑筋，特面谕军机大臣从速实行立宪。"① 显然，慈禧太后赞成速行立宪，主要是着眼于大清王朝政权统治的稳固问题。

在此前后，出使大臣陆徵祥、钱恂在参加海牙国际和平会议时，有鉴于中国国际地位的危机，而奏请朝廷"赶速立宪"。他们认为，中国虽已宣布预备立宪，"明知此时程度未足，非逐渐预备未易实行。然立宪宗旨不妨再行确实宣布，以示决无更动，其一切条目自可从容酌议。如此则列强起敬，邦基乃巩"②。河南巡抚林绍年（赞虞）在被清廷召见时，也奏请"从速宣布实行立宪年限，俾各省认真预备，朝野有所遵从"③。清廷一面催促第二次出洋考察宪政大臣汪大燮、达寿、于式枚迅速启程，"以便归国后采择施行，勿任久为延缓，致生阻力"④，一面加紧实行立宪的步伐。1907年9月20日，清廷谕令设立作为"议院基础"的资政院。9月30日，正式宣布预备立宪以君主立宪为宗旨，"前经降旨预备立宪，原以君主立宪为吾国政体所最宜。薄海臣民，咸当确切辨明，免涉误会；内外百官俱有长民之责，尤须认真讲明，以示趋向。著在京各部院、在外各督抚，迅即将君主立宪国政体，博考各国成案，慎选名人论说，督率所属各员分班切实研究，务期宗旨纯正，事理明通"⑤。10月19日，又谕令各省设立与资政院相对应的具有地方议会性质的谘议局。君主立宪宗旨的正式宣布，再次选派出洋考察宪政大臣，尤其是具有议院性质的资政院与谘议局的设立，无疑是清廷宣布预备立宪一年来最具实质性的举措，表明清政府确实加快了预备立宪的进程。

---

① 《电报一》，《时报》1907年7月25日。
② 《陆钱两使奏请速行立宪以救危局》，《申报》1907年8月8日。
③ 《林中丞奏请宣布实行立宪年限》，《申报》1907年9月6日。
④ 《两宫谕催考察宪政大臣启程》，《申报》1907年9月17日。
⑤ 朱寿朋辑：《光绪朝东华录》第5册，中华书局1984年版，总第5742页。按：此谕由军机大臣袁世凯主稿，经张之洞"笔削而成"，慈禧太后"垂询及此，始决意宣布"（《宣布君主立宪原因》，《申报》1907年10月8日）。

四　张曾敭出处进退之尴尬

浙江巡抚张曾敭是秋瑾案的主要当事人，是他下令对秋瑾"就地正法"的，在此意义上可以说，张曾敭是处死秋瑾的主凶。但对张曾敭个人来说，他并没有因此得到什么好处，反而还断送了自己正常的仕宦前程，以至晚景难得安宁。这不是一句"咎由自取"或"罪有应得"所能简单了结的。其实，张曾敭内心精神世界的困惑及其现实境况的尴尬情形，才是更值得深入探究的问题。

张曾敭（1842—1920），字小帆（又作筱帆），又字渊静，直隶南皮人。同治七年（1868）进士，历任翰林院编修、湖南永顺知府、广东肇庆知府、福建盐法道、福建按察使、福建布政使、广西布政使、山西巡抚、浙江巡抚等职，民国后以遗老寓居天津，抑郁而终。①

张曾敭是一个由儒家传统培养出来的才具平庸、循规蹈矩、谨慎保守的旧官僚。1905 年 10 月，63 岁的张曾敭由山西巡抚调任浙江巡抚，很快便感到难有作为。浙江地处沿海，得风气之先，在清末应属先进省份。其时的浙江，新政开展有年，立宪思潮高涨，民气发达、民权高扬，这使并不开通的张曾敭几乎无所适从。他到任后不久，即对浙江的现状深表不满，并已萌生退意。这在他当时与友朋往来的书信中多有表露："浙事败坏，匪夷所思，无事无弊，无人不作弊，竟至不可收拾。"②"浙中吏治顽敝，公所深知。思欲整饬纪纲，稍清仕习，无如药轻病重，沉痼难苏，竭蹶经年，都无少效。财政窘手，亦视各省为难，虽由提拨太多，实由经理不善……至浙人新知竞发，各挟一地方自治之思，发言盈庭，互为同异，苟非熟精新学，证明其是非，未易服群情而杜流弊。"③ "静历

---

① 《张曾敭传》，《清史稿》第 41 册，第 12538—12540 页；陈宝琛：《皇清诰授荣禄大夫建威将军山西巡抚兼提督张公墓志铭》，卞孝萱、唐文权编：《辛亥人物碑传集》，团结出版社 1991 年版，第 667—668 页。
② 《复定庐主人》，《张曾敭浙江巡抚任内信件·发信原稿甲》，《张曾敭档案》第 15 函，所藏档，甲 192—14。
③ 《致瞿鸿禨》，《张曾敭浙江巡抚任内信件·发信原稿甲》，《张曾敭档案》第 15 函，所藏档，甲 192—14。

官七省,政事之坏,未有如浙江者也。到任已将半年,竭尽心力,逐事整顿,属吏始则软抗,近似稍知法纪,放纵已久,微加约束,有怨心而无悔心,宦习不改,百事无由著手。至兴学、练兵两事,尤难措注。固由浙之无财无人,实由于静之不材不学。现在筹画略有端绪,拟实事求是,不敢铺张,终究办不到好处。近时内则中央集权,外则地方自治,疆吏实不易为。而浙中尤难者,绅士视官如仇雠,新政各事,不能用外省人。浙绅之明理者,当不以静为非,然终不能副其责望。而留学生议论横生,动辄邮函干预。浙事如此,何必待情见势绌而去哉。"① 张曾敭在浙抚任内深感"同舟者不尽共济之人,益觉力不逮心,心不副志"②,又加上年迈而体弱多病,于是便在一年之内因病两次奏请开缺,均"奉旨慰留"。当时,浙江各界也力予挽留。有全浙留日学生700余人致电北京同乡官"恳留"③。浙江士绅还致电枢府,得复电"允为坚留",使张氏颇为尴尬,"不惟欲罢不能,并升调亦无望"④。

那是1906年下半年的事,张曾敭本拟到1907年初再作打算。不料时光荏苒,秋瑾案发,时局大变。作为封疆大吏,他有保境安民之责,当此革命风潮涌动之时,任何风吹草动,他都不敢等闲视之。徐锡麟案发后,很快波及浙江。浙抚张曾敭正破获金华会党起事,得悉其与徐锡麟创办的绍兴大通学堂有关,即派兵前往查办,并将"首要女匪"秋瑾正法。张曾敭如临大敌,急忙向外请兵购械。他致电湖广总督张之洞称:"若仅以此小丑,尚易了结,诚恐多处蜂起,浙江兵力实不足以制之。""浙江党匪如林,群盗如毛,若无劲旅,后患方大",请调总兵吴元恺"添招外省勇队数营,以资镇慑";并向湖北枪炮厂订购快枪1200支,每支弹千颗。⑤ 与此同时,张曾敭还在浙江全省进行了严密的部署,甚至将

---

① 《致鹿传霖》,《张曾敭浙江巡抚任内信件·发信原稿乙》,《张曾敭档案》第15函,所藏档,甲192—14。

② 《致瞿鸿禨》,《张曾敭浙江巡抚任内信件·发信原稿乙》,《张曾敭档案》第15函,所藏档,甲192—14。

③ 《地方新闻·政界·浙抚电奏乞假》,1907年7月27日《时报》。

④ 《致四舅》,《张曾敭浙江巡抚任内信件·发信原稿乙》,《张曾敭档案》第15函,所藏档,甲192—14。

⑤ 《光绪三十三年六月初三、八、十五日杭州张抚台来电》,《张之洞存各处来电》第85函,所藏档,甲182—187。

防线设到了上海。据《申报》报道："浙抚张筱帅有密札到沪谓：绍兴事发，革命党逃在上海者必多，务即多派侦探在小码头守候，凡中拱宸桥开至上海之小轮，当加意稽查，遇有形迹可疑者，即尾随至所落栈房，查系属实，即行拘捕。"①

可是，秋瑾案发后，立即受到民间舆论的大肆攻击，其中首当其冲者自然是张曾敫。这时，张曾敫采取了两手策略：一方面是托病请假；另一方面是借机暗中运动调离浙江。前者乃官场故技，明眼人一目了然，当时报纸多有披露。如《申报》称："浙江巡抚张曾敫，因此次查抄绍郡各学堂，暨严惩秋瑾女士，颇遭物议，渐自引咎。故于日前托病，奏请乞假二十天，所有公务悉委藩、学、臬、运四司分办，员绅往谒，概不接见。并闻张抚假满后，尚望续请展假，如绍事竟干查办，则即须乞恩开缺。"② 其实，后者才是他的真实用意。他致书在京的李符曾："今则切望菘公（鹿传霖——引者注）援手，但求离此，无适不可，弟为我力图之。"③ 可见，张曾敫虽然表面上已有退意，但终究是于心不甘；他坚决要离开浙江，但还是希望另有归宿。

张曾敫暗中运动的对象主要是军机大臣吏部尚书鹿传霖和湖广总督新任军机大臣内阁大学士张之洞，其中重要的中间人是李符曾，他们都是直隶同乡。李符曾是前军机大臣李鸿藻的儿子，据说李鸿藻这位乡贤前辈曾经很器重张曾敫④，张曾敫与李符曾交往颇密。张之洞是张曾敫的同族曾叔祖，张曾敫还曾从张之洞问学，因而自称"受业侄曾孙"⑤。而鹿传霖又是张之洞的姐夫。张曾敫利用的就是这些乡谊加亲情的关系。

鹿传霖与张之洞对张曾敫的出处问题也确实非常关心。当张之洞即将进京入枢时，鹿传霖甚至建议张之洞推荐张曾敫继任湖广总督，他曾致电张之洞称："今探询世相，慈圣微露召公入枢意，鄙见宜择替人，如

---

① 《浙抚饬查杭州抵埠小轮》，《申报》1907 年 7 月 23 日。
② 《徐锡麟革命之余波·浙抚冤杀秋瑾后之近状》，《申报》1907 年 7 月 27 日。
③ 《致京李符曾》，《张曾敫浙江巡抚任内信件·发信原稿甲》，《张曾敫档案》第 15 函，所藏档，甲 192—14。
④ 陈宝琛说是"李文正公深器之"，见《皇清诰授荣禄大夫建威将军山西巡抚兼提督张公墓志铭》，《辛亥人物碑传集》，第 667 页。
⑤ 《致张之洞》，《张曾敫浙江巡抚任内信件·发信原稿甲》，《张曾敫档案》第 15 函，所藏档，甲 192—14。

举不避亲,浙抚当可遵守成规,请密筹备。"① 后来,清廷谕令调张曾敭为江苏巡抚,不意引来一场更大的麻烦,激起江苏士民的拒张风潮。

江苏与浙江为邻省,在秋瑾案上,江苏士民的关注程度甚至超过浙人。上海《时报》曾发表社论,对于浙江士绅"独缄口无言"的表现颇为不满。② 江苏教育总会发表公开信,也敦促浙江绅商学界行动起来,并表示要破除省界,认为"省界之说,乃行政人之区域,非国民之区域",希望采取联合行动。③《申报》发表《敬告为秋女士呼冤者》一文,认为:"若我同胞士绅,今日对于浙省,论地势虽有省界之分,论人民则全国皆为一体,同舟救溺,义不容辞。若竟因浙绅之不问而亦漠然置之,不思一实行对付之计画,非特于心不安,恐泰西各国将讪笑我同胞无人心无气节矣。岂不大可羞哉?"④ 表示上海士绅应尽立宪国民之责任,为秋瑾案谋求切实的解决办法。在江苏士绅看来,秋瑾案虽然发生在浙江,但这不仅仅是浙江一省人民的事,而是理所当然包括江苏在内的全国国民的事。此可谓清末民权观念之发达的一个重要表征。

其实,浙抚张曾敭办理秋瑾案,还曾直接影响了江苏。某日,江苏巡抚陈夔龙得浙抚张曾敭密电,以松江医生韩半池及其子凤苞"与嵊县逃匪竺绍康认识,均系革命党徒",即派盐捕中营到松江搜查韩家,结果虽非事实,但造成了异常恐慌的气氛。⑤ 对此,江苏士民颇为愤慨,认为:"今因竺绍康一役无端而波及于松江之韩医,夫浙与苏既属两省,而韩与竺素不相知,尚有匿匪被查之冤。以是而欲搜查则无家不可以搜查,以是而欲陷害则何人不可以陷害。"他们进而申明,既然查不属实,则不能不了了之,而应该将诬告之人治罪,更应该将轻信诬告之人治罪⑥,将矛头直接指向了浙抚张曾敭。江苏教育总会为此还特地上书苏抚陈夔龙,称:"查诬告反坐律有明文,韩半池一案既蒙大公祖明察,深知其诬,应

---

① 《光绪三十三年七月初十日京鹿中堂来电》,《张之洞存各处来电稿》第3函,所藏档,甲182—446。
② 《论浙吏罔民事再敬告全浙士绅》,《时报》1907年8月16日。
③ 《江苏教育总会致浙省议长议绅谘议官学界诸君询问绍案公论书》,《时报》1907年8月6日。
④ 《敬告为秋女士呼冤者》,《申报》1907年8月25日。
⑤ 《越郡党案牵涉医生之谣传》,《申报》1907年8月27日。
⑥ 《论浙抚密电搜查韩医家事》,《申报》1907年8月29日。

请电咨浙抚帅,请宣示告发人姓名,并实行反坐之罚。"① 此事在江苏人心目中影响极坏,也是此后他们拒张入苏的一个重要原因。

1907年9月5日,清廷上谕:"张曾敭著调补江苏巡抚,迅速赴任。"② 消息传出,舆论大哗。次日《时报》发表《时评》连连诘问:"张抚之由浙而移节于苏也,独何故欤?其以张抚之在浙有功而升任之乎?抑以在浙为有不善为之迁地乎?如谓有功,则浙与苏曷异高下?如谓有不善,则不善于浙者,宁独善于苏?岂以不善于浙为不当,必不善于苏乃当耶?绍兴之役,天下所共为不韪也。然事出于浙,而舆论独先于苏。苏人方以舆论为浙冤,而政府即以舆论所谓冤者,一试于舆论所产之地。意者此即所谓政府采择舆论之初步欤。韩半池家之无端被扰也,浙之祸已渐及于苏矣。然幸苏之抚尚非浙之抚也。今即以浙之抚抚苏,则今之韩半池者,安知他日之不即秋瑾耶?苏人何辜,必舍彼以易此?我尝闻之,秋瑾之狱之方兴也,苏人曾以忍受冤治秋瑾者为浙绅咎,今冤治秋瑾者且来苏矣,无能之浙绅可告无罪于浙土矣,而苏人何如?"③ 对于张曾敭调苏之举,明确地表示了非常不满的意见。随后,江苏士绅联名致电都察院,公开拒张入苏,电称:"张曾敭近因绍兴党狱,纵兵枪毙无辜学生,又派员搜查学堂,更肆骚扰。苏浙接壤,舆论已哗。近更波及江苏,本月十七日复有盐捕营奉张曾敭电饬以兜拿竺绍康为名,搜捕松江医生韩半池之家,松民骇惧……是张曾敭在浙怨声已播于苏,韩半池一案现正咨查,张曾敭遽即来苏,人情汹惧。为此迫切沥陈,伏乞据情代奏。"④ 并有御史江春霖奏劾浙抚张曾敭:"张心怀固执,不洽舆情,且办理大通学堂种种荒谬,苏浙接壤,既不宜于浙,岂能利于苏,且苏省民智已开,断非边省可比,若令固执不化之张曾敭前往,深恐激成事端,实于国计吏治大有关系。伏乞宸衷独断,即予罢斥,或派大臣查办之处,统乞圣裁。"⑤ 不仅反对调张入苏,而且还建议罢斥张曾敭,甚至派大臣查办。折虽留中,但张曾敭入苏已不太可能了。

---

① 《江苏教育总会为请办诬告事上苏抚陈筱帅书》,《申报》1907年9月2日。
② 《光绪宣统两朝上谕档》第33册,第177页。
③ 《时评·其二》,《时报》1907年9月6日。
④ 《江苏绅士致都察院电》,《时报》1907年9月8日。
⑤ 《江御史奏参浙抚之内容》,《申报》1907年9月29日。

事实上，张曾敭对此也早有心理准备。在清廷谕令张调补苏抚的当天，他即致电张之洞称："今阅调苏之命，病躯亦难胜任，拟假满乞退。"① 他在给长女的信中也说："我眩晕、自汗等症总未轻减，于前月廿四日请假一月，拟假满即请开缺。廿八日得调苏电，我退志早决，正好趁此归去。能否如愿，不可知也。"② 因此，尽管上谕要求"迅速赴任"，但张曾敭仍迟疑观望而畏缩不前。时论以为："筱帅来苏迟早，又须视江苏绅学界之有无动静，始定行止。"③ "张筱帅俟卸篆后即当以眷属等移至八旗会馆暂住，因恐调补苏抚别有阻力，故尚未能遽定行止也。张中丞虽曾专人赴都尽力运动更调，今得调补苏抚之电，虽有'迅速赴任'字样（此四字大有深意），仍恐苏人士与之反对，大为踌躇，盖知苏学界曾因绍案而持公论也。"④ 结果，张曾敭因顾虑苏人排拒，而终未赴苏抚之任。

经此风潮，年迈体衰的张曾敭对仕途似乎已心灰意冷，于是，他继续托病请假，但是，当时仍有不少传闻，说他还在继续暗中运动他调。如《申报》报道说："筱帅以苏省士绅曾干预绍事，近复因松江韩医生家搜捕竺匪事，颇多訾议，深恐苏人或有不洽，爰又以病未就痊等词，电请军机处代奏，求请开缺，俾可再行运动他缺。"⑤ "苏人议论咸以公电都察院拒阻之力，张中丞或则设法改调他省。"⑥ 甚至有"张筱帅即当调往东三省"和"与朱家宝对调"的传说。⑦

10月5日，清廷发布"张曾敭著调补山西巡抚"的上谕。⑧ 据李符曾通报，这是鹿传霖与张之洞运动的结果。"公调苏，请假以后即无办法。嗣经菘公（鹿传霖）屡次侃侃正论，又得旁人助力，委曲婉转，始

---

① 《光绪三十三年七月二十八日杭州张抚台来电》，《张之洞存各处来电稿》，所藏档，甲182—418。
② 《致大女》，《张曾敭浙江巡抚任内信件·发信原稿甲》，《张曾敭档案》第15函，所藏档，甲192—14。
③ 《张中丞未能即赴江苏新任》，《申报》1907年9月10日。
④ 《浙抚奉电调任近情汇纪》，《时报》1907年9月11日。
⑤ 《调补苏抚张中丞奏请开缺传闻》，《申报》1907年9月11日。
⑥ 《张中丞续请病假纪闻》，《申报》1907年9月17日。
⑦ 《张筱帅定期入都奏请陛见》，《时报》1907年10月5日。
⑧ 《光绪宣统两朝上谕档》第33册，第202页。

有调晋之举。"① 张曾敭虽然非常感激鹿传霖、张之洞的良苦用心，但已无心恋战。为此，他致长函于李符曾，吐露了自己伤感而无奈的心情，并坚定地表示了告退的决心。他说："至八月病体愈加重，遂决退计。吾弟电称'菘公尚欲设法别调，壶公（张之洞）亦表同情'。兄覆电有'请两公勿为费心，无材无学，不敢再作外官'之语，有无丝毫冀望别调之意，吾弟知之。嗣又调晋，乃菘公雅意系维，非我始求之而继避之也……自思一生侥幸太过，下台时痛受诟谣，理亦宜然。彼新党诋讥要人，实堪憎恶；自反无愧，亦不足介怀。若两公疑我反覆变诈之意，则不能无戚于心，深望吾弟为我证明也。兄本非疆寄之材，待罪五年，时刻思退，吾弟之所知也。今秋病作，到此始服药廿余剂，怔忡、喘汗、头眩、腿软等症，均未稍减。医云'须防暴仆'（西医亦曾言之）。十步之外需人扶助，衰病若此，更何能为国效力？而令两公为我操心，虽愚不敢出此。乞退折假满即发，当可立邀允准。"② 可见，张曾敭在调苏被拒之后便放弃了谋求"别调"而"再作外官"的念头。

在交卸浙抚抚篆后，张曾敭便离开杭州，拟经南京、汉口北上进京。途中，他接到了调补山西巡抚谕旨。10月14日，他在谢恩折中表达了请求"陛见"的愿望。③ 张曾敭自光绪二十九年（1903）首次出任山西巡抚后，任封疆大吏近5年间，未有"陛见"机会，有此想法，实属当然。但据《时报》：张曾敭"入都奏请陛见，复欲剖白办理绍案之并未草率，故将全案公牍概行抄录带往，且李益智亦在都中，即可传讯作证，并倩幕宾拟就条陈新政奏折，以期内用"④。实际上，他谋求"内用"的可能性不大。他在进京前曾致函鹿传霖、张之洞，说明近来身体状况极为不佳，表示"现即改授京官，亦实难就，万不得已发折乞休"⑤。至于张曾敭为自己办理秋瑾案的行为辩白，就心理而言，其有此想法不足为怪。秋瑾案发后，他不但受到民间舆论的攻击，且政府似乎也不甚满意。据《申报》

---

① 《李符曾致山西抚台张筱帅电》，《张曾敭档案》第1函第3册，所藏档，甲192。
② 《张曾敭致李符曾函》，《张曾敭档案》第1函第3册，所藏档，甲192。
③ 《光绪三十三年九月初八日调补山西巡抚张曾敭谢恩折》，《张曾敭档案》第1函第3册，所藏档，甲192。
④ 《张筱帅定期入都奏请陛见》，《时报》1907年10月5日。
⑤ 《致北京李符曾代呈菘公、壶公函》，《张曾敭档案》第10函，所藏档，甲192—9。

报道:"自浙抚奏保秋瑾案内出力人员折到京,已片交政务处议奏。闻军机大臣对于此案颇以不开保举为合,而醇邸尤极力反对保案。故现已决议仅仅准保千总两名而已。"① 甚至还有政府将派大员查办以平反越郡冤狱的传闻:"或谓张筱帅曾奉都中密电,须将此案平反,俾息清议,如贵守及山、会二县,均当议处,并闻不日即由都中特派大员来浙查办。"② 本来,张曾敭镇压秋瑾起义于萌芽状态,对清政府来说应是功臣,但事实上他却成了清政府平息民间舆论之"清议"的牺牲品。对此,张曾敭真是百口莫辩。当在京师的李符曾电告"浙事邸甚不以为然"的情形时,张曾敭禁不住回函辩称:"邸不以我为然,缘因甚多,知之甚悉。浙事则不知何指?若指秋瑾案,似稍知大义者,皆当信其为国家为地方,而非昏暴嗜杀也。若执以为罪我,复何言耶?"③ 半是愤懑,半是无奈,可见张氏心中实在是十分的委屈。

可是,张曾敭进京后,并没有获得"陛见"的机会。因而,纵有万般期待,也便瞬即化作泡影。1907年12月3日和1908年1月23日,张曾敭两次奏请开去山西巡抚缺,理由是"假期已满,病仍未痊",得到清廷的批准。④ 就这样,65岁的张曾敭最终并未再就山西巡抚之任,便黯然离开了沉浮数十年的晚清政坛。

五 余论:预备立宪时期民间舆论之发达及其政治影响力

清末民间舆论表达的基本渠道主要是报刊媒体,在此意义上可以说,报刊言论自由的程度大致就是民间舆论发达的标志。当时,清政府为了加强舆论控制,也曾颁布了严厉的《应禁报律》九条:"一、诋毁宫廷;二、妄议朝政;三、妨害治安;四、败坏风俗;五、内政外交秘密者,

---

① 《政府不以绍狱保案为然》,《申报》1907年10月8日。
② 《平反越郡冤狱之希望》,《申报》1907年9月8日。
③ 《李符曾致山西抚台张筱帅电》《张曾敭致李符曾函》,《张曾敭档案》第1函第3册,所藏档,甲192。
④ 《光绪三十三年十月二十八日张曾敭奏假期届满病仍未痊吁恳开缺以免旷误折》《光绪三十三年十二月张曾敭奏假期已满病仍未痊吁恳开缺折》《开缺山西巡抚张曾敭谢恩折》,《张曾敭档案》第1函第3册,所藏档,甲192;清廷上谕见《光绪宣统两朝上谕档》第33册,第322页。

不得揭载；六、词讼未经定案，不得妄下断语，庇护犯人；七、发人私隐，毁人名誉；八、错误失实，即须改正；九、欲开报馆，须呈报总厅批准再开。"此律颁布后，立即遭到报界的抵制。《申报》在刊载此律时，特加按语认为："九条中除三、四、五及八、九等条为报馆所理应遵守外，余条均与立宪国言论自由之意大相刺谬，容著论以发明之。"① 第二天，该报便发表专文，对其中第一、二、六、七条进行逐一驳斥。如驳第二条称："此条禁律，犹是专制国大臣之态度，而不知报馆事业与政治有至大之关系也。报馆记者经营职业，观察国政，于其方针及行动，得表明其反对与赞成之意，故其身虽立乎政府议会以外，而大要在发挥舆论，评议国是，务期改良政治而后已。"再如驳第六条时特别强调了对待政治犯（即国事犯）的问题，认为："政事犯因公获罪，大半为贤者之过，故逃往外国，外国皆有保护之例。夫他国对于政治犯日原情以拥护之，而吾同业恐牵连，反袖手而冷视之，世间宁有公道之论乎？"总之，该文认为立宪国家应当正视舆论的作用，保障言论、出版的自由，以推动政治与社会的进化。② 有人对清末报律实施的具体情况进行了系统的研究，认为尽管清政府制定报律的首要目的是钳制报界以维护王朝统治，报律条文规定也较为严厉，但在清政府自身日趋衰落和报界的抵制下，实难以生效，因而对报刊舆论的实际约束力并不大。③ 的确，在清廷预备立宪谕旨所谓"庶政公诸舆论"的口号下，清末民间舆论确实得到了相当程度的发扬。

秋瑾案可谓预备立宪时期民间舆论发达及其影响清朝官府政治作为的典型例证。"大通之狱虽成，各方舆论，当加非难。沪上报纸攻击尤力。即编氓小户，街谈巷议，亦罔不太息，痛恨于官吏之无良，谤书盈箧，民实可畏……夫舆人之诵，本无权威，笑骂由人，好官自我，司空见惯，何足为奇。大通党案之被祸者，第一为弱女子耳。就令冤蒙不白，惨飞六月之霜……何况张曾敭者，南皮张之洞（时官大学士）之族人；贵福又虉胡之族类，奥援既厚，驱逐綦难，乃以文字之鞭挞，口舌之声

---

① 《本馆接警部颁发报律九条专电》，《申报》1906 年 10 月 13 日。
② 《论警部颁发应禁报律》，《申报》1906 年 10 月 14 日。
③ 参见王学珍《清末报律的实施》，《近代史研究》1995 年第 3 期。

讨，竟产生不可思议之效力。虏廷卒亦不得不酌予量移，以慰民望。此诚胜清一代破天荒之创举，而民权之膨胀，亦有以肇其端矣！"①民间舆论借秋瑾案，将矛头直指清朝官府，竟然使其穷于应付，狼狈不堪，这在专制时代确实是不可想象的事。此举在一定程度上推动了清政府加快宪政改革的步伐，表明预备立宪时期渐趋发达的民间舆论已是一股不可忽视的政治力量。时论公然声称："廿世纪之中国不可行野蛮之专制。"②可见，预备立宪时期，民间舆论空间的拓展，业已将封建专制体制冲开一个缺口，民权思潮因此而奔涌勃发。

需要进一步说明的一点是，由《时报》《申报》等上海报刊媒体表达的民间舆论，主要是反映立宪派尤其是江浙立宪派的声音。徐锡麟案发生几天后，上海预备立宪公会会长郑孝胥为两江总督端方草拟折稿，"请速将宪法及皇室典范二端提议编纂，布告天下"，主张从速立宪以消除革命，所谓"今宜利用多数希望立宪之人心，以制少数鼓动排满之乱党。各省所立立宪公会，如主持得人，则宗旨甚正，朝廷宜加考察，量与扶助，使信从渐广，亦可暗销乱党煽惑愚氓之力。"③这与《时报》《申报》等上海媒体的言论基本一致。

秋瑾案的实质本是革命事件，但反映立宪派声音的江浙民间舆论却同情秋瑾，而攻击清朝官府，这是一个非常有趣的现象。立宪派与清政府及革命派之间到底是什么关系呢？

从秋瑾案的有关舆论来看，立宪派虽然主张以立宪消弭革命，但清政府的表现却使他们颇感失望。"自去年立宪之诏既下，革命党人之暗潮乃日炽一日，吾侪方尽然忧之，以谋其消弭之策，而不意衮衮诸公，乃日虑党势之微弱，扬汤止沸，亟亟焉以反动之力，速其传播，而广其范围也。呜呼！今而后吾乃知政府之果弃吾民也。"④事实上，预备立宪之初，立宪派就已经开始批评甚至怀疑清政府的立宪诚意了。他们愤然指责其"立宪其表，专制其里"；"但侈立宪之名，阳迎而阴拒之"⑤。立宪

---

① 秋宗章：《大通学堂党案》，《秋瑾史料》，第102、103页。
② 没趣来稿：《徐锡麟论》（续），《时报》1907年7月26日。
③ 劳祖德整理：《郑孝胥日记》第2册，中华书局1993年版，第1099页。
④ 胡马：《浙抚安民告示驳议》，《时报》1907年7月27日。
⑤ 胡马：《论搜捕乱党》，《时报》1907年7月23日。

派虽然迫切希望清政府真正地走上立宪的道路，但清政府却时有犹疑观望，使立宪派极感痛心甚至失望。

从《时报》《申报》等上海媒体表达的民间舆论看来，立宪派尤其是江浙立宪派与革命派并不完全对立，甚至也有同情之处。他们认为革命党并不那么可怕，建议清朝大吏不要庸人自扰："诸公今日之恐慌，为革命党也；然亦知愈恐慌而革命党之气焰愈张乎？……今当外患日侵，内祸日亟，诸公当放手救国，以赞成立宪，推赤心，披肝胆，以图国之富强，则革命党亦人耳，其肯再行其暗杀之手段乎？"① 他们甚至认为革命之所以兴起的原因就是官逼民反，其对此前不久发生的萍浏醴起义的看法可以为证。"曩者萍醴之乱，杀人如麻，村落丘墟。而报功奏捷之章，夫固曰'革命党人之暴动也'。然以记者所闻诸湘赣士绅之谈，则大有异于官书奏牍所云云者。盖始也苛捐重敛以竭其脂膏，继也米珠薪桂以绝其生理，终也匿灾讳报以逼其铤而走险而斩木揭竿。不旋踵而骈首就戮者，皆闾左不识字之愚氓，初不审'革命'为何语者也。既蹙其孑遗之生，而又实之以莫湔之罪，当其抚膺吁天嗷嗷待哺之时，固大吏所眈眈虎视，以为奇货可居，而预卜后来珊顶雀翎之左券者也。"② 立宪派起初可能并不赞成革命，但当清政府不可救药而革命不可避免之时，他们的选择其实并不难。

总之，预备立宪之初，立宪派与清政府之间便已时显貌合神离之象，最终的分裂是难免的。当清政府不能满足立宪派的要求时，则很容易弃之而去。立宪派在武昌起义爆发后能够迅速转向与革命派合流，可谓渊源有自。

---

① 《敬告畏死之大吏》，《申报》1907年8月17日。
② 《论浙吏罔民事再敬告全浙士绅》，《时报》1907年8月16日。

梁启超论新民德与国民生计

李长莉

引 言

梁启超20世纪初发表系列评论"新民说",以新颖的理论和犀利的笔触,剖析我国国民腐败堕落之根源,提出改造国民道德的新方案,一时声震天下,顿开改造国民问题讨论的新风。梁启超新民学说主要讨论的是改造民德问题,虽然"民德"是中国自古以来历代贤哲所关注和集中谈论的问题,但梁启超的"新民说",是他赴日本后接触了大量西方学说而"思想一变"后的产物,他用全新的眼光将新民德作为根本救国方策而加以阐发,所以他的诸多立论,旨在批判陈腐的旧道德而倡扬适于民族竞存的新道德,使民德的内涵焕然一新。他的新民说在当时不仅具有振聋发聩的思想启蒙意义,同时在学理上融汇西方学说的认识理路和分析方法,也开创了近代中国人对"民德"认识的新范式,成为近代知识分子探索改造国民性的最早模本。

梁启超新民说阐述改造国民道德的途径主要有三条:一是观念改造的途径,即通过觉悟、修养、教化而倡扬培育国民的公德、进取、权利、合群、尚武等新道德观念;二是制度风俗改造的途径,主要是批判皇权专制制度、提倡改革政治和社会制度而培养新国民;三是通过国民经济——梁启超称之为国民"生计"——改造的途径,主要讨论国民的生

---

* 本文原载《近代史研究》2004年第3期。

产、生活状况及职业分工等对于民德的作用关系。① 观念改造和制度风俗改造这两条途径，是自古以来谈论民德问题的先哲一直沿袭的主要取径。清末维新时期，梁启超及其维新同志康有为、严复等最早提出改造民德问题时，也主要是沿袭这两条途径。梁启超后来阐述"新民说"，是对维新时期改造民德思考的延续和深化，因此沿着这两种途径的讨论着墨较多，论述比较充分，吸引时人及后人的注意也较多。而国民生计与民德改造这条途径，却是古人虽曾略有涉及，维新时期则没有提出什么明确认识，直到梁启超在"新民说"中才比较明确提出并加以阐述的新路径。但是，梁启超的这方面论述，在当时及此后却不大引人注意，而从认识理路和分析方法而言，这一路径却是最具创新性，最能体现他借鉴近代社会科学方法思考民德问题的尝试，也是有可能使民德问题由观念意识领域引向社会生活实践领域的一条新路向，因而颇值得我们进行深入省察。他的认识理路，既不同于中国传统贤哲的微言大义而又延续了一些传统思路，既力求吸收西学新知而又不同于西哲的论理体系，是一种杂糅融汇中西学说的新探索。虽然这些认识理路还显得不太清晰和成熟，但却代表了当时先进知识分子对民德认识的新水平，开启了借鉴近代社会科学方法探索民德问题的新理路，其开新创获与缺陷不足都对后人思考国民性问题产生了影响，甚至余波及今。

　　对于梁启超"新民说"的研究成果已十分丰硕，但对于其中民德与国民生计问题的认识，以往学界关注不多，也鲜有专门的研究。究其原因，一是梁启超这方面论述的内容在其新民学说中所占分量不多，集中讨论这一问题的只有《论生利分利》一文，其他论述则分散在《论私德》《论政治能力》等文章中；二是他关于这方面的认识还不太清晰、成熟，还未形成一套系统的学说；三是梁启超关于这一问题的论述偏于学理，而人们历来看重的是他新民说的思想启蒙意义。这些都使他有关这方面

---

① 生计是梁启超采用的对英语 economics 的中文译法，日文译为汉字"经济"，但由于以往在中文里"经济"一词含义甚广，包括所有关涉经世致用、治国济民之学，与英文之意不符，故不为当时国人认可，一时无统一译法，有人译为"理财"，似偏于过实，严复译为"计学"，似又偏于过虚，梁启超在这里采用的"生计"，虚实兼济，民生与国计相通，似更为合宜。后中国学界最终采用日译"经济"一词，亦为在西学东传过程中，中国近代学术和汉语变迁的曲折反映之一。

的思考易于被忽略。但是，他在这些分散的文字中，已经围绕这一问题明确提出了一些基本观点，还尝试运用新方法做了一些分析。虽然这几篇文字的发表相隔几年，其间他的一些政治观点有所变化，但对于民生与民德的认识却是前后一致的，在这些文字中也可看出他对于这个问题已经有了一些自成逻辑的看法。可以说，与前述观念和制度两条显性的线索相比，这是一条比较隐性的线索。所以，他的这一理路也曾引起某些研究者的注意，如美国学者张灏在《梁启超与中国思想的过渡（1890—1907）》一书中，对梁启超关于国民生利与分利的认识做了一些解读，指出梁启超是"力图将为国家生利的理想作为中国新民的一个民德提出来"，并指出梁氏的这一认识，"实现了由儒家限定性的职业思想到近代为社会作贡献的职业思想的转变"。[①] 张灏的这段研究文字虽字数并不多，但可说是迄今对梁启超关于民德与国民生计学说的最为深刻的评论。但是张灏的研究还存在着一些缺陷：首先，张灏分析的内容还只限于梁氏对国民职业生利与分利的论述，而未结合其他相关论述来勾勒出梁氏关于民德与民生问题的完整认识。其次，张灏虽然敏锐地指出了梁氏学说中"职业思想"这一内核，但只是将其作为"为社会作贡献的职业思想""为国家生利的理想"而与民德联系起来，使民业问题只停留在"观念性道德"层面，而未注意到梁氏在社会实践层面对职业分工角色的思考。最后，张灏只是从观念价值上肯定了梁启超提出"为国家生利的理想"为新民德之一种，而未注意到梁氏在学术理路和分析方法上的突破，而正是这种突破，使梁启超为认识民德与民生关系问题建立起近代科学认识的基础，从而为这一问题走向社会实践开辟了道路。

有鉴于此，我们有必要对梁启超新民学说中关于民德与国民生计问题的认识做一梳理，以考察其思考这一问题的理路和方法究竟有哪些创获与缺失，具有怎样的价值和意义，以及对于我们今天有何种启示。

[①] [美]张灏：《梁启超与中国思想的过渡（1890—1907）》，崔志海、葛夫平译，江苏人民出版社1993年版，第149—150页。

一　民德与国民生计之关系

"民德"问题是自古以来一直被中国历代贤哲所关注的一个中心问题，所以关于民德的理论说教也特别丰富，其中谈论最多的是心性理念层面的道德，如仁、义、礼、智、信之类。除此之外，涉及道德的实践基础和外围关系，古人也很早就提出了民德与民生（即人们的经济生活状况）的关系问题。如为后世经世家常常引用的春秋时期管子的一段话："仓廪实则知礼节，衣食足则知荣辱。"[①] 还有孟子所言："民则无恒产，因无恒心。苟无恒心，放僻邪侈，无不为已……救死而恐不赡，奚暇治礼义？"[②] 这些被后世奉为经典的学说都指出了一点，即人们只有先解决了衣食等基本生存问题，才有可能顾及礼义道德。这种"衣食先于礼义"的观念，肯定了人们维持生存是讲求道德的前提和基础，即肯定人们生存需求优先于道德的原则，具有世俗的合理性，体现了传统经世思想人本主义性质及民本理念，因而历代经世学者多沿此说，成为经世学派谈论经国治民、强国富民之策的一个通行原则。

这种传统的经世理论，自然是自幼接受传统教育、继承经世传统的梁启超辈知识观念的底色。然而，在维新时期他与康有为、严复等开始思考民德改造问题时，虽然同时也提出了发展工商等国民生计问题，梁启超本人在讨论女学问题时，也曾经对国民职业的生利与分利有所论及[③]，甚至他还曾经谈到"仓廪实而知礼节，衣食足而知荣辱"的传统理念与西国因富强而"好善之风日益盛"有相通关系[④]，但是，他们当时都未明确地将新民德与国民生计联系起来进行思考。这一步是梁启超到日本以后，比较系统地阅读了西方社会学经济学著述，受到这些学说的启发，在集中思考新民德问题时，才将其中的有关理论与中国传统经世理

[①]　《管子·牧民第一》，扫叶山房本，第1页，见《百子全书》第3册，浙江人民出版社1984年影印本。
[②]　《孟子·梁惠王上》，中国书店1985年据世界书局影印本，第8页。
[③]　梁启超：《变法通议·论女学》，《饮冰室合集》文集之一，中华书局1989年版，第38页。
[④]　梁启超：《史记货殖列传今义》，《饮冰室合集》文集之二，第39—40页。

论予以贯通而开启的新思路。所以,"衣食先于礼义"的经世思想,是梁启超思考新民德与国民生计关系问题的一个承续传统的思维起点,他在《论私德》和《论政治能力》两文中几处谈及民德与国民生计问题,便都是以列举前述管子、孟子等古人的说法为开端,以"衣食先于礼义"的传统经世原则作为展开论说的起点。但是触发梁启超有意识地将新民德与国民生计联系起来进行思考的直接契机,还是他新接触到的西方近代社会和经济学说。他在这些引导西国走上富强的理论学说中,看到了在"生计先于道德""生计是道德基础"这一基本点上,西方学说与传统经世原则是相通的,因而他在思考民德与民生问题上,获得了一种豁然贯通中西古今的领悟,便进而以援古入西的思路,借鉴西方理论来阐述自己对这一问题的新认识,从而使这一传统问题被拓展出一条吸收西方学说、通向新民目标的新理路。

梁启超对民德与国民生计关系的认识,与传统认识相比有以下几点突破与开新:

第一,突破了将人欲和道德分离开来的传统认识框架,提出道德亦是欲望的德欲统一观念。

道德问题主要属于人的精神领域,生计问题则属于人的物质生存欲求领域,谈到道德与生计的关系,就必然涉及对于道德与人欲的关系如何看待,这是历来谈论道德的一个核心价值问题。中国主流传统是将欲与德看作相互分离的两个范畴,欲属于人的生物性或是兽性的范畴,而德则属于社会性或文明的范畴。因此,作为来自人生物本性的欲,无论是口腹食色的物欲,还是希图更多更好的贪欲,都被视为与动物禽兽觅食求生相同的低级生物性欲求。在传统观念看来,这种低级欲求,虽然由于人的动物本性而不能完全免除,但从价值上是予以否定的,如荀子有言:"欲恶同物,欲多而物寡,寡则必争矣。"① 如果完全顺从、放纵这些人欲,就与禽兽无异。因此,人之所以区别于禽兽,就在于有道德来制御这些低级生物之欲。因而主流传统主张对于人的欲望要以理性和道德来加以节制,圣贤提倡道德,就是为了制御人欲。这种道德的获得,需要社会的教化、文明的学习和个人的修养。所以,传统历来重视教育

---

① 《荀子·富国第十》,扫叶山房本,见《百子全书》第3册,第1页。

(指广义教育)的作用,认为是人之为人所必需。如孟子所言:"人之有道也,饱食、暖衣、逸居而无教,则近于禽兽。"① 只有通过教育而使人有了道德,才具备了社会性和文明的属性,才可谓之为"人"。到了宋代理学那里,提出"存天理、灭人欲"的命题,更是将作为人道德属性的"天理",与人欲完全对立起来。经世学派的"衣食先于礼义"观念,虽然承认人的衣食生存之欲是道德的前提条件,但欲与德仍属两个分离的范畴。只是到了明清之际出现异端思潮,戴震提出了"理存乎欲"②的命题,提出"道德之盛,使人之欲无不遂,人之情无不达"的观点③,才尝试将德与欲统一起来,由此而对人欲予以肯定。但他提出的这种统一,是指顺遂人欲就是德,是德与欲取向一致的含义,从范畴上来说,德与欲仍是分属的。清末维新时期,康有为、严复等肯定人"求乐免苦""背苦趋乐"本性欲求的合理性,提出"私利""公利"一致的德欲一致观,一方面是对西方人性论和功利主义伦理观的接受;另一方面也是对戴震理欲一致观的继承和发展,使德与欲的关系更为接近。然而,在"私"与"公"之间,道德与人欲仍然是有所分离的。

梁启超在阐述新民说时,则借鉴西方学说,对欲望与道德的关系提出了新的认识。他首先指出,人欲是人道进步之源、是社会进步的动力。他说:"盖人道之所以进步,皆起于有所欲望,而汲汲设法贯达之。"④ 他又进而指出人的欲望有急切高低等差的多层性:"欲望之种类甚多……如衣食住,最急者也,无之则一日不能自存也;稍进焉,乃更求间接以保生命财产之安全者,则政治之业是已;益进焉,乃更求其躯壳及灵魂之特别愉快者,则奢侈品物及学问之研究,道德之实行是已。"梁启超将人的欲望依据人的本性需求程度而区分为维持生存的物质欲望,进而寻求保障的安全欲望,以及最上层寻求精神愉悦的欲望,即"下级直接之欲望"与"间接高级之欲望"⑤,而道德就被置于"间接高级"的精神欲望之中。这样,道德不再是人欲望之外的外在物,及人本性之上的附加物,

---

① 《孟子·滕文公上》,第39页。
② 戴震:《孟子字义疏证上》,《戴震集》,上海古籍出版社1980年版,第273页。
③ 戴震:《孟子字义疏证下》,《戴震集》,第309页。
④ 梁启超:《论政治能力》,《饮冰室合集》专集之四,第154页。
⑤ 同上。

而成了人的欲望本身,是人的一种高级欲望。这样,以往被分离在两个世界的德与欲,在梁启超这里变成了德就是欲,是人的一种高级精神之欲,从而使德与欲从本质上统一了起来。

梁启超进而指出,人们对不同差等欲望的需求及急切程度,与社会文明程度成递进关系:"凡欲望皆生于必要而已,其必要之事物愈多,则其欲望愈繁,而文明之程度愈高。"梁启超在这里要说明的是,人的道德欲求与生存欲和安全欲一样,都是人的本性之欲求,而且是更高层次的精神欲求,人们只有在满足了生存欲和安全欲之后,才会因追求精神愉悦而有实行道德的欲望要求,因而也标志着文明程度的提高。他认为我国人民文明和道德程度之所以低下,根本问题就在于自古以来人们最急切、最直接的物质生存欲求一直没能得到解决,因而奢望民德的提高,是根本不可能的:"吾国数千年社会之精力,全销磨焉以急其所最急者,欲求达下级直接之欲望而犹不给,而欲其进焉以怀间接高级之欲望,且有术焉以自达之,安可得耶?安可得耶?"① 在他看来,中国国民所最急者,就是先要解决衣食住等基本生存问题,只有先满足了这一基本生存欲望,才会产生政治、道德等更高的要求。"使其所最急者,犹终岁勤动不能获焉,而欲民之有余裕以谋其所次急者、所又次急者,此必不可得之数也。"② 他就是这样用欲望高低等差和文明程度对应理论,将欲望与道德从本质上统一起来,从而使道德的提高——新民德问题,转化成为满足人的欲望,首先是满足基本生存之欲——解决人民的生计问题。

第二,超越了主观精神决定道德的传统认识框架,提出生计状况是决定民德主要因素的客观道德观。

以往谈论决定人们道德好坏的因素,主要归之于觉悟、修养、教化等主观精神方面。即使是"衣食先于礼义"的经世理论,在"衣食足"之后进入到礼义道德领域,也主要是提倡靠觉悟教化、修身养性来培养道德,生计与道德便没有了直接关系。也就是说,道德主要是由主观精神因素决定的,因而也只能主要在主观精神领域里解决。历代无论是道德家还是经世学者,都十分强调教化、修养对培育民德的作用,便是这

---

① 梁启超:《论政治能力》,《饮冰室合集》专集之四,第154—155页。
② 同上书,第154页。

一观念的体现。

梁启超则受到西方学说的启发，指出决定民德优劣的根源，主要不在于教化、修养等主观精神领域，而在于外在的社会制度和客观条件。他在《论私德》一文中，列举导致我国民道德堕落的原因，便有"专制政体之陶铸"、君王"霸者之摧锄""屡次战败之挫沮""生计憔悴之逼迫"及"学术匡救之无力"五项；其中"学术匡救之无力"应属教化修养的观念领域，虽然也被列为原因之一，但却列居末位，梁启超特别强调前面四端客观原因才是最重要的，"彼四端者，养成国民大多数恶德之源泉也"①。而在此四项中，前两项属可一举而变的政治制度，第三项战争属时势，只有生计一项是直接关系于国民身家生计的，人们的道德首先是要循着求生这一人性首要欲望，因而生计是决定道德的首要根源。他引用西方社会学理论，指出："文明人与野蛮人之别，在公共思想之有无与未来观念之丰缺，而此两者所以差异之由，则生计之舒蹙，其尤著者也。"如果国民的生计长期处于贫困憔悴状态，就会铸成国民恶劣的道德品性："贪鄙之性，褊狭之性，凉薄之性，虚伪之性，谄阿之性，暴弃之性，偷苟之性，强半皆由生计憔悴造之。"可见生计对于民德作用的重要："生计之关系于民德，如是其切密也。"②他用这一理论来反观我国国民的状况，认为"我国民数千年来，困于徭役，困于灾疠，困于兵燹，其得安其居乐其业者，既已间代不一觏；所谓虚伪、褊狭、贪鄙、凉薄、谄阿、暴弃、偷苟之恶德，既已经数十世纪"，受到祖宗数代社会的陶冶，已成牢不可破之积习。可见，他认为就是由于数千年来生计憔悴铸成了国民恶德成性。他进而指出，降及现今，不仅国民财富没有比以往增长，而且宫廷靡费、官吏苟且更甚，使得国民愈发生计日蹙，民不聊生，遂使"国民之腐败堕落，每下愈况"，而现今时势又正值"世界生计竞争之风潮席卷而来，而今乃始发轫也"③，所以，国民生计的进步与否，是决定民德的根本问题，也是当今决定民族生存的关键问题。由此，他将以往偏重从教化修养等形而上层面来解决的民德问题，转化为从国民

---

① 梁启超：《论私德》，《饮冰室合集》专集之四，第125页。
② 同上。
③ 同上。

生计入手的社会经济生活层面的问题,将国民生计的进步作为改造民德的一条首要的和根本的途径。

第三,突破了民德与生计关系的有限论,提出民德与国民生计的进步为正比关系。

传统对于民德与生计关系的认识,虽然有"衣食先于礼义"的经世观念,对于人为了维持基本生存的物质欲求予以一定的肯定,即肯定人首先需要"衣食足"而维持生存,然后才有可能顾及礼义道德,但对于超过这种基本生存需求之上的物质欲望,主流观念则向来并不予肯定。即在"衣食足"之后,则不提倡再过度追求物质财富的积累,甚至认为物质财富过多,超过了基本生存需要之上,还会损害人的道德,历代教化言论中都有不少关于财富过多而致人道德堕落的警语。这样,道德与物质欲求的关系以生存需要为界而划为两截,在生存需要之下二者是正比关系,而在超过生存需要之上则相反,甚至是对立关系。如朱熹有言:"民衣食不足,则不暇治礼义;而饱暖无教,则又近于禽兽。"[1] 民间俗语"饱暖思淫欲",也是这种物欲满足与道德堕落的负相关性观念的形象表述。[2] 在这种观念中,人们的物质财富占有与道德的正比关系是有限度的,以能够满足人的基本生存需求即"衣食足"为度。这是一种自给自足小农经济基础上,与生存经济相适应的观念。一方面,因为小农经济对于扩大再生产的需求和空间都很狭小,因而财富增多后主要会转移到消费领域,致人追求生活的奢侈享乐,故而会有害于道德;另一方面,由于土地和出产物的有限性,使社会衣食财富总量有限,如果一部分人过多地占有财富,就会导致其他人的贫穷,这种不均也是损害民德、易致民乱的一个根源。传统对于民德与生计关系的有限论,正是以这种小农生存经济为社会基础的。

梁启超则由西方学说而推论出,满足人们的衣食住等基本生存需要的生计问题,不仅是建立良善的政治与道德的前提和基础,而且生计越发达,才会使政治与道德越进步,生计与道德是正比关系:"故政治、道

---

[1] 朱熹:《孟子集注》卷1,中国书店1985年版,第3页。
[2] "饱暖思淫欲",在明末陆人龙所作小说《型世言》(第十回)中即已有此说,清代民间文学中多见此言。

德、学术一切之进步，悉与生计之进步成比例，皆此之由。"① 所以他认为，生计发达的国家就是文明进步的国家，生计发达的国民就会成为道德高尚、人格完美的国民。他举例说："并世之中，其人格最完美之国民，首推英美，次则日耳曼。之三国者，皆在全球生计界中占最高之位置者也。"② 总之，他在民德与生计的关系上，归结出生计决定道德、生计水平决定民德水平的决定论。虽然这种观点具有当时西方学说经济决定一切的偏颇，反映了梁启超对西方资本主义的幻想成分，以及由急切的国家富强情结而导致的思维方式的简单化，但对于历来偏于否定追求物质财富的中国传统道德观来说，则是一个革命性的冲击和突破，为从生计入手寻求解决民德问题开辟了道路。

二　国民生计和国民职业的评价标准

梁启超思考国民生计问题，自然要涉及对我国国民生计状况应做怎样的评价，这就又提出了以什么作为评价国民生计状况的标准问题。

中国传统经世学说也提倡富国富民，但其基础是农本主义，理想目标是使人民"衣食足""家给人足""安居乐业"，这是历代经世治国者的理想。是否达到了这样的状态，也是人们评价一个时期国民生计状况好坏、是否为盛世的一条主要标准，历来为人们所推崇的汉代文景之治、唐代开元天宝及清康熙乾隆等所谓盛世，均"号称家给人足"③ 即为例证。这种以衣食为主的财富观，及以满足人民基本生存需求为目标的财富有限论，是小农生产生活方式基础上产生的对国民生计的评价标准。

梁启超则接受了西方经济学说，特别是亚当·斯密的国民财富理论，提出评判国民生计状况高下的标准，就是看"国财"——国民总财富的多少。这种国民总财富，不仅包括农业生产的粮棉等"生货"，还包括生产资料、工业制造出的"熟货"以及可以增殖财富的"母财"——资本。这是一种与传统农本主义不同的工业主义的财富观。他借鉴西方经济学

---

① 梁启超：《论政治能力》，《饮冰室合集》专集之四，第154页。
② 梁启超：《论私德》，《饮冰室合集》专集之四，第124页。
③ 梁启超：《论政治能力》，《饮冰室合集》专集之四，第154页。

理论，指出国财的多少也就标志着"国民富力"的程度，即国民人均占有财富数量的多少。①国民财富的总量越多，就意味着"国民富力"程度越高，国民人均占有财富越多。因而，他认为追求国民总财富的增长，是在当今世界生计竞争时势下，中国必须走的富强和民族竞存之路。所以他认为，国民生计进步的目标，就是使国民总财富尽量多地增长，这一原则成为他对国民生计思考的基础。

国民财富的增减，决定于国民的生产能力，而决定国民生产能力的是全体国民的生产方式及其效能，具体而言就是全体国民的职业分布状况。因而，历来谈论国民生计和富国富民问题，都会涉及对国民职业分工及其效能状况的评价。但是这种评价又会因价值观念及不同时代的生产方式而有不同的标准，这些评价标准，会成为社会导向和指导民业分工的原则，引导人们进行职业选择和从事职业活动。

中国历来对于人们职业分工的评价，一方面是从经济上看其对国民生计"家给人足"的作用；另一方面还从政治上看其对维护社会等级秩序的作用，甚至后者更重于前者。这种职业分工评价有三个特性：

第一，等级观。认为人们的不同职业分工具有价值高下之别，这种区别的标准主要是看其对于治国济民作用的大小。如从职业分工来看，在君王之下，分为官与民，民又分为士农工商四民。君王—官吏—士—农—工—商，这既是一种自上至下的社会等级划分，也是对这些职业分工价值高下的判定。君王至高无上，官吏负有辅助君王治理天下、统驭万民的责任，只要君王不昏、官吏不滥，便都应当高居于民之上受民奉养。至于民，则历来沿行四民本末等级观。士为官吏的后备补充和延伸，负有传承圣贤之道、致君泽民、教化民众、佐治天下的责任，因而位列四民之首。其余三民则均为关系民生之业，"民以食为天"，农产粮棉，为生民衣食之命脉，因而是民生之本，谓为本业。工为制器，供人生产生活之利用，已属次位。商则务贸迁、通财货，不事生产，只通有无，于民生最为不急，故为末业，位列最下。清人有论四民轻重有别之义云："凡民有四：一曰士，二曰农，三曰工，四曰商。论民之行，以士为尊，农工商为卑。论民之业，以农为本，工商为末……民之用有三：曰食，

---

① 梁启超：《论私德》，《饮冰室合集》专集之四，第125页。

曰衣，曰货；三者民所不可一日无，而各出其力以相济者也。衣食足，财货通，则民皆乐其业而安其居，顾其妻子而重去其乡矣。食出于农，衣出于工，财货出于商。无财货则贫，无衣则寒，无食则死。三者食为急，故农尤重。"① 由此可见，传统对于社会职业的价值评判标准，首在治国，次则民生，民生方面则是以粮为本的财富观，对人们职业的评价，就是依其于治国和民生重要性的高低而判别等级高下的。因此重农轻商、崇本抑末，成为历代经世治国的基本原则。

第二，道德化。对人们的职业予以道德上的定性，从而判定不同职业之人在道德上也有高下之别。例如对于四民，士以读圣贤书、传道教化为业，他们既是圣贤之道的传承者和代言人，又需身体力行、为民表率，因而道德最高，地位最尊。如前述所谓"论民之行，以士为尊，农工商为卑"，"行"者，德行也。其余三民，则认为依各自的生产生活方式而形成不同的道德品性。如认为农人辛苦力田、守土重迁，故德性最为淳厚而高尚；商人则不耕而食、唯利是图，故德性奸诈而低下。这种德性的高下又直接与经世治国相关。如战国时《吕氏春秋》便记述道，为什么古先圣王导民务农，不只是从"民以食为天"的民生方面考虑，还在于农的道德品性最为朴重，于治国有益："古先圣王之所以导其民者，先务于农。民农非徒为地利也，贵其志也。民农则朴，朴则易用，易用则边境安，主位尊。民农则重，重则少私义，少私义则公法立，力专一。民农则其产复，其产复则重徙，重徙则死其处而无二虑。"民若离农本而从事商末的话，则道德品性也会随之趋下："民舍本而事末则不令，不令则不可以守，不可以战。民舍本而事末则其产约，其产约则轻迁徙，轻迁徙则国家有患皆有远志，无有居心。民舍本而事末则好智，好智则多诈，多诈则巧法令，以是为非，以非为是。"②《汉书·食货志》也有言："民贫，则奸邪生，贫生于不足，不足生于不农，不农则不地著，不地著则离乡轻家，民如鸟兽，虽有高城深池，严法重刑，犹不能禁也。"这种尊士、贵农、贱商的传统观念，是为历代经世治国理论相沿

---

① 谢阶树：《保富》，《约书》卷8，见姚鹏等主编《中国思想宝库》，中国广播电视出版社1990年版，第768页。

② 《吕氏春秋·上农》第26卷，扫叶山房本，见《百子全书》第5册，第2页。

的一个通则。而这种对不同职业分工的道德化评判，也是以维护社会等级秩序为价值准则的反映。

第三，由农本主义的财富观和劳动价值观形成"生之者与食之者"的评价范畴。传统观念向来认为农产品——人们赖以为生的首要生活资料粮棉是财富之本，因而也只有生产粮棉的农业生产劳动才算得上是创造财富、维持民生的有价值的劳动，即所谓"本业"。由此，传统认为使民务农本才能得富，若民多离农本而趋非农之业，即务农者少而他业者多，则必会致贫。如荀子有言："士大夫众则国贫，工商众则国贫。"①《汉书·食货志》也载："贫生于不足，不足生于不农。"故历代治国者多行劝农之策，视农为"生之者"，而其他待农而食的人则称为"食之者"。这种财富唯农，即只承认农业劳动才是创造财富因而是有价值的劳动的观念，是小农经济和生存型经济的产物。在这种观念的观照下，其他非农之业被视为不创造财富，从事这些职业的人虽然有的也付出劳动，但仍属不耕而食者，甚至被视为浮食者、游食者、坐食者，而自古圣贤对于民业分工的理想状态即是"生之者众，食之者寡"②。

梁启超在对国民生计的贫困造成国民腐败堕落的分析中，也把国民职业分工——他称之为"民事""事业"③——作为一个重要内容，并专门写了《论生利分利》一文对这一问题集中做了论述。他接受了西方近代经济增长观，以提高"国民富力"为国民生计进步的总目标，将与国民总财富增长的关系作为衡量国民职业分工的评价标准。他主要借鉴了斯密的劳动创造价值学说和劳力分工理论④，沿着斯密"以国民之劳力为富之大源"，以及"劳力之效以分功为第一要义"⑤的理路，以斯密论"劳力与不劳力"和"人功有生利不生利"的理论为模板⑥，把"生利"与"分利"——国民总财富的生产与消耗——作为标准，对国民职业分

---

① 《荀子·富国篇第十》，第21页。
② 《大学》，中国书店1985年版，第7页。
③ 梁启超：《论生利分利》，《饮冰室合集》专集之四，第80页。
④ 梁启超对亚当·斯密的这一学说十分推崇，他在《新民说》中多处征引严复所译，斯密《原富》中的说法，而且在《生计学学说沿革小史》中，对亚当·斯密的劳动创造价值学说和劳力分工理论都做了重点介绍。参看《饮冰室合集》文集之十二，第30—31页。
⑤ 梁启超：《生计学学说沿革小史》，《饮冰室合集》文集之十二，第30页。
⑥ 同上书，第36—37页。

工状况做了重新评价。

现将他所做的具体评价区分为三级列为表1①：

表1　　　　　　　　　国民职业分工状况

第一级	生利者		分利者	
第二级	直接生利者（体力劳力者）	间接生利者（心力劳力者：智力劳力者与德力劳力者）	不劳力而分利者	劳力而分利者
第三级	农、工	商人、军人、政治家、教育家	乞丐、盗窃、棍骗、僧道、纨绔子弟、浪子、兵勇及应武试者、官吏之大半、土豪乡绅、妇女之大半、废疾、罪人	奴婢、优妓、读书人、教师、官吏之小半、商人之部分、农工业者之部分

他首先依据对国民总财富的生耗关系而将民业划分为生利与分利两途，又依亚当·斯密的劳动创造价值理论，以"劳力"作为次级原则，进而对从事各业之人做了三级区分。第一级区分是生利者与分利者。第二级区分，在生利之下，分为直接生利者即体力劳力者，与间接生利者即心力劳力者；在分利之下，则分为不劳力而分利者与劳力而分利者。第三级区分，对具体职业再做细化分析，特别是对一些理论上应属生利者，但实际中因不尽职责而不能生利的人做了区分和界定。这样，在生利之下，列了农、工、商人、军人、政治家、教育家六类；在分利之下，共列了十多类，并对一些具体行业中分利与生利交错的情况做了更细的区分，如本应也属生利的官吏、妇女、商人、农工中，也有部分属于分利者。

梁启超的这种三级区分法，抛弃了中国千百年来沿袭的士、农、工、商"四民"等级划分和"生之与食之"的笼统民业划分，而以国民财富

① 据梁启超《论生利分利》（《饮冰室合集》专集之四，第83—92页）内容制作。

论和劳动价值论为新的原则,对民业的总体状况进行了细化分类、价值评定与重新组合。这种依据近代经济价值原则形成的分析方法,用近代的职业分析代替了以往的笼统民业观,成为梁启超对民业认识的基础性方法。

梁启超的这种评价分析方法与传统相比有以下几点明显不同:

第一,以国民总财富的增耗为评价国民职业的主要标准,将国民职业划分为"生利"与"分利"两大类。

梁启超摒弃了重视社会秩序的传统政治道德观,及"家给人足"的财富有限论,而以国民总财富的增长作为衡量国民职业价值的标准,依据对国财的增加与消耗,用"生利"与"分利"两大范畴对人民的职业做了正面与负面价值的区分。作为增加财富的"生利"之业,他列举了六项,其中有的是一直被视为创造财富的职业,如"用于生货之劳力"——农业生产,"用于熟货之劳力"——工业制造生产。有的是以往只承认其有限的价值,如商业以往虽承认其"通有无"的作用,但认为并不能增加财富,即通常所说的商人"不耕而食、不织而衣"。梁启超则依据亚当·斯密的劳动创造价值理论,认为商人从事于"变更货物之位置,以运输交通便适民用",也是一种可以附加到货物上增加其价值的劳动,因而,商业也属于生利之业。有的则是以往被忽略的事业,如"发现和发明",也属生利之业,而且被他列为第一个生利事业。他列举诸如开拓了新土地、发现了新物产,以及发明了新技术等。发现新物产及发明新技术在中国以往小农经济中是比较少见的现象,因而传统观念从未将其看作对民生有什么重要意义的因素,而在近代工业经济中却是常见而非常重要的生产因素,因而梁启超站在近代经济的立场,而将发现和发明列为首要的生利事业。

在生利与分利的区分之下,以往一些因政治和道德因素而历来被推重的职业,梁启超则依据我国的实际职业效能情况,认为其多数人无助于生利而列为负面的分利之业。如以往位列上位而最受尊重的官吏、士绅、读书人、教师,则均被梁启超列为分利者,认为他们大多数人只消耗财富而对创造财富无所贡献,做了负面的评价。又如对于官吏,他认为文明国之官吏因有管理之责,不得谓之分利,但"中国之官吏,皆分利者也"①，甚至由于他们不仅不履行保民之责，还豢养大批浮食无益的衙属、胥吏，而指其为"实分利之罪魁"②。他还对于中国读书人不劳而多食、不生利而多分利有严厉的指责："四体不勤，五谷不分，偷懦惮事，无廉耻而嗜饮食，读书人实一种寄生虫也，在民为蠹，在国为虱也。"③

梁启超所做的职业评价，以国民财富的增耗这一经济指标为标准，推翻了以往带有政治道德色彩的职业高下等级次序，而代之以生利与分利两大类别，一方面使人们职业分工的社会属性由政治化转为经济化；一方面使各职业的等级化转为相对平等化。这样一来，官吏、读书人不再高居于庶民之上，甚至因被划入分利一类而居于生利的农、工之下，与乞丐、盗窃、优妓列为同伍，这种评价颇有"生利"面前一律平等的味道，反映了近代工业社会里经济决定论的民业价值观。虽然这种价值观具有只重经济价值而忽视社会价值的偏颇，但对于当时人们破除一贯视为天经地义的传统民业观，重新认识职业分工具有启蒙作用。

第二，梁启超依据劳动价值理论，对生利之劳动做了直接与间接生利的区分和界定，从而确认了间接生利职业的价值。

以往对于人们劳动的价值，只肯定农、工等直接创造衣食物产的体力劳动，即历来经世家常讲的"耕织"，而非直接生产性的劳动则往往不被视为创造财富的劳动，所谓"不耕而食""不织而衣""四体不勤""五谷不分"，即不直接从事于耕织生产，往往被视为只消耗财富的"坐食""浮食"之人。梁启超则借鉴亚当·斯密的劳动价值学说，认为财富的价值是由凝聚其上的劳动所赋予的，用于创造这一财富所付出的劳动量的多少，决定这一财富的价值多少。而有助于增加财富价值的劳动不仅有直接生产性的，还有间接性的，间接的劳动也会给生产物附加价值。无论是直接还是间接，只要最终有益于财富的创造和增长的职业，就都属"生利"之业。有生利价值的劳动，也不单指农、工等体力劳动，而且还包括"心力"劳动，即以智力、德力等能够间接增加财富价值，或

---

① 梁启超：《论生利分利》，《饮冰室合集》专集之四，第86页。
② 同上书，第91页。
③ 同上书，第90页。

保育生利之劳动力的非体力劳动。他指出"生利"之人分为两种："一曰直接以生利者，若农若工之类是也；二曰间接以生利者，若商人若军人若政治家若教育家之类是也。"① 他将那些间接生利之业定性为"用于保助之劳力"，即有助于劳动力再生产的劳动。他解释说："若官吏若军人若医生皆所以保护生利者，虽不能直接生利，然其职若保险公司然，故非分利。若教育家若文学家所以助长生利者也，虽不能直接以生利，然得此令人智识增长，性质改良，于生利大有所补，故亦不为分利。"② 此外如妇女所从事的育子女、治酒食的家务劳动，历来不被视为与生产财富有关，因而认为妇女是消耗财富者，是被养活者，价值评价低下。梁启超则认为妇女的家务劳动是为了保助劳动力、维持劳动力再生产的劳动，因而是一种间接生利之业。他说："妇人之生育子女，为对于人群第一义务，无论矣，即其主持家计，司阃以内之事，亦与生计学上分劳之理相合。盖无妇女，则为男子者不得不兼营室内之事，业不能专而生利之效减矣。故加普通妇女以分利之名不可也。"③ 梁启超运用劳动价值理论对于间接生利职业的肯定，破除了以往小农经济的职业价值观，树立了适应近代工业社会分工和市场经济的职业价值观，使人们重新认识一些职业对于国民财富增长的价值。

第三，依据中国实际状况，对于一些职业生利与分利的属性，做了理论功能与实际功能有所不同、职业效能有所不同的区分和界定。

梁启超在对具体职业所做的三级区分中，对一些职业所做的生利与分利属性的判定，从理论上的职业功能与在中国现实中的职业功能做了区分。他认为有的职业从理论上来说应属于生利之业，从业之人也应属于生利者，但是由于中国的制度、风俗及个人道德品行等原因，从业之人却不能履行生利的职责，反而成了分利者。这样就形成了对同一职业却分为理论上的生利者与实际上的分利者两类。例如，梁启超把"军人""政治家""教育家"列为生利者，就是基于这些职业在理论上应具有的功能而言，即是一种"理论上的生利者"。同时他又把在中国实际生活中

---

① 梁启超：《论生利分利》，《饮冰室合集》专集之四，第83页。
② 同上书，第84页。
③ 同上书，第87页。

不能履行这些职责的从业之人列为分利者,即"实际上的分利者",对这些人他用中国社会通行的俗称以名之,以与前述同一职业"理论上的生利者"序列相对应、相区别。例如,他用"兵勇及应武试者"以对应"军人",用"官吏"以对应"政治家",用"读书人"以对应"教育家"。前者属于分利者序列,是中国实际职业状况,后者为生利者序列,是理论上应当具有生利功能的职业,也是他认为西方文明发达国家的职业状况。除了对一些相同职业做了这种理论与实际功能的区分之外,梁启超还依据从业人员的实际效能对一些职业做了生利与分利的区分。如他把农、工、商人列为主要的生利者,同时又把其中一些不能履行生利效能的从业人员列为分利者,用"商人之部分""农工业者之部分"以名之,与属于生利职业的主体成员相区别。梁启超通过这种细化区分,将相同职业的从业人员也以生利与分利的实际效能而做了区分,这就远比传统的"生之与食之"和"四民"的笼统划分要科学得多。梁启超就是这样通过"生利与分利"范畴,对各种职业进行具体而细化的区分,使各种职业的价值评价更为确定和清晰。

梁启超借鉴劳动价值理论对国民职业分工所做的论述,提出了以国民总财富的增耗为价值准则,以生利与分利为区分职业价值的界线,承认间接生利劳动的价值,以及区分相同职业生利与分利功能的不同等一套新的国民职业分析理论,抛弃了传统农本主义的职业价值观及以社会秩序为重心的传统经世观,将国民职业分工纳入国民生计的经济领域,树立了近代工业社会以经济为中心的职业分工价值观。虽然这种经济决定论的职业价值观只以财富的增长为准则,而忽视了人们的社会性需求,因而对于一个社会的全面发展来说有所偏颇,但是对于当时破除传统职业等级观念,寻求富强、解决国民生计问题,梁启超的这一理论的确具有切中时弊、启蒙国人、指导人们从社会分工上寻找贫弱根源的积极作用。就是在这种新的职业价值观指导下,他又进一步运用社会科学分析方法,对于当时中国国民的职业分工状况做了更具实证性的分析,从而将他的民业分析理论引向社会实践层面。

三 对国民职业的分析方法：
量化分析与经验实证

梁启超对于国民职业状况的思考并未止于树立"生利"这一新的价值观，他的重心在"新民"，目标在于改造中国，改造国民，如他所说："余为新民说，欲以探求我国民腐败堕落之根原，而以他国所以发达进步者比较之，使国民知受病所在，以自警厉自策进。"① 因而他更关注现实实践，力求将新价值观推向社会实践，他要建立基于事实并能够影响于现实、运用于实践的理论。这就需要将新理论运用到对现实的分析，揭示导致国民贫困的国民职业分工的现实状况究竟怎样。

传统经世学者对国民贫困与民业分布的关系也曾有所关注，他们指出的问题主要集中在两个：

一是行业分布不合理，生产者少而消耗者多，故而致贫。如历代多有指责民离农本而成"浮食""游食""坐食"之人，致"生之者少而食之者众"之类的感叹。汉代贾谊曾说："古之人曰：'一夫不耕，或受之饥；一女不织，或受之寒。'生之有时，而用之亡度，则物力必屈……今背本而趋末，食者甚众，是天下之大残也……生之者甚少而靡之者甚多，天下财产何得不蹶！"② 另一位经世学者王符有言："今举世舍农桑，趋商贾……治本者少，浮食者众……是则一夫耕，百人食之，一妇桑，百人衣之，以一奉百，孰能供之？"③ 这是说民业分布务本者少、趋末者众，导致生产者少而消耗者多的不合理状况。

二是各业之人不履行职分，使各业效能低下。对于各业之人不务本业的情况，特别对于不直接从事农业生产，即"不耕而食"的情况，历代多有指责。如唐代元稹曾指出当时"不农而食"的吏、军、工、商各业之人，由于不履行职分，不能发挥对社会应有的作用，因而成为对社会无用而只消耗财富的"游食"之人，"吏理无考课之明，卒伍废简稽之

---

① 梁启超：《新民议》，《饮冰室合集》文集之七，第105页。
② 《汉书》卷24上《食货志》第四上，中华书局1962年版，第1128页。
③ 王符：《浮侈》，《潜夫论》卷3，扫叶山房本，见《百子全书》第2册，第2页。

实,百货极淫巧之工,列肆尽并兼之贾……是以十天下之人,九为游食"①。至晚清时,有人指责各业之人不务本业的弊端愈益严重,即"士而不务性理""农而不务耕种""工而不勤操作""商而不事贸迁"。② 各业之人不能尽职地专务本业,使各业应有的社会功能不能充分发挥,这些人当然只能是徒耗衣食的浮食之人。

对于"生少食多""不务本业"而致"游食""浮食""坐食"者众等类弊病的批评,在历代都曾存在,可见是传统社会比较常见的现象。历代经世学者在指出这种弊病之时,运用的分析评估方法,无论从定性还是定量方面,都是比较笼统的。从定性方面来说,以"生之与食之"作为定性标准,甚至只以务"农本"为"生之者",其余之业则皆为"食之者",并未区分如梁启超所说的"间接生利者",因而这一定性并不确切,忽视了间接生利的价值。从定量评价方面,以往常使用的范畴是两个:一是少与多(众),如前述"治本者少,浮食者众","生之者甚少而靡之者甚多"等说法;二是偏于夸张的模糊估计人数比率,如"十天下之人,九为游食","一夫耕,百人食之,一妇桑,百人衣之,以一奉百"之类说法。其中的少与多、十与九、一与百等说法,一般都是为了突显情况的严重性而偏于夸张的笼统估计,并不求准确,言之者也并无确切的数量概念。这种传统的笼统估计法有两个特点:一是笼统而不精确,二是抽象而不具体。这样的结果是偏于定性而疏于定量,这是中国传统思维方式的特点。传统经世学者以这种方法来批评民业状况,只能起到指出问题及定性的作用,无法反映具体的实际情况,对治国方策可能有宏观的指导,却难以形成具体可行的社会改革举措。因此,这些批评也往往只是停留在经世者的言论呼吁中,而缺少实践意义。

梁启超在思考社会职业分工问题时,知识资源与学术眼界已经不同于传统经世学者,他已广泛阅读了西方社会科学书籍,对于西方学说的理论方法已有所了解并深为折服,特别是亚当·斯密的经济学说曾对西方社会发生过巨大作用这一现象,使他深感震撼,自言:"吾乃始惊学问左右世界之力,如此其宏大。吾乃始惊二百年来欧美各国以富力霸天下,

---

① 元稹:《才识兼茂明于体用策一道》,《元稹集》上册,中华书局1982年版,第334页。
② 《醒世刍言》,《申报》1891年6月12日第1版。

举环球九万里为白种人一大'玛杰'而推其波助其澜者,乃在一眇眇之学士。"① 他认识到建立一套科学严密的知识学理和方法,对指导改革实践具有巨大作用。因而他摒弃了传统经世学者的笼统定性方法,而致力于用更为切近事实、细致严密的方法,来分析和解决中国的实际问题。他在《新民议》中指出:"欲以探求我国民腐败堕落之根原",以传统的"最粗浅最空衍"的浮泛空谈式的理论是不行的,首先应当建立像西方学问那样立足于实事、切于实际的理论。他说:"为理论者,终不可不求其果于实事,而无实事之理论,则实事终不可得见。"因而他明确提出"欲更为实事之理论"②,就是要建立这种立足于中国社会的"实事"、又能切于中国实用的"实事之理论"。如何建立呢?他深感我国土广民众,国情复杂,尤其痛感传统的笼统浮泛估价定性方法的缺陷,指出"国中复无统计,无比例",使得难以对任一问题进行以"实事"为基础的研究和论定,他由此悲叹:"今乃欲取一群中种种问题而研究之论定之,谈何容易,谈何容易。"③ 因而他尝试借鉴西方的学问方法,来建立"研究论定"中国实际问题的"实事之理论"。对于国民职业的论述,可以说就是他建立"实事之理论"以研究实际问题的一个集中尝试。

西方近代科学与学术的基本方法是分析和实证,虽然梁启超还没有在方法论上对此有十分明确的认识,但他已经在阅读西方理论书籍中对这两种基本方法有所领悟,因而他在研究国民职业问题时,便尝试借鉴这些更具科学性的分析方法。他在前述对于民业的三级区分论述中,已经具有了近代分析方法的因素,但他未停留于此,而是更进一步运用量化分析和经验实证方法,以求建立"研究论定"这一问题的"实事之理论"。其重点在揭示我国社会职业分工状况的弊病,即导致国民生计贫困的根源。

梁启超研究国民职业问题运用的第一种新方法是量化分析方法,主要体现在下述两个方面:

第一,对国民各业分利者人数做了量化分析。

---

① 梁启超:《生计学学说沿革小史》,《饮冰室合集》文集之十二,第28—29页。
② 梁启超:《新民议》,《饮冰室合集》文集之七,第105—106页。
③ 同上书,第106页。

梁启超在对民业做了"生利与分利"定性的三级区分的基础上，又以当时公认的国民总数4亿为基数，依生利与分利的标准，对各种民业的具体人数及属于分利的人数做了进一步的量化分析。他以图表形式清晰地分别列出了各类的估算人数：

占人口半数的妇女，依"分利者约十之六七"的比率，其分利者为1.3亿；男性人口老幼约8000万，依"分利者约十之六七"的比率，其分利者为4500万；其余青壮年丁男约1.2亿人，依不同民业将分利者分为13个类别，包括官吏、读书人、兵勇、官衙吏役、僧道、纨绔浪子土豪乡绅、盗贼棍骗、乞丐、奴婢娼优、罪囚、废疾、农工商分利者及其他各业不尽职者，并分别列出了各类的估算人数，总计分利者为2970万人。

梁启超经过如此计算，提出结论是：估算在国民4亿总人口中，分利者即有约2.1亿，即总人口的半数强。①

梁启超对各类分利者人数的比率和数量的估算，虽然由于当时"国中复无统计，无比例"，没有确切的数据统计资料，他只能以一般说法及生活经验为依据进行估算，还不能说十分准确，也还无法与在近代社会调查和统计学基础上的量化方法相比，但他所做的这种以图表形式分门别类和按比率的估算，已经具有明确自觉地运用近代量化分析方法的性质，而与中国传统的模糊估算法有了根本区别。他在经过这番对各业分利者人数做量化估算之后所得出的结果，即4亿人口中分利者人数为2.1亿这一具体数字，虽然与以往经世学者常说的"生之者少、食之者多"并无性质上的不同，但他运用分类量化方法所做的分析和结论显然令人感到可靠可信得多。而且他以图表形式清晰地排列出各业分利者的具体人数和比率，也使人们对分利者的职业分布、各种民业的分利者比率等状况一目了然，从而使人们能够更直观、更清楚地了解民业弊病之所在，自然引导人们去思考如何调整民业状况，以减少分利者。

第二，对分利者与国民总财富生耗关系进行数量分析。

梁启超不仅由上述分析得出全体国民中半数强的人属分利者，国民职业现状是以半数弱的生利者养活半数强的分利者，而且更进一步据生

---

① 梁启超：《论生利分利》，《饮冰室合集》专集之四，第92—93页。

活经验指出，这些分利者多数为上等社会与中等社会之人，他们的生活消耗所需较多，其耗费是下层人的三四倍，因此他们一个人所分之利，相当于下层数人之利。由此他指出，如果没有这些分利者的消耗，生利者所创造的财富将四五倍于自养，即国民总财富会比现今增加三四倍甚至更多，因而他对于我国国民的生产力，以及改良民业变分利为生利后国民财富增长的前景抱十分乐观的态度。他说："以今不及二万万之生利者，于自养之外，复养彼二万万有奇之三四倍分利者，而其力犹可以勉支，则我国民之生产力，可以四五倍于自养，昭昭然也。使无彼二万万之分利者以蚀之，则彼二万万生利者之所殖，必四五倍，是全国之总岁殖，视今日增四五倍也。使彼二万万分利者更转而生利焉，则全国之总岁殖，视今日必增八倍乃至十倍。"① 他由此得出结论，如果有此八倍十倍于今日的国财为资本，我国在世界商战中一定会居优势。他说："吾中国土地第一、劳力第一，生产之三要素既优占其二，所缺者独资本耳。使傅以八倍十倍于今日之母财，则与万国争商战于地球，谁能御之？"② 他通过对中上层分利者与下层生利者对国财生耗关系的量化分析，得出的结论是：如果改良了国民职业状况，变分利者为生利者，将使国财有八倍十倍于今日的大幅增加。以如此强大的"国民富力"，势将使我国在世界商战中跃居优势。——这对于一直饱受国民贫弱、遭人欺侮之苦的国人来说，是一幅多么令人鼓舞和振奋的图景！更重要的是，这不再是以往悲愤的爱国者空喊出来以鼓民气的口号，也不再是理想家空想出来自我安慰的幻景，而是梁启超依据国民职业的实际情况而用可信的数量关系推算出来的可信蓝图。正是梁启超运用的量化分析方法，赋予了这一民业改良蓝图以前所未有的真实性和可靠性。

梁启超运用量化方法对国民分利者人数的确定，以及分利者与国财生耗关系的分析，使他对中国自古以来就存在，并被历代经世学者所一直谈论的"生之者少而食之者多"这一造成国民贫穷的根源问题，进行了空前细化清晰、确实可信的全新描述与论定。可以说，他对民业状况所做的这种量化分析，是他自觉运用西方近代量化分析方法，有意建立

---

① 梁启超：《论生利分利》，《饮冰室合集》专集之四，第94页。
② 同上书，第94—95页。

"实事之理论"的有效尝试。

梁启超在研究国民职业问题时运用的第二种新方法是经验实证方法。他主要根据中国现实生活的实际状况,依据社会经验性评价,对各类分利者的劳力和职业效能做了分析与评估,目的在于揭示分利者转变为生利者的可能性。这种分析主要集中在以下三个方面:

第一,指出一些分利者本来具有生利的劳动能力,但由于我国制度、风俗、教育及个人道德等原因,使他们不能或无须付出劳力,成为只消耗财富的分利者。

梁启超列举了乞丐、盗贼、棍骗、僧道、纨绔子弟、浪子、废疾、罪人及妇女之大半等不劳力而只分利者,指出这些人实际上都有劳动能力,是可以成为生利者的。他以西方国家为佐证,指出西方社会也有此类人,但政府与社会往往采取一些措施,如职业教育、鼓励就业、以役代囚等方法,设法使这些人发挥其劳动能力而转变为生利者。我国则由于社会制度和社会习俗的缺陷,使这些人不能发挥其劳力却可以分利,成为不劳而食的寄生人群,造成了我国国民劳动力的浪费和国财的消耗。

他以中西家庭制度为例,指出西国小家庭的育子方法,不仅是"育之使长成",还要"教之以学业",目标是"令其足以自营自活",父母的责任,就是育子长成后能够与父母别居而自立,使之成为生利者;而中国实行大家庭制度,子弟虽长大成人,仍不能自立而靠大家庭养活,只是分利者而不能生利,"大率一家之中,其生利者不过一二人,而分利者动十数人"[①]。这样就容易使子弟成为大家庭的寄生者,不能增加家庭的财富而只是耗费财富,最终会使大家庭陷于穷困。因而他认为,正是中国的大家庭制度,造成子弟长成后往往沦为只分利而不劳力的浪子和纨绔子弟。

关于妇女,他指出,妇女本来与男子一样具有劳动能力,"妇人之能力,虽有劣于男子之点,亦有优于男子之点,诚使能发挥而利用之,则其于人群生计,增益实巨"。他举西国妇女在社会上就业情况为证:"观西国之学校教师、商店会计,用妇女者强半,可以知其故矣。"他认为,妇女从事能发挥其劳力而生利之事业有两途:一是家庭之内的保助劳

---

① 梁启超:《论生利分利》,《饮冰室合集》专集之四,第85页。

等间接生利之业，二是家庭之外的直接生利之业。他说："大抵总一国妇女，其当从事于室内生利事业者十而六（育儿女、治家计即室内生利事业也），其当从事于室外生利事业者十而四（泰西成年未婚女子率皆有所执业以自养，即从事于室外生利事业者也）。"① 但是反观中国制度风俗则有两大弊端：一是不使妇女读书识字，因而不能胜任家庭内的育子理家会计等诸事，使妇女虽在家庭之内，也不能尽职地从事于育儿女、治家计等保助劳力的间接生利事业；二是不许妇女出外就业，参加社会劳动，因而不能从事于家庭外的直接生利之业。因此，正是中国社会对待妇女的制度和习俗，使本来可以从事于生利之业的妇女不能发挥其劳力成为生利者，而只能是靠男人和家庭所养活的分利者。

第二，指出一些职业本应具有间接生利的功能，但由于我国制度风俗之弊，使从业的多数人不能起到生利作用，反而成为分利者。

属于这一类的主要是官吏、衙署、兵勇、乡绅和读书人等。

如梁启超列举官吏及衙署、兵勇、乡绅等，认为这些人本来都应具有保助劳力之职能，因而也应为间接生利者，但由于我国制度风俗的缺陷，使他们不能尽其本职而也成为分利者。如官吏"苟能奉其职以为民捍御他种大灾害，则其间接所生之利，足以偿其直接所分者而有余。故文明国之官吏，不得谓之分利"②。但我国之官吏，不仅人多为患，而且不能尽其职责，"民有灾而不能恤也，民有枉而不能伸也，饿莩遍道而不能救也，群盗满山而不能监也"，官衙内又寄养无数官亲、幕客、胥吏、仆役等，共分民利，因而他认为"中国之官吏，实分利之罪魁"。③

再如读书人和教师，梁启超指出，据亚当·斯密所言，西国读书人亦属分利者。梁启超对此提出不同看法，他以"间接生利"的理论予以分析，认为西国读书人大多数应为生利者。因为据他之见，西国读书人大多学有专门，成有专业，学成后能各有所业，或为医生、法官、律师、教师，以及工商业者，能够学而致用，因而十之七八都能成为直接生利或间接生利者。梁启超用"间接生利"理论对亚当·斯密说法的这一修

---

① 梁启超：《论生利分利》，《饮冰室合集》专集之四，第87页。
② 同上书，第90页。
③ 同上书，第91页。

正，体现了他对于单纯生产决定价值论的警觉，及对知识于国民生计作用的肯定，反映了他对西方学说不盲从的理性态度。与此相对照，他指出我国读书人却有制度上的两大弊端：一是学无专门，所学者皆为无用之学，不能用于生利之业；二是无所谓卒业不卒业，没有学成一门专门之学的标准。这样的读书人既不能从事直接生利之业，也不能从事导民、教民的间接生利之业，他们最终或潦倒一生，或武断乡曲，真能"讲明道学匡翼民德以培国家元气者"，"万亿人中不得一二"，大多数人只是坐食分利而已，故"读书人实一种寄生虫也"，是"一群之公蠹"。而从事教育的教师，"所教成者为一群之公蠹"，自然也是无益的分利者。因而他指出，我国现行的这种读书人制度实在是"消耗后进之脑力，腐败国民之道德"，生产寄生虫的有害制度，读书人也皆是"坐蚀一国之母财"的分利之人。①

第三，指出一些职业活动虽然也付出劳力，但由于无益于增加国民财富，因而从业之人仍属分利者，他们劳力的付出是无效益的。

他通过对奴婢、优妓及一部分从事无益于生利的农、工、商人等职业活动的分析指出，他们虽付出了劳力，但并未增加社会财富，即"其力用之而无所复"②，因而其劳力是无益之劳动，他们虽付出劳力却仍是分利者。

如奴婢和优伶、娼妓，虽然其付出劳力往往数倍于常人，"甚劳甚苦"，但只是"供主人使令"，或供人消遣，而不能生利，甚至还牵动他人耗财分利，因而他们的劳力是无益于生利的，他们仍属分利者。③

再如一些投机射利、开剧园酒楼的商人，以及售卖鸦片、酒、脂粉、首饰、香烛、古董、书画、八股、小说等一切无益之物的商人，还有种植罂粟、烟叶的农人，制作无益之物或因技术低下而"成物迟钝""趋事拙久"的工人等，也都属于虽付出劳力但不能生利的分利之人。④

梁启超在上述分析中，对于艺人优伶及开剧园酒楼的商人等视为不

---

① 梁启超：《论生利分利》，《饮冰室合集》专集之四，第89—90页。
② 同上书，第89页。
③ 同上。
④ 梁启超：《论生利分利》，《饮冰室合集》专集之四，第91页。

能增加财富的分利之人,这种看法由于只从财富增加的角度着眼,因而没有看到这些娱乐服务行业,也能满足人的社会需求和娱乐消闲需求,即有保助劳力的功能,应具有一定的间接生利功能,而不能完全归于无益的分利者,这是梁启超偏执于财富价值论所造成的偏颇,也反映了他在尝试运用新方法做分析时的缺陷。同时,这些行业在传统上也历来被视为耗人财富、引人奢靡堕落的下贱之业,在梁启超的分析中,认为这些行业牵动他人耗财分利,因而予以价值上的否定,也可以看到这种传统观念的影子。

国民职业的分布不合理与各业的低效能是导致国民贫困的一个重要根源,这虽然是以往经世学者也曾笼统谈论到的问题,但梁启超借鉴西方量化分析与经验实证方法,对民业问题所做的上述剖析,才第一次清晰地揭示出分利者的民业分布和具体人数,及各类分利者之所以不能生利的实际状况,使国民职业的弊端第一次如此具体清晰、确实可信地展现出来,从而使人们洞悉其病灶所在,进而可寻求切实可行的改善之方。如官吏之庸滥、士人之无用,这是清代中晚期经世学者也常常批评的社会之弊,但他们往往只是泛泛而论,既无确切的分析,也就无从谈起具体的改善之策,而梁启超的前述分析,则依据官吏和读书人的实际状况,对其理论上应具有的职能与现实的差距进行了实证分析,并与西方"文明国"做比较,有理有据地指出我国官吏和读书人属分利者的现实,指出导致这种状况的社会制度和风俗之弊,也指出了怎样使他们由分利者转变为生利者的途径。

梁启超对量化分析和经验实证方法的运用,可以说是中国人运用近代社会科学方法来研究社会民生问题的较早尝试,正是这种科学方法的运用,使他为国民职业问题的研究建立了近代科学的基础。

在此还需要指出的是,梁启超对民业的分析虽然是受亚当·斯密的启发,借鉴了亚当·斯密劳动价值学说和"生利与分利"的模式,但他只是借鉴其学理,至于进一步铺陈展开,将国民各业条分缕析,特别是以中国实际社会状况为分析的资料,运用量化分析与经验实证的科学方法,进行具体细致、真实可信的分析评判,用以讨论中国现状,揭示中国的弊端所在,则是梁启超创造开新之处,其中还多有修正斯密之说而独具见解与发挥之处。

四　改造民业和民德的途径

梁启超在"新民"思考中讨论国民生计和职业问题的目的，在于寻求导致国民腐败堕落的根源并予以解决之，如他自言，是"痛恨于我国之腐败堕落，而所以救而治之"[1]。因为他在《论私德》一文中论及国民"私德堕落之原因"时，指出国民"生计憔悴之逼迫"是导致"国民之腐败堕落，每下愈况"的一大主因[2]，而他通过前述研究指出，国民职业的分工不合理和低效益，国民中生利者少而分利者多，又是导致国财不增、国民不富、国民生计憔悴的主因之一，所以，他不仅运用详实的方法指出了国民职业分布所存在的弊病，而且试图提出矫治这些弊病以改造国民的途径。

传统经世理论对解决民生民业问题的方策主要有两种意见：一是主张"导民以德"，即以道德礼义来约束教化之。如汉时人有言："夫导民以德，则民归厚；示民以利，则民俗薄。俗薄则背义而趋利，趋利则百姓交于道而接于市……是以王者崇本退末，以礼义防民欲。"[3] 这是道德家的理路，主张以道德教化使民守本，控制民人的趋利趋末之欲，是一种道德主义的取向。第二种是主张"导民以利"，即承认人追求利的本性欲求，主张因势利导，使生民能安居乐业。如《史记·货殖列传》有言："'天下熙熙，皆为利来；天下攘攘，皆为利往。'夫千乘之王，万家之侯，百室之君，尚犹患贫，而况匹夫编户之民乎！"[4] 又说："富者，人之情性，所不学而俱欲者也。"对于民生则有"善者因之，其次利导之，其次教诲之，其次整齐之，最下者与之争"，推崇顺应人的趋利本性而因势利导，优先于道德教化的"教诲之"、法律制度强制的"整齐之"，及靠特权地位而与民争利。经世家的理想状态是："待农而食之，虞而出之，工而成之，商而通之……人各任其能，竭其力，以得其所欲……各劝其

---

[1] 梁启超：《新民议》，《饮冰室合集》文集之七，第106页。
[2] 梁启超：《论私德》，《饮冰室合集》专集之四，第125页。
[3] 桓宽：《本议》，《盐铁论》卷1，上海涵芬楼1929年版，第3页。
[4] 《史记》卷129《货殖列传》，中华书局1959年版，第3256页。

业,乐其事,若水之趋下,日夜无休时,不召而自来,不求而民出之。"①这是经世家的理路,肯定人的利欲而重民生,属功利主义的取向。梁启超在民生问题上一直是赞同经世家的功利主义取向的,并认为经世家的这些理论与西方经济学说是相通的,早在1897年他所写的《史记货殖列传今义》中,对于传统经世学说"导民以利"予以明确肯定并指出其与西学相通。②传统经世学与西方近代经济学相通的功利主义,是梁启超思考民生问题的一个基本指导思想,他对民业状况的分析和论定就是建立在功利主义基础上的,但是他在进而思考矫治民业与民德问题时,这一思路却有了变化。

梁启超主要在《论生利分利》一文中提出了矫治民业与民德的方策。他思考矫治民业问题的大目标,在于使国财增加、国民富有,扭转现今国民生计憔悴、国民财富匮乏的状况,从而使我国改变在世界竞争中的劣势地位。所以他在分析了前述民业状况之后强调:"今日生计竞争之世界,一国之荣瘁升沉,皆系于是"③,因而增加国财、提高国民富力是当务之急,也是改造国民职业状况的直接目标。可以明显地看到,他是以国家利益为本位,而不是以国民个人的利益为本位,从中体现了他在新民说诸篇中一以贯之的强烈的国家主义色彩,与传统经世家的民本主义有所不同。具体到解决民业问题的直接目标,则是使占人口半数强的分利者转变为生利者,以"求一国中生利人多,分利人少"④。至于具体的实施方策,梁启超只简单地提出了三个步骤为"转移之次弟":"先求我躬勿为分利者;复阐明学理,广劝一国之人使皆耻为分利者;复讲求政策,务安插前此之分利者,使有自新之道,以变为生利者。"⑤ 他提出的这三项步骤方策,第一项属民德修养范畴;第二项属教化范畴,也与民德有关;第三项是政府实行政策范畴。梁启超就是从这里将民业问题与民德问题联系起来,从而将改善民业、变分利者为生利者作为新民的一项内容,将"勿为分利者"及"耻为分利者"作为国民的一项新道德,

---

① 《史记》卷129《货殖列传》,第3253—3254页。
② 梁启超:《史记货殖列传今义》,《饮冰室合集》文集之二,第38页。
③ 梁启超:《论生利分利》,《饮冰室合集》专集之四,第95页。
④ 同上书,第96页。
⑤ 同上。

即职业道德。但这些步骤方策梁启超是以怎样的思路提出来的？是否切实可行、期有实效呢？我们下面做一分析。

首先看他列为第一项的方策，即让国民"求我躬勿为分利者"。也就是说靠人们自己觉悟，自觉地树立为国生利的从业观，如前述张灏所指出的让国民树立"为社会作贡献的职业思想"，作为新民德的一项内容。这种对国民道德自觉自律的期待和要求，是一种强调道德觉悟和道德修养的传统思维方式。可见，梁启超在将民业问题上升到国民道德层面时，又向传统道德主义的思路靠拢，而与他分析民生民业问题所采取的功利主义态度脱离开来。但是，以往的历史经验已经证明，对于关乎人们身家生存的生计民业问题，寄希望于主要靠人民的道德自觉来解决，这只能是道德家的空想，是不可能实现的。更何况当时国民处在如梁启超所说的"生计憔悴的逼迫"之下，多数人尚不得温饱，甚至难以为生，在多数国民身家生存尚难以保证的情况下，怎么可能让其靠道德自觉而首先选择为国家利益考虑的生利之业，即树立"为社会作贡献的职业思想"呢？同时，这种"道德自觉"的取径，违背了工业社会市场经济的功利主义和个人利益原则，因而是不可能在"今日生计竞争之世界"的境况下，达到使国民职业分工自动合理化而使国财增长目标的。

再看第二项方策，即"阐明学理，劝导国民使皆耻为分利者"。这是由首先觉悟的知识分子来承担教化国民、培育民德的责任，使国民培养起以分利为耻的职业道德观念。这种教化民德观，也是一种传统道德主义的思维方式。与西方学理相比较就可看出，虽然西方学者也重视知识分子"阐明学理"，但其目的在于为社会改革实践提供尽量科学合理的理论，以备人们为了实际利益关系而予以认知和实行。而在梁启超这里，"阐明学理"之后，则是用于教化，"劝导国民使皆耻为分利者"，一个"劝导"，一个"耻"字，仍然重在道德教化，从这里就看出了梁启超与西方学者思维出发点的不同。而梁启超的这种沿袭传统教化的理路，也同第一项一样，被历史经验证明不会有根本性的效力。对于关系民生的问题，在国民生计憔悴的情况下，这种外在的教化如果没有利益原则支配下的社会规则，便不会发生根本性的作用。因而这一项建策也是不可能奏效的。

第三项方策是对政府而言，即讲求政策，调整民业，安置分利者使之变为生利者。由政府运用行政力量，对不合理的民业分布进行调整，使之形成最大限度地达到预计目标的合理结构，这应当无论是中国传统经世学者还是西方近代治国者都曾考虑并实行过的举措，只是二者由于价值目标不同，调整的原则不会一样；二者政策的学说基础不同，调整的构划不会一样；又由于社会制度不同，调整的效能也不会一样。如果要靠当时仍沿袭传统体制、固守传统价值的清朝政府，来进行以增加国财为目标、以近代工商业化为规则的民业调整，希望其能够通过政策实施而使占总人口半数强的分利者一变而为生利者，恐怕只能是不可能实现的幻想而已。所以，梁启超对此项方策也是毫无信心，只有空发哀叹："语及政策，则谁与思之？谁与行之？呜呼，予欲无言！"[①]

由此可以看到，梁启超对于民业问题改造方策的思考，上述"道德自觉""教化"及"讲求政策"三种理路，都不再是基于"实事"、运用分析和经验实证方法所做出的科学性结论，而是重新回到了传统思路，因而其方策显得既匆忙简略，又不切实用，使得他力求以功利主义而尽量翔实讨论的民生民业问题，最后却被引向了一个回到传统道德主义的死胡同。他之所以有这样一个灰暗的回归，之所以在功利主义原则下，以实证分析方法研究了民生民业问题之后，在提出解决方案时却回到了传统道德主义，强调道德自觉和教化的作用，其原因有三：

第一，梁启超的整体新民德思考，具有浓厚的道德主义色彩，这源于中国传统的教化观，认为人通过教化和修养，就可以使道德完善。维新时期康有为、严复等首先提出新民德问题，就有这种沿袭传统教化观的明显痕迹，梁启超阐述新民说，可以说是这一传统的延续。特别是在改造民德的现实社会条件缺乏的情况下，无论是维新时期的严复，还是这时期的梁启超，他们不得不更加寄希望于道德的感召力。梁启超在对政治制度不抱希望的情况下，只有寄希望于通过道德呼吁的感召力，促使人们产生做生利之民的职业道德意识。只是他

[①] 梁启超：《论生利分利》，《饮冰室合集》专集之四，第96页。

没有充分地认识到,虽然这种道德呼吁会有一定的感召力,但远不如他想象或希望的那样大,甚至也不是根本性的途径。

第二,梁启超思考这些问题的根本立足点,是国家主义的价值观念。他提倡新民、关注民生,都是以国家利益为目标,以国财增长为目的,而忽视个人利益,忽视民生民业问题最切近的首先是个人身家的生存利益。所以,他没有考虑在改造民业问题上,如何处理个人利益,及个人利益与国家利益是否可以兼顾协调。历史经验和西方学说都证明,在解决民生民业问题上,只有从人们的切身利益入手,才可能产生实际的功效。梁启超对于斯密学说有一个严重的忽视,即没有意识到斯密学说的核心理念是市场原则,而市场原则也即是个人利益等价交换原则。梁启超的价值核心是国家利益,这是与斯密学说的根本不同之处,所以,他虽然借鉴了斯密的一些理论范畴和分析方法,却没能建立起如斯密一样完整的理论体系。民德与民利相脱节,择业利益与职业道德相脱节,正是他难以使二者相联系的症结所在。

第三,除了价值观方面的原因之外,在学理方面究其原因,还在于梁启超研究民生民业问题时,虽内瓤已经开始移植西方科学方法,但思维框架还没有完全摆脱传统经世思维。他虽然借鉴了西方功利理性和实证分析方法,因而具有一定的科学性,但他提出方策时却偏离了这一理路,没有由此推导出合乎近代经济规律的功利主义伦理观基础上的解决途径,而是仍然沿着觉悟、教化和方策这三种传统思路来寻找出路。这反映了梁启超借鉴西方理论方法对民生与民德问题的探索刚处于起步时期,他对近代科学理性精神的贯彻还不十分彻底,他对民生与民德问题的研究可以说既是近代科学分析的开始,也是由传统学理向近代学理的一种过渡。

令人遗憾的是,梁启超在新民说中开拓的借鉴近代社会科学方法思考民生与民德问题的新理路,在当时及后来相当长时期没有得到人们的重视,因而缺乏后续的系统研究,以使之形成成熟的理论,而民生与民德问题直至今天仍然是困扰着我们的难题。反省梁启超100年前思考这一问题的创获与缺失,他所开拓的从民生入手培育民德的认识理路,以理性主义和科学方法研究民德问题的学术取径,提出与现代社会相适应的国民职业道德理念,以及他的认识缺失所昭示的在民德问题上如何调处个人利益与国家群体利益的关系等,都是留给我们宝贵的思想遗产和学术遗产,有待于我们进一步去开拓和发展。

1920年代：思想界的分裂与中国社会的重组

——对《新青年》同人"后五四时期"
思想分化的追踪[*]

章 清

将"年代"视野引入现代中国，或也难免聚焦于作为时代命名的事件，毕竟，历史上能够作为时代命名的事件并不多。审视1920年代思想界的走向，就难以绕开"五四"。"五四"成为中国思想文化发展的分水岭，原因必多，其中之一当与"分裂"相关。"分裂"是全方位的，世界大战、巴黎和会以及学生运动，都预示着种种"分裂"的肇端。研究中国现代思想的学者，也大体接受这样的看法：1920年代是思想冲突加剧、思想界随之分裂的时代。

学者思考的起点大都立足于五四"思想"的多歧性，论证则指向"政治"立场的分野。娴熟这段历史的周策纵就指出，1919年以后，知识分子首先在思想上、继而在行动上的不一致与日俱增，以致在以后的年代里这个运动产生了巨大分裂。"一方面自由派和保守派徒劳地要求在军阀统治下实行温和的改革，另一方面左派分子和民族主义者在苏俄与日俱增的影响

---

[*] 本文原载《近代史研究》2004年第6期。本文是作者提交中国社会科学院近代史研究所举办"1920年代的中国"国际学术研讨会的会议论文，蒙论文评论人北京大学历史学系罗志田教授，及近代史研究所汪朝光、王奇生研究员指正，谨此深致谢忱。

下加速了他们的组织活动。"① 或许是因为这个观察稍嫌简略，且偏重于政治因素的分析，近年来也出现了从新的视野对此展开讨论的论作，罗志田就从"西方分裂"的角度分析了"后五四时期"的思想分化：从整个近代这一中长时段看，新文化运动既是西潮在中国的巅峰，也是其衰落的开始。早期的《新青年》尚处西方整体观的余荫之下，"五四"以后即渐分，表面是分裂为激进与稳健两派，实则与"西方"的分裂有很直接的关联，如学界与思想界就都有所谓英美派、法日派以及尚不明显的俄国派之分。②

通过对"后五四时期"（主要是1920年代）《新青年》同人思想分化的追踪，以审视中国思想的走向及思想界的分裂，是本文关注的重点。依我之拙见，1920年代思想界因何分裂，分裂的程度如何，尤其是如何评估思想界的分裂，及所涉及的时间断限，值得进一步申论。关键在于，聚焦于思想界的分裂，往往将中国社会的重组掩饰，而这其中所发生的转变，却是同样值得重视的。这也意味着，本文希望能够结合中国社会的重组，对思想界的"分裂"做一概论性申述；以期在增进对"1920年代"了解的基础上，重新认识"后五四时期"中国思想及中国社会的走向。

一 审视思想界分裂的"后见之明"

关乎现代中国思想界的"分裂"，显是易于掺杂种种恩怨的话题。如何避免纠缠于其中的"后见之明"，尤其是当事者事后的种种说项，便成为绕不开的问题。甚至可以说，如不能对此略作说明，恐是难以做到"返诸旧心"的。③ 因此，在问题展开之前，略微勾画思想界分化问题的缘起，也

---

① 周策纵：《五四运动：现代中国的思想革命》，周子平等译，江苏人民出版社1996年版，第332页。
② 罗志田：《西方的分裂：国际风云与五四前后中国思想的演变》，《中国社会科学》1999年第3期。
③ 就此而言，柯文考察义和团所提出的"历史三调"，以及舒衡哲对五四"记忆"如何延续的探讨，都提示了历史学家处理有关问题时应有这样的"自觉"。参见［美］柯文《历史三调：作为事件、经历和神话的义和团》，杜继东译，江苏人民出版社2000年版；《中国的启蒙运动——知识分子与五四遗产》，舒衡哲、李国英等译，山西人民出版社1989年版。此外，罗志田近年《历史记忆与五四新文化运动》等文也涉及此问题，见氏著《近代中国史学十论》，复旦大学出版社2003年版，第143—174页。

是必要的。实际上,"后五四时期"思想界的"图景",即由此塑造。这其中,胡适与李大钊围绕"问题与主义"的论辩,就构成塑造历史的重要元素,并以此作为思想界分裂的象征。胡适即有其"后见之明",作为当事人之一,晚年他把"问题与主义"之争看作"和马克思主义者冲突的第一个回合"①。这样的解释当然有"郢书燕说"之嫌,论者对这段历史的考辨,就指明这场论战的历史图景是如何塑造出来的。② 实际上,这样的"回忆"并非只发生在胡适身上,关于"五四"的"记忆",差不多都由此展开。譬如,夏衍也指出,"1919 年到 1920 年,是一个新旧决裂和分化的时刻","五四"初期的"外争国权,内惩国贼"的政治口号,逐步增加了反帝反封建(特别是反礼教)的新文化运动的色彩,"这事件,标志着中国思想界出现了进一步的伟大的分裂"③。凡此种种,都提示我们注意,重塑 1920 年代思想界的图景,需要面对种种"迷思",甚至"迷思"是由当事者自己营造的。

  应当承认,"后五四时期"思想界的分化,当时即已成为问题。1920 年,瞿秋白即有言:"中国社会思想到如今,已是一大变动的时候。一般青年都是栖栖惶惶寝食不安的样子,究竟为什么? 无非是社会生活不安的反动。反动初起的时候,群流并进,集中于'旧'思想学术制度,作勇猛的攻击。等到代表'旧'的势力宣告无战争力的时期,'新'派思想之中,因潜伏的矛盾点——历史上学术思想的渊源,地理上文化交流之法则——渐渐发现出来,于是思潮的趋向就不像当初那样简单了。"④"新""旧"之争,是探讨五四时期思想界走向的基本向度,无须多作说明。这里瞿指出思想界"新派"与"旧派"之分,即是延续了有关话题。只是他已注意到,"新派思想"中"潜伏的矛盾点"已"渐渐发现出来"——尽管未曾具体言明"发现"的究竟是什么。

  "新派"知识分子中存在的派系之争,在"后五四时期"也偶有提

---

① 参见唐德刚译注《胡适的自传》,华东师范大学出版社 1981 年版,第 200 页。
② 见李林《重论"问题与主义"之争》,收入刘青峰编《胡适与现代中国文化转型》,香港中文大学出版社 1994 年版,第 11—33 页。
③ 夏衍:《懒寻旧梦录》(增补本),生活·读书·新知三联书店 2000 年版,第 26—27 页。
④ 瞿秋白:《饿乡纪程》,《瞿秋白文集》"文学编"第 1 卷,人民文学出版社 1985 年版,第 29 页。

及。主要是针对个人及所属籍贯和教育背景而言，并不一定确有所指。胡适进北大主要靠陈独秀援引，校内当时主要由章太炎门下弟子把持，陈去势孤。汤尔和、蒋梦麟等常在人事安排方面党同伐异，被指为"浙派之植党揽权"。此外，沈尹默是所谓北大"法国文化派"要员，与李石曾、顾孟余等"结党把持"，与胡适对立。胡则逐步培植自己人脉，即后来鲁迅所谓的"现代评论派"。吴虞注意到这一现象，因而评论说，"李石曾辈很有势力，北大教职员会，李派与胡适之派人数平均"①。1926年下半年，鲁迅南下厦门、广州，在厦门、中山大学均与顾颉刚卷入复杂的人事纠葛，甚至闹到有你无我、你来我走的地步，报上就有"胡适之派和鲁迅派相排挤"的说法。② 此外，学生方面也被时人指为有"两种大的倾向"，"五四运动"之后，两者"越发分明"：前者是新潮社，"隐然以胡适之先生为首领"，"渐渐倾向于国故整理运动"；后者是国民杂志社，"显然是社会主义，尤其是布尔什维克主义的仰慕者"③。

约在20世纪20年代末30年代初，思想界的分化成为言说的中心。南京国民政府建立后，"民族精神"成为建构三民主义的重要符号，相应也产生种种批评"五四"的意见。叶楚伧《由党的力量来挽回颓风》就声称，"中国本来是一个由美德筑成的黄金世界"，且将黄金时代定于三百年前，明显表现出对近代以来的文化变革，尤其是五四新文化运动的不屑。陈立夫更是表示，自"五四运动"以来，所有的文化工作，"大部分均系破坏工作，以致吾国固有之文化摧毁无余"④。而在"革命"名义下，"五四"思想也被分解。朱镜我1930年发表《中国目前思想界的解剖》即道出，改良主义、自由主义、机会主义代表着"在现状态下有相

---

① 吴虞：《吴虞日记》下册，四川人民出版社1986年版，第154、295页；胡适：《胡适的日记》（手稿本）第5册，1925年1月17日，（台北）远流出版公司1990年版。参见桑兵《近代中国学术的地缘与流派》，《历史研究》1999年第3期。

② 顾颉刚：《致胡适》（1927年2月2日、1927年4月28日），《胡适来往书信选》（上），中华书局1979年版，第422—430页；鲁迅：《两地书》第2集，"厦门—广州"（1926年9月至1927年1月），《鲁迅全集》第11卷，人民文学出版社1989年版，第103—277页；鲁迅：《华盖集续编·海上通信》，《鲁迅全集》第3卷，第398—401页。

③ 黄日葵：《在中国近代思想史演进中的北大》，《北大廿五周年纪念刊》（1927年12月17日）。

④ 陈立夫：《文化建设之前夜》，《华侨半月刊》第46期，1935年5月10日。

当势力的思想系统",而"资产阶级底自由主义的思想系统",即是胡适一派的理论,新月派的立场。他们完全失却了革命性,"看不出帝国主义实使中国沦于崩溃的事实,也看不出封建残余阻碍中国的自由发展之事实"①。这里可以看出思想界的分裂是如何被定性的——主要来自敌对思想的互相涂抹;"资产阶级底自由主义的思想系统"的命名,形成于20世纪20年代末30年代初,也自有其深意在。这多少表明有关思想界分化的看法,缘自政治的立场;同时也提示当紧扣世纪20年代末30年代中国社会的演进,审视思想界的走向。

像这样本于政治立场针对"五四"思想进行的解释,不仅得以延续,而且政治色彩愈加浓厚。1940年,翦伯赞就撰文指出,在五四运动中,胡适及其流派,"一面对于还正在与他们直接斗争的封建思想,作正面的批判;另一方面,对于真正在兴起中的社会主义思潮拼命地打击,而积极的鼓吹资本主义合理之资本家的精神"。同样是将"胡适及其流派"作为"资产阶级"代言人。尤有甚者,因为抗战时期广泛开展民族动员、文化动员,胡适等还要承担"民族文化虚无主义"的责任,认为胡适等抨击中国古典圣经贤传,殊未知儒教"也不是完全没有积极的成分"。即便否定,也并非完全消灭,是要把"被否定的诸要素中的积极的东西保存着并发展他,当作新的东西之发展的契机"②。国民党方面,1943年出版的《中国之命运》,也对"五四思想"贴上新的标签。以蒋介石之名炮制的这本书,将自由主义与共产主义等而视之,认为"五四"后输入国中这两种思想,不仅不切于国计民生,违反中国固有精神文化,而且"根本上忘记了他是一个中国人,失去了要为中国而学亦为中国而用的立场",其结果这两种"不外英美思想与苏俄思想""抄袭和附会"的思想学说,"不过使中国的文化陷溺于支离破碎的风气"。③

"五四"时代的思想人物,同样也在进行着对思想分化的分析。1933年,胡适以1923年为界将现代思想分为前后两期:第一期是"维多利亚

---

① 朱镜我(署名谷荫):《中国目前思想界的解剖》,《世界文化》第1期,1930年9月10日。
② 翦伯赞:《评实验主义的中国历史观》,见《中国史论集》,文风书局1944年版,第21—34页。
③ 蒋介石:《中国之命运》,台北,正中书局1976年版,第71—73页。

思想时代,从梁任公到《新青年》,多是侧重个人的解放";第二期则是"集团主义(collectivism)时代。一九二三年以后,无论为民族主义运动,或共产革命运动,皆属于这个反个人主义的倾向"①。这一分期当然也有其"成见",几乎全以他所理解的"中国的文艺复兴运动"为依据,尤其突出了政治运动对于思想文化运动的干扰。稍后不久,胡适明确将《新青年》群体归于自由主义,并且认为北京大学1919年3月26日开会辞去陈独秀,"不但决定北大的命运,实开后来十余年的政治与思想的分野"。中国共产党的创立及后来国中思想的"左"倾,《新青年》的分化,北大自由主义者的变弱,"皆起于此夜之会"。因为"独秀在北大,颇受我与孟和(英美派)的影响,故不致十分'左'倾。独秀离开北大之后,渐渐脱离自由主义者的立场,就更'左'倾了。"②

值得重视的是鲁迅等对相关问题的揭示。1935年鲁迅在一篇文字中讲到,20世纪20年代最初几年,作为"五四运动"策源地的北京,自从支持《新青年》和《新潮》的人们风流云散后,"倒显着寂寞荒凉的古战场的情景"③。这样的看法,也出现在研究新文化运动的论著中,1936年出版的《五四运动之史的评价》就注意到,回应西潮冲击达于颠峰的新文化运动,因尊西的新派分裂为实验主义与马克思主义两派,中国思想文化界就"失去了重心"④。所谓思想文化界"失去了重心",甚为要紧。"分裂"导致"重心"的丧失,本不难理解,但问题随之而来,思想文化界"失去了重心",还只是问题的一面;同样值得考虑的是,如果思想文化界的"分裂"是中国社会重组的产物,那么在重新组合的中国社会,思想文化界的"位置"又如何?是不是同样有"失去了重心"的问题?这或许是更值得关注的。

这里只是对"后五四时期"思想界的分化略作说明,以显示问题的缘起。之所以特别提示20世纪20年代末30年代初形成的对思想界分化

---

① 胡适:《胡适的日记》(手稿本)第11册,1933年12月22日。
② 胡适:《致汤尔和》(1935年12月23日),《胡适来往书信选》(中),第281—282页。
③ 鲁迅:《现代小说导论(二)》,见蔡元培《中国新文学大系·导论集》,上海良友图书公司1940年版,第132页。
④ 陈端志:《五四运动之史的评价》,上海生活书店1936年版,第339页,转引自罗志田《西方的分裂:国际风云与五四前后中国思想的演变》,《中国社会科学》1999年第3期。

的看法,最基本的正在于,伴随中国社会的重组,"思想界"也形成新的格局,往往是基于特定时期的政治立场对此前的历史进行回溯。此亦表明,中国社会的"重组"与思想界的"分裂",实有密切关联。

二 《新青年》的"分裂",抑或陈独秀的"出走"

审视 1920 年代中国思想界的走向,通常都围绕《新青年》的"分裂"展开。我们也熟悉了于此所发掘的最具象征性的事件,那就是前述胡适与李大钊围绕"问题与主义"的辩论。这场论争作为中国自由主义与社会主义浮出水面的象征,自有其深意在,只是其中之"意义",并非即刻呈现出来。既如此,以此作为当时思想界分化的向度,就值得斟酌。因此,同样以《新青年》"分裂"作为问题的起点,也存在不同的取向。我想强调的是,追踪《新青年》同人"后五四时期"的思想分化,确需确立问题的起点,但与其致力于发掘具有象征性的事件,不如聚焦于《新青年》群体的分化。因为该群体不仅提供了检讨"五四"前后所发生的一系列"分裂"的视角,更重要的是,思想界的"重组"也与这个群体的分化息息相关。只是,是表述为"分裂",还是"陈独秀的出走",却值得考虑。[1]

约在 1919 年 4 月李大钊给胡适的信中,就谈到"团结"问题,提出应该把《新青年》《新潮》和《每周评论》的人结合起来,"为文学革新奋斗"。"在这团体中,固然也有许多主张不尽相同,可是要再想找一个团结像这样颜色相同的,恐怕是不大容易了。"但主张不必相同,只要"都要向光明一方面走是相同的"。所要者,"《新青年》的团结,千万不可不顾"[2]。这当是有所指。就在这年年底,《新青年》第 7 卷第 1 期出刊,内中刊登的据称代表"全体社员共同意见"的一则宣言,颇为引人

---

[1] 胡适后来就谈到,"1920 年 1 月以后,陈独秀是离开我们北京大学这个社团了。他离开了我们《新青年》团体里的一些老朋友;在上海他又交上了那批有志于搞政治而倾向于马、列主义的新朋友。时日推移,陈独秀和我们北大里的老伙伴,愈离愈远。"见唐德刚译注《胡适的自传》,第 206 页。

[2] 李大钊:《致胡适》(1919 年 4 月),《李大钊文集》下册,人民出版社 1984 年版,第 936 页。

注目。一本已发行到第 7 卷的杂志，表示"本志的具体主张，从来未曾完全发表"，已足使人惊讶；既说社员持论各不相同，却又"要将全体社员的公共意见，明白宣布"，更令人回味。① 合理的推断是，《新青年》内部已出现不谐之音，且引起社会上种种猜疑，否则大可不必在这个时候宣示什么"公共意见"。从宣言本身也不难发现，在一些基本问题的认知上，《新青年》内部确实已产生裂痕。究其实质，是在杂志经历一系列风波，引致其成员间潜在的分裂倾向时，编辑部成员重新在寻求共识，焦点则是"政治"。拾起"民众运动"与"社会改造"的旗帜，并表示要和各派政党"绝对断绝关系"，即是试图找寻在政治上沟通的契机。但这样的沟通，收效甚微；其成员间的裂痕，也难以弥合。

问题并不是要不要"谈政治"那样简单。照胡适的说法，1919 年以前，《新青年》大致还是"不谈政治而专注意文艺思想的革新"；有意不谈政治，主要受其影响，"陈独秀、李大钊、高一涵诸先生都是注意政治问题的"②。陈独秀对此还颇有抱怨，"本志同人及读者，往往不以我谈政治为然"。但他坚持认为，"政治问题，往往关于国家民族根本的存亡，怎应该装聋作哑呢？"况且，"此种根本问题，国人倘无彻底的觉悟，急谋改革，则其他政治问题必至永远纷扰"③。其实，1919 年以后《新青年》更多介入现实政治的讨论，也是事出有因，欧战结束、巴黎和会召开以及由此催生出的学生运动，这一连串事件的发生，《新青年》又岂能置身事外。

这其中的区别主要在于，陈独秀毫不讳言要"谈政治"，是因为有了明确的"理想"与"主义"。在《谈政治》一文中，他就表示，我"深信许多人所深恶痛绝的强权主义，有时竟可以利用他为善；许多人所歌颂赞美的自由主义，有时也可以利用他为恶"。劳动阶级的枷锁镣铐分明是自由主义带上的，"若仍旧妄想否认政治是彻底的改造，迷信自由主义万能，岂不是睁着眼睛走错路吗？"④ 这篇文章的重要性不在于陈大张旗

---

① 陈独秀：《〈新青年〉宣言》，《新青年》第 7 卷第 1 号，1919 年 12 月 1 日。
② 胡适：《纪念五四》，《独立评论》第 149 号，1935 年 5 月 4 日。
③ 陈独秀：《今日中国之政治问题》（1918 年 7 月 15 日），《陈独秀文章选编》（上），生活·读书·新知三联书店 1984 年版，第 268 页。
④ 陈独秀：《谈政治》，《新青年》第 8 卷第 1 号，1920 年 9 月 1 日。

鼓要"谈政治",关键在于,文中所表达的——如把自由主义看作资本主义的代名词——显示如何"谈政治",陈已有了他的答案。而胡适也未必忌讳"谈政治",《星期评论》出版后,他就撰文表示,"如果要使思想革新的运动能收实地的功效,非有一贯的团体主张不可"。只是胡尚未形成具体的"理想"与"主义",所以仍守护于"谈政治"要基于"研究的结果"①。因此,问题的关键不在是否谈政治,而是如何"谈"。宣言反复声明要和过去及现在的各党派"绝对断绝关系",且"永远不忍加入",才是症结之所在。具体说来,导致《新青年》团体陷于分裂的导火索,当是这个杂志的"色彩"越来越趋向"过于鲜明"。

1920年1月,就在这则宣言发表后不久,陈独秀离开北京到了上海,同时将《新青年》带到上海编辑出版。当陈将编辑工作交由陈望道、李达、李汉俊等倾向共产主义的知识分子担当后,这个杂志逐渐成为宣传俄国革命和马克思主义的刊物。在这种情况下,《新青年》该如何走下去成为其成员不得不思虑的问题。胡适再度祭起"不谈政治"的戒约,认为问题已到必须解决的关头。1920年12月,他致函陈独秀说,尽管你本人也声称并不以为然,但杂志"色彩过于鲜明",却是已成之事实。今虽有意抹淡,似亦非易事,况且"北京同人抹淡的工夫决赶不上上海同人染浓的手段之神速"。他提出三个解决办法:第一,另创一个哲学文学的杂志;第二,将《新青年》迁回北京出版;第三,"暂时停办"。当时在北京的《新青年》同人,也对此发表了意见。②

尽管多数编委主张《新青年》移回北京编辑,却没有能够落实。在上海编辑出版的《新青年》杂志,因为遭查禁,最后只好移到广州出版。虽说《新青年》这个旗帜还在,但不难看出,自这个杂志迁往上海,就已经走上了一条不归路,曾经掀起过巨大波澜的《新青年》群体分道扬镳,已无可挽回。

如何看待《新青年》群体的分裂,是不该回避的问题。上述种种,

---

① 胡适:《欢迎我们的兄弟——〈星期评论〉》,《每周评论》第28号,1919年6月29日。
② 胡适:《致陈独秀》,见张静庐编《现代中国出版史料》甲编,中华书局1954年版,第8—10页。关于《新青年》的分裂及此后其同人所搭建的发言台,笔者在其他文字中有更详细讨论,此系对前文之补充。参见章清《"胡适派学人群"与现代中国自由主义》,上海古籍出版社2004年版。

似都给出明确信号,《新青年》的分裂缘自政治上的分歧。所谓"马克思主义"与"非马克思主义"（近年来表述为"社会主义"与"自由主义"）的分歧,于此也有了确凿证据。然而,这样的评估却难免"后见之明"的痕迹。关于什么是"五四"的核心,从来就是言人人殊的问题,和历史上其他充满歧见的事件一样,"五四"给后人的昭示也并不完全一致。张灏曾归纳出"五四"思想的"两歧性",揭示出"五四"思想中存在一些对立发展的趋势。① 这有助于认识中国现代思潮的诡谲歧异。同样的,在政治立场上清楚辨析马克思主义与非马克思主义（或社会主义与自由主义）,或也是轻率的。如论者所说,"五四"时围绕"政治"问题进行的辩论,"不应该仅仅被理解为,或者最有益地被理解为自由主义者在政治上的幼稚或短见的表现;或者理解为激进分子偏向政治教条化的倾向"②。

揆诸"后五四时期"的历史,也不难发现,"问题与主义"之争,或自由主义与社会主义的论辩,并不意味着"历史的终结"。即以对"社会主义"的看法来说,也未见有什么严重分歧。③ 关键在于,尽管《新青年》为同人杂志,但杂志中人的思想背景与价值取向并不完全相同。甚至可以说,同人间的分歧其实早已潜埋,只是在启蒙的诉求下,这种分歧被遮掩着;随着政治话语慢慢浮出水面,分歧即暴露出来。只是,此时的"分裂"主要由陈独秀的"出走"表现出来。至于思想界的"分化",主要体现在《新青年》群体的"瓦解",还没有通过形成不同的思想派别表现出来。未来的情形如何,还需要通过对杂志同人"后五四时期"的思想进一步追踪。

---

① 张灏：《形象与实质——再认五四思想》,见韦政通等《自由民主的思想与文化》,台北,自立晚报社文化出版部1990年版,第23—57页。

② 格里德：《五四知识分子的"政治"观》,见王跃、高力克编《五四：文化的阐释与评价》,山西人民出版社1989年版,第1—14页。

③ 罗志田：《胡适与社会主义的合离》,《学人》第4辑,江苏文艺出版社1993年版。笔者也曾对此有所讨论,参见章清《现代中国自由主义与社会主义的合离：自由知识分子关于社会主义的历史图景》,收入瞿海源等主编《自由主义的发展及问题》,（台北）桂冠图书公司2002年版。

三 政治歧见：一个目标，两条道路

《新青年》南迁上海后，胡适曾表示有意另创一个专事哲学与文学的杂志，但这样性质的杂志却没有能够出现，颇具讽刺意味的是，包括胡适在内的原《新青年》杂志一群人，再汇聚知识圈及政治圈的其他力量，走上的仍是"谈政治"的"歧路"。这里的意味是，《新青年》群体分化后，其同人各自搭建起新的发言台，而且均关注于现实政治。这样，追踪《新青年》同人"后五四时期"思想分化，也有了重要依凭。借此，可以进一步了解"谈政治"的知识分子，又有怎样的"政治歧见"。

由"不谈政治"到走上"谈政治"的"歧路"，这是知识阶层的一个新动向。其实，在那样一个时代，不单知识阶层有新的动向，其他社会阶层也是如此。1921年，梁启超在天津讲演，就曾表示，"近来许多好人打着不谈政治的招牌，却是很不应该；社会上对谈政治的人，不问好歹，一概的冷淡，也是很不应该"。国中优秀分子当有一种"觉悟"："国家是我的，政治是和我的生活有关系的。谈，我是要谈定了；管，我是要管定了。"[1] 正如白吉尔所揭示的，自袁世凯称帝失败后，也许就注定了这个信誉扫地的政府再也没有能力控制中国南北分裂的局面，而在军阀横征暴敛的年代，所有社会集团的利益都受到损害。在经历一段拒绝参与政治事务的消极抗议后，越来越多的商人与企业家意识到，只有通过改革，实现政治机构和社会组织的变革，才能保证经济持续和深入的发展。[2]

在军阀混战的年代，不单一向远离政治的商人与企业家"思出其位"，知识圈中人，此时也同样感受到不得不卷入政治的压力。1920年底陈独秀赴粤前，曾特地致函胡适、高一涵，提醒说："南方颇传适之兄与孟和兄与研究系接近，且有恶评，此次高师事，南方对孟和颇冷淡，也就是这个原因，我盼望诸君宜注意此事。"还坦陈此乃他时常不可忘却的

---

[1] 梁启超：《辛亥革命之意义与十年双十节之乐观》，《晨报副镌》1921年11月7、8日。
[2] ［法］白吉尔：《中国资产阶级的黄金时代（1911—1937）》，张富强、许世芬译，上海人民出版社1994年版，第5章。

忠告，"恐怕我的好朋友书呆子为政客所利用"①。一开始，许是种种流言在传布，却也绝非空穴来风。即便知识阶层仍守望于学术理想，也不能杜绝各种政治势力对知识阶层的关注。李大钊就用"处女的地位"，说明了知识圈的处境，"现在我们大学一班人，好像一个处女的地位，交通、研究、政学各系都想勾引我们，勾引不动就给我们造谣；还有那国民系看见我们为这些系所垂涎，便不免引起一点醋意"②。对此，胡适也深有体会，研究系蓝公武曾拖其加入他们的"联省自治"运动，只是胡仍坚持，"我虽现在不主张放弃政治，但我不能玩这种政客的政治活动"③。这些或都表明，在那个政治情绪高昂的年代，大学中人同样有不能免于政治影响的尴尬。《新青年》迁离北京后，留在北京的一群人同样需要通过某种方式整合起来。终于在1922年5月，一个新的杂志问世了，只是，这个新杂志与原先胡适所期许的纯学术性杂志全然不同，以"努力"命名的这份刊物，明确指向的是对政治事业的图谋。而且，该刊第2号发表的由16位学者联署的《我们的政治主张》，所标举的"好政府主义"论纲，与梁启超的见解如出一辙。

从前或宣言"不谈政治"，或信仰各种主义的一群"清高人士"，竟能平心降格提出"好政府"的主张，在思想舆论界也激起热烈反应。赞同的意见大多来自教育界人士，北京几所学校的校长就联署作为宣言的"赞成人"；批评性回应则较多来自其他政治派别。④ 较之"问题与主义"的论辩，《努力》的创刊对于了解不同思想的交锋，无疑更具有意义，提供了审视思想界"政治歧见"的重要资源。

据张国焘回忆，当时聚集在上海的一群共产党人，认为好人政府的倡导会"阻碍革命思潮发展，将一般人引导到改良幻想的歧途"，故主张"不必顾虑到与蔡元培、胡适等好人政府派的原有友谊"，应将"我们的

---

① 陈独秀：《致胡适、高一涵》（约1920年年底）；《致胡适》（1921年2月15日），见《现代中国出版史料》甲编，第7、8页。
② 李大钊：《致胡适》（1921年），《李大钊文集》下册，第951页。
③ 胡适：《胡适的日记》（手稿本）第2册，1921年9月21日。
④ 来自国民党方面的批评可参见邵力子《读蔡孑民、胡适之诸先生的政治主张》，《民国日报》1922年5月18、19日。来自无政府主义方面的批评则以区声白的评论为代表，见区声白（署名声白）《中国目前的政治问题如何解决》，《民钟》第1卷第5期，1923年7月10日。

主张公开出来"①。由陈独秀起草的《中国共产党对于时局的主张》,就批评"好政府诸君"为"妥协的和平主义,小资产阶级的和平主义"②。《先驱》编辑部还发文说,"我们要知道好政治与坏政治,不是几个好人或坏人弄成的,乃是一派怎样特殊势力或特殊阶级弄成的",在北洋派武人势力的基础上建立"好政府","未免太空想,太滑稽,而且太不努力了","在未实现之前,即已定了死刑"③。

甫经成立的共产党对《我们的政治主张》提出质疑并不令人奇怪,这不过是"五四"后"革命话语"流行的一个表象而已。在军阀蝇营狗苟的政治环境下,不单共产党表达出对"阶级革命"的关切,《努力》的普通读者也希望"好人"诸君能深入民众,甚至不乏革命的呼声。在这一点上,《努力》所主张的确是倾向于对现存社会秩序进行修补式的改造,明显与革命的呼声适成对照。不过,从当时的思想格局看,无论倾向自由主义还是社会主义的知识分子,都还只是刚刚汇聚成政治力量,也许政治主张已渐渐趋远,但未来的政治走向如何,仍有诸多未确定的因素。

事实上,中共二大宣言仍表示,"愿意和资产阶级的民主主义革命运动联合起来,做一个'民主主义的联合阵线'"。紧接着胡适所写《国际的中国》也积极呼应,明确表示宣言认同于"民主主义的联合战线",是可喜可贺的事。所不同的是,中国共产党将"帝国主义的侵略与军阀的扰乱"作为中国内忧外患的祸源,胡却要人们相信,现在中国已没有很大的国际侵略的危险,尽可不必做惧怕国际侵略的噩梦。"我们的朋友陈独秀先生在上海出版的《向导》周报,标出两大目标:一是民主主义的革命,一是反抗国际帝国主义的侵略。对于第一项,我们是自然赞成的。对于第二项,我们觉得这也应该包括在第一项之内。因为我们觉得民主主义的革命成功之后,政治上了轨道,国际帝国主义的侵略已有一大部分可以自然解除了。"④ 胡适后来曾言,这是他最挨骂的文章,"共产党至

---

① 张国焘:《我的回忆》第 1 册,东方出版社 1980 年版,第 231—233 页。
② 陈独秀:《中国共产党对于时局的主张》,《先驱》第 9 号,1922 年 6 月 20 日。
③ 《先驱》编辑部:《批评"好政府"主义及其主张者》,《先驱》第 9 号,1922 年 6 月 20 日。
④ 胡适:《国际的中国》,《努力》第 22 号,1922 年 10 月 1 日。

今骂我此文,国民党也不会了解此文"①。

论者将《我们的政治主张》视作"是对那些可看作'自由主义'的观点的第一次系统的概括",大抵不错。② 除阐述"好政府"的政治论纲,《努力》也提出了对当时现实问题的具体意见。在这些具体的政治主张上,譬如"联省自治",双方也有所交锋。《向导》创刊号上,陈独秀就撰文表示对胡适等人的联省自治主张,"期期以为不可",认为要救济中国,"首在铲除这种割据的恶势力",且须用"革命的手段",在群雄割据的扰乱中,鼓吹联省自治,只是"徒以资横梗中间的武人用为永远巩固割据之武器,使老百姓更陷于水深火热之中,连向中央请愿这条可怜的路都断了"③。胡适对此有所回应,强调"根据于省自治的联邦制,是今日打倒军阀的一个重要武器","凡反抗这个旗帜的,没有不失败的"④。随后,蔡和森也加入进来,指出中国乱源,"在封建的旧势力之继续;而不在胡适之先生那种新发明的'统一'史观"。胡适的主张是肯定"打倒军阀的第一步在联省自治。但我们也可以大胆告诉适之先生:打倒军阀割据的第一步在民主的革命"⑤。

不难看出,双方的分歧,其实可归结于:一个目标,两条道路。胡适回应《中国共产党对于时局的主张》,就对彼此的分歧做了这样的归纳。他认为其中所阐述的十一项原则,"并无和我们的政治主张绝对不相容的地方",只是步骤有先后而已。也许他并不清楚为什么共产党把他们看成是"小资产阶级"——"有产阶级至无产阶级之间的一种第×阶段",但他对宣言中所提出的理想目标并没有太大歧见。只是强调,《努力》所着重的是"现在"最低限度的要求,事事都考虑只从"现在第一步"着手,所以,"我们并不菲薄你们的理想的主张,你们也不必菲薄我们的最低限度的主张。如果我们的最低限度做不到时,你们的理想主张

---

① 胡颂平编著:《胡适之先生年谱长编初稿》第2册,(台北)联经出版公司1984年版,第508页。
② [美]格里德:《胡适与中国的文艺复兴——中国革命中的自由主义》,鲁奇译,江苏人民出版社1989年版,第200页。
③ 陈独秀:《联省自治与中国政象》,《向导》第1期,1922年9月。
④ 胡适:《联省自治与军阀割据——答陈独秀》,《努力》第19号,1922年9月10日。
⑤ 蔡和森:《武力统一与联省自治——军阀专政与军阀割据》,《向导》第2期,1922年9月20日。

也决不能实现"①。说起来,"问题与主义"论争中,李大钊与胡适所论辩的中心,也是如此。

从胡适与李大钊、陈独秀的交往中,也可看出双方还保持着密切关系。胡适拟好《我们的政治主张》,首先想到的是与李大钊商议(宣言发表时李也具名于上)。李从事的政治活动,也主动与胡通报。② 1923年9月,李大钊还致信胡适,希望能将蔡和森所著《俄国社会革命史》一书,纳入《世界丛书》出版。③ 该年陈独秀给胡适的信,除希望《努力》出版后"每期赐寄一份",还推荐瞿秋白新著,"国人对于新俄,誉之者以为天堂,毁之者视为地狱,此皆不知社会进化为何物者之观察",秋白的书必能去掉世人诸多误解,"望早日介绍于商务,并催其早日出版为要"④。事实上,这样的"交情"一直得以延续,几年以后,胡适游欧期间还与国共两党著名人士于右任、蔡和森等密切沟通。胡适的一则日记甚为重要,不只是表达对社会主义的认同,还清楚表明短短三天时间修正了他多年来的想法,其中投身政治活动乃至"组党"的想法,是颇不寻常的。当他看到政治革新具有如此效力,也才有"应该出来做政治活动"甚至组织政党的表态。⑤ 难怪李大钊说:"我们应该写信给适之,劝他仍旧从俄国回来,不要让他往西去打美国回来。"⑥

略为分析《新青年》同人"后五四时期"重新搭建的发言台,可以清楚把握"双方"在政治上的"歧见"究竟有什么具体的表现。看得出,依托新的发言台的《新青年》同人,都在各自表述改革中国政治的意见。分歧不是没有,主要是在手段与方法上。或许用"一个目标,两条道路"归纳双方的"歧见",更为确当。这也表明,审视《新青年》同人"后

---

① 胡适:《这一周》,《努力》第10号,1922年7月9日。
② 李大钊:《致胡适》(约1922年8月),《李大钊文集》下册,第955页。
③ 李大钊:《致胡适》(1923年9月7日、10月下旬),《李大钊文集》下册,第956、957页。
④ 陈独秀:《致胡适》(1923年4月7日),《胡适来往书信选》(上),第194页。事实上,瞿秋白这段时间也曾多次致函胡适,其中还特别提到,他有意促成其任教的上海大学,成为"南方的新文化运动中心",并希望胡适能常加指导。见耿云志主编《胡适遗稿及秘藏书信》第41册,黄山书社1994年版,第159—162页。
⑤ 《胡适全集》第30卷,"日记"1926年8月3日,安徽教育出版社2003年版,第222—223页。
⑥ 胡适:《漫游的感想》,《胡适全集》第3卷,第41页。

五四时期"的分化,对此应有清楚把握,即《新青年》群体瓦解后,并未即刻形成对立的思想派别;所阐述的政治主张也并非完全不能相容。明乎此,也能更好认识思想界何以有"我们"与"他们"的区分,以及何以会产生"思想界联合战线"之提议。

四 "我们"与"他们":思想界的联合战线

约在1921年初,胡适曾写了封措辞严厉的信给陈独秀。这封常被征引的信,确值得重视,内中引人注目的即是对"我们"与"他们"的区分,且将彼此的畛域悉数道出。胡适颇有些责怪陈不能区分"我们"与"他们",足证他牢固树立了这种意识。① 后来鲁迅、周作人与陈源之间发生笔战,胡适也致函表示这是朋友中最可惜之事,"国内只有这些可以作工的人,大家努力'有一分热,发一分光',还怕干不了千万分之一的工作,——我们岂可自己相猜疑,相残害,减损我们自己的光和热吗?"意思很明确,"我们""横竖是水,可以相通",因此"'他们'的石子和秽水,尚且开始容忍,何况'我们'自家人的一点小误解,一点子小猜疑呢?"② 书信往来揭示的生活史与思想史的汇通,涉及思想界的划分,自有其深意在。我们要问,"我们"与"他们"的区分,勾画出思想界怎样的图景?

余英时曾指出,在中国近代思想史的脉络下讨论"保守"与"激进",首先要看到其文化意义。中国和西方保守派—自由派—激进派的三分局面不同,西方的三派都相对于一个存在了两三百年的社会现状立言,都已越过了"传统与现代之争",中国则不然,思想冲突的焦点正在传统与现代之间。所谓的"激进"与"保守"并不在其对现状的态度,而是

---

① 胡适:《致陈独秀》(时间不详,约在1921年初),《胡适来往书信选》(上),第119—120页。

② 胡适:《致鲁迅、周作人、陈源》(1926年5月24日),《胡适来往书信选》(上),第377—380页。徐志摩也曾致信周作人表示,"关于这场笔战的事情,我今天与平伯、绍原、今甫诸君谈了,我们都认为有从此息争的必要,拟由两面的朋友出来劝和,过去的当是过去的,彼此大家合力来对付我们真正的敌人,省得闹这无谓的口舌,倒叫俗人笑话。"见徐志摩《致周作人》(1926年1月31日),《徐志摩全集》第9集,上海书店出版社1990年版,第90—91页。

取决于对中国文化传统的看法,"中国现代思想史上最有势力的两个流派——自由主义和社会主义——大体上都对传统持否定的立场"[1]。将政治立场与文化立场略作区分,双方的趋同则更加清晰。最明显的无过于,《新青年》分裂后双方在思想文化战线的协同动作,还延续了相当一段时间。

对于新文化运动保守主义的反应,学术界已多有所论,如艾恺所揭示的,梁启超的《欧游心影录》、梁漱溟的《东西文化及其哲学》和张君劢的《人生观》,受到学术界广泛注意,对于传统中国文化精髓的眷求,对现代工业化西方的反感,以及反实证主义的理论建构,"他们都有着共同的论题和态度"[2]。是否存在所谓的"东方文化派",尚需进一步分析。然而,透过所形成的发言台以阐明共同的主张,也是有迹可寻的。以梁启超为领袖的《改造》,即标榜"嘤其鸣矣,求其友声",并明确主张,"本刊所鼓吹在使新文化运动向实际的方面进行"[3]。这里的要害是所谓"实际的方面",试图划出彼此的界限。在梁看来,这几年看似蓬蓬勃勃的所谓"新思潮""新文化运动",检查其内容,最流行的莫过于讲政治上、经济上的这样主义那样主义,可看作"西装的治国平天下大经纶";次流行的莫过于讲哲学上、文学上的这种精神那种精神,可视作"西装的超凡入圣大本领"[4]。1923年,他所写《五十年中国进化概论》,将近代中国思想的演化分为三期,其中对第三期的转变及人物谱系的勾画,更耐人寻味。梁不仅指出第三期的种子由第二期"播殖下来",且将第二期界定为"从甲午战役到民国六七年间止",似乎"新文化运动"只是第二期的补充而已,"恰值欧洲大战告终,全世界思潮都添许多活气,新近回国的留学生,又很出了几位人物,鼓起勇气做全部解放的运动。所以最近两三年间,算是划出一个新时期来"。不唯如此,照其看法,"这三期间思想的进步,试把前后期的人物做个尺度来量他一下,便很明白"。

---

[1] 余英时:《中国近代思想史上的激进与保守》,见氏著《钱穆与中国文化》,上海远东出版社1994年版,第188—222页。
[2] [美]艾恺:《最后的儒家——梁漱溟与中国现代化的两难》,王宗昱、冀建中译,江苏人民出版社1993年版,第76页。
[3] 《改造发刊词》,《改造》第3卷第1期,1920年9月15日。
[4] 梁启超:《科学精神与东西文化》,《晨报副镌》1922年8月24—26日。

结果,第一期他点出了郭嵩焘、张佩纶、张之洞等,"算是很新很新的怪物";第二期举出康有为、梁启超、章炳麟、严复等人,"都是新思想界勇士,立在阵头最前的一排"。唯独第三期,全然不提任何人物,只是说"许多新青年跑上前线"①。

因此,尽管"东方文化派"来自对手的涂抹,但作为同一营垒,其同道与对手,在他们的言论中还是略有交代。梁漱溟就认为,陈独秀的《人生真义》、李大钊的《今》、胡适的《不朽》,这些"所谓《新青年》一派的人生观都不能让我们满意",因为其中所讲的"完全见出那种向外要有所取得的态度"②。《东西文化及其哲学》出版后,蒋百里致梁启超信中也表示,"顷见梁漱溟《东西文化》一书,此亦迩来震古烁今之著作,渠结末之告白,大与吾辈自由讲座之宗旨相合,先生于近日内,何妨与南开确定一办法,将先生之历史讲义亦归为讲座之一,而再约漱溟也担任一座,震与君劢、东荪每各担一座"③。至于1923年的"科学与人生观"论战,张君劢同时针对胡适与陈独秀的意见加以驳诘,也多少说明一些问题。④

既然有共同的敌人,则组成联合战线共同对付,便成为可能。这也表明,"后五四时期"的中国思想界,仍然存在思想界的"联合战线",追踪《新青年》同人"后五四时期"的思想分化,这是需要特别注意的。

1923年,陈独秀就提出了思想界联合战线问题,认为"在扫荡封建宗法思想的革命战线上",相信"唯物史观"和相信"实验主义"的,"实有联合之必要",应结成"思想革命上的联合战线"⑤。他还将高唱"精神生活""东方文化"之论调,归为吴稚晖所谓"祸国殃民亡国灭种

---

① 梁启超:《五十年中国进化概论》,《饮冰室合集》文集之十四,中华书局1989年影印本。
② 梁漱溟:《合理的人生态度》,《漱溟卅前文录》,商务印书馆1926年版,第193—199页。
③ 蒋方震:《与任师书》(1921年11月26日),丁文江、赵丰田编:《梁启超年谱长编》,上海人民出版社1983年版,第941页。
④ 张君劢:《〈人生观之论战〉序》,郭梦良编:《人生观之论战》,上海泰东图书局1923年版。
⑤ 陈独秀:《思想革命上的联合战线》,《前锋》第1期,1923年7月1日。

之谈"。他点到了张君劢、梁启超、章士钊、梁漱溟等人，以深文周纳的方式指出，"我虽不认识张君劢，大约总是一个好学深思的人；梁任公本是我们新知识的先觉者；章行严是我的廿年老友；梁漱溟为人的品格更是我所钦佩的"。但是，"他们提倡那些祸国殃民亡国灭种的议论，要把国人囚在幽谷里，我们不得不大声疾呼的反对，看他们比曹锟、吴佩孚更为可恶，因为他们的害处大过曹、吴"。甚至表示，"梁漱溟说我是他的同志，说我和他走的是一条路，我绝不能承认"①。

思想界联合战线之议，显示出共产党人也有"我们"与"他们"的区分；更说明当时思想界营垒的划分，主要依据文化立场而非政治立场。关键在于，这并非陈独秀个人的看法，1923年邓中夏对思想界进行划分，也明确分出"新兴反动派"（即"东方文化派"），认为该派可分为三系，梁启超、张君劢、张东荪等为一系，梁漱溟为一系，章行严为一系。又将分了家的新文化运动者区分为"科学方法派"和"唯物史观派"（分别以胡适、丁文江与陈独秀、李大钊为代表），邓评论说，"东方文化派是假新的，非科学的"，"科学方法派和唯物史观派是真新的，科学的"，后两派应该"结成联合战线"，"一致向前一派进攻、痛击"②。当陈独秀提出思想界的联合战线问题，邓也马上接过话题，认为"在现在中国这乌烟瘴气的思想界中不特是必要，而且是应该"，相应也将胡适等纳入"革命派"势力范围。比较"唯物史观"与"实验主义"，他也认为不同之中有约略相同的几点，因此"我们应该结成联合战线，向反动的思想势力分头迎击，一致进攻"。邓这样写道："再明显些说，我们应该结成联合战线，向哲学中之梁启超、张君劢（张东荪、傅佩等包括在内）、梁漱溟；心理学中之刘廷芳（其实他只是一教徒，没有被攻的资格）；政治论中之研究系、政学系、无政府党、联省自治派；文学中之'梅光之迪'等，和一般无聊的新文学家，教育中之黄炎培、郭秉文等，社会学中之陶履恭、余天休等这一些反动的思想势力分头迎击，一致进攻"③。此外，萧楚女也曾撰文指出，在革命的呼声下，尚有几派，还"没有肯把人类

---

① 陈独秀：《精神生活 东方文化》，《前锋》第3期，1924年2月1日。
② 邓中夏：《中国现在的思想界》，《中国青年》第6期，1923年11月24日。
③ 邓中夏：《思想界的联合战线问题》，《中国青年》第15期，1924年1月26日。

和时代合起来去着想"。这里所说的,指的也是"无政府派""东方文化派"(含"精神文明派""农村立国派")和"国家主义派"①。

思想界"联合战线"呼声的出现,不是偶然的。这显示出可能结成"联合战线"的双方,对"五四"遗产的承继。恽代英就曾特别提到"自从五四运动以来"的问题,指出这八个字,"久已成了青年人作文章时滥俗的格调",然这总表明一般青年崇拜"五四"的心理。同时也并不回避,青年学生掀起"五四"壮烈的历史,是"因为他们受了蔡元培、陈独秀、胡适之诸先生思想的影响"②。这也表明,"后五四时期"思想界对"五四"记忆的延续是突出的一环,正因为此,在政治上已显示种种歧见的双方,在思想文化上还能联合起来共同面对敌手。

这里可以略为梳理"后五四时期"思想界联合战线的一些具体表现,所谓"联合战线",自然是未成之议,但双方不乏相通之处。最基本的,延续"五四"启蒙的诉求,双方对诸如"东方文化""精神生活"之类,一直保持高度的警觉。

1923年李大钊就撰文指出,思想界本来很盛的退落、循环的历史观,于今又有"反动复活的趋势";章士钊、梁启超辈,即有"退反于退落的或循环的历史观的倾向"。他表示自己本是崇今论者,故特揭出"时"的问题与贤者商榷,"冀其翻然思反,复归于进步论者之林"③。陈独秀更是指出,"人类文化是整个的,只有时间上进化迟速,没有空间上地域异同",明确反对把"东方文化"当作特别优异的东西。原因在于,东方的农业文化、家庭手工业的文化、宗法封建的文化,以及这些文化所产生的思想、道德、教育、礼俗,西方也曾经历过,并不是东方所特有的,"把这不进化的老古董当作特别优异的文化保守起来,岂不是自闭于幽谷!"④ 泰戈尔访华,也引起陈的注意,他对于翻译其著作就大不以为然,

---

① 萧楚女(署名萧初遇):《国民党与最近中国思想界》,《新建设》第2卷第2期,1924年8月。
② 恽代英:《"自从五四运动以来"》,《中国青年》第26期,1924年4月12日;又见《恽代英文集》上卷,人民出版社1984年版,第493—496页。
③ 李大钊:《时》,《晨报五周年纪念增刊》,1923年12月1日。
④ 陈独秀:《精神生活 东方文化》,《前锋》第3期,1924年2月1日。

认为,"象太戈尔那样根本的反对物质文明、科学与之昏乱思想,我们的老、庄书昏乱的程度比他还高,又何必辛辛苦苦的另外来翻译太戈尔?"①不单是陈独秀、李大钊等延续了以往的见解,瞿秋白这一时期的文字,也表明中国共产党人对"革命话语"的阐述,在文化上继续了"五四"的见解。瞿也相信,"东西文化的差异,其实不过是时间上的"——是"时间上的迟速,而非性质上的差别","东方文化派"竭力维护的文化,"早已处于崩坏状态之中"。他们大得其意的"科学破产",哪里是什么"科学破产",不过是"宗法社会及资产阶级文明"破产罢了。②

显而易见,这些看法所守护的都是"五四"时期所彰显的"进步理念"。如对照胡适此一时期所发表的文字(尤其是针对梁漱溟《东西文化及其哲学》提出的批评),即可见双方持论的一致性。胡也强调,各民族文化所表现的,"不过是环境与时间的关系",如以历史眼光观察文化,"只看见各民族都在那'生活的本来的路'上走,不过因环境有难易,问题有缓急,所以走的路有迟速的不同,到的时候有先后的不同"③。用不着特别指明,胡适将东西文化归于历史步调的差异,认同的也是相同的理念。

上述种种,大概可以留给我们这样的印象,所谓"思想界的联合战线"在组织上未必有什么具体形式,但各自所表达的主张,似乎又隐约存在这样的"联合战线"。最突出的是,双方均将敌对的一方,纳入相应的谱系中。这表明 20 年代上半期的中国思想界,识别思想派别的主要因素仍保持着鲜明的"文化色彩",文化的理由,构成思想界识别的重要基础。这样,对于思想界的"分化"问题,或可有进一步的认识。就《新青年》同人来说,"后五四时期"确有"分化"的迹象,各自有了新的

---

① 陈独秀:《我们为什么欢迎太戈尔?》,《中国青年》第 2 期,1923 年 10 月 27 日。
② 瞿秋白:《东方文化与世界革命》,《新青年》季刊第 1 期,1923 年 6 月 15 日。
③ 胡适:《读梁漱溟先生的〈东西文化及其哲学〉》,《读书杂志》第 8 期,1923 年 4 月 1 日。参见章清《"普遍历史"与中国历史之书写》,收入杨念群等编《新史学——多学科对话的图景》,中国人民大学出版社 2002 年版。

发言台，甚至在思想方面的分歧也随之体现①，但这并不影响双方在思想上继续保持基本的认同。

五　阶级意识的提升与中国社会的重组

1922年，周作人在《晨报》发表的《思想界的倾向》，流露出这样的看法，现在思想界的情形，"是一个国粹主义勃兴的局面；他的必然的两种倾向是复古与排外"②。胡适却以为，"这种悲观的猜测，似乎错了"，尤其是，"把'不思想界'的情形看作了'思想界'的情形"。在他看来，"现在那些'参禅炼丹，或习技击，或治乩卜'的人，难道真是'思想界'中人吗？他们捧着一张用画片放在聚光点外的照片，真心认作吕祖的真容，甘心叩头膜拜。这样的笨伯也当得起'思想界'的雅号吗？"③ 所谓"把'不思想界'的情形看作了'思想界'的情形"，倒是有意思的提法。之所以值得重视，原因就在于，指出"思想界"并非谁都当得起，实际涉及划分"思想界"的标准问题。稍后一篇文字，胡适也阐述了这个意思。他认为今日思想界，"根本的毛病还在思想的方法"，从极左到极右，都看不见"自己想过的思想"，也看不见"根据现实状况的思想"。④ 显然，胡适主要是依据"思想的方法"，划分思想界。这也提示我们注意，"思想界"于中国本有如何浮现，以及居于怎样的社会位置的问题。据此，结合中国社会的重组审视思想界的走向，也有了相关基础。

---

① 对"科学与人生观"论战的总结，就显示了重要征象。陈独秀即表示："只可惜一班攻击张君劢梁启超的人们，表面上好象是得了胜利，其实并未攻破敌人的大本营……就是主将丁文江大攻击张君劢唯心的见解，其实他自己也是以五十步笑百步，这是因为有一种可以攻破敌人大本营的武器，他们素来不相信，因此不肯用。"见陈独秀《〈科学与人生观〉序》，收入《科学与人生观》上册，亚东图书馆1923年版。瞿秋白也指出："今年春夏间，《努力周报》丁文江胡适之先生等与张君劢先生辩论科学与人生观。我看他们对于自然科学与社会科学之争辩实在打不着痛处。"虽还没有将胡适等归到"另一派"，但已走出了重要一步（详后）。见瞿秋白《自由世界与必然世界》，《新青年》季刊第2期，1923年12月20日。

② 周作人（署名仲密）：《思想界的倾向》，《晨报》1922年4月23日。

③ 胡适：《读仲密君〈思想界的倾向〉》，《晨报》1922年4月27日。

④ 胡适：《从思想上看中国问题》，《胡适遗稿及秘藏书信》第12册。

有必要联系现代中国"亚文化圈"世界的形成,略作分析。因为这里所论及的"思想界",正是"亚文化圈"形成的标志之一,并构成集团力量形成的重要象征。① 在稍前一篇文字中,笔者对近代中国"集团力量"的兴起,已有所分析,主要检讨了读书人如何经由"地缘"因素有了最初的聚集,随之超越地缘的"业界"意识如何构成聚集的基础;进一步的,阶级意识的提升又如何影响到集团力量的形成。② 在我看来,集团力量兴起涉及的是社会动员方式的转变,"省界""业界""阶级"等亚文化圈世界的形成,正表明中国社会动员所依托的主要载体究竟是哪些环节。这对于探讨20世纪20年代思想界的转向,或不无裨益。

"思想界"形成的确切时间,尚有待分析。胡适对"思想界"的界定,所谓当得起与当不起的问题,也不便作为"思想界"的定义。但"思想界"的形成,无疑与中国社会的转型密切相关。张灏曾揭示了,在1895—1920年前后大约25年时间,是中国思想文化由传统过渡到现代的关键年代,主要变化有二:一是报纸杂志、新式学校及学会等制度性传播媒介的大量涌现,一是新的社群媒体——知识阶层的出现。③ 这里所说的"制度性传播媒介"与"新的社群媒体",正构成了"思想界"的要素,说到底,"思想界"的表征,无非是通过报章杂志、学校与学会等媒介组织起来的知识分子。

1922年丁文江在给胡适的信中,曾提出"用人应该绝对破除留学国界、政治党派、省界"④。这或令我们对当时思想界的形态,有进一步印象,因为这里欲"破除"的,恰反证出"留学国界""政治党派"与

---

① 中国社会的剧烈震动,表现之一是作为传统社会精英的"绅"的地位的没落。由此,精英不再来自较为单一的社会阶层,出现了表达社会身份的新方式。论者注意到,通常被翻译成集团或团体的汉语新词汇"界",如"政界""商界"等,在清末民初的报刊和其他事务性报道中不断出现,即显示出中国社会涌现出这样几类参与公共事务和集会的"界"。这些社会群体的出现,表明了一个易于识别但外表相当松散的多中心的亚文化圈世界(界)的形成。参见[美]萧邦奇《血路——革命中国中的沈定一》,周武彪译,江苏人民出版社1999年版,第14页。

② 章清:《省界、业界与阶级:近代中国集团力量的兴起及其难局》,《中国社会科学》2003年第2期。

③ 张灏:《中国近代思想史的转型时代》,《二十一世纪》总第52期,香港中文大学中国文化研究所1999年版。

④ 丁文江:《致胡适》(1922年4月8日),《胡适来往书信选》(上),第195页。

"省界"构成知识圈聚集的重要因素。而不可否认的是,在此过程中,共同的使命感渐渐成为沟通的基础。傅斯年就介绍《新潮》乃"集合同好"之杂志,是"用这知识上的接触做根本,造成这个团体"。而且,"最纯粹,最精密,最能长久的感情,是在知识上建设的感情,比着宗族或戚属的感情纯粹得多。恩怨造成的感情是不可靠的,因为恩怨容易变化,容易掺杂;独有知识造成的感情,随着知识进化"[①]。这也成为一种象征,显示知识分子的聚集发生着由"地缘因素"向"思想认同"的转变。傅所说"知识上的同一趋向"乃持久的感情,甚为要紧。因为讨论思想界的"分化",事实上皆围绕此展开。只是"思想界"既依托社会之演进成形,则分化是缘自"思想认同"的减弱,还是因为中国社会产生了新的组织方式,不能不令人深思。基于此,或也可获得审视思想界分化新的视野。

在分析中国20世纪政治发展时,邹谠曾提出20世纪初期面临的全面危机是中国社会革命与全能主义(totalism)政治的共同渊源。[②] 指出中国的社会革命一开始就蕴藏着全能主义政治的因素,算不上独具匠心,史华慈也曾强调20世纪中国政治的发展很大程度上受制于"普遍王权"崩溃后所引发的全盘性危机。[③] 重要的是,邹谠不仅指出社会革命一开始就蕴藏着全能主义政治的因素,还阐明了其表现之一,是看到只有先建立强有力的政治机构或政党,然后用它的政治力量、组织方法,深入和控制每一个阶层、每一个领域,才能改造或重建社会国家和各领域中的组织与制度,从而克服全面危机。注意到集团力量涌现所具有的意义,这对于分析思想界的走向,是值得重视的视点,我们当关心,在"全能主义"政治的作用下,思想界的位置究竟如何。

"思想界",或者说,组织起来的知识分子,其情形如何呢? 从知识分子自身的检讨中,即不难了解其中的问题所在。顾颉刚就指出,"我们

---

① 傅斯年:《新潮社之回顾与前瞻》,《新潮》第2卷第1号,1919年10月。
② 邹谠:《中国20世纪政治与西方政治学》,《思想家:跨世纪的探险》,上海华东化工学院出版社1989年版,第18—22页。
③ Benjamin I. Schwartz, "The Chinese Perception of World Order, Past and Present", in John King Fairbank (ed.), *The Chinese Order*, Cambridge, Mass., Harvard University Press, 1968, pp. 276 – 288.

这辈人，理智太强，到处不肯苟同，这原不错；但这只能是在学问上用，不能在政治上用"①。梁实秋回忆《新月》时期知识分子的聚集也曾谈到，他们这些人各有各的思想路数，各有各的研究范围，各有各的生活方式，各有各的职业技能，彼此不需要标榜，更没有互相的依赖；也不曾组成一个严密的团体，只是在政治危机时刻暂时聚集在一起，通过办刊物表达他们对时局的看法。② 对此，胡适也是深有体会的。1928年4月，高梦旦因为不堪商务印书馆内部的矛盾纠纷，终于继张元济之后脱离商务，他对胡适说："我们只配摆小摊头，不配开大公司。"这也引起胡适好一阵感叹，"此语真是说尽一切中国大组织的历史"。故表示，"我们只配作'小国寡民'的政治，而运会所趋却使我们成了世界上最大的帝国！我们只配开豆腐店，而时势的需要却使我们不能不组织大公司！——这便是今日中国种种使人失望的事实的一个解释"③。

这就是"思想界"的写照，可以明确的是，依托报纸杂志、新式学校及学会等制度性传播媒介组织起来的知识分子，并没有严格的组织形式。④ 这样的"思想界"，如与重新组织起来的政治力量相比照，则不难见出彼此的差异。

1921年共产党的成立与1924年国民党的改组，称得上影响中国历史发展的大事，其突出的意义即是列宁主义式政党组织模式的引进，解决了思想日趋多元的社会如何保持一个团体的意识形态信仰的问题。亨廷顿曾评价说，在布尔什维克革命之前，没有一位革命领导人系统论述过如何组织扩大参政并使之制度化的理论，而"布尔什维克关于政党的概念，为动员和制度化相关联的问题提供了一个清楚明确的答案"。亨氏解释了列宁的政治发展理论对亚洲、非洲及拉丁美洲的现代化产生影响的原因，还特别强调，"这个也许是关于列宁模式的政治发展最明显的例

---

① 顾颉刚：《致胡适》（1927年2月2日），《胡适来往书信选》（上），第426—427页。
② 梁实秋：《忆新月》，《秋室杂忆》，（台北）传记文学出版社1979年版。
③ 胡适：《胡适的日记》（手稿本）第6册，1928年4月4日。
④ 这方面详细的讨论，参见章清《近代中国对"公"与"公共"的表达》，收入《公共性与公共知识分子》（《知识分子论丛》第1辑），江苏人民出版社2003年版。

子"①。

用不着多加说明,这里的意味是,1920年代中国社会在重新进行组织,基本标志即是依托"阶级"进行社会动员的"列宁主义政党"的涌现。随着中国社会按照新的方式进行组织,"思想界"实际有一个重新定位的问题。其中所发生的变化,最突出的即是,"思想界"尽管仍以思想文化上的主张争持,但其中所笼罩的却是"思想的立场"与"阶级的意识"。国共两党的壮大,就说明了立足阶级进行广泛的社会动员,既难以避免,也是卓有成效的。费正清充分肯定将无产阶级创造性地转换为"无财产阶级"对于中国革命所具有的意义,可谓见道之论。②而与之相应的是,作为"思想界"表征的知识分子,也要被纳入其中,在"革命话语"中按照"阶级"进行定位。

陈独秀言说的转变,就显示出"后五四时期"读书人是如何被进行阶级定位,并逐步"边缘化"的。1923年12月,陈发表《中国国民革命与社会各阶级》,还谈到读书人"好的方面",因为戊戌变法、辛亥革命及"五四"以来的国民运动,"几乎都是士的阶级独占之舞台","现在及将来的国民运动,商人工人农民固然渐变为革命之主要动力,而知识阶级(即士的阶级)中之革命分子,在各阶级间连锁的作用,仍然有不可轻视的地位"。所谓"各阶级间连锁的作用",其实已是对知识阶级"附属"作用的定位,故也指明:"小资产阶级的知识阶级,他本没有经济的基础,其实不能构成一个独立的阶级,因此他对于任何阶级的政治观念,都摇动不坚固,在任何阶级的革命运动中,他都做过不少革命的功劳,也做过不少反革命的罪恶。"③稍后,陈在《二十七年以来国民运动中所得教训》一文中,就更加明确指出,"现代中国国民运动,起源远在中日战争以后"。而"戊戌变法""义和团""辛亥革命""五四运动"这四件事,"都是中国革命的无产阶级开始表现他的社会的势力以前,小资产阶级之重要的国民运动,而也只有这四件事配说是国民运动"。其中

---

① [美]亨廷顿:《变动社会的政治秩序》,张岱云等译,上海译文出版社1989年版,第362、367页。

② [美]费正清主编:《剑桥中华民国史》(上),杨品泉等译,中国社会科学出版社1993年版,第6页。

③ 陈独秀:《中国国民革命与社会各阶级》,《前锋》第2期,1923年12月1日。

所得的教训是，这四个国民运动，"都是小资产阶级（知识阶级包含在内）独唱的舞台，也就是屡次失败之根本原因"①。

可以说，随着阶级意识的提升，确定革命的基本势力"必须是真正的生产者——农人，工人"②，相应的也将"智识阶级"定位于革命不能依赖的对象。恽代英《评醒狮派》就明显有这样的用心，文章写道："自从《醒狮周报》出版以后，我又加了一种不赞成他们的理由：便是他们的'士大夫救国论'。他们把士商阶级看得很重要，而很忽略农工平民的力量。"而没有民众站在背后之士大夫，总不能担任革命的责任，"二三十年来，康有为、梁启超、章行严、黄炎培、胡适之辈，皆曾为一时士大夫救国者之领袖，然都一一堕落，成为过去之人物"③。

从恽代英文章点到的这些名字中，也可以获得这样的信息，"胡适之辈"与前所论及的"敌手"划归在一起，理由则是阶级——"士大夫救国者之领袖"。这也给出重要的信号，思想界的分化，缘自阶级意识的提升。而中国社会重新组织起来，于"思想界"的意义也显露无遗。笔者联系中国社会的重组检讨1920年代思想界的分裂，其用意也在此。因为中国进入以阶级方式动员的社会后，读书人所仰赖的那个"界"，其凝聚力，是远不能与阶级动员的方式相提并论的。因此，所谓思想界的"分裂"，实可看作中国社会重新组织的产物。事实上，正是这段时间，尽管"赤与反赤"的论辩已甚嚣尘上，但"阶级专制"还是更多引起胡适的警惕。在草拟给陈独秀的信稿中，他就明确表示难以相容于"主张一阶级专制的人"，甚至提出，"这个社会要变成一个更残忍更惨烈的社会，我们爱自由争自由的人怕没有立足容身之地了"④。

1920年代思想界的"分裂"，大致可以判定是在20世纪20年代晚期愈发突出的，实际与中国社会的重组同步。如将问题延伸到代表"左翼"思想的"创造社"的崛起，则对《新青年》同人"后五四时期"思想分化的枢机，当有进一步了解。因为这个"思想界"，较之"五四"时期，

---

① 陈独秀：《二十七年以来国民运动中所得教训》，《新青年》季刊第4期，1924年12月20日。
② 恽代英：《中国革命的基本势力》，《新建设》第1卷第5期，1924年5月。
③ 恽代英：《评醒狮派》，《中国青年》第76期，1925年4月25日。
④ 胡适：《致陈独秀》，《胡适遗稿及秘藏书信》第20册，第72—77页。

已有天壤之别。

创造社作为一个文学团体,从一开始,就把矛头指向"五四"一代:"自新文化运动发生之后,我国新文艺由一、二偶像所垄断,以致文艺之新兴气运,渐灭将尽,创造同仁奋然兴起打破社会因袭,主张学术独立,愿与天下无名之作家,共兴起而造成中国未来之国民文学。"① 郭沫若后来将创造社的"异军突起",做了详尽说明:这个团体初期的主要分子,不曾直接参加《新青年》时代的文学革命;和那一代的启蒙家也没有师生或朋友关系。但这一团体的出现,意味着文学革命进入第二个阶段:前一期"主要在向旧文学的进攻";这一期"主要在新文学的建设"。结果,"他们第一步和胡适之对立,和文学研究会对立,和周作人等语丝派对立,在旁系上复和梁任公、张东荪、章行严也发生纠葛,他们弄到在社会上成了一支孤军"②。

成仿吾的《从文学革命到革命文学》算得上点题之作。文章写道:新文化运动的第一项工作为旧思想的否定,第二项工作为新思想的介绍,但这两方面都不曾收得应有的效果,"胡适之流才叫喊了几声就好象力竭声嘶般逃回了老巢","新文化运动不上三五年就好象寿终正寝"。③ 冯乃超也质疑文学革命这个所谓"文化上的新运动"究竟获得了什么。在他眼里,《红楼梦》的考证,《儒林外史》的标点,都能风靡天下,"这又有什么意义?""考古!疑古!!动地般敲着退军的鼙鼓,博士的责任就此告终了,博士的历史的使命就此完结了,不太仓皇了么?"提到鲁迅,用了"这位老生"的字眼,认为鲁迅反映的只是社会变革期中落伍者的悲哀,"是常从幽暗的酒家的楼头,醉眼陶然地眺望窗外的人生"④。

创造社的崛起,展现了思想界分化新的缘由。冯乃超后来对此有坦率检讨,指明参与其中者,主要受当时日本流行的"左"倾"福本主义"的影响,这种"天马行空"式的理论,明确主张文艺运动要与政治斗争

---

① 见《纯文学季刊〈创造〉出版预告》,《时事新报》1921年9月29、30日,收入饶鸿竞编《创造社资料》上册,福建人民出版社1985年版,第464页。
② 郭沫若(署名麦克昂):《文学革命之回顾》,《文艺讲座》第1册,1930年4月10日。
③ 成仿吾:《从文学革命到革命文学》,《创造月刊》第1卷第9期,1928年2月1日。
④ 冯乃超:《艺术与社会生活》,《文化批判》第1号,1928年1月15日。

结合起来。① 受到这样理论影响的青年回到中国,并祭起革命文学的旗帜,也意味着文学本身,都让位于政治的考虑。首先,过去的作家,都必须转变方向;过去的文学活动,也必须进行全部的清算和批判,否则,按照成仿吾的说法,"文艺的方向转换是不能实现的"②。于是,所谓"思想"的争鸣,主要不是通过文学和学术来表达;"思想界"的分化,也并不取决于"思想"的标准,实际取决于政治的立场。郭沫若还是就胡适的资格发问,"谈'国故'的夫子们哟!你们除饱读戴东原、王念孙、章学诚之外,也应该知道还有马克思、恩格斯的著作,没有辩证唯物论的观念,连'国故'都不好让你们轻谈"③。而到成仿吾那里,则是掷地有声的,"打发他们去!"具体地说,那就是"在意识形态上,把一切封建思想,布尔乔亚的根性与它们的代言者清查出来,给他们一个正确的评价,替他们打包,打发他们去"④。

约至1930年代前后,思想界的"分化"也呈现出新的形态,双方都着眼于彼此的不同。最突出的是围绕"科学与人生观"的论战,前后的评价就颇有不同。1928年,彭康就坦陈要对这场论战"算个总账,一笔勾销",他认为从"玄学鬼"张君劢,"科学神"丁文江,一直到"柴积上日黄中的老头儿"吴稚晖,都只是蛇蝎一篓,"没有区别","都是我们理论上的敌人,所以非彻底地决算一下不可"⑤。彭还努力区分"我们的文化运动与胡适等的文化运动",具体地说,"胡适的文化立场是资产阶级自由主义的立场,我们是马克思主义的立场。他只是'怀疑的态度和批评的精神',我们是阶级的意识和斗争的精神"。所以,"在文化运动的根本意义上,我们又不能不说胡适自己是反动的"⑥。有意思的是,王明在批评"李立三路线"时,也特别提到,"资产阶级的大中层及一切资产阶级改良的派别(汪精卫改组派、胡适之民权派、陈独秀托洛茨基取消

---

① 冯乃超:《革命文学·鲁迅·左翼作家联盟》,《新文学史料》1986年第3期。
② 成仿吾:《全部的批判之必要》,《创造》月刊第1卷第10期,1928年3月1日。
③ 参见郭沫若《中国古代社会研究》,"自序",上海联合书店1930年版。
④ 成仿吾:《打发他们去!》,《文化批判》第2号,1928年2月15日。
⑤ 彭康:《科学与人生观——近几年来中国思想界底总结算》,《文化批判》第2期,1928年2月15日。
⑥ 彭康:《新文化运动与人权运动》,《新思潮》第4期,1931年2月28日。

派等），都各是反动营垒的一翼"①。这里的意味是，尽管对胡适等人的命名，各不相同，但已将这一派作为"反动"的一翼。

一方既然表示要"打发他们去"，那么另一方的反应也是可想而知的，思想界的争斗愈趋激烈，与此不无关系。被视为落伍者的鲁迅、胡适等人，就卷入种种是非之中。以胡适来说，1925年的武汉之行，就让他"挨了不少骂"。他称这些文字为"妙论"，从中我们也可领略新的意识形态化的批评在中国的呈现。② 值得重视的是，也就是那段时间，胡适发表的文字，也在进行着"派别"的划分。

1929年发表的《我们走那条路?》，胡适列举了思考中国未来前途具有代表性的三种设计，包括国共两党及国家主义的主张，以此表明他们另有主张。在所要解决的问题中，他明确说，资本主义不在内，因为我们还没有资格谈资本主义；资产阶级也不在内，因为我们至多只有几个小富人；封建势力也不在内，因为封建势力早已在两千年前崩坏了；帝国主义也不在内，因为帝国主义不能侵害那五鬼不入之国。如此一来，既否认了国共两党所确立的目标，又阐述了他们对此的思考。③ 稍后胡适所写的《介绍我自己的思想》，就着重强调他与陈独秀等的分歧，"从前陈独秀先生曾说实验主义和辩证法的唯物史观是近代两个最重要的思想方法，他希望这两种方法能合作一条联合战线，这个希望是错误的。辩证法出于海格尔的哲学，是生物进化论成立以前的玄学方法。实验主义是生物进化论出世以后的科学方法。这两种方法所以根本不相容，只是因为中间隔了一层达尔文主义"④。显然，重要的不是胡适所区分的不同点（这仍然不免"后见之明"的痕迹），而是这里给出明显的信息，大约在20世纪30年代前后，双方都立足于不同来看待对方，分歧似乎有愈演愈烈之势。稍后胡适谈到这段历史，就指出，1926—1927年的国民运动

---

① 王明（陈绍禹）：《中国革命底根本问题》，《为中共更加布尔什维克化而奋斗》，1931年版；见蔡尚思主编《中国现代思想史资料简编》第3卷，浙江人民出版社1983年版，第509—515页。
② 胡适在日记中提到："湖北一班共产派的学生出的《武汉评论》出了一个'欢迎'专号，其实全是谩骂。"见《胡适的日记》（手稿本）第5册，1925年2月1日。
③ 胡适：《我们走那条路?》，《新月》第2卷第10期，1929年12月10日。
④ 胡适：《介绍我自己的思想》，收入《胡适文选》，上海亚东图书馆1930年版。

至少有两点是和新文化运动不同的：一是苏俄输入的党纪律，一是那几年的极端民族主义。这些都含有绝大的"不容忍"（Intoleration），"这种态度是和我们在'五四'前后提倡的自由主义很相反的"[①]。似乎是为"后五四时期"《新青年》同人的分化，做了论定。

1920年代思想界的分裂，显然是过于宏大的问题，即便限定于对《新青年》同人"后五四时期"思想分化的追踪，也难将所涉及的问题有较为充分的"呈现"。毕竟，现代中国是一个社会变动急遽加剧的年代；知识分子的社会流动（包括身份的转变），较之以往，也不可同日而语。故此，所谓结合中国社会的重组以审视思想界的"分裂"，能顾及的只是很有限的思想资源。只能期望略陈己见，以增进对这个"年代"的了解。

总结起来，面对思想界"分裂"这样一个易于掺杂种种恩怨的话题，在我看来，或者须对纠缠于其中的"后见之明"有相应的警觉。基于此，则对"后五四时期"（主要是1920年代）中国的思想及社会的走向，也能有新的视野。这里的意味是，审视思想界的走向，确绕不开《新青年》"分裂"这一起点，因为"五四"前后所发生的一系列"分裂"，往往在《新青年》群体中率先得以体现；思想界的"重组"，也与这个群体的分化息息相关。只是，此时的"分裂"主要由陈独秀的"出走"表现出来。《新青年》群体分化后，其同人各自搭建起新的发言台，而且均关注于现实政治。这也提供了重要资源，可以把握"双方"在政治上的"歧见"究竟有什么具体的表现。看得出，依托新的发言台的《新青年》同人，都在各自表述改革中国政治的意见，只是具体的主张并非完全不能相容。或许用"一个目标，两条道路"归纳双方的"歧见"，更为确当。正因为此，"后五四时期"的思想界相应也有明确的"我们"与"他们"的区分。"思想界的联合战线"或还停留在呼吁环节，但这并不影响"我们"在思想上的协同动作。最突出的是，双方均将敌对的一方纳入相应的谱系。这多少表明，20世纪20年代上半期的思想界，识别思想派别的主要因素仍保持着鲜明的"文化色彩"。然而，随着中国社会进行重新组织，特别是依托"阶级"进行社会动员的"列宁主义政党"涌现，于"思想

[①] 胡适：《个人自由与社会进步——再谈五四运动》，《独立评论》第150号，1935年5月12日。

界"的影响却甚为明显。思想界的"分裂"在20世纪20年代晚期愈发突出，实际与中国社会的重组同步，这也多少说明所谓思想界的"分裂"，实是中国社会重新组织的产物。《新青年》同人"后五四时期"思想分化的枢机，于此也有充分体现。

前已述及，胡适批评周作人把"不思想界"的情形看作"思想界"的情形，实际是提出了"思想界"有一个当得起当不起的问题。我们也会问，依托阶级进行社会动员的中国社会，在完成新的组织之际，还为"思想界"留有位置吗？将1920年代思想界的"分裂"悉归于中国社会的重组，甚而判定中国社会的重组导致"思想界"的瓦解，或还需要进一步分析。但可以说明的是，中国社会重组之后，这个"思想界"，较之"五四"时期，已不可相提并论。

日本修改条约交涉与何如璋的
条约认识[*]

戴东阳

鸦片战争以来,中国的对外关系经历了从传统的"朝贡制度"向近代"条约制度"演进与过渡的历程。[①]"条约制度"是在清政府缺乏条约知识的情况下,帝国主义列强以武力为后盾强加给中国的。因此,近代中国人对不平等条约的认识,构成近代中外关系史的关键点之一,而关于条约认识的思想资源问题,更是这一关键点上的一个重要方面。目前,关于近代中国人的条约认识问题的研究,已经取得了一定成果,但研究者一般就认识谈认识,对于认识背后的思想资源问题则未予充分的关注。[②]

---

[*] 本文原载《近代史研究》2004 年第 6 期。

[①] 美国学者费正清最早使用"条约制度"(Treaty System)这一概念架构,与传统的朝贡制度相对应,来概括近代中国与西方列强之间的关系,虽有学者就其具体观点提出异议,但这一认识架构已被普遍接受和使用。参见 John K. Fairbank,"Synarchy under the Treaties", in John K. Fairbank (ed.), *Chinese Thought and Institutions*, Chicago: University of Chicago Press, 1957, pp. 204 - 231 ;"The Early Treaty System in the Chinese World Order", in John K. Fairbank (ed.), *The Chinese World Order*, Cambridge: Harvard University Press, 1968, pp. 257 - 275。

[②] 20 世纪 60 年代台湾学者李恩涵《曾纪泽的外交》一书已论及曾纪泽修改不平等条约的主张(参见该书第 6 章第 2 节"筹议刷新中国的外交政策","中研院"近代史研究所 1966 年版,第 304—308 页)。20 世纪 80 年代以后对晚清不平等条约认识史的研究逐渐增多,主要集中于两个问题。首先是中国资产阶级主要派别尤其是孙中山对不平等条约的认识问题,有王笛《辛亥革命时期孙中山与不平等条约》(中国孙中山研究会编:《孙中山和他的时代——孙中山研究国际学术讨论会文集》第 1 册,中华书局 1989 年版,第 591—618 页);林建曾、

历时近半个世纪的日本与西方列强的修改条约交涉（以下简称"改约交涉"）是近代东亚历史上的重大事件。它是近代中国人条约认识的重要思想资源，启发中国人将不平等条约危害性明确定位在关税这一经济的与法权这一法律的（其实也是政治的）两大关键条款上。晚清第一任出使日本大臣何如璋（1838—1891）在介绍与借鉴改约交涉的历史经验中，起到了非常重要的作用。他在驻日期间发表过一系列有关条约问题的具有相当深度的论述，其观点与改约交涉之间的关系颇为密切与微妙，值得深入探究。何如璋与随从参赞黄遵宪及朝鲜修信使金弘集在日本进行多次会谈，从远东国际关系和东亚条约制度的角度，酝酿了指导朝鲜开国的策略，其中有关条约问题的论述令人注目，意义较大。然而，相关研究对何如璋条约认识问题的关注还很不充分。[①]

本文试从近代条约制度史的角度，在充分利用新旧资料的基础上，对日本改约交涉与何如璋条约认识之间的关系问题做一系统考察，以期对揭示近代中国人不平等条约认识的思想资源问题有所裨益。

成晓军《试论孙中山对不平等条约的认识与态度》（《孙中山和他的时代——孙中山研究国际学术讨论会文集》第1册，第619—637页）；尚明轩《孙中山与废除不平等条约》（《北京社会科学》1999年第3期）；林成《辛亥革命前夕中国资产阶级主要派别对不平等条约的认识》（《贵州社会科学》1991年第10期）。其次是关于维新派的条约认识问题，有宗成康《试论早期维新派反对不平等条约思想》（《历史教学》1998年第4期）；李育民、李斌《戊戌时期维新派对不平等条约的认识》（《湖南师范大学学报》1999年第2期）。此外，最近的研究开始关注清政府对条约的认识问题，有李育民《清政府的信守条约方针及其变化》（《近代史研究》2004年第2期）。这些研究基本未论及不平等条约认识的思想资源问题。偶尔涉及，亦语焉不详。

① 有关何如璋的论著中，李毓澍的论文《首任驻日公使何如璋》（《百年来中日关系论文集》，台北，出版者不详，第1037—1074页）没有论及他的条约认识。Chow Jen Hwa, *China and Japan: The History of Chinese Diplomatic Missions in Japan, 1877 - 1911*（Singapore：Chopmen Enterprises, 1975, pp. 97 - 98）仅略有涉及。张伟雄的《文人外交官の明治日本——中国初代驻日公使団の异文化体验》（东京，柏书房株式会社1999年版，第125—130页）和俞政的《何如璋传》（南京大学出版社1991版，第73—78页）做了比较详细的论述。但两者主要使用《茶阳三家文钞》，后来整理出版的何如璋的笔谈、奏章以及日本改约交涉和清政府对朝鲜政策等丰富的史料均未能利用。现存何如璋的著述大都没有标注写作时间，相关史料还需要进一步考订。

一 相关论述的背景及其时间

何如璋有关条约的论述，主要集中在《与出使英法国大臣曾袭侯书》《与总署总办论日本改订税则书》《与刘岘庄制府论日本议改条约书》和《上左爵相书》4篇书函，以及为数不少的笔谈中。著述的时间大约在光绪五年底到光绪六年底（1879—1880）期满被谕召前夕[①]，均做于他出使日本的后期。何如璋于光绪二年十二月初二（1877年1月15日）以翰林院侍讲谕授出使日本大臣[②]，光绪三年十月二十二日（1877年11月26日）登上"海安"号兵船离上海赴任，副使张斯桂、参赞黄遵宪等同行，十一月二十日（12月24日）与副使张斯桂进东京，二十四日（28日）进见日本天皇呈递国书。[③] 抵达日本后，何如璋先是按照《中日修好条规》的相关规定，致力于设领管理华商事宜，又奉清政府之命办理琉球交涉。[④] 光绪五年四月（1879年5月），日本正式明令将琉球废藩置县，琉球交涉陷入僵局。此时，美国前总统格兰特（又作格兰忒）正好来华，清政府请其出面调停琉球问题，调停的结果，建议将何如璋之前给日本外务省的照会撤销，由两国另派大员转移到北京继续商谈。[⑤] 清政府根据格兰特的建议，向日本政府表示请派使臣来华商谈琉球事宜。日本政府故意拖延不予回应，到光绪五年底才派日本前驻华公使森有礼的随员、当时大藏权少书记官竹添进一郎以私人身份来华谒见李鸿章，透露日本在有条件的前提下，愿意遣使前来的意向。[⑥] 琉球交涉将由东京转到北京。何如璋关于

[①] 故宫博物院明清档案部、福建师范大学历史系合编：《清季中外使领年表》，中华书局1985年版，第28页。

[②] 《上谕》（光绪二年十二月初二日），故宫博物院编：《清光绪朝中日交涉史料》卷1，1932年铅印本，第16页下。

[③] 何如璋：《使东述略》，岳麓书社1985年版，第90—91、100—101页；《何如璋等奏行抵日本呈递国书折》（光绪三年十一月二十七日），《清光绪朝中日交涉史料》卷1，第22页下。

[④] 何如璋出使日本时，总署传旨令他抵任后妥善办理琉球事件，《军机处寄闽浙总督何等上谕》（光绪三年五月十四日），《清光绪朝中日交涉史料》卷1，第22页上。

[⑤] 《总理各国事务衙门奏美统领格兰忒在日本商办琉球事情折》（光绪五年八月初五日），《清光绪朝中日交涉史料》卷1，第34页上。

[⑥] 《总理各国事务衙门奏请派员商办琉球案折》（光绪六年六月二十四日），《清光绪朝中日交涉史料》卷2，第1页下。

条约问题的最早一封书函《与出使英法国大臣曾袭侯书》，就写于"日人将来如何派员，作何议结，一时尚难预定"之时①，即琉球交涉即将转移的时候。

当时日本正值明治政府与西方各国进行具体的改约交涉。日本自明治政府成立之初就开始争取修改不平等条约，明治四年（1871）岩仓使节团出访欧美各国进行修改条约的尝试，明治九年（1876）三月外务卿寺岛宗则动议开始主持交涉税权问题，进入具体交涉的时期。明治十二年（1879）九月，寺岛因改约交涉失败引咎辞职，井上馨继寺岛之后出任外务卿，继续进行新一轮的改约交涉。井上把修改条约交涉作为其最主要的外交问题全力以赴，其方针是反对寺岛前外务卿以恢复税权为重点，将法权和税权问题同时提出来，废除治外法权、收复税权，使日本逐渐拥有与欧美各大国同等的地位。② 至明治二十年（1887）九月辞去外务大臣，井上馨致力于修改条约问题前后八年，大体分为四个时期。何如璋论述条约问题，集中在井上主持改约交涉的第一时期，即明治十二年（1876）九月就任外务卿至明治十四年（1881）十月西方各国拒绝条约草案、英国政府提议召开预备会议前夕，中心问题是修改条约草案。③

具体而言，《与出使英法国大臣曾袭侯书》写于井上馨"遣森有礼往英"④时。森有礼于明治十二年（1879）十一月六日被任命为日本驻英公使⑤，11月20日起程前往，次年1月4日抵达伦敦⑥。这封书函大约写于明治十二年底。《与总署总办论日本改订税则书》写于日本"派森有礼使英，冈本、上野为外务大、少辅"之后，日本向除美国公使以外的西方各国驻日公使"次第送稿"之时。⑦ 日本政府将修改条约草案送达驻日各

---

① 何如璋：《与出使英法国大臣曾袭侯书》，温廷敬辑：《茶阳三家文钞》卷3，补读书庐1925年版，第7页下。
② 井上馨侯传记编纂会：《世外井上公传》第3卷，东京，内外书籍株式会社1934年版，第290页。
③ 《世外井上公传》第3卷，第291—292页。
④ 何如璋：《与出使英法国大臣曾袭侯书》，《茶阳三家文钞》卷3，第7页下。
⑤ 外务省编纂：《日本外交年表主要文书》上卷，东京，原书房1965年版，第87页。
⑥ ［日］犬塚孝明：《森有礼》，东京，吉川弘文馆1986年版，第205—206页。
⑦ 何如璋：《与总署总办论日本改订税则书》，《茶阳三家文钞》卷2，第14页下。

国公使时为明治十三年（1880）七月六日，这封致总理衙门的书函应写于此后，较《与出使英法国大臣曾袭侯书》稍晚。致刘坤一的信《与刘岘庄制府论日本议改约条书》也写于日本"送新拟约稿于西国诸使"之时①，与致总署函的时间大致相近。刘坤一于光绪六年七月二十七日（1880年9月1日）回复何如璋②，可知何如璋此函大约写于光绪六年五月二十九日（1880年7月6日）到七月二十七日（9月1日）之间。给左宗棠的《上左爵相书》则写于他奉命出使3年，"既差满，不日回国"③，约光绪六年底期满被谕召前夕。另一种重要史料——与朝鲜修信使金弘集论述的会谈，在光绪六年七月十八日（1880年8月23日）至八月初三日（9月7日）之间，大致与致总署和刘坤一书函的时间相近。

二　对日本改约交涉的评介

何如璋对日本改约交涉的密切关注，虽然始于他居东两年之后，但是，他对当时日本改约交涉的历史，即自明治维新之初开始，经岩仓使节团出使欧美，寺岛外务卿主持改约交涉并与美国议改交涉初获成功，至明治十三年（1880）井上外务卿将新的修改条约稿分致驻日各国公使请转呈各国政府的改约历程，了解得非常清楚。从其随行参赞黄遵宪在《日本国志》的相关论述中，可见一斑。④ 同时，他又深入考察日本改约的动因，改约交涉的具体路径，以及当时最新出台、反映日本改约基本方针的井上修改条约草案，为剖析和解决中国和朝鲜的条约问题，寻找有价值的参照系。

---

① 何如璋：《与刘岘庄制府论日本议改约条书》，《茶阳三家文钞》卷3，第9页上。
② 刘坤一：《复何子峨》（光绪六年七月二十七日），中国科学院历史研究所第三所编：《刘坤一遗集》第5册，中华书局1959年版，第2487页。
③ 何如璋：《上左爵相书》，《茶阳三家文钞》卷3，第15页上。
④ 参见黄遵宪《日本国志》卷8，上海图书集成印书局光绪二十四年（1898）版，第28页下至第29页下。1880年夏，朝鲜修信使金弘集来使署拜会黄遵宪等人时，问及《日本国志》的撰写情况，黄遵宪告之："《日本志》，仆与何公同为之。"（《何如璋、黄遵宪等和朝鲜金弘集的笔谈（1880年）》，李庆编注：《东瀛遗墨——近代中日文化交流稀见史料辑注》，上海人民出版社1999年版，第14页）。可知，何如璋是了解《日本国志》的内容的。《日本国志》于1879年左右计划撰写，1882年初何如璋和黄遵宪离开日本之前已完成初稿，但正式出版是在光绪二十一年（1895）。出版的迟缓，大大推迟了《日本国志》在国内的影响，这使何如璋在20世纪七八十年代之交对日本改约交涉的介绍显得更加重要。

何如璋认为，日本改约的动因有两点，一是外交上了解其利弊而不甘心受侮，二是了解海关金钱流失①的严重局面。他指出，中国与西方各国缔结的条约"皆威迫势劫而后成议"，"其取我财贿，伤我利权，有泰西所无者"，而与日本"本属同病"②。所谓中国与日本"本属同病"论，成为他后来以改约交涉为参照系，剖析中国以及朝鲜的条约问题的认识前提。而日本首先从美国入手进行改约交涉的历史经验，则成为他之后提议朝鲜"联美国"的重要依据。

不过，他对日本改约的考察，集中于反映当时日本改约基本精神的修改条约草案。日本与欧美各国修改条约的交涉，虽然影响到与中国的关系问题，但日本政府"始终"未与当时中国出使日本大臣何如璋"言及"③。新的条约草案出台之后，明治十三年七月六日，井上馨外务卿致信各国驻日公使，附寄修改条约草案，希望各国公使将草案分别转送本国政府，并望各国政府派遣全权代表尽快进行谈判，在草案的基础上早日缔结新的条约④，但不包括美国驻日公使⑤和中国出使日本大臣。何如璋在致总署函中也说，日本改约，与西方各国"咨商"，对中国"绝不关照"⑥。何如璋是通过非公开渠道，获得日本修改条约草案的。日本新的条约草案送达驻日各国公使后，由于荷兰公使范·斯都威根（Von Stoetwegen）的泄露，其概略在 7 月 16、17 日两天的《日本先驱报》（*The Japan Herald*，日译作ジパン＝ヘラルド）⑦ 上发表，日本政府曾因

---

① 论海关白银流失问题时，何如璋有时说"金银流失"，有时又说"金钱流失"。当时中国为银本位，为了避免引起歧义，本文采用何氏原文中"金钱流失"一说。
② 何如璋：《与出使英法国大臣曾袭侯书》，《茶阳三家文钞》卷 3，第 7 页下至第 8 页上。
③ 何如璋：《与总署总办论朝鲜事及日本国情书》，《茶阳三家文钞》卷 2，第 14 页上。
④ 《井上外务卿より各国公使宛》（1880 年 7 月 6 日），外务省编纂：《日本外交文书》第 13 卷，东京，日本国际连合协会 1950 年版，第 142 页；《日本外交年表主要文书》上卷，第 88 页。
⑤ 日本于 1878 年与美国签订《修订日本国合众国现行条约某些条款并为增进两国通商的约定书》，又称《吉田—埃瓦茨条约》，美国已承认日本收回关税自主权等。不过，条约生效的条件是在其他缔约国也缔结了同样的条约并付诸实行之时。
⑥ 何如璋：《与总署总办论日本改订税则书》，《茶阳三家文钞》卷 2，第 15 页上。
⑦ 当时由英国人约翰·亨利·布鲁克（John Henry Brooke）在日本神户主办的一份英文报纸，其特色是借日本修改条约等问题批评日本，具有明显的反日倾向，参见国史大辞典编集委员会编《国史大辞典》第 7 卷，东京，吉川弘文馆 1986 年版，第 227 页。

此提出抗议。① 何如璋很可能是通过上述途径看到修改条约草案的。光绪六年六月底到八月初（1880年7月初至9月初）间，金弘集作为朝鲜修信使前往日本，与日本外务省商议定税等事。金弘集曾在中国驻日使馆与何如璋、黄遵宪等人商议大要。根据当时何如璋、黄遵宪与金弘集的笔谈，可知何如璋于七月十八日（8月23日）之前已经了解到日本修改条约草案的主要内容，并向金弘集推荐。金弘集问何如璋是否可以"觅惠"，何如璋答应"当为先生图之"，但嘱咐"事需秘密为要"。几天后，修改条约草案送致金弘集，并告之"前呈之件，系此间由英文译书者"。② 可知何如璋所见到的修改条约草案，并非中国和日本政府之间以公文形式传递的公开文件。黄遵宪也说："日本新拟稿，本系法文，由法译英文，由英译汉文，故其文意颇未明显。"③ 此说亦证实了何如璋看到的日本修改条约草案的中文稿，不是直接来自日文文本。

获知修改条约草案之后，何如璋分别致信总理衙门、两江总督兼南洋大臣刘坤一，以及当时来访的朝鲜修信使，向他们介绍并推荐日本修改条约草案。

他介绍说，修改条约草案的内容包括关税与法权两大问题："比国近年以来颇悉外交利害，知旧日条约成于威迫，亟亟欲更改。去岁既与美国商订矣。复改之于英德诸国。至于近日乃送新拟约稿于西国诸使。查其大意，其最要者，一欲加外货进口之税，一欲管外国流寓之人。"④ 同时，他对日本修改条约草案给予高度评价。朝鲜修信使访日期间，他向其推荐说："此间方拟与泰西各国议改条约。其议改之意，在管理寓商及通商税则各事，其稿极详细，亦极公平，大略系西洋各国通行之章程。若各国通商均照此行，固无损也。"又说"此间自通商以来，于各国交涉情形及办理通商善法，均已知其曲折本末。俟取其改约稿细阅之便悉"⑤。

---

① 《日本外交年表主要文书》上卷，第88页；《世外井上公传》第3卷，第309—310页。
② 《何如璋、黄遵宪等和朝鲜金弘集的笔谈（1880年）》，《东瀛遗墨——近代中日文化交流稀见史料辑注》，第15—16页。"此间"指日本方面。
③ 同上书，第21页。
④ 何如璋：《与刘岘庄制府论日本议改条约书》，《茶阳三家文钞》卷3，第9页上。
⑤ 《何如璋、黄遵宪等和朝鲜金弘集的笔谈（1880年）》，《东瀛遗墨——近代中日文化交流稀见史料辑注》，第15页。

何如璋把修改条约草案视为亚洲各国与西方列强订立条约的模本。当时金弘集还没有看到修改条约草案，何如璋特意为他想办法。在金弘集回国前，又派黄遵宪前往会谈，强调修改条约草案的重要参考价值，指出："其中用意甚深，措辞极微，即花房公使所谓考求十数年而后有此也。恨为日无多，不及与阁下述其故。然后阁下解人细观之，必知其情。但能师其大意，为益多矣。"①

何如璋对修改条约草案的介绍比较概略，很可能与他所看到的文本"文意颇未明显"有关，但他的介绍准确反映了草案的要点。日本送给驻日各国公使的修改条约草案，包括修好条约及附录照会草案，和通商航海条约草案及附录②，附录包括输入税目、输入税率草案、吨税规则、横滨港则等③。其要点大致分为财务和审判两大部分④，即税权和法权两大问题。具体着眼于先恢复部分法权与税权。就法权而言，使港规则、枪猎规则、检疫规则等行政规则适用于外国人，整顿法律和审判组织使其归日本所有。就税权而言，废除协定税率，限定数十种重要输入商品，协定其关税率。何如璋的介绍虽然不是非常具体，但反映了修改条约草案的精神。井上将税权和法权同时提出的修改条约草案，奠定了改约交涉的基本方针。后来大隈重信、青木周藏和陆奥宗光主持的改约交涉，都是井上修改条约草案的延续而已。⑤因此，何如璋以井上时期修改条约草案为中心对日本改约的评介，反映了近代日本改约交涉的基本精神。

不过，何如璋对关税和法权两大内容的介绍，在不同的场合侧重不同，如他对朝鲜修信使强调修改条约草案的主旨在于"税则之轻重，由本国主持一语"⑥。这固然表明何如璋对修改条约草案的介绍有其自己的

---

① 《何如璋、黄遵宪等和朝鲜金弘集的笔谈（1880年）》，《东瀛遗墨——近代中日文化交流稀见史料辑注》，第21—22页。
② 《井上外务卿より各国公使宛》（1880年7月6日），《日本外交文书》第13卷，第142页。
③ 《井上外务卿より在欧米各帝国公使宛》（1880年5月22日），《日本外交文书》第13卷，第33页。
④ 《明治十三年五月锅岛青木长冈鲛岛井田柳原六公使への内达书》（1880年5月），《日本外交文书》第13卷，第84页。
⑤ 《世外井上公传》第3卷，第290页。
⑥ 《何如璋、黄遵宪等和朝鲜金弘集的笔谈（1880年）》，《东瀛遗墨——近代中日文化交流稀见史料辑注》，第16—17页。

理解，却也与他当时所面临的不同情形有关。这将在以下的相关论述中进一步分析。

何如璋在评介日本修改条约草案时，还曾表现出另一种立场。他发现修改条约草案中日本拟增加的进口税值，对于从中国进口的大宗货物，明显高于从西方进口的货物，中国糖的进口税就比西方羽呢类要高出一倍。对此，何如璋非常警觉。他结合中日两国贸易的历史和现状，就日本拟加进口税、免出口税的关税交涉对中国的影响，向总署反映了日本这次改约对中国的不良影响，断言日本"合通国上下全力以谋之"的修改税则交涉，"眼光所注，尤在夺我国之利"[①]。由于改约交涉的对象是欧美各国，试图修改的是欧美各国以武力为后盾所强加的不平等条约制度。这种不平等条约制度，正使中国深受其害。加上何如璋认为当时日本的国力远不如中国[②]，中国的主要危险在于西方各国尤其是俄国而不是日本，因此，他对日本的改约交涉，总体上持认同的态度。

当时，英国和德国对于日本改约的要求还没有表示同意，但何如璋对日本改约的前景仍持乐观的态度。在给总理衙门的信中，他估计有日本全国上下合力一心，加上依照西方惯例不会因为税务问题而引发战争，各国最终"碍难尽拒，不能不分别酌改"[③]。对于朝鲜修信使金弘集从当时日本驻朝鲜公使花房义质处传来的"改约可于明年妥定"[④]之说，他也不予驳难。

三 协定关税与治外法权是不平等条约中的两大主要条款

不平等条约条款中危害巨大且具有隐蔽性的，是协定关税和治外法权两大条款。综观何如璋的条约认识，其论述也主要集中在这两大条款

---

① 何如璋：《与总署总办论日本改订税则书》，《茶阳三家文钞》卷2，第14页下至第15页上。
② 何如璋：《与总署总办论朝鲜事及日本国情书》，《茶阳三家文钞》卷2，第12页下。
③ 何如璋：《与总署总办论日本改订税则书》，《茶阳三家文钞》卷2，第15页。
④ 《何如璋、黄遵宪等和朝鲜金弘集的笔谈（1880年）》，《东瀛遗墨——近代中日文化交流稀见史料辑注》，第17页。

上，这与当时日本改约交涉对他的深刻影响密切相关。光绪六年七月（1880年8月），在日本的中国使馆，何如璋与朝鲜修信使金弘集谈到日本改约交涉时，金弘集问何如璋："闻诸花房，改约可于明年妥定云。中国税则，何尚未行此法乎？敢问。"何如璋回答说："尊问可谓留心之至。我亚洲各国，以前均未悉此种情形，故受损实多。此间因近日始知，故欲与西人议改。"① 在中国与日本"本属同病"论的认识前提下，基于对日本修改条约草案的了解与认同，以日本修改条约草案为中心的日本改约经验成为何如璋剖析中国条约问题的重要参照系。他把中国和日本的条约制度看作同一制度类型即亚细亚类型，与相对立的西方条约制度即泰西类型相比较，在阐析日本改约的同时，深入剖析了中国的条约问题。

首先是关税问题。日本改约的主要原因之一是防备严重的海关金钱流失。何如璋在关注改约交涉之初，就已开始考察中国的关税状况。他发现，中国海关"输出浮于输入"，每年高达千万元，在其写信时那几年，仅鸦片烟一项，每年流失就高达3000万元。他指出，如果对金钱流失不采取防范措施，"日积月累，上下空虚"，可以预见数十年后，后果不堪设想，"比于割地输币，尤为不堪"②。通过与日本改约的基本精神的比较，何如璋进而分析到，中国关税问题的症结在于关税主权问题和税率问题。

就关税主权问题而言，他认识到，西方各国的关税完全自主，"海关税则轻重皆由己定，布告各国，俾令遵行而已。未有与他国协议而后定者"。其原因与其社会制度有关："泰西各国以商为重，全国君臣上下所惶惶然朝思而夕行者，惟惧金钱之流出于外。欲我国之产广输于人国，于是讨国人以训农，以惠工，且减轻出口之税，使之本轻而得利。欲人国之产勿入于我国，于是不必需之物禁之绝之，其必需者移植而种之，效法而制之，且重征进口之税，使物价翔贵，他人无所牟利。诚见夫漏卮不塞，金钱流出，月［日］幹月削，国必屡弱也，故收税之权必由自主，得以时其盈虚而增减，之所以富国也。"而中国与日本的海关税毫无

---

① 《何如璋、黄遵宪等和朝鲜金弘集的笔谈（1880年）》，《东瀛遗墨——近代中日文化交流稀见史料辑注》，第17页。

② 何如璋：《与出使英法国大臣曾袭侯书》，《茶阳三家文钞》卷3，第8页上。

自主权,"必与西人议而后能行"。① 就海关税则的标准而言,东西方相差也非常大,西方各国的进口税一般是"值百抽三十",甚至有的高达"五十、七十"。而中国和日本的进口税仅"值百抽五而已",何如璋指出,"此为天下至轻之税"。然而,外国商人还不满足,又想"内地通行一概免厘,议纳子口半税,又欲议减税,议减厘,贪得之心,有加无已"。这正是日本"所以议加税悉由自主"的原因。②

这种特殊的关税制度具有重大的危害性。他指出,由于关税不能自主,日本和中国的海关金钱严重流失。日本的金钱流失使其"上下穷困,举国嚣然,弊端已见"。中国的情况虽然还不及日本严重,但是日积月累,后果将不堪设想。他指出,古代中国的外交问题中创痛最为深重的莫过于"输币"和"割地"两大事,而当时中国海关的金钱流失之害,远大于此。他分析到:"今金钱流出之数,比之岁币不止十倍。而割地予人,犹人之一身去其一指,其他尚可自保。若金银流出,则如精血日吸日尽,羸弱枯瘠,殆不可救药矣。"他还结合列强的对华政策进一步论述,认为英国、法国、美国、德国"尚无利我土地之心",只有"日取吾财",故金钱流失问题,"无形隐患,关系甚大"。③

自条约制度在中国确立以后,在关税问题上,中国的士大夫一般只关注关税收入的多少,对于海关的输出与输入的状况并不留意。对于这种"只问税之兴衰,不问输出入之何若"的状况,何如璋感慨万千。④ 他指出:"税之多寡,于国关系不重,惟输出之金银多于输入,则民生窘而国计危矣。财为生命之源,拱手而致之他人,民贫而乱作矣。"他以日本为例,指明造成这一"民窘国危"局面的根源在于"税则由他人商定"。如果税则自主,重课进口货,金钱输出不多,就不至于有这种窘境。他再一次强调:"'税则自定之'一语,一乃全国安危之所系,不可以不谨

---

① 何如璋:《与刘岘庄制府论日本议改条约书》,《茶阳三家文钞》卷3,第10页。
② 同上书,第10页下。
③ 同上书,第10页下至第11页上。
④ 何如璋:《与出使英法国大臣曾袭侯书》,《茶阳三家文钞》卷3,第8页上。

也。"① 在何如璋看来，税则自主是前提，加税是手段，目的是防止海关金银流失这一关系国计民生的大事，从而把关税问题从纯粹的经济问题上升到国家主权的高度。

与关税问题同样重要且具有危害性的另一个条款是治外法权，何如璋称其为"天下极不均平之政"。他结合日本的改约，深入分析了治外法权的危害性。他指出，"管外国流寓之人"是亚洲独有的现象，具有明显的侵权性，在西方被称作"治外法权"。为此，他解释说："盖泰西诸国互相往来，此国商民在彼国者，悉归彼国地方官管辖，其领事官不过约束之，照料之而已。惟在亚细亚，领事得以己国法审断己民，西人谓之治外法权。谓所治之地外而有行法之权也。"他系统考察了"治外法权"在中、日两国条约中的起始，指出这种条约特权在中国并非始于与西方最早订立的《南京条约》，而自"戊午结约"（即1858年签订的《天津条约》）起。其原因在于，西方人"知治外法权为天下极不均平之政"，所以缔结条约之初"未遽施之于我"。日本也在同一年与美、荷、俄、英、法五国缔结的《安政条约》中，开始"同受此患"②。

何如璋指出，"治外法权"在条约中虽然体现出"持平"原则，但事实上并不公平，因为"刑法有彼轻此重之分，禁令有彼无此有之异，利益遂有彼得此失之殊"。"治外法权"的侵权性还波及本国人的管理。某些不法国人依仗外国势力"冒禁贪利"，但由于条约中有"商民归领事管辖"的条文，西方领事进而把租界当作"共治"之地。本国人互讼的案件，领事"亦出坐堂皇参议"。政府一有禁令，租界便成为"逋逃主萃渊薮"。这已是"法外用法，权外纵权，我条约之所未闻，彼外部之所未悉"。种种侵权行为，正是日本致力改约，"欲令外人悉归己管"的原因。③

对于不平等条约中的众多条款，何如璋不同程度均有所论及。如一体均沾问题、鸦片问题、传教问题等。其中，对一体均沾问题的见解，

---

① 《何如璋、黄遵宪等和朝鲜金弘集的笔谈（1880年）》，《东瀛遗墨——近代中日文化交流稀见史料辑注》，第22页。
② 何如璋：《与刘岘庄制府论日本议改条约书》，《茶阳三家文钞》卷3，第9页。
③ 同上书，第9页下至第10页上。

还直接影响了清政府与日本要求修改前约的交涉。光绪六年六月二十日（1880年7月26日），日本派宍户玑为使臣来华商议琉球问题，方针是把琉球问题和修改前约同时提出，要求内地通商和"照各国之例，加入一体均沾之条"①。总署为了尽快了结琉球案，答应了日本的要求。何如璋竭力反对日本内地通商及一体均沾的要求②，并直接影响了李鸿章在这一问题上的立场。对于日本修改前约的要求，李鸿章上奏表示反对，奏折中说："正筹思善全之策，适接出使大臣何如璋来书，并抄所寄总理衙门两函，力陈利益均沾及内地通商之弊，语多切实。"③ 何如璋为他在改约问题上的主张提供了重要依据。由于李鸿章等人的反对，慈禧谕"总署与日再议"④。后人为何如璋写传时说"吾国与泰西诸国立约，当事者昧于利害，许以一体均沾之优待。及中日订约，始删此语。日人不慊之，遣专使北京，要政府加入，并许其内地通商。公以均沾之约由威迫势劫而来，在亚细亚成一合纵连横之局，隐为厉阶。日本牟利之术，无微不入。若许其内地经营，小民锥刀将尽被夺。日使之请乃不行"⑤，指的正是此事。

利益均沾一旦与不平等条约相依附，可以使不平等权利成倍扩展，也即成了片面的最惠国待遇，具有严重的危害性。因此，有西方学者将近代中国的片面最惠国待遇称作"在条约中具有最深远的后果并成为外国人在华享受一切让与权的主要根据的条款"⑥。一体均沾具有露骨的侵略性，所以早在同治十年（1871）与日本签订条约时，曾国藩就建议将利益均沾一条删去，并以此为蓝本，后来与秘鲁、巴西立约，也与以前稍有不同。利益均沾问题又具有可变性。在平等条约制度中，它其实是

---

① 《总理各国事务衙门奏与日本使臣议结琉球案折》（光绪六年九月二十五日），《清光绪朝中日交涉史料》卷2，第9页上。
② 何如璋：《内地通商利害议》，吴道镕辑：《广东文征》卷18，1948年油印本，第20页上。
③ 《直隶总督李鸿章复奏球案宜缓允折》（光绪六年十月初九），《清光绪朝中日交涉史料》卷2，第16页。
④ 窦宗一编：《李鸿章年（日）谱》，（香港）友联出版社1975年版，第4891页。
⑤ 温廷敬：《清詹事府少詹何公传》，《茶阳三家文钞》，第2页上。
⑥ [英]菲力浦·约瑟夫：《列强对华外交：1894—1900》，胡滨译，商务印书馆1962年版，第8页。

正常国际关系中对等的权利和义务，订约双方平等互惠。在不平等条约制度中，它的侵权范围，随着对应条款内容的不同而变化。如早期的最惠国条款列在"海关关税"的名目之下，其侵权性侧重于贸易方面。咸丰八年（1858）《中美天津条约》第30款规定："嗣后大清朝有何惠政、惠典、利益施及他国或其商民，无论关涉船只海面、通商贸易、政事交往等事情，为该国并其商民从来未沾，抑为此条约所无者，亦当立准大合众国官民一体均沾。"① 这样，片面最惠国待遇的危害性就扩至政治、经济领域。上述"在条约中具有最深远的后果并成为外国人在华享有一切让与权的主要根据的条款"的观点，很大程度是由于它的可变性。但是，如果协定关税制度下的低关税率不改变，领事裁判权不收回，单单废除一体均沾，虽然可以控制不平等条约新的侵权范围，对于业已成立的不平等条约制度，几乎没有影响。在日本改约交涉中，只有明治初年的条约草案曾涉及这一条款②，草案起草后，派岩仓使团遍访欧美各国，未见成效。后继的寺岛外务卿主持的改约交涉，将重点放在恢复关税自主权，井上外务卿时期进而将税权和法权同时提出，奠定了日本改约的基本方针，已不提一体均沾问题。明治三十二年（1899）日本收回治外法权，明治四十四年（1911）实现关税自主权，彻底实现了修改不平等条约的努力。

何如璋本人也未将利益均沾问题作为当时中国所面临的主要问题。光绪六年（1880）底，何如璋因任期已满被谕召，归国前夕，他上书当时即将入值军机处的左宗棠，综论当时中国的状况，总举当时中国所面临的五件大事，分别为鸦片问题、传教问题、法权问题、税权问题以及精练海陆军问题，不涉及利益均沾。③

对于不平等条约的危害性，近代中国的先进人士曾从不同角度加以

---

① 王铁崖编：《中外旧约章汇编》第1册，生活·读书·新知三联书店1957年版，第95页。

② 明治初年日本政府起草的修约草案包括实现关税自主、恢复法权和实现对等最惠国待遇等三大要点（[日]下村富士男：《明治初年条约改正史の研究》，东京，吉川弘文馆1962年版，第90页）。

③ 何如璋：《上左爵相书》，《茶阳三家文钞》卷3，第14页。

考察，予以揭示。在鸦片战争以后阐析不平等条约的早期代表人物中①，马建忠关注过税则问题，薛福成在写于光绪七年（1881）的《筹洋刍议·约章》中指明利益一体均沾、治外法权是中国不平等条约中的两大要素。②何如璋把不平等条约问题明确定位在协定关税与治外法权这两大关键性条款，与他对日本改约的了解与认同有着密切的关系。

四 中国亟应谋求改约

以协定关税和治外法权为核心的不平等条约制度具有重大危害性，为此，日本试图予以修改。何如璋认为，中国也应趁日本改约之时着手改约交涉，指出"窃拟日本改约之时，我国亦当及此"③。不过，他认为，治外法权"因法律风气各有不齐，恐一时实难更变"，需要而且可以"加意防维"的是关税问题。④

他从当时的国内局势、国际惯例以及国际关系等方面，分析了中国改约的迫切性与可行性。就国内局势而言，中国在太平天国和捻军运动之后承平不久，如"久病新瘥"，一时"难图强盛"。依照国际惯例，西方各国"向例无因议关税而启兵戎者"，打消了因议关税而引发战争的顾虑。从国际局势来看，采用"以夷制夷"之法可望有成。他分析到，英国与俄国为世仇，如果中国站在英国一边，英国占优势，站在俄国一边，则俄国占优势。中国固然应该选择中立的立场，但是，如果中俄两国关

---

① 目前的研究中，一般将早期维新派郑观应、马建忠、薛福成、何启、陈炽、胡礼垣等人，作为鸦片战争以后中国较早揭示不平等条约的要素并主张进行改约的代表人物一起予以论述。值得注意的是，他们对不平等条约的认识，时间有先后。从现有资料看，何启、胡礼垣的论说"言在新政"，于条约问题虽有涉及，但基本无所用心（郑大华点校：《新政真诠——何启、胡礼垣集》，辽宁人民出版社1994年版）。陈炽《庸书》的《外篇卷上·税则》写于光绪十五年（1889）春日本换约以后，已是19世纪90年代的认识。郑观应在《易言》中零星地讨论到条约问题，但他那举纲张目的《条约》一文，到1895年才增订成文（郑观应：《盛世危言》，夏东元编：《郑观应集》上册，上海人民出版社1982年版，第240页）。鸦片战争以后中国较早揭示不平等条约问题的是马建忠和薛福成。

② 薛福成：《筹洋刍议·约章》，丁凤麟等编：《薛福成选集》，上海人民出版社1987年版，第528—529页。

③ 何如璋：《与出使英法国大臣曾袭侯书》，《茶阳三家文钞》卷3，第8页上。

④ 何如璋：《与刘岘庄制府论日本议改条约书》，《茶阳三家文钞》卷3，第10页下。

系密切，英国也会"亟欲自结于我"。中国当时的通商条约主要是与英国签订的，只要"英不难我，则事成矣"。①

何如璋将改约主张分别商之当时的驻英法使臣曾纪泽、两江总督兼南洋大臣刘坤一和即将入值军机的左宗棠。对于热心于自强运动的南洋大臣刘坤一，他的提议比较婉转，认为解决海关金钱流失这一"无形隐患"的办法，"莫要于练兵自强"。他进而指出，"练兵"不是解决问题的根本途径，根本的途径是像日本那样"议改条约"，即"练兵非必欲战，唯兵力足恃，然后可以力求商务，议改条约"，以此与刘坤一交换意见。②

对曾纪泽和左宗棠，他则表达得非常直白。尤其是致左宗棠的信，写于他即将归国时，可以看作他对中国外交问题的总认识。他指出当时中国"时势艰虞，强敌凌逼"，面临"从古之所未有"的局面，所面对的大事"甚多"，而与国计民生关系最大的，莫过于海关金钱流失。他指出，消除这一"大患"的解决之途，在于"通商""改约"，"欲弭此患，自非加意于通商，竭力以改约，增内国货殖之产，以杜外来消涸之源，未知其底止也"。对于当时作为清政府国策的"自强"运动，他表示怀疑："夫中国之积弱久矣。中外大臣动言自强，而年来孱弱如故。则以内乱未平，势不能为也。"他明确提出改约才是解决中国问题的出路，提议："今中堂以大有为之才，乘得为之时，席能为之势，若告之我后，商之同僚，举他人不能为者，次第为之，岂惟薄海生灵之庆，将亚细亚全局实赖之。"上升到整个"亚细亚全局"（其实是东亚全局）的高度来评价中国改约的意义，强调"莫急之务盖在于此"，即在于通商改约。③

需要指出的是，尽管何如璋明确提出了改约的主张，但相对于他对不平等条约的深刻认识而言，其改约主张是比较低调的。他认为治外法权问题一时不好改，应该把注意力放在关税问题上。关税问题涉及"关税自主"与"加税"等多个层面，这在改约交涉的不同时期有明显体现。寺岛外务卿主持改约时期，重点是收回关税自主权，到井上外务卿时期，

---

① 何如璋：《与出使英法国大臣曾袭侯书》，《茶阳三家文钞》卷3，第8页上。
② 何如璋：《与刘岘庄制府论日本议改条约书》，《茶阳三家文钞》卷3，第11页上。
③ 何如璋：《上左爵相书》，《茶阳三家文钞》卷3，第14页上至第15页下。

尽管在关税问题上改约的总方针仍是实现关税自主，但已不提寺岛时期比较敏感的收回关税自主权，而把目标缩小到修改现行协定税率。何如璋在论述关税问题时也将这两个问题区别开。然而，如果中国着手进行以关税为中心的改约交涉，是直接以关税自主为目标，抑或像日本那样分阶段一步一步来，何如璋没有提出具体的设想。

事实上，对于中国来说，改约确实不是一件轻而易举的事。何如璋上书左宗棠后不久，光绪七年正月（1881年初），左宗棠入值军机处，为当时中国实行改约提供了契机。但从目前的资料看，左宗棠似没有回复何如璋的来信。刘坤一虽然表示"日本此举果能如愿以偿，他日中国踵而行之，似亦未尝不可得手"，但基本持观望态度，认为问题的关键还是"自强"这一何如璋认为不是办法的办法。① 在何如璋致书商讨条约问题的诸位清廷大员中，只有当时的驻英法使臣曾纪泽，对中国的改约表示深切的关注。光绪五年（1879）底何如璋给他写信商谈改约问题时，他受朝廷之命，正忙于伊犁改约的事宜。曾纪泽直接回复何如璋的信，以笔者目力所及还没有发现，但他对不平等条约问题的关注不在何如璋之下。《伊犁条约》签订之后的光绪七年四月二十五日（1881年5月22日），他在伦敦的中国使馆曾向英国驻日本公使巴夏礼详细探询了日本改约的现状和前景。② 光绪十三年正月（1887年2月），在即将离任时，他又写了《中国先睡后醒论》，明确提出"重修和约"的主张。③ 但是，清政府始终没有像日本那样着手修改条约的交涉。

徐中约在论述近代中国修改条约问题时曾经指出，中国在对不平等条约有了一定认识之后的相当长时期里，并没有发动像日本那样的改约运动，其中一个重要的原因是受一种由来已久的观念的限制，即认为外患是内政积弱的表现。如果中国强大，那么夷敌问题不容分说，自然消解。因此，"自强"较之逐步地废除那些条约条款，是夷敌问题的更为重

---

① 刘坤一：《复何子莪》（光绪六年七月二十七日），《刘坤一遗集》第5册，第2487页。
② Demetrius Boulger, *The Life of Sir Halliday Macartney*, *K. C. M. G*, London: John Lane the Bodley Head, 1908, pp. 314–318.
③ 曾纪泽：《中国先睡后醒论》，"中研院"近代史研究所编：《近代中国对西方及列强认识资料汇编》第3辑，台北，"中研院"近代史研究所1984年版，第244页。

要、更为根本的解决之途。① 清政府的基本政策是开展自强运动而不是改约运动,这种局势并不是哪一位外交官以个人之力可以扭转的。

晚清初期的外交官还没有职业化,出使期满回国之后,他们就基本离开外交领域了。光绪八年正月（1882年初）,何如璋离任回国②,被任命为船政大臣前往福建,职责的变换,使其关注点很快从外交转向内政。有迹象表明,这时他已不再强调修改不平等条约的主张了。十一月,他向朝廷上了一份奏章③,阐述商务与国计民生之间的密切关系,其中分析了西方各国凭借条约在中国通商的种种流弊,认为归根到底最大的问题在于海关金钱流失,"七弊生一大害,则以贸易不能相抵而金银滥出之故"。又说"臣数年奉使反复考求,乃知西人借兵力以扩商路,因商务以取人财,比秦之割地,契丹之岁币,其操术为尤巧,贻害为尤深"。④ 强调海关金钱流失的重大危害性与其驻日期间的条约认识完全一致。然而,在谈到如何解决这一问题时,他提出的变通办法,一是"兴货殖以保民财",一是"饬武备以振国威"⑤,已不提修改条约,与他曾一度不以为然的刘坤一等人的"自强"主张趋同了。"自强"旨在争回利权,改约也为恢复利权,一个讲内政,另一个讲外交,两者的主旨虽然一致,但关注点已经不同。

---

① Immanuel C. Y. Hsu, *China's Entrance into the Family of Nations：The Diplomatic Phase 1858—1880* Cambridge, Harvard University Press, 1960, p. 144.

② 何如璋于光绪六年（1880）底期满被谕召,由于继任者许景澄丁忧未行,何如璋留任到新任使臣黎庶昌光绪七年（1881）底到达东京办理完交接为止。

③ 这一奏折应写于光绪八年十一月二十八日（1883年1月6日）之后。文中说"伏读十一月二十八日上谕,奖廉惩贪,谆谆告诫,所以为民生计者至周矣",又说"臣比年在外,商务之利害曲折再三研求,实见其关系国计民生者如此"（何如璋：《奏陈商务请力筹抵制疏》,《广东文征》卷14,第12页上至第14页上）。可知该奏疏写在何如璋"数年奉使"和"十一月二十八日上谕"之后。查何如璋奉使后数年中的"十一月二十八日上谕",旨在"奖廉惩贪"的,只有光绪八年十一月二十八日的上谕。其曰"朝廷澄述官方,以廉为本,内外大小臣工必当洁清自矢,方可振作有为。各该督抚旌别属员,首惩贪墨,尤应拔擢廉吏,以资观感。至夤缘奔竞,最为恶习"（第一历史档案馆编：《光绪宣统两朝上谕档》第8册,广西师范大学出版社1996年版,第381页）。由此可知,俞政《何如璋传》认为这一奏折写于1880年夏天何如璋关注日本修改条约交涉前（参见《光绪宣统两朝上谕档》第8册,第73—74页）,应有误。

④ 何如璋：《奏陈商务请力筹抵制疏》,《广东文征》卷14,第13页下至第14页上。

⑤ 同上书,第14页上。

五 建议朝鲜借鉴日本改约模式与各国订立条约

何如璋以日本改约交涉的历史经验为借鉴提出修改不平等条约的主张，尽管在国内没能得到积极回应，但是他的相关认识对当时中国的藩属国朝鲜的开港立约产生了重要的影响。

事实上，何如璋是把朝鲜的条约问题与中国的改约问题联系在一起的。在上李鸿章书中，他指出朝鲜开港立约有"五利"，最后一利即涉及对于中国未来改约的意义，"无事之时与之结好，或可准欧罗巴之例，使流寓之商同于国人，违禁之货绝其进口，稍杀领事自主之权，且可杜教士蔓衍之祸。他日我与泰西换约，亦或可因势利导，修改条规"①。他试图通过促使朝鲜与西方订约建立平等的新的条约关系，为中国将来的改约打开方便之门。如在与朝鲜修信使金弘集（又作金宏集）会谈时，何如璋曾建议朝鲜在改约问题上先中国而行，"此难得之事也"②。因此，朝鲜的条约问题成为何如璋条约认识的重要组成部分。期间，日本的改约经验，尤其是日本的修改条约草案，再次为何如璋所借鉴，成为他指导朝鲜订约的有力的思想资源。他认为朝鲜未来条约的核心问题与中国的条约问题一致，仍为关税自主与治外法权两大问题。

朝鲜订立条约问题紧接琉球问题而来。当日本并吞琉球，中日之间的交涉暂告停顿时，清政府深感朝鲜问题之急迫，决定采取劝导朝鲜对西方全面开放以抵制日本侵略野心的政策。光绪五年七月（1879年8月），清政府指令李鸿章以个人名义致信朝鲜前太师李裕元，转达清政府旨意，但几经"开导"，终无成效。③ 李鸿章最终认为"朝鲜既坚不欲与西人通商，中国自难强劝"，感到朝鲜开港一事，"殆非一朝夕之功"，要求总署把他这一

---

① 何如璋：《再上李伯相论朝鲜通商书》，《茶阳三家文钞》卷3，第5页。
② 《何如璋、黄遵宪等和朝鲜金弘集的笔谈（1880年）》，《东瀛遗墨——近代中日文化交流稀见史料辑注》，第17页。
③ 关于这一时期清政府积极筹议朝鲜问题的详情，可参见王如绘《近代中日关系与朝鲜问题》，人民出版社1999年版，第64—68页。

想法转达朝廷。①劝导朝鲜开港之责一时落到何如璋身上。劝导的时机，是光绪六年（1880）夏天朝鲜礼曹参议金弘集为首的修信使团的日本之行。

金弘集日本之行主要，是为了与日本政府商谈仁川开港、禁输米谷与改正海关税则等问题。②修信使一行于光绪六年六月二十五日（1880年7月5日）乘日本汽船"千岁丸"从釜山港出发，抵达日本后，先访问了外务省等处，并没有主动拜访大清公署。金弘集赴日之前，何如璋已经得到清政府要求其"劝令"朝鲜外交的指示。在金弘集抵达日本没有主动前来拜会的情况下，七月十五日（8月20日）何如璋派黄遵宪、杨枢前往金弘集下榻处。金弘集于次日前来大清公署回拜何如璋。接着，双方于七月十八日（8月23日）和八月初三日（9月7日）之间，以笔谈形式，就朝鲜正在与日本商议的条约问题、远东的国际关系以及朝鲜开国等外交诸问题，进行广泛交流。几次会谈之后，何如璋担心双方语言不通，靠笔谈不能"尽意""尽言"，命黄遵宪在几天内写就《朝鲜策略》一文，由金弘集带回朝鲜。③《朝鲜策略》集中体现了会谈精神，充分发挥了会谈不曾尽言之处，但并没有转录会谈的所有内容。有关朝鲜与日本的条约关系问题，以及如何与欧美各国建立良性的条约关系等深入细致的论述，《朝鲜策略》中没有记载。所以，将会谈与《朝鲜策略》结合起来，才可以比较全面地反映何如璋的条约认识及其对朝鲜立约的影响。

何如璋认为，当时闭关锁国的只有少数几个国家，通商往来"有决难终拒之势"④，条约关系是国际关系大势所趋。他看到由于中国与日本等国不悉外情，又迫于武力威逼，所缔结的条约"皆非万国公例，其侵

---

① 《北洋大臣李鸿章函》（光绪五年十一月十五日），"中研院"近代史研究所编：《清季中日韩关系史料》第2卷，台北，"中研院"近代史研究所1972年版，第395—397页。

② 曹中屏：《朝鲜近代史（1863—1919）》，东方出版社1993年版，第63页。

③ 光绪六年十月十六日（1880年11月18日）出使大臣何如璋函，"先是朝鲜金使之将来，如璋欲劝令外交，荷承总署指示，又素知北洋李爵相屡经致书劝谕，而近来南洋岘庄制府亦主此议，因于其来也，危词巽语面为开导，渠颇觉悟。复虑言语未通，不能尽意，中亦有如璋碍难尽言者，因命参赞黄遵宪作一《朝鲜策略》，设为问答论难之辞"。《出使大臣何如璋函》（光绪六年十月十六日），《清季中日韩关系史料》第2卷，第438页。

④ 《何如璋、黄遵宪等和朝鲜金弘集的笔谈（1880年）》，《东瀛遗墨——近代中日文化交流稀见史料辑注》，第19页。

我自主之权，夺我自然之利，亏损过多"，建议朝鲜"乘无事之时，主动与外人缔约"，如此不至于被"多所要挟"。① 条约问题成为朝鲜策略中的一个基本问题。如其主旨所体现的，朝鲜采取"亲中国、结日本、联美国，以图自强"的策略以"防俄"。具体而言，"于亲中国则稍变旧章，于结日本则亟修条规，于联美国则亟结善约"。"亲中国"在延续传统宗藩关系的同时，如何"变旧章"。"结日本"和"联美国"这种新型外交关系的建立，均涉及条约的修订问题。而自强的基础，首先是与各国建立"公平"的条约关系。② 加上金弘集此行的主要目的是解决与日本条约中悬而未决的问题，因而，条约问题的讨论，贯穿会谈始终。当时朝鲜"全不谙商务利害"③，与日本通商5年，尚未设关收税。一旦开港，如何与美国等国立约？如何解决当时朝鲜正与日本商议中的条约问题？这些都是急需解答的问题。何如璋有关朝鲜条约问题的论述，即是围绕与日本的条约关系，以及如何与美国"结善约"两大问题展开的。

何如璋建议，解决朝鲜与日本条约关系中仁川开港、禁输米谷、改正海关税则，以及日本使臣驻京等种种问题，关键是申明关税自主原则，应多多参考当时出台不久的日本修改条约草案。

何如璋对朝鲜与日本正在商谈的条约事项非常关切。正式会谈一开始，就询问与日本商谈之事的进展情况，向金弘集索要朝鲜与日本缔结的条约，以及这次送商的草案的抄件，并向金弘集介绍日本的改约交涉及其修改条约草案。在称赞日本修改条约草案的同时，提议若各国通商照此行，可保证利益不受损害。当何如璋得知金弘集已向日本送交了税则草案，又有"米谷不得禁，则重其税。其余出口货，并不责税。进口货，亦于洋货重税，而日本零碎产物，特免其税"之类的规定，连说"此说弊端极大，切不可行"。再次向金弘集推荐日本与各国交往的经验以及修改条约草案。④

他建议朝鲜采用"以人治人"的办法，主动与日本建立条约关系。

---

① 黄遵宪：《朝鲜策略》，《日本外交文书》第13卷，第392—393页。
② 同上书，第390—393页。
③ 《何如璋、黄遵宪等和朝鲜金弘集的笔谈（1880年）》，《东瀛遗墨——近代中日文化交流稀见史料辑注》，第15页。
④ 同上。

先答应日本"添开口岸",然后以日本刚刚递交给西方各国的"议改约稿"为蓝本,乘机与其订立"妥善章程",如此日本自然"不能不答应"[①]。他指出日本修改条约草案的主旨在于"税则之轻重,由本国主持",认为朝鲜与日本交涉的关键,也正在于坚持关税自主的原则。至于日本使臣驻京问题与禁输出米问题,均应归结为税则问题。何如璋告知:"使臣驻京,无关紧要之事。近得通商与交涉利害,全在约条税则之善否而已。善则内地通商亦无害,否则开一港便是漏卮,为患不浅矣。"禁输出米问题,令黄遵宪转达,禁输出米的唯一办法是声明税则自主:"若欲防其输出太多,则惟有税则由我之一法,加税而防之,则操纵皆自我矣。前所送日本约稿,今纵不必防其值三十之重,俱〔但〕与之声明'税则由我自定之'一语,则事事不掣肘也。"强调"特为朝鲜本国计,与其一切禁输,致碍他日凶年之输入,不如加税防之由我自主也"[②]。

鉴于关税问题之重要,何如璋专门安排一次会谈,令随从参赞黄遵宪将其"一二意见"向金弘集代为"陈大概"。黄遵宪代表何如璋先是按照国际通行的定税法,向金弘集讲述制定税则以收税的办法,说:"收税之法,有一极妙策,但使我定一值百抽多少之立意。如欲值百抽十,则于贸物到关时,由税吏估量时价,货值一百,则取其十。彼商人不愿,则官吏受而购之。既与时价等,转卖之人,亦不至亏,彼商人无怨言。"不过,黄遵宪强调,条约中关键还在于声明关税自主这一原则:"总之,此刻贵国讲论税事,尚无关大得失。惟切记切记,与他人立约,必声明'细则由我自主之'一语,以待他日不然。"为了实行这一原则,日本花费了10多年的时间才考虑"议改",当时结果还"未定"。他建议金弘集务必注意领会和师法日本新拟订的修改条约草案,在关税问题上,强调不必计较税收的多少、快慢,重要的在于掌握自主权[③]。

---

① 《何如璋、黄遵宪等和朝鲜金弘集的笔谈(1880年)》,《东瀛遗墨——近代中日文化交流稀见史料辑注》,第15页。
② 同上书,第19—20页。
③ 同上书,第21—22页。

黄遵宪进一步从与国计民生的关系的角度论述加税、税则自主以及海关金钱流失诸问题之间的关系这一何如璋一直强调的问题。他说："税之多寡，于国关系不重，惟输出之金银多于输入，则民生窭而国计危矣。财为生人养命之源，拱手而致之他人，民贫而乱作矣。"他举日本之例，指明造成这一"民窭国危"局面的根源，就在于"税则由他人商定"。如果税则自主，重课进口货，金银输出不多，就不至于有如此窘境。再一次强调："'税则自定之'一语，一乃全国安危之所系，不可以不谨也。"① 表明税则自主是前提，加税是手段，目的是防止海关金钱流失这一关系国计民生的大事，这一观点与何如璋在论述中国的条约问题时曾一再强调的，所谓海关金钱流失关系之大，危害之重，"比于割地输币，尤为不堪"者，是一致的。

何如璋的劝导直接影响了此后金弘集与日本的会谈。金弘集抵达日本时，对税则的重要性以及如何订立税则问题，均没有清楚的认识。与日方见面后，日方问朝鲜是否已经拟订税则，他却回答说："只得两政府议决，可令地方官同领事馆商酌之。"日方告之，税则一事"关系至重，兵端所由起"，即使使臣，没有委任为全权也不行。金弘集竟建议"依中东和约，拟一草案"，随后，"用值百抽五例，草成税稿"，在与何如璋见面前，已送给日本驻朝鲜公使花房义质，但还未及面议。与何如璋会谈后，金弘集再次与花房义质会面，告之"前稿初非定本，等贵国改约事成，我亦当准此例"，稍后又向外务省表达了这一意愿。② 这正是何如璋所面授的机宜。

对于朝鲜的新的商谈意向，日本没有明确拒绝，而是表示朝鲜还未熟悉商务而突然要行"重税"，只会滋生事端，不如姑且先"轻收"，几年后情况稍微熟悉后，再言改增为时不晚。米谷一事，金弘集也采纳了何如璋的建议，认为"一切禁防，不如重税而抑之"。日本使臣驻京之事也因此显得很轻松了。③

---

① 《何如璋、黄遵宪等和朝鲜金弘集的笔谈（1880年）》，《东瀛遗墨——近代中日文化交流稀见史料辑注》，第22页。
② 金弘集：《回还修信便别单》，《近代中韩关系史资料汇编》第11册，第9页。
③ 同上。

光绪七年九月（1881年10月），朝鲜拟订了《朝鲜国与日本国新修通商章程草案》后派使臣赵秉镐、李祖渊等前往日本与日方会谈。该条约草案中说："敝邦自与贵国通商以来，贸易之隆，日增日盛。而开港于兹，已逾五载，尚未及设关课税。此实为万国通行事例之无者。夫欧美各国收税之权，悉由自主，此贵国之所熟知，亦不佞之所习闻者也。然欧美各国课输入之税，自值百课三十，至值百课六七十者，乃至课税如货价之值，又逾其价而倍征之者，莫不有之。"① 明确指出"欧美各国收税之权，悉由自主，此贵国之所熟知"，而所谓的"不佞之所习闻者"，其启蒙之功，应首先归于上述何如璋以日本修改条约草案为模本的那番劝导。条约草案第33款②明确规定"凡税关禁防偷漏诸弊，听由朝鲜政府自行设立规则"，第23款③又说"朝鲜欲增出口税项，张告示三个月后，方准施行"④。申明朝鲜可以自由控制海关进出口事项。尽管何如璋对朝鲜条约谈判交涉的步骤有不同的意见，认为朝鲜应该把税则问题与日本当时要求的仁川开港、使臣驻京等问题"并作一案同议"，这样比较容易"有成"；税率谈判也应以值百取十五为基准，而不应一开始就提议为值百取十，以至不能议再加，处于被动。但是，对于朝鲜的这份改约草案何如璋是给予高度评价的。在致总署的信中，他称道说："朝鲜此次所拟订章程税则，皆甚为精善。彼国能于此考求，将来仍可收效也。"⑤

朝鲜的通商税则从基本原则到具体条款都模仿了日本与西方修订的

---

① 《朝鲜国与日本国新修通商章程草案》，《清季中日韩关系史料》第2卷，第534页。
② 何如璋致总署的信中，把该项内容标为"第三十款"，见《出使大臣何如璋函》（光绪七年十一月二十八日），《清季中日韩关系史料》第2卷，第527页。在其附录的通商章程草案中，为"第三十三款"。
③ 何如璋致总署的信中，把该项内容标为"第二十二款"，见《出使大臣何如璋函》（光绪七年十一月二十八日），《清季中日韩关系史料》第2卷，第527页。在其附录的通商章程草案中，为"第二十三款"。
④ 《朝鲜国与日本国新修通商章程草案》，《清季中日韩关系史料》第2卷，第532—533页。
⑤ 《出使大臣何如璋函》（光绪七年十一月二十八日），《清季中日韩关系史料》第2卷，第527页。

条约，但日本外务省认为包括上述第 23、第 33 等款多有不便，要求删改。① 这无异于欲否定朝鲜所坚持的关税自主原则。赵、李等人以不能做主为辞，于光绪七年十一月二十六日（1882 年 1 月 15 日）启程回国，待以后再议。此时，继任出使日本使臣黎庶昌已经到上海，准备东渡接任。朝鲜之事转由黎庶昌接管。这已是后话。

由于当时朝鲜与日本交涉的首要问题是关税问题，所以，何如璋的论述集中在税权问题。其实，他对于朝鲜未来条约中法权的重视，不在税权之下。这在朝鲜策略中的"联美国""亟结善约"问题中，充分体现出来了。何如璋强调的仍是日本改约交涉的经验，尤其是修改条约草案。

何如璋认为美国是愿意与朝鲜订立类似于日本修改条约草案的条约的。他指出："现海内各国，惟美系民主之国，又国势富实，其与列国通好，尚讲信义，不甚图占便宜。此时彼来善求通商，若能仿此间议改之约稿，与之缔立条规，彼必欣愿。"他提议把日本的修改条约草案作为其立约的模本。这种平等的条约的基本内容，除了以上所说的关税自主之外，主要涉及治外法权问题。在后来体现会谈精神的《朝鲜策略》中，着重提到法权问题，"今朝鲜趁无事之时，与外人缔约，彼自不能多所要挟。即曰欧亚两土，风俗不同，法律不同，虽遽令外来商人归地方官管辖。然第与声明归领事官暂管，随时由我酌改，又立定领事权限，彼无所护符，即不敢多事，而其他绝毒药流入之源，杜教士蔓延之患，皆可以妥与商量，明示限制，此自强之基也"②。把法权看作新立条约中的关键问题。何如璋希望朝鲜以一个像日本修改条约草案这样的平等的条约作为基础，将来"他国欲来通商者，亦必照美国之约，不能独卖，则一切通商之权利，均操在我。虽与

---

① 除了第 23 款和 33 款，外务省认为不便的还有：税则的进口货值百取十，应该核减；第 1 款关于地租的规定，虽然仿照横滨、长崎各口岸的通商地方定价，但仍然认为其定价太贵；第 22 款严禁红参出口（《出使大臣何如璋函》（光绪七年十一月二十八日），《清季中日韩关系史料》第 2 卷，第 527 页）。

② 黄遵宪：《朝鲜策略》，《日本外交文书》第 13 卷，第 393 页。

万国交涉，亦有益无损之事"①。

由于金弘集对于"联美国"的可行性尚心存疑虑，何如璋试图以日本改约交涉的成效为证，消除其顾虑："先生所述伊藤之言，自是实话。顷日人议改之约，美国已允许之。即此一节，亦征其厚于东方之意。"指出"仆顷所云云，正是此意"。他又从当时的世界局势出发，劝导朝鲜开港一事宜早不宜晚。② 日本改约交涉的经验，成为何如璋建议朝鲜实行先"联美国"之策的事实依据。

光绪六年八月（1880年9月），金弘集将《朝鲜策略》带回朝鲜，并将访日期间与日本会商条约情形，以及与何如璋会谈及其切实建议，向朝鲜政府做了扼要的汇报。③ 何、金日本会谈，成为朝鲜对外政策发生转变的起点。金弘集回国后不久，朝鲜密探委员李东仁、卓挺植先后来日本拜访何如璋，告知"朝鲜朝议现今一变"④，同时何如璋又接金弘集来信，表示朝鲜朝议正在变化，希望中国"赐教"⑤。为此，何如璋先后于光绪六年十月十六日（1880年11月18日）、光绪七年正月初三（1881年2月1日）致函总署，主张对朝鲜采取积极主动的措施，"请仍由总署寄书朝鲜劝令外交"⑥。由于何如璋的积极活动，清政府对朝鲜的政策从消极转为积极。⑦ 光绪六年正月二十五日（1881年2月23日），朝廷批准总署的奏请，变通与朝鲜公牍往来的旧制，由过去职属礼部，今后改为遇有关系洋务紧要之事，"由北洋大臣李鸿章与出使日本大臣与该国通

---

① 《何如璋、黄遵宪等和朝鲜金弘集的笔谈（1880年）》，《东瀛遗墨——近代中日文化交流稀见史料辑注》，第18页。
② 《何如璋、黄遵宪等和朝鲜金弘集的笔谈（1880年）》，《东瀛遗墨——近代中日文化交流稀见史料辑注》，第18—19页。
③ 金弘集：《回还修信使别单》，《近代中韩关系史资料汇编》第11册，第9—10页。
④ 《出使大臣何如璋函》（光绪六年十月十六日），《清季中日韩交涉史料》第2卷，第437页。
⑤ 《朝鲜前修信使致何如璋函》（光绪六年十一月二十九日），《清季中日韩关系史料》第2卷，第452—453页。
⑥ 《出使日本大臣何如璋函》（光绪六年十月十六日、光绪七年正月初三日），《清季中日韩关系史料》第2卷，第438—439、451页。
⑦ 王如绘：《近代中日关系与朝鲜问题》，第68—70页。

递文函，相机开导"，并将随时商办情形知照总理衙门以省周折。① 李毓澍指出，一般人论述朝鲜开港与各国立约通商问题时往往提李鸿章，其实起关键作用的应是何如璋。② 此说实不为过。

此后，何如璋也为促进朝鲜早日与美国立约积极奔走。③ 虽然朝美签订条约的正式谈判，何如璋没有直接参加④，最后签订的《朝美修好通商条约》也具有不平等性，但是，中朝方起草的朝鲜方条约草案稿，有学者认为"富有打破过去欧美和东方各国间所订条约的模式的特色"⑤。《朝美修好通商条约》的第4款指出将来将有条件地废除治外法权，第5款明确声明"收税之权应由朝鲜自主"⑥。

六　结语

参照日本改约交涉来剖析中国的条约问题，是中国近代不平等条约认识中具有普遍意义的一个视角。在同时代人中，曾纪泽和薛福成都曾不同程度地关注日本的改约交涉活动并从中得到启发。光绪五年四月十六日（1879年6月5日），当时日本驻英公使上野景范奉召回国之前因"换约之事"设宴辞别，曾纪泽应邀偕马格里前往赴宴，他在日记中记录了他所了解的日本改约的情形："换约者，当时泰西各国与日本订约，以东西刑律不同，故于日本设按察使，俾按察与领事共理东西争讼之事。其法与中国同，与西洋各国互守本国权利之局，则迥然两歧。日本现语西洋各国，言日本刑律久已改从西洋之式，欲将前定条约更改数处，俾

---

① 《总理各国事务衙门奏朝鲜宜联络外交变通旧制折》（光绪七年正月二十五日），《清季外交史料》卷25，第1—3页上；《清光绪朝中日交涉史料》卷2，第31页上。

② 李毓澍：《首任驻日公使何如璋》，《百年来中日关系论文集》，第1066页。

③ 有一说，何如璋曾访问美国公使平安，表示要在东京由他与平安进行谈判，并向平安"出示了将由朝鲜提交美国的条约草案"。由于平安没有得到华盛顿的授权，未接受何如璋的提议。Payson J. Treat, *Diplomatic Relations Between the United States and Japan, 1863–1895*, Stanford: Stanford University Press, 1932, Vol. Ⅱ, p. 139.

④ 有学者指出，1882年2月，与美国谈判签订条约之前，朝鲜代表金允植来中国与李鸿章会谈时，提出3份条约草案，其中1份是由黄遵宪起草的（参见王明星《韩国近代外交与中国（1861—1910）》，中国社会科学出版社1998年版，第96页）。

⑤ ［日］奥平武彦：《朝鲜开国交涉始末》，东京，刀江书院1969年版，第96页。

⑥ 《朝鲜与美国通商条约》，《清光绪朝中日交涉史料》卷3，第11页下至第12页上。

西人犯法者,即由日本官办理,不令领事与闻。英国已显拒之。然日本此议未息,召驻英、法、德之各公使回国,将大议此条,期于必行也。"①《伊犁条约》签订之后,光绪七年四月(1881年5月),他在伦敦的中国使馆曾向英国驻日本公使巴夏礼详细探询日本改约的现状和前景,已如上述。有一说,光绪十五年(1889),已经回国的曾纪泽还与当时的日本驻华公使盐田三郎密商,中日携手,分别从废除原来与欧美各国签订的协定税则入手,作为两国废除不平等条约的初步行动。② 薛福成也将日本改约作为其条约认识的重要素材,光绪七年(1881)集中阐述其条约认识时说:"近闻美国与日本议立新约,许归复其内治之权,外人皆归地方官管辖。中国亦宜于此时商之各国,议定条约。"③ 稍后,郑观应和陈炽都表示过对日本改约交涉的关注,或者了解其废除治外法权的一面④,或者介绍其修改税则的情形⑤,均希望中国借鉴日本改约的经验,着手与西方列强修改不平等条约。戊戌维新时期,中国的进步人士对日本改约更为关注。光绪二十四年(1898),维新派在湖南长沙创立中国的第一个国际法学术团体⑥,在其成立宣言中,简要介绍了日本改约的历程,表示要"上体素王改制悲悯救世之苦衷,下规日本大侠锐意更约顶踵不辞之热力",修改不平等条约,恢复"自主之权"⑦。可以说,在民族主义兴起,国际法成为中国废除不平等条约的有力武器之前⑧,日本改约交涉的经验在相当长时期内,成为先进的中国人认识不平等条约,倡导改约的重要思想资源。

---

① 曾纪泽著,喻岳衡点校:《曾纪泽遗集·日记》,岳麓书社1983年版,第374—375页。
② 陈炽:《庸书·外篇》卷上,赵树贵等编:《陈炽集》,中华书局1997年版,第81页。
③ 《筹洋刍议·约章》,《薛福成选集》,第529页。
④ 《盛世危言》,《郑观应集》上册,第422页。
⑤ 陈炽:《续富国策·商书》,赵树贵等编:《陈炽集》,第252页。
⑥ 王铁崖:《公法学会——中国第一个国际法学术团体》,中国国际法学会主编:《中国国际法年刊(1996)》,法律出版社1997年版,第372页。
⑦ 唐才常:《公法学会序》,《湘报》第43号,长沙湘报社1898年版,第169页下。
⑧ 徐中约(Immanuel C. Y. Hsu)指出,国际法传入中国后,其实际作用颇为有限,对于中国人对不平等条约的认识基本没有起到什么作用。国际法之成为中国人废除不平等条约的有力的思想武器,是在民族主义(Nationalism)兴起,将国际法知识活用起来以后(Immanuel C. Y. Hsu, *China's Entrance into the Family of Nations: The Diplomatic Phase, 1858 - 1880*, pp. 138 - 145)。

相比较而言，何如璋以其驻日之便利，在介绍和吸收日本的改约交涉经验，剖析中国及与中国密切相关的朝鲜的条约问题上，可以说是最具有代表性的人物。主要体现在，其一，何如璋是晚清派驻外国的第一批使臣之一，与他同时期对日本改约表示深切关注的使臣，大概只有当时的驻英法使臣曾纪泽。何如璋也曾与他在书信中谈论日本改约之事。然而那段时间，曾纪泽正忙于伊犁改约的事宜，他对日本改约的深入关注，要在稍后时候。其二，由于驻使日本之便，何如璋对日本改约的了解比较准确，而当时的相关介绍往往具有传闻色彩。如薛福成对日本改约信息的介绍就有不准确之处。上引他在《筹洋刍议·约章》说"近闻美国与日本议立新约"，所指应是明治十一年（1878）7月美国与日本签订、次年4月批准交换的《修订日本国合众国现行条约某些条款并为增进两国通商的约定书》①。其中规定，美方承认日本收回税权、废除出口税，收复沿岸贸易的管理；关于条约的实行日期，则规定在其他缔约国也缔结了与此相同的条约并付诸实行之时。② 没有涉及薛福成所说的答应收复"内治之权"的问题。这封"议定书"是在寺岛外务卿主持修改条约交涉时期签订的，当时整个改约交涉的中心是收回税权，不涉及治外法权。寺岛改约交涉失败后，井上外务卿继之，才将法权与税权问题同时提出来。其三，由于对日本改约有着切实的了解，何如璋的条约认识受日本的影响更为显著，其相关认识和改约主张始终围绕税权和法权这两大问题展开。曾纪泽固然非常关注日本改约，但在光绪十三年正月（1887年2月）他即将离任时提出的"重修和约"的主张中，认为需要修改的主要是"通商各口租界一条"③。至于薛福成，则认为中国不平等条约中危害最大的是利益一体均沾与治外法权这两大要素④，没有税权这一日本改约的另一要点。其四，何如璋以日本改约为借鉴的条约认识，直接应用到朝鲜修订条约这一具体的条约交涉中，并产生了重大的影响。

---

① 外务省编纂：《日本外交文书》第12卷，东京，日本国际连合协会1949年版，第3页；《日本外交年表主要文书》上卷，第84页；《世外井上公传》第3卷，第282—283页。
② 《日本外交文书》第12卷，第4—12页；《世外井上公传》第3卷，第283页。
③ 曾纪泽：《中国先睡后醒论》，《近代中国对西方及列强认识资料汇编》第3辑，第244页。
④ 《筹洋刍议·约章》，《薛福成选集》，第528—529页。

这使得他的条约认识更有别于一般政论性的论述。

概括地说,何如璋的条约认识具有以下几个特点:第一,对日本与欧美各国的改约交涉的关注,贯穿其对条约认识的始终。第二,参照日本改约基本精神,围绕海关关税和治外法权两大问题展开。第三,把中国、日本和朝鲜的条约制度看作有别于西方类型的另一种条约类型——"亚细亚"类型,从东亚全局的高度论述条约问题,把改约看作亚洲各国共同面临的问题,明确主张改约。第四,在实施改约的具体步骤上,对中国问题与朝鲜问题的基调明显不同。对于中国的改约问题比较低调,认为治外法权问题"一时实难更变",建议集中在关税问题,特别强调防备海关金钱流失之重要。而在朝鲜问题上,则建议朝鲜在新订条约中同时申明包括关税自主和法权独立的基本原则,以期能够毕其功于一役,并希望通过朝鲜问题的解决,为中国的改约早日创造机会。由于朝鲜还没有像中国那样已被迫陷入不平等条约的束缚之中,在其建立条约关系之初,努力防患于未然是可行的。实践也证明,何如璋以日本为模式的订约策略,对于当时朝鲜与日本的关税交涉以及《朝美修好通商条约》的订立,均产生了重大影响。

协定关税、治外法权和片面最惠国待遇是近代中国不平等条约中危害最大的条款。[①] 何如璋对这些条约问题都有深刻的见解。而其条约认识,主要围绕协定关税和治外法权两大问题展开。民国时期中国展开的废除不平等条约的交涉,重点就是实现关税自主和废除治外法权。这种条约认识上的先觉性,是与日本改约交涉的影响直接相关的。

[①] Immanuel C. Y. Hsu, *China's Entrance into the Family of Nations*: *The Diplomatic Phase, 1858–1880*, p. 139.

20世纪中国近代史学科体系问题的探索[*]

张海鹏

百年来中国近代史研究的回顾

20世纪对于中国近代史研究来说，是开端的世纪，是转型的世纪，是创新的世纪，也是收获的世纪。

中国近代史研究是20世纪中国历史学的一个重要分支。20世纪中国历史从半殖民地半封建社会转变到社会主义社会，发生了翻天覆地的变化。20世纪中国近代史研究也发生了翻天覆地的变化，它从传统中国历史学中分离出来，三四十年代为半殖民地半封建社会服务的、代表统治阶级利益的资产阶级倾向的中国近代史研究占统治地位，以马克思主义为指导的中国近代史研究在新民主主义革命中产生，中华人民共和国成立以后，马克思主义的中国近代史研究逐渐占了主导地位。

最近半个世纪以来，中国近代史研究取得了很大成绩，首先是学术地位发生了根本变化。半个世纪以前，中国近代史研究在中国历史研究中是不被看重的，中华人民共和国成立后，中国近代史研究成为显学，不仅对中国历史学的发展做出了贡献，而且在对人民群众的爱国主义教

---

[*] 本文原载《近代史研究》2005年第1期。本文为2004年4月在西安陕西师范大学举办的中国史学界第七次代表大会而作，部分内容曾在会议上作过报告。本文撰写过程中得到了中国农业大学龚云博士的帮助，谨此致谢。

育中发挥了重要作用。半个世纪以来,在中国近代史的分期、中国近代史的基本线索与革命高潮、中国近代史的学科对象与指导思想等各方面,学术界做了广泛而深入的讨论,有不少分歧意见。总结20世纪中国近代史研究的发展趋势,研究中国近代政治文化转型对中国近代史学科发展的意义,阐述在中国近代史研究的总体把握中运用马克思主义、唯物史观理论指导的成败得失和分歧,对于整合和提升中国近代史研究的学术水平,对于指导新世纪的中国近代史研究会有积极意义。中国近代史是一门与现实政治和社会关系密切的学科,对中国近代史抱有何种看法,会影响到对中国社会未来发展的看法。全面回顾总结20世纪中国近代史研究,对于发挥中国近代史对中国社会主义建设的理论指导和历史借鉴作用具有一定的现实意义。

中国近代史研究作为20世纪中国历史学的一个重要分支出现,是中国近代社会转型的产物,也是中国近代学术转型的产物,受到国外史学包括马克思主义唯物史观及各种资产阶级史学观的重大影响。20世纪中国近代史研究经历了萌生(20世纪初至20世纪30年代)、兴起(20世纪30年代至中华人民共和国成立)、发展(中华人民共和国成立至"文化大革命")、停滞("文化大革命"期间)、繁荣(改革开放至2000年)几个阶段。在兴起时期,中国近代史研究中的马克思主义学派开始出现并挑战那时占主导地位的近代史研究。在发展时期,国家建立涉及近代史研究的专门研究机构,各大学历史系设置近现代史教研室,近代史学界结合研究中国近代史学习唯物史观,以马克思主义指导研究中国近代史成为主流,中国近代史学科成为学术研究中的显学。在繁荣阶段,近代史学界拨乱反正,纠正了学习马克思主义过程中的教条主义、形式主义倾向,出现了用现代化的理论和方法研究中国近代史的主张和实践,研究领域大大拓宽,研究专题大大加深;同时又出现了淡化意识形态、轻视唯物史观、轻视阶级分析方法的倾向。所有这些,都需要认真加以总结,并针对各个时期的学术潮流进行分析,提出看法和建议。中国近代史研究不能脱离政治,又不等同于政治,如何把握其中分寸,是总结以往的研究,提出今后研究方向的关键。

本文研究百年来中国近代史研究中学科体系建设问题。这里讨论的不是各个历史时期有关中国近代史研究具体问题的进展,这种进展是巨大的，正是这种进展推动了我们对中国近代历史认识的深化，推动了我们对近代中国国情全面深入的了解，推动了中国近代史学科的巨大进步；这里讨论的是建设中国近代史学科体系方面的演化和趋势。一门学问的学科体系是什么面貌，关系到我们对这门学科基本面貌、总体面貌的认识，关系到这门学科的学术性、科学性问题。通过这种研究与讨论，我们可以看到不同历史时期，不同政治倾向的学者是如何建设中国近代史的学科体系的，看到中国近代史的学科体系的演化，以及它如何发展到今天这个样子，今后还可能发展到哪里去。

中国近代史研究的学科体系，主要是指中国近代史研究的对象、研究对象所涵括的时间范围，怎样看待中国近代史的基本线索，建立这样的学科体系所必须使用的基本研究方法，以及研究工作中所秉持的基本的指导思想，等等。我们依据这里所提示的线索，来分析20世纪不同时期、不同历史背景下，学者们探索中国近代史学科体系的情况。①

中国近代史学科对象的探讨

中国近代史究竟研究哪一个时期的历史？不同时期的学者认识是不一样的。

中国历史载籍中早有近代的提法，但是近代以来历史科学中近代的概念，大致上来自欧洲的史学家。在西文里，modern times 大致是指从公元1500年以后一直到现今的历史时期，也就是文艺复兴以来的历史。清末民初翻译西方著作时，人们把 modern times 译为"近世史"。在20世纪上半叶，学者们采用"近世史""近代史"这两个概念时，往往指的是离他们不远，仍在发展中的历史。如梁启超将"乾隆末年至今"称为"近

---

① 怎样看待中国近代史的基本线索，是讨论中国近代史学科体系时不可避免的话题。关于这个话题，20世纪80年代以还，学术界有着许多讨论，本人也曾撰文滥竽其间。对于这些讨论的基本状况，笔者亦曾著文加以检讨，请参见《50年来中国近代史研究的理论与方法评析》，《近代史研究》1999年第5期，收入曾业英主编《五十年来的中国近代史研究》，上海书店出版社2000年版，第1—18页。又可参见笔者所撰《建国50年来中国近现代史の基本问题に关する检讨及び研究课题の概述》，《近きに在りて》（东京〈近邻〉）第36号，1999年12月。为节省篇幅，本文有关这个话题的讨论从略。

世史"。① 20世纪初,李泰棻所著《中国最近世史》② 中将"近世史"的开端定于道光时期。

事实上,绝大多数作者都主张以鸦片战争作为中国近代史的起点,这是考虑到鸦片战争以后的中国社会发生了重大转变,理由是很充足的。也有部分作者把中国近代史的开端放在明末,认为新航线的开辟是欧洲近代史的开端,也是中国近代史的开端。如郑鹤声认为:"自新航路发现以来,世界交通,为之大变,人类生活与国际关系,较之中古时代,显有不同之处,是即中古史与近世史之所由分界也。近世史之演变,有'继往开来'之趋势,其一切表现,皆在根据往古事迹而发扬光大之。且推陈出新,由此而孕育未来之局势。每一民族思想为其演变之原动力。故近世史之范畴,实包括近三四百年之历史,无论中西,大都皆然。"③ 郭廷以也把近代中国历史的开端放在16世纪初的葡萄牙人东来。④ 吕思勉在《吕著中国近代史》第一篇"中国近代史讲义"中也认为中国近世史始于明代中叶,欧洲人东来。⑤

把中国近代史开端比肩欧洲近代史的想法,是希望借此说明中国近代种种巨大变化的由来,自有其著述的理由。但是,欧洲资本主义的发生、发展,及其影响到中国,其间经历了极其复杂的历史过程。就中国历史来说,从明末到鸦片战争前夕,有着300年之久的历史过程,在这个过程中,固然不能说欧洲的近代历史对中国毫无影响,但是要指出,这种影响对于中国自身的历史发展是微不足道的。一部中国近代史,把明末到有清一代的历史全要讲到,我们还是不能进入近代中国历史的主题。这从著作的技术性要求来说,也是不无困难的。郭廷以的《近代中国史》长编两卷只作到了鸦片战争前夕,郑鹤声的《中国近世史》是中央政治学校的讲义,其南方印书馆的版本从明末作到清朝康雍乾年间,中央政

---

① 梁启超:《中国史叙述》,《饮冰室合集》文集之六,中华书局1989年版,第10页。
② 李泰棻:《中国最近世史》(影印本),台北,文海出版社1990年版。
③ 郑鹤声:《中国近世史》,"编纂凡例",南方印书馆1944年版。
④ 郭廷以编:《近代中国史》,"例言",商务印书馆1947年版。据著者"例言"说明,该书"仿长编体,又可称之为史料选录或类辑,绝不以历史著作自承"。这里仅取其近代史开端的主张为例。
⑤ 吕思勉:《吕著中国近代史》,华东师范大学出版社1997年版,第4页。

治学校的印本，上册与南方印书馆版本基本相同，下册从鸦片战争讲到辛亥革命。本来要叙述中国近代史，但大部分篇幅用在叙述鸦片战争以前的历史，鸦片战争以后的历史却叙述简略。这些作者在抗战期间从事撰述，劳碌奔波，困苦莫名，难竟全功，是可惜的；但这与中国近代史的起点定得不合适，不无关系。

有趣的是，给郭廷以的《近代中国史》作"引论"的罗家伦，却不同意郭廷以的看法，而把鸦片战争作为中国近代史的开始，他在"引论"中说："如果史学家从'鸦片战争'开始讲中国近代史，也不过是为研究便利，和认定这件事对于中西短兵相接后，所发生的各种影响的重要性起见，把它当作一个重要时期的开始而已。"① 蒋廷黻与罗家伦一样，认定中国近代史开始于第一次鸦片战争，认为虽然自明季以来中西有接触，但那时欧洲仅产生了商业革命，因此对于中国影响不显著；第一次鸦片战争后，中国与西方发生了新的关系，因为欧洲产生了工业革命，对中国产生很大影响。②

20世纪三四十年代，因为民族救亡的需要，越来越多的学者反思百年国耻，倾向于以鸦片战争作为中国近代史的开端，因为这场战争是资本—帝国主义侵略中国的开始，也是近代中国民族危亡的开端。自1933年李鼎声出版《中国近代史》（上海，光明书局）以后，陆续有陈恭禄、蒋廷黻、范文澜的著作用了《中国近代史》作为书名。可见，20世纪30年代起，"中国近代史"这一概念已经普遍为人们所接受。以"中国近代史"作为教材或专著的中国近代史类著作多达数十种。③

马克思主义史学传入中国以后，马克思主义史学家开始接受苏联史学的分期法，把十月革命作为一个划时代的历史标志。十月革命以前的时期称为"近代"，从世界范围来说，那是资本主义形成、发展的时代，

---

① 罗家伦：《研究中国近代史的意见和方法》，郭廷以编：《中国近代史》，原载《武汉大学社会科学季刊》第2卷第1期，1931年3月。
② 蒋廷黻：《中国近代史》，艺文研究会1938年版。
③ 这类近似中国近代通史的著作，据笔者在中国社会科学院近代史研究所图书馆、北京师范大学图书馆、北京大学图书馆、清华大学图书馆检索，并且亲眼所见的，在1949年以前出版的有65种。据笔者估计，可能有遗漏，但不会太多。

是资本主义战胜封建主义和前封建主义的时代,一部世界近代史,就是世界资本主义形成和发展的历史;十月革命以后的时期,称为"现代",指的是世界无产阶级革命和社会主义时代。因此"近代"与"现代"就成为具有不同含义的两个时间尺度,被赋予了不同的社会属性,成为两个前后相接的历史时期,其中"近代"作为一个概念指的是已经结束了的历史时期,"现代"指的是最近的,现今仍在发展中的一个历史阶段。以此观点,观照中国历史,认为中国没有独立的资本主义发展史,但是1840年鸦片战争后,中国有一个属于资本主义体系的半殖民地半封建时代。"我们通常所说的中国近代史,就是指中国半殖民地半封建的历史。因此,历来应用马克思主义观点研究中国历史的人都主张1840年中英鸦片战争是中国近代历史的起点,因为中国半殖民地半封建社会是从此开端的。"①

关于中国近代史的下限,1949年以前的著作,绝大部分作者都将中国近代史的下限与学者生活的当前时代联系起来。1947年华北新华书店出版的范文澜著《中国近代史》上编第1分册,出现了关于中国近代史时限的完整定义,表现了一个马克思主义的历史学家对中国近代史学科的创造性贡献,是中国近代史学科开始趋向成熟的一个标志。范著把1840年以后的中国社会定义为半封建半殖民地社会,把1840—1919年的中国历史划为中国近代史的旧民主主义革命时期,把1919年五四运动以后的历史,称为中国近代史的新民主主义革命时期,这虽然是从革命史的角度定义中国近代史,却对于整个中国近代史的时限给出了科学的、符合学术规范的规定。范文澜的书是1945年完成写作,1947年出版的,那时他还不可能预计新民主主义革命到1949年获得最后胜利。但是他在该书的"说明"中劈头就说:"《中国近代史》分上下两编,上编叙述旧民主主义革命时代,下编叙述新民主主义革命时代。上编又分两个分册,1840年至1905年为第一分册,1905年至1919年为第二分册。本书是上

---

① 刘大年:《中国近代史研究的几个问题》,《历史研究》1959年第10期。主张马克思主义观点的学者中也有不同认识,如侯外庐、尚钺。见侯外庐《侯外庐自传》,《中国现代社会科学家传略》,山西人民出版社1982年版,第273页;尚钺《明清社会经济形态研究》,"序言",上海人民出版社1957年版。

编的第一分册。"该书目录明确标明:"上编旧民主主义革命时代——鸦片战争至五四运动。"① 他的志愿未遂,上编第 1 分册只写到 1901 年《辛丑条约》的签订,以后便无下文。但是中国近代史学科的大框架,却基本上奠定下来了。

根据范文澜的设计,华北大学历史研究室(中国社会科学院近代史研究所的前身)荣孟源、刘桂五等学者在 1948 年编写了初中历史课本《中国近代史》上编,明确标举"鸦片战争至五四运动"。这本课本的"编辑说明"指出:"本书为初级中学中国近代史课本。全书分二编:上编叙述旧民主主义革命时代(1840—1919);下编叙述新民主主义革命时代(1919—1945)。"② 这本课本是一个完整的《中国近代史》上编,它不仅为中华人民共和国成立之初迫切需要的初中历史教材解了燃眉之急,而且是对 1949 年以前中国近代史书编纂体系的一个良好的总结,也为中华人民共和国成立以后的中国近代史研究指出了基本的方向。

但是,在 20 世纪 50 年代,由于历史和现实的原因,多数学者主张以 1919 年五四运动为下限,并且以 1840—1919 年作为中国近代史学科的研究对象和时间范围,而把五四运动作为中国现代史的起点。在 40 年代及其以前,中国近代史与中国现代史本来没有明确的界限。如李鼎声著《中国近代史》和同一作者著的《中国现代史初编》(香港,国泰出版公司 1940 年版)所处理的内容和时间范围基本相同。50 年代起,中国近代史和中国现代史的分期明确了。王廷科论证了中国近代史和中国现代史的划分,他根据列宁关于区分不同时代的基本特征,是哪一个阶级为时代的中心,决定着时代的主要内容、时代发展的主要方向的判断,提出:"所谓'近代史',就是指以资产阶级为中心的时代的历史;所谓'现代史',就是指以无产阶级为中心的时代的历史。"他主张 1919 年为中国近代史的下限,同时,也是中国现代史的开端。他认为,自 1919 年五四运动到 1949 年中华人民共和国成立,正是中国无产阶级及其先锋队中国共

---

① 范文澜:《中国近代史》上编第 1 分册,华北新华书店 1947 年版。有趣的是,该书"说明"宣布第 1 分册截至 1905 年,实际上写到 1901 年,1947 年以及此后的各种版本都是如此。可见第 1 分册也不是完整的本子。

② 华北大学历史研究室:《中国近代史》上编,"编辑说明",新华书店 1949 年版。

产党站在时代的中心,决定着时代的主要内容、时代的主要方向。因此,中国历史就由"近代"进入到了"现代",不能将我国新民主主义革命时期的历史与我国旧民主主义革命时期的历史不加区别地一并划入中国现代史范围;应当如实地把我国新民主主义革命时期的历史与我国社会主义革命时期的历史联系起来,写成一部完整的中国现代史;如果将新民主主义革命时期的历史与旧民主主义革命时期的历史并列起来,一起划入中国近代史范畴,"那么在客观上就贬低了我国新民主主义革命的地位"。[①]

在20世纪五六十年代,以马克思主义为指导的中国近代史学科体系刚刚建立,学者们的兴趣和研究方向还在晚清时期,中国近代史是以革命史为中心的,就是晚清政府的历史,也只能作为革命史的陪衬;1919年以后的历史,主要是中共党史的研究和新民主主义革命史的研究,还刚刚起步。事实上,国外的中国近代史研究,也在追寻新中国成立的由来,他们的研究视线,也仍旧停留在晚清时期的社会历史变化上。

这是因为,中华人民共和国刚成立,革命时期的热情还在继续,人们迫切希望知道新民主主义革命之所由来,旧民主主义革命如何向新民主主义革命发展、转变,以及帝国主义侵略中国的历史,所以对五四运动以前的近代革命史给予高度重视。从政治上说,1949年以前的历史刚过去未久,许多历史当事人还在,加之海峡两岸还处于敌对状态,因此对1919年后的历史做自由的学术研究,在当时的政治环境下有碍难之处。

事实上,早在20世纪50年代讨论中国近代史分期问题时,就有学者主张以1949年中华人民共和国成立为中国近代史的下限,"因为1840—1949年,中国社会性质仍然是半殖民地半封建社会,革命性质也还是反帝反封建(以后加上反官僚资本主义)的资产阶级革命"[②]。

同时,"近代史和现代史的划分,不应该是一个社会内部的分期,而应是标识这一种革命到另一种革命的交替,这一社会形态到另一个社会形态的转变"。"近代中国是一个半殖民地半封建社会,1840年的鸦

[①] 王廷科:《正确估计我国新民主主义革命的地位》,《四川大学学报》1981年第1期。
[②] 林敦奎:《中国人民大学第六次科学讨论会上关于"中国近代历史分期问题的讨论"》,《历史研究》1956年第7期。

片战争是半殖民地半封建社会的开端，1949年中国共产党领导中国人民革命在全国范围内取得的胜利是半殖民地半封建社会的结束。"这个社会，"不是有完整意义的资本主义社会，而是在外国资本主义侵略下的变态社会"。"因此，以近代史概括充当资本主义社会形态的半殖民地半封建社会的历史，而不因五四运动把一个社会形态分割为两截的近代、现代史，是更为科学的，也更能完整地反映鸦片战争以来中国社会变化、发展的规律。"① 当时，李新、刘大年、荣孟源都持这种看法。随着时间的推移，人们对近代中国的认识不断加深，越来越多的学者认为以1919年作为中国近代史的下限，对历史认识和学科建设都没有好处，主张将1840—1949年的历史打通来研究。胡绳早在1981年所著《从鸦片战争到五四运动》"序言"中就说道："在中华人民共和国成立已经超过30周年的时候，按社会性质来划分中国近代史和中国现代史，看来是更加适当的。"②

《从鸦片战争到五四运动》出版后，中国近代史学界再次关注中国近代史的下限问题，列举出不以1949年为中国近代史的下限的种种弊端，主要是不利于了解和把握中国历史发展的全过程，不利于揭示和认识中国近代历史发展规律；主张把近代中国110年作为一个完整的历史时期，"所谓完整的历史时期，就是说这个110年不同于秦汉以来任何一个历史时期，而是一个特殊的历史社会形态，即封建社会崩溃中被卷入资本主义世界的半殖民地半封建社会"③。

1997年，胡绳在祝贺《近代史研究》创刊100期时，重提"把1919年以前的八十年和这以后的三十年，视为一个整体，总称之为'中国近代史'是比较合适的。这样，中国近代史就成为一部完整的半殖民地半封建中国的历史，有头有尾。1949年中华人民共和国成立以后的历史可称之为'中国现代史'，不需要在说到1840—1949年的历史时称之为'中国近现代史'。"④ 笔者也曾附会其中，继续阐释胡绳有关中国近代史

---

① 陈旭麓：《关于中国近代史的年限问题》，《学术月刊》1959年第11期。
② 胡绳：《从鸦片战争到五四运动》，"序言"，人民出版社1981年版。
③ 陈旭麓：《关于中国近代史线索的思考》，《历史研究》1988年第3期。
④ 张海鹏：《关于中国近代史的分期及其"沉沦"与"上升"诸问题》，《近代史研究》1998年第2期。

分期的意见并且讨论与中国近代史分期有关的问题。① 经过这一次讨论，大体上统一了中国近代史学界的认识。

这样，经过近一个世纪的发展，中国近代史的学科对象终于得以确立：以半殖民地半封建社会的中国历史作为研究对象。这个研究对象的时间范围是从1840年鸦片战争到中华人民共和国成立，大约110年的历史。这种认识，是在马克思主义基本原理指导下得出的，是以对近代中国的社会经济形态即近代中国的社会性质的考察为出发点的。应该说，这个认识是符合近代中国真实的历史进程的，也就是说，中国近代史学科对象的确立，是在几代学者长期探索、争鸣的基础上形成的，是科学的学科体系。

在做出这种结论性认识的时候，有两个问题需要提出讨论。一是苏联的历史分期主张。苏联把十月革命以前的历史看作资本主义发生、发展的历史，是世界的近代史；把十月革命以后的历史，看作无产阶级革命和社会主义时代的历史，是世界的现代史。这种观点打破了西欧中心论的传统观点，体现了历史观的进步，但是不能简单地拿来套在中国历史分期上，正像我们不能简单地拿欧洲的历史分期法套在中国历史上一样。中国历史发展有自己的特点，中国有自己的国情。中国近代历史所经历的半殖民地半封建社会，是欧洲和苏联都未曾经历过的。结合中国五千年的历史发展，主要考察近代以来发生的历史巨变，把1840—1949年所经历的半殖民地半封建社会作为中国的近代史，是符合中国历史自身的规律和特点的。1949年10月中华人民共和国的成立，标志着中国结束了半殖民地半封建社会的历史，中国开始了独立地开展社会主义现代化建设的历程，中国历史越出了近代，进入了自己的现代时期。

另一个问题是新民主主义革命和旧民主主义革命的关系问题。新民主主义革命和旧民主主义革命问题的提出，是中国共产党人的主张。新民主主义革命的理论是中国共产党人在处理自己面临的革命任务的时候所确立的基本理论纲领，也是自己的革命实践纲领。提出这个革命理论的基本事实根据，是中国的革命是在半殖民地半封建社会的国度里进行

---

① 张海鹏：《中国近代史的分期问题》，1998年2月3日《光明日报》，第5版；《关于中国近代史的分期及其"沉沦"与"上升"诸问题》，《近代史研究》1998年第2期。

的。这个革命的任务，对外是争取民族独立，对内是推翻封建统治，也就是通常所说的反帝反封建的民族民主革命。这个革命任务贯穿于整个半殖民地半封建的历史时期，在1921年中国共产党成立以后及其以前，这个任务都没有变化。其区别在于革命的具体对象随着时代的变化而变化，革命的领导力量因有无产阶级登上历史舞台和代表无产阶级的政党中国共产党的产生而出现变化。反帝反封建的民族民主革命是资产阶级性质的民主主义革命，而不是无产阶级性质的社会主义革命。这种资产阶级性质的民主主义革命，因为领导力量的不同而出现新民主主义革命和旧民主主义革命的区别。毛泽东在《中国革命和中国共产党》和《新民主主义论》等著作中，对近代中国的新民主主义革命和旧民主主义革命有系统论述。毛泽东在1935年说："中国革命的现时阶段依然是资产阶级民主主义性质的革命，不是无产阶级社会主义性质的革命，这是十分明显的。只有反革命的托洛茨基分子，才瞎说中国已经完成了资产阶级民主革命，再要革命就只是社会主义的革命了。1924年至1927年的革命是资产阶级民主主义性质的革命，这次革命没有完成，而是失败了。1927年至现在，我们领导的土地革命，也是资产阶级民主主义性质的革命，因为革命的任务是反帝反封建，并不是反资本主义。今后一个相当长时间中的革命还是如此。"[①] 毛泽东在1939年说："我们现在干的是什么革命呢？我们现在干的是资产阶级性的民主主义的革命，我们所做的一切，不超过资产阶级民主革命的范围。现在还不应该破坏一般资产阶级的私有财产制，要破坏的是帝国主义和封建主义，这就叫作资产阶级性的民主主义的革命。但是这个革命，资产阶级已经无力完成，必须靠无产阶级和广大人民的努力才能完成。这个革命要达到的目的是什么呢？目的就是打倒帝国主义和封建主义，建立一个人民民主的共和国。这种人民民主的共和国，就是革命的三民主义的共和国。它比起现在这种半殖民地半封建的状态来是不相同的，它跟将来的社会主义制度也不相同。"[②] 这两段话，已经把新民主主义革命理论的基本问题讲清楚了。概

---

① 《论反对日本帝国主义的策略》，《毛泽东选集》（合订本），人民出版社1964年版，第155页。

② 《青年运动的方向》，《毛泽东选集》（合订本），第550—551页。

括地说,反对封建制度的革命,是资产阶级革命。这个革命理应由资产阶级来领导。但是在半殖民地半封建的中国,资产阶级的力量幼弱,无力完成领导这个革命走向胜利的任务,不能不由无产阶级通过它的政党中国共产党来承担这个领导任务,所以称之为资产阶级性质的民主主义革命,也就是新民主主义革命。因此,无论从近代中国的社会性质说,还是从近代中国的革命性质说,在中国近代史的学科体系内,把旧民主主义革命时期和新民主主义革命时期的历史完全纳入近代中国的历史,是符合历史实际的,也是符合历史科学的要求的。这样的划分,不存在贬低或轻视新民主主义革命的历史地位和作用的问题。历史进程像一条大河,曲曲折折,奔流不息,永不停止。人们为了认识大河,把它分为发源处、上游、中游、下游,认识历史分期也是同样的道理。历史分期,是人们观察和研究历史过程时寻找的一种方法,一个大致反映不同发展阶段的标志,一个关键时期的节点,同时又不可以看得太绝对。以中国共产党的领导为理由,把新民主主义革命时期的历史和社会主义革命时期的历史都包括在中国现代史的范围里,固然不失为一种分期法,但是中国共产党至今存在,而且还将存在下去,今后的历史还需要分期吗?

　　近代中国历史是中国历史上极其重要的一段时期。它是自1840年起逐渐走向半殖民地半封建社会的历史,也是中国人民从旧民主主义革命走向新民主主义革命,并最终赢得民族解放的历史。从另一个意义上说,是世界走向中国,中国被迫走向世界的历史,也是中国艰难走向现代化的历史。近代中国历史,是中国社会发生大变动的历史,无论从经济基础到上层建筑,从国内生活到国际关系,变化的广度和深度,都是过去所有王朝无法比拟的。这段历史在中国历史长河中虽然短暂,却是中国从传统农业社会走向现代社会的转型时期,具有自身的独特性。以这段历史为对象的学科,是一个自成体系的学科。因此,虽然"近代"的内涵会随着时间的推移而有所变动,半殖民地半封建社会的历史仍然可以作为独立的学科对象研究,是其他断代史无法取代的。因此,中国近代史学科不会因时间的改变而丧失其独立的学科地位。

　　中国近代史学科,作为一门独立的历史分支学科,要回答:中国是如何在外国资本主义、帝国主义侵略下走上半殖民地半封建社会的,半殖民地半封建的中国较之封建中国有什么不同,外国侵略给中国社会怎样的打击，又给中国社会什么新的东西，近代中国社会怎样形成了区别于封建中国的社会阶级力量，这些新的社会阶级力量又是如何决定中国社会的发展方向，影响这个社会的经济文化思想演变，推动这个社会逐步向新的发展阶段转型，在社会的深刻转型过程中，在新的社会物质力量主导下，使改良，尤其是革命成为社会深刻转型的动力，以及这些新的社会阶级力量怎样同帝国主义、封建主义作斗争，去争取中国的民族解放，去准备中国现代化的起步条件，等等。

"革命史范式"或者"现代化范式"问题

所谓"范式"，是近些年从美国学术界传过来的概念，是美国的学者们在反省他们的中国近代史研究时提出来的。它大约是指研究中国近代史过程中所遵循的某种规范。在一定意义上，这里所谓"范式"与本文所说的学科体系有相近似的地方。

中国近代史作为中国历史学分支学科，从20世纪初一开始就是为了满足当时中国的救亡需要而出现的。在20世纪上半叶，对中国近代史的认识与当时中国各种政治派别的政治主张有极大的关系。中国近代史研究是直接为了回答"中国向何处去"这一近代中国历史变迁的主题而产生的。

对"中国向何处去"这个百年中国主题的回答，是现代化，还是革命，还是保持传统政治的情况下进行社会改良，不仅决定于近代中国的客观历史进程，也与对近代中国的客观进程的历史思考相关。因此，对近代中国历史的考察，不仅是认识历史进程的过程，也是现实的社会改造实践的过程。

通史著作常常是史学领域总体水平最典型、最充分的反映，也是史学体系建立的标志。20世纪三四十年代出版的中国近代通史代表著作有：李鼎声的《中国近代史》、陈恭禄的《中国近代史》（商务印书馆1935年版）、蒋廷黻的《中国近代史》，范文澜的《中国近代史》上编第1分册、胡绳的《帝国主义与中国政治》（香港，生活书店1948年版），等等。这些近代通史著作大体可归结为两种中国近代史体系：一种是将中国近代史视为在西方冲击下走向近代化的历史，可称之为"近代化（现代化）

体系",或者"现代化范式",以蒋廷黻的《中国近代史》为代表；一种是把中国近代史视为帝国主义入侵及中国变为半殖民地半封建社会的过程和中国人民反抗外来侵略的过程,可称之为"革命史体系",或"革命史范式",以范文澜的《中国近代史》上编第1分册为代表。"革命史范式"是近些年来学术界颇为弥漫的一种说法,提出者的本意含有否定这种学术体系的意味。中国近代史研究中的学术范式转换问题,学术界存在着不同的意见。考虑到"革命史范式"这个提法虽然不是很准确,但是它反映了中国近代史学科体系的核心内容,且为许多学者所采用。在找到更为准确的提法以前,本文在讨论时也采用这个提法,当然不包含否定或轻视的意味。

蒋廷黻认为20世纪30年代,中国的首要问题就是现代化,抗战建国的关键也取决于现代化,"为了加强中国反抗日本侵略的力量而实行现代化,这是蒋廷黻及其他人士支持南京国民党政府所献身的事业"[①]。在蒋廷黻看来,中国现代化的进程不是20世纪30年代才开始的,而是从鸦片战争西方开始侵略中国之后就提出的问题,是由外侮所激发的救国之道。近代化是近代中国的历史主题,中国近代化就是在与外部世界交往中,学习西方,摆脱中古的落后状态,全面地走上政治、经济、文化、外交等变革之路,完成民族复兴的使命。从这一观点出发,他以中西关系为中心,以近代化为主线,建构了他的中国近代史分析框架。

蒋廷黻认为,近代中国的悲剧,肇因于嘉庆、道光年间的中国还处于中古世界：一是科学不如人,当时西方的科学基础已经打好,而我们的祖先还在那里作八股文,讲阴阳五行；二是西方已经开始使用机器,中国的工农业还维持着中古时期模样；三是西方民族观念已发达,中国仍死守着家族和家乡观念。[②] 所以近代中国的根本问题就是走出中古,走向近代化。走向近代化,是贯穿全书的主线,也是他评价近代中国一切人和事的标准。

蒋廷黻在1938年出版的《中国近代史》一书中,实际上提出了中国近代史研究中的"现代化范式"问题。在中国近代史研究中提出现代化

[①] [美] 费正清：《费正清对华回忆录》,陆惠勤译,知识出版社1991年版,第102页。
[②] 蒋廷黻：《中国近代史》,"总论",艺文研究会1938年版。

问题，不是没有一点新意，但是，当时日寇深入国土，全国人民处在悲壮的抗战热潮中，中国近代史研究中的"现代化范式"问题的提出，几乎得不到什么喝彩。① 另一方面，蒋著在保卫大武汉的时候所提出的其他一些观点，比如对林则徐的"民心可用"的强烈批判，对抗战低调的提倡，等等，无异于对抗战热潮泼冷水，引起一些爱国主义者的批判。延安的中国共产党人曾专门著述《中国现代革命运动史》给予批驳。范文澜的《中国近代史》上编第 1 分册，实际上也是针对蒋廷黻《中国近代史》中的观点而撰述的。范著把 1840 年以后的近代中国历史作为半殖民地半封建社会的历史，把 1840—1919 年的历史作为旧民主主义革命时期的历史，把 1919 年以后的历史作为新民主主义革命时期的历史。范著《中国近代史》是完整地开辟"革命史范式"的典型著作。

从整体上来说，20 世纪中国政治的演变对中国近代史研究的演进影响最大。20 世纪中国近代史的研究取向的变化，折射着 20 世纪中国社会历史本身的变迁，尤其是折射着百年来中国社会政治思潮的起伏涨落。纵观 20 世纪中国近代史研究，每一时期占支配地位的对中国近代史的总体判断，主要地不是来自学术本身，而是来源于对当时中国现状与未来走向的判断。每一时期的社会政治思潮、政治意识形态和普遍的社会政治心理，往往构成这一时期中国近代史研究的学术话语和基本概念。这种学术话语所形成的学术氛围，规定和控制着中国近代史研究的方向，左右着中国近代史研究"范式"的命运。

范著所开创的"革命史范式"，在 50 年代以后得到规范和发展，成为很长时间里中国近代史学者所遵循的基本学术范式。当然，范著的缺点，也为此后的学者所注意。如：范著基本是一部政治史，或者说是一部革命史，依据主要历史事件做了纪事本末似的叙述，有的地方史料根据不足，由于服务现实斗争，存在着简单地影射现实的现象，科学性不足。刘大年在主持郭沫若主编《中国史稿》第 4 册（人民出版社 1962 年版）时，认为 1840—1919 年近代中国 80 年的历史中，在不同的历史时期

---

① 欧阳军喜在《论"中国近代史"学科的形成》（《史学史研究》2003 年第 2 期）一文中专门分析了蒋廷黻的《中国近代史》，认为一种新的现代化的叙事模式建立起来了。他认为蒋廷黻的看法具有一定的普遍性，恐怕不尽然。

里,帝国主义、中国社会各阶级的相互关系、他们的矛盾斗争各有特点。其中社会经济状况、阶级斗争、意识形态是结合在一起的,统一的。因此,新的著作要求根据历史演变的时间顺序讲述事件;不只讲政治事件,也要讲经济基础、意识形态,不只讲汉族地区的历史,也要讲出国内各民族在斗争中与全国的联系和相互关系。《中国史稿》第4册就注意到了政治状况、经济发展、思想文化、阶级斗争,以及汉族地区和边疆少数民族地区,就是总结了建国以来中国近代史学科的理论建树和研究成果,加以概括和升华,给中国近代史的学科体系,或者说对革命史的学术范式做了新的概括和完善,进一步强调了近代史研究著作的科学性,强调了经济史研究对于突破近代史研究局限性的必要性。

蒋廷黻在1938年提出"现代化范式"以来,经过了半个世纪,并无应者。20世纪50—80年代出版的通史一类的著作,大体上还是按照"革命史范式"来写的。70年代末起,由于国家确立改革开放、以经济建设为中心(一个中心、两个基本点)的方针,现代化事业成为国家和人民共同关注和进行的主要事业,这很自然影响到中国近代史研究者的视线,中国近代史研究中以现代化为主题的主张再次提出来。1998年出版的《重新认识百年中国——近代史热点问题研究与争鸣》是一本用新范式为指导撰写的近代史著作。在这部著作的总序中,作者写道:"这种新'范式'与旧'范式'的最大不同,就在于它更主要是从'现代化'的角度来看待、分析中国近代史,而不把中国近代史视为仅仅是一场'革命史'","'以农民起义'为主线的'旧范式',是以'革命''夺权''反抗''斗争'为'时代精神'的那一社会阶段的必然且合理的产物","此时的'时代精神'已由激烈的'革命''斗争'转向现代化追求,尽管为时嫌晚,这就为从'现代化'的角度来重新认识百年中国的'新范式'的出现和影响的不断扩大提供了先决条件"。[①] 这里的概括,主要是对所谓旧范式的概括是很不准确的,但是作者所说社会的转型、时代的变换是学术范式转型的先决条件大体上是对的。这方面,下面还要分析。

以现代化为主题研究中国近代史,引起了广泛的关注。这个话题很

[①] 冯林主编:《重新认识百年中国——近代史热点问题研究与争鸣》上册,"总序",改革出版社1998年版,第2页。

快进入了中国近代史前辈研究者的笔下。1990年9月,中国社会科学院近代史研究所为纪念建所40周年,举办了以"近代中国与世界"为题的国际学术讨论会。名誉所长刘大年在开幕式上讲话,他说,近代世界的基本特点不是别的,就是工业化,也就是通常所说的近代化。适应世界潮流,走向近代化,是中国社会发展的必然趋势。"如何来自立于世界民族之林,其核心,就是中国社会能否走向近代化。""近代中国没有实现西方那样的近代化,但它凭自己的力量打开了走进近代化世界的大门。"①时任中国社会科学院院长胡绳也应邀在这次会议上作了演讲。关于近代中国的近代化问题,他说了下面一大段话:

> 近代中国并不是近代化的中国,不是一个商品经济发达,教育发达,工业化、民主化的国家。在近代中国面前摆着两个问题:即一、如何摆脱帝国主义的统治和压迫,成为一个独立的国家;二、如何使中国近代化。这两个问题显然是密切相关的。因为落后,所以挨打;因为不断地挨打,所以更落后。这是一个恶性的循环。
>
> 以首先解决近代化问题为突破口,来解除这种恶性循环,行不行呢?在半殖民地半封建的中国,一切工业救国、教育救国,以合法的途径实现民主化、近代化的主张都不能成功。致力于振兴工业、振兴教育的好心人虽然取得了一些成就,但并不能达到中国近代化的目的,不能使中国独立自强。不动摇原有的政治和社会秩序而谋求实现民主化的努力更是毫无作用。这些善良的愿望之所以不能实现,就是因为有帝国主义及其在中国的代理人的严重的阻力。
>
> 首先解决民族独立的问题,是很艰难的。要在十分落后的社会基础上,战胜已经在中国居于统治地位的帝国主义势力,当然不是一件轻而易举的事情。但历史经验证明,只有这样做,才能改变中国所面临的恶性循环的命运。就是说,只有先争取民族的解放和国

---

① 《中国近代化的道路与世界的关系》,《刘大年集》,中国社会科学出版社2000年版,第34、43页。

家的独立,才能谈得到近代化的政治、经济、文化的建设。①

刘大年、胡绳是力主用马克思主义理论指导中国近代史研究的著名学者。这时候,他们都在思考近代中国的民族独立与近代化的关系问题,他们有关近代中国的近代化问题的看法是大致相近的。

1995年12月,胡绳为《从鸦片战争到五四运动》写了"再版序言"。"再版序言"特别提出三个问题,第一个是阶级和阶级斗争问题,第二个是对外开放问题,第三个是可否以现代化问题为主题来叙述和说明中国近代的历史。对于第三个问题,胡绳的答复是:"这种意见是可行的。"胡绳认为:"从1840年鸦片战争以后,几代中国人为实现现代化作过些什么努力,经历过怎样的过程,遇到过什么艰难,有过什么分歧、什么争论,这些是中国近代史的重要题目。以此为主题来叙述中国近代历史显然是很有意义的。"② 1996年、1997年,刘大年再次提起近代化话题。他说:"中国近代110年的历史,基本问题是两个:一是民族不独立,要求在外国侵略压迫下解放出来,一是社会生产落后要求工业化、近代化。两个问题内容不一样,不能互相替代,但又息息相关,不能分离。"③ "中国人民百折不回追求民族独立,最终目的仍在追求国家的近代化。1949年,毛泽东说:'夺取全国胜利,这只是万里长征走完了第一步。'第二步,第三步是什么,那就是解决近代化问题了。"他还说,民族独立与近代化毕竟是两个不同的问题,它们各有各的特定内容。"民族独立是要改变国家民族被压迫的地位,推倒半殖民地半封建统治秩序。从根本上说是要解决生产关系的问题。近代化则是要改变中国经济、文化落后的地位,要发展以近代工业生产力为主干的社会生产力。从根本上说是要解决生产力的问题。两个问题的内容不同,解决的方法也就不一样。人们无法来实现两任务同时并举,或者毕其功于一役。"④ 结论是只有先走革命的路,取得民族独立,打开走向近代化的道路。两位去世

---

① 《关于近代中国与世界的几个问题》,《胡绳全书》第3卷(上),人民出版社1998年版,第77页。
② 胡绳:《〈从鸦片战争到五四运动〉再版序言》,《胡绳全书》第6卷(上),第8页。
③ 《中国近代史的两条线》,《刘大年集》,第30页。
④ 《当前近代史研究中的几个理论问题》,《刘大年集》,第7—8页。

未久的前辈学者的思考，大体是相近的。刘大年坚持了自己一贯的意见。胡绳则提出了以现代化为主题叙述中国近代历史的问题。

我注意到，有的学者已经明确提出现代化是中国近现代历史发展的主题。[①] 有的学者认为用现代化史观考察鸦片战争以来的历史进程，不仅包纳了百年的反帝反封建的革命斗争，而且涵盖了像戊戌变法这样的改革运动和其他众多的社会变迁，这就比革命史观广泛得多，也较接近历史的真实。[②] 显然，这位作者是希望，在考察近代中国历史时，用现代化史观取代革命史观。

观察用"现代化范式"编著的若干著作，对于"现代化范式"，大概有这么几种见解。一是主张用"现代化范式"取代"革命史范式"。前述《重新认识百年中国》体现了这种趋势。该书主张"一百年来的中国近代史其实是一场现代化史"，试图用这种观点重新解释近代中国的历史进程。在这种范式下，洋务运动便成为"近代中国的第一次现代化运动"[③]，戊戌维新运动的失败与变法派人士所做出的激进主义政治选择的失误有关[④]，义和团运动"貌似爱国，实属误国、祸国"[⑤]，辛亥革命的前提条件不足以成立，"完全是近代中国特殊历史条件下革命志士鼓吹、争取的结果"[⑥]，等等。这些用"现代化范式"重新审视过的观点是否符合历史的真实，已经有学者提出了讨论。[⑦] 这里要指出：用"现代化范式"替代"革命史范式"，其结果，对近代中国历史进程的基本面貌的解释，与人们通常熟知的中国近代史知识完全相反，不能认为是正确的替代。主张研究中国近代的现代化进程的美国著名资产阶级学者费正清在他的《观察中国》一书中指出，"帝国主义的侵略使中国人民蒙受了耻辱，正是这种耻辱唤起了中国的民族主义并激发了二十世纪的中国革命"，"革命是近代中国的基调，美国人要想了解这一点，

---

① 陈勤、李刚、齐佩芳：《中国现代化史纲》上册，广西人民出版社1998年版，第6页。
② 李喜所：《戊戌变法百年再审视》，《历史教学》1998年第7期。
③ 《重新认识百年中国——近代史热点问题研究与争鸣》上册，第3页。
④ 同上书，第53页。
⑤ 同上书，第81页。
⑥ 同上书，第171页。
⑦ 参见吴剑杰《关于中国近代史"新范式"的若干思考》，《近代史研究》2001年第2期。

必须首先要懂得中国的历史"。① 这是一个符合基本历史事实的观察，因而是一个正确的观察。费正清是一个生活在最先提出现代化理论的国家的学者，而且并不反对采用现代化的研究方法研究中国近代史，他的结论何以与我们主张"现代化范式"的学者相差如此之远？是"现代化范式"出了问题还是我们主张此一范式的学者在运用中过于标新立异、不求甚解值得检讨？

提出替代主张的学者，对"革命史范式"的否定并不符合事实。说"旧范式"把中国近代史仅仅看作一场革命史，"以农民战争为主线"，显然是一种严重的歪曲。用"革命史范式"写的中国近代史书，在一定的时代背景下，主要写了革命史、政治史，但是决不仅仅是革命史，更不是"以农民战争为主线"。哪一本中国近代史书不写戊戌维新的历史呢，哪一本中国近代史书不写辛亥革命的历史呢，哪一本中国近代史书不写新文化运动和五四运动的历史呢，难道这些都是"以农民战争为主线"吗？哪一本中国近代史书不写洋务运动开始的近代机器工业的发展，不写近代资本主义经济的发展历史，不写清末统治阶级的内部状况，不写北洋军阀的历史，不写近代改良主义思想的发展，不写西方资产阶级思想在中国的传播？难道仅仅写了一场革命史吗？

二是以现代化为视角研究中国近代史，或者说研究近代中国的现代化史。这种研究主题，与"一百年来的中国近代史其实是一场现代化史"不尽相同，它并不追求以"现代化范式"替代"革命史范式"。它与胡绳所期望的似乎比较切近。这类著作我们已经看到了几种，诸如《比较中的审视：中国早期现代化研究》（章开沅、罗福惠主编，浙江人民出版社1993年版）、《中国现代化史》第1卷（许纪霖、陈达凯主编，上海三联书店1995年版）、《中国现代化历程》（虞和平主编，江苏人民出版社2001年版），等等。这些著作，大体上是用经中国学者改造过的现代化研究理论和方法，观察近代中国的历史，分析现代化事业在中国的迟滞、发展和曲折。这样的观察是有意义的，它使读者通过另一个视角看到了近代中国的历史。但是这样的观察和研究，也终究不能把一部完整的中国近代史呈现在读者的面前。

---

① ［美］费正清：《观察中国》，四川人民出版社1992年版，第13、96页。

在这种范式下，出现了一种包含论。它不是用"现代化范式"替代"革命史范式"，而是认为"现代化范式"可以包含"革命史范式"。包含论认为："如果就完整意义上的现代化而言，反帝反封建的改革和革命应该包含在现代化进程之中。这是因为，反帝是为了争取国家独立、建立平等互利的国际关系，以便合理地利用国外资源；反封建是为了争取民主、建立政府与社会的良性互动关系，更好地进行现代化的社会动员。所以反帝反封建的改革和革命既是现代化的一个组成部分和一种重要动力，也为现代化建设解决制度、道路问题，并扫除障碍。问题的关键是如何分析改革和革命的现代化意义。"[1] 如果可以把这种意见理解为包含论的话，那么，可以说，这种意见反映了中国学者对现代化理论的改造，反映了他们试图用现代化理论调和革命化理论的努力。因为发源自美国的原初现代化理论是绝对没有这样的含义的。现代化理论的最初提出者把自己的著作命名为"非共产党宣言"，明显是挑战马克思主义的阶级斗争学说的，不可能把革命包含在现代化进程之中。20 世纪末的中国学者对西来的现代化理论加以改造，使之适应于近代中国的发展情况，做出这样的努力是值得赞许的。这也许是现代化理论的中国化吧。但是，这种用现代化理论来解释近代中国的反帝反封建、解释近代中国的改良与革命的"现代化范式"，是否能够代替"革命史范式"来撰写中国近代史呢？胡绳曾经说过，至今尚未有以现代化为主题写出来的中国近代史，看过了上述列出的几部有关中国现代化史的著作后，我不能不说，胡绳的这句话至今仍未过时。这几部书，在解释近代中国的现代化进程方面是做了有益的工作的，但是还不足以揭示整个中国近代史的全部历程。因为近代中国历史的全部内容，不是现代化的进程所能够包容的。

现在是否可以说，关于"现代化范式"，大体上可以有两种理解。一种是以现代化的范式重新解释中国近代史；另一种是研究近代中国的现代化进程。研究近代中国的现代化进程也可以从政治现代化的角度说明近代中国的改良与革命，但很难从历史进程的方向叙述完整的近代中国的历史。可以认为，撰写近代中国的现代化进程和撰写中国

---

[1] 虞和平主编：《中国现代化历程》第 1 卷，"绪论"，第 22 页。

近代的历史,是并行不悖的两种写作模式,其间并不存在相互替代的问题。

从现代化的视角解读中国近代史,也不失为一个新的思路。但是现代化的视角如果不与革命史的视角相结合,仅仅用现代化理论揭示近代历史,也难以科学地复原历史的真实面目。胡绳在说到这个问题的时候特别提到:"以现代化为中国近代史的主题并不妨碍使用阶级分析的观点和方法。相反的,如果不用阶级分析的观点和方法,在中国近代史中有关现代化的许多复杂的问题恐怕是很难以解释和解决的。"① 从马克思主义的观点来看,这是至理名言。因为,要分析近代中国的现代化问题,就要分析"从1840年鸦片战争以后,几代中国人为实现现代化做过些什么努力,经历过怎样的过程,遇到过什么艰难,有过什么分歧、什么争论",这些都是中国近代史中的重要题目。② 在近代中国这样的阶级社会中,现代化的进程也是十分复杂的,并不是一个单线的发展。在中国,有资本帝国主义的现代化,有封建地主阶级的现代化,有民族资产阶级的现代化,有无产阶级追求的现代化,有孙中山主张的现代化,也有毛泽东主张的现代化。我们如果放弃了阶级分析的方法,如何去分析这样复杂的社会现象呢?

在讨论"现代化范式"和"革命史范式"的时候,有一个问题还要提出来,这就是"革命史范式"是否就过时了呢?我认为没有过时。如果拿"革命史范式"来套五千年的中华历史,或者套整个世界史,容或可以说有削足适履之病,如果拿来作为研究近代中国历史的学术范式,正好足履相适,所用甚当。这是由近代中国半殖民地半封建社会的特殊历史国情决定的,是由近代中国的历史实际进程所表现的,是由那时复杂的阶级斗争形式所规定的。批评者说:"旧范式"是以"'革命''夺权''反抗''斗争'为'时代精神'的那一社会阶段的必然且合理的产物"。从一定的意义说,这个批评是对那个时代的"时代精神"的正确的肯定。从鸦片战争到中华人民共和国成立的那110年历史,确是充满了革命、夺权、反抗、斗争的基调。经济的发展状况、文化思想

---

① 胡绳:《〈从鸦片战争到五四运动〉再版序言》,《胡绳全书》第6卷(上),第8—9页。
② 同上书,第8页。

领域的方方面面，中国和世界关系的处理，都受限于这个基调；用现代化理论的话语来说，那个时代中国现代化的进程，传统与现代性的冲突，现代化的酝酿和启动，现代化道路的选择，现代化的社会动员，等等，无不受制于革命、改良、夺权、反抗与斗争的基调。是革命、改良、夺权、反抗与斗争的基调，制约了现代化的进程，而不是现代化的进程带动了革命的进程。胡绳说"只有先争取民族的解放和国家的独立，才能谈得到近代化的政治、经济、文化的建设"①，刘大年说只有先走革命的路，取得民族独立，打开走向近代化的道路，说的就是这个意思。这也就是说，用革命的视角观察那个时代，用"革命史范式"撰写近代中国的历史，最符合近代中国的时代特征。所有这一切，并不因为今天社会的发展主题是社会经济而变化。时代变化了，今天社会发展的主要任务变化了，如果以今天变化了的社会发展的眼光观察昨天的中国，以为昨天的中国也完全适应于现代化的研究方法，则是一种误会。

因为近代中国的时代基调是革命，从革命的视角审视，中国近代史上的政治、经济、军事、文化思想、社会变迁，以及中外关系的处理，区域发展，少数民族问题，阶级斗争的状况，无不或多或少与革命的进程、革命事业的成败相联系。一部中国近代史，如果抓住了这个基本线索，就能够顺藤摸瓜，厘清近代中国社会历史的各个方面。当然用"革命史范式"撰写中国近代史，局限于革命史的视角，可能对社会经济的发展、社会的变迁注意不够。如果在"革命史范式"主导下，兼采"现代化范式"的视角，注意从现代化理论的角度，更多关注社会经济的发展、更多关注社会变迁及其对于革命进程的反作用，就可以完善"革命史范式"的某些不足。反过来，如果不注意"革命史范式"的主导，纯粹以"现代化范式"分析、撰写中国近代史，就可能改铸、改写中国近代史，而使得中国近代史的基本面貌变得面目全非，令人不可捉摸了。这样的研究，新意是有的，但是脱离了历史真实的新意，将为智者所不取。

当然，如前所述，如果这种"现代化范式"只是运用现代化理论研

---

① 《关于近代中国与世界的几个问题》，《胡绳全书》第3卷（上），第77页。

究中国的现代化进程,而不求全面反映整个近代中国历史,则是另一种情况。因为现代化进程只是全部中国近代史的一个侧面,一个重要部分,把这个侧面、这个重要部分弄清楚,对于全面认识中国近代史是有积极意义的,这样的研究模式也值得支持。

梁启超与新文化运动[*]

郑师渠

评价晚年的梁启超，其与新文化运动的关系无疑首当其冲，最为人所关注。美国学者李文森在其名作《梁启超与中国近代思想》中提出历史与价值、情感与理智对立消长的分析模式，以考察梁启超思想阶段性的变动。他认为，欧战后的梁启超情感压倒了理智，故由恋慕西方文化转归传统。这里预设的前提就是梁启超与新文化运动的对立。在很长时间里，国内不少学者对李文森的观点是认同的，所以于新文化运动时期的梁启超多持否定的态度。近年来，李文森的观点受到了质疑，论者开始转而肯定梁启超。[①] 不过，已有的研究多停留在力辨梁启超并未反对新文化运动，如何从欧战后东西方社会文化思潮变动的大格局出发，进一步探讨二者的内在联系及其分合，似乎还有很大的空间。本文不揣简陋，以就正于大家。

一 反省现代性：一个新的思想支点

学术界对于新文化运动的起止时间并无明确的界定，但于其上限多认同始于1915年9月《青年杂志》创立，而于其下限则多见智见仁。[②]

---

[*] 本文原载《近代史研究》2005年第2期。
[①] 参见崔志海《评海外三部梁启超思想研究专著》，《近代史研究》1999年第3期。
[②] 学界多将新文化运动与广义的"五四运动"视为等同的概念。据此，何干之的《中国启蒙运动史》（上海生活书店1947年版）和周策纵的《五四运动史》（岳麓书社1999年版）都认为新文化运动的起止时间是：1915年9月—1923年12月。彭明的《五四运动史》（人民出版社1981年版）则定为：1915年9月—1921年7月。

本文认为，1923年的"科学与玄学"之争是新文化运动余波犹存的重要表征，可视为下限之候。故考察梁启超与新文化运动也当以是年为限，尽管这不是绝对的。

梁启超1919年游欧，自然将其与新文化运动的关系分成了前后两期。前期梁启超两度入阁，热衷政治，于新文化运动不遑多顾。但尽管如此，其与后者取向一致，还是显而易见的：其一，1915年7月梁启超发表《复古思潮平议》一文，支持"新学""新政"，指斥复古思潮甚嚣尘上，守旧者"开口孔子，闭口孔教，实则相率而为败坏风气之源泉"，而"一年以来，则其极端反动力之表现时代也"。① 是文锋芒所向与《青年杂志》的缘起，若合符节。其二，梁启超不仅反对帝制，享有"再造共和"美誉，更可贵的是从中引出了教训。1916年年初，他为从军，经越南潜往广西，于播越颠沛之中，扶病草成《国民浅训》，疾呼国民力戒虚骄，去"不健全之爱国论"；要坚信西方的自由平等"在德性中确能各名一义，在政治上尤足以为民干城"，当"毅然舍己从人，以求进益"。② 同年，梁启超总结"五年来之教训"三条，其中最重要的便是："第一之教训，能使吾侪知世界潮流之不可拂逆，凡一切顽迷复古之思想，根本上不容存在于今日。"③ 很显然，他强调的仍然是学习西方。

需要指出的是，此期梁启超于新文化运动虽不遑多顾，但对后者还是十分关注，并表示了响应与支持。1918年年底，徐振飞致梁书引荐胡适，其中说："胡适先生现任北京大学掌教，主撰《新青年》杂志，其文章学问久为钧座所知。"④ "久为所知"一句，有力地说明了梁启超对这位新文化运动的主帅人物及其运动本身，是十分关注的。而他在百忙中很快答应见面，则又反映了自己对后者的认可与赞许。至于在胡适发表文字改革的议论后，梁启超也发表谈话，指出言语分离是科学进步的障碍，主张统一语言，以一种地方言语为国语⑤，这无疑更是一种积极的响

---

① 《饮冰室合集》文集之三十三，中华书局1989年版，第71、69页。
② 《饮冰室合集》专集之三十二，第17、19页。
③ 李华兴、吴嘉勋编：《梁启超选集》，上海人民出版社1984年版，第704页。
④ 丁文江、赵丰田编：《梁启超年谱长编》，上海人民出版社1983年版，第872页。
⑤ 1917年4月16日《时报》，转引自张朋园《梁启超与民国政治》，台北，食货出版社1978年版，第231页。

应了。此外，陈独秀、李大钊、胡适、鲁迅、周作人、钱玄同等新文化运动的主要人物，多在梁启超为首的原进步党的刊物，诸如《时事新报》《晨报》《解放与改造》等发表文章。当前者受反动势力压迫时，后者且为之声援。《时事新报》的副刊《学灯》、《晨报副刊》与《民国日报》的副刊《觉悟》、《京报副刊》，被并称为新文化运动中的四大副刊。"从1918年的春天起，进步党很多的报纸已经开始支持这新思想运动了。"[①]这些与梁启超的思想取向不可能没有关系。

人所周知，1919年的欧游，成了梁启超思想的转变点。这有两层含义：一是指其思想关注点的转移。《梁启超年谱长编》说："先生这次归来后，对于国家问题和个人事业完全改变其旧日的方针和态度，所以此后绝对放弃上层的政治活动，惟用全力从事于培植国民实际基础的教育事业。"[②] 尽管梁启超事实上难以全然忘情于政治，但其根本转变是存在的，人们对此无疑议。二是指其对中西文化见解的变动。长期以来人们对此种转变内涵的理解未必准确，一些论者实将之视为倒退的同义语。李文森的观点具有代表性。他认为，梁启超的这种转变表现为情感最终压倒理智的倒退："不再恋慕西方，而在价值上回归中国传统。"[③] 这是一种误解。实际上，梁启超游欧收获颇丰，其中最重要的是增添了一个新的思想支点，从而开阔了视野，愈趋深刻。要明白这一点，须了解欧战前后西方社会文化思潮的深刻变动。

19世纪中叶以降，西方资本主义社会内在矛盾日益显露：经济的周期性危机、贫富悬殊、阶级尖锐对立；同时，物质生产虽获不断发展，传统道德却日益溶化在了资产阶级利己主义的冰水之中，人欲横流，愈益加剧了社会倾轧与动荡，20世纪初年自启蒙运动以来一直凯歌挺进的理性主义，开始日趋于式微。欧战的惨剧，创深痛巨，更令欧洲人失去了信心，进一步加剧了"理性危机"。"欧洲知识分子情绪低落，幻想破灭。他们年轻时代那个有秩序的、和平的、理性的世界已经被毁灭。""大战的深重罪孽动摇了人们对于理性解决极其重要的社会和政治问题能

---

① 周策纵：《五四运动史》，第280页。
② 丁文江、赵丰田编：《梁启超年谱长编》，第896页。
③ 崔志海：《评海外三部梁启超思想研究专著》，《近代史研究》1999年第3期。

力的信任。""对未来的信心让位于怀疑。人类可以完善、科学将赐福于人类和人类的不断向前发展等旧的信念现在似乎成了天真的乐观主义的表达。"①"人是什么?"这个自古希腊以来似乎已被哲人解决的问题,现在又被提了出来。现代性的发展和人的主体性的异化,使人虽得冲破了神权的网罗,却复入了理性普遍原则的樊笼。真善美"价值域的分裂与理性化,对具有解放性质的政治的出现是必要的,但同时造成了在日常生活的氛围里意义的丧失"②。人倍感孤独,复出现了"人的危机"。缘是欧洲人对西方文化的信心也发生了动摇。"大战之后,欧洲人对他们自己和他们的文明有了另外一种看法……无疑,任何能允许如此毫无意义的大屠杀持续四年之久的文明都已经表明它走向衰败。"③ 斯宾格勒的《西方的没落》一书风行一时,就集中反映了这一点。

面对社会严重危机,欧洲社会文化思潮的变动主要呈现出两种不同的取向:一种是马克思主义。它从历史唯物论出发,认为理性主义衰退和西方社会弊端丛生,归根结底,是反映了资本主义制度的危机。所以必须通过无产阶级的社会革命,根本改造资本主义生产方式,将社会引向更高的社会主义的新阶段。另一种是反省现代性。它从唯心史观出发,将问题归结为理性对于人性的禁锢,故主张反省18世纪以来日益增强的,借理性征服自然以追求效益最大化的价值取向,即所谓的现代性,更多关注包括情感、意志、直觉等在内的人的内心世界与精神家园。人们相信:"理性之归属于人性并未使人性更丰富,反而使它更贫乏。因为它忽视了人性中这个强有力的、有价值的感情的源泉。这种自发的非理性的人性的激发,有使人类的分裂停止的价值。"④ 如果说,俄国十月革命的爆发是前者的善果;那么,尼采疾呼"重新估定一切价值",则是非理性主义崛起最具影响力的宣言,而以柏格森为代表的"生命哲学"风行,更反映了反省现代性在欧战前后浸成了强劲的社会文化思潮。胡秋

---

① [美]马文·佩里:《西方文明史》下卷,胡万里等译,商务印书馆1993年版,第368页。

② 哈贝马斯语,[英]尼克·史蒂文森:《认识媒介文化》,王文斌译,商务印书馆2001年版,第86页。

③ [美]马文·佩里:《西方文明史》下卷,第454、368页。

④ 同上书,第481页。

原先生说:"柏格森主义代表对科学主义之反动,代表西洋文化之一种反省或自嘲。"① 这在艾恺则称之为"反现代化思潮"。他认为,源于启蒙运动的现代化,是全社会"朝向以役使自然为目标的系统化的理智运用过程";"反现代化"同样源自启蒙运动本身,则"是在腐蚀性的启蒙理性主义的猛烈进攻之下,针对历史衍生的诸般文化与道德价值所作的意识性防卫"。② 欧战促进了理性主义的瓦解,也促进了"世界范围内的反现代化思潮"的兴起。

"梁氏是一位感觉最灵敏的人。"③ 欧战甫起,他即表示"此次大战予我以至剧之激刺"④,并预见其对战后的世界与中国都将产生重大影响。所以,他提醒国人重视研究欧战,不容有隔岸观火之想,自己则于战起旬日后,即撰成《欧洲战役史论》一书,足见关注之切。1918 年年底,梁与友人张君劢等共七人启程对欧洲作长达一年的考察,张东荪特别致书张君劢说:"公等此行不可仅注视于和会上,宜广考察战后之精神上物质上一切变态。对于目前之国事不可太热心,对于较远之计画不可不熟虑。"⑤ 显然他们是有备而去,目的明确,集注于考察战后欧洲的变化。其间,梁启起等人不仅活跃于和会内外,且游历了英、法、德等七国,并与各国政要、学者广泛接触,尤其专程拜访了心仪已久的柏格森等人。梁启超身历其境,既目睹了战后欧洲的残破、动荡,也深深感受到了欧洲正发生的社会文化思潮的深刻变动,感触良多。他致梁仲策书说:"吾自觉吾之意境,日在酝酿发酵中,吾之灵府必将起一绝大之革命,惟革命产儿为何物,今尚在不可知之数耳。"⑥ 所谓酝酿中的"绝大之革命",实指对中西文化及其将来取向的新思考。后来他陆续发表的《欧游心影录》,系统而生动地记录了自己的心路历程。

但遗憾的是,由于预设了梁启超倒退的前提,人们对《欧游心影录》

---

① 胡秋原:《西方文化危机与二十世纪思潮》,台北,学术出版社 1981 年版,第 304 页。
② [美]艾恺:《世界范围内的反现代化思潮》,贵州人民出版社 1991 年版,第 5、15 页。
③ 郑振铎:《梁任公先生》,夏晓虹编:《追忆梁启超》,中国广播电视出版社 1997 年版,第 89 页。
④ 《饮冰室合集》专集之三十,第 1 页。
⑤ 丁文江、赵丰田编:《梁启超年谱长编》,第 893 页。
⑥ 同上书,第 881 页。

多有误读,往往以偏概全,仅举其中的两点以坐实其倒退与反科学:其一,"我们可爱的青年啊,立正,开步走!大海对岸那边有好几万万人,愁着物质文明破产,哀哀欲绝的喊救命,等着你来超拔他哩"。其二,"欧洲人做了一场科学万能的大梦,到如今却叫起科学破产来"。① 实则,梁启超富有浪漫的气质,前者固然反映了他的某种慰藉情绪,但从全文看,并不代表他对中西文化的见解。例如,他同时即指出:"现在欧洲人日日大声疾呼,说世界末日,说文明破产,不管他说的是否过当,就这一点忧危之心,便是他苏生的左券。""我对于欧洲,觉得他前途虽然是万难,却断不是堕落。至于分国观察,或者有一两国从此雄飞。"至于后者,他分明有"自注"强调:"读者切勿误会,因此菲薄科学,我绝不承认科学破产,不过也不承认科学万能罢了。"② 梁启超并无半点反对科学之意,这在下文还将谈到。但更重要的还在于,他提出"不承认科学万能"论,正传达了西方社会文化思潮变动的重要信息。所以,他还批评说:近代欧洲一些"唯物派的哲学家,托庇科学宇下建立一种纯质的、纯机械的人生观,把一切内部生活、外部生活,都归到物质运动的'必然法则'之下。这种法则,其实可以叫作一种变相的运命前定说。"既然人类的精神与物质一样,皆受必然法则支配,还有什么人类的自由意志、情感与道德可言?"果真这样,人生还有一毫意味,人类还有一毫价值吗"?精神家园的缺失,令人们陷入怀疑、沉闷和畏惧之中,"不知前途怎生是好"。同时,弱肉强食、劳资对立,直至欧战发生等,也"都是从这条路产生出来"。"现今思想界最大的危机,就在这一点。"不难看出,梁启超所批评的正是西方近代理性主义的弊端,所谓"科学万能之梦",实为"理性万能之梦",而艾恺则谓当称之为"现代化万能之梦"。必须重视的是,梁启超明确断言:欧人"科学万能"梦破,是"最近思潮变迁一个大关键";而强调直觉和"精神生活"的柏格森哲学等的兴起,复预示着欧洲"新文明再造之前途"。③ 这说明,梁启超深切地感悟到了欧洲战后社会文化思潮的变动,同时,也获得了一个新的思想支点:反省

---

① 《饮冰室合集》专集之二十三,第12、38页。
② 同上书,第22、18、12页。
③ 同上书,第11、12、15页。

现代性（艾恺称"反现代化"）。

应当说，梁启超游欧前对于上述西方社会文化思潮的变动已有所了解，这不仅是因为其好友张东荪、张君劢通晓西学，张君劢且是研究柏格森的专家，更重要的是《学灯》已有文倡导反省现代性的观点。例如，1918年9月30日《学灯》的《本栏之提倡》说："于原有文化，主张尊重，而以科学解剖之……于西方文化，主张以科学与哲学之调和而一并输入，排斥现在流行之浅薄科学论。"所谓"浅薄科学论"，显然是指西方流行的"科学主义"或称"科学万能"论。1919年3月15日该刊复有《读新青年杂志第六卷一号杂评》一文指出：只讲"德、赛"两先生是不够的，还当讲"费先生"（哲学）。欧战后西人想到了须请"费先生"出来，"讲个根本和平的办法。因为费先生是很可以帮助赛先生达他的目的，并且人类应该有一种高尚的生活，是全靠费先生创造的。总之，前数十年是赛先生专权的时代，现在是赛先生和费先生共和的时代。这是欧美一般赛先生和费先生的门生所公认的。何以贵志只拥护赛先生，而不提及费先生呢？"强调自然科学须与人文携手以实现高尚的生活，这正是西方反省现代性的基本观点。梁启超对此一定有所了解，唯其如此，才不难理解何以他游欧期间格外重视与柏格森的会面，且很快理解并接受了反省现代性。同时，尽管如上所述，在梁游欧前《学灯》等刊物对西方社会文化思潮的变动已有所反应，但将其具体生动地介绍到国内并引起广泛注意，仍要归功于梁启超《欧游心影录》的发表，尤其是他的"科学万能"论破灭的提法，集中鲜明，具有极大的尖锐性，它对虔诚崇拜西方文明的时人来说，确有惊世骇俗、振聋发聩的作用。胡适说："这三十年来，有一个名词在国内几乎做到了无上尊严的地位，无论懂与不懂的人，无论守旧和维新的人，都不敢公然对他表示轻视或戏侮的态度。那个名词就是'科学'……直到民国八九年间梁任公先生发表他的《欧游心影录》，科学方才在中国文字里正式受了'破产'的宣告。""梁先生的声望，梁先生那支'笔端常带感情'的健笔，都能使他的读者容易感受他的言论的影响。"[①] 若将此言作正面理解，便不难想象梁启超将西方反省现代性思潮引入国内，曾产生了多么大的反响。

---

① 《胡适文存》二集，卷2，上海亚东图书馆1921年版，第2、3、7页。

艾恺认为："梁的《欧游心影录》不过是他不断将西方思想对中国引介的事业的一个延长。"① 这一论断是深刻的。至此，我们可以这样说：梁启超思想转变的真正内涵，在于皈依反省现代性。这是他向西方追求真理事业的延续，而非叛逆。反省的本身就是理智的，谈不上情感压倒理智。因之，无论其间有怎样的误区，他的思想实趋于深刻。缘此考察归国后的梁启超与新文化运动，我们便有了一个新的视角。

二 新文化运动的骁将：求同存异

反省现代性的思潮既是现代社会的现象，便决定了它必然认同现代社会基本的原则；同时，它既反对现代性的普遍法则，推崇自由意志，同样也决定了它与传统及认同文化个性之间，存在着内在逻辑的统一性。所以艾恺在谈到"反现代化"思潮的缘起时指出，"不管这类作家的思想中相对性的观念有多深，就他们关于人类价值或对社会事实的解释而言，他们和启蒙思潮始终维持着一个共同的基底，认为全体人类在任何时代其终极目标——在实际上——是一致的"；同时，"从这个倾向出发遂产生了认为各个文化是个体性且独特的这个看法"。② 明白了这一点，便不难理解，从总体上看，梁启超这位"本身也是非常'现代'的人物"③，欧游归国后积极投入新文化运动，其与原来的新文化运动主持者间的关系是：求同存异。

所谓求同，就是认同新文化运动所彰显的以下几大原则：

其一，关注新青年，支持青年运动。

陈独秀等发起新文化运动，究其起点，就在寄希望于新青年。故其刊物取名《青年杂志》（后更名《新青年》），发刊辞则为《敬告青年》。李大钊的名文《青春》更是热情洋溢地歌颂青年与青春，期望青年人能以青春之我创造青春之中国。《新青年》的读者，主要也是青年人。五四

---

① ［美］艾恺：《世界范围内的反现代化思潮》，第141页。
② 同上书，第14、15页。
③ ［美］格里德：《胡适与中国的文艺复兴》，鲁奇译，江苏人民出版社1996年版，第135页。

运动是青年运动，正是经此之后，"新文化运动"一词才风行海内[①]，掀起了爱国反帝的洪波巨浪。在某种意义上可以说，对青年和五四运动的态度，实成为判分新旧的分水岭。当时正苦苦探索革命前途的孙中山很快即指出：这既是青年学生的爱国运动，也是一场新文化运动，它促进了中国思想界的空前变动，"实为最有价值之事"[②]。现在人们开始重新重视这样的事实：是梁启超最早将巴黎和会拟定将原德国在山东的权益全部让与日本的消息传回国内，并建议发动不签字运动以为抵制。林长民接电报后，急成"山东亡矣"新闻稿，于5月2日在《晨报》发表。是文立即激起了北京各大学学生的示威活动，五四运动缘是爆发。应当说，肯定梁启超参与推动了五四运动的发生，此一判断是合乎实际的。梁对五四青年运动深为感动，归国后撰文说："'五四运动'是民国史上值得特笔大书的一件事，因为它那热烈性和普遍性，的确是国民运动的标本……因为这种运动引起多数青年的自觉心，因此全思想界呈活气。""将来新社会的建设，靠的是这些人……所以我对于现在青年界的现象，觉得是纯然可以乐观的。"[③] 共赴国难的特殊经历，使得梁启超在情感上与青年进一步贴近，同时也就是与新文化运动进一步贴近了。

其二，民主与科学。

这是新文化运动公认的两大旗帜。游欧前，梁启超就是倡言民主的，归国之后，其说愈鲜明。他指出：法国的"人权宣言"，"为19世纪民权国家成立之总发动机"。自由、平等两大主义，则是"近代思潮总纲领"。辛亥革命的历史意义就在于促进了国人的两大自觉：一是"民族精神的自觉"，二是"民主精神的自觉"。中国要建立现代社会，教育首先须教国人"学做人——学做现代人"，"过德谟克拉西生活"。所谓现代人，最重要的是必须具备"德谟克拉西精神"。缺乏此种精神，不仅现代的社会

[①] 1920年10月，君实在《新文化之内容》一文中说："一年前，'新思想'之名词，颇为流行于吾国之一般社会，以其意义之广漠，内容之不易确定，颇惹起多方之疑惑辩难。迄于最近，则新思想三字，已鲜有人道及，而'新文化'之一语，乃代之而兴。以文化视思想，自较有意义可寻。"（《东方杂志》第17卷第19号，1920年10月）周策纵先生也指出："'新文化运动'这一名词，在1919年5月4日以后的半年内逐渐得以流行。"（《五四运动》，岳麓书社2001年版，第280页）

[②] 《孙中山选集》，人民出版社1981年版，第482页。

[③] 《饮冰室合集》文集之三十七，第51、9页。

与团体无法建立,"便连个人也决定活不成。今日中国最大的危险在此"。不过,他又肯定地说:"两三年来,德谟克拉西的信仰渐渐注入青年脑中,确是我们教育界唯一好现象。"① 梁启超同样大力倡导科学。他在《欧游心影录》中就已指出,"科学万能论"虽告破产,"但科学依然在他自己的范围内继续进步"。② 梁启超提醒国人不能"轻蔑"科学,要成为"科学国民"。③ 他肯定中国科学的初步进步,"完全是民国十年来的新气象"④。作为著名的中国科学社的董事,他曾应邀在年会上做题为《科学精神与东西文化》的讲演,其中说:欲救中国,"除了提倡科学精神外,没有第二剂良药了"。"我祝祷科学社能做到被国民信任的一位医生,我祝祷中国文化添入这有力的新成分,再放异彩!"⑤ 梁启超终其一生都在提倡科学,维护科学的权威。晚年他成为重大医疗事故的受害者,舆论哗然,以致有"科学杀人"的说法。但病中的梁启超仍发表文章,主动为科学辩护:"科学呢,本来是无涯的……我们不能因现代人科学智识还幼稚,便根本怀疑到科学这样东西。""我盼望社会上,别要借我这回病为口实,生出一种反动的怪论,为中国医学前途进步之障碍。"⑥ 由上可见,梁启超同样高揭民主与科学的大旗。

其三,精神解放,思想自由。

胡适将新思潮的意义归结为"重新估定一切价值"简明深刻。所谓"重新估定一切价值",其核心则在提倡精神解放,思想自由。故李大钊说:"现在是解放时代了!……但是我以为一切解放的基础,都在精神解放。"⑦ 梁启超对此深以为然。《欧游心影录》中专有"思想解放"一节,其中说:"要个性发展,必须从思想解放入手。"何谓思想解放?就是要有批判的精神,不盲从。"欧洲现代文化,不论物质方面,精神方面,都是从'自由批评'产生出来。"无论古今何样学说或出自何人,"总许人

---

① 《饮冰室合集》文集之五十,第7页;文集之二十三,第15页;文集之三十七,第2页;文集之三十八,第69、71、80页。
② 《饮冰室合集》专集之二十三,第20页。
③ 《饮冰室合集》专集之三十四,第79页。
④ 《饮冰室合集》文集之三十七,第8页。
⑤ 《饮冰室合集》文集之三十九,第9页。
⑥ 参见夏晓虹编《追忆梁启超》,第487页。
⑦ 《李大钊选集》,人民出版社1959年版,第309页。

凭自己见地所及，痛下批评"，批评未必尽当，却是开了个人与社会"思想解放的路"。千多年来中国学术所以衰落，进步所以停顿，究其原因，恰恰就在于缺乏这种自由的思想与批判的精神。"所以思想解放，只有好处，并无坏处。我苦口谆劝那些关心世道人心的大君子，不必反抗这个潮流罢。"① 同时，在梁启超看来，精神解放与思想自由有赖于中外广泛的文化交流，所以他又提出两个"绝对"："绝对的无限制尽量输入"与"绝对的自由研究"。② 这不仅在思想上，甚至在具体说法上，都与陈独秀、胡适诸人如出一辙了。

同时，受五四运动的启发，梁启超对文化运动与政治的关系也有了新的认识。他说："一年以来，国民运动之机运，句出萌达，而其运动方向，由政治方面逆掾于文化方面，根柢渐臻沈厚，而精神亦渐归健实。此诚极可喜之现象也。"由是，他认为政治固然重要，但中国的现状又决定了不宜轻言政治，须从文化运动入手，"而次乃及于政治"。③ 在另一处，他更进一步提出"思想革命"的先导意义："同人确信中国民族之不振由于思想不进与制度不良，而不良制度尤为不良之思想所维持，故以为非先思想革命不能颠覆制度。"④ 这与陈独秀诸人的认识，实际上也是一致的。

唯其如此，在归国前，梁启超即与众人商定了"拟为文化运动"⑤。同时，有两点值得注意：一是梁等于1920年3月初归抵上海，5月22日《学灯》即刊出《学灯之光》，说："一年来之文化运动，其最著之成绩，莫过于换新国人之头脑，转移国人之视线，由此，而自动之精神出焉，而组织之能力启焉，而营团体生活之兴趣浓焉，而求新知识之欲望富焉。此不得不对于提倡新文化诸人加敬礼也。"⑥ 二是在梁启超归国前，他与原研究系诸人所办的刊物取向虽与新文化运动基本一致，但并不乐意被

---

① 《饮冰室合集》专集之二十三，第25、26、27页。
② 《讲学社欢迎罗素之盛会》，1920年11月10日《晨报》，第3版。
③ 《饮冰室合集》文集之三十六，第12、18页。
④ 李华兴、吴嘉勋编：《梁启超选集》，第746页。
⑤ 丁文江、赵丰田编：《梁启超年谱长编》，第896页。
⑥ 中共中央马克思、恩格斯、列宁、斯大林著作编译局研究室编：《五四时期期刊介绍》第3集下册，生活·读书·新知三联书店1979年版，第499页。

人目为新派，与后者混为一谈。《学灯》曾有"启事"，声明"不妄助新派攻击旧派，而对于新派所持之主义加以研究，然亦不作无价值之调和论"①。这不啻将自己列为新旧派外的第三派了。归国后则不同，梁启超明确宣布："培养新人才，宣传新文化，开拓新政治，既为吾辈今后所公共祈向，现在即当实行著手"②；其《"改造"发刊词》更开宗明义地写道："本刊所鼓吹，在使文化运动向实际的方面进行。"③ 当仁不让，已是俨然以新文化运动的导师自居了。从开诚布公向陈独秀诸人表达敬意，到明确承诺推动新文化运动发展的责任，说明归国后的梁启超是如何以新的姿态，积极地投入了新文化运动。

梁启超归国后很快成立了推进新文化的机构：共学社与讲学社。1920年3月4日，梁启超归抵上海，当天即向商务印书馆负责人张元济提出"拟集同志数人，译辑新书，铸造全国青年之思想"④，获支持。17日共学社便告成立。为凑足经费，他将新著《欧游心影录》的稿费全部捐出。共学社译辑新书成就最大，印行的《共学社丛书》分时代、科学、经济、哲学、文学、史学等共17种。最先推出的是《共学社马克思主义研究丛书》，1920年出了其中第一本陈溥贤译考茨基著《马克思经济学》。《共学社丛书》共86册，大部分在1920—1922年出版。此外，共学社提倡图书馆事业和鼓励读书，在北京建立松坡图书馆，内附"读书俱乐部"，梁自任馆长；同时，还资助了一批青年出国留学。同年9月讲学社成立，其宗旨是聘请国外著名学者来华讲学，计划每年请一位。它先后共聘请了四位学者：美国的杜威、英国的罗素、德国的杜里舒、印度的泰戈尔。其中杜威在讲学社成立前，应北京大学邀请来华已一年多，第二年改由前者续聘。原本还拟请哲学家柏格森、倭铿，经济学家凯恩斯、自由主义者霍柏生，皆未果。但已有四人因其讲学时间长（除泰戈尔外，都长达一年以上）、媒体报道充分、演讲复多结集出版，故先后都激起了强烈的反响，影响甚大。

---

① 1919年4月23日，"本栏启事"，《五四时期期刊介绍》第3集上册，第276页。
② 丁文江、赵丰田编：《梁启超年谱长编》，第909页。
③ 李华兴、吴嘉勋编：《梁启超选集》，第746页。
④ 丁文江、赵丰田编：《梁启超年谱长编》，第904页。

从总体上看，共学社与讲学社上述活动有两个特点：一是注重学界合作。共学社的发起人除梁启超及其好友蒋百里、张君劢等人外，还包括蔡元培、张元济等。讲学社的董事会也网罗了北京大学的蔡元培、蒋梦麟，南开大学的严修、张伯苓，东南大学的郭秉文等。参加四学者接待工作的，不仅有胡适、赵元任、徐志摩等人，梁启超还专门提议请陈独秀参加。① 二是兼容并蓄。共学社丛书涵盖内容广泛，除译介唯心论的著作外，对克鲁泡特金的互助论、基尔特社会主义、无政府主义、马克思主义等各种思潮也均有介绍；聘请的四位著名学者国别不同，思想主张各异，得失互见；派出的留学生，既有赴德国的，也有到苏联的，有的还成了马克思主义者。② 这与梁启超的思想主张是一致的。他在讲学社欢迎罗素的会上致辞说："我们对于中国的文化运动，向来主张'绝对的无限制尽量输入'。因为现在全世界已到改造的气运，在这种气运里头，自然是要经过怀疑的试验的时代。"所以学派纷出，有所见也有所蔽，并无绝对的好与坏。"为中国现在计，说是那种绝对的适宜，那种绝对的不适宜，谁也不能下这个断语。"但"现在正当我们学问饥饿的时候，对于追求真理的心事，异常迫切"，所以"只有一个方法，就是绝对的自由研究"。这样从"表面上看来，所走的方向或者不同，结果总是对于文化的全体，得一种进步"。③ 长期以来有一种观点认为，梁启超这些活动是在为守旧势力张目。现在有的论者虽不赞成此说，但却又提出，因梁启超等人的政治与学术背景，由他们出面接待这些学者，"自然也带来了消极的影响，至少，这样一种安排阻止了罗素和陈独秀、李大钊等中国最激进的政治、学术领袖的交往"④。这只是一种仅凭想象的诛心之论。张朋园先生说，"共学社所发生的影响并不是单一的"，"论共学社译书所发生的影响，不能以一派的好恶而下断语"。⑤ 这持平之论同样适用于讲学社，但仍需加一句：共学社与讲学社推动中外文化交流，不仅适应了"五四"后思想解放的潮流，而且开近代延请国外学者来华讲学的先河。

---

① 丁文江、赵丰田编：《梁启超年谱长编》，第 920 页。
② 参见张朋园《梁启超与民国政治》，第 158 页。
③ 《讲学社欢迎罗素之盛会》，1920 年 11 月 10 日《晨报》，第 3 版。
④ 冯崇义：《罗素与中国》，生活·读书·新知三联书店 1994 年版，第 102 页。
⑤ 张朋园：《梁启超与民国政治》，第 158、156 页。

与此同时，梁启超对麾下的刊物也做了调整，如《时事新报》扩版，《解放与改造》杂志改名《改造》，体裁与内容都有所改进，以突出宣传新文化。《学灯》并发表"启事"称："新体诗歌及其他艺术上之创作，均极欢迎。"① 此外，"晨报副镌在五四以来的新文化运动中扮演了相当重要的角色，对于新思想、新知识介绍之积极，不在新青年之下"②。梁启超本人也毅然改用白话文写作，他的《欧游心影录》在南北报刊长时间连载，影响甚大，用的就是白话文。他不仅自己用新式标点，尝试写新诗，还鼓励年轻人写新诗。③ 1919年年初，当胡适得知主持《国民公报》的蓝公武改写白话文时，曾兴奋不已，专门致书后者说："我看了先生的白话文章，心里非常喜欢，新文学的运动从此又添了一个有力的机关报了。"④ 如果我们注意到这一点，那么我们就不难想象，其时梁启超这位老资格的思想家积极投身新文化运动定然产生了多么大的影响。

　　梁启超实已成为新文化运动的一员骁将。然而，梁启超终究缘游欧获致了反省现代性的新的思想支点，故其对于新文化运动的思考，较原有的主持者自然转进一层。梁启超不主张苟同，这便是立异。

　　1920年7月初，蒋百里致书梁启超，建议即将出版的《改造》杂志创刊号主题"拟用新文化运动问题"，指出"新文化问题虽空泛，然震以为确有几种好处：现在批评精神根于自觉，吾辈对于文化运动本身可批评，是一种自觉的反省，正是标明吾辈旗帜，是向深刻一方向走的（文字上用诱导语气亦不致招人议论）"。梁启超回复说："第一期中坚题原议为'新文化我观'，细思略嫌空泛，且主张各不同，易招误会，似宜改择一近于具体之题……"⑤ 这说明，梁虽高揭新文化运动的旗帜，但确有自己不同的思考；为避免误解和争论，主动改易题目，又显示其具有顾全大局的心胸。

　　周策纵先生认为，五四运动时期的中国，"可被视为'重新估定一切

---

① 《学灯启事》之六，《五四时期期刊介绍》第3集下册，第504页。
② 张朋园：《梁启超与民国政治》，第287页。
③ 参看刘海粟《忆梁启超先生》，夏晓虹编：《追忆梁启超》，第293页。
④ 耿云志、欧阳哲生编：《胡适书信集》（上），北京大学出版社1996年版，第201页。
⑤ 《梁启超年谱长编》，第911、912、917页。

价值'的时代"①。这固然是对的,但需指出两点:一是语境的重要。在欧洲,尼采的这句名言是批判理性主义的宣言书,而胡适引以概括新思潮的意义,无疑是要彰显其反传统的锋芒。二是见仁见智,此言内涵具有不确定性。1920年4月,一位名叫包世杰的基督徒致书《新青年》,对胡适用"重新估定一切价值"概括新思潮的意义提出质疑:圣公会汉口主教在年会上说,今后基督徒可以"重新研究圣经",不必拘泥陈说,"因为世界已经变了,基督教要大进步"。他的意思是"教人重新评定圣经教义的真价值"。但是尼采反对基督教,创造德国式的伦理主义,不也是教人重新评价道德的真价值吗?"他们的用意,一个是要刷新基督教,一个是要打破基督教,虽然是绝然不同,但是要起一种新文化的精神,真是一样的。不过一是要真基督的,一个是要德国的,这是大大不同。"②这位基督徒的困惑,正反映了这一点。可以说,梁启超的存异,主要不在于他对文言文与白话文、旧文学与新文学间的关系等具体的见解仍有所保留,而在于对"重新估定一切价值"这一"新文化的精神"的理解与把握,与胡适等人不尽相同。

胡适在《新思潮的意义》中列举了诸如孔教、旧文学、贞节、旧戏、女子问题等,作为必须加以重新估定价值的事例,但于西方的思想应持何种评判的态度,却一字未提。在梁启超看来,"重新估定一切价值"的评判态度,同样也应当适用于西方的学说,不能盲从。他说,思想解放必须彻底,"中国旧思想的束缚固然不受,西洋新思想的束缚也是不受"。"须知现在我们所谓新思想,在欧洲许多已成陈旧,被人驳得个水流花落,就算他果然很新,也不能说'新'便是'真'呀。"③ 这自然首先是指西方普遍的理性主义。所以,尽管批评"科学万能"论受到误解,但他在有名的"科学与玄学"论战中,仍然坚持自己的观点,认为"人类生活,固然离不了理智;但不能说理智包括尽人类生活的全部内容"④,人类还有极重要的情感世界"是超科学"的。是时,陈独秀、胡适诸人

---

① 周策纵:《五四运动史》,第255页。
② 《基督教问题》,《新青年》第7卷第5号,1920年4月。
③ 《饮冰室合集》专集之二十三,第27页。
④ 《饮冰室合集》文集之四十,第26页。

努力维护科学权威固然是对的,但他们于理性主义的弊端,却缺乏自觉。相反,他们不仅误解梁启超批评"科学万能"论是反科学,而且还在坚持此种实为"科学主义",即"理性万能"论的错误观点。例如,胡适说,自己的"新信仰"与吴稚晖一样,正是张君劢所谓的"机械主义",或梁启超所说的"纯物质的纯机械的人生",相信人类情感、思想、意志等精神活动都不过是"质力相应"而已。① 陈独秀也声言,所争就是要"证明科学万能"②。

反省现代性与文化民族主义是相通的。在原发现代性的西方先进国家,其反省现代性与民族国家和民族主义无特殊的关涉,但在德意志、意大利等争取民族独立的欧洲后进国家则不同。"是故,19世纪欧洲文化民族主义思想和后来亚洲文化民族主义思想间惊人的类似也就理所当然且不可避免了。"③ 欧战前后正是中国民族主义与文化民族主义空前高涨的时期④,曾亲身参与推动五四运动爆发的梁启超,无论是从文化民族主义的情结出发,还是反省现代性,都不可能接受全盘否定中国固有文化的观点。所以,他赞成"重新估定一切价值",以追求思想解放,但同时又强调这并不应该逻辑地等同于全盘否定中国文化。他说:"现代有些学者却最不愿意听人说中国从前有什么学问,看见有表章中国先辈的话,便说是'妖言惑众'。这也矫枉过正了。中国人既不是野蛮民族,自然在全人类学术史有他相当的位置,我们虽然不可妄自尊大,又何必自己遭塌自己到一钱不值呢?"⑤ 他主张对儒家学说要做重新估价,坏的固然要去掉,好的却是要继承。他不赞成全盘西化,他说美国固然有许多长处,但是中国人即使全部将它移植过来,使中国"纯粹变成了一个东方的美国,慢讲没有这种可能,即能,我不知道诸君怎样,我是不愿的。因为倘若果然如此,那真是罗素所说的,把这有特质的民族,变成了丑化"⑥。所以,他极力主张对本国文化要心存敬意,先借助西洋的方法研究它,

---

① 《〈科学与人生观〉序》,《科学与人生观》,上海亚东图书馆1923年编印。
② 同上。
③ [美]艾恺:《世界范围内的反现代化思潮》,第33页。
④ 参看拙文《论近代中国的文化民族主义》,《历史研究》1995年第5期。
⑤ 《饮冰室合集》文集之四十一,第4页。
⑥ 同上书,第10页。

形成新文化，再去助益世界文化的发展。这与陈、胡诸人激烈反传统形成了鲜明对照，不仅成一家之言，且基本取向也是对的。

梁启超的存异无疑有自己的合理性，但在其具体展开的过程中，却不免存在误区。其一，他看到了欧洲理性主义的弊端，强调人类的终极关怀和精神家园的意义是对的；但他同时信从了非理性主义思潮，过分夸大了直觉、情感与意志的独立性与作用，并从中引申出物质文明靠西方，精神文明还得靠东方的印度与中国非理性的结论，难免虚骄情结。① 其二，梁启超由欧战所暴露的西方文明的弊端，进而反省中国学习西方所以无成的原因，初衷也是对的，但引出的教训却是：欧洲不仅久处病态之中，且其固有基础与中国不同，"故中国不能效法"，当改弦更张。② 这给人的印象，似乎是放弃初衷，归于文化自足，不再主张学习西方了。

实则，梁启超时常强调要着力培养"国人自觉心"，避免虚骄与盲目的爱国论。上述误区的出现，说明梁启超思想存在自身的矛盾性。重要的是怎样看待这个问题。蒋百里曾如前引说："现在批评精神根于自觉，吾辈对于文化运动本身可批评，是一种自觉的反省，正是标明吾辈旗帜，是向深刻一方向走的。"梁启超的求异，反映了他对新文化运动的自觉反省，确有他深刻的一面，但由于对战后欧洲社会文化思潮变动缺乏科学的把握和中国文化问题自身的复杂性，其思考出现某些失误，并不足奇。应将此期梁启超的思想作整体把握。一些论者只看到梁启超存异，未能见其求同；于存异中，又只看到误区，却未能见其合理性的存在，以偏概全，断言游欧后的梁启超复归传统，与新文化运动背道而驰，并不符合历史实际。③

梁启超是自负的，他在谈到"五四"前后中国进入了新的时代时，写道："社会上的事物，一张一弛，乃其常态。从甲午、戊戌到辛亥，多少仁人志士，实在是闹得疲筋力倦，中间自然会产生一时的惰力。尤为可惜的，是许多为主义而奋斗的人物，都做了时代的牺牲死去了。后起

---

① 李华兴、吴嘉勋编：《梁启超选集》，第819页。
② 同上书，第738、740页。
③ 艾恺既肯定以梁启超为代表的"民初的反现代化思想，其不但不保守，进取的精神反而很明显"，却又说游欧后的梁启超"对采用西方文化的可欲性这个问题似乎彻底改变了主意"，实陷于自相矛盾。见《世界范围内的反现代化思潮》"前言"及第141页。

的人，一时接不上气来，所以中间这一段，倒变成了黯然无色。但我想这时代也过去了，从前的指导人物，象是已经喘过一口气，从新觉悟，从新奋斗，后方的战斗力，更是一天比一天加厚。在这种形势之下，当然有一番新气象出来。"① 这里所说的"从新觉悟，从新奋斗"的"从前的指导人物"，显然是指梁启超自己，或至少包括他自己在内。也就是说，梁自认是新文化运动老当益壮的主将之一，他大概也绝不会承认自己是复归传统的落伍者。

三　殊途同归：归趋"整理国故运动"

新文化运动于"五四"后虽获得了迅速发展，但其思想取向愈趋驳杂。"正如久壅的水闸，一旦开放，旁流杂出，虽是喷沫鸣溅，究不曾自定出流的方向。"② 社会主义的讨论虽引起了无限兴趣，但犹如雾中观花，其"改造的方案，则于一般人的意想中尚欠明了"③。与此同时，新文化运动也日趋分裂，"五四"后不久在李大钊与胡适间发生的"问题与主义"之争，是其重要的表征。所以，梁启超归国时看到的新文化运动，既是蓬勃发舒，又缺乏核心的规范。

梁启超虽非好的政治家，但作为老牌的政治家和研究系首领，长期的政治实践毕竟养成了他注重队伍组织与努力掌控局面的传统、思维方式，或称领袖欲。所以，尽管归国后决心皈依文化运动，但其具体的运作方式仍带上了浓重的政治意味。陶菊隐说："梁启超由欧洲回国后，有将研究系改组为党的愿望，丁文江、张君劢两人极为赞成，想以胡适之为桥梁，打通北大路线，表面上不拥戴一个党魁，暗中则以梁与蔡元培为其领导人；并打算以文化运动为政治运动的前驱。由于张东荪反对党教合一，此议遂被搁置……他抱此雄心大志，是因风靡一时的新文化运动，尚缺少一个中心机构，他想贾起清末民初的余勇，再来大显身手。

---

① 李华兴、吴嘉勋编：《梁启超选集》，第837页。
② 瞿秋白：《饿乡纪程》，蔡尚思主编：《中国现代思想史资料简编》第1卷，浙江人民出版社1982年版，第657页。
③ 《李大钊选集》，人民出版社1959年版，第428页。

后来壮志未酬，也就是二少爷失恋的必然结果。"① 梁启超似乎也并不隐晦自己的雄心大志，归国当年，他在谈到文化运动与政治运动的互动关系时说，不承认自己是"研究系阴谋家"，但"我觉'我'应该做的事，是恢复我二十几岁时候的勇气，做个学者生涯的政论家"②。从梁启超与好友多次磋商看，其布局的构想大致是：（1）凝聚核心力量。梁启超说："今日之事，须练有劲旅乃能作战。吾辈须以奋斗中坚队自认。"③ 这在舒新城则称之为"灯心"较"油"更重要，"而造灯心又以自己人作灯心为不二法门"④。在梁的眼里，蒋百里、张君劢、张东荪、舒新城等人，就是构成"灯心"的核心力量。（2）占几所大学为据点。梁启超既转向教育，并认定以"培养新人才、宣传新文化、开拓新政治"为宗旨，自然在强调了《时事新报》等刊物重要性的同时，就格外重视大学的作用。除了已接办的中国公学之外，他积极创造条件，希望自己与蒋百里诸人能够在清华大学、南开大学、东南大学等高校谋得教职，举办讲座，逐渐经营，占为据点。所以梁与蒋百里等书说："要之清华、南开两处必须收作吾辈之关中河内，吾一年来费力于此，似尚不虚，深可喜也。"⑤ 舒新城致梁书讲得更透彻：若能张东荪等掌中国公学，张君劢、徐志摩在南开讲演，公及蒋百里往南京尤其是东南大学讲座，"如此鼎足而三，举足可以左右中国文化，五年后吾党将遍中国，岂再如今日之长此无人也"⑥。（3）"协同动作"。梁启超认为，凡涉国民运动，都不能仅有指导者而无众人互助协作。因之，与各方"协同动作"是重要的策略。⑦ 实际上，他建立共学社、讲学社以及希图打通北大路线，都可以看作"协同动作"策略的运用。这与《新青年》同仁强调"完全是彼此思想投契的结合"，"思想不投契了，尽可以宣告退席"⑧，此种只看重思想共鸣，而不赞成思想与行动统一的纯学者模式，显然不可同日而语。

---

① 陶菊隐：《蒋百里传》，中华书局1985年版，第51、52页。
② 《饮冰室合集》文集之三十七，第59页。
③ 丁文江、赵丰田编：《梁启超年谱长编》，第985页。
④ 同上书，第942页。
⑤ 同上书，第943页。
⑥ 同上书，第942页。
⑦ 《饮冰室合集》文集之三十七，第47页。
⑧ 刘思源等编：《钱玄同文集》第6卷，中国人民大学出版社1999年版，第97页。

梁启超的上述构想最终虽然并未实现，但其试图推进新文化运动的理路，却是值得重视的。时北京大学是五四运动的大本营，蔡元培作为校长，德高望重，是新文化运动的保护神。梁启超想打通北大路线和借重蔡元培，是很自然的；但他首先"想以胡适之为桥梁"，却又耐人寻味。1923年，邓中夏曾将当时的中国思想界分为三派：以梁启超为首的东方文化派，以陈独秀为首的唯物史观派，以胡适为首的科学方法派。他认为，前者代表封建思想，是新的反动派；后两者分别代表劳资阶级思想，都属科学派。他说："现在中国思想界的形势，后两派是结成战线，一致向前一派进攻，痛击。"① 这是激进的年轻人情绪化的判断，全然不对；即将胡适与梁启超看成势不两立，同样不足信。实则，梁、胡交谊并不一般。

胡适自谓，青年时代即对梁启超十分敬仰，读其《新民说》《中国学术思想变迁之大势》等许多笔端常带感情的雄文，深受启发，从而也引导自己立志走上学术研究的道路。他说："我个人受了梁先生无穷的恩惠。"② 1918年年底，胡适登门拜谒请益，梁启超不仅对其《墨家哲学》深表嘉许，且出示自己收集的墨学材料，以为助益。这是二人第一次见面，也是交谊的起点。周传儒说："梁与丁文江、林宰平感情最好……五四运动以后，梁与胡适也很要好，互相影响。"1920年3月，胡适的《尝试集》出版，适逢梁启超游欧初归，与梁"感情最好"复被胡视为"人生难得的'益友'"的丁文江，选诗集中"朋友篇"里的几句请梁写一扇面，再送给胡，让后者深为感动。③ 这既反映了梁对新诗的支持，也反映了他对胡的友谊。同年底，梁用一周时间完成名著《清代学术概论》一书，他曾谈到，本书缘起是胡适的建议，"归即嘱稿"。胡适先看过初稿并提出了修改意见。梁复致书胡，请作文批评："关于此问题资料，公所知当比我尤多，见解亦必多独到处，极欲得公一长函为之批评（亦以此要求百里），既以裨益我，且使读者增一层兴味。"④ 从此，二人的学术

---

① 邓中夏：《中国现在的思想界》，《中国现代思想史资料简编》第2卷，第175页。
② 胡适：《四十自述》，转引自夏晓虹编《追忆梁启超》，第210页。
③ 周传儒：《回忆梁启超先生》，夏晓虹编：《追忆梁启超》，第380页；胡颂平：《胡适之先生年谱长编初稿》第2册，台北，联经出版事业公司1984年版，第400页。
④ 丁文江、赵丰田编：《梁启超年谱长编》，第922页。

交往愈加密切。梁成《墨经校释》，请胡作序；胡成《墨辩新诂》，则请梁批评。彼此意见相左，复书信往返驳难。1922 年 3 月，胡适邀梁启超到北京大学哲学社作《评胡适之〈中国哲学史大纲〉》长篇演讲，后者批评"措辞犀利，极不客气"；前者随堂听讲，最后答辩，反驳有力而不失风度。[1] 这些已成学界佳话。同时，二人也相互切磋新诗创作。例如，梁启超曾致书胡适说：他的一些新诗写得"绝妙，可算'自由词'"，但有些诗作若能适当注意用韵，"则更妙矣"。自然，"这是个人感觉如此，不知对不对"。"我虽不敢说无韵的诗绝对不能成立，但终觉其不能移我情。韵固不必拘定什么《佩文斋诗韵》、《词林正韵》等，但取用普通话念去，合腔便好。句中插韵固然更好，但句末总须有韵……我总盼望新诗在这种形式下发展。"[2] 在新文化运动中，关于新旧诗的争论十分激烈，但梁、胡却能将之视为学术问题，作心平气和的讨论，二人关系之融洽，于此可见一斑。

此外，梁启超与胡适在公益活动与日常生活中，也多所合作与往来。在讲学社接待杜威、罗素等国外学者中的合作已如上述，他们还在中国科学社、国际联盟同志会、中华教育改进社等团体分别任职，共事与合作。1924 年 1 月，梁启超发起召开"戴东原生日三百年纪念会"，胡适专程从上海赶来参加，以示支持。在日常生活中，二人过往甚密。梁启超致书友人说，新撰成《陶渊明年谱》，"胡适之来此数日，极激赏此作"。[3] 刘海粟也回忆说，在北京松树胡同徐志摩家，常能同时碰见梁启超与胡适二人。[4] 都说明了这一点。1928 年梁有与胡书说："自公欧游归后，道路间隔，迄未得一促膝握手，商量旧学，相思与日俱积，想复同之耳。"[5] 1929 年梁去世，胡适参加追悼会，"也忍不住堕泪了"[6]。次日日记写道："任公为人最和蔼可爱，全无城府，一团孩子气。人家说他是

---

[1] 陈雪屏：《用几件具体的事例追怀适之先生》，台北，《传记文学》第 28 卷第 5 期，1976 年 5 月。
[2] 丁文江、赵丰田编：《梁启超年谱长编》，第 1044、1045 页。
[3] 同上书，第 991 页。
[4] 周传儒：《回忆梁启超先生》，见夏晓虹编《追忆梁启超》。
[5] 丁文江、赵丰田编：《梁启超年谱长编》，第 1180 页。
[6] 胡颂平：《胡适之先生年谱长编初稿》第 3 册，第 776 页。

阴谋家，真是恰得其反。""近年他对我很好，可惜我近来没机会多同他谈谈。"① 足见二人友谊一直保持到了最后。

梁启超与胡适所以能保持交谊，除共同的学术兴趣外，在政治上的趋同，显然也是一个重要原因。人所共知，胡适反对马克思主义与社会主义，梁启超同样如此。他说"我们须知，拿孔孟程朱的话当金科玉律，说他神圣不可侵犯，固是不该；拿马克思、易卜生的话当做金科玉律，说他们神圣不可侵犯，难道又是该的吗！"他虽肯定"社会主义自然是现代最有价值的学说"②，对俄国革命也表示过好感，但在《复张东荪书论社会主义运动》长文中，最终仍借口国情特殊论，反对中国行社会主义。说到底，胡适是个自由主义者，此期的梁启超同样也是一位自由主义者。③

由此可见，梁启超想借重胡适，打通北大路线，同样是合乎逻辑的。但是，二者的交谊显然引起了多疑的陈独秀的怀疑，进而加剧了《新青年》编辑部的分裂。1921年年初胡适致陈独秀书写道：

> 你真是一个鲁莽的人！……何以竟深信外间那种绝对无稽的谣言！……你难道不知我们在北京也时时刻刻在敌人包围之中？你难道不知道他们办共学社是在《世界丛书》之后，他们改造《改造》是有意的？他们拉出他们的领袖来"讲学"——讲中国哲学史——是专对我的？（他在清华的讲义无处不是寻我的瑕疵的。他用我的书之处，从不说一声；他有可以驳我的地方，决不放过！但此事我倒很欢迎，因为他这样做去，于我无害而且总有点进益的。）你难道不知他们现在已收回从前主张白话诗文的主张？（任公有一篇大驳白话诗的文章，尚未发表，曾把稿子给我看，我逐条驳了，送还他，告诉他，"这些问题我们这三年中都讨论过了，我很不愿他来'旧事重提'，势必又引起我们许多无谓的笔墨官司！"他才不发表了。）你难

---

① 《胡适的日记》（1929年1月20日），转引自夏晓虹编《追忆梁启超》，第433、434页。
② 《饮冰室合集》专集之二十三，第27、32页。
③ 张朋园先生认为："任公在从政时期是一个主观独断的国家主义者，退而在野时则恢复了客观进步的自由主义。"（张朋园：《梁启超与民国政治》，第303页）

道不知延聘罗素、倭铿等人的历史？（我曾宣言，若倭铿来，他每有一次演说，我们当有一次驳论。）①

　　这里所谓的"谣言"，自然是指有关梁启超研究系拉拢胡适的传说。为了让陈独秀放心，胡适极力表白，有意夸大其词，将梁启超诸人说成是"敌人"，并将本当肯定的学术驳难，都说成了彼此交恶，势不两立的证明。这固然可以理解，但实际上也并无多少说服力。例如，关于白话诗的问题。1920年10月18日，梁启超有书致胡适，在约请他撰文批评《清代学术概论》的同时，也说道："超对于白话诗问题，稍有意见，顷正作一文，二三日内可成，亦欲与公上下共议论。对于公之《学史纲》，欲批评者甚多，稍闲当鼓勇致公一长函。"② 梁启超是坦诚的，在主动约请批评的同时，也事先打招呼，表示于对方的某些学术观点也将愿意有所讨论。而胡适同样是大度的，如上所述，他干脆请梁去北大作演讲。至于他能成功说服梁放弃发表批评白话诗的文章，不仅说明了后者通情达理和顾全大局，更说明了二者关系之融洽。陈独秀不可能不明白这一点。事实上，自1920年5月1日《新青年》出版了7卷6号，即"劳动节纪念号"，标志着该杂志及其主编正式转向了科学社会主义起，《新青年》编辑部同仁的分裂就成无可避免之事。胡适对此十分不满，他说"今《新青年》差不多变成了SOVIET RUSSIA汉译本"③。到胡适写此信之时，胡、陈二人的思想对立已无可调和。所以，问题不在于"谣言"，是时研究系实已解体，梁启超也自非搞阴谋之人，而在于陈、胡二人思想主张之严重分歧。所以，还是钱玄同致鲁迅与周作人信的分析更具尖锐性：

　　　　初不料陈、胡二公已到短兵相接的时候……至于仲甫疑心适之受了贤人系的运动，甚至谓北大已入贤掌之中，这是他神经过敏之谓，可以存而不论……试作三段式曰：研究系不谈共产；胡适之和北京大学亦不谈共产；故胡适之和北京大学是投降了研究系。这话

---

① 《胡适书信集》（上），第262页。
② 丁文江、赵丰田编：《梁启超年谱长编》，第922页。
③ 《胡适书信集》（上），第265页。

通吗?①

钱玄同以自己特有的幽默,点明了陈独秀所以怀疑胡适,根本原因端在后者"不谈共产"即反对马克思主义,这是他的尖锐之处。但是,形式逻辑自身的缺陷,也决定了钱玄同"这话通吗"的设问还远未回答实质的问题:胡适与梁启超都反对马克思主义,固然不能说谁一定投降了谁,但从新文化运动分裂的趋势看,二者是不是正在趋同呢?事实的回答是肯定的。

1919年7月,胡适、李大钊关于"问题与主义"之争,固然是新文化运动分裂的表征,但就胡适而言,进一步明确而系统地提出自己关于新文化运动未来发展方向的具体主张,却是在同年11月发表的《新思潮的意义》一文。他在文中提出:"研究问题,输入学理,整理国故,再造文明。"这是其时关于"整理国故"思想的第一次,也是最为系统的理论阐述。他强调说:"这是我对于新思潮运动的解释。这是我对于新思潮将来趋向的希望。"②由是,统一的新文化运动公开分道扬镳,归趋两个方向:一是遵循马克思主义,实行社会革命;二是"整理国故运动"。迨1923年1月胡适代表北大国学门发表《〈国学季刊〉发刊宣言》,进一步提出"研究国学的方针"③,"整理国故运动"不仅形成了中心机构,且业已浸成了浩大的声势。是时黄日葵就已看出了其中的分际,他说:"一种倾向是代表哲学文学一方面,另一种倾向是代表政治社会的问题方面。"前者隐然以胡适为首领,后者则隐然以陈独秀为首领。"前派渐渐倾向于国故整理运动……陈独秀先生的一派,现在在做实际的社会革命运动。"④胡秋原也回忆说,"民国十年以后,'整理国故'之风大起"⑤。

---

① 刘思源等编:《钱玄同文集》第6卷,第15、16页。

② 《胡适文存》一集,卷4,第160、163、151页。

③ 《胡适文存》二集,卷1,第11页。

④ 《在中国近代思想史演进中的北大》,《北京大学廿五周年纪念刊》,北大出版部1923年印行,第48、49页。

⑤ 胡秋原:《评介"五四运动史"》,周阳山编:《五四与中国》,台北,时报文化出版企业有限公司1988年版,第249页。

胡适倡导的"整理国故运动",与梁启超的理想暗合。陶菊隐说:"梁对欧洲文艺复兴曾倾倒备至,想高举这面大旗,在中国大干一场,其理想中之目标有二:一为整理国学,一为灌输西方新思想及新科学,融合二者来确定中国的文化路线。"① 梁启超肯定"整理国故",他说:"整理国故,我们是认为急务。"② 他认为,中国的历史典籍犹如蕴藏丰富的矿产资源,从前都用土法开采,采不出什么来,"今日若能用科学方法重新整理,便像机器采掘一样,定能辟出种种新境界,而且对于全人类文化,有很大的贡献"③。他所谓的"科学方法",就是"外来新文化""西法""洋货"。强调用西方科学方法重新整理国故,以开辟新境界,助益世界文化,这与胡适的"研究问题,输入学理,整理国故,再造文明",岂非异曲同工?诚然,二人对于中西文化评判的态度有很大的不同,梁启超反省现代性,不赞成"西化",强调学习西方与继承传统同等重要。胡适则强调现代性,不仅主张"西化",而且坚持"'西化'也就是'科学化'、'民主化'"。④ 所以他猛烈抨击传统,强调整理国故不是为了"挤香水",而是为了"打鬼",发现"国渣",以证明"古文化不过如此",等等。但是,胡适既提出"整理国故,再造文明",逻辑上就是肯定了中国传统文化有自己的价值,它将成为"再造文明"即发展新文化的基础。事实上他也曾这样说:"若要知道什么是国粹,什么是国渣,先须要用评判的态度,科学的精神,去做一番整理国故的工夫。""发明一个字的古义,与发现一颗恒星,都是一大功绩。""我们对于国学的前途,不但不抱悲观,并且还抱无穷的乐观。"⑤ 有趣的是,蔡元培径直将胡适"整理国故"的成绩,当成了旧有文化自有价值的证明:"我们既然认旧的亦是文明,要在他里面寻出与现代科学精神不相冲突的,非不可能。"只是要借西洋科学精神"来整理中国的旧学,才能发生一种新义。如墨子之名学,不是曾经研究西洋名学的胡适君,不能看得十分透彻,就是

---

① 陶菊隐:《蒋百里传》,第51、52页。
② 《饮冰室合集》文集之三十九,第114页。
③ 《饮冰室合集》文集之三十八,第5页。
④ 唐德刚:《胡适杂忆》,华文出版社1992年版,第82页。
⑤ 《胡适文存》卷4,第163页;卷2,第286页;《胡适文存》二集,卷1,第27页。

证据"①。所以,可以说,胡适与梁启超在"整理国故"这一点上,殊途同归。

需要指出的是,梁启超虽属长者,对胡适学术功力却由衷钦佩,"不仅欣赏胡适的批判方法,而且还把他视为一位富有洞察力的中国思想遗产的阐释者"②。他在《清代学术概论》中甚至将胡适与章太炎并论:"樾弟子有章炳麟,智过其师……而绩溪诸胡之后有胡适者,亦用清儒方法治学,有正统派遗风。"③他对胡适的《中国哲学史大纲》虽有批评,但同时也强调,这不减损本书的价值:"这书处处表现出著作人的个性。他那锐敏的观察力、缜密的组织力、大胆的创造力,都是'不废江河万古流'的。"④是时,梁启超开风气之先的时代毕竟已经过去⑤,梁胡二人已是互相影响,但梁显然更多地受到了胡的影响。"胡适考证《山海经》,梁也感趣味。梁作戴东原百年纪念,也受胡适影响。胡适主张白话文,梁也用白话文写作。"⑥就是梁的名作《清代学术概论》不也是在胡的建议下写成的吗?所以,梁启超认同由胡适揭橥大纛的"整理国故运动"也是很自然的,尽管其中不免争胜。1920—1923年,梁启超除了风尘仆仆南北讲学之外,还出版了《清代学术概论》《先秦政治思想史》《中国历史研究法》等一系列重要的学术论著,有力地扩大了"整理国故运动"的声势。吴稚晖说:"他(梁启超)受了胡适之《中国哲学史大纲》的影响,忽发什么整理国故的兴会,先做什么《清代学术概论》,什么《中国历史研究法》,还要得。"⑦钱玄同在挽词中更称誉梁启超:"革新思想的先觉,整理国故之大师。"⑧

---

① 高叔平编:《蔡元培全集》第3卷,中华书局1984年版,第350页。
② 格里德:《胡适与中国的文艺复兴》,第135页。
③ 《饮冰室合集》专集之三十四,第6页。
④ 《饮冰室合集》文集之三十八,第51页。
⑤ 梁漱溟的《纪念梁任公先生》认为,民国后"早已不是他(梁启超)的时代了。再进到五四运动以后,他反而要随着那时代潮流走了"。1920年后他积极投入新文化运动,"完全是受蔡元培先生在北京大学开出来的新风气所影响"。参见夏晓虹编《追忆梁启超》,第259页。
⑥ 周传儒:《回忆梁启超先生》,夏晓虹编:《追忆梁启超》,第380页。
⑦ 《箴洋八股化之理学》,《科学与人生观》,第308页。
⑧ 刘思源等编:《钱玄同文集》第2卷,第328页。

"整理国故运动"是新文化运动在学术文化领域的深化与发展。[①] 梁启超归趋"整理国故运动",既是其游欧归来初衷使然,同时,也有助于进一步彰显新文化运动这一新的取向。

四 结语

对中西方来说,欧战前后都是一个"重新估定一切价值"的重要时代。在西方,俄国十月革命的爆发与反省现代性思潮的崛起,可以看成是西人从不同取向反省社会文化危机所导致的结果。在中国的情况更形复杂。"当中国人希图抛弃自己传统而采用西方文化之时,又发现西方人怀疑乃至反对自己的文化。中国人处于'二重文化危机之中'。"[②] 故国人的"重新估定一切价值",便有了两个向度:既要反省传统文化,也须反省西方文化。李大钊诸人转向马克思主义与梁启超等人转向反省现代性,既反映了战后西方社会文化思潮变动对中国的深刻影响,同时也说明了新文化运动在"五四"后发展到新阶段,它已具有愈加宏富的内涵。

梁启超看到了西方现代性的弊端,但并未忽视中西方的时代落差,即中国首先需要建立现代的社会。他试图将二者结合起来,即在推进中国现代化的同时,避免西方业已出现的弊端。所以,游欧归国后他一面积极投入了新文化运动,成为一员骁将;同时,复坚持求同存异,从而有助于进一步拓展时人的思维空间。梁启超不仅强调对西方的思想也要"重新估定一切价值",以求国人对迷信西方的解放,而且明确提出了"科学万能"论不足训,将西方反省现代性的视角有力地引入了中国。随后发生的"科学与玄学"的激烈论战,"焦点可以归结为工具理性和价值理性的冲突,决定论与自由意志的是非,以及实证主义与人文主义的分歧"[③]。长期以来,人们多将之误解成是一场"科学与反科学"之争,实

[①] 参见卢毅《"整理国故运动"与中国现代学术转型》,博士学位论文,北京师范大学,2002年。
[②] 胡秋原:《评介"五四运动史"》,周阳山编:《五四与中国》,第247页。
[③] 刘钝、方在庆:《"两种文化":"冷战"坚冰何时打破?》,《中华读书报》2002年2月6日,第24版。

则，它为西方于19世纪末突显的"两种文化"[①]对立在中国的延伸。科学史专家刘钝说："'科玄论战'是中国近代思想史上第一次高水平的理论交锋，对于巩固新文化运动的胜利果实和塑造更具前瞻性的文化形态具有重大意义，可惜由于意识形态的介入和政治局面的动荡，后一目标未能实现。"[②] 所谓"塑造更具前瞻性的文化形态"，显然应包括拒绝"科学万能"论即科学主义在内的自觉。此一目标虽未实现，但梁启超所力申的反对"科学万能"论观点，至少已被当时包括中国科学社社长任鸿隽在内的一些人所认同。[③] 如果我们正视"科学与玄学"之争在近代思想史上的重要地位，那么梁启超助益深化新文化运动的历史作用，同样是不应当低估的。

欧战及俄国十月革命的爆发，是世界历史由近代转入现代的重要标志。不过，从文化史的角度看则又可以说，在欧战后的世界，"西方文化中心"论根本动摇，开始了东西方文化对话的新时代。[④] 游欧归国的梁启超要求重新审视传统文化，并非简单的虚骄心态使然，而当看作对世界文化变动的一种积极感悟。梁启超自清末起力倡西学，但始终不赞成全盘否定本国文化传统。例如，1896年他在《西学书目表后序》中说："要之，舍西学而言中学者，其中学必为无用；舍中学而言西学者，其西学必为无本。"1902年在《新民说》中又说："新之义有二：一曰，淬厉其所本有而新之；二曰，采补其所本无而新之。二者缺一，时乃无功。"[⑤] 在此期的梁启超看来，欧战既以如此尖锐的形式暴露了西方文明的弱点，国人审视中西文化的传统视角就应当有所调整，由过去一味崇拜西方，转变为自觉借助西方的科学精神与方法，重新估价与整理固有文化，发展民族新文化，才可能对世界文化发展做出中国人的贡献。这实际上也

[①] 1959年英国学者斯诺提出的重要命题。他认为：科学家与人文学者关于文化的基本理念和价值判断经常处于互相对立的位置，彼此鄙视，而不能尝试理解对方的立场。这一现象被称为"斯诺命题"。参见斯诺《两种文化》，纪树立译，生活·读书·新知三联书店1994年版。

[②] 刘钝、方在庆：《"两种文化"："冷战"坚冰何时打破?》，《中华读书报》2002年2月6日，第24版。

[③] 参见任鸿隽《人生观的科学或科学的人生观》，《任鸿隽文存》，上海科技教育出版社2002年版，第303页。

[④] 参看拙文《论欧战后中国社会文化思潮的变动》，《近代史研究》1997年第3期。

[⑤] 李华兴、吴嘉勋编：《梁启超选集》，第38、211页。

是当时包括杜威、罗素、蔡元培在内的许多中外有识之士的一种共识。蔡元培说：传统文化与现代科学精神并非不能相容。"东西文化交通的机会已经到了。我们只要大家肯尽力就好。"① 所以，从形式上看，梁启超前后期皆中西兼顾，主张"一面爱重国粹，一面仍欢受新学"②，但重心有不同：前期重在倡西学批判中学，后期则主借助西学发展中国的新文化。在这里，他赖以思想转换的价值观与方法论，从根本上说，仍是来源于现代西方，即反省现代性。因之，"回归传统"的提法，若是指梁由重在倡言西学，转而重在倡导继承与发展传统，则无不对；若是指所谓"情感压倒了理智"，或抵拒西学和新文化运动的守旧倒退，则全然是一种误解。经历了现代性与反省现代性的双重洗礼的梁启超，其眼中的传统及其价值已非原来的意义。

五四运动既是一场反帝爱国运动，也是一场深刻的思想解放运动。毛泽东在谈到五四运动时说："帝国主义的侵略打破了中国人学西方的迷梦。很奇怪，为什么先生老是侵略学生呢？"中国人向西方学了不少东西，但行不通，理想总不能实现，国家每况愈下。于是，"怀疑产生了，增长了，发展了"。受十月革命启发，先进的中国人终于找到马克思主义的唯物史观，"作为观察国家命运的工具，重新考虑自己的问题。走俄国人的路——这就是结论"。从此，"中国人在精神上就由被动转入主动"。③ 耐人寻味的是，梁启超也谈到了自己游欧归国时，在精神上同样曾经历了某种由消极到积极、由被动到主动的变化。1923 年 3 月 10 日，即归国后第五天，梁启超即在中国公学发表演讲，说：游欧最大收获是在精神上发生的变化，"即将悲观之观念完全扫清是已。因此精神得以振作，换言之，即将暮气一扫而空"。中国效法西方既然无成，就当求变计，"对于中国不必悲观"，"吾人当将固有国民性发挥光大之，即当以消极变为积极是已"。④ 这样看来，时人思想解放的表现有两种情况：毛泽东所描绘的是第一种，即以李大钊为代表的激进民主主义者，认原先所

---

① 高平叔编：《蔡元培全集》第 3 卷，第 52 页。
② 《饮冰室合集》文集之三十三，第 30 页。
③ 《毛泽东选集》第 4 卷，人民出版社 1991 年版，第 1470、1471、1516 页。
④ 李华兴、吴嘉勋编：《梁启超选集》，第 738、740 页。

崇拜的法兰西文明已成明日黄花，转而接受马克思主义，走俄国人的路，从事社会革命；以梁启超所代表的是第二种，接受西方反省现代性的观点，转而借重西洋科学的思想与方法，从事国故整理，求具体发展中国新文化。二者选择中国未来走向的路径不同，缘此产生的历史影响也不可同日而语，固不待言；但其共同点，却不容轻忽：二者都是缘于国人"学西方的迷梦"的破灭、"怀疑"的增长和"重新考虑自己问题"。所以，他们不同程度上又同样都是反映了战后国人的觉醒，却是必须看到的。"总之从此以后，中国改换了方向"①：从政治上看，前者推动中国由旧民主主义革命向新民主主义革命转换，这是人所共知的；从学术文化上看，后者归趋"整理国故运动"，推动了中国学术由传统向现代的转型，则是近年才逐渐被学界认同的事实。胡适直到晚年仍感遗憾，以为是五四运动打断了新文化运动的正常发展，"它把一个文化运动转变成一个政治运动"②。这自然是不对的。但它再一次从反面有力印证了我们上述的观点："五四"后新文化运动的发展归趋两个方向：以马克思主义为指导的社会革命，体现新文化运动在学术文化领域进一步深化的"整理国故运动"。因之，我们可以说：在新文化运动期间，梁启超不仅与时俱进，且秉持反省现代性的信念，归趋"整理国故"，仍不失自己独立的地位。固然，他与胡适一样，评判传统皆难免有误，但这应由具体的历史条件去说明。

---

① 《毛泽东选集》第4卷，第1514页。
② 唐德刚译注：《胡适口述自传》，华东师范大学出版社1983年版，第183页。

士绅构成要素的变异与乡村权力*

——以 20 世纪三四十年代的晋西北、晋中为例

王先明

国际学术界对于传统中国社会的认识经历了从皇权研究到绅权研究,并从士绅研究到地方精英研究的转变。这一转变当然标志着研究领域的不断深入和扩展的过程,同时也标志着研究视角和理念的演变。已有的研究成果关注着在传统与近代社会结构变迁过程中,士绅阶层与地方精英的时代性差异,认为"士绅虽然生活在地方社会,但是他们的活动在国家场域。地方精英研究关注的是帝国末期,而且是在国家政权以保甲制渗入并分解传统的村庄共同体社会之后,相对于前一时期来说是一个较混乱无序的时期,针对的是地方社会中起实际作用的人物……关注的是地方场域"。所以表面上看来,二者虽然都是"乡居"的权势力量,但实际上"这是两个不同的对象,并非是同一对象在不同时期的延续……乱世的地方精英并非完全由治世的士绅转变而来"[①]。不同于传统时代,民国时期的乡村社会权力是由地方精英而非士绅支配。"地方精英是在地方舞台上(指县级以下)施加支配的任何个人和家族,这些精英往往比士绅的范围广泛得多,也更具有异质性,既包括持有功名的士绅,也包

---

* 本文原载《近代史研究》2005 年第 2 期。
① 李培林等:《20 世纪的中国学术与社会》(社会学卷),山东人民出版社 2001 年版,第 88 页。

括韦伯论述过的地方长老,此外还有各种所谓职能性精英,如晚清的士绅—商人,商人,士绅—经纪,以及民国时代的教育家、军事精英、资本家、土匪首领。"①"他们的场域是'地方舞台',他们的首要特征是在地方发挥着实际的支配作用。"②

然而,清末民初的历史演变进程,即使在乡村社会层面也并非是地方精英替代士绅的历史运动。事实上,"地方精英"这个移植的话语并不足以反映近代中国社会变动的内容,也不为乡村社会所接纳——"地方精英"只是研究者借用西方话语的一个研究表达,而不是乡村社会的存在实体表达。乡村社会仍旧认定这些作用于社区的人物属于"士绅",尽管他们是不同于传统时代的士绅。因此,力求揭示其时代特性的话语可以是"劣绅""豪绅""土劣"或"正绅""开明士绅"等,但这仍是以士绅为中心语义的表达。当然,它却告知我们,民国时代士绅的构成要素已有所变异,并由此获得了不同以往的内容和特征。这一特征不仅仅与士绅的定义相关,而且也在一定程度上揭示着社会结构的时代特性。

一

以"地方精英"来涵盖晚近中国基层社会的权势阶层或权威力量,成为近来学界颇为流行的话语。这一话语的出现其实也是"西学"强势影响的结果,尽管"西方人认为社会精英只是在西方最近的开放型社会中才开始出现并且壮大起来的……精英人物确实具有权威(不是权力)"③。马克斯·韦伯认为,"阶级分层依据他们对于产品和物质获取的关系,而阶层分层是依据代表其生活方式的物质消费原则"④,但"精英"理论并不是对于社会结构分层主体存在的表达,它是基于社会运行机制的描述。这一概念本与现代社会科层结构相融合,指的是社会制度

---

① 李猛:《从士绅到地方精英》,《中国书评》总第5期,1995年。

② 李培林等:《20世纪的中国学术与社会》(社会学卷),第88页。

③ [美]吉尔伯特·罗兹曼主编:《中国的现代化》,"比较现代化"课题组译,江苏人民出版社1995年版,第118页。

④ 参见 Berth Berberoglu, *Class Structure and Social Transformation*, Greenword Publishing-Group, 1994, p. 7。

管理的社会力量，即"管理精英"。美国社会学家米尔斯（C. Wright Mills）的《权力结构》一书被认为是运用精英理论研究社会结构的一个范例，但他的"精英"指的是居于社会统治地位的权力集团，按其在美国历史上所起作用的历史演进分别为"政治精英"（早期历史）、"经济精英"（1886年后）、"军事精英"（第二次世界大战后）。有时，米尔斯等也称为"政治精英"（political elite）和"社会精英"（social elite）。因为他们认为"既定的社会是由少数精英分子组织的政治机制（apparatus），控制这一机制的是精英，而不是阶级结构决定社会运动的性质和社会变迁"①，所以，精英确切所指是少数高智能的人们，他们居于社会上层，拥有较高的个人素质并运用大量社会和政治权力，以此与大众相区分。米尔斯和所谓"社区权力"（community-power）派的学者所使用的"权力精英"（power elite）一词，暗示了在公司和政府身居高位的人们之间，具有高度的协调和一套共同的利益。②而最早运用"精英"概念的帕累托（Vilfredo Pareto）所建构的社会分析系统是"两极三层"结构："精英"——由统治精英和非统治精英构成（a governing elite and a non-governing elite）与"非精英"（the non-elite）。③因此，这样一个相对宽泛的概念不是对社会结构体系中某一阶层或阶级定位的精确指称，而是基于社会控制体系中对社会成员地位的一个模糊性描述。它的意义，相当于中国传统社会中"劳心者治人，劳力者治于人"的分类，因此有些西方学者也径直将"精英"（elite）表述为"治者"（the ruling class），非精英即"大众"（the masses）表述为"被治者"（the class that is ruled）。④精英与大众作为一对范畴，完全类同于中国传统文化中"治人者"与"治于人者"的含义，而不具有相对明确的社会阶层或一般社会分层的意义。

以具有西方社会历史情境意义的概念为原型在中国寻找对应或对比，"固然可以发现原本忽略的历史事实或对其做出新的解释，但不可否认的

---

① 参见 Berth Berberoglu, *Class Structure and Social Transformation*, p. 9。
② 朱岑楼主编:《社会学辞典》，"elites"，五南图书出版公司1991年版，第289页。
③ Vilfredo Pareto, *The Mind and Society: A Treaties on General Sociology*, New York: Dover Publications, Inc., 1963, pp. 1423–1424.
④ 参见 Berth Berberoglu, *Class Structure and Social Transformation*, p. 7。

是，其对中国社会解释的有效性是有限的"①，且容易导致对与"范型"相关现象的强调以至"过度阐释"，而忽略对中国近代乡村社会的本土性特征的深度把握。所以，"精英"话语在中国近代史中的运用，很难清晰地表达出研究的目标，而常常陷入表达的复杂化之中。"一般而言，'精英'和'大众'是指一对在经济地位、文化和权力上互不相同的社群。他们之间的各种联系又将其组合在一个比上述概念更为复杂的社会系统之中。美国学者费士彬提出晚期中华帝国阶层划分的三个标准：教育、法权和经济地位，认为这些阶层的两极分别是受过良好教育、具有特权并处于主导地位的精英和目不识丁、处于依附地位的普通人；在这两极之间则是受过一点教育但程度各异的人群。这三种群体又可以细分为九种不同的文化集团。"②将这样一个本是随着工业化时代以后或在科层化社会中出现的西方社群的表达，用于喻指民国时期的中国乡村社会阶层，显然是西化学者的理论素养和经验所致，它与中国乡村社会权力或权威阶层的实体特征相去较远。

其一，在乡村社会结构里，士绅仍然是社会普遍认同的权势阶层，它所具有的社会性、文化性特征根本不能被"地方精英"概念所取代。"村庄中有许多人尽管不担任公职，但是从某种意义上说，他们在公共事务和社区生活中的影响可能比官方领导大得多，虽然不太公开。他们实际上是受人尊敬的非官方领导，其中最主要的是村中的长者，给全村提供特别服务的人和学校教师，可以说，这些人构成了村庄的绅士。"③刘大鹏《退想斋日记》对于民国时期晋中村落社会记述较多，认为乡村权力阶层仍然以士绅为中心，"身为绅士而……不思为地方除害，俾

---

① 张百庆：《吸毒与卖淫——近代中国市民社会一瞥》，《二十一世纪》（网络版），2004年2月号，第23期。

② 转引自王笛《大众文化研究与近代中国社会——对近年美国有关研究的述评》，《历史研究》1999年第5期。孔飞力在研究晚清时期以地方精英为核心的团练、地方武装的活动以及由此引起的社会结构的变化时，使用了"名流"（偶尔也用"绅士"）这一社群概念，并区分了"全国性名流""省区名流"和"地方名流"，认为后者在乡村和集镇社会中行使着不可忽视的权力。[美]孔飞力：《中华帝国晚期的叛乱及其敌人》，谢亮生等译，中国社会科学出版社1990年版，第3—4页。

③ 杨懋春：《一个中国村庄——山东台头》，张雄等译，江苏人民出版社2001年版，第176页。

乡村人民受其福利，乃竟藉势为恶，媚官殃民，欺贫诂富，则不得为公正绅士矣。民国以来凡为绅士者非劣衿败商，即痞棍恶徒以充，若辈毫无地方观念，亦无国计民生之思想，故媚官殃民之事到处皆然"①。尽管在这里"正绅"和"劣绅"道德指向十分突出，但作为地方权力实体的"士绅"表达却是无可置疑的。山西省档案馆所藏《名人传略》记载了晋西北"地主士绅传记"，"晋西北各县地主士绅题名"，"兴县的地主士绅"，"宁武区的地主士绅"，"一九四一年前临县十个地主富农"，"岢岚区五个名人"等内容，比较集中地指明了士绅阶层对于乡村权力和社会生活的支配性影响。资料尤其揭示了文水县地方权力被"城派士绅"和"乡派士绅"分割及两派士绅冲突和变动的状况，表明杜凝瑞作为"县里第一位大绅士"，不仅影响着县长的去留，而且对县域政治的影响至关重要："文水地方士绅先后辈出，大半是经他提拔起来的。"②

"士绅阶层是晋身政治权力结构的阶层，由于取得了经济、社会与政治利益，其地位甚为巩固。"③ 晚清时期的士绅们是政府在地方上的代理人，胡林翼说："自寇乱以来，地方公事，官不能离绅士而有为。"④ 同时，"士绅阶层又是人民的保护者与地方官吏权力的挑战者"⑤。就对乡村公共权力的控制情况而言，民国士绅与传统士绅的区别并不明显，"他们虽无直接的政治权力，但却扮演着两种不同的社会角色"⑥。绅士是掌控县域地方组织的领袖，各种公团或团防局、保卫局，"在事实上，多是土豪劣绅、不法地主的武力"⑦。所以，地方权力集团唯"士绅"是赖，这

---

① 刘大鹏遗著，乔志强标注：《退想斋日记》，1926年4月24日，山西人民出版社1990年版，第322页。

② 《名人传略》，山西省档案馆藏，A—22—1—4—1，第14—15页。以下不另注藏所及档号。

③ Fei Hiao-tung, "Peasantry and Gentry", in Bendix & Lipse (eds.), *Class, Status and Powers*, New York: 1953, pp. 635–636.

④ 《胡文忠公遗集》卷86，上海著易堂光绪十四年铅印本，第33页。

⑤ 苏云峰：《中国现代化的区域研究（1860—1916）——湖北省》，台北，"中研院"近代史研究所1981年版，第80页。

⑥ Fei Hiao-tung, "Peasantry and Gentry", in Bendix & Lipset (eds.), *Class, Status and Powers*, p. 641.

⑦ 《乡村自卫问题决议案》，《湖南历史资料》1980年第2期，湖南人民出版社1980年版。

仍是民国时期乡村社会的实况。可以说，士绅作为一个特定权势力量或特殊社会阶层的称谓和传统文化资源的熟语，仍为社会普遍认同；而所谓"地方精英"则疏离于乡村社会存在，只是学者们自己设定的一个话语。

其二，"士绅"概念具有相对明确的阶层指称，其内在规定性使其与其他社会阶层显相区别。由于制度变迁（科举制度以及政治制度）的强制性所引发的社会变迁，致使民国乡村士绅的来源有所变异，但它所具有的阶层特征仍然十分明显，并以此区别于其他社会阶层。山西《名人传略》档案资料虽然列出的是有影响的地方人士，但仍然从身份上将士绅与地主、富农、商人分别标示，提示着我们不能简单地将士绅混同于"地方精英"。也许，从内涵和外延的类同性上看，"地方精英"更多地与"地方名人"概念接近（《名人传略》包含的成员有地主、富农、商人甚至名妓）。在乡村社会结构中，无论是从习惯性权威还是从体制性权威上而言，士绅的身份和地位都不是其他阶层所可比拟，尽管其他阶层的成员也可以占据公权位置。毛泽东在20世纪30年代所作的《兴国调查》，对当地控制公堂的乡村权力力量进行分析时，也特别指明了这一社会存在特征："本区（公堂）多数把持在劣绅手里。这种劣绅，大半家里有些田，但不够食，所以不是富农也不是地主，他是劣绅。因不够食，所以要把持公堂，从中剥削。一乡、二乡及四乡的公堂，劣绅管的占十分之六，富农管的占十分之四。第三乡，民国以前，劣绅管的最多，因为那时公堂要有功名的才能管得。民国以后，富农管的最多，与一、二、四乡恰好相反，十分之六是富农管，十分之四是劣绅管。"[①] 显然，民国乡村社会变动使得富农也挤入"公堂"管理层，但终也不曾动摇士绅的地位，而且在毛泽东的论述中也认同士绅是与地主、富农不同类的一个特定社会阶层。

"地方精英"作为一个超阶层的涵盖广泛的概念，包括了地方官吏、学者名流、社团领袖、地方武装头面人物、大商人、大地主甚至富农等庞杂的群体，不足以形成相对明确的指属范围。因此，它并不具有替代"士绅"概念的作用和意义。

---

① 毛泽东：《农村调查》，解放社1949年版，第27页。

其三，民国"士绅"就其实体而言，确实与传统士绅已有所不同，其基于"士"的身份性和社会权威性特征已渐弱化。这体现着清末民初社会结构变动的一般趋势和特征。晋西北《名人传略》所载士绅传略表明其实体结构十分复杂，"士"的身份并不是唯一的要素（详见下文）。在晋中村落社会里，出身于科举功名的乡绅刘大鹏也评论说："民国之绅士多系钻营奔竞之绅士，非是劣衿、土棍，即为败商、村蠹，而够绅士之资格者各县皆寥寥无几，即现在之绅士，多为县长之走狗。"[①] 其实这与杨懋春所研究的山东台头村的士绅具有同样特征。"构成台头村非官方领导的'乡绅'"主要构成成分为："商人，经奋斗获得成功；教师，一个文化权威代表；儒生，并成为新式村学校教师。"作为乡村权势阶层的士绅，"以前和现在一样，领导资格是一种看不见摸不着的东西，但渐渐与某些特征相关——年龄、财富、学识"[②]。显然，士绅构成要素的多元性已是一个超越区域性的共趋性问题。

当然，整个结构只有在各种群体或阶级的功能中才能观察得到，士绅的特征及其功能也是在社会结构的关联性中才得以充分体现。周荣德对于民国云南乡村社会的研究，从社会结构层面上彰显了士绅阶层的地位："在昆阳县城的东门外有一块由'昆阳的官绅民众'竖立的巨大的纪念石牌（1935年）。官绅和民众确是当地人们自己公认的社会阶层，虽然阶层的划分从来没有凝固成世袭的、明确而无流动的界限。"[③] 然而，"作为一个阶层性的群体，士绅不是组织严密布局完整的社会群体。他们之间的关系是个人的……士绅阶层包含了各种不同的社会关系的网络……虽然士绅内部也分层次和派系，他们却构成一个共同行动所需要的紧密团结的合作群体"[④]。所以，作为士绅阶层的同质性（将在下文中进一步详述）特征，是无法通过"地方精英"的社群概念加以充分揭示的。

---

① 刘大鹏：《退想斋日记》，1926年8月14日，第336页。
② 杨懋春：《一个中国村庄——山东台头》，第177—179页。
③ 周荣德：《中国社会的阶层与流动——一个社区中士绅身份的研究》，学林出版社2000年版，第55页。
④ 同上书，第159页。

在官、绅、民社会—权力结构中,社会分层仍然是传统的,这是士绅阶层依然保持其传统地位和角色的前提,它从深层意义上体现着社会结构的凝固性和基层社会结构的传统性。士绅话语包括明确的结构主体指称,它具有结构系统中明确的地位;而"地方精英"则仅有喻指性,相关的结构地位并不明确。

虽然晚清以来科举制的消亡和等级制的衰退导致"士绅"中"士"的身份显趋弱化,但"士绅"仍然是乡村社区成员、官方文献乃至共产党基层政权(《名人传略》即是晋西北根据地政权整理的资料)对地方权势阶层一致认同的称谓。因此,无论是基于中国社会历史传统还是基于民国乡村社会存在实况,"士绅"这一话语所包含的历史价值和认知意义,都不是"地方精英"的话语所能替代。要真正理解近代中国乡村社会的历史变动,问题的本质在于如何充分揭示地方权势阶层内在结构变动的时代内容,而不是简单地移植一个现代西方话语。

二

现代化进程中社会结构的分化是一个必然趋势。彼特·布劳认为,社会成员的特征如果按照类别参数如职业、住地、工作地、声望、权力等来分类,它们就被定义为群体;如果按照等级参数来分类,它们就被定义为地位。[1] 但无论依据何种参数,传统的身份等级体系和"士农工商"社会结构,显然已不存在,至少是不完全存在于民国社会。那么,作为乡村社会权力阶层的"士绅"的构成要素是什么?这是理解社会结构和权力结构特征的前提。

近代社会与传统社会之不同,一个显性特征是财富取向取代身份等级取向。财富对于个人社会地位的影响至关重要,以至于晚清以来"绅商""商董"集团的形成足以打破传统社会"士农工商"结构体系。20世纪之初《大公报》的言论已经理直气壮地宣告:"士农工商,四大营业

---

[1] P. M. Blau and O. D. Duncan, *The American Occupational Structure*, New York: Wiley, 1967, pp. 36-37.

者，皆平等也，无轻重贵贱之殊。"① 这与"古有四民，商居其末"② 的等级地位结构有着时代性差别。商人地位的攀升和晚清商会、商部的成立，已经在一定程度上体现着财产取向在社会结构变动中的特征，这使得士绅与富商原本清晰的界限变得十分含混。萧邦奇对于浙江地方精英的研究表明，到20世纪初，内核区域绅士或许大多都有商业利益。"当绅士逐渐卷入商务领域后，富商无论有无顶戴（身份），都可依凭功名之士履行绅士的功能……传统社会分界变得模糊不清，在语源学上表现为19世纪末20世纪初'绅商'的命名。"③ 因商而绅或由绅而商的社会流动，使得财富与功名共同成为社会结构重构的重要因素。

不过，这一趋势更多地存在于近代化程度较高的城镇或具有商业化传统的社区里，而在乡村社会仍然缺乏实质性变动。"辛亥鼎革以还，在政治上层虽不无改造，但于社会基层组织上，殊少革新之处……而前此里甲人员之旧势力，则仍无不到处存在，到处发酵，半公半私性质之图正（无锡）、乡董、庄首（河南）、村役、练总、村长（河北）、都总、甲首（湖南）、社老……一如故我。"④ 那么，在民国乡村士绅的构成要素中财产因素居于什么地位呢？这是认识这一权势阶层必须考察的内容之一。

晋西北《名人传略》中所载兴县"八十三个地主士绅分析"的内容，对于"县域名人"财产状况有较详记载，其中土地占有情况如表1。

表1显示占地500亩以上者为53户，占表列总户数的69%。虽然晋西北土地质量较低，以山地为主，产量不高，但其以土地占有为标志的财富也是相当惊人的。不过，资料题名为"地主士绅"，是将两个不同属性的社会群体合并在一起的，那么，土地与地主和士绅的相关性完全相同吗？这要做具体的分析。这份资料中，明确指明士绅身份者有8人，情况见表2。

---

① 《贵业贱业说》，《大公报》1902年11月20日，第1版。
② 郑观应：《商战》，夏东元编：《郑观应集》（上），上海人民出版社1982年版，第593页。
③ R. Keithschoppa, *Chinese Elites and Political Change: Zhejiang Province in the Early Twentieth Century*, Harvard University Press, 1982, p.60.
④ 江士杰：《里甲制度考略》，商务印书馆1942年版，第65页。

表1　　　　　　　　　83户地主士绅土地占有情况

土地占有等级	土地占有实数	%	户数	%
100—199亩	180亩	0.2	1	1.3
200—499亩	6980亩	7.2	22	29.0
500—999亩	18270亩	19.0	23	30.3
1000亩以上	71022亩	73.6	30	39.4
合计	96452亩	100	76	100

资料来源:《名人传略》,第34页。83个地主士绅中有7个为土地占有情况"不明"者。

表2　　　　　　　　　8户士绅土地占有情况

姓名	士绅身份及经历	土地占有	其他财产	从业和地位	家庭情况
刘雨畬	城派士绅	百余垧	商店四五处	商会会长	7口人
王海龙	有名士绅	90余垧	作坊2处	当过村长	6口人
温献增	士绅,前清秀才	300余垧	不明	业医、省议员	不明
温启明	乡派士绅,大学	200余垧	住院2处	中学校长	6口人
樊学迟	前清秀才	183垧	住院11处	高利贷者、村长	不明
李绍荣	秀才,乡派士绅	约千垧	商店	高利贷者	5口人
康顶元	秀才	430垧	不明	当过村长	13口人
孙理	士绅	500余垧	经营牛、羊群	不明	不明

资料来源:《名人传略》,第25页。

说明:山地以垧计,每垧亩数在各地不同,多以5亩为1垧。

表2表明,这些士绅占有土地虽基本都在百垧以上,然当地土地产量"一垧仅抵他县一亩",故以土地生产能力计,超过500亩(垧)者仅2人。但这份资料未能将地主与士绅的身份完全区分,所能说明的问题十分有限。不过,临县的资料却将地主(7人)与士绅(6人)两个阶层分别标明,这有助于我们的进一步分析(见表3)。

表3的对比十分鲜明,地主大都拥有千亩左右的土地,而士绅拥有土地基本都在三四十亩。

表3　　　　　　山西临县13户士绅与地主之土地等财产的对比

	姓名	土地（亩）	其他财产		姓名	土地（亩）	其他财产
士绅	郭俊选	45	窑房14间 水磨1座	地主	乔文斌	1588	窑23眼
	郭树棠	71	房15间		乔芝旺	788	窑11眼
	范沚如	20—30	不详		郭效业	600—700	窑5眼 房10间
	丁璧法	不详	不详		王修善	1500	不详
	郭缙绅	20余	不详		王志书	1500	窑房30余间
	杜凝瑞	30余	不详		*武攀魁	5400	钱庄、商店、木料厂多处
	孙良臣	百余垧	房1所				

资料来源：《名人传略》，第6页。

*表示系地主兼士绅者。

"有钱的不尽是土豪劣绅，但是'为富不仁'的古语也是最切实的。豪绅的成因与方式，中国南北有些不同。在山东、河南、江苏的江北以及安徽的皖北一带，所谓村长的势力很大……江南、皖南、浙西和浙东的沿海一部分、福建的闽北，大多数退隐的官吏军官富商等在乡村中占有很大的势力……豪绅处于官厅与民众的中间，一手拉住官厅，一手压住民众。"① 显然，就是在民国时期的乡村社会里，仅凭土地财产也不能直接跻身于士绅阶层。即使拥有巨额土地的武攀魁也是"出身于城市中产阶级，以经商收入为主"，以经商所得"而购置土地……形成交城第一个大地主"的。然后他由于"花钱运动当过省议员"，"因为有钱的缘故，在地方上趋炎附势者日多，社会地位遂以提高，成为当地大士绅之一"。② 财富与权力的转换导致了武氏地位的攀升。

"地主士绅传记"中有传者13人，其中地主6人，士绅7人，在地主与士绅之间的分别是明显的；地主与士绅有重合之处，但又是完全不同的阶层。甚至二者利益时有冲突，如临县的大士绅郭树棠"在经济上

---

① 张宗麟：《中国乡村教育的危机》，《乡村教育之理论与实际》，教育编译馆1935年印行，第6页。

② 《名人传略》，第6页。

他与本村地主有矛盾,常因摊款、出公粮而与地主争执"。作为士绅他并不代表地主利益,而"在村中代表中间阶层势力"①。岢岚区两个大士绅中,武竟成"在家族中很有威信","是地方上的开明士绅,又是专署的咨议",然就其财产而言,"民国前是个城市贫民,民国后在教育界担任高小校长",也仅仅是"渐变为小地主"而已。②

乡村社区中个人权势地位和声望并不仅仅取决于财产,而主要取决于其社会关系网络和社会活动的影响力。《名人传略》中所载"地主士绅传记"中的"士绅"之一郭俊选,仅是富农家庭,以秀才身份成为乡绅并在民国初年出任公职(县官粮局、财政局等),开始有了"政治地位"。然而导致"他的政治地位提到最高点"的既非财产的扩充,也非官职升迁,根本"原因就是大量写状子包揽词讼,很有成绩,影响逐渐扩大,群众中也有了声望"。当然,这与他曾任商会会长、新学堂教职以及在县府任职所构建的社会关系网络密切相关,于是,郭俊选"在本县政界最有势力,其次为学界,一般高小中学毕业学生,都很信任他"③。因此,相比他"因写诉状很有名,当地群众敬畏他……他掌握着'刀笔',求之者颇多"④ 的社会声望而言,他拥有的40余亩的土地财富诚不足道也。

从郭氏士绅声望发展过程中,我们可以观察到的一个事实是,"他的政治地位提到最高点"时是民国二十年(1931)以后,这是他在社区中最具影响力的时期;但他的经济地位的最高点却是"民国五、六年时代",此时除了土地、房产外,还有"在外投资五六万元"。而民国十九年(1930)以后,由于"生意赔钱,外债也收不回来,家庭顿时陷于破产"⑤ 的境地。财产和经济地位与其作为士绅的社区影响力,正好处于相反的演变趋向,这至少可以说明财产或经济地位对于一个士绅的社会政治地位并不具有直接的相关性。

另一个例子是地主乔文斌。此前因其父主持"一切对外交际……在

---

① 《名人传略》,第10页。
② 同上书,第53页。
③ 同上书,第8页。
④ 同上书,第8—9页。
⑤ 同上。

兔坂主村占第一把交椅，因与每任区长勾结，故在全区地位亦高"，但当其父去世后，尽管他仍然拥有1588亩土地，佃户80多户，财产颇巨，却因其"不善于交际，所以地位就降低了，一般群众开始也并不十分尊重他……村里地位一落千丈"。① 这应该是他之所以列名地主传记而不是列名士绅传记的原因。土地财产可以决定地主身份，却不能决定士绅地位。

土地是乡村社会成员基本的财产和谋生的主要资源，"拥有土地与否是农民阶层的基本标准。'哪怕家里只有一寸土地，他们就认为自己和乡人平起平坐'。于是在中国农村的许多地方，没有土地就意味着不再属于农民阶层，他们被迫生活在村子的外围，受到各种歧视。""在一个以拥有土地的多少来衡量人的声望的社会里，那些没有土地或几乎没有土地的农民已经遭受了很多耻辱"②。但在乡民心目中，社区士绅的地位绝不是仅凭其拥有的财富所确立。如山东台头庄，"只有财富没有文化的家庭往往是孤立的，富裕的有教养的农民看不起他，而他又不想与穷人联合。因此，仅有财富并不能使家庭在社区中享有社会地位"③。又如满铁调查中河北沙井村教员赵斌对绅士资格的应答："问：什么样的人能成为乡村绅士呢？答：有学问、在公众场所善于言谈、人格高的人。问：绅士是有钱人吗？答：不是。绅士是有学问和人品好的人，没有特别规定在金钱方面有何要求。问：李如源是绅士吗？答：他只是人格好，没有学问，不能称为绅士。问：村长为什么不能称为绅士？答：因为没有资格。绅士的资格是有学问、品行端正、能办公事，为民众带来利益的人。问：现在吴氏这个人怎么样？答：也不能称为绅士，因没干过公事……问：张瑞家有九十亩地，是村中最有钱的人，是绅士吗？答：张瑞被称为最有钱的人而不是绅士。"④ 可见，财富与士绅资格的获得并没有直接的关联。斯科特在分析东南亚农村时对这一社会现象作了精辟的阐析，他总结道："只是在富人们的资源被用来满足

---

① 《名人传略》，第1页。
② [英]贝思飞：《民国时期的土匪》，徐有威等译，上海人民出版社1992年版，第92、98页。
③ 杨懋春：《一个中国村庄——山东台头》，第153页。
④ 《中国农村惯行调查》第1卷，东京，岩波书店1981年版，第96页。

宽泛界定的村民们的福利需要的范围内,富人们的地位才被认为是合法的……富人被要求做出的慷慨行为并非没有补偿。它有助于提高人的日益增长的威望,在其周围聚起一批充满感激之情的追随者,从而使其在当地的社会地位合法化。"①

"士绅的地位并非来自出身和法定的特权,而是由于公众的评比。士绅拥有地方上公众的爱戴,这是与官僚交涉时为执行人民代表的任务所必须具备的条件。"财产构成了士绅地位的基本前提,却并非决定性要素。"士绅成员的财富或许差别很大,虽然在边缘上参差不齐,但士绅却有一个坚固的核心。这核心就是有田地……它的成员有田地,但他们自己并不耕种……另外,他们是自由职业者——学校的教师,著名的医生和比较富有的商人——他们大多曾受过高等教育。"② 同社会声望和文化要素相比,财产的作用十分有限。"士绅成员可以看作是马克斯·韦伯命名为'业余'或'非职业'类的行政人员,其特点是:第一,他们的经济条件允许他们连续无报酬或只收名誉报酬地在社团中担任领导和有实际权力的职务。成为'业余'的根本原则是一个人不依靠政治谋生而能为政治服务……第二,无论士绅依靠的基础如何,其成员所以具有社会权威,是因为他们的经验和能力可以胜任。"③

权力关系不仅仅取决于经济资本,而且取决于"包括不能还原成经济资本的社会、文化、象征资本的总资本量和其构成比率。其中经济资本占优势地位,它可以转化为其它种类的资本"④。地主、富商的公产捐献可以起到这种资本转换的作用,正是这种转换导致其由地主、商人跻身于士绅之列。因此,士绅不能没有土地等财产,但士绅的地位并不取决于或直接取决于财产占有量,土地占有量尤其不足以成为乡村士绅的构成要素;地主与士绅在社会结构中的分层标准和地位也是完全不同的。

---

① [美]詹姆斯·C. 斯科特:《农民的道义经济学——东南亚的反叛与生存》,程立显等译,译文出版社2001年版,第52、53页。
② 周荣德:《中国社会的阶层与流动——一个社区中士绅身份的研究》,第59页。
③ 同上书,第60页。
④ [法]皮埃尔·布迪厄(Pierre Bourdieu):《象征权力和文化再生产》(韩文本),新水波1995年版,第287—288页,转引自柳镛泰《国民革命时期公产、公堂问题与两湖地区农民协会运动:与广东的比较》(未刊稿)。

三

"从前士大夫……他们屈于一人（君主）之下，临于万民（农工）之上……由秀才而进士而官僚，这是多便当的事。即不幸不得意于仕途，把酒吟诗，在本乡作一位豪绅，以维持他的低度的物质生活，仍不失其山林文学家的风度。"① 因此，在以等级分层和以功名为取向的传统社会里，社会流动的价值指向以科举功名为转移，功名和身份即成为士绅构成的决定性要素。"士绅的成员可能是学者，也可能是在职或退休的大官。传统士绅的资格是有明确规定的，至少必须是低级科举及第的人才有进县和省衙门去见官的特权，这就赋予他作为官府与平民中间人的地位和权利。"② 那么，历经科举废除和政制变革后的民国社会，强制性制度变迁对于乡间社会权势阶层的构成影响如何？

民国政治以及乡村政制变迁繁杂，已与传统时代的体制相去较远。至 20 年代末，"提起中国的农村政治，谁都会知道，区公所乃是农村政治上中心的机关。民国十六年以后，原来的所谓乡董图董等等名目，都已跟着虚伪的'打倒土豪劣绅'的口号而被废弃，换上了'区长''乡镇长'等等新的名目。区公所可以说是新添出来的农村政治机关，它介于县政府与乡镇之间，一切县政的设施，都要通过了它才能到达地方。所以在农村政治上形成了一个特殊的地位"③。但另一方面，乡村基层权力的转移虽然十分频繁，却仍在同质的集团中转移，未发生结构性的变动，亦即由此引起的士绅成员的更迭并未影响士绅阶层对于地方权力的操控。直至 30 年代中期，华北各县不但用人权操在当地绅士手中，财政权也操在当地绅士手里。河北省"多数县分向例将地方经常预算决定于全县行政会议，又其临时开支决之于县政会议，官不能主，上不过问"。同时，各县财政弊病丛生。河南"县款以往为土劣把持，滥派滥用，既无标准，又无账簿，更不办理计算，一遇交替，一走了

---

① 天行：《学潮与出路》，《东方杂志》第 29 卷第 6 号，1932 年 11 月。
② 周荣德：《中国社会的阶层与流动——一个社区中士绅身份的研究》，第 5 页。
③ 李珩：《中国农村政治结构的研究》，《中国农村》第 1 卷第 10 期，1935 年 7 月。

之。自奉颁整理地方财政章程后，财委会组织成立，但仍为恶势力所劫持"①。一些地方新绅旧绅迭起风潮，争权甚烈。② 在河南，30年代的地方"保长"，"纯系士绅的代理人，一切以士绅的意志为转移"。"至于甲长，名义上是由户长或每户代表推定……这实际上也是按乡绅的意图由保里决定的。"③

民国政制变动未能触动绅权的根本地位，"（区长）这些比较新进的知识分子，他们本来是中等以上的学校出身，有些做过教员；他们在表面上虽然掌握了农村政治的一部分实权，其实农村中真正的势力，还依旧在一般地主豪绅手里"。"有些地方的区长，仍是干脆地由地方的豪绅充当。例如陕西渭南第六区区长骆相成，已经当了十年，绥德第五区区长薛学通接任了差不多已经二十年，这些都可以证明区长是如何从旧日的绅董蝉联下来。"④ 可以说，基于功名、身份的文化权威仍然成为民国乡村士绅的基本要素，湖南农村大革命时期将士绅解读为"长衣先生"和"读书先生"⑤，说明附着于功名、身份、社会地位的文化权威要素对于乡间权势阶层的重要作用。

就晋省而言，民国时期乡村权力体制的架构也完全不同于传统社会，其时代特征也十分明显，但政制变革对于基层权力主体的触动却相当有限。

其一，权力架构形式发生了较大改变，但权力主体未变。晋省实施区制（每县划分若干区，置区长），阎锡山推行"村本政治"，"增扬村长绅士的光彩"，但"骨子里却是收罗一般劣绅土棍到省城里受上三个

---

① 河南第十一区行政督察专员公署编：《欧阳专员十年督政纪实》，《十年工作述要》，第33页，转引自郑起东《华北县政改革与土劣回潮》（未刊稿）。
② 郑起东在《华北县政改革与土劣回潮》中指出：旧绅多为老年绅士，如原县财政所长、自治会长、商会会长、参众两院议员、旧区董、保卫团团总等，新绅多为县党部委员、中小学校长和各新式组织的代表等。
③ 朱德新：《二十世纪三四十年代河南冀东保甲制度研究》，中国社会科学出版社1994年版，第114页。
④ 李玠：《中国农村政治结构的研究》，《中国农村》第1卷第10期，1935年7月。
⑤ 署名觉哉的《农民运动与国民革命》（载《湖南民报》1927年3月15日）一文说："事实告诉我们，农民的政治能力和思想，实远高于士绅之上，因为他们有许多实地经验，为长衣先生、读书先生所不知道。"

月忠孝阎锡山的奴隶教育，回乡下去镇压平民的反抗"。① 即使"村长的产生表面是由村民票选的，不过因种种财产上的限制，有资格当选为村长的也只有高利贷者富农商人地主等人。同时官方为了慎重起见，须将票数较多的前十名村长全部送县由县长圈定；因此县长就可以商同县绅，不拘票数多少地任意择定加委"②。士绅势力仍然影响着基层权力的形成。

其二，权势阶层的构成和基础发生了变化，但整体的权力网络未变。一方面，"自从实行'村政'以来，封建势力的实际基础也随着多少有点变质的倾向；就是过去的封建基础大半是建筑在祖先或者是自己的'门第'（也叫功名）和'名望'的上面，现时已渐将其现实的基础转到'村长'这个官衔上了"③。另一方面，"身为农村政治人物，自然需要'文字通顺'，从前的'乡村大先生'以秀才先生最受人推崇，否则起码也要读过四书五经，能够坐坐私塾。现在则差不多以受过新式教育的占优势了，计中等以上学校出身的共占 39.47%，初等以上学校出身的占 24.1%"。但是，"农村政治人员"不是完全凭借其自身的力量，一般说来，这些人必定有其"政治上的奥援"。他们和城市的绅士地主以及较高政治层面都有或多或少，间接直接的关系。④ 功名、身份及其构成的社会关系网络，依然是乡村权力结构的基本要素。

其三，士绅阶层开始呈现出商业化特征，传统的文化权威和社会教化功能弱化。"差不多的绅士，在县城内一定开设着'银号'、'花店'、'洋货庄'之类，自然有的是因为他有许多的商店而做了绅士，也有的在做了绅士之后，才一下大开其商号起来。"⑤ 但事实上，士绅阶层的这种结构性变化早在晚清即已开始，在刘大鹏 1902 年 2 月 26 日的日记中就十分清晰地记述："各州县乡绅，皆由捐纳，阶职夤缘，奔竞逸媚，宰官而得。一遇公事，藉官势而渔利害民，官亦依为爪牙。"⑥ 所

---

① 王振翼：《模范督军治下山西之概观》，《新国民杂志》第 1 卷第 6 期，1924 年 6 月。
② 悲笛：《动乱前夕的山西政治和农村》，《中国农村》第 2 卷第 6 期，1936 年 6 月。
③ 同上。
④ 李珩：《中国农村政治结构的研究》，《中国农村》第 1 卷第 10 期，1935 年 7 月。
⑤ 悲笛：《动乱前夕的山西政治和农村》，《中国农村》第 2 卷第 6 期，1936 年 6 月。
⑥ 刘大鹏：《退想斋日记》，1902 年 2 月 26 日，第 106—107 页。

以,"个人权力的有效性依赖于他所处的社会结构和社会关系的强度,要想使个人权力有效,就必须把他组织到社会的集团或制度的模式中去"①。从传统社会对于公共领域的占据,到民国政制重建中对于县域权力的分割,许多县区地方"财政局"完全落在士绅们的手中,"所有一应钱粮国税公共借款均须由他们经手;而所有的公款得分别存放在他们的私人银号中"②。

仅仅依赖于政制的变革无法触动乡间社会权力实体的根本地位,士绅阶层"有历史关系,有社会地位,取精用宏,根深蒂固,绝对不易动摇"③。因为"个体是社会性的创造物。不仅受社会背景的塑造,而且也积极塑造所处的社会背景"④。

"在朝可为官,在野便是绅"⑤,这是大革命时期湖南农民协会对于乡村士绅标准的确认,它揭示出在朝野两种社会体系中官绅转换的一般事实和其身份的同一性。至少在乡间社会,传统社会结构并没有得到充分分化,以至于社会分层尤其是权势阶层仍然流转于官绅之间。中国共产党第四次全国代表大会(1925年1月)《对于农民运动议决案》中也指明:"同样亦应当在大多数小私有者的农民之间,鼓动他们反对土豪劣绅……这种前清官僚的遗孽大半是乡村里实际上的政府。"⑥ 刘大鹏则记述了自己作为晋中乡绅的情况:"予之幼时,即有万户封侯之志……及至中年,被困场屋,屡战屡蹶,乃叹自己志大而才疏,不堪以肩大任,年垂四十,身虽登科,终无机会风云,不得已而舌耕度日……革命党起,纷扰中华,国遂沦亡,予即无舌耕之地,困厄于乡已数年矣。"⑦ 虽然刘本人更多眷恋传统时代,而对于民国政治存有强烈的敌视,但"邑侯张

---

① [美]安东尼·M. 奥勒姆:《政治社会学导论——对政治实体的社会学剖析》,董云虎、李云龙译,浙江人民出版社1989年版,第234页。
② 悲笳:《动乱前夕的山西政治和农村》,《中国农村》第2卷第6期,1936年6月。
③ 静守:《总理逝世两周年纪念中的湖南农民运动》,《湖南民报》1927年3月24日,第1版。
④ 王乐理:《政治文化导论》,中国人民大学出版社2000年版,第181页。
⑤ 《一封未发的信——致刘梅斋先生》,《湖南历史资料》1980年第2期,第101页。
⑥ 《中国现代革命史资料丛刊·第一次国内革命战争时期的农民运动资料》,人民出版社1983年版,第19页。
⑦ 刘大鹏:《退想斋日记》,1914年11月2日,第198页。

公，今日请四乡绅士，余及玠儿皆与焉"①。正是凭借传统功名身份，刘氏父子成为县域社会中具有较大影响力的士绅。对于民国乡村社会分层情况，刘在日记中大体分为官绅、商人、社会三个界别："清源一县共派内国公债八千元，官绅现派六千元，商界派三千元，社会派三千元，现在纷纷派摊，非用勒逼手段未易派齐，嗟乎！"② 此处将"官绅"合称，正是"在朝可为官，在野便是绅"的另一种表达。所谓"山西现时的封建贵族，可以统称之曰'官绅'，'官'和'绅'大致时常是一体的，但也有不一致的时候，有时'绅'的势力往往驾乎'官'之上"③。因此，传统功名或身份（以及准功名或身份——新学毕业或官场地位）对于乡间士绅地位的形成仍具有决定性意义。

山西《名人传略》中的"地主士绅传记"，集中表达了民国时期社会结构和政治结构变动中士绅阶层的内在构成状况，对我们具体认知乡村士绅构成的基本要素和权力特征，不无参考价值。"传记"中 83 个地主士绅的功名学历如表 4 所示。表 4 显示，旧式低级功名只占 6%，新学历中级以上已占 22%，可知在地方有影响的阶层中（包括地主、士绅、名流），新学"出身"者占据了主导地位。然而，在能够确定的士绅集团（权势阶层）中，情况则有所不同（见表 5）。其中，有旧式功名者几乎占到士绅的半数。

表 4 83 名地主士绅的功名与学历

功名与学历	人数	比例%
秀才	5	6
大学	5	6
中学	14	16
小学	32	39
文盲	4	5
不明	23	28
合计	83	100

① 刘大鹏：《退想斋日记》，1905 年 3 月 1 日，第 139 页。
② 刘大鹏：《退想斋日记》，1914 年 11 月 14 日，第 198 页。
③ 悲笳：《动乱前夕的山西政治和农村》，《中国农村》第 2 卷第 6 期，1936 年 6 月。

表5　　　　　　　　8名士绅的功名、学历等情况

姓名	功名与学历	主要任职	其他社会经历	说明
郭俊选	秀才	县府二科科长	教员，负责官粮局、财政局	兼任公职后地位大升，并写状子
郭树棠	小学	连任两任村长	两获县府"优胜旗"	与地主有矛盾，代表中间阶层
范沚如	大学	省议员	承审员，太谷县典狱长，临南县科长	发起募捐修路，整理合作社等
丁璧法	太原专门工业学校	省议员	高小教员，做过行政工作	受乡人尊敬，称之为"璧法先生"
郭缙绅	太原警官学校	县财政局长	高小校长，掌管村政	在三区威信很高
杜凝瑞	秀才	县水利局长	财政局长，商会会长	支配各村水权使用，为地方名绅
孙良臣	秀才	区长	银行董事，中学教员	乡派士绅，代表地方利益
武攀魁		省议员	当过伪县长	指挥区警，包揽词讼

此外，山西《名人传略》中还有"晋西北各县地主士绅题名"资料，共记录188人，并标示其个人简况，其中明确标示为士绅者13人，地主24人，富农7人，商人、资本家8人，地方名流32人，其余则未详。而在13名士绅中，旧学经历者2人，新学经历者6人，未标明者5人。[①] 可知，在晋西北各县士绅构成中，新学堂出身者已占有相当地位，构成所谓新士绅。

档案资料显示，民国地方士绅的构成既有传统功名之士，也有新学人士。所以，一些研究者已看到这一权势阶层的结构性变动，从而认为，

---

① 《名人传略》，第17—24页。

"有影响绅士群的组成是多样化的,不一定跟科举有关,所以可以采用'绅士'的下述广大定义:任何在地方环境里施加影响的个人、家庭"①。

一般而言,新学堂出身的人士通常成为近代以来新兴的"知识分子"阶层,并成为社会现代化职业的主流成员,那么,为何其在乡村社会又与传统的士绅阶层共构为一体?

首先,社会结构是由角色而不是由人构成;结构可以是稳定的,人却是流动的。民国乡村社会结构迄无根本性变动,不唯"士农工商"职业分层结构依然存在,即使在官—绅—民社会权力结构模式上也无大的变动。因此,"在这社会地位体制中,每一群体有其相当的社会地位和特定的社会功能。士绅成为当地政府不可缺少的部分,并已形成为马克斯·韦伯所命名的'地位群体'——它享有共同的意识形态,荣誉和特权。它担任着一系列的社会任务"②。由科举到学堂的学制变革,可以改变个人的经历及其出身,却不能决定个人的社会地位或社会角色。新学之士只有融入城市社会或社会分化程度较高的社会,才能在新的社会结构中扮演新的角色:自由职业者、公务员、知识分子等;而一旦回归乡村社会,并融入传统社会结构中,就只能扮演传统社会角色,发挥乡村社会结构所需的功能。《名人传略》资料记录的具有新学出身的士绅,都是沉淀在乡村社会并最终融入乡村社会的新学之士。文水士绅郭缙绅本太原警官学校毕业,曾出任本县财政局长、第三高级中学校长,"因三区地方上没有像他这样在社会上显露头脚〔角〕的人,一般村民对之颇尊敬","为文水大士绅之一,代表文水三区各村势力"。他先是"由杜凝瑞扶起来",并"往来于本县士绅之间",后与杜不协调"又被杜推下台去"。③ 新学堂出身并没有使他与当地旧绅杜凝瑞在社区活动上有任何本质区别。宁武士绅范沚如从山西大学堂毕业后,曾在"北平晨报社做过事",然不久回乡"在家住闲"。在本县"社会关系很复杂,二区各县的'名流'知识分子和他有来往的很多",由此成为神池"有声望的……一

---

① "any individuals or families that exercised dominance within a local arena", in Joseph W. Esherick and Mary Backus Rankin (eds.), *Chinese Local Elites and Patterns of Dominance*, Berkelry: California University Press, 1990, p. 23.

② 周荣德:《中国社会的阶层与流动——一个社区中士绅身份的研究》,第7页。

③ 《名人传略》,第12—13页。

个'公正'、'清高'有学问的绅士"。① 民国时期,乡村社会中已经沉淀了一些新学堂毕业之士,但新学出身的经历,并没有改变他们在地方社会"包揽词讼""主持公团""交接官府""左右舆论"等与传统士绅同样的社会作用与功能。其实,也正是由于科举制度变革中断了士绅阶层的制度性来源,新学之士才成为乡村社会结构需求的填充物。"由一个人在一种社会结构中所占据所表现的'社会人格'的概念是和社会结构的概念有密切关系的……人是牵涉在各种社会关系的网络之中的。"② 面对社会结构的力量,个人的选择是有限的。

其次,民国政制变动对于乡村权力阶层现实需求的制约。士绅是在官民之间发挥作用的一个特定权势阶层,"多少世纪以来中国在官僚制度统治之下不受民众的监督。于是士绅在政府与民众之间执行媒介的任务……农民必须依靠士绅来保护他们不受官吏的侵犯。当一个普通农民遇到麻烦时,他就找一个地方士绅分子请求帮助。因为官吏与民众之间的社会距离很大,农民们对政府没有信心,政府不可能赢得人民的合作,只有士绅能做沟通隔阂的桥梁"③。传统时代官与绅的同质性是通过科举功名实现的,这是二者得以合作并从文化权威上相互认同的前提。晚清以来的学制变革和民国政制变动,从制度层面上打破了建立在"功名"身份上的认同性,官绅之间的合作必然寻求符合新的制度条件的认同性。所以,"至民国时代废除科举制度和抛弃儒学为正宗以后,具有科举功名的旧儒学者由于老朽很快被挤出政府,并被新式学校出身的官吏所替代了。新官吏所接触的人不再限于学者;他们的访客中有没有受过多少正式教育的富商,偶尔甚至也有声名狼藉的人。公众影响和财富替代了科举功名而成为判断哪些人能为公、私事务直接接触政府官吏的标准"④。士绅之存在并发挥作用,是因其借助于"出身"获得了"能进县和省衙门去见官的特权,这就赋予他作为官府与平民中间人的地位和权利"⑤。

---

① 《名人传略》,第52—53页。
② 周荣德:《中国社会的阶层与流动——一个社区中士绅身份的研究》,第7页。
③ 同上书,第77页。
④ 参见 C. K. Yang, *A Chinese Village in Early Communist Transition*, Cambridge: The Technology Press, distributed by Harvard University Press, 1959, pp. 112 - 115。
⑤ 周荣德:《中国社会的阶层与流动——一个社区中士绅身份的研究》,第5页。

在此，新学出身与传统功名对形成个人社会地位和角色的作用并无分别。总之，士绅构成成分的变动，虽显示了权力结构和学历结构的历史性变动，却由于基层社会结构并无质的变动，其角色和功能则一如既往，"那种传统的统治者与被统治者两极分化的局面却并未因此而有所改变"①。社会结构的深层变革并不同步于，且往往滞后于强制性制度变革。

再次，传统士绅构成多元性的延续。即使在科举功名构成士绅的制度性基础的传统时代，士绅的形成也呈现出多元趋向，尤其在晚清时期，大量的捐纳出身和军功出身已经成为地方士绅的重要来源。因此，传统士绅也并非仅指沉淀于地方社会的科名之士，而是指拥有地方影响力的各种权势人物。由此形成的文化传承和制度传承依然构成民国士绅的约定称谓，"中国士绅没有边界；它包容各种人才，涵盖在自然形成的社会领域有最广义领导才能的一切人物……除了特殊的才能之外，他们似乎普遍都有一种叫作'社区意识'的能力"。"这是一种以可能的最佳方式应付非常情势的能力，它是靠经验磨炼出来的。"② 对于乡村社会而言，知识文化、社会阅历和社会资源仍然为少数优越者享有，这是其社区权力和声望来源的基础。"士绅这一阶层群体是农业社会的产物。在一个交通不便的广袤的大陆上，权力只是在名义上而不是在事实上集中的。许多农村只有少数的地主和知书识字的人，至于能利用他们的闲暇和知识来管理社区民政的人，那更是少数中的少数了……士绅成员就做了公众舆论的领导者。"③ 因此，无论出身于科举旧学还是学堂新学，都是这种公众认可和习俗赋予的非正式权力的前提。

在20世纪前期剧烈的社会政治变迁中，士绅仍然成为乡村权力结构的主体，只是此时的士绅构成却并非局限于功名、身份，其来源和出身已呈多元化趋向。而且，学堂出身的新学人士也成为士绅阶层来源之一。士绅阶层的构成要素已有所变异，然士绅之传统功能和角色却并无质的变化。士绅"已经成了表示社会和财产地位较高的那些家庭的一个模糊

---

① 周荣德：《中国社会的阶层与流动——一个社区中士绅身份的研究》，第5页。
② 同上书，第93页。
③ 同上。

概念"①。但是，无论是富商还是财主，如果其财富未能转换为具有身份性的社会地位和文化权威，则仍然不能跻身于士绅阶层。乡间社会权势阶层的身份性价值仍然未能让位于财富性价值。

新学之士融入士绅阶层，正好反证着士绅阶层以文化权威为基础而形成的社会权威特性。同时，这一现象也昭示着传统与现代因素在现存社会中的融通和接续的时代特征（任何现存的社会都既非纯然的传统也非纯粹的现代），而这种融通和接续借助于个人—制度—角色（地位）的重构而实现。士绅阶层在乡村社会中的作用与影响，揭示着民国社会结构的传统性特征，而新学之士的融入则标志着传统阶层内在构成的现代因素的变异。虽然结构要素变异尚未导致整体结构的变动，但它却蕴含着结构变动的历史趋向。

四

晚清以来，在地方政制重建过程中，乡绅权力不仅借以获得"正统性"，而且权力作用范围得到前所未有的扩展，从兴学办学的学务到公共卫生，从道路水利到农工商务，从整顿集市到筹集款项，即使衙门专管的诉讼官司，士绅往往也会插上一脚。刘大鹏日记显示，晋中乡村士绅"一遇公事，藉官势而渔利害民，官亦依为爪牙，朘削百姓脂膏，名曰乡绅，实市侩也"②。在捐款局中，"官藉捐款饵绅，绅藉捐款媚官。官绅一心，上下齐手，从中渔利。官则捐多报寡，绅则得贿徇情。局中经费皆从捐款提取，赢余部分，官绅分利"③。"乡绅的权力不仅公开化而且制度化了，乡绅原来扮演的地方社会的仲裁角色转变为执法角色，由主要依赖于道德评判转变为权力强暴。"④ 传统士绅的"权绅"化，也成为晚清以来直至民国时期的一个共趋性问题。

那么，在新的乡村政制建构体系中，士绅占据什么位置或者说扮演

---

① 《唐家吉村政权调查》，山西省档案馆藏，A141—1—125—1。
② 刘大鹏：《退想斋日记》，1902年2月26日，第106页。
③ 刘大鹏：《潜园锁记》（手稿），山西省图书馆藏。
④ 《谢觉哉日记》，人民出版社1984年版，第379页。

着什么角色？民国时期，晋省以"村治模范"推行乡村政制重构计划，传统士绅仍然构成新乡制权力运作中的重要力量。阎锡山认为："国家之基础在社会，社会之良否，视士绅之言行，是否合乎正道，能否感化人民以为断。故富强根本在改良社会，改良社会纯在于士绅之端正者，热心提倡，扬正抑邪，扶政治之进行，布公道于乡间。"① 在他看来，"有知识的明白士绅愈多，则地方愈繁荣，愈开通；若地方上都是些无知识的、不明白的人，那地方就不免鄙陋蔽塞，诸事吃亏了"。所以，村治能否进行，政治能否下逮于民间，关键在于"正绅"能否出任村长。② 在推行乡村政制重构计划之前，虽然晋省士绅已有出任村级职务者，如"顷闻人言各村董事人等，无论绅学农商，莫不藉执村事从中渔利，且往往霸公产为己产，肥己身家"③，但毕竟为数寥寥，士绅只是村落政权中"绅学农商"构成成分之一。其后省府权力向乡村社会强力渗透，于1918年颁布的《修正山西各县村制简章》，除规定村长、村副的资格及选任条件外，还特别强调村长、村副均由县知事委任，并颁发委任状，试图将村长的权力纳入正式行政权力网络之中，使之向正规化、制度化方向发展。即使如此，士绅阶层也没有成为村级政权的主体，如表6就显示了1933年阳曲县担任村长等公职的社会成员的身份大多属普通农人，并不享有士绅身份。这与西方学者对河北村落权力的研究结论相似："过去一直为研究者所重视的持有功名的绅士，在华北的自然村中却很少见。当地的村级领袖几乎全部由庶民组成。"④ 因此，所谓乡绅，是影响力超越村落达至县域的权势阶层，单纯的村政人员够不上士绅资格。

不只在村一级，可以说在县域内的正式行政结构中［即县—区（镇）—村］，士绅阶层都并不占有明确的位置，士绅对于地方的权力影响无法从正式的行政网络中得到充分解释。晋中或晋西北相关资料表明，士绅阶层是超越村落社区的具有县域影响的非正式权势力量。

---

① 《阎伯川言论辑要》第2辑，太原绥靖公署1937年编印，第31页。
② 《阎伯川言论辑要》第3辑，太原绥靖公署1937年编印，第2页。
③ 刘大鹏：《退想斋日记》，1913年5月13日，第181页。
④ 李怀印：《中国乡村治理之传统形式：河北获鹿县之实例》，《中国乡村》第1辑，商务印书馆2003年版，第72页。

表6　　　　　　　　　阳曲县部分村长的出身情况①

村落	村长出身	村落	村长出身
榆林坪	不详	三给村	务农
黑土巷	务农	芮城村	务农
陈家村	务农	呼延村	大学生
马庄	务农	上兰村	务农
松庄	务农	向阳镇	务农
老军营	不详	南寨	务农
亲贤村	商人	皇后园	务农
王村	不详	青龙镇	大学生
前北屯	不详	黄寨镇	警察
北寨村	务农	大孟镇	务农

其一，士绅的活动及其影响主要集中在县域。"各县的县城，大概是一个非常有油水的地方，因为山西的劣绅大半是麇集在县城里的。他们所以要盘踞县城，并不是为了他们有什么政治主张，其惟一的目的只是希图把持政权，操纵一切。""凡是新任的官吏到来，首先一定得将当权的绅士接洽好，不然他们就非想法叫他滚蛋不可。甚至就是由省府来的公令——尤其是有关派款的政令，在施行之先，也是非首先征询他们的意见不可……他们通常捣乱的方法是非常巧妙，自己绝少出头，只要暗中命意他们的干部——村长和土棍，假借人民名义在四乡大闹起来就行了。最后县长还是非请他们调解不可……只要是经他们认可的'政令'，就可以无往而不顺利地通行无阻了……他们对了官厅说人民反抗，对了人民又说官厅非如此不可；他们对了官厅痛责愚民可杀，对了人民却又说官厅万恶。"②

其二，士绅是相对独立于官吏体系之外的非正式权力。"吾邑之害纷如，非但官吏肆虐，扰民不安，抑且有媚官殃民之绅士，借公营私之乡

---

① 杨容亭：《山西阳曲县二十个乡村调查之研究》，《新农村》第3、4期合刊，（太原）农村教育改进社1935年编印，第4—6页。

② 悲笛：《动乱前夕的山西政治和农村》，《中国农村》第2卷第6期，1936年6月。

长，加之地痞、流氓，借仗官势，扰累闾阎。"① 县长可以任免和指使区长（镇长）、村长，却不能直接行权于士绅。"这些在地方上有名望的士绅在很大程度上制约着官权在基层社会的行使，县知事到任后首先去拜访他们，以便与他们建立融洽的关系，得到他们的支持。官府在征收赋税或执行其它公务时，必须征得他们同意，才能执行。而当官府与他们利益发生冲突时，他们就会通过更高一级的官僚用弹劾的方式施加压力。如盂县知事杨秉簇，因要求向农民减征草料，与士绅发生冲突，结果被撤职。""当然他们也会利用官府权力迫使民众服从。由此可见，当时晋省乡村社会的权力中心是士绅，而不是通常由平民充任的里长、甲长。"②"而绅士的合作，却是知县们在当地得以顺利履任的一个极为主要的因素。"③ 在 30 年代，晋中文水县"每当新县长（以前是知事）上任，由太原到文水，必先经过开栅镇去拜访'杜先生'"④，即号称"第一位大绅士"的杜凝瑞。然而，士绅利益与官方权力并不总是一致，其矛盾甚至剧烈冲突也是民国地方权力建构中的突出问题。1925 年以后，国民党势力在山西膨胀，试图与"新兴士绅"联手摧毁杜派士绅的权势，让警察打击了杜凝瑞的赌场。而杜凝瑞在十余日后则策动开栅附近村庄流氓、村民捣毁了国民党县党部。⑤ 国民党挟国家权力也未能根本动摇地方士绅的地位，经 5 年之久的较量，国民党文水县党部终不得不"与杜取得妥协"⑥。

其三，士绅的权势并不直接取代村级行政，却又凌驾于村长之上。一方面，村长只是士绅行使权势的工具："大凡能够联络得十个或二十个以上村长的人，不管他过去的门第是如何不行，那他马上就可以成为一个起码绅士。同时在绅士们的卵翼之下，有些专门赌博和以贩卖违禁品为业的土棍，也得被选而又被委任为村长。此外，凡是本省头二三四等阔人的父兄和姻亲之类，都可以无条件地成为当然的大绅士的。"⑦ 另一

---

① 刘大鹏：《退想斋日记》，1933 年 2 月 6 日，第 469—470 页。
② 高大云：《盂县抗税记实》，郭裕怀：《山西社会大观》，上海书店出版社 2000 年版，第 363 页。
③ 河北省档案馆藏获鹿县衙门案卷，656.2.967，1927。
④ 《名人传略》，第 15 页。
⑤ 同上。
⑥ 同上。
⑦ 悲笛：《动乱前夕的山西政治和农村》，《中国农村》第 2 卷第 6 期，1936 年 6 月。

方面，据《退想斋日记》记述的情况说明，作为县绅的刘大鹏虽然在县政方面颇有影响力，但对于所在乡村村政却少有过问，除非村庄利益受到重要影响和社区矛盾激化时，他才凭着士绅的威望出面过问。如"花塔村民众呈控该村之村长张克敏借公营私，尚县长不惟不究张克敏之咎，且仍令其充任。张克敏因之心高气傲，大发狂言，欺压村民，于是激怒花塔村之人，纠结数十人于昨日偕往县政府请愿……有人专来告予，请予行调解之法，予遂应允，为尚县长缮函报告其事，请官黜退旧村长，另选新村长"①。这同周荣德在云南昆阳观察到的情形完全相同："乡约……在自己的社区并无权势，只是充当自上而下的那道轨道的终点，他接到政府命令就去请示村子里的一个士绅。"② 虽然"士绅在政府机构中没有官职"，但"县长必须考虑士绅的意见"。③ 这种对社区政治的影响力是任何村长或一般区长都不可能具备的。

其四，"士绅会议"是士绅权力发生作用的管道。作为乡土社会权势力量的士绅阶层，凭借其由历史传承、文化权威、社会地位和社区声望构筑的权力影响，制约着县域权力的运作，虽然它本身并不在权力体制之内。那么，体制外的士绅阶层又如何作用于地方政治或权力结构呢？至少在晋省乡村政治的运作过程中，我们发现了一种超越行政权力体制的士绅权力的作用管道。

在正式的行政权力系统之外，各县有所谓"士绅会议"，以商讨本地相关事务的具体办法，经地方士绅与官吏商定后，地方事务才能具体实施。如"整理金融办法……于是就在这一办法的公布之下，所有权绅土棍高利贷者便于一转手间大发财源了"④。《名人传略》中的郭效业，从太原友仁中学毕业后，"在盐店作事"，"与当地名流贺天申、贺天周接近，并来往甚密"。因其"文化程度高，社会活动能力很强，临南县四区到北临县四区八区一带都很有名"。经济上，他在"各市镇上，都有力量……并且有很大操纵作用"。"县政府每次士绅会，他都参加了，但还

---

① 刘大鹏：《退想斋日记》，1934年11月3日，第488页。
② 周荣德：《中国社会的阶层与流动——一个社区中士绅身份的研究》，第109页。
③ 同上。
④ 悲笳：《动乱前夕的山西政治和农村》，《中国农村》第2卷第6期，1936年6月。

未起用他。"① 能否参加县府的"士绅会议",是一个士绅权力和影响力的重要标志。如在乡人眼里不擅应对政事的士绅刘大鹏,在其日记中就有多处这样的记述:"前五日县知事李桐轩遣人来约于今日到县会议事宜,予不欲往。里人皆行劝,骂曰:'处此乱世,不可过于执拘以贾要人之怨恶。'试往应酬可也,看事而行。"② "士绅会议"是地方士绅阶层集中表达自己利益和权力的管道。

"今日各地方之土劣,何莫非一村中之优秀所锻炼而成?……上对于国家则为割据,下对于村民则为剥削,其为害将不堪设想。"③ 问题是,当传统的身份等级结构失去了制度基础,当民国政体替代皇权政治之后,为什么"农村中绅豪的势力依然存在?"④ 为什么士绅阶层的权势依然产生重要影响?

山西《名人传略》中"传记"和"题名"的士绅分为三种类型,一是具有秀才功名的旧绅;二是具有新学堂经历的新绅;三是大商人或出身不明者。三类士绅的权力来源可以归纳为几种情况:(1)地方权势网络的勾织。号称文水第一大绅的杜凝瑞以及宁武士绅王淑身等凭借功名、新学出身和在商会、教育、官粮局等县区机构出任公职的经历,与地方士绅名流交织成势力网络,形成影响县域政治的集团力量,并由此形成类似于前述"每当新县长上任……必先经过开栅镇去拜访'杜先生'"⑤的局面。武竟成也因其在"教育界中势力很大,所以在政界中也有声望,历次调换的大小官员都要拜访武"⑥。(2)对地方公共事业的主持和控制,这是地方士绅权力影响形成的来源和主要内容。如临南县士绅范沚如民国十三、十四年(1924、1925)独力主持地方公路工程,在"地方上树立很高威信";他又主持地方纺织业,"采用新式科学用具,使之走向现代化,在群众中散下很深印象"⑦。兴县士绅孙良臣"长时积极关心

---

① 《名人传略》,第3页。

② 刘大鹏:《退想斋日记》,1915年1月14日,第202页。

③ 朱章宝:《评阎锡山氏之土地村公有的办法》,《东方杂志》第32卷第21号,1935年11月。

④ 章乃器:《金融恐慌中金融制度的演变》,《东方杂志》第32卷第13号,1935年7月。

⑤ 《名人传略》,第15、53页。

⑥ 同上书,第54页。

⑦ 同上书,第11页。

扶持地方建设"①，在地方社会具有很强的影响力。（3）包揽词讼，以此专业技能形成社区影响，如临县士绅郭俊选"写状子，在晋西一带和太原官场方面，都是顶有名的"。特别是在民国二十五年（1936），他的诉状竟将县长了断的临县一命案完全翻案，使"省政府派人到县将县长公安局长都扣了起来"。此案胜利后，"他在老百姓中信仰大为提高"，成为有名士绅。②

我们知道，民国时期国家权力虽然已大幅向乡村社会渗透，但其正规的权力建构也只到达区乡层面，而区或乡也只是一个行政管理的概念，而非"民居"的实体。区乡长离却士绅的有效合作，根本无法实施其政权的影响。如某乡村庙修葺，"乡民虽觉得这件事有些为难，他们知道这种举动是要破费的，破费以后又会影响到自己的生活上来；可是这是乡绅们的意见……有谁敢道个'不'字呢！事情就是这样在乡长与绅士们'为公努力'中进行了。经手人（乡长与绅士）……事后因为绅士们分赃不均而露出了破绽"③。在其权力真正作用于散居乡村的村民时，士绅作为"民望"的代表，仍然扮演着"官"与"民"之间的中介。"乡村士绅既不是世袭的，指派的，也不是选举的。他们最重要的功能之一是陈述当地的需要，提出具体的方案和采取适当的措施……乡村士绅之所以成为社会领袖主要是因为他得到平民的认可，信任，赞许，尊敬和服从。"④

对于地方公共权力和公共资源的控制（并非占有），是传统士绅独有的权力之一，清末民初地方政制的重构更多地表现为地方公共权力和公共资源的体制化。而且，由士绅名流管理的新公共事业，其财政基础必须是在土地正税之外。一般地说，这类附加税是杂捐，它给地方士绅提供了一条介入地方财政系统的合法渠道。这类杂捐可以很容易地扩展为新税源，官府很难监督。20世纪第一个10年的"地方自治"活动，包括举办新式学校和警察，就是利用这类捐税进行的。1909年，在新组建的

---

① 《名人传略》，第16页。
② 同上书，第9页。
③ 沙芸：《建德青云乡的丰年梦》，《东方杂志》第33卷第8号，1936年4月。
④ 周荣德：《中国社会的阶层与流动——一个社区中士绅身份的研究》，第94页。

度支部的一套大型出版物中，对国家、省和地方财政范围有详细的规定。[①] 从这些规定中可以看出，地方士绅已经多么深地卷入了征集与动用地方税款的工作。他们向地方商业与服务业征收各种杂税，并把所收税款用于新组建的县警察机构和新式学校。地方取自商业的捐税大多避开县衙，"由士绅管理和不经官吏之手"[②]。这从经济资源上强化了士绅的权势影响。在国民政府统治时期，这一局面无非由原来的非制度化的公团会所演变为正式的局科而已，但地方士绅掌控的实况依然如故。各县公安局、财政局、教育局、建设局各局长除公安局向由省委，其他三局均系本县人，即本县绅士。"各局长办事得力者固无尝不有，而办事不力者实居多数。欲呈请撤换，必以士绅资格遇事兴波作浪，故与为难。县长每因有此顾虑，明知其不得力亦只好隐忍不言，卒至贻误地方。"[③] 基于这一事实，地方士绅的权力实际获得了民国政府的认同。例如，在《内政部第一期民政会议纪要》中，有江西省政府民政厅长所提请省政府核准备案的《关于清乡剿匪办法案》，其内容为：（1）遇必要时，靖卫队部及总团区团甲牌，均可遴选地方公正绅商辅助办理。（2）各区团款，准提用原有公款，如有不足时，得召集地方绅商会议通过。（3）抽收绅富米谷等捐，须由地方绅商会议通过，拟具章程，呈由县长转呈该省政府民政厅核准后，方能开始征收。（4）各县靖卫队官兵薪饷，以地方原有警备队、自卫军等公款拨充之，如有不足时，得召集地方绅商会议，就地方筹给。[④] 该提案明确认可士绅具有参政权和议政权，这是与官权相辅的另一种重要权力。由此看来，晋省各县"士绅会议"作为士绅权力发挥作用的通道，实际也只是民国政治权力架构中对于士绅权力认同的一

[①] 《财政说明书》卷20；刘善述：《自治财政论》，第25页。均转引自 Philip A. Kuhn, "Local Taxation and Financein Republican China", in Susan Mann Jones (ed.), *Select Papers from the Center Far Eastern Studies*, Chicago: Center for Far Eastern Studies, University of Chicago, No.3, 1978–1979, pp.100–136。

[②] 张玉法：《中国现代化的区域研究：山东省，1860—1916》，台北，"中研院"近代史研究所1982年版，第458—459页。

[③] 《河北省第一次行政会议总报告书》，第16页，转引自郑起东《华北县政改革与土劣回潮》（未刊稿）。

[④] 《内政部第一期民政会议纪要》（民国十八年），沈云龙主编：《近代中国史料丛刊三编》(53)，台北，文海出版社有限公司印行。

种形式罢了。因而，民国时期乡村社会中士绅的功能是显而易见的，"士绅家实际上成为社区的公共事务所"①。他们既具有社区调解纠纷的功能，也被认为是当然关心社区的灾荒、赈济、时疫等问题的公权力量；同时还承担为社区的民众树立楷模和执行家庭各种礼仪的任务。② 这恰恰是由各色人等组成的"地方精英"并不具有的特性。

可以说，对于士绅阶层而言，着眼于清末民初的历史变动大势，既可观察到其变的内容，也可体察到其不变的部分。然其变与不变都体现为时代性特征，实难强分为进步与落后、传统与现代的对立与替代关系。然而，对于乡村社会而言，社会分化的不充分未能导致传统社会结构形式的解体，只是引发了士绅构成成分的变动。士绅作为一个地方权势力量，其角色、功能并未发生质的变化，士绅话语仍然揭示着民国乡村权力的结构性特征。当然，构成要素的变动虽然也展示着社会结构的变化趋向，却只能在原型中有限地扩充。社会结构的整体更易和士绅权势力量的消亡，虽然已为期不远，却还只能留待来日。

---

① 周荣德：《中国社会的阶层与流动——一个社区中士绅身份的研究》，第101页。
② 同上书，第94—108页。

研究经济史的一些体会[*]

吴承明

由于战争环境和时代思潮的动荡，我的学生生活非常曲折。我曾经历北洋工学院、清华大学、北京大学，学过工科、理科、经济和历史，非常杂，都没学好。但是，后来我在专业经济史研究中，却发现过去学的一点点理工知识（尤其数学）很有用。我学过的文献学，连同童年在私塾读的经文，也都常派上用场。这里的一个体会是：做学问必须专，专才能精；但又要有比较广泛的知识，博而后专，大有好处。

我做学生时学得很杂，但后来到哥伦比亚大学做研究生，就专学经济了。回来教经济学，又做了20年的经济行政工作。恰好我的直接领导薛暮桥、许涤新诸先生，都是著名学者，在行政工作中也叫我们做研究，并有不少成果，包括经济史。这里我的一个体会是：在经济机关研究经济史大有好处，因为能密切联系实际，并易取得档案和调查资料。

"文化大革命"后我到中国社会科学院经济研究所专业研究经济史了。据说经济史是门交叉学科，其实没有这门学科，研究经济史的不是学经济出身的，就是学历史出身的。这就很自然地形成两大学派：学历史出身的注重史料考证，学经济出身的重视理论分析。这两种研究方法都好，两派比一派好，可互相促进。但就每个研究者说，不妨有自己的体会。

我算是学经济出身的。我研究经济史就主要用分析方法，并喜欢计

---

[*] 本文原载《近代史研究》2005年第3期。

量分析，因为我学过计量学，并因此获金钥匙。但是，到 20 世纪 80 年代，看法开始有改变。

我首先感到的是，统计分析很重要，计量学分析则有很大局限性。一个模型变量有限，许多事情只能假定不变，这不符合历史。研究农业，灾荒不好计量，只能有灾是 1，无灾是 0。1986 年，我在美国参加计量史学会议，那时 R. W. 福格尔还没获诺贝尔奖，但有些老计量史学家已经转业了。历史现象，历史学家把它看成是因果关系，有时显简单化。计量史学家把它看成是函数关系，那就太简单了。正如 R. 索洛所说，他们是"用时间变量代替历史思考"①。历史是要下功夫思考的，不能用 t 推论出来。

经济学理论也有很大局限性。它没有普遍意义，受时间空间限制。有些可称为规律，如价值规律，但恩格斯说，它可用于 15 世纪以前，到 16 世纪就要用生产价格理论，到 19 世纪（这不是恩格斯说的）就要用边际效益理论了。这指欧洲，中国还不行。1995 年，我写了一篇文章，提出"在经济史研究中，一切经济学理论都应视为方法论"，"任何伟大的经济学说，在历史的长河中都会变成经济分析的一种方法"。作为方法，它只能在一定的条件下应用。这篇文章由《经济研究》发表，经其他刊物转载，并获孙冶方经济学论文奖。②

那时，法国年鉴学派和新制度学派的经济史都在中国流行起来。年鉴学派的整体观和结构主义都来自社会学，不是来自经济学。整体观接近中国史学，它与经济学之强调分析，有如中医与西医。M. 怀特写了一本书《分析的时代》，指 20 世纪，叙述的历史变成分析的历史。不过近年来又有恢复叙述历史的倾向。年鉴学派所称结构，就是部分与整体的关系。结构的良窳造成经济兴衰，这比原经济学的线性增长理论要高明得多。D. 诺斯的新制度学派是以新古典经济学为基础的，但他注意到非经济因素，把国家论和意识形态引进经济史。这实际是中国史学传统，中国历史上是强政府，讲义利论，不过，诺斯说他是取法马克思。总之，学习年鉴学派和新制度学派给我很大启发。至少，经济史不能就经济论

---

① R. M. Solow, "Economic History and Economics", *Economic History*, Vol. 75, No. 2, 1985.
② 吴承明：《经济学理论与经济史研究》，《经济研究》1985 年第 4 期。

经济，要研究社会结构、制度、思想。

然而，使我感触最深的是约瑟夫·熊彼特。他在传世巨著《经济分析史》开篇说，经济分析有三项基本功：历史、统计、（经济）理论。其中历史最重要，"如果一个人不掌握历史事实，不具备适当的历史感或历史经验，他就不可能理解任何时代（包括当前）的经济现象"[①]。

我深感自己缺乏历史知识，没有历史感，这就做不好经济史研究。"历史感"尤难。我曾努力读前人的"历史哲学"，有十几家，虽可借鉴，但还是别人的，不是自己的感。历史感或历史经验要靠自己研究历史得来，并要学古史，因为要通古今之变。这我就不如学历史出身的同行。好在我也读过两年历史，并幸遇名师陈寅恪、钱穆等，还有孟森老先生。也写过考据文章，只是太浮浅，需补课。

1999年，我写了篇文章，提出我对研究经济史的看法。我提出历史、经济、制度、社会、文化思想五个方面内容。[②]

我以为，经济史首先是史。每个历史时代都有它的时代的经济。如战国时代，各国经济都要为战争服务；秦汉大统一，就有了《货殖列传》。这不是上层建筑决定论。历史是上层建筑与经济基础统一的整体。从历史出发就是从整体入手。布罗代尔的《15—18世纪的物质文明、经济和资本主义》一书的第1卷就是整体论，它规定着第2卷经济和第3卷资本主义的"边界条件"。

历史研究是研究我们还不认识或认识不清楚的过去的实践，如果已认识清楚，就不要去研究了。这种认识，只有根据经过考证的、你以为可信的史料，别的都不足为据。但历史认识是相对的，随着知识的积累和时代的进步，过去认识清楚的东西又变得不清楚了，因此历史总要没完没了地再考证，再认识。

经济史是研究一定历史时期的经济是怎样运行的，以及运行的机制和效果。这就出现经济理论问题。经济理论是一定的经济运行的抽象，

[①] ［美］约瑟夫·熊彼特：《经济分析史》第1卷，朱泱等译，商务印书馆1991年版，第32页。

[②] 《经济发展、制度变迁和社会与文化思想变迁的关系》，《吴承明集》，中国社会科学出版社2002年版，第349—353页。

但不能从抽象还原出实践，正如不能从"义利论"中还原出一个君子国，世界上也没有一个"经济人"国家。在研究经济史时，一切经济理论都应视为方法，思维方法或分析方法。

任何经济都是在一定制度下运行的，否则就乱了。制度变迁通常是由于经济发展的需要。这和诺斯看法有异，是 J. R. 希克斯观点，也是马克思观点。历史上，土地制度、赋役制度、租佃制度、雇工制度的变迁都是由于需要。但在重大的历史变革，如由传统经济向现代经济的转变中，单这些制度变迁还不行，还需要有体制的变革，以至根本法（constitutional）的变革。这是历史学家关注的，经济学家忽略了。

经济史本来是社会经济史，老一辈经济史学家都研究社会。1952年禁止社会学，不敢研究了。1979年已解禁，自应恢复社会经济史。

经济发展、制度变革、社会变迁，在最高层次上都要受文化思想的制衡。我不把文化思想看成"非正式制度"，不用"制约"，而用"制衡"（conditioned），有两层含义：一方面，不合民族文化传统的东西（如人民公社）行不通；另一方面，文化思想又是改变传统的先导，这在历史上叫"启蒙"。历史学家重视启蒙，经济学家不重视。从管子起，历代都有启蒙思想，研究经济史要注意它。

抗战时期中共的减租减息政策与地权变动

——对山东根据地莒南县的个案分析*

王友明

以往对抗日战争时期中国共产党减租减息政策的研究，论者多从抗日民族统一战线土地政策的视角，对其改良与温和的一面关注较多，而对其在地权变动中的作用研究不够。近年来，学术界对减租减息政策与地权变动的关系开始予以重视，并对其正相关关系持肯定的态度。笔者选择既有平原，又有山区，被称作"山东的小延安"的山东根据地滨海区莒南县，以解剖麻雀的方式，通过大量原始档案资料和深入田野调查得来的访谈资料，对减租减息运动进行个案研究。从转移地权的角度论，该地的减租减息运动使地主富农的地权及其他财富逐渐向贫雇农转移，在客观上起到了土地改革的作用。

一 中共减租减息前的地权状况

地权的集中与否，往往与自然历史环境息息相关。"莒南县跨胶南地

---

* 本文原载《近代史研究》2005 年第 6 期。2001 年至 2003 年，笔者先后三次到该县进行实地考察，并在档案馆查阅了大量档案资料，依据资料又对五个村庄进行了重点考察，对当地村民以及曾在该县工作过的老干部进行了访谈。本文就是以这些资料为基础写成的。

体和沂沭断裂带","沂沭断裂带最东侧的分支断裂,将县境地分两部分……县境地貌以大店、十字路至相沟为界,分为东西两部分:东部低山丘陵区,西部平原区"。① 与这种地质地貌相应的是土壤的肥瘠,土质肥瘠与亩产量上的差异,表现在地权分配上,呈现出集中与分散的明显差别。根据中共山东分局1945年夏在地处该县平原的大店区的大店、将军山前、何家店下河,筵宾区的集前、东集西、大山前、后粮店及沟头区的邢家水磨、沙汪头、团埠子等11个村庄进行的调查②,抗战前,这些地方的土地占有情况如表1。

表1　　　　抗战前大店、沟头、筵宾3区11村土地占有情况

单位:户口、人、亩、%

成分	户数	百分比	人口	百分比	地亩	百分比	人均
地主	169	6.78	957	7.30	34403.85	58.97	35.95
富农	173	6.95	1171	8.94	6038.89	10.35	5.16
中农	717	28.78	3868	29.52	11158.09	19.13	2.88
贫农	931	37.38	4817	36.77	5555.36	9.52	1.15
雇工	157	6.30	642	4.90	176.49	0.30	0.27
手工业者	124	4.98	627	4.79	333.07	0.57	0.53
商人	163	6.54	750	5.72	388.14	0.67	0.52
自由职业者	9	0.36	50	0.38	50.89	0.09	1.02
其他	48	1.93	220	1.68	84.57	0.14	0.38
外出	—	—	—	—	153.42	0.26	—
合计	2491	100	13102	100	58342.77	100	4.45

资料来源:《莒南县三个区十一个村的调查》,华东军政委员会土地改革委员会:《山东省、华东各大中城市郊区农村调查》,1952年版,第33—34页。

由表1看出,地主共有169户,占总户数的6.78%,但却占有土地的58.97%,富农有173户,占总户数的6.95%,占土地的10.35%,二

---

① 山东省莒南县地方史志编纂委员会编:《莒南县志》,齐鲁书社1998年版,第101页。
② 中共山东分局调查研究室早在1943年就组织六七个人用两个多月时间对该11村进行了系统的农村经济调查,由于在地亩的折合标准上略有出入,在此主要采用1945年调查的数据。

者相加占总户数的 13.73%，占有土地总数的 69.32%。大店 72 个堂号的大地主在民国初年占地达 5 万余亩，1937 年还有 4 万亩，表 1 统计的只是在当地的土地，"有颇大的一部分在敌占区没有算进去"①。可见地权集中程度是相当高的。与地权集中程度相适应，在土地使用上表现为高租佃率。同样根据上述调查中抗战前的数据，土地租佃情况如表 2。

表 2　　　　抗战前大店等 3 区 11 村各阶层土地租佃情况　　　单位：亩、%

成分	租入地亩	占其使用土地百分比	出租地亩	占其所有土地百分比
地主	0	0	32238.38	93.71
富农	3425.02	37.50	329.41	5.45
中农	5560.98	33.89	311.80	2.79
贫农	2161.92	28.62	164.13	2.95
雇农	112.36	39.45	4.01	2.27
手工业工人	39.66	11.49	27.68	8.31
商人	26.56	7.56	63.14	16.27
自由职业者	0	0	13.21	25.96
其他	3.16	5.89	34.08	40.30
外出	0	0	153.42	100
合计	11329.66	31.18	33339.26	57.14

资料来源：《莒南县三个区十一个村的调查》，《山东省、华东各大中城市郊区农村调查》，第 34—35 页。

需要说明的是，由于大店地主土地占有数量多，"民国初年，庄氏地主家族占地 5 万亩，横跨苏鲁两省 7 个县，有 70 多个佃户村，2000 多家佃户"②，真所谓"马跑百里不吃人家草，人行百里不住外姓店"③，更多的出租地是在上述调查村庄之外，因此表 2 出租地为 33339.26 亩，而租

① 《莒南县筵宾、大店、沟头三区农村经济调查》，莒南县档案馆藏档（以下简称"莒南档"），1—1—7。
② 山东省档案局、中共山东省委党史研究室编：《山东的减租减息》，中共党史出版社 1994 年版，第 13 页。
③ 原抗大一分校民运部长、滨海区双减工作团团长、莒南县大店分区区委书记王任之访谈录。

入地仅11329.66亩。

同样根据上述调查材料,该11村抗战前租入地情况见表3。

表3　　　　　　抗战前大店等3区11村各阶层租入土地比较 单位:户、亩、%

成分	佃户	占佃户总数百分比	占总租入土地百分比	平均每户租入亩数
富农	44	9.30	30.23	77.84
中农	167	35.31	49.08	33.30
贫农	232	49.05	19.08	9.32
雇农	16	3.38	0.99	7.02
手工业者	8	1.69	0.35	4.96
商人	5	1.06	0.24	5.31
其他	1	0.21	0.03	3.16
合计	473	100	100	23.95

资料来源:《莒南县三个区十一个村的调查》,《山东省、华东各大中城市郊区农村调查》,第35页。

由表2、表3看出,该3区地主把自己93.71%的土地都出租给农民,自己只耕种6.29%的土地,雇工经营的只有16户[1],其余的收租地主留少部分土地由佃户代种,因此,该3区的地主绝大多数是封建性的收租地主[2]。在出租土地的规模上,大店地主采取的是以"一犋牛"的地(100—120亩)为单位大块出租的形式。与地主出租土地的情况相反,在173户富农中有44户租入土地,占该阶层总户数的25.4%,租入土地3425.02亩,占该阶层土地使用面积的37.5%,占各阶层所有租入土地数量的30.23%,户均租入土地77.84亩。717户中农中有167户租入土地,占该阶层总户数的23.3%,租入土地5560.98亩,占该阶层土地使用面积的33.89%,占各阶层所有租入土地数量的49.08%,户均租入土地33.30亩。富农和中农两

---

[1] 《莒南县筵宾、大店、沟头三区农村经济调查》,中共山东分局调查研究室编:《材料汇编》第10期,1943年,第11页,莒南档,1—1—7。

[2] 封建的含义很模糊,通常用来指称旧的、传统的、腐朽的事物。参见刘昶《在江南干革命:共产党与江南农村,1927—1945》,黄宗智主编:《中国乡村研究》第1辑,商务印书馆2003年版,第128页。

个阶层相加,占了各阶层租入土地数量的79.31%。由此可见,很大一部分富农和中农是租入土地的,尤其是富农租入土地数量平均接近80亩,而出租土地仅为其所有土地的5.45%,相对于租入的土地数量是微不足道的。富农租入土地占其使用土地的一半以上,他们租入土地雇佣长工或短工耕作,带有资本主义的"大农"经营性质。用中共山东分局书记朱瑞的话讲,"大部土地是经营的不错的"①。

另外,该3区总计租入土地占其使用土地的31.18%,租出土地占其使用土地的57.14%,足见租佃关系之发达。但同时需要指出,由于地主出租土地主要采取的是大块出租形式,另外根据中共山东分局调查研究室1943年对该11村调查的数字看,佃农户数并不多,仅占总户数的10.62%,而自耕农占60.1%,半自耕农占13.54%,自耕农、半自耕农合计占总户数的73.64%,占绝对优势。②

再看低山丘陵区地权分配情况。

中共山东分局调查研究室于1943年年底开展了对莒南县的壮岗、团林以及赣榆县的金山3区农村经济的调查,主要采用了1942年和1943年各村的负担册子,因而其调查是有一定依据的,并且由于"这三区因开辟工作不久",中国共产党公平合理负担及减租减息政策对当地地权变动没有大的影响,调查数字基本能够代表抗战前的地权分配状况,具体见表4。

表4　1943年莒南县壮岗、团林及赣榆县金山3区12村土地分配情况

单位:户、人、亩、%

阶级	户数	百分比	人口	百分比	地亩	百分比	每户平均	每人平均
地主	67	3.31	358	3.30	3838.27	12.78	50.50	10.72
富农	198	8.63	1191	10.97	6670.52	22.22	33.69	5.6

---

① 《滨海区十个月群众工作总结——朱瑞同志在滨海区第四次群众工作会议上的报告》,山东省档案馆、山东社会科学院历史研究所合编:《山东革命历史档案资料选编》第9辑,山东人民出版社1983年版,第358页。

② 《莒南县筵宾、大店、沟头三区农村经济调查》,《材料汇编》1943年第10期,第12页。

续表

阶级	户数	百分比	人口	百分比	地亩	百分比	每户平均	每人平均
中农	708	30.86	3492	32.16	11956.44	39.82	16.89	3.42
贫农	1192	52.00	5417	49.89	7369.71	24.54	6.18	1.36
雇农	53	2.31	173	1.59	59.47	0.20	1.12	0.34
其他	67	2.89	227	2.09	91.56	0.30	1.36	0.40
公田	—	—	—	—	42.99	0.14	—	—
合计	2285*	100	10858	100	30028.96	100	13.14*	2.76

资料来源：《莒南县壮岗、团林及赣榆县金山三区农村经济调查》，《材料汇编》第12期，1944年4月，第3页。

说明：1. "其他"包括手工业者、小商人、看庙人、看林人、流氓以及外出情况不详而无法确定成分者。2. 公田是宗田和庙田，每户每人总平均亩数不包括公田。3. 带*号者原稿计算错误，已予订正。

由表4看出，地主67户，占总户数的3.31%，占有土地3838.27亩，占总数的12.78%；富农198户，占总户数的8.63%，有土地6670.52亩，占总数的22.22%；地主、富农共占户数的11.94%，占土地总数的35%。占地200亩以上的一户也没有。这种情况与平原地区的大店、沟头、筵宾3区地主、富农占有土地69.32%相比有明显差别。如果单以地主占有土地情况作比较，则悬殊更大。由此可见，在低山丘陵区土地是相当分散的。据调查组推断，"这三个区可能代表滨海区的多数地区"[①]。

与地权分配上的分散性特点相适应，低山丘陵区的地主多为经营地主。仍用前述调查说明该3区土地租佃情况，具体见表5。

表5　　　　1943年莒南县壮岗、团林及赣榆县金山
　　　　　　　3区12村租佃情况　　　　单位：亩、%

阶层	所有地	租入地	租出地	使用地	租入占使用地的百分比	租出占所有地的百分比
地主	3838.27	22.90	1595.22	2265.95	1.01	41.56

[①] 《莒南县壮岗、团林及赣榆县金山三区农村经济调查》，《材料汇编》第12期，1944年4月，第4页。

续表

阶层	所有地	租入地	租出地	使用地	租入占使用地的百分比	租出占所有地的百分比
富农	6670.52	84.02	527.35	6227.79	1.36	7.91
中农	11956.44	891.53	553.76	12294.21	7.25	4.63
贫农	7369.71	1680.72	325.69	8724.74	19.26	4.42
雇农	59.47	27.91	9.92	78.06	35.75	15.67
其他	20.56	64.79	50.06	106.29	60.94	54.67
公田	42.99	—	42.99	—	—	100
总计	29957.96*	2771.87*	3104.99*	29697.04	9.33*	10.36*

资料来源：《莒南县壮岗、团林及赣榆县金山三区农村经济调查》，《材料汇编》第12期，1944年4月，第10页。

说明：地主租入土地是经营地主自己给亲戚代种的地；带＊号者原稿计算错误，已予订正。

地主出租土地占其所有土地的41.56%，其余大部分土地留作自己耕种，与大店地主93.71%出租、6.29%自耕的情况形成鲜明对比。如莒南县团林3个村和赣榆县金山3个村，在1937年共有地主37户，户均耕地81亩，其中完全自己雇工经营的18户，一半出租一半自营的9户，全部出租的10户。

该地区经营地主出租部分土地的主要原因是该地区土地较为贫瘠，地主将贫瘠的土地分成三五亩的小块出租给劳力、畜力充沛的农户耕种，租期一般为3年，经3年的改良将土地耕肥后收回，另换一块地继续出租，这样逐渐将薄地变为肥地。同时也只有分散出租才便于地主随时收回，并便于对土地收益进行比较。例如团林区崖上村一家地主出租90多亩地，佃户就多达40家，一户佃地超过10亩的不超过六七家。①

与分散出租土地的状况相适应，该地纯佃户少，更无富农大佃户②，租种土地的多是自己有一些土地而不敷耕种的半自耕农，在4494家农户

---

① 《莒南县壮岗、团林及赣榆县金山三区农村经济调查》，《材料汇编》第12期，1944年4月，第13页。

② 该地区富农租入地仅占其使用地的1.36%，而大店等3区则高达37.5%，而出租土地却很多，占其所有地的7.91%，而大店等3区仅为5.45%，这说明该地区富农不是集中土地进行大规模的经营，经营规模多以自己的劳力外加一个雇工所能耕种的土地为限，30亩左右。

中纯佃户仅56家，占总户数的2.44%，而大店等3区则高达10.62%。①

低山丘陵区土地租佃率低，但经营地主多，这就决定了雇佣关系的普遍和发达。根据前述调查，该地雇佣关系情况见表6。

表6　　1943年莒南县壮岗、团林及赣榆县金山3区9村雇主及工人数目　　单位：户、人、%

	雇主户数	雇工人数	农户总数	雇主占总农户的百分比
壮岗区	73	90	466	15.67
团林区	85	109	392	21.68
金山区	64	101	826	7.75
合计	222	300	1684	13.18

资料来源：《莒南县壮岗、团林及赣榆县金山三区农村经济调查》，《材料汇编》第12期，1944年4月，第21页。

由表6看出，该3区雇佣关系是较发达的，团林区最明显，雇主占总农户的21.68%。其中崖上村雇主户数占总户数的24%，而大店区雇主户数仅占总户数的2.88%，筵宾区占7.24%。

由上可见，莒南县平原区与低山丘陵区在地权分配上存在显著差异。②平原区地权集中，多大地主，租佃关系发达，多采取土地大块出租的方式，带有资本主义经营性质的富农大佃户居多，地主采取的剥削形式以地租剥削为主；低山丘陵区地权分散，多经营地主，租佃关系少，且多小块出租，自耕农占绝对优势，在剥削关系上也以雇工剥削为主。中国共产党地方组织在贯彻中央减租减息的土地政策时，既要考虑当地特点，又要保证中央政策的执行，因此不得不采取变通形式，而采取极具地方特色的减租减息措施，从而使地主富农的地权及其他财富逐渐向贫雇农转移。

---

① 《莒南县壮岗、团林及赣榆县金山三区农村经济调查》，《材料汇编》第12期，1944年4月，第13页。

② 这一情况与国民政府农林部1946年《关于苏豫皖三省租佃制度及推行"二五减租"情形的调查报告》所讲情况基本相同："据调查所得，大凡土地肥沃、人口稠密地区，佃农占农户总数比例为大，反之则佃农较少。"见中国第二历史档案馆编《中华民国史档案资料汇编》第5辑第3编，"财政经济"（6），江苏古籍出版社2000年版，第94页。

二 减租减息运动中地权转移的途径

莒南县的减租减息运动在1942年5月以前，仅局限在部分地区的部分村庄，并且极不彻底，就全县范围而言，"其收获不大"①。因此，这一时期的减租减息运动对地权转移的作用并不明显。而1942年5月至1943年11月的"双减"时期，由于"拨地""借粮""增资"等政策的贯彻，使地权变动以温和的、渐进的形式悄悄进行；1943年11月至1946年6月的"查减"时期，因为"找工""算账"等激烈斗争的广泛开展，造成了直接转移地权的运动。

1. "双减"时期地权变动的途径

1942年春，正当鲁中抗日根据地受到5万日寇"铁壁合围"、反复"扫荡"之时，滨海根据地也因日军轮番扫荡而困难重重。在此艰难情况下，3月下旬，担任中共中央华中局书记、新四军政委的刘少奇由华中返回延安，中央要他路过山东帮助检查工作。刘少奇经长途跋涉，穿过日寇严密封锁的陇海铁路，来到山东滨海抗日根据地，通过调查研究，认为："山东分局没有把群众运动摆在适当的位置上，而是被放在第四位的。山东的群众和农救会还没有发生血肉相连的关系，农救会没有权威，群众腰杆子不硬，积极性受到了压抑。可以说，群众运动是山东根据地各种工作中最薄弱的一项工作。"对此，他明确指出："在当前，减租减息就是山东的中心工作，所有的工作都围绕着这一中心来做。要全党来抓，党政军民各方面的干部都来抓。"②

根据刘少奇指示，山东分局于4月25日召开扩大干部会议，朱瑞在会上作了《抗战四年山东我党工作总结与今后任务》的报告，决定"以认真实行减租减息发动群众运动为建设山东根据地的第一位斗争任务"③，

---

① 薛暮桥：《抗日战争和解放战争时期山东解放区的经济工作》，山东人民出版社1984年版，第75页。
② 萧华：《难忘的四个月——忆少奇同志在山东》，中共山东省委党史资料征集研究委员会：《山东抗日根据地》，中共党史资料出版社1989年版，第252页。
③ 《中共中央山东分局关于减租减息改善雇工待遇开展群众运动的决定》，《山东革命历史档案资料选编》第8辑，第271页。

并明确指出这是"今后山东全党的战斗任务"①。

　　1942年5月4日,山东分局根据1942年1月28日中共中央政治局通过的《关于抗日根据地土地政策的决定》中,关于减租"照抗战前租额减低百分之二十五",减息"以一分半为计息标准"②的精神,发出《关于减租减息改善雇工待遇开展群众运动的决定》《关于减租减息改善雇工待遇工作的补充指示(一)》,山东省战工会于5月15日公布了《山东省租佃暂行条例》《山东省改善雇工待遇暂行办法》《山东省借贷暂行条例》,对减租减息增资(简称双减增资)做出了政策规定。应当说,山东抗日根据地的减租减息政策就本身而言,与中央的总体要求并无大的区别,但需要指出的是,在减租减息之外,又增加了改善雇工待遇的政策,规定:"一般成年男工,除由雇主供给食宿及习惯上一般待遇外,其年工资最低标准,应按照各地生活状况,以能再供一个人之最低生活必须费用为标准,其具体数目由双方协议规定。但最低不得少于通用食粮(高粱或玉米)三百斤";"女工、童工工资之增加,以成年男工之工资标准比例计算之。但成年女工最低工资不得低于成年男工二分之一,童工不得低于三分之一";"短工工资之有市价者,依其市价;无市价者,应由工会农会与雇工雇主按期商讨规定之";"工资之支付,均以粮食为标准"。③

　　为保证减租减息政策的有效贯彻,中共山东分局要求"各级党政军民必须抽调一切可以抽出的干部,使其脱离原工作,专门作减租减息改善雇工待遇与发展群众的工作"④,决定以滨海地区的莒南、临沭为"双减"实施中心县,并派出大型工作团⑤进行试点,创造经验。

---

　　① 《中共山东分局为保证实现关于减租减息改善雇工待遇开展群众运动的决定给各级党委及组织部的工作指示》,《山东革命历史档案资料选编》第8辑,第286页。

　　② 《关于抗日根据地土地政策的决定》,中央档案馆编:《中共中央文件选集》第13册,中共中央党校出版社1991年版,第286、287页。

　　③ 《山东省改善雇工待遇暂行办法》,《山东革命历史档案资料选编》第8辑,第289页。

　　④ 《中共中央山东分局关于减租减息改善雇工待遇开展群众运动的决定》,《山东革命历史档案资料选编》第8辑,第272页。

　　⑤ 为加强减租减息工作的领导,中共山东分局决定,从各级党政军民中抽调干部,使其脱离原工作,一律归所在地区的党委统一领导,并一律以同级或上级农救会干部的名义出现,并一律穿便衣。参见《中共山东分局关于减租减息改善雇工待遇开展群众运动的决定》,《山东革命历史档案资料选编》第8辑,第272页。

5月16日，滨海区农救会"双减"工作团莒南分团组成（即分局组织的双减工作团，加上地区和县的部分干部），由王任之、姜斌负责。分团决定以大店、筵宾两个区为实施中心区，每区以5个村为实施中心村。工作团进点后，以一周的时间做宣传、调查工作，除口头、墙报宣传外，还召开士绅、庄长、村政委员、农救会长等座谈会、联席会、群众大会，广泛深入地宣传党的土地政策，然后以5天时间，进行减租减息增加工资工作，最后以3天时间解决善后问题，做好巩固工作。①

上述措施，直接推动了莒南县减租减息工作的开展。但由于前述莒南县地权占有上的特点，使减租减息运动带上了明显的地方特色，从而在不同程度上导致了地权的转移。这个时期的减租减息运动导致地权转移的途径主要有以下几个方面。

"拔地"。"拔地"是莒南过去就有的习惯，即没有地种的农民，在某一季（多是麦收之后）与地主说通租种大佃户的地，至多不过一两亩，一季即归还原租户，一般租额较高。能向地主拔到土地的农户，必须是在地主及掌柜面前有面子的，否则是办不到的，这就是人们所说的"拔地瓜地"。② 也就是说，对莒南县平原地区来说，农民最感头疼的不是地主的地租太重，而是地主的地大多被大佃户租去了，一般贫农根本租不到地。当时担任工作团团长的王任之回忆：

> 我本来在抗大一分校当民运部长，因分局组织减租减息工作团，就抽我到莒南当团长，减租减息后县委就安排在大店做区委书记，当时大店形势非常复杂，东面是国民党五十七军，西面过沭河是鬼子，南面是八路军，大店白天是五十七军的，夜晚是我们的，有时鬼子过河又是鬼子的，因此大店是敌我顽斗争的焦点，位置非常重要。大店地主是通五十七军的，对共产党、八路军有敌意，我们白天进不去，只好住下河，晚上去发动群众。开始是按照上级减租减

---

① 《莒南县的减租减息运动》，莒南县档案馆编：《向封建堡垒进攻——莒南双减查减档案资料选编》（内部资料），1991年10月，第106—107页。

② 《莒南县的减租减息运动》，《向封建堡垒进攻——莒南双减查减档案资料选编》（内部资料），第108页。

息政策要求发动群众,我们就去找佃户减租减息,但大店多是大佃户,我们发动大佃户减租,他们不积极。山东分局书记朱瑞在大店南边的筵宾开会,我去找他汇报情况,朱瑞说:"你们发动群众没有攻破封建堡垒,白占着个茅厕坑,大佃户实际是经营地主,要发动基本群众。"他批评我们弄错了方向,说大佃户是"二地主",不能发动他们去减租减息,应考虑基本群众的需要,基本群众一般是无地可种,租不到土地。我们住的下河,是大店地主的佃户庄子,当时群众的最迫切要求是拔地瓜地,割麦后,把地拿过来压上地瓜,秋后就可收了。我们抓住群众的这一迫切要求,在下河村发动了"拔地"斗争。①

关于这场斗争,《大众日报》作了报道:

旧历年端午节大店附近二十四个村庄的千多贫农,结成队队行列,齐向大店请愿,人的浪潮汇流在白杨林内,土堆上站着区农救会长,讲着简单有力的话:"我们的要求是合理!吃饱肚子才有劲头儿抗日!"大白旗耸上了云天,"农救会"大红字像血红的太阳,大家高喊拔几亩地瓜地种,当场推出十个代表向地主请愿,群众排队游行,大旗飘扬在前面引路,锣鼓喧天地敲打着,喊声像爆发的火山,烈日下,绕遍大街小巷,历三小时之久,复回到树林中,由代表报告请愿谈判的胜利经过,地主代表庄佐臣、庄惠文等先生也到场讲话,从团结抗战和土地增加生产出发,接受大家的合理要求,并当场退出大佃户租地一千五百亩,分租给贫民耕种,租到地种的贫民当场向地主商讨借种子问题,也获得圆满解决,全场欢声沸腾,直至五时方陆续散去。②

拔地斗争进行得比较顺利,对发动群众也起了重要作用。

---

① 原滨海区减租减息工作团团长王任之访谈录。
② 丁夫、康庄、丁九:《大店周围廿村千余贫民结队游行要求租地,地主慨然应允当场宣称退回大佃户十五项土地租与贫民》,1942年6月28日《大众日报》,第1版。

1942年6月，中共山东分局和滨海地委在临沭县东潘村召开干部大会，会上总结介绍了莒南县"拔地瓜地"和临沭县"双减"试点的经验，并在全滨海区予以推广。

"拔地"针对的是大佃户、富农和经营地主，受益者是雇农、贫农或中农，虽然拔的只是土地使用权，但由于带有强迫的性质，实际上剥夺了土地所有者的土地使用权和一定程度上的土地处置权和收益权。"拔地不是自愿的原则，争取地主的同意，而是由农救会开会决定之后，强迫执行。"并且在实际操作过程中，一切由农救会决定，许多地主对被拔出的地被谁耕种都不知道。在地租上，租额一般规定得也太低，"每亩交麦11—28斤，而产量则是140—135斤。按三七五、六二五的规定，应为15—50斤。去年黄豆每亩收80斤，应交30斤，但只交20斤。地主虽不愿意也无可奈何"①。这实际上在一定程度上剥夺了地主富农的地权，中农、贫农等阶层则相应地得到了一定的地权。山东分局调查研究室1943年对莒南县筵宾、大店、沟头三区的"拔地"情况进行调查，在13个村庄的243户拔地分配户中，中农16户，贫农180户，雇农18户，手工业者6户，小商人17户，其他6户。②

借粮。就是在青黄不接"粮荒"之际，由农救会组织缺粮户采取集体方式，向有粮户借取粮食。5、6月份正值春荒之时，工作团为开展减租减息工作进入村庄，面临的正是农民普遍缺粮这一现实。在这种情况下，"一开始板起面孔进入减租减息增资的正面斗争，故群众动不起来"③。在1942年工作团开展工作的村庄中，一个贫苦佃农说：

> 当初，俺知不道到俺庄的是农救会的同志，还只道是来催给养的，他们跟我讲要减租减息、二五减租……我说是好到好，可是俺今天眼看就断炊了，恐怕等不到"减租"就饿坏了，我叫他不用再谈了；他又紧紧的向我问有多少人没饭吃，叫我们一起想办法，跟

---

① 莒南档，1—1—7，第83页。
② 同上书，第85页。
③ 朱瑞：《滨海区一个月减租减息增资运动的检讨》，《山东革命历史档案资料选编》第8辑，第387页。

富户去商议借粮。当时有一家不听我们的道理,不肯借,我们就耐心详细的和他讲道理,告诉他借粮是为了救急,可是他始终不肯借,后来全庄的士绅,连他的小老婆都骂他不通人情,他才借出一部分粮食来。这回我们全村富户,共借了一千八百五十斤,这就保了一百三十一口人(一部是从敌占区逃来的难民)能度过当前粮荒了。①

1942年,筵宾区5个中心村农救会发动群众借粮8340斤。② 发动借粮不但为一部分饥饿的农民所迫切要求,而且借粮救荒容易赢得社会的同情,地主富农比较容易接受,也使群众在借粮中发现组织的力量,为进一步发动群众创造条件。但是,1942年减租运动中在莒南县盛行的借粮运动,某些地区为发动群众,发生过"左"的偏向,"有的认为这是公粮吃了白吃",有的农救会对有粮户"强借硬扒,没有就翻",在分配粮食时,个别村干部感情用事,有的并不急用者也分,有的甚至把借到的粮出卖,也有的换大烟抽,并且许多借而不还,因此引起有粮户的不满,"以后谁还种地,没有就借着吃"③。这种情况,在客观上促使地主富农出卖土地。

增资。是指增加雇工的工资。对低山丘陵区的农民来说,由于雇佣关系较发达,因此增资自然成为迫切要求,也成为中国共产党减租减息工作的一个重点。但在做法上不是认真发动雇工主动向雇主要求增资,而变成一种政府和工作人员的恩赐行为。在增资办法上,1942年团林区按原工资每百元加高粱40—50斤,壮岗区每百元加90元。1943年团林、壮岗两区增资后均改为粮食工资,一般大工工资450—500斤,童工225—210斤,女工225—350斤。④ 根据1943年山东分局调查研究室调查的资料,大店、沟头、筵宾3区11个村的男工和童工全部增加了工资,

---

① 《莒南农救发动借粮救急》,《大众日报》1942年6月4日,第1版。
② 中共莒南县委党史委编著:《中共莒南地方史简编》(内部资料),1999年8月,第51页。
③ 《莒南县筵宾、大店、沟头三区农村经济调查》,《材料汇编》第10期,1943年,第74页。
④ 《莒南县壮岗、团林及赣榆县金山三区农村经济调查》,《材料汇编》第12期,1944年4月。

增资指数与1942年春相比，男工和童工由10%分别上升到23.3%和28%，女工由5.3%上升到26.7%。① 在减租减息运动中，"许多地方偏重于增资"，这是事实。②

增资的目的是限制经营地主、富农对雇工的剥削，改善雇工的待遇，但"没有按实际情形、工人的劳动力与雇主的偿付能力来适当规定的工资标准，特别是对于照顾富农生产不好，有的狭隘的经济要求超过了富农所能负担的能力。因此也影响某些经营地主、富农不愿继续经营土地"③。如根据中共山东分局调查研究室1944年对该县莫家龙汪头的地主莫洪印1943年经济情况的调查，该地主当年有土地110.8亩，出租39.3亩，自己经营71.5亩，雇工3人，并用短工30个，雇工开支情况如表7。

表7　　　　　　　　1943年莫家龙汪头莫洪印雇工开支情况

	工资粮（斤）	吃饭（斤）	听戏（元）	赶集及零用（元）	蓑衣（元）	苇笠（元）	旱烟（元）	手巾（元）	以上六项合计（元）	折粮（斤）	共需粮（斤）
大工	600	500	90	100	6	3	40	20	259	65	1165
二工	500	500	90	100	6	3	—	20	219	55	1055
牛工	250	400	60	80	6	3	—	20	169	42	692
短工	75	60	—								135
合计	1425	1460								162	3047

资料来源：《莫家龙汪头"让地"调查》，莒南档，1—1—57。

说明：短工每日工资10元，折粮2.5斤。

该地主自己经营71.5亩土地，共支出工资粮3047斤，每亩须支出工资粮43斤，大约占到生产额的一半。为此，该地主将22亩土地以每

---

① 《莒南县筵宾、大店、沟头三区农村经济调查》，《材料汇编》第10期，1943年，第41页。

② 《滨海区十个月群众工作总结——朱瑞同志在滨海区第四次群众工作会议上的报告》，《山东革命历史档案资料选编》第9辑，第357页。

③ 同上。

亩换 2 个工日的代价出让,这样只需雇长工 1 人,短工 8 个,工资支出只需 1525 斤,节省 1532 斤。而让地 22 亩收回工夫 44 个,节省 440 元,折粮 110 斤。实际支出工资仅 1415 斤,比让地前节省 1632 斤。因此,该村共计 8 户经营地主中有 5 户共计出让土地 60 多亩。出让的土地由农救会负责分配给抗属和贫农耕种。① 在客观上起到了转移地权的作用。

减租。除"拔地""借粮""增资"外,减租政策"还不够普遍"②,且"除个别的村庄通过群众的斗争外,大多数的村庄还都是依靠干部的包办代替,所以减租的推行是不彻底的"③,但也毕竟在一定程度上得到了推行,部分地减轻了农民的负担,改善了生产生活条件。下面是中共山东分局调查研究室 1943 年调查资料中一家佃户历年主要作物收入的分配比较。

表 8　　　　莒南县一家佃户历年主要作物收入分配比较　　　单位:%

	1940 年		1941 年		1942 年		1943 年
	麦季	秋季	麦季	秋季	麦季	秋季	麦季
收获	100	100	100	100	100	100	100
除种	25	14	23	10	11	5	11
实分	39	43	38	45	56	59	56

资料来源:《莒南县筵宾、大店、沟头三区农村经济调查》,《材料汇编》1943 年第 10 期,第 65 页。

由于双除种④的原因,佃户在 1941 年前麦季收入只占收获量的 38%—39%,秋季占 43%—45%,在开始减租后,由于废除了双除种,改为单除种,仅此一项就使佃户收入麦季增加到收获量的 56%,秋季增

---

① 《莫家龙汪头"让地"调查》,莒南档,1—1—57。
② 中共临沂地委党史资料征集领导小组:《忆沂蒙——临沂地区党史资料》第 2 期(内部资料),1983 年 7 月,第 67 页;《山东革命历史档案资料选编》第 9 辑,第 350 页。
③ 《莒南县壮岗、团林及赣榆县金山三区农村经济调查》,《材料汇编》第 12 期,1944 年 4 月。
④ 指佃户耕种租佃的土地时,种子由出租方提供,收获后在未分配之前从公堆上按 1 斤种子扣 2 斤偿还出租方。

加到收获量的59%。在大店等3区调查的129户减租贫农户中，约计多分粮食5800斤，每户平均45斤。① 有的农民说："往年吃地瓜母子怪好吃，今年见了就头痛"，"这两年不是那两年了，我们的粮食吃不了了"。② 与农民生产生活条件改善相联系，雇贫农买地户增加，特别在减租减息开展较早的地区更为明显。根据中共山东分局调查研究室1945年对大店等3区11村调查，雇贫农"增加土地较任何阶层为多"，如后粮店王庆两年买了2.5亩地，王义靠运盐所得就买了3.12亩地。③

2. "查减"时期地权变动的途径

上述减租减息政策从总体上是比较温和的，对地权转移的作用也是间接的和有限的。但在1943年11月开始的"查减"运动中，由于采取了以"找工""退租"为主的激烈的斗争形式，减租减息运动发展成为直接转移地权的运动，起到了土地改革的作用。

1943年10月1日，中共中央政治局发出《开展根据地的减租生产拥政爱民及宣传十大政策的指示》（简称"十·一"指示），指出："秋收已到，各根据地须责成各级党政检查减租政策实行情形。凡未认真实行减租的，必须于今年一律减租；减而不彻底的，必须于今年彻底减租。"④ 10月10日，中共山东分局为贯彻中央"十·一"指示，做出《为贯彻中央10月1日指示的决定》，要求各级党组织深刻认识和坚决执行中央的决定。1942年8月3日，国民党东北军一一一师师长常恩多率2700多名官兵在莒南址坊发动起义，从而彻底改变了莒南敌顽我力量对比，又经后来罗荣桓亲自指挥山东八路军主力发动三次甲子山之战⑤，将顽军孙焕彩等大部消灭，逐出莒南，从而使莒南县成为全山东根据地中唯一一

---

① 《莒南县筵宾、大店、沟头三区农村经济调查》，《材料汇编》第10期，1943年，第66页。

② 《滨海区农村经济调查报告》，山东省档案馆藏档，1—1—101—1。

③ 《莒南县三区十一村阶级关系的变化》，《材料汇编》第15期，1945年8月，第35—37页。

④ 中央档案馆编：《中共中央文件选集》第14册，中共中央党校出版社1992年版，第97页。

⑤ "当代中国人物传记"丛书编辑部：《罗荣桓传》，当代中国出版社1991年版，第280—283页。

个既无日伪据点，又无顽军占区的敌后抗日根据地。① 1942年12月，中共山东分局、山东省战工会、山东军区和八路军一一五师师部等党、政、军领导机关移住莒南县，直到抗战胜利，莒南成为山东的政治、军事指挥中心。1943年3月，莒南县被山东分局确定为分局实验县，除受中共滨海区党委领导外，由山东分局直接领导。这为查减运动的开展创造了有利条件。

1943年11月18日，莒南县委根据分局及区党委指示，在总结"双减"工作基础上，传达布置了查减工作，提出以减租查租为中心，开展广泛查减运动。

莒南县的查减运动是在抗战后期中国共产党势力已相对强大，根据地已巩固的情况下进行的，此时的土地政策更多激进的成分，在这个过程中，"一般通过分局的指示，社论的号召，各地区斗争介绍，分局七八九十补充指示的传达，终而酝酿了干部思想、情绪、立场，而开动了机器"，"终而发动了群众运动的高潮"，在这个高潮中，群众的"左"与一部分干部的"左"结合起来，形成了"左"的洪流。② 特别是对富农利益乃至对中农利益的侵犯，使中农成为农民经济上升的上限，有地就挨斗的思想严重③，因此查减运动对地权转移的作用更加直接和明显，实际达到了改变土地关系、实现地权转移的目的。具体表现在以下几个方面。

退租。1944年年初，县委发出了《彻底完成查减，深入发动群众，进一步推动大生产的动员布置》指示。随后，县委派出工作团到大店开展查减斗争。先后组织召开了两次斗争大会，并成立了善后委员会，负责调处应减而未减地租的退租等具体事宜。退租的原则和办法是，自1942年减租减息法令公布以后，凡未实行减租者一律退租，并按"二五"减租和分半减息订立新的租佃合同和借贷契约。退租数目由各村农救会

---

① 《中共莒南地方史简编》（内部资料），第57页。
② 《论群众路线与山东群众运动——黎玉在一九四五年九月分局群众工作第二次代表会议上的报告》，《山东革命历史档案资料选编》第15辑，第360页。
③ 需要指出的是，莒南县在抗战中实行了许多其他的措施，如开展鼓励生产发家的吴满有方向教育、实行变工互助、改良农业技术、发放贷款、宣传表彰劳动发家的劳动模范郑信等活动以促进生产发展，也确实收到了一定成效，巩固和壮大了根据地的经济实力，但在此研究的只是查减运动与发展生产的关系。

算好账，拿着条子到善后委员会登记，然后集体按着地主堂号退租。根据工作团当年起草的《大店查减斗争总结》中披露的数字，大店的这次查减斗争，牵涉到3县、10区、64村，有612户解决了问题，获得了利益，共计减租土地8262亩，减租粮食78430斤，柴草70500斤。①

找工。地主在租佃关系中的"拔工"②，是一种劳役地租的剥削方式，带有超经济剥削的性质，应当允许农民找回。莒南县从1944年查减运动开始，在"削弱封建"，"看情形，留生活"，"削弱三分之二"，"一定要削弱成中农贫农"等口号下，向地主清算拔工的工资，开始闪电式的找工。找工首先从大店开始，然后在全县推广。在实际执行过程中，由于干部的鼓动、怂恿和群众组织的带领，形成在经济上剥夺地主、富农甚至中农的运动，并将其视为查减的主要内容和查减是否彻底的主要标志。"谁不这样做，谁就是立场不稳（区干部）；民主政府是共产党领导的，做错了不要紧（村党员群众）"，迎合了农民的平均主义和狭隘自私思想。③

找工不像退租那样，土地就在那，有凭有据，容易计算，而是仅凭记忆，没有证据，随意性很强，干部鼓动群众漫天要价，主张多说几个工没关系。根据1945年中共山东分局调查研究室对大店等3区11村的调查材料，在找工中农民普遍"以少报多，以轻报重"，如大店王中法给地主送过几趟柴草，报了600个逃难工，要求把他所看的地主山场都给了他；大山前妇女把洗碗的零工报成整工；后粮店找干拔工找到25年以前；邢家水磨找白带地工找到20年以前，每亩以3个工计算，每工20元工资，比地价高出数倍；大店韩风柱在战前跟地主在区公所里听过几天差，也找了1200元。④ "某庄欠8个工钱，结果按当时布价折成今天布价，按分半利长着，找回1500元，另一庄欠增资工钱54元，按洋油价折

---

① 《大店查减斗争总结》，《山东革命历史档案资料选编》第13辑，第98、132页。
② 农民之间的"修房盖屋邻帮相助"被称为"拔工"，这种拔工多是彼此互助，不带有强迫性质，是农村的传统习惯；大店地主是远近闻名的大地主，亲戚多且路远，走亲访友、接送亲戚需要大量的工时，对佃户主要是接送亲戚拔工；另外还有给地主家建房、挑水、出夫，甚至做饭、洗衣等的拔工。
③ 《论群众路线与山东群众运动——黎玉在1945年9月分局群众工作第二次代表会议上的报告》，《山东革命历史档案资料选编》第15辑，第386页。
④ 《莒南县三区十一村阶级关系的变化》，《材料汇编》第15期，1945年8月，第20页。

成9亩地找回。"①

不仅庄内找,而且庄与庄找。如陡山区后惠子坡等村群众普遍找工如赶集,这庄找那庄,那庄找这庄,三五成群地找,争先恐后,因为找时地主不讲价,说什么办什么,往往后找的就没东西可找了,因此各村之间闹不团结、闹宗派,如某庄一流氓找去3000多元,排挤外庄来找。②

黎玉在1945年9月召开的山东分局群众工作第二次代表会议上对莒南找工情况进行了详细描述:

> 于是开会呀,走亲戚呀,编小组呀,家与家找、村与村找,像赶庙似的热闹(莒南报告)。找工的算法是七折八翻。徐柳沟一个找工,找出四元钱的账,按七年算,四翻八,八翻十六,十六翻三十二,算成十八万元,够他家的财产就行了,这是照情形……小山前地主"五大门"有四十多家农民来找,共找出三百六十亩地。恶霸打人一耳光,找一百元的也有。根据莒南涝坡区十一月、十二月贯彻查减开展了找工运动的统计:
>
> 找户,中农五〇六户,贫农一四八九户,雇农一八七户,共二一七二户(应为2182户——引者),因找工由贫农升到中农的四七四户。
>
> 被找户,地主六三户,富农四〇七户,中农三〇四户,贫农二户,共七七四户(应为776户——引者)。
>
> 找钱,五三七二六七元(多以猪、驴、牛、衣等物折合)。
>
> 找地,四一九七亩。
>
> 找粮,一二二七〇一斤。
>
> 找牛,七头。
>
> 全县除了二、三个区稍公正平稳一些,其他各区大体类似此区。③

---

① 《滨海三地委查减汇报材料》,临沂市档案馆藏档(以下简称"临沂档"),3—1—50。
② 同上。
③ 《论群众路线与山东群众运动——黎玉在一九四五年九月分局群众工作第二次代表会议上的报告》,《山东革命历史档案资料选编》第15辑,第361—362页。

根据黎玉报告中的材料，在找工中得到的斗争果实超过了任何一种斗争果实的数目，如大店等3区11村，参加斗争的群众共1716户，斗争得到果实720652元，其中找工者便有463户，占参加斗争总户数的27%，找出的钱款301989元，占果实总数的42%，地主的大部分土地因此而分到群众手里，"许多村庄找工后几乎没有地主了，至少有六千个贫农获得了土地"①。

大店地主"居业堂"在抗战前有20多顷地，是大店地主中财产较多的一家，抗战爆发后，全家外逃，家中只有掌柜和佣人看管。1942年减租中减少了部分土地，1944年两次查减，他是被削弱最多的户。根据中共山东分局调查研究室1945年调查的情况，该地主1944年5月被找工情况如表9。

表9　　　　1944年5月查减中向大店"居业堂"地主找工统计

类别	户数	数目	款数（元）	折地亩数（亩）	外付款（元）
逃难拔工	23	6185个	61850	135.178	
女工	1	3年	1170	2.40	
看门工	1	30个	240	0.712	
收据点工	1	1000个	10000	19.90	
送粮送兵工	4	89个	790	0.657	340
看树行工	1	多年	1200	3.671	
男工资	1	不详	3500	5.835	
团练饷壮丁费	2	270元	2700	4.243	
使小车	6	8辆	7700	15.85	
罚款	3	150元及酒席1桌	1550	1.00	950
赔偿	10	卖苗田及多收麦子7.52亩	25900	41.669	
没收	1	洋油7箱	1500	2.143	

① 《论群众路线与山东群众运动——黎玉在一九四五年九月分局群众工作第二次代表会议上的报告》，《山东革命历史档案资料选编》第15辑，第362页。

续表

类别	户数	数目	款数（元）	折地亩数（亩）	外付款（元）
欠青草料	4	不详	1864.48	1.734	420
骗钱	1	600元	6000	8.57	
欠账（烟、烧饼）	2		800	1.00	200
利涨折地	2	6.10亩		6.60	
霸占	3	12.50亩		14.80	
代交优待粮、双除种、送粮工混在一起	4	不详	3428.10	11.759	
零星问题	1		300		
捐枪		7支	4500	16.224	
付连三角费（掌柜）			1032		
合计	71		136024.58	293.945	1910

资料来源：《居业堂是怎样被削弱的》，《材料汇编》第15期，1945年8月。

该地主本次找工共计被找出钱136024.58元，折地293.945亩。紧接着，当年11月又进行了一次找工，具体见表10。

表10　　　　　　1944年11月向大店"居业堂"找工统计

类别	户数	数目	付款数（元）
逃难拔工	2	170个	850
盖屋工	1	不详	710
女工	4	4年540天	2280
零拨工	8	620个	3202.5
奶妈工	2	19个月	700
男长工	2	2年余	1000
白带地	3	3.85亩4年	1250
送兵工	1	3个月	800
剃头工	2	欠61元	610

续表

类别	户数	数目	付款数（元）
裁缝工	1	3年半间	300
看门工	1	3年	800
看林工	1	不详	700
团练青年团䬧	8	30个月	3300
罚款	2	100元1桌客	1866.7
养伤费	2	花221元	2000
赔枪	1	2支	1300
找回存款	1	100元	1000
电话局股票	1	20张	10190
其他	4		4700
合计	47		37559.2元 折地41.168亩

资料来源：《居业堂是怎样被削弱的》，《材料汇编》第15期，1945年8月。

表9、表10所列找出的土地数量是该地主在本村的土地，此外尚有本县外区外村找工退租洋7625元，折地66.296亩；县外还有一些土地被找出，如莒中县菜园村找工退租计地405.78亩，莒中县洙流村找工退租计地374.36亩。该户地主共计找去地1181.55亩，占全部土地的77.79%，所剩土地仅337.41亩。① 大店地主庄德孚在查减前有地186.74亩，查减后只有1.024亩。邢家水磨地主邢荩忱在斗争前有地311.27亩，斗争后只有27.41亩。②

开斗争会。莒南地主特别是大地主不多，而恶霸的概念要比地主宽泛得多，而且其劣迹更为群众所痛恨，所以反恶霸斗争的基础最广，起着斗一儆百的作用。③ 但后来发展到"有钱的都该斗"，有的怀疑斗事

---

① 《居业堂是怎样被削弱的》，《材料汇编》第15期，1945年8月，第58页。
② 《莒南县三个区十一个村的调查》，《山东省、华东各大中城市郊区农村调查》，第40页。
③ 《什么是恶霸？》，滨海地委编：《行署通讯》第7期，1945年9月15日，临沂档，A1—32，第44页。

还是斗地①,"中农以上的该斗","瘸子里选将军,无地主斗富农无富农斗中农","有点钱的没好东西,一个一个的斗就是了"。②根据黎玉的报告,"莒南四二年统计,斗争七十次,四三年二五一次,四四年一一七一次,这是大的斗争。筵宾区统计,三年来斗争计二五○○多次"③。

在斗争中,有的不管斗争对象错误轻重,开始便以对象留下贫农生活其他拿出作标准,要罚1倍、2倍、3倍,甚至100倍,有一个村斗争一个中农即要罚17支盖子枪,1支匣子抢,1000粒子弹,8000元钱。以至有人问:"有几亩地就用不着斗了?"④在乱找、乱斗、乱罚的气氛下,掀起了"共产风",有的人打听"什么时候分?""到底一人分几亩?"有的卖地卖牛,有的村大牛卖到4/5,车脚子卖的藏的都有。⑤在1945年中共莒南县委讨论筵宾区领导问题的会议记录中提到,"一个村干要做集体农场"⑥。

莒南县地主富农土地除被斗交出者外,有的往外捐,有的往外借,根据山东分局调查研究室1945年对大店等3区11村调查的材料,"后粮店开明地主王乃甲原有400亩地,被找工找问题后还有100多亩,前后捐地捐枪又捐了90余亩,自己只剩下35亩"⑦。

三 减租减息运动结束时的地权状况

到1945年年底,莒南县历时3年半的减租减息运动基本结束,由于中国共产党土地政策的实行,加之战争对农业生产的影响,地主、富农负担加重,莒南县各阶层土地占有状况发生了实质性的变化。以大店、筵宾、沟头3区为代表的平原地区呈现出明显的土地由集中到分散,由

---

① 《杨士法同志重要记录》,临沂档,5—1—7。
② 同上。
③ 《论群众路线与山东群众运动——黎玉在一九四五年九月分局群众工作第二次代表会议上的报告》,《山东革命历史档案资料选编》第15辑,第360页。
④ 《杨士法同志重要记录》,临沂档,5—1—7。
⑤ 《滨海三地委查减汇报材料》,临沂档,3—1—50。
⑥ 《领导问题》,临沂档,3—1—18。
⑦ 《莒南县三区十一村阶级关系的变化》,《材料汇编》第15期,1945年8月,第30页。

在地主手中到农民手中的转变。黎玉在《论群众路线与山东群众运动》的报告中列举了这种变化，详见表11。

表11　大店、筵宾、沟头3区11村土地变化（1938—1945年）　　单位：亩

阶层	增地	减地	增减总亩数
地主	328	22401	-22073*
富农	634	1657	-1023*
中农	2792	1134	+1658*
贫农	3713	567	+3146
雇农	650	12	+638
手工业者	581	95	+486*
商人	325	84	+241*
自由职业者	35	3	+32
流氓	180	171	+9
外出			
外来	392	12	+380*
合计	9630*	26136*	-16506*

资料来源：《论群众路线与山东群众运动——黎玉在一九四五年九月分局群众工作第二次代表会议上的报告》，《山东革命历史档案资料选编》第15辑，第367页。

说明：亩后小数略；带*号者原稿计算错误，已予订正。

该3区11村自1938年至1945年地主净减地22073亩，富农净减地1023亩，地主富农合计减地23096亩。另有资料显示，仅1943年至1944年11个村地主即减少土地15362亩，占其从抗战以来历年减少土地总数的近70%[①]，因被斗追出的土地就有10777.69亩。而中农贫农等其他阶层则明显上升，增地6590亩。

从各阶层人均占地情况看也发生了显著变化，表12是中共山东分局1945年调查的情况。

---

① 《莒南县三个区十一个村的调查》，《山东省、华东各大中城市郊区农村调查》，第39页。

表 12　　　　大店、筵宾、沟头 3 区 11 村各阶层人均占地变化　　　单位：亩

阶层	1937 年 每户平均	1937 年 每人平均	1945 年（按原成分统计）每户平均	1945 年（按原成分统计）每人平均	1945 年（按调查时成分统计）每户平均	1945 年（按调查时成分统计）每人平均
地主	203.57	35.95	61.06	13.67	80.20	19.01
富农	34.91	5.16	20.65	4.04	28.16	5.79
中农	15.50	2.88*	14.39	2.96	13.82	2.98
贫农	5.97	1.15*	8.91	1.90	6.27	1.32
雇工	1.12	0.27	5.02	1.31	1.79	0.64
手工业者	2.69	0.53	6.53	1.34	6.68	1.39
商人	2.38	0.52	6.02	1.27	4.01	0.85
自由职业者	5.65	1.02	9.25	1.66	7.90	1.58
其他	1.78	0.38	4.42	0.83	0.98	0.88
外出	—	—	4.83	1.89	—	—
合计	23.42	4.45	14.38	3.09	14.38	3.09

资料来源：《莒南县三区十一村阶级关系的变化》，《材料汇编》第 15 期，1945 年 8 月，第 40 页。

说明：带 * 号者原稿计算错误，已予订正。

由表 12 可见，从 1937 年到 1945 年，地主土地由户均 203.57 亩，人均 35.95 亩，分别下降 70% 和 62%，而贫农由户均 5.97 亩、人均 1.15 亩分别上升到 8.91 亩和 1.90 亩，升幅达 49% 和 65%。

单从筵宾区情况看，这种变化更为明显，根据 1947 年中共滨海地委对该区进行的土地调查，全区在 1942 年减租前共有地主 118 户，1945 年查减后仅剩 43 户，原有 667 口人，后只有 191 人，原有 6562.228 亩地，后只有 1317.103 亩地。其余下降者为富农 50 户，中农 46 户，贫农 3 户（合计户数为 142 户，与 118 户之差，可能是由于分家析产所致）。如该区小山前村 9 户地主，76 口人，748.9 亩土地，人均 9.85 亩，经过 3 年来的查减、反恶霸、找工斗争之后，拿出土地 477.9 亩，余下土地 271 亩，人均只有 3.5 亩。只有两家因无劳动力而雇工人。富农也有 2/5 的户下降。而贫农从原来的 2363 户，减少到 1515 户，上升者 1050 户，占总

数的40%以上，土地增加1/4以上。①

以上是平原地区的土地占有变化情况。低山丘陵地区的变化同样明显，根据中共山东分局调查研究室1943年年底对莒南县壮岗、团林以及赣榆县金山3区农村的经济调查材料，截至该年年底，壮岗区的坡里，团林区的崖上、彭石河、李家村，及赣榆县金山区的张夏庄、黄泥共6个村的土地变化情况如下。

表13　莒南县壮岗、团林及赣榆县金山区3区6村土地变化

单位：户、亩

成分	户数			亩数		
	战前	1943年	增减	战前	1943年	增减
地主	49	41	-8	3814.27	2161.36	-1652.91
富农	62	80	+18*	2364.25	2665.48	+301.23
中农	270	324	+54	4273.61	5139.54	+865.93
贫农	589	679	+90	3619.23	3756.99	+137.76
雇农	63	50	-13	74.93	55.23	-19.70
其他	21	12	-9	15.34	15.74	+0.40
总计	1054	1186	+132	14161.63	13794.34	-367.29

资料来源：《莒南、赣榆县三个区的农村调查》，《山东省、华东各大中城市郊区农村调查》，第14页。

说明：总地亩减少的原因，不是因土地面积减少，而是有些大户将地卖到外庄。增加的土地，除了买入土地外，还有一些是开荒土地。富农户数的增加大半是由于分家，中农升为富农的不多。带*号者原稿计算错误，已予订正。

地主户数下降16.3%，而土地下降43.3%，而富农、中农、贫农户数和土地都有所上升。需要指出的是，这是在尚未开展查减斗争时的变化情况，而查减后没有系统的资料，但与壮岗区相邻且同属于低山丘陵区的洙边区查减之后到土改之前的情况应该能够说明问题。1947年4月中共莒南县洙边区委对该区1945年查减运动后土地变动情况进行了调查，

---

① 《筵宾区的调查》，临沂档，3—1—18，第79—81页；《筵宾区八个村富农路线问题调查统计材料》，临沂档，3—1—67，第73页。

该区前官庄双减前有地主3户，34口人，占有土地298亩，平均每人8.76亩，而查减后土改前3户地主，34口人，仅剩土地107亩，平均每人3.15亩；双减前10户富农，73口人，占有土地335.3亩，平均每人4.59亩，查减后土改前变为16户，100口人，306亩地，平均每人3.06亩地。① 该区环河崖村战前12户地主富农占耕地1193亩，查减后占耕地785亩，减少34.20%；原有28家贫雇农占有耕地211.5亩，查减后占有耕地476.5亩，增长125.30%，人均由2亩上升到3.45亩。②

有许多地方，土地占有状况实现了彻底改变。根据中共莒南县委1946年11月《莒南县土地改革工作》文件中的统计，从1942年减租减息前，至查减以后土地改革以前的1946年，该县路镇区温水泉村土地变化情况如表14。

表14　　　　　　　　　路镇区温水泉村土地变化

时间	1942年以前（减租减息前）				1946年以前（查减后）			
成分	贫农	中农	富农	地主	贫农	中农	富农	地主
户数	88	179	29	2	77	240	26	2
人口	420	830	78	13	346	1008	123	14
地亩	796	3564	762	97	854	3929	571	23
每人平均	1.9*	4.3*	9.8	7.5*	2.5	3.9*	4.6	1.6

资料来源：《莒南县土地改革工作》，莒南档，1—1—28。
说明：带*号者原稿计算错误，已予订正。

该村地主人均占有土地由7.5亩减少到1.6亩，富农由9.8亩减少到4.6亩，贫农则由1.9亩上升到2.5亩。路镇区共有48个村，有类似变化的村子达到24个，占50%。③

综上所述，中国共产党在莒南县实施的减租减息的土地政策，造成了各阶层地权占有的显著变化，正如毛泽东在1944年7月14日同英国记者斯坦因的谈话中指出的，通过实行减租政策，"就可能把现在处于封建

---

① 《洙边区土改情况》，临沂档，3—1—67。
② 《洙边区环河崖村土地统计表》，临沂档，3—1—67，第45—47页。
③ 《莒南县土地改革工作》，莒南档，1—1—28。

剥削制度下的一切土地逐步地和平地转移给耕种者"①。日本学者田中恭子认为："在减租政策之下，中共确实进行了土地改革。"② 莒南县减租减息政策的实践，在实际上达到了以渐进方式实现地权由地主富农向贫雇农转移的目的，"出现了某种程度上的社会均衡"③，基本上完成了土地分配任务④，起到了土地改革的作用。

---

① 《毛泽东文集》第3卷，人民出版社1996年版，第185页。
② ［日］田中恭子：《四十年代中国共产党的土地政策》，南开大学历史系编：《中国抗日根据地史国际学术讨论会论文集》，档案出版社1985年版，第500页。
③ ［美］黄宗智：《中国革命中的农村阶级斗争——从土改到文革时期的表达性现实与客观性现实》，《中国乡村研究》第2辑，商务印书馆2003年版，第78页。
④ 孙汉卿：《滨海区土地改革的回顾》，中共山东省委党史研究室：《山东的土地改革》，山东人民出版社1993年版，第698页。

知县与地方士绅的合作与冲突

——以同治年间的广东省广宁县为例*

邱 捷

瞿同祖的《清代地方政府》一书有专节谈"官绅间的合作与冲突"。① 瞿先生全书的重点并非讲这个问题,限于篇幅,对此也无法展开。其他研究清代士绅以及研究近代基层政权、基层社会的著作,或多或少会涉及官绅关系②,但详为论述者不多,深入细致的个案分析更少。中山大学收藏有一本同治、光绪年间历任广宁、四会、南海等县知县的杜凤治的日记,其中有大量知县与士绅打交道的记录。本文主要根据这部日记的内容,再参考其他档案、文献,以同治年间广宁县为例,具体地探

---

* 本文原载《近代史研究》2006 年第 1 期。本文原为提交"近代中国的城市·乡村·民间文化——首届中国近代社会史国际学术研讨会"(中国社会科学院近代史研究所、青岛大学主办,2005 年 8 月,青岛)论文。

① 瞿同祖:《清代地方政府》,范忠信、晏锋译,何鸣校,法律出版社 2003 年版,第 326—330 页。

② 如吴晗、费孝通等的《皇权与绅权》(天津人民出版社 1988 年版)、张仲礼的《中国绅士——关于其在 19 世纪中国社会中作用的研究》(上海社会科学院出版社 1991 年版)、贺跃夫的《晚清士绅与近代社会变迁》(广东人民出版社 1994 年版)、王先明的《近代绅士——一个封建阶层的历史命运》(天津人民出版社 1997 年版)、赵秀玲的《中国乡里制度》(社会科学文献出版社 1998 年版)、张静的《基层政权——乡村制度诸问题》(浙江人民出版社 2000 年版)、周荣德的《中国的社会阶层与流动——一个社会中士绅身份的研究》(学林出版社 2000 年版)、徐茂明的《江南士绅与江南社会(1368—1911)》(商务印书馆 2004 年版)、杨国安的《明清两湖地区基层组织与乡村研究》(武汉大学出版社 2004 年版)等专著。论文甚多,难以一一列举。

讨州县官与地方士绅的合作与冲突。

一　知县杜凤治与广宁县的士绅

先对日记作者作简单介绍：杜凤治，浙江绍兴府山阴县人，举人出身，生于嘉庆十八年（1814），光绪八年（1882）仍健在，卒年不详。同治壬戌年（1862）大挑二等，加捐知县，遵筹饷例捐双单月不积班选用；同治五年（1866）签掣广东肇庆府广宁县知县。当年十月二十四（11月1日）到任，同治七年正月二十六（1868年2月19日）交卸离任；同治九年十月二十七（1870年11月19日）再任广宁知县，次年二月十五（1871年4月14日）调署南海县。第一次任职447天，第二次117天，两任加起来共564天。此后他在广东继续当州县官，直到光绪六年（1880）病辞。[①]

杜凤治的日记第一本封面署《望凫馆宦粤日记》，据他称，第二本早就遗失，以后各本封面所署不尽相同，现共存40本。日记用较草的行书写成，多数写得密密麻麻，阅读颇不易。日记第1、3、4、5、6、16、17、18等册有他在广宁任职的记录共55万多字。

杜凤治在广宁期间的日记没有中断过，平均每日写千字以上。在审讯案件、下乡催粮、缉捕盗匪，以及到省城谒见上司、办事时，甚至在广宁绅士上控、闹考那些非常繁忙、烦心的日子里，他都坚持记日记，往往连续几天都写两三千字。同治六年十二月初二日（1867年12月27日），他同道台在傍晚接见廪生岑鹏飞等人后已近午夜，但当天仍记了3600余字。

杜凤治精力充沛，记忆力过人。从日记看，几千字在繁忙的公私事务之余一气写成，笔误与涂改不多，且思路清晰，记录详细；举凡与上司、同僚、士绅的对话，处理公务、案件的过程，祭祀祠庙，科举题目，

[①] 据杜凤治日记的内容及《清代广东官员履历引见折》第5卷，第58页（广东省档案馆藏复印件）。引见单上杜凤治自称46岁，但同年的日记称自己53岁，同治十年二月十四的日记提到当年接受"门斗诸友"的建议，少报了7岁。关于科举时代谱年与官年不一致的分析，可参看郝志群《封建科举、职官中的"官年"——从杨守敬的乡试朱卷谈起》，《历史研究》2003年第4期。

典礼仪式，与他人的争论、矛盾，多有详细记述，对公文、信函往往也摘要抄录，日后如发现误记则在两行之间以蝇头小字更正、补充。

日记记录了大量官员任免、官场内幕、中外交涉、风土人情、物产物价、奇闻逸事等内容，对人对事有闻必录，毫不隐讳。如署理布政使郭祥瑞和巡抚蒋益澧与杜凤治关系很好，甚至可说是他的后台，但日记仍记下郭祥瑞"为曹冲军糈用一百三十八万余两，难以报销；又传言内有二十万两并非正款，是另外巴结抚台的"①；"藩台库中，巡抚令巡捕往取银，往往无收条子，亦无入账，至今多不记忆，不特曹冲提用军饷无札子也。今要彻底澄清，抚台不认，为数颇巨，藩台焉能倍（赔）出？"② 蒋益澧被免职离任时广东"绅民"送了很多万民伞、高脚牌，杜在日记中却记下了内情："抚台每伞一柄赏银五十，牌一面赏银若干，顶马一匹赏十两，余仿此。为此人情趋利若鹜，更多矣！"③ 对其他人更是经常有尖刻的评语，如称他的广宁前任曾华溪"可云如木偶，如傀儡，如聋如聩者矣"④；称他的四会后任乌廷梧"刻薄性成"，"此人形象极似禽兽，姓亦禽类，又非中国人族，直可以禽兽视之"。⑤ 不过，杜凤治的日记从不发表批评太后、皇帝、朝廷的议论，于此也可见此人精明谨慎之处。

如此详细的州县官日记不可多见，而近代广东文献散失严重，所以，杜凤治日记对研究清代基层政权以及晚清广东的政治、经济、社会、文化，都有重要的史料价值。

当知县是十分劳心劳力的。杜凤治自称到任后"从无一月在署安居"，"偶见猫犬安卧，心实羡之，叹吾不如"；"一官忙促，遂致以先人讳忌，不克亲身一拜"。⑥ 因为日记对他所有活动记载甚详，看来"无片刻闲"确是实情。除了公务和官场应酬外，杜凤治基本没有什么休闲娱

---

① 《杜凤治日记》第3本《绥江日记》，同治六年六月十三。
② 《杜凤治日记》第4本《绥江日记》，同治六年九月二十九。
③ 《杜凤治日记》第6本《调署四会日记》，同治七年二月二十。
④ 《杜凤治日记》第16本《广宁回任日记》，同治九年闰十月初七。
⑤ 《杜凤治日记》第16本《广宁回任日记》，同治九年十月二十五。乌廷梧是回族。
⑥ 《杜凤治日记》第4本《绥江日记》，同治六年九月初十；第5本《宁阳日记》，同治六年十二月十八。

乐，也极少专程的游山玩水。

尽管抱怨做地方官辛苦，但杜凤治仍做得十分起劲。他的家庭经历太平天国战争已败落不堪，"一门饥寒"，后虽有所改善，又因捐官、选缺，"费用层出，进项毫无"，"贫至不名一钱"。① 在日记中他一再提到族内"诸房皆不能振起，待臣举火者实不乏人"，除自己家庭、杜氏家族外，舅族以及前妻、妻子家族亦要接济②，他还花费巨资为子侄捐官。③ 当官的收入是他维持这十多个家庭生活的来源。

在第一次到任前，杜凤治已欠了巨额债务。他为赴任借京债4000两，对扣，到手才2000两，还要支付中人劳金等共几十两；先打发家眷回浙江家乡，后又命人接来广东；路过上海，盘缠已觉不足，又借200两。到广州一个多月后，又借了3300多两；在广东省城等候札委一个多月用去1300多两，仅"各衙门费"就要200两。④ 这些，全部都要到任后筹还。

广宁位于广东省中部偏西，西江的支流绥江横贯其间，是一个山区县，以产竹著称。据《广宁县乡土志》载，大约光绪年间，该县"男口十七万有奇，女口十五万有奇"⑤。杜凤治到达广东后，在日记记下："广宁缺，上游、同寅无不同声说为粤省中上之地"；广东州县多亏累，广宁则无，故被视为佳缺。⑥ 按规定，广宁知县每年俸银45两，养廉银600两。⑦ 这几百两当然不是知县的主要收入，实际上，"宁邑岁入盈余可及万金"⑧。日记记下了知县一些"常例"与额外的收入，有一次，士绅来谒见时奉上的"贽仪"就有100元。⑨ 日记记载，在城内开押店的，初开要送50两"官礼"，另外还得送知县的"到任及节、寿礼"，连州学官康

---

① 《杜凤治日记》第1本《望凫馆宦粤日记》，"序"。
② 《杜凤治日记》第5本《宁阳日记》，同治六年九月初十、十二月二十三。
③ 《杜凤治日记》第17本《广宁官廨日记》，同治九年十二月初九。
④ 《杜凤治日记》第1本《望凫馆宦粤日记》，同治五年六月二十九、七月初二、九月初一、九月二十九、十月十四。
⑤ 龚炳章、伍梅编：《广宁县乡土志》，出版时地不详（从内容看应在光绪年间），第18页。
⑥ 《杜凤治日记》第1本《望凫馆宦粤日记》，同治五年九月十二。
⑦ 道光《广宁县志》卷六，"赋役"。
⑧ 《杜凤治日记》第6本《调署四会日记》，同治七年二月初六。
⑨ 《杜凤治日记》第17本《广宁官廨日记》，同治九年十一月二十七。

赞修在石狗开设押店，倚仗其弟康国器为广西布政使，一概不送，杜凤治忿忿不平而又无可奈何。① 但其他没有大官作后台的店主则是要送的。日记又记载，户房典吏汤新"到任""公礼"等欠 500 两，杜凤治传齐七房典吏，对汤新大加训斥，宣称："今日要钱亦大声疾呼"，令汤新限期缴清。② 由此看来，知县仅从书吏处得到的"常例"收入就很可观。不过，日记关于收入的记载并不多（支出则有详细记录）。

杜凤治得到的钱并非"纯收入"，因为自己要承担大部分办公费用，仅聘幕客顾小樵统办刑钱两席，每年就要修金千两，另伙食银每月 10 两，还有几位每年一百到几百两不等的"小席"，还有"家人"三四十人。③ 这些"家人"多数是协助执行公务的人员，参与警卫、传达、送信、征粮、缉捕、审讯、押解、坐省、坐府（长驻省城、府城办事及打探消息）等事项，往往还是知县监督书吏、衙役的代表。他们都由杜凤治支付报酬。当然，无论幕客还是"家人"，都会利用各种机会牟取额外的利益。

杜凤治的收入还必须按"常例"与各级上司以及上司的幕客、"家人"分享。如同治六年（1867）九月，杜凤治为广宁士绅控案到省城活动，日记记载，"此番来省，各宪门包即不轻，现带六百金来省，罄尽无存"，只得再在广州借二百。④ 同治七年（1868）二月，杜凤治谒见总督，督署门上可能知道他正碰到麻烦，要求送双份门包，否则不代上手本。杜凤治生气地说："这向有定例，无增无减，如何忽要双分？我非惜钱，此例安可自我开？且此等事是坐省经手，岂有门上与州县亲自较量的？"⑤ 可见，杜凤治认为送门包是符合官场规则的，只是反对额外加收，而且认为门上直接向州县官勒索不成体统。每逢节日、寿丧，杜凤治都要按例送礼给各级上司，其他一些因各种理由到广宁县的文武官员，也要打点，每个月都有多宗。

---

① 《杜凤治日记》第 16 本《广宁回任日记》，同治九年闰十月二十一。康赞修是康有为的祖父。
② 《杜凤治日记》第 17 本《广宁官廨日记》，同治九年十二月十八。
③ 《杜凤治日记》第 1 本《望凫馆宦粤日记》，同治五年十月初四、十一。
④ 《杜凤治日记》第 4 本《绥江日记》，同治六年九月二十八。
⑤ 《杜凤治日记》第 6 本《调署四会日记》，同治七年二月三十。

杜凤治是个颇有心计的官员。同治六年（1867）十月，副将郑绍忠招抚盗匪黄亚水二之后，打算把他斩首，找杜凤治商量。杜认为这样做违背了原先免死的承诺，"将来投诚难办矣"；建议杀掉黄亚水二的一些羽翼，把黄带回营中"管束防逸"，"伊已如釜中之鱼，砧上之肉，一二月后，欲加之罪，何患无辞？寻一事作为违令斩之，更两面俱圆"。① 当时，两广总督瑞麟与广东巡抚蒋益澧，署理布政使郭祥瑞与署理按察使蒋超伯水火不相容，藩、臬矛盾还直接与处置广宁士绅控案有关。但杜凤治能巧妙地周旋于几个省级上司之间。蒋益澧与杜的座师潘祖荫"深有交谊"，郭祥瑞与杜是乡试同年，一直袒护他，瑞麟对其也有好感，蒋超伯虽视其为对方的人，但杜能设法减低蒋的敌意。杜凤治熟谙官场规矩，细心地编织、维护关系网，在省城一有时间就去拜客；送礼馈赠、问候应酬、书信往还，他都不会疏忽。

杜凤治在京候选多年，有颇深的人脉。工部左侍郎潘祖荫是其座师，户部左侍郎李鸿藻是其同年，日记中常有致送炭敬、冰敬的记载。② 有时，甚至上司也托他打通北京的关节。肇庆府知府蒋云樵之子军功保举并加捐同知，但名字被搞错，又想加知府衔，乃托杜凤治致函"京友"设法办妥。③ 肇罗道王澍调任后大计得"卓异"，按定例须引见，吏部应调取，吏部考功清吏司官员致信王澍：如欲免调取，每年需银200两。王澍接信后向杜问清来信者底细，并托杜与"京友"讲价减为百两。④ 同治十年（1871）初，杜凤治得知督抚把自己列为调补广东首县南海知县的候选人，立即写信、送礼到北京疏通活动，终于顺利得到吏部的同意。⑤

在杜凤治第一次莅任广宁时，他有一个很硬的后台——广东学政杜联，是他的同宗、同学、同年。杜联比杜凤治晚一辈，年纪却大十多岁，

---

① 《杜凤治日记》第4本《绥江日记》，同治六年十月十五。
② 如同治七年（1868）开春就送潘祖荫冰敬80两、李鸿藻60两（第6本《调署四会日记》，同治七年一月二十二）。又有送潘祖荫寿礼、燕窝的记录（第16本《广宁回任日记》，同治九年十一月初四）。
③ 《杜凤治日记》第16本《广宁回任日记》，同治九年十月二十。
④ 《杜凤治日记》第16本《广宁回任日记》，同治九年闰十月二十二。
⑤ 《杜凤治日记》第17本《广宁官廨日记》，同治十年二月初四、初五、初八。

在日记中杜联被称为"莲翁"（杜联号莲衢），杜联的籍贯是浙江会稽，杜凤治的籍贯是浙江山阴①，两人应是同宗族较疏的亲戚。但杜凤治在京候补时，与在翰林院、詹事府任职的杜联结下极深的交情。此前广东学政多数放翰林院编修、检讨之类的中下级京官，最高为侍讲学士、侍读学士（四品），杜联却以内阁学士兼礼部侍郎衔出任。学政本是钦差，在省里地位仅在将军、督抚之后，在藩、臬两司之前，杜联是二品大员，可说与督抚相当，且任满回京后还有可能被重用。杜联多次直接过问有关杜凤治的事，督抚、藩臬都不能不给面子。

相对杜凤治这个"强势"的知县，广宁县的士绅显得较为弱势。

广东有些县士绅力量非常强大，杜凤治在日记中记下："顺德甲科最多，官中外者亦多，绅士强大，与绅不睦，真能使你不敢去。"② 但广宁县的士绅却没有这样的势力。广宁只有进士1人（杨桂芳，同治七年［1868］进士，候选知县，杜首次任职时仍为举人）、举人4人，这几个人都没有任过实缺，也没有广宁籍人任级别稍高的京官或外官。据光绪年间的估计，在广宁县的四民中，"士"1000余人。③ 广宁县学额是文生员9名、武生员9名。④ 按照张仲礼的估算方法，假设文生员总数为学额的21倍，武生员为学额的10倍⑤，再考虑到咸同以后学额的增加，广宁的文生员应共有200人左右，武生员应有100人左右，在肇庆府学应该还有若干广宁籍的生员，那么，广宁县的文武生员总数应在300人以上。五贡及举人均在这300多名生员中产生，故不必另外计算。广宁每科应试的文童300—800人。⑥ 童生一般不被视为"绅"，不过，他们是士绅的候补队伍，通常会唯士绅马首是瞻。贡举、生员与童生的总数是1000余人。一些捐纳了监生或虚衔者以及有军功功牌者，有可能被列入四民的其他类别，但他们也可以算作绅士。

---

① 《大清缙绅全书》（同治七年春），"京师·内阁"及"广东"部分。会稽与山阴为同城的邻县，两人所署籍贯不同，当分属同宗族的不同支派。
② 《杜凤治日记》第7本《绥江日记》，同治七年闰四月二十一。
③ 龚炳章、伍梅编：《广宁县乡土志》，第19页。
④ 道光《广宁县志》卷九，"学校"。
⑤ 张仲礼：《中国绅士——关于其在19世纪中国社会中作用的研究》，第95页。
⑥ 《杜凤治日记》第1本《望凫馆宦粤日记》，同治五年九月二十三、十月二十三。

对广宁县的"异途"绅士，杜凤治在日记中轻蔑地记下："咸丰三四年起捐项通融以来，乡曲无赖、僻壤陋夫，无不监生职员矣。一有顶戴，最肯见官，其进退起居礼节，真堪喷饭。名器至是，真不堪也！"① "十余金即捐一监生，故不成器人皆充绅士，况红匪闹后六七品功牌亦多，亦自以为绅士。"②

杜凤治在广宁还看到监生称"成均进士"、岁贡生称"岁进士"、举人称"乡进士"的笑话。③ 在士绅控浮收钱粮案中的重要被告书吏沈荣，亦五品顶带；"为此立伊母生祠请封，门标大夫第"。杜看到沈荣祠堂的"僭妄"，记下感慨："其体面皆孔方兄所为，在江浙地方，方鄙之不暇，而此间则畏之尊之如大绅士矣！"④

杜凤治对广宁县的士绅首领印象很不好："广宁绅士，无论举人进士，只要有人送与数钱银，便为出力。"⑤ 拔贡何瑞图（后于同治六年中举，不久病故），方志称其"饶智略，兼善青囊之术"，在咸丰四年（1854）红兵起义时曾率领乡勇收复县城⑥，但日记中杜凤治在其姓名旁加注："讼棍，时时上控"⑦；对举人陈应星则记"当秀才时品行不端，中（举）后无事不管，无钱不要"，"一寒士不三年富矣"⑧。杜凤治再任广宁知县时同陈应星关系改善，但仍称陈"为人做到一邑人恨之，一族人恨之，即平日与联手办事之人亦无不忌之恨之，则其为人，概可知矣"⑨。日记中把欠粮的生员周森、罗万钟称为"坐地虎"："不敢远寸步，万不敢至城，倘至城，为官所得，要如何便如何，毫无能事矣！可笑人也！广宁绅富类如是也。"⑩

---

① 《杜凤治日记》第 4 本《绥江日记》，同治六年十月十六。
② 《杜凤治日记》第 5 本《宁阳日记》，同治六年十二月二十。
③ 《杜凤治日记》第 5 本《宁阳日记》，同治六年十月二十五。笔者在广东五华、福建永定等地的祠堂前也看到过"岁进士"的旗杆夹或石旗杆。
④ 《杜凤治日记》第 4 本《绥江日记》，同治六年十月初十；第 5 本《宁阳日记》，同治六年十二月二十。
⑤ 《杜凤治日记》第 17 本《广宁官廨日记》，同治九年十二月二十。
⑥ 龚炳章、伍梅编：《广宁县乡土志》，第 5 页。
⑦ 《杜凤治日记》第 1 本《望凫馆宦粤日记》，同治五年十一月二十九。
⑧ 《杜凤治日记》第 3 本《绥江日记》，同治六年五月二十五。
⑨ 《杜凤治日记》第 17 本《广宁官廨日记》，同治九年十二月二十四。
⑩ 《杜凤治日记》第 5 本《宁阳日记》，同治六年十二月十九。

杜凤治两次莅任的告示,都称"学校、征输、听断、缉捕为四要务"。① 尽管他心里看不起广宁的士绅,但实施这几项要务,却必须得到士绅的支持与合作。

二 案件的处理及缉捕盗匪

广宁县设知县1人、典史1人、学官2人(只管县学的儒生),七房书吏共23名,壮、皂、快三班差役78名。② 知县掌管一县的赋役、治安、诉讼、教化、祭祀、考试等各种事务,尽管广宁县只是一字简缺("疲"),但无论如何,靠一名属官、百余名吏役绝对无法管治这个2400多平方公里、30多万人口的县。虽然书吏、差役实际上的人数要多得多,知县还有私人的幕客班子和参与公务的"家人"队伍,但靠这些人仍不足以使清皇朝的威权深入广宁县的各乡各村。

众所周知,清朝依靠保甲、宗族、士绅把封建国家的统治延伸到基层社会。但地保多由庶民充当,地位不高,背后需要绅士的认可与支持。例如,广宁县妙村新招铺无地保,杜凤治就令来见之士绅推荐人选并予以担保。③ 宗族中,出面应对官府的往往是"族绅",杜凤治的日记也反映了这种情况。

杜凤治两次任广宁知县,都是到任后即拜会当地士绅首领人物。④ 尽管在第一次任职时与广宁士绅发生尖锐矛盾,再任前,他也认定广宁"把持衙门"的绅士主要是"举人陈应星、副榜周友元、廪生陈升元、雷凤恒"⑤,但再次到任后所拜会的士绅名单也包括了陈应星和陈升元。⑥

听讼判案是知县一项主要职责,杜凤治在收呈日往往会收到二三十张状纸。对民事案件,他经常下"谕单","邀公正绅士出来理处",例如

---

① 《杜凤治日记》第18本《调补南海县先行调署日记》(初题《广宁日记》),同治十年二月二十四。
② 《杜凤治日记》第1本《望凫馆宦粤日记》,同治五年十月二十八。
③ 《杜凤治日记》第4本《绥江日记》,同治六年十月十九。
④ 《杜凤治日记》第1本《望凫馆宦粤日记》,同治五年十月二十五至二十七;第16本《广宁回任日记》,同治九年十月二十八。
⑤ 《杜凤治日记》第16本《广宁回任日记》,同治九年十月初十。
⑥ 《杜凤治日记》第16本《广宁回任日记》,同治九年十月二十八。

同治六年（1867）六月的几个争山案，就下谕单请拔贡龚经贤、生员江汝舟等处理，谕令"如两造不遵，公禀候覆讯"。① 龚经贤理处欧、曾两姓争山案，支持曾姓，岁贡生欧钟骏、教职欧春潮不服，向杜凤治投诉，杜乃命龚经贤与二欧"两相见面，妥为圆处了结，勿相徇庇"。② 同治九年（1870）十一月，讯欧冠麟、梁觐光争山案，欧、梁先分别"经投"绅耆冯绍远、李国达等，杜凤治乃谕冯、李等绅耆"两边开导，劝谕销案"。③ 同月，对扶溪江昆聘与江清源争山案，杜凤治命当地江姓绅耆理处，判词称"扶溪绅富耆老最多，生长于斯，必能深悉，着秉公查明详禀，以凭复断，抑或两造绅耆均同一本，念切同宗，绅等为公平调处了结，则更简捷"④。在审讯一宗陈氏家族继承纠纷案时，杜凤治据"陈姓绅耆众多具呈并到堂供称"做出判决，因为有绅耆的签名具结，日后如有一方翻控，即可以此为理由"概行批斥"。⑤ 在上述案件中，虽则谕令理处者"绅耆"并称，但杜凤治日记通常会记下"绅耆"的姓名，他们多数有功名职衔。

有时甚至人命大案也请士绅调处而不上报。岗边村因赌债纠纷，打死三人，前任知县曾华溪"急欲了事"，委派士绅陈应星、严凤山调处，岗边村允诺出200元，"尸亲"则要求200两"方肯允息"；杜凤治接任后仍默许士绅继续调处，只是表示："予不管此，唯待你们十日，为日太多恐干上诘，十日外不息，亦只可代曾官报出矣。"⑥ 知县与士绅在摆平这种人命大案的过程中不可能不收受贿赂。

知县没有足够的人员与资源对各种案件都进行调查取证，最简单的办法就是让士绅处理，两造不服时再复讯。但知县在复讯时仍不可能很快弄清案情，最后往往还得按照士绅的意见判决。知县最关心的是案件的审结，不要留下麻烦；而士绅就因此从知县处实际上获得了民事（甚至部分刑事）案件的调解、仲裁、初审（甚至审结）的"合法"权力。

---

① 《杜凤治日记》第3本《绥江日记》，同治六年六月十三、十九。
② 《杜凤治日记》第3本《绥江日记》，同治六年六月二十九、七月初二、八月十八。
③ 《杜凤治日记》第16本《广宁回任日记》，同治九年十一月初十。
④ 《杜凤治日记》第16本《广宁回任日记》，同治九年十一月十六。
⑤ 《杜凤治日记》第17本《广宁官廨日记》，同治九年十二月二十六。
⑥ 《杜凤治日记》第16本《广宁回任日记》，同治九年闰十月初七。

维持地方治安更是要依靠士绅。杜凤治能掌握的武力有限（即使加上临时归其指挥的兵勇），士绅的武力就成为维持基层社会秩序的不可缺少的力量。

　　广宁县很多士绅拥有武装，日记中有不少官、绅合作剿匪的记录。同治五年（1866）十一月，杜凤治率典史、千总带兵勇剿捕著匪谢单只手，到石狗（在日记有时也作"石苟"）圩文通书院，79岁的生员陈天宠等来谒见，杜"询此书院有团勇四五十名"，乃为石狗圩制定铺户各出人手，与书院勇丁"齐心防捕"的办法，规定"均听书院陈天宠调度"。① 同治六年（1867）七月初，杜凤治到石狗指挥剿捕另一著匪黄亚水二，程村绅士伍蕃昌、秦崀绅士黄国芳，各带50名壮勇参加，杜凤治又谕令李拔元、严凤山等绅士"同心截拿"。黄国芳等请求借火药铅子，杜凤治即移文四会县守备蔡钊借给。②

　　日记有不少知县通过团练公局管理、控制基层社会的记载。咸丰年间，广东各地士绅为镇压红兵起义而建立的团练公局，后来逐步演化为常设的基层权力机构，在未设公局的地方，官府也予以倡办。③ 杜凤治"到任即奉督抚谕令绅士团练"，先令石狗等五地"绅士于紧要处所设局团练，令其缉匪、交匪"。④ 此事先由副将郑绍忠出面劝办，日记记下杜到石狗时与士绅的对话："众绅谓无本官谕，如何兴办？予言协台已告我，只要将绅耆名开出，予即发谕。"⑤ 可见，尽管郑绍忠品级较杜凤治高，且正在广宁负责军务，但士绅仍认为必须有知县的谕令，办团设局才有合法性。

　　此后，杜凤治在各乡发谕单任命团练公局的局董。如在江积，杜凤治接见绅士王继曾等，以王"家本素封，甚有宦兴"，当场就决定以王为局董，并命"将一村绅士名单开来，以便发谕帖与之办（团）"，又令其拟定一抽收竹木排筹集局费的章程。接见生员李桂芬、武生陈余业等人

---

①《杜凤治日记》第1本《望凫馆宦粤日记》，同治五年十一月十九、二十二。
②《杜凤治日记》第3本《绥江日记》，同治六年七月初五、初七。
③ 关于晚清广东的公局，可参看拙文《晚清广东的"公局"——士绅控制乡村基层社会的权力机构》，《中山大学学报》2005年第4期。
④《杜凤治日记》第4本《绥江日记》，同治六年十月初六、十四。
⑤《杜凤治日记》第4本《绥江日记》，同治六年十月初八。

时，以陈余业"尚能说话，似有才能"，当场令其任团首。他到各乡时随身带有设局办团的空白谕单，遇到合适的士绅即时填上。① 同治九年（1870），杜凤治重任广宁知县时，各乡已基本设立了团练公局。② 对尚未设立的春水、石狗，杜凤治也找绅士严凤山等了解"何以无局"的原因，并责成从速建立。③ 有一次，杜凤治教训局绅：如出了重案，"不但予处分重，汝辈乡绅既有团局，责成亦不轻也"④。可见，在维持地方治安方面，实际上形成了知县、局绅分别承担责任的制度。

知县直接授予士绅以征收局费的"合法"权力，但士绅往往还在授权的范围以外加征。陈应星是仓务局绅士，又是公局局绅，"（在）各乡勒索写捐，抑且大胆在东乡抽茶厘"，"又为勇粮不足，向各渡船、竹木排设法筹派"；仓谷有巨额亏欠，杜凤治认为陈"凭空开销，私肥己橐"；勇于办团缉匪也是为此。⑤ 管仓绅士杨廷训、陈应星等，以仓谷亏空，请求抽收渡船、茶客，还要在江谷、东乡等地"设站延请绅士坐办，雇募壮勇扼要抽收"。杜凤治以擅自设卡抽捐违禁，没有批准，但允许他们"仍照旧章"对田户、竹木、土茶、渡船"劝谕捐收"。⑥ 不难想象，所谓"劝谕捐收"无非也是强制征收。

知县主要通过士绅了解"匪情"及尽快作出反应。同治五年（1866）十一月，著匪谢单只手率匪三四十人"屡屡拦截过往船只，讹索银物，彰明勒诈"，"又闻有竖旗召众之说"。石狗生员陈天宠、武举李拔元等即通过城居举人陈应星报案。⑦ 杜即根据报案亲自率队下乡剿捕。重任广宁知县不久，杜凤治便向陈应星索要"逃往德庆、高要各著匪姓名、乡村，以便行文移缉"。⑧ 一个月后，陈应星又主动函报荔洞水曾乡"匪徒"曾连英等三人，请杜密谕该乡绅耆"设法拿获捆交到案，如敢迟延，即治

---

① 《杜凤治日记》第4本《绥江日记》，同治六年十月十三、十七。
② 《杜凤治日记》第16本《广宁回任日记》，同治九年十月二十六。
③ 《杜凤治日记》第16本《广宁回任日记》，同治九年闰十月初七。
④ 《杜凤治日记》第17本《广宁官廨日记》，同治九年十二月初十。
⑤ 《杜凤治日记》第17本《广宁官廨日记》，同治九年十二月二十三。
⑥ 《杜凤治日记》第17本《广宁官廨日记》，同治十年二月初二。
⑦ 《杜凤治日记》第1本《望凫馆宦粤日记》，同治五年十一月十三。
⑧ 《杜凤治日记》第16本《广宁回任日记》，同治九年闰十月初三。

以庇匪通匪之罪"。①

日记中有大量士绅按照杜凤治要求捆送本村、本族盗匪的记载。杜凤治定下各族各乡"捆送"盗匪的人数，达不到数额就要申饬甚至惩处。如同治九年（1870），杜凤治扣押罗洞绅士罗绍安、邹福昌，要求交出著匪罗启始释放，后由陈应星、严凤山担保暂释。② 对士绅要求保释的疑犯，只要不是"著匪"，而士绅又出具书面保结，就予以释放。对士绅"捆送"或"保释"的人，杜凤治一般不甚关心证据是否充分。

知县对士绅在缉捕盗匪过程中的各种违法甚至滥杀行为采取很宽容的态度。同治五年十一月十九日（1866年12月25日）傍晚，曲水铺绅士温良华等称，昨晚三更有贼匪80余人抢掠绸铺，以炮轰死一人，生擒二人，将二人及轰毙者首级来报。温良华以路远无轿为理由请求知县免于验尸。杜凤治立即起疑，坚持即使步行也要去勘验。二十日（12月26日），又得到报告称，另一名劫匪黄亚自亦被获，而典史接着报告，该处以担心押解时路上疏失为由，已将黄亚自杀死。擅自杀死已被捕获的黄亚自，既不合法，也有违背常理之处，杜凤治估计到其中可能有隐情，杀人是为灭口，或仇杀都有可能，甚至被杀者是否真为黄亚自也很难断定。但温良华、陈天宠等士绅非常合作，作为知县，他犯不着为一个盗匪嫌疑人被杀而搞坏同士绅的关系。于是，他就决定只要动手杀人者与主使者及各绅士出结保证死者"实系黄亚自"，"恐其遁逸或被抢去，以此杀之，并非有仇，亦无他意"；尸亲领尸也具结"黄亚自一向为匪，死当其罪"，就了结此案。并令典史把"姑不深究"的处理原则在勘验前转告各绅士。③

知县有时还会根据士绅的意见处决被捕者。杜的前任曾华溪委派陈应星在江积一带剿匪，"拿获二十余名，钉死二名，枷死二名"；"钉死站死者，皆局绅意，用以示儆"。④ 杜再任后不久，便"下谕兵房及行杖皂

---

① 《杜凤治日记》第16本《广宁回任日记》，同治九年十一月初一。
② 《杜凤治日记》第16本《广宁回任日记》，同治九年闰十月初十。
③ 《杜凤治日记》第1本《望凫馆宦粤日记》，同治五年十一月十三至二十。
④ 《杜凤治日记》第16本《广宁回任日记》，同治九年闰十月初二、初四。

班添置站笼三个，共旧存六个，又钉人架子两个"①。同治九年（1870）十一月，局绅解送来"容村局绅耆悬立重赏购线拿获""容村首匪容美庆"，随同解送来的还有曾经为匪的线人容遂兴，有关案情是"陈祥轩（即陈应星）写来"。杜凤治只对容美庆简单地审讯一次，后就将其"枷钉南门外示众"；对有功的线人容遂兴则"严加责押，俟该局绅亲到结保方准赎罪"。② 因为知县主要依靠士绅指正、捆送"盗匪"及担保"良民"，这就使士绅甚至掌握了一般乡村居民的生杀大权。

同治六年（1867）九、十月间，副将郑绍忠接受黄亚水二投诚，但厚田、巡塱三村绅士曾被黄亚水二抢劫、烧杀，巡塱绅士黄国芳一家七口，包括70岁老父死于黄亚水二之手，故"必欲得黄亚水二之头而甘心"。而石桥绅士黄炳辉则控告厚田、巡塱士绅包庇谢单只手。郑绍忠担心招安黄亚水二后三村继续对立，"日起仇杀之心"，要求三村"绅耆各出'永远和睦'结一纸"。厚田、巡塱两村绅耆不从，石桥绅耆态度也很消极，郑绍忠只好请杜凤治出面劝导。杜了解到，各村士绅对黄亚水二、谢单只手态度不同，背后有土客之争，也有宗族矛盾，黄、谢二匪背后均有士绅，两边士绅都曾"包匪、接济军火兵食并开门揖盗"。杜乃软硬兼施，威胁不愿具结、与黄亚水二有杀父之仇的黄国芳：如不具结就追究其勾结谢单只手之罪，终于使三村具结。③ 从上述案例反映出知县对士绅的管束、影响力，同时也反映出，在对待盗匪的问题上，绅并非总是站在官一方，官、绅、匪三者存在相当复杂的关系。

三　催征钱粮

片山刚、刘志伟对清代广东的赋役制度做过出色的研究，他们关于

---

① 《杜凤治日记》第16本《广宁回任日记》，同治九年闰十月初三。闰十月初九又记，将在罗洞拒捕开枪打死帮役的黎亚林等4人"各重责藤条百下，四犯分四架用钉钉定，异至圩场码头示众"。3日内有4人先后死去。该日日记并画出"钉人架"图样（一"工"字架加上交叉木条）。
② 《杜凤治日记》第1本《望凫馆宦粤日记》，同治五年十一月初六、初七、二十一。
③ 《杜凤治日记》第4本《绥江日记》，同治六年十月初五、初七。

图甲制下的总户—子户关系的论述,予笔者很大启发。① 不过,两位学者研究的关注点并非士绅。关于清代广东州县官如何征收赋税,具体的资料也不算多。从道光年间香山举人(试用知县)、里长林谦留下的札记、书信,我们知道在香山有士绅充当里长的情况,里长轮流承担"督催"本图本甲钱粮之责,而粮胥、书总、图差在征收过程中对里长极尽敲诈勒索之能事。② 尽管林谦称由里长任"总催"是香山特有的事,但在清代图甲制的赋役制度下,官府征收钱粮必须依靠地方势力进行,其中本地士绅常被认为负有协助地方官催征的责任。在杜凤治的日记中,我们也看到大量知县责成士绅协助催征的记录,不过,被责成催征的士绅似乎是临时指定的,看不出制度化"轮值"的情况。

据道光《广宁县志》所记,广宁共有额田地山塘水共约207937亩,地丁正银税额7406.18两(遇闰加153.4两),本色米1700石,官民米共8478.5石。③ 日记所记广宁县地丁约7500两④,与县志基本相合。按这些征收额,平均每亩土地或每户居民的负担都不算重。

当然,实际上的征收额要大得多。杜凤治的日记记载,"照向章每两条银收一两八钱",加收80%已经成为"法定"的规矩;在士绅上省控告浮收的风头上,书吏们仍比"向章"再加收一钱。杜凤治教训他们:"凡人发财有命,且来日正长,弄钱亦有日,何在一时?目下正在虎头,倘为绅所持,予不要紧,丢官止矣,汝辈身家性命全丧矣!"⑤ 杜凤治的

---

① 片山刚对清代珠三角的钱粮征收,提出一个"子户—总户—甲—图—官"的流程模式(片山刚:《关于清代广东省珠江三角洲地区的图甲制——税粮、户籍、宗族》,载《东洋学报》第36卷,第3、4号)。刘志伟指出,这一流程虽可能存在,但很难认为是清代广东图甲制下纳税程序的标准化和制度化模式,刘本人对"总户"和"子户"在赋税征收过程中复杂的关系及其演变作了十分深入细致的分析(《在国家与社会之间——明清里甲赋役制度研究》,中山大学出版社1997年版,第5章第2、3节)。两位学者的研究使笔者想到清代广东各地赋税征收情况会有很大差别,但州县官都会利用乡村基层权力系统的人物协助征收。在此,对刘志伟教授关于清代赋役制度的指点表示谢意。

② 黄彦辑:《林谦文选》,《近代史资料》总第44号,中国社会科学出版社1981年版,第1—19页。

③ 道光《广宁县志》卷六,"赋役"。

④ 《杜凤治日记》第3本《绥江日记》,同治六年六月十四。

⑤ 《杜凤治日记》第5本《宁阳日记》,同治六年十月二十四。

日记也提到自己中秋节给"家人"分"钱粮股"①,可见,除了书吏、差役、兵勇之外,杜凤治本人以及参与征收钱粮的幕僚、"家人"都在加收中获得利益。

日记称:"广宁收粮在乡,粤省风气如是。本邑有三粮站,石沟(作狗)其一,其最大者;次名江屯,又次名森洞,各派朋友家人管收。"② 日记中多次说广宁县"绅贪民狡",千方百计逃避纳粮。如在白沙,"竟有数村,以垂髫之年,不知纳粮为何事者,官不来则一味抗玩,官来则奔逃避匿。逼之已甚,则聚众拒捕";该地"周姓以不纳粮为故智"③。"广宁读书有功名之人,往往藉以抗粮,廪生樊树仪自咸丰九年至今(按:同治十年)竟未破白。"④ 在杜凤治笔下,整个广宁县都没有主动纳粮的绅、民。

虽然设立了粮站,但征收并不顺利。派出在石狗收粮之家人报告说"该处粮不好收,非老爷亲去不可"⑤。森洞粮站杜凤治也要亲自去,因为"不在彼(粮站)坐征,必成画饼"⑥。杜下乡征粮都带着大队人马,如同治六年十月十一日(1867年11月6日)"带五十余名差役,吏、户、刑书吏,行杖皂班,往附城各大家亲督催征;兼带图差,指引各家,不论男妇,如有延抗,即行锁拿回县,押比追纳"⑦。他多次请求与他关系良好的副将郑绍忠派出安勇参与征粮,有一次,"分勇百名分扎永泰村中地面,兼以缉匪,实为催粮"⑧。他还建立了一支30人的队伍,"长以自随,便于催征","各与号背心一件,上印'广宁县正堂亲军'七字"⑨。

多数粮户数额不大,按广宁县的情况,知县亲自出马对所有粮户直接征收,实际上是无法做到的;而且,即使是知县亲自出马,成效也很有限。同治六年(1867)七月,杜凤治带几十人亲自到石狗一带催征,

---

① 《杜凤治日记》第3本《绥江日记》,同治六年八月十六。
② 《杜凤治日记》第1本《望凫馆宦粤日记》,同治五年十月二十二。
③ 《杜凤治日记》第5本《宁阳日记》,同治六年十二月十七、十九。
④ 《杜凤治日记》第17本《广宁官廨日记》,同治十年正月初七。
⑤ 《杜凤治日记》第3本《绥江日记》,同治六年七月二十七。
⑥ 《杜凤治日记》第6本《调署四会日记》,同治七年二月初一。
⑦ 《杜凤治日记》第4本《绥江日记》,同治六年十月十一。
⑧ 《杜凤治日记》第5本《宁阳日记》,同治六年十月二十。
⑨ 《杜凤治日记》第3本《绥江日记》,同治六年七月十七。

四天才征得一百一二十两。① 从杜凤治的日记看，他主要的办法是通过士绅催纳，每到一地，首先就召见乡绅、族绅，责成他们本人纳粮以及催促、负责本族本村完纳。在石狗，杜凤治令绅士严凤山"代为催粮，并令酌保一二公正绅耆各处帮催"②。到附城一带催征时，杜凤治在各村先后召见杨、陈、林、周、冯等姓士绅，对秀才杨宝珊、杨作骧说："予今将大雾寨一村银米均交二公身上"，限10天完纳；廪生周宜绳等4人担保"合族完纳不迟"，杜答应展限5日，但威胁说，到时不完纳，连4人"一并带县押追"。③ 在森洞粮站，杜凤治鉴于"图差无用""家人生疏"，下谕委派当地士绅都司衔朱国材、职员沈大文"代为催督"，因为二人"财雄于乡，不特贫民听其呼唤，即各村绅富亦惟命是从"，沈大文是被控浮收后逃匿之粮书沈荣之兄，本人"曾充仓房典吏"，杜凤治"微闻仓户两房沈氏至今尚有股份，朱姓亦稍稍与闻。（但）不得不用二人"。④ 杜再任广宁时认为，几年间，沈、朱两人在催征中"亦肯出力"。⑤

清末《广东财政说明书》不赞成把征收之权委诸绅士，主要是认为他们"平时武断乡曲，其行为与书差即无分别，若付以征收之权，势必恣意鱼肉，而挪移侵匿之弊且无所不至"⑥。广宁绅士陈芝山称："伊陈姓钱粮，有大房为首，伊不纳，他人不敢纳。"⑦ 如果不是背后有利益，为何要阻拦自行纳粮的人？前段提到的沈大文、沈荣兄弟，更是士绅、书吏一家借催征牟利的典型事例。

杜凤治在日记中详细、生动地记下了自己在征收赋税过程中对士绅的各种威胁、惩治手段。

杜凤治曾发朱谕宣布，到期不完粮便"带差勇临踏各村锁拿严办。如男子避逋，即拿妇女，当场掌责，封禁房屋，将屋中所有估抵粮欠"⑧。

---

① 《杜凤治日记》第3本《绥江日记》，同治六年七月二十三。
② 《杜凤治日记》第3本《绥江日记》，同治六年七月十七。
③ 《杜凤治日记》第4本《绥江日记》，同治六年十月十一。
④ 《杜凤治日记》第5本《宁阳日记》，同治六年十二月二十。
⑤ 《杜凤治日记》第17本《广宁官廨日记》，同治九年十二月初六。
⑥ 广东财政清理局编：《广东财政说明书》，1910年印行，第一类"田赋"上。
⑦ 《杜凤治日记》第4本《绥江日记》，同治六年九月十二。
⑧ 《杜凤治日记》第4本《绥江日记》，同治六年十月十九。

这些威胁的话首先是说给士绅听的，往往也说到做到。同治六年（1867）七月在石桥剿捕后，杜凤治召见绅士，先责备其"关门养虎""开门揖盗"，然后宣布暂不追究"通匪纵匪"之罪，只要求他们尽快完粮，"如再抗延，情罪更重，势必严拿押追惩办，禀知上宪按律惩办"。① 他到永泰村，在公局召见为首绅士廪生岑鹏飞等，要求五日全纳，威胁说："倘再抗延，必不留脸，即汝廪生亦不得不押追矣！"后又通告"再限三日，新旧全往粮局清纳，如再拖延，拟将勇移扎村中，就便拿人，并烧欠多抗久者房屋，以儆其余"；又威胁要将卢姓祠堂总理监生卢庆韶"带去押追"，后经恳求暂缓，"乃令具限状，三日卢姓粮欠全纳，唯庆韶一人是问，否则将伊收押比追；若零户有不听命者，将其人交出，或领勇指拿"。② 后岑鹏飞、卢庆韶藏匿，杜乃将在公局应付、并未欠粮之监生岑鹏冲、岑钟奇带回衙门，威胁说："如二人不出，你二人亦无归日"；"官二次再到便烧屋矣"。③ 杜凤治到生员樊树仁、樊树仪家催收欠粮，樊氏兄弟避匿，杜即命官差将樊树仪妻拉出跪讯，并对其大发议论："秀才如此，乡愚更无论矣。况伊读书，但求上达，倘得一官，而部中绅士皆如伊之不纳粮，此官如何做乎？若不严惩，伊于胡底？"接着命将樊树仪妻"上锁带走"，但考虑到妇人不便带，便"留勇四人在伊家住，令其供饭，必俟树仁、树仪回来带回行辕"；过后又发朱谕："钟村生员樊树仪、树仁，抗粮躲（匿），无论绅民差勇，有能拿得一名交案者，立时赏洋银二十大元，将二名全行拿交者，赏洋银四十大元，人到即付不误"。④ 江屯绅士江献图属"大富之家"，欠粮300余两，年底尚未完纳。杜凤治大怒，派家人李福带30名壮勇前往，杜交代说，如不将粮全迄，就把江献图带回，"如无钱并无人，过年不必归县，即在江献图家度岁可也"。⑤ 生员欧阳瑞因一块已绝卖过户税契的田地，户房弄错，指为欠粮，被关押一个月，但杜在日记提到此事时满不在乎。⑥ 催粮的手段还有不完粮不准

---

① 《杜凤治日记》第3本《绥江日记》，同治六年七月十六。
② 《杜凤治日记》第5本《宁阳日记》，同治六年十月二十一、二十五。
③ 《杜凤治日记》第5本《宁阳日记》，同治六年十月二十九。
④ 《杜凤治日记》第5本《宁阳日记》，同治六年十月二十一、二十六。
⑤ 《杜凤治日记》第5本《宁阳日记》，同治六年十二月二十五。
⑥ 《杜凤治日记》第4本《绥江日记》，同治六年十月十五。

演戏酬神、不准收割晚稻等。① 前任广宁知县张希京"催粮严酷",甚至"为催粮,将人家木主锁来押在羁所",在当日,对士绅来说这是比拘押、责骂更大的侮辱,连杜凤治都觉得太过分。②

杜凤治严厉催粮,首先是为了考成,按清朝制度,州县官到期限欠解钱粮达到一定比例,就会被参革。此外,钱粮征收也与知县利益直接有关。从日记看,杜凤治的财务是公私不分的,征解到省城的钱粮也会临时挪作私用,如果钱粮拖欠,杜凤治的收入就会减少,甚至要赔垫。杜凤治曾坦率地对士绅们说:"钱粮上司催解甚急,予以寒士作官,不能为汝等垫赔"。③

在我们印象中,清朝官吏似乎主要逼迫农民(庶民)纳粮,但在杜凤治日记中,却多是威胁、拘押绅士,很少过问无粮、少粮的庶民。看来,在士绅、官员、朝廷之间,围绕如何分配剥削农民得来的土地收益有不少矛盾,各地情况也有很多差异。

四　士绅控案及闹考事件

杜凤治对士绅严厉催征钱粮,处事又不怕损害士绅的"体面",在他首次到任半年后便引发了广宁士绅的集体反抗。

同治六年(1867)四月,广宁县的士绅到省城布政使司衙门联名上控书吏浮收。出头的是副贡周友元和生员刘骥、何应球等,署理布政使郭祥瑞以"劣绅刁控,挟制长官,目无法纪"的罪名将上控的广宁士绅代表拘押。巡抚蒋益澧对士绅控案的态度与郭祥瑞一致,道、府均嘱杜"从严办理,切勿姑息"。上控绅士的功名被斥革。六月初,官员再审周友元等,"严讯不供,当将周友元掌嘴十下,跪至日落"。向杜凤治报告消息的"坐省家人"李芳在信中说,"目下各宪实系作主",建议杜凤治"务要拿人完粮,不可从宽",也不必给士绅好脸色。④

---

① 《杜凤治日记》第4本《绥江日记》,同治六年十月十三、十九。
② 《杜凤治日记》第5本《宁阳日记》,同治五年十月二十七、二十九。
③ 《杜凤治日记》第1本《望凫馆宦粤日记》,同治五年十一月二十二。
④ 《杜凤治日记》第3本《绥江日记》,同治六年五月二十六、六月初四、十三。

耆民欧阳倖等具禀请求保释周友元等人，郭祥瑞批示称周等"藉控浮收，私自设局，把持煽惑，从中渔利"，如不严办，将会"相率效尤"，"刁风日长，抗粮之案层见迭出，于通省正赋大有关碍"。① 巡抚、署理布政使严厉对待上控的广宁士绅，而没有同时查处杜凤治，除了因为杜有后台外，更重要的还是出于维持官绅、官民的上下关系以及保证钱粮征收的考虑。他们不可能不知道，浮收是普遍现象。

广宁士绅虽未预见到在署理布政使处会碰大钉子（周友元是郭祥瑞当主考时录取的副贡），但他们也是有备而来，上控前成立了"革除陋规公局"，筹集上控经费。② 杜凤治查获"设局科钱"的单据，周友元也承认"乡间绅富粮户俱给讼费，或一百八十，或一两数钱"。③ 地位较高的士绅陈应星、陈益元、冯毓熊、杨桂芳等四举人躲在幕后。在周友元等人被押之后，广宁士绅展开了多方营救活动。

广宁士绅虽没有把矛头直接指向知县，但只要上控成功，知县也就必然受处分。在广宁县城，士绅散发白头帖，攻击杜凤治的幕友顾小樵；省城不久也有了广宁"官幕凌虐绅士"的舆论④，可见省城的官绅也有同情广宁士绅者。广宁县衙有人"时时外出，与绅士交往，走漏公事"⑤；周友元等虽在羁押所，却仍有办法到巡抚幕客处打探消息。⑥ 于此可反映出广宁士绅有一定的活动能量。

当时，两广总督瑞麟与广东巡抚蒋益澧有矛盾⑦，署理布政使郭祥瑞与署理按察使蒋超伯更是势如水火，督、臬为一派，抚、藩是另一派。广宁士绅利用了这种情况，设法争取到蒋超伯的同情，大概贿赂也起了作用。杜凤治的日记记载，广宁士绅"省中无路不攻，花钱不少。大约承审委员亦受其贿，有意轻纵，此时唯方伯一人严切饬办，余俱宽懈，

---

① 《杜凤治日记》第3本《绥江日记》，同治六年七月二十四。
② 《杜凤治日记》第4本《绥江日记》，同治六年九月十五。
③ 《杜凤治日记》第3本《绥江日记》，同治六年六月二十八。
④ 《杜凤治日记》第3本《绥江日记》，同治六年六月十七、七月二十七。
⑤ 《杜凤治日记》第3本《绥江日记》，同治六年六月初三。
⑥ 《杜凤治日记》第4本《绥江日记》，同治六年九月二十。
⑦ 瑞麟参奏蒋益澧"任性妄为，劣迹彰著"，郭祥瑞"朋比迎合，相率欺蒙"。见《瑞麟折参蒋益澧郭祥瑞等款由》（同治六年六月十四），中国第一历史档案馆藏，军机处录副·同治朝·内政类·职官，缩微4632/41。

想若辈打点通矣"。① 日记还记下了新任主审此案的发审局坐办、候补知府严伸之收受广宁士绅贿赂1000两,臬台家人田某收800两,臬台本人则收5000两。② 今日我们自然无法查证这是否属实,但蒋超伯的确越来越偏袒周友元等人。主张严办的抚、藩,在同督、臬的互斗中,明显居于下风,案件逐渐出现了有利于广宁士绅的转机。

杜凤治也没有坐待事态的发展。涉案的书吏沈荣、冯才、冯殿逃走无踪,无论是否出于杜凤治的授意或放纵,也使"浮收"案无法深查。九月初,杜凤治得知"控浮(收)案大翻"、周友元等将被交保释放的消息,而且上控被押者之一何应球的父亲何瑞图当年乡试中了举人③,九月初十(10月7日)便放下了繁忙的公务动身到省城活动。

杜凤治先后谒见了各个省级上司,蒋超伯以周友元是副贡,"科钱控浮收亦无大错",在接见时质问杜"何故与藩台上下如此收拾他?"郭祥瑞则向杜指称臬台得钱,偏袒周友元等,并鼓励杜不要怕蒋超伯,自己和巡抚都会支持他。④ 蒋益澧在接见时告诉杜凤治,臬台一定要开释周友元等、要把杜撤职,但他认为广宁官员"毫无不对","皆是绅士不肖"。⑤ 在省城逗留期间,杜凤治与学政杜联见面5次,首次见面杜联即告诉杜凤治,此事对杜凤治"无大紧要",只是藩、臬作对而已。⑥ 杜在谒见瑞麟时感觉总督对自己态度还好⑦,心中也就踏实了。

署理按察使蒋超伯曾派委员琨龄到广宁提被控的书吏沈荣、冯才。杜凤治猜测是陈应星"辗转托人进言"的结果。日记称陈应星等"将书院膏火田押去,得银二三百,又各处凑集约千金,思赂委员翻案"⑧。杜凤治也拉拢琨龄,琨龄收受了杜百元赠款,向杜凤治透露案情进展以及

---

① 《杜凤治日记》第3本《绥江日记》,同治六年八月十二。
② 《杜凤治日记》第4本《绥江日记》,同治六年九月十六;第5本《宁阳日记》,同治六年十二月初二。
③ 《杜凤治日记》第5本《宁阳日记》,同治六年九月初六。
④ 《杜凤治日记》第4本《绥江日记》,同治六年九月十五。
⑤ 《杜凤治日记》第4本《绥江日记》,同治六年九月十六。
⑥ 《杜凤治日记》第4本《绥江日记》,同治六年九月十四。
⑦ 《杜凤治日记》第4本《绥江日记》,同治六年九月十七。
⑧ 《杜凤治日记》第3本《绥江日记》,同治六年八月二十三、二十九。

省中大吏关系的各种信息，且明确表示站在杜凤治一边。杜在省城又去拜会琨龄，了解到有关藩、臬矛盾更详细的内幕。①

九月间，传来朝廷派吴棠为钦差大臣来粤查办督抚不和的消息，广东的高层官员担心，钦差到时羁押在省城的广宁士绅继续控告，对双方都不利。经过一番"开导"，周友元等在做出"当日呈控县书浮收钱粮一案，虽事出有因，究属一时冒昧"的具结后取保暂释。②巡抚向杜凤治授意，在书吏中惩办一人，但把主要责任推在出逃的沈荣身上，以平周友元等人之气，周等如不再控告，则再为他们办理开复功名，了结此案，以免钦差到时周等"胆大妄控"。杜虽认为"周友元等，以其嗜利无耻，大胆妄为，直是目无法纪，若不使知利害，将玩官长于股掌之上"，但也只好赞成巡抚的主意。杜凤治在广州传见周友元等人，告诫一番并表示愿意找到官绅都可下台阶的办法。③但广宁士绅却不肯善罢甘休。

不久，周友元等"在保脱逃"回到广宁，广宁士绅策划了又一次集体行动，提出的诉求是减钱粮以及立时将周友元、刘骥、何应球三人功名开复（三人的功名是"暂革"，尚未出奏），施加压力的办法是对即将举行的县试搅局。④按惯例，下一年春天广东学政出巡，必先到肇庆府，十月间高要、四会县试已取齐，广宁县应于十一月内考毕。杜凤治出告示宣布十一月初三开考，但在初一就得知"周友元、刘骥已归，与陈应星朋比，有阻挠县试之说"。⑤他又了解到广宁士绅做了相当广泛的动员，陈应星、陈升元、周友元、刘骥"已要诸廪神前焚香设誓"。⑥童生钱某"递一拜帖"要求"将钱粮减定立碑方考"；诸廪"已遣抱赴府、省控告，请另简人考试；岑鹏飞、樊树仪（俱廪生）亦控催缴过严"。⑦

如果广宁县试不能如期完成，那么，肇庆府府试和学政的院试都会受影响，杜凤治肯定会被罢官，甚至受更重的处分。但如果事情闹大，

---

① 《杜凤治日记》第3本《绥江日记》，同治六年九月初三；第4本《绥江日记》，同治六年九月十四。
② 《杜凤治日记》第4本《绥江日记》，同治六年九月二十一。
③ 《杜凤治日记》第4本《绥江日记》，同治六年九月二十七、二十八，十月初五。
④ 《杜凤治日记》第5本《宁阳日记》，同治六年十一月初八。
⑤ 《杜凤治日记》第5本《宁阳日记》，同治六年十一月初一。
⑥ 《杜凤治日记》第5本《宁阳日记》，同治六年十一月初八。
⑦ 《杜凤治日记》第5本《宁阳日记》，同治六年十一月初十。

对士绅来说后果更严重。按清朝法律,"借事罢考、罢市","照光棍例,为首拟斩立决,为从拟绞监候"。① 广宁士绅的做法不是直接抵制县试,而是在"廪保"上做文章。童生必须有廪生或贡举书面担保家身清白,并无冒籍、枪替等才可参加考试。出保对廪生来说基本没有风险,可体现自己在家乡的地位,还可以得到收入,所以,绝大多数情况下廪生都愿意出保。广宁县有廪生15人②,如果他们不出保,县试就无法进行。举人陈应星、被革副贡周友元等出面联络廪生拒绝出保,赴考童生因无廪保,可能也受到陈应星等人的影响和压力,乃纷纷回乡,县试终于无法如期举行。清朝法律并无处罚拒绝廪保的条例,所以,士绅这种策略可以造成考试无法进行的事实,却避免了"罢考"的罪名。他们事前放出风声,是希望杜凤治迫于县考时限而主动妥协。

但杜凤治决心与广宁士绅一搏,他一面说服与陈应星有隙之新科举人何瑞图劝说廪生出保,甚至提议如廪生仍拒绝,自己与何出面为童生作担保;一面嘱幕友"先拟禀稿,如若辈中变,先行专足飞速赍省递呈各大宪,先发制人,缕述非罢考,实为挟制把持而闹考"。当县试不能如期进行已成定局时,杜凤治即向各级上司发出通禀,通禀中有"一官如客,无足重轻"之句,表示宁肯丢官也不向士绅屈服;但把事件定性为"挟制把持而闹考"③,则留有一些余地;万一真的出现"罢考",他及时报告也可减轻处分。他派出专人送信给学政杜联,"备述闹考颠末","告知通禀即到,(请)先与两司言之"。杜联为此专门致信署理布政使郭祥瑞,并复信给杜凤治嘱其对绅士"刚柔并用",寻觅转机。杜凤治事前又派人到肇庆府向知府、道台禀报,道台王澍是杜凤治的同乡、亲戚、同年,授意杜"通禀劣绅闹考",还下令,如果广宁县的士绅到府、道呈控,"即为留住解府,饬高要管押"④,这就使广宁士绅"合法"地逐级上控的途径受阻。

广宁士绅从省城抄回通禀内容,知道杜凤治已经取得主动,乃托人

---

① 《大清律例》,"军政·激变良民"。
② 道光《广宁县志》卷九,"学校"。
③ 《杜凤治日记》第5本《宁阳日记》,同治六年十一月初六、十六,十二月初二。
④ 《杜凤治日记》第5本《宁阳日记》,同治六年十一月十五。高要是肇庆府首县。

试探妥协。杜凤治提出"若辈只要令诸廪生出头,考事办妥",则可设法把大事化小。① 十一月二十三日(12月18日),陈应星等举人通过学官求见杜凤治,但担心杜趁机把他们扣押,请求知县下帖召见。杜凤治这天的日记共3000多字,详细记录了自己教训陈应星等人的长篇大论,几位举人表示愿意劝说廪生出保,就在这时17名廪生(包括两名"候廪")"请考"的禀单呈递入县衙。杜凤治即命陈应星等转饬廪生通知各乡童生三日后开考。② 三日后虽未能如期开考,但十一月二十九日(12月24日)、十二月初一日(12月26日)终于有600多名童生赴县考(后一次是补考),杜凤治没有作让步便赢了这个重要的回合。

在此期间,教谕韩廷杰、训导张树谷因公赴省,得知闹考,借故逗留不返,杜凤治称韩"畏生如虎"。③ 府学教授陈遇清奉派来代理广宁学官事务,动身前道台面谕,"只求安静,实为闹出不好看。如若辈肯考,不论多寡,即五六十人亦考,其余令其补考,未尝不可"④。可见,从杜凤治到各级上司,都怕事情闹得不可收拾。

在清朝,即使闹考也是极为严重的事件,署理布政使奉总督、巡抚批示发下札文,下令严拿举人陈应星、革生周友元,又称"倘杜令实有办理不善,亦即详请撤参"⑤。省里派出候补知府周毓桂、候补知县俞增光为委员到广宁查办。

但杜凤治成功使县试完成,事情没有闹大,这时就是怎样收场的问题了。杜凤治不想把事情做绝,"在此为官,不肯与若辈为仇也"⑥。且案情定得越重,自己责任越大,所以希望大事化小,但又怕与开头的通禀有出入。十二月初二(12月27日)傍晚,道台王澍与两委员、杜凤治、学官、典史、千总等一起召见廪生岑鹏飞等10人,王澍、周毓桂教训一番后即入内,然后由杜凤治、俞增光两知县细问诸廪生不出保缘由,杜、俞授意他们写:"生等皆乡下人,不知城中事。因县考出保来城,在寓有

---

① 《杜凤治日记》第5本《宁阳日记》,同治六年十一月十八。
② 《杜凤治日记》第5本《宁阳日记》,同治六年十一月二十三。
③ 《杜凤治日记》第5本《宁阳日记》,同治六年十一月十七。
④ 《杜凤治日记》第5本《宁阳日记》,同治六年十一月十九。
⑤ 《杜凤治日记》第5本《宁阳日记》,同治六年十一月二十二。
⑥ 《杜凤治日记》第5本《宁阳日记》,同治六年十一月三十。

一不识姓名者来寓遍邀,据云诸绅士在文昌庙坐候,请为减粮事暂时缓考。"廪生们要求把"为减粮事"改为"求杜大老爷除去浮收粮事",最后再加上"至文昌庙,不见绅士,亦不见来邀之不识姓名之人"。① 这就使闹考事件成为无头公案,避免牵连更多人。

道台王澍为了结此事,此前让教官向陈应星转达:"伊一有钱举人,不要夜郎自大。我只要不要这道台,他不特丧元,唯恐家也无有矣",又将律例说明:"罢考律例严,照光棍办理,重则枭示,即自行投首,又要充军。"② 王澍还亲自参与第二次禀稿的草拟,强调事件"并非罢考",只追究陈应星、周友元等几个人;但考虑到署理按察使蒋超伯一直偏袒周友元,所以,禀词"语语虚空,可重可轻"。③ 在这段时间,杜凤治致信杜联,"乞转恳方伯,少从容,且勿急促,将来成考,再发通禀销案,并为若辈免罪"④。杜联又告诉杜凤治藩、臬对广宁闹考案处理的意见分歧,以及省里将派两委员到广宁查究,嘱咐杜凤治好好"安顿"这两个委员。道台王澍嘱杜凤治致函杜联"请其探两院口吻意见",了解总督、巡抚是否都同意"以大化小",再作决定。杜联又授意杜凤治为被罢官的教谕洗脱罪名,呈请宽宥周友元的罪名。⑤ 按照杜联的嘱咐,杜凤治对府里派来之教授、委员都馈赠了重金。

总督、巡抚、署理布政使对广宁士绅闹考案都主张严办,署理按察使蒋超伯则"心实要开脱宽办周友元、陈应星,以报其半万贼兵之恩"⑥,认为杜凤治"不洽舆情",不能只惩办绅士。但巡抚、署理布政使都偏袒杜,总督的批语也只说严办绅士,没有提及惩办杜凤治。⑦ 道台王澍与蒋超伯关系较好,在蒋面前为杜凤治极力辩解。蒋超伯本来只是与郭祥瑞有矛盾,认为郭偏袒杜,后蒋益澧、郭祥瑞均受谴免职,而杜凤治又有杜联、王澍等人为之说项,也就没有再坚持处分知县之说,只是批评杜

---

① 《杜凤治日记》第5本《宁阳日记》,同治六年十二月初二。
② 《杜凤治日记》第5本《宁阳日记》,同治六年十一月三十。
③ 《杜凤治日记》第5本《宁阳日记》,同治六年十二月初六、初七。
④ 《杜凤治日记》第5本《宁阳日记》,同治六年十一月十九。
⑤ 《杜凤治日记》第5本《宁阳日记》,同治六年十一月二十五,十二月初一、初八。
⑥ 《杜凤治日记》第6本《调署四会日记》,同治七年二月十九。
⑦ 《杜凤治日记》第5本《宁阳日记》,同治六年十一月二十五;《杜凤治日记》第6本《调署四会日记》,同治七年二月初二。

"办事任性,出语唐突"。王澍想出宽办周友元等人的办法:将陈应星、周友元提到再奏革严办,但这两人肯定会逃避,"是断提不到的",案件就可不了了之。蒋超伯按此向总督提出,"中堂未明就里,亦即点头"。①

因为有硬后台,且处置得当,杜凤治没有被撤职,但与士绅关系紧张,无法再留在广宁。杜在日记中也认为自己调任是因"陈应星等闹之,令不安而调去也"②。但他如果调回省城,就必须等闹考案结才可委任新缺,这就会一拖几年当不成官。后来,杜联提出让杜凤治挪一个地方继续当知县的建议,得到巡抚、署理布政使的同意,于是被调到收入少得多的"苦缺"四会县。③按察使蒋超伯也当面对杜说:"你本来广宁公事就办得乱,语言负气,就要撤的。蒋抚台因杜学台在此,不无情面,得改四会。"④ 总督瑞麟给朝廷的奏片,关于杜凤治调职是这样写的:"四会县知县雷树墉因病出缺,所遗四会县知县篆务,应行委员接署。查有广宁县知县杜凤治,年壮才明,堪以调署。"⑤ 而新任广东学政胡瑞澜同治七年(1868)关于广东岁试的奏折,向朝廷报告各属考试顺利完成,只是广州府、肇庆府等地枪替比较严重。⑥ 广宁闹考事件完全没有惊动朝廷,杜凤治没有受到任何处分,"官声"也并未受到多大影响,两年后再任广宁知县,不久又调署广东首县南海。而陈应星等人也实际上没有受到严厉追究,仍在广宁当绅士,一场官绅冲突这样便不了了之。

不过,杜凤治在这场官绅冲突中还是受到损失,不仅从"肥缺"广宁调到"苦缺"四会,而且额外花费金钱不少,他对人说,因这场风波,"往来转侧,辛苦莫论,缘此亏短公款万余,私债八千有零"⑦。广宁士绅花费巨款,却没有扳倒杜凤治,反受到一番打压。杜凤治在同治九年再任广宁知县时,官绅双方都吸取教训,非常注意调整关系。杜重任到广

---

① 《杜凤治日记》第6本《调署四会日记》,同治七年二月十九。
② 《杜凤治日记》第6本《调署四会日记》,同治七年二月十三。
③ 《杜凤治日记》第6本《调署四会日记》,同治七年正月十一、二月十九。
④ 《杜凤治日记》第6本《调署四会日记》,同治七年三月初四。
⑤ 瑞麟奏片(同治七年三月十七),中国第一历史档案馆藏,军机处录副·同治朝·内政类·职官,缩微4638/80。
⑥ 《胡瑞澜奏岁试肇庆等府情形由》(同治七年八月二十九),中国第一历史档案馆藏,军机处录副·同治朝·综合·文教科举,缩微5002/69。
⑦ 《杜凤治日记》第16本《广宁回任日记》,同治九年闰十月十七。

宁,"绅士莫不凛凛畏惧,祥轩(陈应星)尤甚";杜一番优容,使陈应星等人放心。杜称自己"纯用笼络,乐得用之,于公事不无裨益"。① 此后,陈应星等对杜凤治表现得非常恭敬,对剿匪、缉捕异常积极,在这几个月的日记中有很多陈应星来议事的记载。而杜凤治虽在心底里仍鄙视广宁士绅,但也大改初任时急切的作风,加意笼络陈应星等人,陈等赴京会试,杜凤治差人持帖送行并赠"元卷"每人6元。陈应星即来拜谢,临行前还把委托其他绅士代理主持公局以及就清匪、局费、仓谷等事项向杜凤治报告。② 在杜凤治重任广宁期间的日记,我们看到的都是官绅合作融洽的记录。

五 余论

清朝的基层政权设立在州县,州县官虽被称为"亲民之官",但同一般平民百姓是很疏远的。日记记载了这样的一个插曲:同治六年十月二十五日(1867年11月28日),杜凤治到钟村祠堂办案兼催粮,该地绅耆全部避匿(后来才来了一个"职员"陈干华),"门外看者甚夥,有二人手执烟管,口衔之,俨然立看,旁若无人,饬役将二人抓来掌嘴各十,责其不识规矩"。为催粮,家人差役"四出拿人",但"门外闲看者皆无粮人,即有粮亦不认识,无可拿之人"。③ 于此看来,知县虽然亲自到了乡村,但对"无粮""少粮"的庶民,除了发发威风之外却表现得很无奈,非得要找当地的士绅来。知县手上资源、人手毕竟有限,不可能动辄使用国家力量对付数以十万计的编户齐民。而士绅阶层在本地自有其权威,加上熟悉地方情况,掌握了宗族、里甲、书院、公局等组织,形成了虽非法定而实际存在的权力机构网络,知县必须通过这个网络才得以实现对全县的治理。地方官以承认士绅对县以下基层社会的统治地位,甚至默认了他们某些"法外"的权力,换取了士绅的支持。士绅的利益与朝廷、官府、官员的利益并非完全重合,矛盾和冲突自难避免。杜凤

---

① 《杜凤治日记》第16本《广宁回任日记》,同治九年闰十月初二。
② 《杜凤治日记》第17本《广宁官廨日记》,同治十年正月十二。
③ 《杜凤治日记》第5本《宁阳日记》,同治六年十月二十五。

治的日记较多地记录地方官与士绅矛盾、冲突的一面，但从皇朝体制来看，官绅两者的合作应是主要方面。

古时有所谓"破家县令"之说，如果知县对付个别的绅士，特别是下层绅士，那知县自然处于非常强势的地位。但如果一个地方的士绅动员起来集体反抗，即使是像广宁那样没有多少高级士绅的县份，也可以把能干的地方官如杜凤治弄得相当狼狈。所以，多数情况下，官、绅都会注意平衡和妥协。

士绅控告州县官的事例，清代有不少，但广宁士绅却始终没有把矛头直接指向杜凤治，杜凤治一直在士绅面前维持"父母官"的身份。广宁的官绅互斗，虽稍有溢出"王法"之处，但终究在体制内进行，最后也在体制内取得息事宁人的解决。这一方面与广宁士绅的相对弱势有关；另一方面，各级官员，包括杜凤治本人，都不想、也不能对士绅采取过于强硬的态度。广宁的官绅较量，在一定程度上反映了这两个统治阶层间的一些"游戏规则"。

广宁县的案例有无普遍意义？咸丰、同治年间是有清一代官、绅势力消长的一个关键的转折时期，广东的情况与其他省份比较更有其特别之处。咸丰年间广东的红兵起义参与人数虽多，但组织力量远不及太平天国，士绅在动乱中受到的打击有限，而官府却是依靠士绅的力量才得以把红兵起义平定。从此，广东士绅的势力膨胀，19世纪中期以后广东官府更要依靠士绅实行对基层社会的控制，当时广东的各州县，会有类似广宁的情况。不过，笔者经常用"瞎子摸象"的故事比喻自己对近代社会史的研究，因此，对其他省份则不敢轻下判断。但不管怎样，广宁县官绅关系的案例，都会使我们对晚清基层政权和基层社会增进了解。

民国时期婚姻行为研究

——以"五普"长表数据库为基础的分析*

王跃生

婚姻行为可以从多个角度进行观察和探讨。从人口学上讲,男女初婚年龄和夫妇婚龄差异最有统计意义,它们与生育行为、家庭生命周期直接相联;而从社会学角度看,初婚年龄和夫妇婚龄差异指标可以对一个时代的婚姻方式(父母包办婚姻抑或男女自主结婚)、男女在婚姻市场中的地位及其变化等有所反映。本文对婚姻行为的分析将集中于男女初婚年龄和夫妇婚龄差异上。

对近代之前婚姻行为的数量分析受到数据缺乏的极大限制。2000年,笔者曾对中国第一历史档案馆所藏刑科题本婚姻家庭类档案当事人婚姻信息加以汇集和整理,尝试从数量上认识清代中期民众的婚姻行为特征。[①] 这一研究为人们了解传统社会民众的婚姻行为提供了一个窗口。

民国初期,有关婚姻行为的数据资料仍然缺乏。当然,20世纪30年代,一些社会学家进行的田野调查提供了具有实证性的婚姻行为统计资料,为人们认识部分地区,特别是乡村地区的婚姻行为提供了可能。然

---

* 本文原载《近代史研究》2006年第2期。
① 王跃生:《清代中期婚姻行为分析——立足于1781—1791年的考察》,《历史研究》2000年第6期。

而，这些调查多局限于一个或数个村庄，或者集中于一个县份，以此来推论全国的婚姻行为尚有不足。并且，这些调查所得出的初婚年龄多是同一调查地点不同时期结婚者混合后的初婚年龄，并非调查时点较近时期民众的初婚年龄。当然，在初婚年龄变动比较小的时代，将不同年龄组调查对象的初婚年龄数据混合统计，基本上能够反映一个特定地区较长时期的婚姻行为。但民国时期中国社会剧烈变动，民众的婚姻行为是继续保持传统的状态？还是有所变化？或者虽有变化，但主体仍是传统的？这就需要具有明显时期断限特征的资料。如何才能获得该时期具有全国意义的调查数据并加以分析？这一直是笔者所关心的问题。2000 年进行的第五次全国人口普查提供了这样的可能。在"五普"长表中有一个项目是问被调查者何时结婚？由此产生了一定规模民国年间不同时期结婚者的婚姻行为数据。本文试图对这一重要数据加以开发，分析民国时期的婚姻行为，以便从整体上或全国范围内认识当时的婚姻行为特征。

一 数据的基本说明

第五次全国人口普查于 2000 年 11 月进行。其中有 10% 的居民填写普查长表。长表中与婚姻有直接关系的项目有两个，一是被调查者的婚姻状况[①]，二是其初婚年月[②]。其中初婚年月项目最有统计意义。结合出生年月项目，即可算出被调查者结婚时的年龄（当然由此得出的初婚年龄是周岁结婚年龄）。若被调查者夫妇都健在，还可算出夫妇婚龄差异。更进一步看，"长表数据"中还有被调查者的受教育水平、职业、城乡别和地区别等信息，它为我们深度分析婚姻行为提供了条件。

需要指出，我们使用的数据来自长表 1% 抽样数据库，它实际是全体人口的千分之一抽样。根据统计，在约 118 万个长表样本中，民国时期初婚男性为 14639 人，女性 41556 人，共计 56195 人。与以往的小型调查相

---

① 关于婚姻状况有五个标准答案：(1) 未婚。指从未结过婚的人。(2) 初婚有配偶。指有配偶，且本人是第一次婚姻的人。(3) 再婚有配偶。指有配偶但本人是第二次以上婚姻的人。(4) 离婚。指曾经结过婚，但到普查标准时间已办理了离婚手续且没有再婚，或正在办理离婚手续的人。(5) 丧偶。指配偶已去世，且到普查标准时间没有再婚的人。

② 根据普查规定，在婚姻状况中除填写未婚者外，要填写第一次结婚的时间。

比，这个数据量绝对属于大型调查才有可能达到的规模。本文将以这些数据为基础，展开分析。

从理论上讲，利用现代调查数据分析历史时期人口的婚姻行为，实际上是回顾性研究。那么，这些数据能在多大程度上揭示当时人的婚姻行为？就客观情况而言，回顾性调查对历史时期人口行为的代表程度受到一些因素的制约。如依据2000年的调查分析20世纪20年代或30年代之前结婚者的平均初婚年龄，就必须考虑到这种情形：若1920年某人结婚时年龄为18岁，2000年调查时其年龄应为98岁。以此类推，1930年结婚时18岁的被调查者2000年为88岁。在实际生活中，尽管同一个时期民众的结婚年龄有趋同的特征，但受个人和家庭条件的限制，结婚年龄往往在一定范围内波动。上下之差常常超过10岁以上，男性尤其如此。例如1920年结婚者中既有15岁左右者，又有25岁左右者。这样就产生一个问题，若用2000年调查数据考察1920年结婚者初婚年龄，受人口平均寿命的限制，15岁左右结婚者留存的比例将会高于25岁以上结婚者。因为前者调查时为95岁，后者为105岁。即对相对高龄的一批老人来说，虽在同一时间结婚，但结婚年龄却不同。一般而言，结婚时年龄越小，2000年调查时留存比例越大；反之亦然。我们若根据这些高龄老人结婚年龄数据分析特定时期的初婚年龄，因漏掉了一定比例的大龄结婚者，平均初婚年龄就会比实际水平低。当然，对相对低龄老年人如40年代前后结婚、2000年80岁左右的人，这种影响相对要小一些。我们在对"五普"数据使用时，将充分考虑到这一点。

此外，应该注意到，按照民间习惯，年龄计算多为虚岁，而婚姻年龄的计算也建立在虚岁基础之上。如果用"五普"长表数据库分析民国时期的婚姻行为，优点是可与其他以周岁为标准的调查进行比较，但却与民间习惯存在差距，抹杀掉当时婚姻行为的特征。所以，我们在分析中力求将两种年龄都列出，而以虚岁分析为主。

二 男女初婚行为分析

这里，我们将主要对全国范围的初婚年龄和夫妇婚龄进行分析。

（一）初婚年龄

1. 男性初婚年龄

表1　　　　　　　　　男性初婚年龄统计　　　　　　　单位：岁

初婚年龄类型	1925年前后		1930—1934年		1935—1939年		1940—1944年		1945—1949年	
	周岁	虚岁	周岁	虚岁	周岁	虚岁	周岁	虚岁	周岁	虚岁
平均初婚年龄	18.24	19.60	18.77	20.10	19.56	20.90	20.04	21.39	20.79	22.13
中位年龄	18	20	19	21	20	21	20	21	20	21
样本量	134	134	525	525	1759	1759	4046	4046	8175	8175

说明：本表数据由作者根据第五次全国人口普查长表1%数据库（简称"长表数据"）计算得到。本文以下表格数据来源同此。

从表1可见，虚岁和周岁婚龄之间并非加1岁和减1岁的区别。各个时期周、虚岁相差都在1岁以上。1925年前后为1.36岁，1930年为1.33岁，1935年为1.34岁，1940年为1.35岁，1945年为1.34岁。可见，周、虚岁年龄差集中在1.33—1.36岁之间，或者说以1.34岁及上下最为普遍。

就趋向而言，1925年前后结婚组至1945年结婚组，男性平均初婚年龄呈上升之势。平均初婚年龄周岁上升2.55岁，虚岁上升2.53岁。其幅度是比较大的。那么这一提高的实际基础又如何呢？

根据长表数据，男性1925年前后结婚样本有134个。若从全国角度着眼，这个样本量显然不大，难以准确反映一个时期男性初婚年龄状况。另外，还应注意到，1925年前后结婚者即使以平均初婚年龄18周岁来衡量，以1925年为结婚之年，2000年普查进行时其年龄在93岁以上。而那些25岁以上结婚者则在100岁以上，其留存比例将大大低于18岁以下结婚者。因而，这一时期的平均初婚年龄只具有参考意义。

为了对普查数据中初婚年龄信息的代表性有所认识，在此对不同时期男性初婚年龄的构成作一分析。

从表2可以看出，1925年结婚者的年龄构成中，周岁23岁以上结婚者只占2.2%，虚岁稍高，为7.3%。1930年样本增加，初婚年龄稍有提高，23周岁以上结婚者占5.3%，23虚岁以上结婚占13.0%，仍有大龄结婚者留存比例低的问题。

表2　　　　　　　　民国时期男性初婚年龄分布　　　　　　单位：%

初婚年龄	1925年前后 周岁	1925年前后 虚岁	1930—1934年 周岁	1930—1934年 虚岁	1935—1939年 周岁	1935—1939年 虚岁	1940—1944年 周岁	1940—1944年 虚岁	1945—1949年 周岁	1945—1949年 虚岁
14岁及以下	3.7	0.7	3.5	0.8	2.5	0.9	1.6	0.2	1.5	0.3
15岁及以下	14.9	2.2	8.1	2.7	5.7	2.2	4.6	0.9	4.3	1.0
16岁	9.0	8.2	8.2	3.2	5.1	2.2	5.2	2.1	4.2	1.9
17岁	11.9	9.0	13.9	8.2	8.8	4.9	7.5	4.6	6.5	3.8
18岁	14.9	10.4	12.0	10.5	11.5	6.3	11.7	5.8	9.6	5.4
19岁	15.7	17.2	18.9	14.7	17.0	12.6	15.1	11.4	12.9	9.0
20岁	21.6	9.7	21.0	10.3	26.1	9.5	21.6	10.3	18.0	9.6
21岁	7.5	29.9	7.4	29.9	7.6	32.1	9.5	26.3	9.7	21.0
22岁	2.2	6.0	5.3	7.6	7.3	9.6	7.9	10.8	8.4	10.1
23岁及以上	2.2	7.3	5.3	13.0	11.0	20.9	16.9	27.6	26.4	38.0
25岁及以上	0.7	1.4	1.4	3.3	5.4	8.5	8.0	13.5	13.9	21.4
合计	100.0	100.0	100.0	100.0	100.0	100.0	100.0	100.0	100.0	100.0
样本量	134	134	525	525	1759	1759	4046	4046	8175	8175

说明：本表数据小数点后只保留一位，合计数等于或近似于100（误差为正负2‰），以下表格数据同此。

为了能对表2不同时期男性初婚年龄构成有基本把握，我们现在观察一下1930年前后几项调查的结果。

1929—1931年全国11省22处调查：14岁以下结婚者男性占4.8%，女性占5.4%。25岁以上结婚者男性占15.5%，女性占2.4%。①

1935年山东邹平县14岁以下结婚者男性占22.8%，女性占0.6%；23岁以上结婚者男性占17.9%，女性占3.2%；25岁以上结婚者男性占12.9%，女性占1.9%。②

---

① 乔启明：《中国农村社会经济学》，商务印书馆1947年版，第68—69页。
② 吴毓顾：《邹平实验县户口调查报告》，中华书局1937年版，第369页。

李景汉1929年对河北定县515家、3571人的调查结果为：14岁以下结婚者男性占41.4%，女性为7.7%；25岁以上结婚者男性占11.6%，女性占1.3%。①

乔启明20年代末、30年代初对山西清源县143个农家调查（男95人、女94人）结果为：14岁以下结婚者男性占2.1%，女性则达38.2%。25岁以上结婚者男性为63.3%，女性为1.0%。②

上述调查多进行于20世纪20年代末和30年代初。其时段与本文所选长表数据1925年前后和1930—1934年两个时期的样本是基本一致的。从中可见，这些数据对男性初婚年龄分布的揭示有差异，北方（河北定县和山东邹平县）男性14岁以下早婚比例高，定县超过40%，邹平县超过20%；25岁以上晚婚也占一定比例，均超过10%。虽然1929—1931年全国11省22处调查数据中的男性早婚比例不大，但25岁以上晚婚则超过15%。此外，山西清源县早婚为2.1%，25岁以上晚婚者高达60%以上。当然也要看到，30年代前后的这些调查具有累积性质，即被调查者多数并非在调查当年结婚，有的结婚时间可能要追溯到清朝末年。而在同一地区，30年代初期之前初婚年龄的基本构成尚不至于发生显著变化。

我们认为，总体上，1935—1939年和1940—1944年的数据更具代表性，更能揭示民国时期婚姻方式虽出现变化，但基本模式仍保持传统状态的行为特征。1945—1949年处于社会大变革的前夜，一些地区已经获得解放，婚姻登记制度开始建立，对包办婚姻形成一定程度的抑制，婚姻的传统色彩降低了。它可以被视为一个新旧交替的特殊时期。

依照此原则可见，1935—1944年，周岁平均初婚年龄上升0.48岁，虚岁初婚年龄上升0.49岁。若延至1945年结婚组，周岁和虚岁均上升1.23岁。与前一结婚组（1940—1944年）相比，周岁上升0.75岁，虚岁上升0.74岁。

值得注意的是，三个时期男性中位初婚年龄却是稳定的，周岁为20岁，虚岁为21岁。

---

① 李景汉：《定县社会概况调查》，中国人民大学出版社1986年版，第144页。
② 乔启明：《山西清源县143农家人口调查之研究》，《中国人口问题》，世界书局1932年版，第290—292页。

2. 女性初婚年龄

表3　　　　　　　　　　女性初婚年龄统计　　　　　　　　单位：岁

婚姻年龄类型	1925年前后		1930—1934年		1935—1939年		1940—1944年		1945—1949年	
	周岁	虚岁	周岁	虚岁	周岁	虚岁	周岁	虚岁	周岁	虚岁
平均初婚年龄	17.72	19.06	18.14	19.48	18.52	19.87	18.79	20.14	19.11	20.46
中位年龄	18	19	18	19	18	20	19	20	19	20
样本量	556	556	1774	1774	3981	3981	7329	7329	12098	12098

根据表3，从趋向上看，女性同男性一样，自1925年前后至1949年平均初婚年龄逐渐上升，周岁提高1.39岁，虚岁提高1.40岁。那么女性在初婚年龄分布上有什么特征？

表4　　　　　　　　民国时期女性初婚年龄分布　　　　　　　　单位：%

初婚年龄	1925年前后		1930—1934年		1935—1939年		1940—1944年		1945—1949年	
	周岁	虚岁	周岁	虚岁	周岁	虚岁	周岁	虚岁	周岁	虚岁
14岁及以下	4.9	1.4	4.8	0.8	2.7	0.2	2.1	0.3	2.1	0.3
15岁	8.4	1.5	7.1	2.1	5.5	1.1	5.5	1.1	4.9	0.9
16岁	14.9	5.7	10.9	5.3	9.6	4.0	9.1	4.2	8.4	3.6
17岁	15.4	15.1	16.9	10.7	14.7	8.3	12.5	7.7	12.5	7.3
18岁	21.1	12.8	17.2	12.5	19.4	11.9	16.4	10.5	15.9	10.8
19岁	14.6	24.8	15.2	21.8	16.4	21.7	17.0	16.9	15.3	15.9
20岁	15.3	9.6	17.6	10.7	18.5	12.5	19.6	13.8	17.4	13.4
21岁	2.5	22.1	4.1	23.6	5.1	24.3	6.5	24.5	7.9	21.0
22岁	1.5	3.7	3.0	5.2	3.2	6.1	4.8	8.0	5.1	9.0
23岁及以上	1.3	3.3	3.4	7.4	4.9	9.8	6.3	13.0	10.4	17.9
25岁及以上	0.8	1.1	1.1	2.5	1.5	3.5	2.1	4.4	4.7	8.2
合计	100.0	100.0	100.0	100.0	100.0	100.0	100.0	100.0	100.0	100.0
样本量	556	556	1774	1774	3981	3981	7329	7329	12098	12098

结合表4，再对20世纪20年代末和30年代初期相关调查中的女性初婚年龄数据作一分析。

在这些调查中，除了山西清源县外，30年代前后女性在14岁以下早婚和25岁以上晚婚比重都不高，并且几项调查的差距不大。14岁以下早婚基本上在5%左右，25岁以上的晚婚则在1%—2.6%。除1945—1949年外，"五普"长表各个时期数据与上述调查数据没有明显的差别。当然，1935年后早婚比例也有下降趋向。

从一般意义上讲，女性初婚年龄构成同男性一样，存有大龄结婚女性留存比例低的问题。但实际上，女性晚婚比例一向比较低。如果同一年龄段女性倾向于在一个比较集中的时期婚配，那么她们在普查时年龄高低并不影响对其初婚年龄的考察。当然，根据表4，若就女性初婚年龄相对集中于虚岁16—22岁而言，她们中也有6岁的年龄差异。结婚时相对大龄者留存比例也会较相对低龄者为低。考虑到这些因素，并为了与男性数据相比较，我们同样集中分析1935—1944年结婚女性。

根据表3，女性平均初婚年龄在1935年和1940年结婚组变化不大。周岁和虚岁均上升0.27岁。至1945年结婚组，周岁和虚岁均比前一结婚组上升0.32岁。

平均初婚年龄虽然总体上男性高于女性，但差距不大。1935—1939年组，以周岁为标准男性高于女性1.04岁，虚岁男比女高1.03岁；1940—1944年组，周岁和虚岁男比女均高1.25岁；1945—1949年组周岁男比女高1.68岁，虚岁高1.67岁。

平均初婚年龄中位数差异为：1935—1939年周岁为男大于女2岁，虚岁为1岁；1940—1944年和1945—1949年两个时期周岁、虚岁均为男高1岁。

近代之前尽管王朝或国家法律中对初婚年龄做了规定，但除个别时期以外，男女何时结婚是民众家庭事务，政府并不干预，加之政府授予父母为子女主婚之权，形成高度包办婚姻，因此出现各种极端早婚现象，童养婚也非个别行为。即使20世纪20年代北洋政府制定的《民国民律草案》有婚姻年龄的限定（男未满18岁，女未满16岁者，不得成婚[①]），但却没有对民众婚姻行为形成约束。原因是政府并没有建立或授权予具体的官方组织负责落实或监督。

---

① 《大清民律草案、民国民律草案》，杨立新点校，吉林人民出版社2002年版，第350页。

根据表2，不同时期男性17周岁及以下和17虚岁及以下结婚比例如下：1930年分别为33.7%和14.9%；1935年分别为22.1%和10.2%，1940年分别为18.9%和7.8%；1945年分别为16.8%和7%。若按周岁标准，20世纪30年代结婚男性早于法定婚龄者占较大比例；但按虚岁标准则比较低。40年代周岁标准仍在16%以上，虚岁标准则不足10%。仅从这项统计结果看，特别是就虚岁而言，低于法定年龄结婚比例并不高。但不排除局部地区存有高比例低于法定婚龄结婚的现象。我们在冀南乡村调查时了解到，直到40年代前半期，相对富裕之家男性多在虚岁17岁以下完婚。可以说，婚姻缔结和婚礼安排是民间行为，人们并无考虑或遵从法定婚龄的意识。

按照表4，女性15周岁及以下和15虚岁及以下结婚的比例是，1930年分别为11.9%和2.9%，1935年为8.2%和1.3%，1940年为7.6%和1.4%，1945年为7.0%和1.2%。山东邹平县调查中女性15岁以下结婚者只占2.7%。[①] 女性周岁和虚岁低于法定婚龄结婚比重都比较低，这并非民众对法律的遵从，而是因为法定婚龄与民俗年龄比较一致。

3. 初婚年龄分布分析

分析平均初婚年龄有助于了解初婚年龄的基本水平，但它仅提供一个笼统和粗线条的认识。要了解男女婚龄构成，需进一步观察初婚年龄分布。

下面着重对1935年以后各个时期男女结婚年龄作一分析。为了简便起见，我们主要分析男女虚岁婚龄。

1935年后各时期结婚者的年龄分布有一个明显特点：无论男性还是女性，14岁以下结婚者所占比例很小，基本上均在1%以下。实际上，根据表2和表4统计数据，1930年前结婚者中14岁以下早婚比例也是比较低的。若按照预期寿命推测，同一年份结婚人群中年龄低者存留比例比较高，那么早婚男女在各个时期结婚者中所占比重应较大，但"五普"长表统计数据并没有显示出这一特征。合理的解释是，民国时期，极端早婚现象并不突出。但这不排除地区之间有高低差异或社会阶层之间有比重大小之别。如李景汉的调查中定县男性14岁以下结婚者达41.4%，

[①] 吴毓顾：《邹平实验县户口调查报告》，第369页。

女性为7.7%。这一调查很可能有相对集中于当地较为富裕阶层的偏向。根据我们在河北南部乡村所作访谈,该地男性直到1945年前,仍有14岁以前早婚的倾向。进一步询问方知,这些早婚者主要是富裕中农以上家庭的子弟。

根据表2和表4数据,1935年以后三个时期19虚岁及以下结婚男性分别为29.1%、25%和21.4%;女性则分别为47.2%、40.7%和38.8%。若从周岁角度看,19周岁及以下结婚比例则大大提高。三个时期男性为50.6%、45.7%和39%;女性为68.3%、62.6%和59.1%。就虚岁而言,男性低龄结婚比例并不大,前两个时期约为1/4,第三个时期只有约1/5。

三个时期23虚岁及以上结婚男性分别占20.9%、27.6%和38.0%,女性分别为9.8%、13.0%和17.9%。23周岁及以上则明显降低,男性分别为11.0%、16.9%和26.4%,女性分别为4.9%、6.3%和10.4%。我们认为,对男性来说,偏大年龄结婚者在三个时期比重逐渐提高并非是晚婚意识增强所造成,很大程度上仍然与大龄结婚者留存比例提高有关。或许在1945—1949年被解放地区,原先失去婚配机会的大龄贫苦农民或贫穷家庭子弟因分得了土地,生存条件和社会地位得以改善,进而具备了婚配条件。农民女性大龄结婚比重提高则比较复杂。其原因与男性有相同的一面,即相对大龄结婚者留存者增加。当然还有其他原因,这些问题将在后面作进一步探讨。

4. 虚岁单岁年龄集中特征

从表2和表4数据可以看出,1935—1949年三个时期男女初婚年龄分布在一些年龄高度集中。三个时期男性在19虚岁、20虚岁、21虚岁和22虚岁四个年龄结婚之和分别为63.8%、58.8%、49.7%,男性峰值初婚年龄均为21岁。同期女性初婚年龄分布比男性更为集中,在18虚岁、19虚岁、20虚岁和21虚岁四个年龄结婚之和分别为70.4%、65.7%和61.1%。

男女之间的主要不同在于,女性除21岁结婚比重较高之外,19岁也处于相对高的水平。尤其是在1935—1939年初婚年龄段,19虚岁结婚者占21.7%,21虚岁为24.3%。为什么会出现这种现象?通过检索文献,我们在陕西的方志中发现当地女性有双岁年龄禁婚之俗。[①] 这促使笔者就此对河北省南部一些老年人进行调查。我们被告知，不仅女性，男性也有回避双岁年龄结婚的习俗。当然，这一习俗肯定有地区差异。

（二）夫妇婚龄差异

夫妇婚龄差异是观察婚姻行为的重要指标。在历史上，官方律令尽管对民众婚姻行为不具有硬性约束，但其引导性的初婚年龄标准基本上都体现出男大女小的特征。宋代以来，特别是明朝以后，法定婚龄形成男长于女2岁（男16岁，女14岁）的格局。必须指出，法定婚龄只是男女结婚的起始年龄。若民众依照这一规定为子女安排婚姻，那么夫妇婚龄差异将成为一个比较简单的问题。而实际上，婚姻缔结并非只有年龄这一个因素在起作用，婚龄相差多少也不是以当事男女自己的意志来确定。因而夫妇婚龄的差异显示出多样性和复杂性。

就平均夫妇婚龄差异而言，1935—1949年三个时期相差并不大，均不超过2岁。但夫妇平均婚龄差距难以说明问题，只有对夫妇婚龄差别的构成加以分析才有意义。

表5　　　　　　　　三个时期初婚夫妇的婚龄差异分布　　　　　　　　单位:%

夫妇婚龄差异	1935—1939年		1940—1944年		1945—1949年	
	周岁	虚岁	周岁	虚岁	周岁	虚岁
平均相差	1.35	1.29	1.57	1.58	1.93	1.92
-5岁以上	2.7	2.9	3.2	3.2	2.7	2.7
-3岁以上	12.0	11.1	10.3	9.7	9.1	8.9
-2岁	7.4	8.5	7.7	8.6	7.1	7.7
-1岁	7.0	7.6	9.3	8.1	8.9	8.0
妻大于夫小计	26.4	27.2	27.3	26.4	25.1	24.6
0	13.9	13.9	12.7	14.5	12.2	13.3
夫大于妻小计	59.9	59.1	60.3	59.5	62.5	62.0

---

① 陕西洛川县结婚年龄，"女子必须单岁，双岁即不结婚，俗称'禁婚'"。民国《洛川县志·风俗》。

续表

夫妇婚龄差异	1935—1939 年		1940—1944 年		1945—1949 年	
	周岁	虚岁	周岁	虚岁	周岁	虚岁
1 岁	11.6	11.8	13.8	12.8	12.1	11.8
2 岁	14.6	14.6	12.1	12.0	11.4	11.7
3 岁以上	33.7	32.7	34.4	34.7	39.0	38.5
5 岁以上	16.0	15.2	20.1	19.6	23.2	22.8
合计	100.0	100.0	100.0	100.0	100.0	100.0
样本量	541	541	1798	1798	4360	4360

说明：表中"夫妇婚龄差异"一栏中，负数代表丈夫小于妻子，或妻子大于丈夫；"0"代表夫妻同岁；正数代表夫大于妻。下同。

从表5数据可以看出，夫妇婚差在周岁和虚岁之间相差并不大，所以在此以一种方法，即从虚岁角度进行分析。

若将夫妇婚龄差异分布分成妻大于夫、同岁和夫大于妻三类，三个时期的构成很相似。夫大于妻是婚姻的主流形式，但妻大于夫也占1/4上下。

在我们看来，夫妇同岁或者夫妇大于、小于对方2岁以内都属年龄相当的婚姻模式。根据表5数据，三个时期夫妇婚差处于这一范围的比例分别为56.4%、56.0%和52.5%。

在平均初婚年龄相对较低的时代，夫妇大于对方3岁或3岁以上、特别是妻大于夫3岁以上则是一个值得研究的问题。

按照表5数据，三个时期妻大于夫3岁以上比重并不高，分别为11.1%、9.7%和8.9%。它显示出随着时间推移，这一婚姻模式呈逐步下降的趋向。而夫大于妻3岁以上的比重三个时期分别为32.7%、34.7%和38.5%。它与妻大于夫3岁以上相反，呈现逐渐上升的趋向。

值得一提的是，1988年进行的全国生育节育抽样调查提供了一些历史时期夫妇婚龄差异数据。根据该调查，20世纪30年代妻大于夫类占28.45%，40年代占24.14%。其中40年代妻大于夫3岁以上占9.18%。[①]

[①] 赵旋主编：《全国生育节育抽样调查报告集》（婚姻家庭），中国人口出版社1993年版，第75—76页。

可见，这一结果与"五普"长表数据是很相似的。

虽然一些地方民俗推崇女大于男的婚姻模式，然而从全国范围而论，尽管它是重要的婚姻形式，但并不占主导地位。

需要指出，上述三个时期夫妇大于对方3岁以上占一定比例，但夫妇婚龄虚岁平均相差并不大，分别是1.03岁、1.25岁和1.67岁。这主要是夫妇双向差异或者存在夫妇互有大于对方的情形，拉低了婚龄差异的平均水平。

表6　　　　1940—1944年男性初婚年龄与夫妇婚龄差异关系　　　　单位:%

夫妇婚龄差异（岁）	初婚年龄（岁）										合计
	14岁以下	15—17	18	19	20	21	22	23—24	25—26	27—29	30岁以上	
-10岁以上	0.0	0.0	1.5	1.4	0.0	0.5	0.0	0.4	0.0	0.0	0.0	0.4
-9— -5	25.0	9.2	2.3	4.8	2.1	1.3	1.5	1.5	0.7	0.0	0.0	2.6
-4— -3	12.5	25.7	19.8	6.2	7.5	4.5	2.0	0.7	0.7	0.0	0.0	6.5
-2— -1	62.5	37.5	33.6	24.8	21.4	13.7	13.2	7.5	2.8	0.0	0.0	16.7
0	0.0	17.1	18.3	21.9	20.9	21.6	10.7	6.0	2.1	3.6	0.0	14.5
1—2	0.0	9.9	20.6	31.0	29.4	31.7	39.6	24.3	11.3	3.6	5.0	24.8
3—4	0.0	0.7	3.8	9.0	16.0	19.3	21.3	23.9	18.3	11.9	0.0	15.0
5—9	0.0	0.0	0.0	1.0	2.7	7.4	11.7	35.4	59.9	56.0	25.0	16.4
10岁以上	0.0	0.0	0.0	0.0	0.0	0.0	0.0	0.4	4.2	25.0	70.0	3.1
合计	100.0	100.0	100.0	100.0	100.0	100.0	100.0	100.0	100.0	100.0	100.0	100.0
样本量	8	152	131	210	187	379	197	268	142	84	40	1798

说明：表中初婚年龄和夫妇婚龄差异均为虚岁，表7同。

根据表6数据，男性18岁以下结婚者所娶多为大年龄妻子。通过检索样本我们发现，唯一一位11岁结婚男性比妻小3岁；两位13岁结婚男性分别小于妻2岁和1岁；5位14岁结婚男性均小于妻子2岁以上，其中两位小于妻子5岁；13位15岁结婚男性除一位与妻子同岁外其余都小于妻子；41位16岁结婚男性中只有2位大于妻子1岁，8位与妻子同岁，其余均为小于妻子。直到17岁，丈夫小于妻子的比例仍接近70%。18岁男性小于妻子比例为57.0%。19岁后丈夫大于妻子比例才成为多数，该年龄丈夫小于妻子占37.0%。

依据这些数据，可以得出这样的认识，传统婚姻模式中男性17岁以下结婚时，妻子绝大多数大于丈夫。或者说，早婚男性常与大妻为偶。但其中丈夫小于妻子3岁以内占多数，小于5岁以上过于悬殊的婚配是比较少的。

21岁以上结婚男性多数大于妻子。其中21岁为57.9%；至23岁，大于妻子比例超过80%。并且，23岁以上结婚男性，大于妻子3岁以上者超过50%；25岁时超过80%。25岁后，60%以上的结婚男性大于妻子5岁以上。27岁结婚男子大于妻子6岁以上者超过60%。29岁后，大于妻子10岁以上成为主流。

这表明，21岁以后，男性结婚年龄越大，娶小年龄妻子的比例越高。并且25岁后，男性所娶妻子多在20岁以下。这也说明，女性推迟婚龄的情形是比较少的。婚配失时的大龄男性只能在小龄女性中择偶。它意味着当时婚姻市场上存在男性挤压问题。

下面再看一下女性初婚年龄与夫妇婚龄差异的关系。

表7　　1940—1944年女性初婚年龄与夫妇婚龄差异关系　　单位：%

夫妇婚龄差异（岁）	初婚年龄（岁）											合计
	14岁以下	15—17	18	19	20	21	22	23—24	25—26	27—29	30岁以上	
-10岁以上	0.0	0.0	0.0	0.0	0.0	0.0	0.0	0.0	0.0	4.2	63.6	0.4
-9— -5	0.0	0.0	0.0	0.4	0.0	2.1	2.4	8.0	23.8	37.5	36.4	2.6
-4— -3	14.3	0.0	0.4	2.5	6.2	10.0	13.5	20.4	21.4	12.5	0.0	6.5
-2— -1	14.3	4.7	11.0	14.3	15.9	18.9	33.3	36.4	28.6	16.7	0.0	16.7
0	0.0	8.1	9.4	16.5	13.4	29.2	16.7	9.9	7.1	12.5	0.0	14.5
1—2	0.0	21.7	23.6	33.3	35.2	22.8	19.0	16.0	7.1	16.7	0.0	24.8
3—4	28.6	24.2	26.8	14.0	12.4	6.8	10.3	6.8	9.5	0.0	0.0	15.0
5—9	28.6	35.1	22.8	16.8	14.8	7.5	4.8	2.5	2.4	0.0	0.0	16.4
10岁以上	14.3	6.2	5.9	2.2	2.1	2.8	0.0	0.0	0.0	0.0	0.0	3.1
合计	100.0	100.0	100.0	100.0	100.0	100.0	100.0	100.0	100.0	100.0	100.0	100.0
样本量	7	322	254	279	290	281	126	162	42	24	11	1798

通过表7可以发现，17岁以下结婚女性大于丈夫的比例很低。14岁以下结婚女性虽稍高，但样本很小，只有7例，在总样本中的比重不足0.39%。15—17岁年龄组结婚女性大于丈夫比例低于5%。这个年龄段结婚女性多嫁给比自己大的男性。如15—17岁结婚女性超过40%嫁给比自己大5岁以上的男性。可见17岁以下低龄女性嫁长夫并非个别现象。

从18岁开始，女性大于丈夫的比例开始升高，不过19岁之前未超过20%；25—26岁达到最高点，70%以上结婚女性大于丈夫（虽然30岁以上年龄组均为妻大于夫，但其样本很小，不具代表性），其中1/4以上女性大于丈夫5岁以上。这个年龄差距虽表现出明显的妻大夫小特征，但丈夫基本也在成年年龄。同时有必要指出，25岁以上结婚女性在该时期样本中占4.38%，因而可以说，这类妻长于夫婚姻是比较少见的。

这一时期总样本中，妻子大于丈夫3岁以上占9.5%，而丈夫大于妻子3岁以上占34.2%，大于妻子5岁以上占19.5%。可见，即使在少夫长妻被民间社会推崇的时代，丈夫大于妻子仍然是婚配模式的主流。

三　城乡初婚行为比较

对民国之前婚姻行为进行城乡比较是相对困难的。主要是这方面的系统数据难以获得。"五普"调查中对受访者现居地做了说明，包括城市、镇和乡村三类。这为分城乡的考察提供了可能。但是，还要认识到："五普"登记时居民的现住地并不能代表其结婚时的居住地。近代以来社会变动剧烈，居民迁移，特别是城镇居民的迁移行为必须考虑到。作地区之间比较，特别是城乡之间比较时，要注意弄清被调查者现在户籍身份与历史时期的一致性问题。比如，要对市、镇和乡村婚姻行为进行比较，首先要确定民国年间各个具体时期，被调查者是否当地居民？城市居民中，尤其是大中城市居民中，不少人是成年之后从外地迁入的。如果按现隶属地对其过去的婚姻行为进行分析，就很容易失真。不过这一问题可以通过控制迁移变量得到解决。"五普"长表中有一个项目是问被调查者"何时来本乡镇街道居住？"其中第一个选项是"出生后一直住本乡镇街道"。① 为了使历史时期的特征得到反映，在对市、镇和乡村以及地区之间进行比较时，我们只分析那些"出生后一直住本乡镇街道"的样本。另一方面，我们认为，城市、镇和乡村三种类型中，城市和乡村的分野比较清楚，但镇的变动比较大，居民身份相对模糊一些。

（一）初婚年龄的城乡区别

1. 城乡男性初婚年龄

表8　　　　　　　　　城乡男性初婚年龄数据　　　　　　　　单位：岁

结婚时期	周虚岁别	城市 平均初婚年龄	城市 中位初婚年龄	城市 样本量	镇 平均初婚年龄	镇 中位初婚年龄	镇 样本量	乡村 平均初婚年龄	乡村 中位初婚年龄	乡村 样本量
1925年前后	周岁	18.00	18	15	18.75	18.50	8	18.14	18	86
	虚岁	19.27	19	15	20.00	20	8	19.55	19.50	86
1930—1934年	周岁	18.59	19	37	19.59	19	32	18.74	19	356
	虚岁	19.86	21	37	20.97	21	32	20.06	20.50	356
1935—1939年	周岁	19.76	20	131	19.37	19	136	19.56	20	1155
	虚岁	21.17	21	131	20.72	21	136	20.87	21	1155
1940—1944年	周岁	20.42	20	297	19.85	20	271	19.96	20	2666
	虚岁	21.81	21	297	21.18	21	271	21.30	21	2666
1945—1949年	周岁	20.96	20	529	20.92	20	609	20.72	20	5086
	虚岁	22.37	22	529	22.28	21	609	22.05	21	5086

1925年前后结婚者数据较少，这里不对其作具体分析。根据表8数据，就虚岁而言，1930—1934年结婚者的平均初婚年龄，镇最高，乡村次之，城市最低，实际上城市与乡村非常相近。1935年之后，从整体上看，城市居民的平均初婚年龄比乡村和镇高。1935年城市比乡村高1.4%，比镇高2.2%；1940年城市比乡村高2.4%，比镇高3.0%；1945年城市比乡村高1.5%，比镇高0.4%。可见这些差异是在一个很小的范

---

① 除此之外还有7个选项。

围内,或者说在民国年间的主要时期,城乡男性的初婚年龄基本一致。而城乡之间初婚年龄中位数,1930年以来,除1930年组乡村稍低和1945年组城市稍高外,其他时期的指标则完全一致。

2. 城乡女性初婚年龄

表9　　　　　　　　　城乡女性初婚年龄数据　　　　　　　　单位:岁

结婚时期	周虚岁别	城市 平均初婚年龄	城市 中位初婚年龄	城市 样本量	镇 平均初婚年龄	镇 中位初婚年龄	镇 样本量	乡村 平均初婚年龄	乡村 中位初婚年龄	乡村 样本量
1925年前后	周岁	17.78	18	49	18.22	18	41	17.93	18	229
	虚岁	19.18	19	49	19.49	19	41	19.25	19	229
1930—1934年	周岁	18.15	18	97	18.11	18	115	18.22	18	745
	虚岁	19.54	19	97	19.43	19	115	19.54	19	745
1935—1939年	周岁	18.57	18	226	18.60	18	248	18.55	19	1739
	虚岁	19.94	19.50	226	19.93	19.50	248	19.90	20	1739
1940—1944年	周岁	18.77	19	393	18.82	19	412	18.83	19	3178
	虚岁	20.17	20	393	20.19	20	412	20.15	20	3178
1945—1949年	周岁	19.19	19	647	19.39	19	745	19.12	19	5088
	虚岁	20.57	20	647	20.75	21	745	20.45	20	5088

女性平均初婚年龄,城乡之间差别很小。特别是1930年以来,城市、镇和乡村之间女性平均初婚年龄基本上处于同一水平。

这表明,尽管民国时期城镇的经济状况和教育事业等方面开始出现较乡村水平高的发展趋向,但城乡之间男女平均初婚年龄没有表现出差异。这是一个值得关注的现象。

(二) 夫妇婚龄差异的城乡区别

三个时期中,妻子大于丈夫类型中,有两个时期镇最高。如果仅在城市与乡村之间比较,1935—1939年结婚者中城市明显高于乡村;1940—1944年和1945—1949年两个时期结婚者中均为乡村高于城市。总体看,城市呈现明显减少趋向,乡村则显得比较稳定。

表10　　　　　　　　　分城镇乡村夫妇婚龄差异数据　　　　　　　单位：%

夫妇婚龄差异（岁）	结婚时期								
	1935—1939年			1940—1944年			1945—1949年		
	城市	镇	乡村	城市	镇	乡村	城市	镇	乡村
-5岁以上	4.8	6.0	2.4	2.8	4.7	2.6	2.7	4.1	2.2
-3岁以上	9.6	22.0	9.3	4.9	10.1	10.6	8.7	10.0	8.9
-2	14.3	6.0	9.5	9.7	7.7	8.0	3.0	9.7	8.2
-1	9.5	8.0	7.4	9.0	7.7	8.0	8.3	7.9	8.3
妻大于夫小计	33.4	36.0	26.2	23.6	25.5	26.6	20.0	27.6	25.4
0	11.9	6.0	14.3	13.1	16.9	15.2	12.2	10.9	13.9
1	16.7	14.0	10.7	9.7	16.9	12.8	13.9	10.6	11.4
2	9.5	8.0	16.7	15.2	10.0	11.9	10.2	11.7	11.7
3岁以上	28.6	36.0	32.2	38.6	30.8	33.6	43.8	39.3	37.8
5岁以上	14.3	24.0	14.7	20.6	19.2	18.4	27.0	21.4	22.4
合计	100.0	100.0	100.0	100.0	100.0	100.0	100.0	100.0	100.0
样本量	42	50	336	145	130	1144	303	341	2646

丈夫大于妻子3岁以上类型中，城市均高于乡村和镇。

通过以上对城乡初婚年龄和夫妇婚龄差异比较，可以看出，城镇和乡村，特别是城市和乡村之间婚姻行为的主要方面是基本一致的。从社会发展的角度看，城镇中迁移和流动人口比重较高，青年男女独立谋生比例较大；城镇现代教育制度相对发达。这意味着城镇男女对农业社会所形成的传统婚姻方式具有更大的摆脱意向。但这只是一个理论假设。上面统计数据表明，20世纪30年代和40年代的前半期，城乡分野并不明显。对此，我们的解释是，尽管当时已经产生了具有现代意义的婚姻法律，但它尚没有对民众婚姻行为产生硬性约束。或者说，无论城乡，人们仍按照传统方式安排婚姻，父母包办子女婚姻现象并没有真正改变。包办婚姻往往与低龄结婚相伴随。不少文献表明，民国时期，越是经济条件好的家庭，子女早婚和妻大于夫婚姻比例越大。城镇集中了一些相对富裕家庭，他们仍以传统方式安排子女的婚姻。我们认为，父母包办婚姻习俗的维持是城乡平均初婚年龄和夫妇婚龄差异处于相对一致水平、甚至城镇高于乡村（如30年代）的主要原因。当然，在初婚年龄分布上,40年代城镇男性晚婚比重有升高的趋向,表现出低龄结婚与晚婚并存的特征,但这种变化还是初步的。

四 婚姻行为的地区差异

这里着重对有代表性的时期1935—1939年和1940—1944年结婚者虚岁初婚年龄和中位数进行地区之间的比较。由于分地区后一些省级单位样本量较低,可能会带来分析误差,在此只对样本超过30个的省份进行比较。另外,为使婚姻行为的地方特征得以体现,我们仅统计长表数据中(普查时)出生地和现居地均为本省的样本。

(一)初婚年龄的地区差异

男性平均初婚年龄,1935—1939年结婚者除山东省外,都超过20岁。若仔细观察,可将不同地区男性初婚年龄分成三类,一是20岁(指20岁以上,但不足21岁),共有8个省份,北方省份多位于这一水平,中部的湖北和西南的四川、云南也属此列;二是21岁(21岁以上,不足22岁),也有8个省,除河南外,其余均为南方省份;三是22岁(22岁以上,不足23岁),只有2个省,即浙江和广西。我们可以看到,初婚年龄最高省份与最低省份相差2.46岁(广西和山东)。值得注意,多数省份男性虚岁中位年龄为21岁,只有吉林和山东稍低。南方的广西超过22岁。可见,就男性而言,全国多数地区民众的婚姻趋向是基本一致的。

表11　　　　1935—1944年两个时期不同地区初婚年龄比较　　　　单位:岁

地区	平均初婚年龄				样本量			
	男性		女性		男性		女性	
	结婚时期		结婚时期		结婚时期		结婚时期	
	1935—1939年	1940—1944年	1935—1939年	1940—1944年	1935—1939年	1940—1944年	1935—1939年	1940—1944年
北京		21.27	18.79	19.14		33	33	59
天津				20.79				34
河北	20.14	20.84	20.12	20.13	101	241	190	362

续表

地区	平均初婚年龄 男性 结婚时期 1935—1939年	平均初婚年龄 男性 结婚时期 1940—1944年	平均初婚年龄 女性 结婚时期 1935—1939年	平均初婚年龄 女性 结婚时期 1940—1944年	样本量 男性 结婚时期 1935—1939年	样本量 男性 结婚时期 1940—1944年	样本量 女性 结婚时期 1935—1939年	样本量 女性 结婚时期 1940—1944年
山西	20.11	20.67	18.25	18.61	37	113	88	176
内蒙		20.89		18.55		46		67
辽宁	20.36	21.23	19.55	19.82	67	157	108	222
吉林	20.18	21.38	19.69	19.71	40	61	58	100
黑龙江		21.35		19.32		40		68
上海		21.74	21.11	21.02		54		93
江苏	21.43	21.48	20.37	20.55	143	281	335	563
浙江	22.15	22.71	19.40	19.82	68	174	189	365
安徽	21.14	21.59	20.11	20.38	59	193	196	402
福建		22.29	19.67	20.64		69	112	174
江西	21.77	21.42	19.31	19.59	44	132	118	235
山东	19.95	20.99	20.11	20.32	178	367	399	672
河南	21.05	21.25	20.23	20.72	155	337	312	513
湖北	20.27	20.53	19.77	19.94	56	172	129	327
湖南	21.03	21.24	19.20	19.65	90	207	197	389
广东	21.93	22.75	20.80	21.06	87	157	273	421
广西	22.41	22.02	20.29	20.77	44	106	141	237
海南				20.32				37
重庆	21.02	20.77	19.10	19.97	51	88	106	178
四川	20.89	21.65	20.13	20.28	112	270	260	453
贵州	21.07	20.75	19.56	20.41	42	63	79	116
云南	20.63	21.33	19.29	19.79	49	125	112	199
陕西	20.31	20.94	19.09	19.51	36	104	88	176
甘肃		20.93	19.66	19.70		59	47	89
新疆		20.93		18.26		41		43
平均/合计	20.88	21.35	19.88	20.15	1638	3758	3731	6805

说明：空白处意为该地区在该时期样本没有达到30个，为减少对实际情况反映得失真，故不将其列入观察对象。西藏等地区各个时期男女均没有达到该样本数，故未列入。但总样本量中包括省略的省份。表12同。

1940—1944年男性平均初婚年龄有所变化。多数省份初婚年龄比上一时期有所提高,但幅度不大。上升超过1岁的有吉林、山东。另有4个地区降低,即江西、广西、重庆和贵州。初婚中位数多数省份与上一时期一样。增加1岁的有浙江、山东和广东;广西减少1岁。两个时期男性初婚年龄虽有变化,但以维持原来的水平为主。

女性平均初婚年龄也可以分成四个地区类型,一是18岁,有两个省份,均在北方;二是19岁,有12个省份,它覆盖地区最多,并且没有明显的南北省份分野;三是20岁,有8个省份,各区域都有,也无南北界限;四是21岁,只有上海一地。最高与最低省份相差2.86岁(上海与山西),较男性为大。女性中位初婚年龄在地区之间集中的趋向不如男性突出,19岁组涵盖地区最多(11个省份),其次为20岁,有8个省。

1940—1944年女性平均初婚年龄在多数省份稍有增加,明显比男性变动小,可以说保持原有状态是主流。但值得注意,初婚年龄中位数增加的省份占一定比例,山西、辽宁、吉林、江苏、浙江、安徽、福建、湖北、湖南、重庆、贵州、云南都增加1岁。

根据表11,各地男女初婚年龄平均差异可分为五类,相差2岁以上,有浙江、江西和广西,浙江最大(为2.75岁),均为南方省份;相差1.5岁以上、2岁左右有山西、湖南、重庆和贵州,以南方省份为主;相差1—1.4岁,有江苏、安徽、广东、云南和陕西,仍以南方省份为主;相差0.5—0.9岁,有辽宁、河南、湖北和四川,以北方和中西部省份为主;相差0.5岁以下,有河北、吉林和山东,集中在北方,并且山东实际是全国唯一一个男性平均初婚年龄小于女性的省份。根据前述,女性平均初婚年龄在全国并没有明显的南北地区之别,而男性则表现出南方高、北方低的特征,由此导致南北省份之间男女初婚年龄差的不同表现。

1940—1944年结婚者中,男女婚龄相差最大的仍是浙江省,为2.89岁;相差1.5岁以上、2岁左右有吉林、福建、江西、福建、湖南、广东、云南,以南方省份为主;相差1—1.4岁有辽宁、安徽、广西、四川、陕西;0.5—1岁有河北、上海、江苏、山东、河南、湖北、重庆;0.5岁以下有贵州。值得注意的是,北方的山西、内蒙古和新疆男女平均婚龄之差也超过了2岁。在两个时期样本量都合乎要求的省份中,男女平均初婚年龄差具有基本相同的变动。

(二) 夫妇婚龄差异比较

由于一些时期分省份后地区级样本较少,达不到 30 个样本这一最低要求。所以这里主要以代表性较强的 1940—1944 年数据为基础进行分析。

由表 12 可见,全国各地区之间夫妇婚龄的差异十分明显。妻大于夫类虽在总体上不占多数,但一些省份却有相对高的比重。河北、辽宁、吉林、山东、河南、重庆和四川等省份超过 30%,河北和山东最高,达到和接近 40%。值得注意,妻大于夫比例高省份集中于北方地区和西南的重庆、四川。进一步看,在这些地区,妻子大于丈夫 3 岁以上比例并不高,只有河北和山东超过 15%。但从该地区的地方文献中我们也经常见到妻大于夫的记载,特别是民俗中有推崇妻大于夫 3 岁的观念。根据表 12 数据,这种情形的确存在,甚至占一定的比例。但同时也要承认,它并非多数人的行为。

夫大于妻类中,夫大于妻比例在 70% 以上的省份有山西、浙江、江西、广东、广西和陕西。夫大于妻 3 岁以上比例超过 40% 的省份有山西、浙江、江西、广东和陕西,浙江最高,超过 50%。

北方总体上是具有相对高比例妻大于夫类的地区。然而,陕西和山西本类比重却比较低,特别是陕西不足 10%。20 年代末 30 年代初,乔启明对山西清源县 143 个农家的调查对了解这些地区与其他北方地区婚龄类型差异的原因有一定帮助。根据该调查,女性平均初婚年龄为 16 岁,男性为 26.2 岁。其原因是:山西女子过少,男子成婚,已成了问题。[①] 在女性相对短缺的环境下,女子刚刚成人即被纳入婚姻之伍,嫁给年长于自己的男性。这实际是该地存在男性婚姻挤压现象的表现。根据表 12,山西和陕西也是夫大于妻 3 岁以上比重高的地区。

在传统时代,当一些地区推崇"女大三"的婚姻模式时,另一些地区则反其道而行之,如流行"宁叫男大十,不叫女大一"。

表 12 数据表现出不同地区民众在婚姻缔结中对妻长和夫长的偏好的确是有差异的。但即使在妻长于夫被推崇地区,夫大于妻仍是多数人的

[①] 乔启明:《山西清源县 143 农家人口调查之研究》,《中国人口问题》,第 292 页。

婚姻模式。

表12　　　　　1940—1944年不同地区夫妇婚龄差异比较　　　单位:%

地区	-5岁以上	-4	-3	-2—-1	0	1—2	3	4	5岁以上	合计	样本量
河北	2.4	5.6	8.1	25.0	9.7	21.8	7.3	4.8	15.3	100.0	124
山西	3.0	0.0	0.0	15.2	9.1	30.3	6.1	6.1	30.3	100.0	33
辽宁	3.7	4.9	4.9	20.7	15.9	18.3	8.5	6.1	17.1	100.0	82
吉林	3.2	0.0	6.5	22.6	9.7	25.8	6.5	6.5	19.4	100.0	31
江苏	0.8	2.3	1.5	20.8	18.5	23.1	10.8	6.2	16.2	100.0	130
浙江	2.0	2.0	3.0	11.1	10.1	20.2	14.1	13.1	24.2	100.0	99
安徽	0.0	1.0	4.1	14.3	24.5	31.6	6.1	7.1	11.2	100.0	98
江西	0.0	0.0	3.4	11.9	11.9	23.7	18.6	11.9	18.6	100.0	59
山东	7.6	6.1	5.1	21.2	11.6	19.7	4.0	5.6	19.2	100.0	198
河南	3.8	4.6	3.8	20.6	20.6	20.6	2.3	7.6	16.0	100.0	131
湖北	4.8	3.2	8.1	12.9	21.0	27.4	8.1	6.5	8.1	100.0	62
湖南	0.0	1.1	2.2	17.4	9.8	30.4	7.6	9.8	21.7	100.0	92
广东	1.4	1.4	0.0	6.9	15.3	26.4	13.9	13.9	20.8	100.0	72
广西	2.2	0.0	0.0	4.3	15.2	41.3	15.2	6.5	15.2	100.0	46
重庆	9.4	3.1	6.3	15.6	15.6	21.9	6.3	6.3	15.6	100.0	32
四川	5.4	6.5	3.2	20.4	18.3	23.7	4.3	0.0	18.3	100.0	93
云南	0.0	2.6	10.3	12.8	7.7	30.8	10.3	2.6	23.1	100.0	39
陕西	2.7	0.0	0.0	5.4	8.1	43.2	16.2	2.7	21.6	100.0	37

在此，我们还可以进一步观察1945—1949年结婚夫妇的婚龄差异。根据长表数据，妻大于夫所占比重超过30%省份有河北、山东、河南、安徽和贵州。山东仍是比重最高地区，达到38.0%。这些高比例省份仍然以北方省份为主。进一步看，妻大于夫3岁及以上比重超过10%的地区为天津、河北、辽宁、吉林、山东、河南、湖北、重庆和贵州，仍以北方省份为主，中西部省份为辅。北方的河北和山东超过15%，值得注意的是，西北省份如山西和陕西妻大于夫的比重处于相对低的水平，甚至要低于一些南方省份。总的来看，妻大于夫总水平与1940—1944年组

相比，稍有降低，不过基本上在同一水平。它表明民间社会娶长妻的习惯在华北省份是有一定市场的。

丈夫大于妻子比重超过70%的省份有山西、浙江、福建、江西、广东和陕西。其中，丈夫大于妻子3岁以上比重超过50%的省份有山西、浙江、福建、广东。整体观之，丈夫普遍大于妻子的婚姻类型，北方集中于西北一隅，南方则以沿海地区为突出。

那么分省之后城乡之间有何差异？由于城镇样本比较小，限制了这类分析。我们在此拟根据"长表数据"观察1940—1944年结婚样本数在15个以上的省份城市夫妇婚龄特征，以此提供一些参考性认识。在长表数据库中，有辽宁、山东、河南、江苏、浙江和广东达到这一样本要求。

我们已经知道，这一时期城市妻大于夫比重的全国平均水平为24.6%。6个省份中，妻大于夫类差异很大，北方的辽宁、山东和河南分别为37.9%、36.7%和56.3%，南方的浙江和广东分别为14.3%和8.0%，同时具有南北省份特征的江苏为26.3%。其中妻大于夫3岁以上比重，辽宁、山东和河南分别为10.3%、16.7%和8.6%；浙江和广东分别为4.8%和0；江苏也为0。依据长表数据，这6个省份乡村妻大于夫类比例是：辽宁33.3%，山东43.6%，河南29.1%，浙江12.9%，广东8.3%，江苏23.4%。可见，这些省份城乡基本指标是接近的，北方一些省份甚至表现为城市高于乡村。

夫大于妻类中，6个省份的城市差异明显，北方的山东和河南不足50%，分别为43.7%和48.2%，只有河南、辽宁稍高，为51.1%；南方省份则在70%以上，其中浙江79.0%，广东80.6%，地跨南北的江苏为55.3%。

从总体上看，在同一婚姻类别中，城乡数据有相同的表现。这表明，40年代初期，婚姻行为更多地表现为地区差异、城乡趋同。

通过上述分析，我们看到，无论是初婚年龄还是夫妇婚龄差异，地区之间差异是明显的。而这种差异更多地表现为区域之间的差异，即婚姻行为在地理上相比邻、自然条件接近的省份之间有更多相同或相似之处。男性19岁低龄结婚比例较高（超过30%）的省份多集中在华北平原省份（以河北和山东为代表）、东北省份和黄土高原地区省份，23岁以上相对大龄结婚高比例（超过30%）则集中于南方省份，尤以浙江、广东和广西等沿海省份为突出。夫妇婚龄差异尽管各地总体上都以夫长于妻为主，但以河北、山东和河南为代表的北方省份，辽宁、吉林为代表的东北省份，以及四川为代表的西南省份中则有相对高的比例（超过30%）。需要指出，女性低龄结婚高比例省份（19岁以下超过50%）并无显著的区域差异，南北方都占一定比例，说明女性低龄结婚是具有普遍性的婚姻行为。另外，女性单岁年龄结婚堆积的现象也无明显的南北分野，表明这一习俗对多数地区民众的婚姻行为具有影响。

五　结论

根据上述分析，可以得出以下认识：

1. 从1930年至1949年，就全国而言，男女平均初婚年龄有上升的趋向，但上升幅度不大。北方男性中存在相对高比例的19岁以下低龄结婚现象，而南方则有高比例23岁以上晚婚行为。女性19岁以下低龄结婚在全国具有普遍性。但同时必须注意到，无论男女，14岁以下的极端早婚现象所占比例并不高。

2. 从全国来看，夫妇婚龄差异以夫长于妻为主，但以河北、山东和辽宁为代表的北方地区有高比例的妻长于夫婚姻。不过，这种妻长于夫婚姻并非极端的妻长夫幼，年龄差多数在3岁以内。各个时期，夫妇相差5岁以上的婚姻类型所占比例并不大。

3. 男女初婚年龄与夫妇婚龄差异有密切关系，但关系方式不同。从初婚年龄分布上可以发现，19岁以下结婚男性常与年岁长于自己的妻子为偶，25岁以上晚婚男性则多娶20岁以下妻子。女性则相反，17岁以下结婚女性多嫁长于自己的男性，其中40%嫁给比自己大5岁以上男性，低龄女性嫁长夫并非个别现象。

4. 女性婚姻中对虚岁单岁年龄结婚的推崇在全国具有一定普遍性，特别表现为19岁和21岁形成结婚年龄堆积。

5. 20世纪30年代以来，中国社会虽有了城乡区别，但根据长表数据，婚姻行为并未表现出明显的城乡差异。无论男女初婚年龄还是夫妇婚龄差异，城镇和乡村表现出更多的相同和相似。即城镇社会仍保持与乡村相同的传统色彩。父母包办婚姻是形成这种状况的主要原因。

"量中华之物力,结与国之欢心"新解*

王开玺

一 传统的观点与理解

1900年中国北方各省爆发了义和团反帝爱国运动。8月14日,八国联军进攻北京。第二天,慈禧太后挟光绪帝等向太原、西安方向逃去。

1901年2月14日,清廷颁布上谕:"本年夏间,拳匪构乱,开衅友邦。朕奉慈驾西巡,京师云扰。迭命庆亲王奕劻、大学士李鸿章作为全权大臣,便宜行事,与各国使臣止兵议款。昨据奕劻等电呈各国和议十二条大纲,业已照允。仍电饬该全权大臣将详细节目悉心酌核,量中华之物力,结与国之欢心。既有悔祸之机,宜颁自责之诏……今兹议约,不侵我主权,不割我土地。念友邦之见谅,疾愚暴之无知,事后追思,惭愤交集。"① 这一上谕充分表现出义和团运动后,腐败无能的清政府屈辱媚外、妥协乞怜的可耻嘴脸,人们斥之为投降卖国,绝非仅是出于民族的义愤;资产阶级革命派陈天华称清政府为"洋人的朝廷",也绝非仅是出于反清革命的宣传需要。

无论是专业治史者,还是一般国民,每当读及这一段文字之时,无

---

* 本文原载《近代史研究》2006年第4期。

① 故宫博物院明清档案部编:《义和团档案史料》下册,中华书局1959年版,第945—946页。

不痛感中华民族所蒙受的巨耻奇辱，多以为清廷此语是表示将最大限度地满足列强的各种侵略要求，出卖国家与民族的利益。章开沅、陈辉主编的《中国近代史普及读本》写道：慈禧看到列强未将其列为祸首，"大喜过望，立即诏告奕劻、李鸿章，不论条约如何苛刻，均可照办，并慷慨表示要'量中华之物力，结与国之欢心'，为感激帝国主义对她的赦免，准备进一步出卖国家的主权和利益"①。如果说这一表述尚属较为模糊或含蓄，那么，胡绳的《从鸦片战争到五四运动》一书则极其明确写道："这道上谕说，朝廷的态度是'量中华之物力，结与国之欢心'。这就是说它一定要把'中华之物力'，有多少就拿出多少来，巴结这些武装占领了首都的'与国'。"②

笔者于大学本科学习期间，曾对这一上谕内容的真实性产生过怀疑，认为义和团运动以后，清政府为维持其反动政治统治，的确有可能最大限度地出卖国家与民族利益，以换取西方列强的欢心。但无论如何也不大相信清政府会无耻到将这一思想，毫无遮掩地写入堂堂的上谕之中。如此一来，清廷在国民心目之中，还有什么权威？清政府面临的不是其政权是否可以存在的问题，而是完全丧失了存在的意义。大约20年前，笔者专门为此去中国第一历史档案馆，调阅了清廷的上谕档。当该上谕中"量中华之物力，结与国之欢心"12个字赫然映入眼帘之际，我顿感无比失望、无奈。

二 "量中华之物力"的由来与本意

前不久重读《义和团档案史料》，发现了"量中华之物力"的由来，同时对清廷上谕中"量中华之物力，结与国之欢心"一句之本意，亦有所醒悟，颇有"开卷有益"之感。愚以为，人们于此确有误解之处。现姑妄言之，不当之处，冀识者、智者教我。

1900年12月22日，列强方面经过一段时间的内部争论与协调后，向清廷传抄议和大纲12条，并声称不可改变。清政府认为，12条大纲是

---

① 章开沅、陈辉主编：《中国近代史普及读本》，湖北人民出版社1983年版，第248页。
② 胡绳：《从鸦片战争到五四运动》下册，上海人民出版社1982年版，第796页。

各国公使"往复密商其政府数十日而定议,非此不能转圜,非此不能结局"①,因此"十二条不能不照允"。同时清廷也意识到,它只要认可了12条大纲,即可基本保持住其政权,因此又明确指示议和大臣,"惟其中利害轻重,详细节目,尚需竭力磋磨"。也就是说,此时的清政府意识到其政治上的根本性危机已经度过,已具有了与列强就某些具体问题进行"磋磨"的可能,因而要求议和大臣,"审度情形,妥筹磋磨,补救一分是一分耳"。此处的"妥筹磋磨",是就整个12条大纲而言的。议和大纲第12条第2款规定:"中国允照赔偿各国各款。"当时军机处估计到列强在中国对外赔款问题上,将有可能"狮子大开口",因而致电议和代表称:"赔款各款,势不能轻,惟亦需量中国力所能及,或宽定年限,或推情量减,应请磋磨。"② 此处的"应请磋磨",专指赔款而言,而"需量中国力所能及",即为后来"量中华之物力"的最初表述。12月27日,清廷再次以电旨的形式,重申了上述思想。

就当时的情形而言,是无所谓中外谈判的,很多议和条款确是列强协商确定后,交由清政府认同执行的,但是,这并不意味着或等同于清廷在外交上没做任何的努力。关于中国对外赔款的数目、方式和赔款来源等,确实主要是在列强内部进行争论协调的,但清廷方面也确曾做过某些成效甚微或无成效的外交交涉。清廷所谓"量中华之物力"者,"应请磋磨"者,既是围绕这些问题而生而来,亦是其主观上外交努力的表现。清议和大臣奕劻、李鸿章亦电复清廷称:将在与列强交涉会晤之时,就某些具体条款,"引申其义,相机补救,惟力是视"。当然,清廷与列强"磋磨"是有其根本底线的,即"总以不败和局为主"。③

为了解决中国的对外赔款问题,列强驻华公使组织了英、德、比、荷四国组成的"赔款委员会",专门负责研究有关赔款的标准、范围,确定中国对各国政府、社团及个人的赔偿原则。随后又成立了美、德、法、日四国组成的"中国财政资源调查委员会",调查中国的实际财政情况与赔偿能力。

---

① 《全权大臣奕劻李鸿章电报》,《义和团档案史料》下册,第847页。
② 《军机处致全权大臣奕劻李鸿章电信》,《义和团档案史料》下册,第833页。
③ 《全权大臣奕劻李鸿章电报》,《义和团档案史料》下册,第855页。

1901年1月13日，清廷会办商务大臣盛宣怀就列强要求赔款一事分析说：中国对外赔款为数过巨，必将导致中国上下交困。根据总税务司赫德的估计，在四五十年内，中国对外赔款"连借款利息计算在内，共需十数万万"。这就意味着中国每年须再多筹出3000余万两白银。中国财政原本即万分拮据，濒临崩溃，"若再加三千万，竭天下脂膏，不足还债，何以立国？"① 在此，盛宣怀说得十分明白，中国如对外大量赔款，将不堪重负，无以为国。

盛宣怀认为，中外正式签订条约之前，彼此间可有说帖、照会往来，中国应该，而且必须利用这一时机，与列强进行必要的交涉。目前若不就赔款数目等"切实引申（即剖辩），恐后难磋磨"。为此，他不但致电奕劻、李鸿章，而且致电军机大臣荣禄、王文韶、鹿传霖等，希望清廷内外早做切实准备。事实证明，此时的盛宣怀于清政府的对外交涉，具有很大的影响。

为筹集对外赔款，清政府曾力图说服列强同意中国提高海关税率。海关税的征收对象，主要是各国来华商人，因而此议遭到列强的强烈反对，并要求清政府进一步对中国广大人民加捐加税。清廷官员对此表示忧虑与不满。2月6日，会办商务大臣盛宣怀曾就此问题致电军机处称："现值开议和约详细条目，各国各会各人赔补之款，自当照约办理。惟库储一空，若数目过巨，力不从心。或谓中土民物蕃庶，不难搜括。然中国千百年来取民甚薄，若一朝苛索，恐民心思乱，积怨生事。"② 其后，列强仍不断施加压力，迫令清廷向国内人民加捐加税，筹集赔款。对此，清政府训令驻各国公使向驻在国政府表示，若按列强要求加赋百姓，"必激民变，中国不能允"③。

盛宣怀2月6日给行在军机处的电报，有两点内容值得注意。其一，列强声称："各国所索兵费，如数给允，始各退兵"，如此看来，"各使索款，恐又不易磋磨"。其二，英国驻华领事曾透露说："各使多欲立功"，中外商讨赔款问题时，各国驻华公使"决不放松"，建议盛宣怀电告清

---

① 本段及下段，见《会办商务大臣盛宣怀电报》，《义和团档案史料》下册，第887页。
② 同上书，第924页。
③ 《会办商务大臣盛宣怀转使日大臣李盛铎电报》，《义和团档案史料》下册，第1054页。

廷,"惟有请发国书,恳切委婉措词,虽各国意见不同,当可宽期减少"。盛宣怀切感"赔偿款巨,脂膏耗尽,难遽自强",因而建议清廷"酌发国书,英、德、俄、法、义(当为美国之误——引者)、日、意同发,似可有益无损"。①

盛宣怀请发国书的建议,得到清廷的同意。军机处于2月7日立即电告盛宣怀:"所请颁发英、德、俄、法、美、日、意国电,所见甚是。"唯各国情形有所不同,因"贵大臣熟悉洋情,希即分别代拟"国书,然后"电知本处,再行斟酌办理"。② 2月9日,盛宣怀将其代拟国书内容电告军机处。12月11日,军机处致电盛宣怀:"所拟国电,奉旨照办。文内'向未'二字,改作'尚少';'实行新法'四字,改作'力行实政',余俱照拟办理。"③

盛宣怀代拟的国书中确实充满了对列强屈膝乞怜的语言文字,治史者对其进行指斥鞭挞无疑是正确的。但清廷力图通过国书,乞请各国政府减少中国赔款的意图也是十分明显的。该国书称:"赔款一事,不得不通盘筹画。此次兵事,各处财物毁失过多,且敝国地利商务,向未开通,一时不易筹集巨款……尤望贵国始终玉成,商同各大国,允将赔款酌减数目,宽定年限,另筹妥法摊偿。"④

正是有着前述与列强交涉的种种努力,才有我们文章开始所引2月14日的清廷上谕。如果我们只注意"量中华之物力,结与国之欢心"这句话,就会很容易得出传统理解。但是,该上谕后面一段话,似应引起人们的注意:"惟各国既定和约,自不致强人所难。著于细订约章时,婉商力辩,持以理而感以情。各大国信义为重,当视我力之所能及,以期其议之必可行。此该全权大臣所当竭忠尽智者也。"

结合清政府在对外赔款问题上的上述外交努力(当然是不成功的),及2月14日上谕的后一段文字,我们是否可以这样理解,即清廷的上谕是要求议和大臣奕劻、李鸿章,必须"竭忠尽智",与列强切实相商,以

---

① 《会办商务大臣盛宣怀电报》,《义和团档案史料》下册,第924页。
② 《军机处致会办商务大臣盛宣怀电信》,《义和团档案史料》下册,第928页。
③ 同上书,第933页。
④ 《会办商务大臣盛宣怀电报》,《义和团档案史料》下册,第931页。

尽可能少的"中华之物力",来"结与国之欢心"。

三 清廷官员的外交"磋磨"

如果至此仍不能完全理解上谕中"量中华之物力,结与国之欢心"究竟何意,我们再看一看此后的相关上谕和清政府官员的函电,或许可以逐渐清晰起来。

清廷上下与列强的交涉"磋磨",主要集中在以下三个问题上。

第一,关于减少中国赔款总数,不赔抵现银的问题。

4月19日,英、法、德、日四国公使在德国使馆向清政府代表提出了中国需对外赔款4.5亿两的要求。清廷代表当即明确"答以太多",中国"累年人人不敷出",难以承受。列强则称:"各国只索实用之数,并无虚开。"①

在此期间,议和大臣李鸿章曾会晤过英、美、日等国驻华公使,"均属将赔款大减"。美国驻华公使向李鸿章表示,美国政府认为"中国力量不过能赔至三万一千万两为止",并"拟向各国劝减"。这引起了部分清廷官员对美国的期望。同时,各国公使称,列强目前尚不准备与清廷谈论赔款的具体问题,要到4月底"方与全权会议"。清廷上下皆认为,议和大臣可借此机会,"先与政府、户部、各督抚通盘筹划,速定大计"。②

4月27日,湖广总督张之洞致电军机处分析说:此次的八国联军侵华战争,"各国皆非图利而来",因此,只要中国方面据理交涉,"赔款中若有可减,将来各国当可量加减让"。按张之洞的设想,如各国将中国对外"赔款肯减为四万万两,分十年还,略加利息二厘"③,较为妥当。同日,刘坤一也致电军机处称:"此次赔款,各国索现银四百五十兆,中国借票只能售六七折,须向银行借六百兆,方得此数",因此,"偿款索现,受亏太巨"。为此刘坤一吁请清廷饬令驻各国公使,与驻在国政府磋商,

---

① 《又电报》,《义和团档案史料》下册,第1082页。
② 同上书,第1082—1083页。
③ 同上书,第1063页。

"敦劝各国,勿索现银,并将赔数减少"。①

在与列强的交涉中,张之洞对德国抱有极大的希望和幻想。他认为,"此次德执牛耳,德若减让,各国风从",因而请朝廷特别注意对德的外交与利用,"恳德劝各国,先将赔款减数"。②而两江总督刘坤一则将外交磋商的对象转向美国。他认为,既然美国政府承认,"中国力量不过能赔至三万一千万两为止",那么清政府即应极力商请美国公使游说各国,俾使列强皆同意减让赔款总数,"能减一分赔款,即少一分抵项"。③

清廷上下当然不会轻易放弃与列强"磋磨"的机会,军机处于5月3日给议和大臣奕劻、李鸿章发去一电旨,一电信,极言"至四万五千万,三十年摊还,数巨期迫,不免棘手,务需全权向各使极力磋磨。总期减少银数,宽展年限,庶几尚可措手"④。清政府给奕劻、李鸿章等的交涉任务,或者说清廷的基本目标是,继续与各国公使商谈,"将赔款大减"至美国公使所说的"三万一千万"之数,同时与列强"切商勿索现银"。⑤ 这虽是清廷上下一厢情愿地与虎谋皮,绝无成功的可能,但其希望尽可能减少中国对外赔款数目的想法,则是明显而无可置疑的。

第二,关于降低年息问题。

清廷与列强"磋磨"的另一重点是降低年息与赔款计息方法等问题。

5月24日,张之洞要求清廷继续与英国驻华参赞磋商,将赔款"减息为三厘三毫或三厘半"⑥。5月26日,盛宣怀也急电军机处分析说:中国赔款4.5亿两,"如经许四厘息,每年还二千万,共需本利千兆以内",中国损失较大。"似可先还息三厘三毫……如得允,则便宜甚巨。"⑦ 但是,德国驻华公使穆默、八国联军统帅瓦德西均称:"四厘已减让到家,万难再减","四厘息,一毫不能减"。⑧ 然而,直至6月3日,奕劻、李

---

① 《两江总督刘坤一电报》,《义和团档案史料》下册,第 1063—1064 页。
② 《湖广总督张之洞电报》,《义和团档案史料》下册,第 1069 页。
③ 《两江总督刘坤一电报》,《义和团档案史料》下册,第 1088 页。
④ 《军机处致全权大臣奕劻李鸿章电信》,《义和团档案史料》下册,第 1085 页。
⑤ 同上书,第 1122 页。
⑥ 《又电报》,《义和团档案史料》下册,第 1144 页。
⑦ 《会办商务大臣盛宣怀电报》,《义和团档案史料》下册,第 1150 页。
⑧ 《全权大臣奕劻李鸿章电报》,《义和团档案史料》下册,第 1160—1161 页。

鸿章仍表示将不遗余力地继续与列强"竭力磋磨，争得一分是一分"①。

第三，关于列强撤军问题。

本来，清廷及议和大臣准备与列强就中国对外赔款诸问题不断进行交涉"磋磨"，以期达到讨价还价的目的。5月6日，湖广总督张之洞电告清廷，既然列强所定4.5亿赔款总数允认的最后期限是农历五月十六日（即公历7月1日），为期尚宽，则中国"断不宜汲汲遽允。早撤兵一旬，仅省一两千万"，"必须力与磋磨，详加筹计"。张之洞虽也预计到各国"断不能慨然多让，遽行就范"②，但其对于中外交涉的前途与结果，仍是相当乐观的，以致不屑于争取减让"一两千万"的结果。

但列强驻华公使多次威胁称：只有清廷于7月1日前颁谕，"允定赔款四万五千万，加息四厘"后，外国军队才可从北京撤军，否则，过期另加占领军费用。

5月24日，德国驻华公使穆默以不无威胁的口吻对清廷议和代表说：只要中国允准列强要求的赔款总数及利息，德国即可率先撤军，"各国亦必随撤"。现在的时令气候，正宜各国撤兵。若中国犹豫不决，及至夏季炎暑之际，各国不便撤兵，最早也要"迟至九、十月以后，又需多添兵费"。穆默的威胁对清议和代表产生了重要的影响。奕劻、李鸿章随即电告军机处："今两宫急盼撤兵，方议回銮"，中国不允列强的赔款要求，"瓦帅暨德兵不肯先撤，各国必更观望"。这样，不但两宫回銮无日，且"迟一日则多费百万，至秋后须多赔一百余兆"。③ 5月26日，清廷致议和大臣奕劻、李鸿章的电旨虽明确称："各国赔款共四百五十兆，四厘息。著即照准，以便迅速撤兵"，但同时又要求议和大臣与列强说明："中国财力止有此数，务须将本利核定总数，宽展年限。"④

总之，在有关赔款问题上，清政府的诸多"磋磨"，就其客观结果而言，虽确属微不足道，甚且没有成效，但毕竟还是做了一些外交努力。义和团运动后，德、俄等国，为了最大限度地掠夺中国人民，在赔款问

---

① 《又电报》，《义和团档案史料》下册，第1186页。
② 《湖广总督张之洞电报》，《义和团档案史料》下册，第1095页。
③ 《全权大臣奕劻李鸿章电报》，《义和团档案史料》下册，第1143页。
④ 《军机处致全权大臣奕劻李鸿章电信》，《义和团档案史料》下册，第1148页。

题上不但极其贪婪地欲尽量多地榨取,甚至是要掘地三尺;而其他列强则希望既能尽量多地榨取,又能保持清廷的基本统治,这样才更符合他们在华的长久利益。另一方面,认识到这一点的惊魂甫定的清政府,在其上谕中所称之"量中华之物力",就其本意或主观意图而言,并非尽最大可能,最大限度地出卖国家利益,而是在"不败和局",确保其政治统治的前提下,以最小的代价,以尽可能少的"中华之物力",去"结与国之欢心"。直隶总督袁世凯所谓"和议将成,赔款甚巨,此后愈贫愈弱,势难自立……和未定,弱可忧;和既定,贫可忧",大概正是此时清廷君臣上下处境与心态的生动表述。

当然,就清廷总体对外态度、本质或客观结果而言,清政府的确是为了"结与国之欢心",而出卖了大量国家利益,《辛丑条约》内容之苛毒,对中国社会影响之深远,危害之巨大,真可谓空前绝后。故本文的"新解"并不从根本上影响史学界关于清政府在义和团运动后,已经成为"洋人的朝廷",成为帝国主义统治中国人民的走狗与工具的传统评价。

抗日战争时期宪政运动
若干问题的再研究[*]

闻黎明

抗日战争既是中国近代史上最广泛的民族解放战争，也是最深刻的民主革命。中国人民为了取得对外反侵略战争的最终胜利，曾通过各种方式与途径坚持不懈地进行了政治民主化的努力，而宪政运动无疑是最主要的形式之一。多年来，学术界对这一时期宪政运动的研究贡献了许多成果，但仍有些问题尚有探讨之余地。本文欲对抗日战争时期两次宪政运动的若干问题陈述一己之见，并愿求教于方家学者。

一　第一次宪政运动的发起问题

抗日战争时期的第一次宪政运动，起因于1939年9月一届四次国民参政会上提出的七个改良国内政治的提案。这七个提案，按照《国民参政会第四次大会议事记录》的顺序为：（1）孔庚（领衔）等59人的《请政府遵照中国国民党第五次全国代表大会决议案定期召集国民大会制定宪法开始宪政案》；（2）陈绍禹（领衔）等26人的《请政府明令保障各抗日党派合法地位案》；（3）左舜生、张君劢、章伯钧（领衔）等36人的《请结束党治立施宪政以安定人心发扬民力而利抗战案》；（4）江恒

---

[*] 本文原载《近代史研究》2006年第5期。

源（领衔）等40人的《为决定立国大计解除根本纠纷谨提具五项意见建议政府请求采纳施行案》；（5）张申府（领衔）等21人的《建议集中人才办法案》；（6）王造时（领衔）等37人的《为加紧精诚团结以增强抗战力量而保证最后胜利案》；（7）张君劢（领衔）等55人的《改革政治以应付非常局面案》。

在此七提案上附署者虽不少，但实际上代表的仍是领衔人所属派别的意见。这些提案既有共同之处，也各有侧重。在宪政问题上，目前多数论著以邹韬奋的说法为据，将它们分为两个部分，即"一部分是直接与宪政有关的，是属于最近将来的，即尚须略经过筹备时间的"；另一部分是"间接与宪政有关的，而重要性却并不轻的，是属于当前的，是有立刻执行必要的"。① 这种分法有一定理由，但也容易给人留下它们都提出宪政要求这一印象。其实，1939年9月20日陈绍禹在新华日报社工作人员会议上的报告中，曾将七提案区分为"结束党治，实行宪政"；"保障各抗日党派合法权利"；"不分党派，集中人才参加抗战建国工作"；"改革战时行政机构"四种。② 陈绍禹的区分，是就七提案内容而言。笔者认为，如从宪政要求这一层面上归类的话，则可分为四种类型：第一种是立足于改善国内政治关系，但未直接提出宪政问题；第二种是以解决国内团结、加强抗战力量为中心，间接提出宪政问题；第三种是明确提出结束训政、实施宪政要求；第四种则虽然提出宪政，实质上却是不得已的对策。下面，根据笔者分类，对七提案的提出背景、各案重心，以及为什么成为共同促成第一次宪政运动的原因，作一尽量详细的分析。

1. 第一种类型的提案

属于这种类型的，是中共参政员陈绍禹领衔提出的《请政府明令保障各抗日党派合法地位案》。陈案核心如其标题一样，强调的是"保障各抗日党派合法地位"，而这个要求是与中共当时最急需解决的问题紧密相连的。

---

① 韬奋：《一个综合的研究》，《抗战以来》，韬奋出版社1946年版，第125—126页。
② 陈绍禹：《目前国内外形势与参政员第四次大会的成绩》（1939年9月20日在新华日报社工作人员会议上的报告），《解放》第89期，1939年11月7日，第9页。

自1939年1月下旬国民党五届五中全会秘密通过蒋介石提出的《限制异党活动办法》，并决议成立"防共委员会"后，一度缓和的国共矛盾再次凸显，国民党不仅在河北制造摩擦、在山东袭击八路军，甚至还制造了"平江惨案"这一抗战以来国共间最尖锐的冲突。这些事件引起中国共产党极大注意与担心，且将它们与国民党的抗日态度联系起来，认为国民党抗日坚决时便会重视改善与中国共产党关系，反之便会想方设法制造分裂。基于这种估计，加之叛逃到南京的汪精卫正紧锣密鼓地筹备"国民党六全大会"，企图以实现宪政蛊惑人心，因此中国共产党认为国共关系的这一变化很可能是国民党准备对日妥协的一个信号。[①] 为了制止这种局面，中国共产党采取的策略之一就是只要"蒋领导抗战一天"，我们就"不应对蒋有不尊重的表示"，以便"积极帮助蒋与督蒋向好一边走"。[②] 中国共产党这一决定，在纪念"七七"抗战两周年的《对时局宣言》中概括为"坚持抗战到底——反对中途妥协""巩固国内团结——反对内部分裂""力求全国进步——反对向后倒退"三句口号。[③] 9月16日，毛泽东在和中央社、《扫荡报》《新民报》记者谈话中，将这些口号总结为"坚持抗战、反对投降""坚持团结、反对分裂""坚持进步、反对倒退"。

陈绍禹的提案，正是根据这一形势，按照中共上述基本方针起草的。遵照中共中央"对外不说国民党投降"的指示[④]，陈案只强调"日寇汉奸，尤其是汪精卫高举反蒋反共降日之旗帜，尽挑拨离间破坏团结之能事"，目的"便在于破坏我国各抗日党派之团结事业"。之后，才指出"近半年来，同为抗战最高国策而努力奋斗之我国各党派间，疑虑增多，纠纷时起"，以致"不仅使各抗日党派间，关系日益恶化，而且引起举国

[①] 1939年6月7日，中共中央书记处发出《关于反对投降危险的指示》，认为国民党"对共产党的压迫，对八路军、新四军的攻击与摩擦，对边区的挑衅，对抗日民主统一战线与国共合作的破坏等，都是准备投降的步骤"（中央档案馆编：《中共中央文件选集》第12册，中共中央党校出版社1991年版，第80页）。同年6月10日、13日，毛泽东在延安高级干部会议上再次强调目前形势的特点，就是"国民党投降的可能已经成为最大的危险，而其反共活动则是准备投降的步骤"（《反对投降提纲》，《中共中央文件选集》第12册，第82页）。

[②] 《反对投降提纲》，《中共中央文件选集》第12册，第113—114页。

[③] 《中国共产党中央委员会为抗战两周年纪念对时局宣言》（1939年7月7日），《中共中央文件选集》第12册，第143页。

[④] 《反对投降提纲》，《中共中央文件选集》第12册，第114页。

同胞对团结抗战之国策发生动摇"。为了解决这一问题，必须"使抗日各党派间之关系，得到公平合理之解决"。对于解决的办法，陈案亦提出三项：第一，"由国民政府明令保障各抗日党派之合法权利"；第二，"由国民政府明令取消各种所谓防制异党活动办法，严令禁止借口所谓'异党'党籍或思想问题，而对人民和青年，施行非法压迫之行为"；第三，"在各种抗战工作中，各抗日党派之党员，一律有服务之权利，严禁因党派私见，而摒弃国家有用之人才"。①

纵观陈案，没有出现"宪政"二字，而且提案中提出的解决党派关系三项具体措施，核心集中在"由国民政府明令保障各抗日党派之合法权"上。"保障各抗日党派之合法权"，是国内各在野党派对于解决国内矛盾的一致认识与共同要求，它并非必须通过宪政实施方能达到。因此，认为陈案的目的在于发动宪政运动，理由并不充分。

2. 第二种类型的提案

属于这种类型的，为职教社、救国会参政员提出的三个提案。

江恒源领衔提出的《为决定立国大计解除根本纠纷谨拟具五项意见建议政府请求采纳施行案》，代表了中华职教社在改善国内政治关系方面的态度。江案提出时，特别声明"此案列为密件，无论何人，不得在日报或杂志上发表"，因此国民参政会秘书处编印的大会记录，仅于该提案下注一"密"字，未录其文，以致当时很少有人看到它的具体内容，只能依据标题中的"解除根本纠纷"六字推测其内容。

事实上，江案的中心也着眼于解决国内矛盾，特别是国共间的矛盾。江案在分析国内矛盾时用"栋折榱崩，侨将压焉"八字文言表示出对形势的忧虑，认为"大敌当前，而身负领导民众重责之知识分子，尚复有如此情形，其影响于抗战建国前途为何如？"故希望"集团之上级领导者，明情达理"。江案用了许多隐喻，绕了很大圈子，落脚点仍放在希望国共两党团结一致上。这一点，在提案提出的五项建议中也反映得很明显，尽管江案把实行宪政列于首位，但这似乎只是作为引子，以便强调切实保护民众自由权利、在野党派应遵守国家法令、执政者与在野者均

---

① 陈绍禹等：《请政府明令保障抗日党派合法地位案》，《国民参政会第四次大会纪录》，国民参政会秘书处 1939 年 11 月印行，第 92 页。

应以国家为重、各政党均应约束各自党员等四个要求。而且，江案提出的"请政府转请中央，在最近适当期间，明白公布预定完成训政、公布宪法、实行宪政之期，并切实声明，届期绝不展缓"，以及"宪法公布以后，由国民代表大会代表国家，由国民政府对国民大会负责施政"等要求，为的是使"全国人民，可以安心努力，协助公务人员，完成地方自治"；"全国人民，可以群策群力，在国民党各级党部领导之下，积极从事于政治文化教育等工作，用以树立法治民治之永久基础"；"国民党以外各党，既知中央已定立国根本大计，自愿在国民党领导之下，依照国家法令，尽其所应尽之任务"等。① 由此分析，江案提出宪政问题，主要是出于解决国内矛盾的考虑，还不是从国家政治建设的重要途径和有效手段这一层面上出发。

救国会参政员张申府领衔提出的《建议集中人才办法案》，重在针对国民党排挤异己、垄断政权、损害团结的现实。张案将"集中人才"作为标题，反映了他把要不要真正团结全国各抗日力量，当作抗战建国政治建设中一个重大问题来认识。张案在这里提出的"集中人才"不是一般意义的招贤，而是将它提高到全国团结这一高度。抗战以来，国民党也强调过集中全国力量，但不过是希望将人才统一到国民党里，对于不愿意依附者则加以排斥甚至打击。邹韬奋曾说："在参政会里尽管有若干党派的人物在那'参政'，而在各学校中的青年和政府各机关中的职员，却因党派的关系，或甚至并无党派关系而被疑有党派，都在被排斥或甚至遇到更大的危险。这在群众较多的中国共产党、中国青年党，及救国会派，所遭受的苦难也最酷烈。"他还说青年党的李璜曾告诉他，一些学校的青年就是因为加入了青年党而被开除，虽经蒋介石当面允许，饬令纠正，但同样的事情仍不断发生。左舜生也曾讲过，一些青年的失业也与其是青年党员有关。②

这种现象并非限于"左"倾人士，即使被认为是替独裁体制制造理论的"战国策派"骨干分子林同济、何永佶等也曾遭到告密。1940年年

---

① 江恒源：《为决定立国大计解除根本纠纷谨呈具五项意见建议政府请示采纳施行案》，孟广涵主编：《国民参政会纪实》（续编），重庆出版社1987年版，第145—150页。

② 韬奋：《究竟怎么了?》，《抗战以来》，第44—45页。

底，国民党云南省党部向重庆报告，说林同济在昆明组织新政党，以《战国策》杂志为其机关刊物。报告中还罗列了一些与林同济有来往的教授名单，首位是西南联大化学系主任曾昭抡。曾昭抡从一个内部渠道得知消息后十分诧异，他在日记中写道："按《战国策》论调右倾，主张独裁，与我之政治主张，正系相反。此项消息，真是离奇。暑期中林（同济）、何（永佶）等与党部合作，举行学术讲演会，关系似颇亲密，不料今竟相忌至此。"曾昭抡愤愤地说："国民党人之不能容人，于此可见。"[1] 正是鉴于这种现实，张案提出"用人但问其才与不才，不问其党与不党"；"表扬大公无私之立场"；"承认各党派之合法存在"；"限制兼差，使人当其职"；"推进民权主义，实施民主制度"等集中人才的五项建议。[2] 可见，这些建议强调的是"用人但问其才与不才，不问其党与不党"。至于"承认各党派之合法存在"的问题，在这里是从集中人才方法入手加以解决的。

另一位救国会参政员王造时领衔提出的《为加紧精诚团结以增强抗战力量而保证最后胜利案》，亦以强调"精诚团结"为中心。王造时本人受过国民党多次排斥伤害，他比别人更直接感受到精诚团结对于抗战的意义，因此王案特别指出"非团结不足以抗战，非抗战不足以图存"。在此基础上，王案提出保障最后胜利的三项办法：第一，"本国家至上、民族至上之原则，由各党派分别告诫地方各级党员，不得有摩擦行动，以免增加抗战建国前途之障碍"；第二，"为集中人才起见，不宜因党派关系而有所歧视"；第三，"从速完成地方自治，实行宪政，纳政党政治于民主法治中常规"。[3] 与张申府案相比，王案文字虽少，但内容则较具体，尤其是"纳政党政治于民主法治中常规"这一要求，反映了他建设民主主义共和国的政治理想。与陈绍禹、张申府两案相比，王案中提出了"宪政"二字，但是突出的是"纳政党政治于民主法制"之中，尚未希望发动一次宪政运动。

---

[1] 《1940年日记（两则）》，文集编撰委员会编：《一代宗师——曾昭抡百年诞辰纪念文集》，北京大学出版社1999年版，第106页。

[2] 张申府等：《建议集中人才办法案》，《国民参政会第四次大会纪录》，第93页。

[3] 王造时等：《为加紧精诚团结以增强抗战力量而保证最后胜利案》，《国民参政会第四次大会纪录》，第93页。

3. 第三种类型的提案

属于这一类型的，为左舜生、张君劢、章伯钧三人共同领衔的《请结束党治立施宪政以安定人心发扬民力而利抗战案》，以及张君劢、左舜生、章伯钧三人共同领衔的《改革政治以应付非常局面案》两个提案。

如前所述，张申府案与王造时案虽然要求"推进民权主义""实施民主制度""纳政党政治于民主法治中常规"等，但侧重点在保障各党派合法地位，和各党派有公开活动的自由。而左张章案则公开要求立即实施宪政。值得注意的是，该案领衔者为三人，这不仅在参政会提案历史上非常少见，而且他们的这一联合，还是参政会中除国共两党外其他仅有三个政党的第一次公开合作。

左张章案虽由三人并列领衔，但起草者则是列于领衔者之首的青年党领袖左舜生，因此可视其首先代表了青年党的意见。左张章案由两部分组成。第一部分，从政治改革、揭露与应付敌伪、抗战与宪政的关系、政府对国民的责任、巩固团结避免摩擦等五方面阐述了宪政实施的理由，指出"在现在党治之下，政府仅能对党负责，对全国国民几无责任之可言"的事实。第二部分，提出实施宪政的三项办法：第一，"由政府授权国民参政会本届大会，推选若干人组成宪法起草委员会，以制定一可使全国共同遵守之宪法"。第二，"在国民大会未召集以前，行政院暂时对国民参政会负责，省市县政府分别对各级民意机关负责"。第三，"于最短期内颁布宪法，结束党治，全国各党各派一律公开活动，平流并进，永杜纠纷，共维国命"。①

左张章案是抗日战争时期在野党派第一次在参政会中毫无讳言地提出"结束党治"要求，它体现了青年党成立以来反对国民党训政制度的一贯立场。青年党是一个有纲领、有组织的正规政党，而政党政治的基础是多党政治，但是在国民党训政制度下，青年党不要说发展，就是生存也时时面临着威胁。例如，国民党西康省党部和特务机关上报担任西康县长的青年党人刘东岩有所活动后，国民党中央组织部便一面下令西

---

① 左舜生、张君劢、章伯钧等：《请结束党治立施宪政以安定人心发扬民力而利抗战案》，《国民参政会第四次大会纪录》，第92—93页。

康省府主席刘文辉将刘东岩免职,一面责令国民参政会特务秘书兼议事组主任雷震转告李璜,要青年党严令刘东岩不得有政党活动。李璜听后十分气愤,反问到:"国民党为什么可以在地方上活动,而青年党则不可,这岂不是只许国民党放火,不许青年党点灯吗?"① 左舜生草拟提案时,肯定包含这方面的因素,因此左张章案从在野党派自身发展需要提出立宪问题,也就毫不奇怪了。

不过,该案提出的结束党治办法,是主张在国民大会召集之前先由"行政院暂时对国民参政会负责",各地方政府"分别对各级民意机关负责"。这些措施,表明这三个在野政党考虑到宪政实施在当时环境下的可行性,故而提出这样一个逐步向宪政道路接近的步骤。而扩大国民参政会与地方参议会的职权,也是西方民主国家议会制度的一种形式。

与左张章案同时提出的张左章案,在标题上亦未明言"宪政"二字,但其精神则无疑与左张章案一样,也是意在向宪法政治的目标靠拢。张君劢是国社党的创建者,他从青年时代起就非常热心宪政设计,建立宪法政治是他多年追求不懈的理想。张左章案首先指出抗战已到严重关头,当前外交、经济、政治面临着国际法西斯势力步步紧逼、国内财政与人民生计日益困难、汪精卫等加紧扩大傀儡组织三大难关。接着指出"处此非常局面之中,唯有非常之步骤,方足以资应付",欲求"扶危救急之道",仅有"立即结束党治,实行宪政,以求全国政治上之彻底开发",和"立即成立举国一致之战时行政院,以求全国行政上之全盘改革"两种办法。张左章案声称,此两者缺一不可,否则无论对民众还是对国家前途都不堪设想。由此可见,张左章案与左张章案精神完全一致,互为呼应。所不同的,是张君劢并不认为"在国民大会未召集以前,行政院暂时对国民参政会负责,省市县政府分别对各级民意机关负责"是最佳方案,而是考虑到国民参政会和地方参议会不仅均牢牢控制在执政的国民党手中,而且人员素质和工作效率,都远不能适应形势。为此,张左章案方主张成立战时行政院,以作为宪政实施前的过渡。

为了说明这一主张,张左章案着重对战时行政院的必要性做了说明。

---

① 雷震:《中华民国制宪史》(未刊手稿),台北,"中研院"近代史研究所档案馆存。文中所说的青年党人刘东岩,1949 年后曾在台湾任国民大会秘书长。

它说：环顾"世界各强国历史，国家每遇对外作战，辄成立举国一致之战时内阁"，其原因就是"必如此始能提高政治效率，发挥整个国力"。这次英国与德国作战，战事爆发后，"英国即积极在内阁上为人事与机构之调整"，"即在日寇，亦复如是，两年战争，内阁三易，此正足以证明敌人重视战时政治之点"。反观中国，"抗战两年，机关化简单为复杂，人才变有用为无用"，"人民对后方政治愤懑哀痛"。如欲"振刷精神，一新耳目，恢复民信，矫正风气"，刻不容缓之事即为"人事之更张"。可见，"成立举国一致之战时行政院"不仅必须，而且十分迫切。① 细心揣摩此言，可知张左章案对左张章案做了进一步发挥，这种发挥主要表现在改革的阶段性步骤方面。从某种角度看，张君劢设计的"战时行政院"，也许是当时最简捷的办法，而且后来的"联合政府"方案也与这个设计有异曲同工之处。

4. 第四种类型的提案

属于这种类型的，为国民党参政员孔庚领衔之《请政府遵照中国国民党第五次全国代表大会决议案定期召集国民大会制定宪法开始宪政案》。

国民参政会秘书处编印的《国民参政会第四次大会议事记录》，把孔庚案列于首位，笔者则把它放在最后介绍。这是因为尽管孔案在七提案中是唯一在标题上不绕弯子，径直提出宪政问题的提案，但它的提出完全是针对前述六案的对应措施。由于史料所缺，很少有人知道孔案的由来，也很少有人知道孔案并非孔庚本人起草，而是国民党参政会党团指导委员会代拟的。

说来事出有因。按照《国民参政会议事规则》，所有提案均先提交参政会秘书处，需经审查委员会审查后才能提交大会讨论。因此，前述六案于会前便送到了参政会秘书处。六案中，左张章案与张左章案由于要求立即实施宪政，使得国民党中枢异常紧张。当时，国民参政会党团指导委员会知道这两个提案时，尚未看到文本，于是要雷震立刻将两案亲自送到重庆上清寺国民党中央党部秘书处。雷震接到电话是晚上9时

---

① 张君劢、左舜生、章伯钧等：《改革政治以应付非常局面案》，《国民参政会第四次大会纪录》，第93—94页。

许，其时上弦月已下山，天色一片漆黑，无奈重庆连电催促，雷震深知事关重大，只得连夜上路。当时参政会仅有一辆电力不足、前灯不亮，白天勉强可开，晚间无法行驶的旧福特牌汽车，雷震不得不打着一只手电筒充作前灯。沙坪坝至上清寺约30公里，马路沿嘉陵江弯弯曲曲，红岩嘴一带更有两个急坡，路上司乘两人屏气息声，生怕走神掉进江中。后来雷震说他当时心中一直嘀咕："国民党要一党专政，在野党要结束训政，我们两条性命，可能被你们所结束。"冒着危险，雷震于深夜赶到上清寺，可党团指导委员会的委员们还埋怨车子开得太慢，让他们等着发急。委员们看了两案后，马上挑灯商讨对策，最后决定由国民党内年龄最长的参政员孔庚领衔提出一案，以便打消或至少冲淡两案的精神。①

由于时间紧迫，孔案起草时根本顾不上文字，因而全案极其简略，仅为："谨按政府遵照中国国民党第五次全国代表大会决议，原已定期召集国民大会，并经积极筹备。嗣以抗战军兴，致陷停顿，惟抗战军事攸赖长期努力，建国工作必须同时进展，爰建议政府召开国民大会，制定宪法，开始宪政。"②用雷震的话说，孔案的提出是为了"表明国民党早就有意结束党治，惟由于要应付日寇侵略，才把召集国民大会制定宪法之事，延搁了下来，并非国民党有意长久实行一党独裁的"③。

匆匆起草的孔案里，表达的不过是国民党原则上愿意召开国民大会和制定宪法这样一个姿态，至于这部宪法应体现什么样的民意，宪法通过前应采取什么样的措施等，都没有涉及。实际上，国民党统治集团对实施真正意义上的宪政从来不积极，他们对宪政的理解不过是形式上完成制宪程序，并且制定的宪法必须以维护和加强国民党统治为基本原则，使国民党的国家领导地位从法律上获得合法性。这样的宪政对国民党只有百益而无一害，却与在野党派的参政要求背道而驰，根本不能体现民意政治。从这个角度观察，孔案根本不具备参与真正意义上宪政运动的

---

① 雷震：《中华民国制宪史》（未刊手稿）。
② 孔庚等：《请政府遵照中国国民党第五次全国代表大会决议案定期召集国民大会制定宪法开始宪政案》，《国民参政会第四次大会纪录》，第91页。
③ 雷震：《中华民国制宪史》（未刊手稿）。

资格。了解了孔案提出的过程，今后对于这次宪政运动的记述，肯定再也不会不加区别地将孔案与前述六案相提并论了。

5. 将七提案视为一整体的原因

行文至此，可以说明七提案虽然不同程度涉及宪政问题，但正式提出结束训政、实施宪政要求者，则为左舜生、张君劢、章伯钧联名领衔一案，与张君劢领衔一案。那么，为何人们一直将七提案当作一个整体，并认为抗战时期第一次宪政运动就是由七提案共同发起的呢？

回答这个问题，要从参政会运作方式寻找答案。国民参政会是作为准民意机关设立的，审议的问题无所不包，故将参政员分为负责初步审查各类提案的若干委员会。七提案在性质上都属于国内政治问题，按规定由负责内政的第三审查委员会主持初步审查。而七提案合并审查讨论时，人们的视点都聚集在宪政问题上，从而客观上造成了七提案共同促成第一次宪政运动的现象。于是，当年人们就将七提案当作一个共同体。这种现象沿用至今，以致鲜有深究。

将七提案作为一个整体介绍的方式本来无可非议，但若欲深入考察这次宪政运动，特别是联系到下面将要论及的与这次宪政运动紧密相关的"期成宪草"的话，那么必要的分类梳理就是不可缺少的了。

二　第一次宪政运动的成果问题

一届四次国民参政会提出的七个提案，被认为是抗战时期第一次宪政运动的发轫。9月15日晚间与16日上午，经过参政会第三审查委员会扩大会议的两次激烈辩论，终于通过了治本与治标两项办法。16日下午，一届四次国民参政会第七次会议，以鼓掌方式，全体一致通过影响深远的《请政府定期召集国民大会实行宪政决议案》。随后，蒋介石提出协助政府促成宪政的国民参政会宪政期成会会员名单。这样，抗战时期的第一次"晴天霹雳的宪政运动"便正式拉开了帷幕。

关于这次宪政运动，目前史论大多停留在各种形式的热烈讨论与宣传，而对运动中产生的极具价值的《中华民国宪法草案（五五宪草）之修正草案》（以下简称"期成宪草"）却鲜有关注。① 然而，拙见以为第一次宪政运动所取得的主要甚至是唯一有形成果，恰恰就是这个由国民参政会宪政期成会提出的五五宪草修正案。关于这个草案的形成过程、基本内容、核心设计"国民大会议政会"的主要精神，以及围绕该草案的论争、时人对其评价等，笔者曾进行过专门研究②，故此处仅作简要介绍与补充论述。

1. 昆明宪草

"期成宪草"是在昆明九教授参政员草拟的五五宪草修正案基础上形成的，后者称为"昆明宪草"。1939 年 11 月 24 日，国民参政会宪政期成会第二次会议听取了关于国民党五届六中全会决议 1940 年 11 月 12 日召集国民大会的报告，遂决定开始征集各方对五五宪草等问题的意见。同时，由于宪政期成会会员罗隆基、罗文干、陶孟和、周炳琳、傅斯年等均住在昆明，于是委托他们就近磋商并起草关于宪草修正的意见。他们返昆后，即数度集会研究，这时在昆明的参政员张奚若、杨振声、任鸿隽亦参加了讨论，宪政期成会会员钱端升 1940 年 3 月自美回国后阅览全稿亦表示赞成，于是形成了昆明九参政员共拟的五五宪草修正案。为了对修正诸点加以说明，他们还撰写了《五五宪草之修正》一文，发表时署名"罗隆基等"。

"昆明宪草"最主要的特点，是在国民大会闭会期间设置了一个名为"国民议政会"的常设机构，其职权大体相当于民主国家的议会，目的是在实际政治上能负起监督政权的责任。③ 这是一个体现了以西方民主制度改革

---

① 就笔者所见有关"期成宪草"介绍与研究的专著，仅有少数几种。其中石柏林、彭小平《中国近现代政治体制的演变与发展》（河南人民出版社 1991 年版）之第六章第三节第二目，和张国福《民国宪法史》（华文出版社 1991 年版）之第十章第二节两种，篇幅稍多。王永祥《中国现代宪政运动史》（人民出版社 1996 年版）之第五章第一节第二目、第二节第一目，殷啸虎的《近代中国宪政史》（上海人民出版社 1997 年版）之第七章第二节第二目，虽有介绍，但篇幅甚少。其他有关抗日战争时期第一次宪政运动的论文，虽亦有涉及"期成宪草"者，但大多为一般性的过程式记述。

② 见笔者的《"国民大会议政会"刍议——抗战时期改革中央政治体制的重要尝试》（《抗日战争研究》1996 年第 3 期），和《第三种力量与抗战时期的中国政治》（上海书店出版社 2004 年版）第三章第二节。

③ 雷震：《制宪述要》，《雷震全集》第 23 卷，（台北）桂冠图书有限公司 1989 年版，第 5 页。

中国现行制度的探索式设计,它的意义将结合"期成宪草",一并介绍。

2. 期成宪草

1940年3月下旬,"昆明宪草"在连续召开十天的宪政期成会第三次全体会议上获得通过,并定名为《国民参政会宪政期成会提出中华民国宪法草案(五五宪草)之修正草案》。由于它是由宪政期成会提出,故称"期成宪草"。

与"昆明宪草"相比,"期成宪草"只是将国民议政会改名为"国民大会议政会",以表示议政会是从国民大会中产生,而非从全国民众中选举而来。"期成宪草"的通过是中国政治史上的一件大事,曾受到社会广泛关注。即使一些反对这一设计的人,也承认:"国内人士对于宪草内容的讨论,从没有像今天这样的起劲,而讨论的中心,则大多数集中于国民大会方面。关于国民大会方面的意见中最重要的一点,就是所谓关于国民大会闭会期间的常设机关的设置问题。自罗文干等的昆明修正案至国民参政会宪政期成会的修正案,都主张在闭会期间设置国民议政会。各方面的意见虽不尽同,然而大抵都认为非赋予重大的权力,不足以尽其常川行使政权之能事。"① 正因如此,有人干脆把它称作"议政宪草"。②

3. "国民大会议政会"设计

人们之所以如此重视"期成宪草",是由于它在国家政治体制上做了不可忽视的改革。这种改革集中在第三章"国民大会议政会"一节尤其是第41条(即国民大会议政会之职权)中。关于国民大会议政会的职权,"期成宪草"规定了九项,其中最重要的特点是削减了国民大会的职权,而将"复决立法院之法律、预算案决算案";"受理国民大会闭会期中监察院所提之弹劾案";"对于行政院长及各部会长官之不信任案";"质询行政方针之权"四项职权移至国民大会议政会。从这点来看,国民大会议政会在内政问题上便具有了类似西方民主国家的议会权力。对于

---

① 邓公玄:《国民大会中岂容有太上国民大会乎》,《时事类编特刊》第53期,1940年6月10日,第50页。

② 楼桐孙:《评驳"议政宪草""系统论"》,《时事类编特刊》第53期,1940年6月10日,第35页。

这种关系重大的调整，宪政期成会认为是为了克服国民大会间隔太久，会期太短，人数又太多的缺点，故以国民大会议政会的间接民权补充国民大会的直接民权。

另外，"期成宪草"还把对行政院起制衡作用的立法院的一些职权，也划归国民大会议政会，使立法院成为"以专家资格参加于一切法律法典之制定"的机构。而对于立法院保留的预算、决算权，也限制于初议，复决权亦移交国民大会议政会。由此可见，"期成宪草"的确是欲对国家政权制度进行一次大手术。从这个意义上说，它如能实现，中国政治无疑会向前迈进一大步。正因如此，无论研究抗日战争时期的第一次宪政运动，还是研究中国政治改革历史，"期成宪草"都是不应被忽略的。

4. 第一次宪政运动终结的标志

"期成宪草"的手术如果成功，势必削弱国民党的专制制度，影响到国民党的绝对统治地位。因此，1940年4月5日一届五次国民参政会讨论"期成宪草"时，蒋介石表示"权与能分开"和"政权与治权划分"两原则是孙中山"在政治上最大之发明"，也是"为中国制定宪法所必须遵循者"。[1] 4月6日下午，参政会继续讨论此案时发生激烈争论，而蒋介石亦"对于宪草中牵制政府势力之规定表示不满"。[2] 梁漱溟回忆说：当时蒋介石态度之强硬"为向来所少见"，其即席演说中不但批评该案"袭取欧西之议会政治，与总理遗教"完全不合"，进而指责修正案"对执政之束缚太甚"，实"为不能施行之制度"，"今后国人如以国事倚畀于我，亦就不要束缚我才行"。[3]

在这种情况下继续争论毫无意义，后来王世杰出面圆场，请蒋介石以议长身份提议将各种意见并送政府。结果，大会匆忙按照蒋介石手书的两条意见通过决议。这两项决议，一为"本会宪政期成会草拟之中华民国宪法草案修正案暨其附带建议，及反对设置国民大会议政会者之意见，并送政府。前项反对意见，由秘书处征询发言人意见后予以整理"。

---

[1] 蒋介石：《对于宪草与实施宪政之意见》（一），秦孝仪主编：《中华民国重要史料初编——对日抗战时期》第4编第2册，（台北）中国国民党中央党史委员会1988年版，第1683页。

[2] 《王世杰日记》，1940年4月6日，"中研院"近代史研究所1990年影印本。

[3] 梁漱溟：《论当前宪政问题》，《民宪》（东南版）第1期，1945年9月1日，第5页。

一为"参政员对于宪政期成会修正案其他部分持异议者,如有40人以上之连署,并于5月15日以前送本会秘书处,应由秘书处移送政府"。① 这个表面上带有调和色彩的决议,等于堵死了"期成宪草"的表决机会,而"并送政府"也不过是束之高阁的代名词,一个有限限制国民党党治的方案就这样窒息腹胎。

国民党反对"期成宪草"本在情理之中,从根本上说,国民党统治集团始终反对任何对其政权构成威胁的改革。正如当代学者所言:"期成宪草"从形态上说是一种议会至上的议会政治体制,"在这种体制下,不仅国民党的党治将难以持续,而且国民政府的权力亦将受到严重束缚并被置于强有力的监督之下而难以再为所欲为"。② 对于"打天下者坐天下"观念极深的国民党统治集团,当然不能接受任何削弱其专制的措施,这一状况不改变,"期成宪草"若能被接受反倒是怪事。

"期成宪草"被无形打消,七个月的努力付之东流,抗战时期的第一次宪政运动到这时宣告完结。难怪有人说:"宪草修正草案原为国民参政会第五次大会最中心的议案,也是国民参政会宪政期成会的唯一结晶品",没想到竟会"这样干脆地结束",这真让渴望政治进步的人士"冷水浇背,不胜寒心"。③ 但是,"期成宪草"毕竟是第一次宪政运动中出现的对国民党一党专政的一次挑战,也是中国民主革命进程中的一次有益尝试。此外,鉴于这次教训,第二次宪政运动在争取重点与斗争策略上,也变得聪明了。

三 第二次宪政运动的争取重点及其成果

抗日战争时期的第二次宪政运动,出现于1943年。这年,与太平洋战争爆发初期相比,国际反法西斯战线形势出现明显转折。出于战略需要,美国通过种种渠道向蒋介石表示"中国宜从速实施宪政"和"国民

---

① 《国民参政会第五次大会议事纪·第六次会议》,《国民参政会第五次大会纪录》,国民参政会秘书处1940年8月印行,第25页。
② 王永祥:《中国现代宪政运动史》,第303页。
③ 韬奋:《对宪政的最后挣扎》,《抗战以来》,第155页。

党退为平民，与国内各党处同等地位以解纠纷"的希望①，从而促使国民党在9月召开的五届十一中全会上通过了《关于实施宪政总报告之决议案》，重新提出"关于筹备国民大会及开始实施宪政各项应有之准备，由政府督饬主管机关负责办理"。②这个姿态很大程度上是做给盟邦看的，可它毕竟打破了第一次宪政运动后期国民党与在野党派达成的抗战期间不再提宪政的约定。于是，获悉美国态度的张君劢和左舜生，自然不会放过这个天赐良机，遂于9月16日向王世杰郑重提议：由国民党政府与参政会出面，组织一个吸收国民党外人士参加的宪政实施筹备机关，共商如何推进言论结社自由及改进民选机关等问题。张、左还表示：此提议能否获得蒋介石的同意，是他们能否参加本届国民参政会的前提。③为了给国民党施加压力，9月18日三届二次国民参政会开幕时，他们仅报到而未出席大会。当时，社会各界的宪政热情也再度高涨，这便迫使蒋介石在9月25日参政会上提出组织"宪政实施筹备会"问题，第二天国民参政会主席团亦提出《设立宪政实施筹备会和经济建设期成会两机构案》。抗日战争时期的第二次宪政运动，在此形势下应运而生。

关于第二次宪政运动，目前的研究不很充分，一些专著在介绍发起经过后便接着叙述联合政府运动，似乎两者同为一事。其实不然，第二次宪政运动还是可圈可点的，它不仅有具体活动，并取得了三项具体成果，即在言论自由方面争取到《改善书报检查办法》，在身体自由方面争取到《保障人民身体自由办法》，在国民参政会职权方面争取到国家预算初审权。这些虽然只是停留在文字上，但它们毕竟是通过第二次宪政运动才获得的果实，况且对于推动政治建设来说，也不失一定意义。

1.《改善书报检查办法》

第二次宪政运动中，在野党派吸取了第一次宪政运动在修宪问题上徒耗精力的教训，将主要精力转移到解决比较容易操作的实际问题上，《改善书报检查办法》就是在这次宪政运动中经过斗争获得的成果。

---

① 中国社会科学院近代史研究所中华民国史研究室编：《黄炎培日记摘录》，1943年9月10日，中华书局1979年版。

② 荣孟源、孙彩霞编：《中国国民党历次代表大会及中央全会资料》下册，光明日报出版社1985年版，第884页。

③ 《王世杰日记》，1943年9月16日。

"书报检查"表面上是言论自由问题,实质上属于思想自由范畴,因为思想是无形的,必须通过文字这一载体才能表达。所以,现代社会都以言论自由作为人民所应享有最低限度的自由权利之一。这方面,五五宪草采取的是法律限制主义原则,规定中有许多"非依法律不得"如何如何,而摧残人民言论自由的事例更是人所皆知。

抗战爆发后,尚在发动武汉保卫战的1938年7月,国民党中央执行委员会就下令组织中央图书杂志审查委员会及各地方同类机构,国民党中宣部也公布了图书杂志原稿审查办法与抗战时期图书杂志审查标准。当时,迁至武汉的商务印书馆、中华书局、开明书店、世界书局、上海杂志公司、生活书店等14家出版单位,曾于9月向蒋介石及国民党中宣部、军委会政治部、行政院内政部与教育部递交呈文,要求"将战时图书杂志原稿审查办法及标准予以撤销"。① 10月下旬,邹韬奋等72人在一届二次参政会上提出《请政府撤销战时图书杂志原稿审查办法以充分反映舆论及出版自由案》,1941年11月沈钧儒也在二届二次参政会上领衔提出《请政府迅即对于言论与研究加强积极领导修正消极限制以通民隐而利抗战案》。此后,参政会还通过了一些类似决议,却均未得到执政当局批准,相反对舆论的压制有增无减。

1943年10月初,张君劢、褚辅成、左舜生、李璜等人向王世杰、邵力子表示:宪政实施筹备会的工作重心应放在言论自由的逐步开放方面。② 11月12日,宪政实施协进会正式成立,当天下午李璜、王云五、张志让、钱端升等会员便在第一次会议上提出了"关于改善新闻检查及书籍审查办法"等案。不久,宪政实施协进会常务会员张君劢也提出《人民基本权利三项保障案》,另一位常务会员黄炎培随即针对张案提出"处理方法之意见"。1944年4月初,刚刚考察成都金陵大学和乐山武汉大学后的黄炎培,在宪政实施协进会小组会上"详述旅行所见知识分子对政府离心力,坚主开放言论出版自由"。③ 在这种情况下,宪政实施协

---

① 《武汉出版界要求当局撤销图书杂志审查办法呈文》,《国民公论》第1卷第1号,1938年9月11日,第24页。

② 《王世杰日记》,1943年10月2日。

③ 《黄炎培日记摘录》,1944年4月4日。

进会一致认为"现时图书杂志审查与新闻检查制度必须改善"。但是，对于具体办法却存在两种意见，一种主张"改善事前检查"，另一种认为应该"废止事前检查"，最后决定将"两种意见之利害得失"分别向最高当局详细说明。

在这件事上，蒋介石的态度是既不正面反对，也不轻易接受。他在宪政实施协进会的说明书上批示："现值战时，报纸言论记载，动与战局人心息息相关，检查制度未便遽行取消，即现行检查方法，究应如何改善之处，亦尚须慎重研究。兹将一般图书及不以论述军事、政治、外交等新闻为目的之杂志，令行政院、宣传部另订审查办法，其主要原则：（子）凡图书暨不以论述军事、政治、外交新闻为目的之杂志，在出版前，得不以原稿送检。但自愿先以原稿送检者，仍由图书杂志审查委员会予以审查。（丑）图书杂志中应行禁载之标准，应予重行明白规定。政府对于曾经自愿送审，并依照审查机关之决定而发行之刊物，不得课著作人或发行人以责任；其未经送审者，得以禁载标准课以责任。（寅）子款所称之图书杂志，应于发行前四日，以两份呈送图书杂志审查委员会，并取得收据。（卯）以上办法，于本年 7 月 1 日实施，其详细手续，由行政院会同宣传部妥订施行。（辰）关于日报及其他杂志之检查，如何酌为改善，由宣传部、行政院另行研拟办法，再待酌核。"① 这就是说，言论可以放宽，但需加许多条件。

就在这时，传来了英国首相丘吉尔关于测验自由标准的讲话。这个标准是 8 月底丘吉尔访问意大利结束前在一次演说中提出来的，它共有七条，第一条即"人民是不是有自由发表言论，反对或批评他们政府的权利"。② 舆论认为，丘吉尔对言论自由的阐释与罗斯福提出的"四大自由"在精神上是一致的，借着社会的强烈要求，宪政实施协进会于 9 月 21 日通过《改善书报检查办法》。这个办法虽然须国民党中央常委会通过后方能有效，但并不妨碍它成为第二次宪政运动成

---

① 《宪政实施协进会工作报告》（1944 年 5 月 19 日），《中华民国重要史料初编——对日抗战时期》第 4 编第 2 册，第 1793 页。

② 转引自《是法西斯还是民主，有一个测验的办法，丘吉尔告诉意大利人民七个重要的标准》，《新华日报》1944 年 8 月 30 日，第 3 版。

果之一。

《改善书报检查办法》在12月11日的国民党中央党部常会上，曾遭到戴季陶、张厉生、潘公展等人的反对，但它最终于14日经国民党中央秘书处审查通过了。正因如此，蒋介石在1945年元旦讲话中才不无自豪地声称将"鼓励正当舆论"。

2.《保障人民身体自由办法》

身体自由是人民各项自由权利中最根本最主要的自由，如果身体都没有保障的话，其他自由自然无法实现。但是，当时任意逮捕拘禁人民之类现象，却司空见惯。为此，一届五次参政会时，邹韬奋根据统一建国同志会分工，领衔提出《严禁违法拘捕迅速实行提审法以保障人民身体自由案》，它依据《中华民国训政时期约法》和《刑事诉讼法》两种现行法律，要求执政当局立即实行提审法。

这个问题在第二次宪政运动中再次成为努力目标之一。1943年11月12日，在宪政实施协进会首次会议上，王云五提出提前实行提审制度案。其后，张君劢亦提出包括此内容在内的三项处理方法。1944年2月12日，黄炎培向宪政实施协进会第三小组联席会议提出的《意见书——对于张会员君劢人民基本权利三项保障案处理方法之意见》中，也专门写了"关于人身自由"一节。文中写到他在西昌县德昌镇一区公署里，看到拘留所满室拥挤，再阅拘留表册，"有不记案由者，有不记入所年月日者，其记明死在所内者四人，逃逸者四人"，"被押久者已半年一年以上，其确实年月日，已不可考"。黄炎培问究竟拘留了多少人，负责者一会儿回答是十几人，一会儿又说二十几人，根本没有确数。可黄炎培一望便知，绝不止此数。这些都是黄炎培亲眼所见，因而感叹"一般人民，受法律以内之痛苦少，受法律以外之痛苦多"，痛感"非法逮捕拘禁，几于到处皆有，或怀挟私怨，滥用职权，或假借公务，肆行敲诈，甚至地非监狱，人无罪名，而久久不见天日"。在《意见书》中，黄炎培说："此等现象，可云万方一概。机关权力愈大，非法拘禁愈多，生命保障愈少。因此想及提审法之实施，直是人道主义一线曙光之表现"，"即以特种案件论，情事真实者少，虚构诬陷者多"。为此，黄炎培强烈要求"权衡民害之轻重，力求人道之昌明，断然施行提审法"。①

1944年3月，重庆律师界在第二次宪政运动中召开"法令座谈会"，决议请求政府提早实施提审法，并且拟对提审法中欠完善部分酌加修改，推大律师吴昱恒起草意见书。然而，就在他们为保障人民自由权利呐喊的时候，律师温代荣却于4月14日被重庆市稽查处拘留，其住宅亦遭查抄。重庆律师公会20余人随即联署请保，但不得回复。温代荣被拘28天，其间审讯三次，每次点名都叫其温作民，最后发现是拘错了人。这件事引起重庆律师们的极大不满，沈钧儒等80位律师联名向宪政实施协进会上呈《关于保障人权意见》，提出"定期召集全国司法会议"；"请政府明令将特种刑事案件，即日改由司法机关接收办理"；"请政府明令提审法实行日期"；"请根据宪法草案第26条之规定法意，由立法院创制公务员违法侵害人民之自由权利，被损害人得依法向国家请求赔偿法案颁布施行"等四项建议。②

在第二次宪政运动中，温代荣事件对强调人身保障问题起了推波助澜作用。宪政实施协进会接沈钧儒等呈文后，立即请秘书处备函分转各有关机关。与此同时，黄炎培也提出四项建议："一，请求政府将有逮捕权之机关名称早日公布。二，希望行政院令司法行政部，军事委员会令军法执行总监部，行政院并令各省市警务机关，以及在职权不甚分明之下可能逮捕拘禁人民各机关，如其所逮捕拘禁，在手续上时间上，有为保障人民身体自由办法令所不许者，应即遵照本令纠正，并呈报各该上级。三，希望各地各级有逮捕之机关首长，同样地严戒所属，嗣后逮捕人员，不得有故意的违法或无心的错误，违者严惩。四，希望各地律师，对于人民身体自由，设为种种方法，力尽其保障人权依法辩护之职责，遇有贫苦无力者，请求辩护关于此类案件时，予以无条件之接受。务求切实发挥领袖倡导实施宪政、政府尊重人民身体自由之美意，使之普遍生效。"③

---

① 黄炎培：《关于宪政实施文件两种》，《宪政月刊》第3号，1944年3月1日，第28—29页。

② 转引自黄炎培《因八十律师发表关于保障人权意见为进一步之建议》，《宪政月刊》第9号，1944年9月1日，第28页，该文封面题为《因八十律师保障人权的意见而提出之建议》。

③ 黄炎培：《因八十律师发表关于保障人权意见为进一步之建议》，《宪政月刊》第9号，1944年9月1日，第28页。

宪政实施协进会的这一态度,令国民参政会秘书长、宪政实施协进会召集人之一的王世杰也深为同情。王世杰本人是法律学家,所著《比较宪法》一直是法学教育的基本读物,他虽是位居蒋介石的高级幕僚,但也看到"重庆一市实行逮捕人民之机关,现时有八个之多",且"大半为人民不知晓之机关",也感到"近年来司法行政机关之因循坐视,可谓已达极点"。① 从维护国民党统治考虑,当6月14日宪政实施协进会第三次全体会议通过黄炎培所提的《关于滥用职权捕押久禁情事整肃改善方法案》后,王世杰即根据此决议,参照西方民主国家的有关规定,起草了保障人民身体自由的八条办法。这个办法除了突出"无逮捕权之机关不得擅自捕人"外,特别强调提前实行提审制度。② 经过这番努力,1944年7月15日国民政府颁布了以"各机关非依普通或特别法令有检查审判职权者,不得逮捕拘禁处罚或审问人民"为首条的《保障人民身体自由办法》,规定自1944年8月1日起施行。

当然,《保障人民身体自由办法》仅仅针对刑事案件,对于政治案件则毫不宽容,黄炎培欲借机恢复羁押已久的萨空了的自由就未能实现。相反,7月28日国民政府颁布命令,自11月12日起施行《特种刑事案件诉讼条例》。接着,8月29日又公布了14个具有逮捕权的机关,这些机关除了普通执法机关外,还有军法执行总监部、战区司令长官部、卫戍总司令部、省保安司令部、戒严司令部等特别机关。

3. 国民参政会获得预算初审权

争取扩大国民参政会职权,也是第二次宪政运动中一个重要内容。根据《国民参政会组织条例》,参政会只有听取政府报告权、建议权、询问权、调查权四项职权,这些权力均未超出"咨询"范围,与人们希望的民意机关距离甚远。因此早在参政会成立之初,扩大职权的要求就很强烈,用意不外是在一定程度上加强参政机制。第二次宪政运动中,增加参政会国家预算审议权,即成为主要目标。

预算权,向来是西方民主国家议会用以控制政府的一项重要手段。它通过经济上的牵制,对政府滥用职权进行必要的干涉或制约。在表面

---

① 《王世杰日记》,1944年6月18日。

② 同上。

上，预算权体现了经济民主的精神，但实质上是政治民主化在经济领域的运用。这一点，连"战国策派"的重要成员何永佶也深有体会。他研究了英国政治制度后，说："想来想去，觉得英国政治的'窍'，不在它的代议制度，也不在它保障人权，又不在它的政党竞选等等，而在它议会每次通过财政及军事案时，都只给最多一年的期限。"① 王世杰在《比较宪法》中对于预算权的评价也很高，说"一切关系国帑支出的法案"之议决权，"在现代自由国家，实为议会监察行政机关的最大利器"，所以世界各国"莫不授以议会以议决财政案之权"。② 这些认识，反映了人们认识到预算权是监督政府的一种手段。

1944年6月14日，宪政实施协进会第二次全体会议专门讨论了预算审议权问题。当时，宪政实施协进会召集人孙科、王世杰采取了比较开明的态度，有些国民党人也认为政府一味消极敷衍是无法改变处处被动局面的。8月初，孙科、王世杰和宪政实施协进会常务会员吴铁城及邵力子联名向蒋介石提出一书面意见，建议"酌量扩充参政会的职权"，其中包括"将每年预算提交其大会或驻会委员会讨论"，只是"仍由国防委员会最后决定"。③ 这个意思，就是说预算案可以交国民参政会讨论，但决定权仍然掌握在国民党手中。然而，蒋介石却很干脆地批了几个字："党费亦在预算内，不便公开。"④ 8月下旬，国民党中央党部讨论此事时，陈立夫不仅反对，甚至反对扩大参政会的任何职权，只是由于孙科等人坚持，才达成"预算初步审议权暨查办官吏权畀予参政会"的意见。后来，国防最高委员会采取折中方案，即"决定给予预算初审权，并扩大调查权"，但"须于下届参政会集会后实行"。⑤ 这样，在9月的三届三次国民参政会上，才由宪政实施协进会会员钱端升领衔在《请政府刷新政治以慰民望而奠国基案》中，提出"扩大参政会及各省民意机关之职权"。⑥

---

① 何永佶：《英国政治的"窍"》，《中国在戡盘上》，观察社1948年版，第22页。
② 王世杰、钱端升：《比较宪法》（增订第五版），商务印书馆1937年版，第344页。
③ 《王世杰日记》，1944年8月13日。
④ 同上。
⑤ 《王世杰日记》，1944年9月11日。
⑥ 钱端升等提：《请政府刷新政治以慰民望而奠国基案》，孟广涵主编：《国民参政会纪实》（续编），第187页。

9月16日，国民政府修正公布国民参政会组织条例，其第七条为："政府编制国家总预算，应于决定前提交国防参议会或其驻会委员会作初步之审议。"①

国民参政会获得预算初审权，是经过斗争取得的。尽管有人批评它"只是一项条文的增加而已"，认为参政会的"咨询机关的本质未变"，"对于国家政事仍然是无'权'干预"。②但是，这毕竟是第二次宪政运动中争取到的一个成果。对于这个成果，人们评价不高，其原因一是在野党派参政员要求的原本是"参政会有决定国家预算之权"③，二是由于三届三次会上林伯渠代表中国共产党正式提出建立联合政府的建议，结果包括扩大参政会职权在内的其他提案，就都被这一万众瞩目的中心冲淡了。

国民党之所以同意扩大国民参政会预算初审权，有多方面的原因。其中之一是美国出于避免苏联对中国影响的考虑，一面选择维持蒋介石领导地位的路线，一面也希望通过民主方式推动国共联合，以便在蒋介石领导下形成中国统一。1944年6月，美国副总统华莱士访华就是为了实现这一既定方针。8月30日，美国驻华大使高斯也向蒋介石建议：如不能在广泛基础上解决国共争端，那么可以先成立一个有各党各派代表参加的"负责任的"战时内阁。蒋介石对华莱士、高斯采取敷衍态度，其借口就是国民参政会为"战时民意机关"，是"革命时期的临时议会"。恰恰这个借口，又使他不能无视扩大参政会职权的要求。另一个原因，就是前面提到的，由于中共与其他在野党派取得了一致意见，在此形势下，国民党期望通过少许允诺，作为一种分化的手段。

综上所述，笔者的意见可归纳如下：

第一，第一次宪政运动的最初提出者，并不是迄今认为的七提案，而是其中的青年党和国社党。只是由于七提案合并讨论，方形成共同发起宪政运动的表象。第二，第一次宪政运动的成果，固然包括宪政思想宣传与宪政观念普及，但唯一的有形成果则是体现西方议会模式的"期

---

① 转引自《国民参政会资料》，四川人民出版社1984年版，第25页。
② 张时俊：《论国民参政会》，昆明《民主周刊》第1卷第6期，1945年1月20日，第11页。
③ 《评此次国民参政会》，《解放日报》（社论）1944年9月24日，第1版。

成宪草"。第三，第二次宪政运动虽与联合政府运动有承继关系，但它不仅独立存在，而且也取得了三项成果。尽管它们有相当局限，却不失为政治民主化进程中的果实，需要承认并加以客观评价。

历史是由过程中的具体环节组成的。以上问题，均关系到抗日战争时期宪政运动的完整性，因此也是今后研究中需要重视与补充的。

晚清民初现代"文明"和"文化"概念的形成及其历史实践[*]

黄兴涛

晚清民初现代意义的"文明"和"文化"概念的形成与社会化运行，无疑是中国思想文化史上的一件大事。学术界对此问题已有关注，但研究仍未能充分展开。[①] 本文拟在以往研究的基础上，考察"文明""文

---

[*] 本文原载《近代史研究》2006 年第 6 期。

[①] 笔者所见到的有关研究以日本的铃木修次先生《文明的词语》（《文明のことば》，日本文化评论出版株式会社 1981 年版）一书中《"文化"と"文明"》一文为较早。该文除较早谈到古代中国的"文明"和"文化"的典型用例及含义外，重点考察了日本早期"文化"和"文明"概念产生的过程，还涉及戊戌及 20 世纪初期这两个日本新式概念在中国传播的初步情形，实在难能可贵。在中国国内，对此有所意识并较早举证"文化"一词现代用例的大概是龚书铎先生。他 1985 年在《历史研究》发表的《近代中国文化结构的变化》一文中，举了戊戌时期谭嗣同等人对"文化"一词早期不同含义的用例（可参见北京师范大学出版社 1988 年版《中国近代文化探索》一书）。日本的柳父章先生 1995 年 12 月出版的《一语の辞典：文化》（三省堂株式会社发行），对与认识现代中国"文化"有参考价值的日本"文化"概念演变的问题，进行了简明而系统的论述，不过几乎没有涉及近代中国的内容。西方学界虽然研究文化观念演变的论著多不胜举，但专门论述近代中国有关"文化"概念演变而又值得一提的，笔者尚未见到。真正专门研究这一问题的论文，以日本京都大学人文科学研究所的石川祯浩先生所写的《近代中国的"文明"与"文化"》为较早。该文 1995 年 9 月在法国召开的"二十世纪早期中国知识界之欧洲思想"国际学术研讨会上发表。文章强调现代"文化"和"文明"并非中国国产，而是"日本制"概念，在传播到中国的过程中，梁启超的作用最大。他还深入分析了 20 世纪初年梁启超的"文明"论及其与福泽谕吉等的关系，堪称这一问题专门研究的先驱者。笔者原未及见此文，其有关内容系从方维规文中转见。但 2005 年 1 月 28 日笔者在京都大学与人文科学研究所诸位先生就此问题进行交流时，得到石川祯浩惠赐 1995 年用中文写作的原文。同时，他还发表了《梁启超与文明的视点》一文（载狭间直树编《梁启超·明治日本·西方》，社会科学文献出

化"两个新兴的核心概念词的出现、内涵的演变，并连带着揭示它与清末民初一些重大的思想运动之间的历史关联，也就是力图将词汇史、概念史和观念史的视野结合起来，去凸显这两个现代概念内涵及其在社会化实践中所直接附丽的某些现代性价值观念在晚清民初这一特定变革时期的认同关系与历程。

在西方，表示现代"文化"和"文明"概念的词汇，英文和法文字母组合基本相同，为 culture 和 civiliz(s)ation。德文衍出稍晚，为 kultur 和 zivilisation。据雷蒙·威廉斯研究，civilization（文明）一词早先出现在17世纪初期的英文中，最迟至1772年，它所包含的人类物质和精神生活两方面的社会进化、发展成就等现代含义已逐渐趋于稳定。到18世纪末和19世纪，它最终流行开来。法语中的情形与此相近。[①]culture（文化）一词源自拉丁语中的 cultura，最初的含义主要是耕种和栽培，同时附带一点尊敬和崇拜的辅助义。在英语中，culture 作为表示抽象过程或这一过程成果意义的独立名词，到19世纪中叶以前还谈不上流行。在法国，culture 一词出现于18世纪中期，与 civilization 几乎同时出现，且一开始两者间的关系就相互缠绕。这一法语词18世纪末传入德国后，先是被改造成 cultur，进入19世纪又变成 kultur，其含义与 civilization 相同：首先表示变成"开化的"（civilized）或有教养的（cultivated）之一般过程的

（接上页）版社2001年版，第95—119页），对此问题又有所补论。另外，方维规先生的《近现代中国"文明"、"文化"观的嬗变》一文也很重要。该文发表于1999年《史林》第4期，内容相当丰富，引证的材料颇为不少，对西方"文明"和"文化"概念的演变，有较详细的出色介绍和论述，不少分析很有深度。但对近代中国"文化"概念的使用与传播较为忽视，对这一现代观念（包括现代"文明"观念）的多层次形态，及其在清末民初的历史影响，特别是与戊戌维新思潮和"五四"新文化运动之关系，未作更多思想史的具体分析，同时也仍有不少重要资料未曾利用，有些观点也还可以商讨。沈国威先生发表的《"文明"与"野蛮"的话し》一文（载1999年11月《泊园记念讲座》第39辑），在"文明"一词的早期翻译问题上，也作过有益的探讨。至于分别对古代中国以及西方的"文化""文明"含义作过语言学和哲学研究的论著就更多了，此不赘列。笔者此文在以往研究的基础上，从材料到分析，都希望能将此一问题的探讨向前再继续推进一步。借用一位匿名评审人的话来说，即注重"在一个大的、处于变化状态的历史语境里讨论'文明'和'文化'概念……从时人对'文明''文化'概念的理解和实践这一特定视角出发，论述晚清民初的思想动态、社会发展和历史变迁，给这一阶段的历史研究提供一个新的侧面，而且是一个很重要的侧面"。

[①] Raymond Williams, *Keywords: A Vocabulary of Culture and Society*, Flamingo, 1983, pp. 57-60.

抽象意义；其次表示由启蒙历史学家建立起来的那种"文明"含义，即18世纪流行的那些普遍历史文本中用以描述"人类发展的世俗过程"之概念含义。①

在整个19世纪的西方，"文化"和"文明"两词意义和用法非常相近，且混淆不清。两者的逐渐区分，最早可能受到德国文化民族主义的先驱赫尔德（J. G. Von. Herder）以及他之后一些浪漫主义思想家的影响。如赫氏就特别热衷于每个文化的"精髓"和"情致"，强调不同文化内在的价值标准之合理性。这种强调，事实上逐渐导致了其后德国思想界对内在的文化（culture）和外在的文明（civilization）两种概念的分立。也就是将"文明"视为外在的、包括物质器技等在内的概念，而将"文化"视为内在的、精神的概念（早期也曾经有过相反的用法）。② 这种区分与德国早先相对于英法为后进国家有关，后来也影响到英、法、美等其他西方各国。第一次世界大战前后，此种分别在西方更趋明显和稳定。与此相一致，那种视"文化"为文学、艺术、历史和学术等之类事物的观念，也逐渐发展起来。在英语中，这种我们称之为"狭义文化"的文化概念之使用，雷蒙·威廉斯在《关键词：社会和文化的词汇》中指出，"它的出现实际上相对较晚"，其具有决定性意义的发展，是在19世纪末和20世纪初。③ 这种狭义"文化"概念的兴起不仅同民族主义有关，也是新兴的人类学发展的结果。至于后来作为各

---

① Raymond Williams, *Keywords: A Vocabulary of Culture and Society*, Flamingo, 1983, pp. 87 - 91.

② 见［美］艾恺《世界范围内的反现代化思潮——论文化守成主义》，贵州人民出版社1991年版，第23—24页。他在注释中还指出："19世纪中'文明'与'文化'二词在不同语文上的用法常使人有混淆之感；然一般言之，其尖锐的对立意味在日耳曼思想中……至为明显……日耳曼对此二词的分辨始于19世纪前半，其时，区分的方式却恰相反：文明为内在因子，文化则为外在。"（见该书第24页注释）方维规在前面曾提及的《近现代中国"文明"、"文化"观的嬗变》一文中概括摘引 Joerg Fisch 的论著 *Zivilisation*, *Kultur* 的有关论述时也指出："总而言之，在法、英、德、意等西方重要语言中，Culture 和 Civilization 一开始几乎同义，可以替代，只表示发展'过程'而不包括发展'成就'，经历了很长的历史时期，两个概念中出现了'过程'和'成就'并存的含义，不仅如此，'过程'渐渐被'状态'所淡化甚至取代。十八世纪末，最迟至十九世纪初，现代意义上的、表示进步和发展水平的 Culture 和 Civilization 概念完全确立。"

③ Raymond Williams, *Keywords: A Vocabulary of Culture and Society*, pp. 90 - 91.

种专门化学术领域里特定术语的"文化"概念之特殊内涵，则已不是本文所欲把握的内容。

与西方类似，在中国，"文化"和"文明"两概念也经历了一番历史的演进，才具有了其现代意义。据笔者所见，现代"文化"概念在中国的形成约略经历了甲午以前的酝酿、戊戌时期及稍后几年"广义文化概念"也即"文明"概念的确立和广泛传播，以及新文化运动时期"狭义文化概念"勃兴、与"广义文化概念"并行的三个阶段。换言之，现代"文化"概念在中国的形成不仅有前后的阶段性，在内涵认同上也有过不同的层次之分，特别是早期曾经历过一个与名词意义上的现代"文明"概念基本重合的历史过程。这一点十分重要。传统的"文化"一词只有经过包容进化理念和物质、军武发展在内的"文明"概念内涵的转换，才有可能进入其真正的现代狭义形式。而现代"文明"概念在中国的流行，总体说来要比"文化"概念略早。"文明"的进化观，"文明"各组成部分构成一个有机整体、必须连带变革与综合推进的时代意识及其直接携带的一系列现代性价值观念之勃兴，实构成为戊戌维新运动以及此后一系列变革的重要思想基础。惜目前的戊戌思潮史研究，尚未将此一时期的急剧变革同"文明"这一核心概念的关系纳入分析之中。而与此相关，民国初年，狭义"文化"概念的形成及与广义文化概念的并存这一思想史现象的出现与意义，尤其是与"新文化运动"的关系，至今也仍未能引起学界应有的重视。

现代"文明"和"文化"概念得以在清末民初出现、形成、广泛运行或实践，自然与西方现代语言新概念和观念的直接传播或经由日本的转播相关，同时又与晚清中国屈辱历史密切相连。就实质而言，它乃是中国人在反抗外来压迫和寻求自强独立的过程中反省与改造传统、学习西方和日本的现代思想观念之结果，是观念传播和清末民初社会现实互动的产物。在这一过程中，新型知识分子群体开始形成并成为社会舆论的主导力量，文化传播业也有了空前的进步，这些均为此一现代概念内涵及其在实践中所直接导致的价值观念之社会认同创造了条件。民族的精英有了现代"文明"概念的自觉，也就有了对文化的现代选择和批判。各种"文化问题"于是受到知识分子阶层的普遍重视和讨论，"文化论争"逐渐此起彼伏。中国文化史的发展这才开始进入自觉的"现代"

阶段。

一 中国传统的"文明""文化"概念内涵与现代意义的异同

中国传统"文明"或"文化"两词虽缺乏整体意义上的现代概念内涵,但却明显存在着与之相通的一些因素。作为中国古色古香的词汇,这两个词之间的关系相当密切。如《易经》中就有"文明以止,人文也。观乎天文,以察时变,观乎人文,以化成天下"(《周易·贲·彖传》)等用法。王弼注曰:"止物,不以威武而以文明,人之文也。"与"文明"相较,"文化"一词的完整出现要稍晚,西汉刘歆在《说苑·指武》中的"凡武之兴,为不服也,文化不改,然后加诛",是人们熟知的较早用例。[①] 在中国古代,所谓"文明"乃是"文"之"明",即文教昌明、发达之意;"文化"则是以"文"去"化"之,即与"武化"相对的文治教化。就"文化"的那种"业经教化过了"的结果之义而言,其含义又与"文明"一词有近似之处。

大体而言,中国古代的"文明"和"文化"两词,基本上不用于个人行为修养和知识水准判断,而主要用于说明社会和族群达到的发展水平。特别是"文明"一词,它与茹毛饮血、"獉狉之俗"、蛮野、洪荒、草昧、夷狄、戎番等词具有相对的意义。而作为"文明""文化"含义基础的"文"字,其使用却远较两者要灵活,内容也更为丰富。"文"在古汉语中本指物之各色交错的纹理,《说文解字》曰:"文,错划也,象交文",故中文里又有所谓"天文""地文""水文""人文"之说。前三者表达自然现象中内在的脉络和条理纹理,"人文"则表述人类应然、合理的人伦秩序。"文"的含义,后又引申和具体化为文字符号、文章、典籍文书、礼仪制度等多方面的含义,并与"武"相对,而且这一演变没有经过太漫长的时间。从《史记·谥法解》中对"文"字的解释里,我们可以看到某种与社会发展和治理要求相关的古今一以贯之的标准化内涵。

[①] 日本的铃木修次先生在《文明的语词》一书中有《"文化"与"文明"》一文,较早谈到上述古代中国的"文明"和"文化"的典型用例及含义。

《谥法解》曰："经天纬地曰文；道德博闻曰文；学勤好问曰文；慈惠爱民曰文；愍民惠礼曰文；赐民爵位曰文。"历代王朝追谥大臣，凡谥"文"者，在标准掌握上大体都以此为依据。从这里，我们可以看到，所谓"文"，实包括道德修养程度、学问知识水平，对儒家的礼乐制度的理解和教化实施情况，是否"爱民"并给人民带来"实惠"，乃至具有高明统治百姓的"经天纬地"之能——一种"文化"即文治教化而非"武化"之能等多方面的内容。这种"文"字灵活、丰富的内涵，对于"文化""文明"在晚清以降开始出现现代意义及其运用曾产生了积极的影响。

显然，这种传统的概念内涵与现代西方的"文明"或广义"文化"概念的那一基层含义——"人类社会特有的且是其发展到一定阶段的产物"，具有某种相通之处。严复在《天演论》译著中，曾专门从进化论角度论及此问题。从译文上看，译者将"文化"与"文明"等量齐观，并与"文字"发明联系起来，行文中全然泯灭中西新旧界限，其试图寻找中西相通之处的用意是明显的，严文曰：

> 大抵未有文字之先，草昧敦庞，是为游猎之世。游，故散而无大群；猎，则戕害而鲜食艰食，此所谓无化之民也。文字既兴，斯为文明之世。文者以言其条理，明者所以别于草昧。出草昧，入条理，非有化者不能也。然而化者有久暂之分，而治亦有偏赅之异……故有文字至今，皆为嬗蜕之世，此言治者所要知也……所以先觉之俦，妙契同符，不期而合。所谓东海一圣人，此心此理同，西海一圣人，此心此理同也。是故天演之学，虽发于生民之初，而大盛于今世，此二千五百载中，泰东西前识大心之所得，灼然不可诬也。①

上述文中"文明"和"有化"显然是英语"civilization"或"culture""civilized"的对译无疑，而"草昧"和"无化"则是与"文明"相对的野蛮之义。"文字兴"与"文明"的关系，既是中国传统的成说，

---

① 严复：《天演论》手稿本，1896 年重九完成、1897 年六月初六改定。王庆成等编：《严复合集》第 7 册，台湾财团法人辜公亮文教基金会 1998 年版，第 124—125 页。

也是文艺复兴以后西方现代"文明"观念中普遍的见解,且更重要的是,译文对"文明""有化"等词汇的使用,均出自现代"进化论"的典型语境中。

实际上,中国古代的"文明"与"文化"概念在与"野蛮"相对的那种"发展进步了的"状态含义的层面上,与现代"文化"与"文明"观念是最易相通的。① 且此含义的形成,可能较 civilization 一词的这一现代意义的衍出还要早得多。据研究,在英语中,现代意义的 civilization 一词被收入辞书,始于 1775 年约翰·阿施所编的《英语新大辞典》,解释为 the state of being civilized。此前,英国流行的 civility 一词的意义只限于"礼仪""礼貌"和"行为规矩"等范围。法语中的 civilization 一词的这一现代意义也出现较晚。此前流行的 civilite 和 civiliser 两词,与英语中的 civility 一词含义略同。②

不过,因中国古代"文明""文化"概念在很大程度尚停留在与进化发展观本质区别的那种绝对"文明"意义的境界,在根本上仍缺乏古往今来物质成就和精神积累总和意义上的名词概念内涵,故而容易导致那种以为中国古代"文明""文化"概念完全不具备与"野蛮"相对待的"进步状态"之含义的笼统说法和误解。其实,在绝对的"文明"与"文化"实现前,中国"文明"与"文化"亦经历过一个进步发展过程,且包涵物质发展的内容(这也是"文明"和"野蛮"在社会意义上得以对立的逻辑前提),只是随着绝对"文明"和"文化"在中国的实现,此一过程才随之失去了"发展"或"进化"的意义,以后的历史遂进入了循环变动,甚至"今不如古"的时期,此正是中国士人理想的"黄金时代"一直停留在"三代"的原因。因此,概观中国古老的"文明"概

---

① 明末来华传教士利玛窦在《畸人十篇》中对"文明"一词的使用,便鲜明地体现出这一点。他说:"惟言,众人以是别禽兽,贤以是别愚,文明之邦以是别夷狄也。"(朱维铮编:《利玛窦中文著译集》,复旦大学出版社 2001 年版,第 466 页)至于现代文明概念中的"发展进步内涵",著名文明史家基佐在 1828 年完成的《欧洲文明史》中就说得很明白:"文明这个词所包含的第一个事实……是进展、发展这个事实。它立刻使人想到一个向前行进、不改变自己的居住地而只改变自己的状况的民族,使人想到一个民族,它的文化就是训练自己、改善自己。我觉得,进展的概念、发展的概念是这个词所包含的基本概念。"[法]基佐:《欧洲文明史》,程洪远、沅芷译,商务印书馆 1998 年版,第 9、232—233 页。

② 方维规:《近现代中国"文明"、"文化"观的嬗变》,《史林》1999 年第 4 期。

念，一方面它具有与"野蛮"相对的已经进步发展过的含义，同时又缺乏现代"文明"或广义"文化"观念中那种自身始终不断积累、进步，后阶段胜过前阶段，前者比后者"野蛮"、后者比前者"文明"的那种相对的形容词比较级含义，此乃是问题的症结。方维规曾指出薛福成和郑观应等晚清知识分子在19世纪80年代前后于传统意义上使用"文明"概念时，"常常有意无意地视文明为历史的一个片段（即便是很长的一个片段）"，而不是将其应用于历史的全过程①，大约与笔者的此种意思相近或相通。

正因为如此，当晚清中国人认知"文明"和"文化"现代概念的时候，与"野蛮"相对的那种含义易于得到认同，而与进化观念相关的古往今来一以贯之的物质和精神成果之总和的社会发展含义，却相对难以接受，此正是中国士人极难承认自己在总体上不如西方"文明"、不如其"文化"程度高的原因。在这方面，戊戌时代的严复堪称极好的例证。严在甲午后热情鼓吹"西学"价值，甚至强调看不到西学和西方制度优长之处的人"是无目者也"，但同时他却又强调，"治教初开""武健侠烈"的"草昧之民"打败"变质尚文、化深俗易"之群，正是中国历史上不断出现过的事实，甚至也未尝不是人类的"国种盛衰强弱"通例，因此，在表示对外来"隐忧之大"的心情同时，他又矛盾地认为："至于今日，若仅以文教而论，则欧洲中国，优劣尚未易言。"②

可见，在传统与现代"文明""文化"概念和观念之间，或许其内在构成的各因素之具体内涵与赖以依存的内在价值标准存在着不同，才是更为重要的区别。因为作为状写人类社会生活的宏大概念，"文明"或"文化"概念本身就涵带着强烈的价值导向和判断。传统中国的"文化"概念在其成熟之后，重视的只是道德教养及相关的学问知识，那些物质

---

① 薛福成在《筹洋刍议·变法》篇中所谓"上古狉榛之世，人与万物无异耳。自燧人氏、有巢氏……积群圣人之经营，以启唐虞，无虑数千年。于是洪荒之天下一变为文明之天下"；郑观应在《易言·论公法》中说"礼之兴也，其在中古乎？当黄帝与蚩尤战于版泉、涿鹿之间，方耀武功，未遑文教。及尧舜继统，垂衣裳而天下治，于是乎礼文具备中天之世，号为文明"。其中使用的"文明"一词都是传统意义。可见方维规前引文。

② 严复：《天演论·论十四》，陕西味经本"译者按语"，王庆成等编：《严复合集》第7册，《天演论汇刻三种》，第68—69页，手稿本"文教"二字为"教化"。

经济、军武发展方面的内容则往往受到极端轻视,甚至经常不被视为"文明"和"文化"的题中应有之义(儒家所谓"慈惠爱民"也通常仅停留在保证老百姓衣食无忧的行政境界,并不追求物质经济进一步的发展和"民主"),这显然成了近代中西文化冲突的一个重要思想根源。

概念和观念的变化总是随着社会生活和时代的变动而变动,当近代西方资本主义列强的入侵,将体现资本主义经济发展、政治变革和科学进步的新的"文明""文化"概念带到中国和日本时,一种有别于传统的现代"文化"概念和相关观念在中日两国的形成与传播,注定是不可避免之事。同时,这也注定了它必然是一个伴随着国人传统文化价值认同危机和自我反省的历史过程。

二 新式"文明"概念的引入与新概念符号"文化"一词在中国的早期出现

随着晚清西方对中国冲击的逐步深入,传统"文明"一词也随之出现在新的语境里,其内涵也开始渐有微妙的变化,并显现出某种价值类型化的特点。如早在1867年,一群华人在上海的英租界里,就将新成立的旨在"惜字放生"的慈善机构,命名为"文明局"。[①] 这里的"文明"一词,其形容词的价值归类的特征已经较为明显,似受到了西方相关观念的某些影响,但在内涵上却仍然囿于文字和道德的传统意义范围。尽管它多少反映了中国人认同现代西方"文明"概念的初期切入点所在,但却并不能表明传统中的"文明"一词乃是最容易优先被提取出来对应西方现代 civilization、culture 和 civilized 的中文词汇。这一点,从早期来华传教士和中国自己人所编的各种英汉词典中对这些词的有关翻译,可

---

① 1867年上海英租界华人所创"文明局"一事,可见《上海仁济堂征信录》光绪十九年刻本聂缉椝序:"仁济善堂者,创于同治六年,初以惜字放生曰文明局,继曰中和局,至光绪七年,乃改今名。"另,此书中所收仁济堂司董施善昌1882年年底所写《沪北仁济堂缘起》一文中亦有言:"本堂始于光绪六年,经陈凝峰……诸君于英租界逢吉里租赁民房,初集惜字放生会,名曰文明局。七年秋……因局房狭隘,乃迁赁大马路,改名中和局。"此条资料系夏明方帮笔者查找,特此致谢。

以得到证实。

大体说来，从19世纪60年代开始，一些英汉词典陆续列出了有关civilization、civilize、civilized和culture的条目，但列出动词civilize的较多，列出名词civilization的较少。直到戊戌维新以前，无论来华传教士还是中国人自己编纂的英汉词典中，均未有直接以"文明"或"文化"两词来对应上述英文词的现象，一般都以"教化"一词对译之。1868年，在中国人邝其照编的英汉词典《字典集成》中，亦未收录civilization一词，而译culture为"修理之功"[①]，该词典于1887年的修订版又改译此词为"耕种，修"。由谭达轩编辑、1875年香港初版、1884年再版的《字典汇集》中，译civilization为"教以礼仪、教化之事、礼貌、文雅"[②]，而culture的译词则完全袭用了罗存德词典。[③] 在晚清英汉词典中，直接译civilization、culture为"文明"或"文化"是进入20世纪以后的事情。

不仅英汉词典如此，甲午以前的其他西文翻译文献中，以"文明""文化"两词来直接对译的也是极少，而大多是将其翻译成"开化""风化""教化""文雅""文教兴盛""政教修明""有教化""有化"等词汇。如1864年传教士丁韪良组织翻译出版的《国际公法》一书中，就译该词为"文雅"；19世纪80年代介绍西方政治、经济思想最为系统的中文译著《佐治刍言》一书，则译civilization为"文教"，等等。

从笔者所掌握的材料来看，至少从19世纪中期以后开始，西方"文明"概念的部分内涵就已在中国开始有了较为正式的传播，只不过当时多还没有采用"文明"或"文化"这样明确的对译词。如1856年，英国传教士理雅各在其出版的《智环启蒙塾课初步》一书中，就介绍了这一概念。该书是作为香港英华书院院长的理雅各给中国学生学习英文所编的英汉对译教材。它的第154—157课，分别题为"国之野劣者论""国之野游者论""国之被教化而未全者论"和"国之被教化而颇全者论"，

---

① Kwong Tsùn Fuk, *English and Chinese Lexicon*, Hong Kong, 1868, p. 74.
② Tam Tat Hin, *English and Chinese Dictionary*, Hong Kong, 1884, second edition, p. 145.
③ Wilhelm Lobscheid, *English and Chinese Dictionary*, Hong Kong Daily News Press, 1866-1869, pp. 392, 541. 在该字典中，culture译为"种植之事""耕种之事"。

实际论指的就是野蛮民族、半开化民族和文明民族（savage nations, barbarous nations, half-civilized nations, civilized nations）。其所论列的实际标准值得注意，它认为"野劣"邦国之人"全无教化，人衣兽皮，食则野果草根，或猎兽而取其肉"，并将南北美洲诸民族（除美国外），澳大利亚、新西兰的土人和非洲的黑人归之；"野游"之国人则"国无都城定处，民游各方，寻刍以牧群畜，或寻机以侵邻部者"，他们散居在非洲等地；而"被教化而未全"的邦国之民，则"于格物致知，已有所获，于教化政治，已有所行，但仅得其偏，而未得其全者"，他们包括亚洲的印度、日本、土耳其等国人。观其实意，中国似也当列其中，但显然出于策略考虑而未明言。至于"国之被教化而颇全者"，则指的是西班牙、葡萄牙、意大利、俄罗斯、波兰、英国和美国人，"其中士子谙熟技艺文学，惟民尚多愚蒙"。在这当中，又以英美两国"其民为天下之至明达者"。此处的"文学"指的是 science（科学），"明达"指的是 enlightened（开化）。由此也可见其部分判断标准。①

22 年后，清朝驻英法公使郭嵩焘几乎以相同的方式，也向国人介绍了西方"文明"概念。在 1878 年 3 月 5 日的《伦敦与巴黎日记》中，他明确写道："盖西洋言政教修明之国曰色维来意斯德（civilized），欧洲诸国皆名之。其余中国及土耳其及波斯，曰哈甫色维来意斯德（half-civilized）。哈甫者，译言得半也。意谓一半有教化，一半无之。其名阿非利加诸回国曰巴尔比里安（barbarian），犹中国夷狄之称也，西洋谓之无教化。三代以前，独中国有教化耳，故有要服、荒服之名，一皆远之于中国而名曰夷狄。自汉以来，中国教化日益微灭，而政教风俗，欧洲各国乃独擅其胜。其视中国，亦犹三代盛时之视夷狄也。中国士大夫知此义者尚无其人，伤哉。"②

在这段广受学人关注的文字中，郭氏似乎不仅是简单地介绍了西方的"文明"概念及其所附丽的一些判断，而且还对其表示了某种程度的认同态度。其所谓"政教修明"虽仍是传统用语，但内容已略异于传统

---

① 见沈国威、内田庆市编著《近代启蒙の足迹》一书中所附《智环启蒙塾课初步》全文，日本关西大学 2002 年版，第 243—245 页。
② 《郭嵩焘日记》第 3 册，湖南人民出版社 1982 年版，第 439 页。

"文教",成为包括政治、学术等在内的综合性整体概念,"政教"里面也已隐含了理财有道、物质繁盛等未曾明言或未能清楚言明的内容,这从其日记的其他部分可知。甚至于他在文中,还将西方摆在了最为"文明"的位置,并置中国于"半开化"的境地,这等于部分颠覆了中国传统评判"文明"的价值标准。像这样的议论在当时的京城引起轩然大波,实在毫不足怪。不过在这里,郭嵩焘还只是音译和解释了"文明"概念,同样仍没有给出这一概念准确、恰当的汉字对译词来。

实际上,就基本内涵而言,现代"文明"概念指的主要是人类创造的物质和精神成果的总和,一种两方面都发达意义上的不断进化着的社会综合状态,一种相对而言的当下较高发展水平而已。因此,具体判别一汉语字词是否为现代"文明"概念最核心的对等符号,笔者以为似乎至少应该符合以下三个条件才行,即该词既可与建立在不断进化、发展的相对"比较级"意义上的 civilized 对应;又可与不断进化和积累之物质和精神成果总和意义上的名词概念 civilization 或 culture 对应;最后,在词形上,它还应是现代的"文明"或"文化"两个汉字组合(此外,"开化"一词也庶几近之)。只有符合以上三个标准的汉字对应词汇的使用,方可谓为现代"文明"概念在中国最早出现的词形符号标志。

基于此,笔者以为,现代"文明"概念的核心词汇符号可能大体产生于明治维新初期的日本,《明六杂志》已经较早使用它,福泽谕吉于 1875 年出版的《文明论之概略》一书,对这一概念的确立和传播贡献最大。而在中国,黄遵宪于 1879 年出版的《日本杂事诗·新闻纸》中"文明"一词的使用,或可差强人意地视为现代"文明"概念完整出现的较早标志。黄曰:"一纸新闻出帝城,传来今甲更文明;曝檐父老私相语,未敢雌黄信口评。"注曰:"新闻纸中述时政者,不曰文明,必曰开化。"[①] 而在其完成于

---

① 黄遵宪:《日本杂事诗》,岳麓书社 1985 年版,第 642 页。说其为标志"差强人意",乃是因为其中表示物质和精神成果总和含义的那种名词内涵,似仍然不太鲜明。笔者这里提出判别现代"文明"概念引入的标准,系针对日本学者石川祯浩认为梁启超 1896 年所写的《论中国宜讲法律之学》一文中对"文明"一词的使用为最早(参见其《近代中国的"文明"与"文化"》一文)和方维规在《近现代中国"文明"、"文化"观的嬗变》文中强调 19 世纪 30 年代传教士在《东西洋考每月统计传》中所使用的"文明",已是 civilization 的对译词的猜测。而且即便方先生的判断正确,在当时的语境中,它也无法带给当时的阅读者以不同于传统"文明"一词的异样感觉。

1887年而于1895年出版的名著《日本国志》中，黄又引入了此现代"文明"概念，不过书中所用乃是"文化"一词："（有）曰日本法律仍禁耶稣教，背宗教自由之义，实为文化半开之国。"① "文明"与"文化"两词，在明治时期的日本，往往混用，意义上并无明显差别。

目前学界的研究成果表明，作为个别性的使用，带有现代含义的"文化"汉语字词的出现大约是在甲午以后的戊戌时期，是那时候才从日本引入中国的。其实情况未必尽然。据笔者最新考证，中国人颜永京和美国在华传教士丁韪良，就曾分别于1882年和1883年有过不容忽视的创造性使用。

颜永京（1838—1898），上海人，1861年毕业于美国俄亥俄州甘比尔镇建阳学院后回国传教，致力于传播西学，是晚清中国人中独立翻译西方人文社会科学著作的开创者。他曾于1882年将斯宾塞（Herbert Spencer）的《教育论》第一部分译成《肄业要览》一书出版，书中就三处七次使用过"文化"一词：

> 近来文化日兴，男子之衣服一项则稍减其从前之浮习而留心于实用。
>
> 吾国自诩为有学问之邦，竟未能着重吾国之文化与国之昌炽，虽借格致学而来，惜今塾中格致学但得其片解耳。
>
> 稗乘、音歌、雕画等雅艺，乃国已有文化已有昌炽而加花以润饰（文化昌炽，即国中士农工商兴旺之气象也）。文化在先而润饰在后，是以讲究文化昌炽之学，必先于雅艺之学。今大小书塾竟颠倒其应学应知之次序，重花而不重树，加意于雅艺而不加意于文化，吾所以出此言者，盖论保护身体之学，则空无所有，论谋生之恒业，惟教其大略而已。②

---

① 黄遵宪：《日本国志》，（台北）文海出版社1968年版，第229页。
② 颜永京：《肄业要览》，光绪二十三年（1897）质学丛书初集重刊本，第3、45、33页。同年，另有梁启超编的《西政丛书》本《肄业要览》，慎记书庄石印。该书序言标明"光绪八年（1882）孟冬序于约翰书院"。此书版本较多，早期有上海排印本一册。格致书社本一册，《湘学报》连载，改为《史氏新学记》。

在英文《教育论》里，斯宾塞本使用了"审美文化"（aesthetic culture）、"科学文化"（scientific culture）等概念，但颜永京对"culture"的理解和处理似不如"civilization"，而将"审美文化"译为"雅艺"。或许意识到以"文化"一词来对译包括了物质繁荣等内容在内的"文明"内涵，与传统中国人的惯常理解有明显差别的缘故，颜永京在相关译文之后，特以括弧方式加注曰："文化昌炽，即国中士农工商兴旺之气象也"，此处对"昌炽"一词的使用可谓苦心孤诣，将它与"文化"连用，构成"文化昌炽"，确实能传达出一种社会整体发展的"文明发达"之含义，为以后"文化"一词开辟出包括物质发展层面内涵的广义文化概念，走出了先路。毫无疑问，颜永京是真正理解了西方现代"文明"概念内涵，而又自觉探索和创造出对应词的可贵先驱。

1883年，同文馆总教习、美国传教士丁韪良（W. A. P. Martin, 1827—1916）在《西学考略》一书中，也在现代意义上多次使用了"文化"一词。1882年，丁韪良利用回美国休假的机会对美国和其他欧美国家的高等教育和科学研究情况进行了调研，同时记下途经七国的有关见闻，写成了《西学考略》一书，1883年在中国出版，由总理衙门印行。该书是甲午以前介绍西方教育和新学的重要著作。书中内容对于当时中国士大夫来说相当新鲜，如他对发明电灯的大发明家爱迪生的采访报道，就是有关爱迪生的消息在中国的首次传播。同时，他还首次向中国人介绍了达尔文学说。在该书里，也有三处使用了"文化"一词，特引录如下：

> 文化三原，以埃及为本。按，西国文化虽以罗马、希腊、犹太为三大原（以罗马为治道之原，希腊为文教之原，犹太为敬天修福之原），而原之所出，要皆推崇埃及为始，是以埃及古迹各国争取之。
>
> 希腊文化昉于周初，有瞽者贺梅尔擅绝世之才，歌咏诸邦战迹，庶民心感多默识之。迨东周时，士人仿其体裁为诗，亦有因之别为戏文者。故泰西戏文自希腊始……至周末时，性理之学大兴，分门别户，列为百家，交相论说，渐入虚无。
>
> 美国学校男师有九万七千余，女师有十四万（女师西国皆多），

无论男女十岁以下者，率从女师受教。故女子多有舌耕而广宣文化也。①

这里，第一段文字里的"文化"一词乃是物质成就和精神成果总和含义的名词概念，它包括了"治道"即政治经济、"文教"即狭义的文化学术、"敬天修福"即宗教等多方面内容，与"文明"的名词概念重合；第二段文字里，"文化"一词主要是在狭义的范围上使用，指称文艺和学术；第三段文字里，"文化"一词甚至颇有点类似今人所说的"文化知识"，并强调西方女教师多、对文化发展和传播有大贡献之义。就整体来看，它们显然都是带有现代意义的使用。丁韪良对"文化"一词的名词使用在当时就能如此"现代化"，不免让今人多少感到有些吃惊。他在出版此书之前，与日本汉学家和洋学家中村正直等有较多文书交往，且此次考察又经过日本，或许受到过日本相关用法的某些影响，也未可知。

甲午以前，中文里现代"文明"或广义"文化"概念的明确使用虽然少见，但这并不等于说当时的清朝就没有真切了解和彻底懂得这一概念的中国人。除了前面提到的颜永京等人之外，陈季同、辜鸿铭等人在西文作品中的有关使用也值得注意。19世纪80—90年代，陈、辜二人都曾以优美的法文、英文著书作文，面对西文世界，熟练使用新式的"文明"概念维护祖国的荣誉，为民族文化"争面子"。如辜氏在1883年、1891年发表在《字林西报》上的《中国学》《为吾国吾民争辩——传教士与最近骚乱关系论》等文中，就使用了相近意义的civilization 和 culture 的概念。② 而陈季同于1884年在巴黎以法文出版、后译为英文、广为畅销的《中国人自画像》一书里，不仅相当熟练、频繁地使用现代"civilisation"概念，且常以反讽的笔调机智地调侃西方现代文明，特别是喜欢针砭其"尚武"之方面，进行东西文明的有趣比较。陈氏的有关论说可以说代表了迄今为止能够见到的那个时代中国人对于现代"文明"认知

---

① 丁韪良：《西学考略》，同文馆光绪癸未聚珍版，卷上，第21页；卷下，第1、43页。
② Ku Hung-Ming, *The Spirit of the Chinese People*, Peking, 1922, pp. 134 – 135; *Papers from a Viceroy's Yamen*, Shanghai, 1901, p. 40.

的最高水平。① 似辜、陈之举，实际上已构成晚清中西文明观念互动史的一个特殊组成部分。②

现代"文明"概念在中国的生成、发展，与晚清传统"夷夏"观念的变化有着密切的关联。所谓"夷夏"观念，与现代"野蛮和文明"观念有相似之处，但内涵却不尽相同。除了前者将后者所包括的抽象含义直接具体化和对象化之外③，还表现为后者蕴涵着不断发展、进步的理念，同时两者据以判定自身的内在价值标准也存在差别有如前述。从某种意义上说，现代"野蛮—文明"对立观念在中国的确立，恰恰是一个与"夷—夏"观念逐渐消失相对应的过程。冯桂芬著名的"四不如夷"论——"人无弃才不如夷，地无遗利不如夷，君民不隔不如夷，名实必符不如夷"的论断，其实已宣告"夷—夏"观念内部的价值矛盾，但其真正被"文明—野蛮"的现代观念所取代，却是在甲午战争以后。

三 甲午战后现代"文明"概念的社会化实践及其与戊戌思潮之关系

甲午战后，现代概念意义的"文明"一词（包括广义"文化"一词）已频繁出现于报刊、上呈皇帝御览的变法专论、奏折及各种著作之中，甚至出现在宋恕的《致夏惠卿（曾佑）书》这样的私人通信里。维新思想家和活跃知识分子如康有为、梁启超、严复、谭嗣同、唐才常、章太炎等，洋务派趋新人物盛宣怀，在华传教士林乐知、李佳白，乃至极端讨厌新名词的保守人士叶德辉等，均在新的语境中加以新式使用。可以说，当时一般有知识而又关心时局的士大夫，对于现代"文明"一词的大体含义，已经不算陌生。

---

① Tcheng-ki-tong, *Les Chinois Peints par Eux-Memes*, Paris, 1894. 见黄兴涛等根据1885年英文本转译的《中国人自画像》，贵州人民出版社1998年版，第156—158页。

② 除《中国人自画像》外，19世纪80—90年代，陈季同还以法文著有《中国人之娱乐》《中国戏剧》等书。《中国人之娱乐》出版于1890年，不久便有了英文译本。见黄兴涛等译《中国人自画像》，第261页。

③ 有意思的是，戊戌时期唐才常曾将两者加以勾连："故夷狄者，野蛮土番之记号；中国者，礼仪文明之记号。"《辨惑》（上），《唐才常集》，中华书局1980年版，第167页。

不仅如此，从当时的许多具体使用来看，一些先进的知识人对于现代"文明"概念中那种不断进化、呈现"等级阶段"的内涵，对于"文明"包括物质和精神的整体发达之社会含义等，也都基本了解并表示认同，对于以西方和日本社会发展为代表的现代"文明"的价值和先进的"文明"生活，也开始表示出明确的向往。换言之，在戊戌时期，现代"文明"的概念及其传播实践，已开始较为深刻地影响到中国的政治变革运动，逐渐有力地改变着人们的部分价值观念，并已初步显示出必将进一步影响人们社会生活的前景和力量。当时，人们已开始逐渐习惯于用"文明"的概念来认识问题、判断得失，提出和论证变法维新的主张和举措。凡此，就是笔者所谓现代"文明"概念及其在实际运用中所涵带的一套具有时代特征的相关价值——现代"文明"观念，在这一时期的中国部分先进分子思想中已经初步形成的含义。

这里，有必要对本文中所涉及的现代"文明"概念与现代"文明"观念之间的关系问题作点说明。现代"文明"概念如前所述，指的是人类物质和精神成果的总和，一种不断进化着的社会综合状态，一种相对而言的当下较高发展水平。而现代"文明"观念则指现代"文明"概念在当时的实际运行即社会化实践过程中所直接携带的那些现代性主导性价值观念。具体到戊戌时期来说，则大体包括崇尚进化论、合群观、物质军事强盛、科学发达、教育平等、议会民主制度、讲求功效等方面，乃至对新闻出版等领域的各种现代化设施本身的先进性意识。当然，就"文明"概念的单个使用者而言，他们未必对上述现代性价值全都认可，甚至还出现了完全反其道而行的运用（如叶德辉），但从当时使用现代"文明"概念的主体来看，却主要是那些引领时代潮流的戊戌维新思想家，因而其主导使用倾向，也无疑是对前述现代"文明"观念的基本认同。

下面，我们就将现代"文明"概念的引入与"文明"观念的传播结合起来加以考察。

（一）《文学兴国策》和《时务报》中"文明"一词大量出现的中西日文化互动之象征意义

目前，学界有关戊戌时期现代"文明"概念引入的前沿研究，基本仍是从《时务报》开始讲起，实则在《时务报》创刊之前出版和广泛传播的《文学兴国策》一书，就已经较多地传播了现代"文明"概念。该书原名为 Education in Japan（《日本的教育》），1896 年 5 月以广学会的名义印行、图书集成局铸铅代印出版，署名为森有礼（日本人）编、林乐知（美国在华传教士）译、任廷旭（中国进士）笔述。同年，它又与风行一时的名著《中东战记本末》合订为一册流传。在该书中，"文明"一词的使用，涉及"文明"内在的进化发展、速度快慢，以及其所包括的政治、经济、法律、教化等多方面的综合概念之含义，基本上传达了现代"文明"概念的主要内涵。由于学界还没有人强调这一事实，故不妨在此略引几例：

    1. 甚有政治教化远不逮贵国之文明者，一经基督教道之感化，而其成效之速，诸事之兴，靡不可计日以待；

    2. 苟知文明之人胜于鄙野之人，即可知文明之国胜于鄙野之国矣；

    3. 夫欲兴一国之商务，须先造就一国之商人，凡国多文明之商人，则其商务之广可必矣……凡一国之律法，有行之者焉，有立之者焉。行之者谁？官司是也。立之者谁？议员是也。是二人者，皆当使文明之人充其选……西国振兴之故，全在于基督之教道……我先祖当年，所赖以化鄙野为文明者，独以此道。①

参照对读此书的英文本，我们不难发现，《文学兴国策》实际上乃是美国人向其东方小兄弟日本热情灌输其现代"文明"理念的一部教科书，其中不乏对"文明"的各种论断，如大谈"教育对于文明的必要性"，"文明的意含就是对自然的改进"；"文明与不文明之间的分界就在于，文明意味着人化或人的修养（man-culture）、人的精神和道德上的积极向上和提高；不文明则意味着接近于自然状态"；"文明的趋向，必定是建设心灵"；"在数量上，半开化民族总是比文明民族要多"，等等。② 而在中

---

    ① 《文学兴国策》，上海古籍出版社 2002 年版"近代文献丛刊"本，第 6、14—16、31—32 页。

    ② ［日］《森有礼全集》（近代日本教育资料丛书人物篇）第 3 卷所收 Education in Japan，宣文堂书店昭和四十七年版，第 31、35、39—40、33 页。

文译本中，civilization 和 civilized 除了被译成"文明"，更多的时候则被译作"开化""教化"和"有教化"等。

此外，在《时务报》之前，著名维新思想家宋恕、卢戆章对"文明"一词也有过现代意义的使用。如在宋恕标明 1895 年 2 月定稿的《六字课斋津谈》一书和同年 5 月的《致夏惠卿书》中，就能屡次见到现代意义的"文明"一词。① 他们的使用，虽可能也直接间接地受到了西方和日本的影响，但却提醒我们在讨论这一问题时，尚可将视野进一步前移至甲午战争爆发之后特别是其结束之初。

可以肯定，甲午战争结束之后现代"文明"概念在先进知识精英中的较多运用，与日本相关概念的大量输入，具有直接而重要的关联。《时务报》"东方报译"专栏中对日本"文明"概念的大量输入，即是明证。鉴于方维规和其他学者已经初步揭示过这一史实，故本文在此不拟多谈，只想以载于 1896 年 9 月《时务报》该专栏的译文《太平洋电线论》一文为例，略作说明。在该文中，"文明"一词至少出现了六次，如"文明大启，四海一家"；"欧美文明之地"；"中日交战，遂使日本之文明，表显于全球之上，至是天下始知日本之进步"；"美国西岸，未进文明之域"；"抑北美文明，所以超乎大西洋东岸"等。② 由此可以窥斑见豹。

《时务报》的"东文报译"栏，是专门聘请日本汉学家古城贞吉主持的。其所译大量文字，也都出自古城一人手笔。它是戊戌时期日本新名词传入中国最重要的渠道。日本人亲自"输入"，这是早期日本新名词新概念在华传播的一个重要现象。通过《时务报》这样的流行刊物造成传播的现实，从而为梁启超后来主持的《清议报》《新民丛报》以及其他人创办的《译书汇编》等刊物对日本新名词的深入传播，建立了不容忽视的"前站"。当时从事此种活动的还有日本学者藤田丰八等其他人。藤田和古城贞吉等在《农学报》的翻译活动也很值得重视。实际上，从戊戌

---

① 见《六字课斋津谈》"宗教类第十"，胡珠生编：《宋恕集》上册，中华书局 1993 年版，第 76 页。《致夏惠卿（曾佑）书》，《宋恕集》上册，第 527—528 页。卢戆章乃戊戌时期以提倡"切音文字"著称的维新人士，1895—1896 年在《万国公报》（光绪二十一年十月至十一月，第 82 卷）上连续发表《三续变通推原说》，文中也多次使用现代"文明"概念。

② 《时务报》第 7 册，1896 年 9 月，见 1991 年中华书局影印本《时务报》第 1 册，第 457 页。此文译自日本东京《经济杂志》1896 年 8 月 15 日。

思想家们对于"文明"或"文化"一词的使用大多都在《时务报》发行以后一点来看,也能说明从日本直接输入这一新概念所造成的直接影响。

(二)"进化论"与中国士人对现代"文明"概念的接受与运用

值得强调的是,甲午战争的强烈刺激所导致的心理和思想急变,特别是进化论思路的导入,对于现代"文明"概念的传播及其相关价值观念在中国的确立所产生的作用,或许较之其他因素都更为重要而直接。具体论之,战败的残酷现实,"亡国灭种"的危险,迫使人们整体反思西方文明的优长和自己传统的不足,并迅速形成西方和中国都是政教、商务、文教等综合发展整体的意识,强烈感觉到西方的强势和中国的劣势不仅表现在军事上和物质上,更源于其优势的学术、教育和政治体制。而整体考虑问题的方式与强烈的"变革"意识相结合,同时也呼唤出"进化论"——几乎是一种从"力"和"智"角度率先着眼的本能期盼。此时,被赋予了时代意义的"维新"二字本身就是进化论意识的产物,它体现了一种追求"进化"和整体变革的双重含义,而人类社会的进化论,实质上就是一种"文明"论的逻辑。

严复自甲午至1898年间的思想发展,对证实上述观点颇具典型性。1895年年初,严复曾撰文《论世变之亟》,明确指出"中西事理"的根本差别在于:是不断向前发展、追求进化,还是向后看、限制"机巧智能"。同年5月,严又著文强调"中国不变法则亡","四千年文物,九万里中原,所以至于斯极者,其教化学术非也",并要求国人对西人指责中国宫廷用宦官、女子缠足、断狱专用毒刑拷打,不似"有化之国"的言论"平心深思,察其当否而已"。[①] 此时,其对现代"文明"概念及相关价值观念的认同已呼之欲出。1896年乃至更早些,严译完《天演论》,已经在现代意义上使用了"文明"概念。1898年,严复明确用"开化论"维护国家民族利益,指责德国侵占胶州湾是"野蛮生番之道",是不"开化"之举,因"所谓开化之民,开化之国,必其有权而不以侮人,有力而不以夺人",而有"开化之国之首"之称的英国《泰晤士报》竟然为

---

① 严复:《救亡决论》,连载于1897年5月1日至8日的天津《直报》。

虎作伥，"公理何在？公道何在？"①

几个月后，严复又在《保教余义》中更为准确地运用了"文明"和相同意义上的广义"文化"概念，曰"自非禽兽，即土番苗民，其形象既完全为人，则莫不奉教，其文化之深浅不同，则其教之精粗亦不同"；"问其何以为土教？则曰：遍地球不文明之国所行土教，有二大例：一曰多鬼神，二曰不平等……实为多鬼神之说，与不开化人脑气最合，遂不觉用之甚多，而成为风俗。盖民智未开，物理未明，视天地万物之繁然淆然而又条理秩然，思之而不得其解，遂作为鬼神之说以推之，此无文化人之公例也"。② 至此，其对现代"文明"概念的理解与运用，已经相当成熟。

戊戌年五月，康有为在进呈光绪帝的《日本变政考》中，有一段"按语"，也非常清晰地体现了中国士人对政治体制、经济和文教发展等整体演进的"文明"概念内涵之接受，与开始认同进化论、竞争论以及现代民族国家观念之间的紧密关联，特引录如下：

> 进步者，天下之公理也。小之则一身一家，推而极之，全球万国，无强则无弱，有愈强者则先之强者亦弱矣。无富则无贫，有愈富者则先之富者亦贫矣。无智则无愚，有愈智者则先之智者亦愚矣。故进步者，将尺寸比较，并驱争先。己国文学与外国文学比较，则欲其愈盛也。兵力与兵力比较，则欲其愈强也。物产与物产比较，则欲其愈多也。商务与商务比较，则欲其愈增长也。工艺与工艺比较，则欲其愈精良也……日本开议会之始，伊藤卓识，深契此义。国事以是为宗主，人心以是为宗主，讲之极精，磨之极熟，虽欲不强盛文明，得乎？③

从概念史的角度来看，一个概念的流行和社会认同程度，同与其对

---

① 严复：《驳英泰晤士报论德据胶澳事》，《国闻报》光绪二十三年十一月初一日。
② 严复：《保教余义》，《国闻报》光绪二十四年四月十九日—二十日。
③ 康有为：《日本变政考》卷6，见黄彰健《康有为戊戌真奏议》附录，"中研院"历史语言研究所史料丛编，1974年版，第243—244页。

立的概念和相关的概念群的出现、传播,具有密切的联系。① 在戊戌时期,同"文明"对立的现代"野蛮"概念也广为流行,尽管该传统词作为带有新义的新概念在晚清也较早的出现过(现代用法的"野蛮"一词就较多地出现在1864年版的《万国公法》一书中)。同时,与之相关的现代新概念,类"进化""进步""开化""物竞""天择""适者""物质""军事""维新""改良""革命""民族""国民""支那""宪法""立宪""社会""宗教""民权""民主""议院""议会""议员""教育""法权""版权""女学""义务""权利""自由""科学""群学""经济""政治(学)""法学",乃至"名学""联珠"(三段论)、"内导之术"和"外导之术"(归纳、演绎)等,也于此时一道兴起和流传开来,共同构成了这一宏大概念得以基本确立的新式语言环境。它们与现代"文明"或广义"文化"的概念互相匹配,彼此引发、呼应,有力地传达和界定出一种崇尚物质发展、议会民主政治、科学进步、逻辑思维等的现代"文明"之整体观念,用现在时髦的话来说,就是构成了一套现代"文明"话语——实际是一种现代"文明"概念运行或实践的产物。因此,概念史的研究,若只是局限于研究单一概念,并不能完全体现其方法论的意义,而必须追索概念的网络运行,原因就在这里。

(三) 现代"文明"观念的兴起与戊戌维新思潮之关系

甲午战后,现代"文明"概念及其在实际运用中直接附丽于此的相关现代价值观念的导入,对于戊戌时期各项变法问题的认识,均产生了不同程度的影响,并逐渐构成整合维新变法总体思路的理论根据。

梁启超是戊戌维新时期较早乐于使用新式"文明"概念并明确形成了带整体性现代"文明"观念的思想家,在他的带动和示范下,"文明"一词逐渐得到越来越多先进知识人的使用,以"文明"概念来思考中国的改革问题,并赋予这一概念以新的现代性价值标准,也开始渐成风气。1896年,梁在其传诵一时的《变法通议》中,就赋予了发展"女学"以

---

① 在这方面,德国学者柯史莱克(Reinhart Koselleck)在其新近被译成英文的著作《概念史的实践》中有精辟的论述,可见其《"进步"与"落后"》一文("Progress" and "Decline", *The Practice of Conceptual History*, Stanford University Press, 2002, pp. 118–235)。

"文明"的名义,在《论女学》中他又强调提高妇女的智识和兴办女学,是"文明贵种"的必然行为。① 同年,梁还著文反省"中国以文明号于五洲,而百人中识字者,不及三十人"的社会文化程度②,同时,在《治始于道路说》文中,他将道路的窳陋污秽畅达卫生与否,也视为"闭化之国"与"开化之国"的明显差别。此外,梁还呼吁"中国宜讲求法律之学",将法律的完备和公正明确作为现代"文明"的衡量标准,并于1898年3月发表《论中国宜讲求法律之学》一文,显示出对于"文明"的相对性与其进化的绝对性较为成熟的把握。③

戊戌时期现代"文明"概念的引入,使"广开学会"被视为"文明之国"开发智识的良途④;大办报纸、普建图书馆也被视为推进文化进步的手段,甚至报纸销量的大小,也开始被视为"文明"与否的标志。谭嗣同就曾致信唐才常说:"金陵销《时务报》仅及二百份,盖风气之通塞、文化之启闭,其差数亦如此也。"⑤ 卢憨章则在《万国公报》上撰文揭示欧美富强文明与图书馆——"公书库"的关系,强调:"公书库则富贵贫贱、男女老少,无不培植,故人才之得失,关乎书库之多少,关乎国家之盛衰。欧美文明之国,人才众多,邦国富强,属地广大,莫不由是而至也。"⑥ 戊戌时期及以后报刊和学会等在中国的较大发展,与此种价值观的奠定有着密切关联。

铁路,此时也被认为是必须兴建的"文明"利器。1898年9月5日,康有为在《请计全局筹巨款以行新政筑铁路起海陆军折》中便强调:"凡铁路所到之地,即为文明繁盛,铁路未开之所,即为闭塞榛荒,此万国已然之迹也。"⑦ 在更早些时候上呈光绪帝的《日本变政考》中,康有为

---

① 张品兴主编:《梁启超全集》第1册,北京出版社1999年版,第30—33页。
② 《〈沈氏音书〉序》,《梁启超全集》第1册,第90页。
③ 《饮冰室文集》(吴松等人点校本)第1集,云南教育出版社2001年版,第78页。
④ 章太炎:《论学会有大益于黄人亟宜保护》(1897年3月3日),见汤志钧编《章太炎政论集》上,中华书局1977年版,第8—9页。
⑤ 蔡尚思、方行编:《谭嗣同全集》上,中华书局1981年版,第262页。
⑥ 卢憨章:《三续变通推原说》,《万国公报》光绪二十一年十月至十一月,第82卷。
⑦ 中国史学会主编:《中国近代史资料丛刊·戊戌变法》第2册,神州国光社1953年版,第257页。

即认为"铁道为文明之利器"①。而与此相对,反对修铁路则被视为守旧和不"文明",谭嗣同就不无兴奋地宣称:"今日之世界,铁路之世界也……湖南自数年以来,文明日启,脑筋日灵,言新则群喜,语旧则众唾。"②虽实际情形未必全然如此,但"文明"的概念及其与之相伴的新式价值观的兴起,却是不争的事实。

与铁路类似,现代城市的市政建设、警察的设立,也被视为"文明"国的"根本"所在而加以鼓吹。如唐才常在《湘报》上就著文指出:"西人之觇国势者,入其疆,土地辟,市政修,万民和乐,令行禁止,即为有文化之国,而根本实源警部。"③唐还大力提倡研究、发展自然科学,特别是算学,认为这也是"文明"的需要,呼吁国内学者在这方面努力推究,并与希腊、罗马以来西方逐渐积累而成的科学成果"沟而通之,以供吾今日文明之取用"。④

与此同时,反对早婚和多育,提倡"强种",同样被先觉者纳入了"文明"观的视野。1898年6月,严复撰文就此视角对中国人口众多、素质不高进行了深刻的反省,他强调"其故实由于文化未开,则民之嗜欲必重而虑患必轻。嗜欲重,故汲汲于婚嫁,虑患轻,故不知预筹其家室之费而备之"。结果造成子女众多,"谬种流传,代复一代"。他由此提出学习欧人"择种留良"之说,以"制限婚姻"的办法。⑤表现出卓识和远见。

最有意思而又很能代表现代"文明"价值观影响的,还在于湖南1898年3月"延年会"的兴办。它是由熊希龄等根据"文明人"的生活方式而创办的。其宗旨就是要节约时间,讲求效率,以达到相对延年益寿的目的。而这正是现代性文明的精髓所在。谭嗣同在为该会所写的《延年会叙》中这样写道:"是故地球公理,其文明愈进者,其所事必欲简捷。简捷云者,非以便人之苟焉为窳惰也。文明愈进,其事必愈繁,不简不捷,则生人之年,将不暇及。"并强调这正是西方强大发达的原

---

① 《日本变政考》卷2下,见黄彰健《康有为戊戌真奏议》附录,第170页。
② 《论湘粤铁路之益》,《谭嗣同全集》下,第423页。
③ 湖南省哲学社会科学研究所编:《唐才常集》,中华书局1980年版,第138页。
④ 《浏阳兴算记》,《唐才常集》,第160页。
⑤ 严复:《保种余义》,《国闻报》光绪二十四年四月二十三、二十四日。

因:"尝谓西人之治之盛几一轶三代而上之,非有他术,特能延年,而年足以给其所为耳。反是而观,吾之为延为耗何如哉。"

延年会规定,入会者必须严格规定做事时间表,有事拜交,需先"函约"钟点,无事不闲聊,无故不请客、不赴席,从而真正养成现代"文明"的生活习惯。[①]

不仅如此,戊戌维新思想家们还形成了一种宏阔的"文明之运会"观,认为当时的世界已经进入了一种"文明"的时代,一切不合"文明"要求的事情都需要废除,反之则必须兴办。这是不以人主观愿望为转移的时代命运,即严复所谓"运会"。1897年春,梁启超在公开发表的《与严幼陵先生书》中,就曾对这一重要观念有过清晰阐述,并以此为据,论证了"民主"制度在中国实行的必然性,同时对中国实现"文明"、赶超西方的前途充满信心。他还提到康有为也具有此种看法。信中写道:

> 故民主之局,乃地球万国古来所未有,不独中国也。西人百年以来,民气大伸,遂尔浡兴。中国苟自今日昌明斯义,则数十年其强亦与西国同,在此百年之内进于文明耳。故就今日视之,则泰西与支那诚有天渊之异,其实只有先后,并无低昂。而此先后之差,自地球视之,犹旦暮也。地球既入文明之运,则蒸蒸相逼,不得不变。不特中国民权之说既当大行,即各地土番野猺亦当丕变。其不变者,即澌灭以至于尽。此又不易之理也。南海先生尝言,地球文明之运,今始萌芽耳,譬之有文明百分,今则中国仅有一二分,而西人已有八九分,故常觉其相去甚远。其实西人之治亦犹未也。[②]

这里,梁启超依据新掌握的进化论,以自己的语言,从整体认同现代西方"文明"的角度,表达了当时国人对于"文明"时代性观念最为明确和深刻的见解。

我们惊奇地看到,严复在1897年《天演论》手稿本的"案语"中,

---

① 《谭嗣同全集》下,第410页。
② 梁启超:《与严幼陵先生书》,《梁启超全集》第1册,第72页。

也使用了相同的"文明之运"的说法。不过他是用来描述西方早期迎接同样时刻的情形的:"胜代嘉、隆、万历之世,于西国为十六世纪,晦盲既往,文明之运开。当是时,格物大家柏根、奈端、斯宾纳吒、赖伯镊子、洛克辈出,人具特识,家传异书。"① 同是面对"文明之运",中国难道还有不同于西方的别的选择吗?1898 年年初,唐才常在《湘报序》和《公法学会叙》中,也分别使用了"文明之运"和"文明之会"的概念,前者表示对中国能成"为极聪强极文明之国"充满自信:"即有补聪强文明之运,则摩顶放踵奚辞矣!"后者则提醒国人在世界"日进文明"的时代不思进取的危险:"当世界日进文明之会,而我安于顽种者,乃犹神明其圈,举一切政学宜修之事与交涉法律,何者宜因,何者宜革,憒不加察。"② 这种"文明之运会"思想的形成与运用,不妨说是戊戌时期维新派现代"文明"观念初步确立的重要标志。

现代"文明"观念的兴起,对戊戌变法的实际进程也产生了直接影响。这一点我们从戊戌变法的灵魂人物康有为一些关键的变法上书和奏议中对"文明"概念的运用,可见一斑。如 1898 年,在上呈光绪皇帝的《日本变政考》一书、《进呈〈俄罗斯大彼得变政记〉序》和 1898 年 1 月呼吁光绪帝赶紧变法的《上清帝第五书》中,康有为都使用了现代"文明"概念,有的还是多次使用。

在极具影响力的《上清帝第五书》中,康有为以列强将要把中国作为"野蛮国"加以瓜分的紧迫形势,来告诫最高统治者变法已经刻不容缓。他写道:"夫自东师辱后,泰西蔑视,以野蛮待我,以愚顽鄙我。昔视我为半教之国者,今等我于非洲黑奴矣……按其公法均势保护诸例,只为文明之国,不为野蛮,且谓剪灭无政教之野蛮,为救民水火……亚洲旧国,近数年间,岁有剪灭,近且殆尽,何不取鉴之?!"③ 事实证明,这种"瓜分豆剖、渐露机牙"的警笛,终于打动了光绪帝。变法的"定国是诏"的最终颁布,与康有为的这些上书中"文明"与"野蛮"的分

---

① 《天演论汇刻三种》,《严复合集》第 7 册,第 141 页。
② 《唐才常集》,第 137、157 页。
③ 汤志钧:《康有为政论集》上,中华书局 1981 年版,第 202 页。也可见丁酉十二月上海大同译书局出版的石印本。

辨刺激，实不无直接关系。

此外，现代"文明"概念的社会化实践还促进了各项维新改革，此在戊戌时期的湖南表现得最为突出。湖南是戊戌时期维新活动开展得最有声色的地区，在当时的中国"号为文明"，而思想先进的湘籍维新人士正是明确以"文明"的目标来推进各项改革的。1898年5月11日，《湘报》上载《论湖南风气尚未进于文明》一文，对湖南落后愚昧的社会风气提出痛心疾首的批评，呼吁加大改进的力度，典型地体现了维新人士对于"文明"内涵的整体理解与强烈追求"文明"的思想力量。该文认为，尽管湖南当时已经开办了新式报馆、学堂，架起了电线，通了轮船，铁路和保卫局也在筹办中，各种专门学会也纷纷建立等，但湖南仍算不上"文明"："风气之开，或者此为起点，文明之化，其实尚未权舆。"[①]这显然是从正面弘扬现代"文明"价值。

可以说，将中国的变革放在"文明"发展不可抗拒的世界潮流的大视野中去考虑，乃是戊戌维新思想家在戊戌变法全面启动之前就已基本形成了的重大思路。正是由于他们掌握了现代"文明"概念及其在实践（运用）中将那些即时附丽的相关现代性观念——政治民主、思想自由、男女平等、物质进步、崇尚"学战"、军事发展等作为潜在的理念基础，决定了他们所致力的戊戌维新运动既不是一场简单的政治变法运动，也不是一场单纯的思想启蒙运动，而是一场真正全方位的现代性整体变革——一种寻求"文明化"的运动，并因此成为中国现代学术文化转型整体萌发的真正起点和现代化事业整体启动的自觉开端。因为，现代"文明"概念首次提供了一个融政治、经济和文化发展的整体综合的社会价值目标和观念基础，能将现实努力的整体价值目标和进化论的理论逻辑有机地结合在一起，这也是现代"文明"观念在变革功能上涵括"进化论"而又超越单纯"进化论"理念的地方所在。就此而言，现代"文明"概念，与今人所谓"现代（性）"概念（modernity）在内涵上实很有相通之处，甚至可以说，它就是清末民初时历史地涵带现代性整体把握功能的另一宏大概念形态。有趣的是，在词性上，现代汉语中的"现代"和"文明"两词，亦都可既作名词，也作形容词，这就为它们提供

---

① 《论湖南风气尚未进于文明》，《湘报》1898年5月11日。

了不同寻常的思想整合能量。

甲午战争前，洋务运动虽然开展了30余年，办军事企业、民用企业、办同文馆等洋务学堂，派留学生出国学习等，但却一直未解决深层的价值观之转换整体根据的问题，他们之所以要做这一切，都只不过是为了具体应付外来压力而已，"洋务"二字真是太能反映这一时期清朝统治者所做一切的性质了。在他们那里，"强"和"富"除了抵御列强侵略并不具有自身的价值和更高的意义。在论证采西学制洋器的方式上，他们也往往只是诉诸"西学中源""礼失而求诸野"、儒教本讲究"先富而后教"之类"道理"。左宗棠那著名的"跨骏与骑驴"论（"譬如彼跨骏而我骑驴，可乎！"）实在极能代表洋务派的思想特色，那完全是从当下的某一具体"利害"角度着眼，何曾见整体贯通的现代性综合把握之思想价值！

因此，洋务派人士（包括"早期维新派"）虽然也讲"自强""求富"，但"自强"真正成为时代的强音，成为社会上广泛流行的词汇，"求富"真正获得社会意义上的价值合法性，却是甲午以后的戊戌时期。1895年2月，严复在《论世变之亟》一文中明确指出："夫士生今日，不睹西洋富强之效者，无目者也。谓不讲富强，而中国自可以安；谓不用西洋之术，而富强自可致；谓用西洋之术，无俟于通达时务之真人才，皆非狂易失心之人不为此。"[1] 在他这里，"富强"意义的凸显，已与其他现代性价值紧密联系在一起，已与整体性变革的思路联系在一起，已与进化论和现代"文明"概念相依存。如果说甲午战败、割地赔款的巨大耻辱感，显示了"强"无法漠视的现实意义，那么"强学会""强学报"的呐喊，严复传播的"物竞天择、适者生存""优胜劣败"的《天演论》和《原强》诸篇专论，张之洞"自强军"的创建，才真正有力地宣布和揭示了"强"的自身价值——一种体现"文明"的价值："强"是"文明"的结果和体现，"文明"是"强"的原因和根据。于是《论语》中一味尚"北方之强"鄙"南方之强"的观念才真正松动。于是什么叫"强"、为什么要"强"、怎样才能"强"，才真正成为晚清思想史的主题，具有了名副其实的"现代思想史意义"。

---

[1] 《严复集》第1册，中华书局1986年版，第4页。

1895年11月，康有为在《强学会后序》中明确宣称："夫强二：有力强，有智强。"① 传统崇尚的"文"与"德"的力量，这时终于被毫不含糊地排除在"强"的内涵之外。如果说在传统中，尚"智"还能为"文化"价值观所容忍，那么尚"力"、重"物质"，则实难信服中国士大夫。这种与传统"文化"概念中"轻武鄙力"价值取向的公然离异，一开始虽得力于甲午战败的强烈刺激，但不久实因为获得了新的"文明"或广义"文化"概念作为理念基础，才变得更加坚实：它表明，"强"和"富"之所以有价值，"合群"和"尚学"之所以有力量，并非仅因为恃之便能打败对手，而是因为它们本身就是社会"文明"综合进步的结果和体现。这种建立在相对理性之上的价值落实，才是更加可靠的。也就是说，现代"文明"概念的获得，使人们在甲午战败后激烈的情绪冲动形成的感性认识，找到了一种理性价值的整体性依托，从而促使人们更加自觉地从价值观念、学术教育和制度变革相结合的综合角度来考虑变革问题，最终形成戊戌变法中的综合行动。这也是此后清末其他一切变革的理论基础。

1897年上半年，风行一时的《时务报》"英文报译"栏曾发表一篇题为《论军事与文化有相维之益》的专论，在这两者之间的勾连上，颇具象征性。该文是近代中国各类报刊中最早在标题上出现"文化"一词的文章，又专谈"文化"，更涉及"文化"一词的具体用法和新旧"文化"概念价值内涵的转换问题。全文出现"文化"一词13次，基本是在广义的"文化"即"文明"的意义上使用的（这种广义的"文化"一词在戊戌时期的报刊上使用已经不少）。全篇主要想说明的乃是"尚武"精神和文明发展的密切关联。② 它与我们前文所提到的中法战争期间陈季同有关"尚武"与"文明"关系的传统观念截然异趣，而与稍后的20世纪初年中国兴起的"军国民教育"思潮则一脉相承。

1898年上半年，湖广总督张之洞，这位曾下令全省官员通阅《时务报》的爱国官员，向朝廷上了一份《酌拟变通武科新章折》，在现代"文

---

① 《康有为政论集》上，第172页。
② 光绪二十三年五月初一日《时务报》，第28册。注明译自"《温故报》西三月十五日"，译者为通英文的张坤德。

明"观的意义上,对"好铁不打钉、好人不当兵"的传统谚语提出明确批判,郑重提出了"尚武"价值观的转变问题。他感慨道:"中国乃有'好铁不打钉、好人不当兵'之谚,稍有身家,咸所鄙弃,贵贱之分,强弱之源也",呼吁改变中国社会"贵士贱兵"、重文轻武的价值观念,提高将官和兵士的爵禄,使"后世族文儒皆肯入伍"。同时还主张从制度上变通科举中的"武举"(后来在"新政"中他又干脆奏请废除),以加强"武学"教育即现代军事教育,提高将士的文化素质,使中国"无不读书、不明算、不能绘图之将弁,亦无不识字之兵丁"。[①] 实际上,他所希望表达的,也就是要建立所谓"文明"军队和军人,以及"军训"或"尚武"文明而已。不过,能够像他这样来把握这两者间的关系,显然已经得益于现代"文明"观念的初步洗礼,而不是那些只熟悉传统所谓"文武之道、一张一弛"之类人所能梦见。

过去,中国学者基于总结历史教训的目的,总喜欢将洋务运动与明治维新相比。的确,就运动的背景和启动的时间而言,两者实有共同之处。但如果就运动的目标、指导理念和变革内涵的广度、深度来看,真正可与日本明治维新,特别是其19世纪70年代中叶以后的情形相比的,其实是戊戌维新和此后的清末新政。因为归根结底,它们和明治维新一样都明确地基于一种现代"文明"理念的整体启导,尽管其结果和命运仍有不同。

四 走向摩登与渐趋"精神"的"文明"之名义

在中国人走向现代"文明"的过程中,义和团运动留下的历史印记是极其深刻而复杂的。一方面,它空前凸显了所谓现代"文明国"侵略弱小民族的极端野蛮性,昭示了中华民族所面临的亡国灭种之现实危机和自身不甘屈辱的反抗精神,同时也集中暴露了当时中国社会的落后和愚昧的一面。这两方面合力的结果,终于促使朝野人士不得不更加清醒地面对现实,较为彻底地走向了对现代"文明"价值观的全面认同。

1900年7月26日,唐才常、严复、容闳等在上海成立"中国议会",

[①] 苑书义等编:《张之洞全集》第2册,河北人民出版社1998年版,第1310—1316页。

其"联合之意"的第5条即为"推广支那未来之文明进化"。① 可见民间的努力方向。1901年以后,清政府标榜所谓的"新政",也实不过是在追求现代"文明"价值的名义下,所进行的一场内政、外交、经济和教育改革的全面自救运动罢了。这是朝廷的改革进路。以新政中最显实绩的教育变革为例,"文明"的旗帜就被主持者自觉地加以挥舞:

近东西洋各国,其文明愈著者,其学校必愈多。②

诚以处物竞之时代,求战胜于人群,非有所约束之督迫之,无以日即于文明。③

现代"文明"一词的官方化使用与部分价值认同,也正是在新政时期才得以正式实现的。在这一过程中,张之洞的个人使用颇有值得关注之处。这不仅由于他在清末主盟文坛学界和主持新政的重要官方地位,而且也因为他一向以老成持重著称,对新名词新概念的使用较为敏感和审慎。据笔者所知,至少从1902年开始,张之洞已经认同和使用了"文明"一词。如在那篇深刻影响了清末学制变革的《筹定学堂规模次第兴办折》里,他就写道:"西人觇国者,每视小学官费年限之久暂与全国入学分数之多少以为文明程途之比较,不汲汲问大学堂之成才若干也。"④

有趣的是,这位以效法西方"文明"为特征的清末新政之理论上的重要代言人,此时似乎还并不喜欢来自日本的"文明程度"一语,他因此特别将其改为"文明程途"四字。意思是在"文明"的路途中到底走到哪一步了。真不愧是"探花"出身,对传统"文明"一词非形容词使用却又能让它传达出一种类似形容词功能内涵之体贴工夫,实在是到了

---

① 孙宝瑄:《日益斋日记》稿本,上海图书馆藏。可参见孙应祥《严复年谱》(福建人民出版社2003年版)有关部分。

② 张之洞、袁世凯:《奏请递减科举折》(1903年3月11日),《光绪政要》卷29,宣统元年上海崇义堂石印本,第7—9页。

③ 朱有瓛编:《中国近代学制史料》第2辑上册,华东师范大学出版社1987年版,第898页。

④ 《张之洞全集》第2册,第1081页。

家。但问题在于,这"文明"二字一旦和"程途"连在一起使用,并出现在全新的"文明"观念语境中的时候,虽不如"文明程度"的现代意义显豁,却依然能传达出"文明"是不断发展进化的那种时代新含义。这种连用法在传统用语里,当然是不可能出现的。张之洞的这一"调整",确实很能体现有些新名词新概念在早期使用时的一种过渡形态。①

1903—1905年,著名谴责小说家李伯元在《绣像小说》杂志上连载《文明小史》这一小说(1906年又由商务印书馆出版单行本),对早期新政时代中国官场和社会上开始流行的各种"文明"行为与表象,给予了生动的文学再现,成为清末"文明"概念得以广播的标志性文学符号之一。像讲求平等自由、倡导维新立宪;留学东洋西洋、鼓吹民族主义;读报纸、学外语、结团体、搞演说、讲卫生、重体操、论权限、开公司、买股票、剪辫子、着洋装、满口新名词、崇洋又媚外,等等,如今早已成为那个时代追求现代"文明"的历史表征。② 对于这些"文明"表象,小说虽多以反讽的笔法写出,特别注意揭示和暴露那些"以吃鸦片为自由,以吃牛肉为维新"之类的假文明,但作者却并未因此而丧失根本认同现代文明的理性态度。在"楔子"中,李伯元亦庄亦谐地表示,对于那些热心新政新学的人,"且不管他是成是败,是废是兴,是公是私,是真是假,将来总要算是文明世界上一个功臣。所以在下特特做这一部书,将他们表扬一番,庶不负他们一片苦心孤诣也"③。

---

① 即便是1902年以后,传统士人中也有许多仍不接受现代"文明"一词者。如张之洞的门生陕西布政使樊增祥即讨厌该词,1904年他课卷时,一发现"文明",即"严批痛斥"。《批学律馆游令课卷》中云:"大学堂稽课卷,因榜首用文明、野蛮字,经本司严加痛斥。"《樊山政书》卷6,第24—25页,转引自罗志田《国家与学术:清季民初关于"国学"的思想论争》,生活·读书·新知三联书店2003年版,第156页。
② 李伯元在《南亭四话》中有《新名词诗》一首,可以看作是以新名词的形式撰写的另一诗歌体"文明小史":一云"处处皆团体,人人有脑筋。保全真目的,思想好精神。势力圈诚大,中心点最深。出门呼以太,何处定方针";二云"短衣随彼得,扁帽学卢梭。想设欢迎会,先开预备科。舞台新政府,学界老虔婆。乱拍维新掌,齐听进步歌";三云"欧风兼美雨,过渡到东方。脑蒂渐开化,眼帘初改良。个人宁腐败,全体要横强。料理支那事,酣眠大剧场";四云"阳历初三日,同胞上酒楼。一张民主脸,几颗野蛮头。细崽曾膨胀,姑娘尽自由。未须言直接,间接也风流"。徐珂:《清稗类钞》第4册,中华书局1983年版,第1724页。
③ 李伯元:《文明小史》,上海古籍出版社1997年版,第2页。

由于小说流传的广泛性,《文明小史》一书对于现代"文明"概念的社会传播贡献不菲。特别是在传达其内蕴的"物质发达"的含义方面。如该小说第十四回"解牙牌数难祛迷信,读新闻纸渐悟文明",就借书中人物贾子猷("假自由"的谐音)说道:"我一向看见书上总说外国人如何文明,总想不出所以然的道理,如今看来,就这洋灯而论,晶光烁亮,已是外国人文明的证据。然而我还看见报上说,上海地方还有什么自来火、电气灯,他的光头要抵得几十支洋烛,又不知比这洋灯还要如何光亮?"小说还讽刺了贾氏三兄弟自以为多买西洋器具便成"文明开通"的可笑行为:"凡见报上有外洋新到的器具,无论合用不合用,一概拿出钱来,托人替他买回,堆在屋里。他兄弟自称自赞,以为自己是极开通、极文明的了。"① 在当时的一般社会趋新风气中,这种对现代"文明"的物质化理解,实带有一定的普遍性。②

对于一般下层民众来说,西方现代文明的强烈冲击,的确首先表现在物质发达的都市景象方面。这也就自然地凸显出了现代"文明"概念的物质层面之含义。正如当时有人所精心描绘的:

> 繁盛之都,花团锦簇。洋楼层叠,大厦云连。建筑宏伟,雕刻优美。电线铁道,纵横如网。汽车马车,往来如梭。广大公园,环植四时花木。道平如砥,旁植乔树,郁郁葱葱。微妙之乐,来自空际。有制造场,或远或近。烟筒林立,上矗霄汉。吐气成球,漫濛如雾。轮机轧轧,声闻于天……此非文明国之现象耶。未开之民,置身斯境,目眩神迷,如刘姥姥初入大观园,手舞足蹈,忘其所以狂喜,曰文明文明,其在是矣。③

---

① 李伯元:《文明小史》,第85页。
② 与《文明小史》带有讽刺性的概念传播相比,20世纪初年和商务印书馆等齐名的"文明书局"这一著名的出版机构之名称,对于现代"文明"概念的符号式传播功能则完全是正面性的。该书局成立于1902年,由户部郎中廉泉等创办。它以输入现代"文明"自任,出版了大量的新学教科书和史地读物,堪称现代"文明"观念影响出版界的象征。
③ 《论文明第一要素及中国不能文明之原因》,《大陆报》第2年第2号(1904年4月)。该资料的查找得到朱浒、闵杰先生的帮助,特此致谢。

但是，20世纪初中国各大城市的精英们自觉改良城市的目标，却并不局限于现代都市物质发达的层面，而是追求包含精神风貌在内的城市建设之全面"文明"，近代中国城市文化史专家王笛研究指出："在辛亥革命之前的城市改良中，'文明'便是精英们使用频率最高的时髦词汇之一。"① 此言得之。从某种意义上说，这也未尝不是对清末其他社会政治改良与现代"文明"价值观之间关系最为简洁的揭示。

在清末，革命党人也是弘扬和实践现代"文明"观念的一支生力军。他们在崇拜"文明"名义方面，一点也不亚于维新派和立宪派。这从《民报》等革命报刊中"文明"一词的频繁使用可知。在革命派看来，革命正是追求文明的表现，且是实现由野蛮进于文明之必要手段，而清王朝之所以成为革命的对象，乃是因为它早已成为"文明公敌"之故。② 至于其所主张的废除君主、建立共和，则更认为属于"文明时代"的必然要求，用他们自己的话来说，即所谓"'君'也者，成立于野蛮时代，发达于半开化时代，而消灭于极文明时代"③。前面提到的《文明小史》的作者，曾借小说中人物之口讽刺革命党人冲天炮道："世兄是文明不过的，开口革命，闭口革命"④，这实在不是灵机一动的偶然虚构。1903年，鼓吹革命最力的邹容在《革命军》中便公开宣称："革命者，由野蛮而进文明者也。"他认为英国资产阶级革命、法国大革命和美国独立战争就是这种性质的革命，而"法、美文明之胚胎，皆基于是"。不仅如此，他还将革命区别为"野蛮之革命"和"文明之革命"两种，并慨然以实行"文明之革命"自任："野蛮之革命，有破坏，无建设，横暴恣睢，适足以造成恐怖之时代……为国民增祸乱。文明之革命，有破坏，有建设，为建设而破坏，为国民购自由平等独立自主之一切权利，为国民增幸福。"⑤ 与邹容齐名的另一革命宣传家陈天华，在《警世钟》里则公开倡

---

① 王笛：《街头政治：20世纪初中国城市中的下层民众、改良精英与政治文化》，见孙江主编"新社会史"丛刊第1辑《事件·记忆·叙述》，浙江人民出版社2004年版，第47页。
② 如章士钊在《驳〈革命驳义〉》（1903年6月）一文中，就称清王朝为"文明公敌"。见《章士钊全集》第1册，文汇出版社2000年版，第32页。
③ 章士钊：《说君》，原载《国民日日报》1903年8月15—21日，见《章士钊全集》第1册，第62页。
④ 李伯元：《文明小史》，第339页。
⑤ 《革命军》"绪论"和第三章，华夏出版社2002年版，第8、35页。

导"文明之排外"。在其遗著《狮子吼》中,他还直接把主人公的名字取为"文明种"。可见"文明"这一现代价值与其所从事的革命事业之间,有着何等密切的关联。

1907年前后,改良派和革命派还曾为"文明"的内涵和名义问题,发生过一些小的争论。如1907年3月,同盟会机关刊物《民报》上就载文批评梁启超所谓"文明进步,资本进步谓也"的狭隘理解,指出,"故文明二字,所包亦甚广也","以资本包括一切文明,可称奇语",以此讽刺梁启超对资本主义缺乏反省的行为,为民生主义作理论辩护。① 不过当时,在争夺"文明"的名义方面,革命党人也有被动的时候,尤其是当改良派以"文明"的名义大肆攻击革命党的"排满"复仇为野蛮之时。人们惊奇地发现,面对这种责难,身为《民报》主编的章太炎,有时竟会不惜放弃"文明"的名义,以嘲弄流行的"文明"内涵之"虚伪不真",来与之颉颃。在《定复仇之是非》一文中,他就公然主张以复仇为正当,声言判别是非自有其内在的道义标准,大可不必顾虑世俗流行的"文明野蛮之名"。他写道:

> 今之言文明者,非以道义为准,而以虚荣为准,持斯名以挟制人心,然人亦靡然从之者。盖文明即时尚之异名,崇拜文明,即趣时之别语。吾土孔子为圣之时,后生染其风烈,虽奋力抵拒者,只排其阶级礼教之谈,而趣时之疾,固已沦于骨髓,非直弗击,又相率崇效之。然则趋步文明,与高髻细腰之见相去有几?诚欲辨别是非者,当取文明野蛮之名词而废绝之。按:文明本此邦旧语,多以法度文物为言,已虚伪不贞矣。今所谓文明者,较此弥下。至于野蛮二字本出鄙言,尤不足论。宁沾沾焉随俗为向背乎?②

---

① 民意:《告非难民生主义者》,《民报》第12期,1907年,见张枬、王忍之编《辛亥革命前十年间时论选集》第2卷下册,生活·读书·新知三联书店1960年版,第700页。
② 章太炎:《定复仇之是非》,《民报》第16期,1907年,见《辛亥革命前十年间时论选集》第2卷下册,第771页。

章太炎是一个特立独行的有思想的革命家。在其偏激的思想之中，常常能体现出一种超人的深刻的片面。不过，他虽然对流于世俗虚伪时髦的"文明"名义有所不满、有所反省，主张废绝这一名词，但自己却并未见实行（尽管在此前后，尤其是以后，他更愿意使用"文化"一词），更不用说其他革命党人了。从他的言论中，我们可以看到当时"文明即时尚之异名，崇拜文明，即趋时之别语"的时代特别风气。

　　在清末民初的中国社会，"文明"的名义走向时髦，还可以从"文明史""文明戏""文明棍""文明脚""文明装""文明结婚"之类名词广为流传，成为代表"摩登"事物和进步价值取向的特定说法中，得到一种集中反映和证明。以上诸名词，的确是现代"文明"价值观的产物，而它们的流行，又反过来有力地传播了现代"文明"观念。

　　作为近代西方产物的"文明史"，以进化论为依据，综合记述大范围内社会演进的概况，对20世纪初年中国新史学的兴起，产生了直接而巨大的影响。诸如梁启超等人有关地理环境与文明关系之类的观点，以及清末出现的一系列关于中国通史类的新式历史教科书，实际上均为直接模仿这些"文明史"著作的结果。而这些历史教科书在新史学的实践中，都不同程度地体现了反对"君史"、重视"民史"的倾向，显示了努力寻求中国社会文明整体发展的通则、注意揭示不同时期和不同时代的特征。[1]"文明脚"，用鲁迅的话说，即是"缠过而又放之，一名文明脚"[2]。此自然含有人道主义、男女平等、清洁卫生的"文明"意义。而"文明结婚"，乃是当时婚姻变革中的新生事物，它增加了婚姻双方自主的选择性，简化了烦琐的仪式，体现了男女平等的原则，的确属于现代"文明"

---

[1] 以刘师培的《中国历史教科书》为例，该书明确宣称与"旧史"的"稍殊"处在于注重五事：第一，历代政体之异同；第二，种族分合之始末；第三，制度改革之大纲；第四，社会进化之阶级；第五，学术进退之大势。在实际的章节安排中，它也是包罗政治、经济、文教学术发展等各个方面，阅读之下，能给读者留下整体"文明"综合演进的清晰印象。《刘师培全集》第4册，中共中央党校出版社1997年版，第275—370页。

[2] 鲁迅：《忧"天乳"》，《雨丝》周刊第152期，1927年10月8日。

价值观的典型产物。①

在不断走向时髦的现代"文明"观念潮流中，强调工商业发展、科技军事进步和强身健体的"物质"发达意义的倾向，一直是较为明显的。② 毫无疑问，此正是传统中国"文明"或"文化"概念转化为现代概念的重要表现之一。1905年，康有为的《物质救国论》则较为鲜明地彰显了甲午战后中国勃然而兴的现代"文明"观念中这一不同于传统的内涵与价值。③ 但与此同时，我们通过文献也可以看到，人们在强调工商业等方面发展重要性的时候，虽通常都会赋予其"文明"的重要价值和意义，而一旦上升到理论高度来谈论"文明"时，则又会很自然地从"物质"和"精神"的二分出发，赋予"精神文明"以优先的地位。实际上，在清末民初走向摩登的"文明"思潮中，舆论界始终都存在那么一股既认可"物质发达"、实业进步的必要性，更重视民族素质、精神文明培育的思想深流。体现在"文明"概念的理解上，就是许多思想精英都习惯于先将"文明"的内容予以二分：或曰形质与精神，有形和无形；或曰物质与道德，外在与内在等，而同时，又程度不同地将概念的重心置放在后者之上。此种思路的形成，究其动因，实不乏外来的新思想资源之功，但可能更具有传统旧思想习惯的牵引之力。

作为清末现代"文明"最重要的传播者并主导思想潮流的梁启超，

---

① 参见左玉河《由"文明结婚"到"集团婚礼"》，薛君度、刘志琴主编：《近代中国社会生活与观念变迁》，中国社会科学出版社2001年版，第196—238页。不仅婚姻有"文明"仪式，丧葬也有"文明办法"——采用简洁的讣告和追悼会等形式。如1907年，清末最后一个状元刘春霖为妻子办丧，据《大公报》称，"丧仪殡葬，一切概从文明办法"，并引起报界的各种议论（见《大公报》1907年10月18日的相关报道）。在清末，"文明"理念与"科学"价值有着明显汇同之处。其强势社会渗透，表现在对"迷信"等非科学现象形成直接冲击等方面。最早译成中文的现代心理学著作中，有一本很有影响，就题为《心界文明灯》（时中书局编译1903年版）。

② 清末商界人士也喜用"文明"一词，并以追求文明相标榜。店铺的楹联上出现"文明"之类词汇，是常见现象。如某服装店的门联就写道："冠冕从新，式样好矣；文明进步，福履绥之。"参见勤学、倩天编《中国民俗商业楹联通书》，湖南文艺出版社1992年版，第35页，转引自孙燕京《晚清社会风尚研究》，中国人民大学出版社2002年版，第206页。

③ 康有为：《物质救国论》，《康有为政论集》，第565—587页。其所谓"物质"与"文质"相对，指的是"军兵炮舰工商"之类，所谓"物质学"，相当于自然科学和技术。罗志田有关康有为此著的论文《物质救国：走向"文明"的康有为》（《中国图书商报》2000年2月29日"书评周刊"栏）等，对笔者很有启发。

在其诸篇文章中，已经较早在现代意义上形成此种思路。1899年，梁氏先后撰写《文野三界之别》《国民十大元气论》（又名"文明之精神"）等文，探讨完整现代意义的"文明"在中国的建立问题。他在认可当工商业发达"使一切人皆进幸福，如是者，谓之文明人也"的同时，进而强调"精神的文明"之重要性，相信"国之治乱，常与其文野之度相比例，而文野之分，恒以国中全部之人为定断，非一二人之力所能强夺而假借也"，并明确指出："求形质之文明易，求精神之文明难……精神既具，则形质自生；精神不存，则形质无附。然则真文明者，只有精神而已。"① 其著名的"新民说"，与此种既追求社会"群治"又重视"精神"文明的思想逻辑直接关联。事实上，1902年由梁主编的《新民丛报》，成为20世纪初中国传播此种现代"文明"观念最有影响力的媒介。

对"精神的文明"的强调，也存在于晚清国粹派中。不少国粹派人士从强调保存本民族的文明或文化特性出发，提出东西文化各有特色、应该互补的观点，而最终将中国的"国粹"归结为"精神文明"的优胜②，并把民族危机和文化危机紧密结合、强调"国学""国粹"的存在与发展意义。他们尤其重视文明或文化的民族特性，所谓"特性者，运用文明之活力也"③。而"国粹"在本质上就是各文明特性，即"特别精神"的集中体现。

第一次世界大战爆发后，秉承"物质—精神（或道德）"二分的"文明"概念观来判定中西文明或文化之特点和优劣的议论更加流行了。与此同时，从这一角度立论的中国人自己有关"文明"的正式定义，也随之产生。1917年，《东方杂志》主编杜亚泉发表《战后东西文明之调和》一文，便以"经济"和"道德"的新二分法，再生了同一思路。他认为，"于人类生活有最重要之关系者，一曰经济，二曰道德……文明之定义本为生活之总称，即合社会之经济状态与道德状态而言之。经济道

---

① 《梁启超全集》第1册，第340—341、267页。
② 《东西洋二大文明》，《壬寅政艺丛书》，政学文编，卷5，转引自郑师渠《晚清国粹派》，北京师范大学出版社1997年版，第150页。
③ 余一：《民族主义论》，《浙江潮》1903年第1—2期，见《辛亥革命前十年间时论选集》第1卷下册，第489页。

德俱发达者为文明;经济道德均低劣者为不文明。经济道德虽已发达而现时有衰退腐败之象,或有破坏危险之忧者皆为文明之病变。文明有时而病,如小儿之有麻疹、百日咳,为人类所不得不经过者。今日东西洋文明皆现一种病的状态,而缺点之补足病处之治疗乃人类协同之事业"①。由此出发,他认定东西文明各有不足和长处,并首次明确地提出了两者"乃性质之异,而非程度之差"的观点。② 在这方面,以梁启超、章士钊、梁漱溟和张君劢等为代表的"东方文化派"走得更远,他们或认为物质发达与精神进步根本冲突,主张"物质开新,道德复旧",或认为两者永恒矛盾,物质发展程度太低或太高,都会妨碍精神生活的"自由而向上",因而希望保持物质生活"不丰不觳"的状态。这些人的思想资源和内在深度不尽相同,但归结点却都在于强调中国注重精神文明的优长,而隐然与"新文化运动"相抗。③ 当然这已是"五四"前期"新文化运动"的后话了。

五 广、狭义"文化"概念之双重结构的奠定与五四"新文化运动"

正如我们在前文已经指出的那样,带有现代意义(主要是广义上)的"文化"一词,早在19世纪80年代初期的中国就已出现。到戊戌时期,该词的现代性使用已然不少。但它基本上是在与现代"文明"概念即包括物质、军事发展在内的广义"文化"意义上使用的。同"文明"一词相比,当时"文化"一词在形容词意义上的使用就很显困难,一般只能表示人类物质和精神成果总和的那种名词概念。而"文明"一词,则具有名词和形容词的双重功能。也就是说,它既可以表示广义"文化",又可标明其广义"文化"发展的较高水平和价值追求方向。这也是"文明"概念何以在清末能独占鳌头、成为时代中心概念的原因。在清

---

① 杜亚泉:《战后东西文明之调和》,《东方杂志》第14卷第4号,1917年4月15日。
② 杜亚泉:《静的文明与动的文明》,《东方杂志》第13卷第10号,1916年10月10日。
③ 见黄兴涛《"东方文化派"及其文化模式观》,《文化史的视野》,福建教育出版社2000年版,第158—175页。

末,"文化"一词的传播虽然也越来越多,但使用频率却远无法望"文明"一词之项背,它只不过成为后者的某种陪衬而已。

然事情的发展常常充满了辩证法。也正因为"文明"一词的形容词价值判断的含义过于强烈,在那些并不需要明确表示价值倾向和程度判断,而只需表明不同时代、不同地域和民族以往物质和精神发展之历史延续性的成果那种一般综合意义的场合,"文化"一词倒显示出了某种潜在的优越性。如1899年,王国维在为《东洋史要》一书所作的"序"中,就是这样使用"文化"概念的:"抑古来西洋各国,自为一历史团体,以为今日西洋之文化;我东洋诸国,亦自为一历史团体,以为东方数千年来固有之文化。至二者相受相拒,有密接之关系,不过最近世事耳。"[①] 在这种历史传统总和含义上使用的"文化"一词,20世纪初年的报刊、教科书和一般书籍中都已经不难见到。

如果说广义的"文化"与"文明"的内涵还有一点差别的话,那就是前者相对可以较多地或更方便地用来陈述申说民族特性的"文明"。这种差别使用在日本明治后期国粹思潮兴起后,也逐渐传到中国。1904年前后出现的强调中国传统价值的国粹派人士,有的就比较乐于使用"文化"一词,特别是章太炎。但是,那种被视为"文明"深处的精神价值内核所在,同时又与政治、经济等相对待的现代狭义"文化"概念之公然提倡和大规模使用,并从这一含义上的"文化"之整体角度和高度来思考中国发展的问题,寻找变革道路,却无疑是五四运动前后才最终形成的事情。

五四新文化运动初期,陈独秀在《敬告青年》中提倡所谓"六义",强调"国人而欲脱蒙昧时代,羞为浅化之民也,则急起直追,当以科学与人权并重"。从表面上看,他所依赖的仍然是一种广义的"文化"即"文明"观念,与戊戌时期似乎并没有什么不同。其实,如果我们细加分析,则不难发现,戊戌时期,虽然有个别深刻的思想家如严复,已在价值观念深层对中西文明有所比较,但总的说来,那时的思想家主要重视

---

① [日]桑原骘藏:《东洋史要》序,樊炳清译,东文学社1899年版。类似的"文化"概念之使用,在《清议报》中也多有。如1899年6月8日,该报上就有一篇译文题为《论图书馆为开进文化一大机关》。

的还是文明的各个方面都必须全面发展,并特别强调教育和政治体制变革之必要性,却还未着眼于从文明根本精神再造的角度来思考中国的变革问题。倒是戊戌变法失败以后,梁启超等从"形质的文明易求、精神的文明难至"的角度对此有所反思,提出改造"国民性"的新民思想——经鲁迅《文化偏至论》的"尊个性而张灵明"(立人)——最终倒向了林毓生在《中国意识的危机》中所阐发的所谓"五四"思想家"借思想文化的途径"解决问题的这一历史性思路。

至民国初年,政治体制的变革徒具形式那一令人失望的残酷现实,一方面急剧加强了人们"文明"是一个整体不可割裂的印象,而同时,也促使人们去寻找"政治"以外的别途来解决困境。于是从精神价值层面整合教育、学术、道德、文艺等因素的狭义"文化"概念之需要便逐渐凸显出来。促成这一转变的,还包括第一次世界大战所导致的对"文明"概念的反省因素。这一点,与在德国和日本的情况略为近似。第一次世界大战前后,区别于"文明"一词的"文化"概念的使用,在西方特别是德国大规模流行开来并趋于稳固。而这一使用,又迅速传到日本。大正时代,日本思想界对于"文化"概念尤其是狭义"文化"概念使用急剧增多的情形,接着又传到中国。

1923年,商务印书馆发行的《新文化辞书》"Kulturismus"(文化主义)辞条便清楚地写道:"欧洲大战终了,世界人士鉴于战争底悲惨和罪恶,对于军国主义而提倡文化主义。"该词条还说明了在德国和英国"文化"一词用法的差别,强调德国人对于"文化"概念的意义"把持更为精确,更为具体",并特别介绍了柏林大学夐迈尔等人对于"文化"的定义:"Kultur 底成立,必先有被文化的和文化的两种,前者是各个的人格,后者是艺术、科学、道德、宗教等一切精神的产物。把这些客观文化作工具,依个性底本质而助长人格,完成人格,就是文化底意义。"这显然是狭义的"文化"界说。但与此同时,该词条又强调,"把文化只看做精神生活,是误解了。人们底一面是肉体,所以在文化主义底半面,也不能不承认物质生活。人们完全向上发展,必定发见于这两者圆满调和的境地。那特地在物质和精神之间,划一轮廓分明的界限的,是错误了"。

可见其又承认"文化"的广义内涵。①

不过，这一从精神层面切入的广义、狭义"文化"观念矛盾结构的形成，在五四运动前后的中国却有一个发展过程。在新文化运动初期，从内在精神特质层面整体反思传统文明，一开始仍是在以进化论指导下、包括物质发展在内的广义"文化"观念或现代"文明"观念为基础的框架下进行的。1916年以前，陈独秀似没怎么使用过"文化"一词。在1915年9月《青年杂志》创刊号上，陈氏发表了著名的《法兰西人与近世文明》一文，称法兰西为创造近代文明的"大恩人"，对于"文明"即广义文化观念阐述了自己的见解，极具现代"文明"观的代表性。其中，他将中国传统文明或文化给以"文明"的资格和名义，但却又将它明确定性为"古代文明"，同时关注文明的精神层面即价值深层，把西方现代文明视作以"科学"与"人权"为根本精神的不断发展体，并以之作为彻底变革中国传统文明或文化的进步目标——尽管他们并非完全没有认识到此一文明的弊端。这正是五四运动以前新文化运动的精髓所在。在这点上，我们既能看到它与戊戌思潮一脉相承的联系，也能看到它从精神价值层面实现根本超越的明显企图。

1915年以后至五四运动以前，报刊上刊行的"文化"一词越来越多，但狭义上的明确使用却仍然不流行。陈独秀本人大约从1916年开始在广义上使用"文化"一词。该年2月，他在《吾人最后之觉悟》一文中，强调"欧洲输入之文化与吾华固有之文化，其根本性质极端相反"，呼吁从伦理道德方面学习西方现代文化，进行改造传统文化的根本变革，引起了社会上的强烈反响。值得注意的是，也是从1916年开始，以"文化"的名义出现的关于文化的专门化学术研究在中国正式出现，较高水平的"文化"专论开始问世，较为成熟的"文化"概念阐述和定义也已诞生了。在这方面，积极参与新文化运动的社会学家、《新青年》移办北京后即成为其著名七编辑之一的陶孟和，堪称最为重要的先驱人物之一。以往，关于他的这一活动与贡献，似未曾受到注意和重视，学界几乎从未有人从思想史的角度对此加以揭示和强调。实则，陶氏于1916年和

---

① 唐敬杲编纂：《新文化辞书》，上海商务印书馆1923年版，1932年9月国难后第1版。笔者核对过两版，此条内容相同。

1917年在《大中华杂志》《新青年》上发表的《文化的嬗变》与《人类文化之起源》两文，较早在中国明确而正式地提出并阐释了广义"文化"概念的定义：

> 文化之名，世人所习见，而对于详确之观念，精密之解释，则常茫然，弗能应。盖以系统而研究文化，侪列科学，乃在最近代也……人类自初生以迄于今，凡所成就，或为物质，或为精神；或为知，或为行；或为道德，或为制度。凡可以表示者，可以一名词统括之，曰文化。①

这种广义的"文化"概念定义和阐释，与陈独秀的"文明"定义基本旨意是相通的。它尚缺乏对于现代"文明"概念的反省意识和对"文化"民族性的认真关注与深沉体味，但却可以说构成了早期新文化运动强烈地整体性反传统旨趣的"文化"概念认知的基础之一。

"五四"新文化运动以前，现代"文化"概念和定义却并未引起国人的真正重视。这与历史发展的实际进程偏重于宪政改革不无关系。当新文化运动爆发之后，随着人们对于实际文化问题的关注和讨论的深入，便自然出现了追究"文化"概念定义的需要。在广义的"文化"概念定义形成之后，反映实际运动中相对于政治和经济的狭义"文化"概念之定义也随之产生了。笔者所见到较早给狭义"文化"概念下定义的，乃是陈独秀。这位新文化运动的领袖1920年4月1日发表了《新文化运动是什么？》一文，从解说"新文化运动"的含义着眼，对狭义"文化"下了一个定义。他说：

> "新文化运动"这个名词，现在我们社会里很流行……要问新文化运动是什么，先要问"新文化"是什么，要问新文化是什么，先

---

① 陶履恭：《人类文化之起源》，《新青年》第2卷第5号，1917年1月1日；《文化的嬗变》，《大中华杂志》第2卷第8期，1916年8月。如果就翻译介绍"文化"定义而言，20世纪初也曾有过。如1900年《译书汇编》所翻译的《政治学提纲》中，就介绍了包括基佐"文化"界说在内的五种文化定义。限于篇幅，此略。

要问"文化"是什么。文化是对军事、政治（是指实际政治而言，至于政治哲学仍应该归到文化）、产业而言，新文化是对旧文化而言。文化底内容，是包含着科学、宗教、道德、文学、美术、音乐这几样；新文化运动，是觉得旧的文化还有不足的地方，更加上新的科学、宗教、道德、文学、美术、音乐等运动。①

在此文中，陈独秀还大谈文化运动应注重团体的活动，以加强国人的组织力和公共心；要注重创造的精神，因为"创造就是进化"；同时他还强调这一运动要影响到别的运动中去，如影响到军事上、产业上、政治上，要"创造新的政治理想，不要受现实政治的羁绊"，等等，从而明确地揭示了文化在整体上能够，而且必须影响现实政治的现代"文化"理念。另外，陈氏起初在定义狭义"文化"的时候，还特别强调了文化由旧到新的发展过程中，进行"运动"的必要性问题。②

同陶孟和的广义"文化"定义相比，陈独秀的这一狭义"文化"定义，无疑奠定了新文化运动继续开展下去的另一个"文化"概念的认知基础。两者表面上看似乎有所矛盾，实则构成了一个观念的统一体。它们在新文化运动的提倡者们那里伸缩自如，成为其进行实际文化运动的观念依据。事实上，"新文化运动"的正式命名之诞生，也应归功于这两种定义中所体现出来的那些文化实际内涵的共同作用。目前，史学界似乎并未在意这一事实："新文化运动"并非此一运动兴起之初就已经出现的概念，而是后来社会上和运动提倡者们自身迟到的命名。对于今人认知新文化运动在"五四"前后的差别，这一点其实并非是毫无意义的。

在"新文化运动"的名义出现以前，有关文化运动的论说多是并提政治、经济、法律、思想、学术、道德、文学等现象，思想文化界尚没有出现将后几项整合为一个狭义"文化"整体概念的自觉。无论是讲

---

① 此文载《新青年》杂志第 7 卷第 5 号，可见任建树编《陈独秀著作选》，上海人民出版社 1993 年版，第 123 页。

② 1923 年 8 月 28 日，后期新文化运动的重要人物之一陈望道在《觉悟》上发表《谈新文化运动》一文，更为典型地说明了文化为何要"运动"的现代性观念。

"伦理革命""文学革命""戏剧革命",还是揭发共和国体与孔教之间的矛盾,认为"要诚心巩固共和政体,非将这班反对共和的伦理文学等等旧思想,完全洗刷得干干净净不可"①,都是如此。这些活动,虽然的的确确都属于现代狭义上的文化方面的运动,但当时却还没有明确拥有一个具有整合性的狭义"文化"概念之共同名义。那时,社会上对这类运动多称之为新思想运动,并以"新旧思想之激战"来概括当时的斗争形势,目标则是为了中国整体的"文明进步"。

"新文化"和"新文化运动"的名词流行开来,是在"五四"以后。1920年,君实在《新文化之内容》一文中曾明确指出:"一年以前,'新思想'之名词,颇流行于吾国之一般社会,以其意义之广漠,内容之不易确定,颇惹起各方之疑惑辨难。迄于最近,则'新思想'三字,已鲜有人道及,而'新文化'之一语,乃代之而兴。以文化视思想,自较有意义可寻。"② 可见,以"文化"代"思想"的运动名义之变化,发生在1920年前后,这是当时人就已经真切感觉到了并加以揭示过的明显事实。

对此,我们从"五四"前后两位最著名的新青年领袖对"文化"一词的典型使用中,也可以透见一斑。1919年元旦,傅斯年在其起草的《新潮发刊旨趣书》中宣称:"同人等以为国人所宜最先知者有四事:第一、今日世界文化至于若何阶级?第二、现代思潮本何趋向而行?第三、中国情状去现代思潮辽阔之度如何?第四、以何方术纳中国于思潮之轨?持此四者刻刻在心,然后可云对于本国之学术地位有自觉心,然后可以渐渐导引此'块然独存'之中国同浴于世界文化之流也。此本志之第一责任也。"③ 这一段宣言,相当鲜明地体现出现代广义"文化"观念对青年知识分子的影响已达到了何等强烈和深刻的程度,甚至从中,我们还可看到一种从"思潮"角度来把握广义"文化"之内在精神的趋向,但它毕竟还不是对"文化"概念直接的最狭义把握。

1920年,罗家伦在《近代中国文学思想之变迁》一文中对"文明"与"文化"两词的区别使用,则相当明显地表示了狭义"文化"概念的

---

① 陈独秀:《旧思想与国体问题》,《新青年》第3卷第3号,1917年5月1日。
② 此文载《东方杂志》第17卷第19号,1920年10月。
③ 岳玉玺等编:《傅斯年选集》,天津人民出版社1996年版,第57页。

正式衍出。他说:"世界总是进化的,前一个时代中国人虽然觉得西洋的物质文明以及政治法律的组织比中国高,但是所谓精神文明以及各种社会伦理的组织是不及中国的。到这个时代大家才恍然大悟,觉得西洋人不但有文明,而且有文化,不但有政治,而且有社会,不但有法律,而且有伦理。这些东西不但不比中国的坏,而且比中国的好,比中国的合理,比中国的近人情。"① 这里的"文化"概念,则显然已相当自觉地偏重在精神文明与观念形态的较狭义方面了。

在"五四"前后的中国,这种狭义"文化"概念衍出的明显变化之所以出现,除了前面已经提及的有关原因外,与此期第一次世界大战所导致的所谓"西方物质文明破产论"也有直接关系。西方"没落",则中国人长期受压抑的民族信心因之大增;物质文明破产,精神文明的地位则自然急剧上扬,崇尚自由意志、直觉论和道德意识之类的哲学思想,如生命哲学、新人文主义等也随之更加活跃起来。而一旦这些哲学思想和前此已经提到的其他因素相结合,偏重精神的"文化"概念,就获得了绝佳的传衍环境。被视为"五四"后期"东方文化派"最大理论家的梁漱溟的代表作《东西文化及其哲学》的问世,可谓一个典型的例证。该书是第一本由中国人以中文自著的有分量的文化研究专著,也是在书名上正式带有有别于"文明"的狭义"文化"概念的第一本中文哲学著作(这种狭义与直接指称教育、文学、宗教的总体的那种狭义"文化"又尚有差别),更是较早最大量出现了"文化"一词的著作。此书源自1920年在山东的一个演讲,1921年秋正式出版后,到次年底即已由商务印书馆等印刷了五次,可见其在当时大受欢迎的程度。

在这本书中,梁漱溟给了"文化"一个定义,并将其与"文明"明确地区别开来。他说:"文化并非别的,乃是人类生活的样法……但是在这里还要有一句声明:文化与文明有别。所谓文明是我们在生活中的成绩品——譬如中国所制造的器皿和中国的政治制度等都是中国文明的一部分。生活中呆实的制作品算是文明。生活上抽象的样法是文化。不过文化与文明也可以说是一个东西的两个方面,如一种政治制度亦可说是一民族的制作品——文明,亦可以说是一民族生活的样法——文

---

① 《新潮》第2卷第5号,1920年6月1日。

化。"接着他又强调,生活的根本在"意欲",也即人生态度,它决定文化的根本精神。也就是说,在他看来,文化的实质不过是人生态度罢了。由此出发,他最终炮制出以西洋、中国和印度分别代表的"意欲向前""意欲调和持中"与"意欲向后"为根本精神的世界三大文化路向。① 从表面上看,三大路向之间彼此似乎没有优劣之分,但实际上它们归根结底在层次上仍有层层递进的高低不同,而最终归结为"东方文化"的最高境界。这表明在根本上,梁漱溟其实仍然没有摆脱进化论的思想制约。

五年后,"西化派"代表胡适为驳斥梁漱溟等人的主张,著《我们对于西洋近代文明的态度》,也强调"文明(civilization)是一个民族应付他的环境的总成绩";"文化(culture)是一种文明所形成的生活的方式"。② 在"文化"概念的认知上基本没有超出梁漱溟的水平,但却在文化价值上选择了截然不同的方向,可见,对"文化"概念本身的理解,并不是导致当时文化思想态度和取向的根本所在。在中国,明确区分"文明"和"文化"概念,胡适比梁漱溟要晚,不过胡适并没有简单将"生活方式"的内容归结为纯精神的"态度",而是容纳了更多的物质因素。

1922年,同样作为当时"东方文化派"代表的梁启超,在《什么是文化》一文中也给"文化"下了一个定义。他认为"文化者,人类心能所开积出来的有价值的共业也"。它是"人类以自由意志选定价值"的结果,包括"文化种"和"文化果"两类。"文化种是活的,文化果是呆的。"而所谓"文化种"则纯粹是精神性的东西,它决定着文化的根本性质。③ 梁漱溟和梁启超此时对"文化"的这类界定,虽然与特指教育、文艺、科学、道德、宗教等的那种整合体之狭义"文化"概念还有差别,但却无疑将其向凸显这种狭义但又包容广义的"文化"复合概念推进了一步。这一点,从梁启超四年后有关认识的进一步变化里,不难获知。

---

① 梁漱溟:《东西文化及其哲学》,商务印书馆1987年版,第53—55页。
② 见欧阳哲生编《胡适文集》第4卷,北京大学出版社1999年版,第1页。
③ 梁启超:《什么是文化》,《梁启超哲学思想论文选》,北京大学出版社1984年版,第392—398页。

1926—1927 年，梁启超在其名著《中国历史研究法（补编）》中，不仅明确界定了文化概念广、狭二义的双重结构，还强调了狭义文化的特殊意义。他所列的"文物的专史"，就直接分为政治、经济和文化专史三大类，并明确指出："文化这个名词有广义狭义二种：广义的包括政治经济；狭义的仅指语言、文字、宗教、文学、美术、科学、史学、哲学而言。狭义的文化尤其是人生活动的要领。"① 这一定义，可视作现代"文化"概念最终定型的标志之一。另一标志则为 1929 年流行颇广的《新术语辞典》对"文明"和"文化"的解释。②

此外，在笔者看来，"五四"以后，狭义"文化"的理解凸显、广义和狭义"文化"合构而成的现代"文化"概念的形成，与唯物史观在华的早期传播，可能也不无某种历史的关联。我们发现，在这种狭义或双重意义上使用"文化"概念的先驱者之中，受到唯物史观初步洗礼的似较为多见。其中，陈独秀和李大钊又比较典型。

如 1919 年 9 月，初步接受唯物史观的李大钊在《"少年中国"的"少年运动"》名文里就曾写道："'少年运动'的第一步，就是要作两种的文化运动：一个是精神改造的运动，一个是物质改造的运动。"这里的"文化"显然属广义使用，包括物质和精神两个方面。但在同一文中，他又在狭义即精神层面的含义上，使用了"文化"概念，认为物质改造的运动，主要就是改造现代不合理的经济制度和组织，"因为经济组织没有改变，精神的改造很难成功。在从前的经济组织里，何尝没有人讲过'博爱'、'互助'的道理，不过这表面构造（就是一切文化的构造）的力量，到底比不上基础构造（就是经济构造）的力量大"③。可见，唯物史观中"经济"地位的凸显，不仅没有妨碍，反而还有助于那

---

① 《梁启超全集》第 8 册，北京出版社 1999 年版，第 4854 页。
② 吴念慈、柯柏年、王慎名合编的《新术语辞典》中关于"文化"和"文明"的词条，也表明了这种广狭二义的双重"文化"概念内涵："人类依照一定的标准来支配并形成所与的内界的外界的自然的事实，终竟而实现其理想，这个过程之总称，就叫做'文化'。其过程之成果、产物，是文化财。学问、道德、宗教、法律、经济等即是"；"文明与文化，在字义上，本是没有什么差异的。德国学者以'文明'指外部生活之发达，即殖产、工业，及其他法律制度等之进步。'文化'指学术、艺术、宗教等之发达。换言之，前者为物质的文明，后者为精神的文明。"上海南强书局 1929 年版，第 245—246 页。
③ 《李大钊选集》，人民出版社 1959 年版，第 236 页。

种排除政治、经济内涵的狭义"文化"观念的衍出和早期传播。1920年3月，顾孟余在《人口问题、社会问题的锁钥》一文中所使用的"文化"概念，也是既有广义，也有狭义，同样体现了这种双重性的矛盾结构。①至于陈独秀在这方面的开创性贡献和自觉的狭义"文化"定义，就更不用多言了。

实际上，当陈独秀等人开始信奉唯物史观、公开宣布大谈"政治"的时候（1920年9月就曾发表《谈政治》一文于《新青年》第8卷第1号），也正是他们在狭义上明确使用"文化"概念，"文化运动"和"新文化运动"的说辞与口号也逐渐流行开来的时候。同信奉唯物史观的陈独秀相比，唯心意识较强的梁启超，1922年在定义文化时，尚没有将"政治"排除在"精神的文化"范围之外。同样，梁漱溟在1921年定义"文化"时，虽明确区分了"文明"与"文化"，却也仍然将"政治"包容在作为"生活样法"的"文化"之中。可见，唯物史观的信奉对排除政治、经济的那种狭义"文化"观念的衍出，倒可能的确是有益的。而作为文化保守主义者的"东方文化派"人士，其所执着的"文化"概念，却未必像有的学者所想象的那样轻视政治。

当然，唯物史观在推动狭义"文化"概念形成的同时，其实也影响到了其认同者所领导的那种带有"文化主义"或"文化决定论"倾向的"新文化运动"自身。如前所述，陈独秀乃是中国最早具有明确、坚定的狭义"文化"概念的先行者之一。可当他有了明确而坚定的狭义"文化"概念之后，却转而限制和削弱了以往那种夸大"文化"作用的简单化做法。这时他开始强调"文化"不同于政治、经济、军事的独特性，并同时体认其自身运动、建设的艰难性和长期性来。与此相一致，他虽然还声称重视"文化运动"，但在实际活动中，却也和新文化运动的另一主将李大钊一道，把主要精力自觉转移到社会政治运动中去了。1921年，陈

---

① 狭义的使用，如顾氏此文中说："总而言之，鼎革的战争，封建的战争，夷狄的祸患，无论他政治的、文化的结果如何，变动一次，人口便大大的削减一次。"又说："一、从经济方面看……二、由社会的心理一面观看……三、由文化一面观看。文明有两大种，便是物质文明和精神文明。若是一国人口太多或增加太速，经济窘迫，自然没有物质文明，更无从有精神文明"，后者将"文化"和"文明"等同，又是广义使用。《新青年》第7卷第4号，1920年3月1日。

独秀在《新青年》上发表《文化运动与社会运动》一文,其有关内容颇为值得关注。该文写道:

> 文化运动与社会运动本来是两件事,有许多人当做是一件事,还有几位顶呱呱的中国头等学者也是这样说,真是一件憾事!……又有一班人并且把政治、实业、交通都拉到文化里面了。我不知道他们因为何种心理看得文化如此广泛至于无所不包?若再进一步,连军事也拉进去,那便成为武化运动了,岂非怪之又怪吗!政治、实业、交通都是我们生活所必需,文化是跟着他们发达而发生的,不能说政治、实业、交通就是文化……创造文化,本是一民族重大的责任、艰难的事业,必须有不断的努力,决不是短时间可以得着效果的事。这几年不过极少数的人在那里摇旗呐喊,想造成文化运动底空气罢了,实际的文化运动还不及九牛之一毫。那责备文化运动底人和以文化运动自居底人,都未免把文化太看轻了。最不幸的是一班有速成癖性的人们,拿文化运动当做改良政治及社会底直接工具,竟然说出"文化运动已经有两三年了,国家社会还是仍旧无希望,文化运动又要失败了"的话,这班人不但不懂得文化运动和社会运动是两件事,并且不曾懂得文化是什么。①

此时,在陈独秀看来,利用文化运动作为改良政治和社会的直接工具,已成为太"看轻文化"的表现,文化和文化运动本该有自己独立的位置,不能与社会政治运动混为一谈,更不能取代社会政治运动。它表明,在"五四"前和"五四"后,陈独秀对于文化运动的认识,实已发生了不容忽视的深刻变化。这种表面仍遗留的对"文化运动"的重视,也已与"五四"前的那种重视不可同日而语。

如果说"五四"以前的新文化运动,仍是在广义"文化"即"文明"概念的总体框架之下进行,只是在这一框架下极力强调价值深层和文教层面(也就是后来指涉的狭义"文化")的优先发展意义而已——采取了一种林毓生所谓的"借思想文化解决问题"的路径,那么"五四"

---

① 《新青年》第9卷第1号,1921年5月1日。

以后，通常所说的"以马克思主义传播为主流"的新文化运动，其对于"文化"概念及其"文化运动"地位的认知和理解，则已然打上了唯物史观的鲜明烙印。这时的"文化"概念已明确凸显了狭义内涵，"文化运动"的优先性，也就逐渐明显地让位给社会政治运动了。

以上，我们着眼于"文明"和"文化"一词新内涵的出现、认同，对现代"文明"和"文化"概念在中国的兴起及其社会历史运行或实践，进行了较为粗略的考察与分析。概而言之，此一概念在清末民初的中国语境里，大体经历了一个摆脱中国传统"文明"和"文化"概念中轻视物质、经济、军事方面的内容，形成内蕴进化理念的新的现代"文明"概念——广义"文化"概念，再从另一维度在某种程度上部分地回归与"武化"、物质化相对的中国传统"文化"一词的关键内涵[①]、进而获取新的思想资源、重建一种新的狭义"文化"概念的过程，最终构成了一个广、狭义内涵并存的、带有矛盾性的现代"文化"概念结构。不过，本文的目的，却并不仅仅在于廓清这一重要概念演变的过程本身，同时也试图尽可能地去揭示这一现代概念的形成、确立、传播与清末民初那一过渡期主要历史变动之间、特别是与戊戌维新和五四新文化运动之间的某些值得重视的思想关联。但由于其所涉及的问题广泛而复杂，又限于篇幅，有些论述只是点到为止，不妥之处在所难免，敬请同道学者批评指正。

本文原文为8万字，主体部分系2004年12月至2005年3月在日本神户大学访学期间完成的研究报告，在神户、京都的三次报告会上，曾

[①] 欲理解中文里现代狭义的"文化"概念与"文化"一词文治教化的传统含义之间的相互关系，我们必须注意这样的事实，即在20世纪初年，"文化"一词在现代"文明"意义上被较广泛使用的同时，一种与"武化"相对的那种文治教化的含义也仍然保留着。如夏曾佑1904年在《中学中国历史教科书》（后改名为《中国古代史》）中即有言："千古以来，凡居中国之地者，南人之文化，必高于北人，南人之武勇，必劣于北人"；"民无忧馁陷险之害，乃有余力从事于文化"（《中国古代史》，河北教育出版社2000年版，第21、17页）。梁启超《说希望》："由生存之希望，进而为文化之希望"（1903年）；《斯巴达小志》："雅典为文化之祖国，斯巴达为尚武之祖国"（《梁启超全集》第3卷，第865页）。这的确应属其传统含义通向现代狭义"文化"概念的一个重要途径。

得到森纪子、绪形康、狭间直树、森时彦、石川祯浩、铃木贞美、川尻文彦、吴晓东、孙江、沈国威、陈力卫、冯天瑜、刘建辉等先生的指教。后又得到贺照田、王笛、夏明方和杨念群等友人意见的启发。在压缩发表的过程中，还得到韩华博士的帮助和两位匿名评审人严格而高水准的审议与批评（他们的不少意见我都加以了吸收）。特此一并致谢。